재외동포가 희망이다
- 재외동포정책의 새로운 패러다임

도서출판 엠-애드

목 차

책머리에 ·· 5
서언 '열린 민족' 시대의 재외동포 ·· 7

제1장 재외동포정책과 재외동포법: 배경과 쟁점(2002.12) ················ 11

제1절 여는 말: 재외동포정책의 어제와 오늘 ·· 11
제2절 재외동포법 제정과정과 쟁점 ·· 15
제3절 헌법불합치 결정 이후 개정논의 ·· 33
제4절 맺는 말: '열린 민족주의'의 시대로 ·· 45

제2장 한국 주요 정당의 재외동포정책 비교분석(2005.11) ·············· 55

제1절 여는 말 ·· 55
제2절 한국 재외동포정책의 현황 ·· 56
제3절 재외동포기본법(안) 비교분석 ··· 69
제4절 맺는 말 ·· 86

제3장 재외동포정책 비전 2020(2005.12) ··· 100

제1절 여는 말 ·· 100
제2절 재외동포 전담기구 현황 및 혁신방안 ··· 100
제3절 재외동포 관련법제의 개선방향 ·· 124
제4절 요약 및 제언 ·· 139

제4장 재외동포재단 역량강화방안 연구(2006.5) ································ 144

제1절 현황 ··· 144
제2절 재외동포 재단 역량강화의 필요성 ··· 151

제3절 재외동포재단 발전방향 ·· 165
제4절 향후 과제 ·· 172
제5절 맺는 말 ··· 181

제5장 유럽지역 한인단체 및 국외입양단체 실태조사(2006.11) ················ 186

제1절 독일 ·· 186
제2절 덴마크 ·· 201
제3절 스웨덴 ·· 208
제4절 영국 ·· 222
제5절 프랑스 ·· 230

제6장 재외동포재단의 역할과 한계 그리고 발전방안(2007.11) ················ 240

제1절 여는 말 ··· 240
제2절 재외동포재단의 역할모색 ·· 240
제3절 재외동포재단의 한계 ··· 244
제4절 점진적 개선이냐 창조적 파괴냐 ··· 249
제5절 맺는 말 ··· 252

제7장 남북정상회담 이후의 코리안 네트워크(2007.11) ···························· 257

제1절 2007 남북정상회담 ··· 257
제2절 각계의 반응 ·· 259
제3절 연해주 프로젝트(안) ··· 267
제4절 맺는 말 ··· 277

제8장 재외동포인재 활용방안 연구(2008.5) ·· 284

제1절 문제제기 ··· 284
제2절 재외동포 인재현황 ·· 286
제3절 현재 활용실태 ·· 291

제4절 재외동포 인재활용시 문제점 ································· 299
제5절 재외동포 인재유치시 성공적 정착방안 ···················· 309
제6절 분야별 활용방안 ··· 313
제7절 우리 정부·기업과의 연계방안 ································ 324
제8절 시사점 ·· 326

제9장 글로벌 코리아와 이중국적정책(2008.7) ················ 340

제1절 문제제기 ··· 340
제2절 국적제도개선과 이중국적 도입방안 ························ 343
제3절 정책목표·정책대상의 명확화 ·································· 354
제4절 맺는 말 ··· 356

제10장 방송에서 바라본 한민족네트워크(2008.2~12) ······ 362

제1절 제4대 이사장 재임 당시 ······································· 362
제2절 이사장 공석기 ·· 411
제3절 제5대 이사장 부임 이후 ······································· 453

제11장 재외동포 관련 연구동향과 향후 과제(2008.8) ······ 511

제1절 여는 말 ··· 511
제2절 재외동포 관련 연구의 전개과정 ····························· 512
제3절 재외동포 관련 연구의 쟁점분석 ····························· 542
제4절 재외동포 관련 연구의 발전방향 ····························· 564
제5절 맺는 말 ··· 590

제12장 재외동포사회의 미래상 ······································ 641

제1절 100년 후를 내다본다: 재외동포 민족교육지원사업
    모형개발을 제안하며 ·· 641
제2절 재중한국인회 및 동북3성 조선족사회 실태조사 ········ 645

제3절 미래지향적인 중국동포지원정책이 필요하다 ·································· 650
제4절 일본 지방참정권획득운동과 그 시사점 ······································ 652
제5절 재일동포사회의 어제와 오늘 그리고 내일 ································· 659
제6절 한인정치력신장과 재미동포사회의 미래 ···································· 669

결언 재외동포정책의 변화를 기대하며 ·· 690

책머리에

재외동포재단 전문위원으로 일한 지 2년 10개월. 짧다면 짧고 길다면 긴 시간이었다. 李光奎(제3대), 李求弘(제4대), 權寧健(제5대) 등 세 분의 이사장을 모시면서 1천만 재외동포사회의 미래와 발전을 위해 내가 가진 능력 이상으로 봉사할 수 있었음에 감사드린다.

현재 전 세계 180여 개국에는 300만의 재외국민과 400만의 외국국적동포 등 700만 명 이상의 세계한인들이 흩어져 살고 있다. 이런 모습을 보고 어떤 분은 '민족자산'이라고 말하기도 하고, 또 어떤 분은 '하나님의 섭리'라고 말하며, 또 다른 분들은 '한민족 디아스포라'라고 말들 하고 있다. 남북한인구의 10% 정도가 이 땅을 벗어나 전 세계 방방곡곡에 흩어져 뿌리를 내리고 있는 상황을 뭐라고 부르든지 간에 이들의 존재는 밤하늘에 총총히 빛나는 별들이며, 땅속 깊숙이 묻혀 있는 보물들임에 틀림없다.

재외동포재단에서의 3년이 채 안 되는 기간 동안 이들이 살고 있는 현장을 보고 이들의 삶과 의식을 접하면서 깨달은 매우 평범한 사실 하나는 다음과 같다.

"재외동포는 우리 민족사의 과거요 현재요 미래다. 재외동포사회에 대한 지원은 우리 선배세대에 대한 최소한의 예우이자 우리와 다음 세대의 미래에 대한 최대의 투자다. 대한민국 영토 바깥에 사는 사람들이 늘어날수록 우리의 영역과 활동무대는 그만큼 넓어질 것이며, 시간이 흐르면 흐를수록 자랑스러운 코리안으로서 그리고 글로벌화 된 세계시민[弘益人間]으로서 그 맡은 바 역할과 사명을 감당할 것이다. 우리도 재외동포도 한반도에 역사적 뿌리를 두고 있는 존재들이다. 우리 것을 우리가 아끼지 않으면 누가 아낄 것인가. 재외동포는 우리가 보호·지원해야 할 소중한 문화유산이자 민족자산이다. 지금부터라도 우리 정부는, 특히 외교당국은 대책마련에 적극 나서야 한다."

물론 아쉬움도 없지 않다. "좀 더 많은 시간과 여유가 있었더라면 보다 나은 조사·연구성과를 만들어낼 수 있었을 텐데…" 하는 안타까움이 그것이다. 그러나 기회는 언제나 공평한 것. 나에게는 1000일 정도의 시간이 주어졌을 뿐이었다.

 이번에 펴내게 된 『재외동포가 희망이다』는 그 짧으면서도 길었던 기간 동안 필자가 치열하게 고민하면서 풀어보고자 했던 여러 주제들을 한 곳에 모은 결과물이다. 이 책에 실린 내용들은 작성·발표 당시를 기준으로 하고 있으므로 지금의 상황과는 약간의 차이가 있을 수 있고, 현재 시점에서 보면 당시의 문제의식과 논리구성이 다소 엉성할 수 있다. 그러나 생각과 사상은 항상 변화·발전하는 법…. 이 정도라도 정리할 수 있음을 다행이라 여기며, 보다 나은 성과는 잠시 뒤로 미루고자 한다.

 끝으로 일평생 삼일정신선양과 기미독립선언서의 자유정신·창조생활·홍익세계의 강령들을 실천하고 계신 李元範 (社) 3·1운동기념사업회 이사장님과 기념사업회원들을 비롯하여 재외동포조사연구의 중요성을 일깨워준 이구홍·이광규 이사장님과 재외동포사회 발전을 위해 맡은 바 소임을 다하고 있는 재외동포재단의 선후배·동료들, 세계한인정책포럼·KBS한민족방송 도서출판 엠-애드 관계자들, 그리고 기쁠 때나 슬플 때나 항상 곁에 있어준 부모·형제와 가족(貞·辰·慧·勳)에게 고마운 마음을 전한다.

2009년 3월 1일

3·1운동 90주년에
北岳·仁王山을 바라보며

김 봉 섭

서언 '열린 민족' 시대의 재외동포

　재외동포(在外同胞)는 남이 아니다. 비록 몸은 이 땅을 떠나 살고, 국적은 달라졌을지라도 마음은 언제나 고향 하늘과 산천으로 향하고 있는 우리와 피를 나눈 형제자매이며, 이미 사라져버린 우리의 문화유산들을 고이고이 간직하고 있는 역사 저장고(貯藏庫)이다. "몸은 떠나지만 혼(魂)은 남겨두었다"는 말처럼 최소한의 생존을 위해서, 정치적·경제적 자유를 위해서, 보다 나은 삶과 미래를 위해서 저마다 고향을 등지고 남의 땅에 뿌리내렸지만 나라의 힘없음을 한탄한다거나 무능력한 위정자를 원망한다거나 동족들의 배타성을 비난하기 이전에 부강한 내 조국, 잘 사는 내 나라, 존경받는 내 민족에 대한 간절한 마음이 언제나 앞서고 있음을 부인하지 못하는 존재들이기도 하다. 사정이 그러기에 세계화와 탈(脫)민족주의가 난무하는 오늘도 이들의 조국애(祖國愛)와 동포애(同胞愛)는 일반사람이 상상하기 힘들 정도로 강렬하며, '아버지~' 또는 '어머니~'라는 말 한 마디에 코끝이 시큰거리고 '애국가' 노래 한 소절에 가슴이 미어지는 역사적 실체들이 바로 우리의 재외동포다.

　현재 지구상에는 3천여 개의 크고 작은 민족들이 있다. 그러나 국제사회에서 인정하는 국가 수는 200여 개에 불과하다. 이는 국민국가를 형성하지 못한 민족집단의 수가 전체의 90% 이상을 차지한다는 말이다. 이런 상황에서 세계인구의 1%에 불과한 한민족이 300만의 재외국민과 400만의 외국국적동포를 갖고 있고, 세계 11위의 경제대국 대한민국과 세계 최빈국 북한을 갖고 있다는 것은 근·현대 민족사의 아픔이자 희망이다. 문제는 이 아픔을 어떻게 승화시키며, 이 희망을 어떻게 구체화할 것인가 하는 점이다. 아무리 하찮은 물건도 그것을 소중하게 여기고 정성껏 다룬 것과 그렇지 않은 것과는 상품가치가 달라지듯이 전 세계에 흩어져 살면서도 민족정체성을 간직하고 있는 재외동포를 우리 사회가 어떻게 인식하고, 이들에게 따뜻한 정과 역할을 주느냐 하는 것은 미래한민족의 진로와 관련하여 매우 중요한 숙제이다. 지식정보화·세계화시대에 지구촌 구석구석에 '제2의 조국'을 건설하고 있는 이들의 분투노력을 폄하하거나 저평가하는 것은 결코 성숙된 국가전략이 아니다. 한민족공동체의 허브(Hub)인 재외동포를 세계화의 주체로, 민족통합의 에너지로, 국가안보의 초석으로, 민간외교의 주역으로 키워나가겠다는 각오가 우리에게 있어야 하며, 그 어떤 이유로도 이들을 차별하거나 배제해서는 안 될 것이다.

그럼에도 불구하고 오랜 기간 우리의 재외동포는 제대로 평가받지 못해왔다. 같은 피를 나눈 형제자매도 글과 말과 역사와 문화를 공유하지 않으면, 그리고 너무 오래 떨어져 살다보면 서로의 입장과 처지가 다르다는 이유로 상호간의 접점을 찾기가 쉽지 않은 것이 현실이다. 최근 많은 사람들이 예전처럼 국적(國籍)이나 혈통(血統) 중심사고에 매몰되지 않고 문화동질성(文化同質性)이나 국적개방성(國籍開放性)에 무게를 더 많이 두고 있지만 아직까지는 만족스럽지 못하다. 스스로를 한국인(Koreans)으로 생각하는 사람들과 이 땅에서 살고자 하는 정주(定住)외국인들을 능동적으로 포용하는 '열린 마음'이 부족한 것이 사실이다. 개방성과 상호존중을 기초로 하는 '열린 민족' 개념이 한국사회에서 보편화·일반화되려면 다소 시간이 걸릴 수도 있다.

그러나 실망하기에는 이르다. 우리가 살고 있는 21세기는 "민족주의가 무너져야 나라가 산다"는 말이 공론화될 정도로 자국·자민족중심의 폐쇄적 민족주의가 수난을 당하고 있는 '열린사회'다. 자기 혼자서는 존재할 수 없는 국제화·개방화시대이며, 세계일류만이 존중받는 세계화·글로벌화시대이며, 내 핏줄·네 핏줄을 따지거나 단일국적, 피부색 등을 따지는 것이 시대착오적일 정도로 다문화·다국적에 대한 수용이 불가피해진 새로운 유목민시대이다. 정보와 돈 그리고 문화가치는 더 이상 국경의 장벽에 막혀 있지 않으며, 시간과 공간을 뛰어넘어 자신을 필요로 하는 곳이라면, 생존과 행복을 위한 일이라면 어디든지 달려가서 생면부지의 사람들과 정을 나누고 더불어 살아야 하는 '열린 공간'이 현실화 되는 상황에서 언제까지 순수성·단일성만을 고집할 것이며, 우리의 범주를 스스로 제한할 것인가.

이제 문호를 활짝 열어야 한다. 문화인류학자들의 정의를 빌리면 모든 국가와 민족은 본질적으로 '혼혈민족국가'(Mongrel nations)라고 한다. 한국계 미국인·한국계 일본인·한국계 중국인·한국계 러시아인·한국계 유럽인·한국계 아시아인이 자연스럽게 다가오고 있고, 외국계 한국인·귀화 외국인·국제결혼자녀·글로벌 세계시민과도 더불어 살아야 한다. 민족의 영속성을 위해서라도 한반도에 국한된 닫힌 민족정체성보다는 전 세계를 무대로 하는 열린 민족정체성을, 단일혈통보다는 느슨한 형태의 혼합을, 국어중심의 한글보다는 세계공용어로서의 한글을, 한반도중심의 한국사보다는 동북아지역을 무대로 하는 동아시아사를, 단일민족국가보다는 블록으로 묶이는 '확대국가'를 진지하게 수용할 때가 되었다.

주변 강대국들에 강점당하거나 분할 당했음에도 불구하고 독립정신과 독자문화를 유지·발전시켜 나온 폴란드인들의 경우나 1억2천만 아랍세계에 둘려 쌓여서도 자긍심과 독자성을 잃지 않고 있는 신생 이스라엘의 경우, 그리고 세계최강 미국의 중심부에 '제2의 이스라엘'을 만들어놓은 재미유태인사회의 경우는 우리가 참고해야 할 좋은 사례들이다.

9·11 뉴욕테러(2001) 이후 전 세계는 국익과 자국민 보호를 최우선 가치로 삼고 있고, 그 여파로 국제사회는 해외에 있는 자국 혈통자들을 네트워크 하는 미래전략마련에 열중하고 있다. 동북아 슈퍼열강들 틈바구니에 끼어 있는 대한민국도 예외가 아니다.

우리는 주변여건이 아무리 열악하고 미래가 불투명하더라도 국가이익을 우선하고 민족번영을 보장할 실마리를 적극 찾아야만 한다. "널리 인간을 이롭게 하겠다"는 단군(檀君)의 홍익인간(弘益人間)정신을 비롯하여 통일신라의 화랑도(花郎道)정신, 조선의 선비정신, 구한말의 의병(義兵)정신, 일제 식민기의 독립(獨立)과 순국(殉國)정신, 8·15 해방 후의 국가수호정신 등은 고비 고비마다 민족의 역량을 결집시켰던 시대정신(時代精神)이었다. 그리고 백암 박은식(朴殷植)은 국혼(國魂)으로, 단재 신채호(申采浩)는 낭가(郎家)정신으로, 호암 문일평(文一平)은 조선심(朝鮮心)으로, 위당 정인보(鄭寅普)는 조선의 얼로 사라져가는 민족정기(民族正氣)를 되찾고자 했다.

시대정신과 민족정기 양자를 결합시키는 새로운 방안모색, 이것이 오늘 우리에게 던져진 화두(話頭)이자 문제의식이다. 국가역량과 민족적 잠재력을 최대한 발휘하면서도 시대정신에 부합되는 새로운 재외동포정책 개발에 적극 나서야 할 때다.

어느 민족이나 국가도 그 존재가치를 일순간에 증명하지 못했다. 대단히 오랜 시간이 걸렸으나 한번 주어진 기회는 절대 놓치지 않았다. 세계역사에서 유태인, 아랍인, 그리스인, 로마인, 포르투갈인, 스페인인, 네덜란드인, 영국인, 러시아인, 미국인, 그리고 우리 이웃의 중국인, 일본인 등 유수한 민족들마다 모두 한 번씩은 세계사를 주름잡았다. 반만년의 역사와 독자적인 언어·문화·전통을 가진 우리에게도 그런 기회가 반드시 온다. 그때가 되면 미·일·중·러 등 주변4강을 비롯하여 해외 180여 개국에 흩어져 살고 있는 우리의 형제자매·후손·후예들이 멋지게 비상할 것이며, 근대화·민주화를 거쳐 선진화를 눈앞에 두고 있는 대한민국의 위상과 영역도 달라질 것이다.

따라서 한국정부는 세계문명의 변화추세를 정확히 읽어내야 하며, 재외동포사회 역량개발에 적극 나서야 한다. 무한경쟁시대에서 대한민국의 국익을 극대화하면서도 인류보편적 정의를 실천할 수 있는 국가미래정책의 하나가 바로 재외동포정책이다. 따라서 제대로 수립된 재외동포정책은 우리의 국격(國格)과 외교역량을 높일 것이다. 재외동포재단의 성격을 어떻게 규정하든지간에(대통령 직속, 국무총리 직속, 외교부 산하기관, 순수민간기구 등) 민간외교(Public Diplomacy)의 첨병(尖兵)으로 육성·활용해야 한다. 재외동포에게 제대로 된 역할과 의무를 부여하여 재외동포사회의 위상을 강화하고 미래변화에 대비해야 한다. 재외동포의 부가가치가 높아지고 역량이 결집될수록 대한민국의 국력과 세계화수준은 함께 신장될 것이며, 재외동포사회의 성숙도 앞당겨질 것이다. 그러기 위해서는 재외동포가 누구인지, 지금 어디에서 무엇을 하고 있는지, 원하는 것은 무엇인지, 우리가 줄 수 있는 것은 무엇이고, 얻을 수 있는 것은 무엇인지를 차분히 따져보아야 한다.

한민족의 미래를 재외동포와 함께 풀어나가겠다는 발상의 대전환이 필요한 이때, "재외동포가 희망"이라는 관점에서 재외동포정책의 패러다임이 근본적으로 달라져야 한다.

제1장 재외동포정책과 재외동포법1)
- 배경과 쟁점을 중심으로

제1절 여는 말: 재외동포정책의 어제와 오늘

2001년 7월 현재, 우리의 재외동포(Overseas Koreans)는 세계 151개국에 총 5,653,809명으로 집계된다.2) 1970년대 초 702,928명이었으나 5년 후인 1976년에 1백만 명대로 진입하였고, 2백만 명은 1986년에 돌파했다.

그러나 1991년에는 무려 2.8배인 4,832,414명으로 급증하게 되는데 이는 탈냉전기에 이루어진 한·소 국교(1990.9.30) 및 한·중 국교(1992.8.24) 수립으로 독립국가연합(CIS) 한인동포('고려인')와 재중동포('조선족')들이 우리 동포사회로 급속히 편입된 결과였다(<표1> 참조).

<표 1> 연도별 재외동포 현황(2001.7 현재)

연도	1971	1976	1981	1986	1990	1991	1992	1995.7	1997.7	1999.7	2001.7	2003.7
총계	702,928	1,016,016	1,590,832	2,006,216	2,320,099	4,832,414	4,943,414	5,228,573	5,544,573	5,644,558	5,653,809	?

출처: 외교통상부, 『외교백서 2002』(http://mofat.go.kr)를 토대로 재구성.

이들 재외동포의 90% 이상은 미국(2,123,167명), 중국(1,887,558명), 일본(640,234명), 독립국가연합(구소련, 521,694명) 등 4대 강국에 집중 거주하고 있었다. 이런 특이한 구조와 함께 숫자로는 중국, 이스라엘, 이탈리아 다음이지만 전체 인구대비로는 세계 1위(12%)라는 사실로 인해 재외동포에 대한 관심은 점점 높아갔다.3)

그리하여 노태우 정부(1988.2~1993.2)를 뒤이어 집권한 김영삼 정부(1993.2~1998.2)는 해외이주법(1962.3.9, 법률 1030호)을 통해 이민을 장려하거나 북한과의 체제경쟁을 목적으로 재일민단을 지원하던 기존의 '교민'정책4)에서 벗어나 이른바 '新교포정책'을 수립하게 되었다.

"세계 도처에서 민족의 긍지를 지키며 살아가고 있는 5백만 해외동포 여러분, 금세기 안에 조국은 통일되어 자유와 평화의 고향땅이 될 것입니다. 우리 모두 국내외에서 힘을 합하여 세계 속에서 역할과 책임을 다하는 자랑스런 한민족시대를 열어나갑시다."라는 대통령 취임사(1993.2.25)에서 가시화된 이 정책은 "문민정부 출범과 남북대결 외교의 필요성이 줄어듦에 따라 교포들에 대한 정치적 이용을 자제하는 대신 현지적응지원 위주로 교포정책을 전환"하며 "해외동포들의 혈통·문화 및 전통의 뿌리가 한국에 있음을 유념하면서 거주국 사회 내에서 안정된 생활을 유지하며 존경받는 모범적인 구성원으로서 성장할 수 있도록 지원한다."5)는 내용으로 정리되었다.

특히 '세계화'를 국정방향으로 설정한 김영삼 정부는 대통령 직속 '세계화추진위원회'가 「종합보고서」(1995.12.18)에서 보다 체계적인 동포정책의 필요성을 재차 권고하자 대통령훈령6)(제63호, 1996.2.23)으로 설치된 '재외동포정책위원회' 제1차 회의(5.3)에서 6개 항의 기본정책 방향을 최종 수립하였다.7)

       첫째, 재외동포의 자조노력 권장 및 지원
       둘째, 재외동포들이 거주지역 발전에 기여하고, 동 거주 지역사회 내에서
            융화를 이룰 수 있도록 지원
       셋째, 재외동포의 요구에 부응하여 언어, 전통, 문화, 예술차원에서의 지원
       넷째, 자유·민주·인권의 보편적 가치에 입각한 재외동포사회 발전 지원
       다섯째, 재외동포의 거주국내 법적·사회적 지위 향상 지원
       여섯째, 재외동포의 한국 내에서의 투자 등 경제활동 장려 및 재산권 행
            사 등 이익보호를 위한 국내법 및 제도 개선

이 정책은 태동단계부터 '현지동화정책'이자 '기민정책'이라는 비판8)을 받기도 하였지만 그 기조는 김대중 정부(1998.2~2003.2)로 이어져 오늘날까지 유지되고 있다.

그리하여 현재 우리 재외동포정책의 정점에는 관련정책을 총괄하고 정책 간 갈등을 심의조정하기 위한 재외동포정책위원회(이하 '정책위원회')가 있다. 기존의 외무부차관 주재의 '재외국민정책심의위원회'를 한 단계 격상시켜 국무총리를 위원장으로 하는 이 정책위원회는 경제부총리·교육부총리(부위원장), 통일부·외교통상부·법무부·행정자치부·문화관광부의 장관, 국무조정실장·국정홍보처장, 그리고 관련 전문가 등 도합 15명 이내의 위원들로 구성되어 ①재외동포의 정착 지원, ②재외동포의 법적·사회적 지위향상, ③재외동포와의 유대 강화, ④재외동포의 국내외 경제활동 지원, ⑤재외동포 관련 부처별 사업계획의 조정 및 심의 등을 다룬다. 또 이를 뒷받침하기 위해 외교통상부차관을 위원장으로 하는 '재외동포정책실무위원회'도 설치되어 있으나 정작 실무를 감당할 상

설 사무국 조직이 산하에 없는 '위원회 조직'이라는 한계를 가지고 있다.
그러나 여기서 주목할 사실은 정책위원회를 3차례나 개최[9]한 김영삼 정부와 달리 김대중 정부에서는 2003년 1월 현재까지 한 번도 소집되지 않아 그 활동이 잠정 중단된 상태라는 점이다.
그리고 최근 정부업무 등의 평가를 효율적으로 실시하기 위하여 국무총리 소속의 '정책평가위원회'가 재외동포정책 '평가결과보고회'를 개최(2002.12.6)[10]하면서 ① 재외동포 관련 기본정책방향의 재정립, ② 2003년 상반기까지 '재외동포의출입국과법적지위에관한법률'(이하 '재외동포법') 개정에 관한 정부입장 정리, ③ '해외부재자 투표제' 부활요구 검토 필요, ④ 한민족정체성 유지 및 각종 교류사업 효율화 추진, ⑤ 재외동포 역량활용, 네트워킹 강화, ⑥ 재외동포 정책위원회 운영 활성화 등을 보고하면서 정책위원회의 법적 근거의 상향조정(예: 훈령 → 대통령령)을 권고[11]하고 있음은 특기할만하다.
한편 재외동포정책과 관련된 부처 현황과 사업내용은 다음과 같다(<표 2> 참조).

<표 2> 재외동포정책 관련 부처 및 사업내용·예산 현황

소관부처	주요사업내용	예산 2002년	예산 2003년(안)
외교통상부 (재외동포재단)	○재외동포 관련 정책 수립 ○재외동포재단 지도·감독 -재외동포사회 발전 및 권익향상지원사업, 민족문화 및 민족정체성유지사업, 동포 간 교류강화사업	19,591,500천원	21,757,000천원
교육인적자원부 (국제교육진흥원)	○재외한국교육원, 한국학교 운영 및 교사파견 ○재외동포학생 단기교육 및 연수 ○재외한국학교 교원연수 ○재외동포교육용 교과서 공급	28,196,777천원	32,472,875천원
법무부	○재외동포의 출입국 및 체류사업	-	-
문화관광부	○세계한민족축전 등 문화교류사업 ○한국어전문가 파견사업 및 한국어교사 초청사업	712,933천원	702,000천원
통일부	○세계한민족 통일문제 토론회 등 재외동포대상 통일정책 홍보	183,599천원	184,572천원
국가보훈처	○독립운동 관련인사 초청 교류행사	39,700천원	40,000천원

출처: 국무총리 정책평가위원회 보고자료(2002.12.6), 4쪽, 14쪽에서 인용.

이렇게 본다면 지난 10여 년 동안 우리 정부는 관련 정책간의 갈등에 대한 종합적 조정기능 없이 소관부처별로 동포 관련업무와 사업을 집행케 함으로써 비체계적인 재외동포정책 구조를 심화시켰다고 평가할 수 있다. 특히 외무부(현 외교통상부) 산하 비영리 공공법인으로 출발한 재외동포재단의 경우, 지난

1973년 해외교포문제연구소가 교민청 설치를 건의한 지 24년 만에 설립된 사실상의 교민청 기관[12]인데 중국이나 독립국가연합(CIS) 동포들의 희망사항을 제대로 대변하지 못하고 있으며, 대부분의 예산이 각종 행사와 인건비로만 충당되어 실질적인 동포사회 지원기능을 상실하고 있다는 비판[13], 그리고 "재단 종사자, 특히 이사진의 전문화나 재단·전문가·시민단체간의 지속적인 의사소통 채널 부족 및 인력전문화 교육" 등이 시급하다는 지적[14] 등을 받고 있는 실정이다.

그러므로 1980년대의 재외동포정책이 "정책대상의 불명료성, 법률근거의 미비, 외무부 당국의 소극적 자세, 관련업무의 분산, 전반적인 예산부족과 예산의 중복, 이민정책과 교포정책의 연계 부족, 지역별·나라별 세부정책의 미비, 해외동포사회에 관한 정보 부족, 대북정책에 대한 예속 등과 같은 문제점"을 안고 있었다[15]는 지적이 20여 년이 지난 지금도 상당부분 해당되고 있다.

또한 재외동포재단법상 재외동포재단이 외교통상부의 입장을 넘어서지 못하는 한계[16]를 어떻게 해결할 것인가 하는 점, 그리고 재외동포법 제정과정은 물론 개정작업에서의 주도권을 법무부가 관장하고 있는 현실적 구도와 어떻게 조화를 이뤄나갈 것인가 하는 점 등도 문제이다. 재외동포재단을 재외동포정책의 전체 방향을 정립하고 관련사업 등을 심의 조정하는 재외동포정책위원회(위원장 국무총리) 산하로 이관시키려던 움직임들도 이와 무관치 않다.

결국 현재의 행정체계와 업무분장으로는 재외동포정책이 우선순위를 무엇으로 설정할 것인지를 명확히 규정하기가 어렵고 기존 부처들이 담당하는 사업들에 대한 교통정리도 매우 어려워진다. 또한 청와대에 2급 상당의 교민비서관(1996. 8 신설)이 있다 하더라도 대통령이 지속적인 관심을 갖고 직접 챙기지 않는 한 우리 정부구조상 국무총리(국무조정실)가 관련 정책을 조정하기란 현실적으로 힘에 버겁다. 따라서 현행 재외동포 관련사업의 역학관계만 놓고 본다면 종합적·체계적인 재외동포정책 수립까지는 상당한 시일이 걸릴 것으로 전망된다.

다음으로 재외동포와 관련된 법률들을 중심으로 살펴본다면 김영삼 정부와 김대중 정부는 (가칭) '재외동포기본법'을 제정해야 한다는 관련 전문가들의 주장과 달리 '재외동포재단법'(1997.3.27 법률 제5313호 공포, 4.27 발효)과 '재외동포법'(1999.9.2 법률 제6015호 공포, 12.3 시행) 등을 각각 입법하였다. 이 두 개의 입법을 통해 우리 재외동포정책은 외형상 진일보하는 성과를 거두었다.

그러나 재외동포의 개념과 범위설정 및 법적지위를 둘러싼 '혈통주의'(Jus

Sanguinis)와 '과거국적주의'(Past Nationality principle)의 입장대립은 엄청난 논란을 불러일으켰는데 그 대표적 사례가 재외동포법에 대한 '헌법불합치' 결정 이었다. 즉 헌법재판소 전원재판부(재판장 윤영철)는 2001년 11월 29일, 재외동포법 제2조 2호와 동법 시행령 제3조 규정이 "합리적인 이유 없이 정부수립이전 이주동포인 재중동포와 구소련동포를 차별하는 것은 자의적 입법이어서 대한민국 헌법 제11조 '평등원칙'에 위배"된다고 결정하고, 입법자로 하여금 2003년 12월 31일까지 관련 규정을 개정할 것을 명하는 헌법불합치 결정을 내렸다.

이 결정으로 지난 몇 년 동안의 논란은 관련 규정의 개정으로 결론이 나는 듯하였으나 2002년 한·일 월드컵을 전후로 불법체류자문제와 중국의 개정 반대, 그리고 국제법학계 일각에서의 '폐지론'이 힘을 얻게 되면서 양상은 달라지기 시작하였다. 법무부도 약 30여만 명으로 추산되는 불법체류외국인의 강제출국 쪽으로 대책마련에 나서자 재외동포법의 전면 개정을 기대하던 동포사회와 관련 시민단체, 외국인노동자들은 정부의 처사에 거세게 항의하고 있다.

그리하여 재외동포법 개정 논쟁은 관련 법규정의 단순개정 차원을 뛰어넘어 우리 재외동포정책의 전반적 기조를 뒤흔드는 상황으로 발전하고 있으며, 외국인노동자의 인권·차별문제로까지 옮아가는 형세를 보이고 있다. 또 관련 조항의 불평등성을 인정하면서도 관련 부처나 학자·시민단체들의 해결책이 서로 달라서 아직까지 실마리를 못 찾고 있는 중이다.

그러나 지금부터는 그동안의 견해 차이를 좁히고, 상호간의 공감대를 형성할 수 있는 합리적 대안 선택에 더욱 주력하여야 할 것이다.

이 글은 이와 같은 재외동포정책의 구조와 재외동포법 개정을 둘러싼 여러 쟁점들에 주목하면서 1) 그동안 어떤 사안들이 지속적으로 논란이 되었는지, 그리고 2) 헌법불합치 판정 이후 시민단체, 학계, 행정부와 입법부 등에서는 어떤 논의들이 오고 갔는지를 살펴본 후 재외동포법의 바람직한 개정방향을 제시하려고 한다.

제2절 재외동포법 제정과정과 쟁점

재외동포법의 제정과정과 관련된 쟁점사항들[17]을 살펴보면 우리 재외동포정책의 현실이 극명하게 드러난다.

1. 제정 배경과 수정안의 한계

그동안 재외동포 관련 현안들은 주로 교민업무 전담기구인 '교민청' 설치[18]와 재산권 행사 및 출입국과 체류의 불편해소를 위한 '이중국적 허용'의 문제로 대별된다.

역대 대통령 선거 시마다 공약으로 내건 정치적 사안들이었다는 관점에서 보면 재외동포법 제정은 재외동포재단법 제정과 함께 어느 정도 실천된 것이다. "김영삼 정부는 교민청 설치와 관련하여 기존의 '재외국민정책심의회'를 국무총리 주재의 재외동포정책위원회로 격상시키고, 재외동포사업을 통합 시행하는 재외동포재단을 설치한 반면 김대중 정부는 교민청 설치 공약을 재외동포재단 기능강화로 대체하고, 이중국적 문제는 법무부에 특별 지시하여 재외동포법을 제정토록 하였다"[19]는 설명이 가능하다.

여기서 재외동포법 제정과정을 좀더 구체적으로 살펴보면 모두 네 단계의 국면변화가 있었음을 알 수 있다.[20]

첫째 국면은 김대중 대통령의 정치적 후원세력인 재미동포들을 위한 배려가 재외동포법의 태동을 가능케 한 단계이다. 김영삼 정부기에 초래된 IMF 경제위기 극복에 힘쓰던 김대중 대통령은 미국 방문(1998.6.6~14) 도중 재미동포들과의 만남에서 "우리는 세계 4대국에 각각 50만 명 이상, 총 5백만 명의 해외동포가 살고 있다는 점을 잘 활용해야 한다. 유태인들처럼 미국의 충실한 시민이면서 동시에 조국도 열심히 도와달라"며 한국계 은행예금 및 국내송금 등을 부탁하였다.[21] -6.7% 경제성장과 7.5% 실업률을 기록하던 당시로서는 한 푼의 달러가 아쉬웠기에 귀국하자마자 재미동포들의 오랜 숙원사항을 수용하는 법률안을 마련하라는 특별지시를 법무부에 내렸다. "북한동포나 중국 조선족동포들이 이중국적 신분으로 자유롭게 출입국·체류할 경우의 부작용에 대처할 방법이 없다는 점과 국제적 추세가 단일국적주의라는 점"[22] 등 이중국적 허용의 걸림돌을 제거할 것을 요구한 것이다.

둘째 국면은 이중국적 문제를 풀기 위해 재외동포정책의 주무부서가 외교통상부에서 법무부로 이동하면서 전임 대통령 때보다 훨씬 더 강력한 입법조치를 마련하려는 대통령의 의지가 드러난 단계이다. 당시 상황은 정부수립 50주년을 맞아 선정된 '자랑스런 재외동포' 모국방문단 14명과 만나는 자리에서 김대중 대통령이 "법무부에서는 이중국적 소지가 가능하다고 보며 현재 이중국적에 대한 법률문제의 작업이 진행 중에 있고 이것이 이루어질 때 재외동포들의 본국

체재는 물론 재산관리 등이 과거보다 훨씬 편해질 것"23)이라고 말한 데서도 잘 드러난다. 그리하여 국회차원에서 진행되던 제정구, 김원길 등의 입법노력과는 별도로 법무부 국제법무과 소속 검사팀은 2달여 만에 '재외동포의 법적지위에 관한 특례법'(이하 '특례법') 초안을 만들어 입법예고(1998.8.25 법무부 공고 제98-25호, 1997.7 시행예정)를 단행하였다. 당시 특례법 초안은 재외동포를 "대한민국 국민으로서 외국의 영주권을 취득하였거나 영주할 목적으로 외국에 거주하고 있는 자"는 '재외국민'으로, 그리고 "한민족 혈통을 지닌 외국인"은 '한국계 외국인'으로 분리함으로써 재외동포재단법과 같은 혈통주의 입장을 따랐으며, '재외동포체류자격등록'(재외동포등록증)을 한 사람에게는 병역사항만 제외하고 출입국 및 체류, 공직임용・선거권, 부동산・금융・외국환거래, 의료보험, 연금, 국가유공자・독립유공자와 그 유족의 보상금에 관한 특례 등 거의 내국인 수준의 혜택을 부여함으로써 이중국적을 사실상 허용하였다.

셋째 국면은 여론의 비판과 외교통상부와의 파워게임, 그리고 주변국의 외교적 변수 등이 개입되어 법 제정의 취지가 조금씩 달라지는 단계이다. 특례법 초안이 입법 예고되자 단 한 곳의 언론24)을 제외하고는 거의 모든 언론들로부터 집중 공격을 받게 되었고, 단순기능 근로 및 외교국방・정보・수사 등의 취업기회 제한, 부동산 매각대금의 해외유출 방지책 미흡, 병역특례 기준의 악용가능성, 가난한 나라 동포들에 대한 무시・배제, 병역과 납세의무 없이 권리만을 보장하고 있는 점 등은 문제점으로 지적25)되면서 국민들의 여론도 좋지 않았다. 특히 정부 내에서는 국제법 위반과 외교적 마찰을 이유로 외교통상부가 노골적으로 반대(8월)하였고, 공동정권의 핵심축인 김종필 국무총리도 "정부가 재외동포가 현지에서 뿌리를 내리도록 도와줄 필요는 있지만 이들이 본국의 동향에 필요 이상의 관심을 갖는 것은 옳지 않다"며 반대26)하자 특례법안은 방향을 잃기 시작하였다.

또 예상은 했지만 당시 방한한 양원창(楊文昌) 중국 외교부 아주담당 부부장은 선준영 외교통상부차관과의 회담에서 "중국 내 조선족사회와 양국관계를 미칠 부정적 영향을 우려"한다고 특례법 제정에 이의를 제기27)하였고, 우즈베키스탄・러시아 등의 우려와 미국의 비우호적 반응(11.5)28) 등이 감지되면서 특례법안은 재차 수정되어 국회에 제출되었다(1998.12.24)(<표3> 참조). 헌법불합치 사태는 이때부터 예고된 것이나 다름없었다.

<표 3> 재외동포법의 핵심사항 변화

구분	입법예고안(1998.8.25)	수정안(1998.12.24)	비고
법률명칭	'법적지위'	'출입국과 법적지위'	법무부 소관임을 명기
	'특례법'	'법률'	
재외동포의 정의·내용	'한국계 외국인'	'외국국적동포'	중국의 우려와 과거 국적주의가 국제 관행이라는 외교통상부의 견해가 반영
	'한민족 혈통을 지닌 자'	'대한민국의 국적을 보유하였던 자 또는 그 직계 비속'	
이중국적	'재외동포체류자격등록' (일종의 교민증)	'국내거소신고제도'	사실상의 이중국적 포기
특례사항	공직임용과 공직선거 허용	삭제하는 대신 재외국민은 90일 이상 국내체류시 공직선거권 행사 허용. 외국국적동포에게도 일부를 제외한 공직취임만을 허용	납세, 병역의 의무가 없다는 이유. 해외우수인력 유치에 차질 생김

출처: 「재외동포의출입국과법적지위에관한법률안 심사보고서」 (국회법제사법위원회, 1998.8).

넷째 국면은 250만 재중·재CIS 동포사회로부터, 특히 불법체류자의 신분으로 국내에서 불안한 나날을 보내던 재중동포들로부터 한국정부가 불신당하기 시작하는 단계이다. 국회는 정부의 수정안 제출로부터 8개월 후 '재외동포의출입국과법적지위에관한법률'안을 본회의에서 찬성 156, 반대 6, 기권 4이라는 압도적인 찬성으로 통과(1999. 8.12)시켰는데 당시 정부의 관보(1999.9.2)는 재외동포법 제정이유를 다음과 같이 설명29)하고 있다.

> 지구촌시대 세계경제체제에 부응하여 재외동포에게 모국의 국경 문턱을 낮춤으로써 재외동포의 생활권을 광역화·국제화함과 동시에 우리 국민의 의식과 형태와 활동영역의 국제화·세계화를 촉진하고, 재외동포의 모국에의 출입국 및 체류에 대한 제한과 부동산취득·금융·외국환거래 등에 있어서의 각종 제약을 완화함으로써 모국투자를 촉진하고 경제회생 동참분위기를 확산시키며, 재외동포들이 요구하는 이중국적을 허용할 경우 나타날 수 있는 병역, 납세, 외교관계에서의 문제점과 국민적 일체감 저해 등의 부작용을 제거하면서 이중국적 허용요구에 담긴 애로사항을 선별 수용함으로써 모국에 대한 불만을 해소하고, 영주할 목적으로 해외에 이주한 동포 중 상당수가 모국과의 관계가 단절된다는 고립감과 모국에서의 경제활동 제약, 연금지급정지 등을 걱정하여 거주국의 국적취득을 꺼리고 거주국에 제대로 정착하지 못하고 있는 점을 감안하여 재외동포들이 거주국의 국적을 취득·정착하여도 모국과의 관계가 단절되지 아니하도록 하는 등 거주국 정착을 유

도하려는 것임.

그러나 이 내용만으로도 재외동포법이 일부 재미동포들을 위해 입안된 반쪽짜리 법률로 탈바꿈하였음을 직감할 수 있다. 당시 언론의 논조들은 재외동포법이 가난한 나라의 동포들을 차별하는 법이며, 같은 동포를 이념적·체제적인 이유로 구별하는 민족분열법이며, 그동안의 기여도로 볼 때 가장 신경을 써야 할 재일동포들도 배제시킨 법이라는 반응을 보였다.30) 그러나 이런 지적들은 대통령 거부권 행사는 물론 시행령과 시행규칙 등 법률보완과정에서 외면되고 말았다.

이상에서 살펴보았듯 재외동포법은 법률시행까지 네 차례의 국면변화를 겪으면서 기형적인 절충안으로 최종 타결되었다. 당초 법률안의 취지와 입법목적이 아무리 타당하고 시의성이 있다 하더라도 정부부처 내에서의 견해 차이로 입법의지가 크게 퇴색하였고, 특히 우리의 두 번째 투자대상국이자 세 번째 경제교역국으로 급성장한 중국과의 외교적 마찰은 이런 사태를 만드는데 일조하였다.

2. 쟁점사항

가. 재외동포 개념의 충돌

재외동포의 개념이 법률적으로 어떻게 정의되느냐 하는 것은 우리 재외동포정책이 어떤 방향으로 나아갈 것인지를 결정하는 시금석이 된다. 그러므로 개념정의는 헌법-법률(기본법-선법-후법順)-대통령령(시행령)-시행규칙 등에 있어서 일관성이 있어야 하는데 현행법은 물론 여러 시안들까지도 개념정의에 있어 많은 차이점을 보였다.

모든 법률의 모법이 되는 대한민국 헌법 제2조 1항은 "대한민국의 국민이 되는 요건은 법률로 정한다." 그리고 제2항은 "국가는 법률이 정하는 바에 의하여 재외국민을 보호할 의무를 진다."라고 규정하고 있는데 과연 제2항에 규정된 '재외국민' 개념 속에 외국국적을 소지한 재외동포가 포함되느냐 하는 것이 문제였다. 그러나 이중국적을 허용하지 않는 우리 국적법에 따를 경우 헌법상의 재외국민 규정은 '해외거주 대한민국 국적 소지자'에게 적용될 뿐 '외국국적 동포'에 대해서는 적용되지 않는다는 것이 학계의 다수설이다.

그렇다면 논의의 초점은 대한민국 헌법의 정신에 기초하여 입법된 재외동포재단법(1997)과 재외동포법(1999)이 불과 2년 만에 어떤 개념적 변화를 보였는가 하는 점이다(<표 4> 참조).

<표 4> 재외동포 개념의 변천

연도	법안명	제안자	개념정의	특기사항	비 고
1995	세계화추진위원회 (95.10) 「재외동포사회활성화지원방안」		○재외동포: 국적을 불문하고 외국에 거주하는 한민족 통칭(체류자, 영주권자, 시민권자 모두 포함) ○재외국민: 우리 국적을 가지고 외국에 거주하는 자(체류자와 영주권자)	○'재외동포'를 혈통주의 입장에서 개념정의하고 이를 정책대상으로 삼음(1995.12) ○그동안 사용했던 '해외동포', '해외교포' 용어를 '재외동포'로 통일	○김영삼 정부는 세계화추진위원회를 출범(95.1. 21) ○세계화의 관점에서 재외동포정책 추진
1996	재외동포재단법(안) (1996.12)	외무부 (정부안)	○재외동포: 국적을 불문하고 한민족혈통을 지닌 자로서 외국에 거주·생활하는 자 ○재외국민: 대한민국 국민으로서 외국에 장기체류하거나 영주권을 취득한 자	○재외동포(민족)개념을 우리 법률에 처음으로 도입한 사례 ○재외동포가 재외국민보다 개념적으로 훨씬 더 큰 집단으로 정의	○김영삼 정부기에 입법 성공 (97.3.27), 재단 설립(10.30) ○각종 제약의 완화에 중점
1997	재외동포기본법(안) A (1997.11)	제정구의원외 (의원입법안)	○재외동포: 대한민국 국민으로서 외국에 장기체류하고 있거나 영주권을 취득한 자와 국적을 불문하고 한민족 혈통을 지닌 자로서 외국에서 거주·생활하는 자 ○재외국민: 규정 없음	○재외국민과 외국국적동포의 개념을 분리하지 않고 재외동포의 개념 속에 모두 포함시킴	○기본법의 필요성을 역설했으나 입법 실패 ○외무부의 반대가 주효
1997	재외동포기본법(안) B (1997.11)	김원길의원 외 (새정치국민회의안)	○재외동포: 국적을 불문하고 한민족의 혈통을 지닌 자로서 외국에 거주·생활하는 자 ○재외국민: 대한민국 국민으로서 외국에 장기체류하거나 영주권을 취득한 자	○대한민국 국적을 보유한 선조를 기준으로 1/4 이상의 혈통을 가진 자는 한민족 혈통에 해당	○기본법의 필요성을 역설했으나 입법 실패 ○외무부의 반대가 주효(재외동포재단 소관 및 정책의 주무부서 논란)
1998	재외동포의 법적 지위에 관한 특례법(안) (1998.8)	법무부 (정부안)	○재외동포: 규정 없음 ○한국계 외국인: 한민족 혈통을 지닌 외국인 ○재외국민: 대한민국의 국민으로서 외국의 영주권을 취득하였거나 영주할 목적으로 외국에 거주하는 자	○'재외동포' 대신 '한국계 외국인'이라는 개념을 도입 ○체류기간은 2년	○김대중 정부의 선거공약실천차원에서 획기적인 안으로 제출되었으나 대내외적인 반대에 부딪혀 중도 탈락됨 ○외교통상부의 반대(주도권다툼)로 과거국적주의에 의한 수정안 제출

1998	재외동포 기본법(안) C (1998.9)	김원길 의원 외 (수정안)	○재외동포: 기본법(안) B와 동일	○외국국적동포의 범위는 조부, 부 또는 모 혹은 본인이 대한민국 국적을 보유했던 자를 기준	○정부안과의 사전 조율 없이 추진됨으로써 입법에 실패 ○외교통상부의 반대가 주효
			○재외국민: 기본법(안) B와 동일	○대한민국수립(1948) 이전에 해외이주한 외국국적동포는 대한민국국적을 보유했던 것으로 간주	
1998	재외동포 출입국과 법적지위에 관한 법률(안) (1998.12)	정부안 법무부 (정부안)	○재외동포: 규정 없음	○'한국계 외국인' 대신에 '외국국적동포' 개념을 도입함으로써 '혈통주의' 대신 '과거국적주의' 채택 ○'법적지위'가 '출입국과법적지위'로, '특례법'이 그냥 '법률'로 변경 ○무국적자 처리 불명확	○입법성공(99.9.2), 시행(12.3)되었으나 형평성 논란이 끊이지 않았고, 결국 헌법소원의 대상이 됨 ○외교통상부 반대와 중극측 우려로 재중동포를 제외 ○'한국계 외국인' (혈통주의) 개념 포기
			○한국계 외국인: 규정 없어짐		
			○외국국적동포: 대한민국 국적을 보유하였던 자 또는 그 직계비속으로서 외국국적을 취득한 자		
			○재외국민: 특례법 초안과 동일		

출처: 이종훈, 「재외동포법 개정론과 폐지론의 합리성검토」(2004.4.12), 5쪽의 <도표1> 토대로 재구성.

<표 4>에 드러나 있듯 세계화추진위원회(1995)에서 제시한 재외동포의 개념은 중간과정에서 '한국계 외국인'으로 정리되는 듯하다가 결국에는 '외국국적동포'로 귀결되고 말았다. 이처럼 재외동포의 개념은 처음부터 논란이 되고 있었다.

> 이 법에서 "재외동포"라 함은 다음 각호의 1에 해당하는 자를 말한다.
> 1. 대한민국의 국민으로서 외국의 영주권을 취득한 자 또는 영주할 목적으로 외국에 거주하고 있는 자(이하 "재외국민"이라 한다.
> 2. 대한민국의 국적을 보유하였던 자 또는 그 직계비속으로서 외국국적을 취득한 자 중 대통령령이 정하는 자(이하 "외국국적동포"라 한다). < 재외동포법 제2조>

> 법 제2조 제호에서 "대한민국의 국적을 보유하였던 자 또는 그 직계비속으로서 외국국적을 취득한 자중 대통령령이 정하는 자"라 함은 다음 각호의

1에 해당하는 자를 말한다.
  1. 대한민국 정부수립 이후에 국외로 이주한 자중 대한민국의 국적을 상실한 자와 그 직계비속
  2. 대한민국 정부수립 이전에 국외로 이주한 자중 외국국적 취득 이전에 대한민국의 국적을 명시적으로 확인받은 자와 그 직계비속 <재외동포법 시행령 제3조>

즉 동법 제2조(정의)는 재외동포를 '재외국민'과 '외국국적동포'로 구분하고 있다. 그리고 동법 시행령 제3조(외국국적동포의 정의)는 동법 제2조 제2항의 '외국국적동포'의 자격요건을 한정하고 있다. 문제는 '혈통주의' 입장을 취했던 재외동포재단법(1997)이나 다른 입법안(1997, 1998)과 달리 정부 부처 내 반대와 외교적 우려 등의 이유로 법무부가 '과거국적주의'를 수용하였다는 점이다. 이는 두고두고 형평성 시비와 개념상의 혼란을 초래하는 근거로 작용한다. 다시 말해 재외동포재단법은 "국적을 불문하고"라는 표현을 사용함으로써 각국의 국적을 이미 취득한 전 세계 한국인들을 포괄하고 있고, 역사적인 이유로 수십 년 동안 국적을 취득하지 않고 있는 無국적자인 朝鮮籍 재일동포 등도 포함시키고 있다. 이에 반해 재외동포법은 과거 대한민국 국적보유자 중 외국국적 취득자로 개념 규정함으로써 국권 공백기였던 일제식민지 시대에 한반도를 떠났던 대다수 동포들과 그 후손들을 제외시키고 있으며, 조선적 재일동포 등 각국의 무국적 동포들도 재외동포가 아니라고 해석하고 있기 때문에 이것만으로 선법과 후법 사이의 개념적 불연속성을 엿볼 수 있다.

또한 시행령 제3조 제2항의 규정처럼 대한민국 국적을 명시적으로 확인받기 위해서는 외국국적 취득이 적어도 재외국민등록법(법률 제70호, 1949.11.24 제정) 이후이어야 하며, 외국국적 취득 이전에 반드시 재외국민등록을 했어야 한다는 문제도 발생한다.31) 그렇게 된다면 560만 재외동포 중에서 대부분의 재중 및 재CIS동포는 제외될 뿐 아니라 무국적 재일동포(15만)나 1903~1905년 미국으로 이주한 초기 이민자(1만) 등도 '외국국적동포'에 해당되지 않는다. 재외동포법 제4조가 "정부는 재외동포가 대한민국 안에서 부당한 규제와 대우를 받지 아니하도록 필요한 지원을 하여야 한다."라고 명시하고 있음에도 불구하고 재외국민체류자격(출입국관리법 제10조, F-4 비자)이 아닌 자격으로 입국체류32)하고 있는 중국 조선족동포들은 재외동포법이 허용하는 각종 혜택을 받을 수 없는 것이다.

재외동포법의 이런 형평성 문제와 법의 맹점에 대해 해외교포문제연구소(소장 이구홍)와 재외한인학회(회장 이광규)는 중국동포의 집, 우리민족서로돕기운동본부, 세계한민족포럼, 한민족복지재단, 지구촌동포청년연대(KIN), 해외한민족연구소, 경실련 통일협회 등과 함께 '재외동포 특례법안의 문제점과 대안모색을 위한 토론회'(1999.6.4)를 개최33)하여 재중동포와 재CIS동포들의 배제를 재고할 것을 촉구한 바 있다. 그러나 법의 제정이 현실화되자 경실련 등 시민단체들의 도움을 받은 중국국적 동포인 조연섭(75)·문현순(45)·전미라(42) 등은 헌법 제11조 ① "모든 국민은 법 앞에 평등하다. 누구든지 성별·종교 또는 사회적 신분에 의하여 정치적·경제적·사회적·문화적 생활의 모든 영역에 있어서 차별을 받지 아니 한다"는 '평등원칙'에 재외동포법 제2조 2호가 위배되는지를 헌법소원심판청구(1999.8.23)하였다. 그리고 만 2년의 심리 끝에 헌법재판소 전원재판부는 헌법불합치 판결(99헌마494)34)을 선고함으로써 재외동포법은 2003년 12월 31일까지 관련규정을 평등하게 개정하든가 아니면 2004년 1월 1일부로 자동폐기하든가 하는 양자선택의 기로에 서게 된 것이다.

헌법재판소가 내린 헌법불합치 결정요지는 다음과 같다.

<재외동포의 출입국과 법적지위에 관한 법률 제2조 제2호 위헌 확인>
[결정요지]
4. '외국인'은 '국민'과 유사한 지위에 있으므로 원칙적으로 기본권 주체성이 인정된다.
5. 재외동포법은 외국국적동포 등에게 광범한 혜택을 부여하고 있는 바, 이 사건 심판대상규정은 대한민국 정부수립 이전에 국외로 이주한 동포와 그 이후 국외로 이주한 동포를 구분하여 후자에게는 위와 같은 혜택을 부여하고 있고, 전자는 그 적용대상에서 제외하고 있다. 그런데 정부수립 이후 이주동포와 정부수립 이전 이주동포는 이미 대한민국을 떠나 그들이 거주하고 있는 외국의 국적을 취득한 우리의 동포라는 점에서 같고, 국외로 이주한 시기가 대한민국 정부수립 이전인가 이후인가는 결정적인 기준이 될 수 없는데도, 정부수립 이후 이주동포(주로 재미동포, 그 중에서도 시민권을 취득한 재미동포 1세)의 요망사항은 재외동포법에 의하여 거의 완전히 실현된 반면, 정부수립 이전 이주동포(주로 중국동포 및 구소련동포)는 재외동포법의 적용대상에서 제외됨으로써 그들이 절실히 필요로 하는 출입국기회와 대한민국 내에서의 취업기회를 차단당하였고, 사회경제적 또는 안보적 이유로,

당초 재외동포법의 적용범위에 정부수립 이전 이주동포도 포함시키려 하였다가 제외시킨 입법과정에 비추어보면 엄밀한 검증을 거친 것이라고 볼 수 없으며, 도한 재외동포법상 외국국적동포에 대한 정의 규정에는 일응 중립적인 과거국적주의를 표방하고, 시행령으로 일제시대 독립운동을 위하여 또는 일제의 강제징용이나 수탈을 피하기 위해 조국을 떠날 수밖에 없었던 중국동포나 구소련동포가 대부분인 대한민국 정부수립 이전에 이주한 자들에게 외국적 취득 이전에 대한민국의 국적을 명시적으로 확인받은 사실을 입증하도록 요구함으로써 이들을 재외동포법의 수혜대상에서 제외한 것은 정당성을 인정받기 어렵다.

요컨대, 이 사건 심판대상규정이 청구인들과 같은 정부수립 이전 이주동포를 재외동포법의 적용대상에서 제외한 것은 합리적 이유 없이 정부수립 이전 이주동포를 차별하는 자의적인 입법이어서 헌법 제11조의 평등원칙에 위배된다.

6. 법률이 평등원칙에 위반된다고 판단되는 경우에도 그 위헌적 상태를 제거하여 평등원칙에 합치되는 상태를 실현하는 선택의 문제는 입법자에게 맡겨진 일이고, 이 사건 심판대상규정에 대하여 단순위헌결정을 선고하면 외국국적동포의 경우는 재외동포법이 부여하는 지위가 그 순간부터 상실되어 법치국가적으로 용인하기 어려운 법적 공백과 그로 인한 혼란이 야기될 수 있으므로 헌법불합치를 선고하고, 입법자가 합헌적인 방향으로 법률을 개선할 때까지 2003.12.31.을 한도로 잠정적으로 적용하게 한다.

이번 헌법재판소의 판결은 재외동포법에서 규정한 출입국과 기타 법적지위에 대해 역사적 특수성에 따라 본국을 떠났다는 점을 전혀 고려하지 않은 채 국적 취득 여부의 시점으로 정부수립 이전 이주동포와 이후 이주동포 간에 차이를 둔 것을 헌법상 평등원칙 위반으로 해석하여 위헌결정의 일종인 헌법불합치[35]를 선고하였는데 이는 정부의 입법조치가 일관적이지 못했으며, 다분히 상황적·현실 타협적 입법이었음을 지적한 것이다.

나. 이중국적 허용 논란

이중국적에는 출생으로 인한 선천적 이중국적과 자발적 선택에 의한 후천적 이중국적이 있는데 현재 이스라엘, 대만, 영국, 프랑스, 스페인, 그리스, 이태리,

멕시코, 레바논, 남아공 등 약 35개국 정도가 민족적 전통, 인구정책, 투자유인 효과, 그리고 안보국방 등을 이유로 외국국적을 소유한 자국동포들에게 이중국적을 용인하고 있다.(※최근 자료에 따르면 다양한 형태의 이중국적 허용국가는 93개국.36))

한편 재외동포법은 외국에 거주하는 재외동포들에게 실질적인 이중국적의 혜택을 주기 위해 입안된 법률이라고 말할 정도로 우리에게도 이중국적 허용문제는 오랫동안 쟁점사항이었다. 특히 재미동포들 가운데 약 25,000여 명이 '속지주의'(출생지주의)를 택하고 있는 미국 국적법과 혈통주의에 입각한 속인주의를 채택하고 있는 우리 국적법 사이에서 이중국적자로 지내고 있다. 태생적 이중국적자에게만 한시적으로 이중국적 보유를 허용하는 것 이외에는 이중국적을 허용하지 않는 우리 국적법37)은 이들 이중국적자들이 자신의 선택에 의해 외국국적을 취득한 순간부터 대한민국 국적을 자동 상실케 하며, 사업과 출입국 및 체류, 그리고 국내재산권 행사에도 상당한 제약을 받도록 규정하였다.

그리하여 지난 1980년대부터 전개된 이중국적과 관련된 민원들은 미주한인회총연합회가 교민청 신설, 이중국적 허용, 국내재산권 인정, 체류기간 제한철폐 등을 본국 정부에 건의(1994.11.18)38)하면서부터 본격화되었다. 표면적으로는 민족동질성 회복, 민간경제의 국제화, 통일지향적인 차원에서 민족적 사슬을 잇기 위해 이중국적은 불가피하다는 입장이지만 실제로는 한국내 재산권 행사와 한국 관련 사업이나 개인적 교류에 있어서 비자발급과 같은 출입국과 체류의 불편사항을 해소하자는 것이 주목적이었다(<표 5> 참조).39)

<표 5> 이중국적 허용과 관련된 민원노력들

구분	일시	형태	민원인	비 고
1980년대	1982.11.10	정책건의	차종환, 유의영 등 통일연수차 모국 방문한 미주교수 20명	전두환 대통령 면담시
	1988.9.17	주제발표(교민청신설 위한 공청회)	차종환	평화민주당(총재 김대중) 주최, 한국인권문제연구소 후원
	1988.10.2	각 당 총재에게 교민청 신설, 백서 전달	L.A.한인회 김완흠 회장(18대)	민정당, 민주당, 평민당, 공화당
	1988.12.3	『미주농포의 통일의식 구조』 책자 발간	이중국적 및 통일에 관한 설문조사(차종환)	L.A.민주평통에서 발간
	1989.10.18	건의서 제출	L.A.한인회	노태우 대통령 L.A.방문시

1990년대	1990. 1.7~9	주제발표(해외동포권익에 관한 세미나)	차종환	통일민주당(총재 김영삼) 주최
	1993. 10.8	주제발표	차종환	한국인권문제연구소 주최
	1994. 1.10	위원회 결성	미주이중국적추진위원 (위원장 차종환)	본격적인 이중국적취득운동(압력단체) 전개
	1994.8	『귀화동포와 이중국적』 책자 발간	차종환	한국인권문제연구소 발행
	1994. 11.18	건의문 제출	미주한인총연합회	해외동포의 본국내 법적지위향상을 위한 본격적 운동 추진
	1995.6.1	『교포정책자료』 발간	차종환·이구홍	해외교포문제연구소
	1997	국회청원서 제출	L.A.한인회	-
	1998. 2.25	정책포럼 발표	이중국적에 대한 미주동포의 입장	해외교포문제연구소
	1998. 9.14	재외동포특례법통과추진 위원회 결성, 서명서 전달	L.A.한인회 등 40개 단체 (서영석, 차종환 등)	성명서 발표(9.15), 전미주동포 대상 서명운동(9.16)
	1998. 10.13	미주동포 의견서 관계부처에 전달	차종환 등 20명	전미주 재외동포특례법추진위원 회 결성(10.17)
	1998. 11.18	비난 성명서 발표	한인단체장들	법무부안을 반대하는 외교통상 부를 비난
	1998. 12.9	국회에 자체법안 제출	L.A.한인회	체류기간연장, 취업자유, 경제활동, 연금혜택, 선거권 등을 부분적으로 삭제하는 내용
	1998. 12.22	국회통과 위한 로비활동 전개	L.A.한인회	10개 부처에 의견서 제출, 국회 협조요청서 발송(1999.1.4)

출처: 『교포정책포럼: 해외동포 법적지위와 교포사회의 미래상』(해외교포문제연구소·L.A.한인회·뉴욕한인회, 1999.1.29), 15~18쪽을 토대로 재구성.

1994년부터 세계화를 표방하던 당시 김영삼 정부의 '세계화추진위원회'는 재미동포들의 애로사항에 주목하여 이중국적 허용을 한때 공론화(1995.4.11)한 적이 있었다. 그러나 형평성의 문제(납세·병역의무)로 인한 위화감 조성, 이민자에 대한 국내의 부정적 시각('이 땅을 등진 자' 또는; '박쥐'), 재중동포 등의 대량유입과 불법체류로 인한 국내노동시장 질서붕괴와 사회불안 우려, 거주국 정부와의 외교적 마찰, 국제적 추세는 이중국적 허용보다는 해소(국적단일화)에 가깝다는 등의 이유로 반대에 부딪히게 되자[40] 1995년 12월 이중국적 허용논의의 백지화를 발표하고, 그 대안으로 재외동포정책위원회와 재외동포재단 설립을 골자로 하는 '재외동포사회 활성화 지원방안'(1995. 12.18)을 제시하였다.

한편 야당 시절부터 당 외곽조직인 한국인권문제연구소 등을 통해 교민청 설치와 이중국적 허용을 공약하였던 김대중 정부도 애초의 약속과 달리 이중국적을 허용하지 않는 대신 재외동포법의 테두리 내에서 출입국·체류와 부동산·금융·외국환 거래 가능, 의료보험·유공자 보상금 적용 등 각종 혜택을 부여하는 선에서 입장을 정리하려고 시도한 것이 재외동포법 제정이었다.

우리 사회에서는 아직까지 이중국적 허용을 시기상조라고 생각하는 분위기가 우세41)한 편이다. 최근 국무총리 인사청문회에서 '아들의 국적과 병역문제'와 주민등록을 말소하지 않은 채 의료보험 수혜자가 된 것이 빌미가 되어 국회 인준에 실패한 모 여성 총리서리의 경우처럼 이중국적 문제가 도덕성 문제와 직결되고 있기 때문이다. 물론 현실적으로 해당 거주국의 형편에 따라 속인주의와 속지주의가 존재하는 한 이중국적자 발생요인을 원천적으로 제거할 수 없으며, 또한 우리의 국적법이 일정기간 동안 불가피한 이중국적을 허용하고 있는 한 이중국적 그 자체를 시비할 수는 없다. 그렇지만 일부 지도층 자체들 가운데 의무는 피하고 혜택은 취하는 식의 행위는 비난받기 십상42)이므로 거주국과의 특별협약이 없는 한 '단일국적주의 유지'가 현재로서는 중론인 셈이다. 그러나 재외동포사회가 어느 정도 경제적 여유를 갖게 되고, 인터넷시대에 한국과의 네트워크 구축이 훨씬 더 활발해질 경우 지금까지 재미동포사회가 그래왔듯, 그리고 최근의 재유럽동포사회가 자신들의 목소리를 높이고 있듯 이중국적 문제는 또다시 공론화될 사회적 쟁점임에 틀림없다.

다. 재외국민 참정권 허용

헌법상으로만 볼 때 재외동포법에서 가장 문제시되는 것은 재외국민에 대한 참정권 부여 문제이다. 그래서 김대중 정부의 특례법 초안에는 재외국민이 투표일 이전부터 90일 이상 계속하여 국내 거주할 경우 선거인명부에 편성하여 공직선거권을 행사할 수 있도록 규정하였지만 이것 역시 재일동포의 지방참정권 취득에 걸림돌이 될 수 있다는 우려, 상사주재원과 유학생 등 해외장기 체류자에 대한 부재자투표가 현실적으로 곤란하다는 점, 국내정치로 인한 재외동포사회의 분열·갈등 가능성 등의 이유로 국회 심의과정에서 삭제되고 말았다.43) 게다가 일정 연령 이상의 대한민국 국민이라면 법률에 의한 결격사유가 없는 한 선거권(헌법 제24조)과 공무담임권(헌법 제25조)을 가지는 것이 원칙이나 '공직선거 및 선거부정방지법'(1995)에 따라 국내에 주민등록이 되어 있

지 않은 국민(즉 재외국민)은 선거권과 피선거권을 행사할 수 없도록 법제화44)
되어 있는 것도 걸림돌이었다.

  이번 16대 대통령선거에서도 많은 재외동포들이 참정권 허용에 대한 목소리를 높였지만45) 이회창 한나라당 대통령후보는 "재외동포의 권익을 신장시키고 본국과의 유대강화를 적극적으로 돕겠다"는 공약을46), 노무현 새천년민주당 대통령후보는 "재외동포가 민족적 정체성을 유지하면서 거주국에서 중심적 역할을 하도록 적극 지원하겠다"는 공약47)을 내세움으로써 재외국민의 참정권 허용문제는 다음 기회로 넘어가게 되었다. 그러나 재외국민에 대한 참정권 제한을 둘러싼 논란은 위헌 시비48)까지 불러일으키고 있으며, 이를 해소하기 위한 대안으로 "외국거주 일시체류 재외국민→국내 장기체류 재외국민→외국거주 재외국민 순으로 선거권을 부여하자"는 의견49)도 있는 만큼 하루빨리 입장정리가 되어야 할 것이다. 국무조정실 정책평가위원회가 제출한 '재외동포정책 평가 결과'(2002.12.6)도 '해외부재자투표제' 부활요구에 대한 검토가 필요함을 건의하고 있다.50)

    과거 대통령(6대와 7대)과 국회의원(7대와 8대) 선거 시 각 2차례 재외국민(재외공관원, 상사 주재원, 베트남 참전군인 등)에 대하여 해외부재자투표를 실시하였다. 그러나 1972년 관련법 개정(통일주체국민회의법 등)으로 폐지되었으나 해외부재자투표제의 부활 요구 관련 여론이 증대하고, 우리나라를 제외하고는 OECD 가입국 모두가 재외국민의 부재자투표를 인정하는 추세이며, 유학생, 상사주재원 등 해외진출이 계속 증가하고 있고 국민기본권 보장차원에서 동문제에 대한 검토가 필요하므로 해외부재자투표제 적용대상 및 선거의 범위, 투표방법 등 현실적 가능성 등에 대한 기초적 연구가 필요하다. 다만 선거법을 개정하여 해외부재자투표를 부활하는 것은 정치권에서 방침을 결정할 사안이다. 헌법상 독립기관인 '중앙선거관리위원회'에 동평가 내용을 송부, 협조를 요청한다.

  재외 일본인의 경우는 지난 1993년부터 뉴욕과 L.A. 거주 일본인사회가 중심이 되어 전 세계 네트워크를 만들어 일본정부를 상대로 노력한 결과 참정권을 얻어낸 바 있다(1999.4.25).

라. 재중동포 입국제한

 1992년 한·중수교 이후 때마침 불기 시작한 '한국 붐'의 여파로 중국 조선족사회는 연변조선족자치주의 붕괴 가능성으로 몸살을 앓기 시작하였다. 중국 국가민족위원회가 발표한 자료(1997)에 따르면 1990~1996년 사이에 조선족 전체 인구의 약 10%에 달하는 약 20만 명이 중국 발해만 지방이나 북경·상해 등 도시지역으로 이동[51]하였다. 이는 중국의 개혁·개방정책 이후 급변하는 중국사회의 한 조류인 농촌해체현상도 하나의 원인이지만 그것보다는 60~70년대 우리의 '아메리칸 드림'처럼 조선족들에게도 그동안의 오랜 가난에서 벗어날 수 있는 통로가 갑자기 생겼기 때문에 너도나도 한국행 배('코리안 드림')를 탄 것이 더 큰 이유였다.
 그러나 정작 우리 정부는 "조선족은 중국 공민(국민)이라는 인식 아래 조선족사회의 유지 및 안정적 성장을 위해 정치적 색채가 없는 경제, 교육, 사회분야를 지원하며, 밀입국 및 불법취업에 대한 관리방안을 마련한다. 그리고 우리 기업의 중국 동북3성 진출을 장려하며, 조선족학교를 지원한다"[52]는 내용으로 입장을 정리한 상태였다. 즉 이중국적을 인정하지 않는 중국의 입장에서 보면 재중동포는 분명히 '중국인'이며, 우리에게는 같은 혈육이지만 엄연히 '외국인'으로 간주되어 출입국과 체류기준을 강화하였다. 그 결과 한·중수교 이후 약 1만7천 명에 달하는 초청사기 피해자들이 양산되는 사태로까지 악화되었으며, 그 후유증은 가정파괴, 자살, 밀항, 매춘 등으로 이어져갔다. 중국의 한 신문은 이런 조선족들의 '한국 붐' 폐해를 질타하고 있다.[53]

> 우리 민족은 문명한 민족으로, 법 없이도 살 민족으로 존중받아왔다. 그런데 '한국바람'이 불면서 그것이 깨어지게 되었다. '한국 꿈'을 실현하기 위해 법규를 도외시하는 사람이 무더기로 나타났다. 中藥장사, 산업연수, 위장결혼, 밀입국, 불법취업 … 조선족마을에는 총각들이 장가를 가지 못해 심각한 사회문제로 되고 있다. 처녀들은 다 어디로 갔는가. … 30~50% 정도의 학부모가 아이들을 내팽겨 치고 국외로 도시로 나가버렸다. … 돈 때문에 우리는 후대를 잃고 있다. 간부대오가 흔들리면서 조선족 농촌이 흔들리고 있다. …

 그래서 특례법 초안은 이런 입장을 고려하여 일반 외국인에 비해 출입국 및 국내체류에 편의를 최대한 제공하기 위해 '재외동포'라는 체류자격을 신설하여 가장 광범위한 혜택을 주도록 고안되었다. 그러나 정작 시행된 재외동포법에서는 제5조(재외동포체류자격의 부여)의 2항과 같은 유보조건과 국내거소신고를 할 수 있는 자격 취득요건과 활동범위까지 제한하였는데 이는 재중동포들의 국내입국 러시현상을 막아보자는 정책적 의도 때문이었다.

<재외동포법> 제5조 ② 법무부장관은 재외동포체류자격을 신청한 외국국적동포가 대한민국의 안전보장과 질서유지·공공복리·외교관계 기타 대한민국의 이익을 해할 우려가 있는 경우에는 재외동포체류자격을 부여하지 아니한다.

<재외동포법> 시행령 제4조 ② 법무부장관은 재외동포체류자격을 신청한 외국국적동포가 법 제5조 제2항에 해당한다고 의심할 만한 사유가 있는 때에는 외교통상부장관에게 법 제5조 제3항의 규정에 의한 협의를 요청하여야 한다. 이 경우 외교통상부장관은 요청을 받은 날로부터 30일 이내에 이에 관한 의견을 제시하여야 한다. 다만 외교통상부장관이 사전에 제3항의 규정에 의한 의견을 제시한 경우에는 그러하지 아니한다.

여기서 논란이 되는 것은 제5조 2항에 포함된 '외교관계'라는 문구이다. 이는 중국측의 문제제기로 외교통상부가 추가할 것을 요구한 문구로서 '정치적 망명'보다는 재중동포들의 급격한 입국을 염두에 둔 것이었다는 지적이다. '안전보장'[54]이나 '국익'이라는 문구와 중복되고 있으며[55], '공공복리'의 범위가 누구를 위한 공공복리인지, 그 범위는 어디까지인지 불분명하게 규정함으로써 개념정의에 이어 또 다른 형평성 문제가 야기되었다.

현재 불법체류 외국인 근로자는 외국인 산업연수생 신분으로 입국하였다가 근무지를 이탈한 경우와 관광내지 친척방문 목적의 비자를 발급받아 입국 후 귀국하지 않고 불법체류자가 되어 취업한 경우로 크게 구분된다.[56] 1997년에는 국내 체류하는 재중동포 8만3천여 명 중에서 불법체류자가 약 5만 명 정도였으나[57] 2002년 1월 31일 현재, 7만2천여 명으로 늘어났다.[58]

<표 7> 불법체류자 현황(2002.12.31 현재)

계	중국 (조선족)	태국	필리핀	방글라 데시	베트남	몽골	우즈베 키스탄	파키스탄	러시아	기타
289,239	149,346 (79,737)	19,934	18,128	16,170	14,445	16,170	7,540	6,369	4,626	39,043

출처: 법무부 보도자료(2003.1.9).

또 최근에는59) 불법체류외국인의 국적은 총 155개국에 달하며 그 숫자는 2001년보다 무려 11%가 늘어난 289,239명으로 집계되는데(<표7> 참조) 이들 불법체류자 289,239명 중에 단기체류목적 입국자는 72%(208,782명)이며, 조선족동포는 약 27.5% (79,737명)나 된다.

이처럼 법과 제도적으로 재중동포들에 대한 입국제한 조치를 취한다 하더라도 중국과 한국간의 실질 임금격차(약 20배)가 해소되지 않는 한 현재로서는 재중동포의 입국러시60)를 막을 방도가 없다. 취업허가와 체류허가가 없는데도 이들의 불법 여권위조나 위장결혼, 심지어 밀입국은 지금도 그치지 않고 있다. 그리고 하루하루를 비인도적 대우나 강제출국의 불안 속에서 살아가는 이들의 인권침해는 고사하더라도 중국으로 돌아간 뒤에 갖게 될 한국의 대외적 이미지 손상과 반한감정61)은 불을 보듯 명확해진다. 국내 불법체류 신분의 조선족동포들이 한국에서 받았던 막대한 피해와 불이익이 어떤 형태로든 우리에게로 되돌아올 것이기 때문이다.

중국 조선족동포들만큼 우리의 언어, 문자, 풍속습관, 윤리도덕, 심리기질, 모국과의 친근감 등 한민족으로서의 민족성을 유지·발전시켜온 동포사회도 없다면, 그리고 향후 남북관계에서도 모종의 역할을 담당케 할 최적의 인적자원이라면 지금부터라도 불법체류신분의 국내거주 조선족들이 갖고 있는 반한감정과 현재 중국거주 동포들의 민족의식 약화현상에 대비한 보다 전향적인 동포정책이 노동인권차원에서라도 하루빨리 수립되어야 할 것이다.

마. 법의 한시성과 차별성

현재 재외동포와 관련된 법체계는 두 가지이다. 즉 재외동포기본법이 제정되지 않은 채 '국적법'을 기본으로 하여 전체 재외동포를 대상으로 '혈통주의'에 입각한 재외동포재단법과 일부 재외동포들의 경제적·법적 권리에 혜택을 부여하는 '과거국적주의'에 입각한 재외동포법이 그것이다. 그 중에서도 WTO와

OECD 가입국가로서 우리 정부가 재외동포들에게 특정 외국인에게 특혜를 주는듯한 현행 재외동포법은 '외국인 차별'[62]이라는 오해를 받기에 충분하다. 다시 말해 법무부가 밝히고 있듯 2002년 12월 31일 현재, 재외동포 거소신고자는 총 48개국 19,209명인데 이들은 재외동포법이 부여한 각종 혜택을 누리는 데 반해 등록외국인 총 252,457명과 합법적인 단기체류자 357,340명은 같은 외국인이면서도 전혀 다른 대우를 받고 있다는 지적 때문이다.(<표 8> 참조).

<표 8> 체류외국인 및 외국국적동포 국내거소현황(2002.12.31 현재)

계 (181개국)	단기체류자 (170개국)	등록외국인 (159개국)	외국동포 거소신고자(48개국)							
			소계	미국	캐나다	호주	독일	뉴질랜드	일본	기타
629,006	357,340	252,457	19,209	14,785	2,015	1,235	290	269	148	467

출처: 법무부 보도자료(2003.1.9)

<표 8>에서 나타나듯 국내거소신고를 한 재외동포의 97.5%는 미주·대양주·유럽·일본거주 동포들(한국계 외국인)이다. 이는 전체 재외동포의 절반을 차지하는 중국이나 CIS지역동포들에게는 재외동포법이 무용지물이며, 그동안 본국과의 관계에서 가장 기여도가 높았던 재일동포에게도 별다른 유익이 없다는 점을 단적으로 나타나고 있다. 이런 수치만으로도 현행 재외동포법은 전체 재외동포의 포괄적 권리·의무관계를 다루지 못한 채 불과 2만여 명을 위해 만들어진 한시적·불완전한 법이자 지역차별적인 법이라는 평가를 받고 있는 것이다.

이밖에 90일 이상 체류 재외동포에게 가입이 허용된 의료보험(제14조) 조항 역시 가뜩이나 적자운영중인 상태에서 재외국민의 경우에는 가입이 불가능하고, F-2 비자 소지 외국인만 가능한 것과 비교할 때도 형평성 문제가 제기된다.

이상으로 재외동포법은 재외동포의 개념을 정의(2조)하고, 그들에게 출입국상의 편의를 제공(5조)하며, 국내거소를 필한 재외동포의 경우에는 국내 거소신고증을 발급(7조~9조)함으로써 2년간 체류 연장 가능, 재입국 허가 없이 자유로운 출입국 가능, 취업과 부동산 취득·보유·처분 가능, 국내 금융기관 이용 가능, 90일 이상 체류시 의료보험 적용 가능 등 외국국적동포 및 재외국민의 국내에서의 법적 지위를 향상시켰다는 중요한 의의에도 불구하고 개념상의 불평등성, 편법적인 이중국적 허용, 재외국민의 참정권 제한, 특히 재중동포의 입국제한, 주무부처의 혼선, 그리고 기본법 부재로 인한 법성격상의 한시성·차별성 등의 문제점이 지적되고 있다.

물론 이런 평가가 나오게 된 배경으로는 IMF 경제위기를 조속히 타개하려던 김대중 대통령의 의지가 야당 시절부터 재미동포들에게 약속했던 교민청 설치와 이중국적 허용을 일정부분 수용해야 한다는 정치적 부담감과 뒤섞여 일관적으로 작용하지 못했다는 점, 정부부처간의 이견 대두, 그리고 중국의 반대논리에 적절히 대처하지 못한 우리 외교력의 부재 등에서 그 원인을 찾을 수 있다.

그러므로 이제부터라도 재외동포법이 안고 있는 여러 가지 불합리와 애매모호함을 제거해야 한다. 특히 우리 재외동포정책이 수립되게 된 역사적 배경과 그동안의 진전들을 곰곰이 되짚어보면서 우리 국민들과 전체 재외동포사회의 지혜를 한데 모으는 노력이 선행되어야 한다. 우리 정부는 늦은 감은 있지만 이런 점들을 인식하고 '체류자'는 신변보호, 민원처리 및 해외부재자투표의 검토대상으로, '영주권자'는 신변보호, 민원처리의 대상이나 거주국내 정착지원대상으로, 그리고 '외국국적동포'(시민권자)는 한민족정체성을 유지하면서 거주국내 주류사회 진출지원대상 등으로 재정리할 계획으로 있다.63)

제3절 헌법 불합치 결정 이후 개정논의

헌법재판소가 재외동포법 제2조 2항과 시행령 제3조에 대해 헌법불합치 결정을 내린 이후 재외동포법 개정 논의는 '개정론'과 '폐지론'의 팽팽한 대립 속에 '대체입법론'이 차선책으로 대두되는 방향으로 전개되고 있다. 즉 제로섬(zero-sum)적인 개정론이나 폐지론보다는 양쪽 견해를 모두 수렴할 수 있는 (가칭) 재외국민기본법·재외동포기본법과 같은 법률을 새롭게 입법하거나 아니면 기존의 재외국민등록법(1949.11.24 제정, 1999.12.28 개정, 2000.2.28 시행)64)을 개정하는 것이 더 합리적이라는 입장이다.

여기서는 개정 반대론과 개정 찬성론의 입장, 그리고 정부의 고민에 대해 살펴본다.

1. 개정 반대론

현재 재외동포법 개정에 대해 가장 민감한 곳은 중국이다. 제정 당시 예민한 반응을 보였던 중국은 헌법재판소 판결 이후 재외동포법 개정 움직임에 대해서도 극력 반대하고 있다. 국회 한중포럼 창립총회 특별강연(2001.12.6)에서 리빈(李濱) 주한중국대사는 "재중조선족은 핏줄로는 한국 국민의 동포이지만 중국국적을 갖고 있는 56개 민족대가정의 일원이므로 한국이 재외동포법을 수정해 1948년 정부수립 이전에 해외로 이주한 재외동포와 그 후손을 재외동포로 인정할 경우 한·중관계를 잘 고려해서 처리"65)하라는 견해를 노골적으로 밝혔으며, 2002년 1월 초에는 조선족동포사회 실태조사를 위해 입국비자를 신청했던 우리 국회 인권포럼 소속 의원 4명의 비자발급을 거부하기도 하였다.66)

이런 중국측의 반대는 중국내 조선족이 중국내 55개 소수민족들 가운데 자신의 땅 바깥에 조국을 갖고 있는 소수민족이라는 이유 이외에도 한국이 조선족을 재외동포법상 '재외동포'로 인정하여 우대하게 되면 이들의 대규모 이동으로 연변조선족자치주 등 동북3성의 조선족사회의 존립 자체가 위태롭게 될 것이고, 특히 한국의 발언권이 중국 땅에까지 행사하는 일종의 내정간섭을 우려하기 때문인 것으로 해석된다. 이처럼 재외동포법 개정문제는 중국정부의 소수민족정책과 직결된 국제적·외교적 문제이며, 어떻게 개정되느냐에 따라 향후 중국조선족사회의 미래가 좌우될 수 있는 중요한 과제임에 틀림없다.

그렇다면 우리 외교통상부는 이런 중국측의 우려에 대해 어떤 입장을 갖고 있는가? 지난 2000년 7월 4일, 세계 50개국 280여 한인대표들이 모인 '제1차 세계한인회장단 모국워크숍' 환영사에서 당시 이정빈 외무장관은 "어떤 지역의 동포도 경제활동 등 불이익을 받지 않도록 지속적으로 재외동포법의 보완책을 수립, 시행해 나가겠다"67)고 밝힌 바 있으나 재외동포법에 대한 외교통상부의 입장68)은 예나 지금이나 변함이 없다.

> 첫째, 우리 정부의 재외동포 개념 속에는 중국, 독립국가연합지역 거주동포('재외동포재단법'상 혈연주의)들도 당연히 포함된다. 다만 재외동포법은 "국내에서의 경제활동을 하는 재외동포(국적주의)의 체류나 경제활동상의 규제완화를 목적으로 제정된 법이므로 재중동포 등은 제외되었을 뿐이다.
> 둘째, 재외동포법은 일정기간이 지나 외국인들의 한국 내 활동이 전면 개방되면 자연히 특례법으로서의 의미가 퇴색될 '한시적 법률'이다.
> 셋째, 국가통합과 단결차원에서 매우 민감한 소수민족문제를 우리 정부가 완전히 무시할 수 없으며, 이들 국가의 국민인 '재외동포'를 우리 국내법으로 규율할 경우 외교적 마찰은 불가피하며, 혈통에 따라 한민

족만을 우대하는 것 또한 국제관례가 아니다.
넷째, 이상과 같은 사정으로 인해 관련부처가 협의한 최선의 결과이므로 일부지역 동포들이 제외된 것을 너무 정서적으로만 보지 말고 냉정한 시각으로 이해해 달라.
다섯째, 재외동포법으로 인해 중국동포 등에 대한 기존의 혜택에는 변화가 없으며, 앞으로 기존의 재외동포재단을 통해 재외동포지원사업을 더욱 확대하고 국내체류동포들의 지위향상을 위한 각종 정책을 수립, 실시할 것이다.

여기서 우리는 외교통상부가 재외동포법 제정에 왜 반대해왔는지 그 이유를 짐작할 수 있다. 즉 재외동포를 이중적 잣대로 구분하며, 재외동포법을 한시적 법률로 생각하며, 그리고 외교통상부 산하의 재외동포재단을 통해 재외동포정책을 일원화하려는 의도 등이 그것이다. 김영삼 정부 당시의 정부기구 축소에서도 동포업무를 담당하던 3개 과를 1개 과로 줄였던 외교통상부로서는 헌법불합치 판정 이후 중국정부를 설득하기보다는 재외동포법의 폐지론을 선호하는 입장을 보이고 있다. 이는 "헌법, 국제법, 국제관계가 우선적으로 검토되어야 하고 정치적·사회적 검토는 배경적 검토가 되어야 할 것"[69]이라는 외교통상부 관계자의 말에서도 나타난다.

결국 외교통상부는 2002년도 재외공관장회의 제5차 회의(2002.2.10)에서 재외동포법 개선입법문제를 국내외적으로 매우 민감한 사안으로 규정짓고 "의원발의 개정법률안이 국회에 제출되어 있고, 주무부처인 법무부의 검토가 진행 중임을 감안, 우리 부도 이와 관련된 제반 문제점을 최소화하고 재외동포 간 불평등이 해소될 수 있는 방안을 다각적으로 신중히 검토해야 한다"고 결론지은 바 있듯이 재외동포법 개정보다는 재중·재CIS 동포들에게 실질 혜택을 넓힌다는 취지에서 재외국민등록법이나 해외이주법, 여권법 개정 등을 선호할 것으로 예상된다.[70]

그렇더라도 외교통상부는 우리의 재외동포법이 재중동포에게 이중국적을 허용하는 일종의 '국적법'이 아니라 대만·마카오·홍콩주민은 물론 중국계 외국인인 화인(華人)까지 음으로 양으로 지원하는 중국의 화교정책과 같은 맥락의 것임을 적극 설명하는데 노력을 아끼지 말아야 할 것이다. 한편 중국정부나 우리 외교통상부의 입장은 일부 국제법학자들의 논리로써 더욱 뒷받침되고 있다. 그 대표적인 논리는 정인섭(서울대)의 견해[71]이다.

첫째, 전형적인 인종차별 입법인 재외동포법은 국제인권규약과 인종차별 철폐협약 등에 위반된다.
둘째, 외국국적의 동포가 한국 내에서 다른 외국인보다 불합리한 차별을 받아온 것만은 아니다.
셋째, 인권조약의 대상과 목적에 비춰보더라도 한민족에 대한 우대는 합법적이지 못하다.
넷째, 재외동포법은 폐지하고 국제규범이 허용하는 범위내에서 개별 국내법을 정비하여 동포들에게 실질적인 혜택을 주는 것이 바람직하다.

또 그는 「재외동포법의 재검토」라는 주제의 학술대회 토론에서도 재외동포법 개정보다는 개별법에 의한 문제해결을 재차 강조[72]하였다.

출입국관리법 시행령에서 F-4 정의조항만 수정한다면 재외동포법이 당장 없어지더라도 문제가 없다. 즉 출입국관리를 외국인은 외국인등록제로, 재외국민은 주민등록법 또는 현행 거소신고제로 하면 될 것이고, 취업이나 경제활동은 우리의 개방화·국제화에 발맞춰 외국인 취업완화방향으로 하고, F-4 자격의 재외동포들도 국내법인이나 일정규모 이상의 사업장에 취업하면 즉시 취업허가를 내주는 식으로 개방하면 된다. 단순노무분야는 일본처럼 국가가 관리하면서 희망자들에게는 한국어와 한국역사시험을 부과하는 것은 국제법 위반이 아니다. 그리고 표면적으로는 화교와 화인을 구별하면서도 실제로는 우대를 하는 중국의 경우처럼 국제규범에 위반될 것들은 처음부터 피하는 지혜가 아쉽다.

한마디로 말해서 국제법적 측면의 폐지론[73]은 국제화시대에 혈통을 기준으로 외국국적동포를 우대하고, 기타 외국인과 다른 법적 처우를 하는 것은 헌법뿐 아니라 국제법이나 국제규약에 위반되므로 동포정책의 관점이 아닌 보편적 인권의 관점에서 접근해야 한다는 것이다. 그러나 이 주장대로 재외동포법을 폐지하고 하위법령만을 기술적으로 개정한다고 하더라도 중국과의 외교적 마찰이 최소화되지도 않으며, 조선족동포 등 외국인노동자문제는 여전히 남아 있을 것이라는 점에서 재외동포법 '폐지'만이 능사가 아니라는 반론도 제기된다.

2. 개정 찬성론

개정 찬성론은 어떤 형태로가 되었든 재외동포법이 유지·확대되어 기존의 혜택이 모든 재외동포들에게 골고루 돌아가야 한다는 입장이다. 그중에서도 관련 시민단체들은 개정여론을 조성할 뿐 아니라 실력행사도 불사하고 있다. 중국 조선족동포를 재외동포로 인정하는 내용으로 재외동포법을 개정하라는 목소리는 이미 헌법불합치 결정 이전부터 있었다.74) 그러나 정부가 좀처럼 개선입법 조치를 취하지 않자 시민단체들은 현행 외국인노동자제도 개선을 강도 높게 요구하고 있다.75)

> 첫째, 입국규제 철폐와 자유왕래를 허용하라.
> 둘째, 조선족을 포함한 외국인노동자의 취업자 숫자와 취업분야를 전면 재조정하라.
> 셋째, 현재의 산업연수생 제도와 고용허가제를 동시 병행하라.
> 넷째, 이미 국내체류하고 있는 조선족 등 외국인노동자에게는 '인정 어린 추방정책'을 실시하라.
> 다섯째, 새 제도가 시행되면 그때는 불법체류자를 가차 없이 추방하라.
> 여섯째, 중국조선족사회 발전을 위한 대책 및 국내체류 조선족과 외국인 노동자 지원대책을 획기적으로 강화하라.

특히 '재외동포법개정대책협의회'(2001.11.23 결성)는 정부당국과 국회의원들에게 '재외동포법, 또 졸속으로 만들 텐가?'라는 성명서를 통해 조속한 개정을 촉구하였다.

> 3. 헌재의 판정 이후 되풀이해서 국제법 원칙 운운하는 재외동포 주무부처에 대해 각국 해외동포들은 "테이블 위의 국제법 논리 설파에 앞서 해외동포들의 삶과 현실을 구체적으로 이해하려 했는가"를 묻는다. 혈통주의 입법이 국제법에 반한다는 전통적인 외통부의 입장대로라면 재외동포의 개념을 "국적을 불문하고 한민족의 혈통을 지닌 자"로 규정한 재외동포재단(외통부 산하)의 재외동포재단법 또한 국제법 원칙에 반하는 법인가? … 한편 현행 재외동포법 제정 당시 '과거국적주의'란 논리로 입법을 주도했었던 법무부에 대해 법무부가 유사 입법사례로 들었던 아일랜드, 그리스, 폴란드에

서의 입법례와 이스라엘, 독일, 인도, 중국 등의 입법례 및 법 운용 현실을 면밀히 검토했는지, 그리고 도대체 세계 어느 나라에 그러한 차별적 입법례가 존재하는지 묻는다. …

5. 또한 지난 12월 21일 국가인권위원회(이하 국가인권위)는 지난 12월 12일 국회법사위가 의견을 요청한 위의 2개의 개정법률안(한나라당 이주영 의원이 대표발의한 개정법안, 민주당 송석찬 의원이 대표발의한 개정발률안)에 대해, 두 개정안 모두 국제인권법과 헌법재판소가 제시한 합리적 차별의 범주를 충족시킬 수 없는 문제점을 지적하며 충분한 연구와 검토를 거친 후 개정할 것을 권고했다. 우리는 20만 명 이상으로 추정되는 조선적 재일동포를 개정 법률에서 배제할 가능성이 있다는 국가인권위의 세밀한 지적을 환영하며 정부와 국회는 이 권고안을 수렴하여 입법에 적극적으로 반영시킬 것을 요구한다.

그리고 '평등한 재외동포법개정촉구연대집회'(2002.5.12) 역시 불법체류사실을 신고하는 동포들에게 1년간의 출국유예기간을 주겠다는 법무부의 '불법체류방지종합대책'을 강력히 반대하면서 시위농성까지 불사하였다.

3. 헌법재판소의 판정 이후 정부는 법개정에 책임 있는 모습과 노력을 보여준 적이 있는가? 오히려 외교통상부는 사대적인 '외교마찰논리', 근거 없는 '중국정부의 개정반대 입장'을 내세워 법개정을 방해해 왔다. 또한 노동부 역시 노동시장 교란을 내세워 동포법 개정을 반대하고 있다. … 노동부의 입장은 이기적인 경제안보논리며 반민족적인 것임을 지적하고자 한다. 남과 북이 민족통일을 추구하는 이때 동포들이 고국에서 3D업종에 종사하며 스스로 가난을 극복하고자 노력하는 것은 누구도 막을 수 없는 역사의 흐름을 밝히고자 한다.
<우리의 주장>
- 300만 재외동포들을 포함시켜 평등한 동포법으로 개정하라.
- 15만이 넘는 불법체류 중국동포들을 즉각 사면하라.
- 법무부의 '불법체류방지종합대책'은 미봉책이다. 근본적인 해결책을 강구하라.
- 근거 없는 '중국과의 외교마찰' 운운하며 동포법 폐기론을 내세우는 외교통상부는 각성하라.

- 중국동포의 유입에 따른 노동시장 교란설은 근거 없다. 노동부는 정확한 근거를 제시하라.

이런 시민단체들의 움직임과 함께 재외동포문제 전문가들은 여러 각도에서 '폐지론'에 대한 반론을 제기하고 있다. 우선 백충현(서울대)은 "국가의 권리·의무관계 속에서 제3국에 대해 또는 국내법으로서 외국인에게 부담을 주고 의무를 부과하는 것은 국제법 위반이지만 권리나 혜택을 더 주는 것이 반드시 국제법 위반은 아니다. 인권규약에서도 그런 법위에서 얼마든지 허용 가능하다"는 다소 중립적인 입장이다.76)

노영돈(인천대)는 "혈통주의는 국제법 위반이며, 과거국적주의가 국제관행이라는 것은 사실과 다른 주장이다. 혈통주의에 의하여 재외동포에게 본국이 여러 가지 혜택을 주거나 심지어 본국 국적을 부여하는 나라도 있다. 동포와 비동포를 구별하여 출입국과 법적 지위에 차이를 두는 재외동포법은 국제인권규약 위반이 아니다. 국적에 따라 재외국민과 외국국적동포간에 차이를 두는 것은 정당하다. 다만 일부는 재외동포이고 일부는 재외동포가 아니라는 것은 차별이다"77)는 매우 적극적인 입장이다. 이들의 견해는 재외동포법 폐지론에 대한 국제법적 반론인 셈이다.

이종훈(국회도서관)은 "정부가 조금이라도 식민지배의 역사성을 중시한다면 혈통주의적 표현은 피하면서도 해방 이전 해외이주민들에게 대한민국 국적을 부여할 수도 있고, 독일과 이스라엘처럼 모국귀환도 허용할 수 있다고 본다. 그리고 기타 외국국적동포나 무국적동포를 개별법령에서 혜택을 부여하는 조건이라면 재외국민보호법이나 재외국민기본법으로의 대체입법도 좋다"는 견해를 가지고 있다.78)

그리고 이광규(재외한인학회)는 "연수생 제도만으로는 한국에 돈 벌러 오는 중국조선족들을 다 수용할 수 없고, 불법취업자 발생이 불가피하므로 노동허가제 도입을 고려해봄직 하다"는 입장79)을 표명하였다.

반면 이진영(경희대)은 재외동포법 개정반대 및 조선족문제를 놓고 중국과 직접 협상할 것을 제안80)한다. 즉 우리 외교통상부가 중국정부의 반대 입장을 무조건 수용할 것이 아니라 현행 재외동포법의 취지를 유지하면서도 상호 '윈-윈'할 수 있는 '한·중의정서'81)와 같은 대응논리를 제시하여 적극 협상할 것을 요구하고 있다.

설동훈(전북대)은 "재외동포 체류자격은 참정권과 병역의무가 배제된 출입국

・체류・취업의 편의만 제공하는 것이며, 한국도 이중국적을 허용하지 않는다는 점을 중국정부에게 강조하여 외교적으로 설득하는 한편, 재중・재CIS 동포의 급격한 유입으로 국내노동시장이 교란되지 않도록 거주국별로 연간 재외동포 사증 발급건수를 제한"할 것을 제안하고 있다.[82]

이들은 재외동포법 개정과 관련하여 외교통상부의 대중국 외교력을 촉구하는 입장이다.[83]

3. 정부의 고민

사회적 현안문제가 쟁점화 될 때는 언론의 역할이 중요한데 우선 개정 반대론을 주장하는 언론은 '개별법'에 의한 개정과 '현지화정책'을 강조한다.

> 첫째, 재외동포법 개정이 아니라도 출입국관리법, 건강보험법 등 개별법을 손질하면 재외동포들의 국내활동에 전혀 불편함이 없다. 둘째, 불필요한 입법으로 소수민족문제에 민감한 중국, 러시아 등과 외교적 마찰을 자초한 것은 잘못된 일이다. 셋째, 보편성의 결여이다. 동포의 범위를 '정부수립 이후 이주자'로 한정한 근거가 논리적이지 않고 설득력이 없다. 재외동포법은 재미동포를 위한 '위인설법'(爲人設法)이다. 넷째, 재외동포법은 일반 국민의 건전한 가치관에도 배치된다. 다섯째, 교민정책은 동포들이 살고 있는 곳에서 뿌리를 내리도록 돕는데 주안점이 두어져야 한다. 감상적으로 역이민을 충동질해서 얻을 실익이 무엇인가.(《한국일보》 2002년 1월 15일자 「오피니언」)

> 현행법의 혜택범위를 줄이면서 합리적인 기준을 통해 동포별로 출입국과 취업 등의 기회를 평등하게 제공하는 방향으로 개정하는 것도 생각해볼 수 있다. 재외동포문제를 단일법에 의해 규정하는 것이 과연 바람직한지 원점에서부터의 재검토도 필요하다. 어떤 경우든 개정작업에 있어서는 차별・졸속 입법논란이 다시 일지 않도록 엄밀한 검증과 광범위한 여론수렴 작업을 거쳐야 할 것이다.(《국민일보》 2001년 11월 30일자 「사설: 재외동포법 손질 서둘러야」)

이에 반해 개정 찬성론을 주장하는 언론은 '동포애'를 강조하고 있다.

명동성당 앞에서 농성을 벌이던 조선족들이 '재미동포를 우대하면서 힘없는 우리들을 괄시하고 동포대우조차 하지 않는다'고 항변한 것은 당연하다. 조선족은 동포애로 감싸줘야 한다. 우선 재외동포법을 고쳐서 조선족을 재미동포와 똑같이 대우해야 한다. 한국 내에서도 더 이상 조선족에 대한 노임체불과 같은 인권탄압이 없어져야 한다. 광대한 중국 땅이나 옛 소련 땅에 거주하는 재외동포는 장차 국가발전의 자산이며 동반자가 될 것이다. 마치 전 세계에 퍼져 있는 화교들이 중국의 자산인 것처럼 조선족 역시 우리의 소중한 동반자다.(≪세계일보≫ 2000년 3월 13일자 「신찬균 칼럼: '조선족' 동포라고 부르지만」)

그러나 대부분의 언론은 개정 찬성을 전제로 우리 정부의 '차별 철폐'와 '외교력 발휘'가 중요하다는 입장이다.

세계 각국은 대부분 자신들과 특수한 관계에 있는 집단이나 민족 등에 대해 우호적 조치를 규정하고 있다. 중국도 적극적인 화교, 화인 우대정책을 취하고 있다. 또 우대를 넘어 혈통주의에 입각해 이중국적을 허용하는 국가들도 있다. 따라서 중국 등이 이 문제에 대해 부당한 압력을 행사한다면 정부는 이를 내정간섭으로 간주해 단호히 대처해야 한다. 또 우리의 재외동포 우대정책이 기본적으로 폐쇄적 민족주의가 아님을 적극 설명하고 이들을 납득시킬 수 있는 논리를 개발해야 할 것이다.(≪중앙일보≫ 2001년 12월 1일자 「사설: 재외동포 어떻게 끌어안나」)

개정법안의 원칙과 방향은 분명한가. 출입국과 취업의 개방에 따른 문제점을 면밀하게 따져보되 적극적인 자세로 동포들의 능력과 힘을 활용할 수 있는 길을 열어둘 일이다. 중국 또는 러시아 쪽과의 외교적 문제 역시 우리가 '정치적' 의도를 자제할 때 크게 비화되지는 않을 것으로 판단된다.(≪한겨레신문≫ 2001년 12월 1일자 「사설: 재외동포법 '헌법불합치' 결정」)

우리가 중국동포들의 중국의 국적을 무시하는 게 아니라 한국 안에서의 권익보호임을 설득할 필요가 있다. 국내 노동시장의 교란 우려와 관련해서 법무부는 '현행 재외동포법상의 혜택'을 축소하는 쪽을 고려하고 있다고 한다. 혜택을 늘리든 축소하든 중국·러시아 거주 동포들에 대한 차별은 이참에 철폐돼야 한다. … 법개정은 서두는 게 마땅하다. 법이 개정되기까지는 불법입국 중국동포들에 대한 현행법의 적용도 다소 신축적인 접근이 바람직하다고 생각된다.(《대한매일》 2001년 12월 1일자 「사설: 중·러 동포 차별 철폐 계기로」)

결국 재외동포법이 안고 있는 동포차별적 요소를 어떻게 슬기롭게 해소하느냐가 관건인 셈인데 정부로서는 위에서 언급된 개정 반대론과 개정 찬성론의 논리상 장단점은 물론 여론의 추이를 세심하게 살펴보면서 재외동포법 개정과 관련된 해법을 찾아야 한다.

이를 위해서는 무엇보다도 재외동포법 개정 실무를 맡은 법무부가 주도적 역할을 해야 하는데 정부 부처내 역학관계나 법무부 자체의 대응논리 부족으로 인해 현재까지 법무부의 개정노력은 매우 미약한 편이다. 헌법재판소가 재외동포법 위헌여부를 심리할 당시 법무부가 제출한 소견서[84] 내용만을 보면 법무부의 개정의지를 얼마나 신뢰할 수 있을지 의문이 생긴다. 법무부의 논리들은 그 순서만 바뀌었을 뿐 외교통상부가 재외동포법 제정 당시 제기한 반대논리와 거의 흡사하기 때문이다.

> 출입국 등에 대한 규제가 완화될 경우 노동능력이 있는 중국동포의 대거 유입으로 인해 엄청난 사회적 문제를 야기할 수 있으며, 아직 해소되지 않고 있는 남북 대치상황에서 손쉬운 잠입통로로 악용될 위험이 높아 심각한 안보문제를 유발할 수도 있고, 또한 정부수립 이전 이주동포를 재외동포법의 적용범위에 포함시킬 경우 소수민족에 대한 간섭을 우려하는 중국과의 외교적 마찰을 피하기 어렵다. 따라서 재외동포법은 입법자가 국내의 사회 경제적 안정과 불의의 위해방지를 위해 출입국 등에 대한 규제를 완화하는 재외동포의 범위를 합목적적으로 결정한 것이다.

그리고 지난 2002년 3월, 「불법체류방지종합대책」을 통해 총 25만6천여 명의 불법체류자가 신고하는 성과[85]를 거두었던 법무부는 2003년에도 '출국유예기간 연장신청기간'(1.13~2.22)를 설정하여 상당수의 불법체류자의 신고를 유도하고 있다.[86] 그러나 체류기간 3년 이상자, 미신고 불법체류자, 자진신고자 중에서 위조·변조여권 사용자, 밀입국자, 유흥업소 종사자에 해당하는 상당수의 재중동포들은 대상에서 제외되고 있다. 사정이 이와 같다면 일련의 법무부

조치들과 국회 법제사업위원회가 법무부와 외교통상부에 각각 권고한 3개 항의 제도개선사항(1999.8) 간에는 엄청난 벽이 있는 것이다.

> 첫째, 재중동포, 구소련지역 동포 및 일본의 조선적 동포와 그 자녀가 한 국국적의 취득을 원할 경우 이를 용이하게 한다.
> 둘째, 한국 내 불법체류동포들의 안정적 생활과 귀국을 보장하기 위하여 근본적인 제도개혁을 마련하고 국내체류동포를 지원하는 민간활동에 대하여 재정적으로 지원하도록 노력한다.
> 셋째, 국내체류 조선족을 우리가 돌보아야 할 동포로 간주하는 정책을 채택한다.

법무부는 여전히 출입국관리와 안보상의 문제를 최우선적으로 고려하는 차원에서 재외동포법 개정시한인 2003년 12월 31일까지 불법체류 외국인노동자들을 출국시키는데 더 많은 노력을 기울일 것으로 예상된다.

법무부 다음으로 재외동포법 개정에 신중한 정부부처는 외국인노동자문제를 전담하고 있는 노동부이다. 1990년대 초, 제조업 특히 3D업종의 인력난이 심각해지면서 유입되기 시작한 외국인노동력은 2002년 12월 31일 현재, 약 38만6천여 명[87]에 달한다. 이들 중에서 약 75%(289,239명)는 불법체류자이며, 조선족동포는 전체 불법체류자의 1/4에 해당된다(79,737명). 물론 노동부는 지난 2002년 7월, 산업연수생의 정원을 8만 명에서 14만 명으로 늘리며, 기존의 '2년 연수, 1년 취업'제를 '1년 연수, 2년 취업'제로 바꾸며, 외국국적동포들에게는 일부 서비스업인 음식점, 사회복지업, 청소업 등에의 취업을 허용하는 '취업관리제'를 실시하겠다는 「외국인력제도개선방안」을 발표한 바 있다. 그러나 이런 조치로는 저임금과 인권사각지대에 있는 불법체류 외국노동자들의 현실을 만족시키기는 어렵다는 이유 때문에 근로기준법상 근로자가 아닌 "산업연수생제도는 즉각 철폐하고, 법률제정을 통해 노동허가제를 실시하되 불법체류자 자진신고를 한 외국국적동포들을 첫 번째 허가대상으로 수용"[88]하라는 주장이 계속해서 나오고 있다.

이에 대해 외국인노동자들의 자유로운 입국보장과 내국인과 동등한 경제활동이 허용되어 약 250만 명에 달하는 재중·재CIS 동포들 중에서 1/5 정도(50만 명)만 들어오게 되면 "우리 노동시장이 엄청 타격받는 것뿐만 아니라 장기체류를 금해왔던 순환원칙이 무너지게 되어 70년대 이후 독일·프랑스 등이 부담하고 있는 사회적 비용을 우리도 부담"[89]해야 할 것이라는 반대견해도 만만찮다.

이처럼 주장이 서로 엇갈리다보니 국내 노동시장을 책임지고 있는 노동부로서는 재외동포법 개정에 매우 조심스러운 자세를 취하고 있다.

그 외에 지난 2001년 12월 21일, 국가인권위원회가 당시 국회법제사법위원회에서 심의 중이던 2건의 혈통주의에 입각한 재외동포법 개정법률안에 대해 국제인권법과 헌법재판소가 제시한 합리적인 차별의 범주를 충족시키지 못한다고 지적했다는 점90)도 재외동포법 개정에 변수로 작용하고 있다.

이상에서 보았듯 우리 정부의 내부입장은 중국과 러시아동포들이 법률적으로 재외동포 범주에 포함될 경우 값싼 노동력의 대량유입으로 국내 노동시장이 교란될 것(노동부)와 중국·러시아 등과 외교적 마찰이 일어날 것(외교통상부), 그리고 출입국관리의 어려움으로 안보적 취약점을 드러낼 것(법무부), 그리고 또 다른 외국인차별 시비(국가인권위원회) 등을 가장 우려하고 있는 것으로 요약할 수 있다.

그래서 정부는 조만간 ①중국과 러시아동포 등 정부수립 이전 이주자까지 재외동포의 범위를 전면 확대하는 방안, ②정부수립 이전에 이주한 한민족도 포함하되 재미·재일동포 등에게 부여한 기존의 혜택을 제한하는 방안, 그리고 ③재외동포법은 완전 폐지하고 다른 법률로써 보완하는 방안 등 3가지 대안 중에서 하나를 선택할 것이다.

이를 위해 국무총리 국무조정실(재외동포정책위원회)에서는 재외동포법의 개정론과 폐지론 등 관련 대안의 장단점을 종합적으로 검토하여 2003년 상반기까지 정부입장을 최종 선택할 예정이다(<표 10> 참조).

<표 10> 개정론과 폐지·대체입법론 비교

구분	개정론	폐지·대체입법론
내용	○법개정을 통해 재중동포 등 모든 한민족 혈통동포를 적용대상에 포함	○재외동포법을 폐지(또는 재외국민기본법 등으로 대체입법)하고 제법령에 재외국민과 외국국적동포에 대한 우대조항 규정
장점	○혈연주의에 입각한 동포 개념에 부합 ○재중동포, 시민단체의 요구사항 충족, 재미동포 등의 기득권 유지	○불법체류, 국내노동시장 교란문제 등 현실을 적절히 반영 ○관련국과의 외교적 마찰 최소화 가능 ○제법령에 우대조항 규정시 재미동포 등의 기득권 유지 가능
단점	○재중동포의 불법체류, 취업문제, 국내 노동시장 교란 등 현실적 문제 악화 우려 ○중국, 러시아 등 소수민족문제에 민감한 국가와 외교적 마찰 우려 ○국제법 및 국제관행에 위반	○재외동포정책의 후퇴 등 비난 우려 ○재중동포문제 지속으로 재중동포, 시민단체 등의 강한 반발 우려

출처: 국무조정실 「재외동포정책 평가결과보고」(2002.12.6), 7쪽.

제4절 맺는 말: '열린 민족주의'의 시대로

헌법재판소가 헌법불합치 판결 이후 사회문제화된 재외동포법 개정과 연관하여 현행 재외동포정책의 구조, 재외동포법의 제정과정과 쟁점사항, 그리고 정부를 비롯한 각계각층의 다양한 개정논의들을 살펴보았는데 현재로서는 재외동포법이 자동 폐지될지 아니면 보다 좋게 개정될지는 아무도 예측할 수 없다. 다만 재외동포법의 운명이 어떻게 되느냐에 따라 우리 재외동포정책이 '일보전진'하느냐 아니면 '이보후퇴'하느냐가 결정되기 때문에 재외동포들의 촉각이 곤두서 있을 따름이다.

지금까지의 논의들을 중심으로 필자의 입장을 정리한다면 우선 "우리에게 재외동포란 어떤 존재인가"라는 인식부터 새롭게 정리되어야 한다고 본다. 우리 근·현대사를 그대로 반영하고 있는 재외동포들은 현재 자신의 국적 여부를 떠나서 구한말과 일제 식민지시기에서부터 남·북한 체제대립기와 군사정권기 등을 거치면서 자의보다는 타의에 의해, 그리고 정치·경제적 상황으로 인해 한반도를 떠난 사람들 또는 그들의 후예들이다. 그렇다면 그동안 거주국 주류사회에 열심히 뿌리를 내렸고, 민족의 정체성도 유지해왔던 재외동포들이 정치·경제적으로 발전된 조국에 와서 기여도 하고, 또 혈육으로서 도움을 받고자 원한다면 국적이 다르고 언어가 서툴더라도 이들을 문전박대하기보다는 따뜻하게 받아들이는 것이 형제 된 도리다.

"미국 유태인들의 미국화는 당장이라도 가능하지만 한번 미국화 된 유태인을 진짜 유태인으로 되돌려놓는 것은 거의 불가능하다"는 유태인 학자의 지적[91]처럼 한번 토라진 재외동포들, 특히 지난 역사의 유산인 재중동포·재CIS동포·무국적 재일동포들의 돌아선 마음을 되돌려놓기란 정말 어려운 일이다. 더욱이 21세기에 다양한 방법과 역할로써 모국의 정치·경제·사회·문화발전은 물론 미래의 남북통일과정에도 기여할 수 있는 '민족자산'[92]으로서의 역량을 갖춘 재외동포를 불공평·배타적·이데올로기적인 관점에서 대하거나 짐이나 혹과 같은 존재로만 인식하는 것은 더 이상 세계화·국제화·네트워크사회에 어울리지 않는 태도다.

그리고 우리 재외동포정책이 냉전과 이데올로기적 편견에서 벗어나 본격적으로 논의되기 시작한 것은 10년이 채 되지 않았지만 외형적으로는 상당한 진전을 이루었다. 전 세계 재외동포수가 그렇고, '재외동포재단법'과 '재외동포의출입국과법적지위에관한법률' 제정이 그렇다. 이민 2~3세들과 이주 4~5세들이

전 세계의 주류사회에 착실히 뿌리를 내리고 있는 것 또한 그렇다. 그렇지만 내용적으로 들여다보면 문제점이 한두 가지가 아니다. 재외동포정책위원회 등 재외동포 전담기구·부서간의 정책조율이 제대로 안되고 있다는 점, 최근 대통령 주재로 청와대에서 개최된 '국민의 정부 5년 정책평가보고회'(2003.1.7)에 재외동포정책이 포함되지 못했다는 점, 그리고 전 세계의 재외동포수가 북한동포까지 합치면 3,000만 명에 육박하는 이 시점에 재외동포정책의 한쪽 날개인 재외동포법을 2003년 12월 31일까지 개정 또는 폐지해야 한다는 점이 그 증거이다.

더 이상 반쪽짜리 재외동포정책이 되어서는 안 된다. 이를 위해서는 재외동포들을 단순히 '외국인'으로 간주하여 외면·방치하기보다는 재외동포재단 등을 통해 거주국내 지위가 향상될 수 있도록 적극 지원하고, 스스로 '한국계'라는 것을 자랑할 수 있도록 민족정체성을 심어주어야 하며, "국적=혈통"이라는 고정관념에서 벗어나 국익과 경쟁력 향상에 도움이 된다면 외국국적동포든 외국인이든 얼마든지 포용할 수 있는 '열린사회'가 되어야 한다.

특히 재중동포법 개정논의의 핵심이 재중동포의 출입국과 법적지위와 관계된 사안인 만큼 불법체류자를 구조적으로 양산해 내고 있는 현행 재중동포(중국조선족) 관련정책은 과감하게 바꿔야 한다. 우리말과 우리 문화, 그리고 민족정체성까지 완벽하게 갖춘 재중동포들을 가장 홀대하고 있는 우리의 법·정책은 형평성을 잃은 잘못된 정책이며, 탈냉전·세계화시대의 시대정신에도 어울리지 않는다. 물론 다소간의 외교적 마찰이나 국내 노동시장의 어려움을 예상할 수 있지만 그것은 일시적 현상이며, 우리의 외교력·경제력·안보의식이라면 충분히 감당해낼 수 있다. 그러므로 현재와 같은 산업연수생제도만을 고집하거나 엄격한 출입국관리로써 불법체류자를 양산할 것이 아니라 '노동허가제' 등을 통해 재중동포들이 합법적으로 취업할 수 있는 기회와 범위를 확대할 필요가 있다. 그리고 북한에 연고가 있는 사람이 80% 이상이라는 사실만으로도 향후 남북통일과정에서의 역할을 충분히 기대할 수 있으므로 200만 조선족동포들의 가슴 속에 한국의 이미지가 부정적으로 각인되도록 방치해서는 안 된다.

이런 인식이 구체화되기 위해서는 "동포애에 토대한 민족통합과 유대강화를 추구해왔던 한국 민족주의의 연장선"[93] 위에서 "무한경쟁의 세계화시대를 헤쳐 나갈 수 있는 민족적 생존발전전략의 하나"로 제시되고 있는 '한민족공동체' 논의가 보다 체계화되어야 한다. 특히 재외동포를 기존의 안보논리, 외교논리, 경제논리, 법 논리와 같은 개별 관점에서 바라보기보다는 '한민족공동체'와 같은 거시적·통합적 관점에서 이해할 필요가 있다.

물론 법 이론적으로나 국제관행, 그리고 외교적 관계만을 중시한다면 재외동포법은 폐지되는 것이 무난할 수 있다. 그러나 이런 조치를 단행하는 것은 우리의 재외동포정책을 수십 년 뒤로 후퇴시키는 옳지 못한 처사가 될 것이다. 재외동포법의 입법조치가 외국국적동포에게 이중국적을 부여하는 법도 아니고, 또 외국인들을 차별하기 위해 제정된 법도 아니므로 국제법과 인권규약의 한계를 넘지 않는 범위에서 헌법재판소가 지적한 위헌적 요소(재외동포법 제2조 2항, 시행령 제3조의 '평등원칙 위반')를 제거하여 모든 재외동포들에게 공평한 법적지위를 부여해야 한다. 그리하여 그동안 소외되었던 절반의 재외동포들에게는 동일한 혜택을 누릴 수 있는 기회를, 기존에 포함되었던 절반의 재외동포들에게는 불편한 마음을 해소할 기회를 제공하여야 한다. 그러나 재외동포법이 재외동포들의 현안들을 다 해결해주는 만능의 법이 아닌 만큼 재외동포법 개정과 관련하여 제기될 수 있는 외국인노동자에 대한 차별대우 및 인권침해에 대해서는 법·제도적으로 보완장치를 단계적으로 마련하여야 한다.

지금까지 우리는 '혈통'이라는 운명에 기초한 '폐쇄적 민족주의'의 시각에서만 고민해왔다. 그 대표사례가 '혈통'과 '국적'으로 우리의 민족정체성을 정의하려던 재외동포법 문제였다. 그러나 '우리'와 '그들'로 이분하는 닫힘과 배타성의 논리가 여전히 위세를 떨치고 있지만 우리 앞에는 유럽연합(EU)과 같이, 그리고 동북아 자유무역지대(FTA)구상과 같이 자발적 선택에 기초한 '열린 민족주의'(Open Nationalism)가 지구화·국제화·개방화의 물결을 타고 밀려오고 있다.

그러므로 우리의 민족공동체도 한국역사와 문화와 가치관을 이해하고 우리의 민족정체성을 공유하면서 이 땅에서 우리와 함께 살기를 원하는 재외동포나 한국계 외국인 또는 귀화인들이 있다면 그들에게도 선택의 기회를 줄 수 있어야 하며, 피를 전혀 나누지 않은 외국인근로자들의 인권과 권익보호까지도 눈을 돌릴 수 있어야 한다. 그리고 우리보다 강한 자에게는 자주성으로, 약한 자에게는 포용성으로 대하는 성숙된 자세가 더욱 필요하다.

재외동포법 개정논의는 바로 이런 열린 시각을 얼마나 담아낼 것인가를 가늠하는 척도가 되고 있다. 이런 점에서 볼 때, '재외동포법의 배경과 쟁점'이라는 주제는 "우리에게 재외동포란 어떤 존재인가?"라는 차원을 넘어서 '외국인노동자', '탈북동포' 그리고 '북한주민' 등에게로 확장되어 궁극적으로는 우리의 "한민족공동체는 어떤 것이어야 하는가?"에 대한 사고의 폭을 넓혀 줄 것이다.

전 세계 재외동포들은 비록 사는 곳도 다르고 경제수준도 다르고 국적도 다르고 사상도 다르다 할지라도 그들이 이 땅과 이 민족을 자신의 공동체로 선택한다면 우리는 기꺼이 그들과 더불어 살아야 할 것이다. 그런다고 해서 우리의 민족정체성이 약화되지 않는다. 지구화·국제화·개방화가 이뤄질수록 우리의 민족적 특수성은 부각될 것이고 민족적 유대감도 깊어갈 것이다.

 아무쪼록 우리 정부 당국은 결자해지하는 차원에서 헌법재판소의 헌법불합치 선언을 계기로 하루 속히 재외동포법 개정작업에 나서야 하며, 개정시한까지 마냥 시간을 끌지 말고 국민과 재외동포간의 공감대가 형성될 수 있도록 적극 노력하여야 한다.

(『단군학연구』 제7호, 2002.12)

1) 김봉섭, 「재외동포법의 배경과 쟁점」, 『단군학연구』 7호(단군학회, 2002.12), 75~134쪽 게재.
2) 외교통상부 재외국민영사국 자료실 참고자료, 「재외동포현황」(검색일 2003.1.25). 1995년부터 매2년을 주기로 홀수년도 하반기에 조사되는데 최신 집계는 2003년 7월에야 가능.
3) 2008년 현재로는 세계 10위권(인구수).
4) 오채기, 「정부는 교민사회의 안정과 정착에 역점을 두고 있다」, 『해외동포』 9(해외교포문제연구소, 1983.6), 8~9쪽; 김홍수, 「정부의 교민정책」, 『교포정책자료』 39(해외교포문제연구소, 1991.12), 73~79쪽; 김덕주, 「새 정부 출범에 따른 재외동포정책의 재검토」(외교안보연구원, 1998.5.6).
5) 외무부 재외공관장회의(1994.2.5) 지시사항. ①중국교포: 중국 소수민족정책과 상충되지 않는 범위 안에서 민족동질성 회복을 위한 민족교육과 문화교류 강화. ②재미동포: 현지적응 및 현지사회와의 화합이 가장 큰 과제. ③재일동포: 북·일수교 대비한 한국국적 교포의 보호방안 마련, 연간 7천 명씩 귀화하는 교포 2~3세들의 일본화를 막기 위한 민족교육 강화. 외무부, 『외교백서 1994』. 해외교포문제연구소, 「외교백서를 통하여 본 교민보호」, 『해외동포』 50(해외교포문제연구소, 1992.3), 12~14쪽과 비교할 것.
6) 훈령(Anweisung)은 행정기관의 상급관청이 하급관청의 권한행사를 지시하기 위해 하는 행정명령. 법규명령(대통령령, 총리령, 부령 등)과 달리 법률적 구속력이 없음(훈령, 예규, 통제, 지시, 고시, 일일명령 등).
7) 외무부, 『외교백서 1997』, 286~287쪽.
8) 이종훈, 「교민정책의 문제점과 향후과제」, 『교포정책자료』 44(해외교포문제연구소, 1993.6)·46(해외교포문제연구소, 1993.9); 이종훈, 「교민정책의 재정립방향」, 『교포정책자료』 48 (1994.6); 백영옥, 「세계속의 한민족현황과 교민정책의 문제점」, ≪국회보≫ 338(국회사무처, 1994.12), 92~97쪽; 이구홍, 「정부의 교민정책, 무엇이 문제인가」, ≪나라의 길≫ 40(나라정책연구원, 1996.2), 64~72쪽; 전경수, 「5백만 해외동포, 아직도 '기민정책'이냐」, ≪해외동포≫ 8(해외교포문제연구소, 1994), 11~14쪽 참조.
9) 제1차 회의(1996.5.3): 재외동포정책 추진계획 수립. 제2차 회의(1996.12.4): 재외동포재단 설립추진현황, 재외국민 국내병역문제 개선방안, 사할린한인 영주귀국시범사업 조기추진방안, 재외동포에 대한 한국어 및 민족교육강화방안 논의. 제3차 회의(1997.12.12): 1998년도 재외동포정책추진계획, 재외동포교육의 내실화방안, 재외동포재단 사업추진계획안, 조선족관련 불법행위대책 등 논의. 국무조정실정책평가위원회, 「재외동포정책평가결과」 자료(2002.12.6), 13쪽.
10) 「정부업무 등의 평가에 관한 기본법」(법률 제6347호, 2001.5.1 시행).
http://www.opm.go.kr/home/30/303.html(보도자료 123. 검색일 2002.12.12)
11) 민주평화통일자문회의 운영·상임위원회 합동회의(2002.11.11)도 재외동포정책위원회가 외교통상부·법무부·통일부 등에 분산된 법령의 상호연관성을 검토·조정해야 한다는 의견 제시. ≪민주평통≫ 345호(2002.11.15) 2쪽 참조.
12) 40명 정원에 39명으로 출범(1997). 2002년 7월 현재 39명 정원에 32명(외교부 2명, 기획예산처 1명, 교육부 1명 등 파견공무원 3명 포함), 2002년도 예산중에서 재일민단 등 재외동포지원사업에 97.6억, 민족교육 및 재외동포초청교육사업에 30.9억, 재외동포교류 및 동포센터건립에 24.5억, 한상네트워크운영에 14.4억 등 사용. 국무조정실정책평가위원회, 「평가보고서」, 14쪽 참조.
13) 재외동포법개정대책위원회 창립기념식(2001.10.27) 성명.
14) 윤인진, 「재외동포재단에 대한 전문가 제언」, ≪아리랑≫ 130호(2002.11.26).
http://www.arirang21.com/news/(검색일 2002.12.12) 참조.
15) 이종훈, 「해외동포정책의 개선방안: 전담기구문제를 중심으로」, 『현안분석』 92호(국회도서관 입법조사분석실), 4~9쪽.

16) 이사장은 외교통상부장관 제청에 의하여 국무총리를 거쳐 대통령이 임명(제8조 ③)하지만 당연직 이사(정부측 이사)를 제외한 상근이사(2명)과 감사는 이사장 추천으로 외교통상부장관이 임명(제8조 ④, ⑤).
17) 이진영은 쟁점을 ①출입국 및 취업권, ②외교적 마찰, ③노동시장, ④재외동포법 존폐론, ⑤대안 등으로 정리. 이진영, 「한국의 재외동포정책: 재외동포법 개정의 쟁점과 대안」, 『한국과 국제정치』 18권 4호(경남대 극동문제연구소, 2002년 겨울), 138~150쪽 참조.
18) 김영광, 「교민청 설치를 위한 제언」, ≪국회보≫ 330(1994.4), 14~16쪽 참조.
19) 노영돈, 「소위 재외동포법에 관한 연구」, 『인천법학논총』 2권 1호(인천대 법학연구소, 1999), 58쪽; 이종훈, 「재외동포의 출입국과 법적지위에 관한 법률안의 문제점과 대안」(해외교포문제연구소·재외한인학회 주최 재외동포 특례법안의 문제점과 대안모색을 위한 토론회 발표문, 1999.6.4), 2쪽.
20) 재외동포재단 추진경과는 『교포정책자료: 재미교포를 중심으로』 54집(해외교포문제연구소, 1996.10), 117~130쪽에 수록.
21) ≪중앙일보≫ 1998년 6월 9일자.
22) 『교포정책자료』 54집(해외교포문제연구소, 1996.10), 120쪽.
23) 청와대 주요소식 「자랑스런 재외동포 접견시 대통령말씀」(1998.8.11). http://www.cwd.go.kr/korean/data/db/press(검색일 2003.1.25).
24) ≪세계일보≫ 1998년 8월 26일자 사설.
25) ≪중앙일보≫ 1998년 8월 28일자(시론, 기고자 이광규).
26) ≪동아일보≫ 1998년 9월 22일자.
27) ≪조선일보≫ 1998년 9월 22일자.
28) 미국 국무부 재외국민과장(Kevin F. Herbert) 명의의 서한 통보를 통해 한·미투자협정과 배치, 영사측면에서 차등 대우, 비한국계 미국인에 대한 차등 대우 등을 지적.
29) 「재외동포의 출입국과 법적지위에 관한 법률안심사보고서」(국회 법제사법위원회, 1998.8), 2~3쪽.
30) 탈민족 민족주의: 주변국 반발 사는 '재외동포법'(≪조선일보≫ 1995년 5월 11일자(6면); 부자나라 동포만 우리 핏줄?(≪문화일보≫ 1999년 8월 6일자(27면); 재외동포법안, 대통령 거부권 행사를(≪한겨레신문≫ 1999년 8월 18일자(15면); 재외동포법은 민족분열법, 시민단체들 개정 요구(≪국민일보≫ 1999년 8월 19일자(17면); 재외동포법 파문, 해외로 확산(≪한국일보≫ 1999년 8월 21일자(26면); 논단: 中동포에 현실적 지원을(≪세계일보≫ 1999년 8월 21일자(6면); 포럼: 조선족도 우리 동포(≪문화일보≫ 1999년 8월 24일자(6면); 사설: 재외동포법 보완해야(≪한겨레신문≫ 1999년 8월 24일자(4면); 긴급진단: 재외동포법, 무엇이 문제인가(≪조선일보≫ 1999년 8월 24일자(29면); 누구 위한 재외동포법인가? 中-러교포 등 반발 확산(≪동아일보≫ 1999년 8월 25일자(22면); 사설: 재외동포법 평지풍파(≪조선일보≫ 1999년 8월 25일자(2면); 사설: 대통령이 거부해야 할 동포법(≪동아일보≫ 1999년 8월 26일자(5면); 강만길의 역사칼럼: 중국·러시아동포 차별하면(≪한겨레신문≫ 1999년 8월 30일자(8면); 기고: 박두복. 재외동포법과 조선족사회(≪동아일보≫ 1999년 9월 1일자(7면); 중앙포럼: 재외동포법 재고해야 한다(≪중앙일보≫ 1999년 9월 2일자(6면); 기자의 눈: 정용관. 고려인에 야속한 조국(≪동아일보≫ 1999년 9월 8일자(6면); 우리 주장: 재외동포법 보완대책 미흡(≪한국일보≫ 1999년 10월 15일자(6면); 재외동포법은 조국 등지게 하는 법, 조선족동포에 정당한 대접을(≪국민일보≫ 1999년 11월 23일자(27면); 오늘 시행 재외동포법, 거주국 차별 큰 반발(≪문화일보≫ 1999년 12월 3일자(31면); 재외동포법 다시 고쳐야(≪조선일보≫ 1999년 12월 4일자(41면); 지평선: 현지화와 재외동포법(≪한국일보≫ 1999년 12월 4일자(2면); 사설: 걱정스런 조선족의 한국불신(≪한겨레신문≫ 2000년 3월 7일자(4면); 특파원 리포트: 총련에도 따뜻한 동포애를(≪한겨레신문≫ 2000년 3월 21일자(9면).
31) 노영돈, 앞의 글(1999), 67~68쪽.
32) 외국국적동포의 경우 현행법상 외국인이므로 대한민국내 입국을 위해 체류자격을 가져야 하고, 이

경우 출입국관리법상 체류자격 중에서 특별히 재외동포체류자격으로 입국한 경우에만 재외동포법이 적용.
33) 이종훈,「재외동포의 출입국과 법적지위에 관한 법률안의 문제점과 대안」; 노영돈,「재외동포의 출입국과 법적지위에 관한 법률안과 CIS한인」; 최우길,「중국조선족과 한국: 특례법안과 관련해서」.
34) 재판장 윤영철, 주심 한대현, 하경철 재판관 등 3명의 합헌판정과 김영일, 김효종, 김경일, 송인준, 주선회 재판관과 별개의견으로 권성 재판관 등 6명의 위헌판정.
35) 헌재 결정에는 ①단순 합헌, ②위헌 불선언, ③단순 위헌, ④부분 위헌(양적 일부 위헌), ⑤헌법불합치, ⑥종전 질적 일부 위헌, ⑦한정 합헌 한정 위헌, ⑧조건부위헌 등이 있다. 장경조,『헌법재판소 판례요지』(법문사, 2002), 3~15쪽.
36) Stanley A. Renshon, *Dual Citizenship and American National Identity* (Center for Immigration Studies 2001.10), p.45 참조.
37) 제12조(이중국적자의 국적선택의무) ①출생 기타 이 법의 규정에 의하여 만 20세가 되기 전에 대한민국의 국적과 외국국적을 함께 가지게 된 자(이하 "이중국적자"라 한다)는 만 22세가 되기 전까지, 만 20세가 된 후에 이중국적자가 된 자는 그때부터 2년 내에 제13조 및 제14조의 규정에 의하여 하나의 국적을 선택하여야 한다. 다만 병역의무의 이행과 관련하여 대통령령이 정하는 사유에 해당하는 자는 그 사유가 소멸된 때부터 2년 내에 하나의 국적을 선택하여야 한다. ②제1항의 규정에 의하여 국적을 선택하지 아니한 자는 그 기간이 경과한 때에 대한민국의 국적을 상실한다.
38)「해외동포의 본국내 법적지위향상을 위한 건의문」,《해외동포》 1995년 1월호(해외교포문제연구소), 74~75쪽.
39) 차종환・이구홍,『교포정책자료』51집(해외교포문제연구소, 1995), 11쪽.
40) 김병천,「김영삼 정부의 재외동포정책에 관한 연구: 이중국적 허용논의를 중심으로」,『재외한인연구』 8(1999), 317~358쪽 참조.
41) 문창재,「이중국적을 보는 언론의 시각」,《관훈저널》84호(2002년 가을호), 178~184쪽.
42) 최근 프랑스 사법시험(CRFPA)에서 차석 합격한 이선영양(24)의 경우처럼 이중국적불허로 인해 한국국적을 포기해야 하는 인적손실문제도 적지 않다(《매일경제신문》 2002년 12월 14일자).
43) 도희근,「재외동포의 법적지위」,『사회과학논집』11권 1호(울산대, 2001.6), 11쪽에서 재인용.
44) 제15조(선거권) ①20세 이상의 국민은 대통령 및 국회의원의 선거권이 있다. ②20세 이상의 국민으로서 제37조(명부작성) 제1항의 선거인명부 작성기준일 현재 당해 지방자치단체의 관할구역 안에 주민등록이 되어 있는 자는 그 구역에서 선거하는 지방의회의원 및 지방자치단체의 장의 선거권이 있다. 제16조(피선거권) ③선거일 현재 계속하여 60일 이상(공무로 외국에 파견되어 선거일 전 60일 후에 귀국한 자는 선거인명부 작성기준일로부터 계속하여 선거일까지) 당해 지방자치단체의 관할구역 안에 주민등록이 되어 있는 주민으로서 25세 이상의 국민은 그 지방의회의원 및 지방자치단체의 장의 피선거권이 있다. 이 경우 60일의 기간은 그 지방자치단체의 설치・폐지・분할・합병 또는 구역변경(제28조(임기중 지방의회의 의원정수의 조정등)의 규정에 의한 경우를 포함한다)에 의하여 중단되지 아니한다.[개정 98.4.30]
45)「교민들이 본 대선: 미국은 '후끈' … 일본은 '냉담'」,《주간조선》 1733호(조선일보사, 2002.12.19) 참조.
46)『나라다운 나라, 내일을 약속합니다』(한나라당 정책공약위원회, 2002.11), 34쪽. 그 실천방안으로 주요국과의 비자면제협정 확대, 재외동포를 위한 한민족네트워크 구성 적극 지원, 젊은 세대 재외동포와 본국과의 유대강화방안 강구, 재외동포와 본국과의 문화적・경제적 네트워크 확충, 재외동포의 국내활동에 최대한 편익 보장하도록 법과 제도 개선을 제시.
47) http://www.minjoo.or.kr 참조(검색일 2002.12.17). 세부사항으로 '재외동포의출입국과법적지위에관한법률' 개정 등 재외동포의 국내법적 지위개선, 한국문화 체득하여 민족정체성을 유지하면서 거

주국 모범시민으로 정착·발전하도록 지원, 한민족네트워크 구축하여 재외동포와의 교류강화 및 문화·경제적인 부가가치 창출, 재외동포 경제단체 결속강화, 재외동포 기업인들의 경제네트워크 활성화로 한민족경제공동체 설립하고 한국경제의 지속성장 기반 마련, 해외이주지역 개척하여 해외입주 장려, '재외국민안전망' 구축하고 영사서비스 강화 등을 제시.

48) 조홍석, 「재외국민의 선거권제한에 따른 헌법적 문제」, 『공법연구』 제24집 제4호(1996.6), 239~276쪽; ≪한겨레신문≫ 2002년 1월 15일자(12면) "발언대: 당장 재외국민선거권을"; ≪동아일보≫ 2002년 3월 9일자(30면) "재외동포에게도 선거권 달라 - 재일동포 5명 손배소"
49) 이종훈, 「'재외동포의출입국과법적지위에관한법률안'의 문제점과 대안」(해외교포문제연구소·재외한인학회, 1999.6.4), 10쪽.
50) 「국무총리 정책평가위원회 보고자료」(2002.12.6), 7~8쪽.
51) 國家民委民族問題硏究所中心, 「對外開放與中國的朝鮮族」, ≪民族硏究≫ 96(6), 18~28쪽; 최우길, 「대한민국과 중국조선족: 재외동포법과 관련하여」, 21쪽에서 재인용.
52) 외무부, 「대중국 조선족 교류 세부시행지침」(1995.8)(이종훈, 「한국에서 바라본 재중동포사회」, 『제6회 재외동포정책토론회 논문집』(중앙대 해외민족연구소, 1999), 9쪽 참조.
53) 홍만호, 「이제는 악몽에서 깨어날 때가 되었는가」, ≪료녕조선문보≫(흑룡강신문사, 1996.12.26). 최우길, 앞의 글, 22쪽에서 재인용.
54) "중국동포의 입국러시현상은 중국동포의 대부분이 이 법의 적용대상이 아니므로 우려할 필요가 없을 것으로 예상되나, 다만 중국동포로서는 자신들에게 이 법이 적용되지 아니하는 것에 대하여 불만을 가질 소지가 있"다는 이유로 '안전'을 '안전보장'으로 변경. 「재외동포법 심사보고서」(1998.9), 9쪽 참조.
55) 출입국관리법 제11조(입국의 금지 등) 1항의 3과 비교해볼 것. ①법무부장관은 다음 각호의 1에 해당하는 외국인에 대하여는 입국을 금지할 수 있다. … 3. 대한민국의 이익이나 공공의 안전을 해하는 행동을 할 염려가 있다고 인정할만한 상당한 이유가 있는 자.
56) 설동훈, 「국내 재중동포 노동자: 재외동포인가 외국인인가」, ≪동향과 전망≫ 52(한국사회과학연구소, 2002년 봄), 200~223쪽 참조.
57) 권태환, 「중국조선족사회의 성격과 현황」, 『중국조선족사회와 한국』(외교안보연구원, 1997), 53쪽.
58) 조웅규, 「재외동포정책 및 법제 정비를 위한 공청회 자료집」(국회 안보통일포럼, 2002.3.22), 10쪽. 법무부 보도자료(2003.1.9)에 따르면 불법체류자는 148,048명(97년), 93,537명(98년), 135,338명(2000년), 255,206명(2001년) 등 IMF초기를 제외하고는 매년 10%이상씩 증가 추세.
59) 법무부 보도자료(2003.1.9) 참고자료.
60) ≪요녕조선문보≫ 2000년 1월 21일자. 「죽어도 간다」기사 참조. 방수옥, 「한민족공동체와 중국조선족사회」, 『민족발전연구』 5(중앙대 민족발전연구원, 2001)에서 재인용.
61) 조창완, 「중국속의 한국이 무너지고 있다: 재중한인사회에서 벌어지는 위험천만한 백태」, ≪월간중앙≫ 320(중앙일보사, 2002.7), 270~277쪽.
62) 도희근, 앞의 글, 176쪽. 똑같은 이주노동자인 조선족에게 우대정책을 쓰는 것은 외국인노동자 내부에 또 다른 서열화를 조장하는 것이라는 외국인노조의 움직임을 보도한 ≪국민일보≫ 2001년 7월 11일자 참조.
63) 국무조정실 정책평가위원회, 「재외동포정책 평가결과」(2002.12.6).
64) 현재 재외국민등록법에는 해당 등록자에 대한 우대나 혜택조항이 없으므로 이를 보강하거나 등록대상자를 확대할 것으로 예상.
65) ≪동아일보≫ 2001년 12월 7일자.
66) 이종훈은 중국정부의 이런 처사를 우리의 재외동포법 개정노력에 영향을 끼치려는 심각한 내정간섭 행위로 규정하고 있다. ≪한겨레신문≫ 2002년 1월 24일자(발언대: 중국정부에 묻는다).
67) ≪대한매일≫ 2000년 7월 5일자. 한편 정부는 외교통상부차관이 주재한 재외공관장회의 제4차 전

체회의 재외동포·영사분야회의(2000.2.7)에서 "정부는 거주국에서의 정착 및 자조노력 지원 및 민족적 긍지와 자부심 고양을 위한 활동지원을 위해 재외동포재단을 적극 활용키로 하고, 국내적으로는 재외동포의 편의증진과 재외동포 역량을 조국발전에 활용하기 위해 국내법령 및 제도를 지속적으로 개선하기로 하였음"이라고 외교통상부 보도자료(2000.2.10)는 밝히고 있다.

68) http://www.mofat.go.kr(검색일: 2002.1.25). 외교통상부 홈페이지(최신뉴스/외교통상초점) 「재외동포의 출입국과 법적지위에 관한 법률 설명」(재외국민이주과, 2000.3.22). 그 외 외무부 재외국민이주과, 「재외동포기본법안에 대한 검토」(1997.11); 외교통상부, 「재외동포기본법안 검토」(1998.9) 참조할 것.
69) 「재외동포법의 재검토」(서울대 공익인권법연구센터 주최 학술대회, 2002.4.12). http://law.snu.ac.kr/ snubk21/snubk21/studyce.
70) 외교통상부 보도자료(2002.2.8) 참조. http://www.mofat.go.kr(검색일: 2003.1.27).
71) 정인섭, 「재외동포법의 개정과 관련법제의 정비방안」(국회안보통일포럼 주최 '재외동포정책 및 법제 정비를 위한 공청회'(2002.3) 발표문 참조. 이종훈의 발표문(2002), 7쪽에서 재인용.
72) 서울대 공익인권법센터 주최 제1차 학술회의(2002.4.12) 발표후 토론 중에서. http://law.snu.ac.kr/snubk21/ studyce/center2(자료실 51번) 세미나 녹취록, 2쪽.
73) 정인섭, 『재외동포법』(사람생각, 2002) 종합토론에 관련 주장들이 자세히 나와 있음.
74) ≪조선일보≫ 2000년 3월 23일자. 김해성(성남 중국동포의 집 소장), 「국내 중국동포 차별 안된다: 중국내 납치 비난에 앞서…」.
75) 재중동포근로자 인권공청회(2001.12.3)에서 발표한 서경석(서울조선족교회 목사)의 「출입국정책과 외국인노동자제도의 개선방안」. 한나라당 황우여 의원 홈페이지 자료실 인용(검색일: 2002.12.15)
76) 서울대 공익인권법연구센터에서 주최한 학술대회(2002.4.12)의 종합토론을 맡은 백충현 교수의 언급. 「세미나 녹취록」, 6쪽.
77) 노영돈, 앞의 글(1999), 68~70쪽.
78) 이종훈, 「재외동포법 개정론과 폐지론의 합리성 검토」, 4쪽, 9~10쪽.
79) ≪한국경제신문≫ 2001년 12월 19일자(시론: 재외동포법 개정방향).
80) 이진영, 「재중동포 관련 쟁점에 관한 대중국 적극적 외교방안」(서울대 공익인권법센터 토론회 발표문, 2002.4.12).
81) 이 의정서는 ①민족개념에 대한 상호이해 노력, ②공동이익을 위해 조선족문제의 현안대두 예방, ③조선족에 대한 부정적 인식을 탈피하고 양국 교류의 가교로 활용, ④중국에서의 분리주의적 민족주의 조장 의사가 없음을 한국정부와 민간단체가 천명할 것을 제안. 이진영, 「한중외교관계와 재중동포: 재외동포법 헌법불합치 결정을 중심으로」, 『국가전략』 8권 4호(세종연구소, 2002), 96~98쪽 참조.
82) ≪대한매일≫ 2002년 3월 7일자(재외동포법 시급히 개정돼야).
83) ≪경향신문≫ 2001년 12월 8일자(사설: 「중국대사의 '동포법' 경고」).
84) 헌법재판소, 「재외동포의출입국과법적지위에관한법률 제2조 제2호 위헌확인 판결문」(2001.11.29, 99헌마494), 6쪽 참조.
85) 「법무부 보도자료」(2002.3.12) 참조. "①자진출국 유도, ②관리시스템 정비·강화, ③예방조치 강화, ④단속체제 강화, ⑤출입국관리법 연내 개정, ⑥산업연수제도 보완, ⑦위장입국 저지, ⑧인권보호." 자진신고기간(3.25~5.29) 중에 신고한 10만4천 명에게는 출국유예기간을 1년 연장(2003. 3. 31까지).
86) 「법무부 보도자료」(2002.12.31) 참조. 2002년 3월 12일 이전 입국자 중에서 불법체류 3년 미만자들을 대상으로 자진신고를 유도하여 해당자 모두에게 2004년 3월 말까지 출국준비기간을 부여하겠다는 방침.
87) 「법무부 보도자료」(2003.1.9) 참조. 장기체류 외국인 271,666명 가운데 외국인등록을 한 산업연수

생은 96,857명.
88) ≪국민일보≫ 2002년 7월 26일자(김해성, 「토론광장: 외국인력제도 개선방안」).
89) ≪한국경제신문≫ 2001년 12월 5일자(박영범, 「시론: 재외동포법과 노동시장」).
90) 국가인권위원회, 「재외동포법 개정법률안에 대한 국가인권위원회의 의견」(2001.12.21)에서 인용. http://www.humanrights.go.kr(정책자료 1번)(검색일 2003.1.17); 이주영(한나라당) 의원 등의 개정법률안(의안번호 1270호)은 대한민국 정부수립 이전에 이주한 동포들 가운데 자신이 한민족 혈통임을 입증하는 자는 재외동포 대상에 포함시킴으로써 재중・재CIS 동포 및 '조선적' 재일동포까지 포괄할 수 있는 장점은 있으나 인종주의에 바탕을 둔 법으로, 송석찬(새천년민주당) 의원 등의 개정법률안(의안번호 1310호)은 기존의 외국국적동포를 보다 세분화하고 있는 점은 특징이나 대한민국 정부수립 이전에 국외로 이주한 자로 외국국적을 취득하지 아니한 자에 해당하는 이른바 '조선적' 재일동포를 배제함으로써 또 다른 차별문제(위헌소지)가 있는 것으로 지적.
91) 『제1회 국내외 해외동포문제 전문가 대토론회(1999.12.8~9) 정책보고서』(해외교포문제연구소, 2000), 148쪽.
92) 이구홍, 이원범, 김봉규, 권병현 등은 재외동포를 더 이상 짐스러운 존재보다는 민족의 인적자산으로 볼 것을 주장. ≪세계일보≫ 1994년 11월 14일자(이구홍, 「해외교포연합단체결성 추진: 모국기여도 제대로 평가 안돼」); ≪매일경제≫ 1997년 4월 24일자(이원범, 「해외동포재단에 즈음해: 해외동포는 민족자산. 550만 교포지위 향상 없이 국력신장 어려워」); ≪중앙일보≫ 1999년 5월 12일자(김봉규, 「550만 명의 민족자산」). ≪오니바≫ 95호(2001.11.14) 참조.
93) 정영훈, 「한민족공동체 형성과제와 민족정체성 문제」(재외한인학회 발표문, 2002.12.7), 1쪽, 9쪽.

제2장 한국 주요 정당의 재외동포정책 비교분석1)
- 한명숙 의원(안)과 권영길 의원(안)을 중심으로

제1절 여는 말

최근 우리 사회가 이래저래 '재외동포' 관련문제로 논쟁이 뜨겁다. 재중동포들의 불법입국·체류를 필두로 재외동포의출입국과법적지위에관한법률(이하 '재외동포법') 위헌 논란, 김선일씨 피살사건, 병역기피 국적이탈자에 대한 처벌 주장, 크리스티나 김[김초롱]의 정체성과 로버트 김[김채곤]의 복역사건에 대한 국가책임 등등 재외동포는 더 이상 그들만의 문제가 아니라 우리가 일상생활에서 직·간접적으로 느끼는 문제가 되었다.2)

이런 재외동포들에 대해 세계 각국은 가능한 한 문호를 개방하여 그들의 역량을 십분 활용하고 있다. 우리보다 훨씬 규모가 큰 '분산(Diaspora) 민족공동체'를 가진 중국·이스라엘·이탈리아·그리스·인도만 하더라도 하나같이 자국의 고유한 언어와 전통가치를 기반으로 민족교육에 나서고 있으며, 모국의 경제발전과 세계화전략 추진에 이들의 노하우와 재원을 적극 참여시키고 있다.3) 북한 역시 일찍감치 '해외동포'를 북한공민4)에 포함(1954)시켜 경제발전에 기여토록 했으며, 최근에는 통일운동에 긴요하게 활용하고 있다.5)

그렇다면 우리는 어떤가? 중국처럼 화교·화인·화예를 우대하거나 이스라엘처럼 재외 유태인들의 귀환·정착에 적극 나서고 있는가?6) 아니면 북한처럼 국가 최우선정책으로 동포들을 자국민으로 받아들이고 있는가? 라고 반문할 때 우리의 재외동포정책7)은 사실상 '기민정책'8)이었다는 혹평을 받기에 충분하다. 김선일이나 로버트 김 사건에서 나타나듯 재외국민과 재외동포에 대한 보호·지원체계가 대단히 취약한 현실에서 국내산업현장에서 일하는 대다수 사회주의권 동포들마저 출입국상의 번거로움과 법적지위의 불안감으로 밤잠을 설치고 있는 것이 우리 재외동포정책의 현주소다.

이런 상황에서 우리는 재외동포사회의 현실과 미래 그리고 향후 정책과 법제 추진방향에 대해 어떤 대안을 내놓고 있는가? 현실적으로 실현가능성이 희박한 이상적인 논리나 주장들을 내놓기보다는 과거 정책의 변화와 입법 성공사례들을 참고하여 현실적으로 실현가능성이 가장 높고, 또한 재외동포사회의 권익신장과 민족유대감 형성에 도움이 될 수 있는 합리적인 대안들을 찾아야 한다.

그런 다음 그 대안들이 갖고 있는 여러 법률적·행정적·제도적 맹점과 취약점을 하나하나 보완·제거해나가는 것이 일의 올바른 순서라고 본다.
　본고는 이상과 같은 문제의식에 입각하여 재외동포정책의 현황과 개선과제를 살펴본 후 한명숙 의원 제출안과 권영길 의원 제출안을 비교함으로써 바람직한 재외동포 관련법 제·개정방향과 전담조직 개편방안을 모색하는데 그 주안점을 두고자 한다.

제2절 한국 재외동포정책의 현황

1. 개관

가. 역사적 배경

　정부수립(1948) 이후 첫 법률이었던 '정부조직법'에 따르면 '재외교민(또는 재외국민)에 관한 사무'는 외무부장관 소관사항이었다.9) 외무부는 이를 근거로 지난 40년 이상 재외동포업무를 실질적으로 독점해 왔다.10) 이를 구체적으로 살펴보면 다음 <표 1>과 같다.

<표 1>재외동포 담당기구의 변천사

정책대상/목표시기	재외교민					재외국민 보호·교도							재외국민 보호·육성			재외국민보호·육성&해외이주		재외국민보호·지원&이민	?
	48.11.4-	49.5.5-	55.2.17-	56.3.9-	58.9.10-	61.4.22-	61.10.2-	62.6.26-	64.2.21-	65.5.8-	67.7.21-	70.8.17-	73.1.16-	74.9.19-	77.7.14-	81.11.2-	83.12.31-	85.2.13-	98.2.28-05.11 현재	05.11 이후-
정무국	아주구주미주	정무제2	정무제3	아주구미	아주·구미	교민	교민													
						아주국	교민	교민												?
									영사국	재외국민영사여권	재외국민영사여권1·2								

						교민1·2 영사여권1·2	교민1·2 영사여권1·2·3	재외국민·영사·여권1·2	재외국민·영사·해외이주·여권1·2	
				영사교민국						
								재외국민영사국	재외국민이주·영사·여권	?
	방교국	문화여권	문화	정보문화						
	의전국	여권	여권	영사여권						
			의전실	여권						
	통상국	교역제2	통상진흥	통상진흥	통상진흥	통상1·2	통상1·2·3			
							경제국	해외이주		
								재외동포재단	설립(97.10.30)	?

<표 1>에서 알 수 있듯이 정부수립 이후 외무부의 재외동포정책 기조는 '재외국민 보호·교도'(1961) → '재외국민 보호·육성'(1974) → '재외국민 보호·육성 & 해외이주'(1983)[11] 단계를 거쳐 지금은 '재외국민 보호·지원 & 이민'(1998)에 중점을 두고 있다(※2008년 3월, '재외국민 보호·지원 & 재외동포정책 수립'). 그리고 담당부서는 정무국 '교민과'(1961)[12]과 아주국 '교민과'(1963) → '영사국'(1970)과 '영사교민국'(1974)[13] → '재외국민영사국'(1998)[14]과 그 산하에 민간기구 성격의 '재외동포재단'(1997)을 두기에 이르렀다.[15](※2005년 12월, '재외동포영사국' 설치).

나. 사회적 변화

그러나 탈냉전(1992) 이후 재외동포들에 대한 민족정체성 교육[16]이 시급해지고, 사회주의권 외국국적 동포들의 출입국이 심각한 사회문제로 대두되면서 재외동포업무의 근본구조에 큰 변화가 생겼다. 예를 들어 교육부에 재외동포교육과17)가 신설되고(1994), 재외동포법 제정을 법무부가 주도(1999)하면서 재외동포업무는 외교통상부(지원)를 축으로 교육인적자원부(교육)·법무부(출입국)·노동부(고용)가 나란히 병립하는 다극 체제로 변했다. 특히 재중동포들의 불법입국과 체류, 병역기피를 목적으로 한 국적 포기 사례와 같이 사회적으로 민감한 이슈가 제기될 때마다 재외동포정책과 행정이 마치 법무부 소관 중심인 것으로 비쳐지기도 하였다.

이런 현상들은 모두가 재외동포법('과거 국적주의' 채택)의 모법이라고 할 수 있는 '재외동포기본법'이 없는 상태에서 선법인 재외동포재단법('혈통주의' 채택)과 개념상으로 충돌함으로써 빚어진 예상된 결과였다.18) 재외동포 관련법제의 미비로 인해 재외동포들이 겪어야 했던 물질적·정신적 피해는 실로 엄청났다. 관련 부처들도 관장 법률이 다르고 법제정 정신이 다름으로 인해 원하든 원치 않든 부처 이기주의를 나타냈다.19) 이런 동포정책의 혼선은 정작 법의 혜택을 받아야 할 상당수 동포들을 일관된 행정서비스에서 배제시키는 결과를 초래하여 두고두고 시비의 대상이 되고 있다. 같은 정책대상을 놓고 서로 다른 잣대를 적용할 경우 그 폐해가 심각하리라는 것을 모를 리 없는 전문 관료들이 현재와 같은 이러한 재외동포 관련 법제를 유지·고수하고 있는 근본 이유는 무엇 때문일까?

2. 참여정부의 재외동포정책

가. 정책 기조

모든 부문에서 '혁신'과 '청산'을 강조하는 노무현 정부(03.2~08.2)는 과연 재외동포정책에 대해 어떤 청사진을 갖고 있을까? 참여정부 이전에는 재외동포 관련기구 신설이나 관련법 제정을 통해서 재외동포들에 대한 부채를 갚는다는 명분이라도 있었다지만 부채의식이 거의 없는 참여정부에게 그와 비슷한 모종의 정책적인 획기적 조치나 진전을 기대하기 어려운 것도 사실이다.20) 그러나 달리 생각해보면 이런 홀가분한 상태가 오히려 기존의 정치논리나 경제논리를 극복할 수도 있지 않을까 한다.

아래 내용들은 현재 노무현 정부가 갖고 있는 공식적인 '재외동포' 인식관의

대표적 단면들이다. 우선 대통령의 발언이다.21)

(a) 600만 재외동포는 우리 민족의 힘이요 자산입니다.… 재외동포사회는 국내총생산의 4분의 1에 이를 만큼 거대한 경제권을 형성하고 있습니다. 전 세계 '한민족네트워크'의 중요성이 갈수록 커지고 있습니다. 우리말과 우리글은 이러한 재외동포사회를 하나로 묶어주는 가장 중요한 구심점입니다. 민족의 얼과 자부심은 바로 언어와 문화 속에 담겨져 있기 때문입니다.
(b) 여러분의 성공이 곧 대한민국의 성공인 것입니다. 그런 점에서 우리 인구의 10분의 1이 넘는 600만 재외동포는 우리 민족의 장래에 더 없이 소중한 자산입니다. 저와 참여정부는 해외동포 여러분이 거주국에서 더욱 성공하고 조국과의 관계에서도 불편함이 없도록 최대한 지원하고 협력할 것입니다. … 한·미간의 가교 역할에도 더욱 힘써 주시기를 당부 드립니다.
(c) 우리 동포들은 물론 상사원, 유학생, 여행객에 이르기까지 모두가 도움의 손길을 필요로 하고 있습니다.
(d) 우리 대한민국은 한반도 남반부에만 있는 것이 아니고 북쪽에도 우리 민족이 함께 살고 있습니다. … 잘 개방하고 개혁해서 우리 북한동포들도 여러분이나 남쪽에 있는 우리 국민과 더불어서 잘 살아갈 수 있도록 관심도 함께 가져 주십시오.
(e) 다시는 이와 같은 불행한 일이 발생하지 않도록 우리 교민과 국민의 안전을 지키는데 정부는 최선을 다해 나가도록 하겠습니다.
(f) 재외국민 보호에 최선을 다하겠으며, 재외동포의 권익을 신장하고 모국과의 유대 증진을 위한 노력도 계속할 것입니다.
(g) 동포 경제인 여러분은 우리 경제의 든든한 후원자입니다.

다음은 재외동포정책의 실무를 담당하는 재외국민영사국장의 발언(2004)이다.22)

(a) 1961년 외무부 교민과 설립과 1962년 해외이주법 제정으로 해외이주가 시작됐고 80년대 전 세계로 확산되면서 헌법에 재외국민조항이 신설됐다. 한국정부는 1997년 외교부 산하에 교민청 대안으로 재외동포

재단을 설립, 재외동포에 관한 업무를 담당하고 있다. 1999년 재외동포법을 제정, 재외동포들의 이중국적 요구를 현실적인 범위 내에서 수용하고 있다. 헌법불합치 결정이 내려진 재외동포법과 시행령을 개정, 한국 정부 수립 이전에 이주한 재외동포들에게도 적용가능토록 조정했다. …

(b) 이중국적문제는 세계화에 따른 국가간 사람들의 이동가속화 등을 감안 주무부처인 법무부와 중·장기적으로 검토할 것이다.

(c) 재외국민에 대한 참정권 부여는 정치권의 합의가 필요한 사안이나 상사주재원, 유학생 등 국내에 주민등록이 돼있는 재외국민을 대상으로 확대하는 방안을 긍정적으로 검토하고 있다.

(d) 국가간 자유로운 상품 및 서비스 이동과 함께 증가되는 사람의 이동으로 특징지워지는 세계화현상으로 한민족네트워크 중요성이 점증하고 있다.

(e) 참여정부의 향후 재외동포정책은 재외동포들이 동북아경제중심 건설 과정에 참여토록 하고 한국투자나 경제교류 확대의 기회마련에 두고 있다. 정책수요자인 재외동포사회의 요구와 동포사회내의 변화에 부합하는 정책을 개발, 특히 지역별 특성과 민원서비스 강화에 중점을 두고 있다. 정책개발 및 시행시 동포사회내의 변화를 충분히 고려, 거주국에 동화돼가고 있는 이민 2, 3세대를 모국과 연계시키는 방안을 아울러 강구하고 있다.

이상의 발언들이 단지 듣기 좋으라고 하는 외교적·대외적 메시지로 평가절하 될 수도 있다. 그러나 참여정부의 재외동포정책 방향성을 가늠한다는 의미에서 매우 유용한 내용들이다. 그 내용을 압축 요약해보면 다음과 같다.

첫째, 재외동포는 민족의 힘·자산·가교·후원자이므로 그 권익을 신장시킨다.

둘째, 재외동포(북한 포함) 경제권을 네트워크화 하며, 그에 따른 제반 조치를 취해나간다.

셋째, 우리 말·글·문화를 매개로 모국과의 유대를 증진시킨다.

넷째, 재외국민의 안전·보호에 만전을 기한다.

다섯째, 재외동포의 출입국 불편해소에 최선을 다한다.

이상 5개 항의 주장은 지난 16대 대선공약(2002)과 비교해보면 상당히 구체화되거나 진일보했다.23) 그러나 이런 수사학적 찬사나 각오만으로 우리의 재외동포정책이 정상궤도에 올라서는 것이 아니다. 인기몰이나 표심을 얻기 위한24) 상투적인 구두선이나 현상유지를 위한 행정편의주의로는 그 진전을 기대하기 어렵다.

만약 참여정부가 재외동포정책을 한 단계 도약시켰다는 평가를 받으려면 앞서 요약된 5개 항목 모두를 어떻게든 입법화하려는 노력이 있어야 한다.25) 이런 시점에서 여·야를 막론하고 뜻있는 국회의원들이 활발한 의견수렴과 입법안을 내놓고 있는 것은 매우 고무적인 현상이다. 따라서 이번 기회야말로 정부당국은 기존의 소극적이고 수동적인 외교안보논리나 국제법적 반대논리를 고수하기 보다는 동포애에 입각하여 주무부처로서의 책임의식을 통감하고 재외동포 관련법 제정에 적극성을 보일 필요가 있다. 참여정부가 역대 어느 정부보다도 혁신적인 의지를 가지고 있는 만큼 재외동포기본법 등 관련법 입법화에 기대하는 바가 크다.

다만 우리가 여기서 짚고 넘어가야 할 사항은 관련법 입법화 과정에서 행정부와 국회, 전문학자('재외동포학'26) 포함) 그리고 현장 상호간에 어떻게 하면 비생산적인 소모전을 피할 수 있는가 하는 점이다. 상호공감대를 형성할 수 있는 합리적인 대안을 찾아낼 때 정책도 살고 학문도 살고 현장도 살 수 있다.27)

나. 정책영역

현행 재외동포정책은 <표 2>에서 나타나듯 ① 보호, ② 지원, ③ 교육·문화28), ④ 고용, ⑤ 법적지위(출입국) 등 5대 영역으로 분류된다.29)

<표 2> 재외동포정책 영역과 사업추진 근거

부서(이념)	보 호	지원	교육·문화	고 용	법적지위	비고(법제)
재외동포정책위원회 (재외동포정책 종합 심의·조정)		-정착지원 -법적·사회적지위 향상 -국내외경제활동지원	-유대강화			헌법(제2조2항)/재외동포정책위원회 규정 (대통령훈령)-국무총리실소속, 동포정책의 종합심의·조정
외교통상부 (재외국민 보호·지원)	○ 재외국민영사국 ○ 재외공관 영사과	○재외국민영사국 ○재외동포재단 -재단법제7조,시행령 제3조	○재외동포재단 -재단법제7조,시행령제3조			외교통상부와그 소속기관 직제/ 재외동포재단법 (혈통주의)

부처							
교육인적자원부 (인적자원개발정책수립·총괄·조정)		○국제교육정보화국 국외인적자원과30)	○국제교육진흥원				교육인적자원부와 그 소속기관직제/교육기본법(제29조)
법무부 (국적이탈·회복,출입국관리사무)		○법무실 국제법무과 ○재외동포법 제4-5조, 7조, 11-14조, 15조				○국적법 ○출입국관리국 체류심사과	법무부와 그 소속기관직제/재외동포의 출입국과 법적지위에 관한 법률(과거국적주의)/출입국관리법
문화관광부 (문화예술·체육사무관장)		○문화정책국 국제문화협력과 ○체육국 생활체육과(한민족축전)31)	○국립국어원 국어진흥부 -국어기본법제19조				문화관광부와 그 소속기관직제/국어기본법
통일부 (통일교육·홍보)			○통일정책실 국제협력 담당관(재외국민에 대한 통일지지 기반 확산)				통일부와 그 소속기관직제
노동부 (고용정책, 근로조건기준)	○고용정책실 외국인력정책과	○고용정책실 외국인력정책과			○고용정책실 외국인력정책과		외국인력정책위원회(국무조정실장)/노동부와 그 소속기관직제/외국인근로자의 고용등에 관한 법률
보건복지부		○국립망향의동산(해외동포의 유해안장 등)					
국가보훈처 (국가유공자와 그 유족보훈)32)		○보훈선양국 선양정책과; 공훈심사과					국가보훈처와 그 소속기관직제
청소년위원회 (청소년사무담당)		○청소년정책단 청소년교류문화팀					청소년기본법 청소년활동진흥법/청소년위원회직제
국세청 (내국세부과·감면·징수)		○개인납세국 재산세과					국세청과 그 소속기관직제
경찰청 (치안사무)		○경찰청-외국면허증 소지 동포, 운전면허시험 일부 면제					경찰청과 그 소속기관직제
민주평화통일자문회의 (국내외통일여론수렴)		○자문회의법 제10조(자문위원 위촉), 시행령 제25조(지역회의 구성)					평통자문회의법

<표 2>에서 우리가 도출할 수 있는 한국 재외동포정책의 핵심 추진과제는 모두 5가지다. 즉, ① 재외동포의 신변안전에 최선을 다하며, ② 거주국에서나 모국 생활에서 재외동포들이 느끼는 제반 불편사항을 최소화하며, ③ 우리 언어·문화의 교육·홍보를 통해 모국과의 유대감과 민족정체성을 함양하며, ④ 정책의 영속화를 위해 관련 법제를 정비하고, ⑤ 그 법률에 따라 해당사업을 충실히 이행하는 것 등이 그것이다.

물론 어떤 영역을 최우선 순위로 보느냐에 따라 재외동포정책 추진체계의 구도는 확연히 달라진다. 예를 들어 신변안전보호가 우선이라면 외교통상부의 영사기능이, 모국과의 유대감과 민족정체성 함양이 우선이라면 재외동포재단이나 국제교육진흥원 등의 교육·홍보기능이, 국내외에서의 제반 불편사항을 해소하는 것이 우선이라면 법무부의 국적회복·출입국관리기능이나 국세청의 세무행정이나 노동부의 외국인 고용정책 등이 개선되어야 할 것이다. 각 영역들은 모두 나름대로의 일리와 타당성을 갖고 있다.

그러나 재외동포정책의 목표가 궁극적으로 '한민족공동체 네트워크'[33] 형성에 있다면 이들 5가지 정책영역을 하나로 통합·조정하는 강력한 재외동포정책과 추진기구[34]로 나아가는 것이 가장 바람직하리라는 것은 두말할 나위가 없다. 그렇지만 현실적인 수준에서도 통합·조정이 가능하다면 굳이 새로운 기구를 만들 것까지는 없다.[35]

따라서 지금 단계에서는 어느 부처에서 재외동포업무를 담당하기를 진심으로 원하는지, 또 가장 잘 할 수 있는지를 원점에서 재검토하는 것이 중요하다. 외교통상부를 비롯하여 국가정보원, 교육인적자원부, 노동부, 법무부 등 어느 부처가 되었든지 간에 재외동포업무를 책임감 있게 맡아서 성실하게 추진할 수 있는 곳이 있다면, 또 재외동포들로부터도 긍정적인 반응을 얻는다면 그 해당 부처에게 재외동포업무의 통합·조정 역할을 맡기는 쪽으로 논의되어야 한다고 본다.[36]

다. 추진기구

현행 재외동포정책 추진체계는 재외동포정책위원회를 정점으로 외교통상부와 법무부가 그 양 날개를 펴고 있는 형국이다.

아래 <표 3>은 현재 우리의 재외동포정책 방향을 실제로 심의·집행하는 담당기구 현황이다.

<표 3> 재외동포정책 추진기구

구분	국무총리실	외교통상부 재외국민영사국 (이후 재외동포영사국)	법무부 출입국관리국[37] (이후 출입국외국인정책본부)	
내용	재외동포 정책위원회	재외동포재단	재외동포의출입국 및체류심의조정위 원회	이민행정연구위원회 (출입국정책추진단)
근거	규정(대통령훈령, 설치 1996.2.23)	재외동포재단법 (제정 1997.3.27)	재외동포의출입국 과법적지위에관한 법률시행령(제정 1999.11.27)	설치 2004.9.2
성격	국무총리 소속 자문기구	외교통상부 소관 법인	법무부내 심의기구	법무부내 위원회
목적	정부의 재외동포정책을 종합적으로 심의·조정	재외동포들이 민족적 유대 감을 유지하면서 거주국 안 에서 그 사회의 모범적인 구 성원으로 살아갈 수 있도록 하는데 이바지	재외동포의 출입국 및 체류에 관한 중 요사항 심의·조정 (시행령 제5조)	주요정책입안·결정, 장기발전계획수립과정 에 외부전문가 집단의 참여를 확대
심의 · 사업 내용	-재외동포정착지원 -재외동포법적·사회적 지위향상 -재외동포와 유대강화 -재외동포 국내외경제 활동지원 -재외동포 관련부처별 사업계획조정 및 심의 -기타관련 사항	-재외동포교류사업 -재외동포사회 조사·연구 사업 -재외동포대상 교육·문화 ·홍보사업 -정부 위탁사업 -국무총리 승인·외통부장 관이 정하는 사업 -교류/교육·문화·홍보사 업의 부대사업	-재외동포체류자격 부여 관련제도의 개선·변경	-정책의 신뢰도 제고 -민주적행정절차에 입 각한 갈등의 사전조 정 -집행 효율성 확보

이들 기구 가운데 가장 중요한 역할을 하는 곳이 국무총리를 위원장으로 하는 재외동포정책위원회다. 이 재외동포정책위원회는 기존의 '재외국민지도위원회'(62.6.26), '재외국민지도자문위원회'(69.2.13), '재외국민정책심의위원회'(85.6.3) 등으로 이어지는 현행 최고의 재외동포정책 심의기구다.

다음 <표 4>는 그동안의 기구 변천과정을 보여준다.

<표 4> 재외동포정책 심의기구 변천과정

구분	외무부장관 산하			국무총리 산하
	재외국민지도위원회 (1962.6.26)	재외국민지도자문위원회 (1969.2.13)	재외국민정책심의위원회 (1985.6.3)	재외동포정책위원회 (1996.2.23)
설치 목적	-재외국민지도·보호 ·육성에 관한 기본 정책수립 및 관계부 업무조정에 대한 자 문	-재외국민지도·보호· 육성에 관한 기본정책 수립·집행에 관한 자 문	-재외국민보호육성정책 을 종합적 심의·조정	-정부 재외동포정책을 종 합적 심의·조정

제2장 한국 주요 정당의 재외동포정책 비교분석 65

기능	-재외국민지도·보호·육성에 관한 기본정책 수립 사항 -재외국민교육·유학생지도 사항 -이민보호사항 -재외국민단체사항 -기타 필요 사항	-재외국민 지도·보호·육성에 관하여 외무부장관의 자문에 응하여 심의·건의	-재외국민정착지원사항 -재외국민법적·사회적지위향상사항 -재외국민과 모국과의 유대강화사항 -재외국민 국내외 경제활동지원 사항 -기타 필요 사항	-재외동포정착지원사항 -재외동포법적·사회적 지위향상사항 -재외동포와의 유대강화사항 -재외동포의 국내외 경제활동지원사항 -재외동포 관련부처별 사업계획조정및심의사항 -기타 부의 사항
구성	-위원장 1인과 위원 8인(위원장 외무부차관, 위원:내무·재무·국방·문교·보건사회·교통·공보부 각 차관, 중앙정보부 제3국장)	-위원장·부위원장 각1인, 위원 20인 이내(위원장 및부위원장: 위원중에서 임명, 위원: 정부 관계부처 차관 또는 차장과 외교·국제정세 및 재외국민실태 지식·경험이 풍부한 자중에서 위촉자)	-위원장·부위원장 각 1인, 위원 15인 이내(위장 외무부차관, 부위장 외무부 제2차관보, 위원: 내무·재무·법무·문교·상공·노동·문화공보·안기부·해외협력위원회및 관계기관 3급 이상 공무원 각 1인, 영사교민업무담당국장1인, 재외국민 학식·경험풍부한 자)	-위원장 1인, 부위원장 3인, 15인 이내의 위원(위원장 국무총리, 부위원장 재경·통일·외무부장관, 위원:내무·법무·교육·문체부·공보장관·국무총리행정조정실장, 안건관련 관계부처·기관장, 재외동포학식·경험풍부한 자)
회의	-관계부 장관 요청시 위원장이 소집/재적과반수 출석, 출석 과반수 의결/의장은 표결권, 가부동수시 결정권	-위원장은 회무 통리, 회의 소집/부위원장은 위원장 보좌, 위원장 사고시 직무대행	-정기회의 연2회 소집, 임시회의는 위원장 필요시나 위원 요구시/재적 과반수 출석, 출석 과반수 의결/위원장은 위원회의사항을 외무부장관에게 보고	-위원장이 필요다고 인정하는 때 또는 위원의 요구시 소집/재적과반수 출석, 출석 과반수 의결
간사	-서무처리위해 간사회 설치(간사장 1인 외무부 정무국장, 간사 9인각관계부 3급공무원)	-서무처리위해 간사회 설치(간사장 1인 외무부 아주국장, 간사 외무부공무원)	-세부사항 구체적 심의필요시 관련위원만의 소위원회 구성/서무처리 위해 간사 1인 외무부소속 직원	-서무처리 위해 간사 1인(국무총리행정조정실 제1행정조정관) -위원회 위임사항 처리하는 재외동포정책실무위원회(실무위장 1인 외무차관, 위원: 중앙행정기관 실·국장급 공무원및관련전문가 포함 15인 이내, 간사- 외무부 재외동포담당국장)
의견청취			-필요시 관계기관직원 또는 재외국민 전문가의 의견청취	-필요시 관계기관 직원 또는 관계전문가의 의견 청취
비고	1968.9.11 폐지	1978.11.27 폐지	1996.2.12, 폐지	현재 운영중

<표 4>에 따르면 심의기구의 성격이 점차적으로 상향·확대되는 반면 그 개최 횟수는 점차 줄어드는 경향을 보이고 있다. 예를 들어 연 2회 정기회의를 개최했던 재외국민정책심의위원회와 달리 위원장(국무총리)이 필요하다고 인정

할 때가 아니면 개최되지 못하는 현행 재외동포정책위원회는 기구의 성격상 지난 김대중 정부시절에는 단 한 건의 개최 실적도 없었고, 단지 국무총리 소속의 또 다른 위원회인 '정책평가위원회'가 「재외동포정책평가보고회」를 개최(2002. 12.6)했을 뿐이다.38)

그 평가보고서에 따르면 ①재외동포관련 기본정책방향의 재정립, ②2003년 상반기까지 '재외동포법' 개정에 관한 정부입장 정리, ③해외부재자 투표 부활 요구 검토 필요, ④한민족정체성 유지 및 각종 교류사업 효율화 추진, ⑤재외동포 역량 활용·네트워킹 강화, ⑥재외동포정책위원회 운영활성화(예; 훈령 → 대통령령) 등이 보고 되었다.

다음 <표 5>는 그동안 개최된 재외동포정책위원회의 개최 실적과 심의안건들을 보여준다.

<표 5> 재외동포정책위원회 개최실적

구분	제1차 재외동포정책위원회 (1996.5.3)	제2차 재외동포정책위원회39) (1996.12.4)	제3차 재외동포정책위원회 (1997.12.12)	제4차 재외동포정책위원회 (2004.11.8)
기본 목표 40)	① 재외동포의 거주국내 권익신장과 역량강화 ② 한민족으로서의 정체성과 자긍심 고양 ③ 동포간 화합및 모국과 동포사회간 호혜적 발전			
정책 방향	①재외동포의 자조노력 권장 및 지원 ②재외동포들이 거주지역 발전에 기여하고 동거주지역 사회내에서 융화를 이룰 수 있도록 지원 ③재외동포 요구에 부응하여 언어·전통·문화·예술차원에서의 지원 ④자유·민주·인권의 보편적 가치에 입각한 재외동포사회 발전 지원 ⑤재외동포의 거주국내 법적·사회적 지위 향상 지원 ⑥재외동포의 한국내에서의 투자등 경제활동 장려 및 재산권행사 등 이익보호를 위한 국내법 및 제도 개선			①재외동포의 거주국내 안정적 정착을 위한 자조노력 지원 ②거주국내에서의 법적·사회적 지위향상과 권익보호지원 ③모국과의 유대증진을 위한 국내 법적·제도적 기반 강화 ④한민족 정체성 함양을 위한 교육·문화교류 등 각종 사업 추진 ⑤재외동포사회 발전을 위한 한민족네트워크 구축 ⑥모국과 거주국간 우호증진과 발전에 기여할 인재 육성
논의 주제	①재외동포정책추진 계획 수립	①재외동포재단 설립 추진현황 ②재외국민국내 병역 문제 개선방안 ③사할린한인영주귀국 시범사업조기추진안 ④재외동포 한국어 및 민족교육강화방안	①98년도 재외동포정책추진계획 ② 재외동포교육의 내실화방안 ③재외동포재단 사업 추진계획안 ④조선족관련 불법행위대책	①재외동포정책 기본방향과 목표설정 재검토 ②재외동포지원사업 자체평가 및 향후추진계획 ③재외동포기본법(안) ④재외동포정책위원회 활성화 방안

<표 5>에서 알 수 있듯이 지난 10년 동안 단 4차례밖에 개최되지 않았다는 사실로 인해 정부가 많은 재외동포들이나 관계자들로부터 비난과 지탄의 대상이 되고 있다. 그러나 법체계상 상설기구가 아닌 이상에 재외동포정책위원회가 큰 틀에서 방향제시만 하고 그 나머지는 법규정대로 하면 아무 문제될 것도 없다. 다만 문제가 되는 것은 재외동포기본법이나 기본계획이 제대로 수립되지도 않은 상태에서 재외동포정책위원회가 변화하는 사회환경과 재외동포사회의 요구들에 적절하게 대처하지 못했다는 점이다. 물론 시간이 지나갈수록 우리의 재외동포정책이 단기적·현실적인 과제해결보다는 장기적·미래적인 과제해결 쪽으로 방향이 틀고 있는 것은 분명하다. 그럼에도 불구하고 '재외동포기본법' 제정과 같은 관련법제 정비에 대해 이렇다할 명확한 해결방안을 내놓지 못하고 있는 것이 문제 중의 문제인 것이다.

따라서 관련법들이 제 역할을 하고 해당 부처는 제정된 법률대로 정책을 총괄·조정·집행해나간다면 재외동포정책위원회를 '재외동포위원회'와 같은 상설화된 위원회 조직으로 굳이 변경할 필요가 없다. 일부 주장에서 제기되는 것처럼 국가인권위원회나 국가청렴위원회와 같은 대통령 소속하의 위원회 조직이 재외동포문제를 해결하는 대안이라고 생각한다면 차라리 현행 통일부의 남북업무나 국가정보원의 해외파트를 재외동포업무와 합치는 그런 발상의 전환이 오히려 재외동포정책을 선진화·효율화하는데 도움이 되지 않을까 한다. 기왕 그림을 그리려면 더 크게 그릴 때 얻는 소득도 더 큰 법이다.

라. 문제점과 중점과제

이상 역사적 배경, 사회적 변화, 참여정부의 정책기조, 정책영역과 추진기구 등을 고려해보면 현행 한국 재외동포정책의 문제점은 모두 8가지 정도로 압축된다.[41]

> 첫째, 재외동포정책의 장기적인 비전이라고 할 수 있는 기본계획이나 이를 실천하도록 규정하는 근거법인 재외동포기본법이 없다.
> 둘째, 업무추진체계가 통합되기보다는 점점 분산되는 추세에 있다.
> 셋째, 개념적으로나 법제적으로 상이한 이원 구조가 해소되지 않고 있다.
> 넷째, 사업추진체계의 분산성을 종합 조정하는 기능이 미약하다.
> 다섯째, 정책수립·집행시 국내외 동포사회의 의견이 제대로 반영되지 않

고 있다.
여섯째, 출입국관리나 법적지위가 개선되었다고는 하나 여전히 불안하다.
일곱째, 교육·문화 프로그램과 인프라를 구축할 재원이 턱없이 부족하다.
여덟째, 재외동포정책이 국가정책의 우선순위가 되지 못하고 있다.

결국 우리는 이 8가지 문제점을 해결할 방도를 찾아야 한다. 모든 문제점을 한꺼번에 해결할 방안이 있다면야 얼마나 좋으련만 현실적 여건은 전혀 그렇지 못하다. 그렇다면 가장 손쉬운 것부터 하나하나 해결해나가는 것이 최선의 해법이다. 예를 들어 지금 당장 재외동포정책을 국가 최우선정책으로 삼는다거나 관련 재정을 대폭 증액한다는 것은 비현실적인 주장이다.42) 그러나 사업체계의 분산을 종합 조정하는 기능을 강화하거나 재외동포기본법을 제정하는 쪽으로 각 이해당사자들의 힘을 모아가는 것은 얼마든지 가능한 일이다.

다시 말해 재외동포 관련 법령체계를 정비하고 그 미비점을 보강하는 것이 가장 먼저 해결해야 할 중점과제다. 그 법안의 명칭이야 뭐라고 붙이든 실질적인 기본법으로서의 기능을 할 수 있는 기본법이 제정된 연후에야 보호·지원·교육·고용·법적지위 등과 같은 핵심(또는 관련) 영역을 종합적으로 다룰 수 있는 법적·행정적 근거가 마련된다. 또 궁극적으로는 사회변화와 국민여론의 성숙에 따라 재외동포의 권리신장(예; 이중국적문제)이나 재외국민의 참여증진(예: 참정권문제)을 위한 법적·제도적 근거도 마련할 수 있다.

그 다음으로 해결해야 할 중점과제는 재외동포 업무기구의 자율적이고도 유기적인 통합과 재외동포 행정지원 기능의 강화다. 즉, 재외동포정책과 업무의 효율적 추진을 위해서는 중앙부처 단위 이상의 재외동포업무 전담조직이 이상적이다. 그러나 현재로서는 재외동포들이 궁극적으로 살고자 하는 곳이 어디냐에 따라 재외동포정책의 초점이 결정되고 있으므로43) 국내에 들어와 있는 동포의 숫자보다 해외에 거주하고 있는 동포의 숫자가 더 많은 현실에서 거주국의 재외한인사회가 피부로 느낄 수 있는 재외동포 행정지원기능을 보강하는 것이 훨씬 더 중요하다. 그렇다고 국내의 모든 정책이나 법·제도가 동포들이 느끼기에 불리·불편한 상태를 그대로 방치해두자는 말은 아니다. 개선해야 할 것은 과감히 개선해야 한다.

마지막으로 해결해야 할 중점과제는 재외동포사회의 미래를 준비하는 일이다. 이 과제는 앞의 두 과제보다도 훨씬 더 중요하고 시급하다. 지금부터 종합적·장기적인 전략 아래 인적자원개발이나 교육·문화 인프라 구축, 재원 마련(예:

국고, 국제교류기금, 기부금 등)에 정부와 민간이 적극 나서야 한다. 재원의 법적 근거나 인재양성을 위한 기본계획 수립 없이는 재외동포사회의 미래는 없다. 천만다행인 것은 제4차 재외동포정책위원회(2004.11.8)44)가 기존의 정책방향에서 진일보하여 '인적자원육성'에 관심을 기울이겠다고 천명한 이상 하루빨리 구체적인 실행계획을 제시해야 한다.

결국 '법제 정비'가 첫 번째 수순이다. 이것이 제대로 풀리지 않은 상태에서 다른 하위 수순의 해결을 기대하는 것은 어리석은 일이다.

지금 제17대 국회에서 여・야 의원들이 재외동포 관련법안을 의원발의안으로 경쟁적으로 내놓고 있다.45)

그러나 지난 제6차 재외동포실무정책위원회(2005.6.15)에서 국무조정실, 외교통상부, 법무부 등 관계부처 관계자들은 열린우리당 한명숙 의원이 대표발의한 '재외동포교육문화진흥법(안)'을 주요 안건으로 논의했지만46) 그 성사가 현재로서는 불투명하다. 그밖에 민주노동당 권영길 의원의 '재외동포기본법(안)', 열린우리당 이화영 의원의 '재외동포기본법(안)'도 제출예정에 있지만 이것 역시 입법에 성공할 가능성이 매우 희박하다. 왜냐하면 보도47)에 따르면 재외동포정책의 주무부서인 외교통상부가 여・야 의원들의 재외동포 관련 입법안을 이상주의적인 입법이라는 이유로 반대하고 있기 때문이다.48) 외교통상부가 관할하는 재외동포재단법의 '혈통주의' 정신을 계승하고 있는 이들 관련법들이 왜 이상주의로 몰리고 있는지 그 근본원인과 대안을 찾아서 이들 법안들이 입법화에 성공할 수 있도록 도와주어야 한다.

제3절 재외동포기본법(안) 비교분석

1. 입법 추진의 의미

가. 기존 관련법 제정의 교훈

지금까지 재외동포와 관련한 법안들 가운데 입법화에 성공한 예는 단 두 가지 사례밖에 없다.

지난 1996년 '재외동포정책위원회'가 재외동포정책의 기본방향을 수립・공개49)한 이후 김영삼 정부(93.2~98.2) 시절에 제정된 재외동포재단법(97.3.27)

과 김대중 정부(98.2~03.2) 시절에 제정된 재외동포법(1999.9.2)이 그것이다. 선법과 후법 간의 모순조항으로 두고두고 논란의 씨앗이 되고는 있지만 그나마 법제화에 성공할 수 있었던 것은 해당 정권의 최고통치자가 강력한 입법의지를 가지고 정부안으로 추진했기 때문이다. 물론 주무부서인 외교통상부의 반대로 말미암아 동포전담조직인 '교민청' 설치 구상은 재외동포재단 설립으로 만족해야 했고,50) 이중국적 허용 구상도 외교통상부의 안보논리와 국제법적 논리('과거국적주의') 때문에 난관에 부딪혀 '반쪽짜리' 재외동포법으로 탄생되었지만 이것 역시 정책결정자의 강력한 의지가 없었다면 불가능한 일이었다.51)

다음의 <표 6>은 그동안 입법에 성공한 것과 실패한 사례들을 보여준다.

<표 6> 재외동포 관련법안 입법시도 사례(일부 개정안은 제외)

일시	법안명	제안자	개념정의	특기사항	비고
1995. 10	세계화추진위원회(95.10) 「재외동포사회활성화지원방안」		○재외동포: 국적을 불문하고 외국에 거주하는 한민족 통칭(체류자, 영주권자, 시민권자 모두 포함) ○재외국민: 대한민국 국적을 가지고 외국에 거주하는 자(체류자와 영주권자)	○재외동포를 혈통주의 입장에서 정의, 정책대상으로 채택(1995.12) ○기존의 '해외동포', '해외교포'를 '재외동포'로 통일	○김영삼 정부는 세추위를 출범(95.1.21)시켜 세계화의 관점에서 재외동포정책을 중점과제로 추진
1996. 12	재외동포재단법(안)	정부안(외무부)	○재외동포: 국적을 불문하고 한민족혈통을 지닌 자로서 외국에 거주·생활하는 자 ○재외국민: 대한민국 국민으로서 외국에 장기체류하거나 영주권을 취득한 자	○재외동포(민족)개념을 우리 법률(안)에 처음으로 도입 ○재외동포가 재외국민보다 개념적으로 상위집단으로 정의됨	○김영삼 정부가 입법에 성공하여 재외동포재단 설립(96.10.30) ○각종 규제·제약의 완화에 기여
1997. 10	재외동포기본법(안)①	의원입법안(제정구 대표발의)	○재외동포: 대한민국 국민으로서 외국에 장기체류하거나 영주권 취득자와 국적 불문하고 한민족 혈통 지닌 자로서 외국 거주 생활하는 자 ○재외국민(규정 없음)	○재외국민과 외국국적동포의 개념 미분리, 재외동포 속에 포함시킴	○기본법의 필요성을 역설했으나 외무부의 반대로 입법에 실패
1997. 11	재외동포기본법(안)②	의원입법안(김원길 대표발의-새정치국민회의안)	○재외동포: 국적을 불문하고 한민족의 혈통을 지닌 자로서 외국에 거주·생활하는 자 ○재외국민: 대한민국국민으로서 외국에 장기체류하거나 영주권을 취득한 자	○대한민국 국적을 보유한 조상을 기준으로 1/4 이상의 혈통을 가진 자는 한민족 혈통에 해당	○역시 기본법의 필요성을 역설했으나 외무부의 반대로 입법에 실패

시기	법안명	주체	정의	주요 내용	결과
1998. 8	재외동포의법적지위에관한특례법(안)입법예고안	정부안 (법무부)	○재외동포(규정 없음) ○한국계 외국인: 한민족 혈통을 지닌 외국인 ○재외국민: 대한민국의 국민으로서 외국의 영주권을 취득하였거나 영주할 목적으로 외국에 거주하는 자	○재외동포 개념 대신 '한국계 외국인'이라는 새로운 개념을 제시 ○체류기간을 2년으로 한정	○김대중 정부의 공약 실천차원에서 자유왕래, 참정권, 공직취임권 허용 등 혁신적 내용으로 제출되었으나 대내외적인 반대로 중도탈락 ○외교부와의 주도권 문제로 '과거국적주의'에 의한 수정안 마련
1998. 9	재외동포기본법(안)③	의원입법 수정안(김원길 대표발의)	○재외동포: 1997.11 안과 동일 ○재외국민: 1997.11 안과 동일	○외국국적동포의 범위는 조부, 부 또는 모 혹은 본인이 대한민국 국적을 보유했던 자를 기준 ○대한민국수립(19480 이전에 해외 이주한 외국국적동포는 대한민국국적을 보유했던 것으로 간주	○정부안과의 사전조율 없이 추진되어 입법에 실패, 이것 역시 외교부의 반대논리를 극복하지 못함
1998. 12	재외동포출입국과법적지위에관한법률(안)	정부안 (법무부)	○재외동포(규정 없음) ○한국계 외국인(규정 삭제) ○외국국적동포: 대한민국 국적을 보유하였던 자 또는 그 직계비속으로서 외국국적을 취득한 자 ○재외국민: 특례법입법예고안과 동일	○'한국계 외국인'을 '외국국적동포'개념으로 대체하여 '과거 국적주의' 채택 ○법안 명칭이 당초의 '법적지위'에서 '출입국과법적지위'로, '특례법'이 일반'법률'로 변경 ○무국적자(조선적 재일동포의 경우) 해당 사항 없음	○입법(99.9.2)에는 성공했으나 헌법재판소는 재외동포법 제2조 2항, 시행령 제3조에 대해 헌법불합치(평등원칙위배) 결정(2004.3 문제조항 개정52) ○이것도 외교부와 중국측의 반대로 혈통주의 개념 포기
2003. 5.	재외동포기본법(안)④	의원입법안 (조웅규 대표발의)	○재외국민: 대한민국의 국민으로서 외국의 영주권을 취득한 자 또는 영주할 목적으로 외국에 거주하고 있는 자 ○외국국적동포(A): 대한민국의 국적을 보유하였던 자 또는 그 직계비속으로서 외국국적을 취득한 자 중 대통령령이 정하는 자 ○외국국적동포(B): 대한제국 이후 대한민국정부수립이전에 국외로 이주한 자로 외국국적을 취득한 자와 그 직계비속 중 대통령령이 정하는 자	○기본이념 설정: "재외동포의 민족적 유대감의 유지에 필요한 교육문화 활동, 안정된 생활기반 조성에 필요한 사회경제활동, 대한민국과의 관계발전에 필요한 제반활동을 지원하고, 재외동포의 법적지위 향상을 도모" ○재외국민과 재외동포를 구분한 뒤, 재외동포를 3가지 유형으로 세분	○국무총리 소속의 재외동포위원회 신설, 재외동포재단 이관 ○국가책무·기본계획수립·단체지원·포상 조항 포함 ○기본법 외에 재외동포위원회법(안), 재외동포재단법(안), 재외동포법개정(안)도 제출했으나 역시 입법에는 실패

			○무국적 동포(C): 대한제국이후 대한민국정부수립이전에 국외로 이주한 자로 외국국적을 취득하지 않은 채 국외에 거주하고 있는 자 및 그 직계비속		

<표 6>에서 나타나듯 정부입법안은 100% 법제화에 성공했다. 그러나 재외동포사회의 항구적 권익신장과 미래발전까지 염두에 두고 추진되었던 의원입법안들은 100% 폐기되고 말았다.53) 문제는 이런 사정은 지금도 전혀 변하지 않았다는 사실이다.

두 입법사례만 놓고 보면 재외동포 관련법 제정의 생사는 외교・안보・국제법이라는 3가지 난관을 극복하느냐 못하느냐에 달려 있음을 알 수 있다. 제 아무리 당위성과 찬성논리를 개발할지라도 세계 각국에 130개 재외공관을 두고 660만 명 재외동포들과 접촉하고 있는 외교통상부의 현실적 우선권[정부조직법상]을 무시할 수 없다. 더욱이 작은 정부를 지향하고 정부개입을 최대한 배제함으로써 민간의 자율성을 존중하고 각종 규제나 혜택을 억제하는 것이 국제사회의 정책기조이고, 이해관계가 첨예화된 한반도의 안보상황에서 주변국과의 외교마찰을 가급적 회피하는 것이 국익에 도움이 된다고 하는 외교통상부의 반대논리는 정부 안팎으로 상당한 지지를 받고 있다. 따라서 외교통상부가 반대하면 그 어떤 재외동포 관련법도 생명력을 가질 수 없다.54) 사정이 이렇다면 최선책만을 고집할 것이 아니라 차선책으로라도 외교당국을 설득하고 상호접점을 찾아나가는 것이 중요하다.

그렇지만 재외동포사회의 규모가 국내 전체인구의 1/10을 상회하도록55) 아직까지 '재외동포기본법' 하나 제정하지 못하도록 반대만 하고 있는 외교통상부의 자세는 그 어떤 변명으로도 책임을 면할 수 없다. 전 세계 175개국에 퍼져나가 있는 재외동포들을 배제하고 어떻게 '한민족네트워크공동체'를 구상할 수 있으며, '동북아경제 중심국가'56)나 '동북아 공동번영'57)을 꿈꿀 수 있겠는가? 지난날 애국심과 동포애에 입각하여 그들이 조국의 경제발전과 정치발전에 참여하고 투자했기 때문에 오늘의 대한민국도 가능했다면58) 설령 재외동포 모두가 대한민국 국적자가 아니더라도 이들에 대한 조그마한 배려가 너무나 아쉽다.

그러므로 외교통상부는 재외동포업무를 맡은 지 60년이 가깝도록 '재외동포기본법' 하나도 자발적으로 제정하지 못하고 있다는 점을 크게 반성해야 된다.

이는 외교통상부의 능력이 부족해서도 재원이 부족해서도 아니다. 그만큼 우수한 인적자원과 물적 자원을 갖고서도 재외동포 모두가 공감할 수 있는 정책이나 관련법 하나를 제대로 탄생시키지 못했던 것은 성의의 부족, 외교적 노력의 부족이라고 밖에 달리 설명할 길이 없다.59) 외교통상부는 이제라도 재외동포기본법을 비롯한 관련법 제정에 적극 협력해야 할 것이다.

나. 기본법 논의의 출발점

사실상 '재외동포기본법' 제정의 목소리가 그 어느 때보다 높은 것은 동포들의 요구와 여론형성이 그만큼 결실할 때가 되었다는 의미다. 그 결정적인 근거를 우리는 37년 전, 한 야당의원이 제기한 대정부건의(1968)에서 찾을 수 있다. 당시 야당의원이었던 김상현60)은 국회에 제출한 『재일교포문제 조사보고서』에서 모두 7개항의 대정부 건의를 내놓았다. 그 내용은 다음과 같다.61)

> 첫째, 재외국민의 지위향상과 권익 옹호, 경제적 기반의 조성, 교육문화의 향상을 위해 국회에 '상임특별위원회'를 설치하고 교민정책의 전반적인 조정을 위해 국무총리 직속하의 자문기관으로 '재일교포대책위원회'를 설치하라.
> 둘째, 해외교포교육진흥법과 재일교포의 경제활동을 뒷받침하기 위한 전반적인 재외국민의 지도와 육성을 위한 '교민법'을 제정하라.
> 셋째, 교포사회의 구조적인 변천과 시민의식의 제고, 법적지위 안정 등에 관한 장기적인 전망 아래 일관성 있는 재일교포정책을 항구화하라.
> 넷째, 재일민단 육성과 민족교육을 위한 한국학교 증설 등 장기계획을 세워 연차적으로 추진하라.
> 다섯째, 외무부 교민과를 局단위로 확대개편하고 한국신용조합협회 산하 조합들을 단일체제로 종합정비하여 일반은행으로 승격 확대시키라.
> 여섯째, 주일(駐日) 각급 공관과 민단과의 유기적인 유대를 강화하기 위해 월례 합동회의를 제도화하라.
> 일곱째, 교포학생의 약 80%가 일본학교에 취학하고 있음에 비추어 민족의식을 일깨우기 위한 특별한 대책62)을 수립하라.

지금 기준에서 보더라도 어느 것 하나 손색이 없는 대단히 혁신적이고 진취적인 건의들이다. 이 대정부건의를 역대 정부가 어떻게 수용했는지를 살펴보는 것은 현재 진행 중인 재외동포기본법 제정 시도에 큰 지침이 된다.

다음 <표 7>은 야당의원의 대정부건의와 그 수용결과를 보여준다.

<표 7> 대정부건의와 그 수용결과

대정부건의 사항(1968)	경과사항	비고
①국회내 상임특별위 구성	여러 차례 시도되었으나 끝내 좌절[63]	17대 국회에서도 계속해서 시도중
②국무총리직속 재일교포대책위원회 설치	-재외국민정책심의위원회(1985.6.3)[64] -재외동포정책위원회(1996.2.23)	17년만에 외무부차관을 위원장으로 하는 심의·조정기구가 설치, 국무총리 소속의 재외동포정책위원회는 또 그로부터 11년 후에나 가능
③해외교포교육진흥법 & 재외국민 지도·육성을 위한 교민법 제정	-재외동포재단법(1997.3.27) -재외동포법(1999.9.2)	최초의 동포관련법 제정까지 무려 30년이 필요. 현재 한명숙 의원의 재외동포교육문화진흥법(안)이나 권영길 의원의 재외동포기본법(안)은 모두 37년 전의 대정부건의와 그 맥을 같이 함
④장기적·일관성 있는 교포정책 수립	-제1차 재외동포정책위원회 개최 (1996. 5.3)	재외동포정책의 기본목표와 방향을 공식화 하는데도 28년이 지나야 했다
⑤장기적 민단육성책과 민족교육 추진	-재일교포의 95%가 남한출신[65]임에도 조총련이 민족교육을 주도 -전 세계 한국학교 25개교(14개국), 한국교육원 35개원(14개국)에 불과	민족교육과 문화를 진흥하기 위한 관련법 제정이 절실히 요청
⑥교민국 설치(확대개편)	-외무부 영사교민국(1974.9.19) 설치	건의후 6년만에 교민1·2과 영사과 여권 1·2과 등 5개과로 구성된 영사교민국 설치. 그러나 30년 이상 局단위에서 머물고 있으며, 98년 이후 3개과(재외국민이주과·영사과·이민과)로 축소
⑦신용조합의 일반은행 승격	-일본에서 동포은행이 성사직전에 좌초 (2002)	국내에서는 신한은행이 선전하고 있지만 정작 현지동포들에게 도움을 줄 동포은행은 없는 실정. 거주국에서 정착하도록 유도하는 마지막 보루가 금융기관이다.
⑧현지 공관과 거주국 동포사회와의 정례회의	-공식채널로 진행되고 있지 않음(?)	재외동포정책 수립·평가에 동포들을 직접 참여시킴으로써 정책만족도를 높여야 한다
⑨일본학교 취학 2, 3세의 민족위식 함양을 위한 특별대책	-교육인적자원부(국제교육진흥원)이 진행하고 있으나 현지교육은 상대적으로 취약	교회를 비롯한 종교단체의 역할이 상당히 중요하다. 지역별로 차이는 있지만.

<표 7>에서 알 수 있듯이 오늘 우리가 논의하고 있는 재외동포정책이나 법 제정의 밑그림은 37년 전에 이미 그려졌다는 사실이다. 그렇다면 이제 남은 것은 이를 실천하느냐 못하느냐는 것일 뿐 그 이외의 논의나 주장들은 부수적인

것에 불과하다.

그만큼 <표 7>은 앞으로 우리가 어떤 분야에 더 많은 관심과 노력을 집중해야 하는지를 알려주고 있다. 즉, 국회 내 상설특별위원회 설치문제, 재외동포교육진흥에 관한 법률, 재외동포기본법, 장기적이고 종합적인 재외동포사회 육성방안, 동포들을 위한 현지은행, 재외공관과 재외동포사회간의 정례협의체 구성, 현지인이 되어버린 2~3세들을 위한 민족의식 고취프로그램 등이 취약한 것은 오늘만의 문제가 아니었음을 <표 7>은 알려주고 있다. 특히 재외동포를 위한 기본법이나 교육진흥법 제정의 문제는 광복 후 지금까지 재외동포사회가 본국정부에게 줄곧 요청해온 숙원사업의 하나라는 사실을 결코 잊어서는 안 된다.

다. 기본법의 정신

재외동포를 주대상으로 하는 최초의 법제는 재외동포재단법(1997)과 재외동포의법적지위와출입국에관한법률(1999)이었다.

그러나 이 법률들은 재외동포를 지원·보호하는 적극적인 법률이기보다는 방기·규제하는 소극적이고 차별적인 법률이었다는 태생적 한계를 갖고 있다. 이런 점을 인식하고 재외동포가 국가발전의 인적자산이자 거주국과 모국관계를 돈독케 하는 매개자임을 천명하고 나선 법안들이 바로 권영길 의원의 '재외동포기본법(안)'과 한명숙 의원의 '재외동포교육문화진흥법(안)'[66]이다.

일반적으로 행정법 체계 내에서 기본법의 법적위상은 다음 두 가지 기준에 의해 유형화된다.[67]

> 첫째, 그 내용적 특성에 따라서 a) 헌장으로서의 기본법, b) 정책수단의 총괄규범으로서의 기본법, c) 관리규범으로서의 기본법, d) 특정분야의 종합법전으로서의 기본법, e) 개별적 영역을 규정하면서 기본법의 명칭을 사용하는 경우 등으로 유형화된다.
> 둘째, 기본법의 적용범위와 그 효력에 따라서 a) 아무런 규정을 두지 않는 경우, b) 이념적 기초임을 선언하는 경우, c) 기본적 효력을 가짐을 선언하는 경우, d) 우월적 효력을 가짐을 선언하는 경우 등으로 유형화된다.

즉, 일반 법률이 국민의 권리와 의무에 관한 규제내용을 위주로 구성된다면 기본법은 특정분야에 대한 정책방향과 해당분야의 육성과 진흥을 위한 시책방향을 선언하는 내용 위주로 구성되는 것이 보통이다. 따라서 다른 법률보다는 이념적으로나 그 효력에 있어 우월한 위치를 갖고 있다고 할 수 있다.[68] 그런 측면에서 보면 재외동포 관련법을 통합·조정하는 명실 공히 기본법이 되기 위해서는 기존의 두 관련법들보다 기본법으로서의 지위를 확립하는 내용들로 조문화되어야 한다. 재외동포의 기본 권리와 의무, 재외동포정책의 입안과 시행에 관한 기본원칙, 재외동포 관련영역(예: 5대 영역) 등을 포함하되 가급적 조문의 수는 최소화하고, 각 영역들은 핵심사항만 언급하도록 해야 한다. 그리고 이념적으로 재외동포를 "민족의 자산이자 미래"라고 정의하려고 한다면 재외동포 지원에 관한 기본계획, 재외동포의 권익증진과 참여기회 확대, 동포사회가 주체가 되는 사업체제 구축, 동포의 정착과 활동을 지원하는 국가나 자치단체의 책임, 신변안전과 인권을 보장하는 내용 등 정책추진과제와 관련된 포괄적인 내용들도 조문화되어야 한다. 아울러 재외동포 관련기관·시설의 직원 재교육, 직무교육, 현지활동 전문인력의 양성, 재외동포학의 발전과 동포행정의 선진화를 위한 교육기관[69] 등 재외동포사회의 교육과 미래와 내용들도 조문화되어야 하위법에서 관련사업을 추진하는데 힘을 받을 수 있다.

2. 의원입법(안) 비교: 한명숙 의원(안)과 권영길 의원(안)

가. 법률(안) 제안의 의미

<표 7>에서 보았듯이 기본법 성격의 '교민법'이나 '교육진흥법'이 아직까지 제정되지 못하고 있는 이유는 무엇 때문일까? 야당 의원이 건의했기 때문이라고 단정 짓는다면 <표 6>에서처럼 여당 의원이 발의하거나 여당의 당론으로 제출된 법안들마저 폐기된 이유는 무엇 때문일까? 주무 행정당국의 반대가 크게 작용했다고 볼 수 있겠지만 그것보다는 여·야는 물론 행정 각부의 이해당사자들 간에 합의(컨센서스) 도출이 제대로 안 되었기 때문이라고 보는 것이 옳다.

그 근거는 다음과 같다. 흔히 알고 있듯이 하나의 법률이 탄생하려면 대단히 복잡한 과정을 거치게 된다. 우선 강력한 사회적 요구나 정책적 의지가 있어야 한다. 이 단계에서는 정당한 문제제기가 제일 중요하다. 그 다음에는 문제제기된 사회적 요구나 정책적 의지에 대해 공감하는 동조여론이 폭넓게 형성되어야

한다. 이 단계에서는 특히 여론을 주도하는 오피니언 리더나 법을 제정하는 국회의원들 그리고 법을 집행해야 할 전문관료들이 이런 문제제기를 정당한 것으로 받아들이도록 하는 것이 중요하다. 그리고 그 다음에는 관련 전문가들의 예리한 분석과 비판을 거치면서 쟁점사항에 대한 논리적 정리 작업과 적절한 합의를 도출해야 한다. 사회적 요구(정책적 의지)나 동조여론만 갖고는 향후 제기될 반대논리나 반대여론의 역공에 적절히 대응할 수 없는 법이다. 따라서 이 단계에서는 덜어낼 것은 덜어내고 양보할 것은 양보하고 감출 것은 감추는 매우 기술적이고 법률적인 손질이 요청된다. 마지막으로 이상과 같은 논리나 주장이나 이념들을 누가 보더라도 납득할 수 있는 쉬운 말, 해석의 오해가 없도록 명확한 말로 조문화 하는 작업이 필요하다. 이해당사자들 간의 영역을 조정하기도 하고 새로운 틈새영역을 만들어내기도 하는 대단히 전문적이고 정치적인 단계가 바로 이 단계다.70)

이렇게 볼 때 과연 제17대 국회에 제출된 여러 재외동포 관련법안들이 ① 사회적 요구단계, ② 여론형성단계, ③ 전문적 분석·정리단계, ④ 조문작성 단계 등 4단계를 모두 제대로 거쳤는지가 궁금하다. 이제 겨우 ①, ②단계에 머물고 있는 것을 법안으로 제출했거나 다른 분야의 법률을 모방하는 정도로 해서 제출했다면 거의 100% 불발로 끝날 가능성이 높다.71)

이런 관점에서 이번 정기국회에서 다루어질 두 개의 재외동포 관련 법률안의 내용을 살펴본다. 아래 <표 8>은 이 두 법률안을 쟁점사항별로 상호비교해본 표다.

<표 8> 한명숙(안)과 권영길(안)의 주요내용 비교

구분	재외동포교육문화진흥법(안)	재외동포기본법(안)	비교
대표 발의	열린우리당 한명숙 (05.4.13 발의, 의안번호1641)	민주노동당 권영길 (05.12.16 의안번호 173635)	
법안 제안 이유	-670만 재외동포들의 문화·경제적 역할과 중요성 증대에 비해 체계적 교육문화정책이 시행되고 있지 않음 -헌법(동포애)과 국제규약(소수민족 권리보장)정신에 따라 민족유대를 공고히 하고 거주국·국제사회에 공헌토록 교육문화정책의 수립·집행을 지원	-700만 재외동포를 위한 정책기본목표·방향을 제시할 기본법 부재로 정책의 효율적 시행에 어려움 있음 -재외동포정책을 종합·체계적으로 수립·조정·집행할 재외동포위원회를 설치하고, 이에 필요한 기본사항을 기본법에 규정 -거주국에서의 안정착·발전과 민족적유대를 강화하고, 국내에서의 경제·사회활동 지원하고, 헌법정신(동포애로써 민족단결)	①재외동포 670만 vs 700만 ②교육문화정책의 체계적 시행(재외동포교육문화위원회) vs 기본법 제정으로 종합적 정책수립·조정·집행(재외동포위원회) ③헌법정신·국제규약72)으로 민족간유대/ 거주국·국제사회공헌 vs 거주국 정착·민족간유대/헌법정신으로 국내제반활동지원

법안 목적 73)	-재외동포사회 교육문화진흥에 필요한 사항 규정 -민족유대의 공고 -국제사회 책임 있는 일원으로 거주국·대한민국 발전과 세계평화 이바지	-거주국내 정착지원·국내활동지원의 기본사항 규정 -재외동포사회 안정발전·민족유대강화·국내법·사회·경제 권익향상 기여	①공통점: 민족유대 추구(제1조) ②차이점: 동포사회의 교육문화진흥 vs 국내에서의 활동지원·권익향상(cf. 조웅규안은 재외동포사회의 안정적 발전에 필요한 기본사항을 규정)
이념 74)	규정 없음	규정 없음	기본법에는 최소한 헌법(동포애·민족단결)과 국제규약(소수민족 시민·문화권)정신을 적절히 반영한 이념 필요75)
정의	-국적의 종류 또는 국적보유 유무에 관계없이 한민족의 혈통을 지닌 자로서 외국에서 거주하거나 장기체류하는 자	-대한민국국민으로서 외국의 영주권을 취득하였거나 외국에 장기체류하는 자 -국적을 불문하고 한민족의 혈통을 가진 자로서 외국에서 거주·생활하는 자	①재외동포 속에 재외국민, 무국적 동포, 외국국적동포 모두 포함(제2조) vs 재외국민과 재외동포를 구분(제2조 1·2항)
국가 책무	-재외동포사회의 교육과 문화를 진흥하기 위한 법적·제도적 장치를 마련하고 관련정책을 수립시행 할 책무를 진다	-재외동포사회의 안정적발전과 재외동포의 국내권익향상을 위한 법적·제도적 장치를 마련하고 이를 위한 시책을 강구하여 시행하여야 한다.	①공통점: 책무조항(제3조) ②차이점: 책무의 제한 vs 책무의 포괄
타법률 관계	규정 없음	-재외동포정책과 관련된 다른 법률을 제정·개정하는 때에는 이 법에 부합되도록 하여야 한다.	기본법이 아니더라도 법률의 적용범위나 우선 여부를 명확히 할 필요 있음
전담 기구	-교육문화진흥에 관한 기본정책 수립·중앙행정기관의 관련정책·계획 심의·조정·집행하는 대통령 소속 재외동포교육문화위원회를 둔다 -합의제 15인 위원회(위원장 1인 포함, 3년 임기·1차 연임), 사무처(처장 1인)	-재외동포관련 제도·정책 수립·심의·집행을 위하여 대통령 소속하에 재외동포위원회를 둔다 -위원회는 그 권한에 속하는 업무를 독립하여 수행한다76) -합의제 15인 위원회(위원장 1인·상임위원 2인 포함, 3년 임기·1차 연임)·분과위원회(전문위원)	①공통점: 대통령 소속 위원회 ②차이점: 업무독립 규정 없음(국가청렴위원회(舊부패방지위원회)조직 참조) vs 있음(국가인권위원회 조직 참조)/ 별정직·일반직 vs 정무직(위원장, 상임위원 국회동의)/ 위원 신분보장·정치활동금지조항 없음 v 있음
기능	-교육문화진흥기본계획집행계획 -교육문화관계중앙행정기관업무 심의·조정 -대한민국과의 교육문화교류 -교육문화활동지원 사항 -교육문화관련기관·민간단체지원 -기타 대통령령이 정하는 사항을 수립·심의·조정·의결	-재외동포정책 관련 중요세도·정책수립 -기본계획수립·시행계획 심의 -관계기관 업무상호협의조정 -모국과의 교류 -재외동포 관련 조사·연구 -동포대상 교육·문화·홍보 -기타 대통령령으로 정하는 사항을 수립·심의·집행	①공통점: 재외동포재단법 폐지후 위원회가 재단 관련업무·사무 승계 ②차이점: 수립·심의·조정·의결 vs 수립·심의·집행
사무처	-위원회 사무처리(사무처장 1인, 필요 직원 약간)	-위원회 사무처리(사무처장 1인, 필요 직원 약간) -업무수행에 필요한 경우 외국에 해외사무소를 둘 수 있다.	①공통점: 사무처 설치(재외동포재단 기능흡수) ②차이점: 대통령이 사무처장 임명/ 해외사무소 설치 여부

기본·집행계획	-5년마다 기본계획(정책기본방향, 추진목표, 상호유대강화·교류지원, 거주국교육문화활동지원, 소요재원마련·분배, 기타) 수립 -연도별 집행계획 수립·집행	-3년마다 기본계획(국내법·사회·경제적 권익향상, 거주국 정착지원, 상호간화합·발전, 민족정체성제고, 교류활동지원, 모국과의 유대강화, 재외국민참정권확대, 합리적 병역부과, 동포역량활용, 국내외 재외동포단체지원) 수립 -연도별 집행계획 수립·시행	①공통점: 기본·집행계획 수립·시행 ②차이점: 5년 vs 3년(기본계획)/ 동포상호간·거주국 활동지원중심, 재원 마련 vs 국내권익·참정권·병역문제 중심, 단체지원중심
기념행사	-재외동포의 날·재외동포의 달 지정	-재외동포 주간 지정	기간의 차이만 있을 뿐 취지는 동일
유관기관지정·지원	-기존 재외동포교육문화관련 기관·단체를 재외동포교육문화기관으로 지정(재외동포교육문화관련 연구, 진흥사업시행, 국제협력증진, 기타 목적)후 경비 보조 -미지정 법인·단체에게도 예산 범위내에서 필요경비 보조 가능 -재외동포재단의 재산·시설·사업·권리의 포괄승계	-유관 기관 지정 규정은 없으나 국내외 재외동포단체 지원·필요비용 보조 가능	①공통점: 관련 기관·단체에 경비보조 허용 ②차이점: 시설(하드웨어)운영 경비지원 중심 vs 단체운영 경비 지원 중심
재외동포재단	-법 공포후 6월 재외동포재단법 폐지, 재단은 자동 해산, 자산·권리는 위원회가 포괄승계, 임직원 임용특례	-법 공포후 재외동포재단법 폐지, 재단은 자동 해산, 소관사무는 위원회가 승계, 임직원 임용특례	①공통점: 재외동포재단법 폐지·재외동포재단 해산·업무 승계
기타특이사항	규정 없음(원안에는 재외동포청 설치가 있었으나 제출안에는 빠져 있음-)	-재외동포정책수립시 재외동포와 관련단체의 참여 보장 -거주국 동포사회 실태조사, 긴밀한 연계체제 확립 -정책수립·시행시 거주국 기준으로 차별금지 -거주국동포 지위·권익·발전을 위한 지원과 외교적 노력 -민족의식고취 위해 한글·전통문화등 민족교육·민족정책 실시 -국내입국편의확대·활동지원·권익향상 위한 제도적 방안 실시 -귀환정착희망자의 국내정착지원·외교적 노력 -재외국민참정권보장·합리적 병역의무부과 법·제도 장치 마련 -재외동포 인적자원 개발·지원·역량 활용 강구 -타부처·지방자치단체·공동단체의 협조 -공무원 신분이 아닌 위원의 경우 공무원 신분으로 벌칙 적용	cf. 기본법으로서의 조항을 가능한 한 간단하게 정리하는 것이 중요. 나머지 자세한 것은 하위법에서 다루는 것이 적절

나. 두 법률안에 대한 반응

지난 해 말(2004.12) 한명숙 의원은 재외동포업무 전담기관으로 외교통상부 산하에 재외동포청을 설치하는 안과 대통령 소속하에 재외동포교육문화위원회를 두는 안을 갖고 공청회를 실시한 바 있다.77) 권영길 의원도 얼마 전 '재외동포법 주요내용 해설'78)을 통해 헌법정신의 구체화, 재외동포정책의 효율성과 적극성 도모, 외교통상부와 재외동포재단의 문제점 해결 등을 기본법 제안의 이유로 들고 있다.
먼저 한명숙 의원안에 대한 찬성측 견해를 소개하면 다음과 같다.

△ 이 법의 제정은 불가피하다. 외통부의 특성상 동포업무에 소극적이므로 외통부 산하에 재외동포청을 두는 것보다 대통령 산하에 재외동포교육문화위원회를 설치하는 것이 더 효과적이다.(이종훈, 재외한인학회장)

△ 재외동포교육문화위원회를 동포업무전담기관으로 대통령소속하에 두는 것은 바람직하다. 국제법상 소수민족의 인권보호라는 측면에서 '교육문화'영역에서 혈연국(kin- state)이 외국에서 소수민족으로 거주하고 있는 재외동포에 대하여 지원하는 것은 일반적으로 인정되고 있다는 점에서 이 법안은 인정할 만하다.(노영돈, 인천대 교수)

공교롭게도 찬성측 견해는 재외동포학계 소장학자들의 입장을 반영하고 있다. 이들은 대체로 한명숙 의원(안)에 찬동하고 있으며, 외교통상부의 조직적 특성이나 국제법적 논리에 대해서는 회의적인 반응을 보이고 있다.79) 현재 재외동포의 민족교육이 교육인적자원부와 그 직속기관인 국제교육진흥원 그리고 현지 교육기관 등에서 수행되고 있지만80) 그 숫자는 '한국학교'가 14개국 25개교, '한국교육원'이 14개국 35개원81) 정도 있을 뿐 실제 교육내용은 부실하다는 점에서 한명숙 의원의 재외동포교육문화진흥법안은 민족교육진흥에 크게 기여할 수 있는 법률안이라고 판단된다. 다만 국제교육진흥원의 기존 사업과 어떻게 협력·공조할 것인지를 사전에 대비해야 하리라 본다.82) 필자가 보건대 한명숙 의원안은 그 법률안에서 기본법적인 내용을 가급적 배제하고 하위법안으로서의 특성을 살려나간다면 노력 여하에 따라 입법화에 성공할 수 있다고 본다.
다음은 중립적인 견해다.

△ 동포청과 재외동포교육위원회 설치안은 외통부의 실행력을 유지하면서 각 부처간 통합력을 높이는 방안으로 추진돼야 한다.(원희룡, 한나라당 국회의원)

△ '교육문화진흥'이라고 용어보다는 좀 더 포괄적인 용어가 바람직하다. 어떤 조직이 동포들의 역량을 더 결집시키고 국가발전에 더 기여할지를 충분히 검토해서 결정되어야 한다.(이광규, 재외동포재단 이사장)

중립적 입장은 외교통상위 소속 야당의원과 재외동포재단 이사장이 취하고 있는데 이들은 재외동포업무가 현 외교통상부의 범주내에서 해결되기를 바라고 있으며, 조직 개편·이관·폐지 등과 같은 문제에 대해서는 매우 신중한 반응을 보이고 있다.83) 이는 주무부서인 외교통상부의 현실적 입장을 부정할 수 없기 때문인 것으로 해석할 수 있다. 필자가 보건대 이 견해는 비교적 합리적 논리를 담고는 있지만 현재로는 그 대안이 마땅치 않다는 점이 문제가 될 수 있다. 따라서 외교당국의 자성과 분발과 개혁을 독려할 수 있는 대안 마련에 적극 나서야 한다.

다음은 반대측 견해다.

△ 동포청과 교육문화위원회 설치는 독립된 국가기구를 요구하는 동포사회의 목소리와는 거리가 멀다. 재외동포의 위상강화와 권익증진을 장기적으로 보장해줄 재외동포기본법이나 재외동포위원회법의 제정이 시급하다.(권영길, 민주노동당 국회의원)

△ 재외동포위원회가 적절하다.(예: 국가인권위원회처럼 독자적인 구조) 우리의 자세를 보다 분명하게 표방하는 법안 명칭이어야 한다.(김해성, 중국동포의 집 대표)

반대측 입장은 주로 재외동포사회의 현장(한쪽은 국외, 다른 한쪽은 국내)을 대변하고 있다. 이들은 한명숙 의원안보다는 재외동포기본법 제정이나 국가인권위원회와 같이 독립된 국가기구로서의 재외동포위원회 설치 등 권영길 의원안을 더 선호하고 있다. 제17대 총선공약만 보면 재외동포관련 공약을 전혀 내놓지 못했던 민주노동당84)이 김선일씨 피살사건 이후 '재외국민보호법(안)'을 준비해오다가 최근 재외동포기본법(안) 제정 쪽으로 방향을 전환했는데85) 그 결과가 권영길 의원이 대표발의한 재외동포기본법(안)이다.
　한명숙 의원안의 대안이 될 수 있는 권영길 의원안에 대해서는 소장학자들이나 현장으로부터의 반영은 대체적으로 찬성하는 쪽이다. 특히 출신지역에 따른 '차별금지' 조항(안 제21조)이나 모국정착 희망동포에 대한 '국내정착지원' 조항(안 제25조)에 대해서는 높은 점수를 주고 있다.86) 그러나 필자가 보건대 권영길 의원안의 경우, 재외동포 관련사항을 모두 포괄 규정하고 있고, 재외동포사회의 희망사항들을 모두 반영하려고 했다는 점은 높이 평가할 수 있지만 재외동포기본법에서 굳이 규정할 필요가 없는 조항들까지 모두 집어넣는 과욕을 보였다는 점과 재외동포재단을 무효화하면서까지 재외동포위원회와 같은 강력한 국가독립기구를 제안하고 있는 점은 현실성이 다소 떨어지는 것으로 이해된다. 따라서 한명숙의원안이나 권영길 의원안이나 모두 관련 추진기구를 새로 신설하거나 재외동포재단을 폐지하는 쪽으로 가지 말고 입법화를 시도한다면 성공가능성이 전혀 없지는 않다고 판단된다.
　이처럼 각 입법안들에 대한 이해당사자들의 반응이 찬성·유보·반대 등으로 제각각으로 나뉘어져 있는 것이 현실이다. 바로 이 점이 법안 통과가 사실상 힘들어진다는 것을 유추하게 한다. 사회적 요구단계와 여론형성단계까지는 성공했다 하더라도 전문적 분석·정리단계에서 제안자들과 지지자들 간에 최소한의 합의도출이 있을 때만 법안의 탄생 가능성이 엿보이는 법인데 주무부서를 설득하고 요리해야 할 공격진용에서조차 의견조율이 안된다면 60년 외교통상부의 아성을 어떻게 무너뜨릴 수 있겠는가?
　한편 외교통상부의 입장은 어떤 경우라도 현상유지 내지 개선을 지지한다.

> △ 법 제정에 이의가 없으나 동포청 설치는 관계부처간의 의견조율이 필요하며, 일관성 있는 동포정책 수행이라는 장점도 있지만 거주국의 경계심 유발과 문제제기로 동포들에 대한 피해가능성도 있을 수 있다. 현 재외동포재단의 문제점도 결국 예산제약에 원인이 있다.(이준규 재외국민영사국장)

　여기서 우리는 중요한 사실 하나를 발견할 수 있다. 즉, 표면적으로는 외교통상부가 시대적 조류와 외교적 마찰 그리고 외국의 선례 없음을 이유로 의원입법안들에 이의를 제기하고 있지만,87) 실제적으로는 교민청 역할을 하는 재외동포재단(法도 포함) 폐지에 대해 전혀 동의하고 있지 않다는 점이다. 대통령 소속하의 재외동포교육문화위원회나 재외동포위원회의 취지가 아무리 좋다 하더라도 재외동포업무를 외교통상부에서 떼어내어 다른 독립기구로 이관시키려는 움직임에 흔쾌히 동의할 외교통상부가 아니다. 외교·안보적 반대논리나 국제법적 논리를 무너뜨리기 어려운 현실 속에서 엄연히 존재하는 법과 기구를 폐지하겠다는 발상보다는 차라리 현재의 틀 속에서 실질적 개선효과를 극대화하는 방향으로 법안 내용을 개진했더라면 더 좋았을 것 같다는 느낌을 받는다. 그리고 혈통주의 입법은 그렇다하더라도 기구 개편이나 신설의 경우라면 재외동포사회와의 의견조율은 어느 정도 진행되었는지? 국내여론이 기존 기구의 폐지·이전에 얼마나 동조하고 있는지? 그럴 경우에라도 전문적 분석과 내용정리를 통해 다양한 주장들을 얼마나 통합·조정했는지 등을 꼼꼼히 따져본 연후에 외교·안보 당국을 설득했어야 했다고 본다.

다. 논의의 쟁점

앞서 살펴보았듯 기본법이라는 것은 어떤 법 분야에서 당사자관계를 형성하고 있는 권리주체들 사이에서 누가 어떤 권리를 가지며 어떤 의무를 지는가? 그리고 그러한 권리·의무에 다툼이 생길 경우에 그것을 해결하기 위해 필요한 기본원칙들이 무엇인가를 명시함으로써 관련법에 우선하여 적용되는 지위와 효력을 갖는 법을 말한다.

그렇다면 재외동포기본법(안)(교육문화진흥법(안) 포함)에 총칙, 목적, 기본이념, 정의, 재외동포의 권리와 책임, 국가의 책임, 활동·참여지원, 교육·문화진흥, 보호, 법적지위, 관련기구·기관 등을 균형 있게 다루는 선에서 조문이 작성한다면 기본법 제정의 당위성은 훨씬 더 납득되고 설득될 수 있을 것이다. 그리고 논의의 초점을 전담기구 개편·신설 쪽보다는 기본법 내용의 충실 쪽으로 옮긴 후에 기본법 제정의 당위성과 시급성을 역설한다면 지금보다는 훨씬 더 좋은 결과를 예상할 수 있을 것이다. 현행 재외동포재단법이 규정하고 있는 여러 활동이나 사업을 재외동포교육문화진흥법(안)이나 재외동포기본법(안)이 제시하는 것처럼 새로운 전담기구로 폐지·이관시키려고 한다면 상호간에 공감대 형성이 절대적으로 필요하고, 특히 정책결정권자의 의지가 반드시 필요하다.

결국 현재 국회 차원에서나 전문가들 사이에서 논의되고 있는 재외동포 관련법 논의를 범주화해보면 다음 4가지 입장으로 정리할 수 있을 듯하다.

첫째, 재외동포재단법과 재외동포법의 이법(二法)체제를 유지하면서 현행

법의 적용이나 운용과정상의 미비점을 최대한 개선하는 방안이다
(예: 재외동포재단의 기능 강화, 재외동포법 개정 등).

둘째, 재외동포재단법과 재외동포법을 전면 개정한 후 외교통상부나 법무부 등 특정 부처가 재외동포업무를 통합·전담하는 방안이다(예: 재외동포청, 이민국 신설 등).

셋째, 사실상 교민청으로서의 기능을 다하지 못하고 있는 재외동포재단법을 폐지하고 대체입법을 하는 방안이다(예: 재외동포기본법·재외교포교육문화진흥법 제정, 재외동포재단 폐지후 재외동포위원회·재외동포교육문화위원회 신설 등).

넷째, 기존 이법(二法)의 모법(상위법)인 재외동포기본법을 새로 제정하고 이를 토대로 3개의 하위법을 제·개정하는 방안이다(재외동포교육문화진흥법-신설, 재외동포활동지원법-재외동포재단법을 개정, 재외동포보호법-재외동포법을 개정; 재외동포재단법을 폐지하는 대신 그 기능과 목적을 조정).88)

  필자는 이 4가지 방안 중에서 마지막 방안을 지지한다. 즉, 재외동포재단법이나 재외동포법이 먼저 제정된 현실에서 재외동포기본법을 새로이 제정한다는 것이 대단히 힘이 드는 일이다. 따라서 이번에는 양자의 모순을 모두 아우를 수 있는 선언적 의미 내지 총괄적 의미를 담는 기본법 제정에 모든 역량을 집중시킬 것을 제안한다.

  다음의 〈표 9〉는 필자가 제안하는 재외동포기본법과 다른 관련법 상호간의 미래관계를 나타낸다.89)

〈표 9〉 재외동포 관련법률 상호간의 관계

구분	법안 명칭		비고
헌법	(가칭) 재외동포 기본법 〈권영길 의원안 참조〉	(가칭) 재외동포활동지원법	기존의 '재외동포재단법'을 토대로 작성하되 재단의 성격은 재조정(연구·조사기능 보강)
		(가칭) 재외동포교육문화진흥법 〈한명숙 의원안 참조〉	한명숙 의원안에서 기본법적 성격을 삭제한 후 하위법으로서 특정조항를 다룰 것, 권영길 의원안이 실현가능한 기본법이 되려면 독립기구조항이나 참정권조항은 삭제하고, 한명숙 의원안을 모델로 다시 작성할 것
		(가칭) 재외국민보호법	재외국민기본법보다는 재외국민보호법으로 제정하는 것이 재외동포와 재외국민의 개념충돌을 방지할 수 있음

		(가칭) 재외동포법적지위법	기존의 '재외동포법'을 개정하되, 출입국과 국내체류의 불편사항을 개선·해소하는 것은 법무부와의 협의가 반드시 필요.

재외동포기본법에서 다루지 못한 부족한 부문들은 특정영역을 구체적으로 다루고 있는 하위법의 제정이나 개정을 통해 얼마든지 해결할 수 있다. 그러므로 이번 기회에 힘을 여러 곳에 낭비하지 말고 재외동포기본법이 타 법률에 대해 우월적 효력을 가진다는 선에서 여·야 의원들끼리 합의하는 단일 수정안을 작성해서 한국 재외동포정책을 한 단계 강화하는데 기여하는 것이 어떨까 한다.

즉, 그 수정된 재외동포기본법(안)에는 총칙과 재외동포의 개념정의, 재외동포의 권리와 의무, 국가의 책무, 타 법률과의 관계, 재외동포 기본계획, 재외동포정책의 총괄, 재외동포정책의 추진체계(현행기구 포함) 등을 주로 다루고 나머지 사항들은 관련 하위법들에서 해결하는 식으로 서로 이해하고 양보하는 것이 바람직스럽다고 본다. 현시점에서 중요한 것은 어느 일방의 논리나 정당성만을 주장하기보다는 역지사지하는 마음으로 재외동포사회의 미래를 위한 차선의 합일점을 모색하는데 집중하는 것이다.

3. 조직개편의 필요성

가. 외교통상부의 경우

앞서 살펴보았듯이 재외동포 관련법(기본법을 포함) 제정 논의는 당분간 재외동포 전담기구 설치문제로 난항을 겪을 전망이다. 그러나 분명한 것은 외교통상부가 기존의 소극적인 자세를 계속해서 견지해 나간다면 시대의 흐름과 여론의 압력에 의해 조만간 재외동포정책을 전담하는 독립기구 설치로 갈 수 밖에 없다는 사실이다.[90]

따라서 이번 17대 국회에 여·야 의원들이 재외동포기본법(안)과 재외동포교육문화진흥법(안)을 제출한 것을 계기로 삼아 외교통상부는 자신들이 재외동포정책의 총괄부서라는 점을 증명해보일 필요가 있다. 즉, 참여정부가 연 1회 이상 재외동포정책위원회를 개최하여 재외동포정책 관련 현안사항을 심의하고, 각종 재외동포 지원사업에 대한 평가분석으로 문제점을 찾아내어 개선방안을 강구하려고 하는 이때,[91] 대통령 소속의 재외동포위원회나 재외동포교육문화위원회를 신설하려는 의원들의 움직임에 수수방관하거나 반대만 할 것이 아니라 법무부가 추진하고 있는 것처럼 외교통상부도 과감하게 자체 조직개편을 해서라도 재외동포정책의 주무부처로서의 위상을 바로 세워나가야 한다.

이를 위해서는 기존의 재외국민영사국을 (가칭)'재외동포정책실'로 확대개편하는 방안을 적극 검토해 볼 가치가 있다.92) 재외국민영사과를 재외동포정책과, 재외동포교육진흥과, 재외동포문화교류과 등으로 확대개편하여 재외동포정책의 총괄·집행기구로서의 위상을 제대로 보여주어야 할 시점이 바로 지금이다. 물론 이런 조직개편의 방향은 반드시 외교통상부에게만 해당되지는 않는다. 어느 중앙부처라도 재외동포정책을 총괄적으로 담당하려는 의지만 있다면 한번 시도해볼 만한 가치가 충분히 있다.

　　나. 재외동포재단의 경우

현재 의원입법안으로 상정되어 있는 두 개의 재외동포 관련법안들이나 관련 이해당사자들이 하나같이 재외동포재단법을 폐지하는 쪽에 무게를 실어주고 있다.93) 그 이유가 현실적이라고 하더라도 구태여 있는 조직과 법을 폐지하는 것이 이것을 정상화시키는 것보다 더 우선시 될 수 없다고 본다.

따라서 명목상의 교민청이 아니라 실질적인 교민청(명칭이야 뭐라 붙이든)이 될 수 있도록 재외동포재단의 조직과 목적을 전면 재조정할 필요가 있다.94) 즉, 재외동포재단을 국무총리 소속의 재외동포정책위원회 소관으로 위치 이동시키던가 아니면 재외동포재단을 독립된 민간기구 성격의 재외동포위원회로 개편하든가 그것도 아니라면 재단의 지원사업기능은 외교통상부 담당과에 넘겨주고 조사연구기능을 보강하여 외교안보연구원처럼 (가칭) '재외동포연구원'으로 개편하는 것을 고려해볼 필요가 있다. 이런 방안들이 외교적 마찰이나 주변국들의 우려를 줄이는데 도움이 되지 않을까 한다.95) 외교통상부의 자체 조직확대가 현실적으로 불가능하다면 외교통상부가 관계부처와의 협의를 거친다면 얼마든지 재외동포재단의 위상 변경 정도는 성사시킬 수 있을 것이다. 그렇게 되면 굳이 현재의 재외동포정책위원회를 재외동포위원회나 재외동포교육문화위원회로 변경할 필요도 없어진다.

제4절 맺는 말

지금까지 이루어진 논의들을 중심으로 필자의 입장을 정리하면 다음과 같다.

우선 "우리에게 재외동포란 어떤 존재인가?"라는 물음에 우리의 입장이 분명해야 한다는 점이다. 과연 우리 모두가 재외동포를 그 출신지역이나 경제수준이나 국적 유무에 상관없이 우리의 민족자산이자 자랑이며 힘이자 든든한 후원자라고 공감하고 있는지? "한번 해병대는 영원한 해병"이라는 말이 있듯이 "한번 한국인이면 영원한 한국인"이라고 동질감을 느끼고 있는지를 자문자답해야 한다.

유태인 공동체는 모국어와 모국문화를 잊어버리고 현지인이 된 경우에라도 유태교라는 최후 저지선이 있으며, 세계를 지배하던 서구문명의 기원인 구약성경을 민족사로 가지고 있으며, 인종적으로도 현지 서구인들과 쉽게 구별될 수 없는 외형적 장점을 가지고 있다고 한다.[96] 그렇다면 우리에게는 그 중에서 어떤 것이 있는가? 유태인들이 갖고 있는 것은 하나도 없다. 겨우 있다면 유태인들이 자기 몸 자체를 최고의 자산이라고 생각하듯이 우리 재외동포들도 자기 몸뚱이 하나 믿고 전 세계 구석구석으로 뻗어나가고 있다는 것밖에는 없다. 세계화시대에서는 자신이 태어난 곳이 고향이 아니라 자기 몸을 묻는 곳이 고향이라고 생각하면서 살아들 간다.

이제 우리의 재외동포정책은 어느 특정지역만을 겨냥해서 제정하는 '반쪽짜리' 재외동포정책이 되어서는 안 된다. 지역균형발전이 국내에서만 통용될 이론이 아니다. 전 세계 175개국에 흩어져 살고 있는 우리의 660만 재외동포 모두를 위한 재외동포기본법이 제정되어야 하는 것도 그와 같은 이유에서다. 한번 토라진 재외동포들의 마음을 되돌려놓기란 정말 힘들다. 외국국적동포라고 해서 이들을 단순히 외국인으로 간주하여 외면·방치해서는 우리의 미래는 그만큼 어두워진다. 재외동포재단을 통해서나 국제교육진흥원을 통해서나 거주국내의 지위향상에도 힘을 쏟아야 하며, 스스로 '한국계'임을 자랑할 수 있도록 민족정체성을 심어주어야 한다. 그리고 우리 사회가 '국적=혈통'이라는 고정관념에서 벗어나 국익과 경쟁력에 도움이 된다면 외국국적동포든 외국인이든 얼마든지 포용할 수 있는 그런 '열린 민족', '열린 국가', '열린사회'가 되어야 한다. 우리와 피를 전혀 나누지 않은 외국인 근로자들의 인권과 권익보호에도 앞장서는 마당에서 동포애에 토대한 민족통합과 유대강화를 추구해왔던 한국민족주의가 '한민족공동체' 구축의 결실을 맺어야 한다. 정책포럼의 취지도 그동안 '기민'(棄民) 내지 '부재'(不在)상태를 면치 못했던 한국정부의 재외동포정책을 근본적으로 개선하고, 그 근저에 깔린 '왜곡된 재외동포관'을 시정하기 위한 작은 노력이라고 본다.

끝으로 재외동포정책 수립의 전환점이 되기를 바라면서 몇 가지를 강조하고자 한다.

첫째, 재외동포정책은 기능 중심의 정책이라기보다는 대상 중심의 정책이다. 따라서 각 기능을 담당하는 여러 부처들 간의 유기적인 협조와 조정이 필요하다.

둘째, 재외동포는 더 이상 좁은 의미의 '규제와 지원'의 대상이 아니다. 이들은 국가발전의 능동적 조력자이며, '한민족공동체(네트워크)' 형성의 중심축으로 성장·발전했다. 따라서 재외동포정책의 향후 초점은 민족적 유대감 강화와 제반 권익향상에 두어져야 한다.

셋째, 재외동포는 거주국에서는 모범적 시민[국민]으로 그리고 모국에서는 동포애로 육성97)되어야 할 소중한 민족자산이다. 이들의 삶의 질이 향상되고 다양한 욕구가 충족되지 않고서는 세계 유수의 경쟁자들과의 경쟁에서 밀릴 수밖에 없다. 제반 관련법들이 제·개정되고 제도와 환경이 개선될 때 반드시 이 점을 염두에 두어야 한다.

넷째, 전 세계 재외동포들이 비록 사는 곳은 다르고 직업도 다르고 경제수준도 다르고 국적도 다르고 사상도 다르지만 그들이 이 땅을 자신의 공동체로 선택한다면 우리는 기꺼이 그들과 더불어 살아나가야 한다. 우리 민족의 끈끈한 정과 창조적 능력을 십분 발휘한다면 충분히 가능한 일들이다.

(『교포정책자료』 제67집, 2005.12)

1) 김봉섭, '2005 교포정책포럼'(2005.11)에서 발표. 「한국 주요정당의 교민정책 비교분석」, 『교포정책자료』 제67집(해외교포문제연구소, 2005.12), 87~127쪽에 게재.
2) 진중권의 SBS 전망대(2005.9.6); MBC 백분토론(2005.7.7. 23:05-00:45); 최재천, 「일명 '재외동포법'에 대한 오해와 이해」(2005.6.30)(http://www.cjc4u.or.kr/).
3) 김길남, 『대통령의 눈물』(북랜드, 2003); 윤인진, 『코리안 디아스포라: 재외한인의 이주, 적응, 정체성』(고려대출판부, 2004), 325쪽; 전형권, 「세계의 인교(印僑)네트워크 발전과 인도의 재외동포정책」, 『대한정치학회보』 12,2(대한정치학회, 2004); 전형권, 「글로벌 민족네트워크와 각국의 동포정책: 인도와 이스라엘 사례를 중심으로」, 『한국동북아논총』 33(한국동북아학회, 2004); 이규영, 「독일의 동유럽·소련 재외동포정책」, 『한독사회과학논총』 10,2(2000); 정지영, 「이스라엘의 민족흡수정책연구: 구소련방출신 유대인 흡수정책을 중심으로」(고려대 정책대학원 석사논문, 1999); 이진영, 「중국의 화교정책: 배제에서 이용으로 그리고 네트워크의 구축」, 『현상과 인식』 95(한국인문사회과학원, 2005); 정인섭, 「유럽의 해외동포 지원입법의 검토: 한국의 재외동포법 개정논의와 관련하여」, 『국제법학회논총』 96(대한국제법학회, 2003); 김용찬, 「이탈리아의 외국인정책」, 『민족연구』 6(한국민족연구원, 2001).
4) 북한사회주의헌법(1992) 제15조. "… 해외에 있는 조선동포의 민주주의적 민족권리와 국제법에서 공인된 합법적 권리와 리익을 옹호한다"; 제62조 "공민이 되는 조건은 국적에 관한 법으로 규정한다. 공민은 거주지에 관계없이 … 보호를 받는다"; 개정 국적법 제2조 1항 "공화국 창건 이전에 조선의 국적을 소유하였던 조선인과 그의 자녀로서 그 국적을 포기하지 않은 자."
5) 백영옥, 『한민족공동체 형성과정에서의 교포정책』(민족통일연구원, 1993), 137쪽. 윤인진, 「남북한 재외동포정책의 비교」, 19쪽(http://yoonin.korea.ac.kr/); 조정남 외, 『북한의 재외동포정책』(집문당, 2002).
6) 해외 유태인들에게 '귀환의 권리'를 인정하는 이스라엘은 귀환하는 사람들에게 귀환 즉시 이스라엘 국적을 주고 기본적으로 내국인과 동등한 지위와 권리를 보장한다.
7) 정책의 개념에 대해 학자들마다 다르게 정의한다. 본고에서는 다음 여섯 가지 측면에서 정책개념을 이해한다. ①정책은 정부기관이 권위적으로 결정한 것으로 합법성이 부여되고 정책대상에게 영향을 미치고 강제성을 갖는다. ②정책은 사회의 다양한 집단간의 이해와 주장을 조정하여 결정되기도 한다. ③정책은 엘리트의 선호와 지향하는 가치가 국민의 동의를 받는 형태로 결정되기도 한다. ④정책은 정책목표를 가장 효율적으로 달성할 수 있는 최선의 대안을 탐색하여 결정되어야 한다. ⑤합리적인 정책결정의 한계로 인하여 기존정책을 부분적으로 수정하고 보완하여 결정되기도 한다. ⑥정책은 정책결정체계가 환경의 요구와 영향을 수용하여 산출한 결과다. 조영승, 『한국의 청소년육성정책에 관한 연구』(경기대 박사학위논문, 1996), 31쪽 참조; 윤인진은 "모국과 재외동포간의 관계를 정립하고 양자의 발전관계를 증진하기 위한 정부의 목표·결정·활동 전반"을 재외동포정책이라 본다. 윤인진, 앞의 책(2004), 325쪽.
8) 이종훈, 「교민정책의 문제점과 향후 과제」, 『교포정책자료』 44(해외교포문제연구소, 1993.6); 「교민정책의 재정립방향」, 『교포정책자료』 48(해외교포문제연구소, 1994.6); 백영옥, 「세계 속의 한민족 현황과 교민정책의 문제점」, 『국회보』 338(국회사무처, 1994.12), 92~97쪽; 이구홍, 「정부의 교민정책, 무엇이 문제인가?」, 『나라의 길』 40(나라정책연구원, 1996.2), 64~72쪽; 전경수, 「5백만 해외동포, 아직도 '기민정책'이냐」, 『해외동포』 68(해외교포문제연구소, 1994), 11~14쪽.
9) 政府組織法[제정 1948.7.17 법률 제1호] 第16條 外務部長官은 外交·外國과의 條約, 協定과 在外僑民에 관한 事務를 掌理한다.; '재외교민'이 '재외국민'으로 바뀐 것은 직제상으로는 1950년 3월 31일(外務部職制 폐지제정, 대통령령 제305호)이며, 정부조직법상으로는 1961년 10월 2일(政府組織法 폐지제정, 법률 제734호)이다.

10) 政府組織法[일부개정 1983.12.30 법률 제3688호] 第30條 (外務部) ①外務部長官은 外交, 外國과의 通商, 條約 기타 國際協定, 在外國民의 보호와 敎導, 國際事情調査 및 移民에 관한 事務를 掌理한다.<改正 1983. 12.30>
11) 政府組織法[일부개정 1983.12.30 법률 제3688호] 第30條 (外務部) ①外務部長官은 外交, 外國과의 通商, 條約 기타 國際協定, 在外國民의 보호와 敎導, 國際事情調査 및 移民에 관한 事務를 掌理한다.<改正 1983.12.30>
12) 政府組織法[폐지제정 1961.10.2 법률 제734호] 第19條 (外務部) ①外務部長官은 外交, 外國과의 條約 其他 國際協定, 對外經濟, 在外國民의 保護·敎導 및 國際事情調査에 關한 事務를 掌理한다.; 外務部職制[전문개정 1961.10.2 각령 제164호] 第6條 (政務局) ①政務局에 亞洲課, 美洲課, 歐阿課, 特殊地域課와 僑民課를 둔다. ⑦僑民課는 다음의 事項을 分掌한다. 1. 在外國民의 實態調査,研究와 敎導,保護에 關한 事項 2. 移民에 關한 涉外事項; 5·16 이후 재일민단 문교국장과 3대 민의원 국회옵서버(2회 역임) 출신의 이원범(현 3·1운동기념사업회 이사장)은 당시 총무처 이석제 장관을 만나 교민청 설치의 필요성을 브리핑하고 구체적인 건의를 하였다.
13) 외무부직제[전문개정 1974.9.19 대통령령 제7256호] 제1조 (직무) 외무부는 외교정책의 수립 및 시행, 외국과의 통상 및 경제협력, 조약 기타 국제협정, 재외국민의 보호육성과 국제사정조사에 관한 사무를 관장한다. 제17조 (영사교민국) ①영사교민국에 교민 1과·교민 2과·영사과·여권 1과 및 여권 2과를 두고, 국장 밑에 여권심사관 1인을 둔다. ③교민 1과는 다음 사항을 분장한다. 1. 일본지역 재외국민의 보호 육성에 관한 정책의 수립·시행 및 총괄조정. 2. 제1호 지역의 재외국민의 등록 및 실태 조사. 3. 재외국민의 재산반입. ④교민 2과는 다음 사항을 분장한다. 1. 일본을 제외한 지역의 재외국민의 보호 육성에 관한 정책의 수립·시행 및 총괄조정. 2. 제1호 지역의 재외국민의 등록 및 실태 조사. 3. 이민 및 인력의 해외진출에 관한 대외교섭. 4. 재외난민의 구호.
14) 외교통상부와그소속기관직제[제정 1998.2.28 대통령령 제15710호] 제4조 (직무) 외교통상부는 외교정책의 수립 및 시행, 외국과의 통상 및 통상교섭과 대외경제관련 외교정책의 수립·시행 및 종합·조정, 조약 기타 국제협정, 문화협력, 대외공보, 재외국민의 보호·지원, 국제사정 조사 및 이민에 관한 사무를 관장한다. 제21조 (재외국민영사국) ③재외국민영사국은 다음 사항을 분장한다. 1. 국민의 해외진출과 재외국민 및 재외동포의 보호·육성에 관한 외교정책의 수립·시행 및 총괄·조정 2. 재외국민의 보호 및 지원 3. 재외동포재단에 대한 지도·감독 4. 재외동포정책실무위원회의 운영 5. 해외이주신고 및 해외이주알선업자의 허가 및 지도·감독업무 6. 재외국민의 등록·국적·호적 및 병사에 관한 업무 7. 재외난민구호 8. 영사관계 각종 문서의 공증·확인 및 인증에 관한 업무 9. 외국인의 입국사증에 관한 업무 10. 선박·항공기 및 그 승무원의 사고와 출입항에 관한 관계기관과의 협조 11. 여권에 관한 업무 12. 여권관계 법령·제도의 연구·개선.
15) 담당과가 설치되는 데에는 정부수립 이후 13년, 담당국은 26년이나 걸렸고, 사실상의 교민청 역할을 하도록 한 특별법인 설립에는 무려 49년이나 걸렸다. 문화재관리국(1961)이 문화재청(1급, 1999; 차관급, 2004)으로 승격되었음에도 재외동포문야는 아직까지 독립된 전담부처나 기구 설치가 이뤄지지 못하고 있는 것은 그만큼 국가정책의 최우선과제가 못되었음을 반증한다. 차기 정부는 재외동포정책을 국정 최우선과제로 삼아 7000만 한민족을 하나의 공동체로 묶는 방안을 연구해 볼 필요가 있다.
16) 재외동포교육관계를 살펴보면 그 변화추이는 다음과 같다. 문교부 보통교육국 특수교육과(48.11.4, '재외교민의 교육' → 50.3.31 '재외국민의 교육') → 고등교육국 특수교육과(51.4. 12) → 고등교육국 섭외교육과(55.2.17) → 문예국 문화교류과(61.10.2, 학무국 장학관의 재외공관 주재 → 63.8.26 학무국 장학관·장학사의 재외공관 주재) → 문예체육국 국제교육과(63.12.16, 장학관 또는 장학사·교사의 재외공관 주재) → 사회체육국 국제교육과(68.7.24) → 장학실 의무·중등·고등·과학교육 담당관(70.1.26, 장학관·장학사 또는 교사의 재외공관 주재)/사회교육국 교포교육담당관(70.1.26) → 장학실 각 담당관/사회교육국 국제교육과(70.8.31) → 장학실 윤리교육담당관/사

회교육국 재외국민교육과(75.5.30) → 사회국제교육국 재외국민교육과/유학생과(78.3.14) → 체육국제국 재외국민교육과(81. 11.9) → 교직국제국 재외국민교육과(82.3.20) → 사회국제교육국 재외국민교육과(86.8.25) → 교육부 사회국제교육국 재외국민교육과(91.2.1) → 사회국제교육국 재외동포교육과(94.5.14) → 사회국제교육국 재외동포교육과/국제교육진흥원 재외국민교육부(94.12. 23) → 국제교육협력관/국제교육진흥원 재외국민교육부(96.7.5) → 국제교육협력과 재외동포교육담당관(98.2.28)/ 국제교육진흥원 → 교육인적자원부 국제교육정보화기획관/ 국제교육진흥원(01.1.29) → 국제교육정보화국(03.7.25)/국제교육진흥원 → 국제교육정보화국 국외인적자원정책과장(05.2.28)/ 국제교육진흥원.

17) 교육부와그소속기관직제[전문개정 1994.5.16 대통령령 제14264호] 제15조(사회국제교육국) ①사회국제교육국에 사회교육기획과·사회교육진흥과·국제교육협력과 및 재외동포교육과를 둔다. ⑥ 재외동포교육과는 다음 사항을 분장한다. 1.재외영주동포에 대한 민족교육계획의 수립과 교육기관의 설치·운영지원, 2.재외동포 교육담당공무원의 파견·지원 3.유학제도의 관리 4.국비유학생 선발·관리 및 자비유학에 관한 사항 5.기타 재외동포의 교육에 관한 사항.

18) 제4차 재외동포정책위원회(2004.11.8)에서는 현재 국회에서 거론되고 있는 재외동포기본법(안)과 관련하여 동법안 수립시 예상되는 국제법과의 상충문제 등에 관해 법무부와 외교통상부가 국회측과 협조키로 하였다고 한다.

19) 최근 법무부는 조직개편을 통해 출입국관리행정을 이민국 행정으로 전환한 뒤 '해외국적동포과'에서 재외동포들의 출입국·체류를 관리할 계획으로 있다.

20) 재외동포재단 자료실(http://research.korean.net/) 「집중조명」 "사단법인 해외교포문제연구소는 지난 2003년 1월 20일 '신정부의 재외동포정책 과제'를 대통령직 인수위원회에 건의하였다. (1)교육인적자원부와 재외동포재단이 실시하고 있는 교사 재훈련의 좀더 체계적인 실시, (2)현지에 적합한 한글교육 교재 개발, (3)재외동포법 제2조 제2호 개념정의 조항의 개정, 곧 모든 재외동포를 포함시키는 방향으로의 개정, (4)개별 하위법령 또는 중국과 협약을 통한 재중동포의 애로점 해소, (5)민주평통해외자문위원제도의 폐지와 더불어 해외에서 통일자문역할을 하는 새로운 조직의 구성, (6) 재외국민 참정권 보장문제는 해외거주 일시체류 재외국민→국내거주 장기체류 재외국민→해외거주 장기체류 재외국민(영주권자) 순으로 투표권을 부여하는 단계적 도입, (7)투표권 행사대상은 대통령 선거와 국회의원선거로 하되, 국회의원선거의 경우 일단 비례대표선거에 참여하도록 허용, (8)재외동포정책의 최고의사결정기구인 재외동포정책위원회의 위상 격상과 집행기능 부여, (9)재외동포재단의 재외동포정책위원회 이관 등을 제안. 이 건의안 작성에는 이광규 교수(전 서울대 인류학과), 이구홍 소장(해외교포문제연구소), 장태한 교수(美 U.C. Riverside대), 이종훈 박사(국회 정치담당연구관), 이진영 교수(경희대 국제관계학과), 심헌용 박사(군사편찬연구소 연구위원) 등이 참여."(이종훈, 2003.5.5 작성).

21) (a)『노무현대통령 연설문집』제1권(대통령비서실, 2004), 333~334쪽(한국학술대회 개막식 축하메시지, 2003.7.30); (b) 385쪽(한겨레신문 미주판 창간 특별기고, 2003.9.16); (c) 585~586쪽(재외공관 공무원에게 보내는 서신, 2003.12.26); (d)『노무현대통령 연설문집』제2권(대통령비서실, 2004), 137~138쪽(2004 세계한인장대회 참가자 초청다과회 말씀, 2004.6.1); (e) 218쪽(김선일씨 사건과 관련한 대국민담화문, 2004.6.23); (f) 394쪽(제250회 정기국회 시정연설, 2004.10.25); (g) 398쪽(제3차 세계한상대회 축하메시지, 2004.10.27) 참조.

22) 지구촌동포청년연대(http://www.kin.or.kr) 문서자료실 참조. 세계한인장대회(2004.6.1)에서 행한 연설.

23) 동아시아연구원, 『2002 대선평가와 노무현정부의 과제』(이슈투데이, 2003). 지난 16대 대통령선거 공약에서 노무현 후보의 재외동포정책 관련공약은 19(당당하고 자주적인 외교) 항목의 7. "재외동포정책의 강화로 전 세계 한민족공동체를 구현하겠습니다"였다.

24) 현 선거법이 개정되지 않는 한 재외국민 참정권이 사실상 봉쇄된 상태에서 재외국민이나 재외동포

의 지지는 결코 표로 계산되지 않으며, 표로만 움직이는 정치인들에게 민원의 대상조차 될 수도 없지만….
25) 예를 들어 ①항은 모법(母法)인 (가칭) '재외동포기본법'으로, ②항은 (가칭) '재외동포활동지원법'으로, ③항은 (가칭) '재외동포교육문화진흥법'으로, ④항은 (가칭) '재외국민보호법' 그리고 ⑤항은 (가칭) '재외동포법적지위법' 등으로 각각 입법화하는 것을 말한다.
26) 재외동포사회에 관한 학문적 제접근을 시도하는 연구영역을 말한다. 즉, 재외동포사회가 겪고 있는 현상의 원인을 진단하고 그에 대한 처방(prescrpition)을 제시함으로써 통합적이고 과학적인 연구를 시도하는 모든 이론적 접근을 '재외동포학'이라고 부르고자 한다.
27) 김봉섭, 「청소년지도사 자격검정과목선정의 합리적 기준」, 『청소년관련3법 시행령·시행규칙 개정(안)에 관한 포럼(2004.9.20)』(한국청소년학회, 2004), 10쪽 참조. "학문과 정책은 모두 다 일상생활 속에서 발생하는 의문에 대해 그 발생원인을 규명하고 해결책을 강구하는 영역이라는 점에서 공통점을 갖는다. 그러나 학문은 해결방법에 필요한 지식들을 논리적 구조에 맞추어 이론적으로 체계화·이상화하는 반면 정책은 현실의 문제해결을 위해 정부가 작성한 기본방침과 실천이라는 점에서 논리적 구조 못지않게 이해당사자들과의 대화와 타협을 중시하는 속성이 있다."
28) 교육부와그소속기관직제[일부개정 1994.12.23 대통령령 제14441호] 제15조(사회국제교육국) ⑥ 재외동포교육과는 다음 사항을 분장한다.<개정 1994·12·23> 1. 재외영주 동포에 대한 민족교육계획의 수립과 교육기관의 설치·운영지원 2. 재외동포 교육담당공무원의 파견·지원 5. 국제교육진흥원의 운영지원 6. 기타 재외동포의 교육에 관한 사항. 제44조(직무) 국제교육진흥원(이하 "진흥원"이라 한다)은 재외국민의 교육 및 국제교육교류협력과 교원 및 대학생등의 국외연수에 관한 사무를 관장한다. 제49조(국제교육진흥원 재외국민교육부) ③교학과는 다음 사항을 분장한다. 2. 재외국민교육발전 기본계획의 수립·시행 3. 재외국민교육과정의 연구·개발 및 운영 4. 재외국민의 각종 국내연수계획의 수립·시행 5. 재외국민교육기관 연구활동의 지원 및 장학지도 6. 모국수학생의 학적관리·장학금지급·생활지도 및 진학지도 ④교재개발과는 다음 사항을 분장한다. 1. 재외국민교육용 교과서 및 교재 개발 기본계획의 수립·시행 2. 재외국민교육기관의 교재의 연구·개발 3. 재외국민교육용 교과서 및 교재의 발행·보급.
29) 이 중에서 어느 영역이 재외동포정책의 핵심영역인가가 중요하다. 그 나머지는 관련영역이다. 따라서 핵심영역이 결정되면 그 개념과 내용의 정립이 뒷받침되도록 이론적으로 뒷받침해주는 작업이 필요한 시점이다.
30) 국정브리핑(www.news.go.kr) 정책뉴스(2005.6.7). "교육부는 4월에 발표한 재외동포교육강화방안에 따라 해외 25개 재외한국학교 재학생 7,267명 가운데 전체의 5.3%인 저소득층 자녀 383명에게 수업료와 입학금(8억원)을 지원."
31) 2005 세계한민족축전(9.9~15, 서울 및 제주) 45개국 520명 동포(입양동포 24명 포함) 참가. 88 서울올림픽기념사업으로 시작된 세계한민족축전에는 그동안 100여개 국가에서 1만1천여 명이 참가.
32) '보훈업무 해외업무강화' 중 국외 독립운동기념행사 지원과 교류(국외거주 독립유공자 후손 찾기 및 모국방문 초청)를 확대하여 동포의 조국애 함양 사업.
33) 정영훈, 「한민족공동체 형성과제와 민족정체성 문제」, 『재외한인연구』 12,2(재외한인학회, 2002), 5~38쪽; 강광식, 「한민족공동체와 남북통일문제」, 『재외한인연구』 12,2(재외한인학회, 2002), 39~60쪽; 이종훈, 「한민족공동체와 한국정부의 역할」, 『재외한인연구』 12,2(재외한인학회, 2002), 61~106쪽; 전택수, 「지구촌 한민족경제공동체의 이상과 현실」, 『재외한인연구』 12,2(재외한인학회, 2002), 107~140쪽; 김병선, 「한민족 인터넷문화공동체의 형성방안」, 『재외한인연구』 12,2(재외한인학회, 2002), 141~183쪽 참조.
34) 예를 들어 독립된 교민청이나 동포청이 외교적 문제를 야기시킨다면 차라리 그림을 더 크게 그려 ①통일부+ 재외동포정책=(가칭) 재외동포부(또는 한민족동포부), ②국가정보원 해외파트 + 재외동

포정책=(가칭) 해외정보부, ③외교통상부+ 재외동포정책=(가칭) 외교통상동포부로 확대해나가는 것도 얼마든지 상정할 수 있다. (가칭)'재외동포부'의 경우는 남북관계라는 특수관계로 통일부가 존재하고 있듯이 남북한과 해외 모두를 대상으로 정책을 수립·집행한다는 의미에서 보면 얼마든지 '재외동포부'의 존재의의가 있다. 또 국가정보원은 조직법상 국외정보 수집·작성·배포를 제1의 임무로 하는데 예전 관행으로 인한 오명에서 벗어나 세계적인 전문정보기관으로 거듭 태어나기 위해서는 인적 정보망(human intelligence network) 형성이 관건이다. 따라서 한인 재외동포사회가 전 세계로 뻗어나가 있는 현실을 감안할 때 국가정보원의 해외분야업무와 재외동포업무가 결합시킨 국정원 산하의 (가칭) 해외정보부를 설립한다면 엄청난 시너지 효과를 발휘할 수 있을 것이다. 나치스의 학살에서 살아남은 유태인들의 귀환·이주를 목적으로 1951년에 설립된 이스라엘 정보기관 모사드(Mossad, The Institute for Intelligence and Special Operations)의 사례를 잘 연구한다면 이런 구상정도는 정책의지만 확실하다면 얼마든지 실현가능한 일이다.; 재외동포 업무영역에 해외정보수집기능을 추가하면 보호, 지원, 교육문화, 고용, 법적지위에 이어 6번째 영역이 생기는 셈이다.
35) 물론 새로운 재외동포정책기구를 설치하는 것만이 능사가 아니다. 기존의 담당부처나 기구라도 확대개편하거나 역할을 조정한다면 얼마든지 그 효과를 극대화할 수 있다. 그 방안을 찾는 것이 오히려 더 현실적이고 덜 소모적이다. 예를 들어 독립된 재외동포위원회 대신에 외교통상부 재외국민영사국을 '재외동포정책실'을 정도로 확대개편하는 방안이 그것이다.
36) 이광규,「함께 하는 열린 세상」22(외국인이주노동자인권을 위한 모임, 2003.9·10), 24~26쪽 참조. "재외동포를 주관하는 외교통상부는 동포를 짐스러운 존재로 인식하고 현지화정책이라는 미명하게 기민정책을 이어가고 있다. 노동부는 특히 중국동포가 불법체류자로 한국에 머물러 있는 것이 짐스러운 것이었다. 이들이 불법체류자이기에 더욱 고심하는 것은 법무부가 된다."(http://www.inkwon.or.kr) 참조.
37) 국정브리핑(www.news.go.kr) 정책뉴스(2005.6.21) 최근 조직개편안을 마련중인 법무부는 기존의 검찰국 위주의 권위적·폐쇄적 조직에서 벗어나 인권국·법령국·이민국 등을 신설할 예정이다. 특히 이민국의 경우, 규제 위주의 배타성이 강했던 출입국관리행정을 저출산 고령화시대에 부응하기 위한 시스템으로 전환하여 출입국관리·국적업무·난민행정·재외동포정책[외국적동포과]을 포괄할 계획이라고 한다.
38) 김봉섭, 앞의 논문(2002), 79쪽.「정부업무등의평가에관한기본법」(2001.5.1, 법률 제6347호).
39) 외교부,『외교백서 1997』, 287쪽.
40) 윤인진, 앞의 책(2004), 328쪽. 윤인진은 ①재외동포의 거주국사회에서의 정착 지원, ②재외동포의 한민족 정체성 확립을 위한 교육·문화활동의 지원, ③한민족 네트워크의 강화와 상호교류와 협력관계의 발전 등을 새로운 정책목표로 제시.
41) 이종훈,「해외동포정책의 개선방안-전담기구문제를 중심으로」,『현안분석』제92호(국회도서관, 1994), 4~9쪽. 이종훈은 90년대 이전의 재외동포정책 문제점으로 ①대상의 불명료성, ②법률근거의 미비, ③외무부 당국의 소극적 자세, ④관련업무의 분산, ⑤전반적인 예산부족, ⑥예산의 중복, ⑦이민정책과 교포정책의 연계부족, ⑧지역별·나라별 세부정책의 불비, ⑨해외동포사회에 관한 정보부족, ⑩ 대북정책에 대한 예속 등을 들고 있다.
42) 북핵 문제를 둘러싼 6자회담과 남북관계, 보·혁 갈등으로 인한 사회불안 등이 과감한 재외동포정책을 클로즈업시키는데 일정한 한계가 있다고 보여진다.
43) 만약 대한민국을 궁극적인 종착지로 선택한다면 국내에서의 불편을 해소하는 제도나 정책이 최우선적으로 마련되겠지만 현재 거주하고 있는 국가를 궁극적인 생활의 터전으로 선택하고 모국은 잠시 들렀다가 가는 정거장이나 마음의 안식처 정도로 생각하고 있다면 국내보다는 오히려 국외에서의 불편을 해소하는 쪽에 더 많은 비중이 두는 것이 훨씬 더 합리적이다.
44) 국무총리를 위원장으로 법무부장관, 문화관광부장관, 국무조정실장, 국가보훈처장, 재경부차관, 통

일부차관, 교육인적부차관, 외교통상부차관, 재외동포재단이사장, 국제교육진흥원장, 방송위원회부위원장 등과 민간위원으로 재일민단 단장, 미주총연 명예총회장, 허리훈 전외교부 대사 등이 참석; 김영삼 정부 시절 3차례나 개최되었던 재외동포정책위원회가 김대중 정부 시절 한 차례도 열리지 못하다가 제4차 재외동포정책위원회에서는 재외동포 국적 업무개선 차원에서 인도적 차원의 국적취득 허용범위 확대 검토 및 국적관련 민원의 신속한 처리를 위해 민원담당 인력 보강 등을 추진하고, 국무총리는 재외동포관련 사업이 일회성 행사 위주가 아닌, 한민족정체성 유지 및 동포사회 발전에 지속적으로 기여할 수 있는 사업위주로 지원되도록 노력할 것, 아울러 재외동포사회에 대한 Data Base를 구축, 동포사회의 학자, 예술인 등 분야별 인력활용이 가능토록 네트워크를 확립토록 당부하였다.

45) 한나라당 홍준표 의원의 재외동포법 개정안의 경우 병역회피 목적의 국적이탈자를 표적으로 삼아 처벌하자는 내용으로 제출했으나 여론과 네티즌의 압도적 지지에도 불구하고 국회본회의에서 부결되고 말았다. 비등하는 여론의 공세에 여당은 지금 또 다른 재외동포법 개정안을 준비중에 있다고 하고, 김성곤 의원 등은 재외국민보호법(안)을 제출했다고도 한다.

46) http://cafe.naver.com/leman9(스위스 레만지역한인회 게시판에 주스위스대사관 부영사 박종신이 올린 대사관 소식, 2005.7.11) 안건으로는 재외동포교육문화진흥법(안) 검토, 재외동포관련 네트워킹 사업의 효율적 활용, 세계한상대회 정부 지원문제, 재외국민선거권 부여 방안, 이중국적자 관련 문제점 검토, 재외공관의 재외동포 체류자격 심사 강화, 재외동포의 국내 합법적 취업 관련 실태 등이 다루어졌다.

47) ≪국민일보≫ 2005년 7월 20일자. 외국국적 동포들에게 지원함으로써 외교적 마찰을 우려하고 있는 외무부로서는 재외동포들에게 우리말과 글을 가르치고 문화지원사업을 벌이기 위해 재외동포청을 신설하자는 이화영 의원의 기본법안이나 대통령 산하에 재외동포교육문화위원회를 신설하자는 한명숙 의원의 재외동포교육문화진흥법(안)보다는 재외동포재단의 역할을 강화하는 것을 원하고 있다.

48) "중국은 좁게는 불법체류자 가운데 한족에 비해 조선족 우대를 문제 삼고 있고, 넓게는 통일 이후 조선족의 한반도 편입은 전쟁을 통해서라도 막겠다는 입장이다."

49) 외교부, 『외교백서 1997』, 286∼287쪽 참조. 재외동포정책위원회(대통령훈령 제63호, 설치 1996. 2.23) 제1차 회의(1996.5.3)에서 결정된 6개항의 기본정책방향 참조.

50) 이종훈, 「재외동포정책의 과제와 재외동포기본법 제정의 문제」, 『입법조사연구』 제249호(국회도서관, 1998.2) 참조; 재외동포 관련전담조직을 설치할 경우, 대한민국 국적 비소지 동포에 대한 우대 문제로 거주국과 외교적 마찰이 빚어질 우려가 크다는 논리 때문에 민간기구 성격의 재외동포재단이 탄생.

51) 노영돈, 「소위 재외동포법에 관한 연구」, 『인천법학논총』 2권 1호(인천대 법학연구소, 1999), 58쪽; 이종훈, 「재외동포의 출입국과 법적지위에 관한 법률안의 문제점과 대안」(해외교포문제연구소·재외한인학회 주최, 재외동포 특례법안의 문제점과 대안모색을 위한 토론회, 1999. 6.4), 2쪽 참조.

52) 제2조제2호중 "대한민국의 국적을 보유하였던 자"를 "대한민국의 국적을 보유하였던 자(대한민국 정부 수립 이전에 국외로 이주한 동포를 포함한다)"로 한다; 그러나 이것만으로는 일본내 조총련·조선적(朝鮮籍) 동포(20만명 추산)들이 배제되는 문제점을 해결하지 못하고있다.

53) 이종훈, 「재외동포 관련법률의 입법경과와 향후과제」 "1997년 정기국회에 민주당의 제정구의원이 회장인 국회의원연구단체 「동북아연구회」가 연구결과를 토대로 재외동포기본법안을 최초로 제출한 바 있고, 그 직후 새정치국민회의 정책실에서 제정구안을 토대로 한민족청 설치와 재외동포등록제 도입을 골자로 하는 또 다른 「재외동포기본법」을 제출한 바 있다."

54) 최고통치권자가 아무리 법제정에 나설지라도 주변 4강과의 관계를 최우선적으로 고려하는 외교부가 실리를 내세워 반대한다면 성사되기 어렵다는 것을 인식하는 것도 법제정의 가능성을 찾는데

작으나마 도움이 될 수 있다.
55) 외교통상부 홈페이지(www.mofat.go.kr), 재외국민영사국 자료실(「2005 재외동포현황」); 김봉섭, 「재외동포법의 배경과 쟁점」, 『단군학연구』 제7호(단군학회, 2002), 76쪽(표1: 연도별 재외동포 현황. 2001.7 현재) 참조.
56) 청와대 홈페이지(www.president.go.kr) 참여정부 12대 국정과제중 경제부문 캐치 플레이즈.
57) 외교통상부 홈페이지 장관 인사말 "외교통상부는 급변하는 국내외 여건 속에서 한반도와 동북아의 평화와 공동번영의 토대를 마련하고, 중견국가에 걸맞는 글로벌 외교를 적극 추진하며, 개방화추세에 부합하는 능동적 통상외교 활동을 강화해 오고 있습니다. …"
58) 해외교포문제연구소, 「광복60주년재일동포100년역사사진전」(2005.11.1~7).<재일동포의 나라사랑> 재일민단은 조국근대화를 위한 경제개발5개년계획 방침에 적극 동참, 재일동포기업인의 본국투자를 유도하여 70년대부터 약 200여 동포기업인이 본국에 진출, 약3조원(일화 3천억엔)을 투자했고, 80년대에도 순수민간자본을 투자하여 신한은행을 설립한 이래 일화 260억엔의 본국투자를 계속해 오고 있으며, IMF외환위기 때에도 민단은 본국송금 예금운동(97. 12~99.5)을 펼쳐 은행을 통해 약 780억엔을 송금 및 예금했고, 재일부인회가 주축이 되어 1,010억원의 저축실적을 거둬 IMF극복에 기여했으며, 본국관광을 적극 권장하여 연평균 20만명 정도가 내한함으로써 연간 약 400억원이상의 관광수익을 증대케 했고, 일본내 10개 공관중 9개를 동포들의 기부(일화 약 1,614억엔)로 건립했다. 민단을 통해 1963년 본국식량난지원(4144만원)으로 시작된 성금내역은 서울올림픽 후원(543억원), IMF시송금(780억엔), 2002월드컵 당시(76억원), 2003대구지하철화재 유족성금(10억원) 등 이루 헤아릴 수 없이 많다.
59) 역대 대통령후보들이 기회 있을 때마다 재외동포 권익신장을 공약(公約)했지만 그것이 사실상 공약(空約)이 되고 만 것도 따지고 보면 외교안보당국의 상투적인 반대논리가 한몫 했다.
60) 김상현(金相賢) 1935년생. 러시아共 상트페테스부르크대학 정치학박사(1993), 제6·7·8·14·15·16대 국회의원. (사) 해외교포문제연구소 이사장, (사)한국청소년사랑회 이사장, 한국환경보호협의회 회장 역임.
61) ≪동아일보≫ 1968년 11월 23일자(4면).
62) 해외교포문제연구소, 『교포정책자료: 재일교포 二世교육문제』 4(1966.8) 21~23쪽 참조. "첫째로 한국인으로서의 민족적 긍지와 자각을 갖기 위해서 우선 한국학교를 육성시켜야 하겠다. … 둘째로 대학의 설치와 모국유학의 권장이다. … 셋째로 교포교육을 재정적으로 뒷받침해줄 기구가 있어야 하겠다. … 넷째로 일본학교에 재학 중인 학생들의 지도를 위해서 먼저 그의 처우개선을 위한 외교적 절충을 해야 하며 민족교사를 확보해서 자재를 제공, 일본에의 동화를 막아야 할 것이다. …."
63) 16대 국회에서도 김상현 의원을 포함한 40명의 의원들이 '재외동포특별위원회 구성결의안'(2003. 5. 2)을 제출한 바 있다. 제안 이유는 ①헌법불합치 결정이 내린 재외동포법의 개정논의, ②재외동포 개념의 통일과 종합적·체계적 재외동포정책 수립·조정이 필요, ③재외국민 참정권 보장방안, 재외동포정책위원회·재외동포재단의 위상문제, 재외동포기본법 제정 논의.
64) 재외국민정책심의위원회규정[제정 1985.6.3 대통령령 제11702호] 제1조 (설치) 재외국민의 보호육성에 관한 정책을 종합적으로 심의·조정하기 위하여 외무부에 재외국민정책심의위원회(이하 "위원회"라 한다)를 둔다. 제2조 (기능) 위원회는 다음 사항을 심의·조정한다. 1. 재외국민의 정착지원에 관한 사항 2. 재외국민의 법적·사회적 지위향상에 관한 사항 3. 재외국민과 모국과의 유대강화에 관한 사항 4. 재외국민의 국내외 경제활동의 지원에 관한 사항 5. 기타 재외국민의 보호육성에 관하여 필요한 사항.
65) 해외교포문제연구소, 「광복60주년재일동포 100년역사사진전」(2005.11.1-7)에서 인용; 일본 법무성 입국관리국, 「재일동포 본적지별 구성」(2003년 12월 현재) 총 613,791명중 서울(8.86%), 부산(3.98%), 광주(0.32%), 대전(0.28%), 경기(3.78%), 강원(0.74%), 충북(1.58%), 충남(1.88%), 전북

(1.78%), 전남(7.04%), 경북(21.4%), 경남(29.62%), 제주(16.92%), 북한(0.52%), 기타(1.04%), 미상(0.26%).
66) 한명숙 의원이 대표발의한 '재외동포교육문화진흥법안'은 기본법적 성격이 강한 법안이다.
67) 오준근, 「기본법의 행정법학적 위치에 관한 법실증적 고찰」, 『현대공법학의 과제』(청담 최송화선생 화갑기념논문집간행위원회, 2002), 616쪽.
68) 2005년 현재 우리나라에는 기본법적 성격의 법률이 모두 43개 있다; 건강가정기본법, 건설산업기본법, 고용정책기본법, 국가보훈기본법, 과학기술기본법, 관광기본법, 국어기본법, 교육기본법, 국가표준기본법, 문화산업진흥기본법, 국세기본법<법명변경>, 국토기본법, 기금관리기본법, 근로자복지기본법, 농업·농촌기본법, 자원봉사활동기본법, 저출산·고령사회기본법, 민방위기본법, 지방자치단체 기금관리기본법, 보건의료기본법, 진실·화해를 위한 과거사정리기본법, 부담금관리기본법, 사회보장기본법, 산림기본법, 소방기본법, 여성발전기본법, 영상진흥기본법, 인적자원개발기본법, 자격기본법, 재난및안전관리기본법, 전기통신기본법, 전자거래기본법, 정보화촉진기본법, 정부산하기관관리기본법, 정부업무등의평가에관한기본법, 정부투자기관관리기본법, 중소기업기본법, 청소년기본법, 철도산업발전기본법, 해양수산발전기본법, 행정규제기본법, 환경정책기본법<법명변경>.
69) 재외동포재단의 조사·연구기능이 활성화되고 기관 자체의 교육역량이 강화되려면 외교통상부 산하의 외교안보연구원처럼 재외동포재단의 부설로 가칭 '재외동포대학원'(단설대학원)을 설치하여 국내외 미래동포사회의 인재를 양성해내는 방안도 검토해야 할 시점이다. 그것도 예산이 없어서 가까운 시일 내에 힘이 든다면 국정원 산하의 '국가정보대학원'을 활용하는 방안도 있다고 보여진다.
70) 이 단계에서는 선진국들의 법률이나 사례를 무비판적으로 수용하기보다는 우리의 실정에 맞게끔 수정하고 다듬는 작업이 병행되어야 한다.
71) 본인이 판단하기에는 적어도 두 법안들이 이제 ②단계 정도 거친 것 같다. 특히 ③단계인 '전문적 분석과 정리'단계에서는 여론과정에서 분출되어 나온 상이한 여러 의견들을 학문적으로나 정책적으로 잘 취합해야 하고, 실제로 집행을 담당할 해당 정부당국의 입장에 입각하여 법조문을 만들어 보는 과정을 거쳐야 한다. 특히 국회의원들이나 전문가만의 의견이나 구상대로 법안을 만들기보다는 정책집행의 책임을 갖고 있는 정부 당국이 수정안을 만들어 제출할 수 있도록 유도내지 공감하는 것이 훨씬 더 현명한 처사라고 보여진다.
72) 「시민적 및 정치적 권리에 관한 국제규약」(채택일 1966.12.16, 발효일 1976.3.23, 대한민국 적용일 1990.7.10) 제27조 "종족적, 종교적 또는 언어적 소수민족이 존재하는 국가에 있어서는 그러한 소수민족에 속하는 사람들에게 그 집단의 다른 구성원들과 함께 그들 자신의 문화를 향유하고, 그들 자신의 종교를 표명하고 실행하거나 또는 그들 자신의 언어를 사용할 권리가 부인되지 아니한다."
73) 청소년기본법에서는 법의 목적으로 "①청소년의 권리 및 책임과 가정·사회·국가 및 지방자치단체의 청소년에 대한 책임을 정하고, ②청소년육성정책에 관한 기본적인 사항을 규정"하는데 주안점을 두고 있다.
74) 교육기본법의 이념은 "교육은 홍익인간의 이념아래 모든 국민으로 하여금 인격을 도야하고 자주적 생활능력과 민주시민으로서 필요한 자질을 갖추게 하여 인간다운 삶을 영위하게 하고 민주국가의 발전과 인류공영의 이상을 실현하는데 이바지하게 함을 목적으로 한다."로 정의된다.
75) 조웅규 의원 발의안에는 민족적 유대감 유지에 필요한 교육문화활동, 안정된 생활기반조성에 필요한 사회경제활동, 대한민국과의 관계발전에 필요한 제반활동을 지원하고, 재외동포의 법적지위 향상을 도모한다는 내용이 포함.
76) 국가인권위원회법[일부개정 2005.8.4 법률 7655호] 제3조(국가인권위원회의 설립과 독립성) ①이 법이 정하는 인권의 보호와 향상을 위한 업무를 수행하기 위하여 국가인권위원회(이하 "위원회"라 한다)를 둔다. ②위원회는 그 권한에 속하는 업무를 독립하여 수행한다.

77) 한명숙 의원실(http://happyhan.or.kr/pressroom) 2004년 12월 15일 자료 참조.
78) 권영길 의원실(http://www.ghil.net/main/dongpo) 2005.11.11. 법안 추진배경으로 재외동포 전담 부서의 실질적인 사업추진 의지와 역량의 부족을 질타하면서 대통령 산하의 재외동포전담기구를 설치하여 중장기적인 목표와 적극적 의지를 바탕으로 재외동포정책을 수립해야 한다고 역설했다.
79) 이종훈의 경우, 외교통상부와 협상하기보다는 차라리 극복하려고 애쓰는 편이 더 합리적이고 효율적이라는 견해를 밝히고 있다.
80) 김문환, 『문화외교론』(소학사, 2004); 이스라엘은 본국 거주 유태인이 약 5백만명에 불과하지만 미국, 유럽 등 세계에 흩어져 있는 유태인이 본국의 3~4배인 1,500만~2,000만명으로 추산된다. 이렇게 많은 유대계 재외동포들에게 보다 체계적이고 효율적이며 값싼 교육기회를 제공하는 것이 바로 이스라엘의 재외 국민교육기관인 울판이다. 원래 울판은 1948년 이스라엘이 독립한 후 미국, 남미 등 세계 각국에서 모여든 해외 유태인들에게 현대 히브리어를 가르치기 위해 설립됐다. 대부분 모국어를 모르는 이들을 위해 '이스라엘유태인협회'(Jewish Agency for Israel)가 어학원 '울판'을 세웠다. 현재는 주로 18~35세 사이의 해외 유태인들을 상대로 히브리어 언어와 역사를 교육하는 교육기관으로 성장했다. 울판의 교육자들은 단순히 언어교육만 시키는 것이 아니라 이스라엘의 역사, 문화, 종교도 가르치며 이스라엘의 국가관, 세계 속의 이스라엘의 위치, 아랍국가와의 관계, 대팔레스타인정책 등을 다양한 자료를 활용하여 교육시킨다.
81) 교육인적자원부 대통령 업무보고 자료.
82) 윤형섭, 『한국의 정치문화와 교육 어디로 갈 것인가』(오름, 2004) 윤형섭은 국제교육진흥원 설치 구상의 실현과정을 다음과 같이 밝히고 있다. "세계로 세계로 뻗어가야할 대한민국의 거대한 600만의 재외동포를 대상으로 국가적 차원의 심대한 프로젝트를 펼쳐나가야 하는데 이것이 국가가 직접 책임지는 사업이 되어야지 일개 대학의 부설기구로 둘 수는 없다는 나의 판단에서 서울대학교에서 재외국민교육원을 떼어 왔습니다. 그러기 위해서 법을 바꾸어 교육부에 국제교육진흥원을 설치하도록 한 것입니다. … 91년 봄에 나는 노태우 대통령에게 독대를 청했고 기회가 주어졌습니다. 그래서 대통령께 국제교육에 대한 나의 기본적인 철학을 한반도의 평화통일전략과 연계하여 설명을 드렸고 국제교육진흥의 중요성과 함께 그 방안을 진지하게 건의했습니다. … 평화통일의 가장 근본은 민족의 동질성회복이다. 동질성 회복은 어떤 것으로도 안 되고 오직 교육과 문화교류로만 비로소 가능하다는 저의 주장이 대통령께 받아들여졌던 것입니다."
83) 통일외교통상위 국감(2005.10.19); 원희룡 의원은 2005년 국정감사에서 재외동포재단에 대한 질문에서 재외동포정책위원회 내에서의 위상, 외교통상부로부터의 독립 정도, 사업추진능력 등에 대해 의문을 제기한 바 있다.
84) 민주노동당, 『민주노동당 17대 총선 핵심공약』(2004.3.11). ①조세혁명, 복지혁명, 완전고용실현, ②자주화, 반전평화, 한반도평화실현, ③식량주권수호, 환경친화적 삶의 실현 등 3대 목표와 38대 공약을 제시했다. 그중 차별금지법 제정과 평등사회협약(35항)은 정치혁신방안의 하나로 제시되었다.
85) 이종훈, 「재외동포정책의 과제와 재외동포기본법의 제정문제」, 『입법조사연구』 제249호(국회도서관, 1998.2); 이종훈은 헌법 제2조 제2항의 취지를 살린 재외국민 권리보호 목적의 법률제정도 필요하지만 그것보다는 더 포괄적인 재외동포기본법 제정이 더욱 "동포애로써 민족의 단결을 공고히 하자"는 헌법 전문의 정신에 부합된다고 주장해왔다. 그러면서 '재외동포기본법'의 모형으로 재외동포의 국내체류시 권리와 의무면제 관련사항, '재외동포정책위원회', '재외동포재단' 관련 조항을 모두 포함된 재외동포기본법과 기본적인 사항만 규정한 기본법 두 가지를 제의한 바 있다. 단 후자의 경우는 기본법 취지에 맞게끔 여타법의 관계조항(출입국, 체류, 국내취업시 우대, 등록 재외국민의 참정권 허용, 장기체류 영주권자 병역, 부동산, 추간, 의료보험)을 개정하는 후속조치가 있어야 한다는 전제가 달려 있다. 권영길 의원안은 관련 조항이 모두 포함된 첫 번째 제안에 해당된다.

86) http://blog.naver.com/rheehoon/60017175764(2005.9.8) 권영길 의원실 주최 '재외동포기본법 제정 공청회'(2005.9.6) 토론문.
87) ≪내일신문≫ 2005년 9월; 권영길 의원 초청공청회에서 행한 장철균(재외국민담당대사)의 발언내용.
88) 필자는 이상의 4개 방안 가운데 네 번째 견해를 지지한다.
89) 앞서 참여정부가 제시했던 재외동포정책의 방향을 그대로 반영했을 경우에 이와 같은 그림이 그려질 수 있다.
90) 이 문제는 청소년 전담기구개편과 관련하여 다음 사항을 참조할 필요가 있다. 즉, 문교부에 청소년정책을 담당하는 전담조직(청소년과)이 설치된 것은 1981년 11월의 일이었다. 이후 청소년행정 전담기구는 국무총리실 청소년정책심의관(1985.2~1988.6) → 체육부 청소년국(1988.7~1990.9) → 체육청소년부 청소년정책조정실(1990.10) → 문화체육부 청소년정책실/청소년보호위원회 사무국(1993.2~1998.2) → 문화관광부 청소년국/국무총리실 청소년보호위원회 사무국(1998.2~2005.4) 등의 복잡한 조직개편과정을 거친 끝에 24년만인 지난 2005년 4월 27일 청소년행정전담 중앙행정기구인 국무총리실 청소년위원회(2005.4.27)로 통합·확대되었다. 이 청소년위원회는 3년 임기의 13명 위원회(1위원장, 1상임위원, 1비상임위원 포함). 1정책홍보담당관, 4단장(청소년정책, 활동복지, 청소년보호, 중앙점검) 14개 팀(정원 130명)으로 출범했으며, 8개 분과위로 구성된 정책자문위원회(86명)도 구성됐다. 갖은 우여곡절 끝에 청소년조직과 행정체계가 하나로 통합된 데에는 정부·의회·학자 그리고 현장의 의견이 수렴되면서 가능했다. 우선 부서통합에 대한 부처간의 이견은 없었다. 단지 어느 쪽으로 청소년조직·행정이 가느냐에 시비가 있었을 뿐이었다. 문화관광부(청소년국), 여성부(여성), 보건복지부(아동), 청소년보호위원회(사무국)들이 저마다 자기네 조직으로의 통합 당위성을 역설했지만 결국 청소년보호위원회로 문화관광부 청소년국으로 흡수통합되었다.
91) 제4차 재외동포정책위원회에서는 재외동포 교육자 초청연수사업의 경우 현재 교육부, 문화관광부, 재외동포재단 등 3개 부서에서 재외한국학교 현지교원초청연수는 교육부, 재외동포 한국어교사 초청 연수는 문화관광부), CIS지역 한국어교사 육성사업은 재외동포재단에서 실시하고 있어 예산 낭비 및 사업 효율성 저하를 초래하고 있는 점을 감안, 담당부서를 통합하는 방안을 검토하되, 국무조정실에서 재외동포들의 여론을 반영하여 주관부서를 확정키로 하였다. 문화행사의 경우에도 문화관광부 산하 국민생활체육협의회가 세계한민족축전을, 재외동포재단이 한민족문화제전을 별도로 개최하고 있어 사업성격 및 내용, 참가대상자의 중복성으로 인한 예산낭비 및 사업효과성 저하 초래 등을 방지하기 위한 방안을 강구하되 국무조정실에서 재외동포들의 의견을 반영하여 결정키로 하였다. 또한, 재외동포재단, 한국언론재단 등을 통해 언론지원사업의 형태로 중국과 중앙아시아 지역방송사를 대상으로 추진중인 해외 한국어방송지원사업은 방송위원회로 사업주체를 일원화하여 예산의 효율적 사용 및 실질적 성과 발생을 가능토록 조정하였다.
92) 예를 들어 1. 재외동포정책실에 실장 1인을 두고 실장 밑에 재외동포정책과·재외동포교육진흥과·재외동포문화교류과·해외이주과·영사과·여권과를 두고, 실장 밑에 재외국민담당관 및 재외동포담당관을 둔다. 2. 재외동포정책과는 다음 사항을 분장한다. 1)재외동포정책에 관한 장·단기계획의 수립·총괄·조정 및 평가 2)재외동포관련업무의 부처간 협의·조정·총괄 3)재외동포 기본계획의 수립 및 추진상황의 분석·평가 4)재외동포정책위원회의 운영 5)재외동포연구원(재외동포재단의 조사·연구기능 강화시)의 지도·감독 6)재외동포실태의 조사·연구 7) 기타 실내 다른 과의 주관에 속하지 아니하는 사항. 3. 재외동포교육진흥과는 다음 사항을 분장한다. 1) 재외(국민)동포의 교육문화진흥에 관한 사항 2) 재외(국민)동포 교육문화진흥프로그램의 개발 및 보급 3) 재외(국민)동포의 민족교육 및 민족문화지도 4)재외(국민)동포 및 재외(국민)동포 관련유공자의 발굴 및 포상 5)재외(국민)동포교육문화기관의 설치·운영 6)재외(국민)동포교육문화기관의 운영지원·지도 및 활용도 제고 7)재외(국민)동포교육문화기관의 모형개발 및 보급 8)재외(국민)동포교육문화

진흥기금의 조성 및 운용. 4. 재외동포문화교류과는 다음 사항을 분장한다. 1)국제 재외동포기구와의 협력 2)재외동포 국제교류프로그램 개발 및 운영 3)재외동포의 국제교류 및 국제행사에의 파견 4)재외동포 관계 국제행사 개최 5)재외동포단체의 인가 및 지도·감독 6)재외동포 인재양성·연수 및 지원 7)재외동포 지도자의 관리 8)재외동포의 달 행사에 관한 사항 9)재외(국민)동포 종합상담에 관한 사항. 5. 해외이주과장은 다음 사항을 분장한다. 1)국민의 해외진출에 관한 외교정책의 수립·시행 및 총괄·조정 2)제1호의 업무에 있어서 국내 관계기관 및 국내외 관련단체와의 협조 3)국민의 해외진출에 관한 조사·연구 및 자료발간 4)해외이주알선업자의 허가 및 지도·감독 5)해외이주신고에 관한 사항 6) 기타 국내 다른 과의 주관에 속하지 아니하는 사항. 6.영사과장은 다음 사항을 분장한다. 1)재외국민의 국적·호적 및 병사업무 2)재외난민구호 3)영사관계 각종 문서의 공증·확인 및 인증 4)외국인의 입국사증 5)선박·항공기 및 그 승무원의 사고 및 출입항에 관한 관계기관과의 협조. 7. 여권과장은 다음 사항을 분장한다. 1) 일반여권·외교관여권 및 관용여권에 관한 사항 2)재외국민의 여권에 관한 사항 3)여권기록의 보존·관리 4)여권관계 법령·제도의 연구·개선 기타 여권발급과 관련한 행정업무. 8. 재외동포담당관은 재외동포 관련정책의 수립, 재외동포의 국제교류, 재외동포육성재원의 조성·운용 및 재외동포관련시설의 설치·운영에 관하여 실장을 보좌한다. 9. 재외국민담당관은 재외국민의 보호·지원 및 재외국민 관련사항의 홍보와 협력에 관하여 실장을 보좌한다.

93) 그 비판의 주된 내용은 동포들의 희망사항을 제대로 대변하지 못한다, 대부분의 예산이 각종 행사와 인건비에 충당된다, 재단 임직원의 전문성문제나 전문가·시민단체와의 의사소통이 제대로 이루어지지 않고 있다는 것들이다. 윤인진, 「재외동포재단에 대한 전문가 제언」, 『아리랑』 130호 (2002. 11.26)

94) 해외교포문제연구소는 1973년 12월 1일 「교민처(청)의 설치를 건의함」이라는 대정부건의문에서 총무과, 보호조사국, 교육문화국, 이민경제국 등의 조직을 갖춘 교민처(국무총리 소속의 경우) 또는 교민청(외교통산부 소속의 경우)을 건의한 바 있다.

95) 필자가 현재로서는 이 문제에 대해 구체적인 복안을 갖고 있지 못하지만 중국의 화교정책이나 화교기구를 참조할 필요가 있을 것으로 본다.

96) 김명섭, 「통일방안으로서의 고려(Corea) 문명권」, 한흥수 외, 『한국정치동태론』(오름, 2000).

97) 여기서 '육성'(育成)이란 재외동포의 제반 활동을 지원하고 그들의 삶의 질을 증진하며 사회여건과 환경을 재외동포들에게 도움이 되도록 개선하고 나아가 재외동포의 생명·재산을 보호함으로써 거주국은 물론 모국에서의 균형 성장을 돕는 일체의 행위를 뜻한다.

제3장 재외동포정책 비전 2020[1)]

제1절 여는 말

오늘날 전 세계 모든 국가들은 재외동포를 자산으로 인식하여 적극적인 보호·육성에 나서고 있다.

따라서 한국정부도 더 이상 기존의 기민정책이나 현지화정책을 고집해서는 안 된다. 지금부터라도 재외동포를 한민족의 자산으로 인식하는 새로운 동포정책(지원·보호·육성)을 수립하여 한민족 전체와 친한(親韓)인사들을 하나의 틀로 묶어야 한다.

〈표 1〉 새로운 재외동포정책 구상

구분	내용
브랜드	열린 민족주의와 한민족공동체(Open Nationalism and Global Korean Community)
정책방향	○ 이주 초기부터 이민자를 적극 지원: 相生전략 -범정부차원의 종합적·체계적 이민정책 추진 -외국의 성공사례를 면밀히 검토·분석하여 대책 마련 ○ 현지화된 외국적 동포도 적극 보호·육성: 相助전략 -재외동포의 정체성·인권을 강화하기 위한 보호·육성방안 마련 -그동안 소외·배제되었던 재외동포를 포용 ○ 혈연의 경계를 벗어난 외국인도 적극 활용: 相扶전략 -거시적 관점의 인식 전환 -한민족공동체 실현의 협력체제 구축
새로운 인식	○ 재외동포의 역량을 민족자산으로 간주 -모국 총생산의 1/4에 해당하는 경제권 형성 -모국 인구의 1/10을 상회 -모국 정치·경제의 든든한 후원자 -재외동포의 성공이 곧 대한민국의 성공으로 직결 ○ 모국과 현지동포사회의 유대감을 한민족공동체로 연결 -재외국민 보호·재외동포 권익 신장 -우리 말·글·문화·역사를 통한 민족정체성·동질성 함양 -남·북한과 재외동포사회를 하나의 공동체로 보는 안목 -다양한 유형의 한국인상(像) 정립·육성·활용

제2절 재외동포 전담기구 현황 및 혁신방안

2005년 현재, 재외동포를 위한 사업전담기구는 외교통상부 산하에 있는 재외동포재단(Overseas Koreans Foundation)이 유일하다.

1. 재외동포재단

가. 개관

김영삼 정부시절 세계화추진위원회가 '재외동포사회 활성화 지원방안'을 논의한 결과, 전체회의(1995.12.18)에서 기존의 '재외국민정책심의위원회'(1985.6.3 설치, 위원장: 외무부차관)를 대신할 정책심의기구로 '재외동포정책위원회'를 설치할 것을 정부에 건의하였다.

〈표 2〉 재외동포사회 활성화지원방안

정책과제	세부과제	주관부처	협조부처
1. 재외동포정책 재정립	①교포 개념정립 및 대상별 정책수립	외무부	-
	②지역별 교포정책 기본방향 수립	외무부	통일원/교육부/문화체육부/공보처
2. 세계화추진에 있어 교포활용 및 지원 개선	①우수인력 데이터베이스 구축활용	외무부	통상산업부/문화체육부/교육부
	②모국과의 유대강화를 통한 자립지원	통상산업부/문화체육부/교육부	외무부/재정경제원
	③한국문화 홍보 및 민족교육 지원강화	교육부/공보처	외무부/재정경제원/문화체육부
	④교포단체 보조금 운영개선	외무부	교육부/문화체육부
3. 재외동포의 국내활동의 증진	①외국인체류 허가제도 개선	법무부	외무부
	②재외동포들의 국내재산권 행사 제한	재정경제원/건설교통부	외무부
4. 재외동포 지원 체제정비	①재외동포정책위원회 설치운영	총리실	외무부/총무처/재정경제원
	②동포관련 외교지원체제 강화	외무부	총무처
	③재외동포재단 설립·운영	외무부	재정경제원/총무처

출처: 세계화추진위원회, 「세계화과제보고서」(1998).

이에 따라 김영삼 대통령은 국무총리를 위원장으로 하는 '재외동포정책위원회'(대통령훈령 제63호, 1996.2.23 설치)를 출범시켜 재외동포정책을 종합적으로 심의·조정하도록 하였다.

그 후 정부는 재외동포정책위원회 제1차 회의(1996.5.3)에서 재외동포재단 설립의 상세계획에 합의하였고,[2] 재단을 설립하기 위한 재외동포재단법의 입법을 추진(1996.7.19 입법예고)한 뒤 대통령 재가(1996.11)를 얻어 정기국회에서 입법에 성공(1997.3.27), 마침내 특별법인격을 지닌 재외동포재단을 발족시켰다(1997.10.30).[3]

재외동포재단은 "재외동포들이 민족적 유대감을 유지하면서 거주국 안에서 그 사회의 모범적인 구성원으로 살아 갈 수 있도록 하는데 이바지"(재외동포재단법 제1조)함을 목적으로 재외동포사회와 모국을 잇는 가교 역할[4]을 충실히 감당하고 있다.

1997년 12월 현재, 당시 김영삼 정부의 '작은 정부' 방침에 따라 이사장·기획이사·사업이사·감사(상근임원 4명)와 1실 2부 1역의 소규모 조직(정원 35명)으로 출범하였던 재외동포재단은 2002년 12월, 상임임원 3명(이사장·기획이사·사업이사)과 비상근 감사, 1실·5부·1역으로 조정되어 오늘에 이르렀다(정원 34명, 파견공무원 3명 포함). 한편 2004년부터는 재단 내에 임기 2년의 자문위원회(14명)를 두고 재단 운영과 사업전반에 걸쳐 폭넓은 자문을 구하고 있다.

나. 사업현황

1997년 10월에 설립된 재외동포재단은 1998년부터 본격적으로 사업시행에 들어갔다. 사업 첫 해인 1998년에는 4개 분야 총 37개 사업을 수행하였으나 2005년 현재 9개 분야 총 23개 사업으로 정리되어 시행중에 있다.

1997년 출범 당시부터 2005년 현재까지 재외동포재단 사업예산은 다음 표와 같다.

〈표 3〉 재외동포재단 사업 총예산(단위 : 억원)

구 분	1997	1998	1999	2000	2001	2002	2003	2004	2005
인 건 비	2.2	8.8	7.5	8.1	9.4	8.8	10.5	11.0	12.0
경상운영비	18.2	4.2	3.5	3.8	4.6	7.0	10.4	8.6	8.8
사 업 비	-	88.0	86.3	72.0	72.7	98.3	112.8	131.4	146.7
재일민단지원사업	-	-	-	84.8	84.8	84.8	84.8	40.0	37.0
한국어뉴스세계 위성 방송망구축	-	-	-	-	-	-	10.0	20.0	15.0
계	20.4	101	97.3	168.7	171.5	198.9	228.5	211.0	219.5

* 연도별 예산은 실행예산 기준임
* 97년도 경상운영비: 전세임차료 12.5억원, 설립비 3.7억원 포함
* 2005년도 예산 : 정부출연금106억 + 국제교류기금 113억

2005년 현재, 재외동포재단은 총 23개 사업(예산총액 202억7303.2만원)을 실시하고 있다. 그 중에서 재일민단지원사업(37억원)과 한국어뉴스 세계위성방송망구축사업(15억원) 등 2가지 특별사업을 제외하면 순수사업은 총 21개에 불과하다.

이를 예산규모로 세분해보면 대규모사업(10억원 이상)에는 모국어 및 민족교육지원사업(49억원), 재외동포의 교류촉진 및 권익신장사업(19억원), 한상네트워크 운영사업(11억원) 등이 있다.

중규모 사업(5~10억원)에는 Korean.net 운영사업(8억원), 내외동포 경제교류촉진사업(8억원), 한민족 문화제전사업(7억원), 재외동포 장학사업(7억원), 한민족공동체 구현사업(6억원), 한인의 해외이주기념사업(5억원), 재외동포 연구기반 조성사업(4.9억원) 등이 있다.

그리고 소규모사업(5억원 미만)에는 홍보자료 발간사업(3.72억원), 재외동포문화예술지원사업(3.4억원), 재외동포 초청교육연수사업(3억원), 국외입양인 초청연수 및 지원사업(2.9억원), 문화예술단 파견사업(2.4억원), 재외동포 사이버 한국어강좌 개발·운영사업(2.22억원), 코리안넷구축사업(2.19억원), 재외동포 언론지원사업(1.5억원), 재외동포 백과사전사업(0.6억원), 실태조사사업(0.5억원), 사이버민원실 운영사업(0.2억원) 등이 있다.

한편 사업예산을 각 사업성격별로 살펴보면 다음 표와 같다.

<표 4> 재단 사업성격별 예산(단위 : 천원)

구 분	사 업 명	예 산
가. 조사연구사업	①재외동포사회 실태조사사업 ②재외동포 연구기반 조성사업 ③재외동포사이버민원실운영 ④재외동포 백과사전	50,000 496,000 20,000 60,000
	소계	626,000
나. 문화사업	①한민족문화제전 ②문화예술단 파견사업 ③재외동포문화예술 지원사업	724,000 240,000 340,000
	소계	1,304,000
다. 홍보사업	①홍보자료 발간사업 ②재외동포언론 지원사업	372,032 150,000
	소계	522,032
라. 교류사업	①재외동포사회 교류촉진 및 권익신장 활동 지원 ②한민족공동체 구현사업 ③한인의 해외이주 기념사업 ④국외입양인 초청연수 및 지원사업	1,971,000 620,000 500,000 290,000
	소계	3,381,000

마. 교육사업	①모국어 및 민족교육 지원사업		4,919,000
	②재외동포 장학사업		781,000
	③재외동포 초청 교육연수사업		300,000
	④재외동포사이버한국어강좌 개발·운영		222,000
		소계	6,222,000
바. 경제사업	①한상네트워크 운영사업		1,150,000
	②내외동포 경제교류 촉진사업		813,000
		소계	1,963,000
사. 정보화사업	①Korean.net 구축사업		219,000
	②Korean.net 운영사업		836,000
		소계	1,055,000
아. 재일민단지원사업	①재일민단지원사업		3,700,000
자. 한국어뉴스세계위성 방송망구축사업	①한국어뉴스세계위성방송망구축사업		1,500,000
		총계	20,273,032

출처: 재외동포재단(2005).

다. 추가이관 대상사업

1997년 설립 당시, 재외동포재단은 여러 정부 부처들에 분산되어 있던 재외동포 관련사업들을 이관 받은 바 있다. 그러나 아직까지도 재외동포재단에 이관되지 않은 재외동포 관련사업들이 많이 남아 있다.

현재 외교통상부를 비롯한 5개 부처에서 재외동포를 위한 사업을 진행하고 있는데 그 내용을 살펴보면 대부분이 재외동포재단의 사업과 유사하다. 국무총리 산하 재외동포정책위원회에서는 아직 이관되지 않고 있는 사업들을 재외동포재단으로 이관하도록 조정을 계속하고 있으나 부처 이기주의나 자체 논리로 인해 아직까지 별 성과가 없는 실정이다.

그러나 재외동포재단의 설립취지를 살리고, 효율적이고 체계적인 재외동포 사업수행을 위해서는 아직 이관되지 않고 있는 관련사업 및 유사사업들을 하루빨리 재외동포재단 사업과 통합하거나 이관함이 바람직하다. 어떤 사업이든 그것이 재외동포를 위한 사업이라면 재외동포를 위해 만들어진 재외동포재단으로 이관해야 한다는 것이 사업이관의 원칙이다.

다음 표는 각 부처별 재외동포사업의 내용과 예산내역이다.

<표 5> 부처별 재외동포사업 내용 및 예산(단위 : 천원)

구 분	사 업 명	2004년 예산	2005년 예산
외교통상부	o 재외동포재단 초청 및 지원사업	19,135,000	20,273,032
	소계	19,135,000	20,273,032
교육인적자원부 (국제교육진흥원)	o 재외동포 한민족정체성 확립(기숙사 운영, 춘·하·동계학교, 초등학생 캠프 꿈나무 육성 등)	·1,075,469	1,075,469
	o 재일동포 대학생 춘계학교	5,440	5,440
	o 재외동포 학생 하계학교	7,440	7,440
	o 재일동포 중고생 하계학교	4,000	4,000
	o 구소련 및 중국동포 대학생 초청연수	93,014	93,014
	o 중남미 및 대양주 동포학생 동계학교	37,702	40,430
	o 재외한글학교 회장단 초청연수	48,487	48,487
	o 재외동포 교육용 교과서 공급	1,134,814	1,134,718
	o 독립국가연합 동포교육 관계자초청연수	37,403	37,801
	o 중국인동포 교육관계자 초청연수	26,250	30,249
	o 영어권 동포 교육관계자 초청연수	27,770	31,863
	o 재외 한국학교 교원 초청연수	25,896	31,627
	소계	2,523,685	2,540,538
문화관광부	o 세계한민족축전	640,000	640,000
	소계	640,000	640,000
통일부	o 해외 홍보	500,000	240,000
	o 국제학술회의(포럼 등)	119,000	127,000
	소계	619,000	367,000
국가보훈처	o 독립운동 관련인사 초청교류행사 지원	40,000	100,000
	소계	40,000	100,000
	총계	22,957,685	23,920.570

출처: 재외동포재단(2005).

2. 전담기구 개편론

가. 현황

현행 재외동포정책 전담기구로는 국무총리실 재외동포정책위원회를 정점으로 외교통상부 재외동포영사국과 외교통상부 소관 특별법인인 재외동포재단이 있다.

□ 재외동포정책위원회: 국무총리를 위원장으로 하는 재외동포정책위원회
는 '재외국민지도위원회'(1962.6.26)→'재외국민지도자문위원회'(1969.

2.13)→'재외국민정책심의위원회'(1985.6.3) 등으로 이어져오는 현행 최고의 재외동포정책 심의기구이며, 재외동포 관련정책을 총괄하고 정책조정기능을 수행한다. 그러나 재외동포정책위원회의 설치근거가 대통령 훈령으로 그 법적 근거가 미약하고, 재외동포법 시행령(대통령령)에 의한 '재외동포의출입국및체류심의조정위원회'(위원장: 법무부차관)와도 일부 기능이 중복되며, 위원회 활동 자체가 활성화되지 않고 있다는 지적이 있으므로 재외동포정책위원회의 설치근거를 상향조정(대통령령)하고, 유사한 위원회와의 중복기능을 재조정하며, 운영의 활성화를 추진할 필요가 있다.

□ 외교통상부: 재외동포정책의 주무부서로서 재외동포 관련정책의 수립·시행 및 총괄조정을 하고 있다. 즉, 재외동포 거주국가의 이념과 체제, 이민형성과정, 소수민족정책 등을 고려하여 지역별 특수성에 맞는 재외동포정책을 운용한다는 방침 아래 현지사회의 안정적 정착 및 지역사회 기여 확대(미국), 법적지위 향상 및 민족교육 강화(일본), 비정치 분야(경제·교육·문화분야) 교류증진(중국), 한국어보급·전통문화 및 민족교육을 통한 동질성 회복(러시아·CIS)을 각각 추진할 계획이다. 한편 정부의 다른 부처에서도 자기 부처의 소관업무별로 관련사업을 실시하고 있다. 즉, 재외동포 및 재외국민에 대한 교육지원업무는 교육인적자원부, 출입국 및 체류업무는 법무부, 문화·체육분야의 교류사업은 문화관광부, 통일정책 해외홍보업무는 통일부, 독립유공자초청업무는 국가보훈처 등이 담당한다.

□ 재외동포재단: 외교통상부 소관 특별법인으로서 재외동포 관련연구 및 각종 지원사업을 실시하고 있다. 그러나 최근 입법부를 중심으로 재외동포 관련법(안) 제정이 추진되면서 존폐가 논란이 되고 있다.

현재 의원입법안으로 국회에 상정된 재외동포교육문화진흥법(안)과 재외동포기본법(안)은 모두 재외동포재단법 폐지를 지지하고 있다. 이는 사실상의 교민청 역할을 하고 있는 재외동포재단의 조직과 목적을 전면 재조정하겠다는 의미다. 그리고 재외동포재단에 대한 비판의 목소리는 다음의 5가지로 요약된다.

첫째, 재외동포재단이 조사연구나 기획사업보다 전시성 사업에 열중하는 것은 설립 당시의 취지에 부합되지 않는다.

둘째, 동포들의 희망사항을 제대로 대변하지 못한다.
셋째, 대부분의 예산이 각종 행사와 인건비에 충당된다.
넷째, 임직원의 전문성에 문제가 있다.
다섯째, 전문가·시민단체와의 의사소통이 제대로 이루어지지 않는다.

그러나 외교통상부는 재외동포재단의 문제는 만성적인 예산과 인력의 부족 때문이므로 이를 확충하는 것이 우선이며, 앞으로 동포지원 전담기관으로서 재단의 역량을 강화해나가야 한다는 입장을 보이고 있다.

<표 6> 존속론과 폐지론의 주요 논거

존속론	폐지론
1. 예산·인력확충하면 지적된 문제점은 대부분 해소 2. 재단 역량강화 하여 동포지원 전담기관으로 정착시켜야 3. 재외동포위원회나 재외동포청은 외교적·국제법적 문제를 야기함	1. 설립취지와 다르게 사업수행 2. 재외동포들의 열망을 대변 못함 3. 행사비·인건비로 예산낭비 4. 임직원의 비전문성 5. 재단 외부와의 의사소통 부족 6. 신설 재외동포위원회나 동포청으로 업무이관해야

이는 1973년 12월 1일, 해외교포문제연구소가 「교민처(청)의 설치를 건의함」이라는 대정부건의를 통해 사무조직(보호조사국·교육문화국·이민경제국·총무과)과 자문기관(재외국민정책심의위원회)을 갖춘 국무총리 소속의 '교민처' 또는 외교부 소속의 '교민청'을 건의한 이후 비정상적으로 해결된 전담기구문제가 또 다시 논란의 핵심으로 등장했음을 의미한다.

나. 개편 논의의 공방

1) 입법부의 공세

제17대 국회 통일외교통상위원회에 계류되어 있는 재외동포교육문화진흥법(안)(의안번호 171641호)과 재외동포기본법(안)(의안번호 173635호)은 현행 재외동포정책 전담기구의 기본축인 국무총리실 재외동포정책위원회와 재외동포재단을 대통령 소속하의 재외동포위원회(또는 재외동포교육문화위원회)와 그 산하 사무처로 각각 개편할 것을 제안하고 있다.
만약 제17대 국회가 2008년도 회기까지 재외동포 전담기구 개편을 주요 내용으로 하는 이들 관련법안을 통과시킬 경우, 정부조직법상 재외국민의 보호·지원을 관장하고 있는 외교통상부의 재외동포 관련업무와 재외동포재단 업무는 신설될 재외동포위원회(또는 재외동포교육문화위원회)로 즉시 이관되어야 한다.
 이 개편방안에 따르면 재외동포재단은 법 공포 후 자동해산 되어야 하며, 소관업무는 대통령 소속하의 재외동포위원회(또는 재외동포교육문화위원회) 사무처가 승계하게 된다. 또한 이들이 내세우고 있는 전담기구 개편논리는 다음과 같다.

> 첫째, 재외동포정책의 수립·심의·조정 역할을 해야 할 국무총리 산하 재외동포정책위원회는 사실상 책임을 방기해 왔고, 재외동포재단은 본래 동포사회의 '동포청' 요구에 못 미치는 한 단계 낮은 위상으로 설립되었다.
> 둘째, 재외동포재단법이 규정한 여타 부처의 사업이관이 부처간 이기주의로 요원한 상태이며, 재외동포재단 자체가 정책결정권한이 없으므로 독자적 전문성과 자율성을 충분히 발휘하지 못하고 있다.

 그러나 한나라당은 재외동포 전담기구의 필요성은 인정하지만 대통령 직속의 재외동포위원회보다는 외교통상부 외청으로서의 '해외동포청'을 선호하고 있는 것으로 알려지고 있다.

2) 행정부의 방어

 앞서 살펴본 입법부의 개편 움직임에 대해 정부는 제4차 재외동포정책위원회(2004.11.8)를 통해 국회에서 논의되는 재외동포기본법(안)의 내용이 국제법과 상충되고 있음을 확인한 바 있으며, 제5차 재외동포정책위원회(2005.12.14)에서는 부처간의 유기적 협조와 자체평가의 강화로 정부의 재외동포정책이 일관성을 유지하고 있다고 평가한 바 있다.
 이런 정부의 정책기조 위에 주무부처인 외교통상부는 기존의 재외동포재단을 폐지하고 그 기능을 대통령 직속 재외동포위원회(또는 재외동포교육문화위원회)가 흡수 통합하는 것을 극력 반대하고 있다. 그 이유는 다음과 같다.

> 첫째, 현 정부조직법과 정부조직체계의 원칙에 배치되며, 대다수의 국가들이 재외동포업무를 외교부가 관장하고 있다.

둘째, 법제정으로 재외동포 관련 부처의 소관업무가 이관되더라도 출입국·병역·교육·문화 등 각 부처의 고유한 행정적 업무를 재외동포위원회나 산하 사무처가 독립적으로 관장·처리하는 것은 기술적으로 불가능하다.

셋째, 재외동포업무가 대통령 직속 위원회로 이관되면 모든 요구와 민원이 대통령에게 상향 집중된다.

넷째, 대부분의 재외동포지원업무가 외교부 본부 산하의 재외공관을 통해 이루어짐을 감안할 때 재외동포위원회가 독자적으로 현지지원업무를 수행하기는 불가능하며, 해외사무소 설치도 현실적으로 어렵다.

따라서 외교통상부는 정책은 외교통상부가, 지원사업시행은 재외동포재단이 맡는 현행 업무이원화 체제를 유지하되 그동안 지적되어온 재외동포정책위원회(연1회)와 실무위원회(연2회) 운영을 한층 강화하고, 재외동포영사국의 확대와 재외동포재단의 업무 활성화 쪽으로 정부의 입장을 정리하고 있다.

3) 학계와 시민단체의 주장

국회 재외동포문제연구회 등 5개 단체가 주최한「재외동포관련법 쟁점과 전망에 대한 세미나」(2005.12.21)에서는 다양한 전담기구 개편방안이 제안되었다. 그 내용은 다음과 같다.

첫째, ㉠참여정부의 국정방향인 동북아 경제중심국가에 기초하는 새로운 재외동포정책을 정립하라. ㉡현행 재외동포정책위원회는 독립행정위원회로 격상하라(대통령 직속). ㉢위원회내에 사무국을 설치하라. ㉣재외국민이주과를 확대개편하고 재외동포영사국은 독립적으로 운영하라. ㉤재외동포재단은 재외동포정책위원회의 산하기관화 등을 적극 지지하였다. <이종훈 재외한인학회장>

둘째, ㉠재외동포정책의 총괄기구인 대통령 직속 재외동포위원회를 신설하는 것은 헌법정신에 부응하는 당연한 주장이다. ㉡재외동포 사무관장 이관과 관련하여 외교통상부가 재외국민의 보호·지원을 관장하도록 하는 정부조직법 제31조의 개정이 요청된다. <배덕호 지구촌동포청년연대 대표>

셋째, ㉠재외국민보호를 명분으로 직원과 조직의 확대를 꾀하면서도 재외동포재단의 이관은 반대하는 외교통상부의 자세 변화를 촉구한다. ㉡재외동포청·교민청 등의 신설보다는 대통령 직속의 재외동포위원회 설립이 필요하다. <김해성 중국동포의 집 대표>

넷째, ㉠재외동포영사국의 독립운영은 동포청(교민영사청)과 다를 바 없으므로 오히려 동포청을 만드는 것이 현실적으로 타당하다. ㉡재외동포재단을 동포청으로 흡수하느냐 독립행정위원회 산하기구로 하느냐는 신중히 판단해야 한다. <신상문 동북아평화연대연구정책실장>

한편 해외교포문제연구소가 주최하고 재외동포재단이 후원한「교포정책포럼」(2005. 11.25)에서는 재외동포 전담기구 개편에 대해 신중론이 제기되기도 하였다. 그 내용은 다음과 같다.

첫째, 정부수립(1948) 이후 첫 법률이었던 정부조직법에 따르면 "재외교민(또는 재외국민)에 관한 사무"는 외무부장관 소관사항이었다. 외무부는 이를 근거로 지난 40년 이상 재외동포업무를 사실상 독점해왔다.

둘째, 재외동포정책의 궁극적인 목표가 한민족네트워크 형성이라면 보호·지원·교육문화·고용·법적지위 등 5개 정책영역을 하나로 통합·조정하는 강력한 재외동포정책 추진기구가 가장 바람직하다. 그러나 현실적 수준에서도 통합·조정이 가능하다면 굳이 새로운 기구를 만들 것까지는 없다. 오히려 현 단계에서는 어느 부처에서 재외동포업무를 담당하기를 진심으로 원하고 있는지, 또 가장 잘할 수 있는지를 원점에서 재검토하는 것이 중요하다.

셋째, 재외동포정책위원회가 법체계상 상설기구가 아닌 이상에 큰 틀에서 방향제시만 하고 그 나머지는 법규정대로만 하면 아무 문제될 것도 없다. 다만 문제는 재외동포기본법이나 기본계획이 제대로 수립되지도 않은 상태에서 재외동포정책위원회가 변화하는 사회환경과 재외동포사회의 요구들에 적절하게 대처하지 못했다는 점이다.

넷째, 관련법들이 제 역할을 하고 해당 부처는 제정된 법률대로 정책을 총괄·조정·집행해나간다면 재외동포정책위원회를 재외동포위원회와 같은 상설화된 위원회조직으로 변경할 필요가 없다. 일부 주장처럼 대통령 소속하의위원회 조직이 재외동포문제를 해결하는 대안이라면 차라리 현행 통일부의 남북업무나 국가정보원의 해외파트를 재외동포업무와 합치는 발상의 전환이 오히려 재외동포정책을 선진화·효율화하는데 도움이 된다.

다섯째, 외교통상부는 기존의 소극적인 자세를 견지하기보다는 과감하게 조직개편을 해서라도 외교통상부가 재외동포정책의 총괄부서임을 증명해보일 필요가 있다.

여섯째, 기존의 조직과 법을 폐지하는 것이 이를 정상화시키는 것보다 우선시될 수는 없다. 그 명칭을 무엇이라 붙이든 간에 실질적인 교민청이 될 수 있도록 재외동포재단의 조직과 목적을 전면 재조정할 필요가 있다(예: 재외동포재단을 국무총리 소속의 재외동포정책위원회로 이관하는 방안, 독립된 민간기구 성격의 재외동포위원회로 개편하는 방안, 조사연구기능을 보강하여 재외동포연구원으로 개편하는 방안 등) <김봉섭 해외교포문제연구소 선임연구위원>

이처럼 재외동포 전담기구개편에 있어서 찬성론과 반대론 그리고 신중론이 팽팽히 맞서고 있는 상태에서는 조직개편에 대한 기본원칙과 목표에 대해 이해당사자들 간의 공감대 형성이 무엇보다도 중요하다.

다. 정부조직개편의 원리

1) 원칙

일반적으로 정부조직개편을 단행할 경우 고려해야 할 원칙은 다음 5가지로 요약된다.

첫째, 정부조직은 효율적이어야 한다. <효율성(efficiency)의 원칙>
둘째, 정부조직 중 유사한 기능은 하나로 묶어야 한다. <통합성(integrity)의 원칙>
셋째, 정부조직은 매우 중요한 기능이나 실패로 인한 사회적 비용이 큰 기능은 실패확률을 줄이기 위해 기능을 중복시킬 수 있다. <가외성(redundancy)의 원칙>
넷째, 정부조직과 기능을 완전히 배타적으로 만드는 것이 불가능하다면

업무의 중복과 충돌을 조정해줄 메커니즘이 필요하다. <조정(coordination)의 원칙>

다섯째, 정부행정기능의 온전한 수행은 부처간 협력은 물론 민관협력을 필요로 한다. <협력(cooperation)의 원칙>

이상 5가지 원칙에 기초할 경우, 현행 정부의 재외동포정책과 전담기구에 미흡한 점이 많더라도 정부조직의 개편을 정책과 조직의 효율성이나 통합성 제고에만 집중한다면 소기의 목적을 이룰 수 없다. 즉, 지금 현재 활발하게 논의되고 있는 재외동포 전담기구의 개편론은 현 정부의 미흡한 재외동포정책을 재외동포에게 우호적인 정책으로 변화시키려고 하는데 집중되어야 한다. 왜냐하면 미국이나 일본처럼 "정부조직 법정주의"를 채택하고 있는 우리의 경우, 부처의 국(局)이나 과(課)와 같은 하부조직개편은 행정법규에 위임하고 있지만 정부 부처나 전담기구의 개폐는 법률사항에 속하므로 반드시 국회의 심의와 의결을 거치도록 되어 있으며, 상당한 정치적 고려와 부처간 합의가 전제되기 때문이다. 따라서 필요에 따라 하부조직은 얼마든지 자주 개편하지만 부처의 개편은 상당히 조심스럽게 접근하고 있는 미국이나 일본의 경우를 참조할 필요가 있다.

2) 행정패러다임의 변화

최근 국가행정의 개념과 성격도 전통적인 '행정'(administration)에서 '국가경영'(governance)으로 바뀌고 있다. 이를 요약하면 다음 표와 같다.

<표 7> 전통적 행정과 국가경영 비교

전통적 행정(administration)	국가경영(governance)
노젓기(rowing) 역할	방향잡기(steering) 역할
직접 해줌(service)	할 수 있도록 해줌(empowering)
서비스의 독점적 공급	서비스제공에 경쟁도입
규칙중심 관리	임무중심 관리
투입중심 예산	성과연계 예산
관료 중심	고객중심
지출 지향	수익 창출
사후 치료	예측과 예방
집권적 계층제	참여와 팀웍
명령과 통제	협의와 네트워크 형성
행정 메커니즘	시장 메커니즘

자료: Osborne & Gaebler, Reinventing Government: *How the Enterpreneurial Spirit in Transforming the Public Sector*, N.Y: Addison-Wesley(1992); 삼성경제연구소 譯, 『정부혁신의 길』.

위의 국가경영의 관점에서 보면 재외동포 전담기구의 개편논의는 대통령 직속의 재외동포위원회나 외교통상부 산하의 재외동포청(또는 국무총리 소속의 교민처)이냐 아니면 민간기구 형태의 재외동포재단이냐 라고 하는 재외동포 전담기구의 형태와 그 권한의 논란이 아니다. 오히려 재외동포와 관련된 제반 영역에서 발생하고 있는 여러 문제들에 대해 단기적으로는 어떤 유형의 전담기구가 실효성 있는 정책과 사업들을 수립·집행할 수 있으며, 또한 중·장기적으로는 어떤 유형의 전담기구가 외교정책과 재외동포정책을 유기적으로 통합·조정하며, 한민족공동체 실현에 기여할 수 있는가 하는 점에 집중되어야 한다.

따라서 본 연구에서는 재외동포 전담기구의 혁신방안으로서 국무총리실 소속의 교민처(또는 외교통상부 동포청) 신설, 대통령 직속의 재외동포위원회 신설, 그리고 외교통상부 산하의 재외동포재단 기능강화 등 3가지 방안을 제시하고자 한다.

3. 전담기구 혁신방안

가. 국무총리 소속 교민처(또는 외교부 교민청)

앞서 살펴보았듯이 1973년 12월 1일, 해외교포문제연구소는 당시 박정희 정부에게 국무총리실 소속의 '교민처'(또는 외교부 교민청) 설치를 제안한 바 있다. 그로부터 25년이 지난 1998년 2월 25일, 해외교포문제연구소는 「교포정책포럼」을 통해 갓 출범한 김대중 정부에게 (가칭) '재외동포문화진흥법'의 제정과 국무총리 소속의 교민행정 전담부서인 '교민처'(또는 외교부 교민청) 설치를 건의하였다.

이 2개의 대정부건의를 중심으로 관련내용을 정리하면 다음과 같다.

> 오늘날 재외국민에 대한 보호와 관할에 관한 국가기능은 개인의 능력과 지위의 향상과 국제생활권의 확대경향에 따라 복잡·다양화되고 있다. 특히 5백여만의 국민을 해외에 두고 있는 우리나라의 경우, 이른바 분단국으로서의 기능적 제약성으로 인하여 재외국민(또는 넓은 의미의 교포)에 대한 보호와 육성의 영역에 있어서 다른 국가일반의 경우와는 비교할 수 없는 특이성을 지니며, 바로 여기에 해외교포정책(재외국민정책)의 가중적 곤란성이 내포되어 있는 것이다. … 현행 정부조직법상 국민의 해외진출 및 해외에서의

사회적·경제적 안정, 재외국민(특히 2~3세)의 교육·문화 그리고 홍보관계 등에 관한 정부의 업무와 기능은 5개 이상의 소관부처에 분산되어 있어 소기의 국가목적에 따른 종합적이며 통일성 있는 교민정책의 수립과 기획 및 행정관리가 제대로 시행되지 못하고 있으며, 따라서 그 분야에 있어서의 정부기능의 다원성과 비능률성이 일반적으로 지적되고 있다. 이와 같은 문제는 최근의 해외교포(특히, 日美지역)의 동태적 현상에서 실증되고 있다. … 이와 같은 관점과 현시점에 있어서 재외국민의 보호 및 교도, 특히 자유민주주의의 가치관에 입각한 민족적 단합, 육성의 강화 그리고 국민의 해외진출, 그 중에서는 생업적 이민의 적극적 추진에 의하여 건전한 재외국민세력의 외연적 확대와 내포의 충실을 이룩할 수 있는 방안으로서 먼저 상술한 바 재외국민에 대한 국가의 보호와 관할의 기능 및 업무의 조직적 통합에 의한 일원화와 능률화를 기할 것이 요구된다. 이를 위한 구체적인 정부조직개정안으로서 국무총리 소속하에 '교민처'(또는 외무부장관 소속하에 '교민청')를 설치하여 교민업무를 통합·관장하게 한다.<1973.12.1/ 1998.2.25>

교민처(청)의 직제는 다음 그림과 같다.

 첫째, 국무총리실 소속 교민처에는 처장 1인과 차장 1인을 둔다. (cf. 외교부 교민청에는 청장 1인과 차장 1인을 둔다)
 둘째, 교민처(청)에는 총무과, 보호조사국(해외교포문제연구소 포함), 교육문화국(해외동포포상심사위원회 포함), 이민경제국(이민정책심의위원회 포함)을 둔다.
 셋째, 교민처(청)는 해외동포의 보호·지도, 교육·장학, 재산·문화유적반입, 문화·학술교류, 경제활동육성, 연수·유학, 포상, 홍보, 청문, 교민단체육성, 실태조사연구 등에 관한 사항을 추진·계도·지원한다.
 넷째, 교민처에는 처장의 자문기관으로서 각국 교민단체의 대표 또는 교민문제에 관한 학식·경험이 풍부한 자로 구성되는 해외동포정책심의위원회(위원장: 국무총리, 위원: 관계부처 장관, 간사: 교민처장)와 간사위원회(위원장: 교민처장, 위원: 관계부처 국장·해외 주요 교민단체장·국내외 교민문제전문가 위촉)를 둔다. (cf. 교민청의 경우, 해외동포정책심의위원회 위원장은 외교부장관, 간사위원회 위원

장은 교민청장)

다섯째, 해외동포정책심의위원회는 연2회, 간사위원회는 연4회 개최한다.

여섯째, 교민단체의 육성과 재산보호를 위해 교민회 산하에 운영위원회를 두며, 이는 교민단체에서 선출한 위원과 동수의 영사관 추천인사로 구성한다. 운영위원회는 교민회 정관 개정, 예산 편성 및 집행, 한교증 발급·심의·추천, 본국청원, 평통위원·포상대상자·명예영사 추천 등의 사항에 대해 심의한다.

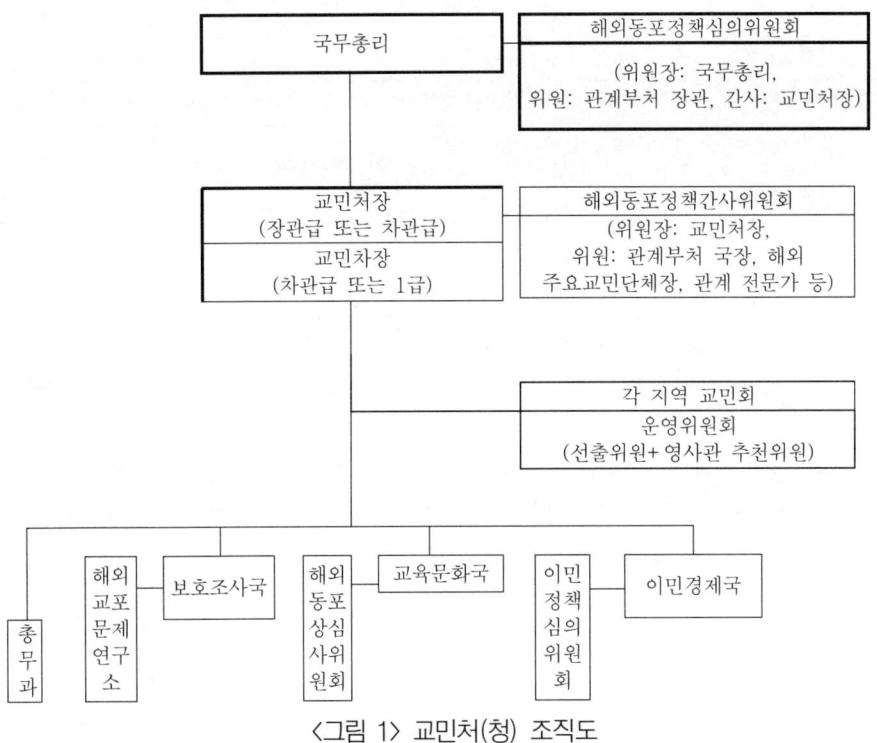

<그림 1> 교민처(청) 조직도

2006년 현재 우리 정부조직법상 처(處)조직으로 된 중앙행정기관은 국무총리 산하의 기획예산처(장관·국무위원), 법제처(처장·장관급), 국가보훈처(처장·장관급) 그리고 국정홍보처(처장·차관급) 등 4개가 있다.

이 중에서 교민처 조직과 관련하여 참고할만한 조직은 국정홍보처다. 국정홍보처는 국정에 대한 국내외 홍보 및 정부내 홍보업무 조정, 국정에 대한 여론 수렴 및 정부발표에 관한 사무를 관장하기 위하여 국무총리 소속하에 두며, 처장은 정무직으로 하고, 차장은 별정직 국가공무원으로 보하도록 되어 있다(정부조직법 제24조의 2항).

정부조직은 다양한 행정환경과 기능의 변화유형에 따라 다음 4가지 방향으로 전개된다. 이를 요약하면 다음 표와 같다.

〈표 8〉 정부조직의 개편방향

유형	환경의 변화	조직개편방향
1	환경이 변함에 따라 새로운 행정수요가 표출될 경우	새로운 기능수행의 전담조직 신설
2	환경으로부터 특정기능의 강화가 요구될 경우	기존 전담조직의 내부구조 확대강화
3	기존 행정수요가 감소하거나 기능이 약화될 경우	기존 조직의 축소·폐지 또는 타조직과의 통폐합
4	환경의 복잡하고 다양한 요구에 따라 행정기능의 연관성이 증대되거나 타조직의 기능과 마찰이 발생할 경우	조직(기구)의 통합이나 별도의 조정기구의 설치 및 강화

그렇다면 행정수요가 폭발적으로 늘어나고 있고, 각 거주지역마다 다양한 서비스를 요구하고 있는 동포행정의 경우, 국무총리 소속하의 교민처(또는 외교통상부 소속하의 교민청) 설치방안은 일면 타당성을 갖는다(1유형과 4유형에 해당).

그러나 정부조직법상 재외동포업무의 주관부서인 외교통상부가 재외동포행정을 계속 전담할 의지를 갖고 있는 한, 그리고 교육인적자원부·법무부·노동부·통일부·국가보훈처 등 재외동포업무를 다루고 있는 다른 부처들과의 정책적 협력이 유기적으로 이루어지고 있는 한 새로운 동포행정 전담기구 신설은 현실적으로 힘이 들 것으로 예상된다.

다만 앞으로 남북관계나 동북아환경이 변화할 경우, 재외동포업무는 외교나 통상 또는 출입국규제와 다른 차원에서 독립적으로 수행할 필요성이 증대된다. 따라서 정부 당국이나 전문가들은 지금부터라도 그때를 대비하여 교민처(청) 신설방안을 심도 있게 논의하고 준비해야 한다.

특히, 교민처의 신설은 조직·예산·인사가 일정부분 독립적으로 운영되어 재외동포정책의 전문성을 살릴 수 있다는 장점이 있다. 또한 동포청의 경우도 재외동포의 대부분이 해외 거주 인적자원이라는 측면에서는 영사제도와 연계되는 장점이 있지만 영사정책과 동포정책이 상충되면 오히려 동포청으로의 개편이 갖는 장점을 희석시킬 우려도 없지 않다. 아울러 외청의 기관장 직급이 1급이라는 점에서 장관급 다른 부서와의 업무협조나 조정에 한계가 있으며, 거주국 행정조직을 어떻게 설치할 것인가도 문제다.

나. 대통령 직속 재외동포위원회

재외동포 전담기구 혁신의 두 번째 방안은 대통령 직속의 재외동포위원회다. 최근 의원입법으로 국회에 제출된 재외동포기본법(안)이나 재외동포교육문화진흥법(안)에서 제안하고 있는 재외동포 전담기구가 바로 대통령 직속의 재외동포위원회(또는 재외동포교육문화위원회)다.

대통령 직속 재외동포위원회의 내용을 요약정리하면 다음 그림과 같다.

대통령 산하의 재외동포위원회 신설방안은 외교통상부 산하의 교민청(동포청), 국무총리 산하의 교민처와는 다른 측면에서 접근된다. 즉, 외교통상부 소속 외청으로 교민청(동포청)이 신설되면 인원이나 예산이 확대되어 현재 추진 중인 재외동포재단 사업들은 더욱 활성화될 수 있다. 그러나 재외동포재단보다 훨씬 더 관료적이 되어 업무수행이 까다로워지며, 앞서 살펴본 일반사업 이외의 협력사업이나 특별사업 수행은 엄두도 내기 어려워진다. 특히 여러 부처들에 분산되어 있는 동포 관련업무들을 교민청(동포청)으로 일원화하는 것은 결코 쉽지 않다. 또한 국무총리 산하의 교민처가 신설되면 교민청(동포청)보다는 상위기관이므로 외교통상부·교육인적자원부·문화관광부·법무부·노동부 등과의 업무마찰을 상당히 줄일 수 있으며, 여러 부처에 분산되어 있는 제반 동포사업들도 이관받기가 수월하다. 또한 교민청(동포청)보다 훨씬 더 많은 예산과 인원을 확보함으로써 차세대 인적자원개발을 위한 협력사업을 손쉽게 수행할 수 있다. 그러나 교민처 역시 동북아 중심국 기반조성을 위해 최고통치권자가 강력히 추진해야 하는 특별사업을 수행하는 데에는 한계가 있다. 결국 일반적이고 정규적인 개별사업들보다 최고통치권자가 특별한 의지를 갖고 지원해야 할 특수사업들이 많아질 경우, 재외동포 전담기구는 대통령 직속의 재외동포위원회로 조직되는 것이 가장 바람직하다. 연해주사업을 예로 들면, 중앙아시아 이주 고려인들을 정착시키는 데는 연해주정부와의 협력이, 고려인들을 농업에 종사시키려면 농림부와의 협력이, 한국기업들을 보호하려면 산업자원부와의 협력이 각각 필요하다. 시베리아철도 연결이나 시베리아 가스 및 석유 파이프라인 가설과 석유개발 등은 한국 기술자·노동자의 진출과 함께 남·북한관계의 재정립에도 영향을 미치고 있다. 이처럼 복합적인 사업들은 최고통치권자의 강력한 의지가 있어야만 가능하다.

위원회의 직제는 다음과 같다.

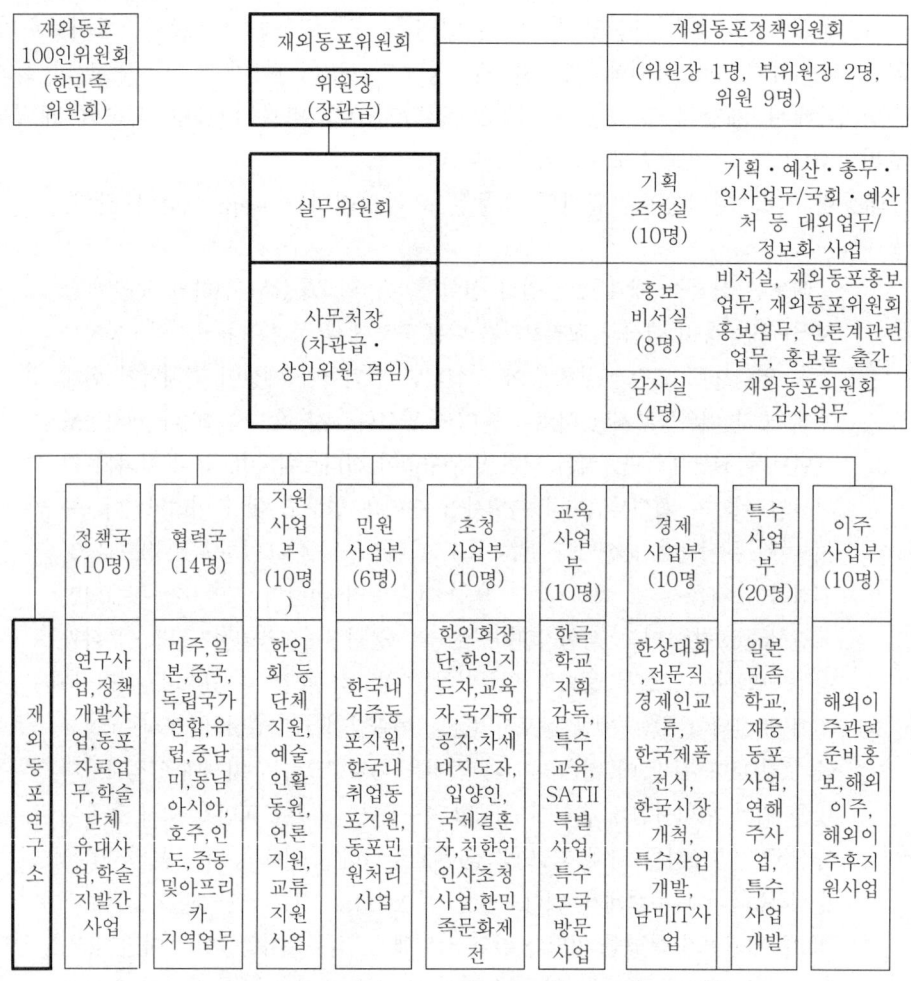

<그림 2> 대통령 직속 재외동포위원회 조직도

첫째, 대통령 직속 재외동포위원회(합의제 행정기관)는 장관급 위원장을 포함하여 모두 10명의 위원(상임 및 비상임)으로 구성되는 위원회

와 위원회의 업무를 지원하는 실무위원회(사무처)로 구성한다. 즉, 현행 국무총리실에 설치된 재외동포정책위원회의 위상을 상향 조정한다.

둘째, 실무위원회는 사무처장(상임위원 겸임) 1인과 3실·2국·7부(정원 122명)로 구성한다. 특히 일반사업, 협력사업, 특별사업 이외에 이주사업을 주관할 이주사업부가 포함된다.

셋째, 전담행정기구인 재외동포위원회는 의결기관인 재외동포정책위원회의 지도를 받으며, 전 세계 재외동포 대표들로 이루어진 일명 '한민족100인위원회' 또는 '한민족대표자회의'(자문기구)의 지원을 받는다. 특히 이 자문기구는 재외동포정책의 수립·집행 및 평가과정에 직능별·영역별(정치·경제·사회·문화·예술·과학·종교 등)로 재외동포의 참여를 제도화하는 것으로서 최고정책결정자에게 직접 의견을 개진할 수 있도록 한다. 100인 위원회라고 해서 꼭 100인일 필요는 없으며, 중요한 것은 숫자가 아니라 기능이다. 또한 이런 자문기구는 선발과정·기능·위상 등에 있어서 많은 문제를 안고 있는 재외동포사회의 평통위원들을 대체할 수도 있다. 그리하여 각 기능별로 한국의 카운터 파트들과 긴밀한 관계를 갖게 되면 한국은 물론 각 지역 동포사회도 서로 도움을 주고받을 수 있을 것이다.

넷째, 국회 내에도 '재외동포정책위원회'(상임위)를 설립하여 국회 독자적으로 정책을 연구·심의하며 대통령 직속의 재외동포위원회와 협력하게 한다. 현 17대 국회에 있는 동포정책연구회를 좀더 활성화시키는 가능한 일이다. 또한 각 정당별로도 "재외동포정책위원회"를 두어 각 정당이 추구하고자 하는 동포정책을 연구·개발하도록 유도하는 것이 바람직하다. 정당내의 동포정책위원회는 국회내의 동포정책위원회나 대통령 직속의 재외동포위원회와 상호보완적인 기능을 수행할 수 있다.

다섯째, 중앙 및 지방의 각 대학의 자원과 인력을 활용하여 나라별 동포연구를 특화하도록 권장한다.5) 현재, 광주의 전남대학과 부산의 동아대학이 지역특화의 움직임을 보이고 있다. 예를 들어 특화지역 전공교수들이 가장 많이 있는 대학이 특화대학이 되어야 하며, 그 연구들은 출판물을 통하여 연구활동이 공개되어야 하며, 해당지역 전문가를 양성하는 프로그램이 있어야 한다. 특화대학은 그 지역의 동포만이 아니라 학자·학생들과 교류사업도 진행해야 한다. 대학 이외에도 민간단체나 기구들에게도 지역특화를 장려하여 특정 지역의 재외동포를 연구하는 단체들이 많이 설치되어야 한다. 현재 서울에는 해외교포문제연구소가 있는데 앞으로는 재일동포, 재미동포, 재중동포, 재러동포 등 특화된 연구를 진행하는 다양한 연구소들도 있어야 한다. <이광규>

정부조직법상 대통령 직속 재외동포위원회와 이에 수반된 실무위원회를 구성하는 것이 현실적으로 어렵다면 실무위원회는 교민부로 승격시키는 방안도 고려해봄직 하다. 즉, 장기적으로는 외교통상부는 부총리급 부처로 승격시키고, 그 산하에 외교통상부, 교민부, 통일부를 각각 두는 방안을 염두에 두어야 한다. 물론 앞서 살펴본 새로운 유형의 재외동포사업 수행을 위해서는 정책은 외교통상부, 사업수행은 재외동포재단이 맡는 현행 2원 체제보다는 정책과 사업수행을 대통령 직속의 독립행정기구인 재외동포위원회와 산하 사무처가 담당하는 1원 체제가 훨씬 더 바람직하다.

2006년 현재 대통령 직속 위원회 조직은 모두 5개다. 중앙인사위원회(1999.5.24 국가공무원법 개정, 2004.3.11 정부조직법 개정), 국가청렴위원회(2001.7.24 부패방지법 제정; 대통령 소속하의 합의제 국가기관), 국민고충처리위원회(2005.10.30, 국민고충처리위원회의설치및운영에관한법률 제정; 1999년 국무총리 소속 합의제 행정기관에서 2005년 대통령 직속 위원회로 변신), 중소기업특별위원회(1998.2.28 정부조직법 개정; 1998.4.1 대통령령 규정 공포) 그리고 노사정위원회(1999.5.24 노사정위원회의설치및운영들에관한법률 제정)가 그것이다.

이 중에서 재외동포위원회 조직과 관련하여 참고할만한 조직은 중앙인사위원회다. 그 외에 입법·사법·행정부로부터 독립된 행정기관인 국가인권위원회도 참고할만하다.6)

우선 대통령 직속 행정기관으로서의 '중앙인사위원회'의 경우다. 행정부 소속 공무원의 인사행정에 관한 기본정책의 수립과 개혁에 관한 사무를 담당하는 대통령 직속기관인 중앙인사위원회(국가공무원법 제7조 중앙인사위원회의 설치)7)는 인사정책·인사혁신 추진. 1~3급의 채용·승진심사. 성과관리 및 처우개선. 인재 DB관리 및 인사감사(통합전)+ 정부인사운영. 인재기획 및 시험관리. 교육훈련정책 및 교육실시. 소청심사·결정(통합후 추가)의 기능을 담당하며, 조직은 2관·3국·15과(정원 209명), 2소속기관(정원 144)이며, 2005년도 예산은 595억6700만원이다(인건비 164억3백만원, 기본사업비 55억3600만원, 주요사업비 376억2800만원).

한편 인권전담 행정기관인 '국가인권위원회'[8]는 입법·사업·행정 등 3부 어디에도 소속되지 않는 독립기구로서 누구의 간섭이나 지휘를 받지 않으면서 정책기능(인권관련 법령·정책 등의 조사·연구 및 권고·의견 표명, 국제인권조약의 이행연구와 권고·의견표명), 조사구제기능(인권침해 및 차별행위에 대한 조사·구제), 교육홍보 및 실태조사기능(인권상황에 대한 실태조사, 인권에 관한 교육·홍보), 국내외 협력기능(국내외 인권관련 단체·기구와의 교류·협력) 등을 독자적으로 수행한다. 또한 위원회의 독립성·다양성 확보를 위해 국회선출 4명(상임위원 2인 포함), 대통령 지명 4명, 대법원장 지명 3명 등 11명의 인권위원들로 구성한다. 조직은 5본부 22개팀, 3소속기관(정원 201명; 전문계약직 8명·파견 8명·별도정원 4명은 정원외)이며, 2005년도 예산은 204억6백만원(인건비 83억1700만원, 기본사업비 67억2700만원, 주요사업비 53억6200만원)이다.

일반적으로 국가정책의 거시적 우선순위는 대통령실을 중심으로 결정되며, 그에 따른 예산배분 역시 대통령에 의해 결정된다. 재외동포정책이 국가 최우선정책이라고 한다면 국정전략기획을 수립하기 위한 위원회형 기구를 대통령 직속으로 설치하는 것도 무방하다.

그러나 현실적으로 대통령 직속의 재외동포위원회를 신설하는 것은 문제점이 많다.

첫째, 장관급 위원장 밑에 사무처(차관급)와 3실(기획조정실·홍보실·감사실), 2국(정책국·협력국) 그리고 7부(지원·민원·초청·교육·경제·특수·이주사업)를 두는 것은 정책총괄부서로서는 규모나 예산이 크다.

둘째, 위원회의 구성과 운영상의 문제점이다. 위원장과 9명의 위원들로 구성되는 합의제 집행기관인 재외동포정책위원회가 재외동포정책을 국가 최우선순위로 만들 수 있는지 또는 해당 위원들이 정치적으로나 사회적으로 다양한 재외동포사회를 대표할 수 있는지도 의문이다. 특히 재외동포위원회도 다른 위원회들처럼 거의 위원장 중심의 단독제 기구로 움직인다면 위원회 운영 역시 형식화될 수 있다.

셋째, 대통령 직속 위원회를 만드는 것은 옥상옥(屋上屋)을 또 하나 만드는 것과 같다. 특히 정권초기와 달리 말기에 이르면 무분별한 부처 신설이나 기존

부처의 확대개편 등을 시도하는 경향이 있는데 이런 움직임은 가급적 되풀이해서는 안 된다. 구성방법이나 성공조건을 깊이 생각하지 않은 위원회를 설치하는 것은 또 하나의 업무낭비만을 초래할 뿐이다.

넷째, 대통령 직속 위원회를 설치하려고 한다면 최대한 조직이나 예산을 줄여야 하며, 모든 민원과 책임이 대통령에게 집중되지 않도록 신경을 써야 한다. 합의제 의결기구인 재외동포위원회에 기획·홍보 등 중·장기적 업무를 담당하는 부서와 위원장을 자문하는 기구가 있는 것도 기구를 지나치게 확대하는 처사라 할 수 있다.

다. 재외동포재단 기능 강화

재외동포 전담기구 혁신의 세 번째 방안은 현행 외교통상부 소관 특별법인인 재외동포재단의 기능을 강화하는 것이다. 이는 재외동포재단을 해산하는 것을 전제로 한 전담기구 혁신방안 (1), (2)와 달리 재외동포재단이 실질적인 교민청으로 거듭 태어날 수 있도록 한다.

현대국가는 공공 임무를 수행할 경우, 정부 행정조직을 통해 직접 수행하기도 하고, 특수법인을 설립하여 관련사업을 수행하기도 한다. 특히 국가정책이 복잡·전문화된 영역일 경우에는 정부와 민간이 그 역할을 분담하기도 한다. 한국과학재단(법), 한국국제교류재단(법), 한국사학진흥재단(법)의 경우처럼 정부의 지원·감독 아래 정부 밖에서 다양한 현장의 행정수요를 충족시켜주는 특수기관들이 늘어나는 것도 그와 같은 이유에서다.

현재 한국의 재외동포사업은 정부를 대신하여 재외동포재단이 대부분을 전담하고 있다. 재외동포재단법(제정 1997.3.27)에 의해 특수법인으로 설립된 재외동포재단은 "재외동포들이 민족적 유대감을 유지하면서 거주국 안에서 그 사회의 모범적인 구성원으로 살아갈 수 있도록 하는데 이바지"(재단법 제1조)하는 것을 주목적하면서 모국 국민과 재외동포 간에 형성되었던 상호부정적인 이미지를 해소하며, 재외동포를 추상적인 민족집단이 아니라 구체적인 민족자산으로 인식하도록 하는 가교 역할을 하고 있다. 이는 업무의 성격상 정부안의 행정조직보다는 정부 밖의 상설·전문기구가 훨씬 더 효율적이라는 점을 감안한 결과다. 그러나 현재의 조직과 예산규모로는 재단 설립의 입법취지를 충분히 살릴 수는 없으며, 재외동포를 국가발전과 한민족공동체 형성의 주역으로 육성

• 활용하기에도 턱없이 부족하다. 이에 대한 대비책으로 재외동포재단은 그 기능과 역할이 조속히 강화되어야 한다.

2006년 현재 특별법인으로서 정부의 기능을 대신하고 있는 재단법으로는 한국국제교류재단법, 한국과학재단법, 한국사학진흥재단법 등이 있다. 이중에서 재외동포재단이 참고할만한 조직은 국제교류재단이다.

우선 한국국제교류재단법(1991.12.14 제정)에 의해 설립된 국제교류재단(1991.12.30 설립)은 "대한민국과 외국과의 각종 교류사업을 시행함으로써 국제사회에서의 한국에 대한 올바른 인식과 이해를 도모하고 국제적 우호친선을 증진하는데 이바지함"(재단법 제1조)을 목적으로 국제교류를 목적으로 하는 각종 행사의 주관・지원 및 참가, 국제교류를 목적으로 하는 인사의 파견 및 초청, 국외 한국연구의 지원 및 연구결과의 보급, 국제사회에서의 한국에 대한 올바른 인식과 이해를 도모하기 위한 제반활동, 외국의 주요 국제교류기관과의 교류, 협력을 통한 국제적 우호친선의 증진, 국제사회에서 한국의 위상을 제고하고 민족적 유대감을 고취하기 위한 재외동포관련 단체의 활동에 대한 지원 등의 사업을 수행하고 있다(2004년 말 현재, 국제교류기금 2,580억원: 정부출연금 350억원 포함).

국제교류재단의 조직은 이사장 1명, 상근이사 2명, 비상근이사 5명으로 구성되는 이사회(8명), 비상근 감사(1명), 검사역(1명), 이사장 자문기구인 자문위원회를 비롯하여 10부・1센터・5해외사무소(70명: 1급 1명, 2급 5명, 3급 10명, 4급 15명, 5급 14명, 6급 22명, 기능직 3명) 등으로 조직되어 있다.

한편 현재 설립 추진 중에 있는 동북아역사재단의 사례(부설연구소 설치 및 운영)도 재외동포재단의 기능강화를 위해서는 참고할만하다.

재외동포재단의 실질적인 기능강화는 현실적으로 새로운 부처나 기구의 신설이 어렵다는 점을 고려한 대안이다. 따라서 재외동포재단의 기능강화는 외교통상부의 재외동포정책 강화는 물론 행정조직의 개편, 재외동포활동지원 및 행정서비스영역의 확장과 연결되어야 한다. 특히 재외동포정책이 실천되고 재외동포에게 필요한 서비스가 구체화되는 현장이 거주국 동포사회인만큼 중앙정부차원의 조직 개편에 앞서 거주국 재외동포행정조직의 개선을 위해 재정적 지원과 인력전문화에 더욱 신경 써야 한다. 또한 재외동포에게 제공되는 서비스와 프로그램이 지역실정에 맞게끔 특화되어야 하며, 정책적으로나 행정적으로 소외받는 동포사회일수록 모국과의 유대감 형성을 위한 긴밀한 네트워크가 구축되어야 한다.

앞서 살펴본 3가지의 재외동포 전담기구 혁신방안들은 그 나름대로 장단점을 갖고 있다. 따라서 정책결정자가 어떤 방안을 선택할 것인가 하는 문제는 현 정부의 국정목표가 재외동포정책을 어느 정도로 중시하느냐에 전적으로 달려있는 셈이다. 특히 전담기구 혁신에 대한 여론수렴과정이 객관성과 공정성을 유지하지 못할 경우에는 전문가집단이나 여·야 정치인들 그리고 외교통상부를 비롯한 정부 관련부처들로부터 지지를 얻기가 어려울 수 있으므로 전담기구의 혁신이 재외동포들을 위한 기구혁신인지 아니면 기존 조직과 특정인물을 위한 기구혁신인지를 분명히 하여 전담기구 개편으로 인한 불필요한 오해와 국력낭비를 미연에 방지해야 한다.

제3절 재외동포 관련법제의 개선방향

1. 현황

가. 재외동포기본법의 부재

2006년 현재, 재외동포 관련법은 '재외동포재단법'(1997.3.27)과 '재외동포출입국및법적지위에관한법률'(이하 "재외동포법", 1999.9.2)이 있다.

그러나 당시 시대상황의 요구와 정치적 필요에 따라 서로 다른 정부에 의해 관련법들이 제정됨으로써 법률적 체계나 개념의 통일성을 이루지 못하였다. 즉, 1995년 김영삼 정부시절의 세계화추진위원회가 검토·정리하여 정부 정책추진에 사용해온 '재외동포' 개념과 1999년 김대중 정부시절의 법무부에 의해 입법 제정된 '재외동포법'에서 규정한 '외국국적동포' 개념 간에 충돌이 일어나고 있다. 이런 현상은 모두 재외동포법('과거국적주의' 채택)의 모법이라고 할 수 있는 '재외동포기본법'이 없는 상태에서 선법인 재외동포재단법('혈통주의' 채택)과 개념상으로 충돌함으로써 빚어진 예상된 결과였다.

1) 입법추진사례

이런 법률체계상의 미비점과 개념상의 모순을 해결하기 위해 다각도인 노력이 전개되었다. 그러나 아직 이렇다할 성과를 거두지 못하고 있다(<표 9> 참조).

<표 9> 재외동포 관련법의 입법노력

일시	법안명	제안자	개념정의	특기사항	비고
1995.10	세계화추진위원회(95.10) 「재외동포사회활성화지원방안」제출 (95.12 결정)		○재외동포: 국적을 불문하고 외국에 거주하는 한민족 통칭(체류자, 영주권자, 시민권자 모두 포함) ○재외국민: 대한민국 국적을 가지고 외국에 거주하는 자(체류자와 영주권자)	○재외동포를 혈통주의 입장에서 정의, 정책 대상으로 채택(1995.12) ○기존의 '해외동포', '해외교포'를 '재외동포'로 통일	○김영삼 정부는 세추위출범(95.1.21)시켜 세계화 관점에서 재외동포정책을 중점과제로 추진
1996.12	재외동포재단법(안)	정부안 (외무부) → 입법 성공	○재외동포: 국적을 불문하고 한민족혈통을 지닌 자로서 외국에 거주·생활하는 자 ○재외국민: 대한민국 국민으로서 외국에 장기체류하거나 영주권을 취득한 자	○재외동포(민족)개념을 우리 법률(안)에 처음으로 도입 ○재외동포가 재외국민보다 개념적으로 상위집단으로 정의됨	○김영삼 정부가 입법에 성공하여 재외동포재단설립(96.10.30) ○각종 규제·제약의 완화에 기여
1997.11	재외동포기본법(안)①	의원입법안 (제정구 대표 발의)	○재외동포: 대한민국 국민으로서 외국에 장기체류하거나 영주권 취득자와 국적 불문하고 한민족혈통 지닌 자로서 외국 거주생활하는 자 ○재외국민(규정 없음)	○재외국민과 외국국적동포의 개념 미분리, 재외국민 속에 포함시킴	○기본법 필요성을 역설했으나 외무부 반대로 입법에 실패
1997.11	재외동포기본법(안)②	의원입법안 (김원길 대표 발의 – 새정치국민회의안)	○재외동포: 국적을 불문하고 한민족의 혈통을 지닌 자로서 외국에 거주·생활하는 자 ○재외국민: 대한민국국민으로서 외국에 장기체류하거나 영주권을 취득한 자	○대한민국 국적을 보유한 조상을 기준으로 1/4 이상의 혈통을 가진 자는 한민족 혈통에 해당	○역시 기본법 필요성을 역설했으나 외무부 반대로 입법에 실패
1998.8	재외동포의법적지위에관한특례법(안) 입법예고안	정부안 (법무부)	○재외동포(규정 없음) ○한국계 외국인: 한민족 혈통을 지닌 외국인 ○재외국민: 대한민국의 국민으로서 외국의 영주권을 취득하였거나 영주할 목적으로 외국에 거주하는 자	○재외동포 개념 대신 '한국계 외국인'이라는 새로운 개념을 제시 ○체류기간을 2년으로 한정	○김대중 정부의 공약실천차원에서 자유왕래,참정권, 공직취임권허용 등 혁신적 내용으로 제출되었으나 대내외적인 반대로 중도탈락 ○외교부와의 주도권문제로 '과거국적주의'에 의한 수정안 마련
1998.9	재외동포기본법(안)③	의원입법 수정안 (김원길 대표 발의)	○재외동포: 1997.11 안과 동일 ○재외국민: 1997.11 안과 동일	○외국국적동포의 범위는 조부, 부 또는 모 혹은 본인이 대한민국 국적을 보유했던 자를 기준 ○대한민국수립(19480 이전에 해외이주한 외국국적동포는 대한민국국적을 보유했던 것으로 간주	○정부안과의 사전조율 없이 추진되어 입법 실패, 이것 역시 외교부의 반대논리를 극복하지 못함

1998. 12	재외동포출입국과 법적지위에 관한 법률(안)	정부안 (법무부) → 입법 성공	○재외동포(규정 없음) ○한국계 외국인(규정 삭제) ○외국국적동포: 대한민국 국적을 보유하였던 자 또는 그 직계비속으로서 외국국적을 취득한 자 ○재외국민:특례법입법예고안과 동일	○'한국계 외국인'을 '외국적동포'개념으로 대체하여 '과거 국적주의' 채택 ○법안 명칭이 당초의 '법적지위'에서 '출입국과 법적지위'로, '특례법'이 '일반'법률'로 변경 ○무국적자(조선적 재일동포의 경우) 해당사항 없음	○입법(99.9.2)에는 성공했으나 헌법재판소는 재외동포법 제2조2항, 시행령 제3조에 대해 헌법 불합치(평등원칙위배) 결정 ○이것도 외교부와 중국측의 반대로 혈통주의 개념 포기
2003. 5.	재외동포기본법(안)④	의원입법안 (조웅규 대표 발의)	○재외국민: 대한민국의 국민으로서 외국의 영주권을 취득한 자 또는 영주할 목적으로 외국에 거주하고 있는 자 ○외국국적동포(A): 대한민국의 국적을 보유하였던 자 또는 그 직계비속으로서 외국국적을 취득한 자 중 대통령령이 정하는 자 ○외국국적동포(B): 대한제국이후 대한민국정부수립이전에 국외로 이주한 자로 외국국적을 취득한 자와 그 직계비속 중 대통령령이 정하는 자 ○무국적 동포(C): 대한제국이후 대한민국정부수립이전에 국외로 이주한 자로 외국국적을 취득하지 않은 채 국외에 거주하고 있는 자 및 그 직계비속	○기본이념 설정: "재외동포의 민족적 유대감의 유지에 필요한 교육문화 활동, 안정된 생활기반 조성에 필요한 사회경제활동, 대한민국과의 관계발전에 필요한 제반활동을 지원하고, 재외동포의 법적지위 향상을 도모" ○재외국민과 재외동포를 구분한 뒤, 재외동포를 3가지 유형으로 세분	○국무총리소속의 재외동포위원회 신설, 재외동포재단 이관 ○국가책무・기본계획수립・단체지원・포상 조항 포함 ○기본법 외에 재외동포위원회법(안),재외동포재단법(안),재외동포법개정(안)도 제출했으나 역시 입법에는 실패
2004. 3.5	재외동포법(일부개정)		○재외국민: 대한민국의 국민으로서 외국의 영주권을 취득한 자 또는 영주할 목적으로 외국에 거주하고 있는 자 ○외국국적동포: 대한민국 국적을 보유하였던 자 또는 그 직계비속으로서 외국국적을 취득한 자중 대통령령이 정하는 자(추가삽입)	○2001년 11월 29일자 헌법재판소 헌법불합치결정(99헌마494)을 반영하여 재외동포중 외국국적동포의 범위를 대한민국정부수립이전에 국외로 이주한 동포를 포함	○단순노무종사등 불법체류 목적 아닌 경우에만 F-4비자를 발급, 사실상 중국・러시아・CIS 지역동포의 모국왕래를 제한하고 있음

<표 9>에서 알 수 있듯이 재외동포 관련법안이 2개나마 입법에 성공할 수 있었던 것은 해당 정권의 최고통치자가 강력한 입법의지를 가지고 정부안으로 추진하였기 때문이었다.

2) 주요 현안

우리 국민의 해외진출 증가와 세계화의 진전으로 한민족으로서의 자긍심과

정체성을 유지하고 국가발전에 재외동포들의 역량을 활용할 필요성이 사회적 공감을 얻고 있지만 다음 몇 가지 사항들은 여전히 숙제로 남아 있다.

첫째, 중국·러시아·CIS지역동포들의 자유로운 출입국 및 취업문제다. 재외동포법 개정(2004.3)과 "외국국적동포의 국적회복업무처리지침" 제정(2004.4)에도 불구하고 단순노무종사 등 불법체류 목적이 아닌 경우에만 F-4 비자를 발급함으로써 사실상 중국, 러시아·CIS지역동포들의 모국왕래에 대한 제한적 요소가 상존하고 있다.

둘째, 해외부재자 투표문제다. 국내에 주민등록이 되어 있는 재외국민(단기체류자·유학생·상사주재원·공관원 등)의 투표권 행사가 이루어지려면 선거법 등 개정이 선행되어야 하며, 대부분의 OECD국가들이 부여하고 있는 외국영주권자나 영주목적의 장기체류자들의 투표권 행사도 투표권 부여범위와 현실적 가능성 논란으로 아직 성사되지 못하고 있다.

셋째, 이중국적 허용문제다. 주로 재미동포들을 중심으로 한 이중국적 허용 요구는 병역과 납세 그리고 내국인과의 형평성으로 국민여론이 시기상조라는 입장을 보이고 있는데 병역기피로 인한 국적포기가 사회적 이슈가 되면서 또다시 도마에 오르고 있다. 개정된 국적법은 원정출산, 부모 해외유학 등 직계존속이 외국에서 영주할 목적 없이 체류한 상태에서 출생한 사람이 병역의무를 이행하거나 면제받기 전에는 국적이탈 신고를 할 수 없도록 하고 있으며, 개정된 재외동포법도 이들이 국적을 포기했을 경우에는 만35세까지 재외동포체류자격을 부여하지 않도록 하고 있기 때문이다.

넷째, 재외동포기본법 등 관련법들이 제정 또는 개정될 경우에는 반드시 재외동포의 용어를 정리해야 한다. 해외교포, 해외동포, 재외동포, 재외교포, 재외국민, 교민 등이 혼용되고 있는 현실에서 재외동포는 어디까지를 말하는 것인지 분명히 할 필요가 있고, 체류자·영주권자·외국국적동포(또는 시민권자) 등 성격적으로 다른 대상들에게는 각각에 적합한 정책을 수립·집행해야 한다.

이처럼 우리의 재외동포정책은 서로 다른 역사적 유산과 이주 특성을 지닌 재외동포사회의 다양한 요구로 인해 그동안의 방향에 대한 재점검과 미비점들에 대한 개선이 필요한 국면에 이르렀다.

3) 대안 모색

현 정부의 재외동포정책이 국가정책에서 차지하는 비중은 그리 크지 못하다.

예를 들어 재외동포정책의 장기적 비전인 기본계획이나 이를 실천하도록 규정하는 근거법인 재외동포기본법 제정에 소극적이며, 개념적으로나 법제적으로 상이한 논리가 공존하는 이원화 구조를 용인하고 있으며, 참여민주주의를 표방하면서도 재외동포정책의 수립과 집행시 국내 체류동포나 해외 거주국 동포사회의 의견이 제대로 반영되지 않고 있으며, 출입국시 겪어야 하는 재외동포의 법적 지위가 여전히 불안하며, 재외동포를 위한 교육·문화프로그램이나 인프라 구축에 필요한 재원이 너무나 부족하다는 이유에서다. 특히 한반도평화체제 구축과 동북아중심국가 토대 마련을 국정 최고의 목표로 삼으면서도 재외동포들의 역량을 제대로 결집·활용하지 못하고 있는 것은 시정되어야 한다.

따라서 이제 우리에게는 화려한 정치적 미사여구나 장밋빛 약속보다는 구체적인 대안과 치밀한 전략이 절실히 요구된다. 그 구체적인 방향은 우선 앞서 지적된 주요 현안들을 해결하기 위한 새로운 재외동포정책이 국정의 우선과제로 수립되어야 한다. 그리고 그동안 미약했던 재외동포 전담기구(재외동포정책위원회·실무위원회 및 외교통상부 재외동포영사국·재외동포재단)의 기능과 역할이 제 자리를 찾아야 한다. 이런 터전 위에서 통일된 이념 아래 재외동포기본법을 비롯하여 관련 하위법들을 제정 또는 개정하여야 한다.

2. 재외동포기본법의 입법 시도

같은 정책대상을 놓고 서로 다른 잣대를 적용하는가 하면, 재외동포 관련법제의 미비를 방치함으로써 재외동포들이 겪어야 하는 물질적·정신적 피해는 실로 엄청났으며, 관장 법률이나 법제정 정신이 서로 달라 정작 법의 혜택을 받아야 할 상당수 동포들이 일관된 행정서비스에서 배제되었다.

가. 국회 차원의 노력

2000년 이후 의원입법안의 국회통과가 급증하고 있다(<표 10> 참조).

<표 10> 지난 5년간 법률안 처리 비교

연도	법률안 처리		
	정부입법	의원입법	계
2000년	121건(89%)	15건(11%)	136건
2001년	148건(60%)	99건(40%)	247건

2002년	112건(56%)	89건(44%)	201건
2003년	150건(49%)	159건(51%)	309건
2004년	119건(70%)	52건(30%)	171건

출처: 2005년도 법제처「주요업무보고」(2005.4.30)

　이런 현실을 반영하기라도 하듯이 2003년에는 조웅규 의원 등 55명의 국회의원들이 재외동포기본법(안)과 재외동포위원회법(안) 등을 발의하였고, 2005년에는 한명숙 의원과 권영길 의원 등이 재외동포교육문화진흥법(안)과 재외동포기본법(안)을 각각 대표발의하였다. 그러나 2004년 5월말로 제16대 국회회기가 종료되면서 조웅규 의원(안)은 자연 유산되었고, 현재는 한명숙 의원(안)과 권영길 의원(안)만이 제17대 국회회기(2004.6~2008.5) 동안 통과되기를 기대하고 있다. 이들 법안이 제시하는 주요내용을 살펴보면 다음 <표 11>과 같다.

<표 11> 조웅규·한명숙·권영길 의원(안)의 내용 비교

구분	재외동포기본법(안)/ 재외동포위원회법(안)	재외동포 교육문화진흥법(안)	재외동포기본법(안)
발의	한나라당 조웅규 등 55명 (2003.5.6 발의)	열린우리당 한명숙 등 58명 (2005.4.13 발의)	민주노동당 권영길 등 31명 (2005.12.16 발의)
법안 목적	-재외국민에 대한 국가의 보호의무 구현 -재외동포의 교육문화, 사회경제, 모국과의 관계활동지원 -재외동포 법적지위 향상	-재외동포사회 교육문화진흥에 필요한 사항 규정 -민족유대의 공고 -국제사회 책임 있는 일원으로 거주국·대한민국 발전과 세계평화 이바지	-거주국내 정착지원·국내활동지원의 기본사항 규정 -재외동포사회 안정발전·민족유대강화·국내법·사회·경제권익향상 기여
국가 의 책무	-재외동포 지위향상과 재외동포사회의 안정적 발전을 위한 법적·제도적 장치를 마련하고 필요재원을 조달할 책무	-재외동포사회의 교육문화진흥을 위한 법적·제도적장치 마련하고 관련정책 수립·시행할 책무	재외동포사회의 안정적 발전과 재외동포의 국내권익향상을 위한 법적·제도적 장치마련, 시책강구·시행
전담 기구	-재외동포 제반문제 대처, 정책수립, 각 부처 동포정책 종합심의·조정하는 국무총리 소속 재외동포위원회(구성, 업무, 운영은 재외동포위원회법으로 규정) -합의제 21인 위원회(위원장 1인, 상임위원 8인(민간인 3인 포함), 일반위원 12인(미·일·중·러·CIS대표 포함), 3년 임기·1차 연임), 사무처(처장 1인)	-교육문화진흥에 관한 기본정책수립·중앙행정기관의관련정책·계획 심의·조정·집행하는 대통령 소속 재외동포교육문화위원회를 둔다 -합의제 15인 위원회(위원장 1인 포함, 3년 임기·1차 연임), 사무처(처장 1인)	-재외동포관련 제도·정책 수립·심의·집행을 위하여 대통령 소속하에 재외동포위원회를 준다 -위원회는 그 권한에 속하는 업무를 독립하여 수행한다. -합의제 15인 위원회(위원장 1인·상임위원 2인 포함, 3년 임기·1차 연임)·분과위원회(전문위원)

기능	-정책의 기본계획(5년마다)·연도별 시행계획 -정착지원사항 -법적·사회적 지위향상 -본국과의 유대강화 -경제·교육·문화활동지원 -동포단체에 대한 재정지원 -관련부처별 사업계획의 조정 및 심의사항 -기타 지원사항 등에 대한 수립·심의·의결	-교육문화진흥기본계획(5년마다)·집행계획 -교육문화관계중앙행정기관업무 심의·조정 -대한민국과의 교육문화교류 -교육문화활동지원 사항 -교육문화관련 기관·민간단체지원 -기타 대통령령이 정하는 사항을 수립·심의·조정·의결	-재외동포정책에 관한 중요제도·정책수립 -기본계획수립(3년마다)·시행계획 심의 -관계기관관련업무상호협의조정 -모국과의 교류 -재외동포 관련 조사·연구 -동포대상 교육·문화·홍보 -기타 대통령령으로 정하는 사항을 수립·심의·집행
사무처	-위원장 명을 받아 사무통할 -조직·직무범위와 운영·공무원 종류·정원은 국무총리령 또는 위원회 규칙으로 정함	-위원회 사무처리(사무처장 1인, 필요 직원 약간) -조직·운영사항 등은 대통령령으로 정함	-위원회 사무처리(사무처장 1인, 필요 직원 약간) -업무수행에 필요한 경우 외국에 해외사무소를 둘 수 있다. -조직·운영사항 등은 대통령령으로 정함
재외동포재단	-재외동포위원회가 수립한 정책을 집행하는 기구로 승격(별도재외동포재단법에 근거) -감독관청을 외교부에서 국무총리로 변경	-법 공포후 6월 재외동포재단법 폐지, 재단은 자동 해산, 자산·권리는 위원회가 포괄승계, 임직원 임용특례	-법 공포후 재외동포재단법 폐지, 재단은 자동 해산, 소관사무는 위원회가 승계, 임직원 임용특례
특이사항	-재외동포 법적 지위향상(출입국 및 체류, 국내경제활동, 국내재산권행사, 참정권, 병역의무의 합리적 운영) -동포단체 경비 지원가능 -동포사회발전에 기여한 사람·단체 포상 -재외동포위원회에 거주국(전체 재외동포의 1/10 이상) 재외동포 대표의 참여 가능	-규정 없음(원안에는 재외동포청 설치가 있었으나 제출안에는 빠져 있음)	-재외동포정책수립시 재외동포와 관련단체의 참여 보장 -거주국 동포사회 실태조사, 긴밀한 연계체제 확립 -정책수립·시행시 거주국 기준으로 차별금지 -거주국 동포 지위·권익·발전을 위한 지원과 외교적 노력 -민족의식고취를 위해 한글·전통문화 등 민족교육·민족정책 실시 -국내입국 편의확대·활동지원·권익향상을 위한 제도적 방안 실시 -귀환정착희망자의 국내정착지원·외교적 노력 -재외국민 참정권보장·합리적 병역의무 부과 법·제도 장치 마련 -재외동포 인적자원 개발·지원·역량 활용 강구 -타부처·지방자치단체·공동단체의 협조 -공무원 신분이 아닌 위원의 경우 공무원 신분으로 벌칙 적용
비고	-04.5.31 제16대 국회회기종료로 관련법안들이 모두 자동 폐기됨	-05.4.18 반려되자 22일 다시 통일외교통상위원회로 회부, 05.6.27 현재 통일외교통상위원회에 상정된 상태	-05.12.20 통일외교통상위원회에 회부된 상태

<표 11>에서 다음 몇 가지 특징들을 발견할 수 있다.

첫째, 법안 추진방법이 다르다. 조응규 의원은 재외동포기본법(안) 이외에도 하위법에 속하는 재외동포위원회법(안) 제정과 기존의 재외동포재단법·재외동포법 개정도 동시에 추진한 반면, 한명숙 의원과 권영길 의원은 기본법과 하위법의 내용을 절충한 단일법안을 발의하고 있다.

둘째, 법(法)조문의 범위가 서로 다르다. 권영길 의원(안)은 국가의 책무·기본계획수립·실태조사·정책수립 참여·차별금지·외교적 노력·민족정체성 강화·국내입국 및 활동지원·참정권 부여·동포단체지원·관계기관 협조·공무원 의제 등까지 포괄적이고 종합적인 내용을 포함(전문 31조, 부칙 7조)하고 있는 반면, 조응규 의원(안)은 국가책무·기본계획·시행계획·동포위원회·동포재단·동포법적지위향상·동포단체지원·포상만을(전문 10조, 부칙 1조), 그리고 한명숙 의원(안)은 국가책무,교육문화위원회·기본계획·사무처·교육문화기관·동포의 날만을 포함(전문 8조, 부칙 7조)하고 있다.

셋째, 재외동포 전담기구개편의 해법이 다르다. 조응규 의원은 재외동포위원회법(안) 제정과 재외동포재단법(개정안)을 근거로 국무총리 산하에 재외동포위원회를 신설하고, 특별법인인 재외동포재단을 국가기구로 승격시키려고 한 반면, 한명숙 의원과 권영길 의원은 재외동포기본법(안) 또는 재외동포교육문화진흥법(안) 제정을 근거로 대통령 소속 재외동포위원회(또는 재외동포교육문화위원회)를 신설하고, 법률 공포 즉시 (또는 일정 기간 후) 재외동포재단은 해산하고 위원회 사무처로 하여금 재단의 소관업무와 재산을 승계토록 하고 있다.

나. 행정부의 반대

앞서 살펴본 의원입법안 중에서 제16대 국회의 조응규 의원(안)은 회기종료로 자동 폐기되었고, 제17대 국회의 한명숙 의원(안)과 권영길 의원(안)만이 국회 통과를 위해 애쓰고 있다.

그러나 현 참여정부의 외교통상부는 국제법적 측면, 외교적 측면, 동포정책적 측면, 법 실효성 측면, 조직적 측면, 외국의 사례 등을 근거로 여·야 의원들의 입법안에 반대하고 있다. 그 이유는 다음과 같다.

첫째, 재외동포 지원예산의 확대는 납세자인 국민의 의견수렴이 필요하다.
둘째, 대통령 소속 위원회와 같은 독립기구설치나 혈통주의적 입법은 타국과의 국제법적·외교적 마찰을 유발할 가능성이 농후하다.
셋째, 대통령 직속기구가 신설되고 국가책무를 조문화했다고 재외국민이나 외국국적동포들의 민원(자유왕래·재외국민투표권·이중국적·병역완화 등)이 자동 해결되는 것이 아니다.
넷째, 재외동포정책 주무부서인 외교부나 관련부서인 교육·법무·문화관광부나 보훈처·병무청 등에서 동포정책을 떼어내 대통령 직속기구로 이관하는 것은 정부조직법상으로나 외교상으로나 가능성이 희박하다.
다섯째, 현행 외교통상부-재외동포재단의 업무이원화를 유지하되 재외동포정책위원회와 재단의 업무를 활성화하는 것이 훨씬 현실적이다.

한편 최고의 정책심의기구인 재외동포정책위원회나 실무위원회에서는 타 부처들과의 협의를 거친 다음 외교통상부의 반대 의견을 정부측 입장으로 정리하고 있다.

다. 입법가능성 제고

하나의 의원입법안이 국회에 제출되어 입법에 성공하려면 최소한 다음의 7단계 과정을 거쳐야 한다(<표 12> 참조). 따라서 재외동포 관련법안의 입법 자체를 재외동포정책의 주무부서가 적극 반대하는 상황에서는 재외동포 관련법안의 국회통과를 놓고 입법부와 행정부의 힘겨루기가 불가피해지고 있다.

<표 12> 재외동포기본법(안)의 제정절차

구분	내용	비고
1단계	재외동포기본법(안) 초안 작성	전문가, 관련단체 의견수렴
2단계	국회 통일외교통상위원회 송부	법제처의 견해가 정부와 국회로 전달
3단계	국회 통일외교통상위원회 전문위원 심사	외교부 및 관련부처들과의 협의(찬성 내지 반대 로비)
4단계	국회 통일외교통상위원회 법안심사소위원회와 전체위원회 심사·수정·의결	각 정당간의 정치적 이해관계에 따라 법안의 취지가 퇴색되거나 법조문의 축소와 기구의 위상이 하락될 가능성 높음
5단계	국회 본회의 송부	정치사정과 국회관계에 따라 회기말까지 법안 통과가 유보될 가능성이 있음
6단계	국회 본회의 심의 및 의결	회기 막바지에 이르러서야 정부예산안 통과나 현안문제해결과 관련하여 법안이 또다시 퇴색·축소·하락될 가능성이 있음

7단계	법률안 공포	법률안 공포후 시행령 및 시행규칙(안)이 제출될 때까지 법안의 세부적 사항을 놓고 또다시 행정부나 국회의 수정요구가 있음

<표 12>에 따르면 2005년 4월 22일에 한명숙 의원(안)이나 권영길 의원(안)은 모두 2단계에 해당된다.

결국 두 법안 모두 입법가능성을 높이려면 각 단계별로 하나하나씩 꼼꼼히 점검해 볼 필요가 있다.

 첫째, 전문가 및 관련단체들의 의견을 어느 정도 수렴하였으며, 법안의 취지에 대해 발의 의원들 스스로 어느 정도 이해·공감하고 있는가?

 둘째, 법제처의 견해(찬성 또는 반대)를 어느 정도 예상하고 있는가? 현재 법제처는 법리적인 문제가 있거나 정부정책과 배치되는 의원입법안 또는 막대한 예산이 수반되는 의원입법안의 경우에는 국회통과 이전에 소관부처나 국회에 법제처의 검토의견을 통보하고 있다.

 셋째, 국회 통일외교통상위원회 소속 전문위원의 견해와 배치되는 사항은 없는가? 있다면 어떻게 조정해 나갈 것인가?

 넷째, 통일외교통상위원회 전체위원회(26명: 열린우리당 13명, 한나라당 11명, 비교섭단체 2명)나 법안심사소위원회(9명: 열린우리당 4명, 한나라당 4명, 비교섭단체 1명)에서 여·야간에 어느 정도 협상이 이루어질 것으로 예상하는가? 여·야간 합의가 이루어지더라도 정부견해와 배치되는 의원입법안을 상쇄할 목적의 정부안 제출 가능성은 염두에 두고 있는가?

 다섯째, 국회 본회의에 상정되더라도 회기말까지 법안상정이 미뤄질 경우를 대비하고 있는가?

 여섯째, 예산안 처리나 현안문제처리를 둘러싸고 여·야간의 입장차이로 본회의 통과가 힘들 경우도 대비하고 있는가?

 일곱째, 의원입법안이 국회 본회의를 통과하더라도 동법 시행령이나 시행규칙을 정부가 작성하여 제출하는 만큼 이에 대한 시안이나 세부방침을 준비하고 있는가?

이런 기준들에 유념하면서 입법상의 문제점들을 미리미리 보완·수정해나가야 의원입법안의 국회통과 가능성을 높일 수 있다. 다만 여기서 짚고 넘어가야 할 사항은 관련법안의 입법과정에서 행정부와 국회, 전문학자 그리고 현장 상호간에 어떻게 하면 비생산적인 소모전을 피할 것인가 하는 점이다. 상호 공감할 수 있는 최적의 대안을 찾아야 한다.

3. 재외동포 관련법의 체계

가. 법적·제도적 기반 마련

1) 정부의 책무 재인식

재외동포는 민족의 힘이자 자산이며 모국과 재외동포사회를 잇는 가교이며 한국경제의 든든한 후원자이다. 따라서 재외동포의 권익을 신장시키며, 재외동포(북한 포함) 경제권을 네트워크화 하는 제반 조치를 취하며, 우리말과 글과 문화를 매개로 모국과의 유대를 증진시키며, 재외국민의 안전과 보호에 만전을 기하며, 재외동포의 출입국이나 체류상의 불편해소에 최선을 다하는 것은 정부의 당연한 책무이다.

참여정부가 이전 정부와 달리 재외동포정책을 정상화시키려면 우선 재외동포 관련 법제부터 재정비하여야 한다. 특히 여·야 국회의원들이 관련 입법안들을 내놓는 것을 수수방관하기보다는 헌법정신인 동포애와 재외국민보호를 적극 반영하는 능동적인 자세를 보여야 한다.

2) 정책 독주에서 정책과 법률의 공존으로

물론 정부가 전향적인 재외동포정책을 수립하여 재외동포사회의 실제 요구사항을 현실적으로 지원하고 외교적 마찰도 피하는 방안도 전혀 의미가 없진 않다. 그러나 현실적으로 완벽한 정책이란 없으며, 한번 결정된 정책은 최소한 10년 이상 그 기조를 유지하고 있으므로 정부의 정책에만 의지하던 이전 입장에 머물기보다는 법과 정책이 견제와 균형을 이루는 방향으로 전환되어야 한다. 아무리 정책이 훌륭하더라도 법치국가에서는 현실적 문제점을 오직 법제정으로써만 해결할 수 있다. 이는 강제력을 뒷받침하는 법이 없으면 행정부의 독주나 무성의를 견제할 수 없기 때문이다. 또한 재외동포정책의 후진성과 현실적 애로사항의 책임소재를 행정부에만 묻기보다는 행정부와 입법부가 각각 책임을 지고 현안들을 하나씩 해결해나감으로써 국익 추구와 한민족공동체 실현의 기틀을 마련하여야 한다.

3) 기본법(안) 수렴을 위한 제도적 장치 마련

기본법이란 어떤 법 분야에서 당사자 관계를 형성하고 있는 권리주체들 사이에 누가 어떤 권리를 가지며, 어떤 의무를 지는가, 그리고 그런 권리와 의무관계에 다툼이 있을 경우에 그것을 해결하기 위한 필요한 기본원칙들이 무엇인가를 명시함으로써 관련법에 우선 적용되는 지위와 효력을 갖는 법을 말한다.

따라서 재외동포기본법은 재외동포에 대한 총괄 규범적 성격을 지닌 법이어야 하므로 재외동포 관련법들의 상위법 또는 모법의 기능을 할 수 있도록 작성되어야 한다. 즉, 기본법 제정의 당위성과 시급성을 역설하면서 법의 목적과 기본이념, 재외동포의 개념정의, 국가의 책무, 기본계획의 수립, 재외동포(단체 포함) 활동 및 참여 지원, 재외동포의 교육·문화 진흥, 재외동포의 보호 및 법적 지위 향상, 전담기구와 산하 기관 등을 균형 있게 다루어야 한다.

재외동포기본법(안)에는 다음 내용들로 최소화하는 것이 바람직하다.

첫째, '목적' 조항과 '이념' 조항에는 헌법정신에 입각하여 정부의 재외동포정책방향과 비전을 반영하는 내용을 담는다. 특히 '이념'조항에는 재외동포의 권리와 책임을 명기하는 방안도 고려해볼 필요가 있다.

둘째, '정의' 조항에는 혈통주의와 과거 국적주의간의 충돌을 방지하는 내용을 담는다.

셋째, '국가의 책무' 조항에는 재외동포에 대한 국가나 재외공관의 지원·보호·진흥방안이 자의적으로 해석되지 않도록 그 내용을 명시한다.

넷째, '다른 법률과의 관계' 조항은 기존법과의 관계를 고려하여 굳이 포함시킬 필요는 없지만 포함시켜야 한다면 기본법이 재외동포 지원·보호·진흥 등에 대한 기본원칙을 제시한다는 정도로 정리한다.

다섯째, '기본계획'과 '시행계획' 조항에는 재외동포정책의 기본방향, 추진목표, 소요재원조달 방법 등의 원칙이 강제화 될 수 있는 내용을 담는다.

여섯째, '전담기구' 조항에는 재외동포위원회(또는 재외동포정책위원회)의 운영·활동 및 소관, 전담기구(재외동포재단 또는 사무처)의 기능·

소관 등을 다룬다.

일곱째, '기타' 조항에는 재외동포의 정책참여와 권익보장 차원에서 개인·단체의 활동지원, 법적지위, 차별금지, 포상 및 기념주간 등을 총괄적으로 다룬다.

여덟째, 그 외 구체적이고 전문적인 사항은 하위법에서 다룬다.

이상의 원칙에 따라 내용을 정리한다면 재외동포기본법(안)은 대략 10개 조항 내외에서 작성될 수 있으며, 지난 15대 국회에서 논의된 제정구 의원 대표발의(안)과 16대 국회에서 논의된 바 있는 조웅규 의원 대표발의(안) 그리고 17대 국회에서 발의된 한명숙 의원 대표발의(안) 및 권영길 의원 대표발의(안)의 입법정신을 모두 포괄하는 효과를 거둘 수 있다.

이런 기본법의 정신을 살리기 위해서는 지금이라도 각 이해당사자들(재외동포 포함)과 국민 그리고 전문가집단의 광범위한 의견을 수렴할 수 있는 (가칭) '재외동포 관련법 입법을 위한 합동위원회'와 같은 제도적 장치를 준비하여야 하며, 최소한 6개월에서 1년간 정도의 면밀한 수집·분석·검토작업을 거친 다음, 재외동포기본법(수정안)을 입안하여 대통령과 국무총리 그리고 정부 각 부처(외교부·법무부·법제처 등)와 해당 국회의원들에게 그 입법 취지를 설명하고, 대국민홍보에 나서야 법제정에 대한 더 많은 지지와 공감을 얻을 수 있다.

나. 재외동포 관련법 관계설정

1) 관계설정방안

현재 국회차원에서나 전문가들 사이에서 논의되고 있는 재외동포 관련법 관계설정방안은 크게 4가지로 요약 정리된다.

첫째, 재외동포재단법과 재외동포법의 이법(二法)체제를 유지하면서 현행법 적용의 문제점이나 운용의 미비점을 최대한 개선한다. 즉, 재외동포재단의 기능을 강화하고, 재외동포법의 문제조항을 개정한다는 입장이다.

둘째, 재외동포재단법과 재외동포법을 전면 개정한 다음 외교통상부나 법무부 등 특정 부처를 중심으로 재외동포업무를 통합·전담케 한다.

즉, 외교통상부에 재외동포청을 신설하거나 또는 법무부에 출입국관리업무를 통합한 이민국(청)을 신설한다는 입장이다.

셋째, 교민행정 전담기구로서의 기능과 역할을 제대로 수행하지 못하는 현행 재외동포재단을 폐지하고, 대체입법을 통해 새로운 전담기구를 신설한다. 즉, 재외동포기본법이나 재외교포교육문화진흥법을 새로이 제정하고, 기존의 재외동포재단법을 폐지한 다음 신설되는 재외동포위원회나 재외동포교육문화위원회의 사무처로 하여금 그 사업과 업무를 승계케 한다는 입장이다.

넷째, 기존 이법(二法)의 모법(상위법)인 재외동포기본법을 새로 제정하고 이를 토대로 3개의 하위법을 제·개정하는 방안이다. 즉, 재외동포교육진흥법, 재외동포지원법, 재외동포보호법 등은 새로이 제정하고 재외동포보호법은 재단법은 폐지하되 그 기능과 목적은 재조정한다는 입장이다.

그러나 재외동포재단법이나 재외동포법이 먼저 제정된 현실에서 포괄적인 재외동포기본법이나 구체적인 하위법들을 새로 제정한다는 것은 매우 힘든 일이지만 가급적 기존 법들의 모순과 충돌을 조정할 수 있는 기본법으로서의 성격을 갖춘 간단명료한 재외동포기본법(안)과 이를 뒷받침하는 여러 하위법들이 법체계를 이루도록 하는 것이 가장 바람직한 대안이다.

2) 재외동포 관련법 4법 체제구축

이상의 논의를 종합해보면 재외동포 관련법 체계는 다음의 원칙에 충실하여야 한다. 즉, 기본법에서는 총칙과 재외동포의 개념정의, 재외동포의 권리와 의무, 국가의 책무, 타법률과의 관계, 재외동포 기본계획, 재외동포정책의 총괄, 재외동포정책의 추진체계(현행기구 포함) 등을 주로 다루고, 나머지 사항들은 관련 하위법들에서 다루는 4법 체제가 가장 이상적이다.

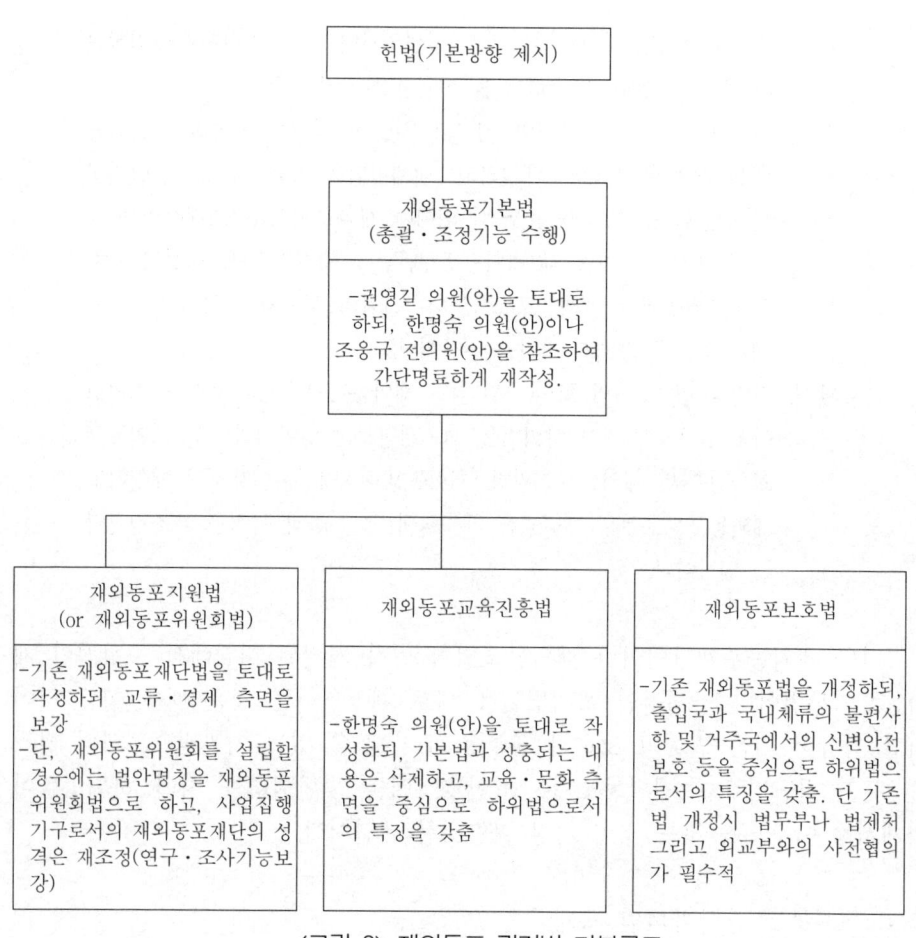

〈그림 3〉 재외동포 관련법 기본구조

그 구체적인 체계는 다음과 같다. 즉 재외동포기본법과 하위법 등을 제정함으로써 재외동포정책의 틀을 재정립해야 하며, 한민족정체성 강화를 위해 각종 편의제공과 다양한 네트워크 구축을 위한 법·제도적 장치를 마련하여 한민족공동체 실현을 앞당겨야 한다. 그러나 끝내 정부의 반대로 재외동포기본법(안)이나 하위법의 제정이 여의치 않을 경우에라도 법제정을 준비하는 대책마련에 게을리 해서는 안 될 것이다.

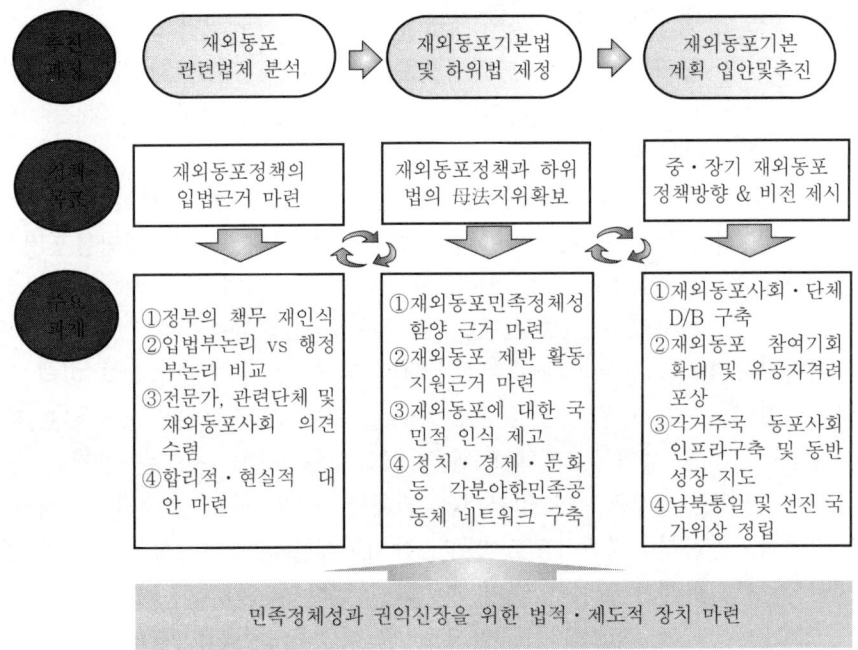

<그림 4> 재외동포 관련법 추진체계

제4절 요약 및 제언

　현대국가는 공공 임무를 수행할 경우, 정부 행정조직을 통해 직접 수행하기도 하고, 특수법인을 설립하여 관련사업을 수행하기도 한다. 특히 국가정책이 복잡·전문화된 영역일 경우에는 정부와 민간이 그 역할을 분담하기도 한다. 한국과학재단법, 한국국제교류재단법, 한국사학진흥재단법의 경우처럼 정부의 지원·감독 아래 정부 밖에서 다양한 현장의 행정수요를 충족시켜주는 특수기관들이 늘어나는 것도 그와 같은 이유에서다.

　현재 한국의 재외동포사업은 정부를 대신하여 재외동포재단이 대부분을 전담하고 있다. 재외동포재단법(제정 1997.3.27)에 의해 특수법인으로 설립된 재외동포재단은 "재외동포들이 민족적 유대감을 유지하면서 거주국 안에서 그 사회의 모범적인 구성원으로 살아갈 수 있도록 하는데 이바지"(재단법 제1조)하는 것을 주목적하면서 모국 국민과 재외동포 간에 형성되었던 상호부정적인 이미지를 해소하며, 재외동포를 추상적인 민족집단이 아니라 구체적인 민족자산으로 인식하도록 하는 가교 역할을 하고 있다. 이는 업무의 성격상 정부안의 행정조직보다는 정부 밖의 상설·전문기구가 훨씬 더 효율적이라는 점을 감안한 결과다. 그러나 현재의 조직과 예산규모로는 재단 설립의 입법취지를 충분히 살릴 수는 없으며, 재외동포를 국가발전과 한민족공동체 형성의 주역으로 육성·활용하기에도 턱없이 부족하다.

새로운 재외동포정책 모형에서는 재외동포사업의 전문성을 강화하고 전담기구의 기능과 역할을 혁신하는 방안이 모색되어야 한다. 우선, 재외동포정책을 총괄 집행하는 교민처(또는 교민청)을 신설하는 방안이다. 즉, 재외동포사회의 숙원사항인 전담기구로서 교민처(또는 교민청)를 설립함으로써 그동안 문제점으로 지적되었던 재외동포재단의 사업수행의 문제점이나 정책수립의 미비를 시정하는 방안이다. 이 경우 재외동포재단의 기능은 교민처(또는 교민청)으로 흡수됨으로써 정부가 재외동포정책에 좀더 책임감을 느낄 수 있는 장점이 있다. 그러나 이 방안은 정부정책의 일관성을 침해할 수 있다는 점과 관련정책과 사업을 장기적·종합적·체계적으로 연구·분석·개발하는 기능까지 정부가 맡기에는 어느 정도 한계가 있다는 점이 지적되고 있다.

다음으로는 중국의 화교정책을 참고로 한 대통령 직속의 재외동포위원회를 설치하는 방안이다. 이 조직은 정책위원회(의결기구)와 실무위원회(실무기구)로 구분하며, 총 10명의 위원으로 구성되는 정책위원회는 현행 재외동포정책위원회(국무총리 국무조정실)의 법적 성격을 상향조정하는 대신에 실무위원회는 총 800억원의 사업비를 집행하는 3실 2국 7부 체제(122명 규모)로 출범시킨다. 또한 대통령 직속 재외동포위원회가 설치될 경우 이를 지원하는 기구로는 특별회의 성격의 한민족위원회(전 세계 동포를 대표)를, 이를 견제하는 기구로는 국회 및 정당에 재외동포관련 상임위원회를 각각 설치한다. 장기적으로 보면 이런 방안이 동북아의 무한경쟁을 대비하거나 한민족공동체의 조속한 기반형성을 위해서는 최상의 선택이 될 수 있다. 이 경우, 재외동포재단은 조사·연구·정책개발 기능이 강화된 고급두뇌집단으로 육성·지원한다. 그러나 이 방안 역시 정부조직법을 전면 개정해야 한다는 부담 이외에도 현 국무총리 소속 재외동포정책위원회를 사실상 무력화시키는 또 하나의 옥상옥(屋上屋)이라는 점 등이 지적되고 있다.

끝으로 사실상의 교민청 역할을 하는 재외동포재단의 역량(기구·예산·조직)을 한 단계 강화시키는 방안이다. 단기적으로 보면 이 방안이 가장 현실적이며, 별다른 변동 없이 기존사업들을 일관되게 집행할 수 있다는 장점이 있다. 그러나 중장기적으로 보면 폭증하는 재외동포사회의 다양한 행정수요와 관련 전문가집단·단체들의 정책수요를 재외동포재단 혼자서 감당할 수 없다는 한계는 여전히 해결해야 할 숙제로 남게 된다.

결국 정부는 재외동포 전담기구 개편에 있어서 찬성론과 반대론 그리고 신중론이 팽팽히 맞서고 있는 상태에서는 이들 3가지 혁신방안 중에서 중·장기적으로 국정목표에 가장 부합되는 대안이 무엇인지를 면밀히 검토한 다음 현재의 전담기구체제를 한 단계 발전시키는 조치를 강구하여야 한다. 특히 전담기구 혁신에 대한 여론수렴과정이 객관성과 공정성을 유지하지 못할 경우에는 전문가집단이나 여·야 정치인들 그리고 외교통상부를 비롯한 정부 관련부처들로부터 지지를 얻기가 어려우므로 전담기구혁신이 재외동포들을 위한 기구혁신인지 아니면 기존 조직과 특정인물을 위한 기구혁신인지를 분명히 하여 전담기구 개편으로 인한 불필요한 오해와 국력낭비를 미연에 방지하여야 한다.

최근 재외동포사회는 재외동포 관련법제에 대한 재검토와 새로운 입법의 필요성을 강력히 요구하고 있다. 그 이유는 다음과 같다.

첫째, 재외동포정책을 종합적으로 다루고 있는 기본법이 없다.

둘째, 재외동포정책을 총괄 집행하는 정부측 전담부서가 취약하다.

셋째, 재외동포 관련법과 제도가 소극적·규제적·임의적·불균형적이어서 동포사회의 요구를 제대로 반영하지 못한다.

넷째, 재외동포정책의 대상이 되는 재외동포 개념에 혼선이 있으며, 상당수의 재외동포가 의도적이든 비의도적이든 정책대상에서 배제되거나 홀대되고 있다. 이런 문제제기의 중심에 재외동포기본법의 제정논란이 서 있다.

사실상 정책은 제1차적으로는 관련법령에 의하여 규정되고, 그 법령에 의해서만 관련 정책이 구현되고 있다. 따라서 재외동포들의 행정수요와 관련 전문가집단·단체들의 정책수요가 날로 증대하는 현실에서 기존의 재외동포재단법(1997)과 재외동포의법적지위와출입국에관한법률(1999)만으로는 재외동포에 대한 보호·육성·지원정책을 원활히 수립·집행하기가 어려운 실정이다. 그리하여 재외동포를 민족자산이자 보호·육성·지원의 대상으로 규정하는 재외동포기본법 제정의 필요성은 고조되고 있으며, 그 기본법의 정신을 구체화하는 하위법으로서 재외동포교육진흥법, 재외동포보호법, 재외동포지원법(또는 재외동포위원회법) 등도 함께 제정·개정 논의가 활발히 전개되고 있다.

그러나 재외동포 관련 법제를 논의할 때는 다음 몇 가지 사항에 유념하여야 한다.

첫째, 한국의 재외동포사회는 이른바 다분포·집중거주 현상을 보이고 있다는 점이다. 175개국에 분산되어 있으면서도 미국·중국·일본·CIS(독립국가연합) 등 4개국에 집중해 있는 이런 현상은 세계 어느 민족에게서도 그 유례를 찾아보기 힘든 한민족만의 독특한 현상이다.

 둘째, 거주지역에 따라 재외동포들의 법적 지위, 모국어 구사능력, 생활수준, 거주국에서의 위상 등이 천차만별이라는 점이다. 이는 재외동포사회 상호간에, 재외동포사회와 모국간에 그리고 동포사회 내부의 갈등과 이해대립이 상당하다는 것을 암시하고 있다.

 따라서 재외동포 관련법을 다룰 때, 헌법상의 재외동포 관련 규정을 무시하거나 특정 지역·신분에 유리하게(또는 불리하게) 입법화해서는 곤란하다. 특히 일방적인 여론몰이나 정부비판보다는 정부당국과의 충분한 협의와 토론과 의견조율로 합리적인 대안을 찾아내는 것이 매우 중요하다.

(『교포정책자료』 제67집, 2005.12)

1) 이광규·이구홍·김봉섭, 「미래 한민족공동체를 대비한 재외동포정책 비전 2020」, 『교포정책자료』 제67집(해외교포문제연구소, 2005.12), 179~288쪽 참조. 김봉섭 작성내용만 일부 발췌.
2) 재외동포정책위원회, 「재외동포정책 추진계획」 (제1차 회의자료, 1996.5.3) 20쪽, "교민청 신설이 거주국과의 외교적 마찰 소지가 있기 때문에 그 대안으로 재외동포재단을 설립하여 재외동포 관련 교류행사 및 지원업무를 수행하며 … 재외동포에 대한 탄력적이고 전문적인 대민서비스를 유지하기 위해서 정부가 직접 담당하는 것보다는 민간 재단에 위탁하는 것이 효율적이다."
3) 국무총리 공보실, 『고건 국무총리 연설문집』(1998), 203~204쪽. "… 재외동포사회는 오늘날 우리 한민족공동체의 소중한 일부이며, 우리의 귀중한 해외자산입니다. 세계각국에서 성장을 거듭해온 재외동포사회는 이제 이민 1·2세에서 3·4세로 세대교체가 이루어지고 있습니다. 재외동포사회의 이같은 팽창과 변화는 우리에게 보다 적극적인 관심을 촉구하고 있습니다. 또한 우리의 국력신장에 따라 재외동포들의 모국에 대한 기대와 요구도 날로 커지고 있습니다. 오늘 발족한 재외동포재단은 재외동포사회와 고국을 잇는 중요한 가교가 된다는 커다란 의미와 기대를 갖습니다.…"(재외동포재단 창립 현판식 축사 중에서).
4) 세계화추진위원회, 「세계화과제보고서」(1998), 367쪽. 세계화추진위원회가 구상한 재외동포재단의 기능은 ①재외동포정책위원회 및 각 부처의 정책수립에 기초자료가 되는 재외동포에 관한 자료의 수집과 실태조사. ②각부처에서 수행하고 있는 재외동포 대상의 각종 교류행사의 개최 및 지원, ③민원홍보업무 등 정부의 간단한 재외동포 서비스 기능을 대행 등 모두 3가지였다.
5) 예컨대 경상남도의 대학들은 일본지역, 경상북도의 대학들은 동남아시아 지역, 전라남도 대학들은 태평양 제도와 호주, 뉴질랜드, 전라북도 대학들은 인도, 중동, 아프리카지역, 충청남도와 충청북도는 중국지역, 경기도는 독립국가연합, 강원도는 유럽지역을 각각 연구하게 한다.
6) 위원회 유형은 대통령 직속 행정기관으로서의 위원회, 대통령 소속 자문기구로서의 위원회 그리고 독립행정기관으로서의 위원회 등 3가지 유형이 있다.
7) 연혁: 중앙인사위원회 설치. 행정자치부 인사국 기능중 인사정책수립, 1-3급 공무원의 채용·승진심사, 처우개선 등 이관(1999.5) → 고위공무원 인사심사 및 인사업무 지원기능 강화. 인사관리심의관, 인사심사과 등 신설(2001.4) → 국가인재 DB 및 전자인사관리시스템 구축기능 강화. 인사정보심의관, 인재조사과 등 신설(2003.4) → 인사기능을 일원화하여 통합 중앙인사위원회 출범. 행정자치부 인사국(복무·연금 제외), 중앙공무원교육원, 소청심사위원회 이관(2004.6).
8) 설립목적: 이 법은 국가인권위원회를 설립하여 모든 개인이 가지는 불가침의 기본적 인권을 보호하고 그 수준을 향상시킴으로써 인간으로서의 존엄과 가치를 구현하고 민주적 기본질서 확립에 이바지함을 목적으로 한다(국가인권위원회법 제1조). 연혁: 파리원칙 제정(1991) 및 비엔나 세계인권회의에서 국가인권기구 설치 권고(유엔총회 승인/ 1993) → 국가인권위원회법 제정·공포(2001.5.24) → 국가인권위원회 출범(2001.11.25) → 차별시정기구 일원화(2005.6.23) → 부산·광주지역사무소 개소(2005.10.12).

제4장 재외동포재단 역량강화방안1)

제1절 현황

1. 재단 개황

가. 설립목적

- 재외동포들이 민족적 유대감을 유지하면서 거주국에서 그 사회의 모범적 구성원으로 정착할 수 있도록 지원

나. 사업대상

- 대한민국 국민으로서 외국에 장기체류하거나 영주권을 취득한 자
- 국적불문하고 한민족의 혈통을 지닌 자로서 외국에서 거주 생활하는 자

다. 연혁(1997~2006)

- 1995.12.18 세계화추진위원회 전체회의, '재외동포정책위원회' 설치 합의
- 1996.5.3 제1차 재외동포정책위원회, '재외동포재단' 설립 합의
- 1997.3.27 재외동포재단법(법률 제5313호) 공포(7.28 시행령 공포, 발효)
- 1997.10.30 재외동포재단 발족(1대 김봉규, 2대 권병현, 3대 이광규)

라. 조직(2006년 5월 현재)

- 이사회: 상근임원 3명(이사장·기획이사·사업이사), 비상근이사 5명(외교·교육·문광·국무조정실·예산처 국장), 비상근감사 1명
  ※ 기획이사: 기획조사/교류/경제사업; 사업이사: 교육/문화/정보화사업 관장
- 자문위원회: 15명(비상근 위촉)
- 1실 5부: 외교부 파견 1명, 일반직 26명, 기능직 1명, 계약직 4명, 사업비 계약직 11명, 상근 전문위원 1명

마. 사업예산(2006년)

〈표 1〉 지난 10년간 재외동포재단 사업예산 현황

구 분	1997	1998	1999	2000	2001	2002	2003	2004	2005	2006	비고
인건비	2.2	9.6	7.6	8.1	9.4	8.8	10.5	12.4	12.0	12.7	※연도별 예산은 실행예산기준(단위: 억원)
경상운영비	18.2	4.7	4.0	3.8	4.6	7.2	10.4	17.2	8.9	8.8	
사업비	-	86.3	86.3	71.6	72.7	102.1	112.8	132.0	155.4	169.7	
재일민단 지원사업	-	-	-	84.8	84.8	84.8	84.8	40.0	37.0	37.0	
한국어뉴스세계 위성방송망구축	-	-	-	-	-	-	10.0	20.0	15.0	15.0	
계	20.4	100.6	97.9	168.3	171.5	202.9	228.5	221.6	228.3	243.2	

※ 06년 예산: 정부출연금(85.2억)+국제교류기금(156억)+기타수입(한상대회 등록비 외 2억)

〈표 2〉 2006년도 사업 총예산(22개 사업/222억1500만원)

구분	사업명(총 22개 사업)	예산 (단위: 천원)
조사연구사업 (311,000)	-재외동포사회 실태조사사업 -재외동포 연구기반 조성사업 -재외동포사이버민원실운영	50,000 241,000 20,000
문화사업 (1,467,000)	-한민족문화제전 -문화예술단 파견사업 -재외동포문화예술 지원사업	850,000 260,000 357,000
홍보사업 (527,000)	-홍보자료 발간사업 -재외동포언론 지원사업	337,000 190,000
교류사업 (4,501,000)	-재외동포사회 교류촉진 및 권익신장 활동지원 -한민족공동체 구현사업 -한인의 해외이주 기념사업 -국외입양인 초청연수 및 지원사업	2,899,000 762,000 500,000 340,000
교육사업 (6,916,000)	-모국어 및 민족교육 지원사업 -재외동포 장학사업 -재외동포 초청 교육연수사업 -재외동포 사이버한국어강좌개발·운영	5,525,000 849,000 320,000 222,000
경제사업 (2,389,000)	-한상네트워크 운영사업 -내외동포 경제교류 촉진사업	1,515,000 874,000
정보화사업 (904,000)	-Korean.net 구축사업 -Korean.net 운영사업	104,000 800,000
재일민단지원사업	-재일민단지원사업	3,700,000
한국어뉴스 세계위성방송망구축사업	-한국어뉴스 세계 위성방송망 구축사업	1,500,000
	총계	22,215,000

출처: 재외동포재단(2006)

2. 역량강화 검토배경

가. 배경 및 경과사항

- 배경: 양적·질적으로 급성장하고 있는 전 세계 재외동포사회의 현실을 감안, 재외동포사회를 전담 지원하는 재단으로 거듭나기 위해 보다 종합적이고 장기적인 재외동포 지원체제 수립 필요
- 국무총리 주재 제5차 재외동포정책위원회(05.12.14)에서는 동포 관련 각종 수요에 적극 부응하고 동포문제에 대한 범정부적 대응을 체계화하기 위해 정부의 재외동포정책 기조를 유지하면서 재단 역량강화 등 현실적 대안을 모색키로 결정 → 국무조정실에서는 국무총리 지시에 의거, 재단의 기능강화문제와 관련하여 업무수요 파악 등 기능점검 실시. 국무조정실 외교안보심의관실 주재로 '사전전략회의'(06.1.12), 기능점검관련회의(06.1.16), 재단 기능점검보고(06.1.19~20) 등 진행
- 정부의 공공기관 경영혁신 성과평가체제 구축을 감안, 재단의 체질 및 구조와 경영방식을 근본적으로 재설계하여 대외적인 경쟁력 확보의 필요성 대두 → 공공기관 경영혁신 활동실적 평가(기획예산처), 재단 발전전략 연구 및 신인사제도 평가·보상제도 컨설팅 실시(JMAC, 05.10/ 06.3)
- 재외동포사회에 대한 정부차원의 다각적인 지원노력에 재단 차원에서의 적극적인 대처 및 참여 등 역할 필요 → CIS지역 재외동포지원협의회(국무조정실 주관, 국장급) 및 한국어 국외보급사업협의회(문화부 주관, 과장급)
- 국내 대학(원), 부설 연구기관 및 동포관련 NGO단체 등에서의 각종 동포사회 현안사항 지원활동 활성화 지원 필요 → 전남대 한상네트워크/문화공동체 연구, 동서대 한상누리사업, 동북아평화연대 연해주동포사회 지원, KIN 우토로·에다가와조선학교 등 일본 동포사회 현안문제 지원 등
- 재외동포정책위원회 제8차 실무위원회(05.5.16)에서 재외동포재단 역량강화방안을 주요 의제로 논의함
- 2006년 3월부터 재단 기획조사실과 전문위원을 중심으로 재단 발전전략 및 성과관리를 위한 혁신세미나 및 연구결과 보고회 실시
- 국가이익과 재외동포사회 발전에 기여할 수 있는 새로운 재단상을 찾기 위하여 다양한 내부의견과 토론을 거쳐 사업재분류, 조직혁신, 인사혁신방안 등을 수립

- 재단 조직구조의 문제점 분석을 기초로 재단기능 및 업무, 사업추진방식, 전문성 및 내실화 확보, 발전방향 등의 개선책을 다각도로 강구

나. 새로운 재외동포지원체제의 필요성

1) 세계 한민족공동체론의 재조명

- 한민족의 정체성을 유지·함양한다는 소극적 입장 지양 → 물리적·심리적 공간제약을 극복하고 한민족 상호간 연대(solidarity)·소통(communication)을 통해 상생·공생한다는 적극적 입장 필요
- 700만 재외동포의 삶 자체는 한국 근현대사의 모순과 질곡을 대표하는 현실적 실체이자 미래 한민족의 좌표 → 다른 나라의 유사사례를 벤치마킹하는 것보다는 우리 민족의 미래상을 창조적으로 그리는 새로운 패러다임이 더욱 요청

2) 미래사회변화에 대비한 새로운 재외동포정책의 필요성

- 재외동포 역량에 대한 재평가 및 국가·민족발전에 적극 활용 → 05.9.1 현재 175개국 6,638,338명 거주; 중국 2,439,395; 미국 2,087,496; 일본 901,284; CIS 532,697 등 주변 4강에 90% 거주 → 남북한전체인구(7,078만)의 9.3%, 남한인구(4,808만)의 13.7% → 시민권자 3,782,773; 영주권자 1,708210; 일반체류자 908,228; 유학체류자 239,127
- 재외동포사회의 기여도에 대한 공정한 평가 필요 → 60~70년대 모국근대화(경제발전)와 재일동포사회, 80~90년대 모국 민주화(정치발전)와 재미동포사회, 97년 이후 모국 IMF 경제위기 극복과 재중동포사회의 지대한 역할 수행 → 2006년 독일월드컵 개최와 유럽동포사회 역할 및 미래에너지원 확보와 재CIS 동포사회의 역할 기대
- 재외동포사회 리더십 세대교체에 대한 사전대비책 필요 → 재일, 재중, 재CIS동포는 4~5세대, 재미동포는 2~3세대로 리더십위양 → 주류사회진출에 박차를 가하고 있는 차세대 인재들의 소재파악·모국초청·지속적 관심과 지원 등이 체계화되어야

3) 한민족네트워크를 위한 구체적인 행동계획(Action Plan) 수립

- 거시적 관점에서 재외동포지원·육성·활용정책을 병행해야 → 단순 활용을 목적으로 하는 지원정책 이외에도 동포사업을 하나의 독립된 영역으로 인정하여 정부는 잠재된 동포인력을 적극 발굴·육성하며, 동포사회는 모국에 기여할 바를 스스로 찾아내는 노력들을 함께 수행해야
- '현지화지원-모국기여-네트워크 활성화'의 선순환구조가 중요 → 한층 역량이 업그레이드 된 새로운 재외동포재단에 걸 맞는 역할·위상·인력·재원·현지거점 등 구체적 실천방안이 모색되어야
- 대상별 맞춤형 재외동포정책이 수립되어야 → 재외국민+ 외국적동포+ 해외이민자+ 해외장기체류자+ 해외입양인+ 혼혈인+ 무국적자+ 역이민자 등 다양한 집단에 맞는 정책수립·사업수행 필요
- 글로벌 환경에 부응하는 통합형 네트워크가 재외동포재단을 공식창구로 하여 구축·운영·활용되어야

3. 자가진단

가. 접근방법

1) 분석 기준

- 운영·조직측면: 태생적 한계와 산하기관의 생리
- 예산·사업측면: 효율성과 효과성 평가
- 정책·지도감독측면: 통합성과 자율성 정도
- 민원·참여측면: 고객만족도와 접근도
- 기타 측면: 상호협력과 네트워크 정도

2) 현안 과제

- 교민청 설치의 대안으로 출범한 재단은 출범 당시부터 IMF 영향으로 사업예산과 인력충원이 과소 책정되었고, 그 결과 700만 재외동포사회의 다양한 요구사항들을 충분히 수렴하거나 적절하게 반영하기에 역부족

- 외교부 3개 산하기관과 비교해도 재단 인원·보수는 저평가되어 있음
- 사업비 계약직 및 관리직 임직원 과다로 안정적 업무추진 장애 발생
- 재외동포사회의 요구와 환경변화에 대응할 수 있는 최소 필요인력의 확보
- 정부부처의 동포관련사업 중복실시로 재단사업의 효율적 운영 애로

나. 재단 출범 이후 제기되고 있는 문제점들은 다음과 같음

〈표 3〉 문제점 일람표

구분	외부 지적사항(1997~2006) 요약	자가진단 지적사항 일람(예시)
운영·조직	-재단설립취지에 부합되지 않는 운영실태 -기관의 합리적 운영역량 부족 -외교부내 영사기능에 대한 전통적 기피현상 -혁신분위기 및 비전·전략의 상대적 취약 -정부 인사적체 해소를 위한 산하기관화 -관료주의적 조직운영 -혁신추진조직·점검체제 등 혁신제도화 취약 -급변하는 재외동포사회 변화에 능동적으로 대처할 인력·부서 부재	-재단 조직비전 재설정 시급 -재단 경영이념의 공유 여부 불명확 -재단 발전전략과제 및 전략목표 설정 미흡 -업무수행 프로세스 및 매뉴얼 준수 노력 미흡 -부서간 업무협조·지원 미흡 -개인담당사업과 팀위주담당 사업간의 분류 -소규모(60~80명 수준) 정예화전략 수립 미흡 -부서별 직무분석(책임·협조부서 구분) 제고 -새로운 조직문화(CC) 통합구축 노력 미흡 -팀제 조직의 유연성 및 팀성과관리 발휘 부족 -지역별 집중·특화연구 부족
예산·사업	-예산규모 과소책정 기조 지속(IMF 영향) -특수 프로젝트성 사업에 대한 전략적 예산투입 의지 약화 -일회성·소모성 행사지원에 대부분 예산 집중 -임직원 인건비 현실화 부족	-적정예산 편성의 자율성 보장 및 효율성 제고(예산확대의 논리적 근거 제시) -폐지된 재외동포기금의 대체방안 강구 노력 부족 -정부출연금·국제교류기금 간의 균형유지 실패 -정부출연금 예산의 대폭 확충 애로 및 전략적 예산 활용 부족
예산·사업	-재단 사업수행의 비효율성 및 사업 기본원칙(지역형평성·상호이익·동포사회간 합의·프로젝트화) 설정 부족 -재단 자체 조사연구기능 미약 -기획 기능 미비(예: 동포회관 건립, 동포학원 설립, 동포의 날 제정, 동포박물관 건립, 해외 한민족기구 결성지원, 동포축전) 및 전시성 사업 치중 -각 부처 유사사업 일원화 및 이관실적 부진 -재단내 독립적·자율적 사업기반 미확보 -일회성·소모성 성격의 단순지원금 교부사업 관행 탈피 -초청 대상자의 중복및 효과의 산발성 우려 -민단 편중지원 지양 및 차세대단체지원 강화 -재단사업목표와 부합된 외부 조사용역 발굴·지원 -교류사업의 대규모 아웃소싱 및 평가자문부재	-유사명칭사용으로 인한 재단이미지 혼동 심화 -고객만족도·브랜드충성도·사업인지도 저하 -대국민·재외동포대상의 적극 홍보활동 미흡 -대규모 축제 및 프로그램 신규개발 노력 부족 -자기주도적 사업집행역량 및 미래사회변화 대처 부족 -각종 사업의 전문성·독창성·창의성 부족 -불요불급 사업에 대한 자체 내 청산 노력 미흡 -1억 미만 사업 및 유사사업 간의 통폐합 부족 -국내체류 동포대상의 모국사업영역개발 미흡 -차별화된 기념사업 개발·추진 역량 미흡 -대내외 사업홍보기능의 약화 -프로젝트성 신규사업 개발 필요

정책·지도감독	-재단내 정책·연구기능 부재 -관련법 상호간개념충돌 및 사업수행 관련부처 난립으로 재단 위상 저하 -재단 설립 이후 여러 부처의 관련사업에 대한 이관 및 업무통합 유도(예: 문광부의 세계한민족축전사업, 한국어관련사업 및 교육부의 재외동포교육관련 사업)	-대국회·대정부 정책 제안 기능 미흡 -재단관련 법률·시행령 개정안 제정 노력 미흡 -중장기 사업기본계획수립의 현실적 기반 미흡 -전문연구부서의 설치 필요
	-외교부산하 사업집행기구의 한계(과도 종속) -재외동포정책위원회의 강화 필요 및 집행기능(사무국) 부여 필요 -재단 소속의 이관(외교부→정책위원회) 검토	-재외동포기본법 및 정부조직법 개정 또는 대통령 직속 위원회법 제정에 대한 재단내 합의 도출 실패(공식 입장과 개인 입장의 구분 필요)
인사	-임직원 전문성 부족 -기획조사실을 비롯한 각부서 담당업무 과중 -외교부 파견 인사제 조정 -인사조직의 합리화 저조 -외교부 산하 3개 기관의 인원·보수 불균형으로 직원 사기 저하 -사업비 계약직원 과다	-신규계약직 이직률 높음(계약직 직원의 신분 보장 및 공정·합리적인 평가제도 필요) -일과 사람 특성을 고려한 과학적 인사고과 미흡 -기존 직원대상의 교육훈련프로그램 실행 시급 -적절한 포상과 교육·연수지원대책 수립 미흡 -인사·평가위원회의 합리적 운영방안 강구
민원·참여	-외교부 영사보호센터를 재외동포센터로 확대발전(재단에서 운영을 담당하거나 재단 자체의 민원통합처리능력 향상 추진) -지자체에 동포담당관 제도를 운영하여 지방차원의 민원처리 기능 강화 유도 -재단 내에 지자체 재외동포 담당관 회의·교육프로그램 제공 -사이버 교민청 사이트의 활성화	-민원고충 상담기관으로서의 원·스톱 서비스 마인드 부족(호적 이외에도 부동산·세금·기업·병무·법무·보훈 등 관련 민원서비스 확대추진 노력 강구) -책임운영기관을 능가하는 행정서비스역량미흡 -고문 및 자문위원회 등 활성화 노력 미흡 -지역별 형평성·경제적 수준을 고려한 사업특성화 미흡
기타	-세계한민족대표자회의와 세계한인회장대회의 유기적 통폐합 -자생적 네트워크단체에 대한 지원 활성화 -우수동포인력 활용사업 활성화	-관련부처들과의 연계·협력프로그램개발 필요 -자문위원 등 전문가집단과 지속적 의사소통 부족 -국내외 연구소·시민단체들과의 의사소통한계 -지방자치단체와의 협력체계구축 실적 전무 -CEO리더(이사장+기획·사업이사) 파트너십 미흡 -관리자(각부서장) 전략적 사고·사업능력향상시급 -중간관리자 혁신아이디어 부족 -전 세계 한인회 및 제반 기능단체들과의 상호협력·제휴시스템구축 시급 -국내외 지부(사무소·운영요원) 설치의 현실적 애로 및 타당성 홍보 필요 -전문연구조사기관들과의 연계망 구축 미흡 -차세대인재 및 각 전문분야별 인재D/B 제공·관리체제 상시 보완 -체계적 수집·분류·가공 시스템 운영 미흡

1) 재외동포재단에 대한 외부의 지적사항에 공감하면서 지금부터는 '역량강화를 통한 재단 혁신방안'으로써 해당 문제점들을 적극 해소해 나가야 함

- 첫째, 외부의 지적사항에 유념하면서 범정부차원 및 산하 공공기관 차원의 혁신추진 기조를 면밀히 분석
- 둘째, 재단설립취지를 최대로 살리면서 자율적으로 혁신을 추진

- 셋째, 재단의 조직비전과 미션 달성에 적합한 핵심과제들을 도출함으로써 재단 업무와 사업수행방법까지 자연스럽게 혁신
- 넷째, 성과가 우수한 부서조직이나 사업들은 보다 강화해 나가고, 성과가 미미하거나 형식적인 사업들은 순차적으로 정비
- 다섯째, 사업추진체계는 부서장 중심에서 팀장 중심으로 점차 이동·개편함으로써 재단 혁신의 중간 허리층을 두텁게 함
- 여섯째, 혁신성과와 사업수행에 대해서는 적절한 인사고과와 성과급 보상으로 직원들의 혁신추진동력을 계속 확보
- 일곱째, 타 부처 및 유사기관들의 혁신사례들을 벤치마킹하여 재단 내부의 혁신역량과 의지를 더욱 결집시켜 나감

2) 이상의 여러 지적사항에 대해서는 하루속히 합리적 해결책이 강구되어야 하며, 재단 기능에 대한 재검점이 이루어져야 함

- 우선, 재외동포사회의 특수성(역사성·이중성·급변성 등)을 고려해야
- 재외동포정책의 수립, 국회의 입법 노력, 행정부의 관련법 시행에 관해 재단 스스로 제언, 자문, 모니터링, 우선순위 조정 등을 수행할 수 있어야
- 재외동포 관련사업들이 정부의 주류(mainstream) 정책과제가 될 수 있도록 노력
- 재단의 경영이념, 사업전략, 사업추진방향, 리더십 등이 미래지향적이어야
- 재단의 사업예산 및 인력충원이 현실수요에 맞도록 재조정되어야
- 지역별·대상별 특성에 맞는 교류·지원·조사연구사업이 유기적으로 이루어져야

제2절 재외동포재단 역량강화의 필요성

1. 재단 역량강화의 시급성

가. 현시점은 재단 역량강화의 방향을 결정짓는 분기점임

1) 재외동포재단이 대외환경변화에 취약하고 조직 내적역량에 문제점이 노출되고 있는 이유는 재외동포사회의 급격한 변화와 정부정책의 혁신요

구에 재단 차원의 대응방향과 방법이 제대로 수립되지 않았기 때문임

- 재단의 역량강화를 위해서는 단기적인 처방보다는 글로벌화 및 디지털화 시대에 맞는 중장기적인 재단 역량강화 제고전략이 수립되어야 함
- 재단의 역량강화방안을 어떻게 설정·제시하느냐에 따라서 재단의 미래상은 물론 국가경쟁력의 미래상까지 크게 달라질 가능성이 높음
- 외형적 성장만큼이나 질적 경쟁력을 갖춰야 할 시점임 ⇒ 산성 체질을 알카리성 체질로 바꿔야 하며(운영방식·사업방식·조직문화가 근본적으로 변해야 함) 이를 위해서는 기득권 포기가 반드시 수반됨

2) 지난 3년간 정부혁신관리의 목표는 Infra(04년) → Process & Output (05년) → Outcome(06년) 등 단계적으로 설정되어 왔음

- 04년도 목표: "공무원의 2/3 이상이 혁신에 동참한다"(Infra) ⇒ 혁신에 대한 참여를 통해 혁신의지와 여력을 마련
- 05년도 목표: "정부혁신의 실행·확산으로 정책·행정서비스 품질을 높인다"(Process & Output) ⇒ 혁신과제를 실천하고 성공사례를 확산, 정책·행정서비스 품질향상을 위한 기반 구축
- 06년도 목표: "체질화된 혁신문화를 정착하고 신뢰를 제고한다"(Outcome) ⇒ 혁신된 업무방식으로 일하고 성과를 높여 신뢰를 제고

3) '2005년도 공공기관 212개 혁신수준진단'(기획예산처) 결과순위에서 재외동포재단은 외교통상부 산하 3개 기관 중 최하위임

〈표 4〉 외교부 산하기관 혁신수준진단

주요 평가목록	재외동포재단	한국국제교류재단	한국국제협력단	전체평균 (212개)	구 분
혁신분위기	17.33	46.00	44.00	58.22	비전과 전략
비전 및 전략	40.33	48.40	36.93	57.12	
변화관리	36.00	53.60	49.60	57.00	
혁신추진조직	24.06	47.00	52.00	51.96	혁신 제도화
혁신점검체계	20.00	20.00	60.00	57.86	
인사조직 합리화	36.00	40.00	56.00	54.21	혁신 성과
서비스 및 경영효율성	20.00	26.00	47.00	47.37	
기관장 혁신적 사고와 행동	62.79	48.05	53.25	65.43	혁신 리더십
임원층 혁신추진 참여	45.61	45.46	56.74	63.85	

- 혁신분위기와 변화관리 등 비전과 전략부문이 상대적으로 취약
- 혁신을 추진할 조직이나 점검체제 등 혁신제도화 부문 취약
- 인사조직 합리화나 서비스 및 경영효율성 등 혁신성과부문 낙후
- 기관장 혁신사고・행동이나 임원층의 혁신추진참여 등 혁신리더십은 양호
※ 2002년 Deloitte Touche가 수행한 '한민족네트워크 및 재외동포정보화전략수립(ISP)프로젝트'에서도 재단의 비전과 사업방향성 결여, 공감대 형성 미흡, 독립적・자율적 사업기반 확보 요구 등의 진단을 받은 바 있음
- 결국 재외동포재단은 비전과 전략수립, 혁신제도화, 혁신성과관리 측면에 대한 혁신대책이 시급히 수립되어야 함 ⇒ 가치・동기・행동・태도의 변혁이 요구됨

나. 재단에 대한 국회측의 시각도 대체로 비판적이었음

1) 2004년도 국회 국정감사(한명숙 질의)에서 재외동포재단은 위상・예산・비전・사업운영 등의 측면에서 부정적인 평가를 받은 바 있음

- 위상 측면: 문화・교육・경제・안보 등 다양한 분야에 걸쳐있는 재외동포사업의 특성에도 불구하고 재단에 부여된 권한과 기능이 근본적으로 제약되어 있음
- 예산 측면: 전 세계 동포들을 대상으로 하는 재외동포사업의 규모와 비중에도 불구하고 정부의 예산배정은 대단히 부족함
- 비전・전략 측면: 재외동포사회 형성의 역사적 특성으로 인해 발생한 미주・일본 동포사회와 중국・CIS 동포사회의 지역적 차이를 포괄적으로 반영한 재외동포정책의 중장기 비전과 전략이 부재함
- 사업운영 측면: 외교통상부에 대한 종속과 단순집행기구라는 위상으로 인해 재단 내부의 인사와 사업집행에 있어 책임성・전문성・효율성이 대단히 저하되어 있음

2) 재외동포재단의 역량강화는 재단이 수행하는 사업추진전략의 혁신으로부터 시작되는 것이 중요함

- 현재 재외동포 관련사업들은 고객만족과 성과관리에 있어 무한경쟁국면에

접어들었으며, 이는 정부의 혁신의지와 함께 시장(고객)의 반응이 인력충원이나 자원배분을 좌우하고 있음을 의미함
- 재외동포재단의 주고객은 재외동포정책의 조정자인 대통령 및 국무총리(재외동포정책위원회), 동포정책의 생산자인 외교통상부(재외동포영사국), 동포사업지원의 실수요자인 재외동포사회·재외동포 전문가(개인·연구소·대학 포함)·재외동포사업 관련 단체들임
- 반관반민(半官半民) 기구의 성격상 재단은 여타의 정부기관이나 NGOs들과 구별되는 경쟁력 있는 가치(예: 네트워크 가치)를 정부와 재외동포사회 등에게 제공할 수 있어야만 향후 지속적인 생존·발전이 가능할 것으로 전망되며, 이를 위한 사업전략의 혁신은 반드시 이루어져야 함

3) 재단 미래비전 전략계획(안) 수립으로 재외동포재단 존립이유를 분명히 해야 함

- 현재 재외동포재단은 외형적으로는 재외동포 전담기구이지만 내용면으로는 대표성이나 전문성을 제대로 인정받지 못하고 있음
- 재외동포사회의 다양한 요구에도 적극적·능동적으로 대응하지 못함으로 인해 고객만족도가 저하되고 있으며, 이는 재단 존폐문제의 빌미가 되고 있기도 함
- 재외동포재단 역량강화의 일환으로 재단 '미래비전전략계획(안)'이 빨리 수립돼야

2. 재단 역량강화의 목적

가. 개요

- 개인 역량강화보다는 조직전체 역량강화가 훨씬 더 중요하며, 특히 조직의 핵심역량을 찾아내어 이를 극대화하는 것이 필요
- 조직역량강화는 전략적 역량강화, 인적 및 물적 자원역량 강화, 조직운영역량강화 등으로 이루어져야 하며, 이는 조직이미지(문화), 브랜드충성도, 고객만족도 제고로 이어져야 함
- 재단 제반활동 및 사업에 대한 계량화·표어화 등 브랜딩 작업 필요

나. 역량에 대한 개념정리 이후에라야 역량강화방안이 쉽게 도출됨

1) 역량(조직역량)은 조직성장의 원동력으로서 사업전략을 선택·개발하고 실행하기 위해 필요한 자원과 능력을 뜻함

- 일반적으로 '역량'(Competence)이란 조직의 사업분야, 조직구조, 고객서비스, 운영프로세스, 인적네트워크 등에 스며 있는 자산·지식의 조합을 말함
- 조직의 개별구성원이나 부서단위의 역량도 중요하지만 최근 들어 환경변화가 급변하면서 다차원적·조직 전체적 역량이 훨씬 더 중시되고 있음
- 효과적이면서도 질 높은 성과를 창출하는 데는 조직내적특성(핵심역량)이 필요함
※ '핵심역량'(Core Competence): 결정적 역할을 하는 조직 특유의 독자적 역량. 즉, 통찰력 및 예견력(기술적·과학적 지식과 기초정보의 보유, 정보접근능력, 창의력, 탁월한 분석능력 기반), 업무실행능력(개개인의 핵심역량에 기반) 등이 포함

2) 조직역량의 성과극대화는 모방불가성(Tacitness), 불변성(Robustness), 명확성(Consensus), 이전불가성(Embeddedness) 등의 요건이 뒷받침되어야

- 모방불가성: 경쟁조직이 쉽게 기호화하거나 복사할 수 없어야 함. 구성원들의 몸과 마음에 녹아 있는 직관적·암묵적 지식이 근간이 되며, 해당 조직의 역사와 특수성이 반영되어 있음
- 불변성: 외부환경 변화에 따라 쉽게 변하지 않는 조직 특유의 내성이며, 지속적 경쟁우위의 원천을 형성하는 근간
- 명확성: 전조직원이 자기 조직역량에 대해 분명하게 파악하고 공감대 형성이 이루어져야 함. 조직역량의 확보·개발에 조직원의 노력이 집중되면 전략실행은 용이
- 이전불가성: 조직구성원이 갖고 있는 지식·사업계획·지침 등은 경쟁조직으로의 이전가능성이 높으나 사업시스템, 조직문화·구조 등은 상대적으로 이전가능성 낮음

다. 조직역량강화의 목적은 조직이미지(문화) · 브랜드충성도 · 고객만족도 등의 제고에 있음

- 조직역량에는 전략적(Strategic) 역량, 인적자원(Human Capital) 역량, 조직운영(Operational Excellence) 역량 등 3가지가 있으며, 역량강화의 최종 성과목표는 조직이미지, 브랜드충성도, 고객충성도 제고임
- 조직이미지(문화): 통합된 조직정체성(Corporate Identity) 형성을 통해 대내외 이미지를 제고해야 함
- 브랜드 충성도: 재단이 재외동포사업의 전담대표기구임을 재외동포 스스로가 인식하도록 끊임없는 사업개발 · 사후관리작업이 이루어져야 함
- 고객만족도: 재단의 역량은 고객의 평가와 무관하지 않으므로 고객의 요구에 적극 부응해야 함

3. 재단 역량강화의 주체

가. 개요

- 정부역할: 질 높은 정책 · 행정 서비스 기능이 강화되어야
- 재단역할: 경쟁력 있는 사업지원시스템과 정확한 조사연구기능 회복되어야
- 동포사회 역할: 자생력 있는 활동과 모국발전에 기여하는 공동체로 재탄생

나. 재단 역량강화는 정부-재단-재외동포사회 3자 모두가 합심해야 함

- 재단 역량강화의 주체는 정부, 재외동포재단, 재외동포사회 등 3자임
- 재단 역량(사업부문)은 정부 역량(정책 · 행정부문)과 재외동포사회 역량(활동부문)과 함께 논의되어야 하는 것이 순리임
- 3자 관계가 선순환구조를 이루지 못하면 시너지효과는 창출되지 않으며, 그로 인해 재단 각종 사업의 경쟁력도 발휘할 수 없음 ⇒ 일방적인 역량강화 분위기는 금물

다. 정부조직법상 재외동포정책의 책임부처는 외교통상부이나 재외동포사
업 수행에 있어서의 기능적 경계는 더 이상 명확하지 않음

- 재외동포사업에 직·간접적으로 간여하는 정부부처·기구는 근 20여 개에 달함. 특히 재단의 주요 사업과 타 부처의 관련사업은 상당부분 중복돼 있으며, 부처간의 유기적 협조가 제대로 이루어지지 않고 있음 ⇒ 부처의 논리가 서로 다르기 때문(cf. 통일정책: 통일부, 청와대, 총리실, 외교부, 국방부, 국정원, 민주평통 등 분산)
- 2006.5 현재 대통령직속의 재외동포교육문화위원회(한명숙안) 또는 재외동포위원회(권영길안) 설립을 위한 의원입법안이 제17대 국회 계류 중임

라. 재단역량강화 논의의 핵심은 재단 경쟁력강화와 직결. 이는 최고정책 결정권자(대통령)의 결단과 재외동포정책위원회(국무총리)의 선택·조정능력이 뒷받침되어야 함

1) 재외동포사업의 중복과 비효율성을 해소하려면 무엇보다도 최고 정책결정권자와과 정책조정자의 역할이 중요함

- 재외동포사업의 부처별 중복이나 비효율적인 분산집행구조가 지속되는 한 재외동포사업에 대한 종합계획이나 비전수립은 현실적으로 불가능함
- 동포사업의 주무부처인 외교통상부의 힘만으로는 타 부처의 기존 업무를 이관 받거나 종합적인 그림을 그리기에는 한계가 있음 ⇒ 분산 기능간의 융합의 묘(실무정책협의기능의 강화)를 살리거나 새로운 조직(T/F팀)을 강구해내야 할 시점임
※ 재단역량강화의 방향은 누가 주도권을 잡느냐에 따라 그림 자체가 달라짐

2) 재단 역량강화는 정부·재단·재외동포사회 3자 모두의 경쟁력 향상에 초점을 맞추어야 함

- 재단 역량강화는 정부의 정책적 차원의 조정, 재단의 혁신노력, 그리고 재외동포사회의 제 역할 수행 등으로 구분되어 접근해야 함
- 정부의 조정은 정책우선순위 조정, 사업단위간 흡수통합, 신설통합, 유사

또는 상이한 사업분야 간의 통합 등 다양한 방법을 사용할 수 있음, 그러나 정부만의 노력으로는 한계가 있음
- 재단 자체의 혁신으로는 리엔지니어링, 재조직화 등을 활용할 수 있음(cf. 리엔지니어링: 관료화되고 비효율적인 조직의 업무운영, 행정시스템 등을 고객중심, 성과중심, 효율성 중심으로 전환하려고 할 때 사용 가능; 재조직화: 사업의 중심을 지원·자체 사업중심에서 연구조사·협력사업중심으로 전환하려고 할 때 사용 가능함)
- 재외동포사회 역할은 모국과 한민족 문화·경제·정치발전에 기여해야 함

3) 대통령의 고민을 정확히 이해해야 함

- 예산절약, 경상경비절약, 분야별 재정지출규모 구조조정을 통해 복지예산 및 미래대비 예산 확보에 많은 관심을 기울이고 있음
- 외교안보정책의 틀 속에서 재외동포정책이 논의될 경우에는 대통령의 개입 여지가 더욱 많아짐

4) 국무총리의 정책의지도 함께 고려해야 함

- 2001년부터 지금까지 재외동포 업무개선에 지대한 관심과 의지를 보이고 있음[2]: 국회의원 시절 재외동포재단에 대한 지적은 크게 3가지 사항임. 첫째, 외교통상부의 소극적 조직운용과 재단의 한계. 둘째, 대통령 직속의 교육문화위원회 설치. 셋째, 재외동포정책의 체계화와 차별화 등으로 요약
- 외교부의 소극적 조직운용과 재외동포재단의 한계 지적(2004.10.22): 동포정책 추진체계의 현황과 문제점: ①재외동포사업의 부처별 중첩과 비체계성 ②정책 총괄 및 심의조정기능 방기 ③외교통상부의 소극적 조직운용 및 재외동포재단의 한계
- 정책수립과 집행의 자율성·창의성 한계 언급[3]
- 재외동포재단의 흡수·통합주장 및 재외동포정책의 체계화·차별화 주장[4]

5) 대통령을 비롯한 최고정책결정자들은 여러 접근법의 장단점을 충분히 분석한 후, 정책대안을 전략적으로 선택할 것으로 예상 ⇒ 관련 부처·정책 전체를 보려고 함

- ①민족동질성(민족감정·혈통) 차원, ②국가외교 차원, ③시장(경제적 이익) 차원, ④세계보편가치(공동번영) 차원, ⑤미래 동북아질서 차원, ⑥과거역사 차원 모두를 고려할 것임
- 국가 최고정책결정자들의 이런 문제의식에 대해 재외동포재단에서는 기존의 조직구조와 사업수행방식을 획기적으로 개선할 수 있는 전략적이고도 새로운 '역량강화방안'(新패러다임)을 마련해야 함

4. SWOT 분석에 따른 재단 역할 재정립

가. SWOT분석

- 모두 측면을 고려하되, 사업전략 차별화가 가장 기초적임

강점요인(Strength) 분석	약점요인(Weakness) 분석
-사업수행의 노하우 축적 -지역별 거점(재외공관) 활용 용이 -재외한인네트워크(한인회·한상조직)의 창구역할 -재외동포 D/B구축·활용 가능 -700만 재외동포의 브랜드가치 통합	-소규모 인력·예산에 따른 업무과중 -지원사업의 형평성·만족도 의문 -유사기관및사업과의 차별적 우위 미확보 -대정부 및 민원서비스 기능 약화 -정책수립기능과 사업지원기능의 분리 -지역별·분야별 동포사회 조사기능 미약
기회요인(Opportunity)의 극대화	위협요인(Threat)의 최소화
-대통령실의 혁신가속화 추진 -대통령·총리 등의 특별한 관심 -재단혁신에 대한 임직원 공감대 확산 -신규사업(예: CIS지역 및 혼혈·입양자녀 등)영역에 대한 전략적 대비책 마련 -유관기관과의 전략적 협력필요성 증대	-의원입법을 통한 재단흡수·통합론 제기 -외국국적 및 혼혈동포대상의 전담기구 & 동북아역사재단 등 유사기구설립 추진 -타 부처·기관의 동포관련사업 확산추세 -기획예산처 성과관리 및 국무조정실 기능점검 결과대비

※ 대표기구로서의 명성과 서비스기관으로서의 전문성을 동시 추구
※ 유관부처 및 기관과 전략적 호혜·상생협력모델 구축(MOU체결)
※ 각 전문분야별 재외한인 네트워크 형성지원 및 인적D/B풀 구축
※ 거주국 주류사회진출 확대를 돕는 동포사회 수요조사·연구 강화
※ 기존 사업수행절차 및 조직혁신으로 비용 절감·만족도 확대
※ 총 사업·인력규모 및 협력분야 확대로 국내외 거점 확보·진출
※ 차세대 및 미래 대비 신규프로젝트개발 및 수혜자 확대 지속 추진

〈그림 1〉 재외동포재단에 대한 SWOT 분석

1) 국무조정실의 재외동포재단 기능점검 결과 여부에 따라 재단 역량강화의 내용이 달라짐

- 제5차 재외동포정책위원회에서 제기된 재외동포재단에 대한 인적 보강과 예산지원 확대 등의 기능강화 요구(05.12.14)에 대하여 이해찬 前국무총리는 재단에 대한 업무수요(재외동포 네트워크 이용실태 포함)를 파악한 후 종합 검토·보고할 것을 국무조정실장에게 지시(05.12.14)
- 국무조정실장은 '재외동포재단 기능점검추진계획'(06.1.4)을 수립하여 외교통상부·행정자치부·기획예산처장관과 재외동포재단 이사장에게 통보(06.1.11)하였으며, 국무조정실 외교안보심의관실 주재로 '사전전략회의'(06.1.12), 기능점검관련회의(06.1.16), 재단 기능점검보고(06.1.19~20) 등 진행
- 재외동포정책위원회 제8차 실무위원회(06.5.16)에서는 국무조정실의 기능점검 결과보고를 토대로 재외동포재단의 역량강화방안 등을 논의

2) 이제부터 재단은 시장(환경·수요변화)에 부응한다는 관점에서 정부기관이나 관련 사업단체들과는 완전히 차별화된 전략을 선택해야 함

- 재외동포사업은 더 이상 재외동포재단이 독점할 수 있는 영역이 아니며, 다양한 기관(정부 부처, 정부출연기관, 지자체, 비정부기구, 대학, 기업, 전문가집단)들과의 상호작용 및 경쟁 또는 협력이 불가피해졌음
- 특히 정부의 재외동포 관련 자원배분이 시장의 힘에 의해 결정되고 있으며, 재외동포들도 자신들의 욕구를 충족시켜 줄 수 있는 곳으로 충성도(loyalty)를 변경하고 있음(※ 정부는 한정된 재원을 재외동포 관련 원천기술인 인적·물적 정보 구축, 새로운 사업개발, 국가경쟁력에 기여할 수 있는 우수한 사업을 선택하여 집중 지원할 계획)
- 따라서 재외동포재단도 향후 생존·발전을 위해서는 최대한 차별화 전략을 채택해야 함(※차별성 없는 사업이나 정보D/B는 정부나 재외동포사회로부터 외면당할 수 있으며, 지속적인 인력충원과 사업운영에 필요한 재원확보가 재단 혁신의 핵심임)

3) 재외동포사업 관련부처나 수행기관이 양산되어 있는 현실에서 재단이 시장의 선택을 받기 위해서는 전략적 포지셔닝(Positioning)을 구사해야 함

- 포지셔닝은 "자기 사업(상품)의 특성, 경쟁사업(상품)과의 관계, 자사 이미지 등을 종합적으로 평가·분석하여 자기 사업(상품)이 시장에서 차지하는 특정한 위치를 설정하는 것"을 뜻함
- 이는 재단이 다른 부처나 기관에서 제공할 수 없는 차별화된 가치를 제공할 수 있을 때 향후 생존·발전을 기대할 수 있다는 것을 의미함
- 고객과 시장상황 변화에 따라서는 대표기구라는 '명성'(prestige)에 호소할 것인지 아니면 조직이미지·고객만족도 등의 제고를 통한 '여론(소문)'(reputation)에 호소할 것인지를 선택적으로 결정해야 함(※양자 모두를 선택하여 동시 추구할 수도 있음)

나. 국무조정실 기능점검에 발맞춰 재단 역량강화를 위한 혁신방안이 도출되어야 하며, 이 경우 정부의 국정지표, 재외동포정책 방향, 지역별 재외동포사회 요구 등을 종합적으로 감안해야 함

1) 앞서 언급된 6가지 우선순위와 다양한 결합방법을 설정할 수 있음

- (A)민족동질성, (B)국가외교, (C)시장경제, (D)보편가치, (E)미래 동북아구성, (F)과거역사 교훈 등 상호간의 다양한 조합유형이 가능함 ⇒
  ①(A)+(B)유형, ②(A)+(B)+(C)유형, ③(A)+(B)+(C)+(D)유형, ④(A)+(B)+(C)+(D)+(E)유형, ⑤(A)+(B)+(C)+(D)+(E)+(F) 유형 등
- 이외에도 다양한 조합이 나올 수 있음(최적의 조합군에 대한 연구 필요)

2) '시장-전략-핵심성공요인-성과'의 분석틀을 사용

- 재단은 먼저 경쟁가능한 시장(사업영역)이 어디인지부터 조사·분석해야
- 조사·분석된 내용을 중심으로 선택된 시장을 공략하기 위해서는 전략유형과 핵심성공요인이 무엇인지를 도출해내야
- 분석절차는 외부 환경분석(1단계)→ 전략유형 및 핵심성공요인 도출(2단계)→ 국내외 유사기관 및 사업분석(3단계)→ 전략유형별 성공모델 도출(4단계)로 진행

3) 재단 전략선택에 핵심적인 영향을 미치고 있는 외부환경에는 재원조달 형태와 거주국 동포사회 실태가 있음

- 재단 재원조달은 정부출연금, 국제교류기금, 기부금(재외동포) 등으로 구분되나 정부출연금 부문은 점점 줄어들고 있음
- 재단 역량강화 차원에서 재단의 사업재원이 늘어난다 하더라도 정부출연금 비중은 최소화될 것으로 예상되므로 국제교류기금 이외의 재원조달방안을 연구할 필요가 있음
- 재원조달의 특성에 따라 조사·연구·지원·협력·정보D/B구축 등에 차별적으로 배분할 필요가 있음
- 거주국 재외동포사회의 특성에 맞게끔 기존 사업을 재분류할 필요가 있음

4) 전략유형분류는 사업목적별·사업분야별·사업지역별 등 3가지로 구분

- 현재 재단의 사업부서는 기획·홍보·조사·교육·문화·경제·정보화 등 사업목적별로 분류한 결과임
- 현재 재단 사업은 대부분 광범위한 백화점식 사업 위주로 되어 있고, 특정 주제에 국한된 집중사업은 적은 편임; 적용되는 지역은 미주·일본·중국·러시아·기타 지역 등으로 구분되고 있으나 이를 특화하고 있지는 않음
- 따라서 이들 상호간 다양한 조합에 따라 다양한 전략유형 도출이 가능함

다. 전략수행을 위해서는 전략요인·투입요인·프로세스요인·인프라요인 등 4대 핵심요인이 도출·분석되어야 함

<표 5> 4대 핵심 요인 분석

구분	세부요인	개념
전략요인	재단 이념, 사업전략방향, 리더십과 지배구조	재단의 대내외 환경 속에서 재단의 비전과 미래방향을 설정하고 재단조직을 이끌어 가는데 주도적인 역할을 하는 요인
투입요인	예산, 인원(임직원)	재단이 성과를 산출하는데 가장 기본적으로 투입해야 할 요인
프로세스 요인	사업지원 시스템, 정부·재외동포사회·비정부기구·관련전문가와의 협력시스템, 기구 및 조직	투입요인을 성과로 이끌어가는 과정요인

인프라 요인	평가 및 보상, 행정시스템	전략, 투입, 프로세스요인이 제대로 운영될 수 있도록 지원하는 요인

라. 모국의 국력신장 없이는 재외동포의 지위향상을 기대할 수 없으며, 재외동포의 지위향상 없이는 모국의 국력신장 기대할 수 없음

1) 재외동포에 대한 발상의 전환이 필요함. 5대양 6대주에 산재한 700만 재외동포는 더 이상 짐스러운 존재가 아니라 소중한 민족자산

- 정부는 우선 재외동포재단 역량강화(예: 재외동포 관련 사업창구 일원화)를 통해 이미 국제화·개방화되어 있는 재외동포 인적자원을 발굴·지원·육성함은 물론 재외동포에게 보람과 긍지를 심어주고, 차세대 전문가 등 각 분야별 인적네트워크의 질적 수준을 대폭 높이는 정책적 조치를 취해야 함
- 재외동포사업 전담기구로 출범한 재외동포재단도 이번 기회에 유관부처·기관·지자체·NGOs 및 현지 동포사회와의 상생협력관계를 추진하여 동포사업의 성과를 극대화하는데 앞장서야 함.
- 재외동포정책위원회 및 대통령실·국무조정실에서는 재단 혁신안을 기초로 하여 새롭게 정책방향과 사업조정을 실시해야 함

2) 올바른 비전 설정과 합리적 전략 선택이 중요해짐

- 재외동포정책기능이 외교부를 비롯한 여러 부처에 흩어져 있고, 각기 다른 논리에 입각하여 해당 사업을 수행하고 있으므로 이를 우선 정리·조정하는 것이 1순위(선택과 집중)
- 재단 스스로 자율성을 갖고 조직설계를 새롭게 하는 것이 2순위(자율혁신)
- 종합적·항구적인 재외동포정책조정을 위해 국무총리실내에 설치된 재외동포정책위원회를 강화(상설화 및 정책기획단 설치방안)하는 것이 3순위(정책역량강화)
- 한층 기능이 강화된 재외동포정책위원회 주도하에 각 부처로 하여금 직무분석을 하게 한 후 이를 토대로 책임과 성과를 묻고, 중복기능과 불필요한 기능을 정리하는 것이 4순위(사업성과관리)
- 미래사회의 변화에 능동적으로 대비할 수 있는 미래형 전담기구로 재외동포재

단을 완전히 재편하는 것이 5순위(기본법 체제하의 미래형 재외동포재단 탄생)

마. 역량강화의 목표와 접근방법

1) 재외동포재단의 혁신목표: 재단 역량강화시스템 구축

- 범정부차원 및 산하공공기관 혁신추진기조 면밀 분석
- 설립취지와 조직미션·비전달성에 적합한 핵심과제를 도출하여 조직업무 및 사업수행방식을 자율적으로 혁신
- 사업추진은 부서장 중심에서 팀장(차장·과장급)중심으로 개편하되 우수성과팀·사업은 강화하지만 그렇지 못한 경우는 대폭정비
- 합리적 인사고과·보상으로 임직원의 혁신추진동력을 확보하며, 그 성과가 고객만족도와 조직충성도 제고에 기여하도록 유도

2) 재단역량강화는 재외동포사회의 급격한 환경변화와 요구증대, 정부의 혁신기조 그리고 재단 역할의 재정립 등이 복합적으로 작용한 결과

- 정부는 정책으로, 재단은 사업으로, 재외동포사회는 안정정착·주류사회진출·모국발전기여 등으로 제 역할을 다할 때 재단의 위상은 재정립되며, 그에 비례하여 재단의 역량강화도 이루어질 수 있음
- 정부·재단·재외동포사회 등 3자는 재단의 미션과 비전 그리고 전략목표가 새롭게 설정될 수 있도록 함께 노력하여야 함

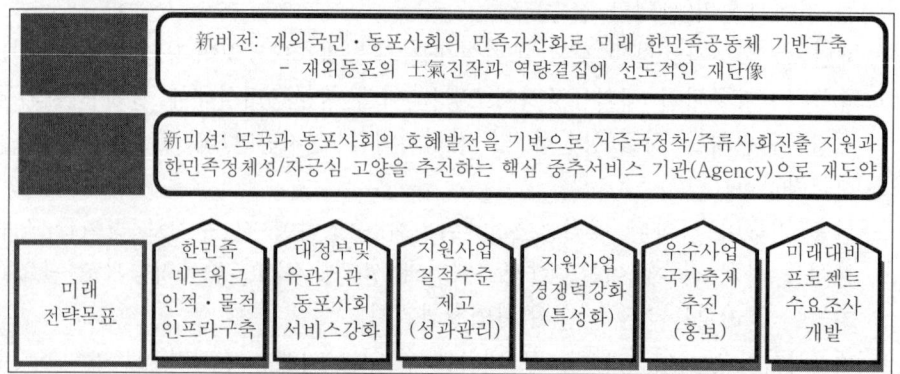

<그림 2> 재단 역량강화를 통한 새로운 개념구상도

제3절 재외동포재단 발전방향

1. 새로운 환경수요 분석

가. 2006년 전후로 재외동포정책의 방향전환이 급속도로 이뤄지고 있음

1) 정부는 오랜 세월 재외동포를 홀대('현지화' 치중)하는 정책으로 일관

- 탈냉전 이후 전 세계가 자국의 국익을 극대화하기 위하여 재외동포를 활용하는 방향으로 나아가면서, 그리고 IMF 경제위기 타결과정에서 재외동포의 역할에 재인식하게 되면서 정책의 방향에 큰 변화가 일어나기 시작
- 이에 정부는 재외동포정책위원회의 회의 재개, 새로운 정책방향 수립, 각종 동포지원협의회의 실시 등 가시적인 변화를 보였으며, 제17대 국회의 동포 관련 입법발의나 각종 NGO단체들의 활발한 지원활동 등은 재외동포에 대한 인식이 크게 바뀌고 있음을 보여주고 있음
- 특히 1985년 이후 급격한 출산율 저하로 인구감소추세에 접어든 한국으로서는 인구가 증가하고 있는 재외동포사회의 전략적 가치를 인정하지 않을 수 없음
- 또한 거주지역의 광범위성이나 국가간 인구이동율의 증가 그리고 거주국내에서의 경제적·정치적·문화적 위상의 상승 등은 재외동포가 더 이상 모국의 짐이 아니라 한민족의 소중한 민족자산임을 깨닫게 해주고 있음

2) 재외동포의 위상 변화와 정부 정책의 변화에 따라 재외동포재단의 미래상도 다시 설정되어야 함

- 동포지원사업에 대한 조정 및 개선에 주도적인 역할을 수행하여야 함. 이를 위해서는 재단과 정부부처 간에 유기적인 협조체제가 구축되어야 하며, 동포지원업무에 있어서 전담기구라는 명분에 집착하기보다는 대표기구로의 역할을 적극 수행하겠다는 의지도 보여야 함
- 또한 동포사회와 국내와의 가교 역할에 충실하기 위해서는 동포지원업무를 더욱 활성화하여 모국에 대한 인식을 제고하며, 동포들의 역량을 모국발전과 연결시켜 내국민의 부정적 인식을 바로 잡아주어야 함

- 특히 재외동포들의 거주국내 지위향상을 위해 현안사항 및 숙원사업을 해결하는데 적극 앞장섬은 물론 모국과의 네트워킹(예: 교육문화센터, 해외사무소, 코리안넷, 한글학교·한인회·상공회·청년회 등)에도 더욱 힘을 기울임으로써 재단의 전문성과 사업력을 글로벌 수준으로 끌어 올려야 함

2. 4가지 선택 유형

가. SWOT분석이란 조직의 외부환경과 내부환경 중에서 가장 중요한 요인들을 바탕으로 전략수립을 가능케 하는 분석도구

1) SWOT(강점·약점·기회·위협)분석에서 중요한 요점은 어떻게 하면 조직의 강점은 살리면서도 약점은 죽일 것인가? 기회요인은 활용하고 위협요인은 억제할 것인가 하는 데 있음

- 경쟁조직과 비교할 때, 고객으로부터 강점으로 인식되는 것과 약점으로 인식되는 것을 분석한 다음, 외부환경에서 유리한 기회요인과 위협요인을 찾아냄으로써 조직의 강점은 최대한 활용하고 약점은 최대한 보완하는 것만이 시장에서의 경쟁력을 잃지 않는 최선의 방책임

2) 2006년 5월 현재, 대내외 환경을 분석해보면 4가지 유형의 선택지 가능

- SO(강점+기회)전략. 기회요인을 활용하기 위해 강점을 사용하는 전략으로서 모국과 동포사회와의 상생, 유관기관·기업·단체와의 협력, 신규사업영역 확보, 해외거점 확보, 고급정보 및 D/B구축 등에 중점
- ST(강점+위협)전략. 위협요인을 회피하기 위해 강점을 사용하는 전략으로서 기존사업의 성과관리 및 대내외 홍보강화, 유사사업과의 무한경쟁, 재단의 차별화 등에 중점
- WO(약점+기회)전략. 약점을 극복함으로써 기회요인을 활용하는 전략으로서 사업창구 일원화의 타당성 홍보, 대통령 등 정책결정자의 인식 제고 노력, 지원사업의 효과·만족도 강조 등에 중점
- WT(약점+위협)전략. 위협요인을 회피하고 약점을 최소화하는 전략으로서 기존 사업수행 혁신, 신규사업 개발, 서비스의 양과 질 확대 등에 중점

※재단이 선택할 수 있는 최선의 방안은 중장기적으로는 WO전략, 단기적으로는 SO전략과 WT전략

나. 재외동포 관련사업들은 고객만족과 성과관리에 있어 무한경쟁국면

- 정부의 혁신의지와 함께 시장(고객)의 반응이 인력충원이나 자원배분을 좌우하고 있음을 의미
- 재외동포재단의 주고객은 동포정책의 조정자인 대통령 및 국무총리(재외동포정책위원회), 동포정책의 생산자인 외교통상부(재외동포영사국), 동포사업지원의 실수요자인 재외동포사회·재외동포 전문가(개인·연구소·대학 포함)·재외동포사업 관련 단체들로 구분
- 따라서 여러 정부부처나 기관·NGOs 등과 구별되는 경쟁력 있는 가치(예: 네트워크 가치)를 재단 스스로 확보하기 위해서는 다양한 전략을 복합적으로 활용하여야 함. 즉, 중장기적으로는 WO(약점+기회)전략으로 재단의 역할을 재정립하되, 단기적으로는 SO(강점+기회)전략으로 외부와의 상생협력을, WT(약점+위협)전략으로 내부의 사업수행, 조직인사, 민원서비스 혁신을 각각 추진하는 것이 최선의 선택

3. 상생협력모델 구축

가. 상생협력모델 구축방향

- 이민+재외국민+외국적동포+통일+해외정보정책의 통합조정 필요
- 국내외 사업협력대상과의 긴밀한 네트워크 및 전략적 협력추진 → 유관부처·기관 및 지방자치단체, 거주국 재외동포사회, 국내외 연구기관·언론·대학·학회 등과의 상생협력체제를 구축해야

나. 상생협력모델은 재단역량강화방안이자 선진화된 사업지원체제 시발점

1) 재외동포재단법상 보장되어 있는 재외동포관련 지원업무의 원활한 수행을 위하여 각 부처에 산재되어 있는 동포관련 지원업무들은 계속적으로 재단으로의 일원화를 추진한다는 기조에는 변함이 없어야 함

- 그러나 전체 동포사회의 권익신장과 안정적 정착 그리고 모국과의 호혜발전을 위해서는 범정부 차원의 상생협력이 동시에 요구됨. 즉, 천차만별한 처지에 놓여 있는 동포들의 현실적 욕구를 담아내기 위해서는 재외동포재단의 사업과 역량만으로는 부족한 것이 현실임을 인정해야
- 따라서 재단에서는 예산과 인력의 보강을 통해 지원사업의 차별화・특성화・전문화를 추구하면서도 여타 유관사업 수행부처・기관들과의 협력에 만전을 기해나가야 함

2) 첫째, 범정부차원의 상생협력이 이루어져야

- 외교통상부를 주축으로 상호 연관 부처들간의 협력이 공고하게 이루어져야
- 현재 재외동포정책위원회와 재외동포정책실무위원회의 위상・기능 및 개최 횟수 등이 재조정되어야
- 사업수행차원에 있어서는 재외동포재단을 주축으로 유관기관들과 사업협의체(예: 재외동포사업심의회의)를 구성・운영하는 정책적 배려 필요

3) 둘째, 지자체・연구기관・NGOs와의 전략적 상생 필요

- 재외동포와 관련하여 행정서비스 수요가 많은 지방자치단체들과 사업파트너십 구축 위한 MOU(Memorandum of Understanding: 양해각서)를 단계적으로 체결하여야
- 재외동포사회를 대상으로 하는 의식조사, 각종 기초자료의 수집발간, 우수인력 데이터베이스운영, 관련 연감 및 인명록 발간, 학술연구사업의 효율적 운영을 위해서는 전문연구 능력과 사업수행 능력을 갖춘 국내외 연구기관 및 시민단체들과 상호지원체제를 구축할 뿐 아니라 재단 내에 부설 연구소를 설치하여 지역전문가에 의한 조사연구기능을 대폭 강화해나가야

4) 셋째, 전 세계한인네트워크의 창구로 발돋움하여야

- 세계한상대회, 세계한인회장대회 등의 경험과 과제를 면밀히 분석하여 전 세계의 한인회・청년회・부인회・상공회 등 각종 지역별・직능단체별 한인네트워크들과 본격적인 교류협력체제를 구축하여야

- 특히 주류사회 진출성과가 두드러지게 나타나고 있는 차세대 인재들의 네트워크를 적극 활용하여 한국인의 위상은 물론 모국발전에 기여할 수 있도록 초청·교육·관리에 힘을 쏟아야
- 재단에서 수행하고 있는 코리안넷 사업을 십분 활용하여 전 세계 한인네트워크를 하나로 묶음으로써 정부정책·사업홍보 및 거주국 관련 정보수집·민원처리의 효과를 극대화하여야

다. 재외동포정책위원회는 다음의 순서로 사업조정을 실시하여야

- 1순위는 재외동포사업의 선택과 집중
- 2순위는 재외동포재단의 자율혁신
- 3순위는 재외동포정책위원회의 정책역량강화
- 4순위는 각 부처 수행사업의 성과관리
- 5순위는 법 제·개정하의 미래형 재외동포재단 탄생

※이상의 조건이 충족될 경우, 재외동포재단은 새로운 면모로 거듭 태어날 수 있는 여건을 확보할 수 있음

4. 사업혁신 촉구

가. 사업 혁신의 6가지 기준 설정

- 재외동포사회의 미래상을 고려했는지 여부
- 정부 주요 국정과제와 연관되는지 여부
- 정부 재외동포정책의 변화추세와 부합되는지 여부
- 재단법·시행령 및 정관·내규의 재량범위와 합치되는지 여부
- 국가 장기프로젝트·미래프로젝트 의제가 될 수 있는지 여부
- 재단 사업부서(팀)의 미래지향적 전략목표와 일치하는지 여부

나. 사업의 지속가능성·미래지향성·파급성도 충분히 따져보아야

- 현실진단: 다양한 지역특성과 요구에 따른 새로운 사업개발·실천
- 비전설정: 재단이미지·브랜드충성도·고객만족도 제고

- 대안모색: 선택과 집중을 통한 사업전략 차별화 시도
- 실행계획수립: 공공기관 경영혁신에 입각한 사업성과·효율 극대화

다. 사업구조 변화를 통한 재단의 특화·전문화 기대

1) 재단 사업수행의 6가지 기준

- 첫째, 재외동포사회의 미래상
- 둘째, 정부의 국정과제
- 셋째, 재외동포정책의 변화 추세
- 넷째, 재외동포재단법, 시행령, 정관이 규정하고 있는 재량범위
- 다섯째, 국가의 장기 또는 미래프로젝트와 연결되는 의제화 여부
- 여섯째, 재외동포재단 부서(팀)의 미래전략목표
※이상 6가지 기준을 통해 재단의 사업수행방식을 혁신한다면 재단 역량강화는 자연스럽게 이루어질 수 있음

2) 향후 재단의 사업구조는 프로그램단위로 변경함을 원칙으로 하되,

- 사업설계 → 타당성조사 → 사업실시 → 결과보고 → 고객만족도 조사 → 사업사후평가 등을 종합적으로 수행하는 시스템으로 변경되어야
- 경쟁력 있는 가치(예: 네트워크 가치)를 수집·가공·제공할 수 있도록 사업수행의 근본구조를 바꾸어야
- 사업성과가 미약하거나 규모가 영세한 것은 단위사업별로 점차 통폐합해야
- 기획·조사·연구·지원·협력·정보D/B구축 등 각종 사업유형과 동포사회의 현실적 특성에 맞게끔 재원의 성격도 재조정될 필요가 있음
- 재단에서는 외교통상부에 '재단 역량강화방안'으로 예산(500억원 규모) 및 인원(80명 규모) 확대를 제시하고, 2007년 예산부터 반영해줄 것을 요청[5]

4) 재단 사업재원조달에 대한 종합적인 대책마련이 시급.

- 재단의 사업재원조달은 정부출연금, 국제교류기금, 기부금(재외동포) 등으로 구분되고 있으나 정부출연금은 점점 줄어들고 있음

- 특히 2005년 3월, '재외동포재단법'과 '국제교류재단법' 개정으로 재단 사업재원의 상당부분이 국제교류기금에서 확보되면서부터 사업의 중요성과 상징성이 많은 부문 퇴색. 이런 재원조달의 이원화로 인해 외교통상부 산하기관간의 지휘·감독체계에 혼선이 빚어지고 있으며, 이중적인 예산신청·결산보고의 문제점도 발생
- 따라서 재단 사업수행의 혁신(재분류)과 함께 국제교류기금상의 '재외동포교류지원' 항목에서 동포재단의 주요 예산이 편성되는 방식은 하루빨리 시정되어야 하며, 장기적으로는 정부출연금 예산의 확대 또는 안정적 재원(예: 재외동포지원기금)의 확보가 강구되어야

5) 전략적인 포지셔닝에도 주력하여야

- 1단계는 고객이 무엇을 원하는지를 파악
- 2단계는 경쟁관계에 있는 유관 부처·기관의 사업경쟁력을 점검
- 3단계는 경쟁자의 사업이 어떤 포지션을 차지하고 있는지를 분석
- 4단계는 경쟁자의 포지셔닝에 따라 자사 사업의 포지셔닝을 결정
- 5단계는 소비자와 시장분석을 통해 사업의 포지셔닝을 재조정
※재단 사업들이 확실한 포지셔닝을 구축하려면 유관 부처나 기관에서 제공하지 못하는 차별화된 가치·만족도를 제공하여야 함
- 재단은 명성(prestige)에 호소하든 여론(입소문)에 호소하든 거주국 동포의 참여와 자조·자활노력을 더욱 조직화·지속화해나가고, 소외지역 동포사회의 권익신장과 삶의 질을 증진시킴으로써 민족정체성 함양과 네트워크 활성화에 최선을 다해야 함

5. 미래비전 제시

가. 올바른 비전설정이 중요함

- 한민족공동체의 교두보를 어떻게 구축할 것인지를 정확히 해야
- 동포들의 생리적 심리와 활용측면에 대한 충분한 이해가 필요

나. 사업추진방향을 제대로 설정해야

- 재단의 설립취지를 충분히 인식해야
- 모국과 네트워크가 가능한 부문이 무엇인지를 파악해야
- 호혜발전을 위한 상생모델이 상호간에 공감되어야

다. 미래사회(2020년)를 내다보는 종합적인 추진전략을 수립해야

- 5대양 6대주에 산재한 700만 재외동포는 재외동포재단의 존립근거이자 사업목표(※세계화 이민정책, 거주국내 소수민족 보호육성정책, 주변 4강 동포의 역량결집·활용정책 등)
- 재단의 미래위상은 어떤 비전을 설정하느냐와 깊은 연관이 있음. 재단은 한민족공동체 실현의 핵심중추기관으로서 동포사회의 사기 진작과 역량결집에 선도적인 역할을 다하여야 하며, 상생협력기관의 모델로서 '국가핵심중추기관', '선진두뇌집단', '대표적인 동포사업 지원창구'로 발전해나가야

제4절 향후 과제

1. 현안과제 해소

가. 해결방안 모색

- 운영·조직측면: 새로운 조직비전과 경영이념 창출
- 예산·사업측면: 미래사회변화 대비 재분류
- 정책·지도감독측면: 통합성·자율성 및 창의성 발휘
- 민원·참여측면: 고객만족도와 접근도 제고
- 기타 측면: 상호협력과 네트워크 체제 구축

나. 앞서 제기된 문제점과 자체분석을 토대로 현안과제를 조속히 해소

- 장기적이고 종합적인 재외동포지원체제 수립에 중추적 역할을 감당해야
- 각 사업별로 전략목표와 과제선정이 보다 구체화·계량화되어야

- 사업대상의 차별화, 사업내용의 차별화, 사후평가 및 관리의 차별화 등을 통해 사업을 더욱 내실화하고 미래사회의 변화에 적극 대처하여야
- 향후 재외동포사회의 역할과 기여를 면밀히 조사연구 분석해야. 최소한 100년 이상을 내다보면서 재외동포사회를 보호·육성·지원하는 장기적인 접근이 필요하며, 이를 위해서는 무엇보다 재외동포재단의 조직·인력·민원서비스 그리고 예산 등의 혁신이 뒤따라야
- 이런 기반이 마련된 이후에 각 부처에 산재되어 있는 동포관련 지원업무와 유사사업의 일원화도 이루어져야

<표 6> 해소방안 일람

구분	지적사항 해소방안(예시)
(A) 운영 · 조직 측면	-동포지원행정과 영사지원 행정간의 특성을 고려한 중장기 재외동포지원체제 역량강화방안 강구 -전 부처 대상으로 동포 관련사업을 총괄 조정할 수 있는 재외동포정책기획단(실질적인 사무처 기능: 정책위원회와 실무위원회의 강화)의 신설 필요 -재단 운영의 경영자율성 법적 보장방안 강구 -과학적 직무분석을 통한 조직(인원·예산) 재설계 -7대 권역별(북미·중미·일본·중국·CIS·동남아·유럽) 전문가 및 활동가 혼성조직 구축 (→매트릭스·네트워크조직화) -동포사업 대표기구로서의 위상 및 전문조사연구기능 회복 -부서간·팀간 유기적이면서도 효율적인 업무협조체제 구축
(B) 예산 · 사업 측면	-외교예산항목이 아닌 독자예산항목 추진 필요(동포지원예산의 독립성 필요) -국가목표와 직접 연관된 사업의 경우는 국고지원, 소외·열악한 동포사회지원사업의 경우는 국제교류기금, 재정자립도가 어느 정도 달성된 동포사회지원사업의 경우는 재정지원 대신 정책지원 유도) -매칭펀드식 재외동포기금 확보방안 연구 -중장기 재정자립방안 적극 강구 -지원사업의 선정·심의·결산·사후평가의 투명성 제고 -정부의 재외동포정책의지를 보여줄 통합이미지 구축(예: 국립재외동포재단) -재외동포정책목표 및 정책방향에 부합되는 종합적·체계적·통합적 사업추진체계 구축 및 지역특성별 신규사업개발 추진 -각 관련부처 간 사업연계성 확보(창구일원화) 및 중복시행 방지협약 체결 요망 -재미한글학교·재일민족학교·연해주프로젝트 등 동포사회 특수사업에 대한 총괄적 행정지원 체제구축 요망 -국내체류 외국국적동포 및 다문화가정동포지원에 대한 부정적 인식제거 및 동질성 유지 노력 -민단지원 및 YTN지원사업의 성과관리 구축 및 점검
(C) 정책 · 지도 감독 측면	-이주+법적지위(국적회복)+정착지원 통합서비스 구축 -동포정책실무위원회 간사 변경(외교부 재외동포영사국장→재외동포재단 기획이사) 추진 -기본계획의 일관성·통합성 유지(정책↔기획↔사업↔현장) -외국 선진정책사례의 변화에 민감하게 대처할 수 있는 기능 확보 -외교부 영사정책과의 전략적 파트너십 수립 필요 -한인회·상공회의소 등과 네트워크협력체제 기반 조성 -재단 소관부처 이관 내지 유사기구 신설 움직임에 적절히 대처

(D) 인사 측면	-지역·법률·정책·동포사업 전문가 및 어학능력 우수자 우선 충원 -국내외 재외동포 전문기관 및 NGOs 직원들과의 순환 인사교류 추진 -최소 60~80명 수준의 최정예 네트워크 팀조직 설계 -임직원 소속감 고취 및 글로벌 인재육성·지원 -합리적인 평가제도, 인센티브제도 도입과 팀워크 유지 -일반직 직원과 계약직 직원간의 파트너십 구축
(E) 민원 · 참여 측면	-숙원사업(시설건립·유적관리) 지원을 위한 전담 T/F팀 설치·운영 -한인회 등을 통한 정확한 수요조사 및 지원 우선순위 데이터 확보 -민원해소를 통한 고객만족도 관리시스템 구축 -고문단(정책·사업부문) 적극 활용 -국내외 자문위원 확대 및 활용방안 강구 -차세대 인재·단체 육성·발굴·지원시스템 구축
(F) 기타 측면	-각 부처간 상호협력·상생모델 구축 -성과관리가 제대로 안되는 사업부터 자체 청산 절차 강구 -책임경영을 위한 권한·임기 보장책 마련 -이사장/상근이사/비상근이사의 역할·자격기준 재설정 -공유 리더십/공동 리더십/파트너십 구축방안 강구 -CEO 경영철학·방침의 재단 직원 공유 -재단 제주도 이전 대비책 강구(예: 서울사무소, 각 지자체 담당관 설치, 동포교류센터 건립 타당성 강조) -주변 4대강국(미·일·중·CIS) 한인회와 전략적 네트워크협력 추진 -현지 조사연구결과 및 기존 D/B의 통합D/B화 추진 -인적·물적 정보 수집·가공·서비스 인프라망 구축

2. 재외동포재단 미래모습

   가. 조직혁신

 1) 각 부서별 시너지 극대화를 위한 상생조직모델 가동

- 재단 역량강화를 위한 조직 개편의 타당성 검토
- 정부정책목표 및 방향·동포사회수요·재단 미래위상을 통합적으로 고려한 팀제 조직(수평조직·메트릭스조직·네트워크조직 등) 도입
- 공공기관 지방이전에 대비한 글로벌 조직구조 기반 구축(서울사무소, 해외지역사무소, 재외동포교류문화센터 등을 정책적으로 고려)

 2) 기획 및 조사연구기능의 전문성·현장성 확보

- 사업기획단, 지원사업단, 네트워크사업단 및 연구소 설치로 전문기능 확보
- CIS지역 및 중국지역 재외동포사회의 전략적 의미를 최대 활용하는 지역거

점이 필요

3) 재외동포사업 수행기구로서의 조직혁신 필요

- 현대국가는 공공임무를 수행할 경우, 정부 행정조직을 통해 직접 수행하기도 하고, 특수법인을 설립하여 관련사업을 수행하기도 함. 특히 국가정책이 복잡·전문화된 영역일 경우에는 정부와 민간이 그 역할을 분담. 정부의 지원·감독 아래 정부 바깥에서 다양한 현장의 행정수요를 충족시켜주는 특수기관들이 늘어나는 것도 같은 이유
- 정부를 대신하여 재외동포사업을 수행하는 대표적 전담기구인 재외동포재단의 현재 조직·예산규모로는 재단 설립의 입법취지를 살리는 것뿐만 아니라 재외동포를 국가발전과 한민족공동체 형성의 주역으로 육성·활용하기에는 역부족인 실정
- 특히 기존 사업 간의 통폐합, 신규사업 개발, 프로그램단위 사업재편, 재단 역량강화모델 제시, 동포지원업무의 중장기계획 수립, 동포관련 정책·법제 변화에 따른 후속조치 등 현안사항을 처리하려면 현재의 조직체제는 혁신되어야 함. 즉, 기획·법무·예산·회계·총무·인사업무와 조사연구업무를 담당하고 있는 현재의 기획조사실은 '사업기획단'과 '연구소'로 전문화되어야 하며, 교류·교육·문화지원사업, 한상대회 등 경제사업, 정보화·홍보사업 등을 담당하는 현재의 교류사업부·교육사업부·문화사업부·경제사업부·정보화사업부는 각각 '지원사업단'과 '네트워크사업단'으로 특성화·세분화되어야
- 또한 21세기 글로벌 시대를 맞아 소외·낙후지역(중국 및 CIS지역)의 현장성 제고를 위해 해외사무소(재단법 제5조 및 시행령 제2조 참조)가 설치되어야 하며. 재외동포교류센터(서울사무소 병행) 설립추진도 공공기관 이전 계획(2012년, 제주도 이전)에 대비하여 하루 빨리 구체화되어야

4) '3단 1연구소 1교류센터 2해외사무소' 체제로 혁신되어야

- 재단이 21개 팀으로 구성된 3사업단(團), 7개 지역을 담당할 1연구소, 서울사무소 역할을 병행할 1교류센터, 2지역사무소 체제로 확대 개편되면 신규사업 수요개발은 자연스럽게 늘어나며, 그에 따라 예산과 인력도 현재의

300억원・40명대 규모에서 500억원・80명대 규모로 확대

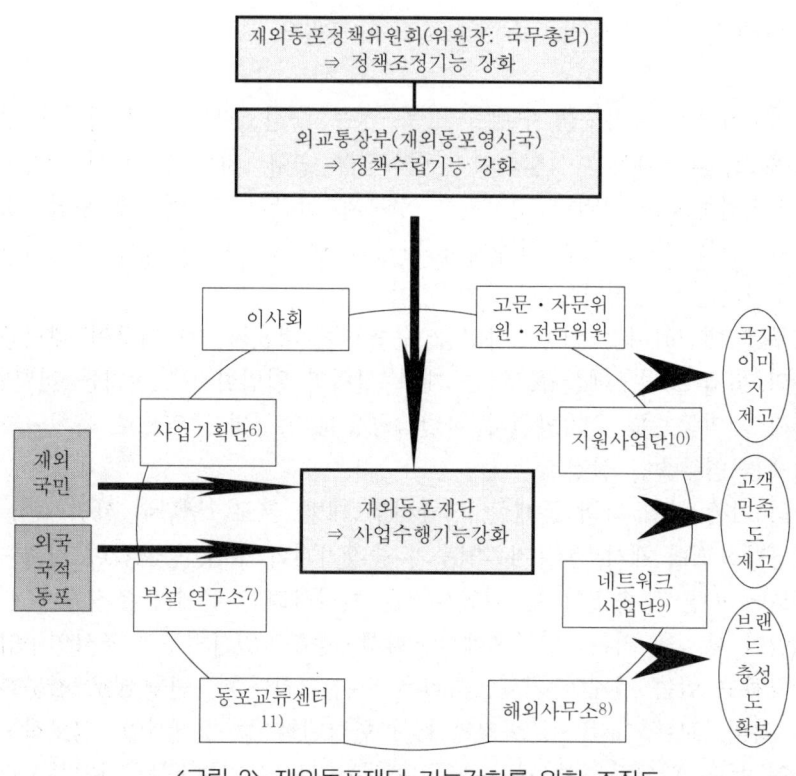

<그림 3> 재외동포재단 기능강화를 위한 조직도

- 사업단 확대와 연구소・교류센터・지역사무소 신설, 기존 부서별 사업예산 확충, 신규사업 개발 기대 등을 감안한다면 인건비의 현실화, 조직규모에 맞는 사무공간 확보, 직원복리후생・각종 공과금・필요사무기기 구입 등 경상운영비 대폭 증액도 함께 기대할 수 있음
- 국가정책상 추진되는 공공기관 지방이전과 관련하여 재단의 제주도 이전 (2012년 예상)은 서울사무소 설치의 필요성을 증폭시키고 있는데 교류문화센타 형태가 될 이곳은 외교통상부 등 유관기관과의 업무연락, 초청동포들의 인천공항 출입국 및 서울 중심 체류지원, 이민희망자 관련강좌와 행정서비스, 동포관련 행사안내 등을 담당하게 되며, 재외동포박물관 또는 자료센터로서의 기능도 할 수 있음
- 현지 동포사회 실수요 파악, 지원정책수립 및 사업시행결과에 대한 현지평

가 수렴 등을 위해 미국·일본·중국·러시아·중남미·동남아·유럽 등에 해외사무소가 설치된다면 동포들에게 직접 다가가는 고객지향적 사업을 전개할 수 있음
- 재외동포재단의 기능강화는 새로운 부처나 전담기구 신설이 현실적으로 어렵다는 점을 고려한 대안이므로 재외동포정책위원회의 정책조정기능과 외교통상부의 정책수립기능의 강화도 함께 이루어지는 것을 전제로 함
- 결국 재외동포정책과 사업이 거주국 동포사회의 실정에 맞게끔 특성화·전문화 되어야 모국과 유대감 증진은 물론 각 분야별 네트워크가 긴밀하게 구축될 수 있음

5) 팀제 조직의 도입

- 팀제는 수평조직 구조로서 조직목표의 공유, 리더십 역할의 공유, 상호충고 및 토론, 정보개방 및 공유, 팀(Team)중심의 업적 및 능력 보상, 팀단위업무의 계획·통제·개선을 보다 원활히 할 수 있다는 장점이 있음
- 현재의 백화점식 사업시행이나 지원사업의 집중도 저하를 막기 위해서는 부서제보다 팀제가 훨씬 더 능률적
- 동포사회의 숙원사업(시설건립)이나 대규모 이벤트(한상·한인회장대회) 사업의 효과적인 추진을 위해서는 T/F성격의 팀이 사업의 효율성을 최대한 높일 수 있음
- CIS지역동포의 국적회복·정착지원사업, IT 관련사업, 한글교육사업 등 중장기적 프로젝트 성격의 사업이나 재단 10주년 기념행사 등을 위해서는 전담팀제가 필요

나. 인사혁신

1) 인사관리 및 보수관리의 합리화

- 직무에 적절한 인력채용 및 배정
- 객관적이고 합리적인 성과관리 실시
- 공정한 성과급 지급제도 정착 실시

2) 성과중심 인사경영 및 일하는 방식 개선

- 직무분석 및 이에 다른 공정한 평가 시행
- 지역담당관제 부활
- 노사협의회 활성화
- 모니터링제도 운영

다. 민원혁신

1) 모국-거주국-네트워크별로 각종 서비스 차별화

- 호적등본 발급 민원서비스를 순차적으로 전 세계로 확대하고 부동산·세금·기업·병무·보훈 등의 상담서비스를 통합 제공할 수 있도록 각 부서 협력 추진
- 어글리 코리안 예방사업, 최초 이주자 정착지원사업, 지원금의 효율적 사용 시스템 구축, 자원봉사단 현장서비스사업 등 대고객 만족도 제고

2) 민원서비스개선을 위해 관련 부처들 간의 법적·행정적 협조 필요

- 국내 불법체류자 신분과 관련된 국내취업과 비자발급에 애로를 겪던 중국 및 CIS동포들의 경우에는 '방문취업제' 실시로 민원사항이 대폭 해소될 예정이나 해당 거주국에서의 재산취득, 비자발급, 병역관계, 국제결혼 등은 여전히 민원사항으로 남을 전망
- 현재 재외동포재단은 민원관련 처리부서로서의 법적 지위를 확보하지 못하고 있기 때문에 동포민원은 사안에 따라 법무부·병무청·행정자치부 등 관계 부처로 이관하여 처리하는 수준에 머물고 있음
- 재외동포 민원서비스 개선을 위해서는 민원법령 개정이 필요하다. 행정자치부 소관인 '민원사무처리에 관한 법률(제5조)'에 의거하여 재단이 동포들을 대상으로 '민원서류접수 교부기관'으로 지정되는 법률적·행정적 개선이 필요한 실정(cf. 행자부의 부정적 입장 견지).
- 대부분의 동포민원들은 민원 제기자의 모국에 대한 불만사항으로 이어지거나 국가이미지에 손상을 끼칠 수 있으므로 민원상담시 심정적인 위로와 적

극적인 안내태도는 필수적이다. 모국에 대한 이미지 제고 차원에서라도 동포관련 민원서비스에 대한 대대적인 인식전환이 재단 차원은 물론 범정부 차원에서 이루어져야
- 특히 사이버시대를 맞아 온라인(korean.net)상에서 해당 민원을 처리하는 시스템을 구축해나간다면 최소의 비용으로 최대의 효과를 기대할 수 있음

3) 민원서비스는 구체화・통합화되어야

- 첫째, 거주국 민원서비스 영역. 거주국내 안정적 정착을 위한 자조적 노력 서비스와 거주국내 법적・사회적 지위향상 및 권익보호서비스 차원에서 실시되는 이민정착법률서비스, 불법체류자 보호서비스, 시민권 및 참정권 획득서비스 등이 이에 해당
- 둘째, 모국 민원서비스 영역. 모국과의 유대증진을 위한 국내법적・제도적 기반 서비스와 한민족정체성 함양을 위한 교육문화교류 서비스 차원에서 실시되는 호적민원서비스의 범위 확대, 기타 출입국과 체류 및 교육에 관련된 민원서비스 개발이 이에 해당
- 셋째, 네트워크 서비스영역. 동포사회 발전을 위한 한민족네트워크 서비스 차원에서 실시되는 업종별・지역별 카운터 파트상담서비스, 사이버상 홈페이지 구축서비스, 이산가족찾기 및 중매서비스 등이 이에 해당

2. 재단 위상 강화

가. 타 부처 재외동포지원 업무의 재단으로의 일원화 방안 강구

- 재단 설립취지를 살릴 대내외환경을 최대한 조성(※대통령 등 최고정책결정자의 결단, 예산당국과 재외동포들의 지원 필요)
- 각 부처 이기주의가 해소되도록 대규모의 사업조정 실시 필요
- 재외동포정책위원회 및 실무위원회 운영 실무간사 역할을 재단에 부여하는 방안 검토
- 예산・인력의 안정적 확보 및 동포특성에 맞는 맞춤형사업 추진(직원 인건비의 현실화 및 우수 인력확보의 필요, 지역별 지원의 형평성 제고와 국가별・연령별 맞춤사업 추진)

나. 각 전문분야별 재외인적자원 발굴·지원 및 D/B 전담창구로 부각

- 각 분야별 한인네트워크 관련사업의 활성화 필요
- 차세대 인재육성·활용을 위한 대내외 협력·연대체제 추진
- 국내외 네트워크기반 구축을 위한 상생모델 가동

다. 범정부적 차원의 재외동포지원정책 원·스톱 서비스 추진

- 이민+ 재외국민+ 외국적동포+ 통일+ 해외정보정책 통합추진 필요
- 코리안넷(www.korean.net)사업등의 민족망 서비스 기능 대폭 강화
- 교육(한국어)·문화·경제·과학 등 韓流활성화 프로젝트 추진

라. 국내외 사업협력대상과의 긴밀한 네트워크 및 전략적 협력추진

- 유관부처·기관 및 지방자치단체와의 네트워크협력체제 구축
- 거주국 동포사회와 네트워크협력체제 구축(예: 운영요원파견)
- 국내외연구기관·언론·대학·학회와의 네트워크협력체제 구축

3. 향후 일정

가. 1단계

- 재단 내에 재외동포지원체제 및 재단역량강화를 연구할 '전략기획팀' 구성
- 재외국민·외국국적동포 행정기능 조정 협의(재외동포정책위원회 주관)
- 국무조정실 또는 외교부내에 재단 역량강화를 위한 추진단 설치
- '새로운 행정 방향'에 관한 공청회 개최(정책위원회 주관)
- 행정기능통합(조정) 관련 관계 장관회의 개최(VIP 또는 P.M. 주재)

나. 2단계

- 재단법·시행령 및 동포 관련 법률안 제·개정(국회통과 목표) 성안: 국무회의 통과 및 국회 제출

- 재단 역량강화방안(마스터플랜)을 발표(VIP 또는 P.M.)
- 각계 간담회(재외동포사회 대표, 학계·NGOs 전문가 대상) 실시

다. 3단계

- '새로운 재외동포정책 비전·방향' 최종보고서 제출(재단 주관)
- 예산·예비비 편성 및 협의(기획예산처), 사무실 확보
- '새로운 재외동포재단'으로 탈바꿈

※ 재외동포지원업무의 전문성과 차별성을 갖춘 재외동포재단, 재외동포 수요 충족을 위한 신규사업발굴에 앞장서는 재외동포재단, 지역별 한민족 네트워크 결집과 정보D/B구축·활용에 적극적인 재외동포재단. 이것이 재외동포재단의 미래모습이어야

제5절 맺는 말

지금까지의 논의를 요약하면 다음과 같다.

1. 현 시점은 재단 역량강화의 방향을 결정짓는 분기점이다.
2. 조직 역량강화의 목적은 조직이미지(문화)·브랜드충성도·고객만족도 제고다.
3. 재외동포재단 역량강화는 정부-재단-동포사회 3자 모두가 합심해야 가능하다.
4. 재단역량강화의 핵심은 재단 경쟁력 강화와 직결되며, 이는 최고 정책 결정권자(대통령)의 결단과 재외동포정책위원회(국무총리)의 조정능력이 뒷받침되어야 한다.
5. 재단역량강화의 방향은 누가 주도권을 잡느냐에 따라 그림 자체가 달라진다.
6. 재외동포정책의 주무부처인 외교부는 기존의 재외동포정책과 사업을 획기적으로 개선하는 '재외동포재단 역량강화방안'을 전략적으로 마련해야 한다.
7. 재단 역량강화는 사업전략을 차별화하는 것으로부터 출발해야 한다.
8. 재단에서는 참여정부 국정지표, 재외동포정책방향, 지역별 재외동포사

회 요구 등을 종합적으로 감안한 재단혁신안을 작성해야 한다.
9. 모국의 국력신장 없이는 재외동포의 지위향상을 기대할 수 없으며, 재외동포의 지위향상 없이는 모국의 국력신장 기대할 수 없다.
10. 지금은 재외동포에 대한 발상의 전환이 필요한 때다. 700만 재외동포들을 위해 정부는 재외동포재단의 역량강화(예: 재외동포 관련사업의 창구 일원화)는 물론 동포 인적자원의 발굴·지원·육성, 동포들에게 보람과 긍지 부여, 각 분야별 인적네트워크 질적 수준 향상 등에 앞장 서야 하며, 동포사업 전담기구인 재단도 확고한 자기 위상(법적·제도적 위상)을 정립함으로써 각 유관부처·기관들과의 상생모델수립과 원·스톱 서비스기능 강화에 적극 노력해야 한다.
11. 재외동포 관련법 체제정비가 특히 중요하다. 기본법 제정을 비롯한 관련법제에 대한 재정비가 있어야 한다.
12. 재외동포정책위원회의 위상 강화가 반드시 이루어져야 한다. 기구의 상설화 또는 사무처 기능을 할 수 있는 정책기획단을 설치하는 방향으로 나아가야 한다.
13. 전담기구 개편은 가능한 한 재외동포사회의 변화와 정부의 국정목표와 일치되는 방향에서 선택되어야 하며, 지금보다는 진일보한 기구여야 한다.
14. 이번 기회를 통해 재외동포정책이 외교부 영사정책이나 외국인정책의 하위정책이라기보다는 대등 또는 독립된 영역의 정책임을 인식하는 좋은 계기가 되어야 한다.
15. 제시된 향후 추진일정을 참조로 하여 국정과제-정책목표-정책방향-사업목표-행정지원-현장의 목소리가 일관성 있게 연결될 수 있어야 한다.

(「재외동포재단 역량강화방안」, 2006.5)

동북아협력시대를 앞당기는 한민족공동체 실현의 첨병!

700만 재외동포의 사기진작과 역량결집을 선도하는 미래형 재외동포사업 대표기구로 재탄생!

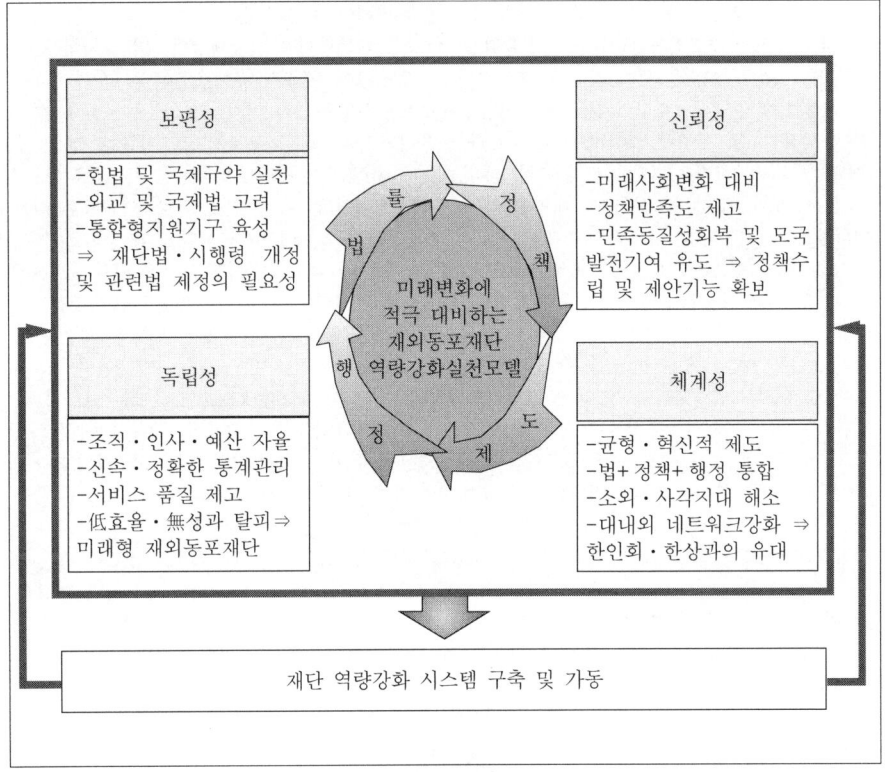

재외동포재단
(재외동포 민족자산화 및 역량결집기관)

1) 김봉섭, 「재외동포재단 역량강화방안」(재외동포재단 내부보고서, 2006.5.29) 참조. 재외동포재단 전문위원 재직 중에 작성.
2) 초대 여성부장관 시절, 세계한민족여성네트워크(KOWIN. Korea Women's International Network, 2001.7.2-4) 발족: 재외한인 여성의 정보교류와 인적자원 중요성 인식. □일본 오사카 지역 동포여성지도자 간담회(2002.5.23): 동북아평화구축을 위해 올바른 역사인식(일본 역사교과서 왜곡과 일본군 위안부문제 해결)이 선행돼야 한다고 강조. 열린우리당 상임중앙위 회의(2004.10.4): "김선일씨 사건으로 너무나 많은 상처를 받았다 … 정부는 테러우려지역에 있는 재외공관과 재외동포 등에 대해 철저히 조사하고 보안을 강화해 대비해야 할 것"이라고 역설. 외통부 국정감사(2004.10): 재외동포정책위원회가 개점휴업상태이므로 대통령직속 독립행정위원회인 재외동포위원회(사무국 포함) 설립을 검토할 것을 제안(※동포사업예산이 해외무상원조(ODA)의 1/6에 불과하다고 지적, 코리안닷넷·특수지역동포사회지원·단체지원기준 문제점 지적, 외교부 공무원의 재단 파견 문제점 지적, 문광부·교육부에서 실시하는 유사사업을 재외동포재단으로 이관할 것을 역설). '재외동포교육문화진흥법(안)' 제정 추진: 재외동포교육문화진흥사업을 전담할 정부기구로 외교통상부 산하 '재외동포청' 신설방안과 대통령 직속 '독립행정위원회' 설치방안을 검토. 의안번호 171641 재외동포교육진흥법(안) 국회 제출(2005.4.13): 동포재단법 폐지에 따라 재단을 해산하고, 그 자산·권리는 대통령 소속 재외동포교육문화위원회가 승계하며, 외교통상부 등 소관부처의 사무중에서 재외동포교육문화 관련 사무도 위원회가 승계함, 통외통위 회부 2005.4.22, 상정 2005.6.27). 사할린한인회 및 탄광촌 방문(2005.6): 강제징용유가족 거주지 쌱죠르스크 탄광촌방문. '재외동포법' 개정안(홍준표 발의) 표결시 기권(2005.6.30). 외통부 업무보고 질의(2005.7.6): 사할린한인지원 및 보상 대책요청. 열린우리당 재외동포정책기획단(단장 김성곤) 발족(2005.7.11): 고문으로 참여. 세계한인회장대회 '재외동포정책 토론회'(2005.7.14): 재외동포참정권의 단계적 부여 및 대통령 직속 교육문화위원회 설치 주장. 재외동포기본법 제정 관련 제2차 당정협의(2005.7.19): 합의도출 실패 (※ 이태식 외교부차관 반대발언 "대통령 산하 위원회 등이 외국국적을 가진 재외동포에게 여러 지원업무를 할 경우 외교적 마찰이 우려된다 … 재외동포 관련 업무는 행정부가 직접 수행하지 않고 간접지원방식으로 하는 게 바람직하다 … 재외동포지원정책으로 각 부처의 재외동포를 위한 한국어 및 한국문화 교육확대 발전방안을 통합하는 5개년 프로젝트를 마련 중이다") '사할린 피징용 한인 위령제 추진위원회' 활동: 봉산 대흥사 주지와 공동대표 외통부 결산 상임위 질의(2005.7.25) '국제교류협력증진기금법(안)' 제정 반대함, 재외동포재단과 국제교류재단의 재정적 자율성을 축소할 우려가 있음을 지적. 외통부 결산(2005.8.25): 전담조직(영사교민청) 신설 등 중장기적 재외동포 관련 예산정책 마련을 촉구. 외통부 국정감사(2005.10.11): 2005공공기관 혁신수준진단결과 외교부 3개 산하기관 중 최하위임을 지적, 지나친 공관의존식 지원금 교부사업 개선을 요구. 외통부 예산안 심사(2005.11.2): 단체지원금 삭감 비판, 소액지원방식의 역효과 추궁, 세계한인상공인총연합회 지원사업의 재단 이관을 촉구. 사할린동포영주귀국과 정착지원방안 모색을 위한 특별법 입법공청회(2005.11.8) 의안번호 173744 사할린동포영주귀국과 정착지원에 관한 특별법안 제출(2005.12.30) -국무총리 산하에 사할린동포지원위원회를 둠(제7조), 통외통위 회부 2006.1.9) 러시아와 중앙아시아(카자흐·우즈벡) 방문(2006.3.13-24): 재외동포법 개정안 발의를 위한 고려인문제 현지조사 실시.
3) 『재외동포정책, 이대로 좋은가: 탈냉전시대 한민족 네트워크, 이제 유라시아로 눈을 넓히자』(2004), 12~14쪽.
4) 2005 한인회장대회, '재외동포정책의 방향과 과제' 주제발표(2005.7.14).
5) <부서별 예산 및 인원확대 총괄표>

부서명	예산(백만원)			인원(명)		
	현행	향후	증감	현행	향후	증감
이사장, 임원, 검사역, 실장	-	-	-	5	4	△1(실장)
*총무인사부	-	-	-	6	11	5
*기획홍보부	522	1,200	678	7	11	5
교류사업부	3,381	11,731	8,350	5	10	5
정보화사업부	1,055	4,130	3,075	5	9	4
교육사업부	6,222	17,773	11,551	5	10	5
문화사업부	1,304	3,700	2,396	4	8	4
경제사업부	1,963	5,710	3,747	5	8	3
조사연구부	626	1,130	-	-	-	-
(민단지원금)	3,700	3,700	-	-	-	-
(YTN지원금)	1,500	1,500	-	-	-	-
계	20,273	50,574	30,301	44	80	36

<부서별 직급인원 증가내역>

부서명	현행(향후)						증감					계
	GM	SM	M	AM	기능	소계	GM	SM	M	AM	기능	
기획조정실(실장)	1(0)	-	-	-	-	1(0)	△1	-	-	-	-	△1
총무인사부	0(1)	0(1)	2(3)	1(2)	3(4)	6(11)	1	1	1	1	1	5
기획홍보부	0(1)	2(2)	3(5)	2(6)	-	7(14)	1	-	2	4	-	7
교류사업부	1(1)	1(2)	2(3)	1(4)	-	5(10)	-	1	1	3	-	5
정보화사업부	1(1)	0(1)	2(2)	2(5)	-	5(9)	-	1	-	3	-	4
교육사업부	1(1)	1(2)	1(3)	2(4)	-	5(10)	-	1	2	2	-	5
문화사업부	1(1)	1(1)	1(2)	1(4)	-	4(8)	-	-	1	3	-	4
경제사업부	1(1)	1(1)	1(2)	2(4)	-	5(8)	-	-	1	2	-	3
조사연구부	0(1)	1(1)	0(2)	1(2)	-	2(6)	1	-	2	1	-	4
계	5(8)	7(11)	12(22)	12(31)	3(4)	40(76)	2	4	10	19	1	36

6) 행정법률기획팀(4), 혁신인사팀(3), 예산재정팀(3), 사업홍보팀(3), 사업개발및평가팀(3), 대외협력팀(3), 10주년백서발간팀(3).
7) 미국팀(지역1, 사업1), 일본팀(지역1, 사업1), 중국팀(지역1, 사업1), CIS팀(지역1, 사업1), 남미팀(지역1, 사업1), 유럽팀(지역1, 사업1), 아중동팀(지역1, 사업1).
8) CIS지역사무소(1), 중국지역사무소(1).
9) 한상네트워크팀(4), 한인네트워크팀(3), 민족망네트워크팀(3), 한국어뉴스팀(3), 자원봉사지원팀(3), 차세대육성팀(4), 민원서비스팀(3).
10) 한글학교지원팀(4), 민족문화지원팀(3), 정착 및 민간지원팀(3), 교류 및 시설지원팀(3), 특수지역지원팀(3), 입양다문화지원팀(3), 국가이벤트팀(3).
11) 제주도 이전시 서울사무소(5).

제5장 유럽지역 한인단체 및 국외입양단체 실태조사[1)]

제1절 독일(Germany)

1. 개황 및 의견청취

- 독일 연방통계청 인구조사 자료에 따르면 2005년 말 독일 인구는 82,438,000명.[2)]
- 대한민국은 독일에 현재 대사관(베를린), 분관(본), 총영사관(프랑크푸르트) 등 3곳의 재외공관을 설치하고 있음.
- 유럽연합(EU) 국가 중에서 한인동포가 가장 많은 곳이 독일. 2005년 11월 주독대사관에서 파악한 바로는 재독한인의 수는 교민과 체류자를 합하여 총 31,966명(입양아 제외, 독일국적 취득자: 5천여 명 추산)
- 재독한인사회의 주축은 1960~70년대에 내독한 광부, 간호원 및 유학생들로 구성. 이들은 독일사회내 기반이 취약한 가운데도 비교적 안정적인 생활을 유지해 왔으나 최근 퇴직후 연금단계로 진입하면서 경제적 어려움이 증가하는 추세. 또한 이민 1세대에서 2세대로 세대교체가 이루어지는 과도기적 상황을 맞고 있음.
- 재외동포단체로는 '재독한인총연합회'(Bonn), '재독한인간호협회'(Filderstadt), '재독한인글뤽아우프회'(Essen), '재독대한체육회'(Dussseldorf) 등이 있으며, 《교포신문》, 《유로저널》, 《우리신문》, 《세계일보(현지판)》 등의 재외동포언론도 있음.[3)]
- 독일 북서부 라인강변에 있는 인구 56만 명의 작은 도시인 뒤셀도르프 경제 주도권은 거의 일본자본이 잡고 있음. 특히 뒤셀도르프 메세에서 개최되는 각종 박람회(의료기기, 신발, 플라스틱 등의 컨벤션)를 참관하려 전세계에서 매년 3백만 명이 몰려오고 있음.[4)]

가. 현지 공관 입장

- 이곳 분위기는 미국처럼 떼돈 벌 수 있는 형편이 안 됨. 연금생활하다 보

니 조금 부족한 편임. 한국이나 미국 같은 재벌이 있을 수 없음. 간호사 출신들은 비교적 활동적인 반면 광부 출신들은 비활동적인 편임. 독일 남부로 가면 한인여성들이 없으면 활동할 수조차 없음. 재독한인사회는 광부와 간호사 위주로 되어 있어 동질성이 높으며 화합도 잘 되고 있음. 간호사협회의 40주년 행사는 재외동포재단에서 많은 도움을 주었지만 대외적으로는 삼성(三星)만 이름이 났음.

- 독일은 돈 벌기가 쉽지 않은 나라임. 개인발전이 모여 나라발전으로 간다는 심정으로 일해야 함. 재독동포사회의 교양·문화수준은 톱클래스이지만 여전히 1960~70년대 정서를 그대로 갖고 있음. 물론 상부상조하는 분위기가 살아 있음. 광산 근로자들의 수준도 높지만 2~3세의 수준이 더 뛰어남. 공관에서는 차세대들에게 더 많은 관심을 갖고 있음. 인종적 장벽이 엄연히 존재하고 있기 때문임. 아직까지 숨어 있는 전문가들이 많이 있다고 봄. 상당수가 메인은 아니지만 주류사회로 진출하기 시작했음. 독일인들의 대학진학률이 20%대인 반면 우리 동포 2세들은 90%가 대학에 진학함. 본국에서도 40대 이하 평통자문위원과 관련된 인적자원을 많이 요구하고 있음. 그러나 현지화가 많이 되어 있고 피부색 극복의 어려움도 많이 있으므로 2~3세들에 대한 배려가 많이 있기를 바람. 비즈니스나 한류 등 행사에 좀 더 많은 신경을 써주길 바람.

- 독일에서 뿌리를 내리려면 국적을 변경해야 함. 1세들은 절반이 한국적이고 절반이 독일국적자임. 광부 7천명과 간호사 1만2천명으로 시작된 독일 동포사회는 현지에 정착한 사람이 6천 명 정도(이중에 광부가 1,100명)임. 서로 짝이 안 맞은 나머지 사람들은 국제결혼자 혼혈임. 지금부터는 2세들에 대한 병역문제가 발생하고 있음. 이런 상태에서 재외동포들의 참정권 부여는 이견이 있을 수 없음. 단 정부가 시민권자나 영주권자들에게 참정권을 부여하는 것에 반대하는 것은 병역문제 때문임. 또한 참정권을 부여하게 되면 동포사회가 분열될 것도 우려하고 있음. 여기 한인회장선거만 하더라도 30년 친구 사이가 하루아침에 원수가 되어 갈라지고 있음. 정답이 없는 문제라면 어느 정도 시간을 갖고 다뤄야 한다고 봄. 변화는 하루아침에 이루어지지 않는다고 생각함.

- 광부적립금은 법적 문제도 있고 이해당사자가 많다보니 풀기가 쉬운 문제가 아님. 재중·재러 동포들의 경우 경제적 어려움이 여기보다 훨씬 열악하다는 점을 고려해야 함. 대사께서도 그 문제에 대해서는 많은 관심이 있

지만 국내법적인 어려움이 아직 해결되지 않고 있어 미해결되고 있을 뿐임. 국내에 동포관련 시설이 필요하다면 그것은 유럽동포만을 위한 것이 아니라 전 세계 동포들을 위한 시설이어야 함. 장기적으로 봐야 하고 종합적인 마스터플랜이 있어야 함. 재외동포재단에서도 주어진 한계 내에서 최선을 다하고 있다고 봄. 독일에서는 광부적립금 사용처로 논란이 있지만 실제 그 돈의 주인이 누군가가 더 중요한 문제임. 실제 주인은 여기 독일에 계신 분들이 아니라 미국이나 외국 등지에 있는 분들임.

나. 재독동포의 입장

1) 이민1세(자영업자)

- 미래지향적 사업이 필요함. 이민 1세들은 연금도 많지 않아 가정을 가진 사람 정도가 최저생활을 겨우 하고 있음. 국가에 의존하지 않고 슬기롭게 생활해나가야 한다는 과제도 안고 있음. 특히 한국에 가면 마땅히 가 있을 곳이 없음. 1주일 이상 호텔에 체류할 수도 없음. 세계한상대회에 참가해보면 거의 모텔에 숙박하는 편임. 유럽, 특히 독일동포들만이라도 광부적립금 등을 잘 활용한다면 국내에 단기 체류할 수 있는 '해외동포의 집'(shelter)을 마련할 수 있을 것임. 국내에 기거할 곳만 있어도 한국에 갈 사람이 많이 있음. 당시 독일광부 봉급수준은 국내 장관급 수준에 버금갔음. 당시 광부들에게는 직업이 있었고 잠자리가 있었음. 광부생활이 어려웠지만 그것을 이겨내지 못했다면 사회생활의 어려움도 극복하지 못했을 것임. 사실 고생하러 온 것보다는 호강하러 왔다는 것이 더 적절한 표현임. 독일광부들은 다른 지역이민자들보다는 덜 고생하고 어느 정도 대우받으면서 일했다고 판단됨.

2) 한글학교 관계자

- 재독한글학교연합회 관계자: 유럽에서 한인 2세들에게 한글교육을 담당하는 영국, 프랑스, 독일 등 9개국 한글학교 교장 22명들이 2006년 4월 7~9일 뮌헨 근교 운터페링의 페링가 파크호텔에 모여 '유럽한글학교협의회'를 결성하고 회장단을 선출. 이는 미국과 남미에 이어 세 번째로 결성된

대륙별 한글학교협의체임. 초대회장에는 강여규 재독한글학교교장협의회장, 부회장에는 최미경 이태리 밀라노한글학교장, 김성환 마드리드한글학교장, 송영선 암스테르담 화란한인학교장, 지성구 영국 에이븐 한글학교장, 박장희 파리한글학교장, 감사는 곽찬순 로테르담 한글학교장, 길호갑 터키 앙카라 갈라디아한글학교장 등이 선출되고, 실무를 맡을 사무총장에는 이명옥 뮌헨학교장이 선출됨. 유스호스텔에서 개최된 제2회 유럽한글학교 교사세미나는 오전에는 우리말 한글교육, 저녁에는 사물놀이 등 문화교육을 실시하였음. 재원은 재외동포재단과 독일 글뤽아우프복지회에서 지원해주는 돈과 참가학생들의 참가비로 충당하고 있음. 독일은 주마다 방학이 다르기 때문에 독일에서는 매년 부활절을 전후로 개최하였음. 대부분의 한글학교는 교회에서 시작했으나 지금은 뒤셀도르프 한글학교처럼 거의 장소를 빌려서 하고 있음. 교회에서 하는 한글학교가 지금은 많지 않음. 사용료를 지불하는 한글학교는 운영상 어려움이 많으므로 재정적 지원이 필요함. 학부형 총회에서 선출되는 교장, 교감, 재무 등 임원진은 봉사개념으로 일하고 있으나 교사들은 일정의 수고비를 받고 있음. 독일내 대부분의 한글학교들은 이사회를 구성하지 못하고 있음.
- 뒤셀도르프 한글학교 관계자: 한글학교 교재와 기자재는 충분함. 내용상 필요한 것은 교사 판단 아래 필요한 자료를 복사해 쓰고 있음(기자재 및 복사비 명목으로 월 50유로 범위에서 지원). 교장 등 임원은 학부형 총회에서 선출함. 총회는 2년마다 개최하며 임기는 2년(추천제)임. 현재 뒤셀도르프 한글학교 학생은 현재 50여명. 초창기에는 130여명 정도 되어 1학년당 2반 정도로 운영하였음. 현지 동포 2세들은 결혼적령기에 도달하지 않아 자녀들이 없는 상태임.5) 뒤셀도르프 한글학교 운영은 월 1,600유로 정도 소요됨. 교사 1인당 월 200유로(× 6명 = 1,200유로), 교실사용료 월 400유로인데 1인당 학비는 월 20유로씩 받고 있음. 현재 뒤셀도르프 한인인구는 약 2천명인데 그중 동포학생의 20%정도만 한글학교를 이용하고 있고, 대부분의 지상사 직원자녀들은 국제학교를 다니고 있음. 한글학교에는 한글반, 장구반(특별반·기초반)이 개설되어 있음. 태권도반은 초창기에는 있었으나 현재는 없음.6) 크리스마스 전에 학습발표회를 하고 있으며, 체육대회도 개최하고 있음. 행사비용 조달은 한국교육원으로부터 기부 받고 있음(3~400유로). 오는 9월 30일부터 10월 3일까지 충남 부여에서 열리는 사물놀이 경연대회(세계 사물놀이 겨루기 한마당, The 15th World Samulnori

Competition and Festival in BUYEO)에 뒤셀도르프 한글학교 풍물반이 참가할 예정임. 베를린의 천둥소리7)가 학생들 실기를 지도하고 있음.

 3) 차세대 입장

- 이민 1.5세(변호사): 한국에 갈 수 있는 사람보다 못 가는 사람들도 고려하면서 문제를 풀어나가야 함. 독일 동포사회에 오래 있다 보면 뭔가 뒤떨어진다는 느낌을 받게 됨. 유럽에는 1.5세대가 거의 없어 30~40대는 공백상태임. 16살 때 독일에 와서 이제 60살이 다 되어가지만 여전히 어리다는 평가를 받고 있음. 전에 있던 남미에는 1.5세들이 많이 있어서 1세와 2세들 간의 간격을 줄여주고 있지만 유럽은 사정이 다름. 처녀 총각들이 대부분 늦게 결혼한 탓도 있음. 40대 중반을 아무리 찾아보려고 해도 발견하기가 어려움. 후배 변호사들을 봐도 세대차를 느끼고 있음. 1세들은 아직 어리다고 평가하고 2세들은 영감 취급하니 1.5세들이 중간에서 처신하기가 매우 어려움. 이곳 유럽에 민주노동당 유럽위원회가 결성되어 있는데 이는 세계사에 유례없는 특이한 사례임. 모국에서 선거권을 부여한다면 한바탕 난리날 것임. 외국인이 독일 조직에서 살아남기 매우 어려움. 유태인들 가운데 독일 육사 및 해사 출신도 군복무를 아무리 모범적으로 해도 외부에서 보면 여전히 독일인이 아님. 특히 동양인의 힘은 아직도 부족함. 요즘은 다르지만 10년 전만 해도 시민권 획득조차 힘들었음. 10~20년 독일에서 산 것이 문제가 아님. 우리 동포들도 실질적으로 차별을 많이 받고 있음. 터키 이스탄불을 제외하고 터키인들이 가장 많이 살고 있는 곳이 베를린인데 터키 출신 국회의원이 배출(2명) 된 것은 겨우 몇 년 전임. 터키인들의 외모가 서양인의 얼굴이라 하더라도 독일 민족주의는 그것조차 반발하고 있음. 그러나 우리 동포들도 10~20년 후에는 사정이 달라질 수 있음. 독일에서 장기체류하려면 독일 국적을 받고 참정권을 획득해야 함. 특히 독일 외국인정책에 영향력을 확보하려면 독일 국적을 얻어야 함. 현재 베를린이나 중부 독일, 프랑크푸르트지역 등은 투표권만 있어도 시의원 등 지자체 진출은 충분히 가능함. 그러나 한국 국적을 포기하면 애국자가 아니라는 시각이 여전히 존재하고 있어 실현되지 못하고 있음.
- 이민2세(변호사): 독일 2세들은 그 누구도 완벽한 독일인도 아니고 완벽한 한국인도 아니지만 하루빨리 거주국에서 자리 잡고 생활터전을 잡는 것이

중요함.8) 유학생활 5년만 지나도 한국인과 생각이 달라지는 것이 보통임. 1세들은 고국지향적이고 확실히 그리움이 있지만 2세는 그리움이 별로이며 부모를 통할 뿐임. 2세들의 의식은 한국인이라는 장점을 너무 드러내지 않으면서도 자기만족(성취감, 안정성)을 인정받고 자기 삶에 도움이 되도록 하느냐가 큰 고민임. 다분히 혼합적일 수밖에 없음. 독일에서 태어났거나 반 이상 살아 아무리 독일인처럼 살았을지라도 2세들은 언제든지 자기 정체성 확인이라는 고민에 봉착하게 됨. 단지 시간의 차이가 있을 뿐임. 어릴 때(고등학교 졸업시까지)는 90% 이상 부모를 통해 한국을 경험하게 됨. "너는 이렇게 해야 한다. 할아버지는 아버지에게 이렇게 하셨다." 물론 부모들과 죽이 잘 맞는 사람도 있지만 부모를 짐으로 느끼는 사람도 있음. 그러나 시간이 지나 사회인이 되었을 때는 한국에서 오는 사람이나 한국에 가서 사람들을 직접 만나게 되면서 한국인과 독일인을 서로 비교하게 되고 부모의 교육 가운데 옳고 그른 것을 확인하게 됨. 그리고 한국출신의 부인과 결혼생활 하면서 느끼는 점도 있음. 한국인이라는 것이 지금은 자랑스럽지만 청소년기에는 부정적이었음. 즉, "솔직하지 못하다, 동포사회로부터 소외된다, 어제 다르고 오늘 다르다, 비논리적으로 행동한다…" 등 한국이라는 존재로부터 내 자신을 떼어내고 싶다고 느꼈던 적도 있었음. 그러나 2년 전 독립하여 주로 한국인들을 위해 일하면서 한국인에 대한 균형감각이 생겼음. 약점도 많지만 장점도 많다는 것을 알게 됨. 특히 월드컵과 같은 큰 행사를 통해 한국이 인정받으면서 개인적으로도 인정받게 됨. 상호상승효과가 있음. 삼성 등 한국제품을 잠깐 보더라도 그냥 기분이 좋아짐. 한국이 이 길대로 계속 갔으면 하는 바람이 있음. 또한 유학생들을 보면 한국사회가 개방사회임을 느낄 수 있음. 상당히 점잖고 상대방을 배려할 뿐 아니라 솔직히 자신을 표현하고 있음. 더 이상 막무가내는 안 됨. 한국인들은 판을 벌릴 때까지는 주위로부터 관심을 끌지만 뒷정리는 다소 약함. 모든 일 진행에는 준비, 메인, 뒷정리가 있는 법인데 대체적으로 마무리가 안 되고 있음. 서로 합의(약속)한 일이 결과적으로 안됐다 하더라도 사정을 솔직히 말해줘야 양해가 되는데 마치 무소식이 관행인 것처럼 연락을 끊어버리는데 이렇게 해서는 서양사람들로부터 신뢰감을 얻을 수 없음. 말이라도 솔직히 해줘야 함. 한국인들은 자기가 원하는 것만을 얻으려고 하며, 엉뚱한 부문에서 많은 것을 얻으려고 하는 경향이 있음. 독일 속담에 "잘못된 끝에서 아끼지 말라."는 말이 있는데 이는 무엇이 중요한지를 알아야 한다는 뜻임.

4) 기타 의견

- 독일에서는 예술가로 고(故) 윤이상이 제일 유명했음. 뮌헨대학에는 대사병 연구의 권위자인 신윤석, 보쿰대학에는 일본경제를 연구하는 박성조가 있음. 프랑스에는 사회과학원에 일본전문가인 정성배(동백림사건 연루자)가 있음. 독일 만하임에는 지휘자로 일하고 있는 사람이 있고, 차세대 중에는 오페라단에서 성악하는 아이들도 많이 있음. 한국사회에는 잘 알려지지 않았지만 슈퍼스타 가수선발대회에서 2등한 아이(마이클)가 한국계임(아버지는 호주계, 어머니는 한국계). 여자 보컬 중에도 한국계가 있고, 애니메이션 등 만화예술계에도 활동하고 있는 한국아이들이 많이 있음.
- 네덜란드 동포: 네덜란드 한인 2세(입양인) 중에 경찰관 하나가 있는데 매우 똑똑하고, 서울 나가서 결혼도 잘 했음. 2세들 모두 의사나 변호사가 되는 것보다 경찰관 등 다양한 쪽으로 진출해야 함. 독일에 진출한 지상사는 29개인데 교회는 59개나 되는 것은 문제임. 20년 전만 해도 동포들 대다수가 교회에 나갔으나 현재는 그렇지 못함. 앞으로 동포사회는 먹고사는 모임이나 문인회, 변호사회 등 기능별·분야별 모임은 자주 모이더라도 그렇지 않은 비생산적인 모임은 가급적 덜 모이도록 해야 함.
- 스위스 동포: 동포사회 문제의 하나는 교회임. 교파별로 선교사들이 파송되다 보니 교회가 분리되고 이는 동포사회분열로 이어짐. 재외동포재단에서 한국교회와 협력하여 방향을 잡아주는 것도 한번쯤 고려해야 함.
- 재독한인문인협회 관계자: 재독한인 문인협회는 한국내 문예지 수상자 9명을 포함한 30여명이 활동 중임. 지난 2월에는 프랑크푸르트 서점에서 한국문학작품(수필 2편, 시 1편)을 독일어로 낭독하는 낭송회를 개최하기도 했음. 현재 문예지 출간행사를 계획중. 한 사람이라도 해외로 나가야 함. 한국 사람들은 생각을 넓혀야 함.

2. 건의 및 애로사항

- 독일에서 효과를 거둔 한글학교 교사세미나를 유럽 전 지역으로 확대해보자는 계획을 구상 중에 있음. 그러나 독일에서만 개최할 때보다 돈이 더

많이 들어감. 예산확보가 불투명한 상황에서는 유럽한글학교 교사세미나 추진이 현실적으로 어려움. 재외동포재단에서 보다 적극적으로 관심을 기울여주기 바람.
- (사) 사물놀이 한울림9) 부여교육원은 매년 여름학교, 겨울학교를 개설하여 각급 학교교사와 학생들을 비롯하여 일반인, 전문예능인 지망생, 외국인 등 직업이나 연령, 국적에 관계없이 전통음악교육을 실시하고 있으며, 교육부로부터 전국단위 특수분야 연수기관으로 지정되어 초·중등교사를 대상으로 매년 연수를 실시하고 있음. 뒤셀도르프 한글학교의 고전무용 및 풍물교사들이 한국에서 교육받을 수 있도록 재외동포재단에서 적극 지원해주길 바람. 또한 현실적으로는 한글학교 교사 확보 여부가 가장 어려운 점임.
- 재외동포재단이 있다는 것 자체는 좋음. 차세대들이 서로 만날 수 있는 틀을 제공하기 때문임. 그러나 지난 3번의 참가경험(세계한상대회, 유럽한인경제인총연합회 박람회 등)으로 보면 세계한상대회는 무조건 있어야 하지만 좀더 전문지식별로 세분화 할 필요가 있다고 봄. 즉, 3~4일 동안 너무 큰 행사 위주로 진행되고 있기 때문에 누가 누군지 잘 모를 경우가 많음. 차라리 참가자가 무엇을 원하고 있는지, 어떤 사람들을 만나길 원하는지를 사전에 파악하여 준비한다면 대상이 좀더 균질화 되지 않을까 생각되며 세계한상대회나 재단의 이미지도 높아질 수 있을 것임. 큰 틀 속에서 한상대회가 진행되더라도 나이별, 지역별, 섹션별로 네트워크가 가능하도록 조직할 필요가 있음. 현재와 같은 방식으로 대회가 계속 진행된다면 두 번 다시 참여하지 않을 가능성이 많음. 비교적 짧은 시간이지만 비슷한 경험을 할 수 있는 사람들을 만날 수 있도록 주선해주길 부탁드림. 만족도 조사의 경우도 행사 끝날 정도에 해야지 행사가 끝난 지 1년이 지난 다음에 조사한다면 당시의 느낌을 어떻게 표현할 수 있겠는가. 한상대회 이후 이메일을 100통 정도 받은 것 같지만 그것으로는 효과가 떨어짐.
- 그동안 어느 정도 예산을 부풀려서 지원 요청하는 관행이 있었음. 앞으로는 예산부문부터 정확히 해야 한다고 봄. 정부 방침 변경으로 유공자 포상(대통령상, 국무총리상) 관련 업무를 공관이 주관하면서 2007년도 유공자 선발에서 재독한인총연합회를 배제했음. 3개 산하단체와 38개 지방한인회를 포괄하고 있는 재독한인총연합회가 힘이나 위상면에서 제대로 자리 잡아야 함. 특히 재외동포업무의 창구 일원화가 필요함. 즉, 독일 동포단체의 모든 행정서류는 재독한인총연합회장의 확인 절차를 거쳐 재외동포재단에

제출하도록 하여 최소한 한 국가에서 일어나는 행사 및 지원 등을 파악할 수 있도록 해야 함. 이렇게 하면 행정상의 중복 및 난립상을 막을 수 있을 뿐 아니라 재독한인단체의 무작위 행동을 제어할 수 있고 연합회에 간접적인 책임을 물을 수 있음. 재독한인총연합회를 통한 창구 일원화가 시급히 요구되오니 즉시 시행하여 주시기 바람.

- 광부, 간호원들이 독일에 정착할 때는 대한민국이 정말 어려웠을 때임. 우리는 한국을 크게 생각하지 않음. 한국이 뗏목이라면 독일은 군함이기 때문임. 그러나 항상 한국을 걱정하고 있음. 우리 모두 잘못을 회개하고 서로 한 마음이 되어야 함. 독일에는 크게 부정이 없음. 조세법에 따라 낼 것은 다 내고 겨우 살고 있을 뿐임. 그 속에서 한인회와 같은 단체를 운영해나 가는 것은 대단한 일임. 동포간담회를 위해 비싼 휘발유를 들여 이곳까지 오는 것도 내가 죽을 때까지 대한민국 국민이라는 애국심 때문임. 이런 점을 깊이 유념해주길 바람. 독일을 비롯한 유럽의 동포사회가 일본 민단처럼 공고한 조직이 되기는 현실적으로 어려움. 각자 주머니를 털어서 하는 것임. 돈 나올 구멍이 없음. 그렇게 보면 재독한인총연합회는 애국단체임. 대한민국 헌법 제2조에 재외국민 보호 조항이 있다지만 오히려 우리가 이곳 독일에서 잘 살고 이바지하는 것이 한국에 도움이 된다고 봄. 재외동포재단 하면 문학상 정도 생각나고 나머지는 잘 모르겠음.
- 재외동포재단 발족 이후 동포들을 위한 각종 지원사업이 동포들에게 크게 도움이 되었음. 그러나 아직 재외동포재단의 역량이 미치지 못하고 있는 곳이 많이 있음. 재외동포재단의 각종 사업은 현지 거주국 한인단체들과 함께 추진되어야 한다고 봄.
- 재외동포 포상문제에 관한 모든 권한을 공관에서 직접 행사하겠다고 함. 그런 상태에서 재외동포재단에서 총연합회나 지방한인회를 어떻게 인정할지 의문임. 현지 공관에 나와 있는 사람들이 우리를 무시하고 인정하지 않는 경향이 있음.
- 여러 분야에서 지원금 달라고 하는데 재단 지원가능 여부에 대한 기준이 있어야 함. 재단에서 지원해줄 수 있는 것이 무엇인지 분명하게 제시해주길 바람. 유럽한인회는 재외동포재단에서 지원하지 않으면 잘 굴러갈 수 없음. 유럽경제인단체총연합회가 운영되기 위해서도 재외동포재단의 강력한 지원이 있어야 함. 그러나 그 이전에 각국 한인회가 잘 굴러갈 수 있도록 하는 것이 우선순위임. 재단지원이 각 동포사회 인구비례인지 아니면

국가헌신도 비례인지도 분명히 해야 함. 재단 지원이 재미동포 위주로 가는 것은 안 됨. 독일 파독동포의 기여도를 고려해 주길 당부드림.
- 독일에는 36개 한글학교(1,600명 재학생)가 있음. 최근 서쪽 학교들은 약체화되고 있으나 동쪽 학교들은 하나둘씩 늘어나는 추세임. 4월에는 5박 6일 동안 청소년우리말협의회를 개최하고 있음. 이 경우는 복지회에서 지원해주고 있음.10) 한국적인 것을 교육하고자 노력하고 있음. 5월에는 한글학교연합체육대회도 개최하고 있으나 참가율이 점점 저조해지고 있음. 또한 전체 및 각 지역별로 1년에 2번 정도 교사세미나를 진행하고 있음. 현재 재외동포재단에서 지원해주는 것만으로는 한글학교 행사를 진행할 수 없음. 앞으로 차세대에 대한 배려가 반드시 필요함.
- 1976년 독일에 오신 간호사분들이 50대 후반임. 그 이전에 오신 분들은 거의 60대임. 이들 정년퇴직자를 위한 휴양관 건립이 필요함. 현재 운영자나 땅은 준비 중이나 건물을 올릴 돈이 없는 상태임. 5천여 파독간호사 전체를 위한 건물에 대한 1차 구상은 건물 규모가 1~2층짜리로 50개 룸이면 적당할 것 같고, 궁극적으로는 5층 건물로 구상중임.
- 1963~1977년 독일광부가 독일에 왔음. 2004년 이후 한국인 광산근로자는 한 사람도 없음. 85%가 정년퇴직했음. 퇴직 이후 800~900유로 정도 연금을 받고 있지만 글뤽아우프 행사 때 참석 못하는 사람들이 늘어나고 있음. 개중에는 형편이 나은 분도 있지만 그렇지 못한 분이 더 많음. 65세 넘어 정년퇴직한 이후 눈물 날 정도로 고생하고 있음. 모이려고 해도 돈이 없어서 못 모임. 대부분 밥은 먹고 살고 있지만 개중에는 고생하는 사람들도 많이 있음. 막상 한국에 돌아가려고 해도 돌아갈 수 없음. 이는 경제적 수준차이 때문이기도 함. 광산근로자들의 형편이 점점 힘들어지고 있음. 재외동포재단에서 파독광부 출신들이 고생하면서 살고 있다는 것만 알아줘도 좋겠음. 현재 1,350명 회원이 있는데, 자기 이름을 제출하지 않고 있는 사람까지 합치면 1,400명 정도 됨. 작년부터 광산근로자 모임을 맡고 있는데, 막상 맡고 보니 할 말이 없음. 서로 나이가 들면서 이제는 한두 사람 세상을 떠나고 있음. 60세 이전에 많이들 죽는데 광산에서 일한 것이 영향이 없다고 볼 수 없음. 특별한 자료는 없지만 광산근로자들은 주로 노동부하고 접촉해 왔음. 지하에서 일했던 영향은 항상 남아 있음. 1년에 건강세미나를 두 번 정도 하고 있음. 올 11월에는 건강세미나를 하면서 광산근로자의 밤 행사까지 계획하고 있음. 재단에서 건강세미나 명목으로 2천 유로

를 지원해줬는데 그것이 많은 도움이 되었음. 아직 구체적으로 계획이 수립되어 있지는 않지만 50~60대들이 좋아하는 가수 1~2명을 한국에서 모시고 진행했으면 함. 재외동포재단에서 지원이 오면 재외동포재단에서 지원해줬다고 공개하고 있음. 그런데 우리가 대한민국을 위해 이곳까지 왔는데 떡값도 안 되는 돈을 지원해줬다고 불평하는 사람들도 많음. 당신 능력이 그 정도밖에 안되니까 그것밖에 못 받아오는 것 아닌가 라고 질책하기도 함. 마지막으로 재외동포재단에 바라고 싶은 점은 광산근로자 적립금 반환건임.11) 만약 이것이 독일로 온다면 모자라는 돈을 재외동포재단에 지원요청하고 싶음. 영국 런던에 회관 건립기금을 지원한 방식을 독일에도 적용하고 싶음. 앞으로 누가 회장을 맡더라도 재정이 없는 상태에서는 운영하기 힘들 것임. 매년 5천 유로 정도는 자기 돈을 써야 하는데 독일에서는 현실적으로 어려움. 옛날에는 경제적으로 본국 친지들에게 도움을 줬으나 지금은 자신들이 한국의 도움을 받아야 할 형편임. 현재 광산근로자들의 노후대책에 대해 재외동포재단에서 많은 관심을 가져주기를 바람. 대한민국 정부에서 광산근로자들이 마음속에 있다는 것으로 만족함.

- 교육사업의 지원에 있어서는 분야별 지원이 필요하며, 특히 차세대를 위한 교육사업은 전문직능단체가 맡아서 할 수 있도록 지원을 요청함. 독일에서 살면서 가장 어려운 점은 2세 교육임. 광부와 간호사들에게 남은 것은 2세뿐임. 우리의 씨앗이 이제 30세가 넘어 독일에서 직장생활하고 있는데 이들이 독일뿐만 아니라 한국과도 연결되고 서로 도움을 주고받는 교량역할을 해야 함. 지난 7월 재독한인상공인연합회에서는 국제교역에 종사하고 있는 상공인들의 2세 교육을 위해 5박6일 과정의 교육세미나(무역스쿨, 1일 8시간 교육, 저녁에는 토론)를 개최했음. 이 세미나에 모두 54명이 참석했음. 20여명이 뒤늦게 소식을 듣고 찾아왔으나 되돌아가야 했음. 한국 공관 관계자, KOTRA 관계자, 프랑크푸르트 소재 지·상사 소장 등 6명의 강사를 초빙하여 하루에 8시간 교육과 교육후 집중토론을 병행했음. 교육을 받은 2세들은 한국사회의 철학이 묻어 있는 교육을 기대했으나 기대에는 충분치 못했음. 재외동포재단에도 교육세미나에 대한 후원을 요청했으나 OKTA지원 관계로 거절당함. 앞으로 재외동포재단에서는 광부-간호원 2세들을 한국사회와 어떻게든 연결하고자 하는 재독동포사회의 염원을 감안하여 광부-간호원 2세들을 제대로 키워주길 바람. 초벌교육 정도는 독일 현지에서 충분히 시킬 수 있다고 봄. 독일에서 살면서 가장 어려운 점은 2

세 교육이었음. 1980년대 독일사회에서 정상적인 한글학교를 건립한 것도 광부들과 간호사들이었음. 이제 1세들은 60대를 넘기고 있고, 2세들은 30대를 갓 넘어서고 있음. 1세들에게 남은 것이 있다면 2세들뿐임. 이들 씨앗이 영글어서 독일뿐만 아니라 한국과 연결되기를 간절히 바래왔음. 자유분방한 독일사회에서 자란 우리의 2세들이 과연 부모의 바램 대로 모국의 분위기에 잘 적응할 수 있을까 하는 것이 항상 고민거리임. 재독광부와 간호사들의 2세들을 한국사회와 연결시키는데 재외동포재단이 앞장서 주길 부탁드림. 초벌구이교육은 독일현지에서 충분히 가능하지만 재벌구이교육은 한국에서 해야 함. 재독동포들은 모국이 2세들을 제대로 키워주길 간절히 바라고 있음.

- 재외동포재단에서 동포사회를 분열시키고 있다는 소문이 독일 내에 점차 번지고 있음. 그리고 재외동포재단이 독일을 소외시킨다는 말도 나오고 있음. 독일광부나 간호사들에 대한 지원예산이 다른 지역에 비해 너무 적은 것 아니냐는 여론이 일고 있기 때문임. 한국의 근대화에 많은 도움을 주었다고 생각하는 독일동포로서는 너무나 당연한 소회임. 내가 근무했던 광산에서만도 27명의 광부가 세상을 떠났음. 정부 관계자나 정치인들이 독일에 올 때마다 뭔가 그럴싸한 말들은 많이 하는데 정작 본국에 돌아가서는 대부분 캄캄 무소식임. 이번 기회에 재외동포재단에서는 광산근로자들과 간호사들을 위해서 뭔가 기념비적으로 남길만한 건물 하나를 세워 주십사고 정부 당국에 건의해 주시면 대단히 감사하겠음.

- 국제결혼자대회가 여성 위주로만 진행되고 있어 남성들이 참가할 공간이 별로 없음. 스위스한인회의 경우 국제결혼자 가정 위주로 구성되어 있음. 특히 한인여성들과 결혼한 외국남성들이나 외국여성과 결혼한 한국남성들도 상당수 있으므로 이들을 유기적으로 묶을 수만 있으면 동포네트워크 구축에 또 하나의 기반이 될 수 있을 것임. 그리고 이들 사이에서 태어난 2세들은 대부분 외국어 능력이나 국제적 매너 등이 뛰어나므로 이들을 적절히 교육, 훈련시킨다면 모국발전이나 개인목표 성취에 크게 도움이 될 것임. 재외동포재단에서는 장기적인 관점에서 2~3년 후를 내다보고 국제결혼자여성대회처럼 국제결혼자남성대회를 개최해봄직 함. 이를 위한 시험사업으로 스위스한인사회부터 시범적으로 구성해볼 수도 있을 것임. 단, 스위스한인회의 업무나 활동에 지장이 없어야 할 것임.

3. 검토의견

가. 유럽한인경제인총연합회 문제

- 행사는 현지인 상대를 주타켓으로 해야 했고, 전문성도 있어야 했음. 정확한 재정 지원 및 후원내역을 대내외적으로 공개해야 한다고 봄. 또한 유럽지역에서 활동하고 있는 여러 한인경제인 및 단체들에 대한 재점검 및 실태조사가 필요할 것으로 생각됨. 따라서 이번 기회를 계기로 유럽한인경제인총연합회 운영에 대한 지도감독이 철저히 이루어져야 하며, 재정지원 역시 신중히 판단해야 할 것으로 평가됨.

나. 차세대인재 발굴 문제

- 현실적으로 광부 및 간호사 등 1세대들의 공헌을 높이 인정함에도 불구하고 이들 노동계급 1세대들이 한인동포사회에서 계속 자리를 잡고 있는 한 숨어 있는 차세대 인재들이나 역량 있는 인사들이 한인사회에 나와 봉사할 여지가 마련되기는 힘들 것으로 판단됨. 따라서 재외동포재단에서는 참신한 해외인적자원 발굴 차원에서 기존의 한인네트워크 유지관리 외에 새로운 한인네트워크 구축에도 상당한 신경을 써야할 것으로 보임. 또한 재독동포 1.5~2세들과 입양인들을 한데 묶어 만든 베를린 한가람, 독일 한인 2세로 구성된 '재독한인청년 월드컵준비위원회' 같은 차세대 모임12)에도 지속적인 관찰과 후원 및 격려가 필요함.

다. 한글학교 교재 문제

- 책자 형태의 단순한 한글교재로는 현지에서의 활용도를 높이기 힘들 것으로 보임. 초급반의 경우는 유아교육에 활용되는 단어카드나 그림카드 등이 훨씬 유용할 것이며, 고급반의 경우는 정형화된 한국문화나 역사 소개 책자보다는 시청각을 활용한 한국영화 테이프나 컴퓨터를 활용한 DVD, CD 등이 더 많이 보급되어야 할 것으로 보임.

라. 이주 1세대 동포 복지 문제

- 현실적으로 인적자원개발이라는 차원에서 한인동포 차세대 인재발굴에 많은 신경을 기울여야 하겠지만 은퇴 이후 한인세대의 복지나 권익신장 노력에 대해서도 관심을 기울여야 할 것으로 보임. 특히 앞으로는 경제적 이유나 건강상의 이유로 모국방문의 기회가 점차 제한될 것으로 예상되므로 조국산업화에 기여한 재독유공동포들에 대한 모국초청방안을 중장기적 과제로서 연구 검토할 필요성이 있음. 재외동포재단에서는 건강세미나 등의 사업명목으로 매년 2~3천 유로를 글뤽아우프회에 지원하고 있음. 그러나 이들의 생활여건과 희망사항을 정확하게 파악하지 못한 상태이므로 이에 대한 실태조사연구가 가급적 빨리 이루어져야 할 것으로 보임.

마. 행사지원 사후관리 문제

- 파독간호 40주년행사에 대한 재외동포재단의 지원이나 기여[13]가 널리 홍보 내지 공개되지 않았던 점은 정확한 경위파악이 필요함. 이 내용은 향후 지원사업 평가에도 반드시 포함되어야 하며, 지원단체관리상 기초자료로 활용되어야 함. 앞으로 유사 사례가 재발하지 않도록 재단 지원부서에서는 지원요청단체들을 철저히 관리할 필요가 있다고 봄.[14] 간호사협회의 숙원사업은 간호사들만을 위한 제한시설(양로원·요양원 성격)로서가 아니라 한·독사회 발전에 교량역할을 할 수 있는 공개시설로 접근하는 것이 훨씬 더 효과적일 것으로 보임.

바. 정확한 수요조사 문제

- 재외동포재단에서 지원사업을 추진하면서 동포사회를 분열시키는 사례가 다수 지적되고 있음. 따라서 지원사업 대상을 선정할 경우 '정확한 수요조사-실태조사-여론조사' 등을 병행할 필요가 있음. 현재 재외동포재단과 외교통상부는 현지수요조사와 재외공관의 견해를 참조하여 재단내 심의위원회에서 지원여부와 금액을 결정하고 있으나 이에 대한 제도적·행정적 보완이 필요함. 또한 현장에 나가서 동포들의 의견을 청취하고 건의사항을 취합할 경우, 한쪽 의견이나 자료만 청취·수집하거나 무책임한 지원·검토약속을

하기보다는 양쪽 모두의 의견이나 자료를 정확히 청취·수집한 다음 각 지원부서에서 정확한 판단아래 지원하는 쪽으로 방향을 정하는 것이 필요함.

사. 재유럽한인총연합회 문제

- 재유럽한인총연합회 운영과 관련하여 유럽지역 한인회장 대표들이 모여 적법한 절차와 민주적인 선거를 통해 새로운 회장단을 선출해야 한다는 의견과 자기 개인재산을 써가면서 조직을 운영해나갈 사람이 없다는 의견이 팽팽히 맞서는 현실에서 이에 대한 재외동포재단의 명확한 지침이 마련되어야 할 것으로 보임.

아. 재외동포문학상 문제

- 재외동포문학상 및 체험수기 공모사업에 대한 유럽지역 동포들의 호응과 관심은 대단히 큼. 그런 만큼 공정한 심사기준과 심사평을 공개할 필요가 있음. 또한 사업목적이 표방하고 있듯이 "모국어로의 창작활동 장려"가 훼손되지 않도록 세심한 배려가 있어야 하며, 노벨문학상 선정방식의 사례를 참고하는 것도 좋을 듯함. 예를 들어 2006년의 경우 시, 소설, 수필부문 당선자가 미국 4, 캐나다 1, 영국 1, 뉴질랜드 2, 아르헨티나 1 등 영미권에 편중되어 있는 것은 재고해야 할 것으로 보임.

자. 이수길 박사 발언문제

- 최근 파독간호사와 관련하여 이수길 박사의 역할에 대한 논란에 대해 재외동포재단 차원의 정확한 실태조사가 필요할 것으로 보임.15)

차. 재단주최 행사프로그램 문제

- 대단위 초청사업을 진행할 경우 차세대를 배려하는 세션별 프로그램이 마련되어야 하며, 차세대 인력의 범위, 내용, 수준을 심화하는 노력이 강구되어야 함. 특히 사전, 사후관리를 보다 철저히 함으로써 그들의 관심과 열정을 한 곳으로 모으는데 앞장서야 함. 그리고 상호간에 연령대별, 관심사별

편차가 심하지 않도록 초청대상자 선발에 신중을 기할 필요가 있음. 동아대학교 지식자원개발센터에서 진행하는 '한민족 차세대 리더십 아카데미'(한국어학습, 한국문화학습, 문화체험 등)와 재외동포재단에서 추진하고 있는 '차세대지도자 워크숍 사업'(6박7일)16)간에 어떤 차별성이 있는지를 정확하게 분석·평가할 필요가 있음.

제2절 덴마크(Denmark)

1. 개황 및 의견청취

덴마크는 군인이 4만 명. 현재 미국과 긴밀한 관계를 유지하고 있음. 독일과는 역사적 경험으로 묘한 감정이 존재함. 한국인 교회는 하나만 있는데 그것이 동포사회 단합을 위해 좋다는 견해가 있음.

가. 현지 공관 입장

1) 덴마크 인구의 10%인 50만 명 정도가 국제결혼자임. 덴마크 현지 입양인 대회는 10월중 개최 예정임. 정한협회(Danish-Korean Association, 회장 우크라)에서는 희망자에 한해 모국방문을 주선하여 현재까지 8~9차례 한국방문 추진함. 입양인 부모들은 대체적으로 노출이 안 되고 그냥 놔두라는 입장을 갖고 있음.

한국아이를 입양한 부모들과 국제결혼한 덴마크인들로 구성된 정한협회에서는 한국 입양아들이 점차 줄어들면서 신입회원 충원에 어려움을 겪고 있음. 이들 부모의 주관심은 현지 복지사회의 제도에 따라 입양아들을 출가시키는 것임(월 70만원씩 지원). 그러나 예전보다 모임 규모가 축소되고 있음.

2) 덴마크에서도 한인교회(코펜하겐 로젠버그성 맞은편)의 견해17)와 전 한인회장간의 견해가 서로 다름. 성장기 입양아에게 어떤 충격을 가하지 않았다면 의대 졸업도 가능했을 것이라고 말하는 입양인 출신 부모의 고백도 있음. 덴마크 제3의 도시인 올보그(Aalborg)에 사는 교민 가운데 국제결혼가정이 있는데 이들의 입장은 오 목사나 고 회장과 또 다름. 그들은 한국출신 입양아들을 만나면 여러 가지를 알려주겠다면서 접근하고 있음.

한인교회가 운영하는 한글학교18)는 교회에서 하는 민박용 시설을 활용하고 있음.19) 한인회장이 운영하는 코리안센터는 일종의 문화원임. 대사관에서도 9월 2일부터 22명이 등록하여 토요일마다 2개반(9시 30분, 12시 30분)을 운영하고 있음. 대사관 예산으로 책걸상, 조명 시설 등을 마련했는데 동포들의 반응이 좋고 면학분위기나 긍지도 좋음. 오우스(Aarhus)에는 농업연수 왔다가 정착한 사람이 하는 한글학교가 있고, 오덴츠(Odense)에도 입양인들을 대상으로 현지교회를 빌려 운영하는 한글학교가 있음.

대사관에서는 이처럼 서로 다른 견해가 있는 덴마크 동포사회 현실을 직시하고 있음. 정기적으로 모여 우리말 공부도 하는 Korea Club은 어느 정도 교육받고 안정된 수준임. 그러나 생김새만 뺀다면 입양인의 사고방식, 언어, 교육은 완전히 덴마크식임. 물론 입양인들이 성장하면서, 특히 사춘기나 결혼적령기에 있는 여자 아이들의 경우에는 부모를 찾고 싶은 것이 본능인 것 같음. 따라서 이들을 매우 조심스럽게 다뤄야 한다고 봄. 사실 덴마크어는 외국인이 배우기에는 상당히 어려운 언어임. 입양인의 모국어는 덴마크어임. 슈퍼마켓이나 레스토랑에 가면 동양인들이 많은데 대개 한국아이라고 짐작만 할 뿐임. 따라서 의욕적으로 우리측에서 먼저 '한국아이'임을 상기시키는 것은 좋지 않음.

3) 우리 기업 중에 삼성 등은 덴마크에서도 상당히 좋은 평판을 얻고 있음. 우리의 대덴마크 무역규모는 11억 달러(수출 초과)이며, 수출품목은 선박, 자동차, 전자제품, 컴퓨터 등이며 수입품목은 돼지고기, 닭고기, 풍력발전기(올 상반기에만 1억5천만 달러), 선박부품, 인슐린, 온수용 펌프, 밍크 등임.

유학생들도 20여명 있는데 이들은 대부분 6개월 단기과정의 교환학생들임. 연세대, 서강대, 아주대, 고려대, 서울대 재학생들로 코펜하겐대학20), 덴마크공과대학21) 등이 주교류 대상임. 오덴츠 남(南)덴마크대학22), 로스킬레대학23), 콜딩 디자인스쿨24) 등에도 1~2명이 있음. 그러나 덴마크어를 한다는 것이 워낙 어려워 유학생들이 많지 않음. 또한 덴마크에서 공부한 선배들이 적다보니 소개해주는 사람도 적음. 덴마크어는 독일어와 발음만 다를 뿐 문법 등은 비슷함. 이곳 지방(딜렌트섬) 현지인들 중에는 덴마크어, 노르웨이어, 스웨덴어 등으로 각각 말해도 의사소통이 가능하다고 함.

올 설날 행사시 대사관을 활용했더니 120명 정도 참석하여 반응이 좋았음. 대사관의 우선순위도 많이 바뀌었음. 정무파트는 반기문 장관의 UN사무총장 지원업무를 주로 맡고, 나머지는 고위인사방문이나 KOTRA 등 시장개척단 방문시 현지상황 설명을 맡고 있음. 재외국민보호와 문화행사 주관을 맡고 있는 영사파트에서는 입양인, 국제결혼자, 여행자 등을 대상으로 업무를 추진하고 있음.

4) 덴마크 540만 인구 중에 그레이트 코펜하겐에 150만 명, 이너 코펜하겐에 40만 명 등 총 190만 명이 코펜하겐에 집중. 1인당 GNP는 47,000달러. 이들은 조그마한 부품이라도 부가가치가 높은 산업을 선택하고 그곳에 집중하는 틈새시장개발이 뛰어남. LNG선박이나 구조선 등을 제작하는 MAESTRIK SEALAND의 경우는 덴마크 전체 GDP의 15%를 차지하며, 북해산 원유지분 및 머스크 항공회사도 소유하고 있음. 이 기업은 오페라하우스를 신축(4~5천억 원 상당)하여 국가에 기증하는 등 국민들로부터 존경받고 있음. AP 밀러기업이나 칼스버그회사 등도 국민의 사랑을 받고 있음.

덴마크 사회가 대단히 안정되어 있음. 역사적으로 보더라도 종교전쟁도 비켜나감. 가톨릭에서 루터파로, 절대왕정에서 의회제로 넘어갈 때도 피를 흘리지 않음. 넬슨에게 점령당했고 비스마르크에게도 점령당한 후 남부 홀스타인은 독일에게서 되찾지 못했으나 북부 슐레스비히는 회복함. 1차 대전 시절에는 중립국이었으나 2차 대전 시절에는 독일에게 또다시 점령당함.

100년 전 인구가 300만 명이었으나 지금도 540만 명에 불과한 것만 보더라도 거의 변화가 더딘 사회임. 현재 덴마크는 노동력이 부족하여 인구의 10%가 비(非)덴마크인이며 그 대부분은 모슬렘임. 이민법이 허술할 때는 1명이 24명까지 초청한 적도 있다고 함. 모슬렘은 대부분 현지화 하지 않고 있음. 얼마 전에 일어났던 모하메드 카툰 사건은 현지 보통사람들의 모슬렘에 대한 거부감을 드러내고 있음.

덴마크인들은 월급의 40~60%를 소득세로 내며, 그 대신 의료, 교육, 육아, 실업, 퇴직, 사회복지 등이 발달되어 있음. 조세저항이 심한 우리의 경우는 덴마크 사례를 그대로 벤치마킹하기는 어려운 편임. 학자들의 평가에 따르면 500만 명의 인구가 서로 합의하기가 쉽다고 함.

나. 재덴마크동포의 입장

1) 입양인 관계자 입장

○ 입양인회 회장: IAAA는 1999년 스웨덴에서 설립되었는데 해마다 줄어들

고 있음. 15개국에서 400여명의 회원이 활동중임. Korea Klubben은 세계입양인대회에 참가한 후 2006년에 조직. 한국문화에 대해 공부중임. Korea Klubben에서는 매년 1회 워크숍을 갖고 있으며 매월 강좌를 진행하면서 각자 관심 있는 분야의 다양한 문화활동 및 사회활동을 추진.25) 특히 관심 있는 분야는 한국영화임. 현재 덴마크에는 9천명의 입양인이 있음. 단체운영비는 회비, 재외동포재단의 행사지원금, 자체 모금 등으로 충당하고 있음. 연 4회 계간지를 발간하고 있음. 여름캠프 시 한지 제작을 체험한 바 있음. 1997년부터 입양인 모임에 참가하였는데 서로 모여 각자의 경험을 공유하는 것이나 유럽 각국을 순회하면서 개최되는 지도자모임은 대단히 중요함. 이메일 교환만으로는 부족하며 인적 교류가 실제로 이루어져야 함. 미국의 Paul Kim과는 매일 이메일을 교환하고 있음. 입양아들은 대부분 부모를 찾고 있지만 서로간의 의사소통은 여전히 문제가 되고 있음. 매년 덴마크에는 중국(600명), 인도, 콜럼비아, 한국 순으로 입양아들이 오고 있음.

1970년생이며, 1살 때 덴마크로 입양됨. 현재 상업갤러리에서 행정가로 활동하고 있으며, 광주비엔날레에 참가한 바 있음. 백남준 선생으로부터 많은 영향을 받음. Jens Lee Udsen은 투자회사에 근무하고 있음.

2) 전 한인회장: 입양인 한글학교는 재학생이 73명임. 연령대는 20~30대임. 선생은 3명. 2007년 서울에서 개최되는 세계입양인대회 기간 중에 기자회견, 이벤트 등을 진행할 예정임. 덴마크에서만 100명 정도 참가할 목표를 수립함.

덴마크 한인회(200여 명)에서 국제결혼자를 제외하면 남자 25명 정도 밖에 남지 않음. 덴마크 한인회는 미국 한인회와 달라서 한인회 운영이 쉽지 않으므로 현지상황에 대한 정확한 이해가 전제되어야 함. 현실적으로 한인회 행사보다는 입양인 행사가 더 많음.

17년 동안 한글학교를 운영해옴. 3년 전부터는 재외동포재단으로부터 지원금을 조금씩 받고 있음. 현재 73명이 재학중인데 태권도 도장에 피해가 갈 정도로 입양인들이 들끓고 있음. 우리가 하는 한글학교 외에 한글학교가 2개 더 있음. 유렌트에 있는 한글학교는 학생 수가 2~3명에 불과함. 공관에서 운영하는 한글학교에는 10여명이 재학중임. 그런데 이들 3개 한글학교에 대해 재외동포재단 지원금이 균등하게 분배한다는 것은 문제임. 우리가 한국에 나갈 때마다 DVD, CD, 색종이 등을 사갖고 들어옴.

처음에는 작게 시작했던 문화행사들이 점점 커져가고 있음. 그동안 작은 행사는 한글학교에서, 먹는 것은 식당에서, 큰 행사는 태권도 도장에서 해 왔음. 식당을 운영할 때에는 음식 먹는 것이 별 부담이 없었으나 식당을 그만둔 현재는 태권도 도장에서 버는 작은 수입만으로는 운영상의 어려움이 있음.

한글학교를 덴마크 당국에 등록하려면 교사는 정부로부터 월급을 받는 대신 입양아 학생들은 매월 14만 원 정도를 수업료로 납부해야 함. 엄격한 의미로 보면 한글학교 운영은 불법인 셈. 물론 수입목적으로 하는 사업이 아니라고 사정을 말하고 있으며 어느 정도 묵인하고 있는 상태임.

3) 한글학교 교사: 한인회 정관상 정회원 가입여부는 입양인들에게는 해당되지 않는 것으로 알고 있음. 5~6년 전부터 입양아들에게 우리 옷 입히기 운동을 전개하고 있음. 추석, 설날, 여름, 6월 셋째 주 일요일 등 연 4회 가량 한복을 입는 행사를 진행. 대사관에서 주최하는 송년행사 때도 입양인 2세들이 옷맵시를 선보임. 날씨가 좋으면 200여명 정도 모임. 덴마크 입양인들의 한복입기 사례를 다른 나라에서도 벤치마킹하면 좋을 듯함. 특히 아기들 한복을 보낼 때는 미리 연락해줘야 세관에서 판매용으로 보지 않고 관세를 부과하지 않음. 만약 DVD를 보낼 때도 미리 연락을 해줘야 사전에 환경세(30~40만원 상당) 부과를 막을 수 있음.

11월에는 김치의 날 행사(김장 담그기) 진행할 계획임. 일반회원들도 한국음식을 대단히 좋아하고 있으며, 그날 입양인들도 많이들 찾아오고 있음. 내년 설날에도 민속행사를 준비중에 있음. 특히 A4, A3 용지 크기의 주물을 장만하여 한지(韓紙)를 제작중에 있음. 입양인 부모들이 상당히 좋아함. 그런데 한지를 말릴 만한 데가 없어 오븐에서 말리고 있음.

내년도 세계대회 개최를 맞아 최근 유명 연예인 부부가 국내입양한 사건이 널리 알려지면서 국내 연예인들이 유행처럼 너도나도 국내입양하고 있다는 점은 새로운 문제임. 그런 사실을 이곳 현지 부모들이 알면 난리가 날 것임. 5월 11일을 입양의 날로 제정하면서 국외입양 하지 말고 국내입양하자는 취지가 잘못 이해되고 있음. 국내입양으로 해결이 안 되면 차라리 시설이 좋은 국외로 입양하는 것이 좋음.

단순히 부모찾기 프로그램보다는 사후 프로그램이 훨씬 더 중요함. 과거에는 부모를 찾기가 어려웠지만 지금은 부모를 찾기가 쉬움. 부모를 못 찾았을 때보다 찾았을 때가 더 골치 아픔. 또한 가짜 부모가 나타나면 더 큰 문제가 발생함. 내 핏줄이 있는 덴마크에 눌러 앉겠다면서 생모가 현지로 와서 눌러 앉은 경우도 있음. 이런 경우 부모와 자식간의 엄연히 존재하는 문화차이(예: 동거문화)가 서로 고생을 하게 됨. 최근에는 언니-동생간의 문제로 비화되고 있음. 즉, 방학동안 4촌 조카아이들이 덴마크에 와서 한 달간 눌러 앉는 사례가 부쩍 늘어나고 있음. 물론 이런 사례가 많지는 않지만 1년에 2~3건씩 발생하고 있음. 앞으로 덴마크 이민은 좀처럼 쉽지 않을 것임. 입양인들이 어느 정도 생활수준에 올라오면서 생부모들의 기대감이 점차 높아지고 있는 것은 문제임.

내년도 세계대회에 약 700명의 입양인들이 서울에 오게 될 경우, 가짜 부모들이 달라붙게 되면 이를 떼어놓기가 쉽지 않을 전망. 그리고 진짜 부모들에게도 사전에 현지사정에 대한 교육이 반드시 필요함.

2. 건의 및 애로사항

가. 덴마크 입양인 전체의 5%(4~500명) 정도만이 자기 스스로 뿌리를 찾으려고 하고 있음. 이 숫자를 가지고 대한민국 정부나 재외동포재단이 인위적으로 나서는 것은 다소 위험하다고 봄. 전체 입양인의 5%의 의견이나 성인 입양인의 개별적 사실 또는 의견만을 확대하여 덴마크 소재 8,500여 입양인 모두에게 적용해서는 안 됨. 획일적인 해외입양정책보다는 지역실정에 맞는 다양한 정책을 수립해야 하며 아주 섬세한 기본지침을 마련해야 함.

3년간의 탄자니아 대사시절을 돌아보면 대부분의 한국사람들은 아프리카 53개국을 마치 하나의 나라 또는 하나의 마을 정도로 인식하고 있음. 서울에서의 유럽인식이 개별적임에도 불구하고 아프리카인식은 전체적임. 입양인정책도 아프리카를 하나로 생각하듯이 단일적·획일적으로 접근해서는 안 됨. 재외동포재단에서 정기적으로 실무자나 중견간부들이 현지를 방문하여 대사관이나 입양인들과 유대관계를 맺고 사업을 수립·추진하는 것이 좋을 듯함. 현지조사에 드는 비용은 전혀 아깝지 않음. 입양인이 적은 나라의 경우에는 재외동포재단 과장, 부장 또는 이사 정도가 현황 파악차 방문하고 다음 후속조치를 취한다면 새로운 사업들이 진행될 수 있을 것임. 지난번 Korea Club 행사시 과장급이 오듯이 재단 직원이 현장을 방문한 것이 실태를 파악하는데 많은 도움이 되었음.

입양인들이 양부모들에게 네거티브하다는 이야기는 아직 듣지 못했음. 재외동포재단에서 양부모 모임인 정한협회를 지원한 사례는 아직까지 없음. 이들의 모국방문시 재외동포재단에서 입양인 부모들을 초대하여 대접해주면 좋을 듯함. 이들은 한국에서 여러 가지 소품들을 사갖고 와서 크리스마스 행사시에 판매도 하고 있음.

나. 고전무용, 악기 교사들을 덴마크로 초청해서 입양아들을 교육시키고 싶음. 독일의 천둥소리 같은 사물놀이팀을 덴마크에서도 만들었으면 함. 매년 20~30명씩 고국에 가지만 사찰순례, 부모님 찾기 홀트 프로그램, 관광 등에 참가하다보면 정작 사물놀이 등 교육받는 시간이 태부족함. 전문 민속단으로부터 교육받는 것보다는 젊은 학생들로 구성된 동아리(예: 정과학회)들과 함께 숙식하면서 교육받는 것이 훨씬 더 효과적임. 매년 방학 등 휴가시에 2~3주 정도 덴마크로 오던가 아니면 하계캠프 때 와서 교육시켜주면 좋을 듯함. 한국영화를 많이 보는 것도 한국어 교육에 도움이 되고 있음. 한국영화 DVD 구입에 재외동포재단의 지원이 필요함. 한국영화제를 덴마크에서 진행해보면 많은 사람들이 재미있게 관람하고 있음. 앞으로는 연중행사로 민속놀이체육대회를 하고 싶음. 굴렁쇠 등 민속놀이기구를 보내주면 감사하겠음. 입양인들이 좋아하는 한국영화감독은 김기덕씨로서 한번 모시고 싶음.

현재 국내에서는 동포 2세 자녀들에 대한 대학진학 등에 특혜가 있지만 입양아들에게는 아무런 혜택도 없음. 한국에서 기숙사 얻기도 쉽지가 않음. 이런 것을 재외동포재단에서 도와주어야 함. 재외동포장학생으로 선발해주어야 하며 기숙사 배정 우선권도 부여야 주어야 함. 덴마크에서의 좋은 직장 다 놔두고 사서 고생하러 한국에 가지만 정작 친척 하나 없고 한국말도 못한다는 것이 기를 죽게 만들고 있음. 입양인들이 한글 배우는 것은 외국인이 한글배우는 것보다 훨씬 시간이 많이 걸리고 있음. 삼성이나 LG 등 대기업에서도 입양인 인재를 쓰지 않고 외국인을 선호하는 것은 문제임. 결국 빈털터리가 다 되어 덴마크로 돌아오니 이들을 바라보는 시각들이 좋지 않음. 특히 몸이 불편한 입양인들에게 있어서 1~2년 정도 한국에서 살아보는 것은 그들의 최대의 꿈이자 희망사항임. 앞으로 재외동포재단에서 입양아들의 본국 대학진학, 장학금 문제 등에 신경을 많이 써주길 부탁드림.

3. 검토의견

가. 해외입양인 지원이 재외동포재단의 주요 사업목록에 포함됨으로써 재단의 외연을 넓히거나 대외홍보에 좋은 성과를 거두었음. 또한 재단 이사장이나 입양업무 담당자 등 소수의 열정과 관심에 힘입어 입양지원업무가 현재의 수준까지

확보했음. 그러나 앞으로는 '선택과 집중'의 원칙을 원용하여 재외동포재단에서는 해외입양인 지원업무를 특성화한 전담 팀을 두거나 인원을 보강할 필요가 있음. 특히 유럽이나 미주 동포사회의 주요한 구성원인 입양인들에 대한 지원업무는 차세대 인적개발이라는 성격 이외에도 다양한 문화와 정체성을 갖고 있는 15만 입양인들을 종합적으로 육성·관리함으로써 한국의 문화와 대외이미지를 개선하는 첨병으로 활용할 수 있다는 측면에서 충분히 지원가치가 있을 것으로 판단됨.

나. 대사관내의 한글학교는 시설수준은 양호한 편이나 주로 대사관 직원자녀나 상사 주재원 자녀 중심의 한글학교라는 특색을 지니고 있음. 전 한인회장이 운영하는 한글학교나 모 목사가 운영하는 한글학교는 입양인들을 대상으로 한다는 점에서는 공통점이 있으나 운영철학이나 접근방식은 상이한 것으로 파악됨. 한국교육원이 없는 덴마크의 경우 재외동포재단의 지원금을 대사관에서 일괄 집행하고 있어 입양인들에 대한 대사관과의 견해가 지원금 교부에 직간접적으로 영향을 미치고 있는 것으로 보임. 따라서 한글학교 운영비나 교재 지원 등이 현지대사관을 통해 각 학교별로 3등분되고 있어 학교 등록 인원수나 운영 프로그램의 성격 및 내용 등을 감안하여 차등 지원될 필요가 있을 것으로 보임. 덴마크내 한글학교의 교재로 책자형태의 문서형태보다 DVD 또는 CD형태의 영상물이 선호되고 있으므로 이에 대한 대책마련이 있어야 할 것으로 보임.

제3절 스웨덴(Sweden)

1. 개황 및 의견청취

가. 개황

스웨덴인은 북방 게르만족에 해당됨. 스웨덴, 덴마크, 노르웨이, 아이슬란드 등은 같은 계통임. 핀란드인은 우랄알타이계통에 속함.

겨울이 6개월 정도 되며, 알코올 중독자와 자살률이 비교적 높음. 1년에 1,100명 정도가 우울증으로 자살하며, 이들 중 30대가 60~70%를 차지하고 있음. 국회 권한이 비교적 강하며 정당별 투표제가 실시되고 있음. 사민당의 인기는 별로나 정책은 상당히 좋음. 수상 선거가 9월 14일 실시됨.

스톡홀름 근처에는 크고 작은 섬이 무려 2만 3천개임. 스톡은 말뚝, 홀름은 작은 섬을 뜻함. 스톡홀름은 모두 14개의 섬으로 구성되어 있음. 스웨덴은 화강암 지대이며, 원래 물 밑에 있던 화강암들이 지각 변동으로 융기함. 아스팔트가 붉은 색을 띠는 이유도 붉은 빛 나는 화강암 때문임. 암반이 많아서 한번 길을 내려면 상당한 시간이 소요되며, 굴착기나 콤프레셔 등이 발달한 것도 암반의 영향 때문임.

종교는 루터교가 강하며, 1993~94년까지는 국교로 대우받았고 목사도 국가공무원으로 대우받음. 그러나 현재는 국교나 국가공무원제가 폐지됨. 젊은이들은 종교를 기피하고 있음.

평균 소득의 55%까지 세금으로 내야하며, 징수율은 70% 정도 됨. 소득이 많을수록 세금이 많음. 초등학교 입학 이후 평생교육이며 남녀 구분이 거의 없음. 영주권자는 무료교육이며, 외국인은 고등학교까지는 학비를 내나 대학부터는 무료임. 그러나 스웨덴어가 어려워 한국에서 오는 조기유학생은 적은 편임.

각료의 비율은 남녀 50대 50이며, 오히려 여성의 목소리가 더 큼. 청소년정책도 발달되어 있으며, 부모들은 아기를 낳으면 자신의 가문이 번창할 뿐 아니라 국가를 위해 아기를 낳는다고 생각함. 유망한 대학전공으로는 산업디자인, 공과대학, 특히 화공계통이 발달되어 있고, 사회복지쪽도 좋음. 노벨의학상을 선정하는 카롤린스카의대는 유명함.

종교전쟁시 스웨덴 군대가 오스트리아 빈까지 진출했음. 3차 종교전쟁시 젊은 크리스티나 여왕시절에는 체코 프라하에서 헤라클레스동상, Silver Bible 등을 갖고 오기도 했음. 종교전쟁시 구교가 아닌 신교에 가담하여 북부 독일, 폴란드까지 점령했으나 북방전쟁에서 러시아에게 패한 이후 국력이 쇠약해짐. 러시아에 패한 이후 큰 전쟁에 한번도 휘말린 적이 없음. 8~9세기 건립된 키에프공국은 스웨덴 바이킹들이 이룩했음. 지금도 바이킹 유물이 많이 발굴됨. 노르웨이와 덴마크 바이킹들은 유럽 본토로 진출한 반면 스웨덴 바이킹들은 흑해, 아라비아반도쪽으로 진출했음. 커크 다글라스 주연의 '최후의 바이킹'이라는 영화를 보면 노르웨이 바이킹의 마지막 원정 상황을 엿볼 수 있음.

1차 대전 이후 1970년대까지 유럽에서 일어난 그 어떤 전쟁에도 휘말리지 않음. 전후복구 특수를 톡톡히 봄. 실리적 외교의 대가임. 그러나 나치협력자에 대한 뉴스가 종종 나오고 있음.

스웨덴 국민의 애국심은 대단함. 아이스하키, 축구 등 핀란드와의 대결시 응원을 보면 대단함. 테니스, 탁구, 육상 등에도 세계적인 운동선수들이 많음. 스웨덴 국가예산의 10%를 해외원조에 사용하고 있음. 유엔 등에서의 발언권이 강함. 외무성 내에 대외원조장관, 이민장관 등 장관급만 3명이 있음. 함마슐트 전 유엔사무총장은 스웨덴 사람이며 웁살라대학 출신임. 스웨덴 국민은 싸우기 보다는 대개 협상을 좋아함. 나폴레옹과의 전쟁시에도 왕을 강제 폐위시키고 덴마크쪽에서 왕을 데리고 왔으며, 나폴레옹장군의 휘하에 있던 베르나르 롯세를 왕으로 모셔옴. 지금 구스타프왕은 그 사람의 6대손임.

스웨덴이 EU 가입 이전의 사회주의 시스템에서는 주택소유 개념이 거의 없었음. 그러나 EU 가입 이후 주택이 평생임대 개념에서 소유개념으로 바뀌고 있음. 주택 규모는 거실 포함한 룸 2개(평균 30평 이하)가 대부분임. 스웨덴 가정은 대부분 맞벌이 부부이며, 소득의 1/3은 자동차·요트·주택구입자금에, 1/3은 별장 유지에, 그리고 1/3은 세금으로 지출됨. 현찰을 사용할 요인이 별로 없음. 유로화 사용은 국민투표로 거부함. 북구에서는 핀란드만 EU에 가입. 대부분 1가정당 1명 정도는 입양했음. 입양아들이 성인이 될 때까지는 경제적인 부담이 크지 않음. 고등학교 졸업 때까지 월 10만원 정도 지급하므로 먹여주고 입혀주기만 하면 됨. 미국 미네소타 등에 입양인들이 많은 이유도 스웨덴인들이 비슷한 위도인 미국 중부지역으로 이민한 결과임.

집권 사민당을 뒷받침한 곳이 노조임. 그러나 의사 등 고급인력, 사업가들에게는 매력이 떨어짐. 고급인재들이 외국으로 유출되는 만큼 동구권 인력들이 그 빈자리를 메우고 있음. 완벽한 복지는 어려운 것 같음. 과잉복지를 줄이고자 해도 어려운 점이 많음. 그러나 인구가 적어서 적당한 선에서 어느 정도 타협이 가능함. 1970년대 말까지는 외국인들을 대체로 수용했으나 지금은 완전히 차단. 공식적으로 이민을 받지 않으나 고용을 늘이는 회사 등 사업이민은 받아들이고 있음. 삼성 직원 가운데 노동허가 입국자 같은 경우는 5년 후 영주권 신청자격이 생기는 반면 대사관 직원 등은 세금을 납부하지 않기 때문에 아무리 장기간 거주하더라도 영주권 신청자격이 없음. 고용창출계획이 있으면 영주권 허가가 쉽게 나옴. 스웨덴 인구 900만 명 가운데 17%가 외국인 영주권자임. 그 중에는 국제결혼자, UN 난민들, 정치적 난민자들이 포함.

스웨덴 근대화의 계기는 나폴레옹이 제공. 나폴레옹과의 전쟁 당시 덴마크는 나폴레옹편을 들어 패전국이 되었고, 스웨덴은 연합군편을 들어 승전국이 됨. 승전의 댓가로 덴마크 영토였던 노르웨이를 100여년 지배하게 됨. 현재 노르웨이 경제가 좋아지고 있음. 북해유전의 영향으로 복지세금도 1개월분을 감해주고 있음. 스웨덴은 미국 실리콘 밸리 다음으로 IT 분야가 발전한 곳임. 성냥, 안전벨트, 선루프, 종이팩 등은 모두 스웨덴인의 특허임.

현재 스웨덴에는 삼성, LG, 현대, 기아 등이 진출해 있으며, 쌍용, GM 대우도 있음. 한번 거래를 트기가 어렵지 일단 거래가 성사되면 영원히 갈 정도로 신의가 두터움. 한국영화는 반응이 좋음. 특히 박찬욱 감독에 대한 평이 좋음. 삼성, LG 등은 최고 일류상품으로 인식되고 있음.

나. 현지 공관 입장

현지교민의 수는 1,200명이며, 입양인은 9천명임. 한인회관이 없어서 한글학교와 한인회가 공동모금하고 있으나 목표액의 1/3밖에 모금하지 못함. 한인회관 및 한글학교 공동건립 과제를 남겨놓고 있음. 얼마 전 KAL 지사장 경력의 동포가정에 불상사가 발생. 모 입양인의 경우도 동포사회에 많은 충격을 던져줌. 일식집 간판 걸고 중국 화교들이 영업하는 경우도 많음.
한인회의 경우, 회원 각자가 활발히 해야 하는데 회장이 누구냐에 따라 몇몇 그룹들만 참석하는 경향이 있음. 안정된 사회일수록 한인회보다 교회 쪽이 훨씬 더 효과적임.
스웨덴 현지 입양인은 9천여 명인데 이들을 만나보면 전체적으로 정착이 안되고 있다는 느낌을 받음. 물론 방송국 앵커, 총리실 비서관 등 주류사회에 진출한 경우도 있지만 대개는 주류사회에 진출하지 못하고 있음. 솔직히 말해 입양인들은 한국인이 아님. 서로 연계한다고 하지만 그것도 쉽지 않은 것 같음. 대개의 경우는 살려고 발버둥치는 편임.
입양인회에서 무슨 행사할 때 대한민국을 대표하는 대사관과 연계한다면 많은 도움을 줄 수 있을 것임. 현지 대사관은 입양인의 존재를 잊지 않고 있음. 여러 주제(음악, 역사 등)를 놓고 브레인스토밍을 통해 대화했으면 좋겠음. 한국대사관에서 9천명의 리스트를 갖고 있냐고 물었지만 대사관은 인적사항은 모르고 전체 숫자만 알고 있음. 홀트 등 입양단체에서만 갖고 있을 걸로 봄. 싱가폴 정부도 입양인 자료를 비밀자료로 간주하는 것으로 봐서는 스웨덴정부도 마찬가지일 것임.

다. 재스웨덴동포의 입장

1) 입양인 관계자

○ 참석자 A(女): 한국은 너무 멀리 떨어진 나라라는 이미지를 갖고 있음. 지

리상으로 너무 멀다는 인식이 있으므로 문화적인 접근이 필요함. 스웨덴정부 추산으로 입양인은 9천명임. AKF 회원수는 700명이나 회원유지가 관건임. 한때 회원이었던 사람들도 많음. 시간이 흘러가면 사라져감. 따라서 오랜 기간동안 회원자격을 유지하도록 하는 것이 주된 관심사임. AKF 회원들의 소속감은 그리 크지 못함. 1~2년 정도 지나면 서로 다른 사람이 됨. AKF 회원 상호간의 결혼은 그리 흔하지 않음. 대부분 스웨덴인들과 결혼하고 있음.

○ 참석자 B(男): 스웨덴 입양아들은 입양부모들과 사이에 입양에 대한 견해 차이가 있으며, 입양부모들은 입양아들이 스웨덴에서 완전히 정착, 성공하길 바라고 있음. 또한 입양아 자신들도 스웨덴적인 배경과 기준에서 한국인이라는 정체성에 대해 고민하게 됨. 국제화된 세대와 한국인이라는 정체성 간에 갈등이 존재함. 자신이 스웨덴인이며 이민자라는 인식이 강한 아이들은 한국적인 것을 완강히 거부함. 이처럼 서로 다른 경험 속에서 어떤 정체성을 갖고 있든 AKF가 당면한 문제는 계속성(continuity)이라고 생각함. 그 많은 사람들이 한국에 갔다 온 다음 사라지는 현상에 대한 별다른 대책이 없음. 따라서 소속감보다는 계속성이 더 큰 문제라고 생각함. AKF내에서도 한국영화, 세미나 등 여러 활동들이 진행되고 있지만 그 외의 사회활동을 선호하는 사람들도 있음. 그동안 우리는 전문적이지 않았음. 단지 친교목적이었음. 앞으로는 다양한 사회봉사활동을 해야 할 것으로 봄.

○ 참석자 C(男): 어릴 때 스웨덴 양부모와 한국에 가본 경험은 없음. 스웨덴 양부모에게 한국에 대해 알리려고 최선을 다해본 적도 없음. 30년 후에는 스웨덴은 지금과는 완전히 다른 사회가 될 것임. 한국의 경제적 성공은 입양인들에게 엄청난 영향을 주었음. 새로운 입양아정책의 목적은 무엇인가? 입양아들에게는 다양한 욕구가 존재함. 초청사업의 경우 대규모 초청사업은 대단히 복잡함. 연령별로 초청하면 훨씬 더 효과적일 것임. 앞으로는 정부에 영향을 미치는 일들을 하고 싶음. 어떻게 스웨덴내 입양아들의 삶을 변화시킬 수 있을 것인가를 고민하고 있음.

○ 참석자 D(女): 입양인단체 주관으로 한국에 가는 입양아들이 몇 명 정도인지는 정확히 알 수 없음. 그러나 한국에 가는 비용이 너무 비쌈. 6살에 입양되었지만 지도상에서 솔직히 한국이 어디에 있는지도 몰랐음. 그러나 지금은 중

국과 비교할 때 매우 잘 알려져 있음.

○ 참석자 E(男): 스톡홀름대학 한국학과는 정원의 60% 이상이 입양 한국인이며, 10% 정도는 한국인 2세 동포임. 이들은 자신의 정체성을 찾기 위해 또는 개인적 관심 때문에 입학하지만 학업을 마친 후 현실적인 직업마련의 기회가 없어 중도에 반 이상이 포기하고 있음.

스웨덴에서는 1988년 서울올림픽을 계기로 입양인 송출에 대한 부정적 입장이 대두됨. 1996년에는 혼혈아 및 지체아를 제외한 입양인 송출이 금지됨. 입양촉진및절차에 관한 특례법 제정(1995)26) 이후 매년 2천명 선까지 줄었으나 IMF(1997~1999) 기간을 거치면서 다시 2,400여명으로 증가했으며, 국내입양 장려정책으로 90년대 말에는 전체 입양아의 1/3을 차지함. IMF 극복 이후 정부는 서구식 모델에 입각한 육성장려정책을 추진중에 있음. 현재 전 세계적으로 입양아를 받아들이는 나라는 미국, 노르웨이, 스웨덴, 덴마크, 프랑스, 룩셈부르크, 호주, 캐나다, 네덜란드 등 9개국 뿐임. 그동안 국제입양은 국내의 사생아, 장애아, 혼혈아 등을 처리하는 수단으로 활용되어 왔음. 유엔 인권 고등판무관실은 반여성적, 반사회적, 반인종적 차별을 감행하는 한국정부를 계속해서 비난하고 있음.

○ 입양인 후원회장: 6·25 직후 지리산 기슭인 하동 산골에서 어렵게 살았음. 1982년 스웨덴으로 공부하러 왔음. 오전과 오후에는 일하고 야간에는 경영전문대(2년제)에서 공부했음. 그러나 공부보다는 일하는 것이 훨씬 더 편했음. 평소 나보다 어려운 사람들을 보면 도와주고 싶었음. 마틴 임(Martin Im)을 만나게 되면서 입양아에 관심을 갖게 되었음. 처음 보았을 때 그는 고개를 푹 숙이고 다녔음. 입양부모는 그를 차별하지 않는데 스스로 소외감을 느꼈던 것임. 그런 아이와 사귀면서 자주 함께 먹고 마시고 자면서 오늘의 사람으로 만들었음. 내가 한인회장으로 일할 때는 입양아 조직을 한인회내로 흡수시켰음.

2006년 5월 5~7일 세계 한인입양인대회를 성황리에 마쳤음. 10개국 160여명의 대표들이 참가하여 여러 분야에 걸쳐 세미나를 하였고 MBC방송에서 전 행사를 촬영해 갔음. 이번 행사를 위해 많은 지원을 해주신 삼성전자, LG전자, 기아자동차, 남강회관 그리고 재외동포재단 등께 깊은 감사를 드림. 스웨덴한인회만큼 투명한 곳도 드물 것임. 전임자와 후임자 관계도 좋음. 체육회가 사단법인으로 따로 조직되어 있으며, 이번 유럽한인대회에 축구팀이 참가했음.

2) 한인동포사회 지도자 간담회

○ 입양인 연구자 A(女): 현재 스웨덴에는 약 44,000명의 외국입양인이 거주하고 있고, 그 중 약 9,000 내지 10,000명이 한국입양인임. 스칸디나비아 3개국의 한국전쟁 참전이 계기가 되어 시작된 입양은 1960년대로부터 1990년대에 이르기까지 입양인수는 절정에 달하게 되고 연 900 명 내지 1,000명의 아이들이 입양되었음. 입양아 1호는 1954년 첫 아기가 왔음. 자기 소개시 1953년생이라고 했는데 전쟁고아였음. 지금은 잘 적응하고 잘 살고 있음.

한국으로부터의 입양은 단순히 입양이기보다는 한 사회적 현상이라 말할 수 있음. 외국인 입양에 전례가 없었고 많은 수의 입양아가 한 나라에서 왔기 때문임. 같은 시기에 소규모이긴 하나 입양된 입양인은 인도, 남미 그리고 에티오피아뿐임. 현재 상황은 중국과 베트남에서 많은 여자아이들이 입양되어 오고 있음. 현지에서 문제가 되고 있는 점이 몇 가지 있음. 즉, 하나는 편모·편부(single parent)들이 입양하고 있다는 점임. 이 경우 문제가 발생할 확률이 양부모 입양가정보다 2배나 됨. 다른 하나는 스웨덴의 호모들도 입양이 가능하도록 되어 있다는 점임.

대부분의 입양아들은 별 문제없이 어린 시절을 지내나 사춘기와 부모를 떠나 사회진출 할 때에는 어려움을 겪게 됨. 어렸을 때 받은 상처가 상기되고 정체성 문제로 방황하게 되는 것임. 정신과 의사로서 30년간 입양아들의 여러 어려움을 보았기에 성년이 된 입양아부모들의 경험담을 모아 스웨덴에서 올 9월에 Efterlängtad('기다리고 기다렸던'이라는 뜻)라는 책이 발간됨. 이 책은 18명의 양부모들과 나의 30년의 경험을 함께 엮었음. 코스웍 상담 및 Identity group 상담 등을 하면서 느낀 점을 적었음. 3년 전에 보통 사람들과 대화, 토론하는 모임이 있었는데 각자 토의하는 도중에 옆에서 지켜보던 입양부모들이 "왜 우리에게는 물어보지 않아?"라는 투덜거림을 들음. 그래서 내가 한번 써보겠다고 작정하여 여러 어려움 끝에 책을 출간하였음.

18명중 14명이 한국입양, 나머지는 인도, 페루, 콜롬비아와 레바논에서 온 입양아들임. 이 18명 부모들의 이야기는 한 줄 한 줄이 사랑과 염려, 아픔과 애로, 기쁨과 슬픔들로 짜여 내려간다. 30년 전 통계로는 아무런 차이가 없다고 했으나 최근 통계에 의하면 입양아들의 자살율과 정신질환은 보통사람들의 4배라고 발표됨.

문제발생의 유형은 자살, 정신적 이상, 범죄로 인한 감옥행, 도박 등이며, 사건발생시 현지아이들보다 훨씬 더 매스컴의 주목을 받고 있음.
　AKF단체는 대단히 활동적이며, 회원들도 머리가 명석한 편임. 이들은 한국인 2세보다 사고의 폭이 넓고 진보적이며 글로벌 한 활동을 하고 있음. 이들은 매일매일 만나고 있으며, 조직활동이 주업이라고 생각될 정도로 활동적임. 그러나 내부의 의견충돌이 있을 수 있음. 양부모 만나거나 한국으로 가는 것을 추진하는 AKF활동을 반대하던 아이들도 어느 정도 시기가 지나면, 자기 일생에서 어떤 일이 생기거나 하면 갑자기 그런 조직이 필요할 때가 생김. 예를 들어 관계가 좋던 양아버지가 죽고 관계가 나쁜 양어머니만 남았을 때, 다 성장한 다음 한국에 갔다 왔을 때 등임. AKF는 입양아들이 필요로 할 때 거쳐 가는 조직임. 역대 회장 가운데 아직까지 남아 있는 사람은 1~2명에 불과함. 부회장인 레나는 처음부터 꾸준히 활동하고 있지만 나머지는 일정시기만 지나면 활동을 그만두는 편임. AKF 회원 가운데도 이미 생물학박사, 사회학 박사 등이 있어서 더 이상 나의 도움을 필요로 하지 않음. 조직내 커플도 2쌍 정도 나옴.
　스웨덴은 입양을 받아들이는 나라, 한국은 보내는 나라임. 받아들인 이 나라에서는 성장과정에서 일어나는 적고 큰 일들을 계속 토의하고 있고 사회적 큰 관심사임. 아이들을 보낸 한국부모들의 궁금함도 매우 클 것으로 추측됨. 양부모들이 어떻게 길렀고 아이들은 어떻게 살고 있을까? 물질적으로는 안정된 환경에서 자라났으나 정신적 고통은 잘 알려지지 않았다고 생각됨. 부모에게서 버림받았다는 상처, 고아원 생활의 기억, 외모가 다르기에 받아야 하는 어려움, 자기의 뿌리를 모르는 데서 오는 불안감 등등. 보내는 우리 사회에 알리고 싶은 마음에서, 한 걸음 더 나아가, 자기애를 버려야 하는, 일생을 두고 감추어진 슬픔을 안고 살아야 하는 한 여성의 심정, 이 여성들이 자기애를 기를 수 있도록 사회가 경제적 도움을 주고 미혼모에 대한 인식이 바뀌는 데에 조금이라도 도움이 되기를 바람.
　입양아들에게 가장 많이 나타나는 증세는 우울증임. 누군가로부터 버려졌다는 점 때문. 생모→경찰→고아원→위탁모→입양부모 등의 단계를 거침. 말을 하던 아이도 고아원에서 위탁모로 옮겨지면서 말을 하지 않는 경우도 있음. "누가 나를 버린다. 왜 버릴까?" 등의 불안감이 있음. 보통 아이들도 힘이 드는데 입양이들의 10대는 더 힘들어 함. 무의식적으로 관계를 안 끊으려고 하며, 어른이 안 되려고 함. 학교 졸업에 대한 부정적 태도가 그래서 나옴. 어른이 되는 시간을 될 수 있으면 연장하려고 함.
　성적 관계를 통한 위안감을 얻고자 함. 이 남자 저 남자에게로 옮겨가는 태도를 보이는 이유도 거기에 있음.

고도 불안의 경우에는 대부분 범죄로까지 넘어감. 갱단에 속해 있으면 위안감을 얻을 수 있기 때문. 남자들의 경우는 불안감보다 더 큰 스릴을 추구하게 되며, 여자들의 경우는 남자 파트너를 자주 바꿈으로써 고도의 스릴을 느낌. 사랑하면 할수록 불안감이 고조되기 때문임. 따라서 입양아의 경우 장기간 관계를 유지하기만 매우 어려움.

입양부모들이 아무리 잘해줘도 언젠가는 나를 보내겠지라고 생각하면서 대단히 순종적인 자세를 보임. 그러다 보면 자아가 없어짐. "나는 내가 누군지 모르겠다. 부모가 하라는 대로 한 사람이다… 도대체 나는 누구인가"를 고민하게 됨.

개인적으로 입양아 정책은 조화로운 인간이 되도록 하는데 있다고 봄. 스웨덴에서도 입양아들을 한국인으로 기르려는 부모들은 매우 진보적임. 반면 스웨덴인으로 키우려는 가정에서는 항상 문제가 발생하고 있음. 따라서 정신적으로 원만히 자라려면 입양아들에게 한국적 정체성이 반드시 들어가야 함. 그리고 그 아이들이 자신의 정체성을 받아들일 때까지 입양부모들은 기다려야 함.

만약 한국에서 친부모를 찾지 못하고 자신의 뿌리가 없음을 알게 될 경우 뭔가 밑에서 자신을 빨아들이는 함정이 생기게 됨. 따라서 부모를 찾으면 찾는 만큼, 못 찾으면 못 찾는 만큼 한국에 대한 것을 읽고 먹고 가보고 서로 만나고 모이고 냄새 맡을 수 있도록 권장해야 함. 한국에 대해 말하는 것은 다분히 부정적이면서도 그 속마음이나 얼굴 표정은 행복해지게 됨. 그런 것들이 함정을 메워주는 모종의 역할을 하는 것임.

스웨덴의 입양부모들은 45만 명 정도 됨. 스웨덴 보사부 주관으로 올 1월부터 이들 입양부모들이 가져야 할 사전교육 제도가 신설되었음. 즉, 입양신청→사회사업가 인터뷰→판정→입양절차 순으로 진행됨.

미혼모(single mother)들은 갓난아이를 입양하기보다는 3~4살 짜리를 입양하고 있음. 한 정신과 의사의 보고에 따르면 3살 이전에 한국말을 잊어버리면 한국에 대한 기억이나 경험들이 모두 잊혀진다고 함. 그리고 입양아 부모들도 한국어를 쓰지 않기 때문에 입양아들이 성장한 다음 한 두 번 한국어를 배워서는 별 도움이 안됨.

○ 한인회장: 스웨덴 한인회는 1963년 유학생회에서 주관하여 서전교민회라는 명칭으로 야유회 및 송년회 행사에 교민대표로 참석한 것을 시작으로 한인

회가 성장. 1965년 회지 '우리소식' 발간 시작으로 1970년 정식 회칙을 제정하고 한인회의 명칭을 '재서전(在瑞典) 한인회'라 정함. 그 후 경로잔치, 유럽 한인 체육대회, 한인회관 건립 기금모집 등 오랜 기간을 통해 건실히 성장, 발전. 2004년까지 40년간 총 30대의 회장이 역임하였으며 현재 31대 회장이 직무중임.27)

재단에서 운영하는 korean.net에 스웨덴 한인회 정보가 두 개나 있음. 전임 회장건은 삭제가 필요함. 스웨덴 한인회 홈페이지(www.koreans.se)는 미비점을 9월중에 완성할 예정임.28) 2006년 12월 31일이면 현회장의 임기가 만료됨. 스웨덴에서는 만 65세에 퇴직함. 앞으로 재외동포들의 의견을 보다 많이 청취해 주시기 바람. 지난 봄 재외동포재단에서 애로사항 등 설문조사 한 적이 있음. 현재 스웨덴 동포는 공식적으로는 1,200여명이나 1/2 피가 섞인 사람들까지 포함하면 1,800여명 정도 됨. 입양동포들은 9천여 명임(노르웨이에도 입양동포가 많음. 북유럽 전체 합치면 3만 명 정도 됨).

스웨덴 한인회에는 노인회, 부인회 등은 없음. 친목단체로서 한인회에서는 매월 월례행사(연 10회)가 실시되고 있으며, 한글학교가 운영중임. 스웨덴 한인회는 전·후임자간의 사이가 좋음. 입양인이나 국제결혼 친구들도 많이 끌어들이고 있으며, 설날이나 추석 등에는 스웨덴사람들도 초청하고 있음.

○ 전직 한인회장: 덴마크인들에 비해 스웨덴인들은 까다롭지만 순박한 사람들임. 유태인적인 성격도 있고 사업적으로는 상당히 무섭다는 느낌도 줌. 노르웨이 가이랑해 협곡 풍경은 매우 아름다움. 전문가들의 이야기를 듣고 보니 입양아들은 죽을 때까지 아픔을 완전히 치유하지 못할 것 같음. 이들에 대한 배려가 절실히 필요함.

○ 한글학교 교장(女): 입양아들은 결혼한 후에도 이혼율이 상당히 높은 편임. '귀향'이라는 책을 18명이 썼는데 부모이혼자만 8명임. 자녀 양육은 대부분 여자아이들 몫으로 돌아가고 있음.

현재 이름은 한국학교이지만 1970년대 초 한글학교로 시작하여 매주 토요일 3시간씩 한글교육을 하고 있음. 2006년에는 60명 정도가 등록했으며 입양동포가 14~15명(성인반), 부모님과 함께 하는 반(노래반), 동포자녀반, 국제결혼자녀반 등이 개설되어 있음. 현 추세로는 한글을 배우려는 입양동포들이 많이 있음.

3) 노벨재단 관계자29)

노벨재단은 노벨상 모든 위원회를 관리하면서 수상자 선정 등 조직운영을 뒷받침하고 있음. 수상자 후보가 선정되어 재단에 보고 되면 스캔들을 방지하기 위해 이들의 실상을 조사함. 11월 10일 해마다 국왕이 주재하는 시상식이 있는데 수상식 1시간 후 해외에서 1천여 명이 참석하는 만찬도 조직함. 그날 수상자는 주변인물, 제자 등 30명을 동행할 수 있음. 해마다 수상자가 10명 정도이므로 이들만 해도 300명임, 직전 수상자들도 초청대상임. 또한 세계 수천 개 관련학회(한림원, 학술원 등) 석학들도 초청됨. 스웨덴에서는 10~11월 모든 것이 노벨상과 관련되어 있음. 노벨재단에서는 문화사업을 제일 많이 있는데 내년에는 한국의 과학도들에게 자극을 주기 위해 노벨재단 웹 사이트에 한국어판도 개설할 예정임.

노벨상 수상자가 동양인일 경우 자문을 하는 편임. 문학상에서도 의견을 제시한 적이 있고, 과학상의 경우는 몇 차례 자문한 바 있음. 평화상은 스웨덴과 노르웨이의 관계를 고려하여 선정과 수상을 노르웨이에서 함. 평화상 수상자는 수상식 다음날 스웨덴 국왕이 주재하는 만찬에 참석함.

현재 한국의 경우 문학상이나 과학상의 수상 가능성이 없지 않음. 문학상은 해마다 문화권을 바꿔서 수상하고 있음. 예를 들어 스페인어권 → 불어권 → 영어권 → 동양어권 등 돌아가면서 하니 내년이나 내후년쯤이면 동양어권에서 문학상을 수상할 가능성이 있음. 문제는 번역을 누가 했느냐가 중요함. 일본이나 중국에서는 半스웨덴인, 半일본인(半중국인)들이 스웨덴어로 번역하고 있음. 한국에서도 한국말과 스웨덴말을 잘 아는 스웨덴인이 번역하는 것이 제일 좋음. 전집이라고 해서 모두 번역 안 해도 좋음. 첫 권과 마지막 권 정도 번역하면 됨.

1970년대 김지하는 '오적(五賊)'으로 최종 후보자군에 올랐던 적이 있음. 독일 사민당 계열에서 강력히 추천했고, 스웨덴 사민당에서도 한국민주화에 기여했다는 명목으로 강력히 추천한 바 있음. 모 시인의 경우는 상당히 자가발전한 느낌이 있음. 결선에는 올라갔지만 중도에 탈락했음. 특히 신문지상에 노벨상 관련 기사가 나는 것은 수상에 전혀 도움이 안 됨. 시를 쓰는 것이 자신의 인생이어야 노벨상 타기 위한 것이 되어서는 안 됨. 진지한 작가상을 보여줘야 함. 문학상에서는 수상했을 경우 어떤 효과가 날지를 판단하면서 결정하는 경향이 있음. 작년 문학상은 유태인이면서 영국인인 사람30)이 수상했는데 그의 반(反)이스라엘 노선을 높이 평가했음. 수상자가 건강상의 이유로 시상식에 불참할 것을 알면서도 수상자를 결정했음.

평화상이나 문학상은 과학상(의학, 화학, 물리 등)에 비해 다분히 정치적 의도가 있음. 과학상은 의도성이 별로 없음. 만약 황우석의 줄기세포 연구가 사실이었다면 수상 가능성이 있었음. 황 박사의 기초지식을 절대 무시해서는 안 됨. 동물의 줄기세포를 갖고 사람의 병을 고칠 수 있는 과정만 거쳐도 수상이 충분함. 물론 아무리 빨리 연구를 해도 3~4년이 걸릴 것으로 봄.

한국인은 현재 과학상보다는 문학상이 훨씬 더 수상 가능성이 있음. 과학상은 미국 내에 물리, 화학, 의학 등에 가능성이 있는 분들이 있지만 문학상이 더 쉽다고 봄. 한 분이나 두 분에게 집중해서 노력한다면 아카데미에 소개하는 것 정도는 도와줄 수 있음. 어느 민족보다 문학의 소재가 많기 때문에 몇 년을 내다보고 추진해야 함. 특히 번역을 잘해야 함. 이곳 선정위원 18명 가운데 동양문화에 관련된 인사가 2명 있음. 그들에게 한국을 소개하고 문인들과 교류할 수 있도록 하는 것이 좋을 듯함.

2. 건의 및 애로사항

가. 입양인단체 현황을 보면 도움이 필요 없는 입양인들의 모임 참석율은 저조함. 자기들끼리 회비 내면서 모임을 운영. 지속적인 재정지원이 필요함. 개인적으로 입양아들을 만나보면 그 아이들은 한국사람이 아니었음. 우리 정부는 인도적이면서도 도덕적인 관점에서 입양아들이 스웨덴 주류사회에 진입하도록 돕고 있는데 과연 우리 정부나 재외동포재단에서 펼치는 입양아정책의 궁극적인 목표가 무엇인지, 국가적으로 입양아들에게 무엇을 바라고 있는지가 매우 궁금함. 입양아 부모들과 관련된 프로그램들을 지원하는 것도 중요하다고 봄. 또한 예방프로그램으로 입양아를 대하면 거주국에서 생활하는데도 도움이 될 것이라고 봄. 그러나 정부가 입양아 문제에 개입한다 하더라도 단시일 내에 그 성과를 거두기는 그리 쉽지 않을 듯함. 돈이 무한정 있는 것도 아니고 우리 정부의 입양아정책 목표가 불분명한 상황에서는 사전에 그리고 어릴 때부터 입양아들을 도와주는 프로그램이 훨씬 더 효과적일 것이라고 생각됨.

나. 한국대사관에서는 입양인 관련 자료를 갖고 있는가? 한국정부는 자세한 인적사항을 알고 있는가? 스웨덴정부에서는 관련 자료를 갖고 있는 것으로 알

고 있는데 대사관에서 스웨덴정부와 교섭할 의향은 있는가?

다. AKF가 좀더 전문적이고 사회적인 활동을 할 수 있도록 하기 위해서는 지속적인 지원이 필요함. 2006년도에는 재외동포재단으로부터 6천 유로를 지원받았으나 이번 경우는 특별한 케이스임. 2006년 행사에서 재외동포재단의 지원금은 전체의 15%에 해당됨.31) 삼성, LG, 스웨덴 기업 등 일반기업체의 지원금이 훨씬 더 많았음. 매년 금액은 다르지만 재외동포재단에서는 콘퍼런스, 여름학교 등의 행사에 주로 지원하고 있음. 1인당 연회비는 평균 26유로임. 지난 2년간 스웨덴정부로부터 1,000~1,100유로씩 지원받았음. 현재 AKF의 본부 주소는 재무담당 임원의 집주소로서 매달 모이는 곳이 사실상의 AKF 본부임.

라. 스웨덴 현지에서 금년 9월 출판된 책에는 18명의 입양양부모들과 나의 30년 경험이 담겨 있음. 입양인들이 쓴 책들은 더러 나오고 있으나 입양부모들의 목소리는 이 책이 처음임. 이곳에서 스칸디나비아언어와 문학박사과정에 있는 학생이 책 번역 의사를 밝히고 있지만 번역에만도 일년 반 이상의 시간과 70,000~100,000 kr(크라운) 정도의 비용이 예상. 개인이 부담하기에는 큰 액수임. 번역 출판의 가치가 있다고 판단된다면 한 번 더 도와주기 바람.

마. 스웨덴 한인회의 소원이 하나 있음. 전체 동포들이 한인회관을 갖고 싶어 함. 한인회와 한글학교에서 1억5천만원 정도를 모금했음. 한국정부로부터 지원이 가능한 방법은 없는지?32) 스웨덴에서는 아이들에 대한 성취감 교육이 약함. 중학교 2학년까지 성적표가 없음. 따라서 한국에는 있는데 스웨덴에는 없는 것에 대한 교육이 필요함. 한인회관이 안된다면 한국정부 이름으로 문화회관 하나 지어주었으면 좋겠음. 스웨덴은 다른 지역과 달리 상호연계가 잘 되고 있는 편임. 1만 여 입양아들을 위주로 활용될 수 있도록 시범케이스로 지원해줄 필요가 있음.

마. 현재 스웨덴한인회의 애로점은 한인회관 건립임. 구상으로는 500~1,000여명을 수용할 수 있는 공간이 있었으면 좋겠고, 입양동포에 대한 배려 차원에서도 그렇고 언젠가 유라시아철도가 개통될 때를 대비해서라도 상징적인 건물이 건립되길 소망함. 만일 유라시아철도가 열리게 되면 세계 10대 무역강국에서 5대 강국으로 부상할 가능성이 많음. 한국기차가 이곳 북유럽까지 들어오게

되면 그 효과는 엄청날 것임. 옛말에 원교근공(遠交近攻)이란 말이 있듯이 몽고, 헝가리, 터키, 남아공, 칠레 등 멀리 있는 나라들과의 친교가 필요함.

 사. 스웨덴 한인회관을 건립하려면 적어도 10억원은 모금되어야 함. 현재 1.5억 원 정도만 모금되어 있음. 바자회 등을 통해 건립기금을 모았음. 땅이 어느 정도 넓어야 게스트 하우스를 지을 수 있음. 그곳에서 한인회, 입양인회, 한글학교, 교회, 강습 등 다목적으로 활용할 수 있어야 함.

 아. AKF 입양아단체도 회의실이 없음. 축구, 골프 등을 통해 한국에 대한 긍지가 높아져가고 있지만 아무래도 회관, 사무실이 있어야 함. 한글학교 수준이 지금보다 좀 더 높아져야 함. 한글 단어 수준이 낮다는 비판도 있음. 일본학교에서는 정부에서 정식 교사자격증 소지자를 파견하고 있음. 우리처럼 자원봉사자만 갖고는 한계가 있음.

 자. 원래 한인회 모금의 목적은 학교를 설립하려는 데 있었음. 스웨덴 실정으로는 세금제도 때문에 한인회관을 커뮤니티센터로 건립하는 것은 어렵다고 봄. 한인회와 한글학교 조직간의 목적이 다르지만 한인회장은 교육에 관심 있는 사람이 되어야 함.
 스웨덴 한글학교의 문제점은 한글 선생의 잦은 교체와 장소 부재로 대별됨. 스톡홀름 한글학교의 경우 선생님은 8명인데 교환학생이나 연구자로 오신 분들로서 각자 직장을 갖고 봉사하고 있음. 정식 교사자격증(국사, 초등학교교사)을 갖고 계신 분도 2명 있음. 이들에게 거마비조로 1회당 280크라운(40 달러) 정도 지급함. 장소 사용비는 비영리기관 보조금으로 충당하고 있음. 교재는 한국에서 보내준 자료, 인터넷 자료 등을 활용하고 있으며 기자재는 컴퓨터 프린터 등이 있음. 그러나 교재 내용은 현지 실정과는 거의 맞지 않음. 가을마다 학예회를 진행하면서 한국문화를 전파하고 있음. 2006년의 경우 재외동포재단으로부터 6만4천크라운을 지원받았음. 재외동포재단에서는 AKF 입양동포들에 대해서는 지원하고 있으나 한글을 배우려는 일반 입양동포들에 대해서는 지원이 전혀 없음. 입양동포들의 경우는 문법만 시작하면 도중에 그만두는 경향이 있음. 고급반의 경우도 흥미를 잃는 수가 많음. 현지교사자격증 소지자를 한국으로 초청하여 6개월 정도 교육시킨 다음 현지로 파견해주시면 좋을 듯함.

3. 검토의견

가. AKF는 1986년 11월 19일 스웨덴 스톡홀름에서 발족. 한국인 입양인들 간에 상호지식 및 경험을 교환하고 있으며, 정체성 확인 및 모국방문행사도 진행중임. 최근 들어 한국문화(특히 영화)와 뿌리에 관한 콘퍼런스, 세미나, 워크숍, 음식만들기, 한국 명절행사 등 다양한 네트워크 활동을 펼치고 있음. 재외동포재단에서는 유럽지역에서 덴마크의 '한국클럽'과 함께 스웨덴의 AKF(Adopterade Koreaners Forening)를 특별히 관심 갖고 지원하고 있음. 특히 다양한 성장배경과 교육수준에도 불구하고 한국에서 입양되어 왔다는 하나의 공통점에 기반하여 한국인 입양아로서의 정체성을 확보하기 위해 각고의 노력을 하고 있는 것으로 보임. 입양인후원회과 한인회가 입양인 문제에 각별한 관심과 후원을 아끼지 않고 있으며, '음양(Um & Yang)'이라 불리는 계간 홍보물을 발간하고 있음.

그러나 현재 20년 전 발족된 AKF의 인적구성(현재 200여 회원)이 중층구조를 형성하지 못하고 있음. 즉, 20~30대가 주로 맡고 있는 현 집행부(이사회, Board of Directors)와 이전 집행부 및 회원들간에 유기적인 의사소통이나 업무 연속성 등이 제대로 형성되어야 할 것으로 보임. 따라서 입양 및 한국 관련 콘퍼런스, 재원모금활동, 하계학교, 한국 및 스웨덴명절 행사 등을 자체로 진행하고 있으나 이들 활동에 대한 모국정부나 재외동포재단의 관심과 지원이 일회성이 아니라 시스템적으로 진행될 수 있는 체계를 범정부차원에서 마련할 필요가 있음. 재외동포재단에서도 해외입양인 지원시스템을 새로운 재외동포 인적자원개발 차원에서 중장기 과제로 연구 개발할 필요가 있음.

제4절 영국(Great Britain)

1. 개황 및 의견청취

현재 재영국 동포는 4만여 명이나 그 대부분인 3만 여명은 단기유학생임. 나머지 1만여 명만 지상사 직원, 생업종사자임. 그동안 사건사고가 많이 발생했으나 최근 들어 다소 줄어들었음(예: 재영유학생 이경운씨 사건).

교육기금위원회와 재영한인회간에 다툼이 있었음. 교육기금을 해산하고 기금은 모두 한인회로 이관해야 한다는 한인회의 주장에 대해 교육기금 이사장은 교육기금 중 20만 달러는 한인학교 건립을 위해 모금한 것이지 한인회관 건립 목적이 아니라고 이의를 제기함. 한인회는 한인회관을 건립하려고 하고 교육기금위원회는 전일제 한인학교와 병행하려고 하니 대사관측에서는 양쪽을 중재코자 하고 있음. 양쪽 의견이 타협점을 못 찾으면 돈을 돌려줄 수밖에 없을 것임.

영국에서는 8·15 광복절 행사가 기존의 한국인 중심에서 문화축제로 승화되고 있음. 1만 명 정도가 참가했는데 그중에 7천명이 영국인들이었음. 독일도 문화축제로 가야 한다고 생각됨. 도립이나 시립극단 등 문화예술단체를 적절히 활용하면 될 것임. 영국학교 중에서 한국인을 대상으로 한국어를 교육하는 학교가 사립 1개교, 공립 1개교가 있는 것으로 알고 있음.

가. 현지 공관 입장

1) 현재 한인학생 60여 명이 재학중인 뉴몰든 쿰걸 스쿨(Coombe Girl's School)은 외국어 특화교육의 일환으로 한국어 수업을 실시중임. 또한 2007년 5월부터 영국 중학교 졸업자격시험(GCSE, General Certificate of Secondary Education) 시험과목의 하나로 한국어시험이 실시될 경우 영국 중학교에 재학중인 한국인학생들은 제2외국어 과목으로 프랑스어나 독일어 대신 한국어를 선택할 수 있음. 그러나 영국 공인 시험관리기관(CIE, University of Cambridge International Examination)이 공개한 견본 문제의 난이도가 다소 어렵다는 평가이므로 어느 정도의 학생들이 한국어를 제2외국어로 선택할지는 아직까지는 미지수임. 만약 영국에서 상당한 호응을 얻게 되면 캐나다, 호주, 뉴질랜드 등 영연방국가로까지 그 파급효과가 클 것으로 예상됨.

2) 반기문 장관의 유엔 사무총장 선출에 대해 영국 정부가 아직 공식 의견을 표명하지 않고 있으나 거부권을 행사하지 않을 것으로 보고 있음.

3) 재영동포사회의 숙원사업인 한인종합회관건립사업도 동포들간에 다소 이견이 있으나 교육기금재단이 결성된 만큼 투명하고 책임감 있게 사업을 추진할 것으로 내다보고 있음. 한인회관 건립비용으로 재외동포재단에서 지원한 20만 달러는 아직 집행이 안 된 상태임.[33] 현재 한인회 쪽 인사들과 교육기금위원회 쪽 일부 인사들간에 의견대립이 있는 만큼 재외동포재단에서 양쪽 인사들을 모두 만나는 것이 좋을 듯함. 신임 회장[34]측은 이전 회장측의 일을 전면 부정하

고 있음. 교육기금위원회 이사장측도 이에 반발하고 있음. 현재 전체 기금(54만 파운드)의 1/3(20만 달러)은 재단 지원 몫이고, 2/3은 자체 모금 몫임. 한인회 측은 재외동포재단 지원금을 한인회 돈이라고 주장하고 있음. 영국한인회의 핵심이슈는 한인종합회관 건립건임. 교육기금이사회 이사장은 부재중임. 총영사, 한인회장, 한국교육원장, 한국상공회의소(KOCHAM) 이사 등이 당연직 이사이며, 신모, 오모(사무총장 겸임) 등이 나머지 이사임. 교육기금이사회는 한인회 모금, 한글학교 모금 등 서로 다른 성격의 돈을 객관적으로 관리하기 위한 자선단체임.

나. 재영동포의 입장

1) 교육기금의 입장

○ 전직 한인회장: 54만6천 파운드의 기금을 관리하기 위한 자선단체로 교육기금 트러스트를 정부에 등록하였음. 발기인으로는 한인회에서 2명, 한글학교에서 2명씩 포함하여 모두 5명으로 등록했음. 재외동포재단에서는 지원금이 2004년 8월에 8만 달러, 2006년 5월 말에 12만 달러 등 20만 달러가 송금되었음. 그러나 자선단체 등록이 서류상 빠진 것을 보완하느라 생각보다 오래 걸렸음.

2세 교육이 중요하다는 의미에서 교육기금이사회를 조직했음. 임기가 끝나 한인회장을 그만 두었고, 이제 남은 것은 건물만 사면 됨. 젊은 회장 체제가 출범하면서 서로의 견해 차이를 좁혀 나가고 있으며, 건물추진위원회에서는 해당 건물을 계속 보러 다니고 있음.

일단 투자개념으로 종합한인회관 명목의 부동산을 샀다가 궁극적으로는 10년 후쯤 학교를 세우고 일부는 사무실로 쓰고 나머지는 한인회와 한글학교가 공용으로 쓰자는 것이 복안이었음.

영국 한인회는 유럽 한인회의 모델이자 화합의 상징임. 다소 잡음이 들려도 잘해보자는 뜻이라고 이해해주길 바람. 문제는 전임 한인회장들의 생각이 전부 다르다는 점임. 전임 총영사도 이 문제를 손 안 대려고 했지만 이를 자선단체로 만들어 놓으면 어느 누구도 돈을 빼나갈 수 없겠다고 판단했음. 한인회관을 사자는 것은 모든 영국 동포의 염원임. 서로들 이견을 합쳐보려고 하다 못했고, 결국 고심 끝에 트러스트를 설립하기로 원로들과 공관과 여러 한인들간에 공감대를 형성하였음. 젊은 회장이 들어서면서 왜 우리가 세를 내면서 한인회관에 들어가느냐는 반론이 제기되면서 문제가 야기된 것임.

 영국의 국가고시인 GCSE(General Certificate of Secondary Education) 제도35)에 한국어가 정식과목으로 선정되었음. 작년에 제안되어 올해 채택되었으나 한국어가 외국어 선택과목이 아니라 제1외국어 과목으로 선정되어 너무 어렵다는 반응임. 영연방 50개국 한국인들 모두가 볼 수 있도록 한다는 취지였지만 시험수준이 너무 어려워 한국인들도 응시를 주저하고 있음. 제2외국어가 되어야 함. 서유럽에는 입양인들이 10만 명 정도로 추산됨. 한국어를 통해 이들 입양아에 대한 부정적인 인식을 거꾸로 활용할 수 있음.

 ○ 한글학교 관계자: 교육기금 이사회에 이사로 참여한 것은 한글학교 교장이라서가 아님. 2세 교육을 위해 뭔가 해야 되겠다는 뜻에서 1988년부터 15년간 5천 파운드, 1만 파운드씩 모금했음. 그것이 이자 포함하여 19만 파운드가 됨. 박모 전 회장은 장차 한글학교를 세울 목적으로 모금했음. 그 돈을 내가 수시로 체크하고 관리했기 때문에 이사로 참여하게 되었음. 역대 한인회장들은 자기 임기동안 한인회관을 건립하려고 했음. 그때마다 나는 그 돈이 한인회 돈이 아니라는 이유로 반대했음. 한국학교 돈을 갖고 한인회관 지을 수 없다는 뜻이었음. 만약 한인회관을 사려거든 16만 파운드를 반환해달라고 요청함. 나머지 8만 파운드로는 건물을 살 수 없어서 당시 회장들이 포기했었음. 반면 신모 회장은 적어도 한국에서 상당한 돈을 끌어왔음. 16만 파운드의 모금이 이자를 합치자 18만 파운드가 되었음.

 2005년 12월 현재 한국학교 모금분은 외환은행 계좌로 한국교육원장과 학교장 두 명이 관리하고 있음. 모두 합치면 54만6천 파운드 정도 됨. 그러나 한인회측에서는 이 돈이 마치 한인회 돈 인양 광고하고 있으며, 신문지상에 오르내리고 있음.

 여기서 창피스럽기도 하고 문제가 되는 점은 돈을 타오기 위해 교육기금을 설립했다는 소문임. 돈을 지원받은 다음에는 교육기금을 없애고 한인회 돈으로 하자는 식으로 당시 회장, 부회장 등이 내막적으로 비밀 합의했다는 소문임. 자기네들은 그런 식으로 이해했는지 모르나 이제 와서 모든 책임을 전임 회장에게 떠넘기려고 함. 교민신문 등을 통해 교육기금이 무슨 권한으로 한인회 돈을 관리하려고 하느냐고 선전하고 있음. 한인회는 절대 교육기금의 감독을 받을 수 없고, 오히려 교육기금으로부터 월세를 받을 계획이라고 공언하고 있음. 내

개인적으로는 다목적 한인회관도 궁극적으로는 한국학교 건립기금이라고 봄. 18만 파운드는 한글학교 돈이고, 20만 달러는 재외동포재단 지원금이라면 실제 한인회 돈은 김모 전 회장 당시 모금했던 2만3천4백 파운드가 전부임. 2002년에도 한인회관을 사려고 했으나 그때도 궁극적으로는 다 팔아서 한국학교를 산다는 조건이었음.

2) 한인회의 입장

○ 한인회장: 재영한인사회는 예전에는 주재원이 많았으나 지금은 그렇지 않음. 1981년 2천명 수준에서 현재 4만 명 수준으로 늘어났음. 재영한인회의 역사를 살펴보면 현재 3~4명이 자신이 초대 한인회장이라고 주장하고 있음. 그러나 1958년 3월 1일 한인회가 유학생회 명칭으로 발족하였으며, 처음에는 총무라는 이름으로 봉사했음이 밝혀졌음. 주로 의사, 주재원, 삼성 및 선경지사장, 교수 출신들이 회장을 맡았으나 동포들 수가 많아지면서 1979년 교민회를 결성했으며, 1989년에는 주재원들이 양보하여 양자를 통합하여 1990년 이후부터는 교민출신 회장이 배출됨. 따라서 내년도는 한인회 58주년 행사가 되는 것임. 현재 재영한인회는 회장 밑에 8명의 부회장이 있음.36)

한인회에서 관리하고 있는 노인정의 경우 영국정부로부터 방열비, 식비 명목으로 보조금을 받고 있음. 현지 천주교회를 중심으로 자원봉사가 진행되고 있으나 음식 때문에 민원이 자주 발생하고 있음. 그곳 노인분들이 한인회장에게 장소 마련을 위해 힘써 달라고 부탁하곤 함. 전임 대사 귀임시 1만 달러 지원을 약속한 바도 있음. 설날 및 추석 행사시 1백 명 정도 모이는데 등록된 노인분은 30여 명, 평소 모이는 분은 20명 정도임. 이분들은 말도 잘 안 통하고 현지문화에도 잘 적응하지 못하고 있음.

킹스턴 지방정부(council)의 한국인 인구가 12.5%인 2만5천명임. 중국인은 3천명, 조선족은 1천5백 명 정도임. 한국식당이 런던에만 1백개 정도 되고 뉴몰든에는 25개나 됨. 그런데 최근 한국인 주방장 대신 거의 모두 조선족 주방장들로 교체되었음. 5년 전까지만 해도 중국 조선족 대표가 재영한인회 당연직 이사로 활동했었음. 2007년부터 다시 부활될 예정임. 영국에도 이미 조선족이 운영하는 진달래, 임해 식당 등이 탄생했음.

○ 부회장(여): 노인정에는 12명의 동포들이 있으며, 식사하는 사람만 12명임. 한인회에서 노인복지에 신경 쓰면서 한결 한인회 분위기가 밝아지고 있음.

뉴욕에서도 살아본 경험으로 말하면 그곳 동포들은 주재원들을 거들떠보지도 않음. 경제적 수준 차이 때문임. 1976년에 한국을 떠나왔는데 나 자신도 그때 사고의식을 그대로 갖고 있음. 이곳에서도 결혼한 자녀들과 같이 살고 있는데 우리 가정을 마치 원숭이 가족처럼 의아스럽게 여기고 있음. 큰 놈이 남자인데 한국여자애와 교제를 시켰더니 그 놈 하는 말이 한국애들은 영악스럽고 까졌는데 영국애들은 순박하다고 함. 동포 자녀들과 한국아이들과는 잘 안 맞는 편임. 해외에 있는 동포 자녀들은 대체로 순박한 편임. 그래서 주재원 2세들과 이민 2세들간에 서로 사귀기가 힘듬.

○ 부회장(남): 동포 2세들 가운데는 10년 후면 부자들이 나올 가능성이 많음. 개인적으로 친분이 있는 한 조선족의 경우 5년 동안 5만 파운드를 모았음. 한국에서 3년 일한 다음 영국에 올 때는 거의 빈손으로 왔는데 지금은 6명이나 일가친척을 초청할 정도로 커졌음.

2. 건의 및 애로사항

가. 한글학교는 1972년에 개교하여 33년의 역사를 갖고 있음. 처음에는 시내쪽에서 시작했으나 한인들이 전부 남서쪽으로 자리를 잡으면서는 남쪽학교(현재 500여명 정도)도 생겨났고 북쪽 학교도 생겨났음. 물론 한글학교는 초창기부터 한국학교를 만들자는 요구가 높았음. 그러나 전일제 학교 건립 요구는 별로 없음. 교육부에서도 한국학교에 대한 견해에 대해서는 부정적임. 반면 한글학교는 오히려 활용도가 높은 편임. 한글에 대한 중요성은 인정되나 그렇다고 주간학교 건립은 시기상조임. 또한 주재원 자녀들은 한국으로 돌아가야 한다는 이유 때문에 한국에서 배워야 할 교과목 과외에 더욱 집중하고 있음. 따라서 동포 자녀들을 위한 한글학교가 절실히 필요함. 즉, 주재원 자녀들에게는 한국학교가, 동포 자녀들에게는 한글학교가 현실적으로 필요하다고 판단됨.

한인회관 매입하기 위한 제반 준비는 끝났음. 현재 한글학교 기금, 한인회 기금, 재외동포재단 지원금 등이 한곳으로 모여 있는 상태. 잘 알다시피 기금은 세 종류임. 총 54만 4천 파운드 중에서 한글학교 기금은 17만 파운드임(2:1 비율). 지금 다목적으로 사용할 수 있는 후보지를 물색중. 현재 한인회관 임대는 금년말로 끝날 예정임. 현재 한인회관에서는 순회영사업무, 순회경찰업무, 영어·무용 클래스, 도서관 등 다용도로 운영중. 앞으로는 한글학교 자료실 및 교육실 등을 고려할 뿐 아니라 노인정도 설치할 예정임. 마땅한 건물을 찾으면 70~80만 파운드를 달라고 함. 그동안 20여 채를 보았는데 58만 파운드짜리 매물이 나왔음. 앞뜰에 차량 12대 정도를 주차할 수 있고, 뉴 몰든 역에서 걸어서 10분 거리이며 15분마다 버스가 정차하는 곳임. 영국에서는 건물 구입시 세금이 3%임. 그 외에 로열티, 에이전트비 등도 고려해야 함. 용도에 맞게끔 구조를 변경해야 하는데 이런 저런 부대비용만 2~3만 파운드가 들어감. 이 비용도 열심히 확보해야 하는데 현재 3만 파운드 정도는 확보했음. 따라서 올해가 가기 전에 건물구입이 끝나야 함.

　서로 마음이 모아져서 건물을 구입하는 데에는 사실상 합의를 했으나 건물구입 후 분쟁의 소지를 처음부터 불식해야 할 필요가 있음. 한인회의 구상은 종합한인회관으로 가는 것에는 변함이 없음. 즉, 목적도 종합회관이지만 사용도 종합회관이어야 하나 몇몇 사람들이 그 취지를 잘못 이해하고 있음. 결국에는 교육재단을 만드는 것으로 인식하는 움직임이 있음. 또 장학금 지급에 쓴다는 등 다른 목적들이 개입하고 있는 것을 우려하고 있음.

　운영체계도 한인사회의 대표기관이 한인회가 맡아야 한다고 봄. 건물 구입시 추가비용을 누가 부담할 것인가? 그리고 이사회 검증도 없이 교육기금 발기인을 선정했다는 여론도 있음. 박 이사장은 20여 년 전 37개 지사를 총괄하던 선경지사장 출신임. 그러나 현지공백이 있음. 다만 20여 년 전의 공로가 크기 때문에 교육기금 이사장이 되었다고 하는데 받아들이기 곤란함. 16만8천 파운드를 모금하고 5천 파운드를 기부했다고 주장하나 그 어떤 기록에도 그 분이 모금·기부했다는 것이 나타나 있지 않음. 아직까지 그 어떤 증빙자료도 제시하지 못하고 있음.

　교육기금 이사진을 구성할 때 한인회에서 정식 이사회를 거친 다음 공론화되었어야 함. 박 이사장 중심의 트러스티가 구성된 것은 문제. 또한 교육기금 정관 어느 곳에도 종합한인회관과 관련된 내용은 하나도 없음. 따라서 미래에 발생할 문제들을 사전에 확실히 해야 한다고 봄. 재외동포재단에서 보내준 돈이 한인사회 갈등의 불씨가 되고 말았음. 어떻게 교육기금이 한인회의 옥상옥이 될 수 있는가? 차제에 서로 다른 기관 간에 비율을 명확히 하지 않으면 결국에는 문제가 발생할 것임. 교육기금 발기인회를 구성했다는 자료를 신모 전 회장이 작성했음.

　나. 재외동포재단에서 20만 달러를 준 것은 무슨 명목이냐가 논란의 여부임.

한인회관을 사라는 명목이었는가가 확인되어야 함. 당시 대사관측에서 신모 전 회장과 의견을 교환하던 중에 교육기금 설립문제가 나오게 된 것으로 알고 있음. 당시 9명으로 시작되었는데 장모 회장이 한인회 돈을 교육기금으로 편입시키려면 이사회를 열어야 된다고 했음. 그 사실을 교민지에 발표도 했고, 신모 전 회장이 이사회를 열어 가결시켜 2004년 12월 교육기금이 발족하게 되었음.
 개인적으로 현 회장을 만나 두 가지 점에 대해 물어보았음. "첫째, 교육기금에 대해 어떻게 생각하는가? 둘째, 언제까지 한인회를 소란스럽게 할 것인가?" 한인사회는 무엇보다도 조용해야 하며, 대사관을 적대시해서는 안 됨. 한인회장 아들을 대리로 해놓고 일하는 것도 당장 중지하라고 당부했음. 그러자 한인회장은 재외동포재단에서 한인회관을 사라고 20만 달러를 줬다고 강하게 반발했음. 따라서 이 문제에 대해서는 재외동포재단의 정확한 판정이 있어야 함. 사실상 장차 한국학교를 건립할 목적으로 교육기금위원회를 설립했음. 따라서 이번 기회에 순수 한인회관인지 아니면 다목적 한인종합회관인지가 가려져야 한다고 봄.

 다. 그동안 한인회와 한글학교간의 사이가 나쁘지 않았음. 그런데 재외동포재단에서 돈을 주면서부터 갑자기 한인회 돈이 교육기금 쪽으로 넘어갔는지 모르겠음. 몇 년 전에도 주모씨와 함께 한인회관 건물을 보러 다닌 바 있음. 기금을 교육재단화 하여 이용하려는 데서 문제가 발생했음. 교육기금의 의사결정을 박 모 회장이 주도하고 있음. 박 이사장의 독단적인 지시에 의해 이사들의 동의도 없이 기금의 성격이 변했음. 18만 파운드는 한글학교를 만들기 위한 종자돈이라는 식으로. 그리고 한인회 사용임대료를 받고 한인회장 방 사이즈도 자신들이 결정하겠다고 나왔음. 동포사회 발전이 아닌 다른 목적을 위해 일하고 있다면 이사장직에서 물러나야 함.

3. 검토의견

 가. 재외동포재단 지원금에 대해 교육기금이사회측이나 재영한인회측이나 한인종합회관 구입비용으로 활용한다는 데에는 이견이 없음. 그러나 궁극적으로 교육기금이사회측은 전일제 한국학교 건립을 위한 종자돈으로, 재영한인회측은 한글학교, 노인정, 한인회 사무실 등 다양한 용도를 통합한 복합적인 한인회관 구입비용으로 각각 활용하려고 함. 지원금 활용을 놓고 동상이몽을 꾸고 있는

한인사회의 입장 차이에 대해 대사관은 매년 지도부가 바뀌는 한인회 주장보다 영속적인 사업수행이 가능한 공익적 형태의 교육기금이사회 주장을 지지하는 듯한 느낌을 받음.

그리고 이전의 재영한인회측이 외형적으로는 한인종합회관 구입 명목으로 재외동포재단 지원금을 받아내는 데는 성공했으나 내막적으로는 순수한 목적의 한인회관 구입비용은 아니었던 것으로 파악됨. 따라서 한인회관 구입비용을 이미 지원한 재외동포재단으로서는 어느 한 쪽의 의견만을 일방적으로 수용하기 힘들 것으로 보임. 현 단계에서는 현지 대사관의 의견조율과정을 지켜본 후 지원금 집행의 목적일치 여부를 주목하는 것이 좋을 듯함.

제5절 프랑스(France)

1. 개황 및 의견청취

경제과학 분야에서 프랑스는 세계 첨단의 핵심산업기술을 많이 보유하고 있음. 우리와는 고속철도와 에어버스 등 우주항공분야, 신기술 분야, 첨단기술 분야에서의 협력이 진행중임. 프랑스는 160여 업체가 한국에 진출중인 반면 우리는 60여 업체가 프랑스에 진출하여 교역증진 및 R&D 활동을 확대중임.

가. 현지 공관 입장

1) 재외동포재단에서의 지원으로 동포들의 생활형편이 점점 나아지고 있음. 현지 한인들이 경영하는 업체로는 여행사(5개), 관광안내회사(3개), 무역회사(20여 개), 운송통관 전문회사(3개), 호텔(3개), 식품점(5개) 등을 비롯하여 태권도 도장, 어학원, 화랑, 면세점, 미용실, 부동산 소개업, 보험, 서점과 비디오 대여점, 상업, 집수리, 실내장식, 민박, 떡집, 가라오케, 카바레 등이 있으며, 자유업으로는 의사, 치과의사, 변호사, 한의사, 통역-번역, 기업컨설턴트 등도 있음. 그 중에서 한인들이 가장 많이 종사하고 있는 업종은 식당업임. 파리에만 60여 개의 한국식당이 있으며, 최근 들어 프랑스 전국에서 한국식당이 10여개나 늘어났음.

2) 재외동포재단이 지원해준 한불 수교 120주년 기념사업은 프랑스 현지에서

각계각층으로부터 많은 호응을 받고 있음. 프랑스 현지에서는 박병선 선생을 중심으로 임시정부 프랑스조계 13년 활동상을 문헌자료로 정리중에 있음. 1919년 4월에 이미 김규식 등이 파리에 나타난 것만 보더라도 우리 선조들이 독립을 위해 기민하게 대처했음을 알 수 있음. 내년까지는 임정기념사업회가 정부지원을 받으나 그 이후는 불투명함. 110년 전 독립운동가 이위종이 프랑스 육사에 입학했다는 기록도 나옴. 현재까지 한국인으로 프랑스 육사를 졸업한 사람은 불과 3명뿐임.

3) 프랑스 여행자가 매년 35만 명 정도 됨. 삼성에서 4만 유로를 지원하여 루브르박물관에서 한국어 가이드북 50만 부를 제작함. 이는 루브르박물관에서 펴낸 외국어로 된 10번째 가이드북임.

4) 반기문 장관의 유엔사무총장 진출과 관련하여 프랑스 정부의 입장은 우호적임. 본국에서는 프랑스의 대아프리카 및 대중동 외교력을 적절히 파악하여 활용하는 방안을 마련할 필요가 있음. 프랑스는 지난 8월 이스라엘과 헤즈볼라의 휴전으로 전투가 그친 레바논 남부에 새롭게 배치될 유엔평화유지군(PKO)37)에 자국 병력 2백명을 파견하겠다고 공언하였음.

5) 프랑스에는 약 10,200여명의 한인 입양인이 있는 것으로 파악됨. 이 숫자는 스웨덴의 9천여명, 덴마크의 8,600여명 보다 훨씬 많음. 이는 출산율이 유럽에서 가장 낮았던 것이나 가족수에 비례하여 가족수당을 지급했던 것과 무관하지 않음. 프랑스의 인구증가는 거의 입양이나 해외이민정책의 결과임. 현재 프랑스는 독신자 입양을 허용하지 않고 있음.

나. 재프랑스동포의 입장

1) 입양인회 회장(男): 프랑스 지역내 국외입양인은 11,124명임(2005년 보건복지부 통계). 이들중 대다수는 지방에 거주함. 비영리·비정치단체인 '한국의 뿌리'는 1995년 3월에 창립됨. 현재 회원은 300여명으로 세미나, 음악회 등 각종 행사를 개최하고 있으며 월례모임, 회지 발간, 홈페이지 운영 등을 통해 상호정보 교환과 친목을 도모하고 있음. 오는 10월에 개최될 'Seoul/ flight Number 2006' 행사38)도 한국 젊은이들의 문화를 체험하자는 취지로 기획되었음.

프랑스 입양인들은 언어상의 문제로 다른 지역 입양인들과의 교류가 미약하나 자체 결속력은 좋은 편임. 그러나 입양인 대다수가 프랑스 전역에 분포되어 있어서 회원들의 단체 활동은 활발하지 못함. 한인회 및 입양인 주관행사에 적극 참여토록 유도하고 있음. 앞으로도 입양아의 정체성 찾기에 도움이 되도록 한국영화 상영, 세미나, 한국방문행사 등을 계속 추진할 예정임.

2. 건의 및 애로사항

가. 한국학이 현지에서 늘어날 수 있도록 재외동포재단, 학술진흥재단, 국제교류재단, 대산문화재단 등이 서로 힘을 합쳐야 하며, 국가별 쿼터도 늘려야 함. 예술방면뿐만 아니라 인문학 공부도 더 많이 해야 함. 한국문화의 정체성을 알면 알수록 자신감이 생김. 스트라스부르에도 한국 유학생들이 많이 있음. 국제교류재단 지원으로 파리 7대학에 3번째 한국정원을 건립할 예정임. 이처럼 한국문화에 대한 실체가 자꾸 생겨나야 함. 예를 들어 제네바에 있는 도자기박물관에는 한국도자기가 한 점도 없음. 그리하여 유네스코에서는 강진청자와 직접 협의하여 현대판 재현 청자 12개를 그곳에 기증한 바 있음. 이곳 프랑스 마르세유 도자기박물관에도 한국 도자기가 전혀 없음. 이를 고려할 때 한국에서 유명하다는 이천도자기 같은 곳에서 상호교환 차원으로 이곳에 도자기를 기증할 필요가 있음.

나. 파리의 경우 32년의 전통을 지닌 파리한글학교39)와 최근 기독교단체가 설립한 한글학교로 양분되어 있음. 현지 한인사회에서는 단일화를 원함. 한글학교 운영에 대한 재단의 지원이 절실함. 특히 한글교재 내용이 현지 사정을 반영할 수 있어야 함. 한인회에서는 한인회관 건립을 위한 모금에 착수하였으며, 재외동포재단의 지원이 필요함. 다용도 목적의 한인회관이 될 수 있도록 할 것임.

다. 유럽지역 국제결혼여성은 세계대회 참가나 단체 결성에 관심이 많으나 항공료 지원 등 재정지원이 없이는 모국방문이 현실적으로 어려움. 특히 모국에서 GI Bride로 각인된 유럽지역 국제결혼여성에 대한 이미지가 하루빨리 시정되어야 함. 특히 최근 들어 한국여성과 프랑스남성 또는 한국인과 제3국인 간의 국제결혼사례가 증가하고 추세임. 이들 사이에 태어난 혼혈 2세 자녀들은 프랑스교육을 받아 프랑스사회에 동화될 수밖에 없음. 이들에 대한 모국의 지원이 따뜻한 배려와 관심이 필요함.

라. 입양인들에게 '생부모'라는 존재는 자신의 정체성 확인과 직결되어 있음. 모국방문이나 한글 및 한국문화와의 접촉은 같은 맥락에서 이루어지고 있음. 대부분의 입양아들은 10대 시절에는 한국을 싫어하다가도 나이가 들면 한국을 궁금해 하며 그리워하는 경향이 있음. 그러나 막상 한국에 가면 자신의 과거를 찾을 수 있는 관련 자료들이 거의 없거나 자신들에 대한 사회적 편견 때문에 어려움을 겪고 있으므로 재외동포재단에서 적극 관심을 기울여주길 바람.

마. 프랑스내 한국출신 입양아들에 대한 실태파악이 보다 구체적으로 이루어져야 함. 겉은 동양인(한국인)이지만 속은 프랑스인인 경우가 대부분이며, 정체성에 대한 혼란을 언젠가는 겪게 되어 있으므로 재외동포재단에서 이들과 함께 사업을 진행하거나 이들을 지원할 경우에는 매우 조심스럽게 접근할 필요가 있음. 특히 파리 등 도시지역에 거주하는 입양아들의 형편은 대체로 양호한 편이나 시골에 거주하는 입양아들의 형편은 매우 열악한 것으로 알려져 있음. 양부모들이 교육을 제대로 시키지 않을 뿐 아니라 도회지로의 진출조차 허락하지 않으므로 이들의 학력수준, 생활형편, 주류사회 진출 등은 극히 저조한 편임. 또한 프랑스인 목회자들 가운데에는 프랑스 입양제도를 악용하는 경우도 상당수 있는 것으로 알려져 있음. 따라서 입양아들과 관련된 정책이나 사업을 실시할 때에는 매우 전문적이면서도 장기적·단계적인 접근법이 동원되어야 함. 즉, 충분한 예비 프로그램 없이 갑자기 모국방문을 하거나 친부모를 찾아 나선 경우 프랑스로 돌아와서의 생활이 비정상적인 경우를 많이 보았음. 신앙생활을 하더라도 언어상의 문제로 교회 내에서조차 한국인들과 제대로 어울리지 못하며, 우두커니 혼자 앉아 있다가 그냥 돌아가는 경우가 많음. 모국방문 이후의 프로그램이 제대로 준비되어야 하며, 입양아단체 활동을 하지 않는 개별화된 입양아들에 대한 배려도 있어야 함. 이를 위해서는 무엇보다도 정확한 실태조사와 사후관리가 병행되어야 함.

3. 검토의견

가. 대사관에서는 한·불 수교 120주년을 기점으로 한국의 이미지를 프랑스

인들의 가슴 속에 각인시키고자 노력하고 있음. '한국을 가슴속으로'(Coree au Coeur)라는 표어 아래 130여 개의 문화·경제·과학기술·학술행사를 개최·후원했음. 그러나 스웨덴이나 덴마크에 비해 프랑스 입양인의 단체활동은 다소 미약한 편임. 현재 스칸디나비아 국가들은 한국으로부터 신규 입양아를 거의 받지 않는 반면 프랑스는 아직까지도 받아들이고 있음. 이들 한국 입양아들의 지역별 분포상황, 생활형편, 교육수준, 주류사회 진출상황 등에 대한 기초 데이터 수집이 거의 전무한 상태임.

따라서 유럽지역에서 가장 많은 수의 한인 입양아가 산재해 있는 프랑스 동포사회의 현실을 감안할 때 정확한 실태조사와 함께 이들의 현안사항이 무엇인지를 파악할 필요가 있을 것으로 보임. 특히 입양아들을 위한 한국말 교육이나 한국문화 소개가 현지 대사관, 교육원, 문화원 등과 긴밀하게 협조하여 보다 체계적으로 이루어질 수 있도록 해야 할 것으로 판단됨.

(재외동포재단, 2006.11)

1) <출장기간> 2006년 9월 8일~9월 18일(독일-덴마크-스웨덴-영국-프랑스). <출장자> 이광규 이사장, 김봉섭 전문위원.
2) http://www.statistik-portal.de/Statistik-Portal/publ.asp;
   http://www.wegweiserdemographie.de 참조
3) http://www.koreaemb.de(한독관계/영사교민) 참조.
4) ≪한국경제신문≫ 2003년 3월 25일자 참조.
5) ≪세계일보≫ 2005년 4월 21일자.
6) ≪주간 유로꼬레≫ 2005년 12월 6일자; ≪뉴스플러스≫ 112호(1997년 12월 11일자).
7) 천둥소리 단장: 최영숙 Jaenikestr. 129 14167 Berlin.
8) [기고문] 외교현장에서(조윤수 베를린주재 총영사) - 在獨교포 2세들에 조국 알려줬으면 2004년 9월 29일자 참조.
9) http://www.nanjangcultures.com
10) <재독한인복지회> 1989.10.21 적립금유치추진위원회 창립(추진위원장 정환구 선출). 1991.1. 26 가칭 재독교민복지기금 관리 및 사업추진위원회(창립위원장 김재택 선출). 1991.4.27 재독한인복지회 창립(초대회장 김재택). 1993.1.30 정기총회 개최(2대 회장 이현복 선출). 1993.4.3 임시총회 개최(정관개정 인준). 1993.11.28 임시총회 개최(94년도 복지금 128,500DM 사업시행계획 수립). 1994.5.28 임시총회 개최(94년도 복지금 시행계획 및 130,500DM 예산 확정). 1995.2.4 정기총회 개최(3대 회장 이현복 재선출, 95년도 156,600DM 사업시행계획 수립). 1995.9.23 임시총회 개최(이현복 회장 사임, 잔여임기 김명규 직무대행 인준). 1996.2.10 정기총회 개최(96년도 복지금 시행계획 및 169,600DM 예산 확정). 1996.11.2 임시총회 개최(97년도 사업계획 심의). 1997.2.15 정기총회 개최(4대 회장 김명규 선출, 97년도 복지금 146,600DM 예산 확정). 1997.10.18 임시총회 개최(98년도 복지금 시행계획 및 177,100DM 예산 확정). 1998.11.26 파독광부 복지금 지급대상자 모집 1999.2.20 정기총회 개최(5대 회장).
11) 한독 양국간의 각서(한국광부의 독일광산임시취업계획 1963년 12월 6일 및 1970년 2월 18일)에 의거 청구기간이 만료된 적립금, 잉여금, 이자 등이 복지재원으로 한국정부 노동부가 관리주체로 파독광부적립금관리 및 운용지침(노동부 훈령 361호)에 의거 관리 및 운용되고 있다. 이에 대해 노동부는 적립금전액 168만 유로의 파독재독광산근로자(재독한인그뤽크아우프회)를 위한 투자확인과 적립금에 대한 모호성을 확실하게 정리해야 하며, 공시취고로 시효가 지난 미지급분을 당사자가 찾아갈 때까지 몇 십 년이고 확보 보관해야 한다는 논리는 설득력이 없으며, 이자수입만으로 복지사업을 하라면서 재단법인설립을 종용하는 것은 손익계산을 무시한 기금증발의 위험성을 제공하는 것이라는 반론이 제기되고 있음.
12) 그밖에 함부르크의 2세 네트워크(www.2saenetwork.de). 뮌헨의 HAJA!(www.go-haja.de). 마인츠의 Kyonet. 스튜트가르트/튀빙겐의 ○ Kyopo BW(www.kyopo-bw.de). 독일 남서부 교포모임인 Kyopos in Baden-Wurttemberg. 베를린의 Inkoda(www.inkoda.de). kyopo.com (www.kyopo.com). 프랑크푸르트의 KG Network(www.kgnetwork.org). YPM (Young People Mission, www.ypm.de) 및 베를린 2세 과학자들의 모임인 KIND Berlin (www.kind-berlin.de). 베를린의 건축관련 학생들의 모임(www.tu-berlin.de/vereine/kast/). 베를린 성악가모임 KVEB(www.kveb.de) 등이 있음.
13) <사업명 : 파독 간호사 40주년 기념사업> 일시 및 장소: 2006.5.20(토) 16:30, 프랑크푸르트 Saalbau Titus-Forum. o재독한인간호협회는 파독간호사 및 간호조무사를 중심으로 1985년 9월 창립된 사단법인으로 각종 건강세미나/교육, 간호학술 포럼, 전산화 교육, 타 단체와 연계를 통한 한국 전통 문화행사, 한독 양국 간의 문화교류행사, 보건의료봉사, 불우한 이웃돕기 바자회, 회원 상호간의 친목행사, 재독간호회보 발간 등의 사업을 하고 있음. o현재 파독 간호사들의 노령화로

특별한 구심점이 없고 소중한 이민역사 자료가 소실되고 있는 상황으로 동 기념사업 지원을 통한 파독간호 역사 자료정리와 언어와 풍습이 다른 여건 하에서의 고난과 역경을 파헤친 노력을 격려하고 다시 한번 현지인에게 파독간호사들의 업적을 상기 시키는 계기로 삼아야 함.
14) ≪세계일보≫ 2006년 5월 28일자.
15) 이수길 박사, 간호사 파독, 차관 때문 아니다(대구=연합뉴스) 한무선 기자 = 파독(派獨) 간호사들의 대부 이수길(78) 박사는 25일 "60년대 서독에 간호사를 파견한 것은 정부가 차관을 들여오기 위한 것이었다는 이야기는 사실이 아니다"라고 말했다. 이 박사는 이날 오후 대구대에서 있을 특별강연을 앞두고 기자들과 만난 자리에서 이같이 밝히고 "간호사 파독은 당시 제가 근무하고 있던 독일 마인츠대학병원에서 서독에 간호사들이 3만명 가량 부족하다는 얘기를 듣고 직접 취업 주선에 나섰던 것"이라고 설명했다. 그는 "당시 프랑크푸르트 시장과 마인츠지역 병원 등으로부터 한국 간호사 채용 약속을 받아내고 정치권을 끈질기게 설득해 한국 간호사의 취업 허가를 얻어 1966년 1월 1차 128명을 시작으로 잇따라 파견을 성사시켰다"고 회고했다. 이 박사는 이듬해까지 4차례에 걸쳐 527명의 한국 간호사를 독일에 취업시켰고 이후 10년간 서독에 진출한 간호사와 간호보조원은 약 1만명에 이르러 앞서 진출한 광부들과 함께 독일 교포사회를 이루는 모체가 됐다. 그는 "박 정권과 일부 언론에 보도된 것처럼 상업차관을 들여오려고 간호사를 파독했다는 이야기는 전혀 사실무근"이라며 1967년 누명을 쓰고 '동백림 사건'에 연루된 일 등을 등을 들어 자신의 진실과 결백을 강조했다.
16) <사업명: 제9회 재외동포 차세대지도자 워크숍> 기간: 06.9.25(월)~10.1(일)<6박7일> ○장소: 서울, 경기 및 충남지역○초청대상: 8개국 19명(차세대 한인 정치인, 공직자 또는 보좌관급 실무자 8명, 활동성이 높은 차세대 단체 대표자 또는 임원 11명; 국가별 인원: 캐나다 3, 미국 7, 독일 3, 호주 2, 스페인 1, 중국 1, 카자흐스탄 1, 포르투갈 1) ○지원사항: 초청대상자 일반석 왕복항공료의 50%, 행사기간 중 숙식비 등 체재비 전액, 제주 일정 취소에 따른 추가부담금(취소수수료, 국내선요금) 전액, CIS, 중국 지역 현지 경제사정을 고려 항공료 전액 지원, 항공일정상 불가피한 경우에 한하여 행사 기간 외 국내 체재비 추가 지원. ○프로그램: 토론, 국내 차세대 네트워킹, 국회방문, 산업시찰 등.
17) ≪문화일보≫ 2003년 11월 22일자 참조.
18) 코펜하겐 중앙역에서 한 정거장 거리인 톤비역에서 차로 10분 정도에 덴마크거주 한인들을 위한 한국센터(한적한 시골의 단독주택)가 있음. 이곳은 한국말을 배우고자 하는 입양아들을 위한 주말 한글학교로도 활용중임. 주소는 Ega. Alle 5, 2770 Kastrup (www.koreacenter.cyworld.com 참조).
19) ≪한겨레신문≫ 2003년 10월 20일자 참조.
20) http://www.ku.dk/english
21) http://www.dtu.dk
22) http://www.sdu.dk/indexE.html
23) http://www.ruc.dk/ruc_en/
24) http://www.designskolenkolding.dk. 덴마크 디자인스쿨(http://www.dk-designskole.dk)보다 역사가 짧은 젊은 디자인 종합학교. 최근 도예과정을 덴마크디자인스쿨로 일원화했다고 함. 가구, 제품, 텍스타일, 시각디자인등의 전공 등이 개설되어있음.
25) <행사개요> 일시: 2006.10.20~10.22. 장소: Vejle Boarding School. 참가국: 덴마크 거주입양인 및 가족, IKAA 회원국(노르웨이, 스웨덴, 프랑스, 네덜란드, 한국) 입양인 등. 참가인원: 130명. 내용: 프리젠테이션-친가족 상봉, 한국방문 및 한국문화체험 등. 한국전통문화체험-한지공예, 한국요리, 다도강좌 등. 현대 메이크업 및 스타일링 강좌 및 어린이 행사(Children's Activity). 신입회원 확보를 위한 홍보 및 친교활동, 평가 및 시상식 등. <지원금액> US $5,000(한화 4,786천원 상당)[환율: 1$=957.10]. 지원요청금액: US $6,700(총소용경비: US $13,700). 지원내역-행사장 임

차료 및 교통비. 2005년 지원액: US $6,000. <단체개황> 단체명: Korea Klubben(Korea Club). 설립연도: 1990년 2월 17일. 대표: Liselotte Hae-Jin Birkmose(입양인, 갤러리Asbaek 근무). 연락처: +45-331-5700(lhb@koreaklubben.dk). 웹사이트: www.koreaklubben.dk. 회원: 400명(덴마크 입양인 8,617명). 단체성격: 성인입양단체. 주요활동: 네트워크 구축, 뿌리찾기 지원, 뉴스레터 발간, 한국문화 행사 개최, Summer Camp, 세계한인입양인대회 주관 등.

26) 1976년 12월 입양특례법으로 제정되었고, 1995년 현재의 명칭으로 전문개정된 뒤 2004년 3월 법률 제7183호까지 6차례 개정되었다. 국가와 지방자치단체는 태어난 가정에서 양육이 곤란한 18세 미만의 아동에게 건전하게 양육될 수 있는 다른 가정을 제공하기 위해 필요한 조치와 지원을 할 책임이 있다. 양자가 될 자격은 부양의무자를 확인할 수 없어 보장시설에 보호 의뢰한 아동, 부모 또는 후견인이 입양에 동의하여 입양기관에 보호 의뢰한 아동, 친권상실을 선고받은 자의 자식으로서 보장시설에 보호 의뢰된 아동 등으로 정한다. 양친이 될 자격은 양자를 부양할 충분한 재산이 있는 자, 양자에게 종교의 자유를 인정하고 양육과 교육을 할 수 있는 자, 가정이 화목하고 정신적·육체적으로 부양하기에 뚜렷한 장애가 없는 자, 외국인인 경우 본국법에 따라 양친이 될 수 있는 자격이 있는 자 등으로 정한다. 입양은 해당 아동의 부모 또는 직계존속이나 후견인의 동의를 얻어야 하며, 15세 이상인 경우에는 부모의 동의 외에 양자가 될 본인의 동의를 얻어야 한다. 입양은 호적법에 따라 신고함으로써 효력이 발생한다. 양자로 되는 자는 양친이 원하는 때에는 양친의 성과 본을 따르며, 입양취소 또는 파양된 경우에는 본래의 성과 본을 따른다. 입양기관을 운영하고자 하는 자는 보건복지부 장관의 허가를 받아야 한다. 외국인으로부터 의뢰받은 입양기관의 장이 국외입양을 알선할 때에는 보건복지부 장관에게 해당 아동의 해외이주에 관한 허가를 신청해야 한다. 국가와 지방자치단체는 입양아동의 양육수당·의료비 등의 양육보조금을 지급할 수 있다. 또 입양기관의 운영비와 가정위탁보호 비용 등을 보조할 수 있다. 총칙, 입양의 요건, 입양절차, 입양기관, 입양아동 등에 대한 복지시책, 보칙, 벌칙의 7장으로 나누어진 전문 28조와 부칙으로 구성되어 있다. 시행령과 시행규칙이 있다.

27) http://www.koreans.se/koreanse 참조. <연혁> 초대: 김정한-유학생회에서 '서전교민회'라는 명칭으로 교민대표로 참석(1963년). 2대: 최덕준(1964년). 3대: 유재호-회지 '우리소식' 발간 시작(1965년). 4대: 박근홍(1966년). 5대: 한정우(1967년~1968년). 6대: 조장원-회장 당선 후 곧 사임하여 박근홍 회장대행(1969년). 7대: 한영우-회칙을 제정 명칭을 재서전한인회라 칭함(1970년~1972년). 8대: 송요승-경로잔치 및 청년회모임 행사 시작(1973년~1974년). 9대: 박근홍(1975년). 10대: 박근화(1976년). 10대: 박근화(1977년). 12대: 이상헌(1978년). 13대: 천세충(1979년). 14대: 조석천(1980년). 15대: 홍무부(1981년). 16대: 천순옥(1982년). 17대: 오인석(1983년)-처음으로 스웨덴 정부에 보조금 접수. 18대: 오인석(1984년). 19대: 최금란(1985년). 20대: 이종철(1986년)-유럽한인체육대회 개최. 21대: 최병은(1987년). 22대: 조창휘(1988년)-처음으로 한인회관 건립 기금적립. 23대: 유희백(1989~1990년) 회칙개정-회장임기 2년. 24대: 유명연(1991~1992년) 한인회관 운영(장소: 임대). 25대: 송희팔(1993~1994년) 회칙개정-건립기금 별도관리. 26대: 이봉규(1995~1996년). 27대: 김영호(1997~1998년) 건립기금 추가적립 시작, 탁구대회 활성화. 28대: 유송일(1999~2000년) 건립기금 추가적립, 교민회기 및 깃봉제작. 29대: 김정식(2001~2002년) 건립기금적립, 홈페이지 최초운영, 교민주소록 작성. 30대: 강진중(2003~2004년) 한인회보 컬러제작, 홈페이지 개편, 유럽 청소년캠프 개최, 유럽체육대회참가, 한국 연예인 초청행사, 건립기금 적립. 31대: 마무원(2005년~현재).

28) 홈페이지 사용료가 인상되어 다른 서버로 이동, 자료 이관중. 재스웨덴 대사관의 적극지원요청에 따라 스웨덴한인회 홈페이지 운영사업에 $2,000 지원.

29) 세계적으로 유명한 노벨 시상식은 1901년도부터 물리, 화학, 의학, 문학 그리고 평화상을 수여하고 있으며, 1968년도부터는 스웨덴 국립은행에서 마련한 경제상을 수여하고 있음. 수상자들에게는 상장, 메달, 상금(약 12억원)이 주어지며, 이 돈의 대부분은 노벨이 유언에서 남긴 돈을 투자해서

생긴 이익금임. 시상식은 매년 12월 10일(노벨이 사망한 날)에 하며, 노르웨이 오슬로시청에서 전달되는 평화상 이외에 나머지 상들은 스톡홀름에 있는 콘서트홀에서 나눠 줌. 시상식 후 초대 손님들은 스톡홀름 시청에서의 식사와 무도회에 참석함. 1833년 스톡홀름에서 태어나 노벨은 1866년 다이너마이트 발명을 비롯해 350개가 넘는 특허를 냈고, 전 세계에 20여 개의 연구실을 소유하고 있었음. 노벨 시상식 100년을 기념하는 2001년 노벨 박물관이 세워졌음.

30) 핀터(Pinter, Harold, 1930.10.10~) 런던 출생. 유대인계 출신으로 처음에는 배우로 활약하였으며, 1956년 여배우 V. 머천트와 결혼. 1957년 처녀 희곡 ≪방 The Room≫(1957)은 희극적 위협의 분위기를 담고 있는 단막극이며, 5막극인 ≪생일파티 The Birthday Party≫(1958)는 단 1주일간 공연된 후 텔레비전에 방영되었고, 무대에서도 재상영 되어 성공을 거둠. 그는 이들 작품이 S. 베케트, F. 카프카 그리고 미국 갱(gang) 영화의 영향을 받은 것이라고 말하고 있으며, 1960년에는 ≪관리인 The Caretaker≫이 크게 히트하여 일약 세계적인 작가로 지위를 굳혔다. 성격이나 동기를 대담하게 무시한 작풍으로, 연극적 감수성의 새로운 영역을 개척하였음. 그 밖의 작품으로 ≪귀향 The Homecoming≫(1965), ≪풍경 Landscape≫(1968), ≪침묵 Silence≫(1969), ≪지난 세월 Old Times≫(1970) 등이 있으며, 라디오 드라마와 시나리오 작품도 있음. 극작가로서 현대연극에 기여한 공로가 인정되어 2005년 노벨문학상을 수상했음.

31) <행사개요> 일시: 2006.5.5~5.7. 장소: Scandic Infra City. 주제: Narration the History of Korean Adoptee. 참가국: 덴마크, 노르웨이, 스웨덴, 네덜란드, 프랑스, 한국, 미국. 참가인원: 약 150명.

32) <한인회관건립추진현황 및 계획> 한인회관건립위원회 구성: 86년부터 약 402,701.20Kr 모금. 규모: 500명 수용, 대지 150평, 건물 500평(강당 필요). 용도: 한인회 사무실, 입양인단체, 한서협회, 한국어학교, 한인교회, 유치원, 강당 등. 총소요예산: 10억(중앙역에서 30분 이내 지역). 현재보유액: 200만Kr(2억6천만원; 한글학교 80만Kr, 한인회관 40만Kr, 한인교회 80만Kr)

33) <재영한인회관 건립 지원 2004.12.7> 재영한인회는 상사주재원 및 유학생들로 구성된 한인회와 이민자로 구성된 교민회가 양분되어 오다가 동포사회 화합을 위하여 1990년부터 통합되어 지금까지 활발한 활동을 해오고 있음. 특히 최근 영국에 이민 및 유학을 온 한인이 크게 증가하면서 동포사회 민원 해결, 문화행사, 교육에 필요한 다목적·다용도종합회관이 절대 필요해지고 있는 상태임. 이와 관련 역대 한인회장, 한글학교, 지상사 주재원 등은 총 36만 파운드(한인회 21만 파운드, 한글학교기금 15만 파운드)의 건립기금을 조성.

34) ≪코리안위클리≫ 2005년 11월 2일자 참조.

35) GCSEs are British educational qualifications which schoolchildren take when they are fifteen or sixteen years old. GCSE is an abbreviation for 'General Certificate of Secondary Education'; 연합뉴스 2006.6.28 참조.

36) 회장 석일수(W. I. S. Seok) Chairman of KRS, Techmedia Europe Limited 대표. 상임부회장 임의수(Andrew S. Lim) Korea Trade Centre London Director General, 런던무역관장. 부회장 김태경 JB Property 대표, 사업,재정부회장. 김면회 H. OPUSMILLEN 대표. 문화예술부회장. 박종은 Park Travel 대표, 정무부회장. 최송자 유럽한인연합회 자문위원, 여성부회장. 박영규 SHERY 대표, 행사부회장. 윤경자 가정상담소 대표, 복지교육부회장. 송천수 한인신문 발행인, 기획부회장. 감사 권오덕 평통위원.

37) FINUL(佛文) - Force Interimaire des Nations Unies au Liban 또는 UNIFIL(英文) - United Nations Interim Force in Lebanon)

38) <프랑스 입양인단체 한국의 뿌리 주관 'Morning Calm Fever' 지원> 한불수교 120주년을 기하여 확대된 규모로 개최되는 동사업은 여타의 행사들이 한국전통예술을 소개한 것과 달리 국외입양인들의 관심사항인 국내 및 유럽거주 젊은 한국인 예술가들의 작품을 프랑스에 소개하고자 기획됨. 동행사는 축제형식으로 구성, "조용한 아침의 나라의 열기"라는 주제로 한국 현대문화의 우수성을

홍보하는 동시에 젊은 예술가들의 공연 및 작품 전시를 통해 양국간 문화교류를 활성화하고자 함. 프랑스 전통공연장인 Theatre du Gymnase Marie Bell(오페라극장, 800석), Batofar(선박형 공연장, 450석), La Fleche d'Or(기차역 개조공연장, 490석) 등에서 개최되므로 국외입양인 관계자외 일반 프랑스인들에게도 한국 현대문화를 알리는 좋은 기회가 될 것으로 기대되며, 그간 개최되었던 행사대비 내용면에서 독창성 및 차별화를 추구함.

39) 2006년 9월 14일(목) 17시 30분에 파리 15구 소재 보배식당에서 2005~2006학년도 파리한글학교 이사회 정기총회가 개최. 전체 이사 25명 가운데 과반수인 13명의 이사가 참석. 2005~2006학년도 결산보고 및 승인 이후 현 김성문 이사장의 임기(2004~2006) 만료로 새로운 이사장에 참석 이사 전원 만장일치로 트리콘티넨탈의 김성문 사장을 제8대 이사장으로 재선임. 김승천(퐁너프교회), 나상원(리낙스), 박명호(클레르), 신승원(대우통신), 유재후(외환은행), 이극범(파리장로교회), 임남희(사랑), 무이(길상사), 김광훈(보배), 김성문(트리콘티넨탈), 김차진(교육원장), 박장희(파리한글학교), 이미정(학부모회) 등이 참석. 2005~2006 총수입 45,247.08 유로, 총지출 47,417.35 유로(-2,170.27 유로). 전학년도 잔액 4,273.17 유로, 현재 잔액 2,102.90 유로. 그간 1994년 9월부터 12년 동안 사용해 왔던 LA ROCHEFOUCAULD 중고등학교에서 금년 1월에 2006년 6월말부로 계약해지를 통보하여 2006년 9월 20일부로 HULST 사립중고등학교(21 rue de Varenne 75007_Paris)로 이전.

제6장 재외동포재단의 역할과 한계 그리고 발전방안1)

제1절 여는 말

1995년 이전까지는 재외동포사회에 대해 별다른 존재감을 느끼지 못했다. 그러나 '해외동포재단 설립에 즈음해: 해외동포는 민족자산'(1997)이라는 신문기고를 접하면서 비로소 관심을 갖게 되었다.2) 이 토론문의 문제의식은 그 때의 기억으로부터 출발한다.

우선 신문기고자는 ①해외동포에 대한 본국정부와 내국민의 시각이 곱지 않다, ②재외동포재단 설립이 세계화시대에 부응하는 모델인가, ③현지사회동화와 민족적 유대감 유지가 동시에 달성될 수 있는가 등을 의문시(문제시)하면서 다음 3가지를 당부하였다.

> 첫째, 교민사회의 요망사항과 교류협력사업의 창구[關門, Hub] 역할을 할 것.
> 둘째, 생색 안 나는 사업들만 이관되어서는 안 되며, 선진사회의 고급정보를 수집·가공·분석하여 다시금 교포사회로 피드백하는 '코리안 네트워크센터'가 될 것.
> 셋째, 교포에 대한 인식을 정부·국민·해외동포 모두가 새롭게 할 것 등

재단 창립 10년(1997~2007)을 맞아 교포정책포럼에 참석한 여러 선배·동료들과 함께 재외동포재단의 역할과 한계 그리고 발전방안을 논의하고자 한다.3)

제2절 재외동포재단의 역할모색

1. 법률적 규정

어떤 조직이든 설립취지와 목적이 있고, 법률(또는 규정)이 정하는 권한과 의무가 있다. 피터 드러커는 "공공기관은 우선 무엇을 달성하려고 하는가? 존재이유는 무엇인가를 명확하게 정의할 필요가 있다?"고 하면서 "기업도 아니고 비영리기관도 아닌 정부공공부문은 앞으로 기업가정신과 혁신에 있어 가장 중

요한 분야가 될 것"이며 "오늘날에는 인기가 많지만 앞으로는 기능을 제대로 발휘하지 못할 정책들을 파악"할 것을 권고했다.4) 또한 며칠 전 방열 교수(전 국가대표 농구감독)는 재외동포재단 워크숍 특강에서 비영리재단도 이익을 남기지 못하면 도태될 수밖에 없음을 지적하면서 전 세계에 흩어져 있는 700만 재외동포를 대상으로 사업하는 "재외동포재단이야말로 가장 글로벌(global)한 조직이며, 향후 계속해서 블루 오션(blue ocean)조직이 되려면 자기를 버리는 팀웍(天時 < 地利 < 人和), 세계 최고가 되기 위한 무결점(zero defect)경영, 120% 역할수행 등을 반드시 실천"할 것을 강조한 바 있다.

우선 법률과 각종 규정이 정하고 있는 재외동포재단의 역할과 임무가 무엇인지 살펴보자.

<표 1> 국가, 행정부, 정부기관의 법률적 구속

국가의 의무	▪국가는 법률이 정하는 바에 의하여 재외국민을 보호할 의무를 진다(헌법 2조②)
하위법	▪기본법은 아직 없음(재외국민; 보호영역/ 재외동포; 지원영역)5) ▪외교통상부 소관 재외동포재단법(1997.3.10제정, 10.30설립)→재외동포영사국(재외동포협력과; 1국장 2심의관 6개과) ▪법무부 소관 재외동포출입국및법적지위에관한법률(1999.9.2제정)→출입국외국인정책본부(외국적동포과; 1본부장, 3정책관, 10개과, 17사무소, 2보호소, 19출장소·분소)
재단의 설립목적 및 법적임무	▪이 법은 재외동포재단을 설립하여 재외동포들이 민족적 유대감6)을 유지하면서 거주국 안에서 그 사회의 모범적인 구성원7)으로 살아갈 수 있도록 하는데 이바지함을 목적으로 한다(재단법1조) ▪재단은 제1조의 목적을 달성하기 위하여 다음 각호의 사업을 행한다. 1.재외동포교류사업 2.재외동포사회에 관한 조사연구사업 3.재외동포를 대상으로 하는 교육문화및홍보사업 4.정부가 재단에 위탁하는 사업 5. 기타 제1조의 목적을 달성하기 위하여 필요한 사업으로서 국무총리의 승인을 얻어 외교통상부장관이 정하는 사업 6. 제1호 내지 제3호의 사업에 부대되는 사업(재단법7조①) ▪재단은 재외동포를 대상으로 한 각종 교류행사를 개최지원하고 재외동포에 대한 조사연구 및 교육·문화·홍보사업을 함으로써 재외동포들이 민족적 유대감을 유지하면서 거주국 안에서 모범적 구성원이 되는데 이바지함을 목적으로 한다(재단 정관 1조)
재단 사업대상	▪대한민국 국민으로서 외국에 장기체류하거나 영주권을 취득한 자(재단법2조①) ▪국적불문하고 한민족의 혈통을 지닌 자로서 외국에서 거주 생활하는 자(재단법2조②)
재단 임직원 행동강령 (05.1.19 제정)	▪재외동포재단의 경영이념을 공유하고 재외동포재단이 추구하는 목표와 가치에 공감하여 재외동포재단의 업무방침에 따라 창의와 성실로써 맡은 바 책임을 완수하여야 한다(강령9조-책임완수) ▪고객이 우리의 존립이유이자 목표라는 인식하에 항상 고객을 존중하고 고객의 입장에서 생각하며 고객을 모든 행동의 최우선기준으로 삼는다(강령11조-고객존중) ▪고객의 요구와 기대를 정확하게 파악하여 이에 부응하는 최상의 서비스를 제공하기 위해 항상 노력한다/ 임직원은 고객의 의견과 제안사항을 항상 경청하고 겸허하게 수용하며 고객 불만사항에 대해서는 최대한 신속하고 공정하게 처리한다(강령12조①·②-고객만족) ▪직무를 수행함에 있어 지역·혈연·학연 등을 이유로 특정개인이나 단체를 우대하거나 차별하여서는 아니된다(강령14조-차별대우금지) ▪합리적이고 책임 있는 경영을 통해 재외동포재단을 건실한 단체로 성장 발전시켜 사회적 부를 창조함으로써 국가와 지역사회의 발전에 이바지하여야 한다(강령46조-국가와 지역사회발전)

2. 역대 이사장들의 인식

지난 10년 동안 재외동포재단을 거쳐 간 이사장(CEO)은 김봉규-권병현-이광규 이사장이며, 현재는 이구홍 이사장이 그 뒤를 잇고 있다. 전임 이사장들은 재단의 역할 등에 대해 어떻게 이해했는지를 한번 살펴보자.

〈표 2〉 역대 이사장들의 인식 비교

구분	1대 김봉규[8]	2대 권병현[9]	3대 이광규[10]
동포 정책	-교민청을 신설한다면 보다 종합적인 교민정책을 추진할 수 있을 것이나 중국조선족이나 러시아한인 등이 거주국 국적을 갖고 있는 경우가 많아 외교적 마찰이 생길 수 있음〈일장일단〉	-외교부의 정책기능을 재단이 서서히 가져오는 방향으로 가고 있음. 해외동포들의 바람은 교민청 설립이었으나 구제금융사태와 관료주의로 교민청이 아닌 재단이 설립 -그동안 정부정책은 마오쩌둥식 3무(무관심, 무정책, 무대책)정책임 -중국에서 외교관생활을 하면서 절감. 중국 화교정책에서 많이 배웠음. 등소평이 개혁개방정책을 펴도 외국자본이 잘 들어오지 않자 화교들에 착안하여 장관급 부처인 화교판공실 설립, 화교청 설치하고 모든 인허가 원스톱서비스로 처리	-민족적 자긍심을 높여주고 한민족으로서의 영광을 부여해주는 정책을 펴겠음. 각국 한인회, 국내 시민단체 등과 협력하여 정책을 세우고 동포들의 경험과 자산을 공유해 국익과 동포위상강화에도 주력 -단일민족이라는 것이 한민족의 장점이자 약점. 세상은 다민족국가로 변해가고 있는데 다른 민족과 어울리지 못한다면 발전할 수 없음. 현지성공 동포들과 재중·재러시아동포, 한인 국제결혼자, 입양인 등을 모두 껴안는 '포용정책'을 펼쳐야 한다. -그동안의 재외동포정책이 소극적이었음을 인정해야 함. 예산이 적어서 잘 안된 측면도 있음. 예산을 효율적으로 사용하면서 재외동포포용정책을 펼치고자 함. 해외동포들을 먼저 포용한 후 20세기 허브국가로 나아가야 함
재단 인식 및 경영 철학	-재단의 가장 중요한 역할은 본국과 교민사회간에 활발한 협력과 지원활동이 이뤄지도록 하는 것. 이를 위해 우선 각국에 퍼져 있는 재외동포들을 분야별로 파악, 데이터뱅크를 만들 계획 -재단은 외교부에서 결정된 재외동포사업을 실천에 옮기는 일을 담당. 따라서 동포정책과 통일문제를 연관시키는 것은 재단의 영역을 넘어서는 문제라고 생각	-국익을 위한 재외동포활용론(해외성공 기업인들의 한국내 투자유치, 세계한상대회나 한민족네트워크) -예산과 인력이 부족. 연간 예산이 170여 억원이지만 이 가운데 절반인 85억원은 외교부가 일본의 민단에 지원하는 자금. 인건비 등을 제외하면 실제 사업비는 70여 억원에 불과. 재단의 임직원도 교육부와 외교부 파견직원을 더해도 34명에 그치고 있음	-재단은 동포들의 구심점 역할을 하는 각국 한인회와 단체들을 적극 후원할 것임. 앞에 나서기보다는 뒤에서 그들에게 각종 자료와 데이터를 제공하고, 동포들의 다양한 목소리를 들을 수 있는 네트워크를 구성해 그들의 모습을 한국사회에 알리는데 힘쓰겠음 -중국 화교의 세계100인위원회 같은 운영위원회 구성, 의견수렴 창구로 활용하고 각대륙·지역별 전문가를 둬 연구와 자료수집을 통해 문제해결과 발전방안을 모색 -재단은 재외동포사회 관련 기초자료를 수집해 올바른 정책을 수립할 수 있는 지원센터로 발전시킬 생각

신규 사업 개발 및 중점 영역	-재외동포 2-3세들의 교육사업, 민족정체성 및 문화유지사업, 동포사회단합과 발전을 위한 사업 등에 가장 역점 -해외입양인초청연구사업의 장점을 개발하고 단점을 보완하면서 매년 실시할 계획 -내국인과 동포간의 정서가 하나 되게끔 동포들의 모국에 대한 관심을 증진토록 하며, 재단도 이런 사업을 발굴하여 진행해나가야11)	-해외동포 관련 데이터와 정보망을 구축하여 사실상의 교민청 역할을 하는 '사이버교민청'을 만들고, '재외동포센터'를 건립해 모국에 온 동포들한테 종합적인 서비스를 제공할 계획 -재단내에 한상대회 본부사무국을 설치. 사이버한상네트워크 개설, 한상비즈니스센터 건립 추진. 한상과 인맥을 넓히고 데이터베이스를 확보하며, 한상들이 모국에 애정을 갖고 보다 적극적으로 투자할 수 있는 여건을 만들겠음 -그동안 해외동포행사에 많이 지원했지만 앞으로는 동포사회 숙원사업에 종잣돈으로 사용해야 함. 중국과 옛 소련지역 동포 2·3세 교육에도 지원강화할 계획.	-국제결혼 및 입양아, 연해주, 연변동포에 관심 -전임 이사장처럼 큰 것은 못할 것 같고, 기초적인 것이나 동포들의 기본 요구사항을 파악하는 네트워크를 만들고 싶음(기본 자료정리, 정책입안 기초작업 등) -김봉규 이사장 때부터 해왔던 한상사업은 계속 발전시켜 나갈 것이며, 특히 해외동포교육에도 중점을 둘 생각임 -꼭 필요한 곳에 평등지원하는 것이 순리. 1회성 행사는 일체 지원을 중단하고 장기적인 동포사회 사업을 지원할 것. 지원금도 중국과 러시아 등 경제적 형편이 어려운 지역을 우선배정한다는 원칙을 갖고 있다
법적 위상	-외교적 문제를 발생시키지 않는 선에서 내국민들과 기본적으로 동등한 대우를 받아야 한다고 생각. 재단도 법과 제도 개선을 위해 관계당국에 지속적으로 건의할 생각	-재단을 대통령 직속기구로 격상하고 교민청도 만들어야 함. 참정권 문제도 전향적으로 풀어야 함(예: 재외국민 투표권 우선 부활)	-재단이 먼저 했어야 할 재외동포 기본법 통과를 위해 전력을 다할 것임. 관련 시민단체 등과 적극 협력하겠음
남북 관계 역할	-동포들은 편향적인 입장보다는 조국이라는 차원에서 남북한을 같이 보고, 오히려 북한이 심각한 경제난, 에너지난, 식량난에 시달리고 있는 현실에 대해서 안타까워하기 마련. 순수하게 북한주민을 위한 인도적인 지원의 성격을 갖는 것은 매우 의미 있음. 이런 노력들이 결과적으로 북한사회가 개방의 문호를 열게 하고 민족공동체형성에 기여하는 일이라고 생각.	남북한 화해와 협력, 통일에도 커다란 자산이 될 것. 그분들에게는 남과 북이 별로 구별이 없기 때문. 하나의 조국이고 하나의 민족이다. 이처럼 동포들은 우리가 못하는 것을 얼마든지 할 수 있기 때문에 통일과정에 적극 참여시켜야 함. 해외에는 북한출신이 많이 있는데 이들을 어떻게 하느냐도 동포재단에서 할 일임.	

한편 현 이구홍 이사장은 자신의 직무를 "첫째, 존재상실감을 갖고 있는 700만 재외동포들의 자존심과 아이덴티티를 진작하며, 둘째 적시(適時)에 정부의 동포정책과 관련된 비전과 사업기본계획(案)을 입안·수립하며, 셋째 재외동포들의 목소리에 귀 기울이며, 넷째 동포 관련업무의 중복 해소와 차별화를 추진하며, 다섯째 재단의 위상과 임직원의 전문성을 높이며, 여섯째 선진화된 동포들의 경험과 자산을 모국발전과 거주국 정착에 결집·활용하며, 일곱째 전 세계 한인단체 네트워크를 적극 육성·지원하는 직무"라고 정의하고 있다.12)

3. 직원들의 입장

갤럽조사(미국 등 60개국의 다양한 사기업 조직 대상)에 따르면 평균적으로 조직구성원은 자기 역량의 1/3만 발휘한다고 한다. 사기업이 이 정도면 공기업은 그 정도가 더 심할 것으로 판단된다.

그렇다면 재단의 직원들은 과연 어느 정도까지 자신의 역량을 발휘하고 있을까? 설립 당시 입사직원, 2대 이사장 당시 입사직원, 3대 이사장 당시 입사직원별로 의견도 정리해볼 필요가 있다.

제3절 재외동포재단의 한계

1. 재외동포정책과의 관계성

재외동포재단이 안고 있는 한계는 재단 내부에서 연유되는 것도 많다. 그러나 더 본질적인 것은 우리 정부의 재외동포정책 또는 제도적 미비점 때문이다. 이를 입증하는 것이 국가정보원에서 펴낸 『21세기 국가발전과 해외한민족의 역할』(1998)의 내용이다. 그 골자는 다음과 같다.

> 첫째, 정부와 동포사회의 불편한 관계는 상당부분 정부에게도 책임이 있다.13)
> 둘째, 정부는 동포들을 경제난국을 헤쳐 나갈 '동반자'로, '한민족의 살아있는 자산'으로 인정하고 이들의 역량과 잠재력을 조직화하는데 힘써야 한다.
> 셋째, 해외거주 동포에 대한 정확한 실태조사와 선진 통일한국진입을 위한 국가발전에 최대한 동참시키되 재외동포가 공감하고 현지 거주국정부가 거부감 갖지 않아야 한다.
> 넷째, 거주국 정착 및 위상강화 지원14), 민족적 긍지와 자부심 고양15), 한민족공동체 형성 지원16) 등 동포지원체계는 재외동포재단이 중심이 되어야 하며, 재단이 실질적인 동포권익을 대변하는 기구로서의 기능과 역할을 할 수 있도록 공관을 통한 재단 홍보강화와 동포의 건의·요망사항을 적극 수렴·반영하는 제도적 장치를 마련하되 중장기적으로는 정부보다는 민간단체주도로 운영되도록 기부금 및 동포성금 등을 확보하는 방안도 강구해야 한다.17)

9년 전의 지적사항을 우리가 지금이라도 심사숙고한다면 정부 각 부처가, 그리고 각 유관기관들이 동일한 사람(700만 재외동포)을 대상으로 비슷비슷한 사업들을 중구난방으로 전개할 것이 아니라 재외동포사업만을 10년 동안 수행해 온 재외동포재단의 기능과 역할을 재정비해야 한다고 생각한다.

2. 재단 운영상의 문제점

물론 재외동포재단의 사업수행이나 역할수행에 있어서 내외로부터 많은 비판과 문제제기가 있었다. 이를 시기별로 구분하여 정리해보면 다음 표와 같다.

〈표 4〉 재단 관련 지적사항 및 해소방안

구분	기존 지적사항(1997~2006)	내부자체분석(2006.5 현재)	향후 해소방안(예시)
(A) 운영 조직 측면	-태생적 한계론18) -재단 설립취지(교민청)에 부합되지 않는 운영실태 -기관의 합리적 운영역량 부족 -외교부내 영사기능에 대한 전통적 기피현상 -혁신분위기 및 비전·전략의 상대적 취약	-재단비전 재설정 시급 -재단 경영이념의 공유 불명확 -재단발전전략과제 및 전략목표 설정 미흡 -업무수행 프로세스 및 매뉴얼 준수 노력 미흡	-동포지원행정과 영사지원행정 간의 차이를 감안한 중장기 재외동포지원체제 강화방안 강구 -재외동포정책위원회 활성화 -전 부처 대상으로 사업을 총괄 조정·수행할 실질적 사무처 기능 확보(예: 재외동포정책기획단) -재단경영의 자율성 법적보장강구
	-정부 인사적체 해소를 위한 산하기관화 -관료주의적 조직운영 -혁신추진조직·점검체제 등 혁신제도화 취약 -급변하는 재외동포사회에 능동적으로 대처할 인력·부서 부재	-소규모 정예화전략 수립 미흡 -팀별직무분석(책임·협조부서 구분) 제고 -새로운 조직문화(CC) 통합구축 노력 미흡 -팀제 조직의 유연성 및 팀성과 관리 발휘 부족	-과학적 직무분석을 통한 조직(인원·예산) 재설계 -7대 권역별(북미·중미·일본·중국·CIS·동남아·유럽)전문가 및 활동가 혼성조직 구축 -동포사업 대표기구로서의 위상 및 전문조사연구기능 회복
(B) 예산 사업 측면	-예산규모 과소책정 기조 지속(설립초기 IMF 영향) -특수 프로젝트성 사업에 대한 전략적 예산투입 의지 약화 -대부분의 예산이 일회성·소모성 행사지원에 집중 -임직원 인건비 현실화 부족	-예산 편성의 자율성 보장 및 효율성 제고 -폐지된 재외동포기금의 자발적 부활노력 부족 -정부출연금·국제교류기금 간의 균형 유지 실패 -정부출연금 예산의 대폭 확충 애로 및 전략적 예산활용 부족	-외교예산항목과 차별화 강구(동포지원예산의 독립성 필요) -국가목표와 직접 연관된 것은 국고지원, 소외·열악한 동포사회 지원은 국제교류기금, 재정자립도가 높은 지역의 지원은 재정보다는 정책지원으로 -매칭펀드식 동포기금 확보방안 연구 -중장기 재정자립방안 적극 강구

(B) 예산 사업 측면	-재단 사업수행의 비효율성 및 사업기본원칙(지역형평성·상호이익·동포사회간합의·프로젝트) 설정 부족 -재단 자체 조사연구기능 미약 -기획기능(예: 동포회관 건립, 동포학원 설립, 동포의 날 제정, 동포박물관 건립, 해외한민족기구 결성지원, 동포축전) 미비 및 전시성 사업 치중 -각 부처 유사사업 일원화 및 이관실적 부진 -재단내 독립적·자율적 사업기반 미확보 -일회성·소모성적 단순지원금 교부사업 관행 탈피 -초청대상자의 중복 및 효과의 산발성 우려 -외부협찬활용 및 프로젝트성 문화사업 지원 -민단 편중지원 지양 및 차세대 단체 지원 강화 -재단사업목표와 부합된 외부 조사용역 발굴·지원	-유사명칭사용으로 인한 재단 이미지 혼동 심화 -고객만족도·브랜드충성도·사업인지도 저하 -대국민·동포대상의 적극 홍보 활동 미흡 -축제 및 대표브랜드사업 신규 개발 노력 부족 -자기주도적 사업집행역량 및 미래사회변화 대처 부족 -각종 사업의 전문성·독창성·창의성 부족 -불요불급사업에 대한 자체내 청산 노력 미흡 -국내체류 동포대상의 모국사업 영역개발 미흡 -차별화된 기념사업개발·추진 역량 미흡	-정부의 동포정책 의지를 보여줄 통합이미지 구축 -동포정책목표 및 정책방향에 부합되는 종합적·체계적·통합적 사업추진체계 구축 및 지역특성별 신규사업개발 추진 -각 관련부처 간 사업연계성 확보(창구일원화) 및 중복시행 방지 협약 체결 추진 -재미한글학교·재일민족학교·연해주프로젝트 등 동포사회 특수사업에 대한 총괄적 행정지원체제구축 요망 -국내체류 외국국적동포 및 다문화가정 동포에 대한 부정적 인식 제거 및 동질성 유지 노력 -민단지원사업, YTN지원사업 등에 대한 성과관리 및 사업점검 시스템 확립
(C) 정책 지도 감독 측면	-재단내 정책수립 기능 부재 -관련법 상호간 개념충돌 및 사업수행 관련부처 난립으로 재단 위상 저하 -외교부 산하 사업집행기구로서의 한계(과도한 종속)	-대국회·대정부 정책제안 기능 미흡 -재단 관련 법률·시행령 개정안 제정 노력 미흡 -중장기 사업 기본계획수립의 현실적 기반 미흡 -정부조직법 개정 또는 대통령직속 위원회법 제정에 대한 재단내 합의 도출 실패	-이주+법적지위(국적회복등)+정착지원 통합서비스 구축 -동포정책실무위원회 간사 변경(재외동포재단 또는 청와대수석) 검토 추진 -기본계획의 일관성·통합성 유지(정책↔기획↔사업↔현장) -외교부 영사정책과의 전략적·경쟁적 관계 설정 -한인회·한상단체등과 네트워크 협력체제 기반 조성 -소관부처 이관(총리실 또는 대통령실) 움직임에 적극 대처
(D) 인사 측면	-임직원 전문성 부족 -각부서 담당업무 과중 -외교부 파견인사제 조정 -인사조직의 합리화 저조 -외교부 산하 3개기관의 인원·보수불균형으로 직원 사기 저하 -사업비 계약직원 과다	-신규계약직 이직률 높음(계약직 직원신분 보장 제고) -일과 사람의 특성을 고려한 과학적 인사고과 미흡 -기존 직원대상의 교육훈련프로그램 실행 시급 -적절한 포상과 연수지원대책 수립 미흡	-지역전문가 및 어학능력 우수자 우선 충원 -국내외 동포전문기관 및 NGOs 직원들과의 순환 인사교류 추진 -최정예 네트워크팀조직 설계 -임직원 소속감 고취, 글로벌 인재육성·지원 및 합리적인 인센티브제도 도입, 팀워크 유지

(E) 민원 참여 측면	-동포 희망사항(각종 숙원사업) 반영 미비 -고객만족도 대체로 낮음	-원·스톱 서비스 마인드 부족 -호적·부동산·세금·기업·병무·법무·보훈 등과 관련된 동포민원서비스 확대추진노력 미흡 -책임운영기관 능가하는 행정서비스제공 미흡	-숙원사업(시설건립·유적관리) 지원을 위한 전담 T/F팀 설치·운영 -조사연구, 한인회 등을 통한 정확한 수요조사 및 지원 우선순위 데이터 확보 -민원해소를 통한 고객만족도 관리시스템 구축
	-재외동포사회 참여율 저조	-고문 및 자문위원회 등 활성화 노력 미흡	-고문단(정책·사업부문)적극활용 -국내외 자문위원 확대 및 활용방안 강구 -차세대인재/단체육성·발굴·지원시스템 구축
(F) 기타 측면	-각 부처 이기주의 팽배 -사업이관 후 유사사업 신규 양산 추세	-관련부처들과의 연계·협력프로그램 개발 필요 -자문위원 등 전문가집단과의 지속적 의사소통 부족 -국내외 연구소·시민단체들과의 의사소통 한계 -지방자치단체와의 협력체계구축 실적 전무	-각부처간 상호협력·상생모델 구축 -성과관리가 제대로 안되는 사업부터 재단으로 이관 추진
		-CEO리더(이사장+기획·사업이사)의 파트너십 미흡 -중간관리자(각부서장) 리더십 능력향상 시급 -초급관리자(과장·대리급) 혁신아이디어 부족	-책임경영 위한 권한·임기 보장책 마련 -이사장/상근이사/비상근이사의 역할·자격기준 재설정 -공유 리더십/공동 리더십/파트너십 구축방안 강구 -CEO경영철학·방침의 직원 공유
		-전 세계 한인회, 각종 단체들과 상호협력·제휴시스템 구축시급 -국내외 지부(사무소·운영요원) 설치의 현실적 애로 및 타당성 홍보 필요 -전문연구조사기관들과의 연계망 구축 미흡	-재단 제주도 이전 대비책 강구 (예: 서울사무소, 각 지자체 담당관, 해외주재관 설치, 동포교류센터 건립 유도) -주변 4대강국(미·일·중·CIS) 한인회와 전략적 네트워크협력 추진
	-코리안넷 D/B내용 분석 미흡 -동포사회 각종 통계조사 및 자료 제공 미약	-차세대인재 및 각 전문분야별 인재 D/B제공·관리체제상시 보완 -체계적 수집·분류·가공 시스템 운영 미흡	-현지 조사연구결과 및 기존D/B의 통합D/B화 추진 -인적·물적정보 수집·가공·서비스 인프라망 구축

한편 국무총리 국무조정실에서 실시한 재단 기능점검결과(06.1~3) 다음과 같은 새로운 보완임무가 부여되었다.

> ▶ 재외동포 전문기관으로서 각 부처에 대한 지원기능 강화 및 정보·지식의 구심적 역할: 재외동포의 정보창구로서 재외동포사회에 대한 정

보를 관계부처에 전파·공유
▶ 재외동포 관련 NGO와 연계 및 지원강화: 재외동포를 지원하는 NGO와의 연계를 통해 재외동포지원사업의 효율화 및 민·관 네트워크 구축 추진
▶ 모국 경제발전에 기여하면서 재외동포들의 경제적 실익도 달성할 수 있는 윈-윈방안 마련: 상호실익이 있는 지원방안·신규사업 적극 모색 (예: 개성공단에 재외동포 투자기업 입주방안모색)
▶ 차세대 관련 프로그램 개발 등 수요변화 반영: 재외동포의 구성이 점차 2-3세대로 변화하는 환경변화에 대응하기 위해 차세대 동포지원 강화 및 네트워크 구축
▶ 소외지역 동포에 대한 지원강화: 사할린·CIS지역 등 국가의 특별보호가 필요한 동포들에 대한 지원대책 강화: 소외지역 수요를 반영한 차별화된 지원프로그램 마련
▶ 재외동포 및 동포정책 관련 대국민 홍보강화: 재외동포에 대한 대국민 홍보를 통해 동포가 국가발전에 기여할 소중한 자산이라는 이미지를 제고하고, 재외동포정책에 대한 국내 지지기반 확보

따라서 그동안의 지적사항, 자체 분석 그리고 기능점검 결과 등을 종합적으로 고려할 경우 새로운 조직모델(기능과 역할 관련하여)을 제시하고 운영상의 미비점을 해소해나가는 노력이 필요할 때다.

3. 변화의 계기를 적극 활용해야

2007 남북정상회담(2007.10.2~4, 평양)에서 남북정상은 △평화정착 △공동번영 △화해·통일에 관한 제반현안에 대해 협의하고 8개항의 공동선언(남북관계 발전과 평화번영을 위한 선언)을 발표하였다.

가. 6.15 공동선언 적극 구현
나. 상호존중과 신뢰의 남북관계로 전환
다. 군사적 긴장 완화와 신뢰 구축(국방장관회담 개최)
라. 6자회담 2·13합의이행협력, 평화체제구축과 종전선언 논의실현 노력
마. 남북경협의 확대·발전, 서해평화협력특별지대 설치(부총리급 경제협력공동위원회 개최)

바. 사회문화분야 교류협력의 발전
사. 남북간 인도적 사업 협력
아. 국제무대에서의 공동 노력19)
※ 총리급 회담(11월중) 개최 / 정상회담 수시 개최

그 중에서 우리의 주목을 끄는 것은 제8항 "남과 북은 국제무대에서의 민족의 이익과 해외동포들의 권리와 이익을 위한 공동 노력한다"는 조항이다.
교포정책포럼 첫날(11.29)에서도 많은 분들이 제기했지만 정치적・이데올로기적인 접근법20)이 아니라 진정으로 민족의 이익을 생각하고 재외동포사회의 권익을 실질적으로 보호하길 원한다면 현실적인 법테두리나 재단법상 규정 때문에 직접 움직이기는 곤란하겠지만 어떤 형태로든 700만 재외동포를 위해 존재하는 재외동포재단의 역할을 재검토해볼 필요도 있으리라 본다.
아직까지 우리 정부(통일부)는 공식적으로 제8항에 대해 별다른 설명을 내놓지 않고 있다. 남성욱(고려대 교수)은 이를 우리 정부가 통일전선사업의 주체역량 중 해외역량(예: 일본내 조총련, 남북한과 해외동포가 참여하는 통일전선체인 조국통일범민족연합 등)을 의식한 북한측 요구를 수용했기 때문이라고 주장하고 있으며,21) 이주천(원광대) 교수 역시 제8항을 '고려연방제 10대 시정방침'(1980) 제8항 "해외에 있는 조선동포의 민족적 권리와 이익옹호 보호"의 동일주장으로 지적22)하고 있음도 고려해야 한다.

제4절 점진적 개선이냐 창조적 파괴냐

이구홍 이사장이 취임사(06.11.6)23)에서 "더 이상의 간섭은 없다"고 선언한 이후 재단 임직원들은 재단의 규모(조직・예산)를 키우고 역량(개인・팀)을 극대화하는데 힘쓰고 있다.
그러나 아직까지 이사장이 원하는 재단像과 직원들이 생각하고 있는 재단像에는 다소간에 인식의 차이가 있는 것으로 보인다. 취임 초기 업무보고를 받으면서 이사장이 강조했던 사항 중의 하나는 앞으로 지원사업이나 특화된 사업을 수행함에 있어 "재단만이 할 수 있고 또 재단이 해야 하는 사업" 이외에는 과감하게 정리(통합, 폐지, 축소)하고 각 팀마다 대표 브랜드화 할 수 있는 사업들을 연구 개발할 것을 요구했으나 직원들은 대부분의 시간을 "가지 수는 많고 지원액은 적은" 수많은 일상지원업무 수행에 매달려 있는 실정이다.

경영학의 대가 피터 드러커가 "기업들이 지원업무, 사무업무, 수선업무 등을 외부에 아웃 소싱 줌으로써 사업조직을 재정비하듯 정부도 사회부문업무를 외부에 아웃 소싱 줌으로써 조직을 재정비할 수 있"다며 "지난 10년 또는 15년 사이에 가장 성공적인 사회정책은 정부가 기업 또는 비영리기관에 아웃소싱을 준 것"이었음을 강조24)한 사실을 재외동포재단에서도 유념해보았으면 한다. 특히 재단사업들을 과감하게 정리 또는 아웃 소싱 하는 대신 재단에서는 재외동포사회의 변화를 면밀히 분석하고 동포사회의 현장목소리에 귀를 기울임으로써 재외동포사회의 미래를 설계하고 재외동포권익을 보호하는 일에 좀더 집중할 필요가 있다고 본다.25)

따라서 재외동포재단이 향후 10년의 비전을 재창출하기 위해서는 다음 몇 가지 사항이 적극 고려되어야 한다.

첫째, 재단 조직운영 및 사업의 비효율성에 대한 불신을 해소한다.
둘째, 국민과 재외동포로부터 신뢰받는 재단(투명성·전문성)이 된다. 동포를 이해하고 동포 속으로 찾아가며 동포와 협력하는 재단이 된다.
셋째, 시대변화에 부응하지 못하는 기존정책과 사업방식은 과감히 탈피한다.
넷째, 단순예산지원 또는 은행창구에 머물 것이 아니라 성과(outcome)를 창출하고 고급정보를 수집·가공·배분하며 정확한 통계와 데이터를 갖고 있는 싱크탱크로 키워나간다.
다섯째, 재외동포권익을 최우선 보호하되 보편적 세계주의(인권·민주주의·세계평화·환경보호·약자지원)와 동포사회 자율의 틀을 최대한 견지해나간다.
여섯째, 자립·자존하는 재외동포사회像을 정립해나간다.
일곱째, 재외동포의 사기가 한곳으로 결집되는 한민족네트워크의 중추기관이 된다.

이상의 일곱 가지 측면을 종합적으로 고려하면서 재단의 미래존재가치를 재확인할 필요가 있다.

재외동포관련 사업을 독점(또는 전담)하던 시절은 이미 지나갔다. 재단의 역할이 변화되는 만큼 동포사회의 질적 변화도 가능하다고 본다. 백화점식 다양성을 지양하고 독창적인 사업을 특화시켜나가면서 재단활동을 글로벌화(해외 유수 재단과의 교류·협력), 전문화(체계적이고 전략적인 접근), 효율화(민간기관들과의 역할조정 및 분담체제 구축) 등이 추진되어야 보다 나은 동포사회의 미래기반을 구축하는데 일조할 수 있으리라 본다.

다음의 표는 재외동포재단 내부에서 개선해야 할 것들을 정리해본 것이다.

<표 5> 재단 개선방안 예시

구분	개선방안(예시)
운영 조직 측면	-조직을 슬림화(결재권의 대폭 위임, 보고절차 단순화, 결정은 신속하게, 보고서는 간소하게) -간부회의(팀장회의)는 가급적 축소, 원활한 의사소통 ■재단혁신은 정부(청와대, 국무조정실, 외교부)의 정책적 차원과 재단의 사업차원으로 구분함 ■재단혁신의 필요조건: 정부정책의 구조조정만으로는 한계가 있음. 재단 자체의 혁신노력이 뒷받침되어야 하며, 상호협력과 경쟁이 불가피한 현시점에서 재단의 핵심역량(core competence)이 무엇인지 찾아내어 특화시키는 것이 중요함. ■재단혁신은 차별화에서 출발: 여타 정부부처나 NGOs들과 구별되는 가치를 주고객인 정책조정자(대통령 및 총리), 정책생산자(외교부·법무부·교육부 등), 정책수요자(동포·동포사회·전문가 집단·기타 관련단체) 등에게 제공할 수 있어야 함. 이를 위해 재단 자체 개인, 팀역량제고가 최우선이며 동포사회의 변화에 부응하는 적극적 전략수립이 요청됨. -임직원간의 파트너십 구축
예산 사업 측면	-재단(사업)의 현주소와 주변상황은 어떤가? 이대로 가면 재단(사업)은 결국 어떻게 될 것인가? 재단(사업)의 장점·약점과 기회와 위협요인은 무엇인가? 등을 순차적으로 파악한 후 성과가 없는 사업들은 과감히 청산해야(사업목표·목적·성과를 하나로 통합) -임직원들과 전문가들이 참여하는 집단토론회 등을 통해 소수의 중점옵션(정책과 사업방향)만 선택하며, 사업스케줄·예산규모·사업효과가 사업목적에 부합되는지를 원점에서 평가해야 ■사업혁신: 대내외 환경이 안 좋을수록 조직역량에 대한 정비 필요. 즉, 재단의 전략적 역량(비전수립, 외부인적·물적자원동원 네트워크), 인적자원역량(창의성·업무경험·사업수행력·노하우), 조직운영역량(혁신·기업가적 마인드, 새로운 환경에 적합한 조직문화형성) 등을 하나로 통합하되 각 팀별(기획예산, 혁신총무, 조사연구, 한인회, 교육문화, 차세대, 한상, 홍보)사업을 브랜드사업, 기반(인프라)사업, 특화사업, 일반사업, 협력사업(아웃소싱) 등으로 분류, 지원의 우선순위를 정할 필요 있음. 특히 각 지역별 동포사회의 규모·수준·애로사항을 파악하고, 현지정주와 귀소본능욕구 이외에도 민족적 동포애와 문화·경제적 파급효과를 함께 고려해야 함
정책 지도 감독 측면	-국익과 국정과제 수행차원에서 취할 수 있는 다양한 변화에 대처가능한 재단의 옵션을 일목요연하게 예측(정리)해야 ■재단발전모형: 교민청 대안으로 존립하는 재단은 10년간 성장에도 불구하고 질적 경쟁력이 취약함. 외형적으로는 동포 전담사업집행기구이나 대표성·전문성이 상대적으로 약하며, 동포사회의 다양한 요구에 적극적·능동적으로 대응하지 못하고 있기 때문. ■향후 재단이 지속발전하려면 과감한 인력충원, 안정적 사업운영재원 확보가 필수적임. 정부와 동포(사회) 욕구를 충족시킬 인적·물적수단을 계속 연구개발해야 함. 특히 조사연구·대국민홍보기능의 강화, 성과분석 등을 통해 사업우선순위를 재조정해야 함
인사 민원 측면	-우수한 인재는 과감히 발탁하고 성과에 따른 평가제를 반드시 실시 ■향후과제: 사업목표 설정에 있어 누가(who), 무엇(what), 왜(why) 및 언제(when), 어디서(where), 어떻게(how) 등을 분명히 해야 함. 대통령실, 국무조정실, 외교부, 국회, 예산처, 대학, 학자, NGOs들과의 유기적인 관계 정립 필요 ■모든 정보는 수량화·통계화하며, 고문 및 자문위원회 등 대외역량을 강화하고, 임직원을 기획·지원·활동가그룹으로 세분하여 각자의 전문성 확보에 집중함. 특히 임직원간의 협조(팀웍)가 원활할 때 대내외적인 신뢰를 회복할 수 있음 ■우수인재를 확보·육성하려면 전문가시스템을 정착시키고, 사람중심경영에서 시스템중심경영으로 변화되어야 함 ■해외자문위제도를 적극 고려하고, 국내 자문위원회도 분기별(분야별) 수시 개최 추진 ■동포 민원사항 수렴창구 활성화(온/오프라인상)

기타 측면	-재단사업 방향(예: 로드맵)에 대해 임직원 상호간의 공감대 형성 유도 ■재단 기능 재점검: 동포문제의 특수성을 고려하되 정책수립・입법・관련법 시행 관련하여 제언・자문・모니터링 등의 우선순위가 조정되어야 함 ■동포정책이 선진화되려면 재단의 이념・전략방향・리더십을 미래지향적으로 설정하며, 동포관련 원자료(인적・물적D/B)과 신규사업개발 등에 예산・인력을 우선 투입하는 것이 좋을 듯함. 특히 각 지역별 동포(사회)변화를 상시 추적하는 체제를 구축하고, 국내체류 동포 대상의 사업도 병행 실시해야 함

재외동포재단에서는 지난 2000년 중장기사업계획안을 외부에 의뢰하여 작성한 적이 있다. 시간은 다소 지난 것이지만 향후 재단 새로운 비전창출의 기초 참고자료가 될 것으로 판단된다.26)

제5절 맺는 말

재단의 영문명칭은 Overseas Koreans Foundation이다. '파운데이션'이 '기초'라는 뜻이라면 이름 그대로 재외동포재단에게는 우리의 소중한 민족자산인 동포사회발전을 위한 기틀을 놓아야 할 막중한 사명이 있는 것이다.27)

   첫째, 재외동포사회 상호동질성 회복의 기틀이 되어야 한다.
   둘째, 재외동포문화・경제권이 네트워크 하는 기틀이 되어야 한다.
   셋째, 한민족공동체가 세계사에 기여할 수 있는 기틀이 되어야 한다.

지금은 우리의 현명한 선택이 필요한 시점이다. 절대 빈곤상태의 재외동포정책에서 벗어난 지금 현재의 상태에 만족하지 않고 새롭게 도약하느냐 아니면 그냥 주저앉느냐가 결정되는 중요한 국면이다. 자신의 운명은 스스로 개척하는 법이듯이 재외동포재단의 운명도 스스로의 동학(動學)으로 열어나가야 하지 않을까?

재단이 어떻게 해서 여기까지 왔는지, 앞으로 중요한 것은 무엇인지, 또 무엇을 해야 하는지 등에 대해 매우 심사숙고해야 한다. 10년 후의 한민족의 모습이 예상된다면 10년 후의 재외동포사회, 10년 후의 재외동포재단 모습도 같이 예상할 수 있어야 한다.

(2007 교포정책포럼, 2007.11)

'일 잘하는 재외동포재단' 구축을 위한 핵심과제(재외동포업무)(2008.8 작성)

1. 문제의식

가. 위기의식: 재외동포재단 "이대로는 안 된다"
- 재단 설립 이후 10년 사업추진 결과 → 새롭게 거듭나야 할 때
- 외교부 산하기관으로서 한계를 극복해야(예산, 인원 및 정책제언 기능)
- 재외동포 전문기관으로서의 기능을 특성화해야

나. '임원간의 팀워크'가 매우 중요
- 이사장은 대통령의 국정철학과 국정목표를 사업방향에 반영할 수 있어야 하며, 이를 일관성 있게 밀고 나가는 추진력이 있어야 함
- 상근이사들은 이사장의 뜻을 받들어 맡은 바 업무를 충실히 수행·보좌해야 하며, 기획이사는 재외동포사회의 미래를 읽는 눈과 재외동포사업 전반을 종합적으로 기획·조정하는 판단력과 책임감이 뛰어나야 하며, 사업이사는 재외동포사회 현실을 바라보는 냉철한 눈과 따뜻한 동포애로 사업을 전개하는 열린 마음이 있어야 함

다. 직원들은 자기 살을 도려내는 뼈아픈 반성과 자기 개혁이 있어야 함
- 내부문제를 외부환경 탓으로 돌려서는 곤란, 자기반성 계기로 삼아야 함
- "영혼 없는 직원" 10명 보다 "소신 있는 직원" 1명이 창의적 결과 산출

2. 주요 기능 분석(※예산의 안정화, 인력의 정예화, 기구의 전문화 확보)

가. 기능측면: 현재와 같은 단순지원 창구 기능만으로는 지원업무의 종합적 효과 기대 곤란
   (※은행지점 수준에서 벗어나야, 지휘감독권과 재량권의 문제)

나. 역할측면: 재외동포영사국 업무와 재단 업무간의 중복·유사성 제거해야
   (※'사업기능 없는 정책기능', '정책기능 없는 사업기능' 양자 모두 경쟁력 없음 → 통합하거나 독립시켜야)

다. 과제측면: 국정과제(일반과제 3-2-8)에서 '재외국민보호 및 재외동포활동지원'을 하나로 묶기보다 각각의 과제로 분리해야
   (※영사관의 임무와 재외동포재단의 임무 구분 제대로 안 됨)

라. 사업측면: 재단만이 할 수 있고, 반드시 해야 하는 사업만을 수행하는 기구로 특화되어야
   (※과감히 이관 또는 아웃소싱 필요)

마. 지휘감독측면: 외교부의 지휘감독보다 상급기관(예: 청와대, 총리실)의 지휘감독이 요구됨
   (※재외동포업무를 단순 외교라인에서 접근하기보다는 국가미래전략의 큰 틀에서 바라봐야)

바. 행정측면: 사업의 결과와 성패를 끝까지 책임지고 관리하는 행정이 요구됨
   (※본국 관료중심의 탁상행정서비스가 아니라 현장활동 중심의 고객만족서비스가 필요)

사. 파견공무원: 현재 비상근감사, 검사역, 기획이사 3인이 외교부 간부 출신자임. 감사기능과 기획기능은 서로 견제·보완해야 하나 내부감사활동만 이루지는 단점 있음
   (※옥상옥 구조, 비생산적)

1) 김봉섭, 2007 교포정책포럼(2007.11.30)시 토론문.
2) 《매일경제》 1997년 4월 24일자.
3) 개인적으로는 첫째 과제는 지원창구로서의 역할로 전락; 둘째 과제는 아직도 요원; 셋째 과제는 어느 정도 성과 있으나 여전히 미약하지 않나 판단됨.
4) 피터 드러커 저, 권영설·전미옥 역, 『피터 드러커의 위대한 혁신』(한국경제신문, 2006), 227~230쪽.
5) <외교통상부의 입장> 대한민국이 법치국가인 만큼 모든 현안은 헌법 및 현행 법제도 안에서만 해결됨; 재단의 지도감독관청인 외교통상부는 국제법적·외교적·동포정책적·법실효성·조직적 측면 등의 문제점을 들어 재외동포기본법 제정에 공식적으로 반대(06.3, 참여정부의 재외동포정책); 동포들에게 실질적인 혜택을 줄 수 있는 구체적 지원조치를 개별법령에 반영하는 것을 현실적 대안으로 제시: 재중·CIS동포를 대상으로 하는 별도의 관련법 제정 또는 개정(출입국관리법시행령상 방문취업제 허용); 외교통상부(정책수립)-재외동포재단(지원사업시행)이라는 이원적 체제를 유지하면서 재외동포영사국 조직확대/ 재외동포정책위원회(실무위 포함) 및 재외동포재단 활성화로 동포지원업무 체제의 전반적 강화를 지속 도모할 계획임을 천명하고 있음.
6) 서로 다른 가치관을 갖고 있는 동포사회간의 유대감은 다양한 인적교류 확대, 경제적 협력 및 제3지대 공동개발 참여 등을 통해 길러질 수 있음; 민족동질성 회복은 이념과 체제 차원이 아닌 문화적 차원에서 접근하는 것이 수월하며, 국토가 분단되어 있고, 민족은 분산되어 있는 한민족의 통합은 어느 정도 민족주의적 요소가 필요함.
7) 우리 민족만의 가치가 아니라 인간존엄과 인류번영에 이바지하는 가치창조에 앞장서는 세계시민으로서의 모습.
8) 《동아일보》 1997년 10월 31일자; 《통일한국》 1999년 1월호.
9) 《한겨레》 2002년 11월 4일자; 《연합뉴스》 2002년 12월 27일자; 세계한민족여성네트워크기조연설; 《한겨레》 2003년 3월 3일자 참조.
10) 《연합뉴스》 2003년 11월 10일자; 《내일신문》 2003년 11월 18일자; 《미주중앙일보》 2003년 12월 16일자; 《연합뉴스》 2003년 12월 23일자; 《세계일보》 2004년 1월 6일자; 《월간 아리랑》 142호(2003.11.25) 참조.
11) 취임 3년이던 2000년 5월, 그는 한 신문사와의 인터뷰(《문화일보》 2000년 5월 12일자)에서 "총성 없는 경제·문화경쟁에서 한민족공동체형성은 유일한 대안"이라고 강조하면서 재외동포 포털사이트(www.okf.org, 03년까지 동포DB작업 마무리 목표)구축, 한국판 울판(Ulpan1))인 교민센터 건립 등을 강조한 바 있음; 울판은 이스라엘의 새로운 성인 이주자들과 히브리어를 배우려는 사람들이 회화, 쓰기, 이해 등 기초적인 히브리어를 구사할 수 있도록 하기 위해 세워졌고, 대부분의 울판은 이스라엘 문화, 역사, 지리를 함께 가르친다. 울판의 최대목적은 새로운 이민자가 가능하면 빨리 그리고 손쉽게 이스라엘 사회, 문화 그리고 경제생활 속으로 통합될 수 있도록 기여하는데 있다. 건국 초기 다양한 언어, 문화 등을 가진 이민자들은 울판에서의 히브리어 학습을 통해 정체성과 국가의식을 공유하는 공동유대감을 갖게 되었다. 현재 사설 울판도 많지만 대부분의 울판은 유태인기구(Jewish Agency), 지방자치단체, 키부츠, 대학 등이 운영하고 있다. 1949년 예루살렘에서 첫 울판이 세워진 이래 지금까지 신규 이민자 130만 명 정도가 졸업했다. 웨일즈, 아제르바이잔, 카톨로니아, 뉴질랜드 등에서는 울판을 자기 언어교육의 모델로 삼고 있다. 일부 키부츠에서도 울판을 운영하는데 5개월 정도 배우면서 파트타임으로 일하고 있는데 젊은 이민자들이나 관광객들에게는 인기가 있다. 그러나 울판에서 5개월 정도 강도 있게 배웠지만 30세가 넘는 신규 이민자의 60%는 가장 초보적인 히브리어를 읽지도 쓰지도 말하지도 못하고 있다. 러시아 이민자의 70%는 히브리 TV뉴스를 전혀 이해하지 못하고 있다. 그리하여 이스라엘 의회는 울판 교육체

제를 개선하기 위한 권고안을 연구토록 했으며, 몇몇 대체 교수법이 고려중이다. 그중 하나가 히브리어 학습촉진시스템이다(예: 케이블 및 위성TV방송 활용).
http://www.haaretz.com/hasen/spages/813198.html(2007.1.14)

12) <초우량기업의 8대 특성>(톰 피터스·로버트 워터먼) 실행을 중요시(아는 것보다 하는 것이 중요), 고객에게 밀착(고객 이해), 자율성과 기업가정신(독립적 소단위가 자존감 고취), 사람을 통해 생산성 향상(가족같은 느낌), 가치에 근거해서 실천(가치시스템 지향), 핵심사업에 집중(시너지효과 극대화), 단순조직과 작은 본사 지향(최소한의 조직만 유지하고 나머지는 아웃소싱·프로젝트성의 T/F), 엄격함과 온건함을 동시에(집권화와 분권화 조화, 가치공유)

13) 1. 상이한 이민동기로 재외동포사회가 현지적응·동화대신 부정적 의미의 '한국사회 복사판'됨. 2. 역대정부는 따뜻한 배려와 지원으로 동포를 포용하기보다 남북대결의 지원세력, 국내정치적 수단으로 활용하여 동포단체난립 및 단체간 주도권 장악을 위한 반목과 대립이 지속됨. 3. 일관성 없고 근시안적인 동포정책은 동포의 불신감만 증폭·심화시켰음. 4. 일본·미주의 경우 차세대 동포의 급격한 현지화로 동포사회 결속력이 약화됨. 5. IMF 외환위기로 한국인의 자긍심과 사기 저하됨

14) 우선 재외동포의 개념정립과 이를 기초로 동포의 거주국내 법적지위와 생활실태, 거주국의 소수민족·외국인정책을 정확히 파악한 후 이들의 거주국내 정착과 위상강화를 지원함으로써 동포를 국가발전의 전략자원화해야 함.

15) 재외동포 차세대들에게 한민족으로서의 동질감을 심어주고 미래 한민족공동체 형성의 핵심고리역할로 육성하는데 초점을 두어야 함.

16) 재외동포사회를 모국투자유도대상, 경제지원대상, 민족교육지원대상, 이민확대대상지역 등으로 차별화하되 지역별 거점(L.A, 오사카, 연길, 타쉬켄트, 프랑크푸르트, 캔버라, 상파울루 등)을 설정하여 본국·지역간, 지역·지역간 협력연결고리로 활용.

17) 재외동포정책위원회(위원장 국무총리)를 활성화하여 동포관련 정책을 체계적·효율적으로 추진하는 한편 관계부처의 동포관련업무에 대한 조정을 강화하여 일부 동포들의 지속적인 교민청 설립요구에 대응→거주국 정치·경제 등 제 분야에서 동포들이 주류사회의 일원으로 성공하도록 직간접적으로 지원해야 함.

18) <태생적, viviparity> 태아가 어미 체내에서 자라 상당히 성장하고 난 다음 태어나는 성질; <타성적, inertia> 모든 물체는 자신의 운동상태를 그대로 유지하려는 성질이 있다. 정지한 물체는 계속 정지해 있으려 하고, 운동하는 물체는 원래의 속력과 방향을 그대로 유지하려고 함.

19) 남과 북은 국제무대에서의 민족의 이익과 해외동포들의 권리와 이익을 위한 공동 노력.

20) <재일민단의 반응> '남북정상회담에 즈음한 담화'(10.5) "10.4 남북공동선언은 한반도의 평화와 번영의 새로운 시대를 열어가는 전기가 되는 것으로 환영 … 공동선언을 바탕으로 민단은 일본사회에 있어서 공생을 지향하는 입장에서 비정치적, 인도적 분야에서 재일동포사회의 화합을 위해 적극적으로 활동을 해 나갈 것" <조총련의 반응> "공동선언은 한반도 평화와 공동번영, 조국통일의 새로운 국면을 여는 중요한 계기 … 조총련과 재일동포는 전 민족에게 커다란 기쁨과 희망을 준 이번 공동선언을 전면적으로 지지하고 환영. 우리는 6.15 공동선언과 우리 민족의 정신을 토대로 사상, 신조를 넘어 민단 슬하의 동포를 포함해 모든 재일동포의 민족적 단결을 강화, 발전시키고 공동선언실현을 위해 전 민족적인 통일운동에 한층 공헌할 것" <6.15공동선언실천 일본지역위원회 성명> "두 정상이 국제무대에서 민족의 이익과 해외동포들의 권리와 이익을 위한 협력을 강화해 나가도록 합의한 것은 우리 재일동포들에게 더없는 용기와 신심을 북돋아준다 … 6.15의 기치아래 우리민족끼리 뜻과 힘을 합쳐 나갈 때 6.15의 궤도를 되돌리려는 그 어떤 기도도 단호히 막고 자주통일의 새 시대를 열어나갈 수 있다는 확신에 차 넘치고 있다 … 사상과 단체 소속의 차이를 초월하여 6.15공동선언의 고수 실천을 위한 한 길에 재일동포들의 지혜와 힘을 최대한 합쳐 나갈 것을 열렬히 호소한다 … 역사적 선언을 지지 실천하기 위하여 남북(북남), 해외동포들과 연

대하여 조국통일의 새 시대를 열어나가는 데 앞장서 나갈 것" <범민련 남측본부> "본항 8항은 6.15공동선언 전문 첫 줄, 첫 대목에 표명한 그대로 '조국의 평화적 통일을 염원하는 온 겨레의 숭고한 뜻'을 상기하고, 해외동포들에 대한 조국의 의무를 다하자는 선서이다. 남과 북이 이제는 국제무대에서 남남처럼, 남보다 더 먼 사이로 비추지 말자는 것이다. … 누구의 편에 서면 선대로, 누구의 편도 안서면 안선대로 권리와 이익을 무참히 유린당해 왔던 당사자들이 해외동포들이다. 그들의 간절함이 "조국의 평화적 통일을 염원하는 온 겨레의 숭고한 뜻"에 깊게 담겨 있을진데 이제 비로소 조국은 해외동포 앞에 떳떳히 자기의 국가주권적 권한과 의무를 밝힌 것이다.(의의) … 지난 8월 15일같이 민족통일축전에 참가하려는 해외동포들에게 빗장을 걸어 잠그는 야만적인 횡포가 두 번 다시 재연되어서는 안될 것이다. 또한 남과 북은 해외동포들 사이의 벽을 적극 허물어내야하며, 해외에서 한나라당 같이 반목하는 사람들에게 일체의 지원도 주지 말아야 한다. 우리 민중들은 특히 남북해외의 성원들이 격의 없이 만나고 평화, 번영, 통일을 도모하는 6.15민족공동위원회를 활성화하여 해외동포들의 권리와 이익에 맞는 환경을 적극 조성해 나가야 한다.(전망과 과제)"

21) 남성욱, '기조발제: 2차 남북정상회담 평가와 향후 전망: 과연 대선 핵심쟁점이 될 것인가?'(여의도연구소, 2007 남북정상회담 평가와 향후 과제 토론회, 2007.10.9).
22) 2007년 10월 10일 긴급기자회견(자유네티즌구국연합).
23) "지난 40여 년간 해외교포문제연구소를 운영하면서 겪은 고통은 필설로는 다 말할 수 없다. 그러나 그 고통의 인고를 온몸으로 안고 올 수 있었던 것은 '꿈'이 있었기 때문이다. 마치 불행한 역사를 잊지 않고 되씹는 이스라엘의 유월절(踰月節, Passover)처럼 말이다(예: 61년 중국 UN가입, 64년 원폭 개발 당시 화교사회 분위기). 유태민족에게는 그들 자신에 대한 무한한 꿈이 있다. 21세기 우리 민족도 세계속의 한국을 뛰어넘어 통일한국으로 나아가야할 꿈을 꾸어야 한다. 이 자리에 서는 순간, 기쁨보다는 두려움이 앞선다. 전 세계 재외동포와 여러분들의 기대가 너무나 크다는 것을 잘 알고 있기 때문이다. 창립 10주년을 맞는 기관의 장으로서 여러분이 재단에 근무했다는 것을 자랑스럽게 생각하도록 여러분의 자존심과 긍지를 키워 나가는데 든든한 버팀목이 되겠다. 이제 주사위는 던져졌다. 제가 가진 것, 아는 것이라고는 교포에 대한 한없는 기대와 사랑 하나밖에는 없다. 이 순간부터 본국의 교포관 확립에 매진할 것임을 여러분 앞에 엄숙히 공약하는 바다. 재외동포재단 역시 한 발짝 전진하기 위해서는 지난날을 철저히 반성해야 한다. 더 이상 자리보전이나 책임회피에 안주해서는 안될 것이다. 오늘을 기점으로 우리 모두 지난날을 훨훨 털어버리고 희망찬 내일을 위해 다같이 전진하자!"
24) 피터 드러커 저, 앞의 책(2006), 233쪽.
25) 삼성경제연구소(www.seri.org), '미래를 선점하라'(2006.4.13).
26) 최진욱 통일연구원 선임연구위원(남북한 재외동포정책과 통일과정에서 재외동포의 역할, 2007). 동포사회 네트워크구축을 위해서는 동질성 유지를 위한 노력, 각국 한민족사회 연결조직망 구축 및 지도자 양성, 현 거주지에서의 성공적 정착 통한 정치·사회적 영향력 확대, 북한의 변화에 기여할 수 있도록 지원, 국내 소수민족에 대한 적극적인 정책 추진 등이 필수적임.
27) 백영서, 『동아시아의 귀환-중국의 근대성을 묻는다』(창작과 비평사, 2000) 참조.

제7장 코리안 네트워크와 연해주 프로젝트(안)[1]

제1절 2007 남북정상회담

1. 개요

2007 남북정상회담(07.10.2~4)에서 남북정상은 △평화정착 △공동번영 △화해·통일에 관한 제반 현안에 대해 협의하고 8개항의 공동선언(남북관계 발전과 평화번영을 위한 선언)을 발표하였다.

2. 후속조치

남북회담 실무부처인 통일부는 이번 회담의 의의를 매우 긍정적으로 평가하고 있다. 그 내용은 다음과 같다.[2]

> 첫째, 남북관계에서 평화번영의 새로운 시대를 열었다.
> 둘째, 한반도평화와 비핵화를 위한 남북정상의 의지를 재확인하고 이의 실천을 위해 공동노력하기로 하였다.
> 셋째, 다방면의 경제협력을 통해 남북이 공동번영하는 '경제공동체' 건설을 앞당기기로 하였다.
> 넷째, 남북연합을 지향하는 남북관계 제도화의 길을 열었다.

따라서 참여정부는 남북화해협력의 기조가 다음 정부에도 이어질 수 있는 토대를 마련하기 위한 범정부차원의 후속조치 및 점검체계를 가동 중에 있다.[3] 즉 '남북정상선언이행종합대책위'(위원장 국무총리)를 발족하여 대통령 주재하에 제1차 회의(07.10.12)를 열어 자금소요액과 자금확보계획 등을 집중 논의했으며, 통일부장관을 단장으로 한 '남북정상선언이행종합기획단'[4]도 제1차 회의(07.10.15)를 열어 후속조치 이행계획과 사무처[5] 운영계획 등을 협의하였다. 국무총리 주최 간담회(07.11.8)에는 민간자문단[6]을 구성, 6개 분야 대표들이 참석[7]하여 민간차원의 의견을 수렴한 바 있다.

또한 정상회담에서 합의된 제1차 남북총리회담(07.11.14~16, 서울)에서는 양정부는 모두 8조 49개항에 합의하였다(cf. 각주 밑줄 친 부문은 북측의 주요 관심사항임).

    1조(화해) 상호존중과 신뢰의 남북관계 및 통일지향적 발전조치 추진[8]
    2조(평화협력). 서해지역 평화와 공동이익을 위해 서해평화협력특별지대 설치[9]
    3조(경협) 민족경제의 균형적 발전과 공동번영을 위한 경제협력 추진
        1) 도로 및 철도분야 협력[10], 2) 조선협력단지 건설[11], 3) 개성공단 건설[12], 4) 자원개발, 농업, 보건의료 등 분야별 협력[13], 5) 남북경제협력공동위원회 구성운영[14]
    4조(사회문화) 사회문화분야 교류와 협력의 발전을 위한 조치 추진[15]
    5조(인도) 민족의 화해와 단합 도모를 위한 인도주의분야 협력사업 적극 추진[16]
    6조 자연재해 발생시 상호 통보, 피해 확대방지 및 피해복구 적극 협력
    7조 총리회담 하반기 1회 개최, 2008년 상반기 제2차 회담 평양 개최
    8조 수정 및 발효

이후 한덕수 국무총리는 제269회 제7차 국회본회의(07.11.7) 대정부질의에 대한 답변에서 우리 정부의 공식입장을 다음과 같이 표명하였다.

    이번 남북정상회담에 있어서의 협력 프로젝트는 비교적 상업적인 베이스에서 할 수 있는 그러한 노력들을 할 것입니다. 개성공단이 좀더 활성화되기 위해서 또 우리의 기업들이(캄보디아, 라오스, 동남아로 나가는) 개성공단에 가서 투자를 하고 그리고 남북공동번영을 할 수 있도록 3통의 문제를 (통행·통관·통신) 해결하고 사회간접자본의 문제를 해결하고자 하는 것입니다. 우리의 판단으로는 현재 남북협력기금에서 우리가 지원하는 것 정도의 규모를 가지면 이번 남북정상회담에서 합의한 그러한 프로젝트들을 체계적으로 해나갈 수 있을 것이다 이렇게 판단하고 있습니다. 물론 이러한 재정부담에 대해서는 앞으로 구체적으로 사업이 확실히 되는대로 우리 국회의 동의를 받도록 하겠습니다.

제2절 각계의 반응

 동북아 4개국(한·중·일·러)의 평화번영과 350만 동북아동포들의 생존에 관심을 갖고 있는 동북아코리안네트워크로서는 남북한간의 군사적 긴장완화와 신뢰구축17), 평화체제구축18), 남북경협 확대발전19), 사회문화분야 교류협력 발전20), 인도주의협력사업 적극 추진21), 국제무대에서의 공동노력22), 농업·보건의료·환경 등의 협력사업23) 이외에도 그동안 추진해왔던 연해주 관련사업에 더 관심이 있을 듯싶다.

1. 국회 차원의 반응

 제269회 제5차 국회본회의 교섭단체대표연설(07.11.5)에서 김효석 대통합민주신당 원내대표는 남북정상선언을 지지하는 결의안을 채택할 것을 제의하였다.

> 한반도에 평화의 새 시대가 열리고 있습니다. 국민의 정부 이래 우리는 그야말로 상전벽해와 같은 변화를 만들어 왔습니다. … 그러나 남북은 아직도 군사적으로 대치하고 있습니다. 이번 2차 남북정상회담에서 이를 해소할 수 있는 돌파구가 마련되었습니다. 남북정상은 한반도에서 종전을 선언하고 평화체제를 구축해 나가기로 합의한 것입니다. 남북경제공동체를 향한 발걸음도 빨라지고 있습니다. … 중국과 동남아로 떠났던 우리 기업의 발길을 개성으로 해주로 남포와 신의주로 원산과 나진선봉으로 돌리면 우리의 중소기업이 되살아나게 됩니다. 사양길로 접어들었던 전통 제조업의 르네상스를 다시 한 번 만들어낼 수 있습니다. … 평화가 곧 경제요 우리 경제의 블루오션인 것입니다. … 대북지원과 경제협력은 엄연히 다른 개념입니다. 경제협력은 미래를 내다보는 투자입니다. … 저는 이 자리를 빌려서 국회가 제2차 남북정상선언을 지지하는 결의안을 채택할 것을 제안합니다.

 민주노동당의 천영세 의원도 제269회 제7차 국회본회의 대정부질의(07.11.7)에서 남북간 합의문의 일괄 비준을 제의하였다.

> 저는 2007 남북정상공동선언에 대한 포괄적 비준을 제안합니다. 아울러서

2000년 6·15공동선언을 비롯해 7·4공동성명, 남북기본합의서 등 남북의 약속에 대해서 일괄 비준을 추진할 것을 제안합니다. 한반도평화체제를 보다 공고히 하고 국회가 능동적 보증인이 된다면 한반도평화는 한층 안정감을 갖게 될 것입니다.

한편 한나라당은 여의도연구소와 자문교수단의 견해를 통해 남북정상회담에 대한 의견을 밝혔다. 다분히 비판적 지지의 입장을 견지하고 있다.

남북정상이 만나 남북관계의 발전과 평화번영을 위해 논의를 하고 합의를 한 것은 성과, 특히 대통령이 군사분계선을 도보로 통과한 것은 큰 의미. 이번 선언이 한반도평화와 민족동질성 회복을 위해 남북이 나아가야 할 원칙적 방향을 제시했고, 지난 2000년 6·15선언보다 구체화되고 실용적으로 현실적인 협력방안을 포함하고 있다는 점에서 2000년보단 진일보 했다는 평가. 이번 회담이 차기정부의 평화노력에 가교적인 역할을 한 점과 나름대로 남북 평화와 공동번영을 위해 노력한 점을 평가. 반면 2차 남북정상회담은 첨예한 현안인 북한핵 문제와 인도적 현안을 피해갔는데 국민들이 기대했던 북핵문제 해결 등에 있어서는 선언적 내용에 그치며 양 정상의 핵폐기 의지가 담겨져 있지 않아 북한 핵폐기문제에 대해서는 별다른 성과를 거두지 못함. 군사적 신뢰구축 문제에 구체적 합의 없이 서해평화협력특별지대라는 용어로 사실상 북한의 NLL재획정 요구를 수용한 것은 간접적, 우회적으로 향후 문제될 소지가 있음. 또 남북경협과 관련하여 북한의 확실한 개혁개방의지를 확인할 수 없지만, 이명박 후보의 '新한반도구상', '비핵개방3000구상', 당의 새 대북정책인 '한반도평화비전'의 구상의 일단이 선언문에 포함되어 있음. 한편 김정일 위원장의 답방이 합의되지 않은 것은 김정일 위원장이 여건성숙을 이유로 거절한 것으로 알려졌는데 서울답방에 대한 부담감이 작용한 것이며, 특히 김정일 위원장은 철저하게 북측 김영남 위원장과 남측 노무현 대통령을 지역수반으로 격하시키며 한반도문제에 통 큰 결단을 내리는 위대한 지도자로서 위상을 과시하려 했음. 이번 2차 정상회담 공동선언은 결국 실천의 문제로 그동안 남북간 각급 회담과 함께 합의가 있었지만 북한측이 얼마나 성의를 갖고 회담에 임하고, 합의사항을 실천할지 여부에 달려있음. 경협사업 역시 합의에 의한 경협비용이 최소 30조5천억원으로 재원조달방안과 함께 국민적 동의를 구하는 절차가 선행되어야 함.

남북정상회담은 결코 당리당략적인 차원에서 접근될 수 있는 사안이 아니다. 초당적 차원과 국민적 동의의 기반 위에서 추진되어야 하며, 추진과정에서도 국민적 합의, 투명성의 원칙 견지, 국제적 지지 유도 등이 요구되는 매우 미묘한 문제다.

2. 주변국과 해외언론의 반응

역시 주변국들의 주된 관심은 민족내부의 문제의식보다는 동북아시아 그리고 세계적 차원의 문제의식에 집중되고 있으며, 비판적 시각에서 자국의 국익 확보여부에 치중하고 있음을 알 수 있다.

가. 주변국의 반응

평화협정 체결과 북미관계 정상화, 북한의 테러지원국 해제 문제 등은 전적으로 북한이 핵무기를 폐기하기로 한 협정을 충실히 지키느냐에 달렸다(10.4, 미국 백악관 국가안보회의(NSC) 대변인 고든 존드로)

남북 정상의 한반도 평화체제 추진 합의는 미국 등 6자회담 당사국들의 기존 입장과 일치하는 것으로 미국은 한반도 평화체제 논의에 참여할 것이며, 미국은 남북대화를 권장해 왔으나 6자회담의 맥락에서 이뤄지는 게 바람직하다(10.5, 미국 국무부 대변인 숀 매코맥)

조선반도 평화기제의 건립은 조선반도인민의 이익에 부합되고 본지역의 평화, 안정과 발전에도 유리하다. 중국은 조선반도평화기제의 건립을 지지하며 조선의 정전협정의 체약측으로서 중국은 조선반도의 평화에 적극적인 역할을 발휘할 것이다(10.9, 중국 외교부 대변인 류건초)

불행한 과거를 청산하고 핵·미사일·납치문제가 포괄적으로 개선되면 국교정상화에 들어갈 것이며, 한반도 비핵화와 납치문제가 동시에 진전되길 기대한다(일본 총리 후쿠다 야스오, 중의원에서의 답변)

나. 해외언론의 반응

　1차 정상회담의 성과에 대한 기대가 매우 낮았고 과도한 양보에 대한 우려가 제기된 가운데 이뤄진 이번 정상회담에서 남북한 정상이 긴밀한 경제와 안보관계를 구축할 수 있는 다수의 구체적인 프로젝트를 이끌어내는데 성공했다. … 정전협정 서명국이 아니라는 이유로 평화협상에 한국의 참여를 반대해왔던 점을 감안할 때 남북한이 평화조약체결을 위해 노력하기로 합의한 것은 북한의 양보로 평가된다. … 남북관계발전 평화번영선언은 2000년 1차 정상회담의 6.15공동선언을 강화시킨 것으로 새로운 장을 열지는 못했다(10.4, 10.5, 뉴욕타임즈)

　이번 회담이 북한에 대한 실질적 변화를 위해 이끌어낼 수 있는 구체적인 합의에는 도달하지 못했다. … 10.4선언이 북한의 정치나 경제구조를 실질적으로 변화시키는 내용을 전혀 담고 있지 못했고 북한의 핵무기 야욕이나 수만 명에 달하는 수용소 수감자 등 북한의 김정일 정권에 대해 많은 사람들이 분노하는 문제들에는 전혀 언급하지 않았다. … 남북공동 경제프로젝트의 경우 한국의 지도자들은 이 프로젝트가 북한사람들에게 자본주의와 민주주의를 가르칠 것으로 기대하고 있으나 노무현 대통령의 임기가 내년 2월 끝나는 상황에서 차기 대통령이 이런 경제적 제안들을 그대로 따를지는 불확실하다(10.5, 월스트리트 저널)

　북한이 내놓은 게 별로 없는데 반해 한국은 너무나 많은 것을 주었다는 우려가 나올 가능성이 있다. … 두 정상은 선언문에서 한반도의 평화협정을 위해 3자 혹은 4자 정상회담을 촉구했지만 정작 한국전 정전에 합의한 당사국은 한국이 아닌 북한, 미국, 중국인만큼 선언의 효력에 한계가 있을 수 있다(10.5, 파이낸셜 타임즈)

　남북정상회담이라는 역사적인 의미에도 불구하고 노무현 대통령의 북한방문은 대통령선거를 앞둔 국내용 카드라는 시각이 널리 퍼져 있다. … 2000년 평양에서 열린 첫 번째 남북정상회담 이후 다음에는 김정일 위원장이 서울을 답방한다는 양측의 합의에도 불구하고 노 대통령이 다시 평양에 갔다는 점도 문제가 될 수 있다(10.5, 인디펜던트)

동서냉전의 마지막 유산으로 남아 있는 경계선의 긴장이 마감될 수 있게
됐다(10.5, 르 몽드)

3. 재외동포사회의 반응

분단과 냉전의 산물인 이데올로기로부터 결코 자유롭지 못한 곳이 우리의 재외동포사회다. 재일동포사회가 대한민국을 지지하는 민단과 북한정부를 지지하는 조총련(재일본조선인총연합회)의 양대 세력으로 극명하게 나눠져 있는 것만 봐도 그렇다.

그러나 이번 남북정상회담에 대해 재일민단은 '남북정상회담에 즈음한 담화'(10.5)를 통해 "10·4 남북공동선언은 한반도의 평화와 번영의 새로운 시대를 열어가는 전기가 되는 것으로 환영한다. … 공동선언을 바탕으로 민단은 일본사회에 있어서 공생을 지향하는 입장에서 비정치적, 인도적 분야에서 재일동포사회의 화합을 위해 적극적으로 활동을 해 나갈 것이다"는 매우 조심스러운 반응을 보였다.24)

반면 조총련은 "공동선언은 한반도의 평화와 공동번영, 조국통일의 새로운 국면을 여는 중요한 계기가 될 것이며, 조총련과 재일동포는 전 민족에게 커다란 기쁨과 희망을 준 이번 공동선언을 전면적으로 지지하고 환영한다. 우리는 6·15 공동선언과 우리 민족의 정신을 토대로 사상, 신조를 넘어 민단 슬하의 동포를 포함해 모든 재일동포의 민족적 단결을 강화, 발전시키고 공동선언실현을 위해 전 민족적인 통일운동에 한층 공헌할 것이다"는 적극 지지입장을 밝혔다.25)

이런 양측의 분위기를 잘 알고 있는 박병윤 일본 한민족연구소장은 자신의 지난 견해(1992)를 재차 강조하고 있다.26)

> 남북이 분단국가를 유지하면서 일본과 제각기 법적지위를 체결하여 서로가 재일동포를 흡수하려고 할 것이 아니라 통일국가를 수립하기 전부터 남북이 공동으로 재일동포를 보호하는 공동 작업을 추진하는 과정에서 통일후의 재일동포정책을 사전에 검토, 협의해야 된다. 동시에 종래의 '한일(韓日)' 대 '조일(朝日)'이라는 분단구조 속에서 벗어나 분단모순을 극복하는 '일본' 대 '남북협력체제와 재일동포'의 관계를 강화하면서 재일동포의 과거를 청산하고 동시에 현재 해결을 하지 못하고 있는 모든 문제들을 해결하고, 나아

가서는 장래까지 보장한다는 남북 및 재일동포의 확고부동한 자세확립이 요구된다. 아울러 그것은 남북과 재일동포 전체의 공동이익이 되고, 통일된 조국의 공동자산이 된다는 민족사관과 통일사관이 확립될 때만 가능한 것이다. 그러기 위해서는 우선 재일민단과 조총련이 민족적인 운명공동체라는 것을 확인하고 공통과제인 재일동포의 장래를 위해 사상과 이념의 차이를 초월하여 우선 화해하고 협력할 것을 공동으로 내외에 선포해야 한다. 재일민단과 조총련의 화해가 이루어지면 동포사회 내부에서 저절로 재일동포의 화합과 통일을 위한 협력자세가 우러나올 것이다. 재일동포사회의 이러한 화합과 협력을 전제로 한국정부는 우선 일본정부에 대하여 재일한국인의 법적지위협정을 파기할 것을 통보하고 금후 가령 조·일국교정상화 교섭을 추진하더라도 재일동포의 법적지위만은 별도로 남북이 공동으로 일본과 교섭하자는 태도 표명을 검토해야 된다. 그에 앞서 재일동포 문제를 해결하기 위한 남북협의기구를 설치하자는 구체적인 제의도 검토해야 된다.

한편 6·15공동선언 관련 단체[27]들과 해외에서 통일운동을 전개하는 인사들은 남북공동선언 제8항을 크게 환영하는 분위기다.

> 육로와 더불어 긴장이 높았던 바닷길인 서해상에 평화협력특별지대 설치와 국가보안법 등 통일에 장애가 되는 법적 제도적 장치를 정비하려는 노력은 실질적으로 통일에 다가가는 데 큰 성과를 이루었다. … 각 분야별 구체적인 실천사항들과 통일기구가 없는 상황에서 과도기적으로 통일과정에 나서는 다양한 과제들을 해결하기 위한 정상들의 만남과 총리, 장관급회담 등을 격상시켜 체계화해 수시로 남북이 만나기로 약속한 것 … 말뿐만이 아니라 체계적인 실천을 위한 선언임을 밝힌 것.(10.5, 6·15공동선언실천 유럽지역위원회 상임대표 이희세 성명)

> 우리 민족에게 가슴 벅찬 희망의 설계도를 구체적으로 그려준 제2차 남북정상회담의 결과는 이미 미주땅 동포사회에도 통일의 뜨거운 열풍을 일으켜주고 있다 … 6·15공동선언을 더욱 심화발전시켜 조국의 자주적 평화통일을 실현하기 위한 실질적이고도 구체적인 조치를 담은 내용들을 담고 있다 (10.6, 6·15공동선언 미국위원회 상임위원장 양은식 성명[28]))

두 정상이 국제무대에서 민족의 이익과 해외동포들의 권리와 이익을 위한 협력을 강화해 나가도록 합의한 것은 우리 재일동포들에게 더없는 용기와 신심을 북돋아 준다 … 6·15의 기치아래 우리민족끼리 뜻과 힘을 합쳐 나 갈 때 6·15의 궤도를 되돌리려는 그 어떤 기도도 단호히 막고 자주통일의 새 시대를 열어나갈 수 있다는 확신에 차 넘치고 있다 … 사상과 단체 소속의 차이를 초월하여 6·15공동선언의 고수 실천을 위한 한 길에 재일동포들의 지혜와 힘을 최대한 합쳐나갈 것을 열렬히 호소한다 … 역사적 선언을 지지 실천하기 위하여 남북(북남), 해외동포들과 연대하여 조국통일의 새 시대를 열어나가는 데 앞장서 나갈 것.(10.6, 6·15공동선언실천 일본지역위원회 성명)

10·4선언은 평화와 번영 그리고 통일선언이다. 특히 선언 8항에 해외동포 문제가 있다. 이는 해외동포가 통일역량으로 인정받은 것이다. … 10·4선언에 반대하는 세력이 있다. 그러나 10·4선언은 민족을 위한 것이니 사상과 신념을 떠나 누구나 지지해야 한다. 특히 남측 대선에서 누가 정권을 잡아도 10·4선언은 유지되어야 한다. 민단은 그동안 두 가지 문제를 제기해 왔다. 하나는 북에서 납치문제를 해결하지 못했다는 것이다. 일본에서 살고 있는 이상 일본사람들의 지지를 받아야 하는데 납치문제 때문에 피해를 본다는 것이다. 둘째 북이 핵을 보유하는 것을 용서 못한다는 것이다. 평화무기가 아니라 대량살상무기라는 것이다. 이 두 가지 문제가 해결 안 되었기에 10·4선언을 지지하지 않겠다는 것이다. 한나라당의 정형근 의원도 10·4선언 지지 말을 했다. 이 같은 입장에 서서 민단도 입장을 바꿔서 지지하길 바란다. 그렇지 않으면 시대착오적이다. 민단을 나쁘게 생각하지 않는다. 다만 집행부에 섭섭하다.(남북수뇌회담개최기념 조국통일토론회 실행위원회 위원장 함박)29)

아직까지 우리 정부(통일부)는 남북공동선언 제8항(국제무대에서의 해외동포 권익)에 대해 별다른 부연설명을 내놓지 않고 있다. 그러나 남성욱(고려대 교수)은 제8항 합의를 우리 정부가 통일전선사업의 주체역량 중 해외역량(예: 일본내 조총련 및 남북한과 해외동포가 참여하는 통일전선체인 조국통일범민족연합 등)을 의식한 북한측 요구를 수용한 것으로 분석하고 있다. 이주천 원광대 교수 역시 제8항의 "남과 북의 해외동포 권리·이익을 위한 협력강화"를 '고려연방제 10대 시정방침' 제8항 "해외에 있는 조선동포의 민족적 권리와 이익옹호 보호"와 내용이 동일하다고 지적하고 있다.30)

이런 상황에서 범민련 남측본부는 남북공동선언 제8항의 의의와 과제를 다음과 같이 해설하고 있다.31)

> 본항 8항은 6·15공동선언 전문 첫 줄, 첫 대목에 표명한 그대로 '조국의 평화적 통일을 염원하는 온 겨레의 숭고한 뜻'을 상기하고, 해외동포들에 대한 조국의 의무를 다하자는 선서이다. 남과 북이 이제는 국제무대에서 남남처럼, 남보다 더 먼 사이로 비추지 말자는 것이다. … 남과 북이 세계의 면전에서 등 돌리는 그 수치스러운 상황 속에서 얼마나 많은 해외동포들이 조국을 등졌는지 헤아릴 수 없다. 누구의 편에 서면 선대로, 누구의 편도 안서면 안선대로 권리와 이익을 무참히 유린당해 왔던 당사자들이 해외동포들이다. 그들의 간절함이 "조국의 평화적 통일을 염원하는 온 겨레의 숭고한 뜻"에 깊게 담겨 있을진데 이제 비로소 조국은 해외동포 앞에 떳떳이 자기의 국가주권적 권한과 의무를 밝힌 것이다.(의의)
> 조국은 이제 '남북관계발전과 평화번영을 위한 선언'에 기대 부푼 해외동포들에게 절대 상처를 주는 일이 없어야 한다. 지난 8월 15일같이 민족통일축전에 참가하려는 해외동포들에게 빗장을 걸어 잠그는 야만적인 횡포가 두 번 다시 재연되어서는 안 될 것이다. 또한 남과 북은 해외동포들 사이의 벽을 적극 허물어 내야하며, 해외에서 한나라당 같이 반목하는 사람들에게 일체의 지원도 주지 말아야 한다. 우리 민중들은 특히 남북해외의 성원들이 격의 없이 만나고 평화, 번영, 통일을 도모하는 6·15민족공동위원회를 활성화하여 해외동포들의 권리와 이익에 맞는 환경을 적극 조성해 나가야 한다.(전망과 과제)

이처럼 남북공동선언 제8항을 놓고 각자 해석들이 분분하며, 동포사회 내부에서 또 다른 갈등을 불러일으킬 가능성만 높아지고 있다.

허문영 교수가 정리한 표('한반도평화통일 5단계')를 근거로 본다면 현재 남북한은 '경쟁적 공존'단계에서 '협력적 공존'단계로, '남북기본합의서'(1992)체제에서 향후 있을 '평화협정'체제로 넘어가는 과도기 상태에 있음을 알 수 있다. 또한 남북한이 기존의 이질성을 극복하고 하나로 통합되기 위해서는 지금부터 재외동포까지 포괄하는 민족공동체 구상을 착실하게 준비해야 함을 말해주고 있다.

<표 1> 한반도평화통일 5단계[32]

구분/ 단계	갈등적 공존	경쟁적 공존	협력적 공존	남북연합	통일한국
규정문건	정전협정	남북기본합의서	평화협정	민족공동체헌장	통일헌법
체계적 특징	정전체제	기본합의서체제	평화체제	사실상의 통일체제	통일체제
평화와 통일단계	평화유지기	평화구축기	통일추진기	통합구축기	통일완성기

특히 17대 대선을 앞둔 미묘한 시점에서 과도한 정치적 해석이나 통일에 대한 막연한 기대보다는 한반도내부의 역학관계를 보다 실질적으로 분석하고 이에 적극 대처하는 지혜가 필요하다고 본다.

즉 남북정상간의 합의에도 불구하고 정치적 입장차이로 재외동포에 대한 접근이 쉽지 않다[33]는 것을 감안한다면 제6회 코리안네트워크 국제회의가 다루고자 하는 '연해주 농업협력과 코리안네트워크'(남·북·러 3각농업협력)가 10·4 남북공동선언 제8항의 후속조치에 포함시키는 것을 진지하게 검토할 필요가 있다.

제3절 연해주 프로젝트(안)

연해주 프로젝트(안)를 논의하기에 앞서 재외동포재단을 간단하게 소개한다.

1. 재외동포재단

재외동포재단[34]은 재외동포들이 민족적 유대감을 유지하면서 거주국 사회의 모범적 구성원으로 정착할 수 있도록 지원할 목적으로 1997년 10월 30일 설립되어, 현재 8팀 47명의 임직원이 700만 재외동포에 대한 각종 서비스를 제공하고 있으며,[35] 2007년 예산규모는 350억원[36](※1997년 80억원)에 달한다.

2007년 현재 재외동포재단 사업은 '9개 프로그램 24개 사업'으로 구성되어 있으며, 299억8천3백만원의 사업비 예산으로 거주국 정착지원, 소외 및 특수지역지원, 지위향상 및 권익보호지원, 모국어 민족교육, 문화정체성 함양, 한상네트워크, 한인네트워크, 민족망구축, 차세대사업을 추진 중에 있다.[37]

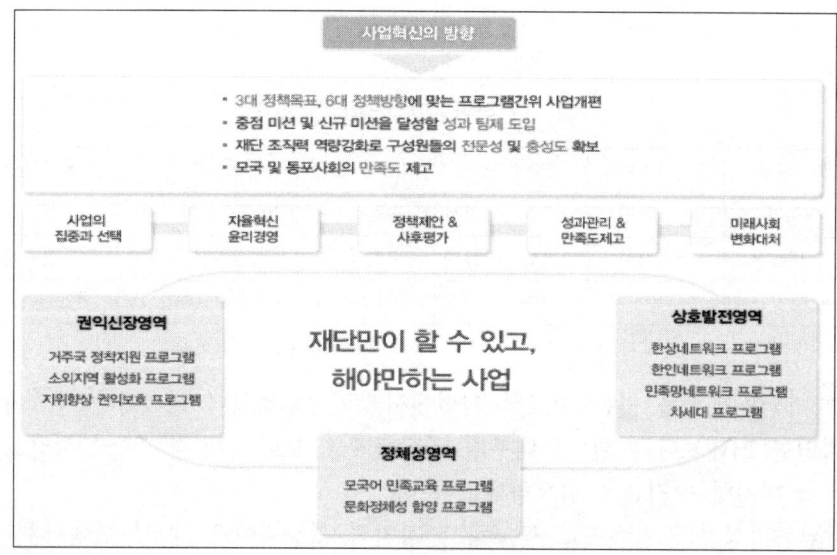

<그림 1> 재단 사업추진체계도

가. 재단 구축 인적·물적 네트워크 현황(1998~2007)

- 재외동포관련 NGOs(대한적십자사, 동북아평화연대, 지구촌동포연대 등)38)
- 재외동포 관련 전문가집단(해외교포문제연구소, 재외한인학회 등)39)
- 재단 자문위원회(1기, 2기, 3기. 연2회 개최)40)
- 재일동포모국공적조사위원회41)
- 세계한인정치인포럼(07년 18개국 71명 참가)
- 코리안넷운영(07.10 현재 월방문자 8만5941명, 회원수 4만9509명42)
- 방송·언론(YTN, 연합뉴스 등)43)
- 재외한글학교(07년 현재 109개국 2,051개교) 및 한국어교사 연수44)
- 민족학교(중국 조선족학교, CIS 한민족학교 등)45)
- 재외동포예술인 및 단체46)
- 재외동포문학, 영화 공모47)
- 세계한인차세대대회(98년 이후 25개국 282명 참가)48)
- 재외동포청소년모국연수(98년 이후 현재 1,200명 참가)49)
- 재외동포장학사업50)

- 재외동포청년직업연수(07년, 멕시코 30, CIS 20, 중국 80, 중남미 30명)[51]
- 유공동포모국방문초청(97년 이후 매년 개최, 07년 CIS 6개국 25명)[52]
- 국외입양동포(99년 이후 8개국 25개 단체 지원, 국내 4개 기관 지원, 모국문화체험연수 총 467명 참가)[53]
- 세계한인회장대회(2000년 이후 지속, 47개국 278명→48개국 213명→48개국 225명→46개국 294명→48개국 263명→43개국 216명→51개국 238명→54개국 347명)[54]
- 세계한인의장단회의: 국가별·대륙별 연합회 대표 10여명
- 한인회 디렉토리: 117개국 530개 한인회 조직[55]
- 재일민단, 미주한인총연합회 등 지원[56]
- 재외동포단체 지원[57]
- 세계한상대회[58] 28개국 968명→40개국 1,263명→37개국 1,606명→36개국 1,517명→39개국 2,285명→37개국 2,993명: 운영위원회[59]
- 재외동포경제인포럼: 리딩 CEO[60]
- 한상단체 네트워크 및 DB 정비[61]

현재 재외동포재단에서는 '러시아이주140주년기념관'(연해주 우수리스크) 건립[62]과 동북아평화연대 활동지원 이외에 연해주와 관련된 특별한 협력사업을 구상하고 있지 않다.[63]

2. 연해주 프로젝트(안)

가. 못다 이룬 꿈

'연해주 프로젝트'는 재외동포재단 3대 이사장인 이광규 교수가 자신의 『못다 이룬 꿈』(집문당, 2006)에 자세히 소개하고 있다. 그는 연해주 프로젝트를 "재외동포재단에 와서 새로 추진한 사업이 아니라 … 동북아평화연대에 있을 때부터 연해주지역을 연구해왔고 그곳의 사업을 추진"했다고 밝히고, "재외동포재단에서 두 번씩이나 청와대에 건의하여 국가적인 사업으로 추진해주기를 소망했으나 그것이 뜻대로 이루어지지 않았다"면서 연해주 프로젝트의 중요성·시급성을 널리 알린 바 있다.(115~165쪽 참조)[64]

물론 동북아중심국가를 표방한 참여정부는 취임 초부터 동북아공동체 실현의

강력한 의지를 피력한 바 있다.

존경하는 내외 귀빈 여러분, 우리는 이제 동북아공동체 실현을 목표로 함께 나아가야 합니다. 우선 공동의 이익과 신뢰를 높일 수 있는 분야부터 구체적으로 협력을 가시화 할 필요가 있습니다. 첫째, 물류, 에너지, IT 등 경제안보와 관련이 큰 분야의 사회간접자본 네트워크 건설을 추진하여 공동번영의 토대를 마련해가야 합니다. 둘째, 역내 교역자유화를 통해 궁극적인 경제통합을 지향해 나가야 합니다. 역내 국가간 자유무역협정을 보다 적극적으로 추진하는 것이 필요합니다. 셋째, 북한을 포함한 역내 낙후지역개발을 지원하여 모든 국가들이 경제통합의 이익을 공유할 수 있도록 해야 할 것입니다. 역내외 국가들이 협력해서 항만, 철도, 도로, 발전소 등의 건설을 지원할 수 있을 것입니다. 넷째, 동북아협력의 추진에 정부뿐만 아니라 민간차원의 문화와 인적교류를 확대해 나가는 노력을 병행해야 합니다. 당장은 개별 국가간 협력을 더욱 촉진하고, 이를 점차 역내 모든 국가로 확대해 나가는 것이 중요하다고 생각합니다.(제2회 제주평화포럼, 03.10.31)

이런 참여정부의 정책방향에 고무된 이광규는 이사장 재임기간 내내 연해주 사업의 중요성을 관계기관과 각계 요로에 건의(정책건의서 제출)했으나 번번이 그 뜻을 이루지 못했다.65) 그 내용의 주요 골자는 다음과 같다.

구소련 붕괴 이후 중국이 개혁개방과 급속한 산업화를 추진하면서 석유수출국에서 석유수입국으로 전환된 이래 한·중·일 세 나라는 자원과 상품시장 확보를 위하여 치열하게 경쟁하고 있다. 그 대상지역은 연해주를 포함하는 동부시베리아와 동남아시아 10개국을 포함하는 ASEAN지역이다. 이미 일본은 사할린개발을, 중국은 북한의 라진선봉과 연해주 일대에서의 국경무역을 각각 진행 중이며, 양국은 극동에너지 자원확보를 위해서도 사활을 걸고 있다. 북한 또한 자국의 라진선봉의 개발을 위해 연해주와의 협력을 시도하고 있다. 반면 한국은 전체적인 동북아전략은 있으나 한반도에 국한되어 실행전략을 추구하고 있을 뿐, 국제거점확보와 같은 동북아차원의 전략전술은 아직 부재한 실정이다. 따라서 21세기 동북아시대의 판도를 좌우할 수 있는 연해주 극동지역에 대한 거시적이고 종합적인 전략수립이 요구된다. 연해주는 특히 한인에게 중요한 의미를 갖는 지역이다. 1937년 스탈린에 의해 중앙아시아로 강제이주를 당하기 전 약 18만 명의 한인이 거주했던 곳이다. 현재도 한국기업 다수가 진출해 있고, 농업단지를 조성하고 있으며, 북한의 노무자가 활동하고 있다. 무엇보다도 중앙아시아에서 다시 이주해오는 고려인들이 집결하고 있는 곳이다.(정책건의서 내용 중에서)

한국으로서는 러시아당국의 정책기조(예: 1993년 재러시아한인의 명예회복에 관한 법 공식 발효, 연해주정부의 지원조치와 혜택, 중국인진출에 대한 우려, 일본인 진출에 대한 혐오감 등)를 면밀히 분석·활용함은 물론 연해주와 극동러시아에 진출을 시도하는 중국·일본·북한의 움직임에 효율적으로 대응하여야 한다. 이를 위해서는 민관이 합동하여 종합적으로 접근해 고려인동포사회를 적극 육성하고 활용하여야 하며, 러시아와 상호신뢰를 강화함으로써 21세기 동북아경제질서 재편과 한민족 도약을 선도하여야 한다. 페레스트로이카 이후 특히 블라디보스토크가 개방되면서 일본, 중국 그리고 한국이 연해주를 선점하기 위한 경쟁을 벌이고 있는 상황은 100여 년 전의 사정과 극히 비슷하다. 연해주는 러시아 전체로는 동남단 변경지대이지만 동북아시아의 시각에서 보면 중심지다. 따라서 연해주가 어떻게 발전하느냐에 따라 동북아시아의 발전도 달라진다. 연해주가 명실공히 동북아시아의 경제중심지와 문화중심지가 되고 블라디보스토크가 옛 영광을 되찾아 '극동의 상해(上海)'가 되도록 한국과 러시아는 협력하여야 한다.(『못다 이룬 꿈』 중에서)

특히 그는 재외동포를 위한 정책을 일반정책(동포후원사업, 동포초청사업 등)과 특수정책(장기적이고 일관성을 갖는 특수사업)으로 구분하고, 연해주 프로젝트를 후자에 포함시켰다.66) 그는 마지막 순간까지 연해주 프로젝트가 국가에 큰 이익이 되는 프로젝트이자 정책이고 오랫동안 펼쳐야 하는 사업이라고 확신하였다.

블라디보스토크항이 개방되면서 한·중·일 3국은 치열한 경쟁을 벌이고 있다. 그러나 한국이 유리하다. 블라디보스토크항은 중앙아시아에서 오는 고려인, 중국에서 오는 조선족, 사할린에서 오는 사람, 북한에서 나온 노무자, 한국에서 진출한 영농기업인과 상사직원 등 사방으로 흩어졌던 한인들이 모여드는 곳이다. 이곳을 선점하여 활용하는 자가 승자가 되는 것이고 이는 한국이 보다 유리한 조건에 있다. 그러나 이것은 강한 그러나 치밀한 연구가 뒷받침하는 정책으로 끈질기게 밀고 나가야 성공할 수 있는 것이다. 이러한 특수성을 요구하는 동포정책이 러시아 연해주에만 있는 것이 아니다. 일본·미국·중국 등에도 있다.

동북아시대 주도에 재외동포를 적극 동참시키려는 대통령의 적극적 의지를 가시적으로 피력: 재외동포재단의 위상강화(예: 대통령 직속 기관화를 국민적 합의하에 점진적으로 추진)
- 재외동포재단 내에 연해주프로젝트 추진을 위한 특별위원회(가칭 '민관합동추진위원회' 설치: 장치혁, 박길훈, 홍정길, 박청수 등 참여, 동 위원회를 지원할 실무지원팀 10명 구성)
- 연해주프로젝트는 10개년 특별사업으로 편성(연평균 50억씩 총 500억 예산 투입)하여 연해주 산업총생산량의 3배 이상 확대를 유도하고, 고려인 동포사회의 안정정착과 조선족 동포 및 한국인들로 형성될 한민족 경제문화공동체 건설로 우리나라 국부의 확대재생산을 추진
- 고려인동포 10만 명 이상 정착 유도
- 한국 인력 30만 명 이상 진출 가능(연해주 15만, 사할린 10만, 사하공화국 5만)
- 조선족 동포 20만 명 이상 국경무역 진출 유도
- 북한 노동자 10만 명 이상 근로 진출 가능

러시아당국의 정책기조를 면밀히 분석·활용함은 물론 연해주 및 극동러시아 진출을 적극 시도하고 있는 중국·일본·북한의 움직임에도 효율적으로 대응해야. 이를 위해서는 민관합동의 종합적 접근으로 고려인동포사회를 적극 육성·활용해야 하며, 러시아와의 신뢰 강화로 21세기 동북아경제질서 재편과 한민족도약을 선도해나가야
- 1차 5개년 계획(2006~2010): 연해주(극동지역) 경제협력기반의 조성, 기존 민간교류협력 기업·시민단체에 대한 지원 등을 통해 우수리스크 농업 및 교육(한류 조성)사업을 중점 추진하고, 핫산지역 경제특구와 남·북·러 삼각 경제협력도 함께 추진
- 2차 5개년 계획(2011~2015): 블라디보스토크의 경우는 금융·통신·IT분야 등에, 사할린과 사하공화국의 경우는 에너지개발 등에 중점 투자함으로써 전진기지로서의 가치를 최대한 활용

나. 동북아평화연대와 연해주사업

우리민족서로돕기운동의 재외동포센터에서 2001년에 분리 독립한 동북아평화연대는 재중동포 국내취업 초청사기 피해사건 해결, 중앙아시아에서 연해주로 돌아오는 고려인 초기 정착지원활동 등을 통해 동북아평화 정착과 한민족번영·공존을 위해 일하고 있으며, 특히 연해주와 관련된 동북아평화연대의 사업들은 다음 표와 같다.

〈표 2〉 동평의 연해주 관련 사업

분야	주요 사업	내용
정착 지원 활동	동포가정 자매결연	구소련 붕괴이후 중앙아시아에서 재이주하고 있는 고려인과 중국 연변의 한국초청사기피해로 몰락한 극빈 조선족 가정, 식량난민을 대상으로 한국 가정과의 자매결연을 통해 생계비 지원
	법률서비스 지원	연해주 재이주 고려인들의 국적회복문제 등을 해결하기 위하여 법률서비스를 지원
	의료협력활동	우수리스크지역의 고려인 의사들의 모임인 '우수리스크 의사단'의 창립을 도와 연중 의료봉사활동을 실시하고, 러시아 한인이주140주년 기념관 내에 병원설립을 준비중
	농업지원센터	재이주 고려인의 정착을 지원하기 위하여 시범농장사업과 비닐하우스 농법 등에 대한 연구 및 지원활동
네트 워크 교류 협력 활동	고려인문화의 날	매년 연해주 고려인들의 축제인 고려인문화의 날 행사에 주요 후원을 담당하고 한국의 참여 투어단 조직함
	동북아청년캠프	매년 한국의 청년들과 연해주 고려인 청년, 중국 연변의 대학생들과의 교류 활동으로, 여름방학을 이용하여 동북아 3개국을 돌아오는 행사임
	동북아민족 현장투어	연중행사로 다양한 주제별로 동북아동포사회와 산업현장들을 돌아보는 투어 조직
	연해주 우수리스크 교육문화센터	연해주 우수리스크에 컴퓨터 교실, 한글교실 등을 운영하며, 동포사회 청년회와 다양한 동포 단체와의 교류의 폭을 확대해 나가고 있음.
	동북아 경제포럼	동북아지역 경제협력방안 도출을 위한 동북아 경제인들의 세미나 및 네트워크 구성을 위한 동북아 지역 순회 포럼
정책 연구 활동	동북아시대를 여는 책	동북아시대를 맞이하여 한민족이 주요하게 거주하는 동북아지역, 지역동포사회, 한민족네트워크 등에 대한 연구를 목적으로 지속적으로 출간(백산서당)
	동북아평화연대 정책포럼	동북아와 한민족의 주요 관심사가 될 수 있는 부분을 시기적절하게 다루면서, 동북아공동체, 동북아한민족공동체, 동북아지역 에너지식량문제 등에 대해 관련전문가와 활동가의 강의 진행
	동북아코리안 네트워크 국제회의	제국주의의 침략, 냉전의 소용돌이 속에서 고통받았던 동북아코리안이 아픈 과거를 딛고, 동북아지역의 동포사회를 연결한 민족 경제·문화네트워크의 역량을 모아 동북아평화와 공존을 위한 역할을 조명함

연해주 물결 운동	러시아한인이주 140주년 기념관 건립	러시아 한인이주140주년을 기념하고 연해주를 중심으로 한·러간 교류협력의 가능성이 높아지는 시점에 다양한 민간교류협력과 한·러우호 친선무드 형성 -문화사업: 극동대학 한·러학부, 이주역사관, 컨퍼런스홀, 고려인문화교실/ 복지사업 및 의료사업(병원)/ 농업센터 및 신용협동조합/ 단체 사무실
	민족학교 설립	우수리스크 제3학교를 고려인 특화학교로 시당국으로부터 인정받아 고려인의 민족교육지원
	우정마을 시범농장	고려인 재정착 지원을 위한 다양한 농법개발을 위한 시범농장 실시(2005년) -비닐하우스: 5동, 35동 각 집 앞에 달기, 오이, 토마토, 배추, 무 재배/ 자연농업시장(새마을운동중앙회 경기도지회 80평)/ 크레모바 유기농 콩공장: 청국장 제조/ 주택지원 30호 예정(현재 5호 지원, 1호당 1,500달러)/ 돈사, 계사, 채소농 후원(돈사중심 사업)
	우정마을문화센터	고려인 공동체마을의 문화정체성확보를 위한 문화센터 운영

현재 동북아평화연대는 동북아코리안네트워크 등을 통해 남북정상회담 이후 재외동포에 대한 남북공동 대응방안을 모색하려고 하며, 연해주를 통한 남·북·러 삼각농업협력을 보다 진전시킴으로써 동북아 350만 한인동포사회의 미래를 찾기 위해 노력하고 있다.

다. 연해주 프로젝트 추진에 대한 조언

동평이 주축이 되어 추진하고 있는 연해주 프로젝트(안)사업이 정부이나 민간 차원에서 보다 심도 있게 논의될 수 있도록 하기 위해 오랫동안 연해주사업에 관여했던 한 전문가의 견해를 소개하고자 한다.67)

  1) 연해주 농업사업은 일반적으로 유통과 마케팅 때문에 경제성이 떨어진다. 농지는 많은데 판로가 문제다. 국내시장으로의 유입이 힘들다면 대북지원쪽으로 방향을 돌리면 되지 않을까? 유휴농지를 생각하면 민간보다는 정부차원에서 한시적인 농업개발기구를 발족시키는 것도 좋은 방법이다. 이는 법인형태로서 현지 거래관행(현금거래)의 위험성을 줄이는 효과도 있다. 현재 중국측의 움직임이 워낙 거세기 때문에 하루라도 빨리 정부차원의 기구를 만들어야 한다. 민간차원에서 관련사업을 40% 정도까지 끌어 올렸다면 이제 나머지 60%는 정부의 몫이다. 그동안 연해주에 진출한 농사업체가 15개 정도 됐으나 지금은 3개만 남아 있다. 대순진리회의 아그로상생농장도 현재로서는 경제성이 떨어진다.

2) 현재 농수산부의 입장은 '비판적 수용론'에 서 있다. 즉, 식량안보 차원이나 남북문제의 완충지 역할차원에서 장기투자가 필요하다는 입장이다. 예전에 농업기반공사에서 연해주 농업에 대해 조사한 자료가 있다. 여기서도 향후 남북관계를 고려한 대안책으로 연해주를 장기적으로 개발해야 한다는 견해를 내놓았으나 계량화나 수치화가 제대로 되어 있지 않다는 한계가 있었다. 그 자료도 참고하면 좋을 듯하다.

3) 새마을운동중앙협의회에서 사업을 중단한 것이 가장 아쉽다. 계속 추진했어야 했다. 실무진의 보고가 부정적인 것으로 알고 있다. 연해주사업은 본전만 생각하거나 정치적으로 접근해서는 곤란하다.

4) 연해주는 다른 지역과 달리 특수지역이므로 사업진출단계에서나 우선순위 결정에 있어서 사전조율이 필요하다. 특히 시행착오로 인해 기회비용이 많이 들어가고 있다. 이를 줄이기 위해서는 북한과의 경제협력이라는 일종의 파일롯 프로젝트가 필요하다. 농업기반공사나 농산물유통공사가 주축이 되고 민간은 지원하는 형태가 좋을 듯하다. 1억원이 되든지 10억원이 되든지 북한지원프로그램으로 파일롯 사업을 해보는 것이 중요하다. 이미 연해주 농업에 대한 현지조사는 다 되어 있는 것으로 알고 있다. 통치권자 차원의 결단이 필요한 시점이다.

5) 고려인 지원측면: 연해주 정착지원은 고려인들에게 생활기반이 있어야 정착이 가능하다는 전제하에서 출발하였다. 연해주정부는 한국이 자본을 대면 연해주는 농토를 대겠다는 적극적인 입장을 보이고 있다. 이를 위해서는 현지에 상설기구(한시적이라도)를 만들 필요가 있다. 연해주 농업이민도 가능성이 있는 주장이다. 자금지원과 정착지원만 가능하다면 충분히 현실성이 있다. 현재까지 동평에서 가족단위 이주 실적을 한 두건 거둔 것으로 알고 있다. 국적취득 지원사업도 가능하나 그들의 원적 찾기가 매우 어렵다는 점을 감안해야 한다.

6) 우정마을 1000가구 사업계획은 그동안 자금문제 등으로 상당한 애로점을 겪었다. 신규 주거단지를 조성하는 것도 여전히 문제가 많다. 차라리 상호공제조합 형태로 지원(예: 배드뱅크)하는 것이 좋을 듯하다. 민간기부에

주로 의존하는 동평의 사업은 소규모의 도시형 농업지원(정착지원, 소규모 대출 등)으로 방향을 잡은 것 같다.

7) 앞으로 연해주사업은 에너지, 철도, 농업 등을 전체적으로 바라보면서 사업성이 있는 프로젝트를 개발하는 것이 중요하다. 현재 삼성이나 LG에서 송유관건설에 관심을 많이 가지고 있는 것으로 알고 있다.

8) 참여정부 이전에는 연해주사업에 대해 다소 부정적이거나 시기상조라는 입장을 보였다. 그러나 지금은 상당히 전향적인 자세를 보이고 있다. 현지 총영사관(블라디보스톡)의 분위기도 아주 적극적이면서도 공식적이다. 그러나 정부내에는 아직까지 비토그룹이 많이 있다.

9) 러시아는 한국이 자신들이 기대한 것만큼 못해주고 있다고 평가하고 있다. 말이 앞서고 자금지원은 제대로 되지 않기 때문이다. 대기업이 참여해야 하는데 아직까지는 사업성, 시베리아철도부설, 북한 변수 등으로 주저하는 형편이다.

10) 고려인의 연해주이주사업은 사업성 때문에 현재 중단된 상태다. 주거문제와 국적회복문제는 여전히 미해결 상태다. 1998년 박길훈 회장(2007년 작고)이 재활기금을 만들어 지원(주택보수지원 등)하고자 했는데 외교부에서는 법인허가를 내주지 않아(99년) 비공식적으로 처리하느라고 애를 많이 먹었다. 고려인들은 정착욕구는 높으나 종자돈 지원과 동기부여가 부족하여 제대로 진척되지 않고 있다. 특히 고려인들의 연해주에서의 역할정립도 불투명한 상태다.

11) 동북아평화연대에서 추진하는 사업은 현재까지는 가장 객관적이고, 데이터도 많이 가지고 있다. 외골수적인 것은 있지만 100점 만점에 90점은 되는 것 같다. 특히 현지화 할 수 있는 좋은 모델이라고 본다.

그는 연해주사업의 관건이 대통령의 현지방문임을 역설하면서 경제성 있는 사업(파일롯 사업 포함)중심으로 계획을 수립하되 대기업의 참여를 유도하고 정부는 측면 지원하는 것이 좋다고 판단하고 있으며(예: 한·러 공동기구 형태

출범), 고려인들이 러시아화가 많이 되었고 결집력도 약하다고는 하지만 우리 정부의 노력과 국내위성방송 시청의 효과가 서서히 나타나고 있는 만큼 좀더 성의 있는 접근자세가 필요하다고 강조하였다.

제4절 맺는 말

이번 남북정상회담의 합의사항대로 2008년부터 북한철도(개성-신의주구간)가 개보수되고, 남북철도협력분과위원회가 구성되어 남북철도가 완전히 관통된다면 한반도 물류축이 복원되고 연해주를 포함한 동북아협력기반이 조성될 것이다. 또한 우리 정부의 기대대로 러시아의 시베리아철도(TSR)와 연결될 경우 물류비 경감은 물론 동북아경제협력은 크게 확대·발전할 것이다.68)

그러나 남북공동선언 제8항의 취지대로 국제무대에서 민족의 이익과 재외동포들의 권리와 이익을 위해 공동노력하기 위해서는 무엇보다도 고려인동포사회 스스로가 자신의 정체성을 분명히 하고 경쟁력을 길러나가야 한다.69) 이를 위해 재외동포재단이나 동북아평화연대 등에서도 더 많은 관심과 지원을 아끼지 말아야 할 것이다.

재외동포사회는 하루가 다르게 변화하고 있다. 어제의 눈으로 보아서는 오늘 우리의 대처가 뒤떨어진 것이 될 수 있다. 이처럼 재외동포사회의 급격한 변화에 허둥지둥 대처하기보다는 그동안 각계에서 제기된 문제점들과 여러 제안들의 장단점을 비교분석하여 어떻게 접근하는 것이 국가이익과 민족이익에 부합되는지를 현명하게 판단해야 한다. 해외한민족의 생명과 재산 그리고 인권을 보호하는 문제는 우리 정부가 최우선적으로 다뤄나가야 할 매우 중요한 민족적 과제다. 그런 차원에서 남북정상선언의 제8항 합의정신을 살리고, 남·북·러 3국이 협력하는 새로운 패러다임을 만들어 나갈 절호의 기회가 우리 앞에 있다. 연해주를 고려인동포가 다수 거주하는 지역으로 그리고 그들의 경제수준을 크게 향상시키는 방향으로 문제를 풀어나간다면 동북아평화는 물론 민족번영의 길이 한 단계 앞당겨질 것이다.

(동북아평화연대 국제학술대회, 2007.11)

1) 동북아평화연대 국제학술대회(2006.12)시 토론문. 재외동포재단 전문위원 재직 중에 작성.
2) '2007 남북정상회담 합의 해설자료'(07.10.4) 참조.
3) 공동선언은 남북관계발전에 관한 법률(제21조)에 따라 '합의서 체결비준'에 관한 법적 절차를 추진하고, 중장기사업은 남북관계발전에 관한 법률(제13조)에 따른 남북관계발전 기본계획에 반영하여 국회보고 이후 추진할 예정.
4) 국무조정실 기획차장(부단장), 통일부, 외교부, 국방부, 국정원, 재경부, 법무부, 문광부, 산자부, 보건복지부, 농림부, 해수부, 건교부, 예산처 등 13개 부처 차관, 청와대 안보수석, 경제수석, 시민사회수석 등.
5) 이행기획단 사무처(처장 이관세 통일부차관, 총괄관리팀, 회담운영지원반, 이행대책지원반).
6) 서해평화협력특별지대(11명), 경제협력(16명), 사회문화인도(11명), 국방(6명), 평화체제(7명), 남북관계 일반분야(5명) 등 6개 분야 56명으로 구성.
7) 남북관계일반(정세현), 서해평화협력특별지대(남정호), 경제협력분야(조명철, 안병민), 사회문화인도분야(고유환, 정창현), 국방분야(한용섭), 평화체제분야(조성렬).
8) ①매년 6월 15일을 민족공동의 기념일로 하기 위해 각기 필요한 절차 진행 ②6.15 8주년 기념공동행사(서울)에 당국과 민간이 참가(협의) ③국회회담 등 각 분야 대화와 접촉 활성화 적극 지원; 통일부는 '6.15공동선언기념일 제정에 대한 공청회'(12월 3일 예정했으나 여러 사정상 연기)를 통해 각계 의견을 수렴할 계획임(주제발표: 이승환 민족화해협력범국민협의회 집행위원장, 대표토론자: 남윤인순 한국여성단체연합 상임대표, 이학영 한국YMCA전국연맹 사무총장, 성묵 스님 대한불교조계종 민족공동체추진본부 사무처장, 이성림 한국예술문화단체총연합회장).
9) ①08년 상반기 안으로 공동어로 사업에 착수, 12월중 분과위원회 개최 ②해주경제특구・해주항 개발: 금년중 실무접촉・현지조사, 08년 사업계획 확정(해주특구 건설을 위한 출입, 체류, 통신, 통관 등 법・제도적 문제 지속 협의) ③08년 내 한강하구 골재채취사업 착수, 12월중 한강하구 공동이용 현지조사 ④해주직항로: 12월중 조선 및 해운협력분과위 1차 회의(부산) 통해 협의 ⑤서해평화협력특별지대추진위원회(장관급) 구성, 12월중 1차 회의(개성).
10) ①08년부터 개성-평양 고속도로・개성-신의주 철도 개보수 추진, 금년중 현지조사 ②11.20~21 개성-신의주 철도 개보수 관련 실무접촉(개성) ③11.28~29 개성-평양 고속도로 개보수 관련 실무접촉(개성) ④「경제공동위원회」 산하 「도로협력분과위」와 「철도협력분과위」 구성・운영.
11) ①08년 상반기 안변지역의 선박용 블록공장 건설에 착수 ②남포지역에 영남배수리공장 설비현대화, 기술협력, 선박블록공장 건설 추진(12월중 안변・남포지역 제2차 현지조사) ③조선협력단지 건설을 위한 출입, 체류, 통신, 통관 등 법제문제 지속 협의 ④「경제공동위원회」 산하 「조선해운협력분과위원회」 구성, 12월 1차 회의 개최.
12) ①개성공단 1단계 건설을 빠른 시일내에 완공, 08년안에 2단계 개발에 착수(근로인력 적기충원을 보장하고, 근로인력 숙소건설에 협력/ 12월중 2단계 개발에 필요한 측량・지질조사/ 출퇴근 문제 개선(개성공단과 개성-평양간 고속도로 연결, 통근열차 이용) ②12.11 문산-봉동간 철도화물수송 개시, 11.20~21 실무접촉에서 「남북사이의 열차운행에 관한 기본합의서의 부속서」 채택(12월초 남북철도운영공동위원회 1차 회의 개최(개성)) ③개성공단 통행・통신・통관 문제 개선조치 실시 (통행: 금년내 07시~22시까지로 출입시간 확대, 출입절차 간소화. 통신: 금년내 인터넷・유무선 전화 서비스 시작, 금년내 통신센터 건설 착공. 통관: 통관의 신속성과 과학성 보장을 위해 물자하차장 건설 추진-12월초 개성공단건설 실무접촉 실시(개성) ④경제공동위원회 산하 개성공단협력분과위원회 구성・운영.
13) ①08년 상반기안 단천지구광산 등 지하자원 개발 구체적 사업계획 확정(12월중 제3차 현지조사) ②금년중 종자생산 및 가공시설, 유전자원 저장고 건설 등 착수 ③의료기구, 제약공장 현대화, 원

료지원, 전염병 통제, 한의학 발전에 협력 ④쌍방이 관심하는 수역에서 수산물 생산, 가공, 유통 등 협력 ⑤산림녹화 및 병충해 방제, 환경오염 방지 협력 ⑥경제협력공동위원회 산하 지하자원 개발・농업・보건의료・수산・환경보호 분야 분과위원회 구성.
14) ①남북경제협력공동위원회(부총리급) 구성, 12.4~6제1차 회의 개최(서울).
15) ①장관급을 위원장으로 하는 「남북사회문화협력공동위원회」 구성(역사유적과 사료발굴 및 보존/ 겨레말큰사전 공동편찬 /교육기자재와 학교시설 현대화/ 공동문화 행사/ 과학기술인력양성, 과학기술협력센터 건설/ 기상정보 교환 및 관측장비 지원/ 2008 베이징올림픽 공동응원 등 협력사업 추진) ②백두산・개성관광 적극협력, 12월초 서울-백두산 직항로 개설 실무접촉 실시(개성) ③12월중 2008 베이징올림픽 남북응원단(경의선 열차 이용) 실무접촉 실시 ④08년 상반기중 남북사회문화협력공동위원회 제1차 회의 개최, 12월중 기상협력 실무접촉 실시.
16) ①12.7 금강산면회소 준공식, 08년 새해를 맞아 이산가족 영상편지 시범교환 ②11.28~30 제9차 남북적십자회담 개최(금강산) *이산가족 상봉확대 및 상시상봉 △쌍방 대표 금강산면회소 상주 △ 전쟁시기와 그 이후 소식을 알 수 없게 된 사람들의 문제 등 협의.
17) 1차 국방장관회담(00.9), 2차 국방장관회담(07.11)→남북기본합의서(92.2)에 명시된 직통전화 설치, 대규모 부대이동과 군사훈련 상호통보・참관, 軍인사교류 및 정보교환 등 문제 협의. 비무장지대의 평화적 이용 모색, 서해해상경계선 문제 등 군사문제를 경제적 관점에서 접근하여 평화협력 벨트로 전환하는 문제 논의.
18) 평화체제구축문제는 한반도 비핵화와 함께 민족공존공영과 직결되는 문제인 만큼 우선 협의・해결해야 할 핵심사안이지만 공고한 평화체제가 구축되기 전까지는 △현 정전체제를 준수하고 △남북간 기존 합의 및 국제조약을 지켜 나감으로써 대비해 나갈 방침.
19) <남북경협의 동반성장 추진개념: 공리공영과 유무상통의 원칙에 따라 민족내부협력으로 활성화>

교류협력 단계	남북경제의 동반성장 단계
별개의 경제단위	하나의 경제권 지향
단기・일회적 경제협력	지속・구조적 경제협력
일방향 경제협력	쌍방향 상생형 경제협력

20) 민족동질성 회복에 기여하는 사업으로서 남북관계 저변 확대・심화의 또 하나의 축.
21) 분단의 아픔을 치유할 수 있는 근원적 해결방안 마련을 북측에 강력히 요구; 수해 등 자연재해 발생시 동포애와 인도적 차원에서 상부상조.
22) 예: 고구려고분 유네스코 등재(04.7), 북관대첩비 반환(05), 안중근 의사유해 발굴, 국제대회에의 남북공동입장, 반기문 유엔사무총장 당선(06.12), 2014 평창 동계올림픽 유치 등을 북측이 지지. 향후 여수박람회 개최, 북한의 국제금융 기구 가입, 북・미, 북・일 관계개선 등을 위한 남북협력 강화 전망.
23) 농업, 보건의료, 환경보호 등 협력: ㅇ 남북경협의 질적 발전과 확대를 위해서는 우선 농업 및 보건의료분야의 협력을 통해 북한경제의 토대를 일정 수준 안정화시킬 필요가 있음(농업, 보건의료분야 협력사업 추진 합의) ㅇ 앞으로 정부는 농업협력과 관련, 남북 농업협력위원회를 조기에 개최하여 시범협동농장 운영, 종자개발・처리시설 지원 등 기존 합의사항을 이행하면서 남측의 자본・기술과 북측의 토지・인적자원을 결합하여 북측의 식량난을 해소하는데 주력할 것이며, 자연재해 방지를 위해 산림녹화・병충해 방제 등 남북 공동대응을 추진해 나갈 방침 ㅇ 보건 의료체계 개선과 관련해서 취약계층인 영유아 및 임산부 지원사업을 체계적으로 추진하기 위한 당국간 협력 착수 − 순차적으로 △전염병 공동방역・관리체계 구축 △북측 의료인력 교육 △기초의약품 및 의료장비 지원 △기초(군단위) 병원 현대화 지원 등 협력을 추진해 나갈 계획.
24) 2000년 6・15공동선언 당시 재일민단 중앙본부는 '남북정상회담 성공에 즈음한 성명서'에서 "쌍수를 들어 열렬히 지지하며, 분열과 대립을 거듭해온 재일동포사회도 이제 화합과 통일을 꾀할 때가 왔다"고 강조했음. 김재숙 당시 민단단장은 한덕수 조총련 의장에게 보내는 제의서에서도 "공

동선언의 정신에 입각해 조국의 평화통일에 이바지하고 21세기 동포사회의 통일실현을 위해 조선총련과 아무런 조건 없이 허심탄회하게 대화하고 교류해나갈 것을 제의한다"고 밝힌 바 있음. 그러나 그후 재일민단은 6·15 해외위원회를 한민통이 포함(주도)하는 것이 문제되어 하병옥 집행부가 사퇴하고 정진 집행부가 등장하는 내부 후유증을 겪은 바 있음.

25) ≪연합뉴스≫ 2007년 10월 5일자.
26) 박병윤, '10·4남북선언 8항의 추진방향에 관해서-재일동포를 중심으로'(2007 교포정책포럼 발제문, 해외교포문제연구소)에서 인용; 『제1회 세계한민족학술회 논문집』(한국정신문화연구원, 1992.1.31), 572쪽 참조.
27) ≪오마이뉴스≫ 2007년 10월 7일자(인병문).
28) 이외에도 ○선우학원(재미동포) "제2차 남북수뇌회담 선언은 6.15남북공동선언을 고수하는 한편 이것을 한 단계 높여 준 역사적 사변이었다. 그리고 형식보다는 실천을 구체화시켜 준 내용들로 채워주었다. … 특히 우리 해외동포로서는 8항의 문제가 괄목할만하다. 남북 양 당국이 해외동포 권익을 위해 함께 노력한다는 약속이다. 당장 재일총련문제가 남북 당국의 협력으로 해소되어 일본 당국의 반인륜적 탄압이 중지될 수 있어야 한다.", ○함성국(재미동포) "제1차 남북정상회담과 마찬가지로 이번 제2차 남북정상회담도 감격적이었다. 물론 주변국 문제들이 있긴 하였겠지만 조금 더 일찍 했었으면 하는 아쉬운 점은 있었다. 그러나 그 성과는 남북관계를 구체적으로 발전시키는 방향과 내용을 담고 있어 기대가 크다. 이번 정상회담에서 해외동포권익문제를 8개 항목 안에 넣은 것은 획기적이다. 사실상 그동안 남측 정부에서는 해외동포문제를 과소평가해 왔고 그리 관심이 없었다고 본다. 아마 이번에도 북측에서 그 문제를 요구하여 합의문 항목에 넣은 것으로 본다. 조국통일은 남과 북 해외동포 3자가 주체가 되어 하기 때문에 해외동포문제가 중시되어야 한다. 그리고 해외동포들이 이역에 살면서 그 지역에서 탄압받든지 불이익을 당하면 남과 북 정부 당국에서 힘을 모아 함께 도와주어야 한다. 예를 들면 일본 총련조직이 일본정부에 탄압받으면 남북 정부차원에서 공동으로 그런 사태를 막아주어야 한다고 생각한다." ○현준기(재미동포) "이번 제2차 남북정상회담은 남과 북 당국자들이 과거 어느 때보다 협력적인 자세를 보여준 것이 좋았다고 본다. 북에서 남측의 요구를 많이 수용했고, 남측도 북의 요구를 수용하기위해 노력한 흔적이 있다. 특히 이번 합의문 항목에 해외동포들의 권익을 위한 항목을 삽입한 것은 우리 해외동포들에게 크게 고무하고 있다. 특별히 일본 동포를 탄압하는 일본 정부의 반인륜정책이 남북 양 당국에 의해 중지될 수 있기를 바란다."
29) ≪통일뉴스≫ 2007년 10월 7일자; '2007 남북정상회담과 10.4선언을 기념하는 토론회'(10.6, 일본 中央大學 스루가다이 기념관).
30) 2007년 10월 10일 긴급기자회견(자유네티즌구국연합).
31) 남북관계발전과 평화번영을 위한 선언 해설(2007.10.23).
32) 허문영, '2·13합의 이후 한반도 평화체제 구축방안: 쟁점 및 추진방향', 『6·15정상회담과 한반도 평화체제』(6·15정상회담 7주년 기념 국제학술회의 발표논문집, 2007.6.7) 참조.
33) 1985년부터 시작된 One Korea 페스티벌(실행위원장 정갑수), 1993년부터 오사카(大阪)에서 시작한 One Korea 바둑대회 등을 비롯, 최근 아이치(愛知)현 민단 상공인과 총련 상공인이 공동발간한 '아이치코리아기업목록' 사례, 오사카(大阪) 민단과 총련이 오사카부립대학 입시과목에 '한국어' 요구 사례, 미에(三重)현 이가(伊賀)시민단과 총련의 '이가(伊賀)Korea협의회' 공동결성, 법인등록 사례 등 지방차원에서의 동포사회 화합 움직임은 비교적 활발한 편임.
34) 1대 김봉규(1935년생, 스리랑카, 베트남대사 출신): 재단 출범 준비기획, 문화공동체대회(서울예술제), 역사속의 한국인 모국방문초청, 한인회장대회(99년) 추진. 2대 권병현(1938년생, 버마·중국 대사 출신): 세계한상대회(01년), 한국어뉴스세계위성망구축, 코리안넷 구축, 재외동포센터 건립 추진. 3대 이광규(1932년생, 서울대 교수 출신): 국제결혼자 등 다문화가정사업, 러시아이주140주년 기념관 건립, 코리안넷 완전 오픈(05년). 4대 이구홍(1942년생, 해외교포문제연구소장 출신): 세계

한인정치인포럼(07년), 세계한인의 날 제정(07년).
35) 파견공무원(검사역) 1명, 인건비 부족으로 인한 사업비 계약직 11명 포함(2008년 정규직으로 전환 예정).
36) <수입> 정부출연금 47억2천만원, 국제교류기금 262억3천만원, 자체수입 5천만원; <지출> 인건비 15억6천, 경상운영비 8억8천, 일반사업비 197억6천, 재일민단지원금 73억, 한국어뉴스세계위성방송망구축사업비 15억.
37) <3대 프로그램, 9대 단위사업>
38) 정례지원: 사할린동포 모국방문사업(대한적십자사), 한민족차세대리더대회, Korean Expo(이상 세계한민족공동체재단), 세계한인상공인대회(세계한인상공인총연합회), 연해주 미하일로프카 정주촌, 연해주 교육문화센터, 연해주 정착 및 의료봉사활동사업, 동북아코리아네트워크구축사업(이상 동북아평화연대)/ 수시지원: 세계한민족여성네트워크대회, 사할린귀국동포위문, 재외동포NGO활동가대회 등 동포관련단체 추진사업/ 사할린한인영주귀국사업, 해외소재한인유산관리사업 등 범정부추진사업 협력.
39) 재외동포 관련 국내외 연구기관의 연구활동을 테마별로 지원(동포정책: 교포정책포럼, 대선후보 동포정책 비교, 현안사항: 방문취업제, 재외동포의 국내 참정권 문제 등, 재단관련사항: 중장기 발전계획, 출판지원: 수요발생시 가용예산 범위 내 지원).
40) 재단 업무의 운영방향, 재단업무전반의 중요사항에 대하여 자문 및 오피니언 리더 역할 활용: Korean.net 칼럼, 대외기고 등.
41) 각 분야 전문가들로 재일동포 공적조사위원회를 구성, 동 위원회 책임하에 조사연구 기획 및 제반 운영 추진. 국내외 기관과의 협력으로 자료조사, 수집, 현지 방문인터뷰 및 구술 청취, 사실관계 확인, 필요시 관계전문가들의 의견청취 실시. 정부부처 및 지자체, 기업, 1세들의 비망록 및 언론 보도 기사 등을 조사대상으로 문헌연구, 현지방문, 개별심층면접 진행. 사업완료 후 언론홍보 및 korean.net 게재.
42) 자체 콘텐츠 생산 및 외부조달 활성화/ 홍보팀 등 전직원 주도 자체 콘텐츠생산/ 역사, 문화 등 양질의 콘텐츠 강화/ 조사연구 기능강화 따른 자료실정보 확충/ 지역별로 주요 언론특파원 활용.
43) 지원내용: YTN 24시간 위성방송 실시 위해 15억원 지원/ 기본방향: 지원비중 방송 프로그램 제작비율 증대/ 위성비 제외 프로그램 제작비율 66% 이상 유도/ 임원 및 고정코너/ YTN 출연동포에 대한 내국민의 인식 전환// OK TIMES 지원/ 동포언론 콘텐츠 활성화 지원.
44) 재외한글학교 운영 및 교육환경 개선을 위한 경비 지원/ 지역별 한글학교협의회 간의 네트워크 구축 및 교류 환경 조성/ 아주 24개국 268개교 2,236교사 21,376명, 북미 2개국 1,169개교, 9,371교사 60,803명, 중남미 21개국 75개교 576교사 4,352명, 구주 22개국 99개교 660교사 4,455명, CIS 7개국 498개교 1,024교사 34,864명, 아중동 33개국 40개교 278교사 1,382명(07.9 현재 109개국 2,099개교 14,145교사, 127,232명).
45) CIS지역 한글학교 교사 대상 한국어 교수법 전수, 한국어 능력 제고를 통한 교사 역량 제고 지원 - 모국의 역사 및 문화 체험 기회 제공을 통한 모국에 대한 이해 제고와 민족 정체성 유지 지원/ 중국 조선족학교의 교육환경 개선 지원을 통한 조선족학교의 민족교육 성과 제고, CIS지역 동포사회의 민족정체성 유지, 지원을 위한 교육환경 조성.
46) 거주국 문화를 접목, 창조적인 예술세계를 구축한 재외동포예술인의 예술활동 국내 소개 및 활동 지원/ 재외동포 공연예술인 및 단체(10개 팀 내외).
47) 재외동포들의 모국어 창작 활동의 장려 및 재외동포사회내 문예진흥 기반 조성/ 공모작품을 통하여 내외동포 및 재외동포간 이해 도모 및 한민족 동질성 유지, 지원/ 재외동포 및 국내영화인의 교류 및 네트워크 구축 지원을 통한 재외동포영화인 육성 지원.
48) 약 50여명(국내참가자 제외) 국외: 현직 한인 정치인 또는 보좌관급 실무자, 대륙별 대표적 차세대 단체 대표자 또는 임원 등/ 국내: 현직 정치인 혹은 국회 정치보좌관 등, 차세대 단체 대표자 또는

관련자.
49) 한국전통문화체험, 산업시찰, 한국역사문화탐방 체험, 분단의 현장 방문, 한국어교육, 봉사활동 체험 등.
50) 초청장학사업: 국내 대학원 수학 희망 재외동포(30명)/ 모국수학 장학사업 : 국내 자비 유학(대학, 대학원) 재외동포(30명)/ 중국,CIS지역 장학금 지원: 현지 학부 수학 재외동포(100명).
51) 멕시코 한인후손 직업연수: 멕시코 전역 고졸이상 35세 미만, 취업가능연령의 한인 후손 청년(30명)/ 사할린 직업연수: 고졸이상 35세 미만의 동포 청년/ 재중동포 직업연수: 대학학력 소지자, 고졸자중 IT 유경험자 중 27세 이하 동포 청년(40명)/ 중남미 직업연수: 18~30세 동포 청년(30명)/ CIS 지역 직업연수-카자흐스탄지역: 25~35세의 동포 청년(25명), 우즈베키스탄지역: 25~35세의 동포 청년(20명).
52) 독립운동가(후손), 강제이주자, 강제징용자, 동포사회에 기여한 공적이 큰 유공동포 등을 모국에 초청, 위로 · 격려함으로써 한민족의 자긍심 고취시키고 정체성을 유지, 계승토론 하기 위해 매년 실시되는 초청행사.
53) 홀트 등 4개 입양기관 모국방문 및 모국어연수/ 뿌리 찾기 및 모국어연수사업 지원 강화/ '국외입양인 사후관리 활성화를 위한 Workshop' 개최 지원/ 입양기관 및 관련시설(미혼모, 보육원) DB구축/ 세계한인입양인대회와 연계, 시너지효과 극대화.
54) '한민족 공동체(네트워크) 구축' 확산 기반을 조성하고, 한인회가 동포사회의 구심점 역할을 수행하기 위한 토대를 마련하기 위해 전 세계 한인회장들을 초청, 실시되는 프로그램/ 전세계 한인회장, 대륙별 한인연합회장 및 임원 400명/ 전체회의, 지역별 분과회의, 재외동포토론회, 특강, 한인회 모범운영사례발표, 교류의 밤 등.
55) 한인네트워크 활성화 및 내외동포 교류활성화를 위해 동포사회 교류 활동의 구심점이 되는 한인회 DB를 수집, 디렉토리 발간 및 배포.
56) 재일동포의 법적지위향상 및 동포사회 활성화 지원/ 지역별 동포단체 지원- <10만 이상 주요권역> 중국, 미국, 일본, 캐나다, 러시아, 우즈베키스탄, 카자흐스탄 <동포수 2천명 이상의 육성대상권역 21개국> 호주, 필리핀, 베트남, 브라질, 영국, 우크라이나, 뉴질랜드, 인도네시아, 독일, 태국, 아르헨티나, 키르기스스탄(키르기즈), 프랑스, 싱가포르, 멕시코(1만명 이상), 과테말라, 인도, 이탈리아, 파라과이(5천명 이상), 말레이시아, 스페인, 남아프리카공화국(남아공화국), 대만(타이완), 캄보디아, 몽고, 체코, 칠레(2천명 이상), 오스트리아, 스위스, 아랍에미리트, 네덜란드, 사우디아라비아, 슬로바키아, 스웨덴, 벨로루시(벨라루스), 쿠웨이트, 아일랜드, 터키, 방글라데시, 카타르, 나이지리아, 피지, 폴란드(1천명 이상) 순.
57) 외교통상부 지원지침에 의거, 각 공관별 배정금액 확정(91개국 121개공관 2,449개 단체).
58) 제6차 한상대회 최종집계; 사전등록 2,799명(국내 1,689; 국외 1,110), 현장등록 194명(국내 158, 국외 36) 총 37개국 2,993명(국내 1,847, 국외 1,146). 기업전시회 3,971건 570만$, 1대1 비즈니스미팅 383건 2억4626만$, 업종별 비즈니스미팅 19건 3065만$. 총 4,373건 상담금액 3억7622만$, 계약금액 6345만$(작년대비 5배). 재단-한국무역협회, 대한상공회의소-중남미한상연합회, 중남미한상-동남아한상연합회, 브라질 한인상공회의소-공주대 사업단, 중남미한상-충청남도, 재단-부산시 · 부산상의 · 부산시교육청 MOU체결. 1일평균 병무 50건, 영사콜센터 77건, 법무 약 300건, 무역협회 약 100건, 수출입통관 35건 상담.
59) 한상대회 운영위원회 개최결과(보고), 세계한상대회 프로그램(보고), 한상대회 중장기 발전계획/차세대 경제리더 발굴 및 육성계획(심의) 등.
60) 리딩CEO포럼 활성화 방안 토의/ 모국과 한상과의 상생발전방안 마련을 위한 의견 교환/ 국내기업과 한상과의 교류협력강화방안 토의.
61) 한상네트워크 구축 및 활성화 기여사업 지원/ 한상대회 관련 후속 프로젝트사업 및 동포경제인 · 단체 간 네트워킹 사업 지원/ 재외동포 경제단체 조직 강화 및 DB화 사업 등 지원/ 한상네트워크

활성화를 위한 실질적인 비즈니스 네트워크 구축에 활용할 수 있도록 DB정비/ 재외동포 경제단체 중심의 정확한 DB 확보.
62) 연해주 거주 고려인의 생활기반확립을 위해 영농기술 지도, 고려인 정체성을 위해 한글교육과 기술훈련.
63) 2008년도 예산편성에서는 일본지역(우토로마을지원), 미국지역(동포연구소설치 지원) 등이 우선 고려됨.
64) 보고서 작성에 조금이나마 관여했던 필자는 이광규 전 이사장의 안타까운 마음을 충분히 이해함.
65) 이광규, 『못다 이룬 꿈』(집문당, 2006) 참조.
66) 이광규, 『동포는 지금』(집문당, 2005) 참조.
67) 2006년 6월, 이광규 이사장을 대신한 필자에게 밝힌 견해임.
68) 해상운송(인천-남포)에서 철도운송으로 전환시 운임은 4분의 1로 절감(1TEU당 800$→200$), 운송일수는 5~6일에서 1~3일로 단축. 중장기적으로 대륙철도 및 아시안 하이웨이와 연결시 북방경제개척을 통한 한반도경제의 지속가능한 성장동력 확보 가능; 동북아는 북미, EU와 함께 세계 3대 교역권으로서 전 세계 GDP의 17%를 점유하고 있으며, 2020년에는 30%로 증대될 전망. 이르쿠츠크, 앙가르스크 등 TSR이 지나는 구소련지역은 전 세계 석유매장량의 5.6%, 천연가스 40.1%, 석탄의 23.4% 매장되어 있음.
69) 예를 들어 ①고려인동포들 스스로가 연해주동포사회를 살리는데 적극 참여(투자)할 수 있도록 유도해야 함 ②고려인동포들의 노동(기술 포함) 숙련도를 높여야 함(꾸준한 훈련, 자기투자 필요) ③연해주를 한국기업들이 사업(투자)하기 좋은 여건으로 만들어야 함 ④한국사회(북한 포함)가 필요로 하는 상품과 서비스를 생산할 수 있어야 함 ⑤러시아 중앙정부 및 연해주정부가 연해주 프로젝트가 성공할 수 있도록 제도적으로 뒷받침해야 함.

제8장 재외동포인재 활용방안 연구[1]

제1절 문제제기

1. 한인이민사 100년의 성과

가. 코리안 글로벌 디아스포라

- 2007년 현재, 우리의 재외동포 수는 전 세계 170여 개국에 700만 명에 산재해 있는 것으로 추정(※남북한 전체인구의 약 10%; 중국 280만, 북미 220만, 일본 90만, 러시아·CIS 53만; 주변 4대국에 90% 분포)
- 우리 재외동포의 정착수준은 제3단계에서 제4단계로 이행 중[2]: 2007년 10월 현재, 117개국 530여 개 한인회 조직[3]
- 재외동포 권익신장, 문화유대감 및 교류증진을 위한 정부 노력의 결실: 재외동포정책위원회 설치(1996), 재외동포재단 설립(1997), 재외동포출입국과법적지위에관한법률 제정(1999), 세계한인의 날 제정(2007) 등
- 한인네트워크 기반 구축의 산실인 세계한인회장대회(1999), 세계한상대회(2002) 등 매년 개최
- 우수 능력 갖춘 이민 1.5~3세 적극 발굴과 모국유치 필요성 재인식

나. 논의의 전제

- 우리 재외동포는 재외국민 287만5800명(07.8.14 현재)[4], 외국국적동포 404만7934명(07.5.1 현재) 등으로 구분
- 재외국민 중에는 단기체류자, 주재상사원(가족), 유학생 등 144만4343명 포함. 이는 영주목적 재외국민 142만7590명[5]과 구별

2. 당면과제

가. 고급인력 유출

1) 매년 2만5천명 해외이민 선택(2000년 이후)

- 1990년대 후반 이후 국내로 환류(feedback)되지 않는 고급인력들이 늘어나고 있음6)
- 우리의 인재유출지수(Brain Drain Index)는 계속 하락(스위스 국제경영개발원(IMD) 자료: 1995년 7.53 → 2006년 4.91), 인재유출국으로 변화되고 있음을 의미7)

  국가 및 기업의 핵심경쟁원천이 물적 자원에서 지식의 생산 및 활용주체인 인적자원으로 이행 - 기술변화의 속도가 빨라짐에 따라 양(量)위주의 인력(manpower) 개념에서 질(質) 위주의 인적자원(human resourse)개념으로 이동. 고급인적자원(gold collar)의 이동이 국가경제에 심각한 영향을 미치고 있으며, 미국・독일 등 강대국은 물론 아일랜드, 네덜란드, 싱가포르, 대만 등도 유치 노력을 강화(삼성경제연구소, 「인적자원개발을 위한 긴급과제」, 『CEO Information』 제300호, 2001.6)

2) 이명박 정부의 '선진일류국가'(Global Korea) 목표달성을 위해 글로벌 인재 발굴・활용방안이 최우선 과제로 부각

- 국내 인재의 글로벌화를 적극 추진하는 동시에 이미 글로벌화 된 재외동포 인재를 과감히 유치해야 함
- 참여정부의 「비전 2030」도 '글로벌 브레인네트워크'를 50대 핵심과제로 채택했으나 해외 고급인재 유치실적은 미미

  △ 경제영토 100배 넓히기(Korean Diaspora, 8000만 경제권, 전 세계와 FTA, 2000억 달러 국부펀드, 팍스 시니카 주도)
  △ 코리안 디아스포라 파워: 한국은 700만 한인네트워크를 활용해 유대인처럼 코리안 디아스포라 펀드를 만들어야 한다. 이를 통해 현지 정치

세력화를 지원해야 하며 미국에서 한국계 케네디가 나올 수 있도록 도와야 한다(≪매일경제신문≫ 2008.1.13, 대한강국 만들기 13대 실천전략)

제2절 재외동포 인재 현황

1. 인재확보전쟁 시대: 글로벌 인재가 국가경쟁력 주도

- 국가경쟁력 강화는 활용 가능한 최고급 두뇌(인재)풀(Global Brain Pool)을 어느 정도 확보하고 있느냐가 성공여부의 중요 요건
- 21세기는 인재확보전쟁시대: 지식(knowledge)근로자 급증(1990년 17% → 2000년 60%). 지식정보사회와 평생직업사회, 고품질 경영능력 요구 등이 인재확보전쟁 가속화[8]
- 인재확보전쟁은 새로운 환경 조성: 국가와 기업의 적극적인 인재확보경쟁, 인재 하나가 국가와 기업 미래 좌우, 원하는 인재는 부족, 최상의 대우 요구 등

　　△ People need companies → Companies need people
　　△ Machines, capital, and geography are the competitive advantage → Talented people are the competitive advantage
　　△ Better talent makes some differences → Better talent makes huge differences
　　△ Jobs are scarce → Talented people are scarce
　　△ Employees are loyal and jobs are secure → People are mobile and their commitment is short term
　　△ People accept the standard package they are offered → People demand much more(Ed Michaels, Helen Handfield-Jones, Beth Axelrod, *The War for Talent*, p.6)

2. 초보수준의 재외동포 인재DB

가. 재외한국인 글로벌 DB

1) 참여정부 시절, 청와대·중앙인사위원회 등에서 조사활동 전개

- 2004년 현재, 약 600여 재외동포인재 DB수록 작업 완료[9]
- 중앙인사위원회에서 구축한 '국가인재 DB'(2000~2007)에는 270여 명의 재외동포 인재 중점 관리[10](※기초자료 재외동포재단 제공)

　　한국을 이끌 우수한 해외동포인력에 대한 정부차원의 관리가 본격화된다. 또 고위관료 사회에 일대 혁신을 몰고 올 고위공무원단제도 도입도 속도를 낼 전망이다. 정찬용 청와대 인사수석은 13일 "그동안 단편적으로 관리돼 왔던 해외동포 우수인력에 대한 네트워킹작업을 본격화할 것"이라면서 "이를 위해 다음달 11일부터 8일간 미국 백악관, 연방인사처(OPM), 공무원연수원 등을 방문할 계획"이라고 밝혔다. 정 수석이 선진 인사제도를 직접 둘러보기 위해 외국을 방문하기는 이번이 처음으로 이번 방미에는 박명재 중앙공무원교육원장, 이성령 중앙인사위원회 사무처장 등이 함께한다. 이와 관련해 이 사무처장은 "지금까지는 해외과학자협회, 한인정치인, 경제학자 정도만 관리했으나 이제부터는 핵심계층 인사들의 인적사항을 정리해 데이터베이스(DB)화할 방침"이라며 "미국 백악관의 인사관리 등을 벤치마킹할 계획"이라고 설명했다.(≪매일경제≫ 2004.8.16, 해외동포 우수인력 국가관리)

　　청와대가 정부 고위직 및 정부투자기관, 산하기관장 등의 충원대상을 해외에서 활동중인 인재들로까지 넓히기 위해 나선다. 고위직 대상 인재 데이터베이스에 이들을 포함시키는 한편 해외 인재 충원 네트워크를 시스템화하는 작업을 진행한다는 것이다. 청와대 인사수석실은 이를 위해 다음 달 중 정영애 균형인사비서관과 중앙인사위원회 관계자를 미국으로 보내 현지에서 인재 데이터베이스 구축을 위한 자료 확보와 접촉을 실시할 예정이다. 또 내년에는 유럽 지역으로도 대상을 확대할 방침이다. 청와대 관계자는 23일 "600만여 명에 달하는 해외동포 가운데 숨어 있는 인재를 찾아 조국에서 일할 기회를 주도록 하자는 취지"라며 "일단 어떤 인재가 있는지 찾아 청와

대의 인사풀 데이터에 포함시키는 일부터 시작하려 한다"고 밝혔다.(≪매일경제≫, 2005.10.24, 청와대 인재 찾아 해외로)

2) 전문적·체계적 조사 미흡11)

- 고급인재에 대한 개념정의가 부족하며, 이를 전문분야별·거주지역별·연령별 등으로 유형화(가공)하지 못함
- 우리 인적자원의 경쟁력강화를 위해서는 양적 요소(고등교육진학률 2위, 기업 R&D지출 9위)보다 질적 요소(수학·과학교육 23위, 교육시스템 38위, 공교육 43위, R&D기관 23위, 과학기술자활용 28위)에 더 집중해야12)

　　재외동포 중 상당수가 고급인력에 속하며, 최근 들어 그 활동이 두드러지고 있는 것은 틀림없으나 이들 고급인력의 비중이나 종사업종, 활동내용, 기타 세부적인 특성은 체계적으로 조사된 바가 없음. 정치분야에서는 재외동포 차세대 정치지도자들의 등장이 주목할 만함(미국, 중국 등). 미국의 경우 변호사, 의사, 정부 관련 전문직종에 종사하는 현재 이민 2세대 혹은 차세대들이 자체적인 모임을 조직화하고 이를 통해 미국 내에서 입지를 확보하기 위해 적극적으로 활동. 업계에서도 정보통신분야, 벤처사업 등을 중심으로 거주국 내에서 탁월한 경영능력을 인정받는 재외동포 중에서 기업인들도 증가하는 추세(국가기술과학자문회의 편, 「국내외 과학기술 현안도출에 관한 연구」, 2007, 219쪽)

나. 관련 DB 수준 재점검

1) 재외동포재단 구축 DB 질적 보완 필요

- 코리안넷(Korean.net) DB(총 21,450개)분석: 인물DB 12,004개, 한상DB 2,354개13)
- DB내용이 역대 재단사업 관련인물 및 한상대회참가 한상에만 국한되어 글로벌 스탠더드 수준급 재외동포 인재현황 파악에는 한계 노출

2) 재단 산출물(지식·아이디어·정보) 자체만으로는 아무 쓸모없음. 이를 활용하여 새로운 결과물을 만들어내야 함

- 재단에 '재외동포인적DB 구축'이라는 새로운 동기를 부여하는 것이 필요 (예: 재외동포의 사기를 증진하고 이들의 모국기여 촉진에 일조)

3) 유관 기관 DB와의 통합관리 강구14)

- 중복조사 방지 및 DB의 전략적 활용을 위해 '국가인재DB', '국가과학기술종합DB' 등 기초DB자료 통합관리 및 수시 업데이트 필요15)
- 역사적 접근과 전략적 접근으로 DB 질적수준을 종합적으로 파악해야

현재 가장 시급한 것 중의 하나는 전략분야 해외인력 파악을 위한 DB를 구축하고 실태를 조사하는 것임. 전략분야의 자국인력은 물론 외국인력의 전문성, 종사기관, 사업체 등을 파악하여 데이터베이스화, 지속적 관리를 통하여 공식·비공식적으로 해외 선진기술개발 정보를 입수하고 국내연구개발사업에 활용할 수 있도록 함. 특히 미국 등 선진국에서 활동하고 있는 최고급 인력풀의 현황 및 직업경로 선택을 둘러싼 변화 추이, 원인을 보다 정확히 파악하기 위한 연구에 착수할 필요(KAUPA 네트워크 활용한 분석 가능)(국가기술과학자문회의 편, 「국내외 과학기술 현안도출에 관한 연구」, 2007, 227쪽)

3. 분야별·지역별 재외동포 인재 현황

가. 재외동포 인재현황은 국가중점과제로 다루어야 정확한 자료산출 가능

- 미국, 일본, 중국, 러시아 및 CIS 등 주요 권역 중심으로 재외동포 인재에 대한 세부적 실태파악이 이루어져야(※중·장기적 연구과제)

나. 우리의 많은 인재들이 글로벌 인재로 활동 중(주요 국가 교육통계)16)

- 미국 거주 해외학자 및 전문가(총 89,000명) 중에 한인학자는 8,301명(중국 17,000명에 이어 2위)

- 전 세계 한인 과학자수는 2만 명 정도로 추산
- 2006년 4월 현재 해외 한인유학생수는 190,364명[17]

<표 1> 미국, 일본, 중국, 러시아 및 CIS 등 주요 권역 현황(잠정)

구분	미국[18]	일본[19]	중국[20]	러시아 및 CIS[21]	기타
정치	聯邦상·하의원[22] 州상·하원의원[23] 시의원·시장·의원보좌관[24] 관계[25]KAC(내셔널 정치포럼)	참·중의원[26]	전인대·정협 대표[27]	국가두마[28] 상·하의원[29] 주의회의원[30] 기타[31]	캐나다[32] 브라질[33] 호주[34] 뉴질랜드[35] 핀란드[36]
경제	리딩 CEO[37] 영비즈니스포럼 미주한인기업연감[38] 재미한인기업가협회 미주상공인단체총연합회, 미주한인식품상총연합회, 뉴욕한인수산업협회, 청과협회	리딩 CEO[39] 영비즈니스포럼 재일본한국상공회의소, 재일본한인신용조합협회	리딩 CEO 영비즈니스포럼 중국한국상회	리딩 CEO[40] 영비즈니스포럼 카자흐스탄 고려인협회	리딩 CEO[41]
교육	교육계인사	교육계인사·조선대학졸업자	학자[42], 유학생[43], 연변대학교·길림대학	교육계인사[44]	교육계인사
과학	재미한인과학기술자협회	재일한국과학기술자협회[45]	과학계인사·우주선 개발자[46]	과학계인사[47]	재불한국과학기술자협회[48]
문화	문화계인사	문화계인사	언론인[49] 문학인[50] 사회인[51]	문화계 인사[52]	문화계인사[53]
예술	예술계인사	예술계인사	예술계인사	예술인[54]	예술계인사
체육	체육계인사	체육계인사	체육계인사	체육인[55]	체육계인사
차세대	KAYPA 등[56] 입양인단체	차세대단체	차세대단체	차세대단체	차세대[57]·입양인단체
기타	-재미한인사회: 미주총련 및 한인회 -재미조선족사회: 뉴욕조선족동포회, 미주조선족청년회, 미주조선족문화발전추진회, 조선족 선교교회 등[58]	-재일한인사회: 재일민단, 재일 조총련; 민단계 학교 출신인사 및 총련계학교 출신인사, -재일조선족사회: 중국 조선족연구회(1999년 결성)	-조선족글로벌 네트워크[59] -新조선족(조선족의 세계화)[60]		-재한조선족[61], 재한조선족 유학생네트워크(KCN), 꽃망울 -조선족조학기금회[62]

제3절 현재 활용실태

1. 재외동포재단 시행 사업

가. 한상네트워크운영사업

- 세계한상대회(2002~)[63] 개최: 비즈니스프로그램(1대 1 비즈니스미팅, 기업전시회, 업종별 비즈니스상담회, IR 등), 분야별 멘토링세션, 취업·부동산·의료설명회 등, 국내외 기업·유관기관간 비즈니스 네트워크 확대(※2003년 기획예산처 공기업 및 산하기관 경영혁신 추진실적 평가에서 우수사례 선정: 2,311개 경영혁신 중 17개 선정). 지방중소기업의 적극적인 대회참가 유도, 지역경제 활성화 기대; 영사콜센터, 병무청, 법무부 출입국관리소 등 민원상담서비스 제공
- 한상대회 본부사무국 운영: 한상대회 운영위원회 개최, 한상대회 비즈니스 효과·만족도 조사, 한상네트워크 활성화 위한 홍보활동, 동포 경제인·단체 간 네트워크구축 및 유대강화, 한상디렉토리 발간
- 동포 경제인 포럼: 동포사회 우수경제인 및 차세대 경제인 발굴, 모국경제·사회발전의 기여방안모색, 리딩CEO(연 2회) 및 영 비즈니스리더포럼(연1회) 개최
- 한상네트워크 기반강화: 동포경제네트워크 활성화 지원, 취약지역 경제인연합회 결성 지원, 동포사회 경제환경 실태조사·자료발간 지원, 국내투자활성화 촉진 및 한불상공회의소, KIN, 유럽한인경제인총연합회, 하와이한인상공회의소, 브라질한인상공회의소, 오레곤한인상공회의소, 해외한인무역협회파라과이지부, 한아경제인연합회, 오렌지카운티한인상공회의소, 중남미한상연합회, 청도조선족기업협회, 뉴욕한인청과협회, 뉴욕한인직능단체장협의회, 메릴랜드식품주류협회, KARGO, 청도한인상공회, 재호한인상공회, 워싱턴주한인상공회의소, W-OKTA 등 지원

<표 2> 한상과 화상 비교

구 분	韓商	華商
탄 생	-인위적/ 민족애와 동포애 등 추상적 정서에 의존	-자연발생적/ 혈연·지연·업연에 의한 강한 유대관계
명성및규모	-이민역사의 일천함으로 세계적 규모의 한상 미미/ 중소규모 업체가 주축	-오랜 이민역사와 많은 화교수에 힘입어 세계적 화상 다수 존재
모국의 정책	-3무정책/ 정치적으로 활용	-친화적·상생적/ 경제적 가치 중시
모국 인식	-부정적·비관적/ 상호불신	-우호적·낙관적/ 상호신뢰

나. 한인네트워크운영사업

- 세계한인회장대회(1999~)64) 개최: 전 세계 한인회장 초청, 동포사회 구심점으로서의 역할 독려
- 세계한인의장단회의(연2회) 개최: 대륙별 한인회연합회장 초청, 세계한인회장대회 방향설정, 전년도 세계한인회장대회 점검
- 한인회 디렉토리 DB화 및 발간65): 효율적인 조직관리·활용, 한인회의 위상 제고, 내외동포 교류 활성화

다. 민족망구축사업

- 코리안넷(www.korean.net) 운영: 사이버 한민족공동체 역할 수행 목적, 동포정책·전문자료, 쟁점사항, 한상, 한인회 등 전문콘텐츠 제공; 국문 사이트, 다국어(영어, 일어, 중국어, 러시아어)사이트 운영
- 한국어뉴스 세계위성망구축: YTN 본사 기획제작 뉴스 24시간 제공, 한국 역사·문화 보급

라. 차세대네트워크사업

- 차세대지도자 워크숍66) 및 단체지원: 주류사회 진출 차세대 DB구축, 차세대단체 네트워크 지원, 국내외 유관단체와 인적교류; KASCON, KASM, 미주청소년재단, KACCT, KAC 및 KAC-DC, 한인커뮤니티재단, 미주한인재단, NetKAL, KSAC, C3, 한가람(독일교포2세포럼), 청사모(브라질), 재일민단청년회, 한인전문인협회(아르헨티나), KCN(조선족), 한민족미래지도자연대(국내) 등과 협력 유지(※'해외인재발굴' 차원에서 중앙인사위원회에서도 많은 관심67)
- 청소년·대학생모국연수68): 미국, 중국 조선족, CIS 고려인, 제3세계 한인 청소년·대학생의 모국 문화·역사체험 및 상호유대감 형성
- 장학사업 및 청년IT직업훈련: 중국 및 CIS지역 차세대 인재 장학 지원69), 낙후지역 해외한인 후손의 주류사회 진출 지원70)

마. 국외입양동포사업

- 국외입양동포 모국체험연수[71]: 소외동포에게 뿌리의식 고양, 낙후지역 동포에게 민족문화의식 고취; 국외입양동포DB(oaks.korean.net)유지관리 및 '국외입양인백서' 발간[72]
- 자생단체 지원[73]: <국내> 뿌리의 집, 입양정보센터, 한민족문화연대, 해외입양인연대. <국외> 미국: Camp Mujigae, KAAN, KIDS, IKAA-USA, AK Connection, NICKS. 캐나다: 오타와양자회, 캐나다한인양자회, Orientity. 덴마크: IKAA-EUR, Korea Club. 호주: 샛별한글학교(호주) 등 6개국 17개 단체 지원

바. 세계한인정치인포럼

- 2007년 신규사업[74]: 현지 정치력신장 경험 공유, 국내외 정치인 상호교류, 세계한인정치인협의회(07.9. 21, 초대 회장 임용근) 결성
- 후속 네트워크 추진: 한인주류정치협의회(KAEOC) 결성(08.3.21, 초대 회장 강석희 美 어바인 시의원)

사. 재외한글학교 네트워크지원

- 재외한글학교 및 중국·CIS지역 민족학교교육환경개선: 해외자생한글학교 운영비 지원, 한글보조교재 지원, 한글학교교사연수, 동포교육지도자 초청연수, 대륙별 한글학교협의회관계자 초청; 재외동포교육기관현황 발간[75]
- CIS지역 한국어교사 초청연수 및 사이버한국어강좌 개발·운영: 한국어교수법 교육, 교사자질 향상, 한국어 학습용 게임·동화·만화·퀴즈·노래·드라마 등 보조콘텐츠 제공

아. 한민족문화제진 및 문예진흥사업

- 서울예술제[76]: 동포예술인 국내초청, 동포예술제 개최시 동포예술인 활동 소개
- 한민족문화공동체대회: 동포 문학작품 국내 소개, 동포 작가 창작활동 지원

- 문학공모사업: 시, 소설, 수필, 체험수기 등 공모 및 시상
- 영화인대회: 동포 대상 독립영화, 시나리오 공모 및 시상, 부산국제영화제 기간 중 재외동포 영화인대회 거행

자. 기타 사업

- 유공동포 모국방문초청[77]: 독립운동가(후손), 강제이주자, 동포사회 기여공적이 큰 동포 등 모국 초청·위로·격려. CIS 등 소외지역 고령동포 모국 방문 숙원 해소

2. 각 부처 유관사업

가. 사업대상의 중복지원 논란

1) 재단법에 의한 지원사업과 정부조직법상 각 부처시행사업 상호중복지원

- 각 부처·기관간 재외동포 관련 지원경쟁 치열[78]

2) 민주평화통일자문회의(1981~)

- 제13기 민주평통(07.7.1~09.6.30, 총 16,791명) 58개국 31개 해외협의회 조직(재외동포대표 1,977명)[79]
- 재외동포의 통일에 대한 여론 수렴, 대한민국 통일정책에 대한 국제사회 지지기반 확산, 재외동포사회의 통일기반조성, 기타 재외동포화합과 조국발전에 기여(※해외협의회 운영규정 제3조)

3) 세계한민족여성네트워크(2001~)[80]

- 여성부 출범을 계기로 국내외 한인여성의 정보교류, 연대강화, 국제협력제고, 여성인적자원 발굴, 글로벌 네트워크 구현을 목적(※07.7, KOWIN 재단 설립)
- 인명록 발간(2002)[81], 2001년부터 재외동포재단 협력기관으로 참여

4) 세계한민족과학기술자네트워크(1999~)[82]

- KISTI(한국과학기술정보연구원)정보기술개발단에서 운영중인 KOSEN은 전 세계에 흩어진 4만 7천여 한인과학자를 네트워크작업 중
- 한인 과학자 1만 명 DB 구축[83]
- 세계한민족과학기술자대회(2006)[84] 및 차세대청년과학기술인 포럼(미국, 영국, 독일, 프랑스, 캐나다, 중국, 러시아, 오스트리아 등 과학기술자협회 조직)

5) 세계한민족체전(1989~)

- 문화관광체육부 산하 국민생활체육협의회[85] 주관. 그동안 100여 개국 12,000여 명이 참가[86]

<표 3> 타 부처·기관 유관사업 현황

○행정안전부(해외이민자 주민등록정리; 이북5도위원회 해외도민초청)
○기획재정부(교민재산국외반출 허용, 국내투자 등 경제활동; 재외동포재단 예산편성)
○법무부(외국국적동포 포괄한 외국인정책 수립·시행, 방문취업제(H-2비자), 외국국적동포 국적처리, 재외 동포출입국관리 및 거소등록)
○교육과학기술부(재외동포자녀 모국방문지원, 재외동포교육진흥재단지원사업, 재외동포교원 현지연수, 한국교육과정평가원 한글학교 교사용 지도자료집 제작; 해외고급과학두뇌초빙 활용, 울트라프로그램; 세계한민족과학기술자네트워크, 과학기술정보 포탈사이트; 세계한민족과학기술자대회, 영제너레이션 포럼)
○문화관광체육부(교민대상 문화교류 및 체육활동 지원, 재외동포용 국어교육과정·교재개발·전문가양성; 국립국어연구원 CIS지역청년문화봉사단 파견, 전통예술단순회공연, 한국어교육보조자료지원)
○보건복지가족부(여성결혼이민자 및 가족실태 조사분석, 혼혈인·입양인지원, 해외동포 유해안장; 세계한민족여성네트워크; 세계한민족청소년문화축제, 한민족청소년대회, 국제한민족캠프)
○지식경제부(교민무역인 국산품수출증대문제)
○국토해양부(해외교민 국내소유토지문제, 선원해외취업, 선박사고·교민수산업자·해외선원회관 관리)
○통일부(재외국민 통일지지기반 확산)
○국가보훈처(국외거주 독립유공자유족 영구귀국지원, 독립유공자 및 후손 초청)
○민주평통(해외자문위원 및 명예위원위촉, 해외평통활동 지원·교육)
○병무청(재외국민 국내병역업무관리, 재외한인단체장 초청간담회)
○국세청(재산반출을 위한 부동산매각자금확인)
○국가정보원(해외파트사업: 해외 정보수집·분석 및 친북성향 해외동포단체 동향 파악)

나. 재외동포 관련 단체 및 사업

1) 해외한민족대표자협의회(1987~)

- 88서울올림픽 개최를 계기로 지구상의 한민족이 뭉치자는 취지로 1987년 11월 도쿄에서 처음 개최(매 2년마다 개최되다 1996년 5회 워싱턴대회 때부터 사안 있을 때마다 개최)
- 현재 본부는 재일본대한민국민단 중앙본부내 설치(민단이 사무국 역할)

2) 세계해외한인무역협회(OKTA, 1981~)[87]

- KOTRA 지원으로 미국 및 일본을 중심으로 결성된 세계한인 무역상 조직 (1994년 사단법인; 설립목적
- 모국과의 무역증진 기여, 모국상품 해외시장진출 공헌, 지구촌 해외한인경제네트워크 결성, 2008년 4월 현재 54개국 101개 지회 6천여 회원)
- 해외한민족경제공동체대회(1998~) 개최(홀수해: 해외, 짝수해: 국내), 세계대표자대회 및 수출상담회, 재외동포 1.5~4세 대상 차세대 무역스쿨 운영, World-OKTA DB구축

3) 세계한인상공인총연합(WFOKA, 1993~)[88]

- 글로벌 한인상공인네트워크 구축을 위해 24개국 28개 단체가 결성(2004년 현재 70개국 160개 지역 20만 회원조직), 세계한상총연합회 대회 개최

4) 세계국제결혼여성총연합회(2006~)

- 한미여성연합회(KAWAUSA) 주도의 국제결혼여성세계대회, 국제심포지움 (2007) 지원[89]

5) 한민족글로벌벤처네트워크(INKE, 2000~)[90]

- 벤처기업협회(KOVA)와 실리콘벨리 소재 재미기업가협회(KASE) 주도로 설

립된 전 세계 한민족 벤처기업인 네트워크(2008년 현재 21개국 30개 지부 3백여 회원)

6) 세계한인입양인대회(2004~)[91]

- 국제한인입양인협회(IKAA) 주최

7) 재외동포기자대회(2002~)[92]

- 한국기자협회 주최로 재외동포언론 네트워크 구축 및 동포사회 현안 토론

8) 세계한국어방송인대회(1994~)[93]

- KBS・한국언론재단 공동 주최; 주제강연, 분과별 세미나, 서울프라이즈 시상(TV부문, 라디오부문, 특별상)

9) 재외동포NGO활동가대회(2004~)

- 17개 민간단체들이 재외동포연대추진위원회 결성(04.11); 거주국 주류사회의 차별과 편견에 대한 공동이해, 연대활동 전개

10) 해외제주인네트워크(2008~)

- 제주특별자치도・제주발전연구원 주도 해외제주인인적네트워크 실태 및 현황조사

11) 재외동포신문

- 재외동포인물연감(2007)

12) 지방자치단체 해외자문관 제도

- 경북도 차원에서 국제교류·통상자문 및 도정홍보를 위해 덕망 있는 인사를 해외자문관 위촉(1995; 07년 현재 35개국 92명)
- 이후 각 시·도에서 벤치마킹(인천광역시, 광주광역시, 울산광역시, 경상남도, 청주시, 전주시, 고흥군 등) 운영

3. 향후 추진예정사업

가. 세계한인차세대대회(2008)[94]

- 정치·경제·사회분야에서 활동 중인 차세대동포 상호교류 및 정보·지식 네트워크 구축(08.7.28~8.1, 4박5일)
- 초청규모: 현직 한인정치인 또는 보좌관급 실무자 20명, 대륙별 대표 차세대 단체 대표자(임원) 20명, 법조계 종사자 10명, 주요 언론계 종사자 10명, 영어교육관련 종사자 10명, 금융 및 경제계 종사자 20명, 국제기구 및 사회단체종사자 10명 등 100여 명[95]

나. 세계한민족문화엑스포(추진 예정)

- 한민족공동체의식 강화를 위한 대제전(대통령 대선 공약)
- 세계한인의 날(10.5)을 기점으로 각 부처 관련사업과 유기적 연계

다. 세계한글교육자대회(추진 예정)

- 사업목적: 전 세계 한글학교교사의 정보·지식네트워크 구축

라. 재외동포재단 해외자문위원회(추진 예정)

- 재외동포의 재단업무 운영방향 및 업무 전반 자문

2000년대에 접어들면서 한국인의 해외이민과 이주는 그 전과는 전혀 다

른 양상을 나타내고 있다. 보다 더 쾌적한 환경에서 삶의 질을 누리기 위해 호주, 뉴질랜드와 캐나다 등으로 이주하는가 하면, 젊은 과학자들은 선진국으로 취업이민을 가고 있고, 중산층은 개발도상국가인 말레이시아와 남아프리카공화국 등으로 이민을 가는 또 다른 현상을 나타내고 있다. 그리고 우리가 자부심을 가질 수 있는 일은 봉사활동을 하기 위해 해외거주를 하는 한국인의 수가 점점 늘어나고 있다는 것이다. … 우리나라는 부존자원이 부족할 뿐만 아니라 국토면적이 좁다는 점을 고려한다면 한민족의 해외이주는 국가발전의 활력소이다. 지금 전 세계의 모든 지역에 거주하고 있는 한민족이 고국의 정치적·경제적 발전과 문화발전에 크게 기여하고 있는 것은 그 어느 누구도 부인할 수 없다. 특히 가난과 무학(無學)이라는 어려운 상황 속에서도 다음 세대를 위한 삶의 터전을 닦아놓은 이민 제1세대의 훌륭한 업적은 우리의 이민사(移民史)에서 높이 평가되어야 한다.(하인호, 『한국인의 힘』, 49~50쪽)

제4절 재외동포 인재활용시 문제점

1. 환경적 제약요인

가. 배타적 국민감정

1) 재외동포재단 실시 국민의식조사(07.8) 결과[96]

- 전국 7대 광역도시 만19세 이상 708명을 대상으로 한 조사에서 응답자의 70.9%가 재외동포에 대한 관심도는 높으나 외국인이나 외국문화에 대해서는 폐쇄적·차별적인 반응 보임('전적으로 동의' 6.8%, '대체로 동의' 42.2%, '보통' 38.8% 등 부정적인 견해가 거의 50%)
- 특히 한국인이 되는 조건에 대해서는 응답자의 43%가 '한국국적'(17.2%), '한국혈통'(15.0%), '한국어사용'(7.2%), '한국거주'(3.2%) 등을 응답(응답자의 57%는 '한국인이라는 자부심'); 자국민중심의 배타성을 극복하기 위한 범정부적 대책 필요(※최근 중국 젊은이들의 애국주의 열풍과 비교)

　　B의 경우처럼 우리나라에서 일하고 있는 외국인이나 교포 출신 한국인들에게 한국의 기업정서는 견디기 힘든 거리감을 준다. 외국인들이 우리 조직

안에 들어왔을 때 물에 섞이지 않는 기름처럼 아무리 노력해도 자연스럽게 섞여들기 어렵다. 단지 언어의 장벽 때문에 생기는 거리감이 아니다. 그것보다는 학연, 지연 등 '연줄'로 묶인 끈끈한 정서가 끈 없는 외국인들을 환영받지 못하는 이방인으로 만들어버리는 것이다. … 아시아에서 외국인들이 가장 일하기 힘든 나라가 바로 한국이라는 것이다. … 그것은 다름 아니라 우리들 안에 숨겨진 고집스런 쇄국정책과 웅크린 태도 때문이다. 한마디로 다양성의 결핍에서 기인한 것이다.(조세미, 『세계는 지금 이런 인재를 원한다』, 2005, 52~53쪽)

나. 공공인프라 취약 및 지원예산 부족

1) 제반 생활환경, 기숙사 및 레저시설, 복지혜택 등 미미

- 고급 노동인력의 이주, 국가간 경제소득의 차이, 최적 공공 인프라 투자간 상호작용 분석 결과: 공공기반시설에 대한 투자 감소가 장기적인 측면에서 고급인력의 두뇌유출 초래(독일 노동연구원, The Institute for the Study of Labor; IZA 자료)97)
- 국가간 소득 차이가 해외고급인력 이주를 자극하기는 하지만, 그것보다 더 중요한 것은 지속적인 연구개발과 교육에 대한 투자, 공공기반시설에 대한 투자 정도

2) 연구개발과 교육기반시설 대한 투자 선행 및 두뇌유출 막기 위한 다양한 인센티브 필요

- 영재개발 및 과학교육 강화, 이공계 대학정원 조정, 기초과학에 대한 연구비 지원 등 각종 우대정책 연구
- 유능한 인재 유치・활용을 위해서는 정착・취업시 처우수준 개선은 물론 글로벌 연구・근무・활동환경 조성 필수적98)(※대만 신주(新竹)과학공업단지 육성: 국가적 차원에서 해외우수인력 유치99))
- 아일랜드: 자국 노동시장을 '인력자유지대'로 선포

△ 선진 외국의 인재유치정책

- 미국: IT 기술자 취업촉진을 위해 H-1B 비자발급 제한 철폐(2000~2003년)
- 아일랜드: 인력자유지대 선포(2005년까지 3만2천명의 외국인근로자 고용계획)
- 중국: 고급인력에 대한 이중국적 허용, 해외대학과 제휴를 통해 해외우수교수 초빙
- 독일: 특별노동허가증(그린카드) 발급(인도 등에서 해외 IT인력 2만5천명 확보계획)(삼성경제연구소, 「인적자원개발을 위한 긴급과제」, 『CEO Information』 제300호, 2001.6)

정부가 해외고급인적자원 유치 및 활용을 위해 구사할 수 있는 구체적인 정책방안들은 직접적인 개입이냐 간접적인 개입이냐 혹은 개인을 대상으로 하는가 집단을 대상으로 하는가에 따라 달라짐. 학계인사들에 대해서는 다음과 같은 직접적인 유인책 강화: 한국과학재단의 해외석학단기초빙제도 및 해외고급과학두뇌초빙활용(Brain Pool)사업 등 기존사업의 초청 및 지원기간 연장 등을 통해 해외우수두뇌(인문사회학 포함)를 국내에 유치해 고용기회 제공; 해외과학두뇌들을 국내 대학·정부출연(연)·국·공립 연구기관에 고용; 외국의 인문사회 저명인사 및 예술가들의 국내 거주 장려. 그러나 외국인이 활동하기에는 생활환경, 문화 등 우리나라의 제반환경이 그다지 매력적이지 않은 것이 가장 큰 문제임. 특히 외국인에 대한 폐쇄적인 의식과 문화, 불편한 생활환경과 언어, 불합리한 비자 및 이민법 등을 조속히 대대적으로 개선할 필요(예: 경제자유구역 내에 해외우수학교 및 병원 유치 등, 5년 정도 장기체류자는 영주권 신청 가능토록 개선)(국가기술과학자문회의 편, 「국내외 과학기술 현안도출에 관한 연구」, 2007, 225~6쪽)

2. 법·제도적 문제점

가. 이중국적 반대론 우세

1) 국민정서는 대체로 허용불가[100]

- 병역의무·납세의무 불이행 등으로 인한 감정적·정서적 반감으로 건전한

논의 자체조차 어려움(예: 가진 자, 지배층의 특권, 부도덕성, 얌체족, 원정출산, 중국동포 대량유입 우려 등 부정적 평가로 일관)
- 이중국적(Dual Citizenship)은 국내외적으로 병역의무, 외교적 보호권 행사, 국가형사관할권, 범죄인 인도, 국제형사사법공조, 유엔국제사법재판소(ICJ) 관할권, 국제기구직원의 국적 등 많은 논란 예상101)

2) 외교통상부 여론조사에서도 반대의견 다수

- 국내성인 1,220명을 대상으로 실시한 여론조사결과(07.12)에 따르면 응답자의 66.4%가 이중국적 허용에 반대102)
- 그러나 정인섭(서울대)은 이중국적에 대한 정부정책 변천사를 ① 적대적이나 사실상 방임기(1948~1976) → ② 적대적·적극적 규제기(1977~1997, 1997년 국적법개정 '부모양계 혈통주의' 채택) → ③ 제한적 용인, 그러나 궁극적 부인기(1998년 이후~) 등으로 구분하고 유연하게 대처할 것을 주문103)

> 노무현 대통령이 이중국적을 허용해야 한다는 입장을 밝혀 한인들의 이목이 집중되고 있다. 노 대통령은 4일 열린 첫 국무회의에서 진대제 신임 정보통신부장관 장남의 이중국적 및 병역문제 논란과 관련, "대선후보 때 미주동포들이 방문해 이중국적을 허용하지 않으면 고립될 수 있다고 해 폭넓게 이중국적을 허용하는 문제를 검토하겠다고 한 적이 있다"며 "무차별적으로 허용하면 안 되겠지만 악의 없는 것은 폭넓게 허용해서 한국민의 활동무대를 세계로 넓힐 필요가 있다"고 말했다.(≪미주한국일보≫ 2003.3.5)

3) 이중국적 허용 여부는 주권국가의 주권사항이자 다문화·다민족시대의 불가피한 선택

- 멕시코, 인도, 베트남 등 최근의 이중국적 선언국가 사례에 대한 면밀한 분석 필요(※2001년 현재 다양한 형태의 이중국적 허용국가수는 93개국104)
- 현행 우리 국적법은 재외동포 인재(재외국민 및 이중국적자)를 외국인으로 만들어 한국사회로부터 배제시키는 문제점 내포하고 있으므로 1970년대 한국경제개발에 필요한 우수인력 확보 일환으로 과학자 등 우수 재외동포

에게 이중국적 특례 인정 사례105) 및 1990년대 말 이후 해외인도인 전문가 모국발전 참여 유도한 인도의 재외동포지원정책과 국내 출입국·투자 및 구직 개선안106) 등 적극 참고해야

4) 병역기피, 범죄도피 등 악용 소지를 차단하고 국내 반대여론 무마 위해서는 점진적·단계적·부분적 허용이 가장 현실적

- 이중국적자에게 국가적 충성과 국내법 준수(병역, 납세, 주민등록 의무 등) 요구 및 병역·국민의무 불이행시 일정기간 입국금지와 국적회복 제한 필요

우리는 세계화시대의 인재유치경쟁에서 뒤처지고 있는 현실을 고려할 때 국적문제 열린 시각이 필요하다고 판단한다. … 사실 그동안 우리 사회에서 이중국적 문제는 제대로 논의되지 못했다. 일부 사회지도층 및 유명인의 병역기피 논란과 중상류층까지 가세한 원정출산 등으로 부정적으로 비쳐지면서 긍정적 효과에 대한 진지한 논의는 없었던 것이다. 하지만 이중국적 허용은 더 이상 회피할 수 없게 되었다. … 애국심만으로 한국인 두뇌를 한국으로 불러들이기에는 한계가 있는 것이다. 해외에 거주하는 한인동포가 700만명에 이르고 있다. 그들의 능력을 결집하고 한국을 찾는 글로벌 기업인들의 다양하고 자유로운 사업여건을 조성하자면 국적에 대한 개방적 사고는 불가피한 시대적 요청이다. 적극적이고 탄력적인 국적법 개정과 운용이 필요하다. 다만 병역 및 납세의무 기피 논란 소지가 크다는 현실을 고려할 때 한국인 중 병역을 마친 사람과 전문지식을 갖춘 외국인 등에 한해 이중국적을 허용하는 등 점진적 확대를 꾀해야 할 것이다.(≪세계일보≫ 2008.4.18, 사설: 이중국적, 제한적으로 허용할만하다)

이중국적을 명시적으로 허용하는 나라는 없다. 그러나 선진국의 많은 나라는 이중국적 상태에 있는 국민에게 처벌과 불이익을 주지 않는 방식으로 사실상 이중국적을 허용하고 있다. 유럽 대부분의 나라와 미국, 대만이 이런 방식을 취하고 있다. 이스라엘은 외국인이 출신국의 국적포기와 관련된 어떤 요구도 하지 않고 있다. 전 세계에 흩어져 있는 유대인으로 하여금 이스라엘을 위해 효과적으로 활동케 하기 위해서일 것이다. … 병역의무나 그에

상응하는 특정한 의무이행 같은 조건이 충족되면 한국인이든 외국인이든 이중국적자에게 가해지는 처벌이나 불이익을 대폭 줄이는 법 개정이 있길 바란다. 이럴 경우 해외동포 700만 명에게도 한국국적이 개방돼 글로벌 코리아의 새로운 시대를 열 수 있을 것이다.(≪중앙일보≫ 2008.5.2, 사설: 이중국적 허용은 국가능력 높이는 길)

나. 법·제도적 미비점

1) 대통령 주재 국가경쟁력강화위원회 제2차 회의(08.4.30)에서 '글로벌 고급인력 유치방안' 논의

- 고급인력에 대한 정보부족으로 적시공급 곤란[107], 다양한 인재수요에 부응하지 못하는 비자체계, 편안히 일하며 생활할 수 있는 체류환경 미흡, 이중국적 불허로 인한 인력 유출 심화 등이 주요 문제점으로 지적
- 출입국 및 비자제도 개선, 글로벌 인재 유치 지원, 체류환경 개선 등 글로벌 고급인력유치 위한 국가전략 확정[108]
- 통제와 관리중심의 현행 출입국관리제도가 획기적으로 개편될 경우 우수 해외인재 유치기회 확대 및 성과 기대 가능

　　△ 글로벌 고급인력에 대한 정보 부족 등으로 고급인력의 적시공급 곤란 → 고급인력 정보를 적시 제공하고 신속한 비자심사 시스템 구축
　　△ 다양한 인재수요에 부응하지 못하는 비자체계 → 기업 수요에 부합하도록 비자체계 개선
　　△ 편안히 일하며 생활할 수 있는 체류환경 미흡 → 외국인력과 동반가족이 살기 편안한 생활환경 조성
　　△ 이중국적 불허로 인한 인력 유출 심화 → 국민적 합의에 기초한 제한적 이중국적의 허용 추진(법무부 출입국·외국인정책본부, 「글로벌 고급인력 유치방안(요약)」, 2008.4.30)

2) 비자 개선안

- 해외진출 국내기업의 국내 파견 외국인에게 주재비자 발급(08.6), 고용계약

없이 입국·구직 가능한 비자(6개월 체류허용) 신설(08.10), 재외공관 심사·선별된 글로벌 고급인력에게 경제활동 자유로운 영주비자 발급(08.10), 50만 달러 이상 공공사업에 간접투자하는 외국인에게 영주비자 발급(08.10)

3) 원어민 영어보조교사 요건 완화(08.6)

- 영어 모국어국가 국민으로 대학 2년 이상 이수자, 영어공용어국가의 국민으로 교사자격증 소지자 등으로 확대

4) 병역제도 개선안은 아직 미확정: 대체복무제, 공익근무제 도입 필요[109]

- 이중국적을 허용하고 있지 않은 현행 국적법에서는 '이중국적자의 국적선택의무'(제12조)를 규정
- 특히 2005년 5월 신설된 제3항에 따르면 "직계존속이 외국에서 영주할 목적 없이 체류한 상태에서 출생한 자는 병역의무의 이행과 관련하여 다음 각 호의 어느 하나에 해당하는 때에 한하여 제14조의 규정에 따른 국적이탈신고를 할 수 있다. 1. 현역·상근예비역 또는 보충역으로 복무를 마치거나 마친 것으로 보는 때 2. 병역면제처분을 받은 때 3. 제2국민역에 편입된 때"고 규정함으로써 병역의무를 마치지 않은 상태에서의 국적이탈을 사실상 불허
- 국적법은 만20세 이전 이중국적자가 된 경우 22세 이전까지, 20세 이후 이중국적자가 된 경우 2년내 하나의 국적 포기
- 병역법은 만18세면 단일국적 선택토록; 병역의무 이행 없이는 이중국적 불가 → 공익근무, 사회봉사활동 등 다양한 대체복무제 요청

다. 공무원 임용시 논란

1) 대통령의 미국방문시(08.4.15) 차세대 한인동포 요구사항

- 한인2세들의 한국 내 활동기회 확대 요청(주주 장 美ABC방송 앵커); 이명박 대통령의 재외동포 및 외국인 공직개방 언급

2) 한국국적 미소지자(시민권자)는 현행법상 공무원 임용불가(예: 경호, 외무, 군, 군무원, 경찰, 국정원 등)110)

- 특히 고위공직자 선출·임명의 경우, 본인이나 가족의 이중국적 소지는 정치쟁점화 되고 있으며 국내여론 비난에 직면

3) 이명박 정부의 '글로벌고급인력유치방안'

- 병역의무를 마친 재외동포나 우수한 외국인에게 한하여 이중국적 허용 계획(※지난 10년 간 한국국적 포기자 17만 명→ 매년 1만 명 국적 유지 기대)
- 제도개선을 통해 외국인 공직채용 범위를 현행 계약직에서 정무직·별정직까지 확대, 취업활동에 제한 없는 거주비자 발급 계획(08.10)

　　프랑스: 원칙적으로 프랑스 국적 보유자만이 공직에 취임할 수 있으나 대학교원 등 연구직은 외국인에게도 문호 개방. 그리고 EU조약 제39조 규정에 따라 군인·경찰·법원·외무·세무직 등 국가주권과 공권력 행사 관련 직위 외에 개방 가능 직위에 대해서는 EU회원국 국민에게 문호 개방(『외국공무원 채용제도: 공무원 충원제도의 새로운 패러다임모색과 발전방향』, 103쪽)111)

3. 외교적 문제점

가. 미국: 상호이해·공감대 형성 가능

1) 이중국적 인정하지 않으나 정치적·법적으로 방해하지도 않음

- 미국 이민국 공식통계(1994~1998): (1) 이민송출국 상위 20개국 가운데 17개국이 다(多)시민권 허용(※260만 이민자 중 220만이 多시민권 소지 이민자), (2) 1961~1997년 합법이민자 2,200만 명 중 75%가 이중 또는 다중시민권 허용국가 출신

2) 이중국적 허용이 한미FTA협정 비준, 한미비자면제프로그램(VWP) 실시 등 상호 국익에 도움이 되는 방안임을 사전에 인식시켜야112)

- 한국이 캐나다·영국 수준 정도의 자유민주국가로 이해되고, 재미동포사회의 시민권획득(정치력신장)이 활성화되는 것이 중요한 변수
- 이중국적 줄곧 요구해온 미주동포사회 분위기는 환영 일색, 이민 1.5~2세의 모국진출 가속화 예상

나. 일본: 단일국적주의 및 귀화정책 고수

1) 선천적·후천적 이중국적 불허

- 일본 국적법 제11조(국적상실)는 "(1)일본국민은 자기의 지망에 따라 외국국적을 취득한 때에는 일본국적을 상실한다. (2)외국국적을 가진 일본국민은 그 외국법령에 의하여 그 국가의 국적을 선택한 때에는 일본국적을 상실한다."고 규정113)(※1984년 부모양계혈통주의 채택)

2) 이중국적 허용이 재일동포에게 미치는 영향은 반반

- 대다수 한국국적 소지 1~2세들은 별다른 영향을 받지 않으나, 3~4세들에게는 일본귀화를 촉진하는 계기가 될 수도 있음
- 재일동포사회는 본국정부의 이중국적 허용보다 일본내 법적지위 향상과 지방참정권(지방자치단체장·지방의회의원 선거권) 획득을 최우선 과제로 인식114)(※일부는 본국참정권 허용 요구115))

다. 중국: 외교마찰 가능성

1) 이중국적 불허를 명시하고 있으므로 사전에 충분한 의견조율 필요116)

- 개혁개방 이후 자본과 인재가 필요하자 국적제도 탄력적으로 운영(공무담임권, 계약직, 자문직 활용)하고 있으나 이는 화교, 화인에게만 해당117)
- 소수민족정책에 민감한 중국으로서는 조선족사회의 반응 예의 주시(※상당

수 조선족동포는 국적회복절차를 거쳐 이미 한국국적 취득, 국내 무연고 동포들의 한국국적취득 여부는 현재로서는 미지수)

라. 러시아: 협상 가능성, CIS국가: 마찰가능성

1) 러시아는 이중국적에 대해 긍정적 반응

- 이스라엘 등 10여 개 국가와 협정을 통해 이중국적 인정
- 러시아 거주 고려인동포의 경우, 양국의 우호증진 정도에 따라 이중국적 협정 체결 가능성 있음

2) 기타 CIS 국가는 서로 입장 차이 있음

- 우즈베키스탄(속지주의), 카자흐스탄(속인주의), 타지키스탄은 헌법상 이중국적 불허; 키르기르스탄(이중국적 금지), 투르크메니스탄(러시아와 이중국적협정)은 헌법상 단일국적
- 우즈베키스탄과 카자흐스탄거주 고려인동포의 경우, 현지생활에 불편을 끼치지 않기 위해서라도 신중한 접근 필요(※고려인현지정착지원이 더 시급)

4. 재외동포사회의 시각

- 차세대 동포인재 모국진출 환영, 그러나…
- 1.5~2세 전문직 종사자들의 모국 진출 가속화 예상

김승리 미주총련 회장: "이민 2, 3세에 이르면 정체성에 문제가 생긴다. 겉은 분명 한국 사람인데 마음은, 뜻은 미국에 있다. 이 부분을 풀기 위해서는 재외동포법에 의한 이중국적을 인정해야 한다. 이스라엘의 강점도 바로 거기에 있다. 미국에서 태어난 유대계청년들이 전쟁이 나면 목숨을 바치러 모국에 간다. 한국계가 경제적으로는 유대계를 많이 따라잡았지만 정치적으로는 아직 모자란다고 생각"118)

이제훈 남가주대 교수: "탈민족주의시대에는 이민 2세대가 더 적극적으로

모국과의 연결고리로 나서야 한미관계에 큰 역할 할 수 있다"[119]

이세목 뉴욕한인회장: "이중국적 허용과 재외동포의 한국취업 장벽을 허무는 것은 결국 한국의 국가경쟁력을 향상시키는 일로 서로가 원-윈 할 수 있는 정책"

박준희 前뉴욕한인변호사협회장(이민1.5세): "늦은 감은 있지만 크게 환영할 일 … 앞으로 실력 있는 젊은 한인들의 한국 진출이 기대"[120]

이상훈 토론토한인회장: "이중국적이 허용되면 우수한 해외인재들이 조국을 위해 기여할 수 있는 기회도 더욱 많아질 것"

주창균 前실협회장: "외국영주권자나 시민권자도 같은 한 민족, 한 식구로 받아들여 모국발전에 이바지할 수 있도록 이중국적 허용이 순리"[121]

김희철 재중한인회 회장: "주민등록은 살아 있지만 국내에 거주지 등록이 불가능한 동포들에게도 하루 빨리 참정권이 부여되기를 희망하며 나아가 이중국적을 허용하는 방안도 심도 있게 논의해 달라"[122]

해외입양인의 관점: 고국으로 돌아와 살기를 희망하는 입양인의 경우, 한국사회 적응에 가장 필요한 것은 모국어 연수, 국내유학시 장학금 지원, 취업비자 발급 및 이중국적 인정[123]

재한조선족유학생의 관점: 유학생 기숙사, 재입국 및 거소신고시 수수료 면제, 한국어 구사능력자 적극 활용대책 요구[124]

제5절 재외동포인재 유치시 성공적 정착방안

1. 유치목표 명확화

　가. 정확한 목표설정이 우선

- 선진일류국가 실현에 필요한 재외동포 인재유치전략 수립되어야

- 무한한 상상력과 창의적 아이디어를 가진 소수정예 두뇌집단(='실리콘 칼라')의 브레인 파워(Brain Power)를 적극 활용해야

나. 이스라엘의 경험사례 참고

1) 건국 이후 다양한 문화배경과 경제적·정치적 환경을 가진 이주민을 어떻게 배치·통합하느냐가 이스라엘 국가의 최대 과제

- 이스라엘 사회정착의 기본원칙: 해외거주 유대인들에게 이스라엘 이주 무조건적 허용, 시온주의에 입각하여 이스라엘국가 안에 통합, 해외이주민이 정착에 실패하지 않고 중류사회에 편입되도록 각종 지원
- 민간차원의 Jewish Agency for Israel (1929.8.11) 역할: 해외거주 유대인의 국내이주 적극 유도(이주정보·자문제공, 이주비용 대부, 이주희망자모임 주선, 사전여행알선 등; 현재까지 실적 - 약 300만 명)125)
- 귀환법(1950.7.5 발효, Law of Return) 제정: "모든 유대인은 이스라엘로 이주할 수 있다"126)
- 정부차원의 이민수용부(1968, Ministry of Immigrant Absorption) 설치: 주거지원, 교육지원, 취업지원, 직업훈련, 의료지원, 국민연금지원, 사회통합지원 등 수행127) 및 군복무 특례 허용128)
- '직접적응 이주민정책'(Direct Absorption Policy) 수립: 호텔숙박알선, 아파트물색, 초기정착 기본비 지불, 1년치 임대금 보조, 6개월간 생계보조비, 자녀교육비 보조, 기본가재도구 구입비 보조, 수도·물·전기 등 주거보조기금, 대부지원 등 패키지 지원129)

2) 재외동포인재의 성공적 정착을 원한다면 이스라엘 경험을 최대한 벤치마킹해야

- 해외한인단체 역할 부여, 관련 국내법 제·개정, 재외동포유치·지원 전담기구 설치 등 종합적 접근이 이루어져야; 선진국의 차별적 인재유치방안도 적극 도입해야130)

2. 인정프로그램 실행

가. '인재확보'보다 '인재유지'가 더 중요

1) 우수인재를 얼마나 지속적·장기간 유지할 수 있느냐가 척도131)

- 새로운 방식의 보상 패키지와 복리후생제도 운영, 교육·훈련을 통한 경력개발 강화, 리더십 제고 등 요구; 금전적 보상에 의한 동기부여 효과는 점차 약화되고 있으므로 성과에 대한 인정과 포상, 축하 등 '인정'(Recognition) 프로그램 활성화 필요(※예: 일하기 좋은 기업, 일하기 좋은 나라 만들기 운동)

2) 모국의 따뜻한 정(情)을 흠뻑 느끼게 해야

- 모국유치가 결정된 재외동포에게 지속적인 연구개발과 교육투자 환경 조성, 공공기반시설 제공, 한국어 및 한국문화 학습 강화(예: 재외동포재단 Study Korean 사이트 활용)
- 재외동포민족센타 설립 또는 국립중앙청소년수련원 등을 민족정체성 함양의 장으로 적극 활용

　　동포사회의 미래를 준비하는 일은 다른 어떤 것보다 훨씬 더 중요하고 시급한 과제다. 지금부터라도 종합적이면서도 장기적인 인적자원개발계획과 교육·문화 인프라 구축방안, 재원마련 등에 적극 나서야 한다. 결국 해외동포정책을 수립하고 추진함에 있어 핵심사항은 해외동포를 짐스러운 존재로 인식할거냐 아니면 민족자산으로 육성할거냐를 분명히 하는 것이다. 후자의 입장이 정부의 기본자세라고 한다면 현지화정책고수보다는 동포2~3세들에게 "나는 누구인가?"를 철저히 인식시키는 뿌리교육을 최대한 빨리, 최대한 강도있게 추진하는 것이 옳다. 해외동포는 사기(士氣)를 먹고사는 집단이다. 그러므로 해외동포들이 민족적 자긍심을 가질 수 있도록 하는데 최선을 다해야 한다. 동포들이 모국에 진심으로 원하는 것은 거창한 명예나 돈이나 훈장보다는 자신들의 존재를 인정해주는 따뜻한 마음과 훈훈한 정이기 때문이다. (이구홍, 「700만 해외동포와 한민족공동체」, 세계한인정책포럼, 2007. 12.27)

나. 국가주도 재외동포 인재 관리시스템 구축

1) 재외동포 인재 발굴·활용 전담부서 설치 고려

- 청와대 민정수석비서관실·인사비서관실, 행정안전부 인사실, 국가정보원, 재외동포재단 등이 확보 중인 재외동포 인재DB 적극 활용
- 차세대 지도자(중국 조선족, 러시아 고려인 포함) 육성 및 親韓·知韓派 해외 인적자원 개발 필요[132]
- 네트워크의 규모가 커짐에 따라 그 비용은 직선적으로 증가하지만 네트워크의 가치는 기하급수적으로 증가(※Metcalfe's Law, 1980; 네트워크가치는 참여자수의 제곱에 비례($Y=U^2$; the value of a network is proportionate to the number of nodes)

2) 지식사회 이후 미래사회 변화에 대비하는 인재확보전략 수립 필요[133]

- 첫째, 경제문제보다 사회문제가 더 중요; Next Society는 산업구조가 지금 사회와 또 다름(농업의 쇠퇴경로를 제조업도 답습) → ※NGO, 국제기구, 갈등협상 활동 인재 유치전략
- 둘째, Next Society는 인구구조가 지금과는 매우 다름, 지식근로자가 지배집단이 됨(노인인구 급증, 청년인구 급감, 성인대상 교육산업 급성장, 이민문제 뜨거운 이슈) → ※은퇴자 고급두뇌 유치전략
- 셋째, 국경이 없고 신분상승이동이 용이하나 지식근로자 모두가 승리자가 될 수는 없다는 특성들이 상승 작용, 고도경쟁사회 도래 → ※경쟁력 갖춘 첨단과학기술 인재 유치전략
- 넷째, 지식근로자는 새로운 유형의 자본자(연금기금·투자신탁기금 주주) → ※금융자본 인재 유치전략
- 다섯째, 지식근로자는 자신의 서비스를 구매한 고용주와 동등한 사람으로 자신을 인식 → ※ 공동체(네트워크) 전문인재 유치전략

제6절 분야별 활용방안

1. 정치·경제분야

가. 차세대 주류정치인 및 단체 육성 서둘러야

1) 모국정치에 대한 과도한 관심 우려

- 공직선거법 등 개정으로 재외국민 참정권 도입이 현실화 될 경우,
- 대한민국 국적을 가진 영주권자의 본국정치참여가 가능해지면 미주한인사회에서는 재외국민과 외국국적동포간의 동질감형성에 상당한 타격 예상, 특히 국내정치에 쏠리는 지나친 관심과 참여열기를 현지 정치력신장으로 되돌려 놓아야

2) 한인정치인네트워크 활성화로 재외동포 인재활용에 적극 나서야

- 세계한인정치인포럼, 세계한인차세대대회, 한인유권자센터(KAVC) 등과 같이 거주국 정치력신장과 주류사회진출을 최우선으로 하고 있는 관련 네트워크를 적극 지원, 중요 사안별 상호협력 유지
- 단기적으로는 오리건주 주지사선거에 출마예정인 임용근 주하원의원, 사하공화국 대통령 출마예정인 알렉산더 김 사하공화국 국회부의장 등에 주목
- 재일민단중앙본부, 미주한인회총연합회(FKA)[134] 등 역할 중요: 거주국 영주권자, 시민권자로서 현지사회 참정권 행사해야; 세계한인회장대회에 대통령 참석 공식화 필요

3) 중·장기적으로는 차세대 한인정치인들의 행보에 관심 가져야

- 시의원, 주의원 선출 차원을 뛰어 넘어 궁극적으로는 美연방 하원의원, 연방 상원의원 배출 및 일본 중의원·참의원 배출에 모든 한인네트워크의 역량을 결집시켜야; (가칭) '대통령과 차세대동포 만남' 정례화 추진(※방미시 약속 이행)

미국 연방 상원의원은 각 주가 전체 인구수에 상관없이 각각 2명씩 배출한다. 그렇게 선출된 100명의 연방 상원의원이 연방 상원을 구성하는데 이들의 임기는 6년이다. 연방 상원은 임기 2년에 435명으로 구성되는 연방하원과 권력을 균등하게 나눠 갖는다. 그러므로 임기까지 고려해 두고 산술적으로만 계산하면 연방 상원의원 100명의 권한이 연방하원의원 1,305명(=435명x3)의 권한과 맞는다고 볼 수 있다. 따라서 연방 상원의원 1명의 정치적 무게는 연방하원의원 13명과 비슷한 것으로 볼 수 있다. 이 같은 산술적 계산이 어렴풋이 맞는다는 것을 입증하는 또 다른 통계는 미국 정치에서 연방 하원의원과 연방 상원의원에 선출되기 위해 각각 동원되는 정치자금이다. 당선된 연방 상원의원 후보 1명이 선거에서 쓰는 정치자금은 당선된 연방 하원의원 후보 1명이 쓰는 정치자금의 약 10배에 달한다. 따라서 연방상원의원 1명을 갖는다는 것은 실로 엄청난 정치력을 갖는 것인데 조금 과장해서 말하자면 재미일본인사회는 경제적으로 하와이주를 장악하고 있고 인구의 18%를 차지하고 있기 때문에 연방상원의석 최소 1석을 항구적으로 확보하고 있는 것이나 다름없다. 백인 인구가 18%에 불과해 유색인이 근본적으로 유리하다. 현재로서는 앞서 말한 442연대 출신인 일본계 대니얼 이노우에 연방상원의원(민주, 하와이)이 그 같은 경우로 미국 정계에서 그가 지닌 정치적 영향력은 실로 크다. 그러나 재미한인사회는 연방하원의원조차 1명도 없을 뿐 아니라 나아가 연방 상원의원을 배출하는 것은 참으로 요원하다. 어찌어찌 해서 한국계 연방 상원의원 1호가 나온다고 해도 2호가 나오는 것은 더 요원하다. 1호는 잘 모르겠지만 2호가 나오려면 수십 년은 걸릴 것이며 어쩌면 수십 년이 지나도 2호는 나오지 않을지도 모른다. 이 점 역시 재미한인사회와 재미일본인사회가 근본적으로 다른 점이다. 이 문제는 나중에 다시 언급되겠지만 앞으로 한국의 정부나 대기업이 재미한인사회를 활용하고 지원하는 문제에 있어서도 전략적으로 깊이 고려해야 할 사항이다. 참고로 재미중국계 역시 연방 상원의원 1명(대니얼 아카카, 민주, 하와이)이 있다.(한우성, 「한국을 위한 재미동포사회 활용: 재미한인사회와 재미일본인사회 비교를 중심으로」, 2006 교포정책포럼)

나. 한상네트워크 및 리딩CEO를 적극 활용해야

1) 국내 중소기업의 해외시장개척과 판로형성에 파트너쉽 형성

- 제품생산·개발은 국내기업이, 해외시장개척은 한상(韓商)이 각각 분담하는 구조 유지
- 리딩 CEO 등 성공한 해외한상들과의 교류를 통해 비즈니스방식과 선진기술 학습은 물론 리딩 CEO들의 모국투자 또는 아웃소싱 협력대상으로 관계 유지
- 국내 중소기업의 해외진출시 해외한상들이 거점 및 동포인재 공급 창구 역할 수행; 세계한상대회 대통령 참석 정례화, 대륙별 개최, 민간 주도방안 연구
- 해외식량기지개발 관련 연해주농업진출 및 고려인동포 이주정착 지원135)
- 영 비즈니스포럼, 차세대 무역스쿨 등 차세대무역인 양성과정 지원136)
- 소외지역 재외동포 직업훈련 확대(멕시코·쿠바, 사할린, 중남미)137)

2) 재외동포 500대 기업 발굴 및 지원 프로그램138)

- 매출액 기준 500대 기업을 발굴, 이를 업종별로 분류하여 국내 동종기업·경제단체와의 네트워크 구축지원, 무역·투자기회 정보 제공
- 동포기업인 자금조달시 신용보증 제공, 은행·신협설립시 지원방안강구, 중소기업진흥공단·벤처협회 등을 통한 기술자문, 기술훈련프로그램 제공 등

3) 해외진출 한국기업이나 기업가를 활용한 국내일자리 창출방안 연구139)

- 1995~2006년 중국진출 한국기업은 5천 개, 투자금액은 105억 달러, 국내 일자리 감소 21만 개
- 중국현지법인 22,000개, 중국내 창출 일자리 100만개(※한국경영자총연합회 자료)
- 중국한국상회(1993년 설립, 현 회장 오수종)140), 세계해외한인무역협회, 중국내 조선족기업가협회 등과 협력하여 차세대전문무역인 양성

4) 한상의 역할모델을 다양화해 나가야

- 구멍가게 장사꾼에서 상공인으로, 상공인에게 기업인으로, 기업인에서 문화예술 투자인으로 그리고 세계 굴지의 최고경영인으로 발전해나가는 역할모델을 보여주어야
- 국내 청년실업을 해소하고 글로벌 리더로서 육성하기 위한 전략으로 해외 한상기업과의 인턴제 실시 및 차세대무역인 양성요원으로 육성

> 미주상공인총연합회가 성장하려면 아직까지는 대사업가가 회장직을 맡아야 해요. 사업적으로 성공한 사람이 회장직을 맡지 않으면 그동안의 공이 무너질 수 있어요. 어느 정도 덕도 있어야 돼요. 미국내 상공회의소의 로비력이나 발언권은 정말 대단해요. 상·하원선거 때마다 가장 영향력이 있는 사람들이 상공인들이거든요. 우리 미주상공인회도 그런 영향력 있는 조직이 되어야지 서울에 와서 정치한다고 이 당 저 당 기웃기웃 거리지 않았으면 좋겠어요. … 상공인들이라면 서울에 가서 돈 달라는 소리를 그만 해야 돼요. 이제 자리 잡은 사람들도 제법 되는데 왜 자꾸 '똥포' 소리를 들어야 되요? "저 사람 돈 좀 벌었다고 저런다" 하겠지만 동포의 가치는 동포 스스로가 올려야 돼요. … 현재 제가 관여하고 있는 곳만 12개 정도 되요. 그 중 하나가 엔젤투자인데 한인과학자협회 초청강연에서 '여러분의 우수한 과학두뇌와 동포기업인의 경영이 합치면 창의적인 장사꾼이 나올 수 있다고 말한 것이 인연이 되어 LED Folio 회사를 시작하게 되었어요. … 최근 들어 부쩍 홍 회장의 행보가 다음 세대 육성으로까지 뻗어가고 있고 우리 문화유산 되찾기에도 적극적이다. … 수구초심이라 했던가. 환갑을 맞으면서 그의 모국에 대한 사랑과 그리움은 점점 깊어만 가고 구체화되고 있음을 확인하는 자리였다.(「한상의 새로운 역할모델을 제시하는 홍성은 회장(인터뷰)」, OK TIMES, 2007.8)

다. 자유무역협정(FTA) 및 고령화시대 대비해야

1) 미국, EU 등과의 FTA체결로 국내기업 및 외국인의 투자 촉진 예상

- 칠레(04.4.1 발효), 싱가포르(06.3.2 발효), EFTA(06.9.1 발효), ASEAN

(07.6.1 발효) 이외에 미국(07.4.2 협상타결), 일본, 캐나다, 멕시코, 인도, EU 등과 협상진행 중
- 관세 및 비관세장벽 완화에 따른 시장확대 및 국내 규제제도와 관행 개선 기대
- 저출산·고령화사회에 적합한 新산업으로 바이오(Bio)산업 대두: 건강의료기기·바이오신약분야 육성, 노년층 대상 의료복지시스템 구축 필요[141]

2. 에너지·자원분야

가. 중앙亞·중동·아프리카·남미 등 소외지 한인네트워크 정비해야

1) 삼성경제연구소(2008)는 국제유가 및 원자재가격 급등세 지속 예상[142]

- 우리 경제는 미국경기 퇴조, 유가상승, 중국내 버블 증가에 따른 인플레이션 압력 직면; 우리의 경우 원유 100%, 철광석 99.3%, 구리 43.2%를 해외에서 들여오고 있음(2006년 기준)[143]
- 2004년 이후 대통령 주재 국가에너지자문회의·국가에너지위원회 신설, 해외자원개발사업법 개정으로 민간자금 활용, 외교통상부 한·중앙아시아포럼 개최[144] 등 해외자원 확보를 위한 자원외교 적극 추진
- 삼성경제연구소(2008)는 △지분참여를 통한 진출유망국가로 사우디, 쿠웨이드, 아랍에미레이트, 러시아(西시베리아), 베네수엘라 등을 △사업권 확보를 통한 진출유망국가로 이란, 이라크, 카스피해(중앙아시아), 앙골라, 이집트, 인도네시아 등을 △자원개발+건설플랜트+기간산업+정보통신을 통한 진출유망국가로 나이지리아, 마다가스카르, 방글라데시 등을 각각 제시[145]
- 이들 틈새지역 및 미개척지역의 한인네트워크를 중점 관리, 지원 확대함으로써 에너지·자원 확보의 교두보 구축 시급

2) 강대국간 자원 확보경쟁 본격화로 에너지·자원외교 중요[146]

- 부존자원의 일부 국가 편중과 자원고갈(원유 2047년, 천연가스 2067년, 석탄 2122년) 우려
- 베네수엘라·아르헨티나·러시아·알제리 등 자원민족주의 강화(자원국유

화, 수출금지, 가격인상 등)147)
- 이명박 정부는 에너지·자원외교를 핵심 국정과제로 선정: 원유·가스 자주개발률 목표 상향조정(※2008년 5.7% → 2012년 18.1%) 및 러시아·중앙아시아·아프리카·중남미 등과 에너지협력벨트 구축계획수립(지식경제부, '해외자원개발 세부추진전략' 발표, 2008.3)

3) 해외자원개발투자의 경우, 경쟁국들과 비교하면 규모면에서나 전문 인재 확보면에서 성과 미약: 민간기업의 해외자원개발 사례148)

4) 전략적 요충지인 중앙아시아 및 사할린지역에 대한 대책 시급

- 카자흐스탄, 아제르바이잔 등 카스피해 연안 산유국과의 유대강화를 위해서는 한상 리딩 CEO인 최유리(60세, 고려인 3세) 카스피그룹 회장149), 세계한인정치인포럼에 참석한 바 있는 알렉산더 김(47세, 고려인 3세) 러시아연방 사하(Sakha)공화국 국회부의장 등을 활용하는 방안 등을 고려해야 함

  미국은 군사력과 정치력을 배경으로 메이저기업들이 중동(석유)→카스피해(석유·천연가스)→시베리아(천연가스) 순으로 에너지 확보; 유럽연합은 자원외교 강화, 러시아와 에너지공동 프로젝트 등 투자확대, 아프리카 지원 확대(2007년 현재 170억 유로→2010년 250억 유로). 중국은 막대한 외환보유고(08년 3월 현재 1조6800억 달러)를 무기로 중동 이외에 아프리카와 남미 등 해외자원 확보에 몰두; 일본은 공적개발원조(ODA)를 활용하여 자원보유국과 FTA체결, 사회인프라 지원, 재정·금융·기술지원 등 원조외교를 강화(김득갑 외, 「한국의 자원확보전략-원유를 중심으로」, CEO Information 651호, 4~10쪽)

3. 통상·금융분야

가. 재외동포 모국투자 의욕 재점화 시켜야

1) 한미 FTA 체결 이후 우리 산업구조의 변화 예상

- 섬유·자동차·통신기기 등은 긍정적 영향, 음식료·정밀화학·일반기계

등은 부정적 영향, 목재가구・제지인쇄・석유화학・철강・가전・전자부품
・항공기・조선・정밀기계 등은 영향이 거의 없거나 중립적일 것으로 예
상150)
- 현재 우리 재외공관에는 통상・투자유치진흥 종합지원반 설치, 이를 통해
수출알선, 기업애로사항 해결, 수주 지원, 주요시장 정보수집 등이 이루어
지고 있음151)

2) 재외동포 모국투자와 외국인투자를 구분해서 데이터화

- 구로공단(1965~1970년 조성) 및 재일한국인본국투자협회(1975) 설립 이
후 재일동포출신 기업인들의 전자, 기계, 금융, 부동산, 음식업 등 다양한
분야 진출(예: 롯데그룹, 신한은행, 한국전자 등) 사례 참고하여 재외동포
의 모국투자에 인센티브 부여방안 강구(예: 개성공단 등 투자시 강력한 인
센티브 부여)
- 외국인투자 중에서 재외동포가 차지하는 투자건수나 금액은 거의 알려져
있지 않으나 이코노미스트(1997) 보도에 의하면 1995년 3월까지의 해외
교포 모국투자건수는 총 380건에 불과, 이는 전체 외국인 투자 7,794건의
5% 수준152)
- IMF(1997) 이후 산업투자는 줄어들고 부동산투자 등에 집중, 재외동포 모
국투자 독려 위한 과감한 유인책 마련 시급

3) 재일동포모국공적조사 등 재외동포 모국투자 역사를 재조명해야

- 재일동포모국공적조사위원회 결성(2007), 자료집 출간(2008. 5)153)

나. 재외동포 1세 기업인 이후 대책

1) 재일동포사회의 경우 1세가 차지하는 비율이 전체의 5%에 불과

- 2세 이후로 넘어가면 재외동포 소유 기업이나 재산을 민족자산화 하기 곤
란해질 것이라는 평가(※일본 '파친코의 대부' 한창우 마루한 회장(77세)의
일본 귀화(2001) 사례 참고)

재일한국인사회는 아직도 '귀화'문제를 터부시하는 경향이 있다. … 저도 당초 영원히 한국국적을 보유하려 했다. 그런데 재일한국인이 일본에 영주를 하고 있고 각종 세금까지 꼬박꼬박 물고 있는데 반해 정작 '참정권은 왜 없는가?'라는 데 생각이 미쳤다. … 15년 전의 일이다. 아사히, 요미우리신문 등에 귀화에 대해 제 소견을 조심스레 발표했다. 예상대로 재일한국인사회에서의 비판은 거셌다. … 그러나 한 가지 분명한 것은 재일한국인이 귀화했다고 해서, 일본국적을 얻었다고 해서 한민족인 것을 부인할 수는 없다는 사실이다. 민족은 영원한 것이다. 바꿀 수가 있는 대상이 아니다. 그러나 국적은 얼마든지 바꿀 수 있다. … 귀화는 어쩌면 재일한국인사회에서 필연적인 현상이다. … 저는 '한창우'라는 본명으로 일본국적을 취득했다. … 이 자리에서 분명히 해둘 게 있다. '귀화는 찬성하지만 동화는 절대 반대한다'는 것이다. … 한국국적을 가지면 애국자이고 일본 귀화인은 비애국자인가? … 2세 이후는 개인지향적인 세대다. 조국에의 소속감과 열정도 1세에 비해 상대적으로 덜하다. 그들은 일본어를 모국어로 하며 일본에서 발붙이고 살 세대이다. … 그 대표적인 예가 한국에서도 널리 알려진 소프트뱅크 회장인 손 마사요시와 롯데그룹의 신격호 회장이다. 그들은 한민족이라는 정체성과 특성을 견지하면서 일본인과의 공생관계를 잘 유지하고 있다. … 일본에는 재일한국인 출신 스포츠, 연예 스타도 적지 않다. 이들 중 상당수는 대부분 일본명을 그대로 쓴다. 그래서 한국에는 제대로 알려지지 않았을 뿐이다. … 재일한국인사회는 일본국적 재일한국인을 재일한국인사회에 끌어들이고 포용해가려는 자세가 필요한 때다. … 저는 그동안 재일상공회의소 회장도 해봤고 일본중앙 민단 고문도 지냈다. 한국문화진흥재단을 만들어 17년 간 운영해오고 있다. 제 나름대로 조국인 한국에의 충정을 어쩌지 못한다.(한창우, 「귀화는 비애국적인가」, ≪OK TIMES≫, 2005.12)

2) 재미동포사회의 경우 자영업에 종사하던 1세들이 2세들에게 소중히 일궈온 가업을 전수하지 않고 다른 소수민족에게 넘기는 사례 발생

- 차세대의 주류사회 진출 추세로 재외동포사회의 경제력 기반붕괴 우려(※2세교육의 방향 재설정 문제, 세탁업 등 2세에게 물려주기 운동 필요)

다. 금융환경 변화 대비

1) 삼성경제연구소(2008)는 금융시장에서 미국의 영향력이 줄고 달러패권 시대가 위협받는 상황 예상154)

- 미국경기 퇴조, 유가상승, 중국내 버블증가에 따른 인플레이션 압력 증대로 금리차 축소에 따른 글로벌 유동성이 금융시장 불안 가중
- IMF구제금융(1997) 이래 외국인 자본투자 활발, 선진외국기업 유치와 첨단과학기술 학습 기대했으나 별 성과 거두지 못함

2) 세계한인차세대대회를 전문영역별로 세분하여 금융 등 전문직 차세대 동포 모국초청 확대155)

- 세계 금융시장 변화 관련 지역별 순회설명회 개최, 국내 금융시장 및 투자 여건 소개 프로그램 개설, 중소기업진흥공단의 해외고급인력 창업보육사업과 연계 등

4. 교육·과학·국방분야

가. 글로벌 수준의 핵심인재 양성 계획수립

1) 우리 경제규모면 글로벌100大대학이 4~5개 있어야 함

- 지식창조형 미래산업을 위한 고급두뇌 및 지식창출 역량 부족; 미국 박사학위자 잔류비율 46.3%(대만 40.6%, 일본 41.6%)156); 해외유학생의 수는 점점 증가 추세(인구당 유학생 세계 1위), 2014년 과학기술분야 박사급 인력 4천5백 명 부족 예상157)

2) 해외우수인재(한국인, 외국인) 국내유치 계획 중158)

- 교육과학기술부(과학기술인력과)에서는 국내대학과 연구기관 등의 연구 및 교육역량을 획기적으로 높이고 글로벌 연구네트워크를 구축하기 위해

- 21세기 선도할 첨단기술은 정보공학기술(IT), 생명공학기술(BT), 극소형 공학기술(NT), 이를 미국과 비교하면 우리 IT는 71.6%, BT는 60.4% 수준에 불과159); 전략·전술정보 전문 인재양성 시급: 한미연합방위체계하의 한국군은 전략정보 95%, 전술정보 70~80% 미군 첨단시스템에 의존160)

3) 국가인적자원개발기본계획(2006~2010)에 따른 미래인재 양성161)

- 나노기술(4,500명 → 12,600명), 다학제 핵심과학기술(284명 → 300명), 디스플레이·차세대반도체·차세대 이동통신 등 고부가가치산업(1,010명 → 2,000명), 보건의료(BT)(2,300명 → 5,100명), 10대 성장동력산업 중간기술(4,100명 → 7,100명), 에너지기술(154명 → 200명), 전력산업(1,224명 → 2,200명), IT기반융합기술연구개발(950명), 환경기술(ET) (8개 교육기관→24개 기관) 등

나. 유망 인재 유치 프로그램 실시

1) 우리가 뒤진 교육·과학·국방분야 발전을 위해 우수한 재외동포 인재 활동지원 및 모국초청 프로그램 확대해야

- 분야별 학회 및 협회운영비 일부 지원, 해외한국인 과학기술인력과 네트워크 구축, 현지심포지엄 및 국내세미나 참가자에게 일정 경비 지원 등162)

2) 재외동포 청소년163)·해외입양동포를 원어민 영어교사로 적극 활용해야

- 해외입양아를 우리의 소중한 인적자원으로 인정하는 사고의 전환 필요(예: 정부 공식통계 누락 시정164))
- 보통 이민 1.5~2세가 느끼는 정체성과는 또 다른 정체성 혼란을 겪고 있음, 단순히 청소년기의 일시적 통과의례로 보아 넘기기에는 마음의 상처나 문화적 충격 심각
- 따라서 국적회복이나 국내 취업·유학·정착 원하는 입양아에게는 실질적 도움 주는 사회분위기 필요(예: 장기체류비자 발급, 뿌리찾기·모국이해프로그램 병행, 방학중 홈스테이·생활영어교육, 민족정체성 함양)

- 특히 1970년대 이전 입양아(30대 이상) 수가 49,754명(전체의 31%)에 달하므로 실생활과 생업에 도움이 되는 지원 필요
- 교육 틈새시장 개척을 위해 한인회 등과의 협력관계 유지 필요

5. 문화·콘텐츠분야

가. 한글학교 네트워크 통한 한글 세계화 추진

1) 대통령의 '한글학교지원확대' 공약과 해외 한글학습열기 적극 활용해야

- 유네스코에 따르면 지구상에 존재하는 언어수는 3,500~8,000개, 이중 90%가 100년 후면 사라질 것으로 예측
- 재외동포 현지여건이 한글을 자유롭게 배우거나 가르칠 수 있는 형편이 안되나 최근 국력이 신장되고 국제사회 위상이 높아짐에 따라 재외동포의 한국어 학습열기 고조, 이를 적절히 활용할 필요 있음
- 2007년 말 현재 109개국 2,097개교(학생수 127,184명)나 되는 해외한글학교 네트워크 중점 육성·관리해야[165]
- 중국민족학교에서 사용중인 한국어교재를 북한말 중심에서 서울말 중심으로 변경

나. 문화·예술·관광 인력 양성

1) 코리안페스티발(서울예술제)[166], 문학공모 통한 문화인 네트워크 구축

- 삼성경제연구소(2008)는 한류 콘텐츠에 대한 해외소비자의 피로감과 현지 콘텐츠 대체 분위기로 영화를 제외한 한류 하락세 예상[167]
- 한국문화 관련 전문인 초청확대 및 일반 문학공모 수상자 확대 등으로 제2의 한류 붐 조성 필요

2) 관광산업, 문화콘텐츠산업, 지적재산권산업 미래문화산업 인재 양성[168]

- WTO 보고서는 2020년이면 1억 중국인, 5천만 인도인의 해외여행 예상,

이들 관광여행객을 적절히 수용하려면 엄청난 일자리 창출 가능169)
- 인생 다모작(多毛作)시대170) 맞아 해외고급인력 은퇴자를 유능한 관광안내자로 활용 유도

제7절 우리 정부·기업과의 연계방안

1. 정부와의 연계방안

가. 재외동포 인재가 정부경쟁력 제고에 미치는 영향 고려

1) 지식경제 확산, R&D 글로벌화에 따라 세계는 고급두뇌 유치 비상

- 미국의 The American Competitive Initiative(2006)→이민정책의 전면 개혁으로 최고수준의 인재 유치
- 중국의 111공정(2006) → 세계 100위권 연구기관에서 1천명의 최고급두뇌를 중국의 100개 대학에 배치 계획 등을 참조하여 적극적인 재외동포인재 유치전략 실행

2) 글로벌 국가경쟁력 확보 위해 해외인재유치정책 및 제도 개선책 최우선

- 이민정책, 국적제도개선 등을 통해 글로벌 수준의 재외동포인재 적극 유치 (※비자기간 개선, 이중국적제도 조기 도입, 동포관련기구 기능 재통합 등)
- 재외동포 국내유치 걸림돌 제거171)

3) 공직 세계에도 재외동포 인재 수혈 바람직

- CEO 출신 대통령의 역할이 기폭제, 지식기반사회에서는 CEO의 이름 자체가 브랜드 역할
- 정보기관의 역할 중요172)(예: 국익에 도움 될 정보수집활동 강화를 위해 해외주재관 재배치, 비공식채널을 통한 대인정보수집활동 활성화)

나. 재외동포 인재 중점관리 시스템 구축

1) 재외동포 전문 인재 발굴 및 거점 관리(※재외동포재단)

- 한인동포사회 각종 단체지원을 통해 수합되거나 현지에서 입수되는 분야별 전문가 인적자료 확보·관리 통해 모국발전 기여 유도
- 과학부문(카자흐스탄, 우즈베키스찬, 우크라이나 고려인)
- 자원부문(키르기르스탄, 타지키스탄, 투르크메니스탄 고려인)
- 정치분야(미국·일본동포, 러시아·CIS 고려인)
- 기타(교육, 의학, 법조계, 공무원, 한상 등) 등 분야별로 거점 지역 인적자료 수집·활용

2) 자원부국 14개국 현지 한인회 및 한상네트워크 역량강화

- 원유·가스: 사우디아라비아, UAE, 쿠웨이트, 카타르, 러시아, 카자흐스탄, 노르웨이, 베네수엘라
- 광물: 칠레, 남아프리카공화국
- 곡물: 아르헨티나
- 복합형: 호주/캐나다(원유·가스+ 광물+ 곡물), 브라질(원유·가스+ 광물)[173]
- 대륙별한인의장단대회 개최, 대륙별한상총연합회 조직활동 지원

2. 기업과의 연계방안

가. 우수 인력 확보는 기업의 사활과 직결

- 기업차원에서 재외동포 인재 유치를 위해 국가가 이미 구축해 놓은 재외동포 인재DB와 각종 네트워크들을 적극 활용
- 인력난을 겪고 있는 중소기업의 경우 세계한상대회, 세계한인회장대회, 세계한인정치인포럼, 세계한인차세대대회 등 적극 참여하여 인적 교류, 정보 교환, 비즈니스 1대 1상담 등으로 인적네트워크 구축 필요
- 삼성전자의 '선진국 석·박사 채용 프로젝트', LG전자의 '해외 우수인재 유치단', SK의 '글로벌 오픈 채용제도'를 재외동포에게도 적용

- 기업들은 해외 인재들의 물질적 야망을 만족시켜줄 뿐만 아니라 이들의 가치관을 만족시켜주고 사회적 영향력을 제공해줄 수 있어야 하며, 동료경영자로・파트너로 인정해줘야

나. 영어와 한국어 능통 재외동포 모국유치 본격화해야

- 글로벌 경쟁시대 국적 초월한 인재유치전략
- KT, LG화학, STX그룹, 포스코 등 글로벌 우수인재 온라인 채용공고 적극 활용174)

제8절 시사점

1. 민족자산화가 시급

가. 재외동포는 민족자산

1) 21세기 대한민국이 강대국 틈바구니 속에서 생존할 수 있는 유일한 길은 전 세계 700만 재외동포의 역량을 최대한 활용하는 길 뿐

- 재외동포는 해외 인적・물적 거점이자 선진지식 획득의 전초기지, 그러나 국가차원의 재외동포인재 관리시스템 아직 미흡

2) 재외동포의 전략적 가치 중시해야

- 통계청 '장기인구추계'는 국내인구 성장둔화 예상(출산율 1.08), OECD국가 중 고령화속도 가장 빠름(2018년 65세 이상 인구 14% 이상 예상)
- 그러나 해를 거듭할수록 재외동포는 증가(※1천만 재외동포시대 도래 가시화, 이에 대한 대비책 필요)

3) 모국과의 유대감 정도에 따라 재외동포를 범주화해야

- 모국유대감이 강한 부류, 모국방문이 정례적인 부류, 각종 한인단체에 소속

된 부류, 모국투자 및 모국상품 소비하는 부류, 모국유대감이 약한 부류, 모국에 무관심 부류 등으로 재구조화(※접근방법의 차별화)

나. 비용이 아닌 투자

1) 재외동포에 대한 각종 지원은 비용)이 아닌 투자측면에서 접근해야

- 효율성(efficiency: 투입 대비 산출; Doing Things Right)을 따지기 이전에 효과성(effectiveness: 목표달성의 정도; Doing Right Things)을 우선 고려(※우호적인 사회분위기가 필요)
- 재외동포는 모천회귀(母川回歸)하는 연어처럼 자신의 뿌리를 찾아와 반드시 되돌려주는 존재(※소외지역에 대한 관심 가져야)

2) 민족정체성과 글로벌 스탠다드 양자 모두를 충족하는 우수한 재외동포 인재를 집중·발굴

- 모국과 재외동포사회 호혜발전의 기틀 마련, 다각도의 인재활용방안 모색(※재외동포에게는 동기부여가 제일 중요)

다. 재외동포사회 지지 획득 계기

- 정부의 선진정책 수립으로 재외동포의 마음을 사로잡는 계기 삼아야
- 정부 정책에 대한 신뢰 증대로 모국발전 참여 분위기 증대
- 주류사회 진출 차세대 한인동포 인재유치로 '글로벌 코리아' 조기 달성 가능(※재외동포 인재유치기구 설치 필요)
- 재외동포가 원하는 모든 것을 제공하고 그들이 찾고자 하는 것은 뭐든지 찾아주는 구조 만들어야(※수시로 만나서 상호의견 교환해야)

3. 자료의 중요성 재인식

- 자료 확보·관리가 모든 일의 성패 좌우: 모든 정책·전략수립이 "자료에서 시작해서 자료에서 끝난다"는 인식 가져야(※현지조사, 문헌조사, 대면

인터뷰, 비교사례조사 중요성)
- 인적DB와 기초자료에 대한 분석 없이는 부가가치 산출 기대 곤란
- "구슬이 서 말이라도 꿰어야 보배": '글로벌 코리아' 달성을 위해 '코리안 글로벌 디아스포라'의 역량을 최대한 활용하는 것이 우리 정부가 당면한 최대 과제이자 특화전략; 지금부터라도 차근차근 기초자료 수집·심층조사 필수(※매년 갱신)

(재외동포재단, 2008.5)

1) 재외동포재단 전문위원 재직 중에 작성.
2) 이산(離散: 방랑)→정착기(뿌리내리기)→현지화기(권익신장 및 정체성확립)→결실기(주류사회진출 및 모국말전기여)→귀환기(한민족공동체 형성 및 호혜발전).
3) 주요국가 한인회 수: 미국(201개), 일본(122개), 중국(63개), 독일(42개), 캐나다(32개), 스페인(19개), 영국(15개), 오스트리아(12개), 브라질(12개), 프랑스(10개), 호주(10개), 인도네시아(9개), 뉴질랜드(8개), 필리핀(7개), 인도(6개), 아르헨티나(5개), 러시아(4개), 베트남(4개), 우즈벡(3개), 카자흐(1개) 등.
4) <외교통상부 자료> 일본지역 576,220명; 중국지역 519,409명; 기타 아주지역 363,090명, 미주지역 1,322,000명; 구주지역 77,644명; 중동지역 9,145명; 아프리카지역 8,292명.
5) <외교통상부 자료> 일본지역 480,320명; 중국지역 1,123명; 기타 아주지역 55,967명, 미주지역 875,143명; 구주지역 14,575명; 중동지역 15명; 아프리카지역 447명.
6) S. Kim(2004), *Brain Drain, Brain Gain, and Brain Drain Again?: Changing Markets for Korean Science and Engineering* (Ph.D.s) 연구에 따르면 1995년 미국 박사학위 취득자(1,306명)의 향후 미국거주 의사가 38.7%였으나 2000년 학위취득자(1,048명)의 미국거주 의사는 64.1%로 급증.; 경제협력개발기구(OECD) 보고서 <국가별 외국으로 떠나는 이민자수: 단위 만 명> 멕시코(832만명/47만명), 영국(310만명/112만명), 독일(305만명/88만명), 중국(200만명/85만명), 인도(195만명/103만명), 프랑스(110만명/42만명), 한국(97만명/42만명), 미국(80만명/40만명), 일본(50만명/27만명); 중앙일보 08.3.18(E6면).
7) 한국과학기술정보연구원(KISTI), 「글로벌동향브리핑(GTB)」(2008.4.29); 10점은 인재의 완전유입·0점은 완전유출 의미. 미국(8.51→7.84), 노르웨이(7.67→7.83), 일본(7.46→6.75), 독일(7.44→6.36), 아일랜드(2.62→8.14), 홍콩(4.15→7.17), 인도(3.00→6.76), 중국(2.62→3.22). 아일랜드와 인도의 경우 인재유출보다 인재유입이 크게 향상.
8) 피터 드러커는 『새로운 사회: 산업질서의 해부』(The New Society: The Anatomy of Industrial Order)>(1950)에서 '지식이 새로운 핵심자원이자 부와 일자리의 창출자로 이동하고 있는 현상'을 논의, 『내일의 이정표: 새로운 "포스터모던" 세계에 대한 보고서』(Landmark of Tomorrow: A Report of the New "Post-Modern" World)>(1957)에서 지식사회, 지식경제, 지식근로자라는 용어를 처음 사용. 이재규, 『피터 드러커의 인생경영』(명진출판, 2007), 237쪽에서 인용; Ed Michaels, Helen Handfield-Jones, Beth Axelrod, The War for Talent, Harvard Business School Press, 3쪽 참조.
9) ≪이데일리≫ 2004년 5월 31일자 참조.
10) 한국정보사회진흥원, ≪NIA Weekly.≫ Vol.6, No.6(국내정보화동향, 2007년 2월 26일): 2007년 1월 현재 국가인재DB에는 민간전문가 58,549명, 전현직 공무원 61,972명 등 총 120,521명의 인물정보 등록; 충청일보 2007년 6월 8일자(2면): 2007년 5월 현재 민간전문가 99,481명, 현직 공무원 32,247명 등 총 131,728명의 인물정보 등록.
11) 한국과학기술기획평가원의 '연구개발활동조사DB', 국가과학기술자문회의 「국가과학기술자료시스템 구축방안」(2001) 참조.
12) World Economic Forum, *The Global Competitiveness Report 2006~2007*. 한국의 국가경쟁력 (24위).
13) 그 외 한글학교 3,153개, 한인회 737개, 문화 416개, 경제·기업 395개, 신문 352개, NGO 346개, 사회·복지 243개, 종교 214개, 체육·생활스포츠 188개, 기타 1,048개 등의 DB 보유.
14) 한국경영자총협회(2004), 「국가인재정보 종합DB구축의 타당성 연구(최종보고서)」 참조.
15) People News, 『미주이민100주년기념 The Korean-American Who's Who』(한인인명록, 2001),

Los Angels.
16) 하인호, 『한국인의 힘: 7가지 미래창조 메가트렌드』(인간사랑, 2006), 52~53쪽.
17) 외교통상부, 「외교통상부 업무참고자료」(외교통상부 정책기획국, 2007), 114쪽; 미국 57,940명(30.4%), 중국 29,102명(15.3%), 영국 18,845명(9.9%), 호주 16,856명(8.9%), 일본 15,158명(8.0%), 캐나다 12,570명(6.6%), 필리핀 9,500명(5.0%), 뉴질랜드 8,882명(4.7%), 기타 21,511명(11.2%).
18) 그간 재미동포사회의 주류였던 이민 1세의 경우 민족정체성 및 강한 모국지향성을 보였으며 이민 1.5세나 2세들의 경우 '코리안-아메리칸'이라는 이중정체성 표출. 세대별, 지역별 동포단체들의 통합 필요성 증대.
19) 이민 1~2세들은 고국에 대한 강한 지향성으로 차별과 편견을 감수하면서 한국국적을 고수한 반면 이민 3세 이하는 일본에 산다는 정주의식이 강하고 일본에서의 권리신장과 차별철폐를 위해 노력 중. 최근 들어 귀화증가 추세. 현재 이민 2~3세가 주류이며 1세는 5%에 불과.
20) 동포 3~4세가 주류이나 고유의 민족문화를 유지하고 있으며 중국공민으로서의 국가관과 현지화된 민족관을 갖고 있음. 최근 유학생 등 중국체류 재외국민도 급속히 증가하는 추세.
21) 동포 3~4세가 주류인 중앙아시아지역의 고려인동포들은 구소련 해체 이후 민족주의 강화, 내전 및 경제난 등에 따라 러시아 남부, 극동 연해주 및 여타 CIS국가들로 재이주하거나 현 거주국에서 새로운 변화에 적응 시도중. 매우 제한된 한국어 구사능력밖에 없으며 현지사회 동화 속도가 빠름.
22) 김창준 전 연방하원의원.
23) 신호범 워싱턴주 상원의원(민주당), Donna 김 하와이주 상원의원, Kevin O'Toole 뉴저지주 상원의원; 임용근 오렌곤주 하원의원(공화당), 정미경(메리정 하야시) 캘리포니아주 하원의원(민주당), 훈영 합굿 미시간주 하원의원, 실비아 장 Luke 하와이주 하원의원, Francis Oh Allen 네바다주 하원의원.
24) 강석희 어바인시의원(민주당), 김신희 쇼어라인시의원(민주당), 박영민 워싱턴 페더럴웨이 시의원(前시장), 백형기 에디슨시 시장 보좌관, 조재길 세리토스 시의원(민주당), 최석호 UC 어바인 시의원(공화당)최용식 뉴저지 레오니아 시의원(민주당), 허영은 리틀포스 시의원(민주당), 최준희 뉴저지 에디슨시장, Sam 윤 보스턴시의원, 스티브 김 일리노이 노스타운 시의원, 해리 김 하와이 시장; 의원보좌관은 다수.
25) 그레이스 정 변호사(연방 법무부 민권국 차관보, 역사상 한인으로서는 최고위직).
26) 백진훈 참의원(민주당).
27) <중국전국인민대표대회> ※제10기(2003년) 상무위원(159명) 장용준; 인민대표(2985명) 장혜령(천진시), 김죽화(요녕성), 이중희・장용준・김화・김병민・김진길・남순희(요녕성), 정춘림・최용길(흑룡강성) ※제11기 조선족동포(2008.3 현재): 이용희 연변조선족자치주 주장; 김석인 연변조선족자치주 인대상무위원회 주임; 김병민 연변대학교 총장; 조병철 길림성 민족종교국 당조서기 겸 주임; 함순녀 길림성 여성무용가; 최금순 길림성 광원실업그룹 대표; 최용길 흑룡강성 기업인(러시아투자); 박광종 흑룡강성 수하시 경안현 경안동원상업무역유한공사 이사장 겸 경안현 구승진 구양촌 촌서기; 이미란 흑룡강성 하얼빈시 조선족기독교회 목사; 김죽화 요녕성 무순시 이석채소학교 교장. <중국 전국정치협상회의> ※제10기 상무위원(299명) 이승숙, 김일광(무당파 민주인사); 전국위원(2238명) 장천일・최선옥(문화예술), 박혜선・이성일・이승숙・김만・김인섭(소수민족), 정택근(중국민주동맹) ※제11기 전국위원 조선족동포(2008.3 현재): 이덕수 전 국가민족사무위원회 주임, 전철수 중화전국공상연합회 당조서기 겸 제1부주석, 장천일 가요 칭짱(靑蔣)고원 작사・작곡가, 박영 북경시 정협 상무위원 겸 청화대 항공기술중심 부주임, 임현욱 국가통계국 부국장; 이성일 광주 모드모아주식유한공사 이사장, 이승숙 국가1급안무가, 박혜선 연변대학교 약학원 부원장 겸 길림성 연변조선족자치주 정협 부주석.
28) 류보미르 장(49세) 국가두마(하원) 의원(2003년), 바실리 조(58세) 국가두마(하원) 의원(1989년),

러시아고려인협회 회장(1999년 이후), 발레리 강(27세) 러시아 우수리스크 시의원, 알렉산드리비치 김(50세) 러시아연방 사하공화국 국회부의장.
29) 베라 보리소나 박(70세) 우즈베키스탄 상원의원, 브로니슬라프(62세) 카자흐스탄 알마티시의원(3선), 아파나시 심(64세) 前 카자흐스탄 청년스포츠관광 차관, 로만 신(60세) 키르기스스탄 국회의원(2005년), 前고려인협회 회장.
30) 유가이 올렉 사할린주 의원(무소속), 오진하 사할린주 의원(공산당 비례대표), 김기명 사하공하국 국회의원, 김세르게이 우즈벡 타쉬켄트 시의원, 황 스타니슬라브 타쉬켄트주 의원.
31) 박 아나톨리 블로그다주정부 부주지사, 정 세르게이 러시아 투바공화국 경제부장관, 최알렉 레닌그라드 브이보르그시 부시장.
32) 장재영 세인트존 시의원(보수당).
33) 김홍기 상파울루주 대표의원(사회민주당).
34) 권기범 스트라스필드 시의원.
35) 이홍규 의원보좌관(국민당).
36) 황대진 핀란드한인회장(태권도 보급·공인 9단, 국회의원 출마).
37) 홍성은, 홍명기, 허승회, 조병태, 임창빈, 임계순, 이동, 알렉스 한, 신영교, 백영중, 문대동, 정진철 로얄아이맥스회장, 고석화 월셔은행 회장, 고선재단 설립자, 김우경 Selam/IT 대표이사, Korea IT Network 초대회장.
38) 한미신용정보(회장 이동연)에서 발간한 『미주한인기업연감』(2004년판, 2005년 개정판, 2006년 증보판) 참조: 미 전역 한인기업체의 주요 기본정보 수록.
39) 한창우 마루한 회장, 김덕길 Asia IT Strategy Inc./IT 회장, KIN(Korean IT Network) 자문위원장, 김건치 이나자와 회장, 김일웅 Selam회장, 박병헌 대성엘틱회장, 최종태 야마젠그룹회장.
40) 알렉산드르 하리또노비치(58세) 우수리서비스그룹 회장, 발렌틴 박(58세), 게나지 정 소시지제조사 테겐 사장, 게오르기 김 최고급가구공장 프로체스사 사장, 최유리(60세) 카스피그룹 총수, 바체슬라브 김(39세) ATG 회장, 에두아르트 김(43세) 유통회사 테크노돔 플러스 대표, 올렉 남 중앙아시아 최대 건설사 쿠아트(KUAT) 회장, 오가이 에두아르트 건설사 베르텍스 사장.
41) 승은호 코린도그룹회장(인도네시아), 권병하 헤니권 코아퍼레이션회장(말레이시아), 오세영 코라오그룹회장(라오스), 이영현 영리 트레이딩회장(캐나다), 천용수 코스트그룹회장(호주).
42) 황유복 중앙민족대학 박사지도교수·한국문화연구소장, 장춘식 사회과학원 민족문화연구소 연구원, 허명철 연변대 민족학연구소, 김호웅 연변대 교수, 조호길 중앙당교 교수, 김만수, 정신철 중국사회과학원 교수, 박금해 연변대 민족연구원 교수, 김관웅 연변대 조문학부 교수, 우상렬 연변대 조문학부 부교수, 이천민 연변주교육학원 원장조리(연변조선족교육연구실 주임), 김강일 연변대 동북아연구원장 겸 국제정치연구소장, 이봉우 연변대 조선한국학학원 부교수, 장춘식 사회과학원 민족문학연구소 연구원, 강순화 연변대 여성연구중심 연구원.
43) 김삼화 서울대 사범대 교육상담 박사과정, 서선화 서울대 교육인류학 석사과정, 이춘복 연세대 정외과 석사과정, 안광용 서울대 경영학과 석사과정, 김용선 서강대 역사학 박사과정, 박송걸 서울대 경영학과 석사과정, 예동근 고려대 사회학과 박사과정, 박광성 서울대 사회학과 박사과정.
44) 엘레나 강(60세) 하바로프스크 국립대학 최고교수·독일어학과장, 유리 안드레예비치 홍(61세) 러시아과학아카데미 재료과 강도물리학연구소 책임자, 前톰스크주 고려인협회 회장, 니콜라예비치 김(54) 블라디보스토크 극동 국립공업수산대학 총장, 넬리 엄(69) 모스크바 1086 한민족학교 교장, 발레리 한(49세) 우즈베키스탄 역사연구소 부소장, 구리 한(77세) 카자흐스탄 인문법률대 교수, 이박 박(78세) 알파라비국립대 교수, 과학아카데미 수학연구소 부소장.
45) www.kseaj.com 참조 1983.10.22 설립. 1984.12 한국과학기술단체총연합회 특별회원 승인, 1994년 민단중앙본부 산하단체로 승인; 회장 현광남(와세다대), 부회장 이해수(전 중앙대), 김무완(일본정보대), 심재동(전 오사까정보컴퓨터고등전수학교), 김영길(전 전남대), 우제태(중부대).

46) 중국 유인우주선 선쩌우(神舟) 5호(2003.10) 우주선 부총설계사 리상영(李相榮), 중국 달탐사 '창어1호' 부총설계사 강경산(姜景山), 중국과학원 장춘 정밀기계 및 물리연구소 선임연구원 우병희(禹秉熙), 우주항행연구 부문의 미사일연구가 김수복; 중국조선족과학기술자협회.
47) 이반 리(48세) 카자흐스탄 국립병원장.
48) 프랑스협회법에 의거 1976년 설립(07.12 현재 회원 245명; 남 168, 여 77; 박사 77, 석사 56, 학사 45, 학부 67명). 현 집행부(21대) 회장 한우석, 부회장 최유진, 김세종, 총무이사 최용준, 재무이사 박원광, 웹담당이사 이홍노, 홍보이사 권현아, YGF이사 정진미, 청년부이사 김종욱, 감사 김명수. 지역대표: 파리 김세종, 그르노블 구민, 뚤루즈 김영섭, 리옹 김의종, 릴·노르망디 박정해, 브루따뉴 박정열, 마르세이유 정혜진, 벨기에 장지원, 스위스 신종호. 분과위원장: 기초과학 정광희, 전기전자 이해영, 기계항공 박정해, 환경에너지 김명수, 생명의학 박규호, 건축토목 이승호.
49) 정인갑 베이징뉴스 주필(북경삼강학교 교장, 북경시 조선족중장년활동센터 회장), 류연산 조선족작가(전 연변조선족자치주 의원·연변대 어문학부 교수), 장연하 연변일보 기자(한민족여성네트워크), 장경률 연변일보 논설위원, 송철운, 강정숙, 박문희, 김창진, 김천, 류대식, 박일, 윤운걸, 최호, 김호림, 김성룡, 강룡운, 이원철, 최호, 최동일.
50) 장정일, 김혁, 김재국, 최균선, 최국철, 이광인, 이혜선, 조성일, 이상각, 우광훈, 허련순, 이선희, 이동렬, 최홍일, 채영춘.
51) 김범송, 이경호, 유경재, 여호길, 방홍국, 허동식, 강학선, 이동혁, 김정룡, 문민, 김순옥.
52) 아나톨리 김(69세) 제3회 톨스토이문학상 대상(2005년), 노벨상 후보.
53) 한영우 스웨덴 노벨재단박물관 수석자문관(노벨재단에 있는 동안 무슨 과목이라도 한국인이 노벨상을 수상했으면 하는 소망을 갖고 있음. 국왕이 주재하는 만찬에 한국사람들이 가득 앉아 있는 모습을 볼 수 있도록 노벨재단에서 몇 년 더 일하고 싶다고 밝힌 바 있음.※과학상보다 문학상이 가능성이 있다고 전망).
54) 알렉산드라 샤샤 리(14세) 제3회 블라디보스토크 국제콩쿠르 바이올림부문 1위, 쏘러시아 신인콩쿠르 바이올린부문 그랑프리, 마르 가르타(18세) 쇼스타코비치 국제콩쿠르 바이올린부문 3위, 블라디미르 신(55세) 우즈베키스탄 고려인문화협회 회장, 이스크라 신(55세) 故 신순남 화백의 딸, 알렉산드로 에듀아도비치 김(32세) 힙합가수, 프리키패밀리 리더, 故 김병화옹의 손자, 정추(85세) 박사(카자흐스탄의 윤이상).
55) 이고르 리(59세) 우즈베키스탄태권도협회 고문.
56) KAYPA(Korean American Young Professionals Association)-이민2세대 모임, 주로 변호사·의사·정부관련 전문직업인들 모임; Korean American Alliance-이민1.5~2세 모임, 주류사회 참여 및 미국시민권획득운동, 미국정치 후보자당선운동.
57) 영국 KOPIL(Korean Professional in London, 회장 김샨텔, 2006년 결성, 회원수 200여 명).
58) 뉴욕조선족통신(http://nykca.com/bbs/main.php) 참조.
59) 조선족글로벌네트워크포럼(http://www.ckywf.com) 참조.
60) <조선족 분포현황> 흑룡강신문 자료(2005년, 중국조선족사회 어디까지 왔는가)에 따르면 동북3성 81만명, 산동성 18만명, 북경·천진 17만명, 상해·남경·항주(화중지방) 8만5천명, 심천·광주(화남지방) 6만명, 국외로는 한국 17만명, 일본 5만명, 미국 4~5만명, 러시아 4~5만명, 중동 4~5만명 등 40만명 분포; 조선족네트(http://www.searchnavi.com/~hp/chosenzoku/), 글로벌 조선족커뮤니티(http://www.200man.com/html/ 10 /category-catid-110.html).
61) 법무부 2007년도 통계자료에 따르면 합법체류 조선족은 31만485명, 불법체류자는 3만4448명(길림신문 2008.1.19); 재한조선족유학생네트워크(KCN, 2003.11 창립, 400여 명 활동)에 따르면 약 5천명의 조선족유학생이 국내입국(한인네트워크 2008.1).
62) http://bud21.com/ (2001.11.1 설립).
63) 제6차 세계한상대회(10.31~11.2) 국내외 2,993명 참가(해외 1,146명) www.hansang.net 참조.

64) 2007 세계한인회장대회(6.19~6.22) 54개국 337명 참가. 대통령 개회식 참석.
65) <한인회 파악> 2006년 105개국 432개 → 2007년 117개국 530개; 2008년에는 600개 정도 수록 예정.
66) 2007 차세대지도자 워크숍(07.30~8.4) 10개국 46명 참가.
67) 중앙인사위원회 보도자료(07.7.31, 중앙인사위원회 위원장 '재외동포차세대지도자 프로그램' 만찬 주최).
68) 청소년대학생모국연수(07.15~7.21) 124명 참가.
69) 재외동포초청장학사업 11개국 85명(기존 55, 신규 30), 모국수학재외동포장학사업 7개국 30명, 중국·CIS지역장학금지원 6개국 100명.
70) 재중동포청년직업연수(제10기: 4.2~7.20, 제11기: 9.3~12.21, 연변과기대 80명)); CIS지역동포청년직업연수 카자흐스탄(9.3~12.21, 알마티한국교육원 20명), 우즈베키스탄(07.10.1~08.1.14, 타슈켄트한국교육원 25명); 중남미지역동포청년직업연수(제3기: 4.20~8.13, 제4기: 8.17~12.1, 중남미한상연합회 80명); 사할린지역동포청년직업연수(07.8.20~08.2.14, 한국산업인력공단 12명).
71) 국외입양동포모국문화체험연수(07.24~7.30) 8개국 23명.
72) 국외입양동포 사이트(oaks.korean.net) DB(약 11,000여 개) 참조; 관련단체 11종 437개, 관련사업 27종 2,022건, 발간자료 16종 8,311건.
73) ≪주간한국≫ 2007년 8월 13일자.
74) 2007년 신규사업(07.9.18~9.21). 해외참석자 10개국 86명. 주제: 재외동포사회 정치현주소와 네트워크형성방안. 대회목적: 재외동포권익 및 정치력신장, 한민족정치인네트워크구축, 국내외 정치인교류활성화, 한인정치인 양성 및 정계입문 활성화. 대회성과: 세계한인정치인협의회 구성(회장 임용근).
75) 2006년 106개국 125개 공관 2,072개 한글학교(교원수 13,849명, 학생수 125.044명→ 2007년 109개국 128개 공관 2,097개 한글학교(교원수 14,172명, 학생수 127.184명).
76) 코리안 페스티발(10.4~10.7) 5개국 67명(한인콘서트, 한인예술한마당, 한인디지털퍼포먼스, 한인락페스티발, 세미나 등).
77) <2007년 사업: 07.10.4~10.10> 3개국 26명 초청: 한인의 날 기념식 참석, 금강산·서울 명소·인천사할린복지관 방문, 문화체험.
78) 법무부 이민청 설립 추진(외국인출입국정책본부, 외국적동포과 신설); 교육과학기술부 재외동포교육 전담부서(재외동포교육과 설치, 국제교육진흥원 운영, 해외 한국교육원 운영).
79) www.nuac.go.kr 참조; 제10기 해외회의(해외회의 일본 등 2개협의회 01.10.8~10.13, 387명 참가; 국내초청 01.10.28~10.31: 657명 참가; 해외회의 캐나다 등 5개 협의회 01.11.9~11.21), 제11기 해외회의(03.9.23~9.25: 1,237명 참가), 제12기 해외회의(화상회의, 05.7.1: 북미주·일본지역회 등 7개 지역 1,027명 참가).
80) www.kowin.or.kr 참조; 지역담당관제 실시, 지역별로 독일, 호주, 프랑스, 필리핀 사이트 개설; 2001년 20개국 100명, 2002년 20개국 90명, 2003년 20개국 97명, 2004년 26개국 96명, 2005년 21개국 120명, 2006년 24개국 150명, 2007년 27개국 130명 참가.
81) 『제2차 세계한민족여성네트워크 인명록』(2002.7.1~7.4) 총 250명 수록.
82) www.kosen21.org 참조; <연혁> 1997.7 KOSEN 오픈, 1999.11 과학기술정보네트워크 오픈 (OSTN), 2005.5 KOSEN과 OSTN 회원DB 통합, 정보연계, 2001.12 KOSEN과 OSTN 통합, 2003. 회원 2만명 돌파, 2006. 회원 4만명 돌파, 2006.12 현재 국내 37,969명, 해외 4,580명(박사 53%, 석사 22%, 학사 15%, 기타 9%).
83) ≪디지털타임스≫ 2006년 7월 24일자.
84) <대회기간 06.7.18~7.22, 주최: 한국과학기술단체총연합회, 해외학자 300여명 참가> 한편 과총 창립 30주년 기념으로 서울에서 '96세계한민족과학기술자종합학술대회 개최(미국 등 14개국 재외

동포 과학기술자 5백여 명과 3천여 국내 과학기술자 참가).
85) www.sportal.or.kr 참조.
86) ≪스포츠서울≫ 2007년 10월 9일자 참조.
87) www.okta.net 참조.
88) www.hansangkorea.com 참조.
89) 세계에 흩어져 살고 있는 국제결혼여성들의 네트워크를 구축하여 회원간 유대를 강화하고 지속적인 유익한 정보공유와 문화를 교류함으로써 다문화가정 구성원들의 정체성 확립과 구성원들의 효과적인 민간외교관 역할과 세계경제발전에 기여함을 목적(http://www. kawausa.org/ 참조); 2006년 12개국 120여명 참가.
90) www.inke.org 참조; 현재 동경, 후쿠오까, 북경, 심양, 연길, 홍콩, 뉴델리, 방콕, 콸라룸푸르, 자카르타, 싱가폴, 젯다, 하노이, 호치민, 워싱턴D.C., 뉴욕, L.A., 토론토, 밴쿠버, 멕시코시티, 부에노스아이레스, 상파울루, 런던, 파리, 프랑크푸르트, 취리히, 모스크바, 시드니, 퍼스, 오클랜드 등에 지부 설치.
91) 2007 세계한인입양인대회(7.31~8.5) 16개국 입양인 및 가족 700명 참가.
92) www.journalist.or.kr 참조; 제1회(2002.11) 13개국 29명 참가, 제2회(2003.11) 15개국 50여명 참가, 제3회(2004.11) 15개국 50여명 참가, 제4회(2005.6) 21개국 70여명 참가, 제5차(2006.5) 20개국 100여명 참가, 제6차(2007.6), 20개국 60여명 참가, 제7차(2008.4) 23개국 63명 참가.
93) 2007 세계한국어방송인대회(11.21~11.24) 14개국 70개사 100여 명 참가.
94) <제1회 차세대 지도자 워크숍(1998.7.20~7.25)> 12개국 20명 참석. 권오석, 김영빈, 김재은, 김판석, 김형석, 김희준, 노명호, 문광현, 박승범, 박충기, 송행진, 안성진, 안 알료나, 안용준, 오승헌, 이태희, 최 파벨 니콜라에비치, 최영돈, 최현정, 최희섭; <제2회 차세대 지도자 워크숍(1999.7.20~7.26)> 주요 참석자: 김 마크 L.A.시 법원판사, 김선엽 변호사, 김승규 G&H사 대표, 김종헌 무궁화유통 이사, 김한나 차세대단체 임원, 박향헌 L.A. 카운티 검사, 이강열 엔지니어, 이수남 민단 청년회 중앙본부 총무부장, 이후성 독일 COMPAQ사 근무, 임혜빈 공인회계사, 장한경 시카고시 공무원, 조민희 변호사, 최왕규 광고기획자, 황현석 샌프란시스코시 공무원; <제3회 차세대지도자 워크숍(2000.5.15~5.20)> 주요참석자: 신호범, 찰스 김, 김철원, 공융진, 구본석, 권소영, 김데이빗, 김이고르, 김지마, 김해원, 류정선, 문희주, 박매화, 박은영, 신영대, 안주영, 오수지, 유조원, 이규순, 이동준, 이성기, 장승천, 전승훈, 정세라, 정영순, 정홍석, 최두순, 최영혜, 한검치, 한정훈.
95) <협력단체> 한미연합회(KAC: Grace Yoo), Young Professional Group(송혜성), 한인시민활동연대(KALCA: 박태효), NetKAL(이제훈), 재일민단청년회(강공선), 한가람(김현민), Korean Germany Network(이은주), 2saeNetwork(마틴 현), 광동조선족연합회(최용균), 심양조선족기업가협회(길경갑), 대양주한인연합회(백낙윤), 몬트리올한인커뮤니티센터(염동준), C3 Society(김연아), 캐나다한인대학생총연합회(장희용), Korea-Portugal Forum(최경렬), 스페인한인총연합회(김태석), 고려인청년연합회(김 뱌체슬랍); 준최 뉴저지 에디슨시장, 미국 CBS의 리얼리티쇼 '서바이버-13번째 에피소드' 우승자인 권율씨, 월트 디즈니사의 제임스 노 부사장 등 주목받는 차세대 한인동포가 주요 연사로 참석 예정.
96) <개요> 조사기관: 폴리시 앤 리서치. 조사기간: 8월 2일~16일. 표본수: 성인 남녀 708명. 표본오차: ±3.74%포인트(95% 신뢰수준).
97) 한국과학기술정보연구원, 「글로벌동향브리핑(GTB): 독일, 고급인력 유치방안연구」(2008.4. 29) 참조.
98) 법무부는 앞으로 배우자 취업절차 개선(08.6), 언어지원서비스 강화(08.10), 외국인학교 학력 인정(08.12) 등 체류환경을 개선할 계획.
99) 미국체류 대만 엔지니어를 귀국시키기 위해 캘리포니아식 주택과 가로수 거리 조성, 외국인학교 설립 등을 통해 생활조건 전체를 미국화, 대만국적자 뿐 아니라 외국우수인력까지 유치. 1976년

이후 약 10억 대만 달러를 단지조성에 선투자, 정부가 앞장서서 우수인력 활동여건 마련; 국가과학기술자문회의(2001), 과학기술인력에 대한 사회적 보상체계 강화방안; 국가과학기술자문회의(2002), 고급과학기술인력의 산업계 유인방안 참조.
100) <반대론의 이유> (1)얌체론, 병역기피, 범죄도피 (2)출입국 체류관리 어려움. 중국 등과 외교적 마찰 우려 (3) 외교적 보호권, 범죄인 인도 등 섭외적 문제 해결 어려움 (4)국가는 단일충성의 대상(예: 미국) <찬성론의 이유> (1)경제적 이득을 비롯한 국익에 크게 기여 (2)우수 인적자원 활용 위해 필요 (3)시대적 상황이 다중국적 요구 (4)국외이민 신장, 재외국민의 거주국 정착 및 동화에 도움 (5)인도적 차원에서 해외동포의 이중국적 필요 (6)부모와 자녀는 별개의 독립된 인격 (7)이중국적 금지로 인하여 이민국 국적취득과 동시에 한국적 박탈하는 제도는 거주국 시민권 획득에 소극적이게 하여 거주국에 성공적 정착에 장애 (8)납세 등 의무이행하면서도 참정권 행사 못하는 불이익 감수 (9)한국의 외국인 노동자에게 국적부여함으로써 인권국가 이미지, 공동체동화.
101) 이경태, 이중국적 허용 필요한가, 재외동포정책토론회 발표문(2008.1.17). '실효적 국적 원칙' 등으로도 이런 문제들은 완전히 해결하지 못한다는 반대론 있음.
102) 외교통상부 보도자료(08.4.2) <07년말 실시 대국민여론조사 결과 공개> ο조사기관: 한국갤럽조사연구소 ο조사기간: 12월 24일 및 26일 양일 ο표본수: 전국 19세 이상 성인 남녀 1,220(명) ο표본오차: ±2.8%포인트(95% 신뢰수준) <질문> 우리나라가 이중국적을 허용해야 한다고 보십니까? 허용하지 말아야 한다고 보십니까?

1. 허용해야 한다	2. 허용하지 말아야 한다	3. 모름/무응답
35.2	64.4	0.5

103) 정인섭, 『이중국적』(사람생각, 2004) 참조; 정인섭 외, 『이중국적에 관한 법리적 검토』(법무부편, 2004) 참조.
104) Stanley A. Renshon, *Dual Citizenship and American National Identity* (Center for Immigration Studies 2001.10) p.45; 알바니아, 안티구아&바르부다, 아르헨티나, 호주, 바하마스, 방글라데시, 바르바도스, 벨리제, 베넹, 볼리비아, 브라질, 불가리아, 부르키나 파소, 캄보디아, 캐나다, 케이프 베르데, 칠레, 콜롬비아, 코스타리카, 크로아티아, 사이프러스, 사이프러스(北), 도미니카, 도미니카공화국, 에쿠아도르, 이집트, 엘살바도르, 피지, 프랑스, 독일, 가나, 그리스, 그레나다, 과테말라, 기니아, 아이티, 헝가리, 인도, 이란, 아일랜드, 이스라엘, 이태리, 자마이카, 요르단, 라티바, 레바논, 레소토, 리이헨스타인, 리투아니아, 마카오, 마카도니아, 마다가스카르, 말타, 멕시코, 몬테니그로, 몽골, 모로코, 네덜란드, 뉴질랜드, 니카라구아. 나이지리아, 북아일랜드, 파나마, 파키스탄, 파라과이, 페루, 프트카이른, 필리핀, 폴랜드, 포르투갈, 루마니아, 러시아, 세인트 키츠, 세인트루시아, 세인트 빈센, 세르비아, 스롤베니아, 남아프리카공화국, 스페인, 스리랑카, 스웨덴, 스위스, 대만, 트리니다드/토바고, 태국, 티벳, 터키, 영국, 미국, 우크라이나, 우루과이, 베트남 등.
105) 한국무역협회 무역연구소, 「글로벌 인재의 이동현황과 각국의 유치전략」(2006.7) 참조.
106) 2003년 12월, '이중시민권 법안' 상원 통과, 2004년 1월 이후 이중시민권 선별적 허용조치(인도 시민권과 거주국 영주권만 있던 NRIs도 거주국 시민권 부여) & 16개국의 PIOs들도 해외시민권(Overseas citizenship) 허용(호주, 캐나다, 핀란드, 프랑스, 그리스, 아일랜드, 이스라엘, 이태리, 네덜란드, 뉴질랜드, 포르투갈, 사이프러스共, 스웨덴, 스위스, 영국, 미국).
107) KOTRA 해외무역관(24개국 25개)을 글로벌 고급인력 유치지원을 위한 'Contact Korea'로 운영 (08.12).
108) 법무부 보도자료(2008.4.30) 참조.
109) 국가과학기술자문회의, 「과학기술인력의 새로운 병역의무 이행체계 정립방안」(2003) 참조.

110) 미국시민권자인 이웅길씨의 애틀란타총영사 내정 발표 및 사퇴파동, 미국영주권자인 김재수씨의 L.A.총영사 임명 및 사퇴압력, 미국영주권자인 구안숙씨의 대한체육회 사무총장 임명동의 거부 파동.
111) 중앙인사위원회, 『공무원 충원제도의 새로운 패러다임 모색과 발전방안』(2003.11) 참조.
112) 美상공회의소·한미재계회의 공동주최 만찬 연설(2008.4.18).
113) 법무부, 『각국의 국적관계법 3』(2006), 19~42쪽 참조.
114) 한국의 경우 선거법 개정(2005.6)으로 영주권 취득 3년이 지난 외국인에게 지방참정권 부여, 일본 자민당의 반대로 재일동포 지방참정권 성사되지 못하고 있음.
115) 이건우 외, 『재일국민 조국참정권 운동 어제, 오늘 그리고 내일 - 우리도 대한민국 국민입니다』(재일국민의 조국참정권회복을 위한 시민연대, 2002).
116) 정인섭 외·법무부 편, 『이중국적문제에 관한 법리적 검토』(2004), 171쪽; 조병인·도중진·손영학, 『국적취득제도에 관한 비교법적 연구: 미국, 일본, 중국의 국적취득제도를 중심으로』(2002), 117~148쪽.
117) <국적법> "중화인민공화국은 중국의 공민이 이중국적을 가지는 것을 허용하지 아니한다"(제3조), "중국공민의 子로 외국에서 출생한 자가 출생과 동시에 외국국적을 취득한 경우에는 중국국적을 취득하지 못한다"(제5조), "외국에 정주하는 중국공민으로서 외국에 귀화한 자는 중국국적을 자동적으로 상실한다"(제9조), "중국에 귀화하거나 중국국적의 회복을 허가받은 자는 前 국적을 보유할 수 없다"(제8조, 제13조) 등으로 중국국민이나 외국인의 이중국적 원천적 불허 <외국인출입국관리법> "중국사회주의건설에 공로가 있는 외국인은 영구거류자격을 취득할 수 있다"(제18조 2항)(※華僑, 華人우대정책).
118) ≪부산일보≫ 2008년 2월 25일자.
119) ≪주간동아≫ 2007년 9월 5일자.
120) ≪뉴욕 중앙일보≫ 2008년 4월 30일자.
121) ≪토론토 중앙일보≫ 2008년 4월 30일자.
122) ≪연합뉴스≫ 2008년 1월 3일자.
123) 국회인권포럼, 「입양인 인권과 입양정책」(1998); ≪경향신문≫ 2005년 7월 14일자.
124) 재한조선족유학생네트워크 김용선 회장 인터뷰(백두넷.com, 2007.10.23); 김범송(칼럼리스트, 중국선교연구원 자료방 2007.3.18).
125) http://www.jewishagency.org/ 참조; 2008년 현재 핵심예산 3억1476만 달러, 해외 80개국 450명의 해외요원(공식·비공식) 활동.
126) http://www.mfa.gov.il/ 참조: "Every Jew has the right to come to this country as an oleh"
127) http://www.moia.gov.il/ 참조.
128) 최보선, 「탈북주민문제와 이스라엘 이주민정책」, 『통일경제』 26(현대경제사회연구원, 1997. 2) 참조; 이스라엘에서는 원칙적으로 18세 이상의 모든 주민은 군복무 의무 및 제대후 예비군 복무 의무를 진다. 그러나 이주민에게는 여기에 대한 광범위한 특례를 인정하고 있다. 우선 18세 이상 이주민에게는 나이, 가족 상황 등을 고려하여 단축혜택을 준다(4~30 개월 복무). 그리고 24세 이상인 경우에는 예비군복무 의무만 지우고 있다. 17세 이상 및 기혼여성도 군복무를 면제한다. 또 18개월 이상 외국군대에서 복무했을 경우 4개월만 복무케 하며, 18 개월 미만 복무했을 경우 그 기간에 따라 단축혜택을 준다. 아울러 징집시기도 유통성을 부여하여 이스라엘사회에의 동화가 군복무로 인해 방해받지 않도록 하고 있다.
129) 최보선, 위 논문 참조.
130) 차종석·박형근·정현택, 『성공기업으로 가는 한국형 인재경영』(넥세스BIZ, 2004), 107쪽; 우수인력 유인·유지 4가지 명제: (1)흥미로운 업무환경-업무의 자율권, 흥미 있는 업무, 도전적인

업무, 동료 전문가집단 (2)차별적 보상-노동·자산원가 가격 조직기여, 차별적인 보상(고속승진) (3)좋은 회사 이미지-회사의 가치·문화, 회사의 이미지, 회사의 CEO 및 규모, 회사의 평판 (4) 성장·개발기회 유통-교육·훈련프로그램, 직무순환기회, 멘토와 멘티의 관계, 경력개발기회.

131) 최병권, 『미래기업의 인재코드』(새로운 제안, 2005), 26~27쪽.
132) 교육인적자원부 보도자료(2004.12.17), 「외국인 유학생 유치확대 종합방안(Study Korea) 프로젝트)(안)
133) 이재규, 앞의 책(2007), 251~253쪽.
134) <조직> 50개주 8개 지역연합회 158개 한인회(서북미-6개주 10개, 서남부-7개주 33개, 중서부 -13개주 24개, 중남부-5개주 12개, 동남부-5개주 26개, 플로리다-1개주 8개, 워싱턴지구-3개주 12개, 동북부-10개주 33개) <미주총연 임원> 총회장 김승리, 수석부회장 김영호, 김병직, 신현태, 사무총장 김길영, 이사장 서영석, 수석부이사장 심송무, 김백규, 김도현 (http://www.koranfedus.org 참조).
135) 구천서·이병화, 『연해주 농업개발과 환경여건』(책만드는집, 1997); 박진환, 『극동러시아의 벼농사, 국영농장 그리고 조선족·러시아인들』(농협대학 농촌개발연구소, 1998); 농촌진흥청, 『북방국가에 대한 해외농업진출방안 연구, 제2차년도』(2001); 이화영, 『남북러 삼각협력과 한반도평화의 길: 연해주 농업협력과 동북아평화경제공동체 구축』(이화영 의원실, 2007) 참조.
136) 세계해외한인무역협회, 「재외동포 차세대무역스쿨 보고서」(2006).
137) 재외동포재단이 한국산업인력공단 국제HDR센터에 위탁실시중인 멕시코 한인후손 초청직업훈련 사업(2006, IT, 전자제품수리, 자동차정비, 용접 등) 실시 결과 수료생(30명) 중에 5명 포스코 현지법인('포스코 멕시코 알타미라 CGL법인') 채용.
138) 국회 기업하기좋은환경만들기 포럼, 「해외시장 활성화방안: 전자무역과 해외한상네트워크 강화방안을 중심으로」(2005).
139) 임채완·김재기, 「중국진출 한국기업활용 국내 일자리 창출방안(국회 산자위 정책연구개발용역보고서)」(2006, 전남대 세계한상문화연구단) 참조.
140) http://china.korcham.net/ 참조: 2005년 12월 현재 36개 지역에 한국상회가 설립 운영, 전체 지역상회에 가입한 회원사는 총 4,396개.
141) 국가과학기술자문회의 편, 「의료산업육성방안(의약산업을 중심으로)」(2004); 삼성경제연구소, 『SERI 전망 2008』(2008), 231쪽 참조.
142) 삼성경제연구소, 앞의 책, 30~31쪽.
143) 테이무라즈 라마쉬빌리 前주한러시아대사, 사할린투자계획 설명 기자회견(2004.6.24) 발언 "세계에서 에너지확보 대책을 마련하지 못한 유일한 국가는 아마도 한국일 것."
144) 제1차 한-중앙아협력포럼(07.11.15) 한국, 카자흐스탄, 키르기즈, 타지키스탄, 투르크메니스탄, 우즈베키스탄.
145) 삼성경제연구소, 「CEO Information」 651호, 19~20쪽.
146) 이장규·이석호, 『카스피해 에너지전쟁』(올림, 2006.10) "1990년대 이후 미국, 러시아, 중국, 인도 등이 카스피해의 석유자원을 안정적으로 확보하기 위해 송유관 건설을 놓고 경쟁 중(新거대게임: the New Great Game); 김득갑 외, 「한국의 자원확보전략 - 원유를 중심으로」(삼성경제연구소, CEO Information 제651호, 2008.4.23)에서 재인용; 국가과학기술자문회의, 「미래에너지기술확보방안」(2003), 국가과학기술자문회의, 「국가장기에너지정책수립에 관한 연구」(2003) 참조.
147) 신원섭·박용진, 「최근 자원민족주의 재확산과 향후 전망」, 『한은조사연구』 2007.5; 김득갑 외, 「한국의 자원확보전략 - 원유를 중심으로」(삼성경제연구소, CEO Information 제651호, 2008.4.23)에서 재인용.
148) 삼성경제연구소, CEO Information, 15쪽; 삼성물산: 멕시코만 해상 생산유전 인수(2008년), 중국 마황산서광구 생산(2007년), 대우인터내셔널: 미얀마 A-1, A-3 광구 가스층 발견(2004년), LG

상사: 카자흐스탄 에키즈카라(Egizkara) 광구 지분 인수(2007년), SK(주): 마다가스카르 마중가(Majunga) 해상광구 및 북해 4개 유전사업 참여(2006년), 포스코: 미국 몰리브덴 광산지분 인수(2008년), 호주광산 투자(2004년).
149) 고려인3세, 복싱올림픽 은메달 수상자, 서울올림픽 소련국가대표 복싱감독, 카자흐스탄주립 체육아카데미 교수 역임. 현 카자흐스탄고려인협회 회장, 카스피그룹 총수. 세계한상대회 리딩CEO. 2007년 나자르바예프 카자흐스탄 대통령에 의해 8명의 상원의원 중 한 명으로 임명.
150) 「한미 FTA체결 이후 제조업 부가가치 제고를 위한 기술혁신 전략」(2007).
151) 외교통상부, 「경제・통상외교 활동성과」(외교통상부 통상교섭본부, 2005) 참조.
152) 국회산업자원위원회, 「재외교포 상공인 네트워크화 방안에 관한 연구」(2003) 참조.
153) 6・25동란에 참전한 642명의 자이니치전사(재일학도의용군) "유령부대의 출현"(세계 최초의 해외국민 참전) 건국 이래 최대성금 541억 원(88서울올림픽성금모금운동), 39억 달러로 파탄 난 조국에 '15억 달러' 송금(IMF엔화송금운동), 대한민국 최초의 공단주인은 '재일동포'(60년대 본국투자와 구로공단), 이희건과 신한은행(70~80년대), 일본에서 김치붐 견인한 '바이코리안운동'(국산품애용운동사), 본국에 투자한 재일동포들(자료), 새마을운동과 제주감귤 비사, 서갑호와 도쿄주일대사관, 이역만리 떠도는 恨 풀어준 '망향의 동산', 사진으로 돌아본 재일스포츠60년, 대한민국이 인정한 2,960명(정부 훈포장자 명부) 등.
154) 삼성경제연구소, 『SERI 전망 2008』, 30~31쪽.
155) 2008년 4월 15일 노변담화 형식으로 진행된 이명박 대통령과 차세대동포와의 모임에는 '준희 최' 뉴저지州 에디슨市 시장, '알렉산더 정'(정범진) 뉴욕시 판사, NASA 3인자인 '신재원' 연구원, '주주 장(Juju Chang)' ABC방송 앵커, '미쉘 리(Michelle Rhee)' 워싱턴 D.C. 교육감, 전경배(미국명 대니 전) 뉴욕주 가정법원 판사, 정범진(미국명 알렉산터 정) 뉴욕시 판사, 다니엘 윤, 필리 황 등이 참석.
156) NSF, Science and Engineering Indicators, 2006.
157) 과학기술부 보도자료(2005.11.30) <과학기술인력 수급전망(2005~2014)> 박사학위 공급 50.9천명, 대체수요 8.2천명, 성장수요 47.3천명, 신규수요 55.4천명, 초과공급 -4.5천명.
158) 국가과학기술자문회의 'IRC(Interdisciplinary Research Center) 설립방안'(2003) 구상.
159) 하인호, 앞의 책(2006), 123쪽.
160) C4ISR: Command, Control, Communication, Computer, Intelligence, Surveillance, Reconnaissance.
161) 대한민국정부 편, 『국가인적자원개발기본계획: 2007년도 시행계획』(교육인적자원부 인적자원정책국, 2007) 참조.
162) 국가기술과학자문회의 편, 「국내외 과학기술 현안도출에 관한 연구」(2007), 226쪽.
163) 2007년 말 현재 해외입양인은 160,247명. 미국(107,145), 프랑스(11,155), 스웨덴(9,221), 덴마크(8,679), 노르웨이(6,274), 네덜란드(4,099), 벨기에(3,697), 호주(3,341), 독일(2,352), 캐나다(2,103), 스위스(1,111), 룩셈부르크(554)순.
164) 네덜란드(1,751명/ 입양 4,099명), 노르웨이(405명/ 입양 6,274명), 덴마크(269명/ 입양 8,629명), 독일(29,800명/ 입양 2,352명), 룩셈부르크(62명/ 입양 554명), 미국(2,023,653명/ 입양 107,145명), 벨기에(673명/ 입양 3,697명), 스웨덴(1,223명/ 입양 9,221명), 스위스(1,980명, 입양 1,111명), 영국(41,995명/ 입양 72명), 이탈리아(5,502명/ 입양 382명), 캐나다(218,716명/ 입양 2,103명), 프랑스(13,981명/ 입양 11,155명), 호주(95,297명/ 입양 3,341명).
165) 해외한국어교육기관은 한국학교(전일제 정규학교), 한글학교(정시제 주말학교), 한국교육원(평생교육기관), 중국 및 CIS지역 민족학교 등이, 한국어보급기관은 한국어세계화재단, 미국한국어교육진흥재단 등이 있음.
166) 1993년부터 시작된 '한민족축전예술제'('세계한민족체전'의 일환)사업이 코리안 페스티벌의 모(母)

사업. 재외동포재단 설립 이후 '서울예술제'(1998년)로 이관, 3년 후 '세계한민족문화제전'(모천제) 틀 속에서 '한민족문화공동체대회'(2001년)로 진행, 2007년부터 '코리안 페스티발'로 통합 추진; 2007년에는 신예 바이올리니스트 우예주(ELIZABETH WOO, 1987년생, 춘천 출생, 맨하튼음대卒)씨, 여성 포크가수이자 싱어송라이터인 재일동포 3세 노가요(盧佳世)씨(재일교포 성악가 전월선씨 제자, 환경평화주의자), 벨기에의 한국계 기타리스트 드니성호씨(한국명 신성호, 1975년생), '중국 록음악의 대부'로 불리는 조선족 가수 최건씨(1961년생) 등이 참여.

167) 삼성경제연구소, 앞의 책(2008), 163~164쪽.
168) 대한민국정부 편, 앞의 책(2007) 참조.
169) 하인호, 앞의 책, 175쪽.
170) 하인호, 앞의 책, 209쪽; 1990~2005년 1모작인생→2모작 인생, 2006~2015년 2모작인생→3모작 인생, 2016~2030측 3모작인생→4모작 인생으로 옮겨갈 것으로 예측.
171) 영국의 GATS Scheme(서비스인력노동허가제), HSMP(대졸자, 의사, 수의사, 금융전문가 등을 위한 포인트제도) 실시; 60개의 Industrial Park 조성, 1만 명 이상의 귀국자가 4천 개의 회사 설립. 중앙·지방정부와 해외거주그룹 상호간에 인재DB구축하여 국내유입 촉진한 중국의 사례 참조.
172) ≪동아일보≫ 2008년 4월 28일자 참조.
173) 삼성경제연구소, CEO Information 649호(2008.4.10), 3쪽; 자원대국은 자원수출 규모 100억 달러 이상, GDP 대비 자원산업(농수산업+광업) 비중 20% 이상, 1인당 소득 5천 달러 이상 등 3가지 요건 충족국가.
174) ≪토론토 재외동포신문≫ 2008년 3월 19일자.

제9장 글로벌 코리아와 이중국적정책1)

제1절 문제제기

1. 이민사 100년의 결실

가. 국제이주와 코리안 글로벌 디아스포라

- 2007년 현재, 우리 재외동포는 170여 개국 700만 명 산재 추정
- 단기체류자·주재상사원(가족)·유학생(144만4343명) 이외에 영주목적 재외국민 142만7590명 등 재외국민 287만5800명(07.8.14 현재)과 외국국적 동포 404만7934명(07. 5.1 현재)(※남북한 전체인구의 약 10%)
- 주변 4대강국(中 280만, 北美 220만, 日 90만, 러·CIS 53만)에 90% 분포
- 세계인구의 3%(1억5천만명) 정도가 고향을 떠나 다른 나라에서 '외국태생'으로 살고 있으며, 매년 2~300만 명이 이주대열에 합류2)
⇒ 우리 재외동포의 이주정착수준은 제3단계에서 제4단계로 이행 중

나. 역대 정부의 기조(이중국적정책 관련, by 정인섭 분류법)3)

- 적대적·사실상 방임기(1948~76)
 ※국적법(1948) 제정4), 재외국민등록법 제정(1949), 재일교포 교육보조금 지원(1957), 교민과 설치(1961), 해외이주법 제정(1962), 해외 우수과학자 유치·이중국적 특례(1968)5)
- 적대적·적극적 규제기(1977~97)
 ※대학특례입학제도(1977) 도입6), 재외국민보호조항(헌법 제2조 2) 신설 (1981), 세계한민족체전 실시(1989), 재외동포정책위원회 설치(1997), 재외동포재단 설립(1997), 국적법 개정7)(1997, 부모 양계혈통주의 채택 및 국적선택제도 도입)
- 제한적 용인·궁극적 부인기(1998년 이후~)
 ※재외동포출입국과법적지위에관한법 제정(1999), 국적법 개정(2005, 병역

기피수단으로 이중국적 악용 편법 봉쇄), 세계인의 날(2007) 제정, 세계한인의 날 제정(2007)

2. 우리가 직면한 당면과제: 고급인력 유출 심화

가. 1990년대 후반부터 국내로 환류되지 않는 고급인력 급증

- 2000년 이후 매년 2만5천명 해외이민 선택
  (※지난 10년간 한국국적포기 17만 명)
- 스위스 국제경영개발원(IMD)은 한국을 인재유출국으로 지적
- 인재유출지수(Brain Drain Index) 계속 하락 중(1995년 7.53 → 2006년 4.91)
- 참여정부 <비전 2030>: '글로벌 브레인네트워크'를 50대 핵심과제로 채택했으나 해외 고급인재 유치실적은 미미
  ⇒ 21세기는 치열한 글로벌 인재확보 전쟁(the war for talent) 시기[8]

나. 인재확보전략 시급: 새로운 환경변화[9] 대처 요망

- 지식경제 확산, R&D글로벌화에 따라 세계는 국가경쟁력 확보와 최고급 두뇌 풀(Global Brain Pool) 확보에 비상

<표 1> 주요 국가 인재확보전략

미국	중국	일본
American Competitive Initiative (2006); America COMPETES Act (2007)[10]	111工程(2006), 孔子學院프로젝트	외국인정주기본법(안) 준비[11]
향후 10년간 자연과학분야 기초연구 프로그램 지원, 경제・사회・국가안보를 위해 수학교사양성, 전문가 학교 현장투입, 중요외국어교육강화, 이민정책개혁으로 세계최고의 유능한 인재유치	교육부 국가외국전가국 주도로 해외 최고급두뇌 1천명 유치(중국 100개 대학 배치); 공자학원 65개국 240개소 설치, 30만 유학생계획, 1천만명 이민계획	자민당 外國人才交流推進議員 聯盟(中川秀直 前 간사장) 주도로 이민청 설치안, 고령화사회 인구감소방지를 위해 해외 인재확보계획

- 이명박 정부의 '선진일류국가'(Global Korea) 목표달성을 위해 글로벌 인재 발굴・활용방안이 최우선 과제로 부각

- 대통령 주재 국가경쟁력강화위원회 제2차 회의(08.4.30)에서 '글로벌 고급 인력 유치방안' 논의
- 고급인력에 대한 정보부족으로 적시공급 곤란, 다양한 인재수요에 부응하지 못하는 비자체계, 편안히 일하며 생활할 수 있는 체류환경 미흡, 이중국적 불허로 인한 인력 유출 심화 등이 주요 문제점으로 지적)
- 국내인재의 글로벌화 적극 추진 뿐 아니라 글로벌화 된 재외동포인재 과감히 육성·발굴·활용하여 모국발전 기여 유도 (※이중국적정책의 선진화)
 ⇒ 만사는 다 때가 있음(There is a time for everything!)

3. 영토의 전략적 의미 재음미

가. 영토의 중요성: 영토는 적극적으로 확보·관리해야

- 영토는 토지로 구성된 국가영역
- 현대국가는 주어진 공간단위에서 토지적 한계와 영해·영공상 명확한 범위 내에서 배타적 관할권이 행사되는 영역(=국경)을 설정[12]
- 대한민국의 영토: "한반도와 그 부속도서"(헌법 제3조)[13]
 (※백두산정계비와 북방영토, 간도귀속문제, 영해주권과 독도영유권, 두만강 하구와 녹둔도 관할문제 등)

나. 한류와 '문화영토'

- 고려대 민족문화연구소 '영토문제연구실'(81.4)(by 홍일식)[14]
- 문화영토: "인류애에 바탕을 둔 親愛와 화합 그리고 평화와 복지를 지향하는 문화적 영토"
 (※서로에 대한 배타의식·적대의식·피해의식의 상징으로서 폭력과 전쟁만을 불러 일으켰던 지리상의 국경=국제법 또는 국제정치상 영토)
 ⇒ 문화영토의 전초기지 활성화: 2007년 현재 14개국 26개 한국학교, 14개국 24개 한국교육원, 109개국 2,097개 한글학교, 117개국 530여 개 한인회 등 조직[15]

다. 자유무역협정(FTA)과 '경제영토'

1) 2015년 세계경제력 지도[16]

- 영국 쉐필드대학 사회 및 공간불평등연구그룹[17]과 미국 미시간대 마크 뉴먼 교수 제작(※삼성, LG, SK, POSCO 등 해외진출기업 활약상)

2) 경제영토 100배 넓히기

- 좁은 국토에 얽매여 있기보다 가까이는 북한 활용, 멀리는 한미FTA 등 세계 각국과 FTA 체결 추진. 세계를 무대로 경제영토를 넓혀나가자
 (※매일경제[18])
- 2008년 세계한상대회: "세계 속의 한상, 넓어지는 우리 시장"
 ⇒ 국민국가의 '脫영토화'(deterritorialization)

제2절 국적제도개선과 이중국적 도입방안

1. 이중국적은 불가피한 선택

가. 이중국적 허용 여부는 국가의 주권 & 정부의 권위적 의사결정

1) `국적(nationality): "개인과 국가 사이의 법적 유대"(legal bond), "일정한 국가에 복속하는 자로서 가지는 속성"(※이중국적: 한 개인이 둘 이상 국적보유[19])

- 최근 이중국적 선언국가(멕시코, 인도, 베트남) 사례 면밀한 분석 요망 (※ 2001년 현재, 다양한 형태의 이중국적 허용국가는 93개국[20])
- 1990년대 말 이후 해외인도인 전문가 모국발전 참여 유도한 인도의 재외 동포지원정책과 국내 출입국·투자 및 구직 개선안[21] 적극 참고해야

2) 정책은 정부의 의사결정(예: 법률, 행정명령, 계획, 예산, 조례, 규칙)[22]

- Thomas R. Dye: 정책(policy)이란 "정부가 하고자 또는 하지 않고자 결정한 것"(Understanding Public Policy) & "지배엘리트의 가치관·이해관계·선호를 반영"(Top Down Policymaking)
⇒ 현행 국적제도 및 이민정책 개선을 통해 글로벌 국가경쟁력확보와 재외동포인재 적극 유치해야

나. 현재 정부의 입장

1) 법무부: 신중하면서도 적극적 접근법

- "재외동포를 모국과 거주국간 우호증진에 기여할 수 있도록 국가발전의 성장동력으로 활용하자"(※선천적 이중국적자 중 ①병역의무 이행한 ②비자발적 이중국적자 및 ③글로벌 고급인력 등에게 복수국적 허용추진. 단 국민여론에 기초하여 신중 추진, 08.5. 14, 제13차 재외동포정책실무위원회)
⇒ 그러나 법무부 의견(발제문)처럼 허용범위나 기준을 국한(한정)할 경우 제외된 재외동포들의 강력 반발 예상

2) 외교통상부: 신중하면서도 소극적 접근법

- "우리 동포사회는 역사적 특수성과 거주국의 국적법과의 관계에서 다양한 입장을 보이고 있어서 이중국적 부여문제는 동포사회내 새로운 논란을 초래할 가능성을 배제할 수 없고, 현행 외무공무원법상 채용제한과 충돌하며, 여권발급정책과도 연관되는 문제이므로 이러한 제반사정을 감안하여 신중한 검토와 접근이 필요하다고 봄"
⇒ 이중국적문제는 주무부처인 법무부와 중장기적으로 검토할 사안으로 간주23) (※세계화에 따른 사람의 이동가속화 감안)

　　△(질문) 최근 해외순방 중인 노무현 대통령이 캄보디아 동포간담회에서 참정권과 이중국적에 대해 언급했는데, 이사장의 견해는?
　　△(답) 아무리 오래 거주해도 그 나라 영주권이나 시민권을 받을 수 없는 국가들이 상당수 있습니다. 그런 곳에 사는 동포는 당연히 평생 대한민국 국적을 가지고 살 수밖에 없고, 때문에 그들에게는 당연히 참정권을 줘야

합니다. 그러나 지금 참정권이나 이중국적 이야기가 미국쪽에서 주로 나오는데, 미국의 경우 지난 92년 LA폭동 이후 재미동포내 시민권획득자가 많이 늘었습니다. 만약 우리정부가 북미지역에 영주권자, 시민권자 등 분류해서 참정권을 부여하면 동포가 많은 지역에 각 정당 지부가 생길 것이고, 그로 인해 정치적 활동이 활발해지면 동포사회가 분열될 겁니다.

하지만 우리 정부가 동포들에게 이중국적을 준다면 참정권문제가 자연스럽게 해결됩니다. 이게 더 진보적이지 않겠습니까?(≪재외동포신문≫ 2006.12.5, 동포초대석, 이구홍 재외동포재단 신임 이사장)

△(질문) 재외동포참정권 허용과 이중국적허용 문제가 이슈로 떠올랐는데.
△(답) 참정권 문제를 따지기 전에 선행되어야 할 것이 바로 이중국적 허용문제입니다. 얼마 전 정부에서는 고급인력의 해외 유출 등을 막기 위해 '제한적 이중국적 허용'이라는 정책을 내놓았지요. 그러나 이중국적은 조건 없이 즉각 허용해야 합니다. 생각해 보세요. 한국 국적을 가진 영주권자에게만 참정권을 주는 것은 반쪽짜리 참정권입니다. 한 집에서도 누구는 투표를 할 수 있고 누구는 투표를 못하는 상황이 벌어지는 것이지요. 그러니 진정한 의미에서 참정권을 부여하려면 먼저 이중국적이 허용돼야 한다는 것입니다. 우리보다 이민선배인 유대인을 보세요. 그들은 잘 조화를 이루고 있지 않습니까. 이중국적 허용을 입법화하기 위해서는 무엇보다 재외동포들이 한 목소리를 내야 할 겁니다.(≪미주중앙일보≫ 2007.12.12, 이중국적 조건 없이 당장 허용해야 - 뉴욕 찾은 재외동포재단 이구홍 이사장>

2. 이중국적과 재외동포사회 반응

가. 외교부 분석

1) 역사적 특성과 거주국 국적법 차이로 동포사회 의견 찬·반 예상

- 중국: 중국은 이중국적을 명시적으로 불허하므로 이중국적 도입시 혜택을 받지 못하게 되는 재중동포들의 소외감을 초래하는 동시에 별도의 혜택을 요구할 가능성 농후
- 일본: 이중국적 도입은 그간 여러 불이익에도 불구하고 일본에 귀화하지

않고 한국국적을 고수해온 재일동포들의 자존심에 대한 훼손으로 간주될 가능성 다분
- 미국: 대부분의 재미동포들은 이중국적 허용을 갈망하므로 환영
- 러시아・CIS: 대부분의 재러 및 CIS지역동포들은 이중국적 허용을 선호할 것으로 관측

나. 재외동포사회의 입장

1) 미국: 재미동포의 숙원사항

- 1980년대 이후부터 이중국적 허용 계속 요구
- 본국왕래시 체류기한 제한문제, 비자발급시 번거로움, 대한민국 인구증가 및 稅源증가, 국내재산권 자유행사 등(※미주한인회총연합회의 建議文24))
- 미주동포사회는 이민 1.5~2세의 모국진출 가속화 예상으로 환영 분위기
- ※08.4.15 이명박 대통령 미국방문시 차세대 한인동포 요구사항: 한인2세들의 한국내 활동기회 확대 요청, 재외동포 및 외국인 공직개방 언급
 ⇒ 현재 미국은 공식적으로는 이중국적 인정하지 않으나 정치적・법적으로 방해하지도 않고 있음
- 이중국적 허용이 한미FTA협정, 한미비자면제프로그램(VWP) 등 상호 국익에 도움이 되는 방안임을 인식시켜야 (※재미동포의 시민권획득 및 정치력 신장 등에 기폭제가 될 수 있도록 유도해야)
- 미국 이민국 통계(1994~98): 이민송출국 상위 20개국 중 17개국이 多(多)시민권 허용국(※260만 이민자 중 220만 多시민권 소지 이민자)
- 1961~97년 합법이민자 2,200만명 중 75% 이중 또는 다중시민권 허용국가 출신25)

제 친구 하나도 모국의 정치참여문제로 시민권을 박탈당한 예가 있다. 예전에는 시민권자가 자기 모국에 가서 너무 오래 동안 있어도 시민권을 잃게 되는 예가 있었다. 요즘 들어서는 그 점에 있어서 많이 유화해졌다. 그러나 아직 미국 정치사회, 문화풍토라는 면에서 볼 것 같으면 모국에서 너무 뒷받침을 해주면 오히려 역효과를 초래하기 쉽다. 그런 의미에서 뒷받침한다는 것 자체가 결국 교육에 간접적으로 도움을 주는 것이 바람직하다고 보겠

다. 그 이상은 위험하다.(조영환, 「84 심포지엄: 재미교포의 미국정치 참여에 관해서」, 『교포정책자료』 제24집, 1985, 187쪽)

일부 해외동포들은 항시 떠나온 조국을 잊지 못해 영주권만 취득한 후 시민권은 한사코 얻지 않는 분도 있다. 말하자면 시민권을 획득하면 조국과의 인연을 끊어야 된다는 눈물겨운 현실에 몸부림을 치고 있는 것이다. 또 그곳의 사회나 종교 및 정치단체에 진출하기 위해선 시민권 취득이 되어야만 가능하며, 시민권을 받은 후 한국쪽 국적은 그대로 갖고 있는 이중국적자도 상당수에 달하고 있다는 통계는 그만큼 떠나온 모국을 잊지 못한다는 결론이 아니겠는가? 80년대에 코리아아메리카타임스에서 60세 이상 된 교포들이 사망한 후 장례지 선택에 관한 여론조사를 한 결과 2/3 이상의 대답자는 한국땅에 묻히고 싶다는 것이었다. 옛말에 짐승도 죽을 때가 되면 고향쪽을 쳐다본다고 했으니 하물며 해외의 동포들은 오죽할 것인가? 고향을 버리지 못하는 우리 해외동포들에게 어디를 가든 한국민족임을 긍지로 삼을 수 있게끔 정부측의 세심한 배려와 이중국적을 갖고 있는 이들에게 국내의 여러 분야에 몸과 마음을 바칠 수 있는 기회가 오도록 길을 열어주어야 할 것이다.(신경원 코리아아메리카타임스 취재부장, 「재미교포들의 조국관 및 생활상」, 『교포정책자료』 24집, 1985, 127쪽)

이중국적문제는 재외동포들에게 의견을 물어보나 마나. 어떤 행사든 본국정치인 방문시 첫 번째 질문이다. 지난번 대통령 뉴욕 방문시도 그랬다. 거소증을 가진 자가 많이 늘어나고 있는데 상당히 불편하다. 자발적 이민1세를 제외하는 것 또한 위험한 발상이다. 어느 부분이든 제외되는 부분이 있다면 반발이 더욱 커서 동포사회의 분열의 일부분이 될 수 있다.(최중근 전 뉴저지한인회장)

우리는 그동안 백의민족, 단일민족임을 배워왔고 자랑해왔다. 그러나 혼혈이 많고 국적이 섞여 있는 외국인들은 그 누구도 우리를 부러워하지 않았다. 영어로 말해 Who Cares?다. 물론 순수혈통 좋지만 이제 한국도 많은 외국인과 혼인하여 혼혈 2~3세들이 자라고 있다. 또한 많은 외국인들이 한국이 좋다고 한국에서 살고자 한다. 다문화·다국적 사람들이 어우러지는 그야말로 세계는 하나다. 실질적인 국익을 살필 때다. 이중국적 허용하여 세계에 산재해있는 우리 해외인재들이 한국을 위해 일할 수 있는 기반과 터전을 마련해 줘야 하며, 해외에서 한국을 내 조국이라 생각하며 긍지와 자부심을 갖고 사는 우리 해외동포들에게도 당당한 한국인으로 살아갈 수 있는 정책을 펼칠 때다. 내 앞의 이득만 생각하고 있는 일부 비양심적·비도덕적 정치인들에게도 재외동포의 귀중한 가르침을 선거권 한 표로 가름할 수 있도록 해야 한다.(이창원 미주한인재단 라스베카스지부장)

국내외 한국인이라면 당연히 거주국적을 초월하여 포용하는 것이 시대적 사명이다. 해외거주자중에도 이중국적에 동의하지 않는 일부 동포가 있듯이 국내에도 환영하지 않는 국민들이 있다. 따라서 시간을 가지고 소수의 반대나 내국민에게 홍보하고 인식을 같이하면 해소될 수 있다고 생각한다. 재외국민은 국적이 한국인으로 해외거주자이며, 해외동포는 한국인으로서 해외국적 소유자를 말한다. 이 모두가 한국인이다. 이중국적은 대한민국으로서는 전혀 손실이 없고 이중국적으로 인하여 세계화시대에 속도를 높일 것이다. 그동안 이중국적문제는 뒤로 미루거나 내국민의 호응을 얻지 못해 정치적으로 이용되어 왔다. 현 정부에서는 국제화에 한 걸음 더 나가는 미래적 방향에서 확고한 공감대를 형성해주길 바란다.(박영섭 애틀란타 한인회장)

한 나라의 국적을 소유하고 있다는 것은 그 나라의 가장 중요한 국방과 납세의 의무를 충실히 수행하겠다는 의사라고 본다. 세계추세가 점점 이중국적 허용 방향으로 가겠지만 어떤 나라들은 자국 시민의 이중국적을 허용하지 않는 경우도 생길 것이고, 자칫 국가간의 첨예한 대립도 생길 것이라고 본다. 국가별로는 현재적으로 이중국적을 문제 삼지 않지만 문제가 생길 경우 스파이로 모는 경우도 있다. 실제적으로 AIPAC의 경우 여러 명이 스파이로 잡혀서 미국에서 형을 살고 있다. 이러한 상황은 다른 국가간에서도 발생할 수 있을 것이다. 둘 중 하나의 나라를 선택해야 할 상황에 직면할 가능성이 앞으로 더 많아질 것이다. 물론 여러 면에서 긍정적인 점이 많이 있을 것이라고 생각한다. 그러나 세상이 국가간의 이해관계에 따라서 점점 복잡해지는 형국이기에 이런 가능성도 미리 고민하고 출발하는 것도 중요할 것이다.(김동찬 뉴욕뉴저지한인유권자센터 사무국장)

2) 일본: 국적·민족·조국에 대한 정체성 혼란 있음

- ※박종석 사건: 70.12~74.6
- 일본의 동화정책 속에서 재일동포 정체성 유지노력 중이나 일본국적 취득자 증가 추세(52년 이후 약 30만명)26) 및 국제결혼비율 급증(85년 70% → 07년 90%)과 부모양계주의로 대부분의 자녀 일본국적 취득하고 있음
- 재일민단은 일본내 법적지위향상과 지방참정권획득운동(지방자치단체장·지방의회의원 선거권) 지원, 재일한국인참정권 부여 등 반영한 '재일국민특별법' 또는 재외국민기본법 제정, 민단 경유 영사업무처리, 민족금융기관 육성지원 등을 희망 (※이건우, 본국참정권 운동 및 헌법소원27))
  ⇒ 이중국적 허용이 재일동포에게 미치는 영향은 반반으로 예상
- 대다수 한국국적 소지 1~2세들에게는 큰 영향 없겠으나 3~4세들에게는 일본귀화를 촉진하는 계기로 작용할 수도 있음. (※대비책 시급)

> 제가 교포문제를 한 6~7년 하여 보니까 역시 재일교포는 자유방임해서는 안되겠다. 미국교포도 마찬가지인 줄 안다. 역시 미국을 그리워하고 본국을 의지하고 U턴, 자기 조국에 대한 망향심이라고 할까, 애국심은 본국에 있는 사람보다 훨씬 강하다. … 요는 일본이나 미국이나 해외교포를 진지하게 다루고 또 배려하는 어떠한 정책적인 구상과 또 기구와 그러한 예산, 기타 노력이 상당규모 뒷받침 되어야 한다는 생각이 든다. … 제가 볼 때 해외교포는 어떤 의미에서 물론 동화가 되겠지만 완전한 의미에서 동화란 것은 있을 수 없다고 생각한다. 지금 일본사회에서 재일교포 1세, 2세들이 귀화해가지고 일본사람 고급주택가에서 완전히 한국인이라는 것을 감추고 살고 있는 사람도 있습니다만 완전동화란 불가능하다.(이선희 재일한국인본국투자협회 부회장, 『교포정책자료』 24집(1985), 175쪽)

> 현재 재일한국인 1세대는 불과 3~5%뿐이다. 대부분의 재일한국인이 3~4세대로 바뀌면서 이들의 조국에 대한 기대, 고향에 대한 애착은 점점 희미해지고 있다. 특히 조국 한국의 언어·전통·문화에 대한 지식의 결여로 인해 이들은 조국으로부터 더욱 멀어지고 있다. … 약 30년 전 坂中(사까나까 -법무관료)는 자신의 논문에서 재일동포의 30년 후 상황을 정확하게 분석한 바 있다. 그는 일반외국인과 같이 차별 속에서 살아가는 경우, 귀화 및 동화

하여 일본인으로 살아가는 경우, 국외로 추방되어 외국으로 나가는 경우 등으로 분류했는데 지금도 일본 법무성의 재일한국(조선)정책의 기본 입장이다. … 국적 선택은 어디까지나 개인의 자유의지에 의해 결정할 문제다. 민단과 조총련이 조직적으로 어떻게 해보는 것은 거의 불가능한 일이다. 역사의 흐름상 귀화(국적변경)가 피할 수 없는 현안이고, 각 개인의 자유의지라 하더라도 한민족으로서의 정체성과 전통문화까지 잃어버리거나 열등의식으로 인간의 본질까지 바뀌는 소멸적인 동화는 곤란하다. 한민족으로서의 자부심과 문화전통을 지키면서 한국계 일본인이 될 수 있는 든든한 뒷받침이 필요하다.(신혜일 재일한국인본국투자협회 부회장, 「2006년 교포정책포럼」)

3) 중국: 한국방문 자유화와 불법체류자 합법화가 우선

- 특히 조선족사회에 대한 실질적 지원 요망(예: 기술·경영기술 습득 위한 유학기회확대, 자매결연학교 및 언론사 통한 조선족학교·조선족언론사 지원, 조선족 향촌 구조조정 지원, 민간업체 통한 기술교육기관 설립지원 등)
- 재한조선족유학생: 유학생 기숙사, 재입국 및 거소신고시 수수료 면제, 한국어 구사능력자 적극 활용대책 요망[28]
- 그러나 재중한국인회는 "주민등록은 살아 있지만 국내에 거주지 등록이 불가능한 동포들에게 하루 빨리 참정권이 부여되기를 희망하며, 이중국적 허용방안도 심도 있게 논의 요망"[29]
⇒ 이중국적불허를 명시한 중국과 사전에 충분한 의견조율 필요[30]
- 중국 역시 개혁개방 이후 자본과 인재가 필요하자 국적제도 탄력적으로 운영(공무담임권, 계약직, 자문직 활용. 단 화교, 화인에게만 해당)
- 상당수 조선족동포는 국적회복절차를 거쳐 이미 한국국적 취득, 국내 무연고 동포들의 한국국적취득 여부는 현재로서는 미지수(※소수민족정책에 민감한 중국은 조선족사회의 반응 예의주시)

4) 러시아·CIS: 문화적 동질성 회복과 경제자립 지원 우선

- 모국방문 및 현지 고려인협회 활동지원, 대규모이주 지원, 차세대 모국직업연수·기술교육지원, 중앙아시아의 경우는 대기업진출과 농업투자 및 러시아·현지 국적 회복 요망

⇒ 이중국적에 대해 러시아는 대체적으로 긍정적 반응이나 CIS국가들은 입장 차이 있음(※전략적 요충지에 있는 고려인동포들에 대한 지속적인 관심 요망)
- 러시아: 이스라엘 등 10여 개국과 협정 통해 이중국적 인정; 러시아 거주 고려인동포 역시 양국간 우호증진 정도에 따라 이중국적 협정 체결 가능
- 우즈베키스탄(속지주의), 카자흐스탄(속인주의), 타지키스탄은 헌법상 이중국적 불허; 키르기스탄(이중국적금지), 투르크메니스탄(러시아와 이중국적 협정)은 헌법상 단일국적임. 따라서 우즈베키스탄과 카자흐스탄 거주 고려인동포의 경우, 현지정착지원과 차세대육성이 더 시급한 과제

5) 기타: 이중국적 환영

고국으로 돌아와 살기를 희망하는 입양인의 경우, 한국사회 적응에 가장 필요한 것은 모국어 연수, 국내유학시 장학금 지원, 취업비자 발급 및 이중국적 인정이다.(국회인권포럼, 입양인 인권과 입양정책, 1998)

프랑스도 이중국적을 허용하고 있음. 이민이 우리 민족이 살 길이고, 세계화 등 추세에 비추어 이중국적 부여문제를 보다 전향적으로 검토할 필요가 있음. 특히 프랑스는 이중국적정책을 가급적 자국인을 끌어들여 모국과 유대를 강화하는 방향으로 적극 포용하고 있음. 이에 반해 우리의 경우는 병역, 납세 등 부정적 문제를 지나치게 부각시켜 배타적으로 보는 경향이 있음.(재외동포재단 출장보고서, 2005.8.3 '동포간담회' 발언록)

재외국민의 수가 증가함에 따라 재외고급인력의 모국진출을 위해 교민사회가 가교역할을 하여 도움을 줄 수 있는 방안을 모색해야 하며, 정부와 국내기업 또한 해외동포들이 모국발전에 기여할 수 있도록 차세대 인력을 활용해야 한다.(신부영 재독함부르트한인회장, 2006년 세계한인회장대회, 유럽지역분과회의 2006.6.7)

3. 각 시기별 이중국적 관련 논점 비교

구분	정부·국회	전문가·학자	주요 언론	재외동포사회
1940년대	국적법(1948)[31]·국적법 시행령 제정	-	-	-

연대				
1950년대	외무부, 미국의 이중국적사례 소개32)	-	-	-
1960년대	과학기술처, 해외과학자 유치(1968)	-	華僑이중국적,인도네시아 인정33);일본귀화한국인 구속34)	-
1970년대	교육부, 재외국민대학특례입학제도(1977)	-	이중국적자재입국불허35);위장·도피성이민규제36);탈세와 재산도피용 이중국적37)	-
1980년대	국회, 해외교민이중국적취득허용질의 및 공직자중 이중국적자 확인요구(1984)38)	이종익(1981)39);강수웅(1984);김상철(1985)	이중국적·영주권소지국내체류자 5천명40)	이중국적·재산권보호 요구41);미국시민권자 위해호적법개정요구42)
	법무부, 재일교포국적회복가능 소개(1987)43)			
1990년대	국회, 재일교포중 이중국적소유자 확인요구(1992)44); 이중국적 현황요구(1992)45)	차종환(1994);노영돈(1995/2007)46);박홍환(1995);이기영(1996);조병창(1997)	대학특례입학시비·특례입학-이중국적악용·교육부특례입학기준강화47);이중국적자 인간박쥐전형·송자총장신임여부교수회의소집·교민청신설과 이중국적허용문제 함께 생각·이중국적보다 국적회복이 먼저·생존전략이 된 이중국적48)	국회청원(이중국적금지제도 폐지)49);이중국적인정요구,재미교서명운동·큰나라치고 이중국적허용않는 나라별로 없어(정경조)·재외동포특례법제정서둘러야(채영창)·이중국적,국내재산권보다 민족정체성교육 더 중요(구삼렬)50)
	정부, 이중국적교민의 병역유보·60세이상 거주비자발급등개선책마련51);우수교포인력이중국적인정검토52);당정,교포이중국적허용전면백지화53);여·야3당, 해외과학자 이중국적허용방침54), 재외동포법적지위관한 특례법입법예고55)			
	※국적법개정(1997)			
2000년대	※국적법 개정(2005); 출입국관리행정변화전략(2006)수립;국가경쟁력강화위원회(2008) 제한허용방안 구상	제성호(2002);석동현(2003)56);임지봉(2003)57);정인섭외(2004)58);조정남(2005);이철우(2005);신성호(2005)59);이구홍(2007);현택수(2007);김영근(2008)60);이경태·송석원(2008)	좀 너그럽게 살자·유승준입국거부논란·장상총리서리장남, 미국국적논란·진대제장관장남, 이중국적병역면제·이중국적자국적포기·인재유출심각·이중국적논의, 열린마음으로61);원정출산,지도층 도덕성결핍이 문제62)	※본문 참조

4. 배타적 국민감정 뛰어 넘어야

   가. 대국민홍보 적극 전개 필요

  1) 재외동포재단 실시 국민의식조사(07.8) 결과63)

  - 전국 7대 광역도시 만19세 이상 708명 대상: 70.9% 재외동포에 대한 관

심도는 높으나 외국인·외국문화에 대해서는 폐쇄적·차별적 반응 (※'전적으로 동의'(6.8%), '대체로 동의'(42.2%), '보통'(38.8%) 등 부정적 견해가 거의 50%)
- 특히 '한국인이 되는 조건'에 대해 응답자 43%가 '한국국적'(17.2%), '한국혈통'(15.0%), '한국어사용'(7.2%), '한국거주'(3.2%) 등을 응답

2) 외교통상부 여론조사(07.12)도 이중국적 반대의견 다수

- 국내성인 1,220명 대상: 응답자 66.4%가 이중국적 허용에 반대[64]
- 자국민중심의 배타성을 극복하기 위한 범정부적 대책 필요(※최근 중국 젊은이들의 애국주의 열풍과 비교)

3) 국민정서는 대체로 허용불가: 반대론 우세

- 병역의무·납세의무 불이행 등으로 인한 감정적·정서적 반감으로 건전한 논의 자체조차 어려움(예: 가진 자, 지배층의 특권, 부도덕성, 얌체족, 원정출산, 중국동포 대량유입 우려 등 부정적 평가로 일관)
⇒ 병역기피, 범죄도피 등 악용 소지 차단하고 반대여론 설득 위해서는 점진적·단계적·부분적 허용이 가장 현실적
- 이중국적자에게 국내법 준수(병역, 납세, 주민등록 의무 등) 및 병역·국민의무 불이행시 일정기간 입국금지와 국적회복 제한 필요

　　△ 글로벌 고급인력에 대한 정보 부족 등으로 고급인력의 적시공급 곤란 → 고급인력 정보를 적시 제공하고 신속한 비자심사 시스템 구축
　　△ 다양한 인재수요에 부응하지 못하는 비자체계 → 기업 수요에 부합하도록 비자체계 개선
　　△ 편안히 일하며 생활할 수 있는 체류환경 미흡 → 외국인력과 동반가족이 살기 편안한 생활환경 조성
　　△ 이중국적 불허로 인한 인력 유출 심화 → 국민적 합의에 기초한 제한적 이중국적의 허용 추진(법무부 출입국·외국인정책본부, 「글로벌 고급인력 유치방안(요약)」, 2008.4.30)

나. 이중국적 도입과 재외국민 참정권 동시 추진

- 재외동포권익신장과 재외국민 보호를 위해 이중국적과 참정권 동시 추진65)
- 외국국적동포들에게 이중국적이 허용될 경우, 자신의 선택에 따라 모국정치참여의 길이 열리게 되며, 이는 거주국에서의 정치력신장과 모국에서의 정치력신장이 동일선상에서 해소될 수 있음
- 재미동포사회는 한인회장 선거시 시민권자와 영주권자 구분 없이 모두 유권자가 되는데 반해 모국에서 참정권 부여시 시민권자와 영주권자를 구분한다면 그것 자체가 문제라는 지적 (※주재상사원, 유학생, 외교관 등 단기체류자에게 참정권 부여하는 데는 이견이 없으나 예비 미국시민인 영주권자에게 부여하는 것에 대해서는 전문가들 사이에서 의견 서로 다름)

제3절 정책목표·정책대상의 명확화

1. 유연하면서도 분명한 전략수립

가. 명확한 목표설정: 선진화된 재외동포정책(특히 인재육성전략) 차원에서 추진되어야

- 무한한 상상력과 창의적 아이디어를 가진 소수정예 두뇌집단(='실리콘 칼라')의 브레인 파워(Brain Power)를 적극 활용해야

나. 이스라엘의 사례 적극 참고

- 이스라엘은 건국 이후 다양한 문화배경과 경제적·정치적 환경을 지닌 해외이주민을 어떻게 배치·통합하느냐가 국가통합의 최대 과제
- 기본원칙: 해외거주 유대인 이스라엘이주 무조건 허용66), 시온주의에 입각한 대통합 및 중류층사회 편입 위해 각종 지원67)
- 정부차원의 이민수용부(1968, Ministry of Immigrant Absorption) 설치: 주거지원, 교육지원, 취업지원, 직업훈련, 의료지원, 국민연금지원, 사회통합지원 등 수행68) 및 군복무 특례 허용 (※ 우리의 경우도 대체복무제, 공익근무제 도입 필요69))

다. 이중국적 단순 부여보다 동질성회복 더 중요

- 모국의 정(情)을 흠뻑 느끼게 하는 인정프로그램 요망
- 얼마나 우수 동포인재를 지속적·장기간 유치·활용할 수 있느냐가 이중국적정책 성공의 척도
- 단순 금전적 보상에 의한 동기부여보다는 성과에 대한 인정과 포상, 축하 등 '인정'(Recognition) 프로그램 필요 (※예: 일하기 좋은 대한민국 만들기 운동)

2. 재외동포의 민족자산화

가. 21세기 대한민국 생존의 길 모색

- 대한민국이 강대국 틈바구니 속에서 생존하기 위해서는 700만 재외동포 역량을 최대한 활용하고 전략적 가치를 재확인해야
- 해외 인적·물적거점이자 선진지식 획득의 전초기지(※통계청 '장기인구추계': 국내인구 성장둔화 예상 - 출산율 1.08, OECD국가 중 고령화속도 가장 빠름. 2018년 65세 이상 인구 14% 이상의 고령사회 진입 예상. 그러나 해를 거듭할수록 재외동포는 증가, 곧 1천만 재외동포시대 도래 가시화, 이에 대한 대비책 필요)

나. 모국과의 유대감, 모국발전기여 정도에 따라 재외동포를 범주화해야

- 모국유대감이 강한 부류, 모국방문이 정례적인 부류, 각종 한인단체에 소속된 부류, 모국투자 및 모국상품 소비하는 부류, 모국유대감이 약한 부류, 모국에 무관심 부류 등 (※접근방법의 차별화)

다. 재외동포정책은 윈·윈 정책

- 재외동포에 대한 각종 지원과 정책은 비용(cost)이 아닌 투자(investment) 측면에서 접근해야

- 효율성(efficiency: 투입 대비 산출; Doing Things Right)을 따지기 이전에 효과성(effectiveness: 목표달성 정도; Doing Right Things)을 우선 고려
- 재외동포는 모천회귀(母川回歸)하는 연어처럼 자신의 뿌리를 찾아 반드시 되돌려주는 존재 (※재외동포에게는 동기부여가 제일 중요)

라. 재외동포사회의 지지 획득 계기

1) 정부의 선진정책 수립으로 재외동포의 마음을 사로잡아야

- 정부 정책에 대한 신뢰 증대로 모국발전 참여 분위기 증대
- 주류사회 진출 차세대 한인동포 인재유치로 '글로벌 코리아' 조기 달성

2) 그러나 일부지역·계층만을 위한 이중국적 허용이 되어서는 안 됨

- 재미동포와 일부 특권층을 위한 국적법 개정으로 이해되어서는 곤란 (※재외동포법 제정 당시 재일동포사회에게 제기된 문제점 유념: 재외동포법은 재미동포를 위한 법, 한국국적을 보유한 재일동포에게는 재외동포법이 아닌 '재외국민법기본법 또는 특별법' 필요)
- 또한 이중국적 부여시 기존의 재외동포법은 어떻게 할 것인가?(※현행 재외동포법은 헌법 제2조2항에 근거한 재외국민법(재외국민참정권 조항 포함)으로 대체, 외국국적동포에게는 실질적 혜택(출입국·경제활동·의료보험·연금 등)을 부여하는 방안)

제4절 맺는 말

1. 그동안의 정책 비판을 적극 해소해야

   가. 재외동포 개념 혼선(혈통주의, 과거국적주의) 방지 및 소극적·제한적 재외동포정책(기민정책, 선별적 활용정책 등) 극복

   나. 재외동포사회 미래비전 제시 미흡(민원해소나 단기사업지원) 해소 및 재외동포업무 분산·사업 중복(통폐합 논란) 타결

2. 앞으로의 전망

가. 재외동포정책 수립에 영향을 미치는 모국요인, 거주국요인, 세계화(글로벌화)요인, 동포 자체요인 등 4가지 요인 모두가 함께 고려되어야

나. 현지정착 및 동화의 속도·범위 가속화되고, 민족정체성과 뿌리찾기 욕구 심화 예상되므로 단순지원보다 쌍방협력관계로 발전해나가야

다. 전체 재외동포를 균등하게 대우하며, 거주국 특성에 맞는 맞춤식 정책으로 모국과 거주국, 동포사회 모두에게 유익 끼쳐야(법적·사회적 권익보호, 경제적 지위향상, 모국·거주국 발전기여, 타소수민족과의 연대·화합 등)

(법무부 국제제도개선 토론회, 2008.7)

1) 법무부 주최의 국제제도개선 토론회(2008.7.22)시 토론문. 재외동포재단 전문위원 재직 중에 작성.
2) 피터 스토커 지음·김보영 옮김, 『국제이주』(이소출판사, 2004), 12~23쪽 참조; 유엔국제이민기구 추정치(1년 이상 외국에서 거주한 사람): 1965년 7500만명, 1975년 8400만명, 1985년 1억500만명, 1990년 1억2000만명, 2000년 현재 1억5천만명.
3) 정인섭, 『이중국적』(사람생각, 2004) 참조; 정인섭 외, 『이중국적에 관한 법리적 검토』(법무부 편, 2004) 참조.
4) 한국 법무부편, 『법무백서 1957』 참조. 법률 제16호(1948.12.20) 제3조 외국인으로서 다음 각호의 일에 해당한 자는 대한민국의 국적을 취득한다. 1. 대한민국의 국민의 처가 된 자 2. 대한민국의 국민인 부 또는 모가 인지한 자 3. 귀화한 자 … 제12조: 대한민국의 국민으로서 다음 각호의 1에 해당한 자는 국적을 상실한다. 1. 외국인과 결혼하여 그 배우자의 국적을 취득한 자 2. 외국인의 양자로서 그 국적을 취득한 자 3. 혼인으로 인하여 대한민국의 국적을 취득한 자가 혼인의 취소 또는 이혼으로 인하여 외국의 국적을 취득한 자 4. 자진하여 외국의 국적을 취득한 자 5. 이중국적자로서 법무부장관의 허가를 얻어 국적을 이탈한 자 6. 미성년자인 대한민국의 국민이 외국인의 인지로 인하여 외국의 국적을 취득한 자. 단 대한민국의 국민의 처 또는 양자가 된 자는 예외로 한다.
5) 한국무역협회 무역연구소, 「글로벌 인재의 이동현황과 각국의 유치전략」(2006.7) 참조. 과학자 등 우수 해외동포에게 이중국적 특례 인정 사례; 1968~94년까지 영구귀국자 1,051명, 임시귀국자 1,127명 총 2,178명의 과학자·기술자 모국발전에 기여.
6) 교포, 해외근무 공무원, 해외근무 상사원, 외국정부 또는 국제기구 근무자, 정부초청 또는 추천에 의한 유치과학자 및 교수요원의 자녀가 해외에서 고교과정을 포함하여 연속하여 2년 이상 재학하거나, 비연속일 경우는 고교과정 1년 이상을 포함하여 3년 이상 해외에서 재학한 경우 재외국민특별전형(특례입학)자격 부여(종전 교육법시행령 71조 2항④).
7) 《중앙일보》 1997년 9월 21일자(6면, 사설: 시대흐름 반영한 국적법 개정); 《중앙일보》 1984년 5월 19일자(2면). 일본은 1984년 국적법 개정: 부모 양계 혈통주의 채택.
8) Ed Michaels, Helen Handfield-Jones, Beth Axelrod, *The War for Talent*, Harvard Business School Press, p.3
9) Ed Michaels, Helen Handfield-Jones, Beth Axelrod, *op. cit.* p.6 ①People need companies → Companies need people ②Machines, capital, and geography are the competitive advantage → Talented people are the competitive advantage ③Better talent makes some differences → Better talent makes huge differences ④Jobs are scarce → Talented people are scarce ⑤Employees are loyal and jobs are secure → People are mobile and their commitment is short term ⑥People accept the standard package they are offered → People demand much more.
10) www.whitehouse.gov/news/releases/2007/08/20070809_6.htm 참조. 미국경쟁법 2007: The American Creating Opportunities To Meaningfully Promote Excellence in Technology, Education, And Science Act(2007.8.9 발효) 향후 10년간 1,360억$ 과학기술분야에 투자.
11) 《日本經濟新聞》 2008年 5月 7日字.
12) 양태진, 『한국의 영토관리정책에 관한 연구: 주변국과의 영토문제를 중심으로』(한국행정연구원, 1996) 참조.
13) 대한민국 제헌헌법의 영토조항은 임시정부 헌법의 영토조항을 바탕("대한민국의 강토는 구한국의 판도로 함").
14) 홍일식, 「문화영토의 개념과 해외동포의 역할」, 『해외동포』 20(해외교포문제연구소, 1986.3), 17~22쪽 참조(미국 L.A.에서 개최된 제2차 해외한민족회의 주제발표논문, 1985.9.26~29).

15) 재외동포재단, 『한인회 디렉토리』(2007) 참조; 주요국가 한인회 수: 미국(201개), 일본(122개), 중국(63개), 독일(42개), 캐나다(32개), 스페인(19개), 영국(15개), 오스트리아(12개), 브라질(12개), 프랑스(10개), 호주(10개), 인도네시아(9개), 뉴질랜드(8개), 필리핀(7개), 인도(6개), 아르헨티나(5개), 러시아(4개), 베트남(4개), 우즈벡(3개), 카자흐(1개) 등.
16) ≪조선일보≫ 2006년 8월 26일자. 10년 후 각국의 국내총생산(GDP) 규모만으로 추정했을 경우 한국은 세계에서 7번째 큰 나라(GDP 약 1조9,000억 달러). 호주보다 영토가 큰 나라로 그려지고 있음.
17) http://www.sasi.group.shef.ac.uk/ 참조.
18) 매일경제신문사, 『Mission 10만 달러: 대한강국의 길』(2008) 참조.
19) 이철우는 이중국적 발생 배경을 제국형, 이민통합형, 민족재결합형(이스라엘), 이민송출형(터키, 맥시코), 인권존중형(유럽국적협약)으로 구분.
20) Stanley A. Renshon, *Dual Citizenship and American National Identity* (Center for Immigration Studies 2001.10), p.45 참조; 법무부 <이중국적을 용인하는 국가> 이외에 방글라데시, 도미니카, 과테말라, 기니아, 리투아니아, 파키스탄 등 추가.
21) 2003년 12월, '이중시민권 법안' 상원 통과, 2004년 1월 이후 이중시민권 선별적 허용조치(인도시민권과 거주국 영주권만 있던 NRIs에게 거주국 시민권 부여) & 16개국의 PIOs들에게도 해외시민권(Overseas citizenship) 허용(호주, 캐나다, 핀란드, 프랑스, 그리스, 아일랜드, 이스라엘, 이태리, 네덜란드, 뉴질랜드, 포르투갈, 사이프러스共, 스웨덴, 스위스, 영국, 미국 등); VOA News, 2006.1.7. 2007년 해외인도인의 날 대회에서 만모한 싱 총리가 첫 시민권카드 수여 평생 복수입국사증 허용, 인도인 이민자들의 부동산 매매 제한 철폐. 그러나 인도내 투표권과 피선거권이 없으며, 방위분야의 일에 취업할 수 없음.
22) 정정길(2003): 정책이란 "바람직한 사회상태를 이룩하려는 정책목표와 이를 달성하기 위해 필요한 정책수단에 대하여 권위 있는 정부기관이 공식적으로 결정한 기본방침."
23) 외교통상부 재외국민영사국장, 2004년 세계한인회장대회 특강자료(2004.6.1).
24) 재외동포정책 수립시 재외동포 참여와 의견 제시 허용. 재미동포 제반 업무협조는 미주한인회총연합회 창구 일원화 및 한시적 재정지원. 교민청 신설 또는 재외동포재단의 대통령 직속기관 승격.
25) Stanley A Renshon, "*Dual Citizenship and American National Identity*"(Center for Immigration Studies, 2001) 참조.
26) 김태기, 「재일한인사회의 현안과 정책적 과제」, 『제1회 세계한인의 날 기념 재외동포정책세미나』 (주최: 외교통상부, 주관: 재외동포재단, 후원: 재외한인학회, 2007.10.4) 91~92쪽 참조; <최근 10년간 일본국적허가 신청자 및 허가자의 수>(http://www.moj.go.jp).
27) 이건우 외, 『재일국민 조국참정권 운동 어제, 오늘 그리고 내일 - 우리도 대한민국 국민입니다』 (재일국민의 조국참정권회복을 위한 시민연대, 2002).
28) 백두넷.com, 2007.10.23(김용선 회장 인터뷰).
29) ≪연합뉴스≫ 2008년 1월 3일자(김희철 회장 인터뷰).
30) 정인섭 외·법무부 편, 『이중국적문제에 관한 법리적 검토』(2004), 171쪽; 조병인·도중진·손영학, 『국적취득제도에 관한 비교법적 연구: 미국, 일본, 중국의 국적취득제도를 중심으로』(2002), 117~148쪽.
31) 제12조(국적상실 조항)
32) 외무부 정무국, 『이중국적법』(1952) "출생시 미국시민권과 다른 한 외국의 시민권을 모두 획득한 사람은 22세 이후에는 외국에서 3년 이상 거주할 경우 미국시민권 상실한다."
33) ≪조선일보≫ 1960년 1월 27일자(조간 2면).
34) ≪조선일보≫ 1966년 6월 30일자(조간 7면).
35) ≪중앙일보≫ 1971년 12월 4일자(7면).

36) ≪중앙일보≫ 1974년 7월 10일자(2면).
37) ≪조선일보≫ 1975년 5월 25일자(조간 2면).
38) 『제11대 국회 제121회 제1차 외무위원회 회의록』(1984.3.12, 유한열 의원질의); 『제11대 국회 제123회 제3차 외무위원회 회의록』(1984.10.18, 임종기 의원질의).
39) 이종익, 「교민정책의 포괄적 개선에 부친다: 미국과 캐나다를 중심으로」, 『해외동포』 20(해외교포문제연구소, 1981.12), 13~20쪽.
40) ≪중앙일보≫ 1986년 4월 22일자(2면).
41) ≪중앙일보≫ 1989년 7월 1일자(9면).
42) ≪중앙일보≫ 1989년 11월 7일자(9면).
43) 법무부, 『재일동포용: 법과 생활』(1987, 1989) 참조. "일본에 거주하는 재일동포 중에는 일본에 귀화하고 나서도 모국과의 단절을 두려워하여 서류상 이중국적상태로 남아 있으려고 하는 분들이 있다고 합니다. … 대한민국 국적을 상실한 재일동포가 나중에 다시 국적을 회복하면 대한민국 국민으로서의 지위를 되찾을 수 있고 호적도 다시 정리됩니다."
44) 『제13대 국회 제156회 제20차 국회본회의 회의록』(1992.2.6, 박찬종 의원 서면질의).
45) 『제14대 국회 제165회 제9차 국회본회의 회의록』(1993.10.28, 김영일 의원 질의).
46) 「외국국적 동포에 대한 이중국적인정문제」 미국에서는 미국시민권자, 한국에서는 한국국적과 미국국적의 이중국적자로 해 줄 것을 요구하는 것으로 이는 수용될 수 없는 요구임. 다만 재외동포가 외국에 귀화함으로써 한국국적을 상실하게 되어 본국에 입출국하거나 본국 내에서의 법적지위에 있어서 겪게 되는 불편 또는 불이익을 최소화하기 위해서는 이중국적을 인정하는 방법이 아니라 동포외국인이 한국과 특별한 관계에 있음을 근거로 일반외국인보다는 우대하되 내국인과는 같지 않은 중간형태의 지위를 부여함으로써 해결하여야 할 것임. 이를 위하여 초기에 '민족증'이나 '교포증' 등을 통한 방법이 제안된 바 있음. 이는 재외동포법에 의하여 국내거소신고증으로 발전되어 동법에 의하여 외국국적동포에 대하여도 한국으로의 입출국과 한국 내에서의 법적지위에 대하여 우대하고 있으므로 현재는 근본적인 문제점은 존재하지 않는다고 할 수 있음.
47) ≪조선일보≫ 1993년 3월 3일자(31면), 1993년 5월 19일자(5면), 1993년 10월 6일자(30면).
48) ≪중앙일보≫ 1993년 3월 8일자(5면, 정규웅), 1993년 10월 9일자(23면), 1998년 4월 2일자(길정우 칼럼); 1998년 6월 9일자(6면); 1999년 2월 24일자(12면).
49) 1993.7.15 제출(이성태 외 1,417명), 법사위 상정 1993.11.15, 소위원회 심의 1994.7.12.
50) ≪중앙일보≫ 1992년 3월 28일자(2면), 1995년 4월 29일자(10면), 1998년 10월 10일자(6면), 1999년 5월 31일자(7면).
51) ≪중앙일보≫ 1992년 7월 27일자(2면).
52) ≪중앙일보≫ 1995년 4월 6일자(2면).
53) ≪중앙일보≫ 1995년 12월 4일자(2면).
54) ≪중앙일보≫ 1998년 6월 8일자(1면); 1998년 7월 7일자(2면).
55) ≪중앙일보≫ 1998년 8월 26일자(2면).
56) ≪중앙일보≫ 2003년 6월 24일자(10면).
57) ≪중앙일보≫ 2003년 3월 11일자(30면).
58) 『이중국적문제에 관한 법리적 검토』(법무부, 2004)
59) ≪중앙일보≫ 2005년 6월 7일자(35면).
60) 「재외동포정책, 이명박정부에 바란다: 새정부 출범에 즈음한 동포정책 토론회」(2008.1.17) <기조발표: 이명박 정부의 재외동포정책 고찰> 이중국적 허용 국적법 개정: 모국은 선진통상국가에 필요한 인재강국구현의 필요성이 커지고 있는 만큼 순차적으로 이중국적을 허용해야 할 것이다. 현재 증가하고 있는 국제결혼 등 외국인들의 국내정착과 인권보호를 위해서도 필요한 정책이라고 판단된다.

61) ≪중앙일보≫ 2000년 9월 1일자(6면, 권영빈 칼럼), 2002년 2월 3일자(15면), 2002년 7월 13일자(2면), 2003년 3월 4일자(8면), 2005년 5월 18일자(E6면), 2006년 7월 12일자(2면), 2007년 10월 27일자(34면).
62) ≪중앙일보≫ 2003년 10월 7일자(33면).
63) <개요> 조사기관: 폴리시 앤 리서치. 조사기간: 8월 2일~16일. 표본수: 성인 남녀 708명. 표본오차: ±3.74%포인트(95% 신뢰수준).
64) 외교통상부 보도자료(08.4.2) <07년말 실시 대국민여론조사 결과 공개> ㅇ조사기관: 한국갤럽조사연구소 ㅇ조사기간: 12월 24일 및 26일 ㅇ표본수: 전국 19세 이상 성인 남녀 1,220(명) ㅇ표본오차: ±2.8%포인트(95% 신뢰수준) <질문> 우리나라가 이중국적을 허용해야 한다고 보십니까? 허용하지 말아야 한다고 보십니까? 허용해야 한다(35.2%), 허용하지 말아야 한다(64.4%), 모름/무응답(0.5%).
65) 재외국민 참정권 문제는 재외국민의 국정참여권 회복의 의미로 받아들여지고 있으며, 헌법재판소가 지난 2007년 6월, '주민등록을 할 수 없는 재외국민 또는 국외거주자의 투표권을 제한'한 현 공직선거법 제15조 2항, 제37조 1항, 국민투표법 제14조 1항 등을 국민기본법 제한의 한계를 넘은 것으로 보아 헌법불합치 판정을 내림으로써 오는 2008년 12월 31일까지 위 조항들을 개정해야 함.
66) http://www.mfa.gov.il/ 참조: "Every Jew has the right to come to this country as an oleh" (귀환법, 1950.7.5 발효, Law of Return).
67) http://www.jewishagency.org/ 참조: 민간차원의 Jewish Agency for Israel(1929.8.11) 역할: 해외거주 유대인의 국내이주 적극 유도(이주정보·자문제공, 이주비용 대부, 이주희망자모임 주선, 사전여행알선 등; 현재까지 실적 - 약 300만 명). 2008년 현재 핵심예산 3억1476만 달러, 해외 80개국 450명의 해외요원(공식·비공식) 활동; 최보선, 「탈북주민문제와 이스라엘 이주민정책」, 『통일경제』 26(현대경제사회연구원, 1997.2) 참조. Direct Absorption Policy(직접적응이주민정책): 호텔숙박알선, 아파트물색, 초기정착 기본비 지불, 1년치 임대금 보조, 6개월간 생계보조비, 자녀교육비 보조, 기본가재도구 구입비 보조, 수도·물·전기 등 주거보조기금, 대부지원 등 패키지 지원.
68) http://www.moia.gov.il/ 참조.
69) 국가과학기술자문회의, 「과학기술인력의 새로운 병역의무 이행체계 정립방안」(2003) 참조.

제10장 방송에서 바라본 한민족네트워크[1]

제1절 제4대 이사장 재임 당시

1. 2008년 2월

가. 2월 15일(금)

강준영(이하 '강'): 한민족하나로 매주 금요일 이 시간에는 재외동포재단에서 전하는 소식을 들려드립니다. 오늘부터 김봉섭 전문위원이 소식을 전해드립니다. 김봉섭 전문위원, 전화에 나와 계시죠? 안녕하십니까?

김봉섭(이하 '김'): 안녕하십니까? 김봉섭입니다. 앞으로 잘 부탁드리겠습니다.

강: 민족의 명절 설날이었는데 잘 지내셨는지요? 이번 주 재외동포재단에서는 어떤 소식들을 전해주실 건가요?

김: 네, 재외동포재단 이사회 소식입니다. 2008년도 사업계획안 및 실행예산안을 주요 안건으로 하는 제37차 이사회가 2월 5일 10시 30분 재단회의실에서 개최되었습니다. 이구홍 이사장 주재로 개최된 이날 이사회의에서는 정부출연금 159억, 국제교류기금 200억, 자체수입 12억6천만원 등 371억6천만원 규모의 2008년도 사업계획안이 심의되었습니다. 재단사업비로는 330억7천만원이 배정되어 동포사회 조사협력강화 프로그램에 35억3천만원, 민족정체성유지강화 프로그램에 98억4천만원, 권익신장 및 역량결집 프로그램에 197억여원이 각각 편성되었습니다.

강: 2008년도 사업계획을 보다 구체적으로 말씀해주실 수 있는지요?

김: 네, 2008년도 사업계획안을 3개 프로그램 9개 단위사업 중심으로 말씀드리겠습니다. 우선 동포사회 조사협력강화 프로그램입니다. 동포사회 실태조사(예: CIS지역) 2억5천, 동포사회 연구기반조성사업 2억2천, 재외동포 모국공적조사사업(예: 하와이지역) 5천, 세계한인정치인포럼 1억5천 등 조사연구사업에 6억7900만원; 대한적십자사·동북아평화연대 등 재외동포관련 민간단체협력사업에 4억2천; 코리안넷 운영관리 5억4천, 대언론 지원 3억8천, 한국어뉴스세계위성망구축사업 15억 등 홍보사업에 24억 2천만원입니다.

전체 사업비에서 차지하는 비중은 작지만 앞으로 계속해서 강조되어야 할 사업분야가 되겠습니다.

다음은 민족정체성유지강화 프로그램입니다. 재외한글학교지원 51억2천, 중국지역 등 민족학교지원 4억, CIS지역 한국어교사초청연수 1억7천, 사이버한국어강좌 개발운영 2억8천, 재외동포장학사업 8억7천 등 모국어교육사업에 68억4천만원; 코리안 페스티벌 5억, 문학육성사업 1억2천, 민족문화보존유지지원 2억9천, 문화용품구입지원 1억8천, 전통문화연수·특강 1억5천 등 모국문화보급사업에 12억4천; 세계한인차세대포럼 3억4천, 청소년모국연수 3억, 해외한인후손직업연수 11억 등 차세대육성사업에 17억5천만원입니다.

한번 무너지기 시작하면 그 어떤 정책이나 수단으로 회복하기 어려운 것이 민족정체성사업입니다. 한국의 멋과 정이 깃든 무형의 자산들을 현지동포사회가 유지·강화할 수 있도록 더 많은 관심과 지원이 필요합니다.

끝으로 권익신장 및 역량결집 프로그램입니다. 교류증진활동지원 21억8천, 권익신장활동지원 8억8천, 재일민단지원 73억, 한인회관 등 건립지원 66억7천, 호작등초본발급 6천, 국외입양동포사업 4억 등 지위향상 및 숙원사업지원에 175억; 세계한인회장대회 5억3천, 한인회 디렉토리 관리·운영 5천 등 한인회역량결집사업에 5억8천; 세계한상대회 10억4천, 한상대회 본부사무국 운영 2억6천, 재외동포경제인포럼 1억, 한상네트워크 활성화지원 2억 등 한상활성화사업에 16억1천만원입니다.

거주국과 모국을 활발히 오고 가면서 상호발전할 수 있는 길을 모색하는 사업이나 현지동포사회의 권익과 미래를 준비하는 사업은 아무리 강조해도 지나치지 않을 것입니다.

강: 그렇다면 2008년도 사업계획안의 특징은 무엇인지요?

김: 네, 이구홍 이사장 취임 이후 재외동포재단은 사업예산구조를 변경해왔습니다. 2008년도 사업예산의 경우 역시 재외동포의 사기진작, 재외동포재단의 이미지 제고와 대내외 홍보 등을 고려하되 모국발전 기여도, 지원사업의 파급효과, 거주지 정착 및 권익신장 기여도, 해당지역의 대표성과 상징성 등을 종합적으로 판단하여 편성한 것이 주된 특징이 되겠습니다. 그리고 일상적인 소액지원은 점차적으로 지양하면서 '선택과 집중'의 원칙과 CIS나 중남미 등 소외지역에 지속적으로 관심을 보여 나갈 예정입니다.

강: 이사회 분위기는 어땠습니까?

김: 활기찬 시장경제, 인재대국, 글로벌 코리아, 능동적 복지, 섬기는 정부 등의 5대 국정지표를 내세운 이명박 정부가 출범하면서 700만 재외동포사회는 한껏 기대감에 고조되어 있습니다. 그러나 최근 우리 경제상황이 어려운 현실을 감안할 때 신정부 출범과 함께 모든 면에서 절약하자는 취지의 말씀이 있었습니다. 그리고 동포 관련 사업을 전개할 때 각 부처들 간에 사전에 긴밀하게 정보를 교환하고 사업이 중복되지 않도록 협력하자는 취지의 말씀도 있었습니다. 특히 재단 임직원의 근무환경개선과 처우 현실화에 대해 참석이사 모두가 공감하여 재외동포재단이 앞으로 사업을 수행하는데 큰 힘이 될 것으로 기대하고 있습니다.

강: 지금까지 2008년도 재외동포재단 이사회 개최와 관련된 소식이었습니다. 다음에는 어떤 소식을 전해주실 건가요?

김: 신규직원 채용과 관련한 내용입니다. 700만 재외동포들을 위해 존재하는 재외동포재단에서는 지난 1월 30일부터 2월 15일까지 온라인 접수가 진행중입니다. 채용인원은 조사연구, 교육, 한상, 홍보 등 분야에서 8명이며 채용 직무등급은 1등급(대리)입니다. 관심 있는 분들은 재외동포재단 홈페이지내 '인재채용'을 참고해주시기 바랍니다. 1차 서류심사를 통과한 분들을 대상으로 면접(2.26~27)이 실시될 예정이며, 최종선발된 분들은 재단 인사규정 20조(수습임용)에 의거, 채용후 6개월의 수습기간을 거친 다음 근무평가를 거친 후 정규직원으로 임용될 예정입니다.

강: 그밖에 전해줄 소식은 없습니까?

김: 단신으로 몇 가지 준비했습니다. 교육문화팀 소식입니다. 재외동포재단에서는 오는 3월 7일까지 중국조선족 학교 및 러시아・CIS지역 민족학교(정규학교)의 교육환경개선 및 한국어교육 활성화 지원을 위한 '민족학교 지원수요조사'를 실시중에 있습니다. 지원내용은 정보화교육환경 구축을 위한 정보화 교육기자재(PC 등 구입비) 및 기타 민족교육개선에 필요한 교육기자재 구입비 등을 지원할 예정입니다. 자세한 것은 교육문화팀으로 연락바랍니다.

다음은 차세대팀 소식입니다. 중국지역 50명, CIS지역(5개국) 50명 등 총 100명에 대해 2007학년도 2학기 장학금을 지급했습니다.

한편 이구홍 이사장께서는 지난 1월 25일 서울 프레스센타에서 거행된 고 이수현군 7주기 추모식에 참석하여 이명박 대통령 당선인의 추모사를 대독하였으며, 1월 28일 중국 흑룡강성 영안시 부시장으로 수고하는 김경진씨가 재단을 방문하여 현지상황을 보고한 후 상호협력방안에 대해 환담하였습니다. 이상 재외동포재단에서 전해드렸습니다.

나. 2월 22일(금)

강: 한민족 하나로, 매주 금요일 이 시간에는 재외동포재단에서 전하는 소식을 들려드립니다. 오늘도 재외동포재단의 김봉섭 전문위원이 이 시간을 꾸며주실 텐데요. 김봉섭 위원 전화에 나와 계시죠? 안녕하십니까?

김: 안녕하십니까? 교수님, 김봉섭입니다.

강: 이번 주 재외동포재단에서는 어떤 소식들을 전해주실 건가요?

김: 네, 제가 전해드릴 첫 번째 소식은 '재일동포모국공적조사' 관련 내용입니다. 강 교수님? '재일동포' 하면 뭐가 먼저 떠오르시나요? 저에게는 '민족의 수난'이 가장 먼저 떠오르는데, 교수님은 어떠신지요?

강: 저도 강제징용, 강제징병, 일본군위안부 등이 떠오르네요.

김: 그렇지요. 민족의 수난과 역경을 대변하는 재일동포사회가 한국유이민사에서 차지하는 비중이 크다는 점은 누구나 인정하실 것일텐데요, 그런 입장에서 '과연 재일동포사회는 대한민국발전에 어느 정도 기여했는가'하는 것을 객관적인 자료와 데이터로 입증하는 첫 번째 시도가 재외동포재단 주도로 진행되어 지금 거의 마무리단계에 와 있다는 소식입니다.

강: 방금 전에 '재일동포모국공적조사' 사업이라고 말씀하셨는데 구체적으로 말씀해주시겠습니까?

김: 네, '재일동포모국공적조사사업'은 5개년계획으로 구상된 '재외동포모국공적조사사업'의 일환인데요. 재외동포재단이 기획, 주관하고 있으며, 각계 전문가들로 구성된 조사위원회를 통해 재외동포사회가 모국발전에 끼친 각종 공적사항들을 일목요연하게 정리하여 집대성하는 프로젝트성 사업이 되겠습니다. 금년 3월 말쯤 재일동포사회의 모국발전기여에 관한 공식적인 조사보고서가 제출될 예정입니다.

교수님도 아시다시피, 1960년대 초 우리나라 1인당 국민소득이 82달러에 불과했지 않습니까? 그리고 당시, 15세에서 64세까지의 경제인구 1400만 명 가운데 20%에 가까운 250만이 실업자였거든요. 이런 어려움들을 딛고 '한강의 기적'을 일군 우리 대한민국의 경제성장의 이면에는

'재일동포'의 모국사랑이 있었다는 것을 이번 모국공적조사사업에서 샅샅이 밝혀내려고 합니다. 조사보고서가 제출되면 그때 다시 자세한 소식을 전해드리도록 하겠습니다.

강: 저도 어렴풋이는 알고 있지만 구체적인 것은 잘 몰랐거든요. 조사보고서가 제출되면 그때 다시 소식 전해주세요.

김: 그렇게 하겠습니다.

강: 그밖에 다른 소식은 없습니까?

김: 네, 지난 시간에 신규직원 채용과 관련한 내용을 소개해드렸는데요, 8명의 신입직원을 뽑는데 1,095명이 응시한 걸로 집계가 되었습니다. 숫자상으로 보면 무려 137대 1의 경쟁률인데 재외동포재단에 대한 높은 관심에 놀랍기도 하지만 한편으로는 씁쓸하기도 합니다. 모두 능력 있는 지원자들이고 동포를 사랑하는 마음에서 지원한 분들인데 자리는 한정되어 있어 모두를 다 모시지 못하는 아쉬움이 크네요.

강: 주로 어떤 분들이 지원하셨나요?

김: 이번에 지원하신 분들의 연령대를 보니 주로 2~30대 분들이 지원하셨는데, 4~50대 분들도 다수 포함되어 있습니다. 이분들은 대부분 새로운 인생을 펼쳐보고 싶어 하는 분들로 생각되는데 우리 사회가 점점 인생 2모작, 3모작 시대로 가고 있는 것 같은 느낌을 받게 됩니다.

강: 특이한 경력들을 가진 분들도 지원했을 것 같은데?

김: 네, 이번 지원자들 중에는 국내외 박사출신자가 31명, 석사출신자가 184명이나 지원하셨고요, 전직 교수출신 6명, 국내외 MBA출신 5명, 공인회계사 1명 등도 지원하셨습니다. 오는 26일경 재단 회의실에서 면접이 있을 예정인데요. 적극성, 창의성, 조직적응력, 용모 등을 종합적으로 심사한다고 하니 면접대상자들께서는 이 점 유념하셔서 좋은 결과 있기를 바랍니다.

강: 재외동포재단 직원을 뽑는데 용모도 보나요? 그래서 재단 직원들이 미남미녀군요?

김: 그런가요? 단순히 생김새보다는 면접관들의 질의에 응대하는 자세 같은 것을 보는 것으로 알고 있습니다.

강: 이번에는 대통령 취임식 관련 소식을 준비하셨다구요?

김: 네, 대통령취임식이 오는 25일에 거행되지 않습니까? 그래서 저희 재단에서는 외교통상부 재외동포영사국과 함께 해외동포 여러분의 취임식 참가

가 불편하지 않도록 최대한 봉사할 예정입니다. 현재 저희 재단에서는 19명의 직원이 경복궁내 동편주차장 현장에 나가서 동포 여러분이 정부가 제공하는 버스에 탑승하는 것과 취임식 행사장의 재외동포구역에 착석하는 것 등 불편사항을 최소화하는데 최선을 다할 예정입니다.

강: 재단 직원들이 애쓰시겠는데, 김봉섭 위원은 어디로 가시나요?

김: 저는 아마 취임식 날 이사장님의 동선에 따라 움직일 것 같습니다.

강: 돌아오는 일요일 '한민족 하나로' 초대석 시간에 출연할 예정인 이구홍 이사장님에 관한 소식도 있네요?

김: 이구홍 이사장께서는 재단 팀장회의에서 각 팀장은 자기 팀의 핵심사업을 직접 관할하고, 긍정적인 팀 분위기를 만드는데 솔선수범하라고 말씀하셨고, 특히 금년 사업들은 10년 후의 재외동포사회가 어떻게 변화될 것인지를 충분히 예측하면서 추진하라고 당부하셨습니다. 이상 재외동포재단에서 전해드렸습니다.

다. 2월 29일(금)

강: 한민족 하나로, 매주 금요일 이 시간에는 재외동포재단에서 전하는 소식을 들려드립니다. 김봉섭 위원 전화에 나와 계시죠? 안녕하십니까?

김: 안녕하십니까? 교수님, 김봉섭입니다.

강: 이번 주 재외동포재단에서는 어떤 소식들을 전해주실 건가요?

김: 제가 전해드릴 첫 번째 소식은 2008년도 세계한인회장대회 준비 소식입니다. 강 교수님? 우리나라 한인동포들이 전 세계에 얼마나 있는지 알고 계시나요?

강: 공식통계로만 알고 있는데 대략 700만 명 정도 되지 않나요?

김: 그렇습니다. 우리 정부는 매 2년마다 전 세계 재외동포 수를 조사, 발표하고 있는데 2007년 7월 현재 우리 해외한인 동포수는 7,044,716명으로 집계되었습니다. 이는 2005년도 6,638,338명보다 406,378명이 늘어난 숫자인데 연 6.12% 정도 증가하고 있음을 보여주고 있습니다. 아마 이런 추세로 계속 증가한다면 1천만 재외동포시대의 도래도 그리 멀지 않았다는 느낌을 받게 됩니다.

강: 그럼 우리 한인동포들이 거주하고 있는 지역수는 어느 정도 되는지 그리고 한인회 단체는 어느 정도 조직되어 있는지 구체적으로 알 수 있을까

요?

김: 네, 강 교수님께서는 전 세계 국가수가 몇 개나 되는지 알고 계시나요? 저도 이번 기회에 한번 살펴보니까 유엔회원국은 191개국, 세계은행(IBRD)통계는 229개국, 우리 정보기관의 통계는 231개국이더라구요. 이처럼 국가수는 제각각이지만 우리 해외한인동포들은 세계화가 제대로 이뤄진 대표적인 민족이라는 생각이 들 정도로 무려 169개국에 걸쳐 분포하고 있습니다. 그리고 좀 전에 교수님께서 질문하셨지만 전 세계 한인회가 얼마나 되는지도 궁금하시죠? 재외동포재단에서는 매년 '세계한인회 디렉토리'를 발간하고 있는데 2007년 8월 현재 117개국 530개 한인회가 활동하고 있는 것으로 조사·정리되었구요, 이는 지난 2006년도에 조사된 105개국 432개 한인회에 비해 국가수는 12개국, 한인회수는 98개가 늘어난 수치가 되겠습니다.

강: 저도 우리 한인들이 전 세계에 널리 분포되어 있다는 것은 알고 있었지만 우리 한인동포들이 169개국이나 되는 나라에 진출하여 살고 있고, 한인들의 권익신장과 교류·친목을 위해 한인회를 조직하여 활동하는 곳도 117개국에 달한다는 사실은 오늘에서야 처음 알았습니다. 그럼 2008년 세계한인회장대회는 이들 한인회장들을 모시고 또 다시 서울에서 개최될 예정인가요?

김: 네, 올해도 세계한인회장대회가 개최됩니다만 대회 개최장소를 어디로 할지는 아직 정해진 바가 없습니다. 그동안 매년 6월경에 개최되던 대회를 올해부터는 10월 5일 '세계한인의 날'을 기념하고 대회 개최의 시너지효과를 극대화하기 위해 세계한인회장대회를 10월 초에 개최하기로 잠정 결정된 상태인데 그러다보니 여러 가지 애로점이 발생하고 있습니다.

강: 지금 어떤 점이 가장 문제시 되고 있나요?

김: 보통 6월이면 호텔업계가 비수기인지라 숙박요금이나 대회장 임대료가 다소 저렴했는데, 10월 초에 실시할 경우 대회장 선정부터 숙박 및 기타 비용이 크게 높아질 전망입니다. 그리고 10월 초 서울에서 대회를 개최할 만한 곳이 그리 많지 않아 서울 인근 지역까지 범위를 넓혀 대회장소 물색에 나서고 있는 형편입니다. 또한 10월이면 현지 한인동포사회에서 한인회가 주관하는 행사들이 많아 모국에서의 행사와 겹친다는 지적도 나오고 있습니다.

강: 지난해에는 몇 분 정도나 참석하셨나요, 그리고 어떤 행사들로 진행되었

나요?
김: 지난해에는 서울 광진구 소재의 쉐라톤워커힐 호텔에서 3박 4일간 개최되었는데 모두 54개국에서 모두 337명의 전·현직 한인회장들이 참석하셨구요, 국내 참가자까지 합치면 거의 450명 이상이 참가하여 규모면에서는 역대 최대규모의 한인회장대회였습니다. 그리고 대회체재비만 재외동포재단에서 부담하고 항공료는 참가자 본인이 부담하는데도 이렇게 많은 수의 한인회장들께서 모국을 직접 찾아와 재외동포정책 토의, 지역별 분과회의, 한인회간 자매결연, 모범사례발표, 한인회장 교류의 밤, 대정부 건의문 제출 등 모국과의 유대관계 강화와 재외동포정책 개선을 위해 애쓰는 모습을 보노라면 한인회장들의 모국애가 얼마나 큰지를 직접 체험할 수 있습니다.
강: 10월이면 아직 시간이 많이 남았으니까 성공적인 세계한인회장대회 개최를 위해 더 많이 노력해주시길 부탁드리구요, 또 다른 소식은 무엇이 있나요?
김: 지난 25일 제17대 이명박 대통령취임식 참석을 위해 해외한인동포들도 많이 수가 오셨는데 43개국에서 2500여명의 지도급 인사들이 오신 걸로 집계되고 있구요, 저희 재외동포재단에도 많은 한인회장들이 내방하여 현지사정을 보고해주셨습니다.
강: 주로 어떤 분들이 내방하셨나요?
김: 네, 저 멀리 남미 칠레에서부터 북유럽의 핀란드, 중부유럽의 독일 베를린과 본, 그리고 미국의 뉴욕과 러시아의 사할린 지역에 이르기까지 주로 현안들을 갖고 방문하셨습니다. 특히 한인회가 공공의 이익을 위해 봉사하는 한인단체로 변화해야 하고, 새로운 세대를 키워내는데 앞장서야 한다는데 모든 내방자들이 공감하였고, 재외동포재단의 지원이 현지동포사회를 변화시키는데 일조할 수 있기를 바란다는 말씀도 있었습니다.
강: 제가 잘 몰라서 그러는데, 현지 한인회와 우리 재외공관과의 관계는 어떤가요?
김: 네, 대부분의 우리 재외공관들은 해외 한인회가 제대로 활동할 수 있도록 지원하는데 힘을 기울이고 있습니다. 그러나 일부 지역에서는 여전히 한인회와 재외공관 간에 다소 마찰이 있는 것도 사실입니다. 그러나 뉴욕총영사관의 경우를 예로 든다면, 저희 재외동포재단에서 기획이사로 일하시던 분이 지난 3월 총영사로 가서서 그런지는 몰라도 현지부임 다음날 첫

방문지로 한인회를 선택하여 현지 한인사회 관계자들과 교류를 나눴다는 소식을 접했는데 이는 현지공관이 한인회를 파트너로 인정한다는 이야기 거든요. 한인회도 한인회지만 현지공관이 먼저 손을 내밀 때 한인회도 현지공관의 지도와 협조에 제대로 부응할 수 있다고 생각합니다. 이번에 오신 뉴욕한인회장님께서도 그 점을 강조하시면서 뉴욕한인사회가 크게 성장하고 있다는 소식을 전해 주셨습니다.

강: 그렇군요. 이런 모범적인 관계설정을 전 세계 재외공관과 한인회가 참조했으면 합니다. 그 밖에 다른 소식은 없나요?

김: 네, 제7차 세계한상대회 공동주관기관회의가 오는 3월 4일부터 5일까지 제주도에서 실시될 예정입니다. 저희 재외동포재단에서는 사업이사, 한상팀장 등이 제주도청에서 열리는 공동주관회의에 참석한 후 제주롯데, 신라, 하얏트, 스위트호텔 등 숙박시설 및 대회행사장인 제주 국제컨벤션센터의 준비사항을 점검할 예정입니다.

한편 이구홍 이사장께서는 지난 20일 세계한상대회 초대 대회장이자 리딩CEO 멤버인 홍성은 레이니어그룹 회장이 주관하는 H2O 청소년품앗이 운동본부 10주년 기념식에 참석하여 축사를 통해 홍 회장의 조국사랑과 청소년육성에 대한 노력을 높이 평가하고 참석자들의 동참을 독려하였습니다. 그리고 26일 롯데호텔에서 열린 제17대 대통령취임 경축 재외동포초청 리셉션에서 재외동포지도자 800여 명을 공식영접하고 이들과 뜨거운 정을 나누었습니다. 이상 재외동포재단에서 전해드렸습니다.

2. 2008년 3월

가. 3월 14일(금)

강: 한민족 하나로, 매주 금요일 이 시간에는 재외동포재단에서 전하는 소식을 들려드립니다. 김봉섭 위원 전화에 나와 계시죠? 안녕하십니까?

김: 안녕하십니까? 강 교수님, 재외동포재단의 김봉섭입니다.

강: 이번 주 재외동포재단에서는 어떤 소식들을 전해주실 건가요?

김: 네, 제가 전해드릴 첫 번째 소식은 세계한인차세대 행사와 관련된 소식입니다. 강 교수님? 저희 재단에 차세대팀이 존재한다는 것은 알고 계시지요?

강: 네. 알고 있습니다. 이구홍 이사장께서 부임하시자마자 새롭게 만든 사업팀이 조사연구팀과 차세대팀인 것으로 알고 있습니다.

김: 그렇습니다. 지난 2007년부터 사업을 진행중인 차세대팀에서는 금년에도 전 세계 한인차세대동포들의 역량결집과 정치력 신장을 위한 네트워크 형성에 심혈을 기하고 있습니다. 특히 정치·경제·사회·문화 등 제 방면의 우수한 인적자원 발굴을 위해 힘쓰고 있으나 머지않은 장래에 그 효과가 나타날 것으로 예상하고 있습니다.

강: 그렇군요. 그럼 현재 재단에서 특별히 차세대에 주목하는 이유가 무엇인가요?

김: 교수님. 아시다시피 우리나라는 식량이나 에너지를 비롯하여 각종 부존자원이 매우 부족하지 않습니까? 반면에 우수한 두뇌와 예술적 감성을 지닌 인재들의 수는 다른 어느 민족과 비교해도 결코 뒤떨어지지 않습니다. 특히 거주지정착과 생활안정 그리고 자녀교육에 주목적을 두었던 이민1세대의 시대가 지나가고, 현지 언어와 문화 그리고 교육에서 수월성을 보이는 한인 차세대들의 성장세가 눈에 띄게 늘어나는 이때, 이들의 존재를 파악하고 잠재역량을 개발하여 네트워크 한다면 거주국 발전은 물론 대한민국 발전에도 크게 이바지하리라 봅니다.

강: 그렇군요. 그럼 올해에는 차세대와 관련된 어떤 행사가 가장 중요한가요?

김: 올 7월 말과 8월 초는 아무래도 차세대와 관련된 행사들이 주를 이룰 것 같습니다. 차세대 행사는 그 하나하나가 모두 다 중요합니다만 그 중에서도 눈여겨 볼 사업은 2008년에 처음 실시예정인 '세계한인차세대대회'입니다. 특히 이번 대회는 한인정치인 및 보좌관 20여 명, 대륙별 차세대 단체 대표자 20여 명, 그리고 법조계, 언론계, 영어교육계, 금융계, 국제기구 및 사회단체 인사 각 10명씩 모두 100여 명이 모일 것으로 예상되며, 대회 참석자들은 재외공관이나 유관기관의 추천서류 접수와 재단 심사를 거쳐 선발할 예정입니다. 특히 같은 기간 동안에 진행될 세계한인청소년대학생 모국연수, 입양인대회 참가자들과 직업훈련한인후손들과도 함께 교류하는 행사도 기획중에 있습니다.

강: 네. 여러 차세대 대회들이 현재 준비 중에 있군요? 그럼 세계한인차세대대회는 신규사업인가요? 그리고 참가대상자나 지역은 어떻게 되나요?

김: 세계한인차세대대회는 그동안 워크숍 형태로 10회를 진행해온 '차세대지도자회의'가 발전적으로 개편되었다고 보시면 되겠습니다. 우선 참가대상

자 연령을 30세 이상에서 45세 미만에서 25세 이상 40세 미만으로 조정하였고, 거주국에 10~15년 이상 장기거주 영주권자 또는 시민권자에서 10년 이상 장기 체류 영주권자로 못을 박았습니다. 특히 참가지역도 특정지역 편중에서 전 세계로 확대하였고, 인원도 25명 정도에서 100명 정도로 대폭 늘렸다는 점이 특징이 되겠습니다.

강: 그럼 이번에도 참가자들에게는 어떤 지원이 있나요?

김: 네, 자발적인 대회 참가를 유도하고 향후 자율적인 네트워크 구축을 위해서는 참가비 자부담이 어느 정도이냐가 대단히 중요합니다. 현재 재단에서는 경제적 여건이 열악한 CIS지역에만 국제선 왕복항공료(일반석) 전액 지원하고 나머지 지역은 왕복항공료의 50%만 지원하려고 합니다. 물론 국내 항공이나 열차 그리고 국내체재비 일체는 재단에서 전액 부담할 것입니다.

강: 이번 대회에는 모두 몇 개국에서 참가할 것으로 예상하나요?

김: 7월 초까지 참가자를 확정해야 알겠지만 현재까지는 미국, 일본, 캐나다, 독일, 중국, 오스트레일리아, 캐나다, 포르투갈, 스페인, 카자흐스탄 등 9개국 이상에서 참가자들이 올 것으로 기대하고 있습니다.

강: 아무쪼록 대회 준비에 차질이 없길 바라며, 행사가 무더운 여름에 진행되는 만큼 참가자들의 건강에 더욱 유의하길 바랍니다. 김 위원님, 다른 소식은 뭐가 있나요?

김: 지난 10일(월)부터 출근한 신입직원들을 대상으로 하는 교육이 12일(수)까지 있었습니다. 재단 현황, 설립경위를 비롯하여 문서관리, 사업팀별 업무, 그리고 각 지역별 동포사회 현황 등에 대해 선배 팀장들로부터 자세한 설명이 있었으며, 서로 간의 궁금증을 해소하는 의미 있는 시간들을 보냈습니다.

강: 김위원님은 무슨 교육을 하셨나요? 그리고 신입직원들의 인상은 어땠나요?

김: 저도 신입직원들에게 재단 설립경위, 중남미·대양주 동포사회 현황을 브리핑했습니다만, 이번에 뽑힌 신입직원들은 모두 137대 1의 경쟁률을 뚫고 들어오신 재원들이어서 그런지 대단히 진지하게 교육에 임했고, 동포사회에 대한 이해도가 그 어느 때보다 높다는 것을 느꼈습니다. 설립 11년차를 맞이하는 재단의 미래가 이들 새내기 젊은이들과 함께 한다는 점에서 마음 든든했습니다.

강: 700만 재외동포사회의 발전을 위해 일하는 재외동포재단에 8명의 새로운 얼굴들이 들어왔다고 하니 우리 모두 잘 적응할 수 있도록 힘껏 응원의 박수를 보내야 하겠습니다. 김 위원님, 다른 소식은 뭐가 있나요?

김: 이명박 정부 출범 이후 새로운 각오로 일하고 있는 저희 재단에서는 이구홍 이사장 주재로 지난 7일(금)부터 10일(월)까지 각 사업팀의 새해 업무보고가 있었습니다. 각 사업팀별로 새해 역점사업들을 이사장께 보고하였고, 이사장께서는 재외동포들의 사기진작에 최선을 다하되 정부의 예산절감 노력에 적극 부응하여 사업목적이불분명 하거나 타당성이 없는 사업, 중복되거나 효과가 없는 사업, 불요불급한 사업, 일회성 사업 등은 철저하게 걸러내라고 당부했습니다. 또한 재외동포들이 재외동포재단 사업에 관심이 많은 만큼 이들의 의견이 충분히 반영되도록 의사소통 시스템을 구축할 것도 지시했습니다.

강: 이번 한 주도 이사장님께서는 매우 바빴을 텐데 그 소식도 전해주시지요?

김: 이번 한 주도 이구홍 이사장께서는 태국한인회장, 인천시 자문대사, 부산시 자문대사, 부산상공회의소 회장, 한국기자협회장, 중국 흑룡강성유기벼 협회장, 한민족연구소장 등과 동포사회 발전을 위해 많은 대화를 나눴습니다. 이상 재외동포재단에서 전해드렸습니다.

나. 3월 21일(금)

강: 한민족 하나로, 매주 금요일 이 시간에는 재외동포재단에서 전하는 소식을 들려드립니다. 김봉섭 위원 전화에 나와 계시죠? 안녕하십니까?

김: 안녕하세요? 강 교수님. 지난 한 주도 잘 지내셨습니까?

강: 네. 이번 주 재외동포재단에서는 어떤 소식들을 전해주실 건가요?

김: 제가 전해드릴 첫 번째 소식은 한인회팀 관련 소식입니다. 강 교수님? 지난번 시간에 제가 전 세계적으로 우리 한인들의 정착과 권익 그리고 친목을 도모하는 한인회가 117개국에 조직되어 있으며 그 수는 무려 530개에 달한다고 전해드린바 있지요?

강: 네. 김위원으로부터 530개 한인회가 조직되어 있다는 소식을 듣고 저를 비롯한 많은 분들이 깜짝 놀랐을 텐데요? 그럼 한인회가 가장 많이 조직되어 있는 지역은 어디인가요?

김: 네, 재외동포재단에서 발간한 '2007 세계한인회 디렉토리'(07.8)에 의하

면 미국이 139(26.2%)개로 단연 많고요, 중국이 53개, 일본이 52개, CIS가 39개(러시아 15, 카자흐 15, 우즈벡 4, 벨라루스・아제르바이잔・우크라이나・키르기즈・타지크 각 1), 독일이 35개로 그 뒤를 잇고 있습니다. 그 뒤로는 캐나다가 17개, 스페인이 16개, 인도네시아・프랑스가 10개, 뉴질랜드가 9개, 영국・호주가 8개, 인도・오스트리아가 6개, 필리핀이 5개 등의 순으로 나타나고 있습니다.

강: 네. 그렇군요. 한인회가 현지에서 뿌리를 내리는 만큼 전 세계로 뻗어나가는 우리 재외동포들의 활약상도 점점 더 기대되는군요. 잘 알겠습니다. 지난 시간에 김위원께서 재단 지원사업 심의위원회가 이번 주간에 개최될 예정이라고 전해줬는데 계획대로 진행되었나요?

김: 네, 예정대로 지난 3월 19일, 저희 재단에서는 2008년도 지원사업 심의위원회가 개최됐습니다. 외교통상부와 함께 진행된 이번 심의에서는 한인회팀, 교육문화팀, 한상팀, 차세대팀 등 5개 팀 지원사업들을 중점 심의했습니다.

강: 올해도 수많은 재외동포단체에서 지원을 신청했을 텐데, 특히 한인회 활동과 관련된 지원요청내용을 좀더 자세히 알려주시죠?

김: 네, 교수님. 한인회팀 사업은 예산구조상 '재외동포 권익신장과 역량결집 프로그램'에 해당되는데요. 이번 수요조사에서는 교류증진과 정착지원활동에 312건, 정치력신장과 권익보호활동에 70건, 민족정체성의 구심점인 한인회관건립 및 민족학교지원에 44건 등 총 426건이 신청 접수되었답니다.

강: 426건이나 신청되었다니 대단하군요? 그럼 이번 수요조사에서는 주로 어떤 지역에서 많이들 신청했나요?

김: 네, 교류증진과 정착지원활동은 미국 49건, 중국 41건, 러시아・호주 26건, 캐나다 17건, 뉴질랜드 13건 순이었고, 정치력신장과 권익보호활동은 미국 24건, 중국 13건, 캐나다 9건, 호주 6건, 러시아 5건, 카자흐스탄 3건 순이었고, 한인회관건립 및 민족학교지원은 중국 15건, 미국 8건, 우즈베키스탄 4건, 러시아 3건, 캐나다 2건 순이었습니다. 그 결과 미국 81건(19%), 중국 69건(16%), 호주 36건(8.5%), 러시아 34건(7.9%), 캐나다 28건(6.6%) 등 5개국이 총 지원요청(426건)의 58.2%(248건)를 차지하고 있는 걸로 파악되었습니다. 특히 재외동포 다수거주지역인 미국, 중국, 러시아 이외에도 호주나 캐나다 등의 지원요청이 증가하고 있는 것도

눈여겨 볼 필요가 있을 것 같습니다. 그리고 아무래도 숙원사업은 중국이나 CIS쪽이, 교류정착이나 정치력신장은 미주쪽의 요구가 더 많다고 볼 수 있을 것 같습니다.

강: 그렇군요. 요청 규모도 만만치 않았을 것 같은데요?

김: 네. 한인회관건립 및 민족학교지원에 1623만6천달러(한화 149억3712만원), 교류지원과 정착지원활동에 526만8435달러(한화 48억4696만원), 정치력신장과 권익보호활동에 233만2282달러(한화 21억4570만원) 등 모두 2383만6717달러(한화 219억2978만원)가 요청되었습니다. 이는 인프라구축에 들어가는 비용이 더 많기 소요되기 때문으로 판단됩니다. 그러나 현재 저희 재단이 가용할 수 있는 지원예산을 감안할 때, 요청건수는 전체요청의 60% 이하에서 그리고 요청금액은 전체 요청의 20% 이하에서 지원이 결정될 수밖에 없다는 점을 우리 재외동포 여러분께서 널리 양해해주셔야 하겠습니다.

강: 김위원의 지적처럼 재외동포사회의 요청을 모두 다 들어줄 수 없는 오늘의 현실이 대단히 안타깝네요. 그러나 재외동포들이 진정으로 원하고 바라는 것은 물질적인 지원이라기보다 700만 재외동포 한 사람 한 사람을 정말 진심으로 따뜻하게 대하는 모국의 마음이라고 생각되는데요. 하루빨리 우리 재외동포 여러분 모두가 거주국에서 굳게 뿌리 내리시고 주류사회에 성공적으로 진출하셔서 한민족의 기개를 널리 떨쳐주시길 아울러 부탁드립니다. 그리고 김위원님! 이번 수요조사에서 특별히 눈에 띄는 지원요청사업은 어떤 것들이 있나요?

김: 네, 물론 제 개인적인 생각입니다만 우선 미주지역에서는 유타한인회의 '이민선조추모비 건립'(3월), 앵커리지한인회의 '광복절 한민족한마음운동대회'(8월), 미네소타한인회의 '국제민속제전'(5월), 리노한인회의 '북네다바주 한국전참전용사비 건립'(8월), 뉴잉글랜드한인시민협회의 '미국공공기관인턴배치사업', 뉴욕・뉴저지한인유권자센터의 '한인정치력신장 및 권익보호', 재미한국계시민연맹의 '전국한인지도자대회'(9월), L.A.한인청소년회관의 '김영옥대령 다큐멘타리제작'(2~12월), 캐나다 벤쿠버한인회의 '타민족과의 문화교류' 등이 눈에 띄고, 중국지역에서는 상해조선족여성기업인회의 '화동지역조선족청소년육성사업'(3~10월), 연변연우정보교류협회의 '조선족조글로미디어DB구축프로젝트'(연중), 재중국한인회의 '북경올림픽자원봉사단 조직・교육'(3~9월), 요녕조선문보사의 '방문취업제

봉사'(3~10월), 심양시조선족기업가협회의 '조선기업인100명양성프로그램'(연중), 청도벽산조선족학교의 '학교이전 및 교사신축'(08.1~ 09.12), 선양한인회의 '한인문화원'(7월~), 길림성용정중학교의 '학생기숙사신축'(08.5~09.7) 등이 눈에 띕니다. 남미지역에서는 수리남한인회의 '한국전참전기념탑건립기념행사'(6월), 브라질대한체육회의 '이민45주년기념 남미한민족체육대회'(9월) 등이, 유럽지역에서는 핀란드한인회의 '북유럽한인총연합회 창립총회'(4월), 베를린한인회의 '세계다국적문화축제'(8월), 재독한인글뤽아우프회의 '파독45주년기념 광부의 날'(5월) 등도 눈에 띕니다. CIS지역에서는 러시아고려인민족문화자치회의 '자치회설립 10주년 계기 예술축제'(9월), 고려인통일연합회의 '연해주고려인문화축제'(6월), 우즈베키스탄고려문화협회의 '우즈벡고려인동포한마당'(5월), 사할린 새고려신문사의 '한글신문발간'(연중), 카자흐 고려일보의 '창간85주년기념 고려일보역사 발간' 등이 눈에 띄고, 대양주지역에서는 호주 빅토리아한인회의 '코리아 아이덴티티 캠프'(7월), 한·호한국전참전기념비건립추진위의 '기념비건립'(07.12~08.7) 등이, 아중동지역에서는 가나한인회의 '한인 혼혈2세장학사업', 아시아지역에서는 태국한인회의 '수교50주년 기념 코리안페어'(11월), 사이판한인회의 '한인센터건립' 등이 각각 눈에 띕니다.

강: 네, 김위원께서 전해주는 한인회 관련 사업만 들어도 전 세계 한인회가 나날이 발전하고 있다는 것을 알 수 있겠습니다. 김위원님! 그 밖의 다른 소식은 뭐가 있나요?

김: 네, 저희 재단 교육문화팀에서 실시한 중국지역 및 CIS지역 민족학교 수요조사 결과에 따르면 중국대사관내 4개 학교, 선양총양사관내 44개 학교, 우즈벡대사관내 15개 학교, 상트페테르부르크총영사관내 6개 학교 등 모두 69개 민족학교에서 컴퓨터, 복사기, 교육도서 등 교육기자재와 관련하여 지원요청이 있었다는 소식입니다. 재단에서는 정보화교육환경개선 추진학교, 상급학교 진학률이 높은 학교 등을 기준으로 선별 지원할 예정이라는 소식이구요.

재단 주례 업무보고시 이구홍 이사장께서는 재단 직원들이 지역전문가로 성장하려면 해당지역 역사, 문화공부는 물론 언어공부에 더욱 신경 써야 한다고 당부했으며, 신입직원 8명이 한 식구가 될 수 있도록 교육을 잘 시키라고도 당부했습니다. 한편 이번 한 주도 YTN 해외방송팀장, 재일한국인본국투자협회 임원진, 국제교류재단 기획이사, 세계한상대회 용역대행사 간부, 중국 선양한인회장 등과 만나 많은 대화와 정보를 교환했습니다. 이상 재외동포재단에서 전해드렸습니다.

다. 3월 28일(금)

강: 한민족 하나로, 매주 금요일 이 시간에는 재외동포재단에서 전하는 소식을 들려드립니다. 김봉섭 위원 전화에 나와 계시죠? 안녕하십니까?
김: 안녕하십니까? 강 교수님. 지난 한 주도 잘 지내셨습니까?
강: 네. 이번 주 재외동포재단에서는 어떤 소식들을 전해주실 건가요?
김: 제가 이번 주에 전해드릴 소식은 저희 재단에서 추진하고 있는 한글학교 및 모국어교육사업 관련 내용입니다. 강 교수님? 재외동포들에게 '모국어' 또는 '모어'라고 하면 과연 어떤 언어가 해당될까요?
강: 아무래도 어릴 때부터 자연스럽게 배운 말이 되지 않을까요? 부모님들이 가정 내에서 한국어를 자연스럽게 사용하도록 했다면 한국어가 모국어가 되었을 테고, 그렇지 않았다면 현지어가 모국어가 되었다고 보는데요.
김: 네, 그렇습니다. 사실 모국어란 아이가 태어나서 자연스럽게 어머니의 말을 듣고 배우고 익혀나가면서 저절로 배우게 되는 언어를 말합니다. 따라서 재외동포들이 어릴 때부터 한글을 자유자재로 배웠다면 한국어가 모국어가 되었을 텐데, 우리 재외동포들이 살고 있는 현지교육여건이 한글을 마음 놓고 배우거나 가르칠 수 있는 형편이 되지 못해 한국어가 외국어처럼 낯선 언어가 되고 있다는 것이 문제입니다. 그러나 대한민국의 국력이 신장되고 국제사회에서의 위상이 증진됨에 따라 최근 들어 우리 재외동포들의 한국어 학습열기가 매우 뜨거워지고 있음은 그나마 천만다행입니다.
강: 네. 최근 우리 주변에서는 영어몰입교육이다 뭐다 해서 다소 논란이 있었지만 최근 재외동포사회에서 일고 있는 한국어 학습열기가 보통이 아니지요?
김: 네, 그렇습니다, 교수님. 우리 사회가 영어학습에, 재외동포사회는 한국어 학습에 신경을 쓴다는 것 자체가 그만큼 전 세계가 글로벌화 되어 제2, 제3의 언어구사가 필요한 시대로 변화되고 있음을 반증하는 사례가 아닐까요? 아무튼 재외동포사회에서 불고 있는 한류 및 한국어학습 열기를

계속해서 지속시킬 방안들을 마련해야 할 때입니다.

강: 네. 재외동포재단에서도 그런 점을 잘 인식하여 재외한글학교 지원에 앞장서고 있지 않습니까? 작년에는 어느 정도 규모로 지원되었는지가 매우 궁금하네요?

김: 네, 교수님. 저희 재단에서는 모국어민족교육사업을 크게 3가지로 분류해서 운영하고 있습니다. (1) 자생적으로 설립·운영중인 109개국 2,097개 재외한글학교와 중국 및 CIS지역 민족학교 지원을 통해 한국어교육환경을 개선하고 민족교육을 활성화하기 위한 '재외한글학교지원사업'에 50억원, (2) 열악한 교육환경에 있거나 현지동화의 정도가 심화되고 있는 중국 조선족 및 CIS '민족학교지원사업'에 5억7000만원, (3) CIS한글학교 교사초청연수 및 사이버한국어강좌 운영 등 '모국어교육사업'에 3억2000만원 등 총 59억원이 집행되었습니다.

강: 네. 모국어교육사업 예산이 다른 사업들에 비해 증가하고 있는 걸로 알고 있는데요?

김: 네, 교수님. 모국어교육사업 예산은 교수님이 지적하신대로 지난 2004년부터 꾸준히 증가추세에 있습니다. 2004년엔 37억원에 불과하던 것이 2005년엔 50억원, 2006년엔 55억원, 그리고 지난해는 59억원으로 늘어났으며, 올해는 68억원 규모에서 한글학교운영비, 교사연수, 교육지도자 초청연수, 대륙별협의회 초청워크숍, 사이버한국어강좌, 민족학교, CIS지역한국어교사초청연수 등을 지원할 예정입니다. 이런 추세라면 조만간 모국어교육사업 예산이 100억원대를 돌파할 날로 그리 멀지 않았다고 봅니다.

강: 저도 그렇게 되길 간절히 바랍니다. 그런데 김 위원님? 흔히 '109개국 2,097개 재외한글학교'라고 말하면 외형적으로 대단한 것 같지만 내용적으로는 그렇지 못한 것이 현실이지 않습니까? 재외동포재단에서도 그 점을 잘 알고 계실 텐데 어떻게 해야 조금이라도 개선이 되겠습니까?

김: 네, 옳은 지적입니다. 매년 학생수나 교원수는 늘어나고 있지만 대부분의 한글학교가 토요일이나 일요일 등 주말을 이용해 일시적으로 운영되고 있다는 점, 재정의 대부분을 수혜자의 수업료에 의지하고 있다는 점, 우수한 한글교사를 확보하기가 쉽지 않다는 점, 현지실정에 맞는 다양한 교육교재가 부족하다는 점 등은 모국어교육의 질적 향상에 언제나 큰 걸림돌로 작용하고 있습니다. 특히 2007년 말 현재, 학생수가 127,184명에

달하는데도 한글학교 1개교당 겨우 240만원(학생 1인당 39,000원꼴) 정도밖에 지원되지 않는다는 것은 재외동포 자녀의 정체성확립의 중요도에 비해 크게 낮은 수치입니다. 그래서 단순히 현지 지원예산의 증액에만 신경 쓸 것이 아니라 정확한 실태조사, 운영체계 개선, 본국에서의 한국어 연수 등이 다각적으로 이루어질 때 현실적 문제점들이 하나씩 해결될 수 있을 것으로 봅니다.

강: 그렇군요. 그런데 김위원님? 김위원님 말대로 되기 위해서는 재단 지원예산의 총액이 대폭 늘어나야 할 테고, 그리고 재단을 비롯한 유관기관들과의 협력도 필수적일 텐데 그런 것들이 빠른 시간 내에 가시화될 수 있을까요?

김: 네, 교수님 말씀처럼 예산의 증액도 중요하지만 민관을 구분을 떠나 한글 또는 한국어교육과 관련된 모두 기관간의 유기적 협력이 절대적으로 필요한 사업이 바로 모국어 관련사업입니다. 다만 희망적인 것은 이명박 정부가 '재외동포의 한글학교 지원 확대와 모국방문 프로그램 강화'를 공약한 만큼 재외한글학교를 비롯한 민족학교의 모국어교육 향상에 대한 개선책이나 대안이 범정부차원에서 조만간에 마련될 것으로 기대합니다.

강: 아무쪼록 재외동포 정체성 확립을 위해서는 한글을 통한 모국어학습 이외에도 모국문화를 직접 체험하는 사업이 병행되어야 더 많은 효과가 있을 텐데, 재외동포재단이 이 점에 더욱 유념하면서 2008년도에도 모국어 교육사업에 임해주길 부탁드립니다. 그밖에 다른 소식은 없나요?

김: 지난 25일(화)에는 신임 김성환 외교통상부 제2차관께서 취임인사차 저희 재단을 방문하여 이구홍 이사장 이하 직원들과 재외동포사회 발전을 위한 다양한 의견교환과 공감대를 형성하는 시간이 있었습니다. 27일(목)에는 재외동포사회 숙원사업 지원심의회의와 신입직원 환영회가 있었으며, 28일(금) 오늘은 재미한글학교협의회(NAKS) 회장과 국회 통일외교통상위원회 수석전문위원이 재단을 방문하여 올해 사업추진에 대해 상호관심사를 교환했습니다.

한편 이구홍 이사장께서는 지난 24일(월) 주례업무 보고시 한인회팀장에게는 2008년도 재일민단 사업계획과 내용을 면밀히 점검할 것, 한상팀장에게는 4월 11일부터 인도네시아 자카르타에서 열리는 제12차 한상대회 운영위원회 및 제13차 리딩CEO포럼 준비와 홍보에 차질이 없도록 할 것, 교육문화팀장에게는 대통령 공약사항인 '한민족문화엑스포'의 개념정립에 힘쓸 것 등을 각각 당부했습니다.
강: 네. 이번 한 주도 재외동포재단은 매우 바쁘게 움직였네요. 김봉섭 전문위원님, 다음주에도 좋은 소식 많이 전해주시길 부탁드립니다. 지금까지 재외동포재단 김봉섭 전문위원이었습니다.

3. 2008년 4월

가. 4월 4일(금)

강: 한민족 하나로, 매주 금요일 이 시간에는 재외동포재단에서 전하는 소식을 들려드립니다. 김봉섭 위원 전화에 나와 계시죠? 안녕하십니까?
김: 안녕하십니까? 강 교수님. 지난 한 주도 잘 지내셨습니까?
강: 네. 이번 주 재외동포재단에서는 어떤 소식들을 전해주실 건가요?
김: 네, 제가 이번 주에 전해드릴 소식은 '국외입양동포사업'입니다.
강: 네. 지난 주 미국 아이오아주에서 양아버지가 한인 입양아 4명을 끔찍하게 살해한 사건이 국내외 언론에서 보도되면서 국외입양아에 대한 논란이 일어났는데요, 김위원님, 우리나라 국외입양아 현황은 어떻습니까?
김: 네. 교수님. 사실 국외입양아문제는 우리의 아픈 과거사(한국전쟁과 전쟁고아, 혼혈아, 미혼모 자녀)와 떼래야 뗄 수 없는 문제인데요. 재단 자료에 따르면 2007년 말 현재 우리나라 국외입양인은 160,247명으로 집계되었으며, 미국(107,145)을 포함하여 프랑스(11,155), 스웨덴(9,221), 덴마크(8,679), 노르웨이(6,274), 네덜란드(4,099), 벨기에(3,697), 호주(3,341), 독일(2,352), 캐나다(2,103), 스위스(1,111), 룩셈부르크(5554) 등지로 입양된 것으로 파악하고 있습니다.
강: 그렇군요. 전 세계에 퍼져 있는 16만여 명의 한인입양아들의 존재가 새삼스러워지는데요. 김 위원님의 지적처럼 1950년 6·25 한국전쟁으로 말미암아 10만 명의 전쟁고아와 혼혈아가 발생했지 않습니까? 당시 우리의 경제수준이나 사회여론이 이들을 따듯하게 받아줄 형편이 되지 못했던 걸로 알고 있는데, 전쟁 이후에도 계속해서 국외입양아가 줄어들지 않은 것은 우리 모두 심각하게 생각해볼 문제입니다.
김: 그렇습니다. 1985년 한해만 보면 국외입양아가 8,837명에 달했습니다. 그러나 88서울올림픽을 고비로 그 수는 급격하게 줄어들고 있는 추세이

지만 지금도 여전히 천여 명 이상의 어린 핏줄들이 보다 살기 좋은 환경을 찾아서 이 땅을 떠나고 있습니다.2) 아무리 해외입양송출사업의 취지가 선하고 어쩔 수 없는 선택일지라도 선진 일류국가를 표방하는 우리 정부가 계속 방치해서는 곤란하다는 생각입니다. 해외입양은 국가간의 입양인 만큼 정부의 책임도 상당 부분 있다고 봅니다.3)

강: 네. 입양아들이 해외에서 좋은 부모와 좋은 환경을 만나 잘 자라주고, 모국에 대해 긍정적인 이미지를 가져주면 참으로 고마운 일이지만 부모에게서 버림받았다는 사실 하나만으로도 자라나는 아이들에게는 크나큰 상처가 될 텐데요. 특히 예민한 사춘기 시절, 자신의 정체성 때문에 어려움을 많이들 겪지 않습니까?

김: 그렇습니다, 교수님. 모든 생활패턴은 완벽하게 현지인이지만 검은색 머리와 갈색 눈동자 등의 겉모습은 한국인일 수밖에 없는 거울 속 자신의 모습에서 대부분의 입양아들은 특히 청소년기를 어렵게 보내고 있습니다. 이민 1.5세나 2세들이 느끼는 정체성과는 또 다른 정체성 혼란을 겪는다는 점도 주목할 필요가 있습니다. 단순히 청소년기의 일시적인 통과의례로 보아 넘기기에는 입양아들에게 잠재되어 있는 마음의 상처나 문화적 충격은 심각하다고 할 수 있습니다.

강: 네. 재외동포재단에서도 이 점을 깊이 인식하고 국외입양동포사업을 추진하고 있는 걸로 알고 있는데요. 재단에서 입양아 지원사업을 수행할 때 가장 고려하고 있는 점도 입양아들의 마음의 상처를 최대한 어루만지는 것이지 않을까요?

김: 정체성 위기를 겪고 있는 입양아들 중에는 자신의 약점을 극복하기 위해 한국어를 열심히 배운다거나 한인학생들과 친분을 쌓으면서 자신의 뿌리를 찾기 위해 애쓰는 사람들도 있고, 직접 생모나 생부를 찾기 위해 모국을 방문하는 사람들도 있습니다. 또한 재단에서 후원하는 각종 입양아대회에 참가한 이후에는 같은 처지에 있는 세계 각지의 입양아들과 인적네트워크를 형성하는 일에 앞장서기도 합니다. 그러나 일평생 마음속에서 지워지지 않는 상처를 갖고 있다는 점을 최대한 이해하면서 그들의 정체성을 건강하게 하는데 힘써야 하며, 사는 곳이 어디든 '필요한 존재'라는 자긍심을 심어주는데 최선을 다해야 할 필요가 있습니다. 특히 1970년대 이전에 입양된 30대 이상의 수가 49,754명(전체의 31%)에 달하는 현실에서는 실생활과 생업에 도움이 되는 방향(예; 한국문화, 관광, 농식품 소

개 등)으로 입양아사업이 전환되어야 한다는 지적도 귀담아 들어야 합니다.

강: 그럼 재외동포재단의 국외입양동포사업은 어떤 내용들로 구성되어 있나요?

김: 저희 재단에서는 국외입양동포들을 위해 (1) 모국의 언어와 역사, 문화와 생활, 발전상 등을 몸으로 경험케 하는 '모국문화체험연수'사업 (2) 입양인 상호간 네트워크 형성과 주류사회 진출을 지원하는 국내외 '자생단체 육성 지원'사업 (3) 모국방문상담과 친부모찾기운동을 펼치는 홀트, 동방, 대한, 한국 등 입양전문단체의 '사후관리사업' 지원 등을 주로 실시하고 있으며, 2007년에는 4억1400만원을 투입했고, 올해는 3억원의 예산으로 지원을 준비하고 있습니다. 그리고 국외입양동포 전문사이트로 www.oaks.korean.net을 운영하고 있습니다. 이 사이트에는 현재 국외입양단체, 관련사업, 발간자료, 각종 통계 등 약 1만1천개의 DB가 구축되어 있으며 계속적인 업데이트를 통해 원하는 정보들을 제공하는데 힘쓰고 있습니다.

강: 3억원의 예산이라면 매우 적은 금액인데 그 정도 예산으로는 소기의 성과를 거두기가 어려울 것 같은데?

김: 네, 현재의 예산만 놓고 보면 단기간 내에 소기의 성과를 기대하기란 매우 힘듭니다. 전 세계 국외입양아수(160,247명)와 재외한글학교 학생수(127,184명)를 단순비교해보더라도 그렇습니다. 그러나 현시점에서 무엇보다 중요한 것은 크게 세 가지 측면입니다. 첫째, 국외입양의 경우 우리 정부도 그 책임을 면할 수 없는 만큼 범정부차원에서 국외입양아는 물론 양부모들을 우리의 소중한 인적자원 네트워크로 인정하는 사고의 전환이 전제되어야 합니다. 정부가 공식 발표하는 재외동포 통계에 입양동포들이 빠져 있는 것은 시정되어야 합니다.4) 둘째, 입양기관들 역시 밖으로 내보내는 것만 신경 쓰던 자세에서 벗어나 입양아들의 뿌리의식과 역사의식이 공고히 될 수 있도록 성의를 다해야 합니다. 셋째, 특히 국적회복이나 국내에서의 직업·유학·정착 등을 원하는 입양아들에게는 실질적으로 도움을 줄 수 있는 사회여건을 마련해야 합니다. 물론 아직은 모국방문 이후 입양아들이 원하는 사항들을 제대로 충족시키지 못하고 있는 실정입니다. 지난 해 국제한인입양인협회(IKAA)가 주최한 2007 세계한인입양인대회에서 이구홍 이사장께서 "여러분 모두에게 머리 숙여 사과한다"는 말씀을 한 것도 같은 맥락이라고 생각합니다. 우리 스스로의 반성과

자각 그리고 환경변화에 따른 다양한 접근법과 전략적인 유인책이 있을 때 소기의 성과를 기대할 수 있는 사업이 바로 입양동포사업입니다.

강: 잘 알겠습니다. 한번 소외당한 사람은 또다시 소외받지 않을까를 걱정하는 법입니다. 생색만 내는 사업이 아니라 실질적인 사업이 추진될 수 있도록 재외동포재단에서 더욱 힘써줄 것을 당부 드립니다. 김 위원님, 그 밖에 다른 소식은 없나요?

김: 2008년 10월 2일부터 5일까지 진행될 예정인 세계한인회장대회의 장소가 서울 그랜드힐튼호텔로 결정되었습니다. 국외 400명, 국내 50명 등 450명 규모로 진행될 이번 대회의 성공적 개최를 위해 6월 10일부터 12일까지 각 대륙별 의장들이 모여 2008년 상반기 세계한인의장단회의를 열 예정입니다. 그리고 7월 말 개최 예정인 세계한인차세대대회와 관련하여 희망제작소, 재일민단본국사무소 등과 업무협의가 있었으며, 2009년도 세계한상대회 개최와 관련하여 유치를 신청한 인천광역시에 대한 현장실사가 있었습니다.

한편 이구홍 이사장께서는 이번 주 업무보고시 전 지원사업의 10% 절감을 다시 한번 확인했으며, 4월 1일(화) 유명환 외교통상부장관과 함께 영사콜센터 3주년 개소식에 참석하여 축하했으며, 정진철 제6차 세계한상대회 대회장, 이태미 미국 남부매릴랜드한인회장(한미문화예술재단 이사장), 최중근 뉴저지한인회장, 이동춘 중국 전인대 대의원 등의 방문을 받고 환담을 나누었습니다.

강: 네. 이번 한 주도 재외동포재단은 매우 바쁘게 움직였네요. 김봉섭 전문위원님, 다음주에도 좋은 소식 많이 전해주시길 부탁드립니다. 지금까지 재외동포재단 김봉섭 전문위원이었습니다.

나. 4월 11일(금)

강: 한민족 하나로, 매주 금요일 이 시간에는 재외동포재단에서 전하는 소식을 들려드립니다. 김봉섭 위원 전화에 나와 계시죠? 안녕하십니까?

김: 안녕하십니까?

강: 네. 이번 주 재외동포재단에서는 어떤 소식들을 전해주실 건가요?

김: 제가 이번 주에 전해드릴 소식은 세계한상대회 운영위원회 소식입니다. 4월 11일 오늘부터 14일까지 인도네시아 자카르타(리츠칼튼호텔)에서

2008년도 제7차 세계한상대회(제주도)의 성공적 개최와 효율적 운영을 논의하기 위한 운영위원회가 각 지역 재외동포경제단체장 40여 분이 한 자리에 모여 개최됩니다.

강: 해외에서 거주하면서 제조업, 상업 및 무역, IT 및 벤처, 금융, 과학기술 등 여러 경제활동분야에 종사하고 있는 한상(韓商)들의 큰 잔치인 세계한상대회에 대해서는 어느 정도 알고는 있지만 운영위원회에 대해서는 청취자들께서 다소 생소할 텐데 좀 자세히 설명해주시지요?

김: '세계한상대회 운영규정'(03.2.15 제정, 07.1.30 5차 개정)에 따르면 세계한상대회는 대회운영 전반에 관한 중요사항을 결정하기 위한 기구로 재단 내에 '한상대회운영위원회'를 두고 있습니다. 재외동포재단 이사장이 당연직 운영위원장을 맡고 있으며, 회원수 5백 명 이상의 재외동포경제단체장, 대회조직위원장, 관계부처 국장급 또는 유관기관 임원급 등 50명 이내의 운영위원의 임기는 2년이며, 당연직 운영위원의 경우 단체장 재임 기간을 임기로 하고 있습니다.

강: 그렇군요. 그럼 운영위원회에서는 어떤 사항들을 심의, 의결하나요?

김: 네, 운영규정 제6조에 따르면 운영위원회는 1)한상네트워크발전을 위한 제반사업의 기획 및 조정, 2)한상대회 주최 및 주관단체·기관 확정, 3)대회조직위 구성, 4)재외동포 경제단체 활성화, 5)화상대회5) 등 대외업무 협력, 6)대회예산, 결산보고 및 후평가, 7)본부사무국에서 상정하는 주요 안건 등을 결정할 수 있습니다.

강: 그럼 이번 운영위원회에서는 어떤 안건들이 다루어질 예정인가요?

김: 자카르타에서 열리는 이번 운영위원회는 제12차 운영위원회가 되는데, 보고안건 3개와 의결안건 2개 등이 다루어질 예정입니다. 보고안건에는 1)제11차 운영위원회 개최결과보고, 2)제6차 세계한상대회 개최결과 및 결산보고, 3)제6차 세계한상대회 리서치 결과보고가 예정되어 있으며, 의결안건에는 1)제7차 세계한상대회 개최계획, 2)제8차 세계한상대회 개최지 선정 등이 예정되어 있습니다.

강: 결국 이번 운영위원회에서 주목해야 할 사항은 금년 10월 제주도에서 개최될 2008년도 제7차 세계한상대회 준비상황 점검과 내년도 개최지를 선정하는 것이 되겠군요.

김: 네, 그렇습니다. 오는 10월 28일부터 30일까지 제주 국제컨벤션센터(ICC)에서 개최될 제7차 세계한상대회는 재외동포재단, 제주특별자치도,

매일경제신문·mbn 등이 공동주관하는데 이번 대회는 2007년도와 거의 비슷하거나 약간 상회하는 규모(국내 1,500명, 국외 1,500명)로 예상하고 있습니다. 특히 국내참가자 참여 확대, 업종·분야별 기업전시회 활성화, 산업별 특화 세미나·상담회, 대회후 개최행사와의 연계, 국내외 홍보강화 등에 중점을 둘 예정입니다. 또한 제8차 세계한상대회 개최지 선정도 중요한데요, 교수님도 아시다시피 각 지방자치단체가 한상대회를 개최하려면 우선 컨벤션시설이 2천명 이상 수용가능한 공식행사장, 400개 부스 이상 설치가능한 전시장, 10개 이상의 중·소 회의실 등이 갖춰져야 합니다. 그리고 참가자들에게 제일 민감한 사항이지만 행사장 인근에 특급 수준의 숙박시설이 최소한 750실 이상이 제공가능해야 하며, 또한 공동주관기관으로서 5억 원 이상의 경비부담이 있어야 하는 등 3가지 조건이 맞아야 유치가 가능합니다.

강: 3가지 조건을 모두 갖추기가 그리 쉽지는 않을 것 같군요. 그러나 세계한상대회가 지역경제발전에 미치는 파급효과나 도시이미지 홍보에 주는 긍정적 요소가 많아 서로 개최하려고 할 텐데 2009년도는 어떤 도시들이 신청했나요?

김: 네. 2월 25일 현재까지 인천광역시 한 군데만이 공식신청한 상태입니다. 광주광역시와 전주시가 2008년도 대회개최를 희망했으나 결국 시설과 환경면에서 제주도에 밀렸던 것이 작용한 것으로 보이는데, 2009년도 대회개최는 인천광역시가 좋은 조건(10억원 예산부담, 컨벤션센터 08년 10월 개관, 행사장 인근 특급호텔 4곳 신축중, 2009년 인천대교 개통 및 인천세계도시엑스포와 연계 등)으로 유치를 신청하였습니다. 이번 운영위원회는 개최희망자로부터 제안설명을 듣고 난 후 최종 판단할 걸로 보입니다. 여담이지만 제5차, 제6차 대회를 개최했던 부산광역시에서 제8차 대회개최를 또다시 희망했었다는 소식도 들어와 있습니다. 아무튼 해를 거듭할수록 세계한상대회 유치경쟁이 치열해지고 있어 세계한상대회 발전에 기대하는 바가 커지고 있습니다.

강: 네, 이번 운영위원회가 좋은 결정내릴 것으로 기대합니다. 이번 운영위원회에는 어떤 분들이 참석하나요?

김: 이구홍 이사장을 비롯하여 장대환(매일경제신문 회장), 천용수(세계해외한인무역협회장), 최태훈(중남미한상연합회장), 김영필(캐나다한인실업인총연합회장), 이영현, 서진형(세계해외한인무역협회 명예회장), 강희방(심천

한국상공회장), 오수종(중국한국상회장), 한용태(청도조선족기업협회장), 승은호(동남아한상연합회장), 고석하(세계해외한인무역협회 이사장), 정진철(로얄아이맥스회장), 조병태(소네트사회장), 박병헌(대성전기회장), 오세영(코라오그룹회장), 장석원(코리아IT네트워크회장), 김덕길(AIS사 회장) 등이 참석할 걸로 보고 있습니다.

강: 이름만 들어도 대표적인 한상 여러분들이 참석하시는군요. 운영위원회 이외에도 현지에서 여러 행사가 진행될 텐데 그 소식도 전해주시지요?

김: 네, 4월 11일에는 매경 인도네시아포럼과 제13차 리딩CEO포럼6)이 개최될 예정이며, 12일 운영위원회 이후에는 승은호 회장님이 경영하는 코린도그룹 본사와 찔릉시 제지공장 산업시찰이 준비되어 있고, 4월 13일에는 자카르타한국학교와 인도네시아한인회 방문 등 바쁜 일정들이 준비되어 있습니다.

강: 그밖에 다른 소식도 알려주세요?

김: 저희 재단 교육문화팀에서는 2008년도 재외동포문학공모사업으로 '재외동포의 이주 및 정착, 본인·가족의 경험 또는 타인의 삶 등 이민과 정착, 생활과정에서의 기쁨과 슬픔, 희망, 거주국에서 느끼는 문화의 차이(언어, 풍습 등) 및 극복, 거주국 정착을 위한 노력과 성공이야기' 등을 주제로 한 논픽션작품을 공모하고 있습니다. 기간은 6월 10일부터 7월 11일까지이며, 200장 원고지 200매 이상 분량의 미발표 한글작품을 온라인으로 접수하면 되며, 대상 1, 우수상 2, 가작 5 등 총 8명에 대한 포상이 있게 됩니다. 수상자는 8월중 개별통보할 예정이며 대상과 우수상 수상자는 10월중에 있는 코리안 페스티발 행사에 한국으로 초청할 예정입니다. 자세한 사항은 재단 홈페이지를 참고하시길 바라며, 재외동포 여러분들께서는 지금부터 미리미리 준비하셔야 하겠습니다. 한인회팀에서는 지난 주 재일민단중앙본부 조직국장과 본국사무소장 및 외교통상부 담당 서기관 참석하에 2008년도 재일민단 추진사업에 대한 검토 실무회의가 있었습니다. 그리고 제63회 식목일 나무심기행사가 지난 8일, 외교통상부와 합동으로 경기도 문산읍 선유리 산90-1에서 진행되었습니다.

한편 이구홍 이사장은 8일, 재외동포재단·월드옥타 등과 지난해 업무협약을 맺은 한국무역협회가 개설한 온라인 종합무역 포털사이트 '트레이드코리아'(해외기업정보 25만건, 해외바이어정보 35만건, 해외오퍼정보 120만건 등 구축) 개통식에 사업이사와 함께 참석하였고, 10일 제12차 한상대회 운영위원회 행사관계로 4박6일 일정의 인도네시아 출장길에 올라 다음 주 15일 귀국할 예정입니다.
강: 네. 이번 한 주도 재외동포재단은 매우 바쁘게 움직였네요. 김봉섭 전문위원님, 다음 주에도 좋은 소식 많이 전해주시길 부탁드립니다. 지금까지 재외동포재단 김봉섭 전문위원이었습니다.

다. 4월 18일(금)

강: 한민족 하나로, 매주 금요일 이 시간에는 재외동포재단에서 전하는 소식을 들려드립니다. 김봉섭 위원 전화에 나와 계시죠? 안녕하십니까?
김: 안녕하십니까?
강: 네. 이번 주 재외동포재단에서는 어떤 소식들을 전해주실 건가요?
김: 제가 이번 주에 전해드릴 소식은 '코리안 페스티벌' 소식입니다. 지난 3일 재단 회의실에서는 KBS미디어, MBC미디어텍, 아리랑TV 등 3개사가 참가한 가운데 주관업체 선정작업이 진행되었는데 올해는 아리랑TV가 주관사로 선정되었습니다.
강: 네. '코리안 페스티벌'이면 작년에 제정된 '세계한인의 날'(10월 5일) 행사와 연관된 행사가 아닙니까? 대회의 성격이나 역사에 대해 좀 자세히 설명해주시지요?
김: 지난 해 10월에 있었던 '코리안 페스티벌'은 저희 재단이 주최하고 KBS미디어가 주관한 행사로서 전 세계 문화예술 각 분야에서 활약중인 한인동포 아티스트들이 내한하여 4일간 서울 도심에서 다양한 공연을 선보인 프로그램입니다. 그러나 이 '코리안 페스티벌'의 역사는 상당히 거슬러 올라갑니다. 1993년부터 시작된 '한민족축전 예술제'('세계한민족체전'의 일환)사업이 코리안 페스티벌의 모(母)사업인데, 이 사업은 재외동포재단의 설립 이후 재외동포 문화예술인의 발굴, 육성 및 국내외 동포간 이해를 넓히고 사회문화적 간격을 좁히기 위한 목적의 '서울예술제'(1998년)로 이관·발전하였고, 3년 후에는 재외동포 문화예술인의 네트워크 구성과 협력방안 논의를 목적으로 하는 '세계한민족문화제전'(모천제) 틀 속에서 '한민족문화공동체대회'(2001년)로 진행되다가 작년부터 '코리안 페스티벌'이라는 이름으로 통합 추진되고 있는 종합축전입니다.
강: 그렇군요. 올해도 비슷한 규모로 진행되나요?

김: 네, 저희 재단에서는 총 5억원의 예산범위에서 '코리안 페스티벌'을 모국 문화보급사업의 일환으로 추진하고 있습니다. 세계한인주간(10월 1일~7일) 기간 동안 서울과 지방 등지에서 진행될 이번 행사내용을 간단하게 살펴보면 기본행사로는 세계한인의 날, 세계한인회장대회 등과 연계된 개막식 및 폐막식 이외에 서울, 지방공연(경기·인천, 부산·광주·제주 등 5회)이 있으며, 본공연행사로는 장르별 음악(클래식·재즈·국악·대중가요 등) 및 무용, 재외동포 전통예술인 및 국내예술인 협연 등이 준비되어 있습니다. 그리고 부대행사로는 국내예술계인사와의 Workshops, 간담회, 문화체험 등도 각각 진행될 예정입니다.

강: 그렇다면 2008년도 '코리언 페스티벌'의 추진방향이나 목표가 있을 텐데?

김: 네, '세계한인의 날'과 연계된 행사인 만큼 내외국민과 함께 하는 Korean Festival을 만들기 위해 재외동포의 참여를 유도하고, 광주·인천·경기 등 지방 공연을 통해 지방민들에게 재외동포의 공연을 보여주며, 같은 시기에 개최되는 여타 문화사업 및 민간단체 시행행사(하이서울페스티벌 10.3~26, 불꽃축제 10.4, 10.11)와 연계하며, 해외 방송망 보유단체를 주관사로 참여시켜 홍보에 만전을 기함을 주된 추진방향으로 삼고 있습니다. 이를 위해 세계한상대회 개최지 등 지방자치단체와 협력하여 예술성 높은 지방공연을 성사시키고, 세계한인의 날, 전통문화연수 및 특강, 세계한인회장대회 등과 연계한 종합축제로 자리 잡도록 할 예정입니다.

강: 김의원님 이야기를 들어보니 이번 기회에 코리안 페스티벌이 세계한인의 날 기념식, 세계한인회장대회 등 재외동포재단의 대표브랜드사업들과 연계되어 전 세계 한인들과 내국민들이 모두 함께 즐기는 축제로 발돋움할 수 있기를 바랍니다.

김: 네, 작년의 대회경험에 비추어볼 때 대회홍보는 물론 참가예술인에 대한 홍보가 상당히 중요합니다. 특히 재외동포의 고향인 대한민국에서 펼쳐지는 축제인 만큼 페스티벌이 갖는 상징성과 대표성이 제대로 표현될 뿐 아니라 동포 문화예술인들이 보여주는 창작예술의 상품성이 제대로 평가받아야 합니다. 그리고 세계최정상급의 동포 문화예술인들이 모두 참가할 수 있는 명실상부한 코리안 페스티벌로 발전해나가기를 바랍니다. 교수님도 이해하다시피 이를 위해서는 예산의 뒷받침이 필요합니다.

강: 작년에는 어떤 분들이 참가하셨나요?

김: 네. 대표적인 인물로는 신예 바이올리니스트 우예주(ELIZABETH WOO,

1987년생, 춘천 출생, 맨하튼음대卒)씨, 여성 포크가수이자 싱어송라이터 인 재일동포 3세 노가요(盧佳世)씨(재일교포 성악가 전월선씨 제자, 환경평화주의자), 벨기에의 한국계 기타리스트 드니성호씨(한국명 신성호, 1975년생), '중국 록음악의 대부'로 불리는 조선족 가수 최건씨(1961년생) 등이 참여했습니다. 그리고 청계광장과 KBS 백남준특별전시관에서 한인 록페스티벌과 디지털 퍼포먼스도 마련되었습니다.

강: 작년에는 이름만 들어도 대표적인 차세대 한인 예술인 여러분들이 주로 참가하셨군요. 그러면 올해는 어떤 분들이 참가하게 되나요?

김: 올해 초청대상자는 아직 미정입니다만 대중성이 있을 뿐 아니라 현지에서 음악성을 인정받은 예술인(단체 포함) 약 10개팀 50명 내외를 섭외중에 있습니다. 이를 위해 3월~4월에는 기본계획 수립 및 주관업체 선정, 장소대관, 5월~6월에는 초청자 선정, 7월~9월에는 행사 준비 및 홍보 등에 주력할 예정입니다.

강: 그밖에 다른 소식도 알려 주시겠습니까?

김: 네. 2006년부터 시작된 '멕시코 한인후손 초청직업훈련사업' 관련 소식입니다. 지난 해 8월부터 6개월 동안 저희 재단이 산업인력공단 국제HDR센터에 위탁하여 IT, 전자제품 수리, 자동차정비, 용접 등 4개 분야에서 교육받도록 한 제2기 수료생 30명 중에서 자동차정비 1명, 전자 3명, IT 1명 등 총 5명이 포스코 현지법인인 '포스코 멕시코 알타미라 CGL법인'에 채용되어 멕시코 현지사회로부터 크게 환영받고 있다는 소식입니다. 이미 2006년의 1기 수료생 29명 중에 2명을 채용한 바 있는 포스코측에서도 연수생들의 한국어 구사능력에 기대를 많이 하고 있어 이 사업이 발전하기 위해서는 기술교육 못지않게 한국어교육이 더욱 강화되어야 할 것으로 보입니다.

강: 103년 전 멕시코 사탕수수밭에서 고생하며 돌아갈 수 없는 조국을 그리워하던 에니깽들의 후예들이 모국에서 기술연수와 한국어교육을 받은 다음 현지사회로부터 좋은 평가를 받고 있다니 참으로 반가운 소식입니다. 재단에서는 멕시코 이외에도 중남미 동포들을 위한 IT사업을 하고 있는 것으로 알고 있는데 그 사업의 성과는 어떻습니까?

김: 네. 저희 재단에서는 중남미지역 18세에서 35세 미만의 동포청년을 대상으로 '중남미동포 IT직업연수'사업을 브라질 상파울루 소재의 중남미한상연합회(회장 최태훈) IT교육센터에서 위탁운영하고 있습니다. 지난해 상

・하반기로 나눠 두 차례 실시된 16주 교육에서는 웹개발과정 42명, 네트워크과정 37명 등 총 79명이 수료했으며, 소정의 시험을 거치면 상파울루 주립과학기술대학이 인증하는 수료증까지 받을 수 있어 사업의 교육효과가 상당히 있는 것으로 보고되고 있습니다. 특히 2008년부터는 멕시코한인후손 직업연수의 경우 쿠바지역한인후손까지 포함시켜 에니깽후손들에 대한 형평성을 유지할 계획입니다.

김: 네, 멕시코 및 브라질동포들을 대상으로 진행되고 있는 직업연수사업들이 중남미 다른 지역으로까지 널리 확산될 수 있기를 바랍니다. 김 위원님, 그 밖의 소식은 없나요?

김: 네, 저희 재단 차세대팀에서 2008년도 세계한인차세대대회 참가자 모집 결과 11일 현재 50여명 이상이 응모했으며, 개인별 공지는 4월 30일에 이뤄질 예정입니다. 교육문화팀에서는 4월~9월까지 실시되는 48개 한글학교의 교사연수를 위해 17.8만 달러 지원계획을 수립한 바 있으며, 총무팀에서는 2008년도 평가와 관련하여 전 팀과 직원을 대상으로 성과계약을 체결했는데 오는 7월 중에 중간점검을 거친 다음 12월까지 성과 및 역량을 최종평가할 예정입니다.
한편 이구홍 이사장은 17일 세계해외한인무역협회에서 개최한 제10차 세계대표자대회 및 수출박람회(4.11~18) 개막식에 참석하여 한상네트워크 활성화에 수고하는 한상들의 노고를 격려했습니다.

강: 네. 이번 한 주도 재외동포재단은 매우 바쁘게 움직였네요. 김봉섭 전문위원님, 다음주에도 좋은 소식 많이 전해주시길 부탁드립니다. 지금까지 재외동포재단 김봉섭 전문위원이었습니다.

라. 4월 21일(월)

강: 한민족 하나로, 이번 주부터는 매주 월요일 이 시간에 재외동포재단에서 전하는 소식을 들려드립니다. 김봉섭 위원 전화에 나와 계시죠? 안녕하십니까?

김: 안녕하십니까?

강: 이번 주 재외동포재단에서는 어떤 소식들을 전해주실 건가요?

김: 네, 제가 이번 주에 전해드릴 소식은 이명박 대통령의 미국방문 소식입니다. 지난 15일 뉴욕에 도착한 대통령께서는 미국에서 성공한 차세대 재

미동포 11명과 대화를 가졌습니다. 노변담화 형식으로 진행된 이 모임에는 '준희 최'라는 뉴저지州 에디슨市 시장, '알렉산더 정'(정범진)이라는 뉴욕시 판사, 또 NASA 3인자인 '신재원' 연구원, '주주 장(Juju Chang)' ABC방송 앵커, '미쉘 리(Michelle Rhee)' 워싱턴 D.C. 교육감, 전경배(미국명 대니 전) 뉴욕주 가정법원 판사, 정범진(미국명 알렉산터 정) 뉴욕시 판사, 다니엘 윤, 필리 황 등 장래가 촉망받는 차세대들이 참석하여 모국의 대통령과 매우 의미 있는 대화를 나누었습니다.

강: 네. 우리나라 대통령의 방미 첫날 첫 프로그램이 '차세대 한인동포와의 대화'라는 점은 많은 것을 시사하는데 김위원께서는 어떻게 보시는지요?

김: 교수님. 일반적으로 '차세대'라고 하면 '다음 세대' 즉 30년 후를 이야기하지 않습니까? 그런 측면에서 보면 대통령께서 이민 1세대들과의 동포 리셉션 이전에 차세대동포들을 먼저 만난다는 것은 250만 미주한인동포사회에 던지는 함의가 매우 큽니다. 다시 말해 재외동포사회의 미래리더십이 서서히 이민 1세대 중심에서 1.5세 또는 2세 중심으로 넘어가고 있음을 대통령께서도 잘 인지하고 있음을 보여주는 사건이자 세계화・선진화에 필요한 '글로벌 청년리더 10만명 양성'(인턴 3만, 해외봉사단 2만, 해외취업 5만)을 공약으로 내세우고 있는 이명박 정부로서는 미국주류사회에서 성공적인 삶을 살고 있는 차세대 동포들의 활약상을 국내에 널리 알림으로써 우리 청년들에게도 도전정신과 개척정신을 고무하려는 의도가 담겨 있는 것으로 해석할 수 있습니다. 특히 우수한 1.5세나 2세들이 현지 주류사회에서 확고히 뿌리를 내리고, 이들이 모국과의 끈을 계속 유지할 수 있도록 재미한인사회가 든든한 후원세력이자 버팀목으로 변화・발전해주기를 기대하고 있음을 보여주는 일대사건이라고 할 수 있습니다.

강: 네. 그런 의미에서 보면 재외동포재단에서 기획・준비중인 '세계한인차세대대회'의 의미가 상당히 중요해지리라 예상되는데요?

김: 그렇습니다. 교수님도 아시다시피 차세대사업은 단기간 내에 괄목할만한 성과를 거두기가 매우 어려운 사업입니다. 미주한인이민 200년(1903~2102)을 내다보면서 씨를 뿌리겠다는 넉넉한 마음으로 접근할 때, 기대 이상의 성과를 거둘 수 있습니다. 특히 이번 세계차세대대회에는 미국을 비롯하여 캐나다(토론토), 독일(베를린, 함부르크), 체코, 라오스, 노르웨이, 중국(청도, 광주, 홍콩), 호주, 아르헨티나, 영국 등지에서도 차세대 리더급 인사들이 골고루 참석할 걸로 예상되는 만큼 우리 대통령께서도

이들에게도 만남의 귀한 자리를 마련해준다면 차세대들에게 힘찬 격려가 될 것입니다.

강: 네. 이명박 대통령께서도 차세대한인동포들에 많은 관심을 갖고 있는 만큼 재외동포재단이 수행하고 있는 차세대사업도 더욱 발전하리라 기대됩니다. 김위원님, 4월이면 따뜻한 봄바람이 불어오는 계절인데 한인동포사회도 많은 사업들이 진행되고 있는 것으로 알고 있는데 주로 어느 지역에서 어떤 사업들이 펼쳐지고 있습니까?

김: 교수님. 4월이면 모든 만물이 기지개를 피는 계절이 아닙니까? 그래서 그런지는 몰라도 전 세계 한인단체들도 저마다 다양한 야외행사들을 추진 중에 있습니다.

재중국한인회의 풍태구 삼림공원에서 한중우호증진을 위한 식수행사, 중남미 자메이카한인회의 민속공연 및 교민단합체육대회, 핀란드한인회의 한인회 창립행사 겸 북유럽한인총연합회 창립총회, 전러시아고려인협회의 모스크바한국문화축제, 러시아고려인민족문화자치회의 금꾀꼬리한국노래자랑대회, 상트페테르부르크고려문화협회의 영농 및 직업교육, 시드니한인여성회의 호주한인여성의 날 개최, 오레곤한인회의 한국문화보존 연구실 개설, 예멘교민회의 교민단합대회, 보츠와나한인회의 신임회장단 선거, 튀니지한인회의 교민야유회, 쿠웨이트한인회의 해변축제, 태국한인회의 한국어 어학원 개원, 하와이한인회의 시민권강좌, 워싱턴문인회의 이순신문학상 개최, 워싱턴주음악협회의 청소년콩쿠르대회, 시애틀한미연합(KAC)의 차세대지도자워크숍, 토론토한인합창단의 정기연주회 등이 4월에 진행예정인 한인행사가 되겠습니다.

강: 네. 5대양 6대주에 널리 퍼져 있는 우리 한인단체들이 2008년도를 활기차게 보내고 있다는 소식이었습니다. 김위원님, 다른 소식은 어떤 것이 있나요?

김: 다음으로 전해드릴 소식은 '2008년도 재외동포 연구기반조성사업' 관련 소식입니다. 교수님도 아시다시피 재외동포의 수가 최근 들어 크게 늘어나고 있으며, 지역별 특성도 천차만별이지 않습니까? 그러다보니 이들에 대한 실태조사와 연구수요 또한 매년 증가하는 추세입니다. 따라서 저희 재단 조사홍보팀에서는 국내외 민간연구기관과 연구자 활동 활성화를 위해 2억2900만원의 예산 범위 내에서 정례지원, 정부 재외동포정책 제언, 현안사항연구, NGO와의 협력, 이주사 및 증언록 출판지원 등 실용성과

현장성이 있는 각종 조사연구기반 관련사업을 지원하고 있으며, 자료실 및 자문위원회 등도 운영중에 있습니다.

강: 그렇군요. 좀 전에 조사홍보팀이라고 하셨는데 이번 재단 직제개편에서 변화가 있었나요?

김: 네, 그렇습니다. 지난 3월에 있었던 재단 직제개편을 통해 기존의 조사연구팀과 홍보팀이 사업이사 소관의 조사홍보팀으로 새롭게 출범하였습니다. 이는 조사연구업무와 홍보업무를 하나로 묶음으로써 지원사업의 사전 검토단계부터 사후성과평가까지를 한 틀에서 보겠다는 시도인 만큼 앞으로 좋은 결과를 기대해 봅니다.

강: 저 개인적으로 볼 때도 재외동포사회에 대한 현지실태조사나 연구작업은 아무리 강조해도 지나치지 않은 분야입니다. 그런 의미에서 재외동포재단에서 추진하는 연구기반조성사업은 의미가 있겠는데요, 특히 지난해가 고려인강제이주70주년이 되는 해이자 '세계한인의 날'이 처음 제정된 해였는데 주로 어떤 사업들을 지원했나요?

김: 네, 2007년도 재외동포 연구기반조성사업의 실적은 국내 8건, 국외 6건(중국 3, 인도네시아 1, 미국 2) 등 총 14건이었습니다. 먼저 국내사업을 살펴보면 재외한인학회(학회지 발간 및 학술대회 개최), 해외교포문제연구소(한인의 날 제정 기념 동포정책 포럼), 한일민족문제학회(학술지 출판), 해외한민족연구소(연해주진출·개발 학술대회), 전남대 세계한상문화연구단(고려인강제이주70주년) 등 연구단체 학술정책사업과 외교통상부(한-중앙아시아협력포럼), 서울대 공익인권법센터(김경득 변호사 추모), 지구촌동포연대(방문취업제 긴급세미나) 등 유관기관의 행사에 대한 지원이 있었습니다. 다음으로 국외사업을 살펴보면 중국조선족발전연구회(생태문화페스티벌), 장춘 한국학연구소(출판), 연변대 한국조선문화연구소(한민족국어교육 학술토론회), 인도네시아 해외이민문제연구소(신교환 회장 자서전 발간), 한미해리티지재단(한인사적지 안내책자), UC 리버사이드대학(김영옥 대령 책자 영문번역) 등 연구기관의 행사와 책자발간에 대한 지원이 있었습니다.

강: 김위원님, 건국 60주년인 올해는 사정이 어떻습니까? 연구기반조성사업의 경우는 아직 최종심의가 안된 걸로 알고 있는데.

김: 네, 금년 3월말까지의 지원요청만 살펴보면 국내 3건, 국외 12건(중국 9, 호주 1, 독일 1, 러시아 1) 등 총 15건의 사업이 접수된 상태이지만 앞으

로도 지원요청이 더 들어올 걸로 보고 있습니다. 현재까지 접수된 사업들은 이주사, 현지 민족교육, 학술세미나, 연구책자 발간, 개인연구프로젝트 등과 관련된 것들이 대부분인데 이들 사업에 대한 지원여부 최종심의는 4월 말까지는 있을 걸로 알고 있습니다.

강: 잘 알겠습니다. 그밖에 다른 소식은 어떤 것들이 있나요?

김: 네, 이구홍 이사장은 24일 재외공관장회의 오찬에 참가할 예정이며, 재단에서는 국무총리실에서 주관하는 건국60주년기념사업 추진방향에 따른 추진계획안을 25일까지 작성·제출할 예정입니다.

강: 김봉섭 위원님, 다음 주에도 좋은 소식 많이 전해주시길 부탁드립니다. 지금까지 재외동포재단 김봉섭 전문위원이었습니다.

마. 4월 28일(월)

강: 한민족 하나로, 매주 월요일 이 시간에는 재외동포재단에서 전하는 소식을 들려드립니다. 김봉섭 전문위원 전화에 나와 계시죠? 안녕하십니까?

김: 안녕하십니까? 교수님.

강: 이번 주 재외동포재단에서는 어떤 소식들을 전해주실 건가요?

김: 네, 먼저 기획예산팀 소식입니다. 국제교류재단법 개정 추진에 대한 관계부처 업무협의가 지난 18일 외교통상부에서 열렸습니다. 정부가 추진 중인 '국제교류기금'의 재외동포재단 지원 중단에 대해 외교부와 국제교류재단 그리고 재외동포재단 등 3자간 입장조율이 있었으며, 저희 재단에서는 기획실장과 기획예산팀장이 참석하여 재단의 입장을 개진하였습니다.

강: 그럼 언제부터 국제교류기금이 재외동포지원사업에 사용되었나요?

김: 네, 2005년부터입니다.[7] 재외동포재단이 출범할 1997년 10월, 정부는 정부출연금(제17조)[8], 기부금품(제18조), 차입금(제19조), 기금운용수익금, 기타 수입금 등을 재원으로 재외동포사업을 추진하도록 했으며, '재외동포기금' 조항(재단법 제15조)도 만들어 놓았습니다.[9] 그러나 정부는 1999년 12월 들어 현실적인 '재외동포기금' 조항을 삭제하고 운영재원도 정부출연금[10], 기부금품, 차입금, 기타 수입금으로 한정하였고, 2005년 3월에는 세출예산의 부족과 국제교류기금 활용성 제고방안의 일환으로 국제교류재단법과 재외동포재단법을 개정함으로써 재단 사업비예산의 일부를 국제교류기금에서 조달·편성[11]해오고 있습니다. <운영재원은 정부

출연금, 기부금품, 차입금, 국제교류기금으로부터의 출연금 또는 보조금, 기타 수입금으로 변경>

강: 그렇다면 현재 재단에서는 어떤 의견을 갖고 계신가요?

김: 재외동포재단에서는 정부출연금만으로 재단 운영재원 확보가 가능하다면 국제교류기금의 지원 중단에는 이견이 없습니다. 그러나 지난 10년간의 재단운영 경험상 그리고 2008년도 정부출연금 규모(159억원)를 감안할 때 내년부터 당장 100% 정부출연으로 전환되는 것은 다소 힘들 것으로 보이며, 기획재정부와 외교통상부 그리고 재단 3자간에 의견조율이 있어야 할 것입니다.

강: 재외동포사회가 날로 발전하고 있는 만큼 재외동포기금이 부활해야 한다는 의견도 많은 걸로 알고 있습니다. 지금부터라도 정부출연금 100% 확보 및 기금부활 등에 대한 광범위한 의견수렴이 필요하다고 보여지는데….

김: 네, 재외동포들의 입장에서 보면 정부출연금이 100%를 차지한다면 대환영이겠지요. 그리고 재외동포기금도 부활되면 좋겠지요. 예를 들어 정부가 순수 정부출연금 이외에도 재외동포들이 국내체류시 체류자격 사증발급을 신청하거나 거소신고 할 때 들어가는 수수료를 기금 재원으로 활용하는 방안도 있을 테고, 부동산거래나 금융거래시 소정의 수수료, 재외동포의 국내외 출입국시 부가되는 공항세도 기금으로 활용하는 방안도 있을 겁니다. 아무튼 전문가들의 연구가 진행되어야 할 걸로 보입니다.

강: 잘 알겠습니다. 다른 소식도 전해주시지요?

김: 네, 총무팀에서는 한글학교 교사연수용 교재 개발과 관련된 계약을 이중언어학회(회장 송향근)과 체결하였습니다. 오는 8월 7일까지 한글학교 교사연수용으로 15개 교과목을 개발할 이번 사업에서 한국어교육지원강화와 관련된 정부의 국정과제추진이 얼마나 실행될 지 그 귀추가 주목됩니다.

강: 한인회팀에서 준비된 소식도 있나요?

김: 네, 지난 16일 재단 회의실에서는 2008년도 재일민단사업과 관련한 심의회의가 개최되었습니다. 재일민단에서 추진예정인 총사업수와 소요금액은 182건에 89억1194만엔이며, 이중에서 재외동포재단에 지원을 요청한 금액은 10억9242만엔이었습니다.

강: 재일민단지원금이 2008년도에는 얼마로 책정되었나요?

김: 네, 해외경상이전비로 집행되는 재일민단지원예산은 재단의 '권익신장 및 역량결집 프로그램'의 '지위향상 및 숙원사업지원'에 편성되어 있습니다. 올해 실행예산상에는 총 72억88만원이 책정되어 있지만 10% 예산절감 방침에 따라 일정 부문 삭감될 걸로 알고 있습니다.

강: 올해 재일민단사업들은 어떤 방향으로 추진되나요? 그리고 눈에 두드러진 사업들은 어떤 것이 있나요?

김: 우선 재일민단 중앙본부에서는 민족문화정체성유지사업, 법적지위향상사업, 복지증진사업, 평화통일촉진및국제교류사업, 조직정비및활성화사업, 기관지보급사업, 전국IT네트워크사업, 중앙회관운영사업, 산하단체지원사업, 지방사업 등 10개 사업에 6억5천만엔을 신청하였습니다. 이들 사업 중에서 민족학교교육보조(3300만엔), 전자민단구축(2400만엔), 재일한국인역사사료관(2천만엔), 차세대모국체험연수(2천만엔) 이외에도 지방참정권운동(7백만엔), 탈북자지원(4백만엔), 뉴커머와의 교류협력(1백만엔), 무연금고령자·장애자지원(1백만엔), 민단60년사편집(1백만엔) 등이 주목할 만합니다. 그밖에 동경도본부의 2008 한일친선문화제전(850만엔), 이바라키현본부의 제주도 매화식수(2백만엔), 이사카와현본부의 윤봉길의사 순국기념비유지관리(71만엔), 오사카부본부의 오사카부민 친선교류페스티벌(4천만엔), 교토부본부의 교토내 조선문화 소개책자발간(150만엔), 나라현본부의 한국어변론대회(120만엔), 카나가와현본부의 코리아정원활성화(150만엔), 후쿠오카현본부의 정부수립60주년기념 한일친선촉진강연회(370만엔), 사가현본부의 한국인 탄광순난자유골조사(50만엔), 오키나와현본부의 한국인위령탑 정비 및 홍보(430만엔), 야마구치현본부의 조선통신사재현(80만엔), 야마가타현본부의 국제결혼여성정착지원(1백만엔) 등도 눈여겨볼 필요가 있을 것 같습니다.

강: 네. 재외동포재단의 지원사업비의 1/3을 차지하는 재일민단사업이 보다 내실화되고 선진화되어야 재외동포지원예산도 더 많이 확보할 수 있을 것 같군요. 다음으로는 어떤 소식이 준비되어 있나요?

김: 네, 교육문화팀에서 전 재외공관을 통해 한국문화용품 지원에 대한 수요조사를 실시한 결과 총 40개국 71개 공관에서 361개 단체가 문화용품을 요청하고 있는 것으로 집계되었습니다. 앞으로 예산의 범위내에서 물품구입업체를 선정, 지원할 계획입니다. 그리고 2008년도 코리안 페스티벌 행사의 원활한 지방공연을 위해 광주와 부천시청과 협의를 진행중에 있

습니다.

강: 차세대팀 소식에는 어떤 것이 있나요?

김: 네, 세계한인차세대대회 참가지원을 마감한 차세대팀에서는 참가자 선발을 위한 심의위원회를 구성하여 오는 30일까지는 선발여부를 통지할 예정입니다. 16개국 153명이 최종신청한 이번 차세대대회는 참가열기를 감안하여 대회 규모를 100명에서 120명 수준으로 늘릴 예정이며, 준최 뉴저지 에디슨시장, 미국 CBS의 리얼리티쇼 '서바이버-13번째 에피소드' 우승자인 권율씨, 월트 디즈니사의 제임스 노 부사장 등 주목받는 차세대 한인동포들이 주요 연사로 참석할 예정입니다.

강: 조사홍보팀 소식은 어떤 것이 있나요?

김: 네, 조사홍보팀에서는 제5회 재외동포NGO대회에 대한 지원을 완료했으며, 외교통상부가 요청한 '재외국민 선거제도 관련 설문조사 제안'사업을 검토중에 있습니다. 23일 조사연구사업 및 민간단체지원사업 심의가 열렸으며, 29일에는 2008년도 제2차 자문위원회가 개최될 예정입니다.

강: 끝으로 이구홍 이사장님 소식도 전해주시지요?

김: 네, 이구홍 이사장은 18일 YTN 글로벌 코리안 시간에 출연하여 이명박 대통령 방미·방일과 관련하여 신정부의 재외동포정책 방향에 대해 말씀하셨고, 21일 제7회 재외동포기자대회에 참석하여 축사하셨습니다. 이상 재외동포재단에서 알려드렸습니다.

4. 2008년 5월

가. 5월 5일(월)

강: 한민족 하나로, 매주 월요일 이 시간에는 재외동포재단에서 전하는 소식을 들려드립니다. 김봉섭 전문위원 전화에 나와 계시죠? 안녕하십니까?

김: 안녕하십니까? 교수님.

강: 네. 이번 주 재외동포재단에서는 어떤 소식들을 전해주실 건가요?

김: 네, 먼저 기획예산팀 소식입니다. 지난 24일 국회 통외통위 2007년도 재단결산 예비심사에 이어 28일 국회 예결위 2007년도 재단 결산 설명회가 있었습니다. 그리고 건국60년을 맞이하여 세계한인회장대회, 세계한상대회, 코리안 페스티발, 세계한인차세대대회, 세계한인청소년모국연수, 세

계한인정치인포럼 등 6건의 재단사업을 국무총리실 건국60주년기념행사 추진기획단에 기념사업으로 추천하였습니다.

강: 그렇군요. 건국60주년기념사업은 어떤 목적에서 추진되나요?

김: 네, 먼저 추진목적부터 말씀드리면 이번 대한민국 건국60년 기념행사를 "새 정부의 종합적 비전을 선포하고 실질적인 선진일류국가로의 도약을 위한 계기로 활용"하되 "전 국민과 해외 700만 한인동포들이 자긍심을 가질 수 있는 범국민적 기념행사와 축제를 기획"함으로써 "건국60년사를 재조명하여 대한민국의 정체성을 확보"하겠다는 취지입니다. 이명박 대통령께서 취임사에서 "건국60주년을 성공의 역사"로 강조하고 올해를 "선진화의 원년"으로 삼자고 제안한 것도 같은 맥락이 되겠습니다.

강: 그럼 추진체계나 추진일정에 대해서도 설명해주시지요?

김: 네, 기념사업을 추진하려면 추진근거가 있어야 하지 않습니까? 그래서 지금 정부에서는 '대한민국건국60주년기념사업회설치및운영에 관한 규정'을 제정할 예정입니다. 정부안에 따르면 정부위원과 민간위원으로 구성되는 '국무총리 소속 기념사업위원회'과 국무총리실 국무차장을 단장으로 하는 추진기획단(기획총괄팀, 기념행사팀, 역사조명팀, 홍보지원팀)을 설치하되 '대통령 직속 미래기획위원회'와 협조하여 사업을 추진할 걸로 알려지고 있습니다. 한편 추진방향은 "자랑스런 건국 60년, G7 선진강국으로의 새 출발"이라는 슬로건 아래 국가의 미래비전 제시, 역사재조명사업, 기념행사 및 축제 등으로 이루어지며, 특히 해외 700만 한인동포들이 자긍심을 가질 수 있는 각종 기념사업들이 채택될 예정입니다. 그리고 핵심이 되는 기념사업내용은 주요사업, 자율사업(각급 기관·단체추진사업), 지방사업(지자체 개최사업)으로 분류하고 있는데, 우리 재외동포들이 특히 관심을 가져야 할 사업은 '주요사업' 60개가 되겠습니다. 이는 각급 기관과 단체에서 추진하는 사업과 위원회 자체사업 중에서 중요사업으로 채택된 것들이 되겠습니다. 재외동포 여러분의 많은 관심과 지원을 당부 드립니다.

강: 네. 대한민국건국의 정신이 해당사업들에 제대로 반영될 수 있도록 재외동포재단에서도 적극 노력해야 되지 않나요?

김: 네, 교수님, 대한민국의 독립, 건국, 산업화 그리고 민주화과정에 재외동포들의 역할과 기여가 매우 컸음은 많은 사람들이 모르고 있지 않습니까? 그래서 이번 기회에 재외동포와 대한민국 건국의 상관성을 집중 조명하는 행사들이 곳곳에서 추진되길 바랍니다. 그리고 이번 건국60년 기

념사업이 제헌60주년(7.7), 8·15광복절, 건국60주년(10.1) 등 국가 주요 행사들과도 연계되느니만큼 2008년이 '글로벌 코리아'의 원년으로 기억되길 바랍니다. 이를 위해 재외동포재단에서는 외교통상부와 함께 재외동포들에게 건국60년 기념사업을 널리 홍보할 계획이며, 현지에서 진행될 각종 재외동포대상 프로그램들이 원활하게 진행될 수 있도록 측면에서 최대한 지원할 예정입니다. 우리 정부는 건국60년 기념사업의 성공을 위해 예비비를 편성하면서까지 국민과 함께, 재외동포와 함께 "위대한 대한민국, 자랑스런 한민족"을 바로 세우는 대축제로 승화시킬 예정입니다. 한편 단국대학교 한시준 교수는 대한민국이 1948년에 건국되었다는 것은 잘못된 기술이라고 주장하고 있습니다. 경향신문 4월 22일자 기고에 따르면 한 교수는 "대한민국 정부는 1919년 상해에서 '임시'로 수립했고, 일제로부터 독립한 후 1948년 '정식'으로 수립한 것이다. 1948년 8월 15일에 내건 현수막에 '대한민국 건국'이라 하지 않고 '대한민국 정부수립'이라고 한 의미를 유념할 필요가 있다"고 주장하고 있습니다. 정부당국에서는 이런 지적에 귀를 기울여야 하지 않을까 생각합니다.

강: 네. 김위원께서는 올해가 정부수립 60년이지 건국60년이 아니라는 주장이 학계에서 제기되었다는 소식도 전해주셨습니다. 김위원님, 다른 소식은 어떤 것이 있나요?

김: 네, 총무팀에서는 지난 21일 세계한인회장대회 우선협상대상자로 선정된 (주)BMD와 계약을 체결할 예정입니다. 해가 갈수록 해당업체들의 수주경쟁이 치열해지고 있어 한인회장대회의 홍보효과가 상당함을 알 수 있습니다. 그리고 한인회팀에서는 30일 2008년도 지원사업 수시1차 심의위원회를 개최하여 12개국 15개 공관을 통해 접수된 25개 단체 사업을 심의하였습니다. 그리고 23일부터 30일까지 고려인농업지원사업과 관련하여 재외동포재단에서는 외교통상부, 한국농촌공사 등과 함께 러시아(블라디보스톡, 로스토프, 우수리스크 등)와 우크라이나(끼에프, 짱꼬이 등) 현지실태조사를 진행했습니다.

강: 잘 알겠습니다. 한상팀에서는 어떤 소식이 준비되었나요?

김: 네, 지난 29일 재단의 한상닷넷과 한국무역협회의 트레이드코리아닷컴을 서로 연계하기 위한 실무자 협의가 있었으며, 한상네트워크 활성화를 위해 재불과학기술자협회 춘계학술대회를 지원하였습니다.

강: 교육문화팀과 차세대팀에서도 소식이 있을 것 같은데요?

김: 네, 교육문화팀에서는 오는 6월 5일까지 중국 및 CIS지역 재외동포장학생 추천을 받고 있습니다. 각각 50명씩 모두 100명을 지원하는 이 사업에 많은 분들의 관심과 참여가 있기를 바랍니다. 또한 5월 23일까지 CIS지역 한국어교사초청연수 참가자 30명도 추천받고 있사오니 어서들 지원해주시길 바랍니다. 한편 지난 30일 2008년도 중국 등 민족학교지원심의위원회가 개최되었습니다. 차세대팀에서는 30일 세계한인차세대대회 선발 심의위원회를 개최하여 120명 범위 내에서 인원을 선발, 해당자에게 결과를 통보하였습니다. 그리고 국외입양동포사업과 관련하여 보건복지가족부 아동청소년정책실과 업무협의가 있었으며, 제3기 멕시코한인후손 직업연수생 선발(멕시코 16명, 쿠바 8명)계획을 수립한 후 이를 현지 대사관에 통보, 선발할 것을 의뢰하였습니다.

강: 조사홍보팀에서는 어떤 행사가 있었나요?

김: 네, 지난 29일 제3기 자문위원회가 재단 회의실에서 개최되었습니다. 이날 회의에는 노진환 자문위원장 등 9명의 자문위원과 이구홍 이사장 등 6명의 재단 인사가 참석한 가운데 재단 현황과 2008년도 사업추진계획, 건국60주년기념사업 활용방안 등을 주요안건으로 심의하였습니다.

강: 자문회의에서는 어떤 의견들이 주로 나왔나요?

김: 네, 자문위원회 운영위원장인 노진환 서울신문사장의 사회로 진행된 자문위원회에서는 한민족문화엑스포에 대한 아이디어가 뭔지, 행사개념은 나왔는지에 관한 질의가 있었고, 건국 관련 재외동포들의 역할재조명 세미나 개최 및 자료집 발간 지원 여부, 재외동포행사 지원예산 확보 여부, 재외국민 영주권자의 참정권 허용 타당성 여부, 코리안넷 칼럼 기고 요청, 10월에 편중되어 있는 재단 행사의 문제점 등 폭 넓은 질의와 토론이 있었습니다. 한편 건국60년기념사업과 관련하여 국가행사기획의 경험이 풍부한 김문환 서울대 교수를 위원장으로, 윤길한, 이종훈, 김경옥 자문위원을 위원으로 하는 소위원회가 구성되어 제반 사항에 대해 자문하기로 결정하였습니다.

강: 끝으로 이구홍 이사장님 관련 소식도 전해주시겠습니까?

김: 네, 이구홍 이사장은 29일 오전에는 코리안넷 운영과 관련하여 야후코리아와 온라인 네트워크 서비스 제휴 및 홍보협력을 위한 협약식을 체결했으며, 오후에는 자문위원회에 참석하여 자문위원들의 협조에 감사의 뜻을 전했습니다. 30일 오후에는 김재수 L.A 신임총영사의 내방을 받고 환담

을 나누었으며, 길림신문(한정일 부총편)과 흑룡강신문사(전길운 기자)와의 인터뷰를 통해 '재외동포 교육헌장' 제정의 중요성을 역설하였습니다. 이상 재외동포재단에서 알려드렸습니다.

나. 5월 12일(월)

강: 한민족 하나로, 매주 월요일 이 시간에는 재외동포재단에서 전하는 소식을 들려드립니다. 김봉섭 전문위원 전화에 나와 계시죠? 안녕하십니까?

김: 안녕하십니까? 교수님.

강: 김위원님, 오늘이 불기 2552년 부처님 오신 날인데요, 혹시 우리 재외동포분 들이 어떤 종교를 갖고 계신지에 대한 조사 같은 게 있습니까? 아무래도 살고 계신 지역의 종교를 많이 갖고 계시지 않을까요?

김: 네, 아직 정확한 조사가 없는 것으로 알고 있습니다만 한인이 있는 곳이면 어김없이 교회나 절이 세워져 있는 것이 우리 한인동포사회의 주요 특징 중 하나입니다.12) 국립민속박물관에서 일본 관서지역 '한인동포의 생활문화'를 조사한 적이 있는데 그 조사에 따르면 관서지방 재일동포들의 신앙생활은 점술이나 굿과 같은 한국적인 민간신앙, 유교와 기독교 등의 한국적 기성종교, 일본적인 불교와 신흥종교 등의 영향을 받아 중층구조를 이루고 있으며, 개인적 기원은 일본신도식, 제사는 유교식, 장례·묘지는 일본불교식으로 편리하게 지내고 있다고 합니다. 사할린 한인동포들은 유교적 전통과 기독교적(정교회 및 개신교) 전통이 혼합된 형태이나 젊은 층은 주로 40여 개 한인교회 출석; 이슬람교를 믿는 우즈벡에서는 한인동포들이 100여 개의 한인교회를 중심, 카자흐에도 한인교회가 80여 개 정도. 중국에서는 조선족의 전통의례와 민간신앙은 비판의 대상, 개신교나 천주교 등 기독교 선교활동은 성장세, 연변에는 신학교까지 설립. 한국불교의 경우, 대표적 교단인 조계종(총무원 사회부 국제팀)에서는 아시아(중국, 일본, 필리핀, 스리랑카), 유럽(영국, 프랑스, 독일, 스위스), 미주(미국, 캐나다, 브라질, 멕시코, 아르헨티나) 등 전 세계에 174개의 포교당과 사찰을 세우고 재외동포들을 대상으로 포교하고 있습니다.13) 그 외에 진각종(6개), 천태종(6개), 태고종(일본 10개)에서도 포교하고 있으나 아직은 미약한 편입니다. 한편 원불교에서는 미주 21개, 유럽 13개, 일본 7개 교당 및 12개 기관 등 90개가 진출한 상황입니다. 천주교도 해

외선교사가 5~600명 정도가 진출해 있는 상태입니다. 사실상 종교가 갖고 있는 힘은 대단히 큽니다. 특히 이국땅에서 생활하는 한인동포들에게 마음의 위안을 주는 것으로 종교가 큰 몫을 하고 있습니다.

강: 네. 이번 주 재외동포재단에서는 어떤 소식들을 전해주실 건가요?

김: 먼저 기획예산팀 소식입니다. 지난 4월 30일 '재외동포재단 경영효율화 실천계획'을 제출하였고, 5월 2일 기획재정부 공공정책국 인재경영과를 방문하여 재단 현황을 설명했습니다.

강: 그렇군요. 그럼 현 정부에서 생각하는 재단 경영효율화 실천계획에 대한 밑그림이 나왔나요?

김: 네, 여기서 우리가 주목할 점은 이명박 대통령께서 지난 4월 15일 뉴욕 방문시 재외동포들로부터 교민청이나 동포위원회 설립요청을 받지 않았습니까? 그때 대통령께서는 "어떻게 하면 재외동포재단이 실질적으로 일을 잘 할 수 있는지 생각하겠다"고 공언한 바 있습니다. 재외동포사회의 열망과 숙원을 누구보다도 잘 알고 계신 대통령의 말씀인지라 모두들 이 뉴욕발언의 함의가 무엇인지를 놓고 갑론을박 하고 있는 형국인데, 아직 어느 누구도 정확한 방향과 감을 잡지 못하고 있는 것 같은 느낌입니다. 다만 우리가 여기서 생각할 것은 대통령의 언급이 담고 있는 중심개념이 "어떻게 해야 일을 잘 할 수 있느냐"는 라는 점과 어떤 것이 '실질적'인가 하는 점이라는 사실입니다. 우선 '실질적'이란 말은 "형식보다는 내용"을 중시한다는 의미로 이해되고, "일을 잘 한다"는 말은 '효율화'(투입 대비 산출=능률)를 중시한다는 의미가 이해되고 있습니다. 이는 아무래도 이명박 정부의 실용정신이 동포지원업무, 특히 재외동포재단의 기능과 역할에도 그대로 적용된다고 봐야 할 것 같습니다.

강: 그렇다면 그동안의 재외동포지원업무가 "내용보다 형식"에 치우쳤다는 식으로 문제의식을 갖고 있는 것으로 해석해도 되겠습니까?

김: 네, 반드시 그렇다고는 할 수 없겠지만 "기민정책이냐 활용정책이냐", "거주국 중심정책이나 모국중심정책이냐", "이민정책이냐 동포정책이냐"를 두고 서로 입장의 차이와 장단점이 있듯이 "성과중심이냐 효율중심이냐"를 두고도 충분히 논란이 될 수 있다고 봅니다. 다만 한 가지 분명한 사실은 재외동포사업은 민족의 미래를 내다보고 하는 미래지향적 사업이라는 점입니다. 흔히 '교육은 국가백년지대계'라고들 하지 않습니까? 말은 그렇게 하는데 그러나 실제 우리 주변에서 나타나는 현상들은 어떻습

니까? 대한민국 교육의 목적이 명문대학 입학 몇 명 시키는데 달려 있는 것이 전부가 아니지 않습니까? 또한 대한민국의 미래를 걱정하기 때문에 국민교육에 그토록 많은 정부예산을 투입하고 환경개선에 그토록 신경을 쓰는 것 아닙니까? 만약 이 말이 일리가 있다면 재외동포사업 역시 같은 관점에서 바라봐야 합니다. 향후 10년도 못 내다보는 정책이나 사업으로는 민족의 미래를 개척해나갈 수 없습니다. 어느 누가 정책을 수립하더라도 최소한 30년 이상은 내다보면서 '실질과 효율', 다시 말해 '내용과 능률'을 실천해야 할 것입니다. 동포에 대한 애정과 관심이 없는 동포활동지원은 더 이상 자리를 잡아서는 안 된다고 봅니다.14)

강: 잘 알겠습니다. 다음으로 총무팀 관련 소식 있으면 알려 주시지요?

김: 네, 총무팀에서는 5월 2일 재중동포 IT 직업연수 위탁계약을 연변과학기술대학교(총장 김진경)와 체결했습니다. 기간은 3월 24일부터 12월 19일까지며, 예산은 1억2천만원입니다.

강: 한인회팀 관련 소식도 알려주시지요

김: 네, 한인회팀에서는 12개국 15개 공관 25개 사업을 대상으로 '2008년도 지원사업 수시 심의위원회'를 진행할 예정이었으나 구체적인 심의일정을 잡지 못한 채 연기되었다는 소식입니다.

강: 한상팀에서는 어떤 소식이 준비되었나요?

김: 네, 제7차 세계한상대회의 슬로건이 확정되었는데요, 혹시 교수님, 지난해 제6차 슬로건이 무엇인지 기억나시나요? "도약하는 한상, 모국은 당신과 함께 합니다"였습니다. 그런데 올해는 "세계 속의 한상, 넓어지는 우리 시장"이라고 정함으로써 한국경제의 위상을 우리 한상들이 다시 한번 떨치자는 취지로 이해할 수 있을 것 같습니다.

강: 끝으로 이구홍 이사장님 관련 소식도 전해주시겠습니까?

김: 네, 이구홍 이사장은 이번 주 공식일정은 없었습니다. 이상 재외동포재단에서 알려드렸습니다.

　다. 5월 19일(월)

강: 한민족 하나로, 매주 월요일 이 시간에는 재외동포재단에서 전하는 소식을 들려드립니다. 김봉섭 전문위원 전화에 나와 계시죠? 안녕하십니까?

김: 안녕하십니까? 교수님.

강: 네. 이번 주 재외동포재단에서는 어떤 소식들을 전해주실 건가요?

김: 먼저 기획예산팀 소식입니다. 국무총리실에서 요청한 '재외동포 네트워크 형성 및 활용실태 평가'와 관련된 자료를 제출했습니다. 주요 골자는 현재 재단에서 추진 중인 세계한상대회, 세계한인회장대회, 세계한인차세대대회 추진과 관련된 내용이었습니다.

강: 그렇다면 현 정부에서 생각하는 재외동포 네트워크의 핵심은 무엇인가요?

김: 한 마디로 요약한다면 재외동포가 갖고 있는 '잠재력'과 그에 대한 기대감이겠지요. 교수님도 알고 계시다시피 사실상 '네트워크'라는 것이 구축하기 전까지는 엄청난 시간과 돈 그리고 정성이 들어가는 '밑 빠진 독'이나 '물먹는 하마'와 같습니다. 그러나 일단 네트워크가 형성되기만 하면, 그리고 일정 단계에 이르게 되면 네트워크의 가치는 참가자 수의 제곱에 비례하게 됩니다(cf. '메트카프의 법칙'). 즉 2명이 참가하면 4배, 3명이 참가하면 8배, … 이런 식으로 계산하면 100명이면 1만 배, … 1천명이면 1백만 배의 효과를 기대할 수 있습니다. 일정 규모 이상의 네트워크를 구축하기 위해 모두들 노력하는 이유가 바로 여기에 있습니다.

강: 네, 그렇기 때문에 재외동포재단에서도 네트워크사업에 많은 공을 들이고 있지 않나요?

김: 그렇습니다. 교수님께서 지적하셨듯이 그동안 재단 주력사업 중에 하나가 네트워크사업이었습니다. 각고의 노력 끝에 한인네트워크, 한상네트워크, 차세대네트워크, 정치인네트워크, 온라인네트워크(코리안넷)를 비롯하여 한글교사네트워크, 모국수학장학생네트워크 등 다양한 네트워크가 가동 중에 있거나 구축 중에 있습니다. 특히 글로벌 코리아와 자원·에너지외교에 집중하고 있는 이명박 정부에서는 미·일·중·러 등 4강과 주요 자원부국에 거주하고 있는 재외동포 전문인재 네트워크 발굴과 활용에 깊은 관심과 정책의지를 갖고 있습니다. 따라서 저희 재단에서도 네트워크효과가 극대화될 수 있도록 질(質)과 양(量) 두 측면에서의 접근을 균형 있게 추진해나갈 뿐 아니라 명실공이 700만 재외동포네트워크의 본산이 될 수 있도록 최선을 다할 계획입니다.

강: 꼭 그렇게 되길 바랍니다. 그리고 김위원님도 알고 계시겠지만 '네트워크'라는 것이 집거(集居)하는 집단보다는 분산(分散)된 집단에게 더 필요한 것 아닙니까?

김: 네, 맞습니다. 역사적으로 생존의 위협을 받아왔던 소수민족들에게는 네

트워크가 필수적입니다. 현실적으로 화교사회나 유대인사회만큼 네트워크의 가치를 잘 활용하고 있는 민족도 없지 않습니까? 돈과 지식과 정보의 흐름과 핵심을 이들만큼 빨리, 그리고 정확히 알아낼 소수민족이 과연 있을까 의문이 들 정도입니다. 다행히도 우리 재외동포사회도 이민 100년사를 지나면서 자신들이 사는 곳이 다르고 형성배경이 다르더라도 '네트워크'가 얼마나 소중한지를 절실히 깨닫고 있습니다. 물론 네트워크가 성공하려면 공동관심사가 반드시 있어야 합니다. 그것이 바로 '모국'의 존재입니다. 모국의 언어와 역사, 문화와 전통에 대한 이해와 모국에 살고 있는 형제·자매들과의 유대감이 있을 때 개인은 물론 국가 그리고 민족의 경쟁력이 생기는 것입니다.

강: 아무쪼록 이명박 정부가 실용정신에 입각하여 재외동포 가치를 정확히 인지하고 네트워크구축에 더 많은 관심과 배려를 해줄 것을 당부합니다. 그리고 준비된 다른 소식 있으면 알려주시지요?

김: 네, 한인회팀 소식입니다. 지난 15일 재단 회의실에서 12개국 15개 공관 25개 사업을 대상으로 '2008년도 지원사업 수시 심의위원회'가 개최됐습니다. 그리고 미국 북버지니아한인회(5천$), 캐나다 빅토리아한인회(7천$), 캘거리한인회(5천$), 애드몬튼한인회(4천$), 벤쿠버한인회(3천$), 아프리카 탄자니아한인회(2천$), 킨샤사한인회(2천$), 토고한인회(2천$) 등에서 추진하는 교류증진사업에 대한 지원이 있었습니다.

강: 한상팀에서는 어떤 소식이 준비되었나요?

김: 네, "세계 속의 한상, 넓어지는 우리 시장"이라는 슬로건 아래 준비 중인 제7차 세계한상대회 홍보와 참가자 등록을 위해 지난 8일, 전 세계 재외공관에다 안내공문을, 아시아나항공에다 대회참가자 항공지원 협조공문을, 제주특별자치도에다 기업전시회 물류지원 요청공문을 각각 발송했습니다.

강: 교육문화팀 소식은 어떤 것이 있나요?

김: 네, '2008 민족학교지원심의위원회' 심의결과 북경지역 2개교, 심양지역 22개교, 상트페테르부르그지역 1개교 등 총 25개교에 컴퓨터 349대, 프린터 32대, 빔프로젝트 1대, 음향시스템 1세트 등 25만7천$ 상당의 물품을 지원하게 되었습니다. 이들 물품에는 재외동포재단에서 기증했다는 표지가 붙어나갈 예정이라고 합니다. 그리고 중국과 CIS지역 재외동포 장학생 추천자 접수를 6월 5일 마감하게 됩니다. 관심 있는 동포들께서는

기한 내에 지원해주시길 바랍니다.
강: 차세대팀에서도 소식이 준비되어 있지요?
김: 네, 지난 7일 세계한인차세대대회 참가자 선발 심의위원회에서는 23개국 104명의 참가자를 최종 선발하여 당사자들에게 개별 통보했으며, 8일에는 입양인들 중에서 미국 주류사회에 진출자들로 구성된 AFC 대표단과 입양동포지원에 관한 업무협의가 있었고, 9일에는 청와대 기획조정비서관실을 방문하여 차세대 네트워킹 현황에 대해 보고했습니다.
강: 이번 세계한인차세대대회에는 주로 어느 지역 차세대들이 참석하게 되었나요?
김: 네, 미국 30명, 독일 13명, 일본 10명, 호주 10명, 중국 6명, 러시아 6명, 캐나다 5명, 우즈벡 3명, 노르웨이 3명, 키르기즈 3명, 영국 2명, 앙골라 1명, 홍콩 1명, 인도 1명, 인도네시아 1명, 스위스 1명, 벨기에 1명, 카자흐 1명, 벨로루시 1명 등 대부분 전문직 종사자들인 것으로 파악하고 있습니다.
강: 조사홍보팀에서도 소식이 있지요?
김: 네, 이번 달 중으로 동북아평화연대에서 추진중인 '연해주동포지원사업'(1억1250만원)과 한민족공동체재단, 세계한인상공인연합회, 대한적십자사 등 2008년도 민간단체 정례지원사업이 시행될 예정입니다. 그리고 2008년도 세계한인정치인포럼 기본계획이 수립되어 오는 9월 29일부터 10월 2일까지 서울에서 제2회 대회가 개최될 예정입니다. 이번 대회는 현지 주류사회 진출정치인들과 국내 정치인들간의 활발한 네트워킹이 예상되고 있습니다. 한편 우리나라 대표적인 인터넷포탈업체인 야후코리아(대표 김진수)와 MOU를 체결한 바 있는 저희 재단에서는 재외동포 관련 소식들이 보다 빠르고 생생하게 동포 여러분에게 전달될 수 있도록 최선을 다하고 있음을 알려드립니다.
강: 끝으로 이구홍 이사장님 관련 소식도 전해주시겠습니까?
김: 네, 이구홍 이사장은 지난 9일 미주한인회총연합회 김승리 회장 일행과 만났으며, 14일에는 서귀포시장과 투자지원과장 및 재미대한체육회 회장단 일행, 15일에는 일본 국립민족학박물관 이애리아 박사의 내방을 받아 상호관심사에 대해 의견을 교환했습니다. 이상 재외동포재단에서 알려드렸습니다.
강: 김봉섭 위원님, 다음 주에도 좋은 소식 많이 전해주시길 부탁드립니다.

지금까지 재외동포재단 김봉섭 전문위원이었습니다.

라. 5월 26일(월)

강: 한민족 하나로, 매주 월요일 이 시간에는 재외동포재단에서 전하는 소식을 들려드립니다. 김봉섭 위원 전화에 나와 계시죠? 안녕하십니까?

김: 안녕하십니까? 교수님.

강: 이번 주 재외동포재단에서는 어떤 소식들을 전해주실 건가요?

김: 네, 이번 주 소식은 조사홍보팀에서 준비하고 있는 세계한인정치인포럼 관련 소식입니다. 우선 개요를 말씀드리면 오는 9월 29일부터 10월 2일까지 서울에서 제2차 포럼이 예정되어 있으며, 주제는 '해외동포의 역량 증대와 정계 진출' 및 '정계진출 동포와의 협력강화'가 되겠습니다.

강: 올해도 지난해에 이어 해외한인 정치인들간의 네트워크가 구축되겠군요. 지난해 동포사회의 반응은 어땠습니까?

김: 네, 강 교수님께서도 알고 계시겠지만 지난 2007년도 9월, 우리나라 역사상 최초로 해외한인 정치인들간의 네트워크가 공식 출범하지 않았습니까? 재외동포재단에서는 전 세계 재외공관의 협조를 받아 해외한인정치인의 소재를 파악하고 그분들에게 행사취지를 공지하였고, 많은 분들께서 흔쾌히 포럼에 참가해주셨습니다. 특히 미주지역에 계신 분들께서는 비행기표값을 자체 부담해서 오는 성의를 보이셨고, 중국이나 CIS지역의 분들께만 저희 재단에서 부담해드렸습니다. 포럼이 끝난 후 참석자들 모두가 다음해에도 초청해주면 언제든지 오겠다면서 3박 4일의 짧은 일정을 아쉬워했습니다. 그러나 당시 재외국민의 참정권 허용 여부가 한창 이슈가 되던 시점이라서 그런지 국내에서는 세계한인정치인포럼의 개최가 그렇게 핫이슈로 부각되지는 않았지만 포럼 이후 한인사회에 끼친 파급효과는 기대 이상이었습니다. 예를 들면 지난해 제1차 포럼 마지막 날, 세계한인정치인협의회(회장 임용근 오레곤주 하원의원)이 구성되었는가 하면, 올해 3월 21일에는 미국에서 한인정치인포럼 참가자들을 중심으로 한인주류정치협의회(KAEOC)가 결성(회장 강석희 어바인시의원) 되어 주류사회진출의 기반을 한층 더 다지게 되었습니다.

강: 김위원님, 최근 들어 네트워크의 중요성이 강조되고 있지 않습니까? 특히 해외인재 활용차원에서도 그렇고, 글로벌 코리아의 외연 확장을 위해서도

그런데, 재외동포재단에서 정의하고 있는 한인정치인은 주로 어떤 분들인 가요?

김: 네, 보통 '정치인'이라고 하면 정권을 잡기위한 목적의 결사단체인 "정당에 가입해 있는 사람"들을 통틀어 말하지 않습니까? 그런 각도에서 보면 엄청나게 많을 거예요. 그러나 범위를 좁혀서 생각하면 (1)현지 주류사회에서 주민들의 표에 의해 선출된 지역 및 비례대표 정치인(연방, 주, 카운티, 시), (2)중앙정부에 의해 임명된 소수민족대표, (3)현역정치인의 정책개발과 의정활동을 보좌하는 보좌관들 정도로 분류할 수 있을 겁니다. 물론 현지정치력신장을 위해 일하고 있는 시민단체 활동가들도 지난해 한인정치인포럼에 다수 참가했습니다만 엄밀하게 따진다면 옵서버정도로 봐야 하겠지요?

강: 그렇다면 재외동포재단에서 파악하고 있는 현직 한인정치인의 규모는 어느 정도인가요?

김: 교수님, 우리가 보통 우리가 "정치는 생물"이라고 하지 않습니까? 어제 다르고 오늘 다르다는 뜻인데 현재 활동중인 해외한인정치인의 수가 어느 정도인지는 재단에서도 정확하게 모르고 있습니다. 다만 지난해 포럼 개최 이후 계속해서 모니터링을 하고 있고, 많은 정치신인들의 등장에 주목하고 있습니다. 현재 저희들이 파악하고 있기로는 미국 聯邦 상·하원 의원은 한 분도 안 계시지만 州 상·하원의원은 9명 정도 있습니다. 그리고 시의원·시장도 10여 명, 의원보좌관 100여 명 있습니다. 일본에는 참·중의원 중에 참의원이 1명 있으며, 중국에는 전인대 대의원 10명·정협대표 10명이 각각 있습니다. 러시아에도 국가두마의원을 포함하여 5명, CIS지역 상·하원의원 4명, 주의회의원 5명 등이 있으며, 그밖에도 캐나다, 브라질, 호주, 뉴질랜드, 핀란드 등지에 현역 정치활동가들이 있습니다. 그러나 아직 노출되지 않은 많은 한인정치인들이 있을 걸로 보기 때문에 이번 제2차 세계한인정치인포럼에서 더 많은 인재들을 발굴할 수 있기를 기대합니다.

강: 김위원님, 2008년도 제2차 한인정치인포럼이 어떤 방향으로 추진될 것인지도 소개해주시지요?

김: 네, 지난 4월 말에 수립된 기본계획(안)에 따르면 우선, 지난해 결성된 세계한인정치인협의회(회장 임용근)를 더욱 내실화하고, 각 지역별 협의체(간사 선임)를 결성할 예정입니다. 그리고 올해는 일본, 중국, 러시아·

CIS지역 한인정치인들이 보다 많이 참가할 수 있도록 독려할 예정입니다. 참가규모는 국내 100명, 해외 80명 정도 참가할 것으로 보고 있으며, 세계한인정치인협의회가 주최하고 재외동포재단이 주관하는 형식으로 진행될 예정입니다.

강: 3박 4일이면 짧다면 짧고 길다면 긴 기간인데 주로 어떤 내용들로 제2차 한인정치인포럼이 진행되나요?

김: 네, 우선 첫째 날(9.29)에는 협의회 회장 개회선언, 재단 이사장 축사, 외빈 축사 등으로 이뤄지는 개회식과 환영만찬이 진행됩니다. 둘째 날(10.1)에는 협의회 활동보고 및 정관 확정키 위한 1차 전체회의, 환영오찬, 북미·일본·중국·CIS 등 지역별 분과회의, 국제정치학회와 연계된 공개포럼, 환영만찬이 준비되어 있으며, 셋째 날(10.2)에는 유력인사 초청강연, 주제별 분과회의, 오찬, VIP 예방, 환영만찬 등이 이어지며, 그리고 마지막 날(10.2)에는 주제발표 및 토론, 결의문 채택, 지역별회의 보고 등으로 2차 전체회의를 진행한 후 폐회식과 환송오찬으로 제2차 한인정치인포럼의 끝을 맺게 됩니다.

강: 김위원님이 전해주는 소식만 들어도 제2차 세계한인정치인포럼이 진지하면서도 수준 높게 진행될 걸로 기대됩니다. 특히 이번 기회에 신정부가 출범한 만큼 전 세계 한인정치인 여러분들이 더욱 단결, 협력하여 모국발전과 주류사회 정치력신장에 기여하는 굳건한 네트워크를 구축할 수 있기를 바랍니다. 김위원님 다른 소식도 전해주시지요?

김: 네. 우리에게 정치가 중요하듯이 교육도 매우 중요하지 않습니까? 특히 자라나는 세대들에게 한글과 한국문화를 가르치는 선생님의 존재가치는 그 어떤 것으로도 비교할 수 없습니다. 저희 재단 교육문화팀에서 2008년 재외동포교육지도자 초청연수 희망자를 접수한 결과, 총 47개국에서 90명의 한국어교사들이 연수참가를 신청했습니다. 지역별로 보면 북미 33명, 아주 18명, 유럽 16명, CIS 9명, 중남미 9명, 아·중동 5명 등 총 90명이며, 국가별로 보면 미국 22명, 캐나다 11명, 호주·러시아 3명, 뉴질랜드·중국·네덜란드·오스트리아·폴란드·프랑스·카자흐스탄 등에서 각 2명, 나머지 국가에서 각 1명씩 신청했습니다.

강: 그럼 2008년도에는 모두 몇 분 선생님을 선발할 예정인가요?

김: 네, 우선 예산상의 제약 때문에 희망자 모두를 모두 초청하지 못하게 된 점 널리 양해바랍니다. 지금 재단에서는 60명 정도를 예상하고 있으며,

각 지역별 한글학교 및 교원수에 따라 초청대상자를 배정할 예정이며, 특히 우리 정부가 해외에 설립한 한국학교 근무자는 제외되며, 최근 3년간 한국정부기관과 민간단체에서 주최한 유사사업 참가자 역시 제외된다는 점을 유념해주시기 바랍니다.

강: 아무쪼록 이번 재외동포 교육지도자 초청연수가 한국어 교사 자질향상과 민족교육 활성화 도모에 기여하는 알찬 연수가 되길 바랍니다. 그밖에 다른 소식도 소개해주시지요?

김: 네, 오는 6월 1일부터 10일까지 2008년도 총영사회의가 열립니다. 저희 재단에서는 2일 총리주최 오찬토론회에서 한상네트워크 활용방안을 보고하며, 5일 재단 이사장 주최 오찬을 준비합니다. 그리고 한상팀에서는 지난 5월 9일부터 6월 5일까지 2008년도 한상대회 비즈니스 효과 및 만족도 조사를 실시하고 있습니다. 특히 제6차 대회 참가자들을 대상으로 비즈니스 계약실적, 투자실적 등 파급효과가 어느 정도인지를 조사하는 이번 설문에 대회참가자 여러분들께서 많은 관심을 갖고 참여해주시길 부탁드립니다. 보다 자세한 내용은 한상팀으로 연락바랍니다. 그리고 세계한인청소년모국연수 참가자를 모집한 결과 총 48개국 370명의 청소년·대학생이 접수하여 차세대팀에서는 최종 선발(200명) 심의를 준비 중에 있습니다.

강: 끝으로 이구홍 이사장님 소식도 알려주시지요?

김: 네, 이구홍 이사장은 19일, 미주한인재단 이정수 신임회장, 윤병욱 전임회장, 박상원 L.A 이사장 등의 예방을 받고 미주한인의 날(1.13) 행사 집행보고와 차세대인재발굴에 대해 의견을 교환했으며, 미국 최대 한인IT전문단체인 코리아 IT네트워크(KINCON) 장석원 회장의 예방, 이건무 옥타 회장 일행의 예방을 받고 제7차 한상대회의 성공적인 개최와 업종별 세미나 업무를 협의했습니다. 22일에는 가나한인회 권명주 선생의 방문을 받았고, 23일에는 건국대 아시아디아스포라연구소(소장 신인섭)의 특별초청을 받아 연구소 소속 교수, 연구자, 대학원생, 교육대학원생을 대상으로 "한국에 있어서 700만 해외동포, 그들은 누구인가?"에 대해 강연했습니다. 이상 재외동포재단에서 전해드렸습니다.

제2절 이사장 공석기

1. 2008년 6월

가. 6월 2일(월)

강: 한민족 하나로, 매주 월요일 이 시간에는 재외동포재단에서 전하는 소식을 들려드립니다. 김봉섭 위원 전화에 나와 계시죠? 안녕하십니까?

김: 안녕하십니까? 교수님.

강: 네. 이번 주 재외동포재단에서는 어떤 소식들을 전해주실 건가요?

김: 네, 이번 주 소식은 제13차 재외동포정책실무위원회 소식입니다. 지난 5월 28일 이명박 정부 들어 첫 번째 정책실무위원회가 외교통상부 제2차관 주재로 개최되었습니다.

강: 재외동포정책실무위원회에 대해서 다소 생소한데요, 어떤 일을 하는 기구입니까?

김: 네, 우리나라 재외동포정책을 총괄 조정하는 기구로 재외동포정책위원회(96.2.23 설치)가 있는데 국무총리가 위원장을 맡고 있으며, 각 부 장관들과 민간위원 약간 명 등 15명 정도가 참여하고 있습니다. 이 정책위원회는 매년 1차례씩 모여 재외국민정착지원, 재외동포 법적·사회적 지위 향상, 재외동포와의 유대강화, 재외동포의 국내외 경제활동지원, 관련부처별 사업계획조정 및 심의 등을 다루고 있는데, 오늘 소개해드리는 정책실무위원회는 바로 이 정책위원회가 위임하는 사항을 처리하고, 새로운 의제발굴 등을 논의하는 기구가 되겠습니다. 현재 외교통상부 제2차관이 위원장을 맡고 있으며, 각 부처 실국장급 공무원과 전문가 등 15명 이내로 매년 2차례(상·하반기) 열리고 있습니다.

강: 이번 정책실무위원회에서는 어떤 내용들이 논의되었나요?

김: 네, 이번 제13차 실무위원회에서는 신정부 출범을 맞아 재외동포정책 전반에 걸쳐 다양한 의견들이 교환되었으며, 의제로는 (1) 신정부 재외동포정책 추진방향 (2) 재외동포 모국어교육지원강화방안 (3) 재외동포 네트워크활성화 및 활용방안 (4) 재외동포정책위원회 활성화방안 등이 다루어졌습니다.

강: 김위원님, 그럼 신정부의 재외동포정책은 어떤 식으로 추진될 것으로 보

입니까?

김: 네, 아직 구체적인 그림은 제시되지 않았지만 아무래도 신정부가 표방하고 있는 '창조적 실용주의' 노선이 반영될 것으로 예상됩니다. 즉 재외동포 권익보호를 기반으로 국익에 기여하는 정책과 사업을 적극 모색하는 방향으로 정리될 것으로 보이며, 국정과제와 관련해서는 재외국민선거권 제도 도입, 재외동포 모국어교육지원 확대, 한민족문화엑스포 개최, 재외동포모국방문프로그램강화 등의 실천계획이 수립될 것으로 보입니다. 또한 글로벌시대 국가경쟁력 강화를 위한 이중국적 허용 등 해외 동포역량 활용방안도 구체화될 것으로 기대됩니다.

강: 김위원님, 그런데 '창조적 실용주의'라는 말이 의미하는 바가 무엇인가요?

김: 네, 저도 잘 아는 바가 없지만 아마도 세계 일류국가가 되기 위해서는 "형식에 구애받지 말고 내실을 기하자" 그리고 "하던 일 단순히 반복하지 말고 주어진 여건에서 최대한 일하는 방식을 새롭게 하자"는 취지 아닐까요? 특히 정량적 접근보다는 국익중심의 접근을 중시하겠다는 뜻으로 이해됩니다. 그러나 어떤 개념에 수식어가 붙어버리면 그 해석이 가지가지가 되듯이, '창조적'이라는 말이 붙어 버리니까 한편으로는 '창조적 파괴'를 연상시키기도 하고, 다른 한편으로는 '창조'와 '실용' 등 두 마리 토끼를 모두 잡겠다는 의미로도 이해되고 있습니다. 아무튼 "가시적이고 실질적인 성과를 추구"한다는 점에서 '창조적 실용주의'에 기대되는 바가 크다 할 것입니다.

강: 이명박 정부가 추구하는 '창조성'과 '실용성'이 제대로 된 성과를 거두려면 국민과 함께, 재외동포와 함께 나가야 될 것입니다. 그런 측면에서 보면 재외동포정책위원회가 보다 활성화되어야 할 텐데요?

김: 네, 맞습니다. 그래서 우리 정부도 정책위원회 활성화를 위해 고심 중에 있습니다. 강 교수님, 활성화란 말은 사실상 '조직의 기능을 활발하게 하는 것'을 의미하지 않습니까? 그렇다면 재외동포정책위원의 기능이 그동안 활발하지 못했음을 자인하는 것인데…. 따라서 그동안 활성화되지 못했던 원인을 찾는 것이 매우 중요합니다. 우선 대통령 훈령으로 설치된 국무총리 소속 자문기구의 법적 근거를 격상(대통령령 또는 법률)시킬지 아니면 그냥 유지할지가 관건입니다. 그리고 급변하는 동포사회의 변화에 대처하기에 연 1회 개최로는 미흡하다는 지적을 받고 있는 상황에서 정책실무위원회의 의제 사전조정기능을 총리실이 가질지 아니면 현행대로

외교통상부가 가질지도 논의되어야 할 것으로 보입니다. 특히 재외동포정책수립 부서인 외교통상부가 재외동포정책위원회나 실무위원회를 얼마만큼의 신뢰와 애정을 갖고 있느냐 하는 것도 매우 중요합니다. 이제 10년 정도 지났으면 정책위원회에 대한 기능 재점검을 심도 있게 논의할 필요가 있다고 봅니다.

강: 김위원님, 그럼 재외동포정책위원회 이전에는 어떤 기구가 있었나요?

김: 네, 역사적으로 살펴보면 재외국민 지도·보호·육성에 관한 기본정책수립과 관계 부처 업무조정에 관한 자문기구로 '재외국민지도위원회'(62.6.26)와 '재외국민지도자문위원회'(69.2.13)가 있었습니다. 그러다가 재외국민 보호육성정책을 종합적으로 심의·조정하는 기구로 '재외국민정책심의위원회'(85.6.3)가 설치되어 연2회 정기회의 및 필요시 임시회의를 통해 각종 현안들을 처리한 바 있습니다. 그렇게 따지면 재외동포정책위원회는 정부가 설치한 4번째의 자문기구가 되겠습니다. 그러나 100만 국내외국인들을 위한 법·제도로 기능하고 있는 '재한외국인처우기본법'('07.7.18 시행), '외국인정책위원회'(위원장 국무총리, 06.5.26 대통령 주재 1차 회의) 설치와 비교하면 재외동포분야의 법·제도정비는 크게 뒤지는 것으로 평가받고 있습니다.

강: 잘 알겠습니다. 제13차 재외동포정책실무위원회를 통해 이명박 정부의 '창조적 실용주의'가 재외동포 분야에서도 뚜렷한 성과를 거두길 기대합니다. 김위원님, 다른 소식도 준비되었나요?

김: 네. 파독광부 '복지사업심의평가위원회'가 지난 5월 27일 노동부(국제협력관) 주관으로 서울 팔래스호텔에서 개최되었습니다. 외교부 재외동포정책과장, 동포재단 한인회팀장 등 11명이 참석하여 전 세계 파독광부단체들의 희망사업을 심의하였습니다. 과거 경제개발시대에 독일에 파견됐던 한인광부들의 역사적 상징성과 우리 경제 기여도 등을 감안해 광부들의 고국방문을 지원하고 자녀 장학사업을 지원하는 등 후생복지사업에 21억원을 투입할 예정입니다. 그리고 오는 6월 10일부터 개최 예정이었던 2008년도 상반기 세계한인회장대회가 7월 8일로 연기되었으며, 세계한인청소년대학생 모국연수 참가자 200명을 선발하는 회의가 지난 5월 30일 열렸습니다. 이번 모국연수에는 총 50개국 423명이 신청하여 해를 거듭할수록 모국연수에 대한 호응도가 높아가고 있음을 알 수 있었습니다. 이번에 탈락된 청소년대학생들은 내년에 다시 한 번 응모해주시면 감사

하겠습니다.

강: 김 위원님, 파독광부나 간호사들이 갖고 있는 모국에 대한 애정의 강도나 재외동포 청소년대학생들이 갖고 있는 모국에 대한 관심도는 모국정부가 자신들을 어떻게 대하느냐에 따라 달라지지 않습니까? 따라서 사업 하나하나마다 정성이 담겨야 할 것 같습니다. 그 밖의 소식도 알려 주시지요?

김: 네, 지난해가 러시아강제이주 70주년이지 않았습니까? 올해는 그 후속사업들이 다수 개최되고 있는데 지난 5월 31일부터 6월 1일까지 우즈벡 고려문화협회 주관으로 2008년도 한·우즈벡 노래경연대회, 고려인미인선발대회, 동포페스티벌 등 '우즈벡 동포한마당'이 개최되었습니다. 저희 재단에서는 전년도 수준에 맞게 5천 달러를 지원했습니다. 그리고 현대홈쇼핑에서 사할린우리말방송국(대표 김춘자) 9,900만원을, 그리고 산은사랑나눔재단(이사장 김창록)에서 중국 및 우즈베키스탄지역 동포대학생 40명에게 미화 3만3600달러를 지정기부금으로 저희 동포재단에 접수하였으므로 외교통상부장관 승인이 나오는 대로 현지 동포사회에 전달할 예정입니다. 한편 지난 5월, AFC (Adoptees for Children) 대표단 9명이 저희 재단을 방문하여 홍진향 과장에게 미국 국회 입양연합위원회(CCAI)가 수여하는 제9회 '입양천사'(Angel in Adoption) 표창장을 전달하였습니다.[15]

강: 끝으로 이구홍 재외동포재단 이사장님이 사퇴를 하셨다구요?

김: 네, 그렇습니다. 지난 5월 27일 이명박 대통령께서는 4월 9일자로 사표를 낸 이구홍 이사장의 원(願)을 수리하였습니다.[16] 이구홍 이사장은 재외동포재단 제4대 이사장으로서 2006년 11월 5일부터 2008년 5월 27일까지 568일 동안 재외동포의 권익보호와 사기 진작을 위해 열과 성을 다해 일하셨습니다. "자신의 방법론이나 사고들은 후배들이 반드시 극복해야 하겠지만 교포에 대한 자신의 열정만은 어느 누구에도 뒤지지 않는다고 말씀하시면서 그동안 성원해주시고 격려해주신 모든 분들께 감사의 인사를 전했습니다.

강: 그럼 앞으로 언제 어떤 분이 재외동포재단의 이사장으로 활동하게 되나요?

김: 그 내용에 대해서는 잘 모르고 있습니다. 다만 어떤 형식과 절차를 거치든 이명박 대통령의 국정철학과 과제를 재외동포사회에 잘 전달하고, 재외동포사회의 의견을 정부에 잘 전달할 수 있는 훌륭하신 분이 오실 것

으로 기대하고 있습니다.
강: 재외동포재단 소식을 전해주신 김봉섭 전문위원님, 다음 주에도 좋은 소식 많이 전해주시기 바랍니다.

나. 6월 16일(월)

강: 한민족 하나로, 매주 월요일 이 시간에는 재외동포재단에서 전하는 소식을 들려드립니다. 김봉섭 위원 전화에 나와 계시죠? 안녕하십니까?
김: 안녕하십니까? 교수님.
강: 이번 주 재외동포재단에서는 어떤 소식들을 전해주실 건가요?
김: 네, 이번 주 첫 소식은 세계한상대회 기간중에 열리는 '영비즈니스리더포럼' 관련 소식입니다. 2009년도 제8차 세계한상대회가 인천광역시에서 개최하게 되었다는 소식을 제가 지난 4월 11일 이 시간에 말씀드렸습니다만 금년 10월 제주도에서 개최예정인 제7차 세계한상대회의 영비즈니스리더포럼은 '인천광역시 국제교류센터'와 공동운영하게 되었다는 소식입니다. (cf. 2007년은 한국청년회의소와 공동협력) 그리고 지난 5일 저희 재단에서는 한상팀 관계자들과 인천국제교류센터 세계한인경제연구원, 한국외대 경영대학원 등 3자가 모여 올해 영비즈니스리더포럼의 프로그램 구성, 참가자 발굴, 상호협력방안 등을 논의한 바 있습니다.
강: 세계한상대회 기간 중에 여러 행사가 진행되는 걸로 알고 있습니다만 '영비즈니스리더포럼'은 다소 생소합니다. 자세히 말씀해주시지요?
김: 네, 세계한상대회나 리딩CEO포럼 등은 여러 차례 말씀드려서 잘 알고 계신 분들도 있겠습니다만 '영비즈니스리더포럼'은 보다 상세한 설명이 필요할 것으로 보입니다. 우선 포럼의 성격과 목적입니다. 전 세계 40세 이하의 유력 청년한상들과 국내 전문직 차세대 리더들간의 만남의 장인 영비즈니스리더포럼은 2006년 이후 지금까지 24개국[17] 100여 명의 차세대 한상들을 초청[18]했으며, 재외동포사회 내 유망 청년경제인을 발굴하고, 현지 주류사회에 진출한 영비즈니스 리더들을 미래 한상의 중추자원으로 육성할 목적으로 실시 중에 있습니다. 다음은 개최시기와 향후계획입니다. 연 2회의 정기포럼이 열리고 있으나 앞으로는 각 지역별·직종별 후속모임이 추진될 예정이며, 특히 장래가 촉망되는 해외청년 경제인모임인 만큼 국내와의 다양한 네트워크를 구성하기 위해 국내 참가자의 수를 확

대할 예정으로 있습니다.

강: 현재 어떤 직업의 사람들이 영비즈니스리더포럼에 참여하고 있나요?

김: 네, 참가자들의 직업을 살펴보면 회사 CEO나 경영자들이 전체의 90%를 차지하고 있으며, 변호사・투자상담가・노무사・법무사・경영컨설턴트・정치인 보좌관 등이 나머지 10%를 차지하고 있습니다.

강: 대표적인 청년한상을 소개해주신다면 어떤 분이 있을까요?

김: 네, 우리 언론에서도 다뤄진 바 있는 사람입니다만 2007년도 참가자 중에 동포4세인 '김스타스'(1973년생)가 대표적인 인물입니다. 그는 1880년대 연해주로 이주한 증조할아버지의 후손으로서 자본금 5만 달러로 시작한 리스회사(Rogness-Neva Leasing Liability Company)를 불과 5년 만에 전러시아 리스회사(5천개)중에 60위권 회사(직원 80명, 07년 매출액 5000만 달러)로 성장시켰고, 한국에서 각종 장비를 구입해 러시아에서 리스하는 사업에 관심이 많다고 합니다. 경제학을 전공하는 그는 민주평통 자문위원, 대구광역시 경제자문관으로도 활동하고 있으며, 상트페테르부르크지역 영비지니스그룹 리더로서 왕성한 활동을 하고 있습니다. 또 한 명은 한상리딩CEO 멤버이자 제7차 세계한상대회 대회장인 승은호 코린도그룹회장의 장남인 승범수(1971년생)씨입니다. 트리니티 칼리지에서 경제학을 전공한 그는 인도네시아에서 직원 수 2만 명, 연매출 8억 달러를 자랑하는 코린도그룹 전무이사로 일하고 있으며, 2005년 이후 한상대회에 아버지와 함께 참가하여 코린도그룹을 세계적인 글로벌기업으로 키우는데 앞장서고 있습니다.

강: 김위원님 말씀을 들으니 한민족경제권의 도약이 기대되는데, 영비즈니스리더포럼은 어떤 내용들로 채워져 있나요?

김: 네, 2008년도 프로그램이 아직 확정되지 않아 올해 내용은 정확하게 알 수는 없습니다. 다만 2007년도의 경우를 말씀드리면 첫째 날에는 오리엔테이션과 친교시간이 진행되었고, 둘째 날 오전에는 참가자들의 성공사례 발표 및 질의응답시간이, 오후에는 국내 전문경영인과의 만남이 준비되었습니다. 그리고 셋째 날에는 한상 리딩CEO와의 만남이, 마지막 날에는 개최지 산업시설 및 현장을 방문하는 프로그램 등이 진행되었습니다.

강: 앞으로 영비즈니스리더포럼이 제대로 정착되고 네트워크가 활성화된다면 세계한상대회의 성격도 많이 변화되리라 예상될 것 같은데 재단에서는 어떻게 전망하고 있나요?

김: 네. 아무래도 현재의 세계한상대회가 아직은 역사가 일천한 동포 1세대들이 주도하고 있지 않습니까? 그러다보니 해외 주류사회 경제권에 깊숙이 뿌리를 내리고 있는 거상(巨商)들이 뚜렷하게 부각되지 않고 있습니다만 앞으로 10년 정도 차세대 경제리더들의 참여범위를 점차 넓혀 나가고, 국내 우수 청년기업인들과의 교류를 확대해나가게 된다면 한민족으로서의 자긍심은 물론 한상대회의 주인의식을 갖도록 하는데 크게 기여할 것으로 예상하고 있습니다.

강: 그밖에 다른 소식도 전해주시지요?

김: 네, 일본 우토로마을19) 지원대책과 관련하여 업무협의가 지난 9일 외교부 재외동포정책과(정병후 과장, 박재락 서기관)에서 있었습니다. 저희 재단에서는 한인회팀장(이순규)과 담당자(이희경 대리)가 참석하였습니다. 미국 L.A의 미주동포후원재단의 제3회 자랑스러운 한국인상 시상과 관련하여 1만 달러, 중국 선양한인회의 선양한국주 행사 지원과 관련하여 2만 달러, 재유럽한인총연합회의 재유럽한인및입양인체육대회 지원과 관련하여 1만2천유로 등을 포함한 33개 교류진증사업 지원이 있었습니다. 2008년 코리안페스티발 관련하여 인천시 중구청, 국제교류센터, 아리랑TV 등과 업무협의가 있었으며, 재외동포 초청장학생 65명에 대한 6월분 장학금(월 70만원) 지급이 있었습니다. 한편 홍사단 민족통일운동본부에서는 '제11회 한·중 청소년 친선문화제'를 중국 동북3성 일대에서 오는 7월말 개최(7박8일) 하는데 후원명칭을 요청하여 승인하였고, 조사홍보팀 소속 배준섭 부장을 세계한인의 날 행사준비와 관련하여 6월 9일부터 10월 17일까지 외교부로 파견 근무토록 하였습니다. 이상 재외동포재단에서 전해드렸습니다.

강: 재외동포재단 소식을 전해주신 김봉섭 전문위원님, 다음 주에도 좋은 소식 많이 전해주시기 바랍니다.

다. 6월 25일(월)

강: 한민족 하나로, 매주 월요일 이 시간에는 재외동포재단에서 전하는 소식을 들려드립니다. 김봉섭 위원 전화에 나와 계시죠? 안녕하십니까?

김: 안녕하십니까? 교수님.

강: 네. 이번 주 재외동포재단에서는 어떤 소식들을 전해주실 건가요?

김: 이번 주 첫 소식은 9월 29일 3박 4일 일정으로 열리는 '제2회 세계한인정치인포럼' 준비 소식입니다. 지난 12일(목) 오후 2시 세계한인정치인협의회 초대 회장인 임용근 美 오리건주 하원의원과 Paul 강 美 ABC교육재단 이사장께서 저희 재단을 방문하여 올해 포럼 주제선정과 홍보방안 그리고 참석자모집방안 등에 관해 많은 의견을 교환하였습니다.

강: 올해도 지난해와 같이 세계한인정치인포럼이 개최된다는 소식은 이미 들어서 알고 있는데, 세계한인정치인협의회는 다소 생소합니다. 자세히 소개해주시지요?

김: 네. '세계한인정치인협의회'는 지난 해 제1차 세계한인정치인포럼을 마치고 포럼 참석자들의 자발적인 의사에 의해 결성된 한인정치인 협의기구입니다. 그러나 당시 참가자들 사이에 협의회 구성에 대해서는 대부분 공감하면서도 운영방식이나 회장단선임에 있어서는 다소 이견들이 있었습니다. 따라서 이번 제2차 포럼을 통해 협의회 정관의 확정과 지역별 간사(부회장 역할) 선임이 마무리되기를 기대하고 있습니다. 이 협의회가 성장하는 것이 바로 포럼이 발전하는 길이며, 한인정치인네트워크가 활성화되는 지름길이라고 생각합니다.

강: 그렇군요. 제가 듣기로는 세계한인정치인포럼 결성에 신호범 워싱턴주 상원의원과 임용근 오리건주 하원의원의 역할이 매우 컸다고 하던데, 신호범 의원에 비해 임용근 의원에 대해서는 아직까지 잘 모르는 분들이 많습니다. 김 위원께서 임 의원에 대해 간략하게 소개해주시지요?

김: 네, 교수님도 잘 아시다시피 현재 한인출신 미 연방하원의원이 1999년 김창준 의원 3선 실패 이후로 아직 한 분도 배출하지 못한 상태입니다. 요즘 같이 '미국산 쇠고기파동'으로 온 나라가 떠들썩할 때 중앙무대에서 활약하는 한인정치인이 한 분이라도 있었다면 사정은 또 달라졌을 텐데요, 그렇지 못한 현실이 너무나 아쉽습니다. 요즘처럼 한인정치력 신장이 아쉬운 이때, 미주한인 최초로 주지사에 도전하는 임용근 의원의 활약은 한인정치력 신장은 물론 미주한인의 기개를 널리 떨치는 계기가 될 것으로 기대됩니다. 올해 72세인 그는 1936년 경기도 여주에서 태어나 여주초등학교(38회)와 서울신학대학을 나왔으며, 1966년(30세) 가족과 함께 미국 이민길에 올라 포틀랜드주립대학과 웨스신학대를 졸업한 후 아메리칸 로열젤리회사을 창업했고, 오리건한인회장(1986), 상공회장, 미주한인총연합회 회장(1988), 미주상공인총연합회 회장, 미국 아시안시민협회 회

장 등 지역봉사활동에 매진했으며, 1992년 공화당 소속으로 오리건주 상원의원 3선, 주 하원의원 2선 등 5선의 관록을 가진 정치인으로 성장했으며, 독실한 기독교인(장로)이자 신학박사(1988)입니다. 그러나 1990년 오리건 주지사 예비선거에 나와 아깝게 고배(2위)를 마신 경험도 있습니다.

강: 그렇다면 임용근 의원이 연방하원의원이나 상원의원이 아닌 주지사직에 특별히 관심 갖는 이유가 무엇인가요?

김: 네, 임 의원 말씀에 따르면 연방국가 미국에는 상원의원은 100명, 하원의원은 435명이나 있지만 주지사는 단 50명에 불과하다고 합니다. 만약 자신이 그 50명 주지사 중의 하나가 된다면 이는 미국 유색인종 정치진출사에 큰 획을 긋는 일이자 다른 소수민족에게 도전할 수 있는 힘을 주는 의미 있는 일이라고 보고 있습니다. 특히 낯설고 물선 이국땅에서 언어도 어렵고 문화적응도 힘들 수밖에 없었던 이민 1세대가 온갖 역경을 극복하고 주류 정치사회에 진입하는 것만으로도 한인 이민 1.5세, 2~3세들에게 더 큰 꿈과 희망(예; 한인출신 미국 대통령)을 심어줄 수 있을 것이라 확신하고 있습니다. 그런 불쏘시개 역할을 하기 위해 오늘도 임용근 의원은 최선을 다하고 있습니다.

강: 네, 그럼 오리건주 주지사 선거가 언제 있나요?

김: 오는 2010년 11월에 있는 것으로 알고 있습니다. 주지사 선거 당선을 위해서는 500만 달러 정도가 소요된다고 하니 많은 분들의 격려와 관심이 있어야 할 것으로 보입니다.

강: 다른 소식도 전해주시지요?

김: 지난 13일(금) 인천광역시 국제교류센터의 '세계한인경제연구원' 설립 준비회의 및 이민사박물관 개관식에 저희 재단에서는 사업이사, 한상팀장, 조사홍보팀장 등이 참석하여 안상수 인천광역시장 이하 여러 전문가들과 향후 발전방안들에 관해 협의하였습니다.

강: 네, 세계한인경제연구원 설립은 인천광역시가 재외동포 역량결집의 중심센터가 되기 위해 역점사업으로 추진하고 있는 것으로 알고 있는데, 재외동포재단에서는 어떤 식으로 협력할 계획인가요?

김: 네, 인천광역시의 세계한인경제연구원 설립은 2003년 8월 인천경제자유구역 지정·개발(송도, 영종, 청라지구), 2008년 6월 이민사박물관 개관, 2009년 8월 인천세계도시축전, 10월 세계한상대회 개최 등 일련의 인천

종합개발 프로젝트의 핵심사업으로 진행되고 있으며, 인천경제자유구역 활성화와 한국의 미래성장동력 창출에 기여하기 위해 재외동포재단, 아시아개발연구원, 한국무역협회, 한국외대 경영대학원 등과의 협력관계 속에서 회원제 클럽 및 포럼 운영, 권역별·산업별 연구활동, 한민족정체성 확보를 위한 교육활동, 국내외 기업 연계 컨설팅 및 투자유치 등을 추진할 계획입니다.

강: 이번 인천시의 이민사박물관 개관에 이어 세계한인경제연구원 설립도 기대되는 바 큽니다. 근대적 이민이 시작된 곳이니만큼 이민 후예들이 되돌아오는 첫 기착지도 역시 인천이 되고 있음을 축하하며, 앞으로도 더욱 발전하기를 기원합니다. 다른 소식도 간략하게 전해주시지요?

김: 네, 2009년도 저희 재단의 예산지출 한도가 정부출연금 133억원과 국제교류기금 190억원을 합한 323억원으로 잠정 집계되었으나 신정부 국정과제 수행을 위한 신규사업 추가반영요구비로 42억3800만원이 추가 협의중에 있습니다. 그리고 중국과 CIS지역 재외동포 초청장학생 65명에 대한 6월분 장학금(월 70만원) 지급이 있었으며, 미국 L.A의 미주동포후원재단의 제3회 자랑스러운 한국인상 시상에 1만 달러, 중국 선양한인회의 선양한국주 행사 지원에 2만 달러, 재유럽한인총연합회의 재유럽한인 및입양인체육대회 지원에 1만2천유로, 애틀랜타한인회의 한인인구조사에 1만 달러, 워싱턴지구한인연합회 KORUS 페스티벌지원에 1만5천달러 등 한인동포사회 교류진증 활성화에 대한 지원이 있었습니다. 이상 재외동포재단에서 전해드렸습니다.

라. 6월 30일(월)

강: 한민족 하나로, 매주 월요일 이 시간에는 재외동포재단에서 전하는 소식을 들려드립니다. 김봉섭 위원 전화에 나와 계시죠? 안녕하십니까?
김: 안녕하십니까? 교수님
강: 네. 이번 주 재외동포재단에서는 어떤 소식들을 전해주실 건가요?
김: 이번 주 첫 소식은 2008년도 제3기 멕시코한인후손 직업연수생 선발 관련 내용입니다. 제가 지난 4월 18일, 이 시간을 통해 2006년부터 시작된 '멕시코 한인후손 초청직업훈련사업'을 간단히 소개해 드린바 있는데요, 오늘은 현지출장 소식입니다.

강: 재단에서 멕시코출장계획이 있다는 소식을 전해주신 바 있는데 좀 더 자세히 전해주시지요?

김: 네, 교수님, 지난 2005년은 구한말 1천여 명의 우리 동족들이 인천항을 떠나 미지의 땅 멕시코(墨西哥)로 농업이민을 떠난 지 꼭 100년이 되는 해였지 않습니까? 당시 기록들을 살펴보면 1905년 4월 초(2일 또는 4일), 영국선적의 이민선 일포드(S. S. Ilford, 4,266톤)에 승선한 멕시코이민자들은 태평양을 건너 56일 만에 최종목적지인 유카단주 수도 메리다에 도착한 후 현지의 에니깽(Henequen)[20] 농장들로 노예처럼 분산 배치되었다고 합니다.[21] 그로부터 꼭 100년이 지난 2005년 현재, 멕시코에는 1960~70년대에 이주한 한인동포들이 14,571명(남 7,486; 여 7,085)이 있으며[22], 사탕수수밭 한인노동자의 후손(3~4세)들은 멕시코 북부 티후아나, 남부 메리다 등지에 약 3만 명 정도 있는 것으로 알려져 있습니다.

강: 그렇다면 재외동포재단에서 추진중인 한인후손 직업훈련사업은 에니깽 후손들을 대상으로 하는 사업일 텐데요, 이들의 현지 형편은 어떻습니까?

김: 현지 대사관에서 파악한 바에 따르면 이들 에니깽 후손들의 80% 이상이 빈민층에 속해 있다고 합니다. 특히 이들 한인후손들이 일궈놓은 현지 한인회(멕시코시티, 메리다, 티후아나 등) 활동은 경제적 여건이나 정체성문제로 인해 활성화되지 못한 채[23] 80년대 이후 유입된 한국이민자들 때문에 한인후손들의 참여율은 급격히 줄어들었고, 대부분 3~4세로 구성된 한인후손회의 경우에도 한국말을 할 줄 아는 사람을 찾아보기가 어려운 형편입니다.

강: 현지생활 형편은 그렇다 하더라도 조상의 언어를 잊어먹으면 모국의 역사와 문화를 잊게 되고, 뿌리의식도 희박해지는 법인데요, 무슨 대책이 없습니까?

김: 네, 교수님 지적처럼 정부에서도 중남미에 대한 관심이 매우 큽니다. 우선 중남미지역은 모두 33개 국가가 밀집되어 있으며, 면적은 한반도의 93.5배, 인구는 5.9억, 언어는 스페인어 18개국, 영어 12개국, 포르투갈어·프랑스어·네덜란드어 각 1개국이며, 특히 전 세계 원유의 11.3%, 철의 17.3%, 구리의 20.5%, 은의 31.8%, 주석의 20.9%, 알리미늄의 16.6%, 니켈의 11.6%를 차지하는 자원의 보고이기 때문입니다. 아직 우

리나라 총수출의 5% 미만밖에 안 되는 지역이지만 우리 재외동포가 10만 여명(브라질 5만, 아르헨티나 2만, 멕시코 1.5만 등)이나 진출해 있는 지역입니다. 그래서 우리 정부는 지난 2005년, 멕시코이민100년을 기념하여 멕시코 현지에 한인이민기념관, 100주년이민기념탑, 한멕우정병원 건립 등을 지원한 바 있으며, 2006년부터 '멕시코한인후손 직업연수사업'(2009년부터는 쿠바 포함)을 실시 중에 있습니다.

강: 이번 현지출장에서는 어떤 성과를 거두었나요?

김: 네. 지난 2006년 29명, 2007년 30명 등 총 59명이 직업연수사업을 수료했고, 올해는 24명을 현지에서 최종선발하여 오는 9월부터 한국산업인력공단 국제HDR센터에 입소시켜 IT, 전자제품수리, 자동차정비, 용접 등 4개 분야의 직업훈련을 이수케 할 예정입니다. 이번 멕시코 출장은 지난 2일부터 8일까지 진행되었으며, 현지면접심사에서는 멕시코시티 7명, 메리다 7명, 티후아나 3명, 캄파체 3명, 코앗차코알코스 3명, 기타 1명 등 총 24명을 선발했습니다.

강: 현지 우리 기업들의 반응은 어떻습니까?

김: 네. 포스코 현지법인인 '포스코 멕시코 알타미라 CGL법인'에서는 2006년도 제1기 수료생(29명) 중 1명과 2007년도 제2기 수료생(30명) 5명(자동차정비 1, 전자 3, IT 1)을 채용중에 있으며, 금호타이어 현지법인에서도 한인후손 1명을 채용중에 있습니다. 이들에 대한 현지의 반응은 대부분 긍정적인데 다만 한국어 구사력이 떨어져 의사소통이나 작업능률향상에 애로점이 있다는 지적이 없지 않습니다. 특히 멕시코 남부지역에서 대규모 건축공사를 진행중인 SK건설의 경우에는 공사성격상 용접공이 많이 필요한데 한국어 의사소통이 가능한 유능한 인력을 제때 구할 수 없어 상당히 곤란을 겪었다는 뒷이야기도 있습니다. 그밖에 삼성과 LG 현지법인에서도 한인후손 우수인력에 대해 관심을 갖고 있다고들 하니 직업(기술)훈련 못지않게 모국어훈련도 강도 높게 진행되는 방향으로 사업방향을 수정보완할 필요가 있을 것 같습니다.

강: 1세기 전, 멕시코 사탕수수밭에서 고생하며 돌아갈 수 없는 조국을 그리워하던 애니깽들의 후손들이 모국에서 기술연수와 한국어교육을 받은 다음 현지사회 취업에도 성공하고 있다고 하니 참으로 반가운 소식입니다. 그리고 김 위원님, 이번 제3기 지원자들을 면접할 때 대부분의 지원자들에게 지원동기를 물어보았을 텐데, 어떤 답변들이 주로 나왔나요?

김: 네. 제가 직접 현장에 없어서 자세히 알 수는 없지만 출장자에 보고에 따르면 제3기 지원자 중에 멕시코시티쪽은 대학교 입학예정자이거나 재학생 또는 졸업생들이 많았고, 메리다쪽은 중·고교 중퇴자나 졸업생이 많았다고 합니다. 그리고 지원동기는 지금보다 향상된 미래생활에 대한 기대감이 제일 많았고, 그 다음은 할아버지·할머니의 나라인 한국의 전통문화에 대한 관심이라고 답했다고 합니다. 그런데 올해는 유난히 자동차 수리 분야의 연수를 원하는 사람이 과반수 이상이어서 우리나라 자동차가 북미는 물론 남미까지 진출하고 있는 것이 이번 연수생 모집에도 영향을 주고 있는 것으로 보입니다.

강: 그렇다면 이들이 평소에 느끼고 있던 할아버지·할머니 나라에 대한 인식은 어떻다고 하던가요?

김: 네. 대부분의 면접자들이 '뭔가 신비한 조상의 나라', '부지런한 나라', '선진화된 의식' 등을 꼽았다고 하는데 현재 한국경제의 위상이나 서울올림픽이나 한일월드컵 등이 주었던 이미지가 크게 영향을 미쳤던 것으로 보입니다.

강: 2005년 우리 정부가 건립을 지원한 한인이민박물관이나 이민100주년기념탑, 한멕우정병원 등도 이번 출장길에서 둘러보았을 텐데, 현지사정은 어떤가요?

김: 네. 출장자의 보고서에 따르면 한인이민박물관은 소장자료의 가치에 비해 박물관의 규모나 내부시설은 낙후되고 왜소하여 외부방문자는 적다고 하며, '멕시코한인이민100주년기념탑'은 건립위치는 좋으나 자재가 부실하고, 상징성·작품성은 떨어지고 균열도 있어 현지 한인회 등의 현장관리가 필요한 것으로 지적되었습니다. 특히 한-멕시코 양국우호증진을 위해 설립된 우정병원은 운영주체가 애매해져 현지 한인후손에 대한 혜택이 없어져 이용률이 저조하다고 합니다.

강: 이번 출장에서는 멕시코현지 공관의 입장도 청취했을 텐데, 어떻습니까?

김: 네, 주멕시코 한국대사께서는 현지 한인후손들의 상황을 감안할 때 모국연수도 중요하지만 현지 취업률 제고에 더 많은 노력이 필요하다는 점을 강조했다고 합니다. 그리고 쿠바에 거주하는 한인후손 약 8백여 명도 같은 혜택을 받을 수 있도록 다각도로 노력해줄 것도 당부했습니다.

강: 김 위원님, 우리 근현대사의 질곡 속에서 어쩔 수 없이 또는 우리의 무관심 때문에 잊혀져왔던 멕시코한인후손들이 모국정부에 바라고 있는 것을

지속적으로 파악하고 이를 적극적으로 수용하는 것이 우리 모두의 책무라고 생각합니다. 그밖에 다른 소식도 알려주시지요?

김: 네, 지난 16일에는 하와이한인문화회관건립추진위원회 조관제 회장과 김영해 하와이한인회장이 재단을 방문, 회관건립 관련 신규 사업계획을 설명했으며, 18일에는 차창선 북유럽한인총연합회장 일행이 재단을 방문, 북유럽한인회총연합회 결성과 핀란드한인회의 민원사항을 보고했습니다. 이상 재외동포재단에서 전해드렸습니다.

2. 2008년 7월

가. 7월 6일(월)

강: 한민족 하나로, 매주 월요일 이 시간에는 재외동포재단에서 전하는 소식을 들려드립니다. 김봉섭 위원 전화에 나와 계시죠? 안녕하십니까?
김: 안녕하십니까? 교수님.
강: 이번 주 재외동포재단에서는 어떤 소식들을 전해주실 건가요?
김: 네. 첫 번째 소식은 지난 6월 27일 국무총리실 정책분석운영팀에서 저희 재단을 방문하여 재외동포 교류협력사업실태와 관련하여 각 사업별 현안사항을 청취했다는 소식입니다.
강: 국무총리실에서 관계자가 나왔다면 재외동포관련 사항들이 주로 논의되었을텐데 어떤 내용들이 오고 갔나요?
김: 현재 우리나라 재외동포정책과 사업을 최종 심의·조정하는 기구인 재외동포정책위원회 위원장이 국무총리이지 않습니까? 그리고 신정부출범 이후 첫 번째 재외동포정책위원회가 하반기에 예정이 되어있는데 그러다보니 재외동포 관련 사업 전반에 대한 검토가 현재 진행 중인 걸로 알고 있습니다. 이날 모임에서 국무총리실에서는 재외동포재단의 조직인력 및 예산의 적정규모, 동포네트워크 중장기 활성화방안, 신규 네트워크구축계획, 대상별 DB구축 현황, 한상대회 사후관리 및 개선방안, 차세대 인재영입계획, 온라인 포털 활성화방안, 사업의 선택과 집중, 유사중복사업 조정자역할, 한국어보급사업협의회 발전방향, 동포민원 콜센터 설치 여부 등에 대한 재단의 견해를 제출해줄 것을 요구했습니다.
강: 정부에서 재외동포재단 사업에 많은 관심을 가지고 있는 것 같아 반갑습

니다만, 이제는 단순히 문제점을 파악하는 수준에서 머물 것이 아니라 실제적으로 해당사업이 조정되고 구체적으로 신규사업이 개발될 수 있도록 하는 큰 그림이 먼저 제시되어야 할 것으로 생각되는데요?

김: 네. 그렇습니다. 무슨 일이든지 설계도가 중요하지 않습니까? 그리고 그 설계도대로 공사하는 매뉴얼이 있어야 오차를 최소화하고 원래 의도대로 결과물을 만들 수 있는 법입니다. 재외동포사업도 마찬가지입니다. 먼저 큰 그림을 그리고, 나중에 작은 그림을 그리는 것이 필요합니다. 그리고 우선순위를 먼저 정하고 후순위보다 선순위 사업을 먼저 그리고 집중적으로 추진해야 합니다. 그러나 현실은 그렇지 못한 편입니다. 재외동포사회의 미래를 그리는 범정부차원의 기본계획이 없는 상태에서 각 부처들과 재외동포재단, 그리고 민간단체가 서로의 목적 달성을 위해 관련사업을 진행하거나 확장해나가고 있기 때문입니다. 따라서 신정부 출범을 계기로 경쟁력이 없는 사업은 과감히 통합·정리하고 국가미래목표와 국정비전에 맞도록 사업을 재조정하거나 통폐합할 필요가 있습니다. 얼마 전 발족한 대통령직속 자문기구인 미래기획위원회가 선진화를 위한 국가비전 수립을 위해 관련 의제로 재외동포문제를 다루려고 하는 것이나 건국 60주년과 관련된 대통령 기념메시지 속에 재외동포 관련 내용을 포함시키고자 하는 것은 재외동포사회의 과거도 중요하지만 미래가 훨씬 더 중요하기 때문입니다. 그런 차원에서 지난주에 미래기획위원회 관계자가 저희 재단을 방문하여 재외동포사회의 요망사항과 정부의 비전설정에 관한 의견을 청취한 것은 매우 의미 있는 일이었습니다.

강: 과거보다 미래를 위해서는 큰 그림이 필요하다는 지적이 어제 오늘의 주장이 아니지 않습니까? 재외동포분야 뿐만 아니라 국정 전반이 다 그래야 할 것 같은데, 김 위원이 보시기에 어느 부분이 가장 중요하다고 보십니까?

김: 네. 어머니·아버지의 무릎과 할아버지·할머니의 사랑 속에서 배우고 자라난 아이가 성숙한 인간으로 자라나듯이 이국땅에서 살아가야 하는 재외동포는 자신의 모국이 보여주는 관심과 사랑이 있을 때 제대로 성장할 수 있습니다. 그런 의미에서 저는 우선 두 가지만 꼽고 싶습니다. 첫째는 '인재를 길러내는 교육'입니다. "교육은 국가의 백년대계"라는 말이 있지 않습니까? 화교사회나 유태인사회가 민족교육에 신경을 쓰고 있다거나 선진일류국가들이 다음 세대 양성을 위해 엄청난 교육비를 투자한다는

사실은 기초상식입니다. 그렇다면 우리 정부도 인재를 길러내는 교육을 재외동포사회로까지 확대해야 합니다. 그리고 가정에서 부모로부터 받는 교육, 공동체에서 스승이나 선배로부터 받는 교육, 모국에서의 초청연수나 유학을 통해 받는 교육 등을 서로 유기적으로 연결하여 현지경쟁력을 키우고 모국발전에 활용해야 합니다. 이럴 때 민족교육이 선진화되고 정상화되는 길입니다.

강: 큰 그림을 그릴 때 인재교육을 최우선적으로 고려해야 되고, 재외동포사회까지 포함시켜야 된다고 말씀하셨는데, 그럼 다음은 어떤 것이 고려되어야 하나요?

김: 네. 둘째는 '정체성회복'입니다. 자신이 누군지를 먼저 알아야 밥을 먹는 것도 일을 하는 것도 공부하는 것도 사랑하는 것도 의미가 있지 않습니까? 재외동포라는 존재는 자신의 고향을 떠나 이국땅에 뿌리를 내리거나 장기간 살아가야 할 우리의 핏줄들입니다. 따라서 이들이 겪는 가장 큰 시련은 정체성에 대한 도전들입니다. 겉은 노란데 속은 하얗거나 검거나 붉을 수 있거든요. 우리 정부와 재외동포재단이 직·간접적으로 나서서 재외동포사회발전을 위해 엄청난 재원과 관심을 쏟아 붓고 있는 이유 역시 동포 한 명 한 명의 정체성은 물론이요 동포들이 살고 있는 거주국에 대한 정체성, 동포들의 뿌리이자 버팀목인 모국과 민족에 대한 정체성이 국가발전과 민족의 장래에 미치는 영향이 너무나 크다는 것을 인식하기 때문입니다.

강: 인재교육과 정체성 회복이 가장 우선시되어야 한다는 김위원의 지적에 공감하면서 재외동포재단이 그런 일을 하는데 앞으로도 계속 앞장서 주시길 부탁드립니다. 그밖에 다른 소식도 알려주시지요?

김: 네. 조사홍보팀에서는 2007년도에 재외동포재단에서 출간했거나 용역을 의뢰한 '평전 림민호'(900부), '재외동포에 대한 내국민 인식조사'(200부), '뉴질랜드한인사'(100부), '호주한인50년사'(100부) 그리고 '교포정책개발과 재외동포재단 비전설정연구'(100부) 등 5종의 출판물을 국내 879군데 대학과 공공도서관, 해외 2군데 등 881개소에 배포했습니다.

강: 김 위원님, 2008년도 재외동포 초청장학생 합격자 선발이 끝났다고 하던데, 어느 지역에서 어떤 학생들이 선발되었나요?

김: 네. 14개국에서 지원한 70명을 대상으로 심사한 결과 모두 8개국 30명이 최종선발되었습니다. 러시아 4명, 우크라이나 1명, 우즈벡 6명, 카자흐 2

명, 키르키즈 1명 등 CIS권역에서 14명, 중국지역에서 14명 그리고 독일과 브라질에서 각 1명 등 모두 30명이 되겠습니다. 성별로는 남자가 7명(평균 26세), 여자가 23명(평균 24세)으로 여자가 전체의 76%를 차지했고, 전공을 살펴보면 한국어·한국학과 관련자가 전체의 절반인 15명이고, 그 나머지(15명)는 교육심리, 영문, 정치, 사회학, 의과, 일본어, 공공사업, 무역, 미디어, 통역, 아시아학 등 기타 전공자들이었고, 그 중에 박사과정 희망자는 4명, 석사과정 희망자는 26명이었습니다. 그리고 조상으로부터 물려받은 성씨는 이씨 6명, 김씨 5명, 최씨 4명, 허씨·강씨·박씨 각 2명, 임씨·송씨·한씨·곽씨·황씨·신씨·서씨·석씨·류씨 각 1명으로 나타났습니다.

강: 아무쪼록 모국에서 수학하는 동안 선진지식을 배울 뿐만 아니라 모국의 역사와 문화 그리고 언어를 완전히 숙지하는 좋은 계기가 되길 바랍니다. 그럼 장학생 선발자들은 앞으로 어떤 절차를 거쳐 장학생 신분을 얻게 되나요?

김: 네. 모국 입국후 가급적 빠른 시일내로 저희 재단을 방문하여 재단 장학생으로 등록을 해야 장학금 수혜자로서의 혜택을 받을 수 있습니다. 물론 한국어 어학과정 이수가 필요 없는 사람은 9월말 이후 언제든지, 어학과정 이수가 필요한 사람이나 2학기 입학자는 8월말까지는 입국해야 됩니다. 항공권은 자비로 일반석을 구입한 후 재단에서 정산하시면 되고, 장학금은 한국어과정 이수자나 2학기 입학자는 9월 이후부터, 한국어이수가 필요 없는 사람은 10월부터 지급될 예정입니다. 국내 대학원 진학시 모든 입학수속을 본인이 직접 해야 하며, 성적증명서, 학위증명서, 지도교수 추천서, 한국어능력증명서, 본인 및 부모의 외국인증명서, 가족관계 증명서 등 입학수속과 관련된 구비서류를 한국어와 영어로 번역하여 공증을 꼭 받아야 한다고 하니 장학생 선발자 여러분들은 반드시 유념하시기 바랍니다.

강: 재외동포재단 선발 2008년도 재외동포 초청장학생 30명이 9월 이후면 모국에 들어온다는 소식이었습니다. 다른 소식도 전해주시지요.

김: 네. 한인회팀에서는 지난 1일 2008년 10월 1일부터 4일까지 서울(홍은동 소재 그랜드힐튼호텔)에서 열리는 세계한인회장대회의 개최 안내문과 참가신청서를 전 재외공관과 재일민단 등 대륙별 한인총연합회에 발송했습니다. 참가자격은 현직 한인회장과 대륙별 한인총연합회 임원이 되겠으

며, 관할 공관을 통해 오는 8월 15일까지 참가대상자 명단을 접수한다고 하니 해당되시는 분들은 대회 홍보와 참가자 선정에 많은 협조 있으시길 당부 드립니다. 그리고 오는 7월 14일부터 16일까지 세계한인의장단회의가 각 대륙별 한인회장 8명이 참석한 가운데 그랜드힐튼호텔에서 열릴 예정입니다. 한편 한상팀에서는 세계한상대회 관련하여 6개 관련 시도(부산, 울산, 경기, 대구, 충남, 경남 등) 관계관 회의가 오는 10일부터 11일까지 제주 국제컨벤션센터에서 열릴 예정입니다. 이상 재외동포재단에서 알려드렸습니다.

나. 7월 13일(월)

강: 한민족 하나로, 매주 월요일 이 시간에는 재외동포재단에서 전하는 소식을 들려드립니다. 김봉섭 위원 전화에 나와 계시죠? 안녕하십니까?

김: 안녕하십니까? 교수님.

강: 이번 주 재외동포재단에서는 어떤 소식들을 전해주실 건가요?

김: 네. 첫 번째 소식은 오는 27일부터 8월 2일까지 6박7일 동안 2008년도 세계한인청소년대학생 모국연수가 실시된다는 내용입니다. 저희 차세대팀과 한국YMCA전국연맹이 서로 힘을 합쳐 진행하는 이번 행사에는 모두 47개국에서 재외동포 202명이 참가할 예정입니다.

강: 청소년대학생모국연수라고 하면 일종의 '뿌리찾기' 프로그램인데 올해는 지난해 보다 해외참가자가 더 많이 늘어난 것 같네요?

김: 네. 그렇습니다. 이 프로그램은 교육기간 중의 체재비는 저희 재단에서 전액 지원하지만, 항공료는 본인이 부담해야 하는 데도 불구하고 참가자가 작년에 30개국에서 90명(국내 참가자 100명 제외)이던 것이 올해는 2배가 늘어나 200명(국내참가자 제외) 이상이 참가하게 되었습니다. 모국에 대한 재외동포청소년들의 관심이 점점 높아가고 있음을 짐작할 수 있는 대목입니다.

강: 언제부터 재외동포재단에서 청소년대학생모국연수프로그램을 진행하고 있나요?

김: 네. 이 프로그램은 1998년 대학생 위주로 진행되던 것이었는데 2000년 이후부터 만 15세 이상의 청소년까지 포함시켜 진행하고 있으며, 올해까지 1,600명의 재외동포 젊은이들이 모국을 방문하는 성과를 거두었습니

다.
강: 그런데 모국연수가 다른 연수들과 구별되는 점이 무엇인가요? 현지에서도 많은 캠프가 있을 텐데, 굳이 비싼 돈과 아까운 시간을 들이면서까지 모국을 찾아오는 이유는 무엇인가요?
김: 네. 여러 가지 이유가 있겠지만 제가 볼 때는 정체성확인 때문인 것 같습니다. 사실 자라나는 세대들에게 '정체성' 문제는 언젠가는 풀어야 할 숙제와도 같고 한번은 앓게 되는 홍역과도 같지지 않습니까? 정체성이 확립될 때라야 왜 자신이 성공해야 하는지, 왜 공부해야 하는지 등 평소 답답하기만 했던 응어리가 풀어지고 삶의 목적이 분명해질 수 있습니다. 따라서 모국에서 진행되는 프로그램은 이런 문제점을 해소하는데 상당히 도움이 됩니다. 그동안 말로만 듣거나 책이나 화면으로만 보았던 모국의 참 모습을 직접 체험하는 것 이상으로 좋은 프로그램이 어디 있겠습니까? 누구든지 모국의 땅을 밟고, 모국산천의 흙을 만지고, 모국의 강과 바다에 몸을 담그고, 모국의 물과 공기를 흠뻑 마시면서 여러 밤을 지새다보면 그것만으로도 모국의 사회와 문화 그리고 역사를 체험하게 될 뿐만 아니라 해외에 흩어져 살고 있는 비슷한 처지의 동료집단과의 만남을 통해, 그리고 비슷한 또래의 국내 청소년대학생과의 만남을 통해 모국에 대한 자긍심이나 내국민과의 유대감 같은 추상적인 화두도 자연스럽게 해결할 수 있는 그야말로 1석2조의 효과가 있습니다. 이런 젊은 날의 경험들이 하나둘 쌓이다 보면 먼 훗날 자신이 살고 있을 지역에서 성숙된 한인으로서, 그리고 리더십을 갖춘 세계시민으로서 제 몫을 다하지 않을까요?
강: 그럼 프로그램 내용에 있어서 지난해와 구별되는 올해만의 특징이 있다면?
김: 네. 올해는 정부수립 60주년이 되는 해입니다. 헌법제정도 60주년, 국군창설도 60주년, 그래서 60이라는 숫자가 많이 회자되고 있는데…. 그렇다면 그동안 과거사청산에 쏟았던 것 이상으로 미래개척에 에너지를 모아야 할 때입니다. 그런 의미에서 연수 넷째 날인 7월 29일부터 30일까지는 강원도 고성 세계잼버리장에서 지구촌캠핑을 진행할 예정입니다. 그리고 여섯째날인 8월 1일에는 군사분계선을 넘어 금강산까지 나아가 한반도평화의 의미를 몸소 체험케 할 예정입니다. 마지막 날인 8월 1일에는 전 세계 50개국에서 모인 세계한인차세대포럼 참가자 100명과도 한

자리에서 만나 젊은이만의 생동감을 발산할 수 있도록 준비하고 있습니다.

강: 이번에도 경쟁률이 높았을 텐데, 재단에서는 지원자들의 어떤 면을 보고 선발하고 있나요?

김: 네. 미주지역 지원자는 예년과 다를 바 없이 많은 사람들이 지원하고 있는 반면 아시아지역 지원자는 예상보다 훨씬 적었습니다. 유럽이나 중동·아프리카지역은 원래 배정인원보다 30% 이상 더 많이 배려했습니다.[24] 실무진의 입장에서는 뛰어난 특기가 있거나 대회 수상경력이 있는 사람, 그리고 사회봉사경험이 풍부한 사람을 최우선적으로 고려하고 있으며, 해당지역 공관장이나 학교장의 추천을 받은 자도 모국연수프로그램에 참가 가능한 것으로 알고 있으니 관심 있는 만15세 이상 22세 미만의 재외동포 청소년대학생들의 많은 지원바랍니다.

강: 재외동포재단에서 실시하는 모국연수 이외에도 국제교육진흥원 등 유관기관에서 진행하는 모국연수, 입양인 대상의 모국연수 등이 있지 않나요?

김: 네. 교수님께서 지적하신대로 국제교육진흥원에서 2006년부터 5개년계획으로 진행중인 모국연수사업이 있습니다. 프로그램 내용은 대동소이합니다만 비용을 전액 국고에서 부담한다는 특징이 있으며, 2006년 29개국에서 945명(고등학생 511명-7월, 대학생 434명-8월)이 참가했고 올해도 진행될 예정입니다. 다만 재외동포정책실무위원회에서 2009년 이후 재외동포재단으로 관련 사업을 이양하기로 해서 예산이 뒷받침되지 않으면 향후 추진이 불투명할 걸로 보입니다. 입양인대상 모국연수에 대해서도 지적하셨는데 1970년대 이후 해외입양인의 모국방문프로그램이 증가하고 있습니다. 주로 입양기관을 통해 자발적으로 이뤄지고 있는데 1982~1995년에 모국방문 입양아가 4,894명, 입양부모가 7,942명 총 12,736명이 한국을 찾았다는 통계가 있습니다.[25] 저희 재단에서는 해외입양인단체와 이들이 주최하는 입양인대회와 사업을 지원하는 선에서 관심을 계속 표명하고 있습니다.

강: 그럼 언제부터 정부차원의 청소년대학생 모국연수가 시작되었나요?

김: 재외동포 청소년들을 대상으로 하는 모국방문연수는 상당히 오래되었습니다. 기록에 따르면 1965년 한일국교정상화 체결 직전에 이미 재일교포학생 76명의 첫 모국방문(3.25~4.5)이 있었으며, 1966년 이후부터 매년 재일교포학생들을 대상으로 하는 하계(춘계 또는 동계)학교가 2005년까

지 진행되었습니다.(제1차 66.7.30~8.25, 500여 명 참가). 아마 국제교육진흥원에서 추진중인 해외청소년모국연수사업이 중단될 경우 다시 재개되지 않을까 예상됩니다.

강: 다른 나라의 경우에도 우리와 유사한 모국연수프로그램이 있을 텐데요?

김: 네. 방학 기간 동안 세계 각국은 자국민의 자제나 혈통을 대상으로 모국연수프로그램을 진행하고 있습니다. 대만(海外華裔青年여름캠프), 아일랜드(Irish Way), 아르메니아(Birthright Armenia) 등 여러 곳에서 진행되고 있는데 가장 모범적인 사례는 이스라엘의 경우입니다.

강: 유태인들은 어떤 모국방문프로그램을 실시하고 있는지 소개해주시죠?

김: 네. 우리나라처럼 건국60년을 맞는 이스라엘이나 재미유태인사회는 차세대의 민족정체성 문제로 골머리를 앓고 있습니다. 그래서 상당수의 모국방문프로그램이 활발히 진행중에 있는데, 그 중에서도 유태인협회26)와 이스라엘정부가 공동 추진하는 'MASA'라는 모국여행프로그램27)이 가장 대표적입니다. 총 160여 개 세부프로그램28)으로 진행중인 MASA는 "해마다 보다 많은 전 세계 유태 청소년들(18~30세)이 모국에서 1학기(5개월 과정) 또는 1년간(10개월 과정) 여행하면서 이스라엘을 탐험하고, 유태문화를 경험하며, 함께 자라고 배워나가자"는 취지로 2004년부터 진행되어 불과 2년 만에 2만5천 명 이상이 참여했고, 2007~8년에는 50개국에서 8천명 이상이 참여했습니다. 특히 올해는 2만 명 이상을 목표로 하고 있습니다.29)

그 외에도 Birthright Israel Foundation, 이스라엘정부, 전 세계 유태공동체가 공동주관하는 10일짜리 단기여행인 Taglit(장자권 또는 발견)-Birthright Israel 프로그램도 유명합니다.30) 2000년 Charles Bronfman과 Michael Steinhardt의 주창으로 시작되어 08년 현재 52개국에서 19만 명(18~26세) 이상이 참가한 대중적인 프로그램입니다. 이 프로그램 하나를 위해서 이스라엘정부와 전 세계유태공동체가 총 2억 달러(韓貨 3000억) 이상을 모금(지원)했다고 하니 유태인들의 결집력 하나는 알아줘야 할 것 같습니다.

강: 대단하군요. 이스라엘이 이 정도라면 똑같이 건국60년을 맞는 우리도 분발해야겠네요? 재미동포사회 250만 명 가운데 약 60%인 150만 명이 이민2~3세이지 않습니까? 이들의 민족정체성지수(Ethnic Identity Index)31)가 점점 하락하고 있다는 보고가 있고 하니 재외동포재단에서 추진

하고 있는 청소년대학생모국연수가 많은 성과 거둘 수 있기를 기대해봅니다. 그밖에 다른 소식도 알려주시지요?

김: 네. 2008년 세계한상대회 개최와 관련하여 11개 지방자치단체(부산, 울산, 경기, 대구, 충남, 경남 등) 관계관 회의가 한상팀 주관으로 지난 10일부터 11일까지 제주 국제컨벤션센터에서 열렸습니다. 이날 회의에서는 제7차 세계한상대회 프로그램 및 운영계획 설명과 지자체별 관내기업 지원방안 협의, 그리고 제주특별자치도 업무추진 현황 설명이 있었습니다. 한인회팀에서는 오늘 7월 14일부터 2박 3일 동안 2008년도 세계한인의 장단회의를 진행중에 있습니다. 각 대륙별 한인회장 8명이 참석한 가운데 그랜드힐튼호텔에서 열리고 있는 이번 회의에서는 오는 10월 1일부터 4일까지 개최예정인 세계한인회장대회의 제반 준비상황 점검과 대회 세부프로그램 확정 및 대회홍보 협의 등을 논의할 예정입니다. 교육문화팀에서는 카자흐스탄 한국어교사 집중연수에 필요한 강사를 이중언어학회에 의뢰하여 파견 조치했습니다. 이상 재외동포재단에서 알려드렸습니다.

다. 7월 20일(월)

강: 한민족 하나로, 매주 월요일 이 시간에는 재외동포재단에서 전하는 소식을 들려드립니다. 김봉섭 전문위원 전화에 나와 계시죠? 안녕하십니까?

김: 안녕하십니까? 교수님.

강: 이번 주 재외동포재단에서는 어떤 소식들을 전해주실 건가요?

김: 네. 첫 번째 소식은 지난 7월 9일 저희 재단과 고려대 한국어문화교육센터32)간에 CIS지역 한국어교사연수와 관련된 이행협약체결이 있었으며, 14일부터 총 32일간의 CIS지역 한국어교사 초청연수가 진행되고 있다는 내용입니다.

강: 모국과의 문화적 동질성이 가장 떨어지는 곳이 CIS지역인데, 이런 문화적 갭과 격차를 해소해줄 수 있는 것이 아무래도 언어와 문화적 접근이지 않나요? 그런 의미에서 볼 때, 이번 한국어연수의 성격과 의의는 무엇인가요?

김: 네. 이번 연수는 저희 재단에서 중점적으로 실시하고 있는 '재외동포한국어교육사업'의 일환으로 진행되고 있습니다. 물론 아직 우리말인 한국어가 세계공용어로 자리잡지 못한 상태에서 한국어를 사용하는 사람들의

수를 늘려나가는 것이 간단치 않은 과제입니다. 그러나 한국어세계화재단이나 재외동포교육진흥재단 등 민간단체에서 열과 성을 다하고 있고, 특히 저희 재단에서는 민족적 유대감을 갖고 있는 한민족의 후예들에게 한국어를 보급하는 일을 재단 역점사업의 하나로 추진하고 있습니다. 이런 노력들이 하나둘 쌓일 때 문화적 동질성을 회복하는 작은 성과를 거둘 수 있을 것으로 보고 있습니다.

강: 이번 연수에는 어떤 분들이 참가하고 있나요?

김: 네. 이번 연수에는 러시아 13명, 우즈베키스탄 6명, 카자흐스탄 6명, 키르키즈스탄 3명 등 총 28명이 참가했으며, 이들 모두는 현직 한국어교사들로서 한국어능력시험인 KPT 3급 이상의 한국어구사능력을 갖춘 분들입니다.

강: 러시아와 CIS지역에는 한국어를 가르치는 교육기관이 얼마나 있나요?

김: 네. 7개의 한국교육원[33](러시아 4, 카자흐스탄·키르기즈스탄·우즈베키스탄 각 1)과 총 498개의 한글학교(러시아 185개, 우즈베키스탄 144개, 카자흐스탄 90개, 키르기즈스탄 52개, 우크라이나 23개, 타지키스탄 3개, 아제르바이잔 1개) 그리고 1개의 한국학교(모스크바[34])가 있으며, 한글학교 교사수는 1024명이며 학생수는 3만4864명에 달하고 있습니다.

강: 한국어교육에 대한 열기가 러시아와 CIS지역에서도 물씬 느껴지는데, 바로 이번 연수에 오신 선생님들이 현지에서 한국어를 보급하는 전도사의 역할을 감당해야 하겠군요. 그럼 이들 한국어전도사들을 위한 연수프로그램에는 어떤 내용들이 담겨 있나요?

김: 네. 저희 재단과 고려대학교 한국어문화교육센터가 공동으로 작성한 실행계획에 따르면 (1)전문과목 연수 129시간[35]이며, (2)현장견학 6회, (3)문화유적지 관광 2박3일, (4)문화체험 5회, (6)고려대 재학 외국인학생들과의 공동체프로그램 2회, (7)재단에서 제공하고 있는 학습싸이드(Study Korean) 활용법 강의, (8) 졸업발표회 등 다채로운 프로그램들이 준비되어 있습니다.

강: 이번 연수프로그램이 단지 교실에서 한국어 관련 지식과 교수방법만을 가르치는 것이 아니라 모국의 역사와 문화를 몸소 체험함으로써 한국이라는 나라가 왜 자신들의 고향인지를 자각하는 계기가 되길 바라는데, 교실 밖에서 진행되는 야외프로그램은 주로 어떤 곳을 찾아가게 되나요?

김: 네. 주로 토요일마다 진행될 현장견학지로는 한글을 창제한 세종대왕을

모신 경기도 여주 영릉, 서울의 명소인 덕수궁, 인사동, 남산타워, 한국 최고의 놀이동산인 에버랜드, 교육현장인 화랑초등학교, 남북분단의 현실을 보여주는 통일동산과 임진각, 그리고 청와대 관람 등이 예정되어 있습니다. 2박 3일간 진행될 문화유적지 탐방은 맛과 소리의 고장인 전주(객사, 오목대, 향교, 현대자동차공장, 한옥마을, 비빔밥, 수목원, 전통술박물관)와 남원(춘향테마파크, 광한루)을 방문할 예정이며, 연수 중간중간 진행하게 될 전통공연관람, 한지공예제작, 한국영화감상, 김치만들기 등은 정동극장, 고려대 국제관, 종로시네코아, 고려대 한국학관 등에서 직접 접하게 될 예정입니다.

강: 이번 연수프로그램이 재외동포재단과 고려대학교가 협력하여 실시한다고 했는데 각자의 역할분담은 어떻게 되며, 어느 정도의 예산이 투입되나요?

김: 네. 저희 재단에서는 이번 연수사업의 기본계획 수립과 연수참가자 선정을 담당하고 있으며, 고려대학교에서는 연수참가자의 입출국안내, 연수시설 이용, 연수세부일정 기획, 연수생 관리, 결과보고서 작성을 담당하고 있습니다. 예산은 저희 재단에서 참가자 항공료와 교육훈련비 4000만원, 위탁경비 9636만원 등 총 경비의 81%인 1억3636만원을 부담하며, 고려대학교에서도 총경비의 19%인 3287만원을 부담하고 있습니다.36)

강: 이번 기회에 러시아·CIS지역 한국어교사 초청연수의 중요성을 우리 내 국민들에게도 널리 알려야 되겠네요? 언제 수료식이 있나요?

김: 네. 8월 14일(목) 오전 11시부터 수료식이 있고, 이후에는 오후 1시까지 그동안 배운 것을 중심으로 졸업발표회(스피치·연구 발표·모의 수업 등)가 준비되어 있습니다. 많은 분들이 참석하셔서 멀리서 모국을 찾아오신 러시아·CIS지역 한국어교사들을 격려해주시기 바랍니다.

강: 잘 알겠습니다. 다른 소식도 전해주시지요.

김: 네. 며칠 전 아무도 예상치 못했던 '금강산 관광객 피격사건'으로 인해 저희 차세대팀에서 준비하고 있는 '세계한인차세대대회'와 '세계한인청소년대학생모국연수' 일정에 다소 변경이 있을 것 같습니다. 특히 제가 지난주 이 시간에 청소년대학생 모국연수자들이 8월 1일 금강산까지 나아가 한반도평화의 의미를 몸소 체험케 할 예정이라고 전해드렸지 않았습니까? 그러나 남북관계가 경색되고 있는 현재로서는 금강산 방문이나 개성방문이 불가능할 것 같습니다. 그래서 재단에서는 다른 후보지들을 열심히 물색중(예: 독도)에 있다는 소식입니다.

강: 모처럼 이역만리에서 모국을 찾아오는 차세대 동포들이 실망이 크겠습니다. 그러나 모든 행사가 안전을 최우선으로 해야 하지 않습니까? 특히 무더위가 한창일 때 행사가 진행중이므로 재단에서 더욱 안전문제에 신경써야 하겠습니다. 그 밖에 다른 소식은 어떤 것이 있나요?
김: 네. 한인회팀에서는 지난 10일부터 2박3일간 외교통상부 재외동포정책과와 함께 우토로동포 지원사업과 관련된 업무협의를 위해 현지출장을 실시했으며, 오사카총영사관을 통해 변호사법인 오르비스와 법률자문계약비 (1년간 1260만엔)를 지불했습니다. 앞으로 오르비스는 우토로 소송에 관련된 사실관계 파악, 정부지원금의 보전, 우토로 지역 주거시설 건설문제 등에 자문할 예정입니다. 그리고 지난 8일, 제39차 이사회가 서면으로 소집되어 2008년 추경예산안, 정관개정안, 회계규정개정안, 해외사무소설치 운영규정 제정안 등이 안건으로 제출되었으며, 조사홍보팀에서는 2008년도 한인네트워크 5·6월호를 발간하여 국내외 2,188개소에다 2,660부를 배포 완료했습니다. 이상 재외동포재단에서 전해드렸습니다.

라. 7월 28일(월)

강: 한민족 하나로, 매주 월요일 이 시간에는 재외동포재단에서 전하는 소식을 들려드립니다. 김봉섭 전문위원 전화에 나와 계시죠? 안녕하십니까?
김: 안녕하십니까? 교수님.
강: 이번 주 재외동포재단에서는 어떤 소식들을 전해주실 건가요?
김: 네. 첫 번째 소식은 '2008년도 재외동포문학공모사업 응모현황'입니다. 지난 4월 11일 공모사업 공고가 나간 이후 많은 분들이 응모해주신 결과 6개국에서 36편의 옥고가 제출되었습니다. 그동안 밤잠을 못자면서 글을 완성해주신 모든 분들에게 감사의 말씀을 올립니다. 이번에 펜은 잡았으나 글을 완성하지 못한 분들도 많을 걸로 아는데 내년에 다시 한번 도전해보시길 권합니다.
강: 재외동포재단의 문학공모 때문에 또 많은 분들이 뭘 써야 할지 고민 많이 하셨을 텐데, 올해는 어떤 분야의 작품들이 접수되었나요?
김: 네. 시나 소설 아니면 수필에 관심 있는 분들에게는 다소 섭섭한 일이지만 정부수립 60년을 맞아 올해는 특별히 논픽션부문을 공모했습니다. 주로 이주 및 정착과정에서 있었던 역사적 내용이나 본인이나 가족의 경험

과 성공스토리 또는 다른 사람의 경험담들이 심사대상이 되겠습니다.

강: 사실 글이라는 것이 자신의 감정을 표현하는 것 아닙니까? 아무리 글재주가 있는 사람도 짧은 기간에 원하는 형식과 주제에 맞는 글을 쓴다는 것이 그리 쉬운 일이 아닐 텐데요, 바쁜 일상에도 불구하고 공모작품을 보내주신 모든 응모자들에게 격려의 박수를 보내고 싶습니다. 응모 형식에는 어떤 제한들이 있었나요?

김: 네. 우선 글의 분량인데요, 200자 원고지 200매 이상이 되어야 하구요, 다른 공모에 당선되었거나 수상을 한 작품들은 심사에서 제외되며, 체험기·여행기·회고록·르포 등 기록문학과 관련된 내용은 어떤 내용이라도 심사대상이 될 수 있습니다. 그러나 한 가지 명심해야 할 사항은 저희 재단의 문학공모는 반드시 재외동포에게만 문호가 개방되어 있다는 점입니다. 단기체류자나 단기유학생, 정부와 관련된 일을 하는 해외파견공무원 등은 제외됩니다.

강: 재외동포재단의 문학공모는 김위원님 말씀 그대로 시민권자나 영주권자 그리고 거주국의 사정상 영주권을 얻을 수 없어 불가피하게 장기체류(7년 이상)하고 있는 재외국민들을 대상으로 하는 문학공모라고 생각하시면 될 것 같네요. 그리고 김위원님, 응모자들은 심사가 어떻게 진행되는지 궁금할 텐데요?

김: 네. 교수님, 7월 31일까지 심사위원(3명)들이 예심을 거쳐 본심에 오를 후보작을 엄선할 예정입니다. 그리고 8월 초에 본심을 진행한 다음 8월 11일 경에 당선작을 발표(개별통보 및 재단 홈페이지 공지)할 예정입니다.

강: 그럼 모두 몇 분이나 수상을 받게 되나요? 그리고 수상자들에게는 어떤 특전이 있나요?

김: 네. 모두 8분이 영예의 수상자로 선정되는데, 영예의 대상 1분에게는 500만원의 상금이 수여되며, 우수상 2분에게는 상금 각 200만원씩 수여됩니다. 또한 대상과 우수상 수상자에게는 고국을 방문할 수 있는 왕복항공권과 상패 그리고 국내 체제비 일체가 포상(부상)으로 함께 수여됩니다. 그밖에 각각 5명에게는 상금과 왕복항공권은 없지만 상패와 부상이 수여됩니다.

강: 왕복항공권과 체재비가 수상자 전원에게 부여되지 못하고 단지 세 분에게만 혜택이 있다는 점은 좀 아쉽네요.

김: 네. 그렇습니다. 앞으로 보다 많은 분들을 초청할 수 있도록 저희 재단에서 노력해야 할 것입니다. 그러기 위해서는 응모작이 36편 정도로는 안 되고, 적어도 500편 이상은 되어야 하지 않을까요? 많은 분들이 응모해 주셔야 재외동포재단의 문학공모사업이 널리 알려지게 되고, 글의 수준도 한층 높아지리라 봅니다.

강: 재외동포의 사기를 높이는데 문학공모사업이 차지하는 비중이 상당히 높다는 점을 감안한다면 예산 당국에서도 더 많은 관심과 지원을 해 줘야 하겠습니다. 김위원님, 앞으로 재외동포문학공모는 어떻게 발전하리라 보시나요?

김: 네. 미래 발전상을 지금 예측하기는 곤란하겠지만, 제 개인적인 희망이 있다면 재단의 문학공모가 KBS에서 실시하는 '해외동포상' 수준 정도는 되어야 하지 않을까 생각되네요. 재외동포들에게 가장 권위 있는 상이 해외동포상인데, 재단의 문학공모도 재외동포사회의 '노벨문학상' 정도로까지 발전할 수 있어야 하겠습니다. 앞으로 10년 후면 그렇게 되지 않을까 기대해봅니다.

강: 오랜 외국생활을 하다보면 자기나라 말은 하면서도 자기나라 글은 잊어먹는 경우가 비일비재하거든요. 그래서 재외동포를 대상으로 하는 문학공모사업은 이런 점을 개선하고 실생활에서 한글을 접하는 사람들을 한 분이라도 더 많이 확보하자는 취지로 시작되었을 텐데, 그런 원칙들은 잘 지켜지고 있나요?

김: 물론 개중에는 공모사업의 본질은 모른 채 상금이나 항공권 등에 관심이 많은 분들도 있습니다. 그러나 대부분의 응모자들은 반드시 상을 받아야 한다는 목적보다는 자신의 존재감을 확인하고 자라나는 후세들에게 선배들의 삶을 보여주고 싶다는 뜻을 더 많이 갖고 계시리라 봅니다. 제가 2005년 스웨덴 노벨재단 관계자로부터 들은 이야기인데요, 노벨상을 받겠다고 연구하고 작품 쓰는 사람들은 아예 심사대상에서조차 제외시킨다고 합니다. 그리고 여러 가지 개인사정 때문에 간혹 심사결과에 불만을 토로하는 분들도 없진 않았지만 제가 분명하게 말씀드릴 수 있는 것은 재단의 문학공모사업이 여러분들의 경험담이나 스토리를 갖고 등수 매기는 취지의 사업이 결코 아니라는 점, 특히 수상자로 선정되지 못한 분들에게는 그동안 살아오신 여러분의 삶의 무게를 결코 평가절하하지 않았다는 점을 반드시 말씀드리고 싶습니다. 글이라는 것은 자주 쓰면 되는

것이거든요. 특히 좋은 작가들의 글을 그대로 옮겨 적는 것도 좋은 방법이 될 수 있습니다. 며칠 전 신문을 보니까 황동규 시인도 학생 때 시조 200편, 두보시 30여 편을 외었다던데 그것도 참조하시면 될 듯 싶습니다.

강: 다른 소식도 전해주시지요?

김: 네. 건국60년을 맞아 제11회 세계한인차세대대회가 오늘부터 5박 6일간 서울 그랜드힐튼호텔에서 진행되고 있습니다. 오늘은 등록과 환영식이 진행될 예정입니다.

강: 21개국 105명의 차세대들이 한 자리에 모였다는 것 자체만으로도 흥미로운 데 본격적인 일정은 29일(화)부터 시작되나요?

김: 네. 그렇습니다. 7월 29일 10시부터 진행된 개회식에서는 재단 이사장의 환영사에 이어 한인최초로 미국 본토 직선시장인 최준희(한인2세, 36세) 미국 뉴저지주 에디슨시장의 '한인사회발전과 차세대역할' 기조강연, 현인택 고려대 교수의 '신정부의 외교정책' 초청강연이 있을 예정입니다. 오후에는 남경필 국회의원 초청 오찬이 준비되어 있으며, 오찬 후에는 한민족 해외이주사에 대한 다큐멘타리 감상, 2006년 12월 미국 CBS방송 리얼리티쇼 '서바이버' 우승자이자 연방하원의원 출마예정자 권율씨(한인2세, 33세)의 차세대리더십 강연, 차세대 네크워크의 밤 등이 진행될 예정입니다.

강: 모국방문을 통해 서로간의 네트워크를 돈독히 쌓아가는 것도 중요하겠지만 모국이 안고 있는 현안에 대한 것도 관심이 많을 것 같은데, 어떤가요?

김: 네. 차세대들이 가장 관심 있는 것은 역시 자신들의 역할에 대한 것입니다. 모국이 자신들에게 무엇을 원하는지를 분명히 알고 싶어합니다. 막연하게 "우리는 하나다"라는 구호를 뛰어 넘어 현지에서 생활하면서 자신의 정체성과 능력을 보여줄 수 있는 일거리를 찾기 위해 그 먼 하늘길을 날아온 사람들인 만큼 저희 재단에서는 좋은 정보와 활동 그리고 좋은 사람들을 많이 접하게 해주고 싶은 마음입니다. 그래서 셋째날인 7월 30일에는 동해와 독도홍보단체인 VANK의 박기태 단장을 초청하여 '동북아 역사 영토분쟁을 통한 한민족네트워크' 강연을 듣고 현지에서 어떻게 협력할 것인지 모색하게 되며, 호주·유럽·미국 등에서 온 변호사와 다큐멘타리 및 사진작가들로부터 현지 차세대활동에 대해서도 공감대를 나누게 됩니다. 특히 다섯째날인 8월 1일에는 국정에 바쁜 국무총리와 국회

의장과 만나 상호관심사와 향후 발전계획에 대해 의견을 나누게 됩니다. 끝으로 정치·법률·비즈니스·정부기관·기타 등 이번 차세대 대회 참가가 모두가 참여하는 각 분야별 멘토쉽도 진행될 예정입니다.

강: 아무쪼록 대회주최측에서 준비한 대로 모든 행사가 차질 없이 진행되길 바라며, 무더위에 진행되는 만큼 첫째도 건강과 안전, 둘째도 건강과 안전에 유의해주길 바랍니다. 김 위원님, 세계한인청소년대학생 모국연수도 비슷한 날짜에 진행되고 있지요?

김: 네. 세계한인청소년대학생모국연수도 지난 7월 27일 개회식을 시작으로 8월 2일까지 서울과 지방 8개 지역에서 진행되는 이번 모국연수에는 재외동포 청소년대학생 180명과 탈북 새터민과 국내 청소년 100명 등 280여명이 참가하여 모국문화체험, 강원 고성 세계잼버리장에서의 단체캠핑, 서울 역사탐험, 임진각과 DMZ방문, 상호네트워크 구축 등에 임할 예정입니다. 원래 계획되었던 금강산탐방이나 독도방문교섭이 현지사정상 성사되지 못해 아쉬운 감이 없지 않습니다.

강: 이번 여름철에 흘린 땀방울 하나가 앞으로의 인생에 큰 힘이 되길 바랍니다. 다른 소식도 전해주시지요?

김: 네. 멕시코 한인후손 직업연수 입교식이 지난 7월 21일 한국산업인력공단 국제 HRD 센터에서 있었습니다. 이번 연수에는 지난 5월 현지에서 선발된 24명의 에니깽 후손들이 입교했습니다. 그리고 지난 14일부터 16일까지 세계한인의장단회의가 열렸는데 운영규정 및 의장단회의 활성화, 한인의장대회 대회장 선출방안 등이 논의되었습니다. 끝으로 오는 10월 초에 예정되어 있는 2008 세계한인정치인포럼 참가자 모집이 현재 진행 중에 있습니다. 지난해에 이어 두 번째 실시하는 한인정치인포럼이 성공할 수 있도록 많은 관심과 참여를 부탁드립니다.

강: 재외동포재단 소식을 전해주신 김봉섭 전문위원님, 다음 주에도 좋은 소식 많이 전해주시기 바랍니다.

3. 2008년 8월

가. 8월 4일(월)

강: 한민족 하나로, 매주 월요일 이 시간에는 재외동포재단에서 전하는 소식

을 들려드립니다. 김봉섭 전문위원 전화에 나와 계시죠? 안녕하십니까?
김: 안녕하십니까? 교수님.
강: 이번 주 재외동포재단에서는 어떤 소식들을 전해주실 건가요?
김: 네. 첫 번째 소식은 '대한민국 건국60주년 및 광복63주년 중앙경축식 행사'를 전 국민과 700만 재외동포가 함께하는 경축행사로 만들고자 정부에서는 재외동포 여러분들을 초청한다는 내용입니다.
강: 올해가 건국60주년이라는 점은 여러 차례 이 시간을 통해 전해드렸습니다. 올해 8·15는 그 의미가 남다른데 그 의미를 한번 짚어 주시지요?
김: 네. 교수님 지적처럼 우리가 며칠 뒤에 맞게 되는 8·15에는 두 가지 의미가 있습니다. 하나는 1945년 8월 15일로서 우리 민족이 일제식민지로부터 해방된 광복(光復)의 날입니다. 또 다른 하나는 1948년 8월 15일로서 제헌국회(5.31)와 제헌헌법(7.17)에 의해 대한민국이라는 새로운 민주공화국 정부가 수립된 날입니다. 그런데 지난 역대정부는 광복절로서의 8·15는 성대하게 기념해왔으나 정부수립일로서의 8·15는 다소 소홀히 해왔던 것이 사실입니다. 따라서 신정부는 정부수립60년을 맞아 다소 논란은 있지만 '대한민국건국60년'이라는 캐치프레이즈 아래 대대적인 기념축하행사를 기획하고 있다고 말씀드릴 수 있습니다.
강: 남북한에 두 개의 정부가 수립된 것을 어떻게 볼 것인가, 그리고 그것을 어떻게 기념할 것인가를 놓고 그동안 학계에서도 의견이 분분했던 걸로 아는데 그것은 어떻게 이해해야 할까요?
김: 네. 간단히 말하면 광복되는 그날 곧바로 새로운 독립된 통일민주정부가 수립되지 못했던 것이 우리 현대사의 비극이라면 비극이지요. 또한 1919년 3·1운동에 의해 수립된 대한민국임시정부가 여러 이유로 인해 법통(法統)을 인정받지 못한 채 3년이라는 정치적·사회적 혼란과 공백기를 거친 다음에야 남한에만 대한민국이라는 합법정부가 수립되었다는 것도 두고두고 아쉬운 일로 평가받아 왔습니다. 그래서 우리의 선배들은 아무래도 통합의 의미인 "건국"보다는 저항적 의미의 '광복'을 더 선호하고 기념했던 것 같습니다.
강: 그렇다면 2008년의 8·15는 광복의 의미보다 건국의 의미에 더 초점을 맞췄다고 보아야 할까요?
김: 네. 물론 광복절의 의미가 퇴색되는 것은 아닙니다. 그러나 8·15에 담겨 있는 두 가지 역사적 사건을 분리해서 조명하는 것만으로도 부족합니다.

분리해서 각각의 의미를 재조명했다면 이것을 다시 통합하는 작업이 있어야 합니다. 광복과 건국을 뛰어넘는 그 무엇인가를 보다 분명하게 구체적으로 제시해야 하지 않을까요?

강: 김위원님 말씀은 광복과 건국을 뛰어 넘는 새로운 영역(주제)을 찾아낼 때 대한민국이 선진일류국가로 나아갈 수 있다는 뜻으로 들립니다.

김: 네. 엄밀히 말해서 광복과 건국은 모두 과거의 일이거든요. 우리에게 중요한 것은 현재와 미래가 아니겠습니까? 우리 민족이 처해 있는 현실이 그렇게 만만하지 않지 않습니까? 대한민국호(號)가 항해해나가야 할 미지의 세계가 그렇게 호락호락하지도 않습니다. 이 모든 것을 감안할 때 우리 국민들의 힘을 분산시키거나 국론을 분열시키는 일들은 절대로 피해야 한다고 봅니다.

강: 그렇다면 이런 상황에서 700만 재외동포들이 어떤 일부터 해야 할까요?

김: 네. 우선 모국의 현실과 미래를 정확히 직시해야 됩니다. 그런 다음 현지에서 손쉽게 도울 일들을 찾아야 합니다. 그런 다음 대한민국정부와 대한민국국민들을 대신하여 현지 당국자들과 정치인들에게 대한국민의 광복과 대한민국 건국의 의미를 제대로 전달해야 합니다. 선진국가들은 모두 풀뿌리 민주주의를 실천하고 있지 않습니까? 국제여론에 호소하고 우리의 상황을 알릴 수 있는 유일한 방법은 평소부터 현지 유력인사들과 맨투맨, 1대1로 친분과 정을 나누는 것 이외는 달리 방법이 없습니다. 그리고 인구가 적은 소수민족의 경우는 특히 여타 다른 소수민족들과의 연대가 매우 중요합니다. 국제사회에서 발언권이 있는 국가들 중에는 우리처럼 1948년 이후에 독립한 국가들(예: 이스라엘, 인도 등)이 여럿 되니까 이들 소수민족단체들과의 연대활동(예: 일본군위안부결의안 통과)도 적극 전개하는 것도 좋은 방법일 듯싶습니다.

강: 그럼 건국60주년 및 광복63주년 행사에 참석하고 싶은 재외동포들은 어떻게 하면 되나요?

김: 네, 행사주관부처인 행정안전부에서는 인터넷을 통해 참석자를 모집하고 있습니다. http://www.mopas.go.kr로 들어가시면 "대한민국 건국60년 및 광복63주년 중앙경축식 당신을 초대합니다! 지금 신청하세요!"라는 팝업창이 뜹니다. 단 회원가입을 하거나 실명확인 절차를 거친 다음에 가능하다는 점 유의하셔야 합니다. 문의처는 행정안전부 중앙경축식 실무작업단으로 해주시고, 참여가족은 최대 4명까지 가능하다고 하니 참조하시기

바랍니다.(서울 전화 02- 2100-3582~7 여섯 대의 전화가 준비되어 있음)

강: 일시와 장소 그리고 행사내용도 알려 주시지요?

김: 네, 일시는 2008년 8월 15일(금) 오전 10시부터 2시간 정도 소요될 예정이며, 장소는 옛 중앙청 광장(장내)과 광화문 거리 일대(장외)이며, 장내에는 7천명, 장외에는 2만 명 정도 예상하고 있다고 합니다. 행사내용은 대한민국 건국과 산업화와 민주화를 이룩한 기적의 역사를 재조명하고 미래의 비전을 공유하는 다양한 공연과 국가의식이 준비되어 있고, 특별히 참석자들 전원에게는 기념품도 드리고 최대한 좌석 편의도 제공한다고 하니 많은 분들의 동참 있기를 바랍니다.

강: 8·15행사 참여 이외에 정부에서 재외동포들을 위해 준비하고 있는 사업들은 없나요?

김: 네, 지난 주 거행됐던 제11회 세계한인차세대대회나 청소년대학생모국연수사업도 건국60주년과 관련된 행사였습니다. 그리고 앞으로 진행될 세계한인의 날 행사나 세계한인회장대회, 그리고 코리안페스티발 등도 건국60주년행사의 일환으로 준비되고 있습니다. 특히 건국60주년을 기념하여 외교부에서 '재외동포명예위원 초청사업'도 준비중에 있는 걸로 알고 있습니다. 내용이 입수되는 대로 그 소식도 알려드리겠습니다.

강: 재외동포의 참여가 없이는 '자랑스런 대한민국'을 만드는 일도 의미가 퇴색될 수 있겠다는 생각이 듭니다. 이 점 정부 당국자들께서는 명심해주시길 바랍니다. 김 위원님, 다른 소식도 전해주시지요?

김: 네, 지난 7월 15일부터 30일까지 15박 16일 동안 목동 오목교 코업 레지던스에서는 홀트아동복지회 주최로 입양아 모국연수캠프가 있었습니다. 이번 캠프에는 한국전통문화체험과 친가족 및 위탁모찾기 행사가 진행되었고, 저희 재단에서는 2천만원을 지원했습니다. 그리고 오는 8월 22일부터 2박3일간 캐나다 레지나 문디 수녀원에서는 캐나다한인양자회 주최로 한국문화의 밤 행사가 진행됩니다. 이번 행사에는 300여명의 입양아들과 그 자녀들이 참석하여 태권도시범, 부채만들기, 하회탈 놀이, 한글공부 등이 진행될 예정이며, 저희 재단에서는 4천$ 지원하게 됩니다.

강: 수많은 입양아들이 무더운 날씨에도 모국을 찾아오고, 또 현지에서는 한국문화를 체험하는 일에 열심을 다하고 있다는 소식이었습니다. 그밖의 소식도 전해주시지요?

김: 네, 지난 7월 31일 재단 회의실에서는 2008년도 재일민단 하반기 지원사업 심의위원회가 열렸습니다. 저희 재단에서는 기획이사, 기획실장, 한인회팀장이, 외교부에서는 재외동포정책과장 및 담당자가 참석해서 하반기 예산배정을 심의했습니다. 그리고 코리안 페스티벌 참가안내 및 행사 홍보를 위해 국내외 동포사이트와 관련단체에 이메일을 발송했으며, 조만간 2008년도 행사안내 및 온라인 신청이 가능한 홈페이지도 개통할 예정에 있습니다. 끝으로 세계한인차세대대회와 청소년대학생모국연수사업이 지난 8월 1일 성황리에 끝났습니다. 그동안 수고하신 모든 분들에게 감사의 말씀을 전합니다. 지금까지 재외동포재단에서 전해드렸습니다.

나. 8월 11일(월)

강: 한민족 하나로, 매주 월요일 이 시간에는 재외동포재단에서 전하는 소식을 들려드립니다. 김봉섭 전문위원 전화에 나와 계시죠? 안녕하십니까?
김: 안녕하십니까? 교수님.
강: 이번 주 재외동포재단에서는 어떤 소식들을 전해주실 건가요?
김: 네. 첫 번째 소식은 재외동포재단 자료실 소식입니다.
강: 재외동포재단 자료실이라고 하면 국내외 재외동포 관련 도서들이 한 곳에 모여 있는 곳을 말씀하시는 건가요?
김: 네. 그렇습니다. 저희 재단은 현재 서울시 서초구 남부순환로 2558번지 외교센터빌딩 6층에 위치하고 있습니다. 처음 오시는 분들께서는 서울지하철 3호선 7번 출구로 나오셔서 경부고속도로가 가로 놓여 있는 곳으로 쭉 걸어 내려오시면 서초구청, 외교안보연구원, 외교센터 등 3개의 대형 건물이 차례차례 나란히 서 있습니다. 맨 마지막 건물인 외교센터 건물 정면에는 "세계 속의 한상, 넓어지는 우리 시장"이라는 플래카드가 걸려 있는데 이 건물 606호(재외동포센터)로 오시면 되겠습니다.
강: 그럼 자료실에는 어느 정도의 자료들이 비치되어 있나요?
김: 네. 그런데 기대하시는 것만큼 자료들이 많지 않습니다. 2008년 현재 단행본이 5,500여 권 정도 비치되어 있습니다. 그중 60%가 재외동포 관련 도서(3,132권)입니다. 학술자료는 780여 종 있고, 정기간행물은 연간 320여 종 들어오는데 이것도 60%가 재외동포 관련 책자들입니다. 그 밖에 비디오테이프가 250여 종, DVD가 80여 종, CD가 80여 종 정도 있습

니다.

강: 생각보다 많지는 않군요. 그럼 재외동포 관련 학위논문도 있을 텐데, 학위논문은 어느 정도 있나요?

김: 네. 학위논문은 납본시스템 때문에 국립중앙도서관이나 국회도서관이 가장 많지요. 저희들은 학위논문을 전문적으로 수집하는 곳이 아니라 동포 관련 학위논문은 60여 종 밖에 없지만 앞으로는 좀 더 신경을 써야 할 것 같습니다. 재외동포관련 학위논문을 쓰신 분이나 앞으로 쓰실 분들께서는 재단 자료실로 관련 논문을 한 권씩 보내주시면 대단히 감사하겠습니다.

강: 재외동포 관련 논문을 쓰신 분이나 앞으로 쓰실 분들께서는 다른 곳보다도 먼저 재외동포재단 자료실로 관련 자료를 보내달라는 말씀이군요. 그렇다면 재단 자료실이 재외동포 관련 자료의 메카가 되기 위해서는 어떤 것이 갖춰져야 할까요?

김: 네. 무엇보다도 재외동포 관련 자료들이 하나도 빠짐없이 재단 자료실로 모이는 시스템을 갖춰야 합니다. 그러나 그것보다 환경개선이 먼저 이뤄져야 합니다. 예를 들어 면적이 지금보다 2배 이상으로 확장되어야 합니다(현재 실평수 30평). 자료를 보관하는데 필요한 온도조절장치도 갖춰야 합니다. 특히 관련 자료들과 각 지역 동포사회 동향을 전문적으로 분석하는 전문가들이 여러 명 확보되어야 합니다. 그래야 자료실다운 자료실로 자리 잡을 수 있고, 세밀하게 분석·가공된 고급정보들을 여러 곳에 제공할 수 있습니다.

강: 최근에 자료실에 들어온 자료들은 어떤 것들이 있는지 소개해주실까요?

김: 네. 우선 동포사회 관련 책으로는 곽승지 박사의 『동북아시아시대의 연변과 조선족』, 차락우씨의 『나는 미국에 와서 이렇게 터를 잡았다』라는 책이 있고, 동포교육서적으로는 김성희씨의 『중국조선족(초중등학교) 음악교육의 변천과정 및 발전방안』이 있습니다. 동포문학서적으로는 리동혁씨의 『삼국지가 울고 있네』, 노라 옥자 켈러의 『여우소녀』, 조너선 리의 『고그린맨 VS 심술통 떼돈 공갈 팍팍 써』, 재일교포 2세 김송이씨의 『낫짱은 할 수 있어』, 박명근씨의 『소년병의 일기』, 한혜영씨의 『이민 간 진돌이』, 이승휘씨의 『케냐의 유혹』, 임향란씨의 『조선족문학에 나타난 삶의 현장과 의식변화』, 송현호씨의 『중국 조선족문학의 탈식민주의 연구』, 스코트 조안나씨의 『The Lucky Gourd Shop』 등이 있습니다.

강: 좋은 자료들이 재외동포재단에 들어와 있다고 하니, 재외동포에 관심 있는 분들께서는 재단 자료실을 많이 이용해주시기 바랍니다. 일반인들이 자료실을 이용하려면 어떻게 해야 하나요?

김: 네. 오프라인으로 이용하실 분께서는 월요일부터 금요일까지 아침 9시부터 오후 6시까지 저희 재단 자료실로 오시면 언제든지 이용이 가능합니다. 단 관외대출은 안 되며, 열람과 복사서비스만 가능하다는 점 양지해주시기 바랍니다. 온라인을 이용하실 분께서는 재외동포자료실(http://research.korean.net)로 들어오셔서 소정의 회원가입을 하시면 소장자료 및 재외동포 문헌목록 검색은 물론 신간자료 및 추천도서를 검색하실 수 있겠습니다.

강: 지금까지 재외동포재단 자료실 소식이었습니다. 다른 소식은 어떤 것이 있나요?

김: 네. 재독한인총연합회 신임회장인 이근태 회장 일행이 재단을 방문하여 연합회가 주관하는 8·15행사 지원문제를 협의했다는 소식입니다.

강: 재독한인총연합회라고 하면 독일에 있는 38개 한인회가 모인 연합회인 걸로 아는데, 새로운 회장이 취임인사차 방문하셨군요? 그럼 이번에 회장이 되신 이근태 회장은 어떤 분인가요?

김: 네. 태권도사범 출신인 이근태 회장은 현재 세계무술협회 총재로도 있는데 시멘트블록 25장이 쌓인 2미터의 담장을 단 한 방에 박치기로 격파하는 실력을 가진 무도인 중의 무도인입니다. 무(武)는 정직을 생명으로 하는 예술이라는 점에서 이근태 회장에게 기대하는 바가 큽니다.

강: 언제 재독한인총연합회 회장에 취임했나요?

김: 네. 지난 4월 16일 개최된 재독한인총연합회 정기총회에서 제30대 연합회장으로 선출되었습니다. 이근태 회장은 취임 이후 "그동안 다소 불편했던 지난 기억들을 떨쳐버리고 앞으로 통합과 화합으로서 독일 주류사회에 진출하고 있는 차세대들에게 본을 보이는 비전 있는 한인사회를 건설"할 것을 다짐37)하고 있어 재독한인사회가 한 단계 발전할 수 있을 것으로 전망됩니다.

강: 김 위원님 지적처럼 신임 집행부 출범을 계기로 독일한인동포사회가 더욱 단합하여 1세대들에게는 자부심을, 차세대들에게 자긍심을 주는 한인사회로 성숙되길 기대합니다. 그런데 며칠 후면 광복절인데 독일에서도 기념행사가 진행되나요?

김: 네. 2008년 8월 16일 오전 10시부터 24시까지 재독한인총연합회 30주년

기념식 및 제38회 재독한인전국종합체육회가 카스트롭-록셀스타디온과 유로파알레에서 개최됩니다. 제1부 광복절기념식은 10:00부터 Castrop-Rauxel Stadion시립체육시설장에서, 제2부 체육행사는 10:30부터 18:00까지 같은 장소에서, 그리고 제3부 야간문화행사는 Europahalle & 청소년야외첼트에서 18:30부터 24:00까지 진행될 예정이라고 합니다.

강: 지난해에는 재독한인총연합회와 재독대한체육회가 행사를 따로 따로 진행했는데 올해는 사정이 어떤가요?

김: 올해는 지난해와 달리 재독한인총연합회와 재독대한체육회가 함께 행사를 진행함으로써 한인사회의 화합과 통합을 대내외에 보여줄 것으로 예상됩니다.

강: 2부 체육대회는 어떤 종목들로 진행되나요?

김: 네. 각 한인회 대항으로 진행되는 단체전에는 축구, 배구, 농구, 줄다리기 경기가 준비되어 있으며, 개인전 및 4인조 경기에는 씨름(팔씨름, 제기차기 포함) 및 육상(100M, 400M, 1500M, 3000M) 등이 준비되어 있다고 합니다.

강: 3만5천 재외동포들이 살고 있는 유럽의 독일 땅에 우리 태극기가 휘날리고 애국가가 불려지고 꽹과리와 북소리가 널리 울릴 것을 생각하니 가슴이 뭉클한데요. 독일에서 우리 재외동포들이 어느 정도 있나요?

김: 네. 2005년 현재 독일에는 우리 한인동포가 약 32,000명 정도 있는 걸로 파악되고 있습니다. 그중 독일국적 보유자가 21%(6,780명), 한국여권을 가진 독일영주권자가 26%(8,500명), 일반체류자가 35%(11,100명), 기타 어학연수자 및 유학생이 17%(5,500명) 정도 됩니다. 서유럽에서 시민권자와 영주권자가 가장 많이 있는 곳이 독일한인사회입니다. 이 말은 재독동포의 절반 정도는 현지정착이 상당히 진전되었다는 뜻인데, 현재의 독일한인사회를 1960~70년대에 이주했던 파독광부(5,323명)와 간호사(10,032명)를 비롯하여 태권도사범과 유학생들에 의해 형성되었음을 이해하면 금방 알 수 있는 사실입니다.

강: 그럼 이주 1세대들의 생활형편은 어떤가요?

김: 네. 2005년 현재 재독동포들의 직업별 구성을 살펴보면 자영업이 15%, 회사원이 10%, 전문직종사자가 20%, 학생이 25% 그리고 기타·연금생활자가 25%를 차지하고 있습니다. 우리가 주목해야 할 것은 기타 및 연금생활자 25%가 대부분의 광부·간호사 출신 이주 1세대라는 사실입니

다. 이들은 현재 연금생활을 하고 있는데 전 세계적으로 물가가 오르는 요즘, 생활형편이 점점 더 나빠지고 있으며, 개중에는 연금조차 받지 못하는 어려운 분들도 상당수 있습니다. 대한민국 60주년을 맞아 한국산업화에 기여한 이분들에 대한 대책이 필요한 때입니다.

강: 이분들 사이에서 태어난 자제들도 상당수 있을 텐데? 1세대와 2세대간에는 갈등요인은 없나요?

김: 네. 광부·간호사 커플사이이나 독일 현지인들과의 사이에서 태어난 2세들은 부모들의 헌신적 뒷바라지 덕분에 대부분 대학진학은 물론 주류사회 진출 속도를 높이고 있습니다. 그런데 문제가 하나 있습니다. 사회·정치적으로는 1세대에 비해 좋은 여건에 있지만 아무래도 한국문화나 전통에 대한 이해가 부족하고 한인으로서의 정체성이 미약합니다. 그러다보니 부모세대와 자식세대간에 의사소통이나 문화수용에 있어서 갈등요인들이 많이 생기고 있는 편입니다. 또한 한인동포사회의 행사에 2세대들이 간혹 참여하고 있는데 이들이 제 역할을 찾기가 상당히 힘듭니다. 특히 아버지·어머니 세대들과의 나이차로 인해 한인동포사회의 리더십을 곧바로 물려받기가 그렇게 쉽지 않아 보입니다. 한마디로 과도기적 현상을 경험하고 있다고 볼 수 있습니다.

강: 그럼 재외동포재단에서는 어떤 대책이 있나요?

김: 네. 현실적으로 말씀드리면 재외동포재단에서는 양쪽 모두를 상대해야 합니다. 지금까지의 대세는 한국근대화와 산업화에 공이 많은 광부·간호사 출신들이 갖고 있는 허전함과 적적함을 이해하는 쪽에 초점이 맞춰져 있습니다만 앞으로는 그분들 사이에서 태어난 현지 2세대들이 갖고 있는 한국문화와 자기정체성에 대한 욕구를 해소해주는 역할을 보다 강화해야 할 것으로 봅니다.

강: 그렇게 해야 하는 특별한 이유가 있나요?

김: 네. 그렇게 해달라는 것이 한인1세대들의 공통된 주문입니다. 한인차세대들이야말로 한국과 독일은 물론 한국과 유럽 양쪽 문화의 장점을 최대한 활용할 수 있는 유능한 인력들이기 때문입니다. 독일도 좋고 한국도 좋은 그런 인재를 길러내는 모판을 크게 하는 것이야말로 우리 재외동포사회를 업그레이드(성숙)하는 첫 걸음입니다.

강: 이번 세계한인차세대대회 행사 때도 독일 출신들이 많이 참석했나요?

김: 네. 무려 12명이나 참가했습니다. 21개국에서 105명이 왔는데 단일국가

로는 미국(30명) 다음으로 많이 왔습니다. 일본(11명)이나 호주(10명) 보다 많은 수가 왔다는 것은 그만큼 독일한인 차세대들의 성장세가 대단하다는 것을 암시하고 있다고 봅니다.

강: 독일에서 차세대프로그램에 관심이 많은 이유는 무엇인가요?

김: 네. 독일에는 미국의 KAC, KASCON 같은 차세대단체로 KGN(Korean German Network)이라는 차세대단체(2001.2 결성)가 있습니다.38) 독일사회 각 분야에 진출하여 활동하고 있는 직장인 중심의 한국인출신 2세들의 모임인 이 단체는 저희 재단과 독일주재 한국공관과 긴밀하게 파트너쉽을 유지하고 있으며, '독일내 한민족공동체 형성'을 기반으로 '유럽내 한민족공동체와 전 세계 한민족공동체 형성'을 단체의 최종목표로 삼고 있습니다. 이 외에도 자생적인 한인차세대들이 온라인과 오프라인에서 활발히 활동하고 있습니다.

강: KGN단체는 어떤 점에 역점을 두고 있나요?

김: 네. KGN은 1세대와 2세대간의 상호이해를 증진할 뿐 아니라 독일주류사회에 진출한 숨어 있는 2세대들을 발굴, 이들과의 화합과 친목을 도모하고 모국방문을 촉진하여 한민족네트워크의 외연을 확대하고 있습니다. 특히 독일과 한국상호간의 경제적·학술적·문화적 협력자로 활동하면서 자신들 다음세대인 3세대들의 현지정착과 주류사회진출을 위해서도 노력하고 있습니다.

강: 그밖에 소식도 전해주시지요?

김: 네. 7월 30일 러시아한인이주기념관 공사관련 업무협의가 재단 회의실에서 있었으며, 7월 29일과 8월 6일에는 2008 한상대회 IT세미나와 해외진출전략세미나 관련 업무협의가 있었습니다. 8월 4일에는 예심을 통과한 재외동포 문학공모사업 응모작 10편에 대한 본심이 있었으며, 해외한민족교육진흥회가 추진하고 있는 '우리역사 알리기운동 선언대회'와 연변대학 한국조선문화연구소의 '한민족국어교육발전과 전망' 학술토론회에 대한 지원이 있었습니다. 이상 재외동포재단에서 전해드렸습니다.

다. 8월 18일(월)

강: 한민족 하나로, 매주 월요일 이 시간에는 재외동포재단에서 전하는 소식을 들려드립니다. 김봉섭 전문위원 전화에 나와 계시죠? 안녕하십니까?

김: 안녕하십니까? 교수님.
강: 이번 주 재외동포재단에서는 어떤 소식들을 전해주실 건가요?
김: 네. 첫 번째 소식은 '재외동포 교육지도자 초청연수 및 대륙별 한글학교 협의회 관계자 워크숍'이 지난 12일 시작되어 7박 8일 동안 진행되고 있다는 소식입니다.
강: 8월이면 어김없이 한국어교육과 관련된 많은 행사들이 진행되고 있는데, 전 세계 한글학교를 지원하고 있는 재외동포재단에서도 한글교육에 종사하는 지도자들을 초청하여 이들의 수고를 격려하고 상호간 네트워크를 구축할 수 있도록 적극 지원하고 있는 걸로 알고 있습니다. 이 사업의 취지와 목적을 간단히 설명해주시죠?
김: 네. 원래 이 초청연수사업의 명칭은 '재외동포 민족교육지도자 초청연수'였습니다. 따라서 이 사업은 민족학교 종사자들의 민족교육에 대한 소양을 강화하고, 한글학교교사들의 한국어교육에 대한 의욕을 고취하자는 취지로 지난 2005년 재외동포재단과 국제교육진흥원이 공동으로 추진한 것이 시초입니다. 2007년도 이후부터는 재외동포 모국어교육지원사업의 일환으로 실시되고 있습니다.
강: 민족교육 종사자들과 한글교육 교사들이 한 자리에 모인다는 것이 특색 있군요? 민족교육이랑 한글교육은 접근방법이나 성격이 다를 텐데… 함께 하게 된 특별한 이유라도 있나요?
김: 네. 우리가 일반적으로 국어·영어·수학을 올바른 사고를 하기 위해 필요한 기초 도구과목이라고 하지 않습니까? 그런 의미에서 본다면 재외한글학교에서 실시하고 있는 한글교육은 한인으로서의 정체성을 올바로 하기 위한 일종의 도구교육에 해당됩니다. 반면 민족교육은 자신이 속해 있는 민족에 대한 가치관 또는 정체성교육에 해당됩니다.[39] 그래서 만약 한글 따로, 민족 따로 교육하거나 배운다면 또 하나의 지식을 습득하는 것 이상의 의미를 찾는다는 것은 좀 어렵습니다. 따라서 한글교육과 민족교육이 함께 이뤄질 수 있는 환경을 자연스럽게 만들어주는 것이 재외동포재단에서 구상하고 있는 재외동포교육의 첫 걸음이자 기본정신입니다. 그러기 위해서는 교육자 자신들부터 서로의 벽을 허물어야 합니다. 하나 될 수 있는 길이 쉽게 발견되지 않는다 하더라도 서로 인내하면서 머리를 맞대고 찾아내야 합니다.
강: 이번에도 민족교육 종사자들과 한글교육 교사들이 한 자리에 모였다는

말씀이군요. 그럼 각 대륙별로 몇 분씩이나 초청 받았나요?

김: 네. 이번 초청사업에는 현지 한글학교협의회(연합회) 임원을 비롯하여 현지 한글학교 교장, 교감, 교무, 일반교사 이외에도 중국과 CIS지역 민족학교 교장, 교사들이 37개국40)에서 모두 59명이 참여하고 있습니다. 대륙별로는 아시아 9개국에서 9명, 대양주 3개국에서 5명, 아중동 3개국에서 3명, 북미 2개국에서 20명, 중남미 8개국에서 8명, 유럽 10개국에서 11명, CIS 2개국에서 3명 등이 최종 선발되었습니다.

강: 모두 37개국에서 모였으니 글로벌 네트워크는 저절로 이뤄질 것 같은데, 초청대상자들의 성비율은 어떤가요?

김: 남자와 여자의 비율이 1 : 4(12명 vs 47명)로 여자가 압도적입니다. 재외동포교육의 미래가 여성들에게 달려 있다고 말해도 지나치지 않을 정도입니다.

강: 물론 여성들이 재외동포교육에 많이 참여하고 있다는 것은 아무래도 생활교육이나 눈높이교육에 있어서 남성들보다 다소 유리하기 때문이 아닐까 싶은데…. 이런 현상을 일반인들은 어떻게 이해해야 할까요?

김: 네. 이런 현상이 발생하는 이유는 남성과 여성의 활동영역이 다르기 때문이 아닌가 싶습니다. 예를 들어 이번에 오신 선생님들의 연령은 1960년대가 23명(남3, 여23), 1950년대가 22명(남5, 여17) 등 4~50대가 70%에 가깝고, 1970년대가 8명(남1, 여7명), 1940년대가 6명(남3, 여3)에 불과합니다. 여기서 우리가 주목해야 할 점은 남성은 전체 12명 중에 5~60대가 8명(67%)인데 반해 여성은 전체 47명중에 3~40대가 27명(57%)이라는 점입니다. 그리고 남성은 전체 12명 중에 9명(75%)이 교장 선생님과 같은 관리직·명예직을 맡고 있는 반면 여성은 전체 47명 중에 교장이 18명, 교감이 10명, 총무·교무가 5명 등 실무임원급 이상이 33명(70%)에 달하고 있습니다. 따라서 4~50대 여성들의 활동력, 남성보다 여유로운 시간활용, 그리고 자녀교육에 대한 열성 등이 크게 작용하고 있다고 분석할 수 있을 것 같습니다.

강: 이번 초청연수 참석자 중에서 특기할 만한 분들을 소개해주신다면?

김: 우선 최고령자로는 아르헨티나한글학교협의회의 임봉열 선생님(1940년생)41)과 캄보디아한글학교의 이영희 교장 선생님(1941년생)42)이 있습니다. 그리고 최연소자로는 중국 벽산조선족학교 최국래 부주임 선생님(1979년생)43)이 있습니다. 그리고 캐나다 몬트리올한인학교의 류순희 선

생님(1949년생), 미국 생수의 강 한국학교 김혜순 교장 선생님(1951년생), 뉴질랜드 한민족학교의 전임례 교장 선생님(1953년생), 이탈리아 한인학교의 김영애 선생님(1957년생), 인도네시아 땅그랑밀알 한글학교의 손영희 선생님(1959년생), 캐나다 프레이저밸리 한국학교의 도경숙 교무선생님(1962년생), 벨기에 한국학교의 김미옥 교장 선생님(1962년생) 등 한국에서 이미 초·중등학교 교사생활을 하시던 분들도 일곱 명이나 계십니다.

강: 한 분 한 분 이름만 들어도 아이들에 대한 사랑이 얼마나 큰지를 느낄 수 있겠습니다. 그런데 현지에서 민족교육을 몸소 실시하는 선생님들은 대부분 어느 나라 국적을 갖고 계신가요?

김: 네. 일반화할 순 없지만 이번 초청연수에 참가하신 분들의 경우에 국한해 보면 대한민국 국적자는 39명(남7, 여32)이고, 외국국적자는 20명(남5, 여15)입니다. 외국국적자는 미국 10명, 캐나다 3명, 호주 2명, 카자흐스탄 2명, 프랑스·중국·피지 각 1명 순입니다. 그동안 재외동포교육에 있어서는 교육자들이 어느 나라 국적을 갖고 있느냐는 그리 중요하게 보지 않았습니다. 그러다보니 '국적 있는 교육'을 강조하는 국내교육 풍토와는 다소 거리가 있었던 것도 사실입니다. 그래서 국민교육이 아닌 민족교육의 틀 안에서 재외동포교육을 바라봐야 한다는 주장이 제기되고 있습니다.

강: 김위원께서 국민교육이 아닌 민족교육의 틀에서 재외동포교육을 바라봐야 한다고 하셨는데, 그렇다면 재외동포교육의 성공 여부는 교재의 내용과 교사의 수준에 따라 좌우될 수밖에 없지 않을까요? 그런 측면에서 재외동포교육지도자 초청연수에 거는 기대가 남다를 것 같은데….

김: 네. 그렇습니다. 그래서 저희 재외동포재단에서는 재외동포 교육지도자 초청연수를 단순히 한글교육만 강조하는 한글학교 교육자들만을 대상으로 한정하지 않고, 민족의 장래를 걱정하고 현지에서 고군분투하는 중국이나 CIS 그리고 일본지역 민족교육지도자들까지 함께 초청함으로써 비록 짧은 기간이지만 현지에서의 경험과 지식을 함께 공유하고 체험하는 장을 만들고, 인식의 지평을 넓혀 교육지도자의 역할이 얼마나 막중한가를 자각하도록 유도하고 있습니다.

강: 한글교육을 매개로 하여 모국에 대한 교육과 민족의 미래에 대한 교육까지 함께 추진하고 있다는 뜻으로 들립니다. 이번 초청연수에 참가하신 선

생님들이나 앞으로 참가하실 선생님께서도 이런 점들을 보다 명확히 이해해야 할 듯싶습니다. 그렇다면 올해 사업 추진방향 중에서 특징을 몇 개만 든다면 어떤 것이 있을까요?

김: 네. 올해 초청연수프로그램은 강의관련 교과목(16%)44), 견학 및 현장학습관련(42%) 교과목45), 사례발표(26%)46), 그리고 기타(16%)47) 프로그램 등 크게 네 파트로 구성되어 있습니다. 그러나 예년과 다른 점은 교육현장에서 직접 활용이 가능한 내용 위주로 프로그램을 편성했다는 점을 들 수 있을 것입니다.

강: 현장중심의 프로그램은 아무리 강조해도 지나치지 않은데요. 어떤 내용들이 주로 논의되었나요?

김: 네. 8월 14일 서울 세종호텔에서 개최된 '간담회'와 8월 15일 같은 장소에서 진행된 '집담회'를 들 수 있습니다. 먼저 '한글학교 현황과 과제'를 주제로 진행된 간담회(사회: 강현화 연세대 국문과 교수)에는 초청연수자 59명 이외에 대륙별 한글학교협의회 대표 11명과 국내 한국어교육 담당자들 60명 등 150여명이 참가했습니다. 홍현순 브라질 상파울루 대한한글학교 교감선생님께서 '다문화가족의 한국어교육'을, 심용휴 미국 앤아버한국학교 교장선생님께서 '정규과정내 한국어 제2교육현황'을, 양익화 네덜란드 화란한인학교 교장선생님께서 '학부모도우미제도 및 입양인 한국어지원'을, 최국래 중국 벽산조선족학교 부주임 선생님께서 '민족학교의 한국어교육'을, 류선이 선생님께서 '호주대학입시 및 호주정부지원'을 각각 발표했습니다. 그리고 '집담회'(사회: 송향근 부산외대 교수, 이중언어학회장)에서는 '재외한글학교의 효율적 운영방안'을 주제로 남일 재미한국학교협의회 부회장, 안진 미주한국학교연합회장, 강여규 유럽한글학교협의회장, 이영주 중남미한글학교총연합회장, 정혜영 동남아시아한글학교협의회장, 신옥연 캐나다한글학교협의회장 등 한글학교협의회 대표자 6명과 김정숙 고려대교수, 김중섭 경희대교수, 최은규 서울대교수 등 이중언어학회 소속 교수 3명 등 9명의 패널이 참여한 가운데 한글학교의 재정조달 및 재정의 효율적 운영방안을 집중적으로 토의하였습니다. 그밖에 재외한글학교 교사를 위한 창의문화예술교육이 서울문화재단 주관으로 8월 13일 오전과 오후 두 차례 진행되었습니다.

강: 무더운 여름, 고국을 찾아와 한글학교 재정자립의 방안을 찾기 위해 애쓰셨던 한글학교 관계자들과 소수민족교육의 미래를 열어가기 위해 애쓰셨

던 민족학교 관계자들의 노고에 다시 한 번 감사의 박수와 격려를 보냅니다. 김 위원님, 다른 소식도 전해주시지요?

김: 네. 지난 14일 고려대 국제관에서는 CIS지역 한국어교사 초청연수 졸업발표회와 수료식이 거행됐으며, 사할린주한인회에서 진행한 8·15기념행사와 멕시코 메리다한인후손회가 주최한 광복절 기념행사에 4천$과 2천$을 각각 지원했습니다. 그리고 연해주·사할린 재외동포청년 IT 직업연수 위탁계약체결(9.1~12.30, 한국산업인력공단)과 2008년도 중국조선족학교 교원대상정보화연수(8.18~8.22) 협약체결(연변과학기술대학교)이 있었으며, 제7차 세계한상대회 IT분과 세미나 및 상담회 용역계약체결(8.8~11.20, 한국IT기업연합회)도 있었습니다.

제3절 제5대 이사장 취임 이후

1. 2008년 8월

가. 8월 25일(월)

강: 한민족 하나로, 매주 월요일 이 시간에는 재외동포재단에서 전하는 소식을 들려드립니다. 김봉섭 위원 전화에 나와 계시죠? 안녕하십니까?
김: 안녕하십니까? 교수님.
강: 이번 주 재외동포재단에서는 어떤 소식부터 전해주실 건가요?
김: 네. 이명박 대통령께서 지난 8월 14일, 권영건 한양대학교 석좌교수를 제5대 재외동포재단 이사장으로 임명했다는 소식부터 전해드리겠습니다.
강: 그동안 어떤 분이 새로운 재외동포재단 이사장으로 오실지 모두들 궁금해 했는데요. 신임 권영건 이사장님에 대해 간단히 소개해주시지요?
김: 네. 1946년생인 권영건 신임 이사장은 경북 안동에서 태어나 한양대 정외과(68년), 연세대 행정대학원(73년), 고려대 교육대학원(77년)을 각각 졸업한 후 만 40세인 1986년에 '조소앙의 삼균주의론'으로 한양대에서 정치학 박사학위를 받은 정통 정치학자(정치사상 전공)입니다.[48] 1983년부터 1999년까지 15년 동안은 국립 안동대학교 행정학과 조교수·교수로서 학생들을 가르쳤으며, 1999년부터 2007년까지 8년 동안은 안동대학교의 제3대~제4대 총장으로 국립대학 교육행정을 성공적으로 수행했

으며, 2002년 이후부터는 전국국공립대학교총장연합회 부회장, 대구경북 지역 국립대학교총장협의회 회장 등 전국단위의 연합활동에 참여하였고, 2006년 한국대학교교육협의회 제15대 회장으로 한국대학교육의 선진화를 위해 봉사했으며, 2007년 8월부터 한양대 정치외교학과 석좌교수로 재직중에 있었습니다.

강: 권영건 이사장님의 경력이 참 화려하군요. 만25년 이상을 대학교육현장에서 행정학 교수로서, 교육행정 CEO로서, 그리고 전국협의회 회장으로 일하셨기 때문에 행정에 대해서는 누구보다도 장점이 있겠지만 재외동포에 대해서는 다소 생소할 수도 있을 듯한데, 재외동포사회의 반응은 어떻습니까?

김: 네. 권영건 신임 이사장님의 취임을 놓고 왈가왈부하는 분들도 더러 있지만 대부분은 신임 이사장님의 활약에 상당히 기대하는 분위기입니다.

강: 그렇습니까? 이번 기회에 재외동포재단 이사장이 갖고 있는 상징적 의미에 대해 말씀해주시죠?

김: 네. 재외동포재단 이사장이라는 자리를 두고 바깥에서는 300개가 넘는 정부공공기관의 장에 불과하다고 말하는 사람도 있고, 차관급 자리라고 평가절하 하는 사람들도 있습니다. 심지어 재외동포영사국장 밑이라고 말하는 사람도 있습니다. 그러나 내용을 자세히 들여다보면 실상은 그렇지 않습니다. 우선 재외동포재단 이사장은 700만 재외동포사회의 미래를 그려나가야 하는 막중한 자리입니다. 그리고 재외동포들의 목소리에 귀를 기울이고 그들의 바람과 희망을 재단사업에 반영하고 정부정책개선을 제언하며 재외동포사회가 나아갈 미래방향까지 제시해야 하는 매우 중요한 자리입니다. 특히 재외국민 참정권이 실현되고 이중국적이 현실화된다면 그 영향력은 지금보다 훨씬 더 커질 것으로 예상됩니다. 그런 의미에서 볼 때, 이명박 대통령의 국정철학과 이명박 정부의 국정목표를 재외동포사회에 정확하고도 신속하게 전달할 뿐 아니라 정부의 구상과 동포사회의 희망사항을 최대한 수렴하여 재단사업과 정부정책개발에 반영하는 강력한 추진력을 가진 사람을 필요로 했고, 이런 여러 가지를 종합적으로 고려한 결과 권영건 이사장이 제5대 이사장으로 발탁되었다고 볼 수 있습니다.

강: 재외동포재단의 위상이 커지는 만큼 재단 이사장에 대한 기대도 덩달아 커질 수밖에 없는 것 아닌가요? 신임 권영건 이사장님께서 지난 18일에

취임식 석상에서 취임사를 발표하셨을 텐데 그 내용도 간단히 소개해주시죠?

김: 네. 지난 8월 18일 오후 3시, 외교센타 2층 대회의실에서 제5대 재외동포재단 권영건 이사장의 취임식이 거행되었습니다. 이 자리에서 권영건 신임 이사장께서는 재외동포들이 모국발전에 기여한 공적을 높이 평가하면서 재외동포재단이 차세대 글로벌 인재육성, 민족교육강화, 한인・한상 네트워크를 통한 모국투자유치에 앞장 설 것을 다짐했습니다. 특히 재외동포재단 직원들이 책임감을 가지고 업무에 임해줄 것도 당부했습니다.

강: 신임 이사장께서 취임 이후 굉장히 바쁜 일정들을 소화하셨을 텐데?

김: 네. 8월 18일 오전 11시 외교통상부 유명환 장관님으로부터 이명박 대통령의 임명장을 전수받으신 후 오찬을 함께 하셨고, 오후 3시에는 외교센타 회의실에서 조촐하게 취임식을 거행했으며, 곧이어 그 자리에서 권영건 이사장께서 강남훈 신임 사업이사에 대한 외교통상부 장관의 임명장을 전수했습니다. 그리고 8월 19일 재외동포 교육지도자 수료식에 참석하여 37개국에서 오신 59명의 한글학교 및 민족학교 교사들과 오찬을 함께 하면서 격려했으며, 오후부터는 기획이사 소관 팀의 업무보고를 받았고, 8월 20일에는 사업이사 소관 팀의 업무보고를 받았습니다. 8월 22일에는 YTN방송 '글로벌코리언' 시간에 출연하여 전 세계 재외동포들에게 취임 인사 겸 포부도 밝히셨습니다. 그밖에 세계 각지에서 걸려오는 전화 응대와 각 신문방송들과의 인터뷰, 내방손님 접견 등으로 대단히 바쁜 한 주를 보냈습니다.

강: 신임 권영건 이사장께서 일하실 앞으로의 3년 기간이 재외동포사회 발전에 매우 중요할 텐데, 어떤 측면에서 성과를 기대할 수 있을까요?

김: 네. 3년이라는 시간이 길다면 상당히 길고, 짧다면 매우 짧은 기간입니다. 그러므로 신임 이사장께서는 역대 김봉규・권병현・이광규・이구홍 이사장들께서 열정적으로 추진해오던 사업들을 기초로 하되 이명박 대통령께서 광복절 경축사에서 말씀하신 "땅은 좁지만 마음은 넓은 나라"를 실현하는 일에 앞장설 것으로 보입니다. 재외동포재단의 조직역량을 강화하고, 서비스마인드를 새롭게 함으로써 국가브랜드와 국가이미지 제고에도 기여할 것이며, 재외동포사회가 요망하는 각종 지원들의 상징성과 중요도를 면밀히 분석하여 최대한 지원할 것이며, 특히 한민족의 미래와 성패가 달려 있는 차세대 글로벌인재양성과 민족교육강화의 큰 그림을 그릴 것

으로 예상됩니다. 동포사회간 교류와 현지조사연구의 활성화를 통해 재외동포사회와의 소통에도 적극 나설 것으로 기대하고 있습니다.

강: 어느 것 하나 소홀히 다룰 수 없는 과제들인데요. 아무쪼록 신임 이사장님께서 큰 틀에서 사업방향과 목표의식을 갖고 하나하나 추진해나갈 수 있기를 기대합니다. 그밖에 다른 소식도 전해주시지요?

김: 네. 한인회팀에서는 2008년 세계한인회장대회 참가자등록신청을 계속 받고 있습니다. 8월 21일 현재 47개국에서 282명의 한인회장들이 접수하셨으며, 개·폐회식과 오찬·만찬 주최와 관련한 업무협의가 계속 진행중이라는 소식입니다. 그리고 지난 13일 2008년도 교류증진 및 권익신장활동지원사업에 대한 수시심의가 개최되어 12개 사업에 대해 모두 6만4천달러 지원이 결정되었습니다. 한상팀에서도 2008년도 제7차 한상대회 등록을 진행중에 있으며, 8월 현재 854명이 등록한 것으로 집계되고 있습니다. 이중 해외참가자는 일반 557명, 전시 1명 등 558명입니다. 등록마감시한이 이번 달 말까지 연장되었으니 보다 많은 관심과 참여를 당부드립니다. 차세대팀에서는 재불한인입양인 한가위행사, 재네덜란드 한국입양인단체지원, 노르웨이 한국입양인 네트워크 구축 및 문화행사지원에 대한 지원이 각각 있었으며, 지난 8월 14일 입양정보센터 사무실에서는 대한사회복지회를 비롯한 8개 입양단체 관계자들이 모인 가운데 제3회 국외입양인 사후관리활성화 워크샵 사전모임이 있었습니다. 그리고 광복절 행사기간에 있었던 외교통상부 초청 재외동포 명예위원 방한행사 지원을 위해 박준희 과장 등 2명이 안내원으로 3일 동안 수고했습니다.

강: 무더운 날씨에도 불구하고 재외동포재단의 직원들이 재외동포들의 권익신장과 네트워크 구축을 위해 많은 일들을 하고 있다는 소식이었습니다. 끝으로 인사파견 관련 소식도 있다고 하던데?

김: 네. 재외동포재단 출범 이후 처음으로 해외직무파견이 있었습니다. 대상자는 한인회팀장을 역임한 바 있는 이종미(4등급)로서 2008년 8월부터 2010년 8월까지 2년 동안 주중국 대사관에서 동포지원을 담당하게 되겠습니다. 우즈베키스탄, 러시아 블라디보스톡, 미국, 일본 등 재외동포들이 밀집해서 살고 있는 지역들에서도 해외근무자들의 파견을 요청하고 있는 만큼 재외동포들로부터 좋은 평가를 받도록 열심히 노력하겠습니다. 이상 재외동포재단에서 전해드렸습니다.

2. 2008년 9월

가. 9월 1일(월)

강: 한민족 하나로, 매주 월요일 이 시간에는 재외동포재단에서 전하는 소식을 들려드립니다. 김봉섭 위원 전화에 나와 계시죠? 안녕하십니까?

김: 안녕하세요, 교수님.

강: 이번 주 재외동포재단에서는 어떤 소식부터 전해주실 건가요?

김: 네, 2008년도 재외동포문학공모 심사결과가 나왔습니다. 7월 28일 이 시간에 소개해드린바 있지만 올해는 모두 36편의 논픽션 체험수기가 응모되었습니다. 이 작품들을 대상으로 외부 심사위원들이 1차, 2차에 걸쳐 엄정하게 심사한 결과 영예의 수상작 8편이 선정되었고, 8월 21일 재단 홈페이지(www.korean.net, www.okf.or.kr)에 공지되었습니다.

강: 그럼 어떤 분이 영예의 대상 수상자로 뽑혔나요?

김: 네, 영예의 대상수상자는 '5일간의 체험이 남긴 여운'을 제출한 김해영씨입니다.

강: 김해영씨에 대해 간략하게 소개해주시지요?

김: 네, 김해영씨는 중국 흑룡강 하얼빈 출신이며, 현재 27살(1981년생)의 젊은 여성으로서 제주대학교 교육학과 박사과정에 재학중인 동포3세입니다.

강: 대학원에 재학중인 여학생이 영예의 대상을 차지했다고 하니 놀라운데요, 수상작품의 줄거리는 어떤 것이었나요?

김: 네, A4 30장 분량으로 되어 있는 '5일간의 체험이 남긴 여운'이라는 체험기는 필자가 2007년 6월, 중국 대학시험 입학생 답안지 채점에 직접 참여하면서 그동안 모르고 있었던 자기 민족에 대한 감상을 소재로 하고 있습니다. 교수님, 우리가 보통 자신의 얼굴을 보려면 거울을 봐야 하지 않습니까? 그렇다면 자신의 존재 역시 타자(他者)를 통해 볼 수밖에 없습니다. 중국조선족이 조선족일 수밖에 없는 이유 역시 한족이나 다른 소수민족을 통해 보는 것이 일반적일 것입니다. 그런 의미에서 김해영씨는 '첫째 날 묘한 느낌', '이튿날 어려운 채점', '사흘날 뜻밖의 일', '나흘날 어이없음과 한숨', '마지막 날 돌아오는 길에' 그리고 '후기'를 통해 민족에 대한 눈이 떠지는 과정을 아주 담담하게 그러면서도 감동적으로 그려 나가고 있습니다.

강: 그렇군요. 김해영씨가 쓴 내용 중에서 가장 핵심대목 한 구절만 소개해주시죠?

김: 네, 한 소절만 읽어드리겠습니다. "금번 채점행은 나에게 우리 민족의 소리를 듣게 하였고, 5일간의 체험은 나에게 민족의 어제와 오늘 그리고 내일을 깊이 생각할 수 있는 긴 여운을 남겨 지금도 쉬이 진정하지 못하고 있다. … 내가 지금 관심을 가지는 것은 한국 시집간 이쁜이 고쁜이도 아니요, 돈 벌러 가서 돌아오지 않는 아줌마 아저씨도 아니다. 가엾고 불쌍하게 고아가 아닌 고아가 된 우리 아이들이다. … 헌옷입고 돈 없더라도 부모님의 따뜻한 손길을 그리워하는 애들일 것이다. 지금 이 글을 쓰고 있는 마음은 피눈물이 흐르도록 아프고 눈가는 벌써 젖어든다. 우리 아이들의 요구는 높지 않다. 그냥 배우고 싶은 거 맘껏 배우고, 냉랭한 돈보다 따뜻한 선생님의 손길, 부모님의 손길이 그리운 것이다. 그런데 그들이 점점 조선어를 모르는 타민족의 애들로 되고 있다. 위기를 느껴야 할 것 같다. … 조선어 대신 중국어로 하는 강의, 교사의 부족, 조선족사회의 민족문화의 연속성문제 등등 참으로 현재 조선족사회는 문제가 많다. 하지만 100년을 꿋꿋이 지켜온 넋이 아닌가? 시험지마다에서 굴러 나오는 중국어들을 보면서, 중국어로 강의할 학교의 모습들을 상상하면서 가슴 아프고 안타까웠지만 지금도 늦지 않다. 우리 조선족은 무슨 일이 있더라도 계속 중국에서 다름 아닌 조선족으로서 그 대를 이어나가야 한다. 민족을 위한 목소리는 계속 커질 것이다."

강: 조선족 출신 동포여학생이 수준 높은 한국어 문장을 구사하고 있고, 특히 조선족사회의 미래와 민족교육의 중요성을 표현하고 있다는 것이 참으로 대견합니다. 조선족 민족학교들이 현재 겪고 있는 문제점은 뭐라고 볼 수 있나요?

김: 네, 연변지역 교장선생님들을 대상으로 한 설문조사에 따르면 자금부족문제(57%)가 가장 심각하며, 그 다음은 학생 유실(35%)과 교사 유실(22%) 등이 지적되고 있습니다. 젊은 교원의 확보문제, 학생은 적고 교원은 남아도는 문제, 부모 출국과 이혼 등으로 생긴 문제가정학생 관리 등도 심각한 수준이라고 합니다. 특히 중국 한족학생들과의 경쟁에서 민족언어와 민족문화를 제외하고는 종합경쟁력이 전반적으로 뒤쳐지고 있는 점도 지적하지 않을 수 없습니다. 결국 이 모든 문제들이 자금부족에서 파생되는 현상으로 현지에서는 파악하고 있습니다.

강: 권영건 신임 이사장께서 취임사에서 민족교육강화에 보다 많은 신경을 쓰시겠다고 말씀하신 바 있지 않습니까? 이번 기회에 재외동포재단에서 조선족민족학교 뿐만 아니라 CIS 및 일본지역 민족학교까지 모두 아우르는 새로운 민족학교지원방안을 마련하면 어떨까 합니다.

김: 네, 교수님의 지적에 100% 동감입니다. 신임 이사장께서 동포 여러분의 바람이 무엇인지 잘 알고 계시는 만큼, 특히 소외지역에 계신 동포분들의 민족교육에 각별한 관심을 갖고 계신 만큼 개선방안 마련에 노력할 것으로 기대됩니다.

강: 꼭 그렇게 될 수 있도록 해주시길 부탁드립니다. 영예의 대상 이외에 우수상도 두 분이 받으셨지요?

김: 네, 대상에 못지않은 우수상 한 분은 중국조선족 명창 신옥화 선생의 일대기를 쓴 중국동포 김인덕씨(1965년생, 연길 예술세계잡지사 편집부장)의 '한에 얽힌 노래'가, 다른 한 분은 미국에서 닭농장을 경영하고 있는 영주권자 주경노씨(1951년생)의 '뻐꾹새 울지 않는 마을'이 각각 선정되었습니다.

강: 대상이나 우수상에는 들지 못했지만 가작들도 여러 명 되지요?

김: 네, 가작에 선정된 작품들은 모두 다섯 작품입니다. 독일동포 박순평씨가 쓴 '영원한 이방인', 중국동포 박룡일씨가 쓴 '민들레 인생', 중국동포 강효삼씨가 쓴 '우리 삶의 터전을 위하여', 중국동포 박춘섭씨가 쓴 '젊음이라는 이름으로', 그리고 호주동포 양상수씨가 쓴 '호주 이민의 삶'이 각각 선정되었습니다.

강: 2008년도 수상자 모두에게 축하와 감사의 말씀을 전합니다. 아울러 이번 기회에 아깝게도 수상하지는 못했지만 이역만리에서 우리말과 글을 지키면서 생활하고 계신 여러 응모자 여러분들께 격려의 박수를 보냅니다. 내년에는 보다 좋은 결과가 있기를 바랍니다. 김 위원님, 다른 소식도 전해주시지요?

김: 네, 2008년도 재외동포 장학생 선발 심사위원회가 준비 중에 있습니다. 저희 재외동포재단에서는 매면 중국지역 50명과 CIS지역 50명 등 모두 100명의 재외동포 장학생을 선발하고 있는데 금년에는 지원자가 6개국에서 모두 146명이 신청하였습니다.

강: 100명 선발에 146명이 지원했다면 경쟁률이 1.5대 1 정도 되는데 어느 지역 동포들이 주로 지원했나요?

김: 네, 인원수별로 말씀드리면 중국이 76명으로 제일 많고, 그 뒤를 러시아가 41명, 카자흐스탄과 키리기스스탄 그리고 우크라이나가 각 8명, 우즈베키스탄이 5명으로 뒤따르고 있습니다. 중국의 경우 1.52대 1, 러시아와 CIS국가의 경우 1.28대 1로 중국지역의 경쟁이 보다 치열할 것으로 예상됩니다.

강: 재외동포 장학생 선발이 중국이나 CIS지역에 국한되어 있다는 비판도 있을 법한데, 어떻습니까?

김: 네, 중국이나 특히 CIS지역 재외동포는 정착이나 이주역사가 오래되어 현지동화의 정도가 심각한 수준 아닙니까? 그대로 놔두면 민족정체성을 완전히 잃어버릴 수도 있는 상황입니다. 그렇게 본다면 중국이나 CIS지역 우리 후손에 대한 장학지원은 지금보다 더욱 확대되어야 할 것입니다. 물론 다른 지역 한인동포들이나 한국을 배우려는 입양아들에 대한 장학지원은 중국 및 CIS지역 장학지원과는 좀 다른 측면에서 좀더 다양한 장학프로그램으로 접근해야 할 듯 합니다.

강: 글로벌인재 활용이 화두가 되고 있는 요즘, 재외동포 인재들을 우리의 글로벌 인재로 적극 육성·활용하는 방안을 모색해야 하겠습니다. 그리고 10월 2일 세계한인의 날 전후로 개최되는 2008년 세계한인회장대회가 현재 차질 없이 준비되고 있나요?

김: 네. 지난주에 등록현황을 말씀드린 바 있습니다만 47개국 282명에서 현재까지 60개국 345명으로 참가자 수가 늘어났으며, 휴스턴한인회 등 9개 한인회들이 대회기간 중 있는 우수운영사례 발표의사를 표시했습니다. 또한 인천광역시장, 한국관광공사, 서울시 산하 서울관광마케팅주식회사 등에서 행사를 후원해주시고, 서울시와 서대문구청 주관으로 건국60주년 기념행사에 사용된 증정용 태극기 800점을 대회 참가자들에게 증정할 예정입니다. 그 밖에도 각 정당별 재외동포정책 포럼도 준비 중에 있습니다.

강: 2008년도 세계한인회장대회를 준비함에 있어 다른 대회 준비 때보다 특별히 신경 쓰는 부문이 있다면?

김: 네, 그동안 러시아와 CIS지역 한인회장들은 지난해부터 열심히 참석하고들 계신데 반해 고려인협회 회장들의 참가는 다소 저조했습니다. 따라서 올해는 고려인동포 회장들이 보다 적극적으로 참가해주실 것을 여러 경로를 통해 당부하고 있습니다.

강: 한 번 소외의식을 느끼기 시작하면 웬만해서는 잘 해소되지 않으니까 재외동포재단에서 각별히 신경 써서 참가자 모집에 임해줄 것을 당부 드립니다.
김: 네, 한인회팀에서도 그 점을 잘 명심하고 있는 걸로 알고 있습니다. 이상 재외동포재단에서 전해드렸습니다.

나. 9월 8일(월)

강: 한민족 하나로, 매주 월요일 이 시간에는 재외동포재단에서 전하는 소식을 들려드립니다. 김봉섭 위원 전화에 나와 계시죠? 안녕하십니까?
김: 안녕하세요, 교수님.
강: 이번 주 재외동포재단에서는 어떤 소식부터 전해주실 건가요?
김: 네, 지난 9월 1일 제18대 국회가 오랜 공백을 깨고 여야 합의로 마침내 개원했습니다. 따라서 재외동포재단에서도 새로 구성된 외교통상통일위원회(위원장 박진) 위원들에게 재단 업무보고를 9월 9일 실시할 예정으로 있습니다.
강: 그렇군요. 새로 선임된 이사장께서 업무보고를 해야 할 텐데, 준비에는 차질이 없지요?
김: 네, 신임 이사장 취임 후 첫 번째로 맞는 대국회활동이므로 재단에서는 업무보고에 만전을 기하고 있습니다. 특히 국회의원들께서 재외동포에 대해 관심들을 많이 갖고 있어서 그 어느 회기 때보다 열기가 뜨거울 것으로 예상됩니다.
강: 그렇군요. 한국정치에서 9월이면 어김없이 정치가 활기를 띠는 계절인데, 이번 제18대 국회 외교통상통일위원회에는 어떤 분들이 포진되었나요?
김: 네, 외교통상통일위원회는 외교통상부, 통일부 그리고 민주평화통일자문회의관련 법률과 소관기관을 관할하는 대규모 위원회입니다. 현재 29명의 의원들로 구성되어 있는 외교통상통일위원회 위원장은 한나라당 경선을 거쳐 당선된 박진(3선) 의원이 맡고 있으며, 3개 교섭단체별 간사로는 한나라당 황진하(2선) 의원, 민주당 문학진(2선) 의원, 선진과 창조의 모임 박선영(초선) 등이 각각 맡아 수고할 예정입니다.
강: 일반적으로 외교통상통일위원회 소속 의원이라고 하면 다선위주의 중량급 의원들이 선호하는 위원회로 알려져 있지 않습니까? 이번 제18대 국

회에서도 예외가 아닐 텐데요?

김: 네. 그렇습니다. 여당인 한나라당에서는 6선의 이상득, 정몽준 의원, 4선의 안상수, 정의화, 남경필 의원, 3선의 박진, 권영세, 정진석 의원, 2선의 황진하, 김충환, 진영 의원이 포진해 있는 반면 야당인 민주당에서는 5선의 박상천 의원, 4선의 정세균, 이미경 의원, 2선의 문학진, 박주선, 신낙균 의원과 선진과 창조의 모임에서는 3선의 이회창 의원 등이 각각 포진해 있습니다. 비교섭단체에서는 5선의 김일윤 의원, 2선의 송영선 의원도 있습니다.

강: 외교통상통일위원회에는 제17대 대통령 입후보자를 비롯하여 각 당의 대표와 원내대표를 역임한 분들이 모여 있군요. 그렇다면 이분들이 당리당략을 떠나 재외동포문제에 조금만 더 관심을 갖고 지지를 보내준다면 제18대 국회에서 재외동포정책이나 재외동포재단 사업을 한 단계 업그레이드 시킬 수 있으리라 보는데….

김: 그렇습니다. 이번 외교통상통일위원회에는 재외동포문제에 관심이 많은 이상득, 정몽준, 남경필, 진영, 이미경 의원 등을 비롯하여 초선이지만 송민순,윤상현, 구상찬, 정옥임, 박선영, 문국현, 홍정욱 의원 등의 활약을 기대하고 있습니다.

강: 이번 9월 9일 재단 업무보고가 권영건 이사장의 첫 대국회활동이 되겠는데, 어떤 각오로 임하실 예정인지?

김: 네, 권영건 이사장께서는 재외동포재단 조직과 예산확대 필요성과 재외동포 민족교육의 강화를 최우선적으로 언급할 예정이며, 18대 국회가 다루어야 할 재외국민 참정권 관련 입법, 재외동포 이중국적 허용여부, 재외동포 전담기구 설치 타당성 등 재외동포들에 관심을 갖고 있는 사항들에 대한 재단의 입장을 피력할 것으로 보입니다.

강: 제18대 국회에서 앞서 언급한 사항들이 타결될 가능성은 어느 정도인지요?

김: 현실정치라는 것이 항상 상대가 있지 않습니까? 대화와 토론 그리고 양보와 합의 등 일련의 정치과정을 통해 하나의 법률이나 정책이 만들어지는 것을 볼 때 이번만큼은 여야의 입장 차이 때문에, 그리고 정부와 정치권의 입장 때문에 성과가 없었다는 변명이 더 이상 나오지 않기를 바랍니다. 재단의 조직이나 예산문제는 정부의 정책기조에 따라, 그리고 예산당국과의 협의내용에 따라 그 규모가 정해질 것이지만 입법문제는 예나

지금이나 그렇게 간단하지가 않습니다.

강: 그동안 입법문제가 간단하지 않았던 이유들은 무엇이었나요?

김: 교수님도 아시다시피 재외동포문제는 외교문제이자 민족문제이며, 정치·경제문제이자 사회·문화문제이며, 현실문제이자 미래문제이기 때문에 정부가 재외동포문제를 다룰 때에는 반드시 '나타나고 있는 현상과제'과 '바람직한 비전과제'의 두 측면을 모두 비중 있게 다루어야 하기 때문입니다. 물론 양자간의 균형이 가장 좋은 방법이지만 최근 들어 전문가들 사이에는 민족문제, 사회·문화문제, 미래문제 쪽에서 재외동포정책의 방향을 제시해야 한다는 의견들이 점점 많아지고 있는 추세입니다. 또한 재외동포문제를 자기중심적 입장에서가 아니라 글로벌 수준, 동북아시아 수준, 한반도 수준 등 3가지 수준도 함께 고려하면서 관련 정책이나 사업들을 개발·추진해야 한다는 의견들도 제기되고 있습니다. 특히 재외동포정책이나 사업 하나하나가 단순히 나오는 것이 아니라 우리의 국력수준이나 정치상황, 외교력 그리고 주변국 상황들에 매우 민감하게 반응하면서 나오고 있음을 분명히 알아야 할 것입니다.

강: 그렇다면 앞으로의 우리 정부의 재외동포정책이나 사업이 어떻게 진행될 것으로 보십니까?

김: 우선 정부는 지난 8월 '재외동포 교류·협력사업 실태평가'를 통해 재외동포정책위원회와 실무위원회의 위상을 강화할 예정입니다. 그동안 이름만 있었던 정책조정권을 국무총리가 실제적으로 행사하겠다는 입장입니다. 이런 차원에서 재외동포재단은 예산과 인력을 확충하고, 재정구조도 정부출연금으로 일원화하고, 재단 운영의 중립성과 독립성을 보장할 것으로 전망되고 있습니다. 특히 그동안 산발적이고 단기적으로 수립되던 재외동포정책을 종합적·체계적인 기본계획 수준으로 향상시키며, 재외동포 인재활용계획이 국가인적자원개발계획에 포함되도록 할 예정입니다. 이렇게 되면 대한민국의 새로운 60년이 재외동포사회를 선진화 하는 기반이 될 것이며, 수요자중심의 재외동포 네트워크 구축, 재외동포 관련 DB 인프라강화, 온라인 한민족공동체 형성 등의 과제들도 2010년 상반기까지는 한층 개선될 것으로 보고 있습니다.

강: 2010년이면 앞으로 1년 4개월 정도 남았는데, 지금부터 잘 대처해야 할 것 같습니다. 다른 소식도 전해주시지요?

김: 네, 한인회관 건립 및 지위향상사업 심의위원회가 조만간 개최될 예정입

니다. 지금까지 모두 19개국 29개 공관에서 총 49건의 지원요청이 들어와 있으며, 그 요청금액이 무려 2008년도 재단 사업예산의 54%에 해당되는 195억원에 달하고 있습니다.

강: 사실 한인회관 건립이라고 하면 재외동포사회의 숙원사업이지 않습니까?

김: 그렇습니다. 한인동포사회가 현지에서 뿌리를 내리거나 상호간의 친목과 단결을 공고히 하게끔 하는 기본사항이 바로 인프라구축인데, 한인회관은 인프라 중의 인프라에 해당됩니다. 특히 흩어져 살고 있는 한인들을 한 곳으로 모으고 이들의 애로사항을 해결하는 민원창구역할도 하며, 현지에 나와 있는 재외공관과도 긴밀하게 연락하고 협력하면서 민간외교역할도 하는 한인사회의 구심점이기도 한 곳입니다.

강: 그렇다면 한인회관 건립을 위해 현지 동포사회가 해야 할 일은 무엇인가요?

김: 무엇보다도 현지 한인들 스스로 한인회관 건립의 의지를 보여줘야 합니다. 다시 말해 건립의 절반 이상은 현지에서 해결해야 합니다. 한국정부와 재외동포재단이 건립을 지원하는 데에는 현실적인 한계가 있습니다. 그리고 재산의 귀속문제도 있습니다. 예를 들어 전 세계적으로 600여 개에 가까운 한인회 모두가 모국정부에 한인회관 건립지원을 일시에 요청한다고 생각해보십시오. 어느 곳 하나 중요하지 않은 곳이 어디 있겠습니까? 어떤 곳은 한인인구가 많고, 어떤 곳은 역사적 의미가 있고, 또 어떤 곳은 모금이 어느 정도 되었고, 또 어떤 곳은 현지정부의 지원약속도 있고 … 등등. 따지고 보면 그동안 모두 다 건립되었어야 합니다. 이론적으로는. 그러나 현실은 그렇지 못했기 때문에 우선순위를 둘 수밖에 없고, 지역적 형평성을 따지지 않을 수 없고, 설립의 타당성과 현실성을 따질 수밖에 없는 것입니다. 그리고 기존에 지원받은 한인회들도 정해진 기한 내에 처음 약속대로 반드시 건립하는 아름다운 모습을 보여주어야 합니다. 따라서 먼저는 자기네 손으로 자체 회관을 건립(또는 구입)하겠다는 자구노력이 가장 기본입니다.

강: 제7차 세계한상대회도 얼마 남지 않았는데 준비상황은 어떤가요?

김: 네. 3천여 명의 내외동포들이 한 자리에 모이는 한상대회는 비즈니스1대1미팅, IT·섬유·식품외식 등 업종별세미나, 투자설명회 이외에 기업전시회도 함께 진행됩니다. 8월 말 현재, 지방자치단체 참가업체는 273개에 설치부스는 246개이며, 강원테크노파크와 보건산업진흥원 등 유관기

관 참여업체는 51개에 설치부스는 55개, 그리고 개별 온라인신청업체는 78개에 설치부수는 94개로 각각 집계되고 있습니다(※총 310개 업체, 23개 기관, 344부스). 또한 참가등록현황은 국내 213명, 국외 788명 등 1,001명이며, 전시업체 상주인력까지 포함하면 1,635명에 달하고 있습니다.

강: 그럼 세계한상대회 등록이 마감되었나요?

김: 네. 사전등록은 마감되었으나 2008.10.28 대회 당일 현장등록이 예년과 동일하게 가능하므로 참가인원은 더 늘어날 것으로 보고 있습니다. 다만 등록비가 10만원이 아니라 15만원으로 인상된다는 점을 유념해주시길 바랍니다. 이상 재외동포재단에서 전해드렸습니다.

다. 9월 22일(월)

강: 한민족 하나로, 매주 월요일 이 시간에는 재외동포재단에서 전하는 소식을 들려드립니다. 김봉섭 위원 전화에 나와 계시죠? 안녕하십니까?

김: 안녕하세요, 교수님.

강: 이번 주 재외동포재단에서는 어떤 소식부터 전해주실 건가요?

김: 네, 지난 9일 제278회 정기국회 외교통상통일위원회에서 제18대 국회의원들을 상대로 재단 업무보고가 진행되었다는 소식입니다. 이날 권영건 이사장은 재단 조직, 인원, 예산현황을 간략하게 설명한 후 2008년도 재단사업계획, 새로운 비전을 비롯하여 소외지역·계층의 한인교육강화, 모국수학기회확대를 통한 차세대인재육성, 재단역량강화 등 3가지 현안사항을 보고하였습니다.

강: 이번 업무보고는 외교통상부 산하 3개 기관과 함께 보고하는 형식이었나요?

김: 국회일정과 각 기관일정에 따라 달라집니다만 통상 3개 기관이 한 자리에서 보고하는 형식을 취하고 있습니다.

강: 외교부 산하 이들 3개 기관의 특징을 간략하게 소개해주시지요?

김: 교수님께서 지적하셨듯이 외교통상부에는 모두 3개의 산하기관이 있습니다. 설립순서대로 말씀드리면 우선 개발도상국가를 대상으로 정부차원의 대외무상협력사업을 전담하는 국제협력단(KOICA, 91.4.1 설립)입니다. KOICA에는 임원 5명, 직원 223명, 27개국 28개 해외사무소가 있으며,

08년도 예산은 3,132억원입니다. 다음은 국제사회에 한국에 대한 올바른 인식과 이해를 도모하는 한국국제교류재단(KF, 91.12.30 설립)입니다. KF에는 임원 3명, 직원 87명, 6개 해외사무소가 있으며, 08년도 예산은 633.4억원입니다. 그리고 마지막으로 재외동포의 현지정착지원과 민족정체성함양을 전담하는 재외동포재단(OKF, 97.10.30 설립)입니다. OKF에는 임원 3명, 직원 49명이 있으며, 08년도 예산은 359억원입니다.

강: 엄밀하게 보면 KOICA는 다자외교(개발원조)차원에서, KF는 문화외교차원에서 외교부가 해야 할 일을 대신한다는 특성이 분명합니다. 그런데 재외국민정착과 외국국적동포의 민족정체성함양을 지원하는 두 가지 목적을 동시에 달성해야 하는 OKF의 경우는 동포애와 외교문제가 종종 충돌할 가능성이 있을 것 같은데, 어떻습니까?

김: 동포는 남이 아니지 않습니까? 혈통으로나 문화로나 우리의 핏줄이고 우리와 같은 뿌리를 갖고 있는 분들입니다. 그러나 국제사회가 국민국가들로 구성되어 있는 현실에서는 엄연히 다른 나라 국적을 갖고 있는 외국인들이 400만이나 포함되어 있습니다. 특히 사회주의권 북방동포들이 외국국적동포의 절반 이상인 현실에서는 상당히 조심스럽게 접근할 필요가 있습니다. 그러나 외교마찰 우려 때문에 동포들의 현실을 외면해서는 안 된다는 것이 저희 재단의 공식 입장이며 존재이유입니다.

강: 결코 쉽지 않은 과제입니다. 동포애와 외교문제 양자를 두루 살필 수 있는 정부정책과 사업이 추진되어야 하겠습니다. 국회 업무보고에서 의원들로부터 많은 질의와 주문이 있었을 텐데, 어떤 내용들이 언급되었나요?

김: 제한된 시간 때문에도 불구하고 많은 의원들이 재단에 대해 질의를 해주셨습니다. 그 중에서 몇 가지를 소개하면 다음과 같습니다. 1) 700만 재외동포의 청소년들이 모국 기업 취업이나 학교 수학을 희망하는 사람들이 많은데, 이들에 대한 대책은 없는가. 동포들에게 모국어는 물론 현지어를 잘 할 수 있도록 이중언어교육이 필요하다(문국현). 2) 국제교류기금이 점점 고갈된다고 하는데 동포재단에서 이를 계속 가져가는 것은 문제가 많다. 국무총리실에서도 재단의 조직확대를 지적했는데, 구체적 계획이 수립되어 있나(남경필). 3) 국가재정이 어려울 때 일시적으로 교류기금을 활용한 것이므로 앞으로는 동포재단 예산은 정부출연금으로 하는 것이 옳다. 현 정부와 말이 통하는 이사장이라는 것을 보여 달라. 동포재단과 민주평통, 동포재단과 교육부 등 중복되는 부분은 하나로 융합시켜

야 한다. 참정권 행사라는 권리를 존중하면서도 국익에 해가 되지 않는 방안을 만들어 보고해 달라(송민순). 4) 재단 홈페이지 내용이 업데이트가 제대로 되어 있지 않다. 전 세계 동포를 상대하는 만큼 근무시간을 2~3교대로 할 의향은 없나(정옥임). 5) 재단 홈페이지에 대한 영문 작업이 안되어 있다. 본국 관점이 아닌 해외 관점을 참고해야(신낙균), 멕시코 한인후손사업, 입양동포사업 등 잘 살펴봐 달라. 신정부 출범을 계기로 예산을 지금보다 2배 정도 늘려야 한다(김충환). 6) 재외국민투표권 부여시 유권자등록 해야 하는데 국내사정을 잘 모르는 사람들을 위해 재단에서 대비책을 세워야 한다(박주선). 7) 재외동포가 모국인구대비 10% 이상인데 너무 모국어교육에만 치중하고 있는 것은 아닌지. 현지적응 위한 프로그램과 정보제공이 필요하며, 우리 역사를 가르치는 프로그램도 필요하다(박선영).

강: 국회의원들이 재단 예산확대문제, 사업중복 해소문제, 소외동포 계속지원문제, 홈페이지와 데이터보강문제, 재외국민 참정권 대비문제, 언어와 역사 통합교육문제, 주류사회진출지원문제 등을 주로 지적했는데, 재단에서는 어떻게 분석하고 있나요?

김: 의원들의 질의가 상당히 구체적이고 생산적인 것이었기 때문에 재단이 앞으로 사업을 진행하는데 상당히 도움이 될 것으로 보고 있습니다. 특히 재단 예산과 역할에 대한 주문이 많았는데, 이것이 의원님들의 일시적인 관심으로 그치지 않도록 열심히 노력해야 할 것입니다. 사실 정부 정책의 효율성과 효과성을 평가하는데 있어 가장 기본이 되는 척도는 예산규모와 조직역량입니다. 이번 회기에서만큼은 사업의 중복, 정책의 혼선 그리고 정부부처 상호간 이해대립이 분명하게 정리되기를 기대해 봅니다.

강: 재외동포재단의 기대와 바람이 이번만큼은 현실화되어야 하겠습니다. 다음 소식도 전해주시지요?

김: 우즈베키스탄 고려인 독거노인을 위한 요양원 개보수공사 지원사업이 추진 중에 있다는 소식입니다. 지원금액은 45만 달러이며, 공사기간은 착공일로부터 4개월입니다.

강: 좀 더 자세히 알려주시지요?

김: 고려인 독거노인을 위한 요양원 개보수공사 지원사업은 우즈베키스탄 한국대사관에서 강력하게 요청한 사업이며, 특히 고려인강제이주70년의 역사성을 감안한 사업입니다. 현재 외교부와 동포재단에서는 개보수(리모델

링)의 타당성과 지원규모를, 국제의료보건재단에서는 개보수 후 운영비 확보를 맡아서 상호협력하고 있습니다.

강: 요양원의 위치는 어디 입니까?

김: 우즈베키스탄 고려인이 가장 많이 살고 계신 타쉬켄트 인근의 유코리 치르릭 지역에 있으며, 대지 3600평에 건평 660평(1, 2층)이라고 합니다.

강: 앞으로 요양원 운영은 어떻게 할 예정인가요?

김: 고려인 자체 운영을 목표로 많은 수의 고려인을 채용하여 운영노하우를 전수할 예정이며, 언어문제로 인한 문제점을 방지하기 위해 한국어와 러시아어가 구사 가능한 고급인력도 채용할 예정입니다. 특히 운영비 확보가 중요한데 국제보건의료재단에서 내년도 사업예산으로 3억원을 확보했지만, 많은 분들께서 동참해주셔야 원활하게 운영될 수 있을 것으로 생각됩니다.

강: 우즈베키스탄 하면 고려인동포들이 1937~38년 강제이주 당시 가장 많이 정착하게 된 곳이지 않나요? 현재 한인동포 인구규모는 얼마나 되나요?

김: 어느 지역이든 정확한 동포수를 알기가 말처럼 쉽지 않습니다. 현재 우즈베키스탄 주재 한국대사관에서도 이 점을 인식하고 현지 14개 고려인문화협회와 연계하여 정확한 고려인동포 인구를 파악 중에 있습니다. 다만 2007년 9월 현재까지 파악된 한인동포수는 184,600명(남 88,981; 여 95,619)에 달하고 있습니다. 이 정도의 규모는 중국, 미국, 일본, 캐나다, 러시아 다음으로 많은 수의 한인동포들이 거주하고 있음을 의미합니다. 또한 전체의 99.3%인 183,300명이 우즈베키스탄 국적자이며, 이들 대부분이 거의 현지화가 이루어진 동포 3~5세들이라는 특색을 갖고 있습니다. 한편 우리 국적의 재외국민 1,346명도 일반체류 및 유학생 자격으로 생활하고 있습니다.

강: 우즈베키스탄 동포사회가 5번째로 규모가 크다고 보면 이 지역에 대한 정부의 관심이나 지원도 각별해야 할 텐데, 생활형편은 어떤가요? 상당히 어렵지요?

김: 1992년 우즈베키스탄 독립 이후 현지 우즈벡어를 몰라서 안정된 직장에서 쫓겨나 자영업으로 전환한 사람들이 크게 늘어났습니다(전체의 40%). 특히 80% 이상이 콜호즈(집단농장) 농촌이 아닌 도시에서 거주하고 있는데 현지 경제상황에 어려워지면서 고려인동포들의 상당수가 도시빈민으로까지 전락하고 있는 상황입니다. 그 결과 고려인 가정의 학생들이 대학

진학에 어려움을 겪고 있으며, 이는 다음세대 한인동포사회를 이끌어나갈 인재들이 그만큼 부족해지고 있음을 의미합니다.

강: 경제수준이 교육수준을 결정한다고 볼 때 우즈베키스탄 한인동포사회에 대한 특단의 대책이 수립되어야 할 것 같군요. 다른 소식도 간단하게 전해주시지요?

김: 네. 제7차 세계한상대회 등록자가 2천명 선을 돌파했습니다. 국내 1,031명, 해외 1,068명 등 2,081명이며, 6개 지자체・12개 국가기관・45개 유관기관 등도 함께 할 예정입니다. 그리고 지난 10일 재외동포권익강화를 위한 공청회가 조원진 의원 주도하에 헌정기념관 대강의실에서 있었으며, 이윤성 국회부의장, 안경률 한나라당 사무총장, 김덕룡 대통령특보, 김영진 의원에 이어 권영건 이사장께서도 인사말을 했습니다. 이상 재외동포재단에서 전해드렸습니다.

라. 9월 29일(월)

강: 한민족 하나로, 매주 월요일 이 시간에는 재외동포재단에서 전하는 소식을 들려드립니다. 김봉섭 위원 전화에 나와 계시죠? 안녕하십니까?
김: 안녕하세요, 교수님.
강: 이번 주 재외동포재단에서는 어떤 소식부터 전해주실 건가요?
김: 네. 지난 22일 국회 외교통상통일위원회 예산결산심사소위원회에서는 2007년도 재외동포재단 재정결산에 대한 심사와 의결이 있었습니다. 이 자리에는 권영건 재단 이사장은 2007년도 사업추진실적, 재무제표, 예산 대비 집행실적을 보고했고, 한영회계법인에서는 재단 재무재표에 대한 감사보고서를 제출하였습니다.
강: 김위원님, 보통 재무제표라고 하면 대차대조표, 손익계산서, 이익잉여금처분계산서 등 3가지인데요. 이번 국회 심사에 보고된 지난 해 재외동포재단 재무상황은 어떠했나요?
김: 네. 재단의 자산・부채・자본상황을 알려주는 것이 대차대조표입니다. 이 대차대조표에 따르면 2007년도 12월 31일 현재 재단 자산은 82억8147만8368원, 부채는 33억7431만4069원, 자본은 49억716만4299원으로 나타났습니다. 그리고 손익계산에 따르면 수입총액은 338억6782만7844원, 지출총액은 331억3965만828원으로 집계되었습니다.

강: 좀 더 자세히 말씀해주시지요?
김: 네. 대차대조표부터 말씀드리면 자산 82억원에는 은행예금(62억원)과 외교센타 임차보증금(17.3억원)이 포함되어 있고, 부채 33.7억원에는 미집행금(31.1억원)과 퇴직충담금(2.2억원)이 포함되어 있습니다. 그리고 자본금 49.7억원은 기부금 (4억원)과 자본잉여금(20.2억원) 및 이익잉여금(24.7억원)이 포함된 금액이 되겠습니다. 다음으로 손익계산서를 말씀드리면 수입 338.6억원에는 정부출연금(47.1억원)과 국제교류기금(269.5억원) 및 사업외 수입(21.9억원)이 포함되어 있고, 지출 331.3억원에는 인건비(16.1억원)와 경상운영비(9.2억원) 및 사업비(306억원)이 집행된 걸로 나타나 있습니다.
강: 일반인들이 관심 있는 것은 재외동포재단의 사업비 306억원의 집행내역이 되겠는데요. 어떤 분야에 얼마 정도의 사업비가 집행되었는지도 알려주시지요?
김: 네. 저희 재단은 지난 2007년 모두 9개의 단위사업프로그램을 추진해왔습니다. 손익계산서에 따르면 한인네트워크사업에 33.3%(101.8억원), 모국어민족교육사업에 19.3%(58.9억원), 거주국정착지원에 13.2%(40.4억원) 등 3대 역점사업에 총사업비의 65.8%(201.2억원)가 투입되었습니다. 그리고 나머지 34.2%(94.8억원)는 민족망구축사업에 28억원(9.16%), 지위향상 및 권익보호지원에 19억원(6.2%), 차세대지원에 18.3억원(6%), 한상네트워크사업에 16.9억원(5.5%), 문화정체성함양에 12.1억원(3.9%), 소외 및 특수지역지원에 10.1억원(3.3%)이 각각 투입되었습니다.
강: 김위원님이 말하는 것을 들으니 재외동포재단의 사업비가 한인네트워크, 모국어교육, 거주국정착지원 등에 집중되어 있음을 알 수 있네요. 그런데 지위향상 및 권익보호나 차세대 그리고 소외 및 특수지역지원 등은 앞서 지적된 핵심부문에 전혀 뒤지지 않을 주요관심부문이며, 온라인사업이나 한상네트워크, 문화정체성함양도 글로벌시대에 보다 지원을 확대해나가야 할 부분으로 보입니다.
김: 네. 저도 공감합니다. 앞서 말씀드린 3대 핵심영역이 재단사업의 기초(다리)에 해당된다면 지위향상이나 차세대 그리고 소외지역영역은 재단사업의 기둥(허리)에, 온라인이나 한상 그리고 문화정체성은 재단사업의 덮개(머리)에 각각 해당됩니다. 그런데, 전체적으로 보면 허리부분이 상대적으로 미약(15.5%)한 걸로 나타나고 있는 만큼 이 부분에 대한 보강이 시급

히 이뤄져야 할 것으로 판단됩니다.

강: 우리 700만 재외동포가 5대양 6대주에 분포되어 있는 만큼 대륙별 지원액은 어떻게 집행되었는지 궁금한데요?

김: 네. 전체 동포의 57.35%(404만명)가 분포해 있는 아시아지역(일본·중국 포함)에 43%, 전체 동포의 7.58%(53.3만명)가 분포해 있는 CIS지역(러시아 포함)에 20%, 전체 동포의 29.71%(223만명)가 분포해 있는 북미지역에 16% 등 3개 권역에 80%의 지원액이 배분되었습니다. 그리고 나머지 지원액이 국내지역 11%, 남미지역 4%, 유럽지역 3%, 대양주지역 2%, 아중동지역 1% 등으로 배분되었습니다. 따라서 재외동포 분포비율과 단순비교해보면 아주지역(특히 중국)과 북미지역(특히 미국)에는 더 많은 지원이 이뤄져야 할 것으로 판단됩니다.

강: 다른 소식도 전해주시지요.

김: 네, 권영건 이사장은 지난 23일부터 26일까지 여성부와 매일경제가 주최하고 외교통상부와 재외동포재단이 후원하는 '2008 세계한민족여성네트워크'에 참석하여 재단주최 만찬과 개회식 축사를 통해 해외 20여개국 200여 한인여성들에게 따뜻한 환영의 인사를 전했으며, 25일에는 사업이사와 함께 청와대 오찬에도 참석했습니다.

강: 이번 주간은 세계한인주간으로 지정되어 있는데 재외동포재단에서도 진행되는 사업들이 많이 있지요?

김: 네, 그렇습니다. 우선 세계한인회장대회가 10월 1일부터 4일까지 서울 그랜드힐튼호텔에서 열립니다. 이 대회에는 현직한인회장과 대륙별 한인회연합회 임원진 및 국내 유관기관 관계자들 450여명이 참석한 가운데 개·폐회식과 세계한인의 날 기념식, 외교장관 주최 오찬 이외에도 한인회 발전과 한인DB구축과 관련된 주제별토론, 지역별현안 토론, 정당별 정책포럼 등도 준비되어 있습니다. 그리고 2008 코리안 페스티벌이 10월 2일부터 10월 8일까지 서울, 인천, 용인, 광주 등에서 열립니다. 특히 건국 60주년을 축하하는 이번 페스티벌에는 미국, 일본, 러시아, 우즈베키스탄, 스페인, 오스트리아, 중국, 아르헨티나, 덴마크, 독일, 벨기에, 호주 등에서 참가한 재외동포 예술인들과 함께 세계한인회장대회 축하공연(2일)을 시작으로 인천 월미도 문화의 거리 공연(3일), 서울 국회의사장 잔디마당 공연(4일), 용인동백호수공원 공연(5일), 광주 5·18기념문화센터 공연(6일), 문화기행 및 아트마켓(7일) 등이 진행될 예정입니다.

강: 10월 첫 주가 대단히 바쁜데요. 외교통상부에서도 세계한인주간 관련 행사들이 준비되어 있지요?

김: 네, 재외동포의 권익을 신장하고 동포 상호간 화합과 발전을 도모하는 이번 제2회 세계한인의 날 행사는 10월 1일 백범기념관 대회의실에서 개최되는 재외동포정책세미나(다문화시대 글로벌 디아스포라, 재외동포 역사인식과 교육문화교류방안, 재외동포경제활동과 교류증진방안) 개최를 시작으로 10월 2일 그랜드힐튼호텔 컨벤션 홀에서는 세계한인의 날 기념식과 유공자 훈포상, 외교장관 주최 리셉션 등이 예정되어 있습니다. 그 밖에 UCC공모전 시상, 사진공모전 시상, 다큐멘타리 TV방영, 남산골 한옥마을에서의 어울림한마당 등이 준비되어 있습니다.

강: 세계한인정치인포럼도 비슷한 시기에 진행되지 않나요?

김: 네, 제2차 세계한인정치인포럼은 9월 29일부터 10월 2일까지 서울 그랜드힐튼호텔에서 세계한인정치인협의회(회장 임용근) 주최, 재외동포재단 주관으로 열립니다. 이번 포럼에는 해외에서 60명, 국내에서 100명 등 160여명이 모여 개·폐회식을 비롯하여 전체회의, 지역별·주제별 분과회의, 공개포럼, VIP 예방, 국회의장과 외교장관 주최 리셉션 등이 진행될 예정입니다.

강: 이번 대회는 지난해에 이어 두 번째로 열리는 만큼 내용이 보다 알찰 것으로 기대되는데요. 어떻습니까?

김: 올해는 신호범 미국 워싱턴주 상원의원이 대회장을 맡은 만큼 차세대, 특히 입양인 출신 한인정치인육성문제가 집중 논의될 전망입니다.

강: 현재 입양아 출신 동포정치인들이 많이 배출되었나요?

김: 네, 현재까지는 신호범 워싱턴주 상원의원이 가장 대표적인 입양아 출신 정치인입니다. 그 외에 2002년에 당선된 미시간주의 훈영합굿(한국이름 정훈영, 4선) 주 하원의원, 캐나다 세이튼존시의 장재영 시의원, 스웨덴 보수당의 토베 리펜달(한국명 김수희) 최고의원 등이 있는 정도입니다. 그러나 지난 1999년부터 신호범 의원이 미국 50개주마다 한국정치인이 1명씩 나오게 한다는 취지로 '한미정치교육장학재단', '한국인 2세 정치인 후원장학회' 등을 설립하였고, 세계한인정치인포럼에서도 이 문제에 관심을 보이고 있는 만큼 앞으로 좋은 성과들이 나올 걸로 기대하고 있습니다. 이상 재외동포재단에서 전해드렸습니다.

3. 2008년 10월

가. 10월 6일(월)

강: 한민족 하나로, 매주 월요일 이 시간에는 재외동포재단에서 전하는 소식을 들려드립니다. 김봉섭 위원 전화에 나와 계시죠? 안녕하십니까?

김: 안녕하세요, 교수님.

강: 이번 주 재외동포재단에서는 어떤 소식부터 전해주실 건가요?

김: 네. 지난 10월 1일부터 7일까지는 정부가 정한 세계한인주간이었습니다. 이 기간동안 여러 가지 다채로운 행사들이 진행되었는데요, 이번 시간에는 세계한인의 날 관련 소식을 중심으로 전해드리려고 합니다.

강: 세계한인주간이라고 하면 지난 해 제정된 '세계한인의 날'(10월 5일)을 중심으로 700만 재외동포와 모국간의 유대를 강화하고, 내외동포가 서로를 이해하기 위한 목적으로 진행되고 있는 행사로 알고 있는데요, 어떻습니까? 정부의 취지대로 행사들이 잘 진행되었나요?

김: 네. 모든 것이 첫 술에 배가 부를 수는 없는 것 아니겠어요. 지난해에 이어 두 번째 맞는 세계한인주간이다 보니까 다소 미흡한 점도 있겠지만 정부가 재외동포를 바라보는 시각이 예전과는 상당히 달라지고 있습니다. 특히 헌법이 규정하고 있는 재외국민보호나 헌법재판소가 권고한 공직선거법 개정 등이 구체화되면서 재외동포에 대한 정책과 사업들이 미래지향적으로 변화되고 있다고 말씀드릴 수 있겠습니다.

강: 그렇다면 이번 세계한인주간 행사 중에서 우리가 가장 주목할 내용으로는 어떤 것이 있을까요?

김: 물론 이번 세계한인주간 행사들이 대부분 시의적절하면서도 공감대를 형성할 수 있는 내용들로 구성되어 있습니다. 그러나 역시 중요한 것은 정부가 어떤 메시지를 재외동포들에게 전달하고자 하는 것이라고 봅니다. 다시 말해 이명박 정부의 재외동포관이 무엇인지를 아는 것이 제일 중요하다는 뜻입니다. 그래서 저는 '세계한인의 날 기념식'(10월 2일)에서 하신 치사 내용을 살펴보고 싶은데요, 우선 재외동포에 대한 고마움입니다. "과거 60년 동안 대한민국이 '한강의 기적'을 이루고 모범적인 민주주의 국가로 인정받을 수 있었던 것은 재외동포 여러분의 아낌없는 지원과 성원 때문이었습니다. … 일제 강점기 하에서는 중국, 러시아, 일본, 미국

등 세계 각지에서 항일운동을 전개하였고, 해방 후 모국이 어려울 때마다 언제나 든든한 힘이 되어 주었습니다. …"라는 대목이 있었습니다. 둘째는 재외동포에 대한 당부입니다. "존경하는 동포 여러분, … 재외동포 여러분들께서 과거 모국과 더불어 온갖 어려움과 성공의 신화를 함께 만들어 왔던 것처럼 모국의 새로운 60년 비전 '저탄소 녹색성장' 실현에 많은 관심과 협조를 당부 드립니다."라는 대목도 있었습니다. 끝으로 재외동포 정책에 대한 언급입니다. "정부는 앞으로도 재외동포의 권익을 보호하고 고국과 긴밀한 연대를 가질 수 있도록 정책적 노력을 계속하겠습니다."라는 대목입니다.

강: 김위원님께서 재외동포에 대한 고마움과 당부 그리고 정부의 정책적 노력 등 3가지로 구분해주셨는데, 정책적 노력 부문이 좀 약하다는 느낌이 드는데요. 어떻습니까?

김: 사실 재외동포들은 자신들에 대한 고마움이나 당부의 말보다는 앞으로 정부가 어떤 정책으로 재외동포가 겪고 있는 현실적 애로사항들을 어떻게 개선해나가겠다는 것인지를 알고 싶어 합니다. 다른 날도 아니고 '세계한인의 날'인만큼 700만 재외동포들이 가장 궁금해 하는 내용들을 중심으로 치사가 구체적으로 작성되었으면 더 좋았을 걸로 봅니다.

강: 다른 나라에도 우리와 같은 '세계한인의 날' 기념일이 제정되어 있나요?

김: 네. 해외거주 동포들을 위한 기념일을 갖고 있는 나라로는 대만, 필리핀, 인도, 그리고 대한민국 등이 대표적인 사례입니다. 대만의 경우는 1952년 10월, 최초의 세계화교대회가 개최된 것을 기념하여 1953년 매년 10월 21일을 '화교절'(華僑節)로 제정하여 이날만큼은 여·야 할 것 없이 화교들의 모국발전기여를 경축하며, 화교들의 현안문제를 집중토의하고 있습니다. 필리핀의 경우는 1988년, 매년 12월을 '재외필리핀인의 달'로 선언하였고, 매 2년마다 엄격한 심사를 거쳐 모국발전에 기여한 사람·단체, 필리핀의 명예와 우수성을 널리 알린 사람·단체에게 '대통령 포상'(4개 부문)을 실시하고 있습니다. 그리고 인도의 경우는 2003년, 매년 1월 9일을 '재외인도인의 날'로 제정, 이날을 전후로 하여 기념행사를 진행하고 있으며, 모국발전에 기여하고 인도인의 우수성을 널리 알린 재외인도인들에게 '프라비시 바라티야'상을 수여하고 있습니다. 끝으로 우리는 '세계한인의 날'을 지난 2007년에 제정했으니까 가장 최근의 사례가 되겠습니다.

강: 그렇다면 재외동포와 관련된 기념일을 각국 정부가 제정했던 이유가 무엇인지 궁금하네요?

김: 아무래도 재외동포들에 대한 정부의 인식을 바로잡고, 내국민들에게 재외동포의 존재를 제대로 알리고자 하는 뜻이 담겨 있다고 볼 수 있습니다. 특히 제정 시기적으로만 본다면 각 나라들이 대내외적인 어려움을 겪을 때마다 해외에 살고 있는 동포들과의 연결고리가 필요했으며, 이들의 적극적인 지지와 후원을 통해 국가경제·정치의 재도약을 도모하려고 했음을 알 수 있습니다.

강: 그렇다면 정부가 추진하는 세계한인의 날 기념행사를 통해 얻을 수 있는 기대효과로는 어떤 것들이 있을까요? 국민들의 인식이 제일 문제일 듯싶은데요?

김: 네. 그렇습니다. 모든 정부정책이 국민의 여론에 좌우되는 것이 민주주의 국가의 기본이지 않습니까? 재외동포정책도 마찬가지입니다. 국민여론이나 국민들의 인식이 제일 중요합니다. 물론 재외동포에 대한 여론이나 인식이 세계한인의 날 제정을 계기로 조금씩 나아질 것으로 기대하지만 피부로 느끼는 체감지수는 아직 가야할 길이 멀기만 합니다. 사실 동포(同胞)라고 하면 '같은 나라 또는 같은 민족의 사람'을 일컫는 말이지 않습니까? 그런데 현실적으로는 재외동포들은 '한국국적을 가진 외국인' 또는 '한국말도 못하는 한국인' 정도로 취급받고 있는 것이 현실입니다. 특히 한국국적을 갖고 있는 재일동포의 경우는 심각합니다. 대다수가 한국어에 서툴고 주민등록증도 없다보니 신분적으로는 어떨지 모르겠지만 우리 사회에서는 이들을 완전한 외국인도 아니고 완전한 내국인도 아닌 이상한 존재로 인식하고 있지 않습니까? 그렇다고 이들이 일본에서 일본인의 대우를 받고 있지도 못합니다. 그러다보니 1990년대 이후 일본국적으로 귀화하는 재일동포의 수가 매년 1만 명에 달하고 있습니다. 세계한인의 날을 계기로 한국국적을 갖고 있는 대부분의 재일동포들이 한국국적을 포기하는 이유를 곰곰이 생각해봐야 할 것입니다. 특히 병역문제나 교육문제 그리고 취업문제를 이유로 대한민국 국적을 포기하는 자들이 점점 늘어나고 있는 것도 간단한 문제가 아닙니다.

강: 다문화시대, 그리고 글로벌시대에서는 국적이 그렇게 중요하지 않다는 지적들이 있는데요, 김위원님은 어떻게 보시나요?

김: 네. 앞으로 어느 나라 '국적'을 갖고 있느냐 하는 것은 자신이 살아가는데

있어서 선택사항일 뿐이지 필수사항은 아닐 것입니다. 그러나 국적을 상실하거나 포기하는 과정이 어떠했는지가 매우 중요합니다. 주류사회나 현지사회와의 관계 속에서 자신의 의지와는 무관하게 어쩔 수 없이 선택하는 것과 모국으로부터 소외되거나 배제되었다는 느낌을 받은 후 어쩔 수 없이 선택하는 것은 느낌이 하늘과 땅만큼이나 차이가 있기 때문입니다. 자국국민이 국적을 포기하더라도 같은 국민 또는 민족의 범주에 계속 붙잡아두는 정책적 노력이 있는 나라와 그렇지 않은 나라와는 미래발전정도가 엄청나게 달라질 수 있습니다. 우리 정부가 줄곧 재외동포의 현지정착을 유도하고 거주국에서 모범시민이 되도록 지원하고 있는 것도 따지고 보면 정책방향은 맞으나 방법론상에서는 다소 부족했다고 지적할 수 있습니다. 이는 우리 국적을 갖고 해외에서 거주하고 있는 재외국민의 수가 300만 명에 달하는 이유가 이를 증명하고 있다고 해도 틀린 말은 아닐 것입니다. 저 개인적으로는 정부가 재외동포의 국적문제에 대해 좀더 융통성을 발휘해야 할 때가 되었다고 생각됩니다.

강: 어떤 나라 국적을 갖든 우리 모두가 한민족의 후예임을 부인할 수는 없을 것입니다. 정부의 재외동포정책도 이런 관점에서 출발하는 것이 가장 정상적인 입장이라고 생각됩니다. 다른 소식들도 간단하게 전해주시지요?

김: 네. 저희 재단에서는 9월 30일부터 열린 2008 재일한국부인회 모국연수회와 10월 5일부터 열린 2008 재일민단 전국간부 모국연수회 그리고 세계한인상공인총연합회와 세계한민족공동체재단의 행사를 각각 지원하였습니다. 또한 해외에서 개최된 청도조선족기업협회의 2008년 청도조선족 민속축제, 한미문화예술단체총연합회(북가주)의 새크라멘토 한국의 날 행사, 국제한인입양아협회의 아시아성인입양아총회(하와이) 및 필름 페스티벌 개최를 각각 지원하였습니다. 이상 재외동포재단에서 알려드렸습니다.

나. 10월 13일(월)

강: 한민족 하나로, 매주 월요일 이 시간에는 재외동포재단에서 전하는 소식을 들려드립니다. 김봉섭 위원 전화에 나와 계시죠? 안녕하십니까?

김: 안녕하세요, 교수님.

강: 이번 주 재외동포재단에서는 어떤 소식부터 전해주실 건가요?

김: 네. 제9차 세계한인회장대회이 무사히 마쳤다는 소식부터 전해드리겠습니

다. 10월 1일부터 4일까지 개최된 이번 세계한인회장대회에는 전 세계 65개국에서 417명의 한인회장들이 참석했으며, 규모면에서는 역대 최고였습니다. 특히 이번 대회에서는 주제별 토론과 정당별 정책포럼을 비롯하여 초청강연(이어령)과 리더십 특강(윤봉락)이 새롭게 진행되었고, 세계 한인의 날 기념식과 코리안 페스티벌 공연 등이 함께 어우러져 시너지효과가 어느 정도 이뤄졌다는 평가가 나왔습니다.

강: 세계한인회장대회라고 하면 재외동포재단이 대표 브랜드로 내세울 수 있는 이벤트행사인데요, 예년과 비교해서 주목할 만한 것은 어떤 것이 있었나요?

김: 네. 행사내용이나 규모가 다른 해에 비해 세련되거나 커졌다는 점도 있겠지만 아무래도 현지 동포들의 생각이나 주장을 여과 없이 생생하게 들을 수 있다는 것이 세계한인회장대회가 갖고 있는 최대장점입니다. 사람의 생각이 결국 행동을 바꾸지 않습니까? 따라서 모든 정책이나 사업을 구상할 때 동포들이 어떤 생각을 갖고 있는가를 제대로 파악하는 것이 제일 중요한데 그런 면에서 동포들의 속내를 알 수 있었다는 점이 그 어떤 성과보다 의미 있다고 판단됩니다.

강: 생각이 행동을 변화시킨다는 점, 매우 중요한 지적인데. 우리 700만 재외동포를 대표하는 한인회장들은 어떤 생각들을 하고 있던가요?

김: 워낙 많은 말들을 하셨기 때문에 이 시간에 모두 다 소개해드릴 수는 없습니다. 다만 주목할 만한 것 몇 가지만 말씀드리겠습니다. 우선 세계한인의 날(10.5) 기념식과 세계한인회장대회 개최 시기가 겹친 것이 부적절했다는 지적이 많았습니다. 처음 참석하신 분들 중에서는 한인회에 대한 위상과 한인회장에 대한 예우가 너무 낮다는 지적 이외에도 정부가 관심 갖는 차세대 인재육성과 DB구축은 국가 프로젝트로 추진하되 통일된 양식부터 재단에서 마련해야 한다는 의견이 나왔습니다.

강: 각 지역별로도 의견들이 많았을 것 같은데?

김: 그렇습니다. 러시아·CIS지역에서는 한인회와 고려인협회 지원에 대한 자세한 내용을 공지해달라는 요청과 함께 벨로루시·사할린 등 소외지역 한인동포들에 대한 각별한 지원이 있어야 한다고 강조했습니다. 반면 북미지역에서는 모국과의 유대강화를 위해 현지동포들은 준비가 다 되어 있는데 반해 한국정부의 자세는 아직 그렇지 못하다는 지적과 함께 동포재단 예산확대, 재단 위상 강화, 연령별·성격별 모국초청프로그램 도입,

한인회의 대표성 및 대정부 창구 일원화, 한미 FTA비준과 독도문제 협력, 지방자치단체와 한인회간 자매결연 등의 의견을 내놓았습니다. 대양주지역에서는 인터넷을 활용한 재외동포 인성교육프로그램과 한글학교 운영 일원화를 제안했습니다. 아시아지역에서는 동포재단이 현지 동포사회에 대한 현황파악에 좀 더 노력해 달라는 당부와 함께 국회의 재외공관 감사시 한인회 의견청취가 필요하다는 의견을 내놓았습니다. 특히 미얀마・캄보디아・방글라데시 등 소외지역의 한글학교 지원이 필요하다고 하면서 2세들의 정체성확립을 위해 무엇을, 어떻게 교육할 것인지 전문적으로 연구해줄 것을 당부했습니다. 아중동지역에서는 영주권도 시민권도 없는 중동의 경우, 현지화가 어렵고 일정 기간 후에는 귀국할 수밖에 없다고 소개하면서 재외국민 2세들에게 보다 신경 써달라는 말씀과 함께 재외동포재단의 교육문화예산이 어느 지역에 어떻게 사용되는지 투명하게 공개해줄 것과 해외에서 국내로 달러 송금시 제한(월 19,000$)하는 현 시스템을 개선해 줄 것도 요청했습니다. 유럽지역에서는 한인회와 민주평통의 역할을 정확히 구분해달라는 말씀과 함께 동포재단의 독립기구화를 강조했습니다. 특히 능력 있는 한글교사의 파견과 주재상사의 기부금 면세 조치를 요청했습니다.

강: 다른 지역에서도 의견들이 많았을 텐데요?

김: 그렇습니다. 일본지역에서는 민족학교 4군데에 파견 나와 있는 본국교사들을 철수하고 빈 자리를 현지에서 자체 조달하라는 정부의 방침은 700만 재외동포사회 발전에 역행하는 조치라고 강조했고, 모국유학생장학제도 확대 및 기숙사정비 요청과 함께 지방참정권 획득운동, 동포생활상담센터 등 재일민단에서 추진중인 사업들을 소개했습니다. 중국지역에서는 조선족동포지도자들과 한인회 지도자들간의 협력이 매우 중요하다는 점에 공감하면서 700만 재외동포는 차별받지 않고 동등하게 대우받아야 한다고 강조했습니다. 특히 인구비례에 의한 재정지원, 국내 불법체류 조선족동포에 대한 비자 완화, 취업영역 확대, 동포자녀 국내기업 취업지원 등을 요청했고, 국내 우수 대학생들을 한글학교 교사로 활용(병역면제)하는 과제 등을 제안했습니다. 또한 중국내 한국국제학교에 조선족동포 자녀들이 입학하지 못하고 있는 점을 시정해줄 것과 세계한인회장대회 때 책임 있는 정부 당국자가 배석할 것을 요청했습니다. 끝으로 중남미지역에서는 힘 있는 재외동포재단으로 격상되어야 하며, 700만 재외동포를

껴안을 수 있는 실질적인 재단이 되어야 한다는 말씀과 함께 모국어교육 실태파악을 위한 현지조사·방문의 중요성을 강조했습니다. 그리고 자체 한인회관이 없는 한인회가 많다는 점을 지적하면서 자체 회관확보에 보다 지원해줄 것을 건의했습니다.

강: 결국 한인회장은 자기 돈과 시간 그리고 정열을 바쳐가면서 동포사회와 모국과의 상호유대와 현지 정착에 기여하는 첨병들이라고 할 수 있지 않습니까? 이들의 목소리에 좀더 귀를 기울이는 자세가 필요할 것 같습니다. 다른 나라들은 어떻게 현장의 목소리를 청취하나요?

김: 네. 물론 모든 나라들이 우리랑 대동소이합니다. 다만 재외동포들을 대하는 마음의 자세가 다를 뿐입니다. 대부분의 국가들이 재외공관과 현지 주재원들이 보내오는 보고나 첩보에 의지하고 있습니다. 우리도 예외가 아닙니다. 그러나 이미 현지화 되었거나 모국과 거주국 양쪽 모두의 사정을 두루 알고 있는 700만 해외인적자원을 갖고 있는데 이들의 보고나 정보에 귀를 기울이지 않거나 이들의 위상에 힘을 실어주지 않는 것은 문제가 있다고 봅니다. 우리는 지금 휴먼 네트웍크시대를 살고 있습니다. 이메일과 홈페이지 그리고 전화 등을 통해 얼마든지 현지정보와 사정을 파악할 수 있겠지만 우리가 마지막 순간에 기대할 수 있는 것은 결국 사람과 사람 사이의 문제입니다. 서로가 서로를 이해하고 존중할 때 상호협력과 공동번영도 가능한 법입니다.

강: 이번 세계한인회장대회에서도 결의문을 채택한 걸로 알고 있는데 그 내용을 소개해주시죠?

김: 네. 모두 8개 항의 결의문이 대회 마지막 날 채택되었습니다. 1항은 선진 일류국가 건설 동참 및 거주국에서 존경받는 성숙한 한인사회. 2항은 재외국민 참정권 조속 실현 촉구. 3항은 차세대 육성지원 및 민족교육 강화. 4항은 한반도비핵화 및 6자회담 조속 개최 촉구. 5항은 모국과 거주국 공생 및 동포사회 지위향상 적극 지원 촉구. 6항은 독도영유권 유감 및 일본 지방참정권 조속 실현 정부 지원 촉구. 7항은 자유무역협정 조속 체결 촉구, 8항은 동포재단의 위상 승격 촉구 등의 내용으로 구성되어 있습니다.

강: 예년과 비교해서 달라진 결의사항이 있다면?

김: 네. 올해는 매년 제기됐던 재외동포 기본법 제정 촉구 조항, 그리고 2006년부터 논의됐던 한인회의 대표성 인정 조항, 동포재단 제주도 이전반대

조항 등은 빠졌습니다. 그리고 2005년 이후부터 빠졌던 동포재단 승격 촉구조항, 북한핵포기 촉구 조항 등은 다시 포함되었습니다. 특히 모국발전 기여 조항, 민족교육강화와 차세대육성지원 조항, 일본 지방참정권운동 지원 조항, 재외국민참정권 조항 등은 한 해도 빠지지 않고 포함되고 있어 재외동포사회가 본국정부에 바라는 것이 '모국발전 - 민족교육강화 - 차세대육성 - 거주국 및 모국내 동포 지위향상' 등 4가지로 압축되고 있음을 알 수 있습니다.

강: 제7차 세계한상대회(10.28~10.30)가 얼마 남지 않았는데 준비는 잘 되고 있나요?

김: 네. 현재까지 참가자 등록은 국내 1,481명, 해외 1,222명 총 2,703명이 등록했으며, 당일 현장등록까지 하면 3천명 선을 넘을 걸로 예상하고 있습니다. 그리고 제13차 한상대회 운영위원회를 비롯, 제14차 리딩 CEO 포럼, 영 비즈니스포럼, 업종별 비즈니스세미나, 해외취업설명회, 기업전시회, 1대1 비즈니스 미팅 등이 착실하게 준비되고 있습니다.

강: 그밖에 다른 소식들도 간단히 전해주시지요?

김: 네. 지난 6일 재외동포 문학상 수상자(대상 1, 우수상 2)에 대한 시상식이 재단 회의실에서 있었습니다. 7일에는 국회에서 재외동포재단에 대한 국정감사가 있었습니다. 오는 20일까지 국외입양동포 뿌리찾기사업 참가자를 모집하고 있습니다. 18세 이상 입양동포들께서는 많이들 참여바랍니다. 이상 재외동포재단에서 알려드렸습니다.

다. 10월 20일(월)

강: 한민족 하나로, 매주 월요일 이 시간에는 재외동포재단에서 전하는 소식을 들려드립니다. 김봉섭 위원 전화에 나와 계시죠? 안녕하십니까?

김: 안녕하세요, 교수님.

강: 이번 주 재외동포재단에서는 어떤 소식부터 전해주실 건가요?

김: 네. 재외동포재단에서는 '고향으로의 첫 여행'(First Trip Home)이라는 주제 아래 '2008 국외입양동포 뿌리찾기사업'(Birth family Tour to Korea for Overseas Korean Adoptee) 참가자를 모집하고 있습니다. 신청대상은 만 18세 이상 국외입양동포이며, 지난 6일부터 20일까지 모집 중에 있습니다.

강: 뿌리찾기사업이라면 입양인들과 그들 생부·생모와의 만남을 주선하는 것일 텐데, 입양인들이 자신의 뿌리를 찾는다는 것이 쉽지 않을 텐데요?

김: 네. 그렇습니다. 먼 타국에서 자신이 누구인지? 왜 이곳에 왔는지? 궁금할 수밖에 없는 입양아들이지만 보통 용기가 없이는 친부모찾기에 나설 수 없습니다. 입양부모들이 반대한다면 그 가능성은 더 희박해집니다. 그리고 막상 모국에 왔다 하더라도 낯설고 물선 환경에서, 말도 잘 통하지 않은 상태에서 어디서부터 어떤 절차를 거쳐야 자신의 뿌리를 찾을 수 있는지 매우 막막하기만 합니다. 입양기관의 협조를 받는다 하더라도 입양기관 역시 뿌리찾기를 희망하는 입양아들을 지원하는 재원확보가 쉽지 않은 실정입니다. 그렇다고 자신의 정확한 이름도, 출생지도 알 수 없는 상태에서 입양아 혼자 찾아 나선다는 것은 거의 불가능한 일입니다. 따라서 이번 기회에 저희 재외동포재단에서는 그동안 뿌리찾기에 나섰던 선배 입양아들의 경험을 참고하고, 국내 여러 입양기관들과 협력하여 입양인들의 뿌리를 찾는 일에 조금이나마 기여하기 위해 이번 사업을 기획·추진하게 되었습니다.

강: 해외입양인의 문제는 어제의 문제만이 아니라 지금도 여전히 해외로 내보내고 있지 않습니까? 어떻게 보면 부끄럽기도 하고 어떻게 보면 답답하기도 한데요….

김: 그렇습니다. 해외입양아문제는 어제 오늘의 문제가 아닙니다. 통계에 따르면 지난해(2007)에도 1,264명의 입양아가 해외로 보내졌습니다(미국 924, 스웨덴 80, 캐나다 68, 노르웨이 44, 호주 44, 덴마크 19, 프랑스 12, 룩셈부르크 12 등). 국민소득 2만달러, 미국대학 유학생 1위, 출산율 1.26의 저출산국이면서도 우리는 매년 1천여 명의 아이들을 해외로 입양보내고 있는 현실을 어떻게 이해해야 할까요? 2006년 이후 매년 해외입양아가 1천명 대로 줄어들었지만 여전히 수요와 공급이 존재하고 있습니다. 그래서 스웨덴으로 입양된 토비아스 휘비네트(이삼돌)는 자신의 박사논문(2004)을 번역한 '해외입양과 한국민족주의'(2008)라는 책에서 해외입양인들의 다층적이고 다양한 경험과 주관을 인식하지 못하고 있는 현실을 지적하면서 "해외입양의 문제는 해외입양을 지금 당장 그만두는 데서부터 시작해야 한다"고 강조하기도 합니다.

강: 해외입양이 반드시 나쁘지 않다는 의견도 있는데요? 어떻게 보시나요?

김: 2007년부터 정부는 해외입양은 가급적 자제하고, 대신 국내입양을 장려

하는 방향으로 가고 있습니다(국내입양아 1,388명, 1954년 이후 처음으로 해외입양아 수보다 초과). 그러나 미혼모나 한부모에 대한 국내사회복지 및 상담시설이 아직 충분치 않고, 특히 미혼모 자녀(해외입양아의 80~90%는 미혼모 자녀)에 대한 내국인의 인식이 좋지 않은 상태에서 해외입양을 무조건 막는 것은 무리라는 견해도 있습니다. 더 좋은 교육환경에서 자랄 수 있다는 점을 강조하는 선배 입양아들도 없지 않습니다. 따라서 정부는 하루속히 과거에 내보낸 해외입양아(160,247명)에 대한 지원과 관리뿐만 아니라 현재도 내보내고 있는 해외입양아문제를 종합적으로 고찰할 필요가 있다고 봅니다. 20~30년 후에 반드시 발생하게 될 해외입양아관리문제를 지금 우리 입장이 다소 어렵다고 방치하거나 해결을 미루는 것은 좋지 못한 태도라고 봅니다.

강: 그런 여러 가지 문제점을 다 고려할 때, 재외동포재단이 기획·추진하는 뿌리찾기가 해외입양아들의 자긍심과 존재감을 살릴 수 있는 프로그램으로 정착하기를 바랍니다. 이번 뿌리찾기는 어떤 식으로 대상자를 선발·초청하게 되나요?

김: 이번 프로그램은 모두 3단계로 진행될 예정입니다. 우선 1단계(사전단계)로 입양아들의 서류에 나타난 자료들에 기초하여 '가족찾기'가 경찰과 입양기관 등의 협력을 받아 국내초청 이전에 미리 실시될 예정입니다. 2단계(초청자선발 및 국내초청)로 가족을 찾을 가능성이 아주 높은 입양아의 경우에는 한국으로 초청한 다음 가족들과의 만남을 주선할 예정입니다. 가족과 관련된 확실한 정보가 없는 참가자의 경우에는 입양아가 태어난 곳, 발견된 곳, 또는 머물렀던 고아원 등을 방문할 기회를 얻게 됩니다. 2단계에는 모두 40명이 초청받게 됩니다. 3단계(사후서비스)로 프로그램 종료 이후 가족찾기 결과가 각 개인별로 통지될 예정입니다.

강: 뿌리찾기사업을 성공적으로 진행되려면 여러 기관들이 함께 힘을 합쳐야 하겠군요. 어떤 기관들이 이 사업에 참여하게 되나요?

김: 네. 주최기관은 저희 재외동포재단이 맡게 되며, 주관기관은 해외입양아연대(GOAL)이 맡게 됩니다. 그리고 협력기관은 홀트아동복지회(HOLT), 대한사회복지회(SWS), 한국사회봉사회(KSS), 동방사회복지회(ESWS), 입양정보센터(GAIPS), 국제한국입양인봉사회(InKAS), 뿌리의집(KOROOT) 등이 참여하게 됩니다.

강: 참가를 희망하는 입양아들은 어떻게 신청하면 되나요?

김: 재외동포재단 홈페이지, 입양동포사이트(www.oaks.korean.net), 협력기관 홈페이지, 그리고 각국 주재 한국대사관 홈페이지에서 참가신청서를 다운로드 받아야 합니다. 그런 다음 신청서에 기재할 사항을 모두 기입하신 후 자신의 입양서류사본, Essay(각 1부), 사진 2장(어릴 때 사진 1장, 현재 사진 1장) 등을 첨부하여 이메일로 저희 재단으로나 각 대사관으로 보내시면 됩니다.

강: 국내초청 일정은 언제부터 시작되나요?

김: 네. 국내초청대상자 공지는 11월 10일에 할 예정이며, 국내초청은 12월 8일(월)부터 14일(일)까지 6박 7일간 진행될 예정입니다. 왕복항공료와 초청기간중 숙박비 일체는 저희 재단에서 지원합니다.

강: 국내초청 대상자 선발기준은 있나요?

김: 네. 우선 한국 태생 해외입양아로서 그동안 뿌리찾기나 모국방문에 관심은 많았으나 여러 가지 이유로 시도하지 못했던 사람, 명확한 입양자료와 정보로 친부모를 찾을 확률이 매우 높은 사람, 한번도 한국에 올 기회가 없었던 사람 순서로 선발할 예정입니다.

강: 국내초청자들을 대상으로 진행되는 프로그램에는 어떤 것들이 있나요?

김: 네. 우선 친부모와의 만남과 입양서류 점검이 준비되어 있습니다. 입양기관과 미혼모 가정에 대한 자원봉사활동, 친부모와 가족들과의 여행, 한국 전통문화체험 등도 준비되어 있습니다.

강: 신청은 했으나 초청대상자로 선발되지 못한 입양아들의 뿌리찾기는 어떻게 지원하나요?

김: 네. 국내초청자로 선발되지 못한 분의 경우라도 이 프로그램이 끝나면 사후에 뿌리찾기 결과를 개별적으로 통고할 예정입니다.

강: 해외입양아들이 뿌리를 찾아 고국에 와 보고는 다시는 오지 않겠다는 사람이 적지 않다고 합니다. 국내 입양관련 단체들이 이벤트 위주로 행사를 진행하다 보니 행사를 마치면 이용당했다는 배신감이 들기 때문이라는데, 이번 뿌리찾기사업은 재외동포재단이 주최하는 만큼 그런 비판의 소리는 더 이상 들려오지 않기를 바랍니다.

김: 명심하겠습니다. 이벤트성 사업은 기대가 큰 만큼 실망도 큰 법입니다. 그래서 그동안의 시행착오를 바탕으로 이번 사업이 기획된 만큼 더 이상 그런 소리들이 나오지 않을 것으로 기대하고 있습니다. 또한 모국과의 유대는 물론 현지정착지원까지 지원할 수 있는 장기적인 입양아지원프로그

램이 계속해서 개발되어야 선행 프로그램의 성과를 보완할 수 있을 것입니다.

강: 제7차 세계한상대회(10.28~10.30)가 얼마 남지 않았는데 준비는 잘 되고 있나요?

김: 네. 현재까지 참가자 수는 국내 1,481명, 해외 1,222명 총 2,703명이 등록한 걸로 집계되고 있으며, 당일 현장등록까지 하면 3천명 선을 훨씬 넘길 것으로 예상됩니다. 그리고 제13차 한상대회 운영위원회를 비롯, 제14차 리딩 CEO포럼, 영 비즈니스포럼, 업종별 비즈니스세미나, 해외취업설명회, 기업전시회, 1대1 비즈니스 미팅 등이 착실하게 준비되고 있습니다.

강: 그밖에 다른 소식들도 간단히 전해주시지요?

김: 네. 국회 국정감사(7일)를 마친 다음 권영건 이사장은 13일부터 20일까지 중국 북경, 청도, 연길지역 등 재중한국인사회와 조선족사회 현장을 방문했으며, 강남훈 사업이사는 16일부터 18일까지 인도네시아 자카르타에서 열린 제3회 동남아시아 한글학교협의회 교사연수(8개국 100명)에 참석했습니다. 이상 재외동포재단에서 알려드렸습니다.

라. 10월 27일(월)

강: 한민족 하나로, 매주 월요일 이 시간에는 재외동포재단에서 전하는 소식을 들려드립니다. 김봉섭 위원 전화에 나와 계시죠? 안녕하십니까?

김: 안녕하세요, 교수님.

강: 이번 주 재외동포재단에서는 어떤 소식부터 전해주실 건가요?

김: 네. 재외동포재단에서는 내일(28일)부터 30일까지 제7차 세계한상대회가 제주 국제컨벤션센터(ICC)에서 개최됩니다. 최근 세계경제는 물론 한국경제가 대단히 어렵지 않습니까? 이런 상황에서 열리는 만큼 세계한상대회가 경제위기 극복의 새로운 전기를 마련하는 장이 되기를 기대하고 있습니다.

강: 세계한상대회의 성격과 의의를 설명해주신다면?

김: 네. 세계한상대회(World Korean Business Convention)는 2002년 10월 이후 재외동포 경제단체들이 공동주최하고 있는 '민간주도의 경제대회'라는 점과 '세계화상대회'(World Chinese Entrepreneur Convention,

1991.8 싱가폴중화총상회 주최)를 모델로 하고 있다는 점이 특징이 되겠습니다. 또한 "전 세계 각지에서 활약하고 있는 한인경제(인)단체들이 자율적으로 참여함으로써 모국과의 상생발전방안모색과 한인경제 글로벌 네트워크 구축에 앞장서는 한민족 경제올림픽"이라는 의의를 갖고 있다고 하겠습니다.

강: 이번 제7차 세계한상대회 기간동안 어떤 프로그램들이 진행되는지요?

김: 네. 오늘(27일)부터 참가자들을 위한 등록과 숙박이 진행되고 있습니다. 그리고 개막 전 행사로 오전 10시-세계한상골프대회, 오전 11시-공식 기자회견(제주도청)이 진행되었고, 오후 6시-상공회의소 회장 주최 만찬(신라호텔), 영비즈니스 리더의 밤(하야트호텔) 등이 예정되어 있습니다. 28일에는 제주 ICC에서 오전 10시-13차 운영위원회와 영비즈니스 리더포럼I 오후 2시-리딩CEO포럼와 영비즈니스 리더포럼11, 오후 5시 30분-개막식과 제주특별자치도지사 주최 환영만찬이 각각 예정되어 있습니다. 29일에는 제주 ICC에서 오전 10시-업종별(섬유·식품·IT) 비즈니스 세미나, 오후 2시-업종별(섬유·식품·IT) 비즈니스 상담회, 오후 6시-외교부장관 주최 만찬이 각각 예정되어 있습니다. 마지막 날인 30일에는 제주 ICC에서 오전 10시-해외시장진출전략I, 제주도투자유치설명회, 리딩CEO 내부회의, 영비즈니스 리더 내부회의, 오후 2시-해외시장진출전략II, 해외취업설명회, 관광개발 멘토링, 기자간담회를 진행할 예정이며, 오후 6시-폐막식 및 한국무역협회 회장 환송만찬을 끝으로 제7차 세계한상대회는 대단원의 막을 내리게 되겠습니다.

강: 세계한상대회가 출범하게 된 시대적 배경이 궁금한데요?

김: 네. 지금부터 만 10년 전인 1997년 말~1998년 초는 한국경제가 국가부도위기사태('IMF 경제위기')에 직면했던 때입니다. 당시 대통령취임식(98.2.25) 때 참석한 재외동포기업인들은 재외동포재단이 주최한 간담회 석상에서 '세계화상대회'와 같은 경제네트워크를 우리도 한번 만들자는 의견들을 개진했고, 그로부터 8개월 후인 1998년 10월, 재외동포재단 창립 1주년을 맞아 재외동포재단·해외한인무역협회(OKTA)·세계한인상공인총연합회·매일경제신문 등이 '해외한민족경제공동체대회'(World Korean Economic Network Convention)라는 이름으로 공동개최하게 된 것이 한상대회 탄생의 역사적 배경이었습니다. 이후 '해외한민족경제공동체대회'는 1998.10-서울, 1999.10-미국 시카고, 2000.10-서울, 2001.11 -

미국 L.A 등 4차례나 개최되었고, 모국경제회복을 위한 공동대응과 상호 협력을 모색한 바 있습니다.

강: 세계한상대회가 세계화상대회를 벤치마킹했다는 점, 그리고 'IMF 경제위기'가 직접적인 계기가 되었다는 점도 의미 있지만 대회 형식을 재외동포재단을 가운데 놓고 해외한인무역협회와 세계한인상공인총연합회가 양옆에서 협력하는 시스템으로 변모시킨 것은 매우 시의적절 했다고 생각됩니다. 김 위원은 어떻게 보시는지?

김: 네. 우선 시대적 요청이 그렇게 만들었다고 봅니다. 재외동포들의 현지정착과 민족정체성함양 지원을 위해 설립된 재외동포재단으로서는 교류·지원·초청사업을 본격화하기도 전에 국가부도사태를 극복하기 위한 경제사업에 관심을 갖지 않을 수 없었습니다. 그리고 한인경제단체들의 대승적 결단도 작용했다고 봅니다. 아시다시피 1981년 4월, KOTRA의 지원 아래 창립된 세계해외한인무역협회(94년 상공자원부 법인 허가)는 '96 코리안 네트워크 출범대회'(1996.11, 서울)와 '제2차 코리안네트워크 세계한인무역인대회'(1997.10, 미국 N.Y.)를 이미 개최한 바 있습니다. 또한 1993년 9월에 결성된 세계한인상공인총연합회(1981년 미주한인상공인연합회 조직)는 '93 세계한인상공인대회'(김덕룡·이명박 주도, 서울)를 시작으로 1994년 9월(서울 2차대회), 1996년 9월(미국 N.Y. 3차 대회), 1997년 9월(서울 4차 대회)에 이미 개최한 바 있습니다. 이처럼 수출경쟁력강화와 상호간 정보교환을 목적으로 제각각 추진되던 두 경제단체의 연차대회가 IMF구제금융이라는 절체절명의 위기를 계기로 한 울타리 내에서 상호결속함으로써 해외한인경제네트워크를 강화·확대했다는 점은 높이 평가할 수 있을 것입니다.

강: IMF구제금융이라는 초유의 사태가 해외한인경제단체들로 하여금 모국경제와 해외한인경제를 네트워크(연계)하도록 만들었다는 설명이군요. 그렇다면 재외동포재단이 매개가 되어 매년 개최 중에 있는 세계한상대회는 해마다 뚜렷한 성과를 보이고 있나요?

김: 네. 28개국에서 968명이 참가한 제1차 한상대회(2002, 서울 롯데호텔)는 한상네트워크 기반조성에 주안점을 두었다면 40개국에서 1,263명이 참가한 제2차 한상대회(2003, 서울 COEX)는 1대 1 미팅과 기업체 전시회를 통해 비즈니스창출 기반을 마련하는데 주안점을 두었습니다. 그리고 37개국 1,606명이 참가한 제3차 한상대회(2004, 제주 ICC)부터는 지방자치

단체의 참여가 정례화 되었으며, 36개국 1,517명이 참가한 제4차 한상대회(2005, 경기도 KINTEX)는 섬유·식품 등 업종별 비즈니스 교류가 본격화 되었습니다. 한편 39개국 2,285명이 참가한 제5차 한상대회(2006, 부산 BEXCO)는 해외 참가자가 1,214명으로 역대 최대였으며, 37개국 2,993명이 참가한 제6차 한상대회(2007, 부산 BEXCO)는 현직 대통령의 참석으로 대회위상이 높아졌음은 물론 역대 최대의 홍보효과를 이룩했습니다.

강: 현재 우리 경제상황이 10년 전 상황보다 더 어렵지 않습니까? 이런 시기에 개최되는 세계한상대회라서 그런지 대내외적으로 기대하는 바가 큰데…?

김: 네. 대통령께서도 현재 상황을 1997년의 IMF 때보다 심각한 것으로 파악하고 있지 않습니까? 금융위기뿐만 아니라 실물경제에도 타격이 클 것으로 예상되고 있는 만큼 국내외에서의 일자리 창출(예: 청년실업자의 해외취업 및 인턴제 실시 등)이 논의되리라 봅니다. 따라서 IMF 위기극복 당시의 초심으로 돌아가 다시 한번 제2의 경제위기 극복에 우리 한상들이 구체적으로 기여할 수 있는 여러 가지 방안들을 적극 모색할 것으로 예상됩니다. 또한 국제자유도시 제주도에서 개최되는 만큼 '한상'에 대한 우리 국민들의 인식과 관심을 제고함은 물론 향후 동포경제단체들 스스로 기획·진행하는 한상대회로 발전시키고자 하는 염원들을 하나씩 실천해나가는 계기를 마련할 것으로 기대하고 있습니다.

강: 세계한상대회가 기존의 이벤트성을 극복하고 가시적인 성과를 산출하는 네트워크로 발전하기 위해서는 앞으로 어떤 것들이 보완되어야 할까요?

김: 네. 그동안 세계한상대회는 세계한인 경제단체들의 역량을 결집하고, 급변하는 글로벌 경제환경 속에서 세계한상들이 담당해야 할 역할을 재정립하도록 유도하는 데에는 나름대로 성과가 있었습니다. 또한 세계한상대회 운영사무국을 재외동포재단 내에 둠으로써 객관적·체계적으로 대회를 준비할 수 있었고, 참여범위와 대상을 적극 개발·확대해나감으로써 한상네트워크 확대에 기여한 바 큽니다. 그러나 가장 시급하게 해결해야할 과제는 '비즈니스 네트워크의 상생환경 조성'입니다. 즉 한상대회에 참여하는 모든 경제(인)단체들이 네트워킹을 통해 상호혜택을 창출할 수 있는 구체적인 방안들이 마련되어야 합니다. 예를 들어 동포기업(인)의 입장에서는 다른 대륙·국가·지역의 동포기업(인)들과의 유기적인 교류

・협력으로 새로운 시장개척과 사업정보 획득이 가능해야 하며, 국내기업(인)과의 네트워크 및 파트너 확보가 실현되어야 합니다. 반대로 국내기업(인) 입장에서는 동포기업(인)과의 교류확대와 신뢰구축으로 해당 국내기업(인)의 글로벌화와 현지화가 손쉽게 이뤄져야 하며, 적은 비용과 투자로써 해외시장 진출의 교두보를 확보할 수 있어야 합니다. 다음은 '자체역량의 확보'입니다. 최근 한인경제단체들이 세계한상대회 운영권을 민간에 이양해달라고 요청하고 있습니다. 이를 위해서는 정부 지원 없이 자체적으로 대회를 성사시킬 수 있는 자립역량이 필요합니다. 특히 세계화상대회처럼 세계한상대회도 해외에서 개최함으로써 거주국 경제발전에도 기여하는 해외한상으로 발돋움해야 합니다. 제5차 세계한상대회(부산 BEXCO) 대회장이었던 정진철 로얄 아이맥스회장께서 "한상이 자립하게 되면 앞으로 세계를 무대로 한상대회가 열릴 것으로 기대"한다는 말을 상기할 필요가 있습니다.

강: 세계한상대회의 모델이 세계화상대회라면 결국 우리 한상들이 화상들을 따라잡겠다는 뜻인데… 조만간에 가능성이 있을까요?

김: 화교자본의 역사나 규모 역시 우리 한상들과는 비교할 수 없을 정도로 오래 되었고 규모가 큽니다. 해외화교화인들도 우리 재외동포(700만)보다 7~8배나 많습니다. 따라서 따라잡는다는 것은 우리 재외동포수가 화교수보다 많아질 때나 가능하리라 봅니다. 다만 현재 해외화상들의 현주소는 앞으로 우리 한상들이 보여줄 앞날을 예측하는 데 좋은 본보기라고 보고 있습니다. 그런 의미에서 말씀드리면 2008년 1월에 발표된 「2007세계화상발전보고」(2007世界華商發展報告)는 해외화상들의 총자산을 최소한 3조7천억 달러로 추산하고 있습니다. 이는 미국 CIA 「2008 World Fact Book」이 추산한 세계 4위인 중국 국내총생산(GDP: 3조2510억 달러)보다 4500억 달러가 많으며, 세계 3위인 독일(3조3220억 달러)보다도 3800억 달러가 많은 수치입니다. 중국 바깥에 또 하나의 중국이 있는 셈입니다.49) 반면 우리나라의 GDP는 9571억 달러로서 세계 13위이며, 700만 재외동포의 자산은 25~30%(약 2390~2870억 달러) 수준으로 추산하고 있습니다(cf. 2002년 미국 국제경제연구소 프레드 버그스텐 소장의 평가: 당시 GDP의 1/4 수준: 1200억 달러, 재외한상은 한국수출의 16%, 수입의 14% 담당). 대한민국 바깥에 1/4짜리 대한민국이 있는 셈입니다.

강: 세계한상대회가 세계화상대회의 열기와 수준을 능가할 뿐 아니라 한상들 역시 화상들 못지않은 결속과 역할을 하는 날이 하루 속히 오기를 기대해봅니다. 그밖의 소식은 간단하게 전해주시지요?

김: 네. 24일부터 27일까지 경북 포항에서 진행된 세계해외한인무역협회 '제13차 세계한인경제인대회'에 권영건 이사장께서 참석하여 참가자들을 격려했으며, 2008년도 재외동포사회 숙원사업 및 교류증진·권익신장지원 사업 심의가 지난 24일 있었습니다. 이상 재외동포재단에서 전해드렸습니다.

4. 2008년 11월

가. 11월 10일(월)

강: 한민족 하나로, 매주 월요일 이 시간에는 재외동포재단에서 전하는 소식을 들려드립니다. 김봉섭 위원 전화에 나와 계시죠? 안녕하십니까?

김: 안녕하세요, 교수님.

강: 이번 주 재외동포재단에서는 어떤 소식부터 전해주실 건가요?

김: 네. 지난주에 잠깐 소개해드렸습니다만, 이명박 대통령께서 지난 1일(土) 제7차 세계한상대회를 마치고 현지로 돌아가는 해외한상대표들을 청와대로 초청, 그동안의 노고와 성과를 치하하고 앞으로도 모국경제 활성화를 위해 계속 협조해줄 것을 당부했다는 소식입니다.

강: 모두 몇 분이 참석하셨나요?

김: 네. 권영건 재단 이사장을 비롯하여 정진철, 신영교, 천용수 등 30명의 해외한상 경제단체 대표들이 참석하였습니다.

강: 이명박 대통령께서는 주로 어떤 말씀을 전하셨나요?

김: 네. 대통령께서는 현지에 사는 것이나 한국에 사는 것이나 똑같을 정도로 세계가 공조하는 사회가 됐음을 지적하면서 현재 우리가 직면해 있는 경제상황이 우리 자체 문제보다는 미국경제에서 파생된 문제이므로 회복하는데는 다소 시간이 걸리겠지만 100년 만에 다시 찾아온 이 위기를 잘 활용하고 극복한다면 대한민국의 위상이 크게 상승할 수 있음을 강조하였습니다. 따라서 정부는 정부대로, 기업은 기업대로, 해외한상들은 한상들대로 맡은 바 소임과 역할을 다한다면 반드시 좋은 결과가 있을 것임

을 기대하였습니다.

강: 어려운 때일수록 모국정부와 재외동포간에 의견교환이 원활해야 할 텐데…. 이명박 정부 들어 세계한인회장대회, 세계한인의 날, 세계한상대회 등 굵직한 대회 때마다 대통령께서 직접 나와 격려해줄 것을 기대한 재외동포들도 적잖았을 텐데… 어떤가요?

김: 네. 물론 그런 측면도 없지 않습니다. 재외동포는 남들이 알아주지 않는 타향에서 살아가는 존재들이므로 사기진작이 최우선이고, 모국정부가 자신들을 어떻게 대접하느냐에 일희일비하는 경향이 아직 남아 있습니다. 그러나 이미 미국(4.16), 일본(4.20), 러시아(9.28) 방문시 현지 동포들과의 간담회를 개최하여 대통령께서는 재외동포들에게 우리 정부의 입장과 앞으로의 정책방향을 충분히 전달했습니다. 그리고 서울에서 개최된 재일민단 전국간부연수회(10.6) 참석자 200여 명을 청와대로 직접 초청, 재일동포 권익신장운동 등 동포사회발전을 위한 활동을 격려하고 국가적 대사나 어려움이 있을 때마다 모국돕기에 앞장서 온 재일동포사회에 사의를 표하기도 했습니다. 또한 이번에 제7차 세계한상대회 운영위원회 멤버들을 초청하여 경제활성화와 관련된 대화를 진솔하게 나누었다는 점을 어느 정도 평가해주어야 한다고 봅니다.

강: 지난 5월의 중국 국빈방문(5.27~30) 때나 얼마 전 베이징에서 열린 제7차 아시아유럽정상회의(ASEM, 10.24~25) 때는 조선족동포들과의 만남이 없었습니다. 호사가들은 한국정부가 너무 중국정부 눈치를 보는 것 같다고들 말을 하기도 하는데… 이런 지적에 대해서는 어떻게 보십니까?

김: 네. 교수님도 아시다시피 중국정부는 소수민족문제에 대해서는 보통 민감한 것이 아니지 않습니까? 조선족동포 역시 예외가 아닌데요. 재외동포법 제정, 국내 불법체류동포처우문제, 방문취업제 도입 등 중국조선족과 관련된 정책이 나올 때마다 중국정부는 민감하게 반응하고 있습니다. 따라서 우리 정부는 외교적 문제가 발생할 가능성이 있는 사항들은 가급적 제한하고 있습니다. 다만 중국조선족동포사회의 발전과 번영을 위해 재외동포재단 등을 통해 가급적 조용하게 물밑으로 지원하고 있으며, 정치적·현실적 접근보다는 교육·문화적·장기적 접근을 선호하고 있습니다.

강: 한국정부에 대해 조선족동포들이 가장 원하는 것은 무엇인가요?

김: 물론 고국으로의 자유왕래 전면 허용과 자유로운 노동활동 보장입니다. 이것이 가능해야 조선족동포사회의 인구 선순환이 가능하다고 보기 때문

입니다. 그러나 중국경제가 보다 완숙해지기 전까지는 한국경제가 조선족 경제를 먹여 살리는 구조를 갖고 있으므로 자유왕래에 대한 욕구가 상당 기간 계속되리라 예상하고 있습니다.

강: 중국은 다민족국가이면서도 소수민족우대정책을 펴고 있지 않습니까? 특히 조선족동포들은 민족적·문화적으로는 중국에 살고 있는 우리 핏줄이지만 정치적·현실적으로는 엄연히 중국공민이라는 이중정체성을 갖고 있습니다. 그리고 영토귀속문제(간도문제)가 잠복되어 있는 동북3성에 집중거주하고 있다는 점도 중국정부가 조선족문제를 민감하게 바라보는 이유가 될 텐데…. 앞으로 우리 정부는 어떻게 해야 되겠습니까?

김: 최근 황유복(중국 중앙민족대학) 교수가 "현 한국정부의 조선족정책으로는 조선족들에게 한민족이라는 마음을 심어주기 어렵다. 정책적으로 소외된 조선족들의 지원에 관심을 가져 달라"고 지적한 말은 한 번 정도 곱씹어봐야 하겠습니다. 따라서 국내 전문가들은 우선 해체 위기에 있는 중국 조선족공동체에 대한 대책마련이 시급하다는 점과 정부기관에 의한 직접 지원보다는 간접 지원(민간단체 활용)을 적극 활용할 것을 제안하고 있습니다. 또한 '건강하고 부유한 조선족동포사회 만들기'(예: 인적·물적 네트워크 및 인프라구축) 같은 중장기 프로젝트가 필요한 시점이라고 강조하고 있습니다.

강: 그런 의미에서 본다면 지난 10월 중순, 권영건 이사장의 중국방문은 매우 시의적절 했다고 보이는데요?

김: 그렇습니다. 지난 8월, 취임 이후 첫 번째 해외방문지로 중국지역을 선택했다는 점은 시사하는 바가 매우 큽니다. 이는 재외동포재단이 중국조선족동포사회를 그만큼 애정을 갖고 있음을 보여주는 산 증거이기 때문입니다. 현지 동포사회의 반응도 괜찮습니다. 이번 방문에서 청도 벽산조선족학교, 선양한국인회, 연변지역 조선족 관계자들과 만나 조선족 민족교육의 실태와 앞으로의 지원방안을 주로 논의하였고, 급증하고 있는 재중 한국인 2세들의 교육문제(예: 선양한국문화원, 선양 한국국제학교 등)에 대해서도 관심을 표명하였습니다.

강: 현지 조선족동포사회가 재외동포재단에 바라는 바는 무엇이었나요?

김: 조선족동포들에게 관심을 보여 달라는 요구가 가장 많았습니다. 모국이 보여준 정(情)이 아직 부족하다는 이야기가 되겠습니다. 그 다음으로 많이 지적된 것은 민족교육과 조선족동포사회의 장래였습니다. 한중수교

(1992) 이후 차세대들이 한국으로 외국으로 다 넘어가버리는 바람에 젊은이들이 없는 현실이 계속되고 있지 않습니까? 지방 농촌의 민족촌락 해체와 민족학교 폐교로 현지 민족교육을 진작시킬 수 있는 조건이나 교육환경이 점점 열악해지고 있으며, 출산인구 감소와 교사의 높은 이직률로 그 정도가 심화되고 있음도 지적되었습니다. 상급학교 진학률 감소라든가 대학 졸업 이후 중국 주류사회 진출을 포기한 채 돈벌이에 나서는 풍조 등으로 인해 미래 조선족사회를 이끌어나갈 고급인재 확보에도 어려움을 겪고 있습니다. 따라서 제외동포재단에서는 이런 점들을 종합적으로 고려하여 조선족 인재교육 및 장학육성에 최대한 관심을 갖고 지원해 나가야 하겠습니다.

강: 사람도 사람이지만 교육내용도 중요하지 않나요?

김: 네. 모든 교육이 말과 글(문자)로 시작하지 않습니까? 그렇게 본다면 언어(구어·문어)교육이 중요한데, 현실은 더 심각합니다. 민족학교의 교과서 대부분이 동북민족교육출판사에서 나온 한글 어문교재를 사용하고 있지만 내용은 우리 민족 전통의 것은 거의 찾아볼 수가 없습니다. 제2외국어 교육도 한족학교에서는 영어를 가르치는데 반해 조선족학교에서는 일본어반이 압도적입니다. 다만 한국 TV프로그램이 현지에도 방영되면서부터 우리말과 글에 대한 관심과 열기가 높아지고 있다는 점이 한 가닥 위안이 되고 있지만 그것만으로는 오늘의 현실을 바로잡기가 어려운 실정입니다.

강: 재외동포재단에서 조선족 민족학교는 물론 일본·러시아 등의 민족학교를 살리는데 더욱 앞장서주길 기대합니다. 이번 제7차 세계한상대회에도 조선족동포 기업인들이 많이 참가했나요?

김: 네. 이번 제7차 세계한상대회에는 해외참가자 1,337명 중에 300여 명(약 22%)이 중국조선족동포였습니다. 점점 그 수가 늘어나고 있는 추세(지난해보다 20여명 증가)입니다. 지난 해 참가했던 조선족글로벌네트워크(6), 청도조선족기업가협회(101), 연변조선족전통요리협회(38), 연태조선족기업연합회(13), 광동성조선민족연합회(4) 이외에도 청도조선족연합회(29), 흑룡강성조선족상공회(23), 무순시조선족기업가협회(16), 연변기업가협회(7), 연태조선족연합회(1), 길림성조선족진흥총회(1), 중국조선족기업가협회(1) 등이 새롭게 참여했으며, 해외한인무역협회 중국회원들도 다수(60여 명?) 참여했습니다. 현재 조선족기업가협회는 광동, 상해, 하얼빈, 장

춘, 연길, 심양, 심천, 북경, 청도 등 중국내 대도시 중심으로 조직되어 있는데 이는 중국 개혁개방 이후 조선족 경제구조가 농촌중심에서 점차 도시중심으로 변화하고 있음을 반증하고 사례라고 하겠습니다(예: 조선족 도시거주인구 45.8%). 그러나 조선족기업인들의 경우, 세계한상대회에 대한 관심도와 참여자수는 높아지고 있지만 아직 국내 파트너와의 교류방안에 대해서는 조심스러운 입장이며, 단순제조업보다는 유통·문화·하이테크산업 등 미래지향적 산업 쪽에 더 많은 관심과 거래선을 찾고 있는 상황입니다.

강: 다른 소식도 전해주시지요?

김: 네. 외교센터 606호에 있던 재외동포재단 자료실이 1층 102호로 이전하였습니다. 이상 재외동포재단에서 전해드렸습니다.

나. 11월 17일(월)

강: 한민족 하나로, 매주 월요일 이 시간에는 재외동포재단에서 전하는 소식을 들려드립니다. 김봉섭 위원 전화에 나와 계시죠? 안녕하십니까?

김: 안녕하세요, 교수님.

강: 이번 주 재외동포재단에서 전해줄 소식은 어떤 것인가요?

김: 네. 지난 10월 20일, 제가 이 시간을 통해 재외동포재단에서 '고향으로의 첫 여행'(First Trip Home)이라는 주제로 '2008 국외입양동포 뿌리찾기 사업' 참가자를 모집하고 있다는 소식을 전해드린 바 있었습니다. 짧은 기간임에도 불구하고 많은 분들이 응모해주셨는데 지난 7일(금), 최종참가자로 모두 44명이 선발되었습니다.

강: 그때 소개해주실 때 만 18세 이상의 국외입양동포가 참가대상이라고 하셨는데…, 모두 몇 분이 참가를 신청하셨나요?

김: 네. 참가자 선발을 주관한 차세대팀에 따르면 이번 뿌리찾기사업에는 모두 10개국에서 90명이 신청하였고, 1차 선발(11.3, 56명)과 2차 선발(11.5, 44명)을 거쳐 원래 계획보다 4명이 늘어난 44명이 최종 선발되었다고 합니다.

강: 10개국에서 응모했다고 하셨는데 어떤 나라에 살고 있는 입양아들이 가장 많이 신청했나요?

김: 네. 아무래도 미국에서의 호응이 가장 높아 전체 신청자의 2/3인 60명이

신청했습니다. 그리고 호주에서 6명, 덴마크와 노르웨이에서 각 5명, 독일에서 4명, 캐나다와 스위스에서 각 3명, 벨기에서 2명, 스웨덴과 프랑스에서 각 1명 등 9개국(유럽연합국가가 7개국)에서 30명이 신청했습니다.

강: 최종선발은 모두 44명이 되었다고 하셨는데… 그 분포는 어떤가요?

김: 네. 스웨덴과 프랑스는 신청자의 100%인 각 1명, 캐나다와 스위스는 67%인 각 2명, 덴마크는 60%인 3명, 독일은 50%인 2명, 벨기에는 50%인 1명, 미국은 48%인 29명, 호주는 34%인 2명, 노르웨이는 20%인 1명 등 모두 44명이 선발되었습니다.

강: 이번 신청에서 특기할 만한 사항은 뭐가 있을까요?

김: 네. 담당자들의 이야기를 들어보면 눈물 없이는 들을 수 없는 사연들이 많았다고 합니다. 특히 이번 사업이 뿌리찾기였음에도 불구하고 생모들이 자기 자식을 만나길 원치 않는 경우가 많았다고 합니다. 그리고 입양될 때의 상황이 국내에서는 도저히 정상적으로 키울 수 없는 경우가 많았다고 합니다. 현재 여건만으로 과거를 재단하거나 판단하는 것이 얼마나 문제가 있는지 보여주는 좋은 사례였다고 생각됩니다.

강: 이번 뿌리찾기사업이 성공하려면 여러 기관들과의 협력이 필요할 텐데요?

김: 네. 이번 최종선발자는 재외공관을 통해 개인별로 통지됩니다. 물론 재단에서 운영중인 사이트(oaks.korean.net)에도 게재될 예정입니다. 그리고 보건복지가족부와 외교통상부와 후원명칭사용 여부를 협의하게 되며, KBS의 유명 프로그램인 '다큐 3일' 제작팀과도 앞으로의 제작방향에 대한 협의가 진행중입니다.

강: 국내초청 일정은 언제부터 시작되나요? 그리고 이번 뿌리찾기사업에 초청받지 못한 46명에게도 어떤 서비스가 제공될 예정인가요?

김: 네. 국내초청 일정은 12월 8일(월)부터 14일(일)까지 6박 7일간 진행될 예정이며, 왕복항공료와 초청기간중 숙박비 일체를 저희 재단에서 지원할 계획입니다. 아쉽게 이번 사업에 초청받지 못한 46명의 입양아들에 대해서는 프로그램 종료 이후 가족찾기 결과가 각 개인별로 통지될 예정입니다.

강: 그동안 국내에는 해외입양인연대(GOAL)나 국외입양인연대(ASK) 등 입양인단체들이 활동해오다 최근에는 '진실규명과 화해를 위한 해외입양인모임'(TRACK)이 창립(08.8.21)되는 등 해외입양아들의 목소리가 점점 커지

고 있습니다. 이들은 창립취지문에서 "수구초심하는 여우, 모천회귀하는 연어의 심정으로 탯줄이 묻힌 땅, 한국으로 돌아오지만 반기는 이 하나 없고 조국의 도움도 받지 못한다 … 이 땅에 뿌리내리기 위해 선택한 진지하고 고통스런 귀환과 새 여정에 용기를 달라"고 호소하였는데, 앞으로 우리 정부의 입양아정책이 가야할 방향은 어디라고 보는지요?

김: 네. 우선 해외입양아들이 이 문제를 어떻게 바라보고 있는지를 파악할 필요가 있다고 봅니다. 지난 6월 정부가 실시한 '여론조사결과'에 따르면 조사대상 입양인(232명)들은 이중국적 허용 여부에 대해 무조건 찬성 75.2%, 일정조건하에 허용 찬성 21.8% 등 97%가 이중국적을 원하고 있다고 응답하였습니다.

강: 해외입양아들이 이중국적을 원하는 이유는 무엇인가요?

김: 입양아들이 한국 국적을 보유하고자 하는 이유로는 한국으로의 복귀 53.9%, 정체성 30.8%, 취업 등 경제적 원인 5.7%, 기타 9.4% 등을 들고 있습니다. 자신들의 뿌리는 한국이라는 점을 강조하고 있습니다. 그리고 자신들은 결코 이주 또는 이민을 자원하지 않았으며, 따라서 출생지인 한국국적 또한 결코 포기한 적이 없음을 강조합니다. 특히 이중국적 허용의 걸림돌인 병역문제도 사회공공봉사로 충분히 대체할 수 있다고 보고 있습니다. 현재 우리 법무부와 국가경쟁력강화위원회에서는 이 문제를 심도 있게 논의 중에 있습니다.

강: 앞으로 우리 사회가 다문화사회로 이행됨에 따라 한국인이 되는 조건도 점점 다양해질 것으로 예상되는데, 어떻습니까?

김: 네. 현재 우리가 보는 한국인 또는 한인은 언어구사력과 문화이해도, 국적 소지 여부, 그리고 혈통 등 여러 조건 중에서 어느 것 하나라도 다르면 이방인 취급하는 분위기입니다. 그러나 점차 우리 사회 내에서도 이방인(전체 인구의 2%)과의 공존이 현실적으로 불가피해지고 있지 않습니까? 그런 측면에서 보면 언어, 국적, 혈통 등에 있어서의 순혈(純血)주의는 서서히 약화되리라 예상됩니다. 밖으로는 글로벌화·세계화를 외치면서 정작 안에서는 다양화·다문화를 용납하지 않는다는 것은 올바른 민족주의라고 볼 수 없기 때문입니다. 해외입양인에 대해서도 마찬가지입니다. 이들의 겪고 있는 정신적 고통(예: 자살률이 일반인의 5배)과 현실적 애로점을 이해한다면 하루빨리 이들을 우리 사회와 연결시키는 시스템구축이 마련되어야 하겠습니다.

강: 다양한 유형의 한인들과 교류·협력하는 것이 진정한 글로벌화의 실천이라고 볼 때, 정부 정책이나 재단 사업이 보다 진취적이고 생산적일 것을 요구하고 있습니다. 앞으로도 이 점에 유념해주시길 당부 드립니다. 그리고 제7차 세계한상대회의 비즈니스성과가 최종 집계되었다고 하던데, 예년에 비해 비즈니스성과가 있었나요?

김: 네. 한국리서치가 조사한 '한상대회 비즈니스 효과 및 만족도조사' 최종집계 결과(11.5)에 따르면 제7차 세계한상대회의 비즈니스 상담은 총 2,293건에 5억6421만 달러로 집계되었고, 현장계약은 총 247건에 5,896만 달러에 달했습니다.

강: 세계적으로 경제상황이 좋지 않은 것을 감안하면 상담실적이나 실제 계약 실적이 그리 나쁜 편은 아닌 것 같은데… 어떤가요?

김: 네. 미국에서 발생한 금융위기가 전 세계 경제상황을 공포로 몰아넣던 때에 열린 세계한상대회였던 만큼 해외한상들이나 국내 파트너들이 실제로 지갑을 열기가 쉽지 않았으리라는 것은 어느 정도 예상했으며, 이번 제7차 세계한상대회의 실제 계약도 상담 대비 계약 성공률이 10.7%에 불과했고, 상담액 대비 계약액은 10.5%에 그쳤습니다. 그럼에도 불구하고 작년대비 약 93% 정도의 비즈니스성과를 거둘 수 있었다는 점은 한상대회가 갖고 있는 비즈니스 파워가 어느 정도 정상궤도에 올랐음을 시사한다고 할 수 있겠습니다.

강: 올해는 업종별 세미나와 1대1 미팅 실적이 어느 해보다 좋을 것으로 예상했는데, 결과는 어떠했나요?

김: 네. 이번 제7차 세계한상대회에서는 기업전시회의 비즈니스성과가 가장 좋았던 것으로 나타났습니다. 상담건수는 지난해에 비해 2.4배 하락했으나 계약실적은 36배 정도 상승했습니다. 이에 반해 1대1 미팅은 상담건수 증가에도 불구하고 비즈니스성과는 크게 저하되었으며, 업종별 세미나는 상담건수 증가(6배)에 비해 실적은 조금 증가(1.06배)에 머물렀습니다. 앞으로 세계한상대회 현장의 꽃이라고 할 수 있는 1대1 미팅에 보다 많은 관심과 지원이 있어야 할 것으로 생각됩니다.

강: 다른 소식들도 전해주시지요?

김: 네. 조사연구팀에서는 2008년도 재외동포사회 실태조사사업(2억1100만원)을 실시할 예정입니다. 지난해 미국지역 실태조사에 이어 올해는 CIS 지역과 중국동포사회를 실태조사 할 예정이며, 한글학교 교육현황도 함

께 조사할 계획입니다. 이번 2008년 재외동포사회 실태조사사업에 참여할 리서치기관들은 오는 21일(금)까지 사업제안서를 제출해주시기 바랍니다. 그리고 지난 4일(화) 한국산업인력공단 국제HRD센터에서는 2008 연해주·사할린 재외동포청년 IT 직업연수생에 대한 입교식이 사업이사(강남훈) 참석 하에 있었습니다. 연해주에서 5명, 사할린에서 5명 등 모두 10명이 앞으로 6개월 동안 모국에서의 IT 연수를 통해 전문직 취업으로의 기회를 모색할 예정입니다. 이상 재외동포재단에서 전해 드렸습니다.

다. 11월 24일(월)

강: 한민족 하나로, 매주 월요일 이 시간에는 재외동포재단에서 전하는 소식을 들려드립니다. 김봉섭 위원 전화에 나와 계시죠? 안녕하십니까?
김: 안녕하세요, 교수님.
강: 이번 주 재외동포재단에서 전해줄 소식은 어떤 것인가요?
김: 네. 2009년도 재외동포재단 예산(안)이 국회에서 순조롭게 심의되고 있다는 소식입니다.
강: 보통 11월 한 달은 내년도 정부예산안을 심의하는 것으로 알고 있는데, 올해는 어떻게 진행되고 있나요?
김: 네. 10월 2일 정부는 2009년도 예산안을 국회에 제출하였고, 각 소관위원회별로 심사·처리중에 있습니다. 외교통상통일위원회(위원장 박진)의 경우 10월 6일 관련예산안이 회부되었고, 11월 13일에 예비심사, 11월 14일·17일에 예산결산기금심사소위(위원장 문학진) 상정·심의 등을 거쳐 11월 17일에 전체회의가 진행되었습니다.
강: 내년도 정부 예산안 규모는 얼마나 되나요?
김: 네. 세출예산은 일반회계가 188조6천억원, 특별회계가 47조6천억원 등 236조2천억원으로 전년도 대비 7.4%가 증가한 규모입니다.
강: 내년도 우리 경제상황이 상당히 염려되고 있는데…. 2009년도 정부예산은 어떤 점에 중점을 두고 있나요?
김: 네. 정부는 2009년도 정부재원을 '일자리 창출과 성장능력의 확충', '서민생활안정과 삶의 질 강화', '녹색성장·안심사회 등 미래대비 투자', '작고 효율적인 실용정부 구현' 등 4가지 측면에 중점 투입할 예정으로 있습니

다.

강: 특별히 우리가 관심 있는 것은 재외동포사회 발전과 관련된 예산인데…. 그것은 어디에 해당되나요?

김: 네. 순수 재외동포관련 예산은 외교통상부 예산(1013억5200만원)50)과 국제교류기금(633억2600만원)51) 안에 포함되어 있습니다. 그리고 외교예산은 '녹색성장·안심사회 등 미래대비투자'의 카테고리 안에 들어 있습니다(예: '상생공영의 남북관계 및 글로벌 코리아 추진').52)

강: 현 정부가 재외동포사회 지원예산을 '미래대비 투자'에 포함시키고 있다는 것은 고무적인 현상인데…. 정부가 '글로벌 코리아' 실현과 관련하여 특별히 관심 갖고 있는 것들로는 어떤 것들이 있나요?

김: 네. 이명박 정부는 임기내 '세계일류국가'를 구현하겠다는 국정과제를 설정하지 않았습니까? 그래서 외교예산도 글로벌 코리아와 연관이 깊은데, 내년도에는 해외원조(ODA)규모 단계적 확대, 재외과학자·교수 및 문화관광인 등 신규 한인네트워크 확충, 중앙아시아·아프리카 등 에너지자원 부국과의 협력외교추진 등에 주력할 것으로 알려지고 있습니다.

강: 국회에서 재외동포재단 예산도 함께 심의되고 있지요?

김: 네. 11월 4일 운영재원의 일원화, 모국어교육 효율성 증대, 재일민단 등을 중심으로 국회 외통위 수석전문위원실에서 2009년도 재단예산안 검토보고서 독회가 있었으며, 11월 13일 수석전문위원의 검토보고서가 국회 외교통일통상위원회에 제출되었습니다. 그리고 11월 17일 상임위에서 예비심사가 끝난 만큼 앞으로 예결위원회(위원장 이한구) 종합심사와 국회 본회의 심의를 남겨 놓고 있습니다.

강: 외교통일통상위원회 예비심사에서는 내년도 재외동포재단 예산이 얼마나 증액되었나요?

김: 네. 2009년도 재외동포재단 예산은 정부출연금 170억8300만원, 국제교류기금 195억원, 자체수입 9억1500만원 등 374억 9800만원으로 상정되었는데, 이 금액은 올해(359.5천만원)보다 4.3%가 늘어난 규모가 되겠습니다. cf. 심의결과53)

강: 2009년도 재외동포재단 예산안은 어떻게 편성되어 있나요?

김: 네. 내년도 사업비가 339억6600만원(전체예산 대비 90.58%), 인건비가 24억1400만원(전체예산 대비 6.43%), 경상운영비가 11억1800만원(전체예산 대비 2.98%) 순입니다. cf. 외교부 예산: 사업비 62.7%, 기본경비

19%, 인건비 18.3% 순. 그리고 사업비의 53.1%인 180억3900만원이 권익신장 및 역량결집(지위향상 및 숙원사업지원, 한인회역량결집사업, 한상활성화사업)에, 사업비의 34%인 115억4600만원이 민족정체성 유지강화(모국어교육사업, 모국문화보급사업, 차세대육성사업)에, 사업비의 12.9%인 43억8100만원은 동포사회 조사협력강화(조사연구사업, 민간단체협력사업, 홍보정보화사업)에 각각 편성되어 있습니다.

강: 재외동포재단에서 내년에 중점 추진하고자 하는 과제로는 어떤 것들이 있나요?

김: 네. 재외동포재단에서는 '재외동포 모국어교육지원 확대'와 '재외동포 차세대인재육성'을 2009년도 2대 중점추진과제로 선정하였습니다. 예를 들어 한글학교 교사육성에 11.5억원(전년대비 98.3% 증액), 재외동포장학사업에 13.7억원(전년대비 57.4% 증액)을 편성하여 모국어교육사업에 신경을 썼으며, 세계한인차세대포럼에 6.4억원(전년대비 120.7% 증액), 세계한인청소년모국연수에 3억원(전년대비 50% 증액)을 편성하여 차세대육성사업에도 신경을 썼습니다.

강: 정부에서 신규 한인네트워크 확충에 신경을 쓸 것이라고 말씀하셨는데… 어떤 내용인가요?

김: 네. 전 세계가 글로벌화 될수록 네트워크의 중요성이 강조되고 있지 않습니까? 주류사회에서 대부분 소수민족으로 살아가는 우리 한인의 경우도 예외가 아닌데요, 오래 전부터 정부는 이런 점에 주목하여 네트워크사업을 활성화하기 위해 노력해왔고, 특별히 이명박 정부는 한인네트워크 활성화를 '선진일류국가와 성숙한 한인사회'로 나아가는 첫 걸음으로 생각하고 있습니다. 그리하여 한인회·한상 등 기존 한인단체 중심의 네트워크를 보다 체계적으로 활성화(한상대회 4억원, 한인회장대회 1.9억원 증액)할 뿐만 아니라 이를 보완할 수 있는 '오피니언 리더급'의 소수 유망동포를 중심으로 한 느슨한 형태의 새로운 네트워크(정치, 경제, 언론, 과학, 의학, 문화예술, 교육, 스포츠 등)를 추가로 구축하고자 합니다. 재외동포재단에서도 '재외동포교수(학자) 네트워크구축사업'을 신규사업(4억원)으로 편성하여 재외동포 권익신장운동 등 '다수의 힘'을 필요로 하는 곳이나 재외동포 우수인력 유치 및 우리 기업 해외진출을 위한 '보이지 않은 손'으로 적극 육성·활용할 계획으로 있습니다.

강: 700만 재외동포사회의 발전과 성숙을 위해 우리 정부가 쏟고 있는 관심

과 지원이 해를 거듭할수록 커지고 있지만 아직 사업예산은 크게 부족한 편입니다. 어떻게 보시는지요?

김: 단순 비교할 수는 없습니다만 재외동포 1인당 예산이 불과 4820원에 불과하지 않습니까? 재외국민이 300만 명에 달하는 현실에서 이에 대한 보완이 하루빨리 이뤄져야 할 것입니다. cf. 재외국민 1인당 10만원 수준은 되어야(3천억원)

강: 재외동포재단에서 2008년도 재외동포사회 숙원사업 및 교류권익신장활동 심의가 진행되었다고 하던데…?

김: 네. 2008년도에 신청된 숙원사업 8개, 교류증진사업 5개, 권익신장사업 10개 등 23개 사업에 대한 심의가 지난주에 진행되었습니다.

강: 심의 결과를 알려주시지요?

김: 네. 우선 교류증진과 권익신장사업 지원에 대해 말씀드리면 스웨덴한인회가 요청한 '세계한인의 날 행사' 지원은 비록 사업이 종료되었지만 '송년의 밤 행사'와 통합하여 지원하기로 했으며, 미주한인회총연합회의 '맥스파워 프로젝트 2008' 지원은 평년 수준($8만)에서 지원하기로 했습니다. 시카고 한인교육문화마당집의 '유권자 등록 및 한인투표율 제고활동' 지원 역시 한인사회의 역량차원에서 필요하나 단체현황 파악 후 지원하기로 했으며, 사할린주 새고려신문사, 고려일보, 연해뉴스신문사, 통일일보사 등 동포언론 관련 사업지원은 재단 광고와 홍보를 전제로 지원하기로 하였습니다.

강: 재외동포사회에서 가장 관심이 많은 숙원사업도 지원여부가 결정되었나요?

김: 네. 사이판한인회가 요청한 '한인센터건립' 사업은 긍정적으로 지원을 검토하되, 최근 추진중인 세부사업계획과 이미 확보된 $29만에 대한 관련 증빙서류, 구체적인 예산소요액 등 사실관계를 확인한 후 지원하기로 결정했습니다. 쿠웨이트한인회가 요청한 '쿠웨이트한인회 한인회관 마련(임차)'사업은 금년에 한해 1회만 지원하기로 했으며, 중국 길림성 용정고급중학교의 '학생기숙사 재건'과 청도시 청도벽산조선족학교의 '이전 및 교사신축' 사업은 결정을 보류하였습니다.

강: 재외동포사회가 우리 국민과 민족의 거점확보에 가장 기초라는 관점에서 보면 인프라 관련 지원은 앞으로 계속 지원이 확대되어야 할 것이라고 생각됩니다. 다른 소식도 전해주시지요?

김: 네. 지난 15일 경기도 고양시 소재 농협대 운동장에서 개최된 제2회 외교통상부장관배 축구대회에 재외동포재단, 외교통상부, 국제협력단, 한국조폐공사, 정부종합청사 농협지점 등 5개 팀이 참가하여 친목과 화합을 다졌습니다.

5. 2008년 12월

가. 12월 1일(월)

강: 한민족 하나로, 매주 월요일 이 시간에는 재외동포재단에서 전하는 소식을 들려드립니다. 김봉섭 위원 전화에 나와 계시죠? 안녕하십니까?
김: 안녕하세요, 교수님.
강: 이번 주 재외동포재단에서 전해줄 소식은 어떤 것인가요?
김: 네. 재외동포재단에서는 그동안 재외동포 차세대육성에 많은 관심을 갖고 사업을 추진해왔습니다. 2009년도에 재외동포재단이 추진할 2대 중점과제 역시 '재외동포 차세대인재육성'으로 정했다는 점을 지난주에 알려드린 바 있습니다. 그런 의미에서 지난 11월 30일에 거행된 '재한조선족유학생네트워크'(KCN, Network of Korean-Chinese Students in Korea) 창립 5주년 기념 심포지엄을 저희 재단에서 후원하고 있음은 매우 의미 있는 일이라고 생각됩니다.
강: '재한조선족유학생네트워크'라면 한국에서 유학중인 조선족학생들의 조직으로 알고 있는데…, 자세히 소개해주시죠?
김: 네. 재한조선족유학생네트워크는 중국조선족 발전과 재한조선족 이주노동자에 관심을 갖고 있던 석·박사과정 조선족유학생 60여 명이 2003년 11월 15일, ①재한조선족사회 이미지 향상, ②유학생 정보교류 및 인적네트워크 구축, ③中韓 친선 및 경제문화교류를 위한 유대역할 등의 취지로 만든 조직입니다. 현재는 3기 집행부[54])의 지도 아래 자원봉사[55], 학술세미나[56], 온라인 정보교류[57], 친목 및 인적네트워크[58], 장학사업 후원[59] 등을 활발히 추진 중에 있습니다.
강: 이번 심포지엄에서는 주로 어떤 내용들이 다뤄졌나요?
김: 네. 이번 심포지엄에서는 '개혁개방 30주년, 중국유학생군체의 변화와 중요성'이라는 주제로 모두 5개의 소주제가 발표되었습니다.[60] 그러나 우

리가 이 심포지엄 자체보다 더 주목해야 할 것은 이들 조직이 국내를 벗어나 일본·미국지역의 조선족유학생단체들과 교류·협력하고 있다는 점, 온라인활동을 통해 회원 상호간 정보공유와 협력에 힘을 쏟고 있다는 점, 효과적인 중국동포정책 제언을 위해 전문가팀을 구성하고 있다는 점, 특히 중국동포에 대한 부정적 이미지(예: 아버지는 공사장 인부, 어머니는 식당일)를 개선하기 위해 중국대사관, 중국유학생연합회, 조선족연합회, KIN, 중국동포타운센터, 한중경제문화교류협회, 한화평화통일촉진회, 한민족클럽 등 여러 중·한단체와 한국·중국·중국동포 언론사들과의 교류·협력에 적극적이라는 점입니다.

강: 재한조선족유학생네트워크가 단순히 유학생차원의 친목이나 교류에 그치지 않고 조선족사회와 한·중관계 발전을 위해 최선을 다하고 있으며, 한·중수교 이후 크게 실추된 조선족 부모세대의 명예를 회복하기 위해 열심히 공부하고 있다는 말씀이군요. 그렇다면 재외동포재단에서도 이들 조선족유학생들이 펼치고 있는 각종 사업이나 애로사항 해소에 더욱 많은 관심을 가져야 하겠습니다. 그런데 현재 국내 체류중인 조선족유학생수는 얼마나 되나요?

김: 네. 법무부의 '2007 출입국·외국인정책통계연보'에 따르면 국내 외국인 유학생 총수는 41,789명입니다.61) 이 중에서 조선족유학생은 전체의 8.3%인 3,472명(남 1,603명, 여 1,800)입니다.62) cf. 중국국적 유학생: 27,912명(66.8%)

강: 3천5백명에 가까운 조선족 유학생들이 안정적으로 공부하기 위해서는 무엇보다도 장학프로그램이 필요할 텐데, 현실은 어떤가요?

김: 네. 재외동포재단에서는 세계 각지의 재외동포 우수학생을 발굴하여 국내 대학원 과정에서 공부할 수 있는 기회를 제공하고, 재외동포사회 및 모국 발전에 기여 가능한 재외동포 인재를 육성할 목적으로 '재외동포초청장학생' 프로그램을 운영하고 있습니다. 그러나 재원부족 때문에 현재 장학생(30명) 1인당 월 70만원의 생활비와 월 2만8천원의 보험료를 석사(만40세 미만)과정에게는 2년간, 박사(만45세 미만)과정에게는 3년간 지원하는 수준에 머물고 있습니다.

강: 재외동포재단에서 매월 70만원의 생활비를 지원해주는 것은 매우 고마운 일이고 동포유학생들에게 큰 힘이 되고 있습니다. 그러나 동포유학생들이 가장 부담스러워 하는 것은 아마도 대학 등록금일 것 같은데…. 이 부문

은 어떻게 해결하고 있나요?

김: 네. 재외동포재단 초청장학생의 경우, 등록금 면제 해당대학 지원자에 대해서만 '등록금면제 협조요청'을 통해 지원하고 있습니다. 따라서 재단 초청 장학생이라고 하더라도 등록금 면제 불가대학 입학자의 경우는 등록금을 자비로 부담해야 합니다. 따라서 사전에 등록금 면제대학이 어디인가를 미리미리 파악한 다음에 지원해야 하겠습니다.

강: 그렇군요? 그럼 등록금 면제대학은 어디어디인가요?

김: 네. 등록금 면제대학은 2003년 경희대, 서강대, 성균관대, 세종대, 연세대, 이화여대, 아주대, 포항공대(사립대 8개교), 서울대, 강원대, 경북대, 전북대, 충남대(국립대 5개교) 등 13개교에서 2008년 3월 현재, 고려대, 외국어대 및 한국교원대, 충북대 등이 추가되어 모두 17개 대학에서 재외동포 유학생들에게 등록금 면제를 실시중에 있습니다.

강: 등록금 면제에도 차등이 있을 텐데…. 어디가 가장 조건이 좋나요?

김: 네. 가장 조건이 좋은 곳은 포항공대입니다. 포스코에서 운영중인 포항공대에서는 일반 대학원생 전원을 학생조교로 임용한 후 학기당 박사 426만원(등록금의 200%), 석사 354만원(등록금의 166%)을 장학금으로 지급하고 있으며, 미혼자에게는 기숙사를 무상으로, 기혼자에게는 대학원 APT(15평)를 월 15만원에 제공하고 있습니다.[63]

강: 사립대학과 국립대학간에도 차이가 있나요?

김: 네. 대동소이하지만 국립대학보다 사립대학의 조건이 조금 낮습니다.[64] 그러나 혜택을 받는 수가 아직 극소수이므로 장학재원이 하루빨리 확충되어야 하겠습니다.

강: 그 외에도 어떤 점들이 개선되어야 할까요?

김: 네. 우선 필요로 하는 사람은 많으나 혜택을 받는 사람은 한정되어 있습니다. 따라서 해당 장학생수가 대폭 늘어나야 합니다. 그리고 동포장학생을 모국으로 유치하여 공부시키는 목적이 무엇인지도 재점검해야 합니다. 다시 말해 생활비 지원, 등록금 면제, 기숙사 지원 이외에 졸업 후 국내 취업 알선과 중국내 재정착지원 등 세밀한 대비책이 함께 마련되어야 합니다. 미래 한·중관계 발전과 중국조선족사회의 자활에 기여하는 소중한 민족자산으로서, 그리고 새로운 동아시아시대를 열어나갈 교량으로서 이들 장학생을 적극 육성·활용하는 것이야말로 모두가 윈-윈(win-win)하는 지름길이기 때문입니다.[65]

강: 동포유학생, 특히 중국조선족유학생들은 국내체류시 어떤 점이 가장 불편해하는가요?

김: 네. 대부분이 중국조선족에 대한 내국인의 인식이 너무 낮음을 지적하고 있습니다. 자신들의 부모들을 불법체류자, 일용직 근로자, 식당아줌마 등 3D 업종과 관련된 이미지로 바라보는 현실이 가장 못마땅합니다. 그리고 아무리 우수한 능력과 경험을 가진 동포인재라 하더라도 자신들을 보통의 한국학생들보다 못한 존재로 보는 일종의 차별(?) 때문에 많이 힘들어하는 것으로 나타나고 있습니다.

강: 중국조선족 유학생들이 마음 놓고 공부할 수 있는 환경을 조성하여 모국과 조선족동포사회 발전을 위해 기여할 수 있도록 우리 모두 노력해야 하겠습니다. 다른 소식도 전해주시지요?

김: 네. 지난 18일 권영건 이사장께서는 재외동포와 재단 전반에 관한 자문을 위해 이수성 전 국무총리를 재단 고문(임기 2년)에 위촉하였으며, 2008년도 실태조사사업 업체선정을 위한 평가위원회가 27일에 개최되었습니다. 이상 재외동포재단에서 전해드렸습니다.

(KBS한민족방송 '한민족하나로', 2008.2.15~12.1)

1) KBS 한민족방송 '한민족하나로' 방송원고(2008.2.15~12.1). 강준영 한국외대 교수와 김봉섭 전문위원이 함께 진행한 내용. 연출: 이영희 PD, 작가: 이은경.
2) 2005년 2,101명 → 2006년 1,899명 → 2007년 1,203명.
3) 국내입양(1995-2005) 16,634명(남자 6,537, 여자 10,097) vs 해외입양(1995-2005) 24,976명(남자 14,536, 여자 10,440).
4) 네덜란드(1,751명/ 입양 4,099명), 노르웨이(405명/ 입양 6,274명), 덴마크(269명/ 입양 8,629명), 독일(29,800명/ 입양 2,352명), 룩셈부르크(62명/ 입양 554명), 미국(2,023,653명/ 입양 107,145명), 벨기에(673명/ 입양 3,697명), 스웨덴(1,223명/ 입양 9,221명), 스위스(1,980명, 입양 1,111명), 영국(41,995명/ 입양 72명), 이탈리아(5,502명/ 입양 382명), 캐나다(218,716명/ 입양 2,103명), 프랑스(13,981명/ 입양 11,155명), 호주(95,297명/ 입양 3,341명).
5) 싱가포르 리콴유[李光耀] 총리 제안으로 1991년 싱가포르에서 처음 개최된 세계화상대회는 각국 중화총상회 주최로 현재까지 총 9회 개최됨. 싱가포르(1991년 8월, 제1차: 30개국 800명), 홍콩(1993년 11월, 제2차: 22개국 850명), 태국 방콕(1995년 12월, 제3차: 24개국 1,500명), 캐나다 벤쿠버(1997년 8월, 제4차: 30개국 1,400명), 호주 맬버른(1999년 10월, 제5차: 20개국 800명), 중국 남경(2001년 9월, 제6차: 77개국 4,700명), 말레이시아 쿠알라룸푸르(2003년 7월, 제7차: 21개국 3,500명), 한국 서울(2005년 10월, 제8차: 32개국 3,569명), 일본 고베(神戶)·오사까(大阪)(2007년 9월, 제9차: 3천여 명). 필리핀 마닐라(2009년 11월 예정).
6) 운영규정 제12조. 1)한상네트워크 활성화 차원에서 대회 전반에 대하여 운영위원회에 자문하고 한국경제 운용에 대한 전문가적 조언 및 유망 차세대 재외동포 경제인들의 육성 등을 위하여 리딩 CEO포럼을 운영 2)세계 각국에서 활약하고 있는 유망 재외동포경제인 또는 세계 유수기업의 CEO로 활약하고 있는 재외동포 경제인, 국내의 영향력 있는 CEO, 경제단체의 임원, 주관기관의 장 및 저명 학계인사로 구성.
7) 2005년 113억원, 2006년 156억원, 2007년 271억원, 2008년 200억원.
8) <신규제정 이유> 재단에 재외동포기금을 설치하여 재단의 운영 및 사업에 소요되는 자금에 충당하도록 하고, 그 재원은 정부출연금·기부금·차입금 기타 기금운용에 의한 수입금 등으로 정함. 제17조(출연금) ①정부는 재단의 설립운영에 소요되는 경비와 제15조의 규정에 의한 기금에 충당하기 위하여 재단에 필요한 출연금을 예산의 범위 안에서 교부한다. ②제1항의 규정에 의한 출연금의 교부사용 등에 관하여 필요한 사항은 대통령령으로 정한다.
9) 제15조(기금의 설치·운용) ①재단의 운영 및 사업에 소요되는 자금을 충당하기 위하여 재외동포기금을 설치한다. ②기금은 재단이 운용관리한다. ③기금의 운용관리에 관하여 필요한 사항은 이 법에서 정한 것을 제외하고는 대통령령으로 정한다.
10) 제17조(출연금) ①정부는 재단의 설립운영에 소요되는 경비에 충당하기 위하여 재단에 필요한 출연금을 예산의 범위 안에서 교부한다. <개정 99.12.31>
11) 재외동포재단법 개정이유 및 주요내용: 일반예산과 각종 기금을 통합하여 운용하려는 정부의 통합재정운용 기조에 따라 국제교류기금에서 재외동포재단의 사업비를 지원할 수 있도록 현행 재외동포재단 운영재원에 국제교류기금을 추가함으로써 국가재정운용의 효율성을 제고하는 하려는 것임. 국제교류재단법 제6조(사업) ①재단은 이 법의 목적을 달성하기 위하여 다음 각호의 사업을 행한다. <개정 2005.3.24> 6. 국제사회에서 한국의 위상을 제고하고 민족적 유대감을 고취하기 위한 재외동포 관련 단체의 활동에 대한 지원. 제13조(기금의 설치운용) ①재단의 운영 및 사업에 소요되는 자금에 충당하기 위하여 재단에 국제교류기금을 설치한다. ③재단은 기금의 일부를 재외동포재단법에 의한 재외동포재단의 사업에 출연 또는 보조할 수 있다. <신설 2005.3.24>
12) 《크리스찬 투데이》가 발행한 '2008 한인교회 주소록'에 따르면 07년 말 현재 미국 3,776개, 캐

나다 382개 등 4,148개의 이민교회가 있으며, 그 외에도 일본 210개, 호주 175개, 독일 114개, 아르헨티나 54개, 영국 51개, 브라질 43개, 멕시코 22개, 프랑스 18개 등 687개의 이민교회가 있다. 이들 10개국(=4,835개)에 해외한인교회의 97%가 몰려 있다. (cf. 교파별: 장로교 41.2%, 감리교 18.2%, 성결교 8.2%, 순복음 8% 등); <한국종교문화연구소>가 '해외선교・포교실태조사 및 지원방안연구'(2004)를 조사한 바에 따르면 (1)개신교회는 20개 교단에서 5,408명, 80개 선교단체에서 6,215명 등 총 11,623명의 선교사를 해외로 파송(동북아 1,326, 동남아 1,202, 서아시아 285, 중앙아 297, 중동 168, 아프리카 452)하고 있으며, 주로 동북아와 동남아에 집중되어 있으며, 최근에는 중앙아시아로도 많이 진출하고 있는 실정.

13) 미국 뉴욕 30, L.A 31, 기타 58, 캐나다 9 등 128개; 아르헨티나 3, 브라질 1, 파라과이 1 등 5개; 오스트리아・영국・프랑스・이태리 각 1, 독일 2 등 7개; 호주 5, 뉴질랜드 2 등 7개; 중국 1, 일본 15, 홍콩 1, 인도 3, 인니 1, 네팔 2, 스리랑카 2, 대만 1, 타이 1 등 27개국.

14) cf. 박정희 대통령의 산림녹화 30년 후: 당시 민둥산을 푸르게 하는 데에만 신경 쓸 것이 아니라 멀리 내다보고 경제수목을 좀 더 많이 심었더라면 지금쯤 더 좋은 녹지환경이 조성되고 경제성도 있지 않았을까? 동포정책이나 사업도 마찬가지. 현실에 당장 급급할 것이 아니라 좀 더 멀리 내다보고 사업을 추진하는 農心이 필요하다고 봄.

15) 민주당(100명), 공화당 (11명), 무소속(1명) 등 총 211명으로 구성. 입양천사 표창은 미국 각 주의 의원이 자신의 지역에서 입양인을 위해 헌신한 개인, 가족, 기관을 선정하여 표창하는 상임. 2007년도에는 각 주마다 1명씩 51명 표창. 본인의 고사에도 불구하고 오레곤주 상원의원 Gordon Smith씨 추천으로 2007년 10월 4일 수상자로 선정.

16) 이구홍 이사장은 15일 프레스센터에서 열린 법무부 출입국・외국인정책본부 김원숙 서기관의 '출입국관리정책론' 출판기념회에 참석・축사하였고, 24일 경기도 남양주 마석에서 개최된 2008년도 조선족연합회 국내체류동포 워크숍을 격려했으며, 26일에는 대양주한인회총연합회 정해명 회장과 백낙윤 전임회장 일행의 방문을 받고 대양주 한인사회의 발전을 위해 공동노력하기로 하였으며, 27일에는 조선호텔에서 열린 외대 미네르바포럼(강연 오세훈 서울시장)에 참석하였습니다. 이상 재외동포재단에서 전해드렸습니다.

17) 미국(34), 일본(18), 중국(10), 독일・우즈벡(각 5), 러시아・호주・카자흐・인도네시아・캐나다(각 3), 프랑스・이태리・키르키즈・필리핀・쿠웨이트(각 2), 대만・네덜란드・이집트・방글라데시・미얀마・우크라이나・말레이시아・콜롬비아・파라과이(각 1).

18) <선발대상> (1) 전 세계 40세 이하의 영주권자 또는 시민권자로서 주류사회 진출한 CEO나 동급 전문 경제인, (2) 한상대회 운영위원이 속한 경제단체에서 중책을 맡아 수행하면서 청년 경제인들의 발굴과 육성을 담당하는 자 (3) 한상대회 운영위원, 리딩CEO 혹은 재외공관이 추천하는 자로서 지역사회에서 기업인으로 성공했거나 각광을 받고 있는 청년 비즈니스 리더 <지원사항> 한상대회 참가비 면제(단, 포럼 신규참가자에 한함), 한상대회 기간 중 숙박 제공(4박5일).

19) 1941년 제2차 세계대전 중 일본 교토 軍비행장 건설을 위해 일본정부에 의해 동원된 1,300여 노동자들에 의해 형성된 6천평의 재일조선인마을. 행정구역은 교토부 우지시 우토로 51번지. 현재 65세대 203명이 살고 있음 <토지분규> 우토로마을은 닛산차체주식회사(닛산자동차 계열사) 소유였으나 1987년 부동산회사 서일본식산에 전매. 서일본식산에서는 1989년 주민전원에게 퇴거명령과 함께 교토지방재판소에 '건물수거토지명도' 소송 제기. 당시 주민들은 우토로지구를 조선인 거주지역으로 개척한 사실을 들어 시효취득 인정을 호소했으나 1998년 원고승소판정으로 퇴거가 불가피. 이런 사실이 알려지면서 2005년 이후 한겨레21, 한국기독교교회협의회, 우토로국제대책회의, 다음커뮤니케이션, 아름다운재단 등에서 모금활동 및 우토로 실태를 홍보했으며, 지난 2007년 말 대한민국 국회는 우토로 관련 예산 30억원 책정. <모금실적> 현재 네티즌의 기부와 정부지원금 30억원을 포함 총35억8300여만원이 확보됐으나, 전체 매입대금 46억5천여만원(엔화 5억2900만엔)에 약 6억8천여만원이 부족한 상태. 현재 재단에서는 30억원 지원방법을 다각도로 모색중에

있음(05년 국회에서 반기문 당시 외교장관은 재외동포재단을 통해 지원하는 방안 강구하겠다고 언급한 바 있음).
20) 마야 원주민말로 용설란과 식물. 이곳에서 섬유를 추출하여 밧줄, 노끈, 가방 등을 만들었음.
21) 1905년 4월 4일 1,033명(남자 802, 여자 207, 아이 24)의 구한말 백성들은 낯설고 물선 멕시코를 향해 영국상선 일포드호에 몸을 실었다. 항해도중 죽은 2명을 제외한 1,031명은 5월 15일 메리다에 도착, 그곳에서 각 농장(에니깽농장, 시멘트광산, 개간지 등)으로 분산되어 20여년 이상 노예생활과 같은 세월을 보내야 했다.
22) 1997년 1,500여명에 불과하던 멕시코 동포수는 현재 1만~2만 명선으로 증가. 이는 IMF를 겪던 한국은 물론 아르헨티나·파라과이·에콰도르 등 남미의 경제침체국에서 밀려든 결과(보따리 옷장사 등)로서 현재 정확한 집계가 힘든 실정임.
23) 현재 멕시코한인사회는 정착이 안정화 되어있지 않고 점차 신규이민자가 증가하고 있는 추세라 한글교육 환경, 신규이민자 서비스 등 노력해야 할 부분이 많음/ 멕시코 내 한글학교는 2007년 6개교보다 3개 교가 증가하여 9개 교가 있으며, 신규이민자 증가로 한글학교 운영비 지원 증액(30%)을 요청하고 있음.
24) <지역별 배정> 아주 50명 → 아시아 12개국 24명/ 중국 15명 → 중국 15명/ 아중동 10명 → 아중동 7개국 15명/ 유럽 30명 → 유럽 12개국 38명/ 러시아·CIS 15명 → 러시아·CIS 5개국 15명/ 미주 80명 → 미주 10개국 91명.
25) 국회인권포럼, 「제1회 정책심포지움: 입양인의 인권과 인권정책」(해외입양인대책협의회, 1997), 98쪽 참조; 홀트(3,415+ 4,320=7,735명), 동방(717+ 1,372=2,089명), 대한(395+ 2,094=2,489명), 한국(413+ 410=823명).
26) 정식 이름은 Jewish Agency of Israel(의장 Zeev Bielski). 세계 시온주의 단체를 대표하는 국제기구. 1929년 카임 바이츠만에 의해 창설, 본부는 예루살렘. 이스라엘의 개발과 정착을 돕기 위해 전 세계의 유대인들을 지원하고 격려하는 것이 주목적.
27) 운영위원회(공동위원장: 이스라엘 내각 장관, 유태인협회 교육부 사무총장. 8명은 이스라엘정부 대표, 8명은 유태인협회 대표)에서 정책수립, 프로젝트 목적 결정, MASA사 사업 감독.
28) 유태인 및 시오니즘 원리·가치를 다루는 핵심프로그램 이외에 유태인정체성 강화, 시오니즘과 이스라엘 역사, 이스라엘 대지와의 친밀감, 히브리어학습, 이스라엘에서의 자원봉사, 이스라엘 동료와의 만남, 이스라엘문화 경험, 공동체리더십기술 개발 등 보충프로그램 실시.
29) Roman Gurel, "*MASA-The project for Long Term Programs in Israel: Projects Standards and Regulations*"(2nd ed. Jerusalem, 2005.3) 참조; MASA 프로젝트 창시자들은 "이스라엘에서의 장기프로그램 참가는 유태공동체 내의 차세대 유태인리더십 형성, 이스라엘국가에 대한 자각과 공동운명체 의식 함양, 그리고 전 세계 유태인 공동의제 창조에 공헌 등에 가장 효과적인 도구"임을 인식하고 있다. 이들 장기프로그램 참자자들은 전 세계로부터의 잠재적 귀향자(Aliyah, 이민자)가 된다.(by Dr. Elan Ezrachi, Dr. Yigal Donyetz).
30) "이스라엘과 유태공동체 사이의 분열을 최소화하고, 전 세계 유태인의 유대감과 참가자들의 유태정체성을 강화하고, 이스라엘인들과 연결하기 위한 선물로서 전 세계 유태 젊은이들(18~26세)을 모국에 보내자"는 것이 프로그램의 취지.
31) 모국문화와 공동문화 유지 정도, 동족 출신을 친구나 배우자 상대로 선호하는 정도, 모국에 대한 충성심이나 모국왕래 정도, 현지인이 아니라 자기 민족에 속한다는 의식 정도 등.
32) 한국어와 한국문화를 세계에 널리 알리려는 목표 아래 1986년 3월 1일 설립된 한국어·한국문화 전문교육기관. 그동안 약 25,000명의 외국인과 재외동포가 연수프로그램을 거쳐 갔으며, 매년 약 3,000명의 학생이 한국어와 한국문화연수에 참여중.
33) 카자흐스탄 알마티한국교육원(1991.8.22), 우즈베키스탄 타슈켄트한국교육원(1992.5.27), 러시아 사할린한국교육원(1993.12.10), 러시아 블라디보스톡한국교육원(1995.3.24), 러시아 하바로프스크

한국교육원(1997.8.7), 키르키즈스탄 비쉬켁한국교육원(2001.5.28), 러시아 로스토프나도누한국교육원(2001.9.19).
34) 유아 2학급 30명, 초등학생 6학급 79명 총 8학급 109명; 파견교원 1명 외 현지교원 7명.
35) '한국어학과 언어학' 20시간, '외국어로서의 한국어교육론' 50시간, '한국어교육실습' 37시간, '시험평가' 2시간 등 109시간이 한국어학과 한국어교수법에 할애. 말하기・듣기・읽기・쓰기 등 '한국어수업' 20시간, 특강 포함.
36) 초청여비(숙박, 식비, 교통비, 항공료, 교육훈련비 등) 1억212만원, 수업료 및 강사료 2655만원, 문화체험(2박3일) 1022만원, 기타.
37) "새 집행부는 이념의 상처를 꿰매 교민 통합을 이루어내겠습니다. 3만5천 교민 전체를 하나로 아우르는 화합의 행정을 펼쳐야 하겠습니다. 역대 집행부는 출범 때마다 통합과 화해와 관용의 행정을 다짐했지만 실재로는 정반대의 그림을 그렸습니다. 이번에야 말로 그런 적대적 행정에 종지부를 찍어야 합니다. 실용의 이름으로, 과거청산이란 미명으로 또 다른 형태의 편 가르기가 재연돼서는 안 되겠습니다. 집행부가 교민을 호령하고 이끌고 나가는 선단식 행정운영의 시대는 지났습니다. 각 지방한인회와 교민의 자율을 바탕으로 연합회와 회원단체가 하나 되는 정책운용이 절실히 요구됩니다. 그러기 위해서 자기 의견만을 내세우면서 자기 고집만 부리거나 남의 의견을 무시하고 상대를 존중할 줄 모르고 다수결로 결정된 사항을 부정하면서 불평불만을 늘어놓거나 마음에 안 든다고 잘 삐지고 정의를 내세우면서 남을 헐뜯고 비방하면서 발목을 잡고 상대방을 뒷조사나 해서 요구조건을 내세우며 법정에 고발한다고, 협박하고, 내 편, 네 편, 편 가르면서 이간질을 하고, 나 아니면 안 된다. 아집과 고집만 부리는 이런 사람들은 이제 과감히 교민사회에서 한 발 물러 있어야 화목한 교민사회가 될 것 입니다. 역사는 변화하는 것입니다. 아니 변화해야 발전이 있습니다. 변화하지 않고서는 항상 발전해가는 경쟁 사회에서 나 홀로 뒤처지게 될 것입니다. 교민 여러분 이제 우리도 변해야 합니다. 나 자신부터 변해 봅시다. 총연합회가 나에게 무엇을 해주기를 바라기 이전에 내가 총연합회를 위해서 무엇을 해야 하는지를 먼저 생각해 봅시다."
38) www.KGNetwork.org.
39) 일반적으로 '정체성'(Identity)은 진정성(=진짜 한인은 누구인가?), 주체성(한인들에게 의미 있는 것에는 어떤 것들이 있는가?), 계속성(족내 결혼, 족내 우정, 코리아타운(마을) 형성, 직업의 집중, 제도내 소속) 등으로 측정될 수 있다.
40) 네팔(1), 뉴질랜드(2), 말레이시아(1), 몽골(1), 호주(2), 인도(1), 인도네시아(1), 일본(1), 중국(1), 캄보디아(1), 태국(1), 피지(1), 미국(16), 캐나다(4), 니카라과(1), 볼리비아(1), 브라질(1), 우루과이(1), 아르헨티나(1), 자메이카(1), 콜롬비아(1), 칠레(1), 사우디아라비아(1), 세네갈(1), 이스라엘(1), 네덜란드(2), 스페인(1), 벨기에(1), 불가리아(1), 오스트리아(1), 이탈리아(1), 체코(1), 폴란드(1), 프랑스(1), 독일(1), 카자흐스탄(2), 키르키즈스탄(1).
41) 아르헨티나한국초등학교 교장 역임.
42) 국내고등학교 교사(62~99년), 다송중 교감(99~02년), 장림여중 교장・정년퇴직(02~03년), 캄보디아국립기술대학 한국어교수 역임.
43) 중국 흑룡강성 하얼빈시 우수교원(99년), 산동성 청도벽산조선족학교 부주임(05~현재).
44) 한국어교원자격증 취득, 한국어교수법, 한글학교교사를 위한 교육과정개발, 유아대상 한국어교수법, 무령왕릉, 재외한글학교교사를 위한 창의문화예술교육, 인터넷활용 한국어교수법(스타디코리안넷).
45) 문화유산 및 관광명소 견학(무령왕릉, 공주공산성, 공주박물관, 우금치 동학혁명기념탑, 송산리고분군, 논산 윤증고택, 전주한옥마을), 공연관람, 재외동포재단 방문.
46) 한글학교 우수운영사례, 지역별협의회, 한글학교교육상황, 학교별 자체 제작교재 소개 등.
47) 환영만찬・한송오찬, 오리엔테이션, 친교의 밤, 설문 및 소감문 작성 등.
48) 카자흐스탄 알마티공과대학 명예교육학박사(00년), 필리핀 팡탄가대학 명예행정학박사(06년), 필리핀 막사이사이대학 명예정치학박사(06년), 대만문화대학 명예정치학박사(07년).

49) 홍콩, 대만, 싱가포르, 말레이시아, 태국, 인도네시아, 필리핀 등 동남아시아 화교들이 해외 총자산의 87%를 갖고 있으며, 중국 개혁개방(1979) 이후 30년 이상 중국본토 투자의 87%를 이곳 화교자본이 담당(cf. 중국 상무부에 따르면 개혁개방 이후 2006년 말까지 60만 개의 외자기업 설립이 인가, 실투자총액은 7,040억 달러. 2008년 1월부터 7월까지 중국이 실제 사용한 외자총액은 369억 달러, 그 대부분은 해외화상들이 투자).
50) 재외동포보호 및 지원프로그램(202억2100만원) 중 재외동포재단(170억8300만원), 재외국민영사서비스 및 콜센터 운영(24억5600만원), 재외동포권익향상(한인의 날 행사, 6억8600만원)이 포함. 외교부 전체예산(1013.52억원)의 16.85%를 차지.
51) 재외동포교류프로그램(재외동포교류지원)에 195억원. 국제교류기금 전체 예산(633.26억원)의 30.79%를 차지.
52) ①보건복지 73.7조원, ②일반공공행정 47.5조원, ③교육 38.7조원, ④국방 28.6조원, ⑤SOC 21.1조원, ⑥농림수산식품 16.6조원, ⑦산업·중소기업·에너지 13.2조원, ⑧R&D 12.3조원, ⑨공공질서안전 12.2조원, ⑩환경 4.7조원, ⑪문화체육관광 3.4조원, ⑫통일외교 2.9조원.
53) ※심의결과: 21.36억원 증액(한글학교 지원 2억, 민족학교지원 2억, 장학사업 10억 등).
54) <고문> 정신철(중국사회과학원연구원), 손춘일(연변대 교수), 김삼(조글로넷 CEO), 장영지(중국유학생연합회 전임 회장), 예동근(재한조선족유학생네트워크 전임 대표) <자문위원장> 김용선 <회장단> 김청룡, 리봉, 박우, 리련 <사무국> 리봉, 김선화, 리호화, 정미선 <학술팀> 박우, 김도, 박성걸, 서란화 <자원봉사팀> 리련, 조문화, 리강, 전룡화, 지홍일 등.
55) 2006년 9월 KCN글로버봉사단 창립. 대한적십자회에 등록한 첫 외국인 봉사단. 2006년 2월-현재, 중국동포 컴퓨터교육봉사. 2006년 10월-현재, 한국 노인복지관 봉사. 2004년-현재, 중한교류 축제 및 이주노동자 관련 행사 봉사.
56) 다문화사회 및 이주노동자 관련. 한국의 재외동포정책 관련. 세계화시대 중국 및 중국조선족사회 변화 관련. 유학생 발표회.
57) 2004년 3월 24일 재한조선족유학생네트워크 클럽 개설.
58) 2004년-현재, 신입생 맞이 및 송년행사. 2004년-현재, 스포츠 동호회. 2004년-현재, 한국역사문화탐방. 2004년-현재, 재한조선족단체, 화교단체들과 협력. 2004년-현재, 한국 NGO 단체들과 협력.
59) 중덕장학회, 꽃망울회 등과 MOU 체결.
60) <1세션> Alvin So(서울대 교수) "동아시아공동체 및 인적자원의 중요성"(영어 혹은 한어), 정신철(중국사회과학원 교수) "중한관계의 중요성과 중국유학생의 역할" <2세션> 이광진(한중법률신문국장) "재한중국조선족사회의 변화와 지식인의 역할", 예동근(고려대 박사과정) "개혁개방이래 중국유학생군체의 변화", 박우(서울대 박사과정) "재한중국유학생이 유학지로서 한국에 대한 인식" <3세션> 김청룡(회장) "재한조선족유학생네트워크 5주년 총결보고."
61) 국적별로는 중국, 한국계중국인(조선족), 베트남, 몽골, 일본, 미국, 우즈베키스탄, 인도, 말레이시아, 방글라데시, 네팔, 러시아, 파키스탄, 필리핀, 인도네시아, 타이완, 독일, 프랑스, 타이, 미얀마, 캄보디아, 터키, 카자흐스탄, 캐나다, 스리랑카, 라오스, 홍콩 순. ※조항록(상명대 교수)에 따르면 2008년 4월 현재 64,000여 명으로 증가.
62) 박사유학(D2D) 30명, 석사유학(D2C) 33명, 학사유학(D2B) 56명, 전문학사(D2A) 21명, 유학(D-2) 3,332명.
63) ≪문화일보≫ 1997년 2월 20일자. 1996학년도 학위수여식에서 金永浩(32·화학과)씨와 李森子(여.31·화학공학과)씨 등 2명이 국내 조선족 유학생 가운데 최초로 공학박사 학위를 받았다. 이들은 北京이공대학과 吉林대학에서 각각 학부와 대학원 과정을 마치고 93년 3월 포항공대 박사과정에 입학한 뒤 4년만에 영광의 열매를 맺었다.
64) <사립대학> 아주대는 석사 10명·박사 20명에게 등록금 면제를, 고려대·연세대·서강대는 대학

원생 2명에게 등록금 전액면제를, 경희대 대학원생 5명에게 등록금 전액면제·5명에게 등록금 반액면제를, 성균관대·외국어대 대학원생 2명에게 등록금의 50%를, 세종대는 일반학생에게는 수업료의 20%·자매결연학교 학생에게는 수업료의 50%~100%를, 이화여대는 국제교류장학금 명목으로 등록금 전액 또는 일부 면제를 각각 지원하고 있음. <국립대학> 서울대는 최초 입학시 입학 및 등록금은 자비부담으로 하되 20명 이내에서 직전학기 평점평균 3.0이상자에 한하여 등록금 면제를, 전북대는 최초 입학시 등록금은 자비부담으로 하되 대학원 직전학기 성적 90점 이상자 중에서 대학사정에 따라 차등 지급(전액 면제, 기성회비 면제, 수업료 면제 등)을, 한국교원대는 외국인 입학생 10% 범위 내에서 입학금과 등록금 면제를, 강원대는 대학원 외국인 유학생중 50명을 매학기 선발하여 기성회비 면제를, 경북대는 대학원 성적에 따라 등록금 면제범위를 결정하며, 충남대는 대학원 10명 이내에서, 충북대는 한국어능력시험 합격자에 한해 A급 또는 B급 장학금을 각각 지원하고 있음.

65) 최우길(선문대 교수)은 "조선족은 중국조선족에서 일본의 조선족, 한국의 조선족을 넘어 동아시아의 조선족으로 거듭 태어나고 있다"고 강조한 바 있음.

제11장 재외동포 관련 연구동향과 향후 과제[1]
- 연구사의 전개와 쟁점을 중심으로

제1절 여는 말

　대한민국은 정부 수립 이후 60년 만에 세계 11위권의 경제대국으로 성장했다. 이런 한국경제의 도약 이면에는 재외동포의 공이 컸음을 부인하기 어렵다. 얼마 전 '글로벌 코리아' 달성과 '경제' 살리기를 국정 최대과제로 삼고 있는 이명박 정부가 출범했다. 현 정부는 세계일류국가로의 도약을 위해 새로운 국정비전과 중장기 국가전략[2]수립에 몰두하고 있으며[3], 재외동포의 전략적 가치를 최대한 활용하려고 한다.[4]

　그러나 재외동포의 전략적·실용적 가치를 논하려면 그 이전에 학문적·실증적 탐구가 선행되어야 하고, 이의 기반이 될 연구사가 정리되어야 한다. 앞으로의 재외동포 관련 연구는 재외동포사회의 역사성을 탐구하고 급변하는 제반 양상들을 예측·분석(SWOT)[5]함으로써 불확실한 미래의 위험요소 발생을 사전에 대비해야 한다. 재외동포사회의 환경변화에 따라 21세기 미래국가발전과 민족번영의 큰 틀이 달라지고 있기 때문이다(<표 1> 참조).

<표 1> 재외동포사회의 환경변화

장점(Strengths)	약점(Weaknesses)
-내외동포간 인적교류 활성화 지속 -재외동포인구의 증가 추세 확연 -재외한인단체 활동 및 네트워크 활성화 -글로벌 수준의 차세대 인적자원 부상 -재외동포에 대한 대통령 및 관련부처 관심 증대	-재외동포정책의 획기적 개선 미비(소극성 유지) -거주국내 한인동포사회 구심점 부재 -재외동포사회 의견 수렴 미약 -재외동포사회 역량결집 및 공동추진과제 부족 -재외동포 관련법·제도의 미비
기회(Opportunities)	위기(Threats)
-세계한인의 날 제정 등 동포사기진작 발판 구축 -글로벌 동포인재 적극 활용 분위기 고조 -차세대 민족교육 지원 확대 예상 -모국 국정참여 기회 부여(재외국민 투표권 포함) -모국과의 호혜발전·상생협력 분야 확대	-소외지역 및 저발전 재외동포사회지원 시급 -재외동포 전담기구 개편논의 상존 -재외동포에 대한 부정적 인식 -재외동포정책 우선순위 낮음 -미래국가전략과의 연계 부재

　따라서 이 글에서는 우선 대한민국 정부수립 이후 각 시기별로 진행된 연구사의 변천과정과 핵심주제를 고찰함으로써 기존 연구의 관점과 학술적 의의를 정리하고, 지난 10년간(1998~2007)의 주요 이슈들을 비교분석함으로써 향후

연구가 풀어나가야 할 방향을 제시하고자 한다(<그림 1> 참조).

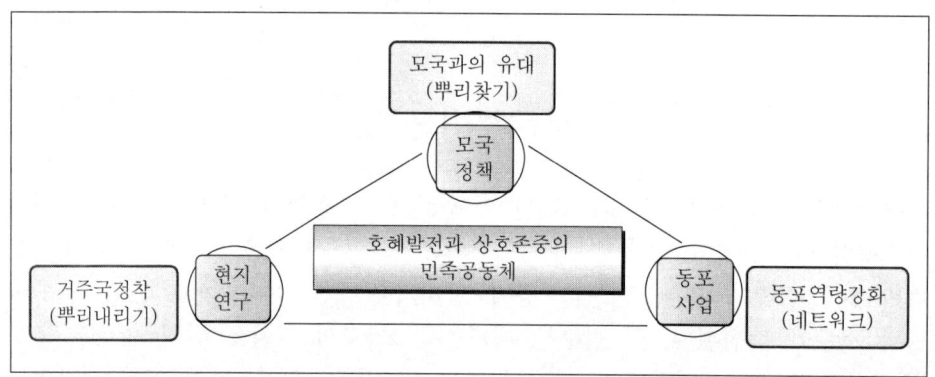

<그림 1: 모국↔재외동포↔거주국 관계 개념도>

제2절 재외동포 관련 연구의 전개과정

1. 개괄

재외동포사회의 범위와 규모가 급증하고 있다.6) 구성원의 정체성과 역할이 끊임없이 변화7)함에 따라 재외동포 관련 연구의 양과 질도 함께 변화·발전하고 있다.8) 재외동포 관련 연구가 본격화된 것은 1960년대 이후부터다. 한일회담 반대의 분위기 속에서 사회적 관심이 청구권자금과 평화선문제에 쏠려 있던 것에 대한 반작용적 성격이 강했다는 분석이 그것이다.9)

> 본인이 교포문제에 관심 갖던 1960년대만 해도 청구권 3억 달러로는 안 된다, 평화선 양보하면 우리 어민들 다 죽는다고 야단이었지만 '재일(在日)교포 100만 명의 내일'(법적지위)에 대해 어느 누구도 관심이 없었다. … 한일국교정상화 회담 협상대표들조차 "일제(日帝) 36년만 팔아먹고 왔다"는 식으로 탄식하던 때라 "누구 한 사람 정도는 이 문제에 파고들어야 한다"는 단순한 생각이 오늘 이 자리까지 오게 만들었다. 저는 그때 재일동포의 지위만 향상되면 청구권으로 받는 3억 달러는 아무것도 아니라고 봤다. 미국의 유태인과 이스라엘, 전 세계의 화교와 중국과의 관계를 보면 알 수 있는 일이었다.

이처럼 재일교포의 법적지위문제10)로 촉발된 재외동포 관련 연구가 40여 년 동안 지역별로는 일본・중국・미국・러시아 및 CIS・기타 지역연구로, 주제별로는 역사・사회・경제・정치・문화・교육・정신건강・보건지리・인권・법적지위・해당국가 한인정책・한국/한반도문제와의 관계 및 관련 활동・한국정부의 재외동포정책・독립/민족운동・기타 연구 등으로 확대되는 놀라운 성과를 보여주었다.11) 그러나 연구사 정리는 아직 초보 수준에 머물러 있다.12)

따라서 이 글에서는 통사적 입장에서 해당분야 연구의 변천과정과 연구성과들을 정리・분석해본다.

2. 시기구분

재외동포의 형성과정은 크게 4시기로 구분할 수 있다. 첫째는 1860년대 전후~1910년(경제적 월경유민, 하와이・멕시코이민), 둘째는 1910년~1945년(일제강점기 노동이민・농업이민, 정치적 망명, 강제이주), 셋째는 1945년 해방~1962년 해외이주법 제정 이전(戰前한인 귀국 및 전쟁고아・국제결혼・혼혈・유학), 넷째는 해외이주법 제정 이후(체계적・자발적인 집단・계약・투자이민)다.13)

그러나 이 글에서는 재외동포사회의 변화에 영향을 끼친 주요 사건을 중심으로 연구사를 제1기: 대한민국 정부수립 이후~한일기본조약 체결 이전(1948~1965), 제2기: 한일기본조약 발효 이후~유신헌법 시절(1965~1980), 제3기: 헌법의 재외국민보호조항 신설 이후~재외동포재단 설립 이전(1981~1997), 제4기: 재외동포재단 설립 이후~현재(1998~2008) 등 총 4시기로 구분・정리한다.

가. 제1기(1948.8~1965.6): 정부수립 이후~한일기본조약 체결 이전

1) 제1공화국・이승만 시절

정부수립 이전 교포와 관련된 주요 관심사는 '본국으로의 귀환'이었다.14) 그러나 정부수립 이후 반일(反日)과 반공(反共)을 국시(國是)로 내 건 자유당 정권은 재일동포를 경원시했다. 당시 중국이나 구소련지역 동포는 소문으로 접할 뿐이었고, 미국・중남미・유럽 등의 교포는 극소수15)였음에도 이들을 대하는 모국정부의 태도는 매우 냉정했다. 즉 이승만은 자신의 든든한 후원자였던 하와이동포들에게조차 현지화 할 것을 요구했고[16], 재일교포들에게 교육지원비를 송금(1957)[17]하면서도 이들을 '친일파' 아니면 '공산주의자'[18]로 보아 재일교포의 귀국을 어렵게 하거나 감시의 눈초리를 보냈다.[19] 재일조선거류민단(1946. 10.3) 창단 이후 한신교육투쟁(1948.4.24), 남일 성명(1954.8), 조선총련 결성(1955.5), 북한의 교육원조금 지원(1957), 북송(1959.12.14) 등에 대해 효과적으로 대처하지 못하는 등 사실상의 '기민(棄民)정책'을 고수했다.

이런 상황에서 한국정부는 '주일대표부'(1949.1.29) 설치, '해외교포분포상황'(1954)[20] 및 '재일교포의 실태'(1961) 정리, '재일한인 법적지위문제'(1958) 발간[21], '해외이민위원회'(1959.5.11)[22] 설치 등 여러 조치들을 취했으나 초보적이거나 단편적인 대책마련에 불과했다.

한편 국회는 '주일한국동포실태조사에 관한 결의안'(1952)[23], '재일교포국회 옵서버 설치'(1953), '재일교포민족교육대책에 관한 건의문'(1958), '재일한인북송반대에 관한 결의안'(1959) 등의 채택을 통해 정부에 압박을 가했고[24], 주요 언론들은 사설을 통해 '재일교포 선도책'과 '교포교육'의 시급함을 지적했다.[25]

> 해방 이후 이승만 정부는 국내의 정치적인 혼란 속에서 재일한인에 대해 충분한 관심을 가지지 못했을 뿐 아니라 가지려고 하지도 않았다. 총련은 북한의 지지를 받아 그 기반을 다지고 민족교육을 확대시켜 나갔지만 이승만 정부는 반공이라는 맹목적인 정책 외에는 재일한인문제를 어떻게 풀어나가야 하는지 방향설정조차 없었다고 할 수 있다.[26]

1952년에 시작된 한일회담에서 '재일교포의 법적지위'(Status of Korean Residents in Japan)를 다루었지만 제4차 회담(1958)까지[27] 양국의 상호불신은 극심했다.[28]

이런 시대적 배경 하에서 <표 2>의 연구성과들이 생산됐다. 그러나 재일교포의 국제법적 지위에 대한 이론적 근거를 제시했던 이한기[29], 해방 이전의 미주 한인사회를 조명한 김원룡 등을 제외하면 대부분의 연구들은 문제제기 수준에 머물렀다고 평가할 수 있다.

<표 2> 1948~1960년의 대표적 연구성과

구분	내용
1945	cf. 鄭哲, 『在日韓國人の民族運動』

연도	내용
1948	법무부,『사할린교포의 현황과 법적지위』(법무부 법무실) cf. 재일본대한민국거류민단 결성
1949	재외국민등록법 제정공포(11.24)
1950	외무부 주일대표부편,「재일본 한국동포의 법적지위」,『외무월보』제10호 cf. 朴熙哲,『大韓民國居留民團論』
1951	외무부,『제1・2・3차 한일회담 재일한인법적지위문제위원회 회의록』 cf. 노재연,『재미한인사략 上』(L.A)
1952	이한기,「이승만라인과 국제법: 공해자유의 법리」,『자유세계』1,4(홍문사)
1953	이한기,「소위 재한재산청구권을 주장할 수 있나」,『신천지』8,7(서울신문사) cf. 公安調査廳,『在日朝鮮人槪況』
1955	배재식,「평화선에 관한 소고」,『지방행정』4,9 (55.9)/이건호,「한국의 혼혈아는 어데로」,『여성계』4,8(55.8) cf. 재일조선인총연합회 결성(5.26)
1956	cf. 公安調査廳,『在日朝鮮人總聯合會の現狀』/日本赤十字社,『在日朝鮮人の生活と實態』
1957	윤일상,「재일교포교육의 현황과 문제점」,『국회보』15 cf. 朴在一,『在日朝鮮人に關する綜合調査硏究』(新紀元社)/한국정부 재일교포 교육지원비 송금(22,000$), 북한의 조총련교육자금 송금(615,580$) 및 인재양성・조직강화 착수
1958	외무부,『재일한인법적지위문제에관한 설명서』/이활남,『혈혼의 전선: 재일교포학도의용군 수기』(백조사)/한현상,「온정에 굶주린 재일교포」,『신태양』64
1959 30)	김용운,『재미한국인50년사』(박영사)31)/이한기,「외교적 승리의 논리적 배후: 국제법상으로 따져본 재일교포북송문제」,『사상계』7,5/유진오,「재일교포북송음모는 실패로 본다」,『지방행정』8,5 cf. 宮田浩人編,『65万人-在日朝鮮人』/權逸,『祖國への念願』/在日韓國人經濟人聯合會,『在日僑胞商工業者總攬』1(생산업자편)/在日本大韓民國居留民團,『在日僑胞實態槪要』/재일교포 북송사업 시작

2) 제2공화국・장면 시절

4・19혁명(1960) 이후 총선(7.29)에서 압승을 거둔 민주당 정부는 '빵 문제' 해결을 국정 최우선순위로 정했으나32) 신・구파간의 갈등으로 총리 선출에 진통을 겪었고, 연일 터져 나오는 북한의 평화통일공세에 제대로 대처하지 못했다.33)

그러나 허정(許政) 과도정부의 친일(親日)외교34)를 계승한 장면(張勉) 총리는 북송저지 등 '외교정책 7대 방침'(1960.8.24)35)을 발표했고, 국회 시정방침연설(1960.8.27)에서는 "한일회담 재개, 재일교포 경제적 지원 및 교육지도 적극화, 교포자본 국내반입" 등을 약속했다.36)

또한 국회 민의원 대정부질의(1960.9.19~21)에서 제기된 "한국의 대일예속 우려, 재일교포 북괴침투분쇄 계획, 재일교포실태조사단 파견" 등에 대해서는 정부차원에서 연구중이라고 답변했고37), 참의원 대정부질의(1960. 9.20~22)에 서 제기된 "한일국교정상화의 필요성, 재일교포재산보호방안, 재일교포 지도계 몽용 일간신문 발행 용의" 등에 대해서도 "국교정상화의 경제적 실리, 재일교 포 재산의 한일회담 개최후 적극 반입 추진, 5백만 달러의 융자기금과 5억환의 지도·보호비 책정" 등을 공언했다.38)

그러나 평화선문제와 청구권문제에 막혀 제5차 한일회담(1960.10)39)은 뚜렷 한 성과 없이 중단됐고, 일본과 북한적십자사간의 북송협정연장(1960.10.28)도 저지하지 못했다.40) 또 '재일교포교육실태시찰 귀국보고'(1961.2.22)41)를 한 설창수(민주당)로부터 "책임 있는" 정부의 노력부재를 질타 당하기도 했다. 민 의원이 제시한 한일국교 지침(1961.2.3 결의문)42) 역시 재일교포의 법적지위에 관한 내용은 빠져 있었다.

이런 시대적 배경 하에서 <표 3>의 연구성과들을 거두었다. 짧은 기간이었지 만 재일교포실태와 교육문제가 주로 다뤄졌으며, 김석후의 '화교교육정책' 소 개43)는 눈여겨볼만한 것이었다.

<표 3> 1960~1961년의 대표적 연구성과

구분	내용
1960 44)	외무부, 『각국 이민법』/Ministry of Foreign Affairs, The immigration and nationalization act of the United States./민경천, 「그 실태 및 교포교육의 강화책: 재일교포교육 시찰을 마치고」, 『문교월보』 54/편집실, 「해외유학생과 재외교포문제」, 『문교월보』 55/박권숙, 「국제법상으로 본 재일교포북송문제」, 『법정』 15/권일, 「재일교포의 실태와 그 대책」, 『새벽』 7/김석후, 「자유중국 의 화교정책: 재일한교문제를 재검토하기 위하여」, 『민족문화』 5,4/한국생산성본부편, 「판매고순 으로 본 재일교포 생산기업체의 실태」, 『기업경영』 3 cf. 李瑜煥, 『在日韓國人の五十年史』(新樹物産)/關野昭一, 『在日朝鮮人の北鮮歸還問題』(國立國會 圖書館)
1961	전준, 「본국정부에 건의한다」, 『사상계』 9,1/김규환, 「재일교포는 이방인인가」, 『사상계』 9.1 /문 교부편, 「해외교포 교육강화책을 논함」, 『문교공보』 59

3) 군사정부·제3공화국 초기 시절

5·16군사정부 시절 대일외교 정상화에 방해되는 "재일교포 북송을 규탄"하 는 국민궐기대회(1961.2.13)와 외교부 성명45)(1961.7.22)이 있었지만 제1차 5 개년경제개발(1962~1966)에 필요한 막대한 자본·기술을 조달해야 했던 박정 희로서는 한일회담을 조속히 마무리 짓고자 했다.46) 혁명정부의 외교시정방침 (1961)도 같은 맥락이었다.

4. 대일외교의 정상화. 첫째, 선린호혜원칙에 입각하여 신의와 상호이해로써 양국 외교관계를 하루 속히 정상화한다. 둘째, 재일교포의 북송저지문제 등 현안의 제문제 해결을 위한 협상을 추진한다. 이를 위하여 필요하다면 수상 또는 외상급의 고위회담을 개최할 수도 있다. …
6. 국민의 해외진출 장려. 첫째, 종래의 편협한 해외진출 억제책을 시정하고 둘째, 이민정책을 강화 추진하고 셋째, 학도들의 외국유학에 최대한의 편의를 제공하며 그들의 지도 及 보호에 주력한다.

그 결과 1961년 10월 제6차 한일회담이, 1964년 12월 제7차 한일회담이 각각 열렸다.47) 재일교포 대표단들의 예방을 맞을 때마다48) 박정희는 재일교포들에게 자신의 의지를 직·간접적으로 전달했다.49) 정부차원에서는 외무부 '교민과'(1961.10.2)50) 설치, 교포교육을 위한 교사 및 장학관 파견51), '재외국민지도위원회'(1962.6.26) 설치, 해외이주법(1962.3.9) 제정 등 이승만 시절에 비해 매우 전향적인 정책을 폈으며, 유공동포의 본국초청, 교포의 모국방문장려, 교민등록 실시, 교민단체육성보조, 교민단체·재일민단간부 육성 등 모국과의 협력유대를 적극 추진했다.52)
국회에서는 "재일교포 국회옵써버 설치에 관한 결의안"(1964. 4.15)53)이 논의됐으나 성사되지는 못했다. 재일교포 북송사업도 계속 진행됐고, 주요 언론들은 한일회담 반대와 재일교포에 대한 적극적인 보호54)정책수립을 역설했으며, 김종필·오히라합의(1962.10.20/11.12)55)로 촉발된 한일회담 반대데모(1964~1965)는 대규모 반정부시위로까지 발전해나갔다.56)
이런 상황에서 '교포'를 본격적인 연구대상으로 삼는 (사)해외교포문제연구소(1964~현재)57)가 출범했다.58) 당시 연구소 산파역을 맡았던 이구홍59)은 강력한 교포보호육성정책(예: 화교정책) 수립을 정부에 촉구했다.60)

교포정책을 연구하고 수립하려면 무엇보다도 교포의 현황을 정확히 파악하여야 할 것이다. … 60여만 우리 민족이 일본에서 한 소수민족으로 생활하고 있는 이들에게 우리는 뚜렷한 교포정책을 수립하여 그들을 보호·육성하여야 함에도 불구하고 과거의 역대 위정자들은 교포들을 외국인 취급을 하며 색안경을 쓰고 대해왔다는 것이 사실이었다. … 다시는 이러한 전철을 밟지 말아야 하겠으며 다시는 이러한 민족의 비극을 초래해서는 안 되겠기에 온 국민이 교포에 대해서 온정으로 그들을 인도함이 긴요한 것이다. 동시에 위정자들은 좀 더 긴 안목으로 교포정책을 다루어야 하겠다. 한일회담이 가조인된 후 평화선문제와 청구권문제에 대해서는 열열이 신경을 쓰면서도 60만 교포의 생사와 직결되는 법적지위문제에 대해서는 등한시되는 경향을 보면 우리 국민이 교포에 대한 인식이 희박한 증좌라 하겠다. 이것은 화교 한 명만 피살되어도 신문들이 대서특필하는 자유중국과는 참 거리가 먼 것이다. … 정부는 오늘날 재일교포 중 그 2세가 68%를 차지하는 바 교포정책면에서도 교포2세들에 중점적으로 다루어야 타당할 것이며 교포들이 조국에 대한 바람이 무엇인가를 파악하여 그 토대 위에서 교포정책을 수립하여야 할 것이다. …

"교포사회형성의 사적 배경[過去]과 당면문제[現在]를 진단하고, 교포사회가 조국에 바라는 바[未來]를 정확히 파악할 때 교포정책이 성공할 수 있다"는 그의 문제의식과 "현황파악(조사)→교포에 대한 대국민 인식관 변화→장기적 안목의 정책수립→차세대교육의 중요성" 등 구체적인 실행계획(Action Plan) 제시는 이후 후속 연구에 많은 참조가 되었다.

다음 <표 4>는 정부의 경제개발추진과 국민들의 한일회담 반대 분위기 속에서 제기됐던 주요 연구성과물들이다.

<표 4> 1961~1965년의 대표적 연구성과

구분	내 용
1961	문희석,「해외교포의 실태와 보호지도책: 특히 재일교포를 중심으로」,『최고회의보』3/김창준,「동남아의 교포실업가」,『비지네스』1,5/임묘민,「문이 열리는 재일교포의 모국투자」,『비지네스』1,1/중앙교육연구소편,「재일교포 교원 재교육 강습회를 마치고」,『소식(중앙연구)』2,3/한숙,「재일교포 계몽방문기행」,『시사』11/정연권,「중남미 이민교포실태와 이민가능지역」,『사상계』9,10/정연규,「재일교포와 일본의 야망」,『신경제』10,5 cf. 박정희 국가재건최고회의 의장의 '재일교포에게 보낸 메시지'(1961.11.12)
1962	외무부,『이민요람』(외무부정무국)/외무부,『재일한인의 법적지위문제참고자료』/Ministry of Foreign Affairs, Anaysis of the immigration laws and regulations of Latin American countries./윤경도,「이민행정에 대한 고찰: 한국이민송출을 중심으로」(서울대 행정대학원 석사)61)/한치문,「재일교포의 자본도입문제」,『제주도』2/홍성기,「재일교포의 실태: 모국의 적극적인 시책이 긴요하다」,『신사조』1,4/최준,「교포신문과 일본의 침략정책」,『법정논총』15/김주인,「오개년계획의 문제점과 해외교포의 국내투자문제」,『최고회의보』5/이찬형,「재일거류민단의 모습」,『최고회의보』13/신학빈,「재일교포 경제인의 약언」,『비지네스』2,2/정양수,「재외교포 교육사업계획, 1962년도」,『문교공보』61 ※제주도개발협회 조직

제11장 재외동포 관련 연구동향과 향후 과제 519

1963[62]	김행일,『악몽 575일: 62차 북송교포의 탈출기』(보진재)/박태준,『통상시찰단 종합보고』(1963)[63]/김희택,「한국혼혈아의 생태와 해외입양사업」,『신세계』 2,10/문형선,「파문 일으킬 쇼윈도 자본: 교포・자본재산반입」,『사상계』 11,11/신교환,「이민정책의 강력한 추진을 위하여」,『최고회의보』 17/남진우,「伯國의 정세와 우리 이민의 전망」,『최고회의보』 18/황호을,「해외교포의 분포와 실태」,『최고회의보』 19/남진우,「부라질이민의 합리화에 대하여」,『최고회의보』 16/김영식,「재일교포중소기업을 끌어오자」,『비지네스』 3,8/김진근,「재일교포의 법적지위」,『제주도』 9/유완식,「재일교포의 생활」,『제주도』 8/김영문,「이민을 어떻게 할 것인가」,『신사조』 2,4 cf. 朴康來・渡邊博史,「在日韓國人社會의 綜合調査研究」(民族文化研究會)/노재연,『재미한인사략: 중권-自1925년 至1958년』/북한 국적법 개정(제2조: 그 거주지에 관계없이 공화국의 정치적 및 법적보호를 받는다; 제3조: 외국에 거주하는 공민은 자기 조국으로 자유로이 내왕할 수 있다; 제15조: 공화국은 해외에 있는 조선동포들의 민주주의적 민족권리와 국제법에서의 공인된 합법적 권리를 옹호한다; 제65조: 해외의 모든 조선공민들은 공화국의 법적보호를 받는다)
1964	오소백,『나의 상륙기』(세문사)[64]/오웅서,「이민과 중남미안내』(신생사)/ 한국일보,『이민백과』(박영사)/한양신문사,『재일교포실업인 명감』/임종문,「생지옥 속에서 사는 북송교포들!」,『자유』 12/김영문,「브라질이민의 실태를 직관하라」,『재무』 105/김경희,「하와이 교포 자녀의 교육관」,『교육평론』 74/국회도서관 편역,「재일교포의 법적범위: 일본측의 견해」,『국회도서관보』 1,1/이창복,「이민정책에 바란다: 해외이민정책에 국민은 이렇게 요망한다」,『신사조』 3,2/박경래,「이 현실속의 재일교포」,『신사조』 3,2/ 김인재,「애국의 한 길에서: 재일교포문인들의 근황」,『현대문학』 10,1/김태주,「재일교포와의 유대문제」,『제주도』 14/이재만,「해외교포재산반입이 경제성장에 미치는 영향」,『민주여론』 1/한무숙,「일본에서 만난 한국인들」,『신사조』 3,2/강상보,「재일교포의 실태」,『제주도』 13/김파우,「한・일회담과 재일교포: 재일교포의 입장에서」,『세대』 2,6/강상보,「재일교포의 실태분석」,『제주도』 17/실업과생활사편,「해외에서 성공한 교포실업인: 사라와크와 원목과 김태성씨」,『실업과생활』 2,7/김영관,「재일교포에 대한 나의 신념」,『제주도』 15/이천상,「재일교포의 법적 지위문제: 한・일회담의 제쟁점」,『사상계』 12,4/고창식,「재일교포교육실태보고」,『국어교육』 8/김영문,「민정에 기대한다: 이민관리를 중심으로」,『재무』 97/박경래,「재일교포실태분석」,『국회보』 37 cf. Hurh, Won Moo, Korean immigrants in America. Rutherford: Farleigh Univ. Press
1965	이구홍,『재일교포를 중심으로』(교포정책자료 1)/이한기,「한일회담의 문제점」,『정경연구』 1, 3

교포정책면에서 "북한에 절대적 열세"였던 이 시기[65]의 연구들은 한편으로는 그동안 방관했거나 잊혀져갔던 재일동포(실태, 북송, 법적지위, 교육, 경제) 문제를 부각시켰다는 점, 다른 한편으로는 이민사・해외입양 등을 다루기 시작했다는 점 등이 특징적이었다.

<표 5>는 대한민국 정부수립 이후부터 한일국교정상화 이전까지 진행된 연구들의 주요 관심사는 북송(1共) → 실태(2共) → 이민(軍政) → 실태(3共初) 등이었음을 나타낸다.

<표 5> 제1기(1948~1965)의 재외동포 관련 연구 주제

구분	1공화국	2공화국	군정기	3共 초기	비고
재일교포 북송	12	1	-	1	14
재일교포법적지위(한일회담)	1	-	1	3	5
교육(재일/하와이)	1	3		1	5

재일교포실태	1	7	6	6	20
정부정책(건의)	-	1	1	-	2
對교포인식(유대감)	-	-	-	2	2
모국투자(재산반입/교포실업인)	-	-	8	2	10
남미이민	-	-	13	4	17
기행(강연)	-	-	2	-	2
교포언론	-	-	1	-	1
재일민단	-	-	1	-	1
계	15	12	33	19	79

나. 제2기(1965.6~1981.2): 한일기본조약[66] 이후~유신헌법 시절

1) 제3공화국·유신 이전(1965~1972)

약 14년을 끌어오던 한일회담이 마무리되려고 하자 정부의 관심은 인구과잉 해소와 경제개발·자본유치[67]로 쏠렸고, 재일교포의 현안해결은 후순위로 밀리기 시작했다. '해외이주법'(1962.3.9) 제정, '이민공사' 설립허가(1964.6.1)[68], '해외개발공사'(1965.11.3) 발족[69], 대통령과 비서실의 관심(1966.1.17)[70] 등 정부의 "적극적인 이민정책"[71]에도 불구하고 이주정책은 별 성과를 거두지 못했다.[72]

한일회담 타결 직전에도 주요 언론들은 '교포와의 유대강화'[73]와 '모국유학 실시'[74]를 정부에 제안했고, 한국노총과 16개 단위노동조합은 성명서(1965.4.5)를 통해 "한일회담의 합리적 타결을 촉구"했다.[75]

그러나 재일교포의 영주권신청(1966.1.17~1971.1.16)이 예상과 달리 저조하자 또다시 재일교포문제는 언론의 주목[76]을 받았다. 특히 야당인 민중당[77]은 제7대 총선(1967.6.8)을 앞두고 "재일교포 전 아동에 대한 의무교육의 실시를 추진하고 중·고교와 대학을 설립할 것"을 공약했고[78], 언론들도 '교포정책의 청사진' 제시를 강력히 요구했다.[79]

재일민단도 본국정부에 "교민청 설립 등 민단강화방안"을 건의했다.[80] 이에 정부는 '재외국민지도자문위원회'(1969.2.13)[81]를 설치한 후 재일교포실태 조사단을 파견했고[82], 정부수립 이후 첫 정부·민단합동회의(1969.8.7~10)를 개최했고[83], 교민과를 확대한 영사국(1970.8.17)을 외무부내에 설치했다.

한편 동백림 사건(1967.7.8)[84], 김규남 사건(1969.5.14)[85], 서승·서준식 사건(1971.4.20)[86] 이후에는 문화공보부 산하의 한국홍보협회(1972.2.18 설

립)87)를 비롯하여 한국신문연구소,88) 정경연구소89), 인구문제연구소90), 북한연구소91), 인력개발연구소92) 등에서 교포문제를 다루었다.

특히 서울대학교 재외국민교육연구소93)는 '재외국민교육의 시급성'을94), 해외교포문제연구소와 고려대 아세아문제연구소는 '조총련연구의 중요성'을95) 강조했다.

다음 <표 6>은 경제개발과 해외인력수출(광부・간호사・노무자・입양・국제결혼・남미이민)이 본격화되던 시기에 이슈화됐던 주요 연구성과물들이다.

<표 6> 1965~1972년의 대표적 연구성과

구분	내 용
1965 96)	해외교포문제연구소,『재미교포독립투쟁약사』(교포정책자료2)/외무부,『한일회담백서』(1965)97)/이한기,「찬성론과 반대론: 한일조약에 대한 해외지식인의 대화」,『정경연구』1,10
1966 98)	해외교포문제연구소,『해외교포재산반입문제』(교포정책자료3)/유영종,『재일교포2세교육문제』(교포정책자료4)/이민호,『민단의단합방안과 그 지위』(교포정책자료5)/이한기,「재일교포의 어제와 오늘: 국교정상화와 교포의 장래」,『정경연구』2,2/배재식,「기본적 인권과 국제법: 특히 재일한인의 법적지위의 본질을 구명하기 위하여」,『법학』8,1/장재술,「조국으로 보내다오! 樺太에 억류되고 있는 한국인들」,『신동아』25/박동근,「양공주와 혼혈아: 한국과 미국」,『신동아』25
1967 99)	해외교포문제연구소,『일본국의 대한교포정책』(교포정책자료6)/내외문제연구소,『樺太교포의 생활실태』/이민호,『자유중국과 중공의 화교정책』(교포정책자료7)/현규환,『한국유이민사』(대한교과서주식회사)100)/한국해외개발공사,『한국의 해외인력개발시장에 관한 연구』
1968 101)	법무부,『법제자료: 각국의 이민관계법』/공보부,『재일교포현황과 조선대학인가문제』/주일본대한민국대사관,『교포교육개요』(주일대사관 장학관실)/박경석,「적치하의 망향30년: 재사할린교포의 생활실태와 귀환교섭의 안류」,『신동아』43(68.3)
1969 102)	해외교포문제연구소,『브라질이민의 현황과 문제』(교포정책자료8)/김상현,『재일한국인: 교포80년사』(어문각)103)/배재식,『기본적 인권과 국제법: 재일화태한인의 법적 지위를 고찰하기 위하여』(서울대 박사논문) 1
1970 104)	조기선,『길가의 잡초처럼: 재일교포의 생활실태』(대한기독교서회)/한국해외개발공사,『미국의 이민제도 및 고용정책』
1971 105)	해외교포문제연구소,『재일조총련의 공산교육의 내막과 우리의 대책』(교포정책자료10)106)/한국해외개발공사,『인력자원 조사보고서』1・2/한국해외개발공사,『유자격 한국간호원 및 간호보조원 독일병원 취업계획』
1972	이영훈,『재일한국인 교육정책』상・하(교포정책자료11, 12)/현규환,『재소한국인의 사적고찰』(교포정책자료13)107)/한국해외개발공사,『해외인력진출세미나 주제발표문』/장재영,『서독의 한국인: 서독파견 한국인광부의 수기』(제3출판사) cf. 북한헌법(1972.12.27) 제15조・65조108)

"1966년 영주권신청운동을 기점으로 재일민단의 역량을 강화하고 일본에서의 남북대결을 펼치기 시작"했던 이 시기109)의 연구들은 한일회담의 공과와 교포법적지위의 미비, 사할린동포 미귀환, 민단강화와 조총련과의 관계설정, 공산권동포의 존재 인식, 해외(이민)진출동포110) 등의 문제를 정치적 시각에서

다루었다는 특징을 갖고 있다.

또한 김상현이 제출했던 대정부건의[111]와 그의 연구(<표 7> 참조)[112], '해외동포의 날 제정 건의'(1971)[113], '재일교포학생 설문조사'(1971~)[114], 강연회(1971~)[115] 등 대국민 홍보에 적극 나섰던 해외교포문제연구소의 활동은 눈여겨볼 만하다.[116]

<표 7> 대정부건의 내용과 수용결과

대정부건의(1968)[117]	경과사항	비 고
①국회내 상임특별위 구성	여러 차례 시도, 끝내 좌절	앞으로 계속 추진 예상
②국무총리직속 재일교포대책위원회 설치	-재외국민정책심의위원회 (1985.6.3) -재외동포정책위원회(1996.2.23) 설치	17년 만에 외무부차관을 위원장으로 하는 심의·조정기구 설치, 국무총리소속의 재외동포정책위원회는 그로부터 11년 후 설치
③해외교포교육진흥법 & 재외국민지도육성 위한 교민법 제정	-재외동포재단법(1997.3.27) -재외동포법(1999.9.2) -재외국민의 교육지원 등에 관한 법률(2007.1.13) 제정	17대국회 한명숙의 재외동포교육문화진흥법(안), 권영길의 재외동포기본법(안)은 37년 전의 대정부 건의와 그 맥을 같이 하고 있음
④장기적·일관성 교포정책 수립	-제1차 재외동포정책위원회(96.5.3) 개최(정책방향·목표 설정)	재외동포정책의 기본목표와 방향을 공식화 하는데도 만 28년 소요
⑤장기적 민단육성책과 민족교육 추진	-재일교포 95%가 남한출신[118]임에도 조총련이 민족교육 주도 -전세계 한국학교 25개(14개국), 한국교육원 35개(14개국)에 불과	(가칭) '재외동포교육헌장' 제정 필요성 제기
⑥교민국 설치(확대개편)	-외무부 영사교민국(1974.9.19) 설치	건의후 6년 만에 교민1·2, 영사, 여권 1·2 등 5개과의 영사교민국 설치. 그러나 30년 이상 局단위에서 머물고 있음(현재는 재외동포영사국)
⑦신용조합의 일반은행 승격	-일본내 동포은행설립 성사직전 좌초(2002)	신한은행이 선전하고 있지만 정작 일본 현지동포들에게 도움을 줄 동포은행은 없음. 금융기관은 거주국 정착을 유도하는 마지막 보루임
⑧현지 공관과 거주국동포사회와 정례회의	-공식채널 부재	재외동포정책 수립·평가에 동포를 직접 참여시 킴으로써 정책만족도를 높여야 함
⑨일본학교 취학 2~3세 민족위식 함양 특별대책	-교육부(국제교육진흥원) 주도로 진행되고 있으나 현지교육은 상대적으로 취약	교회를 비롯한 종교단체의 역할이 상당히 중요(지역별 차이에도 불구하고)

2) 제4공화국·유신 이후(1973~1979)

한국적 민주주의를 내세운 유신헌법으로 제4공화국이 출범하자 정부는 '재외국민의 교육에 관한 규정'(1977) 제정을 통해 교육기관 해외설립 및 교육공무원 해외파견, 예산지원·교재 공급, 국내 각종 사업추진 등을 위한 최소한의 법적 기반을 마련했다. 재일교포들도 재일한국인본국투자협회(1975) 설립으로 모국투자를 본격화했다. 그러나 교포정책은 여전히 이념지향적이었고, 안보를 최우선시으로 삼았다.119)

　　1965년 외무부 영사과장을 지냈고 1970년 초반엔 영사국장을 지냈습니다. … 제가 공직에 있을 때 우리 윗분들이 교포문제만 나오면 시끄럽다, 골치 아프다 하고 당시 과·국장에게만 맡길 뿐이지 더 이상 힘이 되어주지를 못했습니다. … 당시에 정부에 계신 분이나 공부하고 돌아오신 분들이 교민정책에 많은 관심을 가지셨으면 오늘날 같은 이런 결과가 나오지 않았으리라 생각하고 …(김진홍 前오사카총영사)

　　저도 교민정책을 조금 알고 있습니다. 과거 우리나라 정부의 교민정책은 없었다는 것입니다. 만일 있었다고 한다면 한국의 안보에 관계되는 차원에서 해외에 나가 있는 교포들이 무엇을 하느냐 하는 그런 감시하는 입장에서, 즉 보안적인 차원에서만 보아왔던 교민정책이 있었지 진정 교민들의 육성을 위한 차원에서 그런 정책이 없었다는 점으로 보아 정부가 앞으로 그런 점을 깊이 생각해야겠다는 것이고 … 우리나라 고위층에 있는 분들은 과거 박대통령 시절도 그랬고 지금도 마찬가지입니다. 교민을 귀찮은 존재로 생각하는 거예요. 일단 나가면 그 사람들이 일본인인지 미국인인지 한국인인지 하는 생각, 바로 거기에 있는 것입니다.(조일제 前오사카총영사)

　　박정희 정권이 들어선 이후 북한과의 체제대립이 최우선과제였던 당시의 정부는 1968년 민단에 대해 조직적으로 간섭하기 시작하였으며, '반공을 기본성격으로 하는 대공투쟁을 위한 조직'으로 민단을 발전시켜 나가려고 하였다. 특히 1972년의 유신독재 이후부터는 유신체제를 지지하는 단체로 육성해가려고 하였다. 예를 들어 박정희 대통령이 민단에게 매년 10억엔을 지원하기로 한 1977년 당시 한국정부의 재외한인정책의 기본방침은 교민사회의 육성강화, 모국과의 연대강화, 교민사회에 대한 북괴침투저지였다.(김태기)

이 시기에 남북한 체제에 대한 상호긴장과 대결국면이 첨예화되면서 민간연구자에 의한 연구보다는 정부나 전문연구소의 연구가 활성화되기 시작했다. 즉, 외무부는 '재일한국인의 법적지위에 관한 자료'(1974)와 '교민업무편람'(1979)을, 중앙정보부는 '재일교포현황'(1976)을 발간했고, 교육부는 '재외국민교육'(1973)에120), 과학기술처(한국과학재단)와 서울대는 '재외한인과학자 유치'121)에 본격적으로 나섰다. 그리고 내외문제연구소와 극동문제연구소는 '재일교포 및 공산권동포'(1974)를122), 국토통일원 평화통일연구소는 재외국민의 입장에서 보는 조국발전방안(1975)123)을, 한국개발연구원(KDI)은 '한국해외이민연구'(1979)를 발간했다.

또한 한국홍보협회(1976년 한국국제문화협회로 개칭)는 민간차원의 해외홍보를124), 해외교포문제연구소는 꾸준히 정책자료 발간·정책건의(교민처 설치 등)125), 이민사진전·세미나·좌담회·공개토론회 개최 등으로 재외동포 관련연구의 지평을 넓혀나갔다.126). 그리고 서광운·이구홍·고승제 등은 '이민사연구'(1973)를127), 유철종은 '재외국민문제'(1974)와 '사할린교포귀환문제'(1976)를128), 한완상은 '재미한인의 교육과 아이덴티티'(1976)를129), 조규향은 '중앙아시아 한인촌'(1978)130)을 다루었고, 중앙일보·동양방송은 미국 39개 도시 1,161명을 대상으로 '재미한국인의 생활 및 의식구조'조사(1979)를131), 홍승직·한배호(1977)는 "재일교포의 조국관, 언어 및 자녀문제, 직장생활, 일본인관, 자아의식, 귀화관, 단체의식, 당국에 대한 희망사항"을132), 김득렬은 '재미한인교회의 실태'133)를 각각 실태 조사했다.

다음 <표 8>은 문세광의 저격사건(1974.8.15)134), '조총련 모국방문사업'(1975)135), '재외국민 통일회의'(1975)136) 등 남북대결이 치열했던 시기에 논의됐던 주요 연구성과물들이다.

<표 8> 1973~1979년의 대표적 연구성과

구분	내 용
1973	서광운, 『미주한인70년사』(교포정책자료15)/이구홍, 『이민의 전망과 과제』(교포정책자료16)/고승제, 『한국이민사연구』(장문각)/재외국민취적·호적정정 및 호적정리에 관한 임시특례법 제정(6.21)/김대상, 『일제하 강제인력수탈사』(정음사) cf. 大阪韓國人商工會, 『商工會20年の歩み: 1953年5月-1973年12月』
1974	외무부, 『재일한국인의 법적지위에 관한 자료』/이구홍, 『오늘의 재일한국인사회』(인문출판사) cf. 李恢成, 『北であれ南であれわが祖國』(河出書房新社)/Helen Lewis Givens, The Korean community in Los Angeles County(R and E Research Associates)

1975	재미한국과학기술자협회편,『재미한국과학기술자 총람』/양창영·임춘훈 공편,『이민취업여행가이드』(문예서림)/이구홍,『한국이민사』(중앙일보사) cf. 統一日報社 在日韓國人名錄 編纂委員會 編,『在日韓國人名錄, 1975』/Sangho Joseph Kim, A study of the Korean church and her people in Chicago, Illinois(R&E Research Associates)/ Don Chang Lee, Acculturation of Korean residents in Georgia(R&E Research Associates)
1976	한완상,『오늘의 재미한인사회』(교포정책자료17)/중앙정보부,『사할린교포문제와 대책』/중앙정보부,『재일교포 현황』/장민구편,『사할린에서 온 편지』(한국방송공사) cf. 統一日報社編,『在日韓國人企業名鑑』/ Emma Gee, ed., Counterpoint: perspectives on Asian America(Univ. of California)
1977	홍국표,「재일교포 본국투자유치에 관한 연구: 국내 중소기업육성과 관련하여」(서울대 행정대학원 석사논문)/안광호,「재일국민 자녀교육의 개선방안에 관한 연구」(연세대 행정대학원 석사논문)/홍승직·한배호,「재일동포의 실태조사」,『아세아연구』57(고려대 아세아문제연구소) ※'재외국민의 교육에 관한 규정' 제정(2.28)-서울대 부설 재외국민교육원 설치 cf. 宮田浩人編,『65萬人: 在日朝鮮人』(すずさわ書店)/金贊汀,『祖國を知らない世代: 在日朝鮮人二·三世の現實』(田畑書店)/民團30年史編纂委員會編,『民團30年史』/H. Brett Melendy, Asians in America: Filipinos, Koreans, and East Indians(Twayne Publishers)/Steve S. Shim, Korean immigrant churches today in Southern California(R and E Research Associates)/Wayne Patterson and Hyung-Chan Kim, The Koreans in America(Lerner Pub.)/Hyung-chan Kim, ed., The Korean diaspora (ABC-Clio)
1978	해외교포문제연구소,『남미이민의 현실적과제』(교포정책자료18)/홍사원,『한국의 인구와 인구정책』(한국개발연구원)/이광규,「재미·재일한국교포사회의 제문제」(한국문화인류학회 연구발표회, 3.30) cf. 金一勉,『朝鮮人がなぜ'日本名'を名のるのか: 民族意識と差別』(三一書房)/한국정부는 재일민단에 매년 10억 엔 지원
1979	홍사원·김사헌,『한국해외이민연구』(한국개발연구원)/이구홍,『한국이민사』(중앙일보·동양방송)/외무부 교민1과,『교민업무편람』[137] cf. L.A.한국학연구회,『미국안의 한인 커뮤니티: 현황과 미래』/朴在一,『在日朝鮮人に關する總合調査研究』(新紀元社)/ 일본 오사카 백두학원의 한국화 실현

재일교포의 '한국화'정책을 강화하고 새마을운동을 통해 본국과의 교류와 투자를 촉진시켰으나 10월 유신(維新)으로 재일동포사회가 균열되고 재미동포사회가 반정부운동이 시작됐던 이 시기[138]에 연구자들은 해외이민사연구와 재미동포사회 및 사할린한인 등에 대한 관심을 이슈화했다.

다. 제3기(1980~1997): 헌법 재외국민보호조항 신설~재외동포재단 설립 이전

1) 제5공화국·전두환 시절(1980.8~1988.2)

국가보위입법위원회와 제5공화국은 교포문제를 정부정책의 주요대상으로 삼고, 교포들의 국정참여를 직·간접적으로 유도하기 시작했다.[139]

전두환 정권은 태생 자체부터 여러 가지 문제점을 수반하여 출현한 정권이기 때문에 몇 가지 과시적인 정책을 국민 앞에 선보일 필요가 있었다. … 출범 직후 '교민청' 설치를 공공연히 들고 나왔다. 다분히 박정희하의 재미동포들의 반한기류를 잠재우기 위한 방편이었을지도 모른다. 그러나 그(전두환)가 추진하려한 '교민청' 설치는 외무부의 논리적인 반대에 부딪쳐 실현을 보지 못했다. 다만 헌법 제2조 2항에 … 대한민국 정부수립 이후 최초로 헌법상 재외국민보호조항을 신설했다는 의미를 지닌다.

이 시기에 국민당의 조일제(1981)는 "재외국민보호법 제정, 국무총리 직속 교민청 설치, 해외동포의 국내참여" 등을 강조했다.140) 한편 김영광141)은 자신의 학위논문(1981)142)에서, 해외교포연구소는 내외통신자료(1982)143)를 통해 '북한의 해외교포정책'을 소개했고, 이종익(1981)은 '교민정책의 개선'과 '이중국적 허용'을144), 김찬규(1983)는 '재일교포법적지위 재협상'을145) 강조했다. 또한 이광규(1982)146)는 인류학적 연구방법론을147), 이중언어학회148)의 김민수·남기심·박갑수(1981)와 박영순(1983)은 교포2세들을 위한 '한국어-현지어 이중언어교육'을149), 한준상(1983)은 '차세대정체성교육'150)을, 박병윤151)과 배재식은 '재일한인의 법적지위'152)를 각각 역설했다.

평화문제연구소(1983)153), 한국해외이민문제연구소(1986), 고려대 아세아문제연구소(1987)154), 국제문화연구소(1988)155), 국제재일한인연구회(1988, 재외한인학회 전신)156) 등에서는 재외동포 관련 연구의 지평을 넓혀 나갔고, 해외교포문제연구소는 '재미한국인의 현황과 과제'(1983), '재일한국인의 현황과 과제'(1987) 등 여러 차례의 심포지엄157)을 통해 교포현안문제를 집중 조명했다.

재일민단(박병헌)도 세계한민족의 대동단결과 서울올림픽대회 성공을 지원하기 위한 '해외한민족대표자회의'를 제안하여 동경에서 첫 대회(1987.11.15~18)를 개최한 후 동경선언(11.17)을 채택하는 성과를 거뒀다.158)

> 100년 해외한민족사상 처음으로 31개국 303명의 대표자가 이곳 동경에 모여 모든 해외동포들의 뜻을 담아 다음과 같이 선언한다. … 1. 우리는 조속한 조국의 평화통일성취와 선진화에 적극 참여하며 조국의 번영이 나의 발전의 정신적 기틀이며 나의 튼튼한 기반구축이 또한 조국번영에 기여된다는 것을 재확인한다. … 4. 우리는 모든 사회주의권 在住동포들이 해외민족의 새로운 걸음에 하루빨리 동참하기를 바란다.

다음 <표 9>는 '교민청' 설립에는 실패했으나[159] 헌법에 재외국민보호조항[160]을 신설하고 해외이주업무를 외교부로 이관(1985.2.13)하고, '재외국민정책심의위원회'(1985. 6.3)를 설치하는 등 재외국민을 보호와 육성의 대상으로 인식[161]했던 제5공화국 시절에 주로 논의됐던 주요 연구성과물들이다.

<표 9> 1980~1988년의 대표적 연구성과

구분	내용
1980	강신표, 『檀山사회와 한국 이주민: Hawaii 한인생활의 인류학적 연구』(한국연구원)/한국해외개발공사, 『파나마이민핸드북』・『미국이민핸드북』・『호주이민핸드북』・『아르헨티나이민핸드북』・『코스타리카이민핸드북』
1981	이광규, 「재일한국인의 조사연구I」, 『한국문화인류학』 13호(한국문화인류학회)/유네스코 한국위원회, 『재일한국인교육의 문제와 전망: 세미나 보고서』/구해근・유의영, 『한국인의 미국이민』(하와이동서문화센터) cf. Illsoo Kim, New urban immigrants: the Korean community in New York(Princeton University Press)
1982	이광규, 「재일한국인의 조사연구 II」, 『한국문화인류학』 14호(한국문화인류학회)
1983	이광규, 『재일한국인: 생활실태를 중심으로』(일조각)/권일, 『현해탄을 사이에 두고: 일본 속의 남과 북』(해외교포문제연구소)/채영창, 『미국속의 한국인』(창원사)/조선일보 미주지사편, 『한국인이 뛰고 있다: 미국에 뿌리내린 80년대 교포사회』 cf. 玄光洙, 『民族の視点: 在日韓國人の生き方・考え方』(エンタプライズ)/梁泰昊, 『부산港に歸れない: 國際化の中の在日朝鮮・韓國人』(創生社)
1984	한국국제문화협회[162], 『재외한인의 사회와 문화』・『쏘련 중앙아시아의 한인들』/해외교포문제연구소 『재중공・소련교포사회를 중심으로』(교포정책자료21)/해외교포문제연구소, 『재일교포사회를 중심으로』(교포정책자료22)/법무부, 『재일한국인의 지문날인제도』/현웅・현봉학, 『중공의 한인들』(범양사) cf. Won Moo Hurh, Kwang Chun Kim, Korean immigrants in America: a structural analysis of ethnic confinement and adhesive adaptation (Fairleigh Dickinson Univ. Pr.)
1985	해외교포문제연구소, 『재일교포사회를 중심으로』(교포정책자료23)/해외교포문제연구소, 『재미교포사회를 중심으로』(교포정책자료24) cf. 金容權, 李宗良 共編, 『在日韓國・朝鮮人: 若者からみた意見と思いと考え』(三一書房)
1986	과학기술처, 『국내 및 재일한국인 과학기술인력 데이터베이스개발에 관한 연구』
1987	법무부, 『법과 생활, 해외동포용』/해외교포문제연구소, 『재일교포사회를 중심으로』(교포정책자료25)/이구홍, 『재일조선장학회의 허상과 진상: 조선장학회실태조사보고서』[163]/한국교육개발원, 『국제화에 대비하는 교육전략』/재일본대한민국거류민단중앙본부, 『해외한민족대표자회의 회의록 및 서울올림픽대회와 재일동포』/교육개혁심의회, 『해외교포교육발전방안』 cf. 徐龍達編, 『韓國・朝鮮人の現狀と將來: '人權先進國・日本'への提言』(社會評論社)/在日本大韓民國居留民團, 『民團 四十年史』/Song Moo Kho, Koreans in Soviet Central Asia, (Helsinki)

이 시기의 연구자들은 '재소한인'[164], '재미동포'[165], '재일동포법적지위'[166], '해외이민'[167], '해외우수인재활용' 등 다양한 연구주제를 다루었으며, 정책연구의 활성화와 문화인류학자들의 가세 등으로 재외동포 관련 연구의 폭과 깊이가 한층 진일보하기 시작했다.

2) 제6공화국·노태우 시절(1988.2~1993.2)

헌법에 재외국민보호 의무를 재차 명시한 제6공화국[168]은 '7·7선언'[169]과 서울올림픽 개최(1988.10) 이후 한·소수교(1990.6.4), 한·중수교(1992.8.24) 등 북방정책을 적극 추진함으로써 구소련과 중국에 거주하는 외국적 동포사회와의 소통을 가능케 했다.

이처럼 한반도상황이 급변하면서 외교안보연구원·국토개발연구원 및 한국복지정책연구소·청계연구소, 고려대 아세아문제연구소 등에서는 중국조선족사회를 중점연구하기 시작했고[170], 평화문제연구소[171], 아세아정책연구원(1989)[172]·대륙연구소(1990)에서도 관심의 지평을 북방쪽으로 넓혀 나갔다.

한편 1991년 재일한국인 3세의 법적지위협상을 전후로 한일협력위원회 부설 한일문제연구소에서는 "지문날인·외국인등록증 상시휴대·재입국허가·강제퇴거 등 4대악 철폐와 재일한국인의 참정권부여"를 검토했고[173], 윤병석은 독립운동과 재외한인을 연결시켰고[174], 곽태환 등은 북미한국인교수협회와 함께 재미한인사회의 당면과제와 문제점을 분석했으며[175], 평화문제연구소는 재미동포들의 조국관을 설문조사했다.[176]

국회 차원에서는 '사할린동포모국방문 및 귀환촉구결의안'(1989)[177], '재일한국인후손에 대한 법적지위보장촉구결의안'(1990)[178] 등을 촉구했으나 이를 입법화하지는 못했다.

이 시기에 주목할 점은 해외한민족연구소(1989)[179]의 『한민족공동체』 발간[180]과 "교포연구의 구심점 확보와 학제적 협력연구"를 목적으로 한 재외한인학회의 『재외한인연구』 발간이고, 이윤기와 이광규는 '한민족공동체'[181]와 '재외동포학'[182]이라는 시각을 접목시킴으로써 재외동포 관련 연구의 질적 수준을 한 단계 높이는데 기여했다.[183]

> 그간 우리나라에는 해외교포문제연구소가 있어왔다. 동연구소는 역사도 길고 업적도 많았으나 주로 해외교포의 정책을 수립하기 위한 자료집을 발간하였고 현재 '해외동포'라는 월간지를 발행하지만 이것은 대중을 상대로 하는 계몽지의 성격을 갖고 있다. 재외한인연구회가 발족하는데 해외교포문제연구소가 물심으로 후원을 아끼지 아니하고 연구회 발족의 산파역을 다한 것은 말할 것도 없다. 그리고 해외교포문제연구소는 나름대로의 역할과 기능이 있어 학자들의 모임인 재외한인연구회와 협조하여 갈 것이다. … 해외

교포에 대한 연구는 인류학, 사회학, 심리학, 언어학 등에서 소수민족의 연구, 민족간의 접촉연구, 민족주체성의 연구 등으로 중요한 영역을 이루고 있다. 한편 정치학, 경제학, 법학, 종교학, 철학, 사회학, 지리학, 신문학 등 여러 학문분야에서도 소수민족을 연구하고 있다. … 해외교포연구는 필연적으로 학제적 협력을 필요로 하는 영역이다.

다음 <표 10>은 서울올림픽 개최 1주년을 기념하는 '세계한민족체전'(1989) [184] 개최로 중국과 구소련 거주 동포들의 모국방문이 있었고, 미국 L.A폭동(1992)[185]으로 인해 미주동포 이민사회의 반성이 있던 시절에 연구자들이 산출했던 주요 연구성과물들이다.

<표 10> 1988~1992년의 대표적 연구성과

구분	내 용
1988	해외교포문제연구소,『재중공・소련교포사회를 중심으로』(교포정책자료26)/조영환,『조국의 민주화를 위한 해외교포의 염원』(교포정책자료28)[186]/김상현,『재일한국인:재일동포 100년사』(한민족)/외교안보연구원,『재외국민보호방안』/Lee Seong Hyong, Kwak Tae-Hwan ed. Koreans in North America: new perspectives (Kyungnam Univ. Pr.)/신연자,『소련의 고려사람들』(동아일보사) cf. Luciano Mangiafico, Contemporary American immigrants: patterns of Filipino, Korean, and Chinese settlement in the United States (Praeger)/Harry H. L. Kitano, Roger Daniels, Asian Americans: emerging mino- rities(Prentice-Hall)
1989	법무부,『해외동포 변호사명부』/해외교포문제연구소,『재미교포사회를 중심으로』(교포정책자료29)/해외교포문제연구소,『재일교포사회를 중심으로』(교포정책자료30)/해외교포문제연구소,『재일교포사회를 중심으로』(교포정책자료31)/외무부 외교안보연구원,『재일한국인 3세 이하 후손의 바람직한 법적지위』/윤병석,「연해주에서의 민족운동과 신한촌」,『한국민족운동사연구』3(독립기념관)/조선조략사편찬조,『조선족약사』(백산서당)/서대숙,『소비에트한인백년사』(대암) cf. 崔昌華,『國籍と人權』(參友會)/姜在彦, 金東勳 共著,『在日韓國・朝鮮人: 歷史と展望』(勞動經濟社)/RAIK(在日韓國人問題研究所)編,『在日同胞の現狀と將來』(亞細亞政策研究院)/李起南,『在日韓國人のアイデンティティ:日本人の內なる國際化』(伊藤書店)/在日本大韓民國靑年會編,『'94在日韓國人の居住權: 在日韓國人の法的地位と待遇に關する協定についての韓日兩政府による再協議: 協定の拔本的改正を求める』(在日本大韓民國靑年會中央本部)/大沼保昭, 徐龍達 共編,『在日韓國・朝鮮人と人權:日本人と定住外國人との共生を目指して』(有斐閣)
1990	외무부 외교안보연구원,『중국교포사회와의 교류 및 지원방안』/해외교포문제연구소,『재중공・소련교포사회를 중심으로』(교포정책자료32)/해외교포문제연구소,『재일교포사회를 중심으로』(교포정책자료33)/해외교포문제연구소,『大阪남북학술회의의교훈』(교포정책자료34)[187]/해외교포문제연구소,『재일교포사회를 중심으로』(교포정책자료35)/민관식,『재일본한국인: 왜 일본이름을 쓰고 살아야 하나』(중산육영회부설 아세아정책연구원)/고송무,『소련의 한인들: 고려사람』(이론과 실천)/윤병석,『국외한인사회와 민족운동』(일조각) cf. 金原左門 外,『日本のなかの韓國・朝鮮人, 中國人: 神奈川縣內在住外國人實態調査より』(明石書店)

1991	곽태환 외, 『재미한인사회』(양영각, 1991)/Kwak Tae-Hwan and Lee Aeong Hyon. ed., The Korean-American community: present and future(Kyungnam Univ. Pr.)/해외교포문제연구소, 『재중공·소련교포사회를 중심으로』(교포정책자료36)/해외교포문제연구소, 『재일교포사회를 중심으로』(교포정책자료37)/해외교포문제연구소, 『재중·소련동포사회를 중심으로』(교포정책자료38)/해외교포문제연구소, 『제3회 해외한민족대표자회의 연구발표논문』(교포정책자료39)[188]/노영돈, 『재소한인의 법적 보호에 관한 연구』(성대 박사논문)/김동화, 『중국조선족독립운동사』(느티나무)/고려대 한국학연구소편, 『연변조선족문학』/조성일·권철 공편, 『중국조선족문학사』 cf. 林えいだい, 『(證言) 樺太朝鮮人虐殺事件』(風媒社)/Keum-Young Chung, Korean elderly women in America: everyday life, health, and illness(Pang Ams Pr.)
1992	한국정신문화연구원, 『제1회 세계한민족학술회의논문집』/정인섭, 『외국인의 국제법상 지위에 관한 연구: 정주외국인의 경우를 중심으로』(서울대 박사논문)/해외교포문제연구소, 『재중·소련동포사회를 중심으로』(교포정책자료40)/해외교포문제연구소, 『재미동포사회를 중심으로』(교포정책자료41)/해외교포문제연구소, 『재일동포사회를 중심으로』(교포정책자료42)/해외교포문제연구소, 『재중·소련동포사회를 중심으로』(교포정책자료43)/박경휘, 『조선민족혼인사연구』(한남대 충청문화연구소)/소재영 외, 『연변지역 조선족문학연구』(숭실대 출판부)/서일권 외편, 『중국조선족문학논저·작품목록집』/한국정신문화연구원, 『제1회 세계한민족학술회의 논문집』/강현두외, 『해외교포방송 및 수용실태에 관한 조사연구』(한국방송개발원)/문예출판사, 『고국산천이 그리워: 해외동포작가작품집』 cf. 북한헌법(1992.4.9) 제15조·62조[189]

3) 제6공화국·김영삼 시절(1993.2~1998.2)

세계화와 문민정부를 표방했던 김영삼 정부는 취임사(1993.2.25)에서 '한민족시대'를 강조한 바 있다.[190] 이른바 '신교포정책' 구상의 주요 골자는 다음과 같다.[191]

> 첫째, 과거의 교민정책은 정부의 정통성문제로 교포사회를 국내정치적으로 이용하는 폐단이 없지 않았다. 둘째, 냉전체제의 대결구도로 교포를 끌어안는데 노력함으로써 교포사회를 양분시키는 부작용을 유발시켰다. 셋째, 이로 인한 결과로 교포들이 본국에 많은 관심을 쏟게 되어 거주국에서 사회적 위상을 높이려는 노력을 상대적으로 소홀히 하는 현상을 빚기도 했다. 따라서 교포들의 본래의 이주목적대로 거주국에 잘 적응하고, 교포사회가 정치적·이념적 대결을 지양하고, 정부의 교포에 대한 지원은 '자조노력'에 대한 지원을 원칙으로 하며 교포행정의 창구를 해외공관으로 일원화하며, 교포들이 모국에서 경제활동을 하는데 권장·촉진하는 방향으로 나간다.

이런 상황에서 민병호(1993)는 "외치(外治)의 한 가닥인 해외동포에 대한 적극적인 시책"을 요구했고[192], 민주자유당 해외동포위원회(1993)도 '해외동포가 국가발전에 미치는 영향'을 주제로 교포정책세미나[193]를 개최했다. 그러자 세계화추진위원회(1995.1)는 '재외동포사회 활성화방안'(1995.10)을 발표했고[194], 정부는 대통령 비서실내 교민비서관·국무총리 산하 재외동포정책위원회(1996. 6)[195]·외교부 산하 재외동포재단(1997.10)[196] 등을 설치하여 재외동포정책의 기본방향을 최초로 공론화 했다(<표 11> 참조).[197]

<표 11> 김영삼 정부 시절 재외동포정책위원회 결정사항

구분	제1차 재외동포정책위원회 (1996.5.3)	제2차 재외동포정책위원회[198] (1996.12.4)	제3차 재외동포정책위원회 (1997.12.12)
기본 목표 199)	①재외동포의 거주국내 권익신장과 역량강화 ②한민족으로서의 정체성과 자긍심 고양 ③동포간 화합 및 모국과 동포사회간 호혜적 발전		
정책 방향	①재외동포의 자조노력권장 및 지원 ②재외동포들이 거주지역 발전에 기여하고 동거주지역사회내에서 융화를 이룰 수 있도록 지원 ③재외동포의 요구에 부응하여 언어·전통·문화·예술차원에서의 지원 ④자유·민주·인권의 보편적 가치에 입각한 재외동포사회의 발전 지원 ⑤재외동포의 거주국내 법적·사회적 지위향상 지원 ⑥재외동포의 한국내에서의 투자 등 경제활동의 장려 및 재산권 행사 등 이익보호를 위한 국내법 및 제도 개선		
논의 주제	①재외동포정책추진계획 수립	①재외동포재단설립추진현황 ②재외국민 국내병역문제개선방안 ③사할린 한인영주귀국시범사업 조기추진방안 ④재외동포에 대한 한국어 및 민족교육 강화방안	①1998년도재외동포정책추진계획 ②재외동포교육 내실화 방안 ③재외동포재단 사업추진 계획안 ④조선족관련 불법행위 대책

한국정신문화연구원(현 한국학중앙연구원)은 세계한민족학술대회(1992)[200] 개최를 통해 '세계 속의 한민족', '한국문화의 세계화', '해외한인희생자' 등의 주제연구에 박차를 가했고, 대외경제정책연구원·대한무역진흥공사·국립민속박물관 및 서울대·부산대·전북대, 한국복지정책연구소·국방군사연구소 등은 중국조선족연구에 값진 성과를 냈다.[201]

민주평화통일자문회의는 '해외동포와 남북경협'(1995)[202]을, 고려대 민족문화연구소는 '해외한민족 교포자녀와 민족교육'(1995)을 각각 다루었고, 경희대 아시아태평양지역연구소(1994)는 『아태연구』[203]를, 중앙대민족발전연구원·해외민족연구소(1995)는 『민족발전연구』[204]를, 경북대 교민연구소(1995)는 『교민논총』[205]을, 아태정책연구원(1996)은 『아태Focus』[206]를 발간했으며, 한국문화인류학회와 국립민속박물관은 공동으로 '재외동포생활문화'(1997)를 조사했다.[207]

또한 광복50주년을 맞아 국가보훈처와 광복회가 '국외독립운동 관련인사초청'208)사업을 펼쳤으며, 국가안전기획부(1996)와 국제문제조사연구소(1996)는 '해외농장개발실태'와 '해외동포 생활실태'에 관심을 가졌고, 공보처(1995)는 한국갤럽에 의뢰하여 '미국·일본·CIS지역거주동포209)들의 가치관·역사관·통일/북한관·민족공동체의식·생활상' 전반을 조사했다. 특히 평화통일문제연구소는 '재외동포초청세미나'210)를 통해 재외동포의 역할문제를 본격적으로 다루기 시작했고, 한국방송(KBS)은 애국심과 민족공동체의식을 고취하기 위한 '해외동포상'(1993~)을 제정했다.

한편 이 시기에 한상복211), 권태환212), 백영옥213), 정인섭214), 김장권215), 이종훈216), 이장섭217), 윤인진218), 유철인219), 이진영220), 정성호221), 조혜영222), 한경구223), 정진성224), 최영호225) 등 소장학자들과 재외한인학회의 연구활동은 재외동포 관련 연구의 활성화와 저변 확대에 일조했으며, 제15대 국회도 연구모임인 21세기동북아연구회(회장 제정구)를 조직하여 재외동포문제에 대한 법적·제도적 대안을 논의했고226), 그 결과 여·야 모두 재외동포기본법(안)을 성안하는 성과를 거두었다.

<표 12> 김영삼 정부 시절 제안된 재외동포기본법안

일시	법안명	제안자	개념정의	특기사항	비 고
1997. 10.15	재외동포기본법(안)①	의원입법안 (제정구 대표발의)227)	-재외동포: 대한민국 국민으로서 외국에 장기체류하거나 영주권 취득자와 국적 불문하고 한민족 혈통 지닌 자로서 외국 거주생활 하는 자 -재외국민(규정 없음)	재외국민과 외국국적동포의 개념 미분리, 재외동포 속에 포함시킴	기본법의 필요성을 역설했으나 외교부 등의 반대로 입법에 실패
1997. 11.5	재외동포기본법(안)②	의원입법안 (김원길 대표발의-새정치국민회의안) 228)	-재외동포: 국적을 불문하고 한민족의 혈통을 지닌 자로서 외국에 거주·생활하는 자 -재외국민: 대한민국 국민으로서 외국에 장기체류하거나 영주권을 취득한 자	대한민국 국적을 보유한 조상을 기준으로 1/4 이상의 혈통을 가진 자는 한민족 혈통에 해당	기본법의 필요성을 역설했으나 외교부 등의 반대로 입법에 실패

다음 <표 13>은 정부가 '현지화'와 '민족정체성'이라는 두 마리 토끼를 잡고자 했던 '신교포정책'의 테두리 안에서 논의됐던 주요 연구성과물들이다.

〈표 13〉 김영삼 정부 시기의 대표적 연구성과

구분	내용
1993	한국정신문화연구원, 『세계속의 한민족』/이윤환, 『헌법상 외국인의 선거권에 관한 연구: 일본국 헌법상 재일한국인문제를 중심으로』(충남대 박사논문)/해외교포문제연구소, 『해외교포정책간담회』(교포정책자료44)229)/해외교포문제연구소, 『해외교포정책간담회』(교포정책자료45)/해외교포문제연구소, 『교포정책간담회』(교포정책자료46)230)/해외교포문제연구소, 『해외교포가 국가발전에 미치는 영향』(교포정책자료47)/이광규·전경수, 『재소한인: 인류학적 연구』/유진오, 『한일회담: 제1차 회담을 회고하면서』(외교안보연구원)/한국정신문화연구원, 『세계 속의 한민족』/대한무역진흥공사, 『중국의 조선족기업총람』/민족통일연구원, 『한민족공동체형성과정에서의 교포정책』/고재남, 『독립국가연합내 고려인사회에 대한 연구』(외교안보연구원) cf. 李英和, 『在日韓國·朝鮮人と參政權』(明石書店)
1994	해외교포문제연구소, 『해외동포의 역할과 조국기여방안』(교포정책자료48)231)/해외교포문제연구소, 『재중·러동포사회를 중심으로』(교포정책자료49)/해외교포문제연구소, 『교포사회 바로 알리기심포지움』(교포정책자료50)232)/이광규, 『한민족의 세계사적 소명』(서울대출판부)/閔寬植著;高麗大學校亞細亞問題研究所編;金敬得·金容權共譯, 『在日韓國人の現狀と未來』(白帝社)/한국독립유공자협회, 『러시아지역의 한인사회와 민족운동사』(교문사) cf. 재일한국민주통일연합, 『한통련20년운동사』/福岡安則, 『在日韓國·朝鮮人: 若い世代のアイデンティティ』(中央公論社)/社會政策學會編, 『日本における外國人勞動者問題』(御茶の水書房)/ミレ(未來)編集部編, 『在外朝鮮民族を考える: アメリカ·舊ソ連·中國·日本から報告』(東方出版)/國際在日韓國·朝鮮人硏究會編, 『在日韓國人靑年の意識と課題』/金敬得, 金英達 共編, 『韓國·北朝鮮の法制度と在日韓國人·朝鮮人』(日本加除出版)
1995	공보처, 『광복50주년 한민족공동체의식조사』/한국정신문화연구원, 『해외희생자 유해현황조사사업보고서: 일제시기 해외한인희생자연구』/최영호, 『재일한국인과 조국광복: 해방직후의 본국귀환과 민족단체활동』(글모인)/임영철, 『해외한국인의 사회언어학적 연구』(중앙대학교 출판부)/차종환·이구홍, 『한국의 국력신장을 위한 해외동포의 역할』(교포정책자료51)/해외교포문제연구소, 『재일동포사회를 중심으로』(교포정책자료52)/중앙대 민족발전연구원, 『민족발전연구』 1호 cf. 松田利彦, 『戰前期の在日朝鮮人と參政權』(明石書店)/徐龍達編, 『共生社會への地方參政權』(日本評論社)/植田剛彦, 『在日韓國人の底力: 21世紀へ向けて"韓國系日本人"の確立を』(日新報道)/朴鍾鳴編, 『在日朝鮮人:歷史·現狀·展望』(明石書店)/Helen Choi Rhee, The Korean-American experience: a detailed analysis of how well Korean-Americans adjust to life in the United States(Vantage Press)/Nancy Abelmann and John Lie, Blue dreams: Korean Americans and the Los Angeles riots (Harvard University Press)
1996	김대성, 『재일한국인의 민족교육에 관한 연구』(단국대 박사논문)/해외교포문제연구소, 『재일교포를 중심으로』(교포정책자료53)/해외교포문제연구소, 『재미교포를 중심으로』(교포정책자료54)/국가안전기획부, 『우리의 해외농장개발실태와 지원방향』/국제문제조사연구소, 『해외한민족의 현재와 미래: 해외동포의 생활실태와 바람직한 정책방향을 중심으로』/국회21세기동북아연구회, 『재외동포정책의 방향과 과제: 재중동포정책을 중심으로』/대한상공회의소 한국경제연구센터, 『해외교포가 한국경제발전에 미치는 영향』/한국사회사학회, 『중앙아시아한인의 의식과 생활』(문학과 지성사) cf. 高鮮徽, 『在日濟州島出身者の生活過程: 關東地方を中心に』(新幹社)/森田芳夫, 『數字が語る在日韓國·朝鮮人の歷史』(明石書店)/姜在彦, 『在日からの視座: 姜在彦在日論文集』(新幹社)/Elaine H. Kim, Eui-Young Yu. eds., East to America: Korean American life stories(New Press)/Pyong Gap Min, Caught in the middle : Korean merchants in America's multiethnic cities(Univ. of California Press)

1997	재일한국인투자협회,『재일동포본국투자자 대상 한국투자환경평가 및 실태조사』/한국법제연구원,『한일 기본관계조약의 당면과제와 법적 대응』/해외교포문제연구소,『재중·러포사회를 중심으로』(교포정책자료55)/해외교포문제연구소,『재미교포사회를 중심으로』(교포정책자료56)/한국문화인류학회,『중국 길림성 한인동포의 생활문화』(1997.2)233)/한국문화인류학회,『중국 요녕성 한인동포의 생활문화』(1997.11)234)/경북대 교민연구소,『교민논총』창간호/국가안전기획부,『CIS한인관련 자료집』/중앙일보 통일문화연구소,『민족통일의 전망과 과제: 통일을 위한 남북해외동포학자 학술회의 자료집』 ※재외동포재단법 제정(재외동포재단 출범) cf. 民團50年史編纂委員會,『民團50年史』/原尻英樹,『日本定住コリアンの日常と生活: 文化人類學的アプローチ』(明石書店)/庄谷怜子, 中山徹 共著,『高齡在日韓國·朝鮮人: 大阪における'在日'の生活構造と高齡福祉の課題』(御茶の水書房)/金井靖雄,『13の搖れる想い:在日コリアン二世·三世の現在』(麥秋社)/在日本大韓民國民團中央本部編,『(圖表でみる)韓國民團50年の步み』(五月書房)/荒木和博,『在日韓國·朝鮮人の參政權要求を糾す:「外國人參政權」という名の虛構』(現代コリア研究所)/國際在日韓國·朝鮮人硏究會編,『21世紀へのビジョン: 在日韓國·朝鮮人社會』/福岡安則·金明秀,『在日韓國人靑年の生活と意識』(東京大學出版會)/ Kyeyoung Park, The Korean American dream: immigrants and small business in New York City(Cornell Univ. Press)

냉전구조의 해체로 중국, 러시아·CIS 등 구공산권 거주동포들이 재외동포정책의 영향권 내로 편입됨에 따라 그동안 소외됐던 지역의 동포사회에 대한 관심이 고조되어 이 시기의 연구자들은 연변지역 등 재중동포사회와 연해주 및 중앙아시아 동포사회에 대한 현장연구에 많은 관심을 기울였고, 주로 학제적 성격의 연구방법들이 동원되었다.

참고로 <표 14>는 1990년부터 2002년까지 재외한인연구를 통해 다뤄졌던 연구내용들이다.235)

<표 14> 재외한인연구(1990~2002)의 연구주제

구분		1호(90)	2호(92)	3호(93)	4호(94)	5호(95)	6호(96)	7호(98)	8호(99)	9호(00)	10호(01)	11호(02)	12호(02)	13호(02)	비고	
지역연구	재일	6	-	1	2	-	-	1	-	-	-	1	-	-	-	11	90
	재미	1	1	1	-	2	4	1	1	3	1	1	1	1	18	
	재카나다	-	-	-	-	-	-	-	-	-	-	-	1	-	-	1	
	재중	-	4	3	6	-	2	-	2	2	1	2	2	-	24	
	재러	-	2	2	-	1	1	9	-	1	1	-	-	-	17	
	재CIS	-	-	-	-	-	-	-	4	1	2	1	1	-	9	
	재유럽	-	1	-	-	-	-	1	-	-	-	-	-	-	2	
	재남미	1	-	-	-	3	-	-	-	-	1	-	-	-	5	
	재아주	-	-	-	-	-	-	1	-	-	-	1	-	-	2	
	재호주	-	-	-	-	-	-	-	-	-	-	1	-	-	1	

개념 연구	정책	-	-	-	-	-	-	1	-	-	-	-	-	1	13
	일반	-	-	3	-	-	-	-	-	-	-	1	-	4	
	역할	-	1	-	-	-	-	-	-	-	-	1	-	2	
	인식	1	-	-	-	-	-	-	-	-	-	-	-	1	
	공동체	-	-	-	-	-	-	-	-	-	-	-	5	5	
계		9	9	10	8	6	7	11	10	7	7	7	6	6	103

<표 14>에 따르면 지역연구가 전체의 87%였으며, 절반 이상이 재중·재러동포에 집중되었고, 나머지가 재미 > 재일 > 남미 > 유럽·아시아지역 순이었다. 그리고 2000년 이전에는 재일 → 조선족 → 재미 → 재러·재CIS 방향으로, 2000년 이후에는 재미 →조선족·재CIS 방향으로 연구의 중심축이 이동했음을 알 수 있다.

> 고려인의 이주정착사에 대한 연구는 인류학적, 역사학적 분석으로부터 진행되었다. … 각 분야에서 거둔 연구성과는 학제적 성격을 지니면서 연구대상지역의 확대와 더불어 상호보완적인 성과를 가져다주었다. 처음에는 연해주지역을 분석의 주요 대상으로 하였다. … 그러나 독립국가연합 전체지역에 분산, 거주하고 있는 한민족공동체에 대한 네트워킹 필요성으로 인해 새로운 지역에 거주하고 있는 한인사회에 대한 발견과 관심의 확산이 진척되었다. … 이제 고려인 내지 고려인사회에 대한 연구는 초기의 단순한 관심을 넘어 한민족의 일부로서 적극적으로 포용하고 지원과 협력하기 위한 다방면의 방안 모색방향으로 움직여지고 있다. … 연구자들의 관심 역시 고려인들의 생활습관과 언어생활 그리고 민족정체성 유지 및 문화변용 정도 등 인류학적 내용에 관한 것에서 러시아당국의 정책, 이민 및 강제이주의 성격과 분류, 민족정체성 보존 여부 평가, 민족자치주 구성여부, 민족공동체 형성 및 다양한 분야의 네트워크 형성문제 등 정치사회적인 내용으로 확산되었다.[236]

라. 제4기(1998.2~현재): 재외동포재단 설립 이후~2008년 현재

1) 제6공화국·김대중 시절(1998.2~2003.2)

IMF경제위기 극복이 최우선과제였던 김대중 정부는 재외동포의 존재를 십분 활용했다. 취임사(1998.2.25)에서 "긴밀한 유대와 권익보호"[237]를 약속했던 그

는 자랑스런 재외동포 접견(1998. 8.11)을 통해 "소수민족이 현명하게 사는 길"238)을 역설하기도 했다.

당시 정부차원의 보고서에서도 그동안의 공과를 재점검하고 재외동포의 전략적 가치와 동포 상호간의 네트워크 잠재력을 인정하기 시작했다.239)

> 첫째, 정부와 동포사회의 불편한 관계는 상당부분 정부에게도 책임 있다.
> 둘째, 정부는 동포들을 경제난국을 헤쳐 나갈 '동반자'로, '한민족의 살아 있는 자산'으로 인정하고 이들의 역량과 잠재력을 조직화하는데 힘써야 한다.
> 셋째, 해외거주동포에 대한 정확한 실태조사와 선진 통일한국진입을 위한 국가발전에 최대한 동참시키되 해외동포가 공감하고 현지 거주국정부가 거부감 갖지 않아야 한다.
> 넷째, 거주국 정착 및 위상강화 지원, 민족적 긍지와 자부심 고양, 한민족 공동체 형성 지원 등 동포지원체계는 재외동포재단이 중심이 되어야 하며, 재단이 실질적인 동포권익을 대변하는 기구로서의 기능과 역할을 할 수 있도록 공관을 통한 재단 홍보강화와 동포의 건의·요망사항을 적극 수렴·반영하는 제도적 장치를 마련하되 중장기적으로는 정부보다는 민간단체주도로 운영되도록 기부금 및 동포성금 등을 확보하는 방안도 강구해야 한다.

김영삼 정부 시절 제정된 재외동포재단법(1997.3.27)과 상호 모순되는 조항이 있었지만 주무부서의 반대를 무릅쓰고 강력한 입법의지(정부안)로 '재외동포출입국과법적지위에관한법률'(1999.2)을 제정했다.

그러나 중국동포와 러시아동포를 배제한 '반쪽짜리 법'이라는 비난을 면치 못했다(<표 15> 참조).240)

<표 15> 김대중 정부 시절 제안된 재외동포 관련법안

일시	법안명	제안자	개념정의	특기사항	비 고
1998. 8	재외동포의법적지위에관한특례법입법예고안	정부안 (법무부)	-재외동포(규정 없음) -한국계 외국인: 한민족 혈통을 지닌 외국인 -재외국민: 대한민국의 국민으로서 외국의 영주권을 취득하였거나 영주할 목적으로 외국에 거주하는 자	재외동포 개념 대신 '한국계외국인'이라는 새로운 개념 제시/체류기간 2년으로 한정	김대중 정부 공약실천차원에서 자유왕래, 참정권, 공직취임권 허용 등 혁신적 내용으로 제출되었으나 중도폐기/외교부와의 주도권문제로 '과거국적주의'에 의한 수정안 마련

1998. 9	재외동포 기본법 (안)	의원입법 수정안 (김원길 대표 발의)	○재외동포: 1997.11 안과 동일	외국국적동포의 범위는 조부, 부 또는 모 혹은 본인이 대한민국 국적을 보유했던 자를 기준	정부안과의 사전조율 없이 추진되어 기본법입법에 실패/기본법 제정에 대해서는 항상 외교부의 반대논리에 부딪히고 있음
			○재외국민: 1997.11 안과 동일	대한민국 수립(19480 이전에 해외이주한 외국국적동포는 대한민국국적을 보유했던 것으로 간주	
1998. 12. 24	재외동포 출입국과 법적지위에 관한법률(안)	정부안 (법무부)	-재외동포(규정 없음)	'한국계외국인'을 '외국국적동포'개념으로 대체하여 '과거 국적주의' 채택/법안명칭이 당초 '법적지위'에서 '출입국과법적지위'로, '특례법'이 일반'법률'로 변경/무국적자(조선적 재일동포 경우-) 해당사항 없음	입법(99.9.2)에는 성공했으나 헌법재판소는 재외동포법 제2조2항, 시행령 제3조에 대해 헌법불합치(평등원칙위배) 결정(2004.3 문제조항 개정241))/이것도 외교부와 중국측의 반대로 혈통주의 개념 포기
			-한국계 외국인(규정 삭제)		
			-외국국적동포: 대한민국 국적을 보유하였던 자 또는 그 직계비속으로서 외국국적을 취득한 자		
			-재외국민: 특례법 입법예고안과 동일		

이 시기에 재외동포 관련 연구는 질적 성숙과 다변화의 길을 모색하기 시작했다. 즉 학계에서는 재외한인학회 발족 이후 만10년 만에 '재일조선인문제'를 학제적·집중적으로 다루는 한일민족문제학회242)(2000.6)가 출범했고, 한국문화인류학회243)는 미국·일본·러시아 등지의 한인생활문화연구(1999~2003)에 집중했다.244)

그리고 한국외국어대 고려인연구팀은 러시아·CIS 관련 연구성과(2000~2004)를245), 고려대 아세아문제연구소246)와 미국 예일대 동암연구소는 '코리안디아스포라와 한민족네트워크 국제학술대회'(2002.10)를247), 고려대 한국학연구소는 '세계속의 한국문학'(1998)248), '재미한인사회의 현황과 전망'(1999)249), '재외한인작가연구'(2001)250)를, 경희대 아태지역원은 조선족과 고려인 연구를251), 국민대학교 한국학연구소는 학술진흥재단 연구과제(2002~2004)를252), 단국대 정책과학연구소는 강제이주140주년기념학술대회(2004.8)로 '재러한인들의 이주사와 지위'253)를, 단국대 아시아아메리카문제연구소는 이민100주년기념학술회의(2005.8)로 '멕시코이민 100주년, 회고와 향후 전망'254)을 활발하게 추진했다.

또한 한림대 민족통합연구소는 '민족통합의 새로운 개념과 전략'(1998~ 1999)을 연구하면서 네트워크이론을 처음 도입했고[255], 평화문제연구소는 '남북정상회담 이후 재외동포의 역할'에 집중했으며[256], 이호선·이구홍(1998)은 재외동포재단이 주최한 대통령취임 교포정책포럼에서 해외동포의 호칭, 교민행정 일원화, 재외동포정책위원회 활성화, 해외동포의 날 제정, 해외동포보호 및 문화진흥법 제정 등을 제언했다.[257]

이 시기에는 한국민족연구원(1998)[258]을 설립한 조정남[259], 김신일[260], 성경륭[261], 김인영[262], 박호성·이종철[263], 노영돈[264], 최우길[265], 최협[266], 김태기[267], 성동기[268], 정혜경[269], 양창영[270], 유병용[271], 권희영[272], 신지호[273] 등의 연구와 접근방법이 연구의 지평을 넓히는데 기여했다.

다음 <표 16>은 IMF경제위기 극복과정에서 재외동포에 대한 인식변화가 일어나던 시절에 주로 논의됐던 대표적인 연구성과물들이다.

<표 16> 1998~2002년의 대표적 연구성과

구분	내 용
1998	한국정신문화연구원·국민생활체육협의회,『21세기 재외한인의 역할』/유숙자,『1945년 이후 재일한국인 소설에 나타난 민족적 정체성 연구』(고려대 박사논문)/해외교포문제연구소,『재중·러교포사회를 중심으로』(교포정책자료57)/국가안전기획부,『21세기 국가발전과 해외한민족의 역할』/이광규,『러시아 연해주의 한인사회』/한국문화인류학회,『중국 흑룡강성 한인동포의 생활문화』(1998.11)[274]/강인철,『시베리아횡당-러시아역사기행: 그래도 고려인은 살아 있다』(혜인)/박환,『재소한인민족운동사연구』(국학자료원)/경북대 교민연구소,『교민논총』 2호[275]/중앙대 민족발전연구원,『민족발전연구』 2호[276]/최협,『다민족국가의 민족문제와 한인사회』(집문당)/법무부,『1997년도 해외동포 법적지원 총람』 cf. 植田剛彦,『不屈の在日韓國人』(日新報道)/定住外國人の地方參政權をめざす市民の會 編,『定住外國人の地方參政權: 共生社會のために』
1999	정혜경,『일제하 재일한국인 민족운동의 연구: 大阪지방을 중심으로』(한국정신문화연구원 한국학대학원)/진희관,『조총련연구: 역사와 성격을 중심으로』(동국대 박사논문)/해외교포문제연구소,『해외동포법적지위와 교포사회의 미래상』(교포정책자료58)[277]/해외교포문제연구소,『재일동포사회를 중심으로』(교포정책자료59)/한국문화인류학회,『우즈벡스탄 한인동포의 생활문화』(1999.11)[278]/경북대 재외동포연구소,『동포논총』 3호[279]/중앙대 민족발전연구원,『민족발전연구』 3호[280]/강만길,『강만길 역사기행: 회상을 열차를 타고』(한길사) cf. 金泰泳,『アイデンティティ·ポリティクスを超えて: 在日朝鮮人のエスニシティ』(世界思想社)/永六輔, 辛淑玉 共著,『日本人對朝鮮人: 決裂か和解か?』(光文社)/Kwang Chung Kim. ed., Koreans in the hood : conflict with African Americans(Johns Hopkins University Press)
2000	유숙자,『재일한국인 문학연구』(月印)/해외교포문제연구소,『제1회 국내외 해외동포문제 전문가대토론회』(교포정책자료60)/경북대 재외동포연구소,『동포논총』 4호[281]/중앙대 민족발전연구원,『민족발전연구』 4호/정대성,「제2공화국 정부·국회의 일본관과 대일논조: 한일관계,한일통상, 한일회담, '재일교포'를 둘러싼 담론」,『한국사학보』 8(고려사학회)/정혜경,『일제말기 조선인민족운동연구』(경인문화사) cf. 李仁植,『日本人になりたい在日韓國人』(朝日ソノラム)/內海愛子 外,『「三國人」發言と在日外國人: 石原都知事發言が意味するもの』(明石書店)/Claire Jean Kim, Bitter fruit: the politics of Black-Korean conflict in New York City(Yale Univ. Pr.)

2001	정진성,『현대일본의 사회운동론』(나남출판)/홍기삼 편,『재일한국인 문학』(솔출판사)/해외교포문제연구소,『제2회 국내외 해외동포문제 전문가대토론회』(교포정책자료61)/해외교포문제연구소,『재중동포사회를 중심으로』(교포정책자료62)/해외교포문제연구소,『제3회 국내외 해외동포문제 전문가대토론회』(교포정책자료63)/중앙대 민족발전연구원,『민족발전연구』5호/강일규 외,『재외동포인적자원 지원 및 활용촉진방안연구』(한국직업능력개발원) cf. 崔炳郁,『「恨」の海峽を越えて: ハミョンテンダの信念で半世紀. 在日韓國人、こころの叫び』(現代書林)/鄭大均,『在日韓國人の終焉』(文藝春秋)/梁泰昊, 川瀨俊治 共著,『(知っていますか?)在日韓國・朝鮮人問題: 一問一答』(解放出版社)/河炳旭,『(第四の選擇)韓國系日本人: 世界六百万韓民族の生きざまと國籍』(文藝社)/在日本大韓民國民團在日韓國人意識調査委員會編,『在日韓國人意識調査中間報告書, 2000』/Ho-Youn Kwon, Kwang Chung Kim and R. Stephen Warner. eds., Korean Americans and their religions: pilgrams and missionaries from a different shore (Pennsylvania State University Press)
2002	이건우 외,『재일국민 조국참정권운동 어제, 오늘 그리고 내일: 우리도 대한민국 국민입니다』(재일국민의 조국참정권회복을 위한 시민연대)/국회 인권정책연구회・동북아평화센터 공편,『'21세기와 인권'전: 세기를 넘어, 국경을 넘어, 세대를 넘어: 재일한국인편』/김정자,『재일한국인 1세의 한국어・일본어 혼용실태에 대한 연구: 오사카지역을 중심으로』(태학사)/해외교포문제연구소,『재중・러동포사회를 중심으로』(교포정책자료64)/중앙대 민족발전연구원,『민족발전연구』6호/하병욱 지음・홍구회 옮김,『재외한국인의 국적문제』(열린책들)/한미동포재단,『미주한인이민100년사』(미주한인이민100주년기념사업회) cf. 田中宏編,『在日コリアン權利宣言』(岩波書店)/朴三石,『海外コリアン: パワーの源泉に迫る』(中央公論新社)/池東旭,『コリアン・ジャパニーズ』(角川書店)/飯田剛史,『在日コリアンの宗敎と祭り: 民族と宗敎の社會學』(世界思想社)/崔吉城,『親日と反日の文化人類學』(明石書店)/Jennifer Lee, Civility in the city: Blacks, Jews, and Koreans in urban America(Harvard Univ. Press)/Ji-Yeon Yuh, Beyond the shadow of Camptown: Korean military brides in America(New York Univ. Press)/Nazli Kibria, Becoming Asian American: second-generation Chinese and Korean American identities(Johns Hopkins Univ. Press)

2) 제6공화국・노무현 시절(2003.2~2008.2)

김대중 정부를 계승한 노무현 정부는 재외동포를 한민족 경제・문화네트워크로 그리고 모국과 거주국간의 가교로 인정하여[282] 임기 말(2007.5)에는 동포사회의 숙원사항인 '기념일 제정'('세계한인의 날')을 성사시켰으나[283] 실제 관심사는 주로 과거사청산이었다.

그 대표적인 사례가 '진실・화해를 위한 과거사정리위원회'를 통한 '일제강점기부터 현재까지의 해외동포사'[284], 국방부 과거사진상규명위원회를 통한 '재일동포 및 일본 관련 간첩조작 의혹사건 조사'(2007.11.7)[285], 강제동원피해진상규명위원회를 통한 '일본 우토로지역 주민의 도일배경에 관한 조사'(05.4.15~06.9.29) 및 '사할린 이중징용피해진상조사'(2005.7.29~2007.1.26) 등이다.[286] 한편 외교통상부는 정부정책에 대한 학계와 시민단체의 비판에 정면으로 반박(2006.3)했으며[287], 제17대 국회가 제출했던 재외동포기본법 등 각종 동포 관련법들에 대해서도 상호합의점을 찾지 못했다.[288]

이 시기에 지구촌동포연대(KIN, 1999)는 '역사와 인권' 측면에서 동포정책비교·재외동포법 개정·우토로·사할린한인 등 관련연구를 꾸준히 진행했으며[289], 동북아평화연대 등 동포관련 NGO[290]들의 움직임도 활발했다. 그리고 학제간 연구의 중요성을 실천했던 전남대 세계한상연구단(2003~2007)[291][292]의 임채완·김재기[293], 동서대·동아대 NURI한상사업단[294] 이외에 설동훈[295], 정영훈[296], 최진욱[297], 김귀옥[298], 김승일[299], 김봉섭[300], 곽승지[301], 이경태, 송석원 등 학문후속세대들이 재외동포 관련연구에 본격적으로 동참하기 시작했다.

또 이 시기에는 기존 연구와는 다른 새로운 연구집단들의 움직임이 눈에 띄었다. 제17대 국회의 '재외동포문제연구회'(2004.7.8, 대표 박세일)[302]와 '한민족평화네트워크'(2004.7.14, 공동대표 이화영·고진하)[303], 법무부[304] 출입국관리국(現출입국외국인정책본부)의 '출입국정책추진단'(2004.1), '이민행정위원회'(2004.6)[305], '출입국정책포럼'(Immigration Policy Forum)(2004.3)[306], '이민행정연구회'[307] 활동 등을 비롯하여 재외동포NGO활동가대회[308], 재한조선족유학생네트워크[309], 한국이민학회(2007.2)[310], '세계한인정책포럼'(2007.7)[311], 외교통상부 '재외동포정책포럼'(2007.10), 제주특별자치도·제주발전연구원의 '해외제주인 인적네트워크 효율적 구축을 위한 전문가포럼'(2007.11.9)[312], 한국이주노동자복지회의 '다문화정책포럼'(2008.2)[313], 한국여성정책연구원의 '다문화사회정책포럼'[314] 등 현장을 중시하는 다양한 연구채널이 가동됐다.

또한 근대이민의 발상지인 인천광역시는 학술대회(2004~)를 통해 '근대이민'을 조명중에 있으며[315], 교육인적자원부 산하 국사편찬위원회도 2003년 이후부터 각 지역 재외동포사회의 역사자료수집과 '한민족 재외교민사' 정리·편찬에 적극 나서고 있는 중이다.[316]

다음 <표 17>은 재외동포기본법 제정·재외국민참정권 허용 움직임 등 해외거주 동포사회의 국정참여 여부가 논란됐던 시기에 다루어진 대표적인 연구성과물들이다.

<표 17> 2003~2007년의 대표적 연구성과

구분	내용
2003	신숙옥, 『재일조선인의 가슴속』(십년후)/해외교포문제연구소, 『재미동포사회를 중심으로』(교포정책자료65)/경북대재외동포연구소, 『동포논총』 5호[317]/이덕희, 『하와이이민 100년, 그들은 어떻게 살았나?』(중앙M&B)/김종회편, 『한민족문화권의 문학: 미국·일본·중국·러시아의 해외동포문학』(국학자료원)/대통령자문정책기획위원회, 『외국인중장기정책방향』/국사편찬위원회, 『한국사론 39: 미주지역 한인이민사』/한준상, 『한인교포사회와 교육문제』(한국학술정보)

2003	cf. 金英達著; 飛田雄一編, 『在日朝鮮人の歷史』(明石書店)/田中由布子, 『ある在日朝鮮人一世との對話:'恨'と'怨'を乘り越えて』(明石書店)/金昌烈, 『朝鮮總聯の大罪: 許されざる、その人びと』(寶島社)/淺川晃廣, 『在日外國人と歸化制度』(新幹社)/ Hugo W. Kim, Korean Americans and inter-Korean relations (EastWest Research Institute)/Samuel Lee, ed. Victorious out of the ashes: the most tragic incident in 100-year history of the Korean Americans(Association)/ Roberta Chang; Wayne Patterson, The Koreans in Hawaii: a pictorial history, 1903-2003(Univ. of Hawaii Press)/Patrick D. Joyce, No fire next time: Black-Korean conflicts and the future of America's cities(Cornell Univ. Press)
2004	해외교포문제연구소, 『재중동포사회를 중심으로』(교포정책자료66)/경북대 재외동포연구소, 『동포논총』 제6집/국민대 한국학연구소, 『한인귀환과 정책』 1~5(일본・중국) cf. 大沼保昭, 『在日韓國・朝鮮人の國籍と人權』(東信堂)/櫻井龍彦編, 『東北アジア朝鮮民族の多角的硏究』(ユニテ)/Mary Yu Danico, The 1.5 generation: becoming Korean American in Hawaii (University of Hawaii Press)/ Ilpyong J. Kim. ed., Korean-Americans: past, present, and future(Hollym)/Sarah J. Shin, Developing in two languages: Korean children in America (Multilingual Matters)
2005	윤병석, 『해외동포의 원류:한인, 고려인, 조선족의 민족운동』/김경근, 『재외한인민족교육의 실태』/해외교포문제연구소, 『교포정책자료』(교포정책자료67)318)/정진성, 『조총련조직연구』, 『국제지역연구』 14권4호(서울대)/김명재 외, 『재외한인의 법적지위와 기본권현황』(집문당)/국사편찬위원회, 『재외동포사회의 역사적 고찰과 연구방법론모색』/지구촌시대 한민족공동체포럼, 『지구촌시대 한민족공동체론의 의의와 과제』319) cf. 朴一, 「『在日コリアン』ってなんでんねん?』(講談社)/在日韓國人本國投資協會, 『在日韓國人本國投資協會 30年史: 1974-2004』/李朋彦, 『在日一世』(リトルモア)/王淸一 編, 『在日コリアン文化と日本の國際化: より開かれた出會いを求めて』(王利鎬日本學研究所)/金敬得, 『在日コリアンのアイデンティティと法的地位』(明石書店)/ソニア・リャン, 『コリアン・ディアスポラ:在日朝鮮人とアイデンティティ』(明石書店)
2006	외교통상부, 『참여정부의 재외동포정책』/재외동포재단, 『국외입양인백서』/김재기, 『세계화시대 글로벌코리안네트워크와 국가발전』(한국학술정보, 2006)/김영순, 『敗戰後の在日韓國・朝鮮人に對する日本政府の歸國政策』(원광대박사논문)/박진희, 『제1공화국의 대일정책과 한일회담연구』(이대박사논문)/국민대한국학연구소, 『한인귀환과 정책』 7~10(중국・대만)/인천시 역사자료관 역사문화연구실, 『동북아한인공동체와 삶』320)/문옥표외, 『해외한인의 민족관계』(아카넷)/이자경저・멕시코한인이민100주년기념사업회편, 『멕시코한인이민100년사: 에네켄 가시밭의 100년 오딧세이』/세계해외한인무역협회, 『세계해외한인무역협회25년사: 1981~2006』 cf. 姜徹, 『在日朝鮮人の人權と日本の法律』(雄山閣)/淺川晃廣, 『「在日」論の噓: 贖罪の呪縛を解く』(PHP研究所)/在日本大韓民國民團大阪府地方本部編, 『大阪韓國人百年史』/歷史敎科書在日コリアンの歷史作成委員會編, 『在日コリアンの歷史: 歷史敎科書』/在日コリアンの日本國籍取得權確立協議會編, 『在日コリアンに權利としての日本國籍を』(明石書店)/Eunju Lee, Gendered processes: Korean immigrant small business ownership(LFB Scholarly Pub.)/ Pyong Gap Min, ed. Asian Americans: contemporary trends and issues (Pine Forge Press)
2007	김남일 외, 『(분단의 경계를 허무는) 두 자이니치의 망향가: 재일한인 100년의 사진기록』(현실문화연구)/성석제 외, 『100년을 울린 겔릭호의 고동소리: 미주한인이민사 100년의 사진기록』/임채완 외, 『재외한인단체의 형성과 현황: 미국, 일본, 중국, 러시아・중앙아시아를 중심으로』(집문당)/전남대 세계한상문화연구단, 『디아스포라연구』 창간호321)/정인섭 엮음, 『재일변호사 김경득 추모집』(경인문화사)/정상우, 『재외국민선거권에 관한 헌법재판소 결정의 의미와 입법과제』(한국법제연구원)/한민족문화연대, 『나는 내가 누구인지 몰랐네: 해외입양인 에세이・시 모음집』 cf. 伊藤亞人・韓敬九編, 『中心と週緣からみた日韓社會の諸相』(慶應義塾大學出版會)/白井美友紀編, 『日本國籍を取りますか?: 國家・國籍・民族と在日コリアン』(新幹社)/文京洙, 『在日朝鮮人問題の起源』(クレイン)

이처럼 재외동포사회의 인적·물적 규모가 급속도로 성장하고, 재외동포문제를 다루는 국내외 NGO들의 활동과 전문연구가들의 학술연구가 활발해짐에 따라 재외동포법적지위 향상과 네트워크 적극 활용 등에 대한 관심이 고조되고 있으며, 연구소-대학-NGO-재외동포사회들도 점차 자기 전문분야에 집중하면서 연구의 질적 수준을 향상시키고 있다.

참고로 <표 18>은 재외동포 관련 연구자(또는 연구집단)를 각 세대별로 분류한 내용이다.

<표 18> 재외동포 관련연구 전문가·학자 세대별 분포

구분	전문가그룹	학자그룹	연구단체 및 NGO
1세대 (1960~70년대)322)	김원용, 이구홍, 김상현 고승제, 홍승직, 문인구 등	이한기(故), 배재식(故) 등 국제법학자	해외교포문제연구소, 정경연구소, 고려대 아세아문제연구소 등
2세대 (1980년대) 323)	민관식(故), 김영광, 조일제, 박병윤 등	김찬규, 이광규, 박영순, 한준상 등	문화인류학회, 이중언어학회 등
3세대 (1990년대) 324)	이윤기, 양창영, 김병화, 서경석, 김해성 등	전경수, 한경구, 이종훈, 백영옥 정인섭, 노영돈, 윤인진, 이진영 정진성, 최영호, 최우길, 김태기 조정남, 정혜경 등	재외한인학회, 해외한민족연구소, 한일문제연구학회 등
4세대 (2000년대) 325)	교포정책포럼, 재외동포재단 (자문·전문위원), 세계한인정책포럼 등	임채완, 김재기, 박호성, 진희관 김승일, 김봉섭, 곽승지, 이경태, 송석원 등	세계한상연구단(전남대), 지구촌동포연대, 동북아평화연대, 재외국민참정권연대, 재외동포신문, 중국동포타운신문

<표 18>에 따르면 재외동포 관련 연구의 주체가 전문가그룹, 학자그룹, 연구단체 및 NGO 등 4개 그룹으로 나뉘며, 1세대·2세대·3세대·4세대가 모두 연구에 참여하고 있음을 알 수 있다. 그리고 개인연구자 → 연구소 → 대학 → 학회 → NGO → 포럼 등으로 점차 중심축이 이동하고 있음도 알 수 있다.

제3절 재외동포 관련 연구의 쟁점분석

1. 쟁점과 연구

최근 5년간은 '재외동포' 관련 문제들로 그 어느 때보다 논쟁이 뜨거웠던 시기였다. 재중동포들의 불법입국·체류를 비롯하여 재외동포의출입국과법적지위에관한법률 위헌 논란과 개정 움직임, 김선일씨 피살사건과 재외국민보호, 병역기피 국적이탈자에 대한 처벌 주장과 이중국적 시비, 크리스티나 김[김초롱]의 정체성 시비, 로버트 김[김채곤] 복역사건에 대한 국가책임 논란, 재외동포기본법 제정과 전담기구 설치 주장, 재외국민 참정권 헌법불합치 판결 등 재외동포 관련 이슈는 더 이상 그들만의 문제가 아니었다.[326]

가. 언론들의 이슈제기

지난 5년간(2003~2007) 국내 주요언론을 통해 제기됐던 재외동포 관련 이슈들을 살펴보면 다음 <표 19>와 같다.[327]

<표 19> 재외동포 관련 이슈(소분류)

구분	참정권	동포법	이중국적/병역	한상	불법체류	동포정책	입양동포	국적회복	한글교육	다문화혼혈	재산반출	한인의날
2003년	2	13	2	2	10	1	2	6	1	0	0	0
2004년	2	3	0	3	7	3	5	2	1	0	3	0
2005년	9	10	11	2	2	3	1	2	2	1	4	0
2006년	1	1	4	8	0	6	2	0	6	3	1	0
2007년	15	0	2	4	0	0	3	0	0	6	1	8
계	29	27	19	19	19	13	13	10	10	10	9	8

구분	취업	문학상	이사장인터뷰	재중동포	네트워크	이주노동자	언론방송	동포교육	차세대	정치인포럼	CIS동포	예산	한인회장대회
2003년	0	14	3	1	0	3	0	1	1	0	1	1	0
2004년	2	1	0	4	2	2	2	1	0	0	2	1	1
2005년	0	1	1	0	0	1	3	2	0	0	0	2	0
2006년	4	0	3	2	3	0	0	0	0	1	1	0	0
2007년	2	2	1	1	2	1	2	3	5	4	0	0	3
계	8	8	8	8	7	7	7	7	6	5	4	4	4

구분	영사업무	재단	이민사	디아스포라	재외국민보호	NGO	조총련	이민	모국장학생	정체성	문화공동체	전담부서	기타[328]
2003년	2	0	0	0	0	0	1	1	0	0	0	0	
2004년	1	2	0	2	1	2	0	1	1	2	0	0	
2005년	0	2	0	1	0	0	1	0	1	0	1	1	
2006년	1	0	0	0	1	1	0	0	0	0	1	1	
2007년	0	0	4	0	1	0	0	0	0	0	0	0	
계	4	4	4	3	3	3	3	2	2	2	2	2	

<표 19>에 따르면 초기(2003)에는 재외동포법, 불법체류, 국적회복 등 중국조선족 관련사항(2003년)이 주도했으나 2004년에는 불법체류 이외에 입양동포 관련사

항이, 2005년에는 재외동포법 개정 이외에 병역시비와 관련된 이중국적과 재외국민 참정권 관련사항이 부각되었고, 2006년부터는 세계한상대회, 재외동포정책, 한글교육, 취업 관련사항이, 그리고 2007년에는 재외국민 참정권 허용문제가 급부상한 가운데 세계한인의 날, 다문화, 차세대, 세계한인정치인포럼, 이민사, 이중국적, 입양동포, 동포민족교육, 세계한인회장대회 등 다양한 소재들이 주목받았다.

따라서 지난 5년간 제기된 주요 이슈는 (1)재외국민 투표권 부여, (2)이중국적 허용, (3)출입국 및 취업 자유화, (4)재외동포기본법 등 동포 관련업무 총괄법안 제정, (5)재외동포 전담기구(재외동포청, 대통령직속 재외동포정책위원회 등) 설치 등 재외동포의 법적지위와 권익신장 관련 이슈들이 최대 관심사였음을 알 수 있다. 물론 한민족정체성 강화 등 동포사회 차세대문제, 한국문화·예술작품, 재외동포 네트워킹, 해외 우수인재 활용, 재외동포 정체성, 한글학교, 교포언론방송, 미주 주류사회진출 및 정치력신장, 무국적자 국적취득 등도 이슈화되었으나 이들 5대 핵심이슈에 비해서는 그 정도가 다소 약했다.

나. 연구집단들의 논의주제

이 시기에 해외교포문제연구소, 재외한인학회, 해외한민족연구소, 평화문제연구소 등 교포문제를 전문적으로 다루는 연구집단에서는 다음의 주제들을 집중적으로 논의했다(<표 20> 참조).

<표 20> 주요 연구집단들의 관심사(2003~2007)

구분	발표·연구주제
해외교포문제연구소 (교포정책포럼)	<2003년>재미동포사회의 바람직한 미래상(장태한)/재일동포사회의 바람직한 미래상(황영만)/재중동포사회의 현실과 미래상:중국공민이 우선인가, 한국의 동포가 우선인가(조성일) <2004년>재미동포사회의 현실과 바람직한 미래상(장태한)/재중동포사회의 현실과 바람직한 미래상(박금해)/재일동포사회의 현실과 바람직한 미래상(김경득)/재외동포정책의 새로운 모색(한명숙) <2005년>해외동포와 조국-바람직한 관계를 모색한다(신호범)/한국주요정당의 동포정책비교분석(김봉섭)/재미동포사회의 현실과 당면과제(장태한)/재일동포사회의 현실과 당면과제, 귀화는 비애국적인가(한창우)/재중동포사회의 현실과 당면과제 <2006년>일본사회의 재일동포에 대한 동화정책변화와 추이(박병윤)/재미동포사회의 시민권획득 추이와 아이덴티티(한우성)/중국 조선족의 현실과 바람직한 미래상(김병호) <2007년>재일동포의 일본 지방참정권 획득현황(하정남)/미의회 위안부결의안통과와 그 교훈(김동찬)/남북정상회담합의문(제8항)에 따른 해외동포지위향상을 위한 남북공동추진방안(박병윤)/중국 소수민족(조선족)정책은 왜 민감한가(이진영)/ 재외동포참정권 어디까지 왔나(양창영)/재외동포재단의 역할과 한계 그리고 발전방향(정영국 외)

재외한인학회 (재외한인연구)	<2003년>중국조선족공동체에 대한 이론적 고찰(허명철)/경계 안팎의 여성 조선족: 삶의 특성과 사회적 인식(김귀옥)/한중관계와 조선족문제: 최근 중국에서의 논의와 한국정부의 선택을 중심으로(최우길)/1990년대 이후 국민국가 독일의 재러 독일계 동포이주자에 대한 정책 고찰(김명희)/캐나다 한인의 이주와 사회적응(윤인진)/중국조선족의 언론현황과 언론관에 관한 조사연구(김원태)/중국조선족의 도시이주, 사회적응, 도시공동체: 청도 사례연구(윤인진)/중국의 화교, 화인정책 및 특징(정신철, 주경홍)/CIS 및 발트지역 고려인사회의 민간네트워크(임영상·황영삼)/한국인 여성의 국제이동과 취로:1980년도 이후를 중심으로(유연숙)/프랑스에 입양한 한국고아의 사회적 적응과 정체성의 형성(임봉길) <2004년>사회조사방법을 통한 재외한인연구(윤인진)/시베리아철도와 고려인들의 이주과정(이철우)/탈북자고문피해실태(변주나)/세계화와 중국조선족사회가 직면한 새로운 도전(박광성)/한민족네트워크와 재아르헨티나동포(박채순)/미주한인기업실태조사(장선미) <2005/6년>외국국적동포의 노동시장분석(설동훈)/미국 L.A.한인단체와 다민족관계(이정덕, 전봉수)/재일코리안 기업가의 네트워크 현황 및 활성화방안(임영언)/호주한인동포-그 역사와 정체성(양명득)/재러한인의 현황과 주요과제-연해주 고려인 농업정착현황과 과제를 중심으로(신상문)
해외한민족 연구소 (한민족공동체)	<2003년>북한해외동포정책의 기본원칙(허동찬)/총련의 성격변화와 재일동포사회의 통합(진희관)/북한의 재외동포정책(윤인진)/중국조선족 교육공동체의 실태(정인갑)/연해주와 까레이스키: 대책과 향후 전망(이광규)/9·11이후의 미국에 대한 이해와 한민족의 장래(이만우)/카자흐스탄의 한인사회의 당면과제 및 전망(김게르만)/중국조선족의 고국관(리혜선) <2004년>좌담: 연해주와 한민족(연해주개발)/만주지역 독립운동사적 연구(박창욱편)/러시아 극동지방 한인강제이주(김게르만)/만주지역 '조선인민회' 연구(김태국)/주덕해 연변조선족자치주 초대주장(김성호)/김학철 연변조선족의 대부(류연산) <2005년>청일간도협약의 무효와 한국의 간도영유권(노영돈)/조선의 대간도정책(이인걸)/18세기 서양 고지도 속에 나타난 북방영토(이돈수)/간도와 연해주(신용하)/재미교포 2세들의 교육의 중요성(문흥택)/동북아평화연대의 활동(이광규)/연해주답사가(김정윤)/중한교류의 교량역할을 하는 해외한민족연구소(이혜선)/김약연 간도개척의 선구자(박문일)/김병화 우즈베키스탄 고려인의 영웅(김게르만) <2006년>연해주진출과 민족사적 의의(김정윤)/한민족공동체의 뿌리찾기(이헌영)/중국동포 등의 방문취업제에 대한 단상(정흥모)/좌담: 코리안드림을 안고 온 해외동포들의 실태/조선족사회가 직면한 위기현황과 해결방안(김강일)/연해주고려인의 위상과 정체성(김재영) <2007년>러시아의 극동정책과 연해주지역 개발(우평균)/연해주의 자원과 기업투자 현황(이성규)/한국기업의 연해주진출과 한러경제협력(성원용)/한국의 개발참여와 민관협력 가능성: NGO와 정부기관을 중심으로(배수한)/러시아연해주 고려인과 우리의 진출전략(고상두)
평화문제 연구소 (재외동포초청 세미나)	<2003년>이민100주년을 맞는 재미동포사회의 현안(조광동)/북한의 핵문제와 재미동포의 통일의식(차종환)/한미관계의 재정립과 미주동포의 역할(강근형) <2004년>북한의 경제개방과 해외동포의 대북투자(오승렬)/미주동포사회의 세대교체와 통일의식(차종환)/재일동포사회의 세대변화와 통일의식(배광웅)/재중동포(조선족)사회의 세대변화와 남북한관(김철)/러시아동포(고려인)사회의 세대변화와 남북한관(김게르만) <2005년>차세대 재외동포사회의 조국관과 통일의식(조광동)/차세대 재외동포사회의 민족교육활성화방안(김광민) <2006년>한반도평화정착을 위한 재미동포사회의 인식과 역할(이정광)/재중동포사회의 인식과 역할(김강일)/재일동포사회의 인식과 역할(하동길)/러시아동포사회의 인식과 역할(배수한) <2007년>제주국제자유도시의 관광산업육성과 재외동포의 역할(장성수)

이들 연구집단들은 언론에서 갖는 현안중심의 관심과 달리 과거-현재-미래의

연속선상에서 재외동포사회의 현실과 과제를 조명했다. 예를 들어 현지동포사회의 입장과 국내 동포정책개발(해외교포문제연구소), 정체성과 북방동포사업(해외한민족연구소), 연구방법론과 이론정립(재외한인학회), 통일과정에서의 역할(평화문제연구소) 등 자신들의 설립취지와 연관된 주제에 보다 많은 관심을 두었다.

다. 연구자들의 연구내용

일반연구자들에 의해 최근 5년간 다루어진 연구주제는 <표 21>과 같다.329)

<표 21> 재외동포 관련 연구주제(소분류)

구분	동포정책	교육/정체성	동포법제	역할/활용	이민사	한상	중국/조선족	문학/문학상	CIS/고려인	법적지위/인권	네트워크/공동체
2003	단행본1 학위1 일반2	단행본3 일반7	단행본2 학위1 일반5	단행본1 일반3	단행본1	단행본3	학위1 일반1	단행본2 일반1	단행본4 일반1	-	학위1
2004	단행본6 학위3 일반3	단행본1 학위3 일반4	단행본2 일반2	단행본1 학위1 일반4	단행본1 일반1	단행본1	단행본2 일반2	단행본1 일반1	단행본2 일반2	학위1 일반2	학위1 일반1
2005	단행본3 학위1 일반8	학위2 일반5	단행본8 학위1 일반2	단행본3 일반1	단행본6 일반1	단행본5	학위1	단행본2	단행본1	학위1 일반2	일반3
2006	단행본4 학위2 일반3	단행본2 학위4 일반3	-	-	단행본1 학위1	단행본2 일반2	학위2 일반2	단행본4	학위1	단행본2 일반1	일반2
2007	단행본3 일반1	학위2 일반3	학위1	-	단행본1 학위1 일반1	-	일반2	-	-	-	일반1
소계	단행본18 학위7 일반17	단행본6 학위11 일반21	단행본12 학위3 일반9	단행본5 학위1 일반9	단행본10 학위1 일반3	단행본11	단행본1 학위4 일반7	단행본10 일반2	단행본7 학위1 일반1	단행본2 학위2 일반5	학위2 일반7
총계	42	38	24	15	14	12	12	12	11	9	9

구분	언론방송	전기/자서전	재일동포	재미동포	참정권	일반/NGO	화교	자료집	출입국	차세대	인도
2003	단행본1	단행본1	단행본1 일반2	-	-	단행본1	단행본1	단행본1	-	-	-
2004	단행본1	-	단행본1 일반1	일반2	-	-	-	-	-	-	일반1

2005	학위1 일반1	단행본1	일반2	-	단행본1	일반1	-	-	일반1	일반1	-
2006	단행본2	단행본2	-	일반2	-	-	-	-	-	-	-
2007		단행본1	-	-	단행본1	-	-	-	-	-	-
소계	단행본4 학위1 일반1	단행본5	단행본2 일반3	일반4	단행본2	단행본1 일반1	단행본1	단행본1	일반1	일반1	일반1
총계	6	5	5	4	2	2	1	1	1	1	`1

<표 21>에 따르면 초기(2003)에는 교육·정체성, 동포법제, 동포의 역할·활용, CIS동포 등이 주로 연구되었으나 2004년에는 재외동포정책, 교육·정체성, 동포의 역할·활용, 동포법제 등으로, 2005년에는 동포법제, 교육·정체성, 한상, 이민사 등으로, 2006년에는 교육·정체성, 재외동포정책, 문학상 등으로 초점이 이동됐고, 2007년에는 재외동포정책, 교육·정체성 등이 가장 많이 연구됐다.

이처럼 최근 5년간 일반연구자들의 핵심주제는 재외동포정책, 교육·정체성, 동포법제 등 3대 부분이었고, 재외동포의 역할·활용, 이민사, 한상 등이 그 뒤를 이었다.

결국 <표 19>, <표 20>, <표 21>에서 나타나듯이 주요 언론에서 제기한 이슈들과 전문연구기관과 일반연구자의 연구주제 상호간에는 뚜렷한 상관관계가 발견되지 않는다.

즉, 사회적 이슈에 상관없이 재외동포정책은 지속적으로 연구·비판받고 있으며, 언론의 주목을 받았던 재외동포법, 한글교육·동포민족교육, 한상대회 등은 관심에 비해 상응할 만한 연구결과물이 적었다. 또한 입양동포·이중국적·참정권 등은 아직 초보적인 연구에 머물러 있으며, 최근에 부각되고 있는 세계한인의 날, 다문화사회, 차세대인재, 세계한인정치인포럼, 세계한인회장대회 등에 관한 전문적 연구도 좀 더 시간이 필요할 것으로 보인다.

2. 6대 쟁점

최근 5년을 되돌아보면 이종훈(2004)은 재외동포정책 기본방향, 관련법정비, 재외국민참정권 부여, 재외동포정책 추진체계, 재외동포 관련사업과 예산 등을330), 최우길(2005)은 재외동포정책 부재, 재외동포법 논란, 재외동포정책 집행기관(재외동포정책위원회·외교통상부·재외동포재단) 등을331), 미주한인회 총연합회(2008)는 재외국민 참정권 보장을 위한 선거법 개정, 이중국적 허용 국적법 개정, 재외국민대체복무를 위한 병역법 개정, 재외동포기본법 제정, 재외동포위원회 제정, 재외국민보호법 제정, 한글교육 지원을 위한 재외동포교육지원법, 영사직렬 분리를 위한 외무공무원법 개정, 사할린·연해주거주 동포지원법 및 예산증액·관련부처 예산통합 등을332) 각각 문제시했으나 이 글에서는 주요 이론적인 쟁점 6가지에 국한해서 살펴본다.

　가. 공식호칭 정립문제333)

　우선 정부공식문건에서 나타났던 호칭들은 재일동포, 재일한국인, 해외교포334), 재일한교335), 재일한인336), 재일교포337), 재일본한국인338), Korean Residents in Japan339) 등 너무나 다양했다.
　손태근(1983)은 "우리 국민으로 남아 있는 해외이주자"를 교포라고 정의하면서 교포와 동포를 구체적으로 나누는 것은 무리라는 입장을 밝혔다.340)
　그러나 이에 대해 이구홍은 재외동포와 관련된 '호칭 통일'을 20여 년 전부터 줄곧 주장하고 있다.

> 60만 재일교포의 장래를 논할 때, 가장 중요하게 생각되는 것은 여러분의 총체적 이름입니다. 즉 재일한국인이냐 재일동포냐 재외국민이냐, 여러분 60만 동포는 하나인데 왜 이렇게 이름이 많아야 합니까? 명칭은 여러분의 지위와 가장 밀접한 연관이 있습니다. 가령 여러분이 재일한국인이라면, 다시 말해 외국인입니다. 그러나 여러분은 일반외국인이 아니라 협정영주권을 가진 특수한 지위에 있는 사람인 것입니다. 심지어 최근에는 재일한국·조선인이란 명칭까지 나옵니다. 이것은 일본을 비롯한 외국인들에게 한국은 2개의 국가, 2개의 민족이라는 인식을 심어주게 된다. … 여러분의 권익운동보다 민단과 조총련을 포괄하는 60만 재일동포의 총체적 명칭을 정하는 것이 시급한 과제라고 생각하는데, 이러한 문제에 대해서는 너무 무관심한 것 아니냐는 생각이 듭니다. 재일동포는 조총련, 귀화인을 포함하여 한겨레라는 의미로 폭넓게 묶을 수 있지 않을까요.(『해외동포』 31호(1989.5), '대담: 재일동포사회의 장래를 조명한다' 중에서)

우리는 그동안 해외동포들로부터 무형유형의 많은 지원을 받았고, 앞으로도 기대되는 바가 크지만 본국 국민과 정부의 해외교포관은 너무나도 편협적이고 근시안적인 것이 아니었는가 생각된다. 그것은 다른 나라의 헌법조문과 우리의 그것을 비교해서도, 행정기구에서도, 그들의 입장을 대변해줄 수 있는 국회 쪽에서 보아도 그렇다. 폐일언하고 5백만 동포들의 호칭 하나도 제대로 마련되어 있지 않다. '해외동포', '해외교포'. '재외국민', '재외동포', '해외한민족', '교민' 등 호칭하나 제대로 정립해 놓고 있지 못한 실정이다. 본인은 이 지면을 빌어 다음 몇 가지 사항을 건의하고자 한다. 해외동포는 민족의 자산이란 시각전환을 전제로 하여 첫째, 5백만 해외동포의 호칭을 정립한다(해외한민족, 해외교포)(『교포정책자료 35집: 해외동포가 국가발전에 미치는 영향』(1993.12), '정부에 제언한다' 중에서)

한편 화교를 "본국의 국적을 가지고 외국에서 사는 중국인"으로 정의하고 있는 북한에서도 "자기 나라를 떠나 해외에서 살고 있는" 사람을 '해외교포'로, "다른 나라들에서 살고 있는 조선민족"을 '해외동포'로 부르고 있다. 이 역시 명확한 구분이 없기는 마찬가지다.341)

> 해외교포의 운명은 자기 조국, 자기 민족의 운명과 밀접히 련관되어 있다.
> … 대표적인 우리나라 해외교포조직은 재일본조선인총련합회와 조국통일범민족련합 해외본부이다.

이런 상황에서 1995년 김영삼 정부는 그동안 혼용됐던 교민, 교포, 재외국민, 해외동포 등의 용어를 정리하여 우리 국적을 보유하고 있는 해외이주민과 체류민을 '재외국민'으로, 우리 국적을 보유하지 않은 한민족까지를 포괄하여 '재외동포'로 공식화했고342), 재외동포재단법 제정과 재외동포재단 설립으로 호칭문제는 일단락되는 듯 했다. 그러나 <표 22>에서 나타나듯 재외동포 관련 호칭은 시간이 지날수록 늘어가고 있다. 1990년대 이후에는 재외동포를 지칭하는 호칭이 해외교민, 재외국민, 해외교포, 재외동포, 재일한인, 재외(재일·재미·재중·재소)한인, 해외한민족, 한민족공동체, 한민족네트워크, 한민족디아스포라 등으로 점점 늘어났으며, 특히 재일동포사회의 경우에는 재일교포, 재일한국인, 재일조선인, 재일한국조선인, 재일코리안, 재일한인 등이 혼용되어 사용됨으로써 상호간의 개념정의조차 모호해지고 있는 실정이다.

현재 530만 해외동포의 명칭이 '해외동포', '재외동포', '재외국민', '해외교포' 등등 통일된 명칭이 없다. 정부는 최근 '재외동포'로 통일안을 제시하여 사용하고 있으나 이는 사계(史界)와 사전 검토 없이 외무부의 편의주의에서 나온 것이다. 즉 '재외공관회의'와 같이 동일한 개념에서 '재외동포'를 공식 사용하기로 한 것이다. 이는 재검토되어야 한다. 그러나 여기에서 우리가 유념해야 할 것은 '해외교포'는 정치적·법적 개념이 강하고, '해외동포'는 문화적 개념이 강하다는 것이다.(국가안보정책연구소, 『정책논단』 제1권 제1호 (1997.10), '국력결집을 위한 해외동포의 효과적인 계도방안' 중에서)343)

〈표 22〉 재외동포 관련 호칭 빈도수(제목별)344)

구분	해외교민	재외국민	해외교포	재외동포	재일미	재중소	재해외	공동체	네트워크	디아스포라	재일 교포	재일 한국인	재일 조선인	재일 한국조선인	재일 코리안	재미 한인	재미 민단	재미 총련	재미 교포	재미 동포	재미 한국인	CIS 고려인	CIS 동포	중국 조선족	중국 동포	한상	비고
50년대	- - -	- - -	- - -	- - -	- - -	2 - -	1 - -	- - -	- - -	- - -	- - -	1 11 -	- - -	2 3 -	- - -	- - -	2 - -	- - -	- - -	- - -	- - -	- - -	- - -	- - -	- - -	- - -	단행 일반 학위
60년대	- 1 -	3 2 -	- 11 -	1 - -	- - -	- - 1	- 1 -	- - -	- 1 -	- - -	- - -	3 85 1	5 6 1	4 - -	1 - -	- - -	- 2 3 1	- - -	- 1 -	- - -	- 1 -	- - -	- - -	- - -	- - -	- - -	단행 일반 학위
70년대	- 6 -	5 19 2	- 10 -	2 7 -	- - -	- 2 -	- 5 -	- - -	- 1 1	- - -	- - -	1 22 4	5 23 -	21 1 -	2 - -	- - -	- 2 2 -	1 1 -	- 8 -	- 1 -	- 3 -	- - -	- - -	- - -	- - -	- - -	단행 일반 학위
80년대	2 15 2	7 13 3	3 17 -	3 12 -	1 1 -	1 - 5 -	- 15 2	2 - -	- 113 -	3 3 -	- - -	2 68 5	12 95 4	36 1 -	9 2 -	- 1 -	- 3 4 8 1	2 - -	3 52 2	3 3 -	10 9 1	2 2 -	- - -	17 23 1	- 6 -	1 1 -	단행 일반 학위
90년대	4 23 2	4 14 4	4 18 4	27 46 3	9 30 5	3 5 -	1 13 -	5 33 2	- 12 1	2 55 3	6 14 -	18 10 2	6 1 -	1 - -	4 27 2	11 56 11	33 20 3	24 9 1	- 3 -	1 14 2	4 5 -	3 - -	- 35 3	3 11 1	2 4 -	2 27 1	- 3 1	59 327 51	7 55 -	- 1 -	단행 일반 학위
00년대	2 32 5	2 33 -	1 4 -	7 24 5	39 134 19	19 15 1	7 39 4	9 70 3	4 4 1	4 6 1	20 14 -	2 36 -	9 25 2	5 2 3	2 9 1	10 61 10	18 85 10	7 7 2	5 10 3	10 46 4	18 25 -	6 23 3	2 22 7	- 23 1	1 1 -	19 133 -	- 2 -	76 491 156	7 56 9	9 16 5	단행 일반 학위
소계	8 77 9	21 81 9	8 60 -	40 89 8	49 165 24	23 20 1	10 60 9	17 123 3	6 16 2	13 74 4	18 32 -	10 46 2	5 26 2	13 222 13	43 241 27	114 110 14	41 18 3	5 13 3	9 67 8	14 42 1	10 24 3	4 117 13	3 38 8	13 17 2	23 161 10	- 5 2	142 841 208	14 111 9	10 18 1	단행 일반 학위
계	94	111	68	137	238	44	79	143	24	91	83	56	38	8	248	311	238	62	21	84	57	37	134	49	32	194	7	1191	134	29	

이처럼 재외동포 호칭이 제각각인 상황에서 일부에서는 "한국국적을 갖고 외국에서 살고 있는 사람"은 재외교민·해외국민·재외국민으로, "국적과 상관없이 외국에 거주하면서 한국계 혈통을 유지하고 있는 사람"은 재외동포·해외동포·재외교포·해외교포로 정의한다거나 중국 화교처럼 '한교'(韓僑)라는 용어를 재도입하고 있다.345) 또한 정부에서조차 재외동포의 날을 '세계한인의 날'(10월 5일)로 명명하면서 호칭을 둘러싼 논란이 계속되고 있다.

따라서 이번 기회에 중국의 화교·화인이나346) 이스라엘의 유대인(Jewish)처럼 연구자들 스스로 개념정의(예: 한교·한인)와 호칭상호간의 구분을 명확히 할 필요가 있다.347)

나. 재외동포사회의 건의수렴문제

최근 몇 년 간 제기됐던 재외동포정책 건의안 내용들만 살펴보더라도 재외동포사회가 모국정부에 대해 갖고 있는 생각들이 무엇인지를 엿볼 수 있다.

우선 참여정부가 출범하던 날, 재외동포재단과 해외교포문제연구소는 '해외동포정책포럼'(2003)을 개최한 후 다음과 같은 건의안을 작성한 바 있다.348)

> 첫째, 재외동포법 개정문제를 조기에 매듭지어 주기를 요망한다.
> 둘째, 재외국민에 대한 참정권 부여문제를 빠른 시일내에 해결해주기를 희망한다.
> 셋째, 재외동포정책추진체계의 강화를 희망한다. 재외동포정책위원회를 격상시켜 대통령직속 독립행정위원회로 만들고 여기에 실무조직을 설치해주기를 기대한다.
> 넷째, 신정부의 국정과제추진을 위한 '동북아중심국가건설위원회' 내에 한상네트워크 구축 및 활용을 위한 기구의 구성, 운영을 요망한다.
> 다섯째, 재외동포관련 예산의 대폭증액을 희망한다. 재외국민을 포함한 재외동포의 전체 국민 대비 비율과 재외동포사회의 요구를 고려하여 합리적인 수준에서 지원규모를 상향조정해주기를 기대한다.
> 여섯째, 재중동포 불법체류자의 강제퇴거문제를 슬기롭게 해결해주기를 희망한다. 강제퇴거과정에서 재중동포 누구도 상대적 박탈감을 느끼지 않도록 배려해주기를 기대한다.
> 일곱째, 동포관련 업무의 효율성을 높이기 위하여 현재 각 부처에 산재해

있는 동포관련 업무의 일원화를 요망한다.
여덟째, 재일동포금융기관의 보호와 육성문제에도 깊은 관심을 가져주길
희망한다. 재일동포금융기관은 이 지역 민족경제의 근간이다.

내용을 살펴보면 4가지 현안해결(재외동포법, 재외국민 참정권, 재중동포 불법체류자 강제퇴거, 재일동포금융기관보호육성)과 4가지 정책개선(재외동포정책위원회 격상, 한상네트워크 관련기구 구성, 동포관련 예산 증액, 동포관련 업무 일원화)이 대정부 건의안의 핵심이다.

그 후 재외동포재단과 전 세계 한인회가 공동추진하고 있는 '세계한인회장대회' 때마다 결의문이 작성되어 정부당국에 제출되고 있다(<표 23> 참조).

<표 23> 세계한인회장대회 결의문 내용

구분	북한핵포기촉구	재외국민기본법제정	재외국민참정권회복	동포정책개선·병역법정비	일본지방참정권운동지원	민족교육강화·차세대지원	모국발전·기념행사기여	재외동포재단동포청승격	한인회대표성인정·일원화	일본역사의식재정립촉구	재단이전반대·센타건립	비고(발표일자)
2004	○(1)	○(2)	○(3)	○(4)	○(5)	○(6)	○(7)	○(8)	X	X	X	04.6.2
2005	○(1)	○(2)	○(3)	○(4)	○(5)	○(6)	○(7)	○(8)	X	X	X	05.7.14
2006	X	○(3)	○(3)	X	○(5)	○(4)	○(6)	X	○(1)	○(2)	X	06.6.8
2007	X	○(3)	○(3)	X	○(5)	○(2)	○(6)	X	○(1)	○(5)	○(4)	07.6.21
채택회수	2번	4번	4번	2번	4번	4번	4번	2번	2번	2번	1번	

재외국민기본법 제정과 재외국민 참정권 회복, 민족교육강화와 차세대육성지원, 일본지방참정권운동 지원, 모국발전기여 및 해외기념행사지원 등 권익신장과 인재육성 관련 주제들은 매년 빠지지 않고 있으며, 재외동포재단 위상(승격·이전반대·동포센타건립)이나 한인회 대표성 및 지원일원화 등 기구와 관련된 문제 이외에 북한핵포기 및 일본역사의식 촉구, 재외동포정책 개선 및 병역법 정비 등 시사성이 강한 주제들도 언급된 바 있다. 물론 모국정부나 정책결정자들이 이런 재외동포사회의 건의사항들을 해결하는데 앞장서야 하겠지만 연구자들이 재외국민기본법 제정, 민족교육강화 및 차세대육성, 일본지방참정권운동지원, 한인회 위상강화, 재외동포정책 개선 등 재외동포들이 관심 갖고 있는 각종 현안들을 해소할 수 있는 합리적인 대안들을 면밀하게 연구검토할 필요가 있다.

다. 재외동포 전담기구 설치문제

 교민처(청) 설립에 대한 주장은 이미 1960년대부터 제기됐다. 국회 민의원 옵서버를 역임했던 이원범의 증언에 따르면 국가재건최고회의(법사위원회)에서 교민청 설립에 대한 내부검토가 있었으나 겨우 결실을 맺은 것은 외무부내 교민과였다고 한다.349) 이후 해외교포문제연구소·재일민단 등 각계에서 교민처(청) 설립을 요구하는 건의가 끊이지 않았고, 전두환·김영삼·김대중 등 역대 대통령들도 교민청 설립을 다각도로 검토했다.
 그러나 정부내 반대의견과 여러 주변상황을 고려하여 헌법 재외국민보호조항(1980), 재외동포재단 설립(1997), 재외동포의 출입국과 법적지위에 관한 법률 제정(1999) 등으로 우회해왔다.
 사실상의 교민청 역할을 하고 있는 재외동포재단이 외교부 산하기관으로서 출범한 지 10년이 지나는 동안 제16대와 제17대 국회에서 재외동포재단을 폐지 또는 대체하는 법안들이 제출되고 있다. 이처럼 재외동포 전담기구 설치와 관련한 논란이 끊이지 않는 이유는 전담기구문제에 대한 불씨가 여전히 되살아날 수 있음을 보여주는 좋은 예다(<표 24> 참조).350)

<표 24> 전담기구 신설을 주장하는 의원 발의 재외동포 관련 법안

구분	재외동포기본법(안)	재외동포교육문화진흥법(안)	재외동포기본법(안)
대표발의	한나라당 조웅규 (2003.5.6발의, 2003.11.18 수정안, 의안번호 162266)	열린우리당 한명숙 (2005.4.13 발의, 의안번호 171641)	민주노동당 권영길 (2005.12.16 발의, 의안번호 173635)
전담기구	재외동포에 관한 제반 문제에 대처하는 등 정책을 종합 심의·조정하기 위하여 국무총리소속하에 재외동포위원회를 둔다(별도의 법률)/ 수정안에서는 대통령 소속 위원회로 변경	교육문화진흥에 관한 기본정책수립·중앙행정기관의관련정책·계획 심의·조정·집행하는 대통령 소속 재외동포교육문화위원회를 둔다/합의제 15인 위원회(위원장 1인 포함, 3년 임기·1차 연임), 사무처(처장 1인)	동포관련 제도·정책수립·심의·집행 위하여 대통령 소속 재외동포위원회를 둔다/위원회는 권한에 속하는 업무를 독립 수행351)/합의제 15인 위원회(위원장 1인, 상임위원 2인 포함, 3년 임기·1차 연임), 사무처(처장 1인), 분과위원회(전문위원)
사무처	위원회 사무처	위원회 사무처리(사무처장 1인, 필요 직원 약간)	위원회 사무처리(사무처장 1인, 필요 직원 약간)/업무수행에 필요한 경우 해외사무소 설치
동포재단	동포정책의 효율적 집행을 위하여 위원회 산하에 재외동포재단을 둔다(별도의 법률 제정)/수정안에서는 재외동포재단 조항 삭제	법 공포후 6월 재외동포재단법 폐지, 재단은 자동 해산, 위원회가 자산·권리 포괄승계, 임직원 임용특례	법 공포후 재외동포재단법 폐지, 재단은 자동해산, 위원회가 소관사무 승계, 임직원 임용특례

얼마 전 이명박 정부 출범 이후 제출된 정부조직법 전부개정법률안(안상수의원 대표발의, 08.1.21) 제25조①(외교통일부)에 따르면 "외교통일부장관은 외교, 외국과의 통상교섭 및 통상교섭에 관한 총괄·조정, 조약 기타 국제협정, 재외국민의 보호·지원, 재외동포정책의 수립, 국제정세의 조사·분석과 통일 및 남북대화·교류·협력에 관한 정책의 수립, 통일교육 그 밖에 통일에 관한 사무를 관장한다.352)"고 했다. 대통령직인수위도 "재외동포의 권익보호를 위해 외교통일부 내에 재외동포위원회를 신설"하겠다고 발표하자 전담기구 설치문제가 또다시 도마에 올랐다. 이명박 대통령도 뉴욕방문시(08.4.15~16) "일 잘하는 동포재단"을 언급했지만 정부조직 제2단계(공공기관) 구조조정작업의 일환으로 재외동포재단을 통폐합 대상으로 고려한 바도 있다.

그러나 중요한 것은 관련 정책들이 분산되어 있고 관련 사업들이 중복되어 있는 현재의 재외동포지원체계로는 급변하는 재외동포사회의 변화에 대처할 수 없다는 점이다. 따라서 정책·사업구조를 재구조화할 필요가 있으며, 재외동포재단의 위상을 제대로 정립하는 것이 중요하다.353)

만약 유관기구들간의 통합문제를 논의하려면 그 우선순위가 동포관련 정책통합→사업통합→기구통합 순으로 진행되어야 하며354), 통합의 대원칙도 예산(기금)확보문제 때문이 아니라 민족공동이익과 국익에 얼마나 부합하는가가 최우선적으로 고려되어야 한다.

현재 법률과 각종 규정이 정하고 있는 재외동포재단의 역할과 임무는 다음과 같다.

〈표 25〉 재외동포재단의 역할과 임무

국가의 의무	•국가는 법률이 정하는 바에 의하여 재외국민을 보호할 의무를 진다(헌법 2조②)
하위법	•기본법은 아직 없음(재외국민; 보호영역/ 재외동포; 지원영역)355) •외교통상부 소관 재외동포재단법(1997.3.10제정, 10.30설립)→재외동포영사국 •법무부 소관 재외동포출입국및법적지위에관한법률(1999.9.2제정)→출입국외국인정책본부
재단설립 목적 및 법적 임무	•이 법은 재외동포재단을 설립하여 재외동포들이 민족적 유대감356)을 유지하면서 거주국 안에서 그 사회의 모범적인 구성원357)으로 살아갈 수 있도록 하는데 이바지함을 목적으로 한다(재단법 1조) •재단은 제1조의 목적을 달성하기 위하여 다음 각호의 사업을 행한다. 1.재외동포교류사업 2.재외동포사회에 관한 조사연구사업 3.재외동포를 대상으로 하는 교육문화 및 홍보사업 4.정부가 재단에 위탁하는 사업 5. 기타 제1조의 목적을 달성하기 위하여 필요한 사업으로서 국무총리의 승인을 얻어 외교통상부장관이 정하는 사업 6. 제1호 내지 제3호의 사업에 부대되는 사업(재단법7조①)

재단설립 목적 및 법적 임무	▪재단은 재외동포를 대상으로 한 각종 교류행사를 개최지원하고 재외동포에 대한 조사연구 및 교육·문화·홍보사업을 함으로써 재외동포들이 민족적 유대감을 유지하면서 거주국 안에서 모범적 구성원이 되는데 이바지함을 목적으로 한다(재단 정관 1조)
재단 사업 대상	▪대한민국 국민으로서 외국에 장기체류하거나 영주권을 취득한 자(재단법2조①) ▪국적불문하고 한민족의 혈통을 지닌 자로서 외국에서 거주 생활하는 자(재단법2조②)
재단 임직원 행동 강령 (05.1.19 제정)	▪재외동포재단의 경영이념을 공유하고 재외동포재단이 추구하는 목표와 가치에 공감하여 재외동포재단의 업무방침에 따라 창의와 성실로써 맡은 바 책임을 완수하여야 한다(강령9조-책임완수) ▪고객이 우리의 존립이유이자 목표라는 인식하에 항상 고객을 존중하고 고객의 입장에서 생각하며 고객을 모든 행동의 최우선기준으로 삼는다(강령11조-고객존중) ▪고객의 요구와 기대를 정확하게 파악하여 이에 부응하는 최상의 서비스를 제공하기 위해 항상 노력한다/ 임직원은 고객의 의견과 제안사항을 항상 경청하고 겸허하게 수용하며 고객 불만사항에 대해서는 최대한 신속하고 공정하게 처리한다(강령12조①/ ②-고객만족) ▪직무를 수행함에 있어 지역·혈연·학연 등을 이유로 특정 개인이나 단체를 우대하거나 차별하여서는 아니된다(강령14조-차별대우금지) ▪합리적이고 책임 있는 경영을 통해 재외동포재단을 건실한 단체로 성장 발전시켜 사회적 부를 창조함으로써 국가와 지역사회의 발전에 이바지하여야 한다(강령46조-국가와 지역사회발전)

김봉섭은 교포정책포럼(2007)에서 재외동포재단의 과제를 다음과 같이 제안한 바 있다.[358]

향후 10년의 비전을 재창출하기 위해서 다음의 7가지가 반드시 해소돼야 한다. 첫째, 재단 조직운영 및 사업의 비효율성에 대한 불신을 해소한다. 둘째, 국민과 해외동포로부터 신뢰받는 재단(투명성·전문성)이 된다. 동포를 이해하고 동포 속으로 찾아가며 동포와 협력하는 재단이 된다. 셋째, 시대변화에 부응하지 못하는 기존정책과 사업방식은 과감히 탈피한다. 넷째, 단순 예산지원 또는 은행창구에 머물 것이 아니라 성과(outcome)를 창출하고 고급정보를 수집·가공·배분하며 정확한 통계와 데이터를 갖고 있는 싱크탱크로 키워나간다. 다섯째, 동포권익을 최우선 보호하되 보편적 세계주의(인권·민주주의·세계평화·환경보호·약자지원)와 동포사회 자율의 틀을 최대한 견지해나간다. 여섯째, 자립·자존하는 재외동포사회像을 정립해나간다. 일곱째, 동포의 사기가 한곳으로 결집되는 한민족네트워크의 중추기관이 된다. 이상의 일곱 가지 측면을 종합적으로 고려하면서 재단의 미래존재가치를 재확인할 필요가 있다. 동포관련 사업을 독점(또는 전담)하던 시절은 이미 지나갔다. 재단의 역할이 변화되는 만큼 동포사회의 질적 변화도 가능하다고 본다. 백화점식 다양성을 지양하고 독창적인 사업을 특화시켜나가면서 재단활동을 글로벌화(해외 유수 재단과의 교류·협력), 전문화(체계적이고 전략

적인 접근), 효율화(민간기관들과의 역할조정 및 분담체제 구축) 등이 추진되
어야 보다 나은 동포사회의 미래기반을 구축하는데 일조할 수 있으리라 본다.

따라서 재외동포 전담기구 설치문제는 "어떻게 해야 재외동포가 잘 살 수 있
는가, 어떻게 하면 재외동포들이 민족정체성을 유지·함양하면서 거주국 모범
시민이 될 수 있는가"라는 오랜 숙제를 해결하는 차원에서 매우 신중하게 접근
해야 한다.

라. 재외동포 사업대상 범위문제

최근 헌법재판소가 선거권의 자격요건을 '주민등록의 유무'로 삼고 있는 현행
공직선거법 조항에 대해 사실상의 위헌판결인 '헌법불합치' 결정(2007.6.28)을
내리면서 국회가 관련법을 2008년 12월 31일까지 개정할 것을 요구했다.359)
이에 따라 2009년 이후부터는 해외거주 한국국적자인 '재외국민'들도 본국선거
에 투표할 길이 열렸다. 그러나 영주목적의 재외국민들에게까지 국내정치 참여
를 허용할 것인가를 두고 학계·전문가 사이에서는 논란이 없지 않다. 이는 포
함 또는 배제의 기준이 제대로 정립되지 못하고 있기 때문이다.

"재외동포들이 민족적 유대감을 유지하면서 거주국 안에서 그 사회의 모범적
인 구성원으로 살아갈 수 있도록 이바지"하기 위해 설립된 재외동포재단은 재
단법(1997)에 사업대상을 "대한민국국민으로서 외국에 장기체류하거나 영주권
을 취득한 자"와 "국적을 불문하고 한민족의 혈통을 지닌 자로서 외국에서 거
주·생활하는 자"로 한정 명시하고 있다. 재단법에 따를 경우 단기체류자·주
재상사원(가족)·유학생·정부파견 공무원·불법체류자·무국적자 등은 사업대
상에서 제외될 수밖에 없고, 또 실제 지원대상으로 포함시키지도 않는다.

예를 들어 2007년 현재, 외교통상부는 우리의 재외동포를 170여 개국 704만
명으로 추정하고 있다. 이 중에서 대한민국 국적을 갖고 있는 재외국민은 287
만5800명이며, 나머지 404만7934명은 외국국적동포에 해당된다. 재외국민 중
에는 단기체류자·주재상사원(가족)·유학생 등 144만4343명이 포함되어 있지
만 영주목적의 재외국민(142만7590명)과 외국국적동포 등 560만 명 정도만이
넓은 의미에서의 사업대상자인 셈이다.360)

한편 이종훈(1996)은 '한민족 혈통을 지닌 자'의 범위를 어디까지로 할 것인
지가 향후 쟁점이 될 것이라고 예견한 바 있다.361)

특히 모계나 부계 한 쪽이 한민족인 경우, 대상여부의 판단에 어려움을 겪을 수 있음. 생각건대 재외동포재단은 해외입양인은 물론 국외의 혼혈인까지 지원대상으로 삼아야 할 것임. 하지만 대상범위를 무한정 확대할 수는 없는 만큼 한민족의 범위 설정에 필요한 합리적 기준을 마련할 필요가 있음

이에 대해 이광규는 입양아·국외 혼혈인 이외에 국제결혼부인과 북한동포까지 포함시켰고362), 백영옥은 혈통과 문화적 동질성을 강조했으나363), 윤인진(2000)은 다중정체성에 입각한 '열린 민족'364)개념을, 이종철(2000)은 혈통·문화·의식·국적·가족 등을 연계한 '확대된 민족공동체'365)개념을 각각 지지하고 있는 실정이다.

재외동포의 개념정의 역시 재외동포재단법(1997: 혈통주의)과 재외동포법(1999: 과거국적주의) 상호간에 서로 다르고, 16대~17대 국회에서 입안됐던 재외동포기본법(안) 상호간에도 큰 차이를 보이고 있는 상황에서 참여정부 시절 국무조정실에서는 재외동포재단 기능점검(2005.6)을 통해 재외동포재단의 사업대상 확대를 검토한 바 있었지만 원안에 있던 '국내거주 재외동포에 대한 지원기능 강화'는 빼고 'NGO와의 협력방안'이 들어가는 선에서 조정된 바 있다.366)

이는 국외거주 재외동포만을 사업대상으로 보는 외교통상부의 시각이 반영되었기 때문이었다(<그림 2>, <표 26>, 참조).

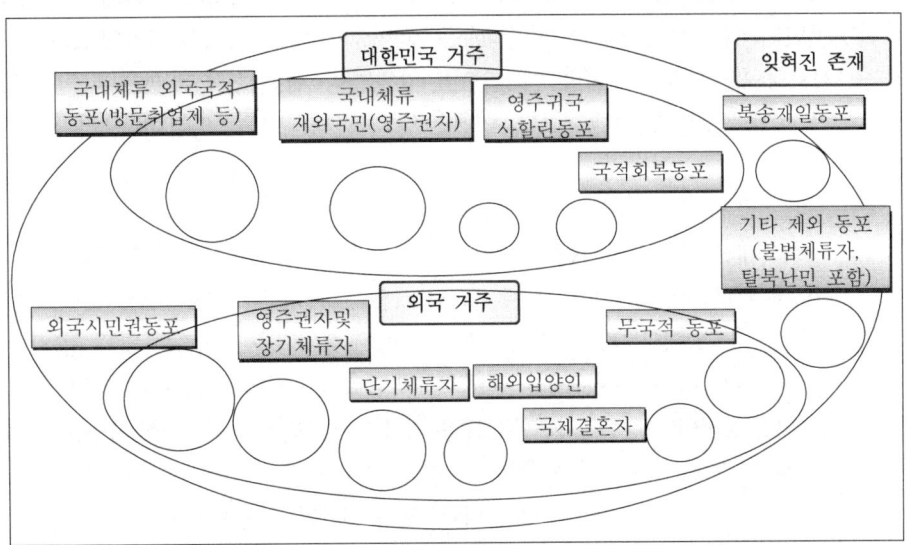

<그림 2: 재외동포의 다양한 범주>

<표 26> 주요 부처·기관 사업대상 범위

외교통상부 (재외국민보호)	법무부 (출입국관리)	교육과학부 (재외동포교육)	재외동포재단 (재외동포활동지원)
해외여행자, 주·상사원, 유학생 등 귀국을 목적으로 해외에 일시 체류하는 재외국민	국적이탈및 회복자, 외국국적 재외동포출입국·국내체류관리(거소신고, 이중국적자 체류관리 등)	재외동포교육계획 수립 및 한국교육원운영, 귀국학생교육	이민을 전제로 거주국에서 영주권을 취득하거나 영주제도가 없는 국가에서 장기체류하는 재외국민/이민 후 외국국적을 취득한 외국적 동포/광복 전 유이민의 형태로 해외에 이주한 외국적 동포(후손 포함) 및 이로 인해 무국적 상태에 처한 동포/재단 설립 이후 재외동포 관련사업을 전개하는 지방자치단체 및 NGO 지원/방문취업제 등 증가추세에 있는 국내체류동포 지원 및 귀국 후 친한활동 강화 지원 등

따라서 사업대상 범위가 어디까지인가를 놓고 정부는 정부대로, 학계는 학계대로, 시민단체는 시민단체대로 논란이 보다 가속화될 것으로 전망된다.

마. 재외국민(영주권자) 부재자투표문제

재외국민 해외부재자투표는 1966년과 1972년 두 차례 실시된 바 있다.367) 그러나 유신헌법 제정으로 폐지되었다가 1980년 헌법에 재외국민보호 조항(제2조②) 신설했던 제5공화국 정부에 의해 해외부재자투표의 부활이 한 차례 검토되었고368), 1997년 대통령선거를 앞둔 신한국당에서도 재외국민 선거권 부여 검토를 선거관리위원회에 요청한 바 있다.369) 또한 1998년 김대중 정부와 새천년국민회의는 재외동포들이 국내투표에 제한적으로 참여할 수 있도록 허용하는 '재외동포법적지위특례법 제정안'을 의원입법 형태로 준비했으나370) 외교통상부가 이를 정면 반대했고371), 언론들도 찬반양론으로 의견이 갈리기도 했다.372)

국적 대신 혈통을 중시한 특례법 제정은 국제사회에서 편협한 민족주의로 인식돼 외교분쟁 가능성 등 문제점을 안고 있다. 특례법 제정은 바람직하지 않다. 병역·납세의무가 면제되는 재외국민에게 참정권을 부여하는 것은 형평에도 맞지 않다. 외국에서의 선거운동 과열로 동포사회 분열까지 초래할 수 있다. 중국이나 독립국가연합(CIS)은 자국내 소수민족의 민족의식 고양을 극도로 경계하고 있다. 이 법 제정 때 중국·러시아 등의 경계심을 유발, 통일 저해요인으로 작용할 수 있다. 재외동포의 재산권 우대조치 및 법적지위 향상은 특례법보다 사안별로 개별 법률에 반영하는 게 더 합리적이다.

한편 재외동포사회는 '해외동포와 조국참정권회복을 위한 시민연대'(1995, 이건우)를 조직하여 헌법재판소에 제소했고373), 황영만(1999), 김제완(2000)374), 이종훈(2002)375), 현명철(2004)376), 박채순(2007)377), 김민호(2007)378), 이병훈(2007)379) 등은 허용 찬성의견을 피력했다. 특히 황영만(재일민단중앙본부 사무총장)은 "재외동포사회에서 본 재외동포의 출입국과 법적지위에 관한 법률"(1999)이라는 글에서 재일동포들의 입장을 다음과 같이 대변했다.380)

> 재외국민은 기본적으로 자국민이기 때문에 헌법상 권리와 의무를 함께 가지고 있다. 선거권과 피선거권은 원래부터 갖고 있는 것이기 때문에 금번 특수조치법에 새삼 부여한다고 명기할 필요가 없다고 생각한다. 다만 주민등록법상 일부 시행조치가 미비함으로 인해 국내에서 장기체류를 해도 선거인명부에 오르지 않기 때문에 권리를 행사하지 못했을 뿐이다. 이와 같이 재외국민의 선거권은 본국 내에서의 거주증명제도가 법적으로 확립되면 공식선거법 및 시행령으로 대처할 수 있다고 생각한다. 또한 재외국민의 거주국 현지에서의 선거가 가능하도록 한 조항이 시안 수정과정에서 삭제된 것은 매우 아쉽게 생각한다. 재일한국인사회가 3·4세 시대를 맞이하는 현황을 감안하여 재외국민으로서 선거권(단, 거주국 현지에서 행사하는 선거는 국정에만 한함)이 부여됨으로써 재일한국인으로서 조국과의 일체감을 공유하는 것은 물론 한민족의 일원으로서 민족의식의 함양과 애국심 고양을 위하여 매우 효과적이라고 생각한다. 그러므로 외국에 거주하는 재외국민에 대한 국정참여권이 가급적 조속히 이루어질 것을 바라마지 않는다.

국회 차원에서도 재외국민참정권 토론회381)가 여러 차례 개최됐고 선거법 개정안도 여러 개가 제출됐으며, 대통령 이하 유력 정치인들은 빠른 시일내 허용 가능성을 피력했다.382) 2004년 이후 세계한인의장대회 참석 한인회장들도 한목소리로 요구했으며, 17대 국회는 9개의 재외국민 참정권 선거법안을 발의(임기만료로 모두 폐기)했고, 현행 공직선거 및 선거부정방지법이 위헌이라는 헌법소원이 봇물 터지듯 터져 나왔다.383)

결국 헌재는 주민등록을 기준으로 참정권을 부여함으로써 재외국민 참정권을 제한하는 현행 공직선거법·국민투표법·주민등록법 관련 조항들에게 헌법불합치 결정(2007.6.28)을 내렸다. 현재 행정안전부에서는 중앙선거관리위원회·외교통상부 등 유관기관들과 협의하여 국회 정치관계법특위에서 개정작업을 진행할 것으로 예상된다.

그러나 재외국민 투표권 허용 범위문제는 여전히 논란이 되고 있다. 주재상사원·유학생·외교관 등 단기체류자에게 참정권을 부여하는 데는 이견이 없으나 예비 미국시민인 영주권자에게 부여하는 것은 전문가들 사이에서도 의견이 서로 다르다. 이종훈, 윤인진 등은 단계적 확대를, 김제완 등은 전면 실시를 지지하고 있지만 조광동 등은 영주권자까지 허용하는 것은 무리라고 보고 있기 때문이다.

일차적으로 해외장기체류민에 대해 허용하고 단계적으로 허용범위를 넓히는 방안이 어떨까 생각한다. 구체적으로 해외장기 체류민→국내장기체류 재외국민→해외영주권자 순으로 투표권을 부여하는 방안이다. 아울러 해외장기 체류민에 대한 투표권 부여를 전제로 선거일 현재 6개월 이상 체류하는 경우 최고 8년 또는 10년까지 아니면 최고 2회까지만 대통령선거와 국회의원선거로 하되, 국회의원선거의 경우 일단 비례대표선거에 참여하도록 하고, 투표방식은 재외공관투표와 우편투표 그리고 인터넷투표를 병행하는 방식이 좋을 것 같다.384)

미국에 시민권을 받고 사는 사람들은 한국의 재외국민이 아닙니다. 코리안 아메리칸입니다. 영주권을 가지고 있는 사람들은 한국의 재외국민입니다. 그러나 조금 있으면 미국시민권을 받을 사람들입니다. 영주권을 받는 것은 미국시민이 되기 위한 준비과정, 예비과정이 대부분입니다. … 미국에 영주권을 받고 이민을 오거나 방문자로 와서 영주권을 받는 사람들은 미국에 살 생각을 하는 사람들이 거의 대부분입니다. … 유학생이나 지상사요원은 당연히 참정권을 가져야 하지만, 그분들은 한국으로 돌아갈 사람들입니다. 미국에 임시로 있는 그분들의 권익을 미국에 사는 코리안 아메리칸이 국회의원이 되어 대변할 수 있습니까? … 영주권자들은 5년 뒤면 시민이 되기 때문에 임시적으로 한국의 재외국민입니다. 영주권자들 가운데 시민권을 포기하고 영주권으로 계속 살 사람은 아주 적은 숫자에 불과합니다.385)

현재 18대 국회에서 유기준 의원은 영주권자를 제외하는 공직선거법안을 제출했으며386), 행정안전부에서는 국민투표법, 주민투표법, 주민소환법 등 관련규정 개정을 추진 중에 있으며, 우선 국내거주 재외국민(08.4 현재 5만9천명)에게 주민투표권387)을 부여하기 위해 주민투표법(2004.1.29 제정) 관련규정 개

정안을 입법예고했다.388)

따라서 18대 국회에서 구성될 정치관계법(공직선거법・정당법 등)특별위원회가 헌법불합치 관련 조항들을 어떻게 개정할 것인지, 특히 국내체류하지 않는 해외영주권자들에게 어떤 식으로 참정권을 보장(또는 제한)할 것인지가 주목된다.

바. 재외동포 이중국적 허용문제

지난 2007년 8월, 재외동포재단이 전국 7대 광역도시 만19세 이상 708명을 대상으로 실시한 국민의식조사 결과389)에 따르면 응답자의 70.9%는 재외동포에 대한 관심도는 높으나 외국인・외국문화에 대해서는 폐쇄적・차별적인 반응390)을 보였다. 특히 '한국인이 되는 조건'에 대해서는 응답자의 43%가 '한국국적'(17.2%), '한국혈통'(15.0%), '한국어사용'(7.2%), '한국거주'(3.2%) 순으로 응답하여 문화나 혈통보다는 국적을 중시하는 엄격한 태도를 보였다. 또한 같은 해 12월, 외교통상부가 국내성인 1,220명을 대상으로 실시한 여론조사에서는 응답자의 66.4%가 이중국적391) 허용에 반대하는 것으로 나타났다.392)

이처럼 국민정서가 이중국적 허용불가인 이유는 병역의무・납세의무 불이행 등으로 인한 감정적・정서적 반감이 크게 작용했으며, 일부 지도층인사들의 특권과 부도덕성, 병역이탈자나 원정출산과 같은 얌체족 양산, 재중조선족동포의 대량유입 우려 등도 한 몫을 했다. 그 결과 역대 정부의 정책기조도 사실상 부정적인 입장을 취할 수밖에 없었다(<표 27> 참조).

<표 27> 각 시기별 정책기조 및 관련사항393)

구분	정책기조 (정인섭 분류법)	관련 사항
1948~76년	적대적・ 사실상 방임기	※국적법(1948) 제정394), 재외국민등록법 제정(1949), 재일교포 교육보조금 지원(1957), 교민과 설치(1961), 해외이주법 제정(1962), 해외 우수과학자 유치・이중국적 특례(1968)395)
1977~97년	적대적・ 적극적 규제기	※대학 특례입학제도(1977) 도입396), 재외국민보호 조항(헌법제2조2) 신설(1981), 세계한민족체전 실시(1989), 재외동포정책위원회 설치(1997), 재외동포재단 설립(1997), 국적법 개정397)(1997, 부모 양계혈통주의 채택 및 국적선택제도 도입)
1998 이후~ 2004년	제한적 용인・ 궁극적 부인기	※재외동포출입국과법적지위에관한법 제정(1999), 국적법 개정(2005, 병역기피수단으로 이중국적 악용 편법 봉쇄), 세계인의 날(2007) 제정, 세계한인의 날 제정(2007)
2005 이후~ 현재	소극적 용인・ 제한적 허용 검토	※국적제도연구T/F 활동(2005.6~12), 제2차 외국인정책위원회 토론논의(2007.10.25), 이명박 대통령 뉴욕방문발언(2008. 4.15~16)398), 국가경쟁력강화위원회 토론논의(2008.4.30)

현재 법무부가 파악할 수 있는 이중국적자 현황은 국내체류중인 사람들의 경우에만 가능하며,399) 해외에 숨어 있는 사람들은 전혀 파악이 불가능한 측면도 국민들의 부정적인 정서에 일조하고 있다.

이런 상황에서 이명박 정부는 노무현 정부의 뒤를 이어 "제한적 범위에서의 이중국적 허용"을 공론화하고 있다.400) 그러나 재외동포에게 이중국적을 허용하느냐 마느냐의 문제는 어제 오늘의 문제가 아니라 1980년대 이후 지금까지 재외동포사회, 특히 재미동포사회를 중심으로 줄곧 제기되어 오던 현안과제로서 전문가들 사이에서도 찬반양론이 극명하게 나뉘고 있다(<표 28> 참조).401)

<표 28> 각 시기별 이중국적 논의 및 여론동향

구분	정부·국회	전문가·학자	주요 언론	재외동포사회
1940년대	국적법(1948)402)·국적법 시행령 제정	-	-	-
1950년대	외무부, 미국의 이중국적 사례 소개403)	-	-	-
1960년대	과학기술처, 해외과학자 유치(1968)	-	華僑 이중국적, 인도네시아 인정404); 일본 귀화 한국인 구속405)	-
1970년대	교육부, 재외국민대학특례입학제도(1977)	-	이중국적자 재입국 불허406); 위장·도피성이민규제407); 탈세와 재산도피용 이중적408)	-
1980년대	국회, 해외교민이중국적취득허용질의 및 공직자 중 이중국적자 확인요구(1984)409); 법무부, 재일교포국적회복가능 소개(1987)414)	이종익(1981)410); 강수웅(1984); 김상철(1985)	이중국적·영주권소지 국내체류자 5천명411)	이중국적·재산권 보호 요구412); 미국시민권자 위해 호적법 개정 요구413)
1990년대	국회, 재일교포 중 이중국적 소유자 확인 요구(1992)415); 이중국적 현황 요구(1992)416); 정부, 이중국적 교민의 병역유보·60세 이상 거주비자발급등 개선책마련422);세추위, 우수교포인력 이중국적인정 검토423); 당정, 교포 이중국적허용 전면백지화424); 여·야3당, 해외과학자 이중국적허용 방침425), 재외동포법적지위관한특례법 입법예고426) ※국적법개정(1997)	차종환(1994); 노영돈(1995/2007)417);박홍환(1995); 이기영(1996); 조병창(1997)	대학특례입학시비·특례입학-이중국적악용·교육부특례입학기준강화418); 이중국적자 인간박쥐 전형·송자총장 신임 여부 교수회의소집·교민청 신설과 이중국적허용 문제 함께 생각·이중국적보다 국적회복이 먼저·생존전략이 된 이중국적419)	국회청원(이중국적금지제도 폐지)420); 이중국적 인정요구, 재미교포서명운동·큰 나라치고 이중국적 허용 않는 나라 별로 없어(정경조)·재외동포특례법제정 서둘러야(채영창)·이중국적,국내재산권보다 민족정체성교육 더 중요(구삼렬)421)

2000년대	※국적법 개정(2005); 출입국관리행정변화전략(2006)수립; 국가경쟁력강화위원회(2008)제한허용방안구상	제성호(2002); 석동현(2003)427); 임지봉(2003)428); 이철우(04,05,07,08)429) 정인섭외(2004)430) 이진영(2004)431); 조정남(2005); 신성호(2005)432); 이구홍(2007); 현택수(2007); 김영근(2008)433); 이경태·송석원(2008) 등	좀 너그럽게 살자·유승준입국거부논란·장상총리서리장남, 미국국적논란·진대제장관 장남, 이중국적병역면제·이중국적자국적포기·인재유출심각·이중국적논의, 열린 마음으로434); 원정출산, 지도층 도덕성결핍이 문제435)	미국:재미동포 숙원사항; 일본: 국적·민족·조국에 대한 정체성 혼란 있음; 중국: 한국방문 자유화와 불법체류자 합법화 우선; 러시아·CIS: 문화동질성회복과 경제자립지원 우선

또한 "재외동포를 모국과 거주국간 우호증진에 기여할 수 있도록 국가발전의 성장동력으로 활용하자"는 법무부의 기본취지436)에도 불구하고 국민여론을 빌미로 선천적 이중국적자 중에서 병역의무 이행한 사람과 비자발적 이중국적자 그리고 국익에 부합되는 글로벌 고급인력에게만 이중(복수)국적을 허용하고 순수 재외동포들은 배제할 경우에는 상당수의 재외동포들로부터 강력한 반발이 예상된다. 또한 현재 외교통상부의 분석에 따르면 이중국적 허용이 재외동포에게까지 확대될 경우에는 각 지역 동포사회의 역사적 특성과 거주국간의 국적법 차이로 재외동포사회의 의견이 미국과 러시아·CIS지역(찬성), 중국과 일본지역(반대)으로 양분될 것으로 예상하고 있다.437)

해외에 거주하는 이민과 디아스포라로 하여금 출신국과의 유대를 지속적으로 재생산하고 국경을 넘는 교류를 유지할 수 있도록 하기 위한 가장 확실하고 포괄적인 방안은 이중국적을 허용하는 것이다. 세계의 많은 국가가 그러한 목적으로 이중국적을 인정하는 법제를 가지고 있다. /1990년대 여러 이민송출국이 재외동포의 이중국적을 용인한 것은 이민거주국에서 반이민정서가 점증하고 반이민적 정책이 도입되는 것을 목격했기 때문이다. 그래서 해외에 있는 자국민이 거주국 국적을 취득하는 것을 독려하는 것이 필요하다고 느꼈던 것이다. 대한민국도 재외동포가 거주국 국적을 취득하여 당당한 시민으로 정착하면서도 모국과의 유대를 지속하기를 희망한다면 이중국적 용인을 긍정적으로 검토해야 한다.438)

한국정부가 조선족에게 이중국적을 허용한다고 해도 조선족은 중국에서 이중국적자가 될 수 없다. 조선족은 한국국적을 부여받는 순간 더 이상 중국국적자나 조선족이 아니다. 병역의무와 관련짓는 한 조선족 젊은층 엘리트들의 한국국적취득은 상대적으로 적을 것이다. 조선족이 중국주류사회에 진출할 수 있도록 한국이 정치·경제·교육 등 여러 면에서 조선족사회에 투자하는 것이 최선책이다. 조선족이 한민족으로서의 정체성을 갖고 중국주류사회에서 활약한다면 이들이야말로 한중우호증진과 한국발전에 거대한 성장동력으로 되리라 확신한다.439)

What does it mean to be Korean? There needs to be a re-definition of what it means to be Korean. Many times adoptees encounter problems just because they don't speak Korean or not fluent enough or they behave in different ways. Does that make them non-Korean? In today's world it is important to widen one's horizon. In the time of globalization, there is no place for isolationism and cultural-centrism. By giving dual citizenship to Korean adoptees Korea could show its belonging to the global community.440)

지난 30년 이상 동안 재외동포의 이중국적 허용문제는 논란의 대상이었다. 그러나 이제는 허용하느냐 허용해서는 안 되느냐의 찬반양론을 뛰어넘어 이중국적을 전향적으로 선택하고 있는 다른 국가들의 사례를 구체적으로 비교분석하여 우리에게 적합한 모델을 찾아내야 할 때다.441)

제4절 재외동포 관련 연구의 발전방향

1. 외국사례

가. 화교·화인연구

해외 디아스포라442) 관련 연구가 활발히 이뤄지고 있는 민족 중의 하나는 중국이다. 이른바 '화교전쟁'443)까지 치른 바 있는 중국은 "화교는 혁명의 어머니"(華僑是革命之母, 孫文)라는 핵심사상에 기초하여 화교연구를 화교사무(정책)의 기본으로 삼고 있으며, 개혁개방(1978) 이후 중국현대화 및 글로벌화 전략에 화교를 적극 활용444)하고 있다.

정부 내에 국무원 교무판공실(僑辦: OCAO, 1978.1)445), 중화전국귀국화교연합회(僑聯: ACFROC, 1956)446), 전국인민대표자대회화교위원회(CPCOCC, 1983.6)447), 전국인민정치협상회의 화교위원회(1988.6), 외교부 영사사(領事司) 등 화교 관련기구들도 설치하고 있다.

중국측 통계에 따르면 중국의 해외화교·화인은 120개국 3,300만448), 151개국 3,500만449) 또는 3,580만(홍콩, 마카오 제외)450)에 달한다. 그 중에는 복건성 출신 해외화교화인이 1,264만(泉州 출신 750만)에 달하며(10년간 230만 증가)451), 최근에 이민을 떠난 사람들인 新화교452)화인만도 100만 명 이상으로 집계된다.

화교관련 연구소 및 학회453)로는 광주(廣州)중산대학 동남아연구소(1978.11)454), 기남(暨南)대학455) 화교연구소(1981)456)·동남아역사연구소457), 광동(廣東)화교역사학회, 화교연구회(1987)458), 화교화인연구회459), 하응(嘉應)객가연구원460), 광서(廣西)화교역사학회, 화교역사학회(1986.12), 사회과학원 동남아연구소(1985.5)461), 산두(汕頭)대학 台港·해외화문(華文)문학연구센터, 조산(潮汕)문화연구센터, 조산역사문화연구센터, 복건성(福建省)화교역사학회462), 복건천주(泉州)화교대학 화교연구소, 해남성(海南省)화교역사학회, 운남성(雲南省)화교역사학회, 상해시(上海市) 화교역사학회(1983.12)463), 길림성(吉林省)화교역사학회(1985. 12)464), 중국화교역사학회(1982)465), 북경대 화교화인연구센터(1999)466), 중국인민대학 화인문화연구소, 절강(浙江)師大화교화인연구센터, 하문(廈門)대학 동남아연구센터467), 홍콩 중문대학 홍콩아태연구소 해외화인연구사(社)(1983)468), 홍콩 성시(城市)대학 동남아연구센터469), 홍콩 과기대학 중국과국(跨國)관계연구센터470) 등이 있으며, 국제객가(客家)학술토론회471) 등 국제학술대회도 매년 열리고 있다.

화교관련 연구성과로는 1945년~1980년까지 발간된 단행본이 1,115종472), 1980년~1990년까지 발표된 논문이 8,300여 편473)에 달하며, 객가(客家)와 관련된 학위논문만도 317편이나 된다.474) 특히 1980년대 중·후반부터는 그동안의 실제적인 연구성과를 바탕으로 '화교학'(華僑學)475), '화인학'(華人學) 또는 '화교화인학'476)이라는 개념이 정립되고 있으며, 1985년 호주국립대학에서 개최된 국제세미나(「제2차 세계대전 이후 동남아화교 정체성의 변화」)에서 "화교는 이민송출국(중국)과 이민수용국(현지거주국)으로부터 부여받은 이중적 정체성 또는 여기서 발전된 제3의 정체성을 지닌다"는 정체성(identity)이론이 등장한 이후부터 국가범주를 뛰어넘은 화교조직(예: 대중화권, 중화네트워크, 화교네트워크 등)연구가 활성화되고 있으며, 구술(口述)자료도 문헌자료 못지않은 역사자료로 평가되고 있다.477)

화교·화인사연구는 양계초(梁啓初)가 『新民叢報』에 발표한 「中國植民八大偉人傳」(1905)에서 비롯되었으며, 1950년대에는 미국 위스콘신대학에서 동남아지역연구의 일환으로 해외화인연구가 시작됐고, 최근에는 전 세계에 퍼져 있는 화상네트워크로 인해 중국위협론이 대두되기도 했다. 그리고 연구대상은 정치·경제·사회·문화 등 다방면의 '화교'에 초점이 맞춰지고 있으며478), 연구범위도 거주국 소수민족의 화인연구, 화인경제사연구, 화인사회연구(차이나타운 등), 화교문화교육연구(화교학교, 화교문학, 화인 등), 화인종교, 화인신문방송연구, 화교화인역사연구, 화인과 국제관계, 화교와 중국(대만)관계, 교향(僑鄕)연구, 비교연구(신·구이민자 비교), 화인연구비교 등을 들 수 있다. 특히 개혁개방(1978) 이후 황즈렌(黃枝連)을 필두로 '대중화경제권'(大中華經濟圈)에 대한 주장이 쏟아져 나오면서479) '하나의 경제공동체'에 대한 관심이 점점 더 높아가고 있는 추세이며, 세계화상대회(1991)는 이를 더욱 가속화시키고 있다.

<표 29> '대중화경제권' 구상과 특징

구분	제안자	형식	주요범위
中國人共同體 (또는 華南圈)	황지련 (1980)	공동시장	복건, 광동, 광서, 남해, 홍콩·마카오, 대만
中國圈	陳坤耀 (1987.10)	유사공동시장	대륙, 대만, 홍콩
大中華共同市場	鄭竹園 (1988.6)	공동시장	대만, 대륙, 홍콩, 싱가폴
中國經濟圈	陳憶村	유사공동시장	대륙, 대만, 홍콩
亞洲華人共同市場	高希均	공동시장	대만, 대륙, 홍콩, 싱가폴
海峽兩岸經濟圈	金泓汎	-	복건, 광동, 광서, 남해, 홍콩·마타오, 대만
華東南自由貿易區	周人駿	자유무역구역	양자강삼각주, 주강(珠江)삼각주, 홍콩·마카오, 민남(閩南), 대만
華南經濟協作區 (또는 華南經濟圈)	翁成受, 許心鵬	-	복건, 광동, 해남, 홍콩·마카오, 대만

한편 신해혁명 이후 광동혁명정부 교무국, 국민당중앙해외공작위원회, 남경정부 행정원 교무위원회(1926, 1932) 등을 설치했던 대만의 국민당정부 역시 "화교는 혁명의 어머니"로 인식하여 중국대륙에 맞서 적극적인 화교정책(일명 '화교전쟁')을 펼쳤다.480) 국민당정부는 대만으로 건너온 직후 행정원 교무위원

회와 국민당 제3조(해외공작회를 개칭)를 설립한 후『今日僑情』,『華僑發展簡史』,『僑胞的動向與路向』등 주요 각지 화교동향을 소책자로 소개했다. 화교사회 선배들481)의 제창에 따라 화교학계 정예들로 구성된 화교지(華僑志)편찬위원회를 발족, 각 지역 화교지를 편찬했고, 출판사와 협력하여 각국・지역 화교개황 책자를 대규모로 발행했다. 대학차원에서는 중국문화학원(후에 중국문화대학으로 개칭)이 '民族與華僑硏究所'(1972)를 처음 설립했다.

그러나 대만의 화교・화인연구가 본격화된 것은 정부가 '남향(南向)정책'을 펴기 시작한 1990년대 이후부터이며, 중앙연구원에서 '동남아시아연구계획'이 시작됐고, 국립기남(暨南)국제대학・담강(淡江)대학・중산대학・성공대학 등에서 속속 동남아시아연구센터가 설립되면서 화교・화인연구는 보다 학술적인 방향으로 발전해 나갔다. 그러나 동남아화교연구에 집중되어 있는 대만의 화교・화인연구가 중국의 연구수준에 비해 다소 열세라는 평가를 받고 있다.

대만의 화교・화인연구기관 현황은 다음 <표 30>과 같다.

<표 30> 대만의 화교・화인연구기관

구분	기관명	내용	비고
중앙 연구원 (1928년 설립)	민족학 연구소 (1955.2)	<조직> 연구소는 문화・행위・지역 등 3개 파트로 나뉘며, 특히 지역파트의 연구주제는 동남아 화인사회를 폭넓게 다루며, 현지조사를 통해 기초자료를 수집하고 있음 <연구성과> 李亦園의『一個移植的市鎭: 馬來人市鎭生活的研究調査』(1970),「東南亞華僑的本土運動」,「馬來華人的遭遇與處境」등 다수 <연구계획> 동남아시아・미국의 화인의료보건위와 사회문화시스템/중국대륙・싱가포르・홍콩 등 화인의 가족주의, 개인의 근대성, 성공동기에 관한 비교연구/캐나다화인커뮤니티발전과 문화・정치의 계통연구/미국화인의 사회적응연구/홍콩・싱가포르화인과 대만에서의 민족의식 및 국가형성 비교연구/일본화인의 종교	cf.해외화인연구를 5개년 발전계획(91.7~96.6)으로 선정했으나 행정원예산 긴축으로 실행 못함 cf.동남아시아 연구계획 (1994) 수립-대만과 동남아시아역사・사회・경제・문화 총합 연구프로젝트 수행
	사회과학 연구소 (1981.8)	<조직> 역사・사상・사회・정치・경제・법률 등으로 나뉘며, 연구주제는 화교・화인과 관계된 경우도 있음 <연구성과> 중국해양발전사 프로젝트(1983) 개시. 매2년마다 심포지움 개최 <연구계획> 미국화인의 역사연구/쿠바화교사연구/멕시코화교사연구	
	근대사 연구소 (1955.2)	<조직> 정치외교사・사회경제사・문화사상사・일반근대사 등으로 나뉘며, 명칭 이후 중국의 정치외교, 사회발전, 문화사상 발전을 연구. 해외화인연구팀(대표 朱浤源) 발족 <연구성과> 동남아시아 華人史料조사단 구성(91.6), 동남아6개국 대학・학술기관・사료수장기관・화교단체의 사료수장상황 실지조사, 국제회의 참가, 학술회의 주최, 해외화인자료실 설치 <연구계획> 외부전문가와 협력하여 해외각지의 화인발전사 및 신국과의 관계 연구(프랑스, 동남아시아, 한국 포함)/구술사계획/결출한 해외화인, 가족, 기업 등 개별연구	
	구미연구소 (1969.10)	<조직> 인문・사회경제・법률정치 등으로 나뉘며, 인문연구분야로서 문학, 역사, 철학 등을 다룸	

대학	문화대학	대학원 과정(주임 張興唐). 민족부문과 화교부문으로 구분, 교무행정과 연구에 관련된 인재 다수를 배출.	中國與華僑 연구소(1972) 482) 1985년 폐지
	국립 기남대학	『東南亞季刊』(1996) 연 4회 발행. 대학원 과정 모집; 역사연구소에 싱가포르·말레이시아화인연구, 화교와 혁명, 화상연구 등 교과목 개설, 『海華與東南亞研究』 계간 발행	동남아시아 연구소(1995)
	담강대학	대학원 과정 모집. 동남아시아화인의 에스니스티연구, 동남아시아 화인사연구, 말레이어 등 개설	동남아연구소 (1996)
	南華 관리학원	동남아시아지구의 화인 교과목 개설	아시아태평양 연구소(1997)
	중산대학	계간지 『東南亞簡訊』 창간(1999)	동남아시아 연구센터 (1998)
	성공대학	동남아시아정치, 경제. 사회, 역사, 에스닉그룹 현황연구/정부의 남향정책에 맞게 동남아시아지구 경제연구강화/정부정책결정과 국내기업투자에 관한 정보제공/동남아시아 DB확립 등의 목적으로 설립	동남아시아 연구센터
민간단체 및 학회	화교협회 총회 (1942)	<업무> 화교단체간 연락과 해외화무사정파악, 화무에 대한 서비스 강화, 화교문제연구, 화교에 관한 출판물발행 등 <출판물>『華僑問題研究叢書』(1962)(「五十年來的華僑與僑務」/「中共的僑務政策與僑務工作之研究」/「華僑政治生活」/「美國華僑史略」/「華僑史論集」); 『華僑革命史』(1981), 『華僑名人傳』1·2(1984, 1998); 『海外華人經濟叢書』10권(1986); 『海外華人青少年叢書』3집100권(1986~88); 『華僑大辭典』(2000); 계간『僑務雜誌』발행 <심포지엄>『華僑と孫中山先生の指導した國民革命論文集』(1997)	『華僑問題 書目索引』 (1998)
	중화민국 해외화인 연구학회 (1988)483)	<설립취지> 해외화인관계자료 수집 및 연구/해외화인조직, 관련학술단체 및 전문가와 제휴/회보·학보·총서출판 및 관련논저 번역/학술회의 개최·참가/각계 위탁연구 실시 <출판물>『晩淸新馬華僑對國家認同之硏』(1993), 『海外華人社區發展』(1998), 『二十一世紀華人經濟活動之潛力』(1998), 『邁向二十一世紀海外華人市民社會之變遷與發展』(1999), 『中華民國之僑務政策』(2000), 『東北亞僑社網絡與近代中國論文集』(2002), 『菲化政策對華僑經濟之影響』(2003), 『近二十年來的海外華人會議論文選集』(2003), 『日本殖民統治下的朝鮮華僑—朝鮮總督府報告書「朝鮮的中國人」』(2003) <심포지엄>『21世紀に向う海外華人市民社會の變遷と發展論文集』(1999); 『中華民國の僑務政策と未來の展望』(2000)	
	海華文教 기금회 (1991)	<설립목적> 해외화교문화교육사업 강화, 화교사회 우수한 인재양성과 장려, 교무정책 관련 학술연구진흥, 중화문화 발양과 화교지위향상 <출판물>『華僑學術研究叢書』 1집(1994)(「三民主義僑務政策之實踐與評估」/「旅美華人, 留學生對中華民國政治態度之研究」/「中共四化政策對其僑務工作影響之研究」/「海外華人餐館業之研究」/「世華金融聯誼會對華商金融事業發展功能之分析」/「新加坡華文小說之研究」); 2집(2001)(「美國華人政治參與之研究」/「從留學生到美籍華人」/「二十世紀八十年代澳門教育發展之研究」/「馬來西亞華文教育的困境與出路」/「近代在日華僑經濟發展之研究」) 출판 찬조	

또한 미국에는 미국화인역사학회484), 호주에는 호주국립대학 남부디아스포라 연구센터485) 등이 있으며, 일본에는 '일본화교화인학회'(2003)가 결성되어 매년 학술대회가 개최되고 있고486)(<표 31> 참조), 일본척식(拓植)대학은 해외사정연구소 내에 화교연구센터를 설치·운영하며, 국제학부에서는 '재외화인'을 교과목으로 개설하고 있다.

<표 31> 『華僑華人硏究』 수록 내용

구분	수록 논문
창간호 (2004)	<특별논문> 현대세계화인경제론의 구조:연구영역과 분석시각(遊仲勳); <기념강연록> 21세기 화교·화인연구: 연구동향과 새로운 과제(濱下武志); <논문> 중국 및 해외의 客家語話者 친목단체성립과정에 관한 일고찰-祖籍과 출신지를 초월한 '客'의 개념(飯島典子); 말레이시아화인의 국제적 활동영역에서 본 지역네트워크: 파푸아 뉴기니아에서의 활동사례(市川哲); 華僑華人學은 무엇인가: 목적·대상·방법찾기 시론(岩崎育夫); 캄보디아에서의 화인사회교육(坂梨由紀子); 요코하마화교의 문화부흥운동과 에스닉 바운다리의 재정립(張玉玲); 화인형 경영모델과 일본형(山田修); <연구노트> 근대일본식민지에서의 중국노동자고용정책(阿部康久); 한국에서의 화교학교교육의 역사(王恩美); 중국 신이민 이출원의 구조와 변용(戴二彪); <특별기고> 일본 近年화교화인연구의 약간 평술(1997~2004년)(李國樑)
제2호	<논문>중월분쟁하의 베트남의 화인정책(今村宣勝);「港人北上」현상에 관한 일고찰(河口充勇); 개혁개방 이후 중국에서 미국으로의 인구이동 - 정책요인, 규모, 특징 및 재미중국계사회의 영향(戴二彪); 태국남부 화인의 林姑娘신앙(玉置充子); 미군정기 재한화교의 무역활동(李正熙); <연구노트>요코하마거류지에서의 중국인집단거주지 공간구조(乙部純子); 캄보디아화인사회 - 潮州회관과 陳氏종친회에 본 화인단체의 글로벌리제이션(野澤知弘); <서평>山田敬三편 『境外の文化-環太平洋圈の華人文學』(今富正巳); 華僑社會の自畵像 - 國內華僑團體發行の3つの出版物(高橋晋一); 日本華僑華人硏究における新しい流れ - 朱慧玲·段躍中·王維·過放の硏究書を讀む(廖赤陽)
제3호	<논문> 네덜란드통치기의 バタヴィア화교와 カピタン청문서(斯波義信); <연구노트>「중국인의식」과 디아스포라(大井由紀); 張友深과 阪神화교사회(蔣海波); <서평과 신간소개> 山岸猛著 『華僑送金-現代中國經濟の分析』(久末亮一); 横浜山手中華學園編 『横浜山手中華學校百年校志1898-2004』(淸水谷 佳織); 和田正廣·黑木國泰編 『華僑ネットワークと九州』(帆刈浩之); 邱依虹편, 黎紹珍·邱依虹·林謁雲譯『生命如河流 - 新, 馬, 泰十六位女性的生命故事』(塩出浩和); 趙和曼著『少數民族華僑華人硏究』(塩出浩和); Tim Lindsey and Helen Pausacker eds. Chinese Indonesians: Remembering, Distorting, Forgetting(貞好康志); 華僑華人硏究最前線(山本信人)

우리 학계에서도 화교연구가 활성화되고 있어 1960~80년대에 불과 40여 편밖에 안되던 논문의 수가 1990~2002년 사이에 190여 편으로 증가했다.487)

나. 일교(日僑)488)·일계인연구

이민문제연구소가 1930년대에 이미 『海外移住』라는 잡지를 발행489)할 정도로 해외이주역사가 오래된 일본에서도 해외일계인(260만 명)에 대한 연구가 상당히 구체적이고 사실적으로 이루어지고 있다.490)

특히 최근에 수행된 일계인(日系人)연구491) 가운데 '국제일계연구프로젝트(International Nikkei Research Project)'는 주목할 만하다.492) 이 프로젝트는 1999년 "일계인의 문화·사회의 탄생과 발전과정을 탐구"할 목적으로 3년 계획으로 10개국 17개 기관493)의 학자 22명이 공동참여했고, 전미일계인박물관(JANM)494)의 조정 아래 '국제일계콜렉션', '국제일계연구자료가이드', '연구프로젝트매뉴얼', '국제일계연구웹사이트', '국제일계심포지엄' 등 5개 그룹으로 진행되어 두 권의 연구성과를 거두었다.495)

또한 2004년 이후 전미일계인박물관(JANM)이 구축 중에 있는 '일계콜렉션디렉토리'에는 144개 관련 기관(도서관, 공문서관, 미술관·박물관, 커뮤니티센터 등)명부가, '실존인물: 비디오 아카이브'에는 일계인의 생생한 육성이 담겨 있는 716개의 프로파일과 비디오자료가, '교육계획DB'에는 125개의 일계 관련 교육 커리큘럼·활동 및 토픽 등 각종 DB자료들이 올라와 있다.496)

매년 일계인대회(日系人大會, 1957~)497)를 개최하고 있는 일본 국내에서는 일본재단, 사사카와(笹川) 평화재단, 도요다(豊田)재단, 독립행정법인 국제협력기구(JICA)498) 등에서 일계인 관련 연구활동을 지원하고 있으며, 일본 쇼지(上智)대학에서 제1회 니케이연구회(2008.5)가 열려 "재일중남미 출신자의 '日系'와 '라틴'의 교착"문제를 다룬 바도 있다.499)

해외일계인협회(www.jadesas.or.jp) 역시 『해외일계인』(계간),≪이주가족≫(타블로이드신문·격월간), ≪Nikkeijin News≫(격월간), 『日本の文化』(강연집: 일본어·스페인어 대역판, 일본어·포르투갈어대역판) 등을 발행하고 있다.

한편 우리 학계의 일계인연구는 불모지와 다를 바 없다.500)

다. 유태인연구

유태인의 역사는 전형적인 디아스포라(Diaspora)의 역사다. 1960년대 이후 본격화되고 있는 유태인연구(Jewish Studies)의 대부분은 거주지중심의 지역사연구와 인구통계학적 조사의 성격을 강하고 띠고 있으며501), 유태인의 정체성(Jews, Diaspora and Identity) 관련 연구는 모국보다는 해외, 특히 재미유태인사회에서의 연구가 가장 활발한 편이다.

다음 <표 32>는 유태인연구가 이뤄지고 있는 대표적인 학회, 학회지, 연구소,

유태학과, 공문서관(아카이브) 현황을 나타낸다.502)

<표 32> 대표적인 유태인 연구집단 현황

구분	이스라엘	해외 디아스포라
학회	World Union of Jewish Studies(1947)503)	Association for Jewish Studies(1969)504)/European Association for Jewish Studies(1981)505)/Association for Israel Studies(1985)506)/American Academy for Jewish Research(1928)507)/American Jewish Historical Society(1892)508) 등
학회지	Jewish Studies(1996)	AJS Review/American Jewish Archives/American Jewish History/Jewish Social Studies 등
연구소	Institute for Advanced Studies(Hebrew Univ)/Leo Baeck Institute(1975)/Yad Vashem 등	Center for Jewish History/Cohen Center for Modern Jewish Studies(Brandeis Univ) 등
학과	Hebrew University 등 5개 대학에 설치	Princeton/Boston/Columbia/Harvard/Yale/Brown/Dartmouth/Cornell/Brandeis 등미국 114, 독일 15, 영국 14, 캐나다 6, 러시아·벨기에·프랑스·스페인 각2, 멕시코·아르헨티나·오스트리아·아일랜드·루마니아·이태리·체코·슬로바키아·네덜란드·리투아니아·폴란드·스웨덴·헝가리·루마니아·스위스 각 1 대학에 설치
공문서관	Central Archives for the History of the Jewish People(1939) 등	American Jewish Archives/American Jewish Committee Archives/ American Jewish Historical Society - Archival and Library Collections 등

재미유태인들은 1899년부터 '전미유태인백서'(The American Jewish Year Book, AJYB)를 매년 발간509)하고 있으며, 1948년 설립된 브랜다이스대학내에 코헨센타510)를 설립하고 그곳에서 유태인인구, 노인, 종교간문제, 모국 이스라엘, 유태인조직, 유태인부모, 전문직 종사인구, 유태회당, 모국방문프로그램(Taglit-Birthright Israel511) 및 MASA512) 프로그램), 청소년 등에 관한 연구를 집중적으로 하고 있다.

또한 1994년 이후 '전미유태인백서'의 단독편집자가 된 미국유태인위원회(American Jewish Committee)513)는 재미유태인공동체, 유태인의 인구와 역사, 전 세계 유태인의 생활에 관한 정보와 분석기사 등을 백서에 담고 있다. 2006년판과 2007년판 백서의 편집구성은 다음과 같다.514)

<2006년> 특별기고: 미국유태인위원회 100년(David A. Harris)/<미국> 국내문제, 반유태주의, 유태인공동사회, 350회 축하(Alice Herman, Steven Bayme)/2006년 미국유태인 인구/이스라엘/ 캐나다/영국과 프랑스/벨기에와 네덜란드/이태리와 바티칸시국/중앙 및 동부 유럽/호주/남아프리카/2006년 전 세계 유태인 인구/주소록 및 리스트: 미국 전국조직515)/유태인 정기간행물: 미국/사망자 명부: Milton Himmelfarb(1918~2006)를 기억하며/미국

<2007년> 특별기고: 재미유태인사회와 타민족과의 결혼: 유태인 연속성의 복잡함, 1960-2006/ 특별논문: 연루의 한 세기: 재미유태인사회와 러시아출신 유태인/<미국> 국내문제/반셈주의/유태인공동체 문제/유태인인구/<이스라엘과 중동> 이스라엘/터키/<미주> 캐나다/베네주엘라/브라질/<구주> 영국/프랑스/벨기에/네덜란드/이태리와 바티칸/스위스/스칸디나비아/<중동부유럽> 독일/오스트리아/동중부유럽/구소련/<기타> 남아공/전세계 유태인인구와 설명/<디렉토리와 리스트> 미국 전국조직/캐나다 전국조직/미국 지역조직/캐나다 지역조직/<정기간행물> 미국/캐나다/<부고> 미국/<유태력 요약> 5767-5771년(2006.9-2011.8)/월력 요약 5766-5969년(2006-2009년)/<색인>/<기타> 호주

수천 년의 유랑과 홀로코스트를 경험한 유태인사회로서는 인구문제에 특별한 관심을 갖고 있다.515) 그 결과 '백서'를 통해 인구동향을 지속적으로 살펴보고 있으며517), 유태인학(Jewish Studies)의 중요한 부분으로 자리잡고 있다.518) UJC(United Jewish Communities) 같은 연합체에서도 유태인인구의 유동성이 주는 영향을 본격적으로 연구하고 있다.519)

라. 재외인도인연구

재외인도인 즉, 인교(印僑)연구는 개념정의로부터 시작된다. 인도정부는 인교(印僑) 또는 인상(印商)의 개념을 비거주인도인(Non Resident Indians, NRIs)520), 인도혈통인(Persons of Indian Origin, PIO)521), 해외법인체(Overseas Corporate Bodies, OCB)522) 등 3가지 범주로 구분하며, PIO(인도출신 외국계 인도인)는 '어느 땐가 인도 여권을 소지했던 자', '본인 또는 부모, 조부모, 증조부모 중 한 쪽이 인도에서 태어났거나 인도에서 영구적으로 거주한 자', '인도

국민 또는 인도태생인 자의 배우자' 등으로 나눈 뒤 별도의 비자발급 없이 180일간 인도 체류가 가능한 PIO신분증 카드를 발급하고 있다.

2000년 현재 인교(印僑) 즉, NRIs와 PIOs을 합치면 약 2,000만 명이나 되는데, 이들은 미얀마 290.2만, 미국 167.8만, 말레이시아 166.5만, 사우디 150만, 영국 120만, 남아공 100만, 캐나다 85만, 트리니다드 토바코 50만, 한국 0.27만 등 세계 여러 곳에 분포하고 있다.

이런 복잡한 성격의 재외인도인들을 학문적으로 연구하고, 현상을 일반화하기 위해서는 다양한 연구방법론들이 필요하다. 우선 이민 당시의 인도상황과 이민자들의 초기 현지생활상을 설명하기 위한 역사적·연대기적 접근법, 해외인도인공동체의 사회문화와 사회제도의 동학을 분석하기 위해 전통적인 연구기법과 이론적 틀을 활용하는 인류학적·사회적 접근법, 지리학의 기법과 통찰력을 결합시킨 지리학적 접근법, 다민족사회에서 민족성과 정치학간의 상호작용을 분석함에 있어 선례를 따르는 정치학적 접근법, 언어·언어학·문학적 접근법, 외교관에 의해 재외인도인공동체의 위상과 문제점을 기술한 외교적 접근법, 수민국의 이민법을 연구하는 법학적 접근법 등이 동원되고 있으나 아직 재외인도인 사회에 대한 비교연구나 구이민자와 신이민자간의 비교연구가 드물며, 심층적인 참고목록도 거의 없는 실정이다.523) 그러나 하이드라바드(Hyderabad)대학에 재외인도인디아스포라연구센터(The Center for the Study of Indian Diaspora)가 설치되어 있어 앞으로의 역할이 기대되고 있다.

학문적 연구영역으로서 재외인도인연구 역시 전통적인 이론과 개념적 틀만으로는 완벽하게 설명할 수 없어 다학문적·학제적 연구를 필요로 하며, 연구범위는 크게 7가지로 구분된다.524) 우선 인구이동의 인구통계학. 여기서는 시간·강도·방향·정책 그리고 성비(性比) 불균형 등이 분석되며, 사회인구학적 조사와 식민시기와 그 이후 고국으로의 귀환, 역이민자(귀환자)연구 등이 포함된다. 둘째, 이민의 원인과 조건, 이민자의 배경, 이민과정. 셋째, 수민국의 구조(구성), 수민국 사회의 동학(動學). 넷째, 디아스포라공동체의 조직, 문화적 동학, 정체성문제, 권력투쟁. 다섯째, 제2의 그리고 후속 디아스포라. 여섯째, 재외인도인의 모국에 대한 정향(태도), 모국의 재외인도인에 대한 정향(태도). 일곱째, 기타(예: 호주로 이민 간 앵글로-인도인에 대한 연구, 인도-유태인이민자연구, 미얀마인도인연구, 태국, 싱가폴인도인연구, 인도내 캘커타의 화교, 아르메니아인연구, 다말살라와 카르나타카의 티베트인연구, 유태인연구등)로 분류된다.

한편 재외인도인 관련기구는 재무부의 비거주 인도인담당(Office of Chief Commissioner) 형태 → 1984년, 외무부 해외인도인국(Overseas Indian Division)으로 업무이관 → 2000년, 외무부 NRIs-PIOs Division으로 개편 (NRIs와 PIOs 함께 다룸) → 2004년 4월, 외무부 인교국(Non-Resident Indian Division)으로 개편 → 2004.5.27, 외무부에서 독립된 인교부(Ministry of Non-Resident Indian's Affairs) 출범 → 2004.9.3 재외인도인부(Ministry of Overseas Indian Affairs, MOIA)로 개명되어 오늘에 이르고 있으며[525], 1990년대 말부터 재외인도인 전문가를 모국발전에 참여 유도하여 국내 출입국 및 투자, 구직 등에 편의를 제공하고 있다. 특히 2003년 12월, '이중시민권 법안'의 상원 통과로 2004년 1월 이후 이중시민권(Overseas citizenship)을 선별적으로 허용하고 있으며[526], 정부내에 인도투자센터(India Investment Center)를 설치·운영하고, 세계인상(印商)대회와 세계재외인도인의 날 대회를 통해 모국과의 연계를 유도하고 있다.

2. 향후 과제

가. 우리 학계 현황

학문에는 역사가 길고 학문을 구성하는 지식이 잘 조직되어 있어 그 지식들이 경험적인 검증을 거쳐서 일반화된 '발달된 학문'이 있는 반면 새로 생성되는 단계에 있어서 아직 법칙이 정립되지 못하거나 지식의 체계화가 아직 잘 되지 못한 '생성 도중에 있는 학문'도 있다. 즉 정치학·경제학·행정학·사회학 등과 같이 학과명으로 불리는 것들은 이른바 독립된 학문('발달된 학문')에 속한다고 볼 수 있다.

그렇다면 재외동포 관련 연구의 사정은 어떤가? 아직까지 한국학술진흥재단에서 발표한 '연구분야 분류표'[527]에 포함되어 있지 않은 신생 또는 걸음마 단계의 학문분야에 속한다.[528] 재외동포학을 제창한 이광규는 당면과제(1997)를 다음과 같이 밝히고 있다.[529]

> 우리 해외한인의 역사가 짧듯이 해외한인에 대한 연구 또한 짧은 역사를 갖고 있다. … 오늘 우리가 당면한 공동의 문제는 미국·일본·중국·소련 그리고 다른 나라들에서 여러 학자들이 개별적으로 연구한 것을 비교해, 첫

째 각자의 연구가 어떤 것이었느냐 하는 자화상을 확인하는 작업을 하고, 둘째 각기 다른 환경과 조건을 비교해 다른 환경에서의 한인의 특징을 비교 연구할 수 있는 가능성을 진단하며, 셋째 세계에 흩어져 사는 한민족의 수난사가 무슨 의미가 있으며 한민족이 세계사에 어떤 공헌을 할 수 있는가를 모색하는 것이라 하겠다.

일반적으로 특정 연구대상이 존재하며, 그 연구대상을 특정방법으로 분석하여 의미 있는 결과를 도출하는 고유의 '연구방법'이 있고, 그 특정현상을 특정시각으로 인식·기술하며 그 관계를 설명하는 이론이 존재할 때 이 구성의 총체를 우리는 학문이라고 부른다.530) 그리고 모든 연구는 '관찰'531) → '개념화'(추상화) 532) → (새로운 경험적 증명) → (기존 개념의 再개념화) → '일반화'(사실 간의 체계적 서술)533) → '이론'(학자·전문가의 공인)534) → '법칙'(이론의 공고화: 예측과 통제 가능) 등의 단계를 거치면서 정교화 되어간다.535)

나. 학문으로서의 길 모색

조동일은 『우리 학문의 길』에서 "수입학→시비학→개조학→창조학" 등의 4단계를 천명한 바 있다.536) 그렇다면 우리의 재외동포 관련 연구는 어느 단계에 도달했을까.

우리나라 재외동포 관련 연구의 중심은 1964년 해외교포문제연구소 발족 이후 1990년 이후 재외한인학회와 해외한민족연구소의 탄생, 2000년 이후 교포정책포럼과 한일민족문제학회 등 다양한 포럼과 학회들로 진화해나가고 있는 과정이다. 이들 학술연구단체들은 저마다의 설립목적에 따라 재일·재미·재중·재러/CIS동포사회의 지역연구와 인물연구에 집중하고 있으며, 독자적 연구영역을 찾기 위해 다양한 연구주제들을 검토·분석하고 있다. 그러나 선진외국의 연구사례와 비교해볼 때 우리의 재외동포 관련 연구는 해결해야 할 숙제들이 많다.

첫째, 정확한 인구통계가 제시되어야 한다.537) 재외동포현황을 처음 공개한 것이 1954년이다. 그로부터 54년이 지난 현재 우리의 재외동포 인구통계가 정확할 것이라고 생각하는 사람은 아무도 없다.

<표 33> 재외동포 인구 증가추세

연도	1971	1976	1981	1986	1990	1991	1995.7	1997.7	1999.7	2001.7	2003.7	2005.7	2007.7
계	702,928	1,016,016	1,590,832	2,006,216	2,320,099	4,832,414	5,228,573	5,544,229	5,644,558	5,653,809	6,336,951	6,638,338	7,044,716

둘째, 한국 근현대사와의 연결 작업이 보완되어야 한다.538) 해외한인의 역사와 현황에 대한 체계적인 연구가 초보단계인 현 상태를 고려한다면 그들에 대한 전반적인 이해는 아직 부족하다. 한인이주사에 대한 학문적 고찰도 일천할 뿐더러 이들의 실체에 대한 정보도 극히 한정된 편린만 알려져 있을 뿐이다. 뿐만 아니라 민족사의 격동기에 형성된 해외한인의 존재는 지난 세기말 이래 우리 과거사의 중요한 부분이라는 인식도 아직 미흡하다.

재외동포 관련 연구가 정책학적 연구→법학적 연구→정치학적 연구→인류학적 연구→사회학적 연구 등으로 외연을 확장하고 있음에도 불구하고 역사학적 연구가 제대로 이루어지지 않으므로 동포사회의 현상이 본질을 앞서갔다는 지적539)은 연구자들이 명심해야 할 대목이다.

> 1960년대부터 시작된 해외동포사 연구는 1990년대 이후 폭발적 증가세를 보이며 양적인 면에서 괄목할만한 성과를 보이고 있다. … 그러나 이들(국편의 재외동포사편람) 논저목록에 수록된 연구를 보면 해외동포사에서 중요한 분기점을 이루는 해방 전후시기에 대한 주제가 대단히 미흡한 것을 발견할 수 있다. … 기본적으로 역사학 분야의 연구가 적었다는 것은 그만큼 우리가 해외동포사회를 역사적으로 바라보려는 노력이 적었다는 사실을 단적으로 보여주고 있다. 극단적인 예로 사할린동포사회를 다룬 한국사학계의 글을 찾아보기 어려운 형편이다. … 더욱이 과거사의 진실규명 내지 '정리'와 관련한 해외동포사는 아직도 학계의 미개척분야 내지 사각지대에 위치하고 있음을 살필 수 있다. … 해방 직후 5백만 명에 달하는 해외한인의 거취에 대해 우리 학계는 오랫동안 관심을 가지지 못한 것이 사실이다. … 민족수난을 상징적으로 내함하고 있는 해외동포사회의 문제는 그 역사성의 규명을 보류한 채, 해외이주사 내지 해외한인사회의 형성이라는 틀 안에서 '평범'하고 '단순'하게 다뤄져 왔을 뿐이었다.540)

셋째, 일반이론을 도출하는 노력들이 더욱 강구되어야 한다.541)

> 재외한인연구는 본질적으로 종합적이고 다학문적 성격을 갖는다. 지금까

지 진행된 재외한인연구의 주제를 살펴보면 국제이주, 적응, 인종 및 민족관계, 언어 및 문화, 정체성, 가족관계, 동포정책 등 실로 다양하며 연구자들도 인류학, 역사학, 사회학, 심리학, 정치학, 경제학, 언어학, 언론학 등 다양한 전공분야 출신이다. 지금까지의 재외한인연구가 진정으로 학제간 연구는 아닐지라도 다학문적 연구라는 점은 분명하다. 재외한인연구는 각 나라와 지역에 사는 한인에 대해 연구하기 때문에 현지연구의 특성을 갖는다. … 재외한인은 다양한 정치경제체제에서 다양한 형태의 적응을 시도해 왔기 때문에 재외한인연구는 필연적으로 비교연구의 특성을 갖는다. 이러한 종합적, 다학문적, 현지연구적, 비교연구적 특성들로 인해 재외한인연구를 위한 연구방법은 특정연구방법에 편중하기보다는 다양한 연구방법들을 상호보완적으로 활용하는 열린 자세가 필요하다. 재외한인연구는 연구주제와 방법론적 차원에서 인문학, 사회과학(통계자료분석, 서베이조사, 실험조사, 면접, 관찰, 현지연구, 포커스그룹, 민속방법론, 생애사연구 등), 자연과학으로 구분할 수 있다.542)

이런 지적은 재외한인학회에서 주로 제기되는 문제로서 윤인진은 비교연구를543), 조혜영은 차세대연구를544), 김재기·임영언은 글로벌네트워크연구를545), 박채순·양명득은 소외지역연구를546), 이정덕은 미주한인사회의 성격변화이해를547), 설병수는 현지조사·생애사수집 등의 인류학적 조사방법 활용을548) 강조하고 있다.

그러나 일반이론도출은 각각의 연구목적에 따라 현장체험·실태조사 위주로 진행되는 인류학적 연구, 설문조사·인구계량화 등 통계학적 연구, 정치·경제·사회·문화 등 다양한 전공의 참여로 진행되는 학제적 연구, 사료와 사건을 중심으로 진행되는 역사학적 연구 등 가장 적합한 방법론을 활용할 필요가 있다.

넷째, 재외동포 본질에 대한 기초연구가 강화되어야 하며, 이민관련 자료수집이 조직화되어야 한다.

재외동포에 관해서 과거에는 다소 수동적이고 소극적인 측면에서 논의되었다면 이제 '새로운 동북아시대를 여는 주역으로서의 재외동포'라는 능동적이고 적극적인 측면에서 이야기할 수 있다. 한인계의 재외동포들이 주로 중국, 일본, 미국, 구소련 등 주변 4강에 살고 있다는 점은 자주 이야기되어 진부하긴 하지만 이제 적극적인 측면에서 그 의미를 고려할 시점이다. 재외동포들은 한민족이면서 국적으로는 중국인, 미국인, 러시아인, 일본인으로 살아가고 있으므로 '동북아의 중심'은 아니더라도 '교량역할'은 충분히 할 수 있을 것이다. 이제까지 재외동포의 중요성에 대하여 많은 논의가 있었으나 구체적인 정책입안과 실천은 부족했다고 볼 수 있다. 한국정부와 민간이 재외동포를 바라보는 시각도 좀 더 개방적이고 거시적이 되어야 한다. 물론 그런 시각은 문제에 대한 미시적이며 적확한 이해에서 출발해야 할 것이다.549)

자료수집의 첫 번째 단계는 자료의 소재를 파악하는 것이다. … 우선 미주한인의 다양한 삶을 보여주는 가족사 자료들이 조직화되어야 한다. … 문서자료의 부족함을 메워줄 수 있는 것이 구술사이다. … 새롭게 구술사 자료를 구축하는 것도 중요하지만 그것보다 먼저 이미 만들어져 있는 구술사 자료를 모으는 작업이 중요하다. … 기존에 수집된 이민사자료를 조직화하고 새로이 이민사 자료를 만드는 작업은 미주에서만 아니라 국내에서도 적극적으로 이루어져야 한다.550)

또한 이덕희(2003)의 하와이한인이민생활사551)연구나 임상래 등(2008)의 중남미한인 실태조사와 세대간 변화·갈등연구에서 알 수 있듯이 기초연구는 현장을 중시하는 활동가들의 목소리와 주장을 적극 반영함으로써 연구의 질적 수준을 높여나갈 수 있다.

재외동포에 대한 정책뿐만 아니라 조사 및 연구도 특정지역에 집중되어 있기는 마찬가지다. 대부분의 재외동포관련연구는 중국 및 북미를 중심으로 이루어져 왔다. 이러한 편중된 연구는 이민자를 받아들이는 지역의 사회문화적 특징에 따라 다르게 나타나는 이민사회의 모습과 요구들을 간과할 수 있다.552)

이는 우리 학계가 전반적으로 갖고 있는 문제점으로서 "재외동포사회 현실과 역사에 대한 정확한 이해가 추상적인 정책수립이나 이론정립보다 선행"되어야 한다는 최우길의 견해, "일본처럼 좀 더 세분화되고 구체적인 연구가 활성화"

되어야 한다는 송석원의 견해가 여기에 해당된다.553) 연구의 사각지대를 없애고 기초연구를 활성화하려면 무엇보다 1차 자료·회고록·구술사정리 등 기초 사료 수집, 연구목록의 작성554), 연구사의 정리 등도 선행되어야 한다.

다섯째, 연구의 우선순위가 정리되어야 한다. 최근 김승일(2008)은 '동아시아 세계의 국제체제와 한교(韓橋)'에서 연구의 우선순위를 제시하고 있다.555)

첫째, 한교 커넥션을 구축하기 위해서는 먼저 그들이 각자 살고 있는 나라에서 어떤 상황에 처해 있고, 어떻게 생활하고 있으며, 그들에게 있어서 민족공동체를 유지해 가는데 가장 필요한 것이 무엇인지 등을 먼저 파악하는 것이 중요하다.
둘째, 동아시아지역별로 역사·문화적 환경을 조사·분석하고, 이러한 환경 속에서 살아가고 있는 한교인력의 특성을 파악한다. 그들의 공통문화를 존중하고 이를 바탕으로 한민족네트워크의 구축을 도모하는 것이 중요하다. 또한 그들의 삶 속에서 희로애락을 담고 있는 성공담과 실패담을 조사·분석하는 것이 필요하다.
셋째, 이상의 조사내용을 바탕으로 한교인력의 지역별 네트워크구축 및 활용방안을 제시한다(예; 지역네트워크지원센터 설립, 국가기관 또는 민간기구의 형태, 재원의 확보방안, 기존 동포관련 기구와의 조정문제, 지원업무의 성격, 인력활용방안, 한교인력의 국내취업, 한국기업 진출시 한교인력활용, 교육문화사업 및 산업지원사업 등)
지역연구(예; 재일·재미·재중·재러 및 남미·대양주·동남아·이중동 등)와 주제별연구(예: 국적회복·정체성교육·차세대동화·한인경제권문제 등)의 우선순위를 정할 때도 마찬가지다.

외형적 발전에도 불구하고 근본적 문제점과 과제는 본질적으로 해결되지 않았고, 동포정책은 아직도 독립적인 의제, 적극적인 추진대상으로서 위상을 확보치 못한 상태. … 이렇듯 문제가 해결되지 않는 근본이유는 무엇인가? 재외동포가 국가의 한 요소며, 독립적 국가의제 항목이라는 인식이 없기 때문이다. … 제대로 된 동포정책의 출발점은 심층적 동포현황 조사작업이다. … 재외동포재단의 모든 사업은 2대 핵심자산, 즉 동포DB(Stock)와 네트워크(Flow)구축에 집중돼야 하며 그 밑바탕이 되는 핵심적 조사연구를 적극 수행, 지원해야 한다. 조사연구주제는 실용적이어야 하고, 미개척지역 동포 사회 연구발굴 등 새로운 분야에 한정해야 한다.556)

여섯째, 학제적 연구와 정책적 연구가 상호 결합해야 한다.557) 최근 해외교포문제연구소가 제시한 '미래정책방향과 세부과제'(2008)는 정책연구와 학제연구가 함께 진행되어야 함을 강조하고 있다(<표 34> 참조).558)

<표 34> 미래 재외동포정책 연구과제(안)

주요 정책과제	세부 추진과제	비 고
I. 재외동포 민족자산화	-재외동포정책 전담부처의 정책적 의지 실질 강화 -각 부처별 재외동포 관련사업의 일원화 -재외동포사회 발전을 위한 기본계획 수립	단기 연구과제 (A)
II. 재외동포 모국발전 기여방안 제시	-재외동포정책에 대한 만족도 제고 -재외동포 모국발전 기여사례 적극 홍보 -재외동포 모국투자·방문·체험프로그램 확대	
III. 재외동포 관련 D/B통합	-재외동포사회 네트워크 통합관리체계 구축 -재외동포사회 현지조사·분석기능 강화 -유관기관간 정보교류 및 D/B활용	중기 연구과제 (B)
IV. 재외동포 역량강화	-재외동포 네트워크 활성화 -재외동포기금의 부활 -차세대 재외동포 육성시스템 구축	
V. 재외동포 글로벌화 촉진	-세계한인의 날 활성화 및 문화엑스포(EXPO) 연계 -대통령 주재 '재외동포특별회의' 추진 -세계한인회장 및 세계한상대회의 위상강화	
VI. 재외동포 활동인프라 구축	-재외동포 관련 정부예산의 확대 -재외공관과 한인회의 유기적 협력체계 구축 -한인회관의 현대화 및 지역 커뮤니티센터 활용 유도	장기 연구과제 (C)
VII. 재외동포 권익신장과 재외국민 보호	-재외국민 참정권과 이중국적 동시 추진 -재외동포 교육헌장 제정 및 재외동포백서 발간 -재외국민보호법 제정 및 해외 안전사고 대책 강구	

이는 "실용적이면서도 미개척지역 동포사회연구"를 강조한 이종철의 견해559), 통일원에서 펴낸 『세계의 한민족』(1996) 후속작으로 『(가칭) 세계한인의 미래와 비전』을 구상하자는 진희관의 견해560), "재외동포사회와 모국이 어떤 관계를 맺도록 할 것인가에 연구의 궁극적인 목적이 있다"는 곽승지의 견해561), 그리고 건국60주년을 맞아 재외동포재단 자문위원회가 "대한민국 건국과정에 끼친 재외동포의 역할 재조명: 건국60주년 기념 학술회의562), 재외국민(특히 영주권자) 참정권 부여시 문제점 분석, 재외동포에 대한 개념 정립(교포, 동포, 한인, korean 등), 한인네트워크 구축과 외교적 마찰방지방안, 한민족문화엑스포 발전방안, 재외동포재단의 역할 재정립" 등의 연구를 권고한 것과 같

은 맥락이다.563)

3. 과제 도출

재외동포 관련 연구는 연구자 혼자만의 노력보다는 다음의 4가지 인자들이 모두 다 제 역할을 다할 때 성장·발전할 수 있다.564)

가. 정부의 역할: 재외동포 관련 연구의 전략적 가치 인정해야

해외거주 자국인에 관한 연구를 국가발전과 민족장래에 가장 기초적인 과제로 여기는 나라들이 여럿 있다고 할 때 우리 정부는 어떤 입장을 취해야 할까? 재외동포의 전략적 가치를 인정하고 있는 이명박 정부로서는 박정희 정부가 한국학565)을 육성하기 위한 국책연구기관(예: 1978년 한국정신문화연구원)과 대학원을 설립한 사례나 노태우 정부가 해외한국학(학자·강좌·세미나·포럼 포함)을 지원하는 정부기구(예: 1992년 한국국제교류재단)를 설립한 사례를 거울삼아야 한다.

그리고 현재 외교통상부가 발행하고 있는 『재외동포단체조직현황』이나 재외동포재단이 발간하고 있는 『한인회 디렉토리』 정도가 아니라 700만 재외동포사회가 앞으로 나아갈 방향, 지역별 동포사회의 현지 사정·활동내역, 해외한인단체의 조직형태·재정형편, 재외동포재단 지원실적, 각 국가별 재외동포 관련 연구자 및 기관 현황 등이 총망라된 (가칭)『재외동포백서』를 재외동포재단·해외 한인단체들과 협력하여 발행해야 한다.566) 이를 위해서는 정부차원에서 교포문제를 연구하는 학자·활동가·기관들을 하나로 묶어 민족의 미래를 대비하는 전략적·정책적 마인드가 반드시 필요하다.

또한 외교통상부 재외동포영사국은 재외동포정책 수립시 재외동포사회의 변화를 예측하고 역량(질과 양)을 반영하기 위해서는 재외동포사회의 크기와 변동사항을 비교·분석하는 기준(지표)567)를 갖고 있어야 한다.

나. 재외동포재단의 역할: 재외동포 관련 연구의 저변을 넓혀야

재외동포재단의 역할과 기능에 대해서는 이종훈(1996), 이원범·이구홍(1997), 노영돈(1998), 김봉규(1999), 이종훈·박호성·이종철(1999), 이형규

(2000), 권병현(2001), 박성범(2004), 한명숙(2004), 권영길(2004), 이광규(2006), 김봉섭(2006, 2007), 정영국(2007) 등 많은 사람들이 연구·검토한 바 있다.

앞으로 재외동포재단에서는 재외동포 관련 연구기반조성 및 학술·출판활동 지원을 보다 중점적으로 실시해야 하며, 그 연구결과를 재단사업의 방향설정과 정부 정책수립의 기초자료로 활용해야 한다. 이를 위해서는 국내외 민간연구단체와의 협력568)과 미래연구자 인력풀 확대에 최선을 다해야 한다.

다음 <표 35>는 예산상의 제약에도 불구하고 연구자들의 연구활동을 지원한 내역이다.

<표 35> 재외동포재단 연구기반 지원 내역(1998~2006)

구분	연구기반조성사업 지원 성과
1998	재외동포재단,『재외동포전문가 초청워크숍』/이광규,『러시아연해주의 한인사회』/재아한인이민문화연구회,『재아한인사회 97』/『(원어) 우즈베키스탄인명록』
1999	전병칠,『20세기 조선족 10대 사건』/한 세르게이 미하일로비치 외,『고려사람, 우리는 누구인가』/김현동·주인영,『재중동포사회 기초자료집』1·2·3/서일범,『중국동북3성 한민족고대사유적조사 기초연구』/이채락,『민족문화네트워크형성을 위한 북방지역동포현황 조사연구』/백충현,『재외동포관련 입법의 내용과 형식에 관한 검토』/이종훈·박호성·이종철,『주요 국정지표에 기초한 재외동포정책 추진방향과 재외동포재단 중장기 사업계획』/파라과이한인회,『파라과이 한인이민 35년사』/동북조선민족교육출판사,『당대중국조선족인물록』
2000	이광규, Overseas Koreans/신대순,『재중동포 삶의 질 향상을 위한 한중교류실태와 발전방향』/옥선화·백희영,『재미동포가족의 자녀교육 및 가족생활실태조사』/이구홍·안영진,『재외동포 관련 문헌자료목록』/연변조선족자치주민족사무위원회,『중국조선족민속』/김블라지미르,『러시아한인강제이주사』
2001	우리민족서로돕기운동본부,『러시아남부볼고그라드지역한인(고려인)정착지원을 위한 기초조사보고서』
2002	차종환,『재외동포법 개정을 위해』/『(원어) 나의 백마 높이 날아라』
2003	서울대 사회발전연구소,『중국조선족사회의 변화: 1990년 이후를 중심으로』/한미동포재단,『미주한인이민100주년사』/연변출판,『중국조선족 문학사료집』/KINS,『재일조선인의 가슴 속』/다해,『하리코프에서의 행복의 비결』/조오지 타튼,『위기의 코리아타운』/유리 미하일로비치 텐,『나의 사랑 러시아』/국제경제연구소,『코리안 디아스포라와 세계경제』(영문판)/한유럽연구회,『유럽한인사』/한국외대 역사문화연구소,『독립국가연합지역의 신흥고려인사회 네트워크』/『독립국가연합 고려인사회연구』/한중경제포럼,『현대중국건설과 화교의 역할』/노영돈,『재외동포법 개정, 어떻게 되어가고 있는가?』/임영상,『CIS지역 한민족네트워크 형성을 위한 민간네트워크 상황 기초조사: 유럽, 러시아 및 중앙아시아』
2004	오성환(부가이),『한러외교사에서 발췌한 고려인 발전사』/러시아고려인연합회,『러시아에서의 140년간』/부가이,『시간의 시련』/정찬원,『재일한국인과 일본인의 의식차이』/서용달,『ロシアの韓朝鮮人問題と日本』/이광규,『세기의 과제: 연해주 물결운동』/박상희,『우즈베키스탄 한인아동의 언어와 생활』

2005	아르헨티나 한인이민문화연구원, 『아르헨티나 40년사』/재외동포재단, 『신호범 자서전』/김호림, 『코리안차이니즈신화를 창조하는 사람들』/라울 루이스(정경원외 역), 『쿠바의 한국인들』/호세 산체스(서성철 역), 『회상』/김민수, 『시베리아고려인과학자 현황과 학술적 업적』/윤인진, 『재외동포차세대 현황과 육성방안』/이진영, 『한중수교후 중국의 조선족정책과 한국의 과제』/정신철, 『재한중국인의 취업과 문화적 적응에 대한 연구』/임영상, 『시베리아와 유럽·러시아의 한민족공동체』
2006	김민 편저, 『(민족의 앞에 밝히는) 한민족호 기관장 권영호의 삶과 철학』/이광규, 『못 다 이룬 꿈』/성동기, 『김병화: 우즈베키스탄 불멸의 고려인 영웅』

또한 재외동포 관련 연구의 저변을 확장하고 다양한 지식과 정보를 한 곳에 축적하는 것으로는 백과사전 편찬 이상의 것이 없다. 지난 2004년 재외동포재단은 재외한인학회와 함께 "전 세계적 수준의 한민족네트워크를 구현"할 목적으로 '재외동포백과사전 편찬'(전 10권, 5개년 계획, 총사업비 25억원)을 구상한 바 있으나 여러 가지 문제들로 인해 끝내 성사되지 못했다.569)

　　백과사전은 정보를 집대성하는 하나의 독특한 방식이며 매우 유용하게 사용될 수 있지만 동시에 엄청난 비용과 시간과 노력을 요구하는 작업이다. … 첫째, 연구와 정책수립의 유용한 도구가 될 것이다. … 둘째, 백과사전의 편찬을 계기로 관련된 기본자료들을 정리할 수 있을 것이다. … 셋째, 연구개념을 정리할 수 있을 것이다. … 넷째, 연구자 및 정책관련자에 대한 데이터베이스를 구축하는 계기가 된다. … 다섯째, 재외동포에 대한 기본적 이해를 진전시키
　　는데 기여할 것이다. …여섯째, 사전편찬은 국제적인 기본적 사업이다. … 일곱째, 최근의 연구성과 및 정책변화를 정리할 필요가 있다. … 여덟째, 데이터베이스의 구축작업과 병행하여 진행시킬 수 있다. … 아홉째, 재외동포 관련 자료 및 최근까지의 연구성과를 집성하는 동시에 현상을 점검한다.570)

　　재단 내에 연구부가 생긴다면 바로 착수하여야 할 사업이 백과사전사업이다. 백과사전을 편찬하기 위해서는 모든 자료를 총망라해야 한다. 이것은 동포를 연구하는 국내외 학자의 머리를 총동원하는 것이며 학자들의 머리에 있는 자료를 전산망에 입력시켜 데이터베이스화 하는 작업이다. 이것으로 재단 정보화사업부는 한국에서 유일하게 자산을 가진 부서가 될 수 있다. 무엇보다 중요한 것은 국내외 학자들을 모두 재단의 방계 보조원으로 생각하여 그들의 연구성과를 재단이 간직할 수 있다는 사실이다.571)

동포사회의 과거-현재-미래를 한 눈에 파악할 수 있고, 수많은 관련 정보와 자료들을 한 곳에 모은 정보창고 역할을 하게 될 백과사전 편찬은 반드시 성사되어야 할 과제다. 이를 위해 아일랜드계, 중국계, 유태인계, 이탈리아계 등 주요 소수민족집단들이 자신들의 백과사전을 어떻게 편찬했는지 참고할 필요가 있다(<표 36> 참조).

<표 36> 주요 해외 소수민족 관련 백과사전

구분	서명 및 주요 특징
이탈리아	LaGumina, Salvatore J, Frank J. Cavaioli, Salvatore Primeggia, Joseph A. Varacalli, ed. The Italian American Experience: An Encyclopedia(NY: Garland Publshing, Inc. 1999): 재미이태리인의 경험과 공헌도를 최초로 심층적·백과사전식으로 기술 & 저명인사 전기 수록, 5년간 166명 학자 참여, 총735쪽(영어)
아일랜드	Michael Glazier., ed. The Encyclopedia of the Irish in America(ND: Univ. of Notre Dame Press, 1999): 아일랜드역사와 미국내 아이리쉬 이민자의 삶을 최초 기술. 세계 각국 250여 학자 집필 참여, 총988쪽(영어)
러시아	최 브로냐 편집책임, Энциклопедия Корейцев России(러시아의 고려인백과사전: 유명인사의 생애와 사상)(2003): 1914년 이주50주년기념으로 동방학연구소 포드스타빈 교수에게 집필 의뢰했으나 1차·2차대전 등으로 중단. 50여명의 학자들이 2년간 작업끝에 2003년 발간 (고려인명사 1,500명 수록). 총15장, 총1,441쪽(러시아어)
중국	북경대 출판사, 『世界華僑華人詞典』(1993)572): 화인·華埠개황/역사·지리/문물유적·저명건축/인물/社團/경제조직/학교/문화·복리기구/정당·정치조직/역사사건·중대활동/법률·조례·정책·조약·협의/정부기구·제도·관직/역사사건/보간(報刊)/저작·이론/전유(專有)명사사전 등 17개 항목 1,025항목 및 '세계화교화인대사건표', '근년세계화교화인인구통계표', '지명역명(譯名)대조표' 등 참고 부록 수록
	북경대 아태연구센터·중국화교역사학회, 『華僑華人百科全書』(1997~1999)573): 총론/인물/사단(社團)/정당/경제/문화교육과기(科技)/신문출판/역사사건/법률조례/저작이론/사구(社區)민속/문학예술/교향(僑鄕) 등으로 구성. 국내외 최신 화교화인 연구성과 반영
일본	Akemi Kikumura-Yano. ed., Encyclopedia of Japanese Descendants in the America: An Illustrated History of the Nikkei(CA: AltaMira Press, 2002): -アメリカ大陸日系人百科事典: 寫眞と繪で見る日系人の歷史/全米日系人博物館 企劃; アケミ・キクムラ-ヤノ編; 小原雅代 他 譯/日系人미주이민사(초기~현재)를 최초로 심층 기술, 국제일계연구프로젝트로서 14개 연구기관과 공동작업, 전미일계인박물관(JANM) 협력과 일본재단 후원으로 출간, 총368쪽(영어)
이스라엘	Shmuel Spector, Elie Wiesel, Geoffrey Wigoder., The Encyclopedia of Jewish Life: Before and During the Holocaust(NY: NYU Press, 2001)(전3권): 80여명의 학자와 야드바솀(홀로코스트박물관)과 협력하여 30여년 노고끝에 결실, 30권짜리 히브리어백과사전을 3권으로 압축, 나찌정권에 의해 홀로코스트시기에 사라져버린 6,500개 이상의 유태공동체문화를 생생한 자료로 재생(생존자 증언 및 6백장 이상의 사진 포함), 총1,924쪽(영어)/ cf. Encyclopaedia Judaica(Jerusalem: Macmillan, 1972)(전16권)/Jack Fischel, Sanford Pinsker, Jewish-American History and Culture: An Encyclopedia(NY: Garland, 1992)
미국	Stephan Thernstrom, Ann Orlov, Oscar Handlin. ed., Harvard Encyclopedia of American Ethnic Groups(Belknap Press, 1980): 200년 미국역사상 존재하는 거의 모든(100개 이상) 종족·민족집단의 기원·역사·현상을 심층적·체계적으로 기술, 미국인 정체성과 미국화·이민정책·편견과 차별·인종과 종교 등을 상세히 설명, 재미한인항목은 김형찬 교수 집필, 총1,104쪽(영어)
한국	아직 없음

한편 한국학중앙연구원 백과사전편찬연구실에서는 한국학술진흥재단의 지원을 받아 '한국민족문화대백과사전'(전28권) 전면 개정증보판 편찬작업(10개년 계획, 2011년 간행 예정)에 착수하여 15개 분야의 기존 항목과 원고를 재검토 중에 있으며574), '해외한민족' 관련사항들은 '근대사(일제강점기), 정치/외교/국방' 파트에서 다룰 예정이다.

재외동포 관련 백과사전이 출간된다면 재외동포재단의 조사홍보팀을 (가칭) '재외동포연구원'으로 확대·개편하여 교포문제를 전문적으로 취급하는 연구기관과 학자들의 연구활동을 적극 지원하는 방법도 함께 고려할 필요가 있다.

다. 연구소·학회의 역할: 기초연구와 연구자 네트워크 확대에 집중해야

2006년 재외동포 관련 연구 관련 전문가 리스트가 한 차례 정리된 바 있다.575) 이를 국내로 한정해 보면 현재 재외동포 관련 연구자의 수는 50여 명 안팎이며, 이들 대부분은 재외동포 관련 연구소576), 재외한인학회577), NGO단체,578), 재외동포언론579), 재외동포재단(자문위원)580), 재일동포모국공적조사위원회581), 세계한인정책포럼 등에 속해 있으면서 각자의 전문분야를 학문적·이론적으로 정리하고 있다. 따라서 이들을 네트워크하고 정부의 정책수립이나 현장의 실태조사에 성과를 거두기 위해서는 연구소와 학회의 고급정보와 인적자원이 상호 공유되어야 하며, 각자의 전문성을 강화해나가야 한다.

현재까지 교포 관련 문헌·자료의 수집·정리가 제대로 이루어진 것은 이구홍·안영진의 『재외동포 관련 문헌자료 목록』(2000)과 국사편찬위원회의 『재외동포사 편람』(2005) 등 단 2개뿐이다(<표 37> 참조).582)

<표 37> 문헌 및 논저 목록 비교

구분	재외동포관련 문헌자료 목록(2000)	재외동포사 편람(2005)
재외동포 관련단체 및 기관	-	국내 단체 및 기관/연구단체 및 자료소장처/언론단체/한국학과 및 한국어과 소재 대학/동포단체/한글학교/종교단체/태권도협회
지역별 분류	재외동포 일반/일본/중국/미국/ 러시아 및 구소련/기타 지역	<논저목록>일반/아시아(중국·일본·기타)/독립국가연합/북미(미국·캐나다)/중남미/유럽/오세아니아/기타
주제별 분류	개관/역사/사회/경제/정치/문화/교육/정신건강·보건/지리/인권·법적지위·해당 국가의 한인에 대한 정책/한국·한반도문제와의 관계 및 관련 활동/한국정부의 재외동포정책/독립·민족운동/ 기타	-

비디오 자료	재외동포 일반/일본/중국/미국/ CIS 및 구소련/ 기타	-

그러나 이들 두 개의 연구성과들은 최소한의 목차와 내용, 중요도와 신뢰성 등에 대한 정보가 없는 단순 정리 수준에 머물렀다는 한계가 지적되고 있다. 한경구는 '문헌해제의 중요성'(1997)을 다음과 같이 밝히고 있다.583)

> 연구문헌해제는 재외한인연구의 수준 및 현황에 대한 체계적 정리 및 점검을 위한 기본작업이다. 이는 중복연구 방지 및 연구의 질적 고양을 위해 반드시 필요한 작업이다. 이는 단순한 문헌에 대한 목록정리가 아닌 전문가의 문헌선정과 요약을 포함한 해제를 통해 재외동포연구에 대한 냉정한 평가를 진행하며 추후 중복연구를 방지하며, 재외동포연구의 질적 수준을 제고하게 될 것이다. 또한 해제작업을 통하여 국내외 재외동포 연구자와 정책 입안자의 인명 데이터베이스 구축과 네트워크 수립으로 추후 더욱 심화된 연구 및 정책을 수립할 수 있는 기초를 마련하게 될 것이다. 이러한 해제작업은 연구문헌의 급증과 이에 따른 정리의 필요성 때문에 더욱 절실하다. 특히 1990년대 후반기 이후 재외동포관계 연구문헌이 급증하고 있어 이에 대한 정리가 필요하다.

또한 2005년 이후 국사편찬위원회에서도 "해외한인들의 역사가 올바로 정립될 때 비로소 총체적인 한국사상이 정립될 수 있다"는 취지 아래 '한민족 재외교민사' 관련 자료수집에 본격적으로 나서고 있다.584) 그러나 이 정도로는 여전히 부족하다. 해외이주사 연표작성과 각 관련 문헌·자료(잡지, 신문기사, 사진, 비디오 등 포함) 및 관련 조직·단체에 대한 자세한 해제가 이루어져야 하며, 현재 재외동포재단에 구축된 자료실은 교포문제 관련 자료들을 집대성하는 본격적인 아카이브(Archive)로 발전되어야 하며585), 연구자 및 단체 상호간에 재외동포 관련 DB도 통합 관리되어야 한다.586)

한편 국제교류재단에서도 한국학의 주제로 '동포'를 다루고 있으며, 미국 UC 리버사이드대학(소수인종학과)에서는 '재미동포연구소'(김영옥 대령 기념)를 설립하기 위한 재원마련에 나서고 있어 재외동포연구 중심축이 확대되고 있음을 알 수 있다.

라. 대학의 역할: 교포문제 관련 학과·과목을 설치해야

　재외동포 관련 연구가 하나의 독립된 학문으로서 자리를 잡기 위해서는 반드시 학문후속세대를 길러내야 하며, 이는 대학 내에 독립학과나 관련 강좌, 또는 단설대학원(예: 대학원대학교) 등이 설치되어야 한다.587) 양창영은 교포정책세미나(1993) 토론에서 이민관련 학과의 개설을 주장한 바 있다.588)

　　해외이민, 해외동포, 해외교포에 대한 인식 자체를 개조해야 한다고 생각합니다. 걸핏하면 언론이나 매스컴에서 해외에 살고 있는 동포들에 대한 나쁜 이야기들을 전제로 하여 국민들의 해외동포에 대한 인식이 좋지 않은 것은 사실입니다. … 구라파지역의 국민 학교, 중·고교 교과서에 보면 태어나서 자라서 해외로 진출하는 것이 그들의 꿈이고 희망사항이 되게끔 교육제도가 잘 되어 있습니다. 일본만 하더라도 척식대학이 있지 않습니까? 그런데 우리나라에는 그런 것이 전혀 없습니다. … 관광과, 관광호텔과, 심지어는 부동산학과까지 있는데 해외개발과라든가 해외개척과라든가 해외진출을 많이 시킬 수 있는 해외이민과 같은 것이 왜 없는지 모르겠습니다. 여러 교수님들이 통탄을 하는데도 아직 그런 커리큘럼이 없다는 것이 한국의 실정입니다.

다음 <표 38>은 국내외 대학에 개설되어 있는 재외동포관련 교과목현황이다.

<표 38> 국내외 대학의 재외동포 관련 개설과목

구분	세부 추진과제	비 고
인제대학교	-통일학부 '재외동포정책론' 과목(06년 1학기~, 진희관)589)	-1전공 외 연계전공
국립 공주대학교	-대학원내 협동과정(석사)으로 '재외동포학과' 신설(08년 전기) -한민족교육문화연구원내 재외동포교육문화연구소, 한민족입양인교육문화연구소 개소	
인하대학교	-정치외교과 '국제정치와 이주' 과목 개설(이진영)590) -국제관계연구소 부설 '이주 및 재외동포연구센터' 개소(07.11)	
국립 전남대학교	-세계한상문화연구단에서 한국학술진흥재단 기초학문육성과제 중점연구지원사업 '세계한상네트워크와 한민족문화공동체조사연구'(03~06년) 수행 -학과간 협동과정(석사·박사과정) '디아스포라학' 개설591) -정치외교학과 교양과목 '세계한민족의 이해'(임채완) -전공과목 '세계한민족네트워크론' 신설(05년 1학기~)	디아스포라학 협동과정 592)
서울여자대학교	-연계전공 국제학전공 '세계속의 한인들' 개설(05년)	현재는 폐강

한국외국어대학교	-사학과 '세계의 한민족'(교양), '해외한인사'(전공) 개설 -문화콘텐츠학 '해외한인문화와 콘텐츠개발'(연계전공) 개설 -한국학과 '해외한인사회연구'(전공) 개설 -경영대학원내 Executive MBA 및 해외글로벌 최고경영지도자 과정 개설	
경희대학교	-한국어교육을 위한 '한국문화론'(04년, 06년 1학기)	
명지대학교	-산업대학원 석사과정 '이민학과' 개설(05년 8월, 박화서) -사회교육원 특별과정(1년) '이민행정전문인' 개설(08년)593)	관광학과→ 이민학과 (07.6 폐지)
한국학중앙연구원	-학제간 과목 '한민족공동체론'(01년 2학기, 정영훈594)) -한국사학·고고학전공 '해외한민족역사(협동)' 개설(07년 2학기, 권희영)	
동서대학교	해외한인경제연구소(05~, 박재진) NURI한상사업단(동서대·동아대, 단장 전현중)595) -국제서비스경영 전문가양성사업(박재진)596)	한상네트워 크연구회 (박재진)
동아대학교	NURI한상사업단(동서대·동아대) -국제법률서비스전문가양성사업팀(이학춘)597)	
중국 中央民族大學 (www.cun.edu.cn)	中國少數民族語言文化學院 개설 강좌(04~05 봄학기) -중국조선족문학사(오상순) -중국조선족현대사(강기주)	한국경제문 화연구소 (황유복)
일본 早稻田大學 (www.waseda.jp)	개방교육센터 -재일교포로부터 배우기 1·2(오카무라 료지)	
일본 조선대학교	-외국어학부, 정경학부, 교육학부, 문학역사학부 등	1956.4.10 설립
뉴질랜드 오클랜드대학교 (www.auckland.ac.nz)	아시아학대학(School of Asian Studies) 05년 2학기 -아시아인의 국외이주(송창주)	
미국 뉴욕대학교 (www.nyu.edu)	문리대학 동아시아학(East Asian Studies) 04~05 봄학기 -현대한국과 재외한인(박현옥)	
미국 위스콘신대학교 매디슨캠퍼스 (www.wisc.edu/)	문리대학 동아시아어문학과 04~05 봄학기 -아시아계 미국인운동(주로 한국계)(Peggy Choi)	
미국 노스파크대학교 (www.northpa가.edu/)	한국학센터 04~05 가을·봄학기 -한국인 이민사회학	한국학 부전공
미국 캘리포니아국제 문화대학교 (www.iic.edu/)	국제문화대학 04~05 여름학기(대학원 선택과목) -한국계 미국인 문학(Hillary Vanessa Finchum-Sung)	
미국 UCLA (www.ucla.edu/)	문리대학 동아시언어문화학과 -한국계 미국인의 경험(박계영)	
미국 UC 어바인 (www.uci.edu/)	인문대학 동아시아문학과 04~05 가을·봄학기 -한국계 미국인의 경험(슈레이크)	
미국 하와이대 마노아 캠퍼스(www.manoa.haw aii.edu/)	하와이·아시아·태평양대학교 동아시아어문학과 04~05 봄학기 -하와이 이민(알레가도)/-하와이 이민(다스 굽타) -한국: 조국과 디아스포라(에드워드 슐츠)	

또한 신생학문 단계에 있는 재외동포 관련 연구가 하나의 독립학문으로 자리 잡으려면 커리큘럼이 보다 전문화·세분화되어야 한다(<표 39> 참조).

<표 39> 재외동포 관련 커리큘럼 상호비교

전남대학교 정외과 '세계한민족의 이해'(2005)	中山대학역사學程 '미국화교사'(2004) 598)	中山대학 역사學程 '현대중국교무사' 599)	輔仁대학 전인 교육과정중심 해외 화인사회연구600)	日本拓植大學 국제학부 在外華人 (岩崎育夫)
1.재외동포의 의의와 연구현황 2.지구화와 디아스포라의 상관성 3.세계한민족분포, 이주, 적응 4.한인커뮤니티통합과 갈등 5.타민족디아스포라 네트워크와 시사점(화교,유태인,인교) 6.각국부문별(경제,정치사회문화)한인 지도자 탐방 7.각국한인차세대민족정체성과한국관 8.중간고사 9.각국한민족문화예술 탐방 10.각국한인사회단체 현황과 특징 11.각국한인교육과 언론 12.각국한인정보 및 지식인프라 13.각국한인인권실태와 법적 지위 14.세계한인잠재력과 모국연계(정치경제,문화적관점,민족통합관점) 15.기말고사	1.미국화교사 과정총론 및 과정설계 2.화인의미국이주 溯源 3.재미화교인구분포 발전과정 4.재미 차이나타운 (華埠) 변천과정 5.미국중화회관 6.재미화교사회풍습 7.재미화교단체조직 8.재미화교경제생활 9.재미화교식당사업/중간고사 10.재미화교문화교육 전파 11.재미화교종교신앙 12.재미화교정치활동 13.재미화교가 직면한문제 14.미국의배화(排華)운동 15.石泉慘案(1885~1887) 16.중국교무행정조치(대책) 17.화교 대미국·중국공헌18.현대중국불법이민문제/기말고사	1/2.중국현대僑務총론과 과정설계 3/4.중국현대인구유동과 교무(인구이동동인,원고향,분포현황,교무사상,정책,조치,활동,조직) 5/7.중화민국교무(上, 11~49: 교무사상정책,조치활동,기구조직,연구성과) 8/10.중화민국교무(下, 49~04) 11/13.중화인민공화국교무(49~04) 14/16.중화민국과중화인민공화국교무비교분석(49~04) 17/18.중국현대교무의 문제,대책 및 결론(회고, 전망, 시대적 의의)	1.화교의 본질 2.각종 華人뜻 해설 3.사회교차권이론: 해외교민2~3세의 심리와 행위탐구 4.교무정책(49년이전) 5.교무정책(50~71, 71~91) 6.교무정책(91년이후) 7.대만이민변천과 특색 8.근대대만인의 이민상황변화와 문제 9.대만의 동남아교무정책 반세기(49~00) 10.화교방문,교류, 우의(1대1) 11. 대만이민현상과 대응책 12.세계해외화인분포현황 소개 13. 해외화인사회조직:해외화인가정,해외화인의 종교신앙 14.해외화인과 모국관계,화인과 비화인관계 15.동남아,미주,호주,대양주,구주,인도양 등 화교사회 16.결론	1.재외화인: 개념 2.홍콩(식민지화·이민·공업화·중국복귀 등) 3.대만(중국인이민·국민당·민주화·자립으로) 4.말레이시아(복합사회-화인사회와 말레이우대정책) 5.싱가포르화인(화인사회의 정치경제학) 6.인도네시아(화인 억압배제와 생존) 7.필리핀(小화인사회와 큰 경제력) 8.태국(화인이 잘 조화된 사회?) 9. 베트남(정치에 농락당한 화인) 10.非아시아권화인 11.아시아 타민족의 이민(일본·한국·인도) 12.화인을생각한다

결국 정부는 통합적인 입장에서 큰 그림을 그리고, 재외동포재단은 그것을 기반으로 중장기 연구환경을 조성하며, 연구소와 학회는 정부와 재외동포재단의 지원 아래 수준 높은 각 전문분야별 연구성과물을 양산해내고, 대학은 학문후속세대를 열심히 길러내는 구조가 마련될 때 재외동포사회는 새로운 미래를 개

척해나갈 지혜와 힘의 원동력을 얻게 되는 것이다.

제5절 맺는 말

지금까지 이 글에서 다룬 논의들을 중심으로 필자의 입장을 정리하면 다음과 같다. 무엇보다도 해방 이후 재외동포 관련 연구동향을 살펴봄으로써 우리 학계의 연구수준과 연구범위가 어느 위치까지 와 있는지를 파악하고자 했다. 사실 재외동포 연구의 궁극적 목적은 재외동포의 거주지역, 경제수준, 국적·혈통·언어구사 등을 떠나 우리의 민족자산인지 아니면 우리와 무관한 존재인지를 자문자답하기 위함이라고 본다. 그러기 위해서는 재외동포 관련 연구가 어느 특정지역만을 연구하는 '반쪽짜리'나 '편향적' 연구가 되어서는 곤란하다. 전 세계에 흩어져 살고 있는 700만 재외동포 모두를 다룰 때 우리 사회는 '국적=혈통'이라는 고정된 시각에서 벗어나 '열린 민족·열린 국가·열린사회'로 한 단계 성숙할 수 있다.

'한국정치학회 재외동포연구특별위원회'의 취지도 이런 점을 상호공감하면서 향후 연구과제를 도출하기 위한 작은 노력의 일환이다. 모든 신생 학문분야가 그러하듯이 재외동포 관련 연구는 학문으로서의 역사가 매우 짧다. 그러므로 다음 몇 가지 사항에 유념해야 한다.

첫째, 재외동포 관련 연구가 하나의 학문분야로 인정받느냐 못 받느냐 것보다 그 학문적 토양이 얼마나 지속되며, 재외동포사회의 지지와 협력을 어느 정도 받느냐가 더 중요하다. 이를 위해서는 단순히 재외동포의 경제적·전략적 활용가치나 모국발전의 조력자 정도로 평가해서는 곤란하다. 한민족공동체(네트워크) 형성의 중심축으로서 그리고 민족발전의 능동적 주체로서 인정하고 이들과의 유대감과 미래비전 공유에 초점을 맞춰야 한다.

둘째, 지역연구로서의 재외동포 관련 연구는 기능중심의 연구가 아닌 대상 중심의 연구이므로 각 동포사회에 대한 철저한 현장조사와 참여관찰이 대단히 중요하다. 이를 원활하게 수행하기 위해서는 안정적 연구비 확보가 필수적이며, 재외동포재단이나 한국학술연구재단(설립추진중) 등 정부측의 관심과 지원이 확대되어야 한다.

셋째, 상이한 이주배경, 이민시기, 거주국 상황, 문화풍습, 세대별 의식차이 등으로 인해 재외동포의 삶을 하나의 수치로 일반화하거나 명확한 이론

제시가 현실적으로 어렵다. 그러나 가치중립적 입장에서 기초자료조사 및 역사적 사실에 대한 정확한 기술을 꾸준히 수행해나간다면 연구의 질적 수준과 활용도를 한 단계 높일 수 있다.

넷째, 재외동포 관련 연구의 목적이 분명해야 한다. 이는 동포사회가 처해 있는 특정 현상에 대한 현장보고나 학술적 연구 이외에 모국과 동포사회의 상호미래를 내다보는 인식전환과 모국일변도가 아닌 상호중심적 협력연구가 필요하다. 또한 관련 학과·연구소 설립과 후학양성이 전략적일 때 연구자 풀의 확대재생산도 가능하다.

다섯째, 교포연구방법론 이외에도 교포기업연구, 교포언론연구, 교포사회 연구, 교포이주사연구, 교포사회발전연구, 교포독립·건국운동연구, 교포행정 연구, 교포정책연구 등 다양한 주제와 영역으로 폭넓게 다루어져야 한다.

여섯째, 백과사전·백서 발간과 아카이브 구축이 조속히 이루어져야 하며, 이는 연구사 및 이민사 연표정리, 연구자 현황 파악, 관련 문헌해제, 동포사회의 제반특징 및 동향분석, 주요 국내외 단체 및 인물정보(DB) 구축 등 고급정보가 지속적으로 생산·관리·활용되는 기틀 위에서 이루어져야 한다.

일곱째, 재외동포는 거주국에서는 모범적 시민[국민]으로 그리고 모국에서는 동포애로 육성되어야 할 소중한 민족자산이다. 이들의 삶의 질이 향상되고 제반 환경이 정비되지 않고서는 주류사회에서 세계 유수의 경쟁자들과의 경쟁에 밀릴 수밖에 없다. 따라서 재외동포들이 사는 곳, 정착정도, 언어, 국적이 다르더라도 그들이 이 땅의 역사·문화를 자신의 뿌리로 선택한다면 우리는 기꺼이 그들과 더불어 살아야 한다.

이상 여러 과제들에 유념하면서 앞으로의 연구들이 진행되고, ①미시적인 기초조사연구(관찰→이론→실제적용), ②거시적인 정책연구(이론→관찰→정책제언), ③타지역·민족과의 경험비교연구(관찰→동포관련 자료·DB 제공), ④해석학적 연구(관찰+ 참여+ 이론→재해석→전문가 재해석) 등 다양한 연구방법들을 개발해낸다면 재외동포 연구는 충분히 학제적이면서도 독립학문(학과)으로서의 길을 열어나갈 것으로 기대된다.

(한국정치학회 등 광복60주년기념 하계학술대회, 2008.8.8)

1) 한국정치학회 등 주최한 광복60주년 기념 하계학술대회(2008.8.8)에 발표한 발제문.
2) 류상영, 「21세기 한국의 국가전략을 위하여」, 김원호 편, 『국가전략의 대전환』(삼성경제연구소, 2001), 16~17쪽. 국가전략은 "국가가 주어진 환경에서 자국의 가용자원을 효과적으로 활용하여 국가의 이익과 목표를 실현하는데 필요한 중장기적 행동원칙과 이념 및 수단"으로서 "단기적인 정책이나 구체적인 제도와는 구별"되며, "중장기성・복합성・선견성"을 갖는다.
3) 대통령직속 국가경쟁력강화위원회(민관합동, 08.3.13) 및 미래기획위원회(08.5.14) 설치.
4) 제13차 재외동포정책실무위원회(2008.5.28) 자료 참조.
5) SWOT(강점・약점・기회・위험)분석에서 중요한 요점은 어떻게 하면 환경변화의 강점은 살리면서도 약점은 죽일 것인가, 기회요인은 활용하면서도 위협요인은 억제할 것인가 하는 데 있다. 즉 '좋은 것은 더 좋게'(S-O분석), '불리한 것은 가능한 한 최소화'(W-T분석)하는 것이 필요하다.
6) 김봉섭, 「재외동포법의 배경과 쟁점」, 『단군학연구』 제7호(단군학회, 2002), 76쪽; www.korean.net 재외동포현황) 참조.
7) 외교통상부, 「참여정부의 재외동포정책」, 8쪽 참조.
8) 이구홍・안영진, 『재외동포 관련 문헌자료목록』(2000) 참조.
9) 제2회 중국지역 한인회장단 교류회 개막식(2007.1.27)에서 이구홍 당시 재외동포재단 이사장의 강연내용 참조; ≪동아일보≫ 1964.3.23(3면) "논단: 다시 한일회담을 말한다(2) 문인구/교포의 법적지위, 평화선・청구권문제보다 더 큰 비중, 자녀의 영주권 인정하라" 참조.
10) 김장권, 「재일교포의 법적지위문제」(국회도서관 입법자료분석실, 1990) 2쪽 참조.
11) 2005년 국사편찬위원회에서 펴낸 『재외동포사 편람』(논저목록)(약 7천여 편의 연구성과 수록).
12) 이연직, 「해방후 재일조선인에 대한 국내의 연구성과와 대중서 서술」, 『한일민족문제연구』 제5호(한일민족문제학회, 2003.12), 165~169쪽; 장석흥, 「해방 후 귀환문제 연구의 성과와 과제」, 『한국근현대사연구』 25집(한국근현대사학회, 2003); 장석흥, 「세미나주제3: 해외동포사・항일독립운동사 어떻게 정리할 것인가」(진실화해를위한과거사정리위원회, 2006.2.16); 국사편찬위원회, 『재외동포사회의 역사적 고찰과 연구방법론 모색』(국사편찬위원회, 2005); 김예경, 「중국조선족 연구의 한・중비교: 연구기관, 연주자 및 연구경향을 중심으로」, 『동아연구』 제50집(서강대 동아연구소, 2006.2) 참조.
13) 이만열, 「동북아지역 재외한인의 현황과 과제」, 인천광역시 역사자료관 역사문화연구실 편, 『동북아한인공동체와 삶』(2006), 5~8쪽 참조.
14) ≪조선일보≫ 1945년 11월 24일자(2면, 귀환동포 42만4천), 1945년 11월 25일자(2면, 귀환학병 제1회 보고대회 성황), 1945년 12월 2일자(2면, 미국 舟艦타고 동포귀환, 11월 30일 3천명 군산에 입장), 1945년 12월 4일자(2면, 전재고아 귀환, 구제회관에 수용중), 1945년 12월 5일자(2면, 5십만5천명, 12월 1일 현재 귀환동포의 총계), 1945년 12월 11일자(2면, 재화동포구원, 화북귀환자대회), 1945년 12월 15일자(2면, 9일 현재 귀환동포 61만2천), 1946년 1월 9일자(2면, 4일 현재 귀환동포 총계 팔십만팔천명), 1946년 1월 14일자(2면, 김주석, 귀환동포 위로), 1946년 1월 30일자(2면, 귀환동포 9십만), 1946년 4월 1일자(2면, 재일귀환동포, 휴대품을 제한), 1946년 5월 7일자(2면, 중국서 귀환한 동포 총 28,600명, 480톤의 감자씨 배급중), 1946년 6월 1일자(2면, 귀환동포 총수 1,093,000명), 1946년 6월 5일자(2면, 9월말까지 51만명 귀국, 재일조선인귀환), 1946년 6월 8일자(협토에 늘어가는 인구, 1일에 16여만명 귀환), 1946년 6월 17일자(2면, 남양서 동포 귀환), 1946년 6월 23일자(2면, 상해에서 789명 귀환, 총계 58만명이 중국서 돌아왔다), 1946년 9월 21일자(1면, 식량・귀환동포문제 등 한민당서 건의 진언, 건의안), 1946년 10월 24일자(1면, 동포 6만명, 중국에서 귀환), 1946년 10월 24일자(2면, 재중동포 4만5천명, 엄동 앞두고 귀환 희망), 1946년 12월 21일자(재일동포 1만명, 일본인 본국귀환과 동시에 북조선에 송환을

결정), 1947년 2월 19일자(2면, 해방이후 귀환동포 수백90만), 1947년 5월 23일자(2면, 재일동포 단 백여명 귀환), 1947년 6월 3일자(2면, 남방귀환동포 1백9십명 상륙), 1947년 9월 24일자(2면, 인구동태, 귀환 200만, 철퇴 90만), 1947년 12월 5일자(2면, 우선 2만명 재만동포 귀환에 선박알선), 1948년 5월 12일자(2면, 재만동포 천백명, 귀환선으로 인천 입항), 1948년 6월 10일자(재만동포 귀환알선 당분간 중지), 1948년 9월 11일자(2면, 귀환선은 마지막, 재중동포 아직도 100여만, 전후 8회에 8천명 귀국) 등; 關野昭一,『在日朝鮮人の北鮮歸還問題』(國立國會圖書館, 1960)/박경석,「적치하의 망향 30년: 재사할린교포의 생활실태와 귀환교섭의 안팎」,『신동아』43(1968.3)/大沼保昭저・이종원역,『사할린에 버려진 사람들』(청계연구소, 1993)/최영호,『재일한국인과 조국광복: 해방직후의 본국귀환과 민족단체활동』(글모인, 1995)/ 金英達・高柳俊男 編,『北朝鮮歸國事業關係資料集』(新幹社, 1995)/ 國會圖書館編,『新聞記事クリッピング:北朝鮮歸還(在日朝鮮人): 日本國立國會圖書館新聞切拔資料: 韓國關聯, 1956, 1959, 1963~1972, 1977, 1979』(2004)/국민대학교 한국학연구소 편,『일본지역 한인귀환과 정책, 1~2』(역사공간, 2004)・『중국지역 한인귀환과 정책, 3~5』(역사공간, 2004)・『중국지역 한인귀환과 정책, 6~9』(역사공간, 2006)・『대만지역 한인귀환과 정책, 10』(역사공간, 2006).

15) 이구홍,「국력결집을 위한 해외동포의 효과적인 계도방안」,『정책논단』제1권 제1호(국가안보정책연구소, 1997), 88~89쪽 참조.
16) 공보처,『이승만대통령박사담화집2』(1956), 196쪽 참조.
17) 이구홍,「해외교포사회론: 유태인・화교・교포사회를 중심으로」,『해외동포』22(1986.9), 10쪽 참조.
18) 육군본부 군사감실 편,『육군연감』(1961), 236쪽 참조.
19) 부만근 편,『광복제주 30년』(문조사, 1976), 431쪽 참조.
20) 외무부는『재외국민현황』을 1964년, 1967년, 1968년, 1969년, 1970년, 1971년, 1972년, 1973년, 1975년, 1978년, 1986년, 1987년, 1988년, 1989년, 1990년에 펴냈음.『해외동포현황』은 1991년, 1992년, 1995년, 1997년에 펴냈고, 1999년부터는『재외동포현황』을 2년 주기로 발행하고 있음.
21) 내무부 통계국편,『대한민국통계연감 1954(제3회)』(내무부, 1955); 외무부,『재일한인법적지위문제(에 관한 설명서)』(외무부, 1958); 공보부 공보국,『자료』제1집(1961.5) 참조.
22) 한국 대통령(1963~1979: 박정희),『박정희 대통령 결재문서 239』(대통령비서설, 1966) 참조.
23) 제2대 국회 외무위원장 발의(1952.9.3, 원안 가결).
24) 국회,『국회사: 025회(임시회)』(국회사무처, 1957); 국회,『국회사: 032회(임시회)』(국회사무처, 1959) 참조.
25) ≪동아일보≫ 재일교포문제의 선후책(1949.4.27, 1면)/재일교포자녀들의 교육문제(1954.10.3, 1면)/좌시못할 교포북송(1959.2.11, 1면); ≪조선일보≫ 재일교포와 그 선전문제, 적의 음모토벌에 전력하라(1952.8.20, 1면)/재일교포 사상선도에 노력하라(1952.9.22, 1면)/재일교포의 선도책 시급(1953.5.24, 1면)/재일교포 지도대책을 세우라(1956.9.8, 석간 1면)/이제라도 재일교포의 보호선도책을 강구하라(1959.4.28, 석간 1면).
26) 김태기,「재일한인사회의 현안과 정책적 과제」,『제1회 세계한인의 날 기념 재외동포정책세미나』(주최: 외교통상부, 주관: 재외동포재단, 후원: 재외한인학회, 2007.10.4) 96~96쪽 참조.
27) 1차 회담(예비회담 1951.10.20~1952.2; 본회담 1952.2.15~4.21), 2차 회담(1953.4.15~7.23), 3차 회담(1953.10.6~1953.10.21), 4차 회담(예비회담 1957~1957.12.31; 본회담 1958.4.15~1960.4).
28) 한승조,「한일회담과 박정희-긍정적 평가」,『현대사연구』제6호(한국현대사연구회, 1995), 176~177쪽 참조.
29) 이한기,「외교적 승리의 이론적 배후: 국제법상으로 따져본 재일교포북송문제」,『사상계』7,5

(1959.5)/「한일회담의 문제점」, 『정경연구』 1,3(정경연구소, 1965.3·4) 참조.
30) 공보실편, 「재일교포북송음모의 이면상은 이렇다」, 『정보』/유근주, 「북한동포에 앞서 재일동포를 구출하자: 재일교포를 위한 몇 가지 논점」, 『신태양』 7,5/재일교포의 북송과 대일외교: 국내의 움직임」, 『사상계』 7,12/신동준, 「교포에게 뻗친 괴뢰의 마수」, 『해군』 82/김사목, 「한일회담의 배후관계: 일본을 본거지로 한 국제공산당의 음모」, 『신태양』 78/김당산, 「황량한 재일교포의 현실」, 『사상계』 7,1/송태현, 「재일교포 북송협정서 전문 및 일본신문의 북송에 관한 논평」, 『법조』 8,10/김성천, 「일본의 교포북송의 결정과 국민의 각오」, 『지방행정』 8,2/원용석, 「인도문제를 일탈한 岸정부의 망동」, 『신태양』 78호/윤성순, 「일본의 재일교포북송에 대한 음모와 해부」, 『지방행정』 8,2.
31) 제1장 재미한인사회/제2장 재미한인교회/제3장 재미한인단체/제4장 교육과 문화활동/제5장 생활정형과 경제사정/제6장 정치적 활동.
32) 민의원사무처, 『제37회 국회 민의원 속기록』 제12호, 3쪽 참조.
33) 엄상윤, 『제2공화국 시대의 통일논쟁』(고려대 박사학위논문, 2001) 참조.
34) 허정 수반은 1960년 4월 27일 "한일 양국관계의 조속한 정상화를 바란다"고 발표, 일본의 藤山외상이 이를 호의적으로 받아들였고, 일본기자의 한국입국허가와 일본어부의 일본송환을 실행했음.
35) 외무부편, 『대한민국외교연표 1948~1961』(1962) 535~536쪽 참조.
36) 『국회보』 30(1960.10), 5쪽; 장면, 『한 알의 밀이 죽지 않고는: 장면 박사 회고록』(가톨릭출판사, 1967), 180쪽 참조.
37) 국회사무처, 『국회사: 제5대 국회 제37회 국회(정기회)』(1960) 131~134쪽 참조.
38) 국회사무처, 앞의 책(1960) 149~151쪽 참조.
39) 5차 회담(1960.10.25~1961.5.15).
40) ≪동아일보≫ 1960년 9월 26일자(석간 1면) "재일교포대책에 적극성을 보이라."
41) 참의원 사무처, 『제38회 국회 참의원회의록』제17호(1961.2.22), 7쪽 참조. 윤택중(문교정무차관 겸 민의원), 민관식(민의원), 유청(민의원), 설창수(참의원), 이영훈(문교부 섭외교육과) 등 5명이 1961.2.6~20까지 현지시찰.
42) 『제38회 국회 민의원 회의록』 제18호(민의원사무처). 「한일관계에 관한 민의원의 결의문」.
43) 1. 서언/2. 자유중국과 중화민국이라는 이명 동일국호/3. 한중양국과 중한양국은 형제지국 - 현 중화민국(자유중국)의 형세, 토지개혁과 화교, 화교들에 대한 문교정책, 기타의 화교에 대한 사업, 끝으로 하고 싶은 말.
44) 김성은, 「재일교포교육의 현황」, 『교육평론』 27/이인영, 「재일교포음악인들의 실태」, 『음악문화』 1/문명자, 「재일교포가 보는 4·19」, 『여원』 6/정인석, 「60만 재일교포의 금후의 운명: 우리의 위급성은 호소했건만」, 『한일평론』 1//이대위, 「재일한교의 실태와 그 대책」, 『한일평론』 1/한국생산성본부편, 「재일교포의 분포동태」, 『기업경영』 3.
45) 외무부편, 『대한민국 외교연표, 1948~1961』(1962), 600쪽 참조.
46) 외무부편, 앞의 책(1962) 626쪽 참조.
47) 6차 회담(1961.10.20~1962.3.18, 1962.8.21~1964.4), 7차 회담(1964.12.3~1965.6.22).
48) 권일 재일민단장 예방 ≪조선일보≫ 1961년 6월 23일자(조간 1면), 1961년 6월 24일자(조간 1면); 교포장학생 조국방문단(8.16) ≪조선일보≫ 1961년 8월 17일자(조간 1면); 전국체전 참가 재일교포선수단(10.7) ≪조선일보≫ 1961년 10월 7일자(석간 3면), 1961년 10월 10일자(석간 1면); 교포실업인(12.22) ≪조선일보≫ 1961년 12월 23일자(조간 1면) 참조.
49) 공보부 편, 『박정희의장 방미·방일특집』(1961), 63쪽 참조.
50) 정부조직법[폐지제정 1961.10.2 법률 제734호] 제19조(외무부) 제6조(정무국) ①정무국에 아주과, 미주과, 구아과, 특수지역과 교민과를 둔다. … ⑦교민과는 다음의 사항을 분장한다. 1. 재외국민의 실태조사, 연구와 교도, 보호에 관한 사항 2. 이민에 관한 섭외사항.

51) 행정백서발간위원회 편, 『행정백서』(1964), 215~216쪽; 대한민국정부, 『행정백서』(1965), 382~383쪽 참조; ≪조선일보≫ 1961년 8월 10일자(조간 1면) "재일교포 학교파견교사 10명 선발."
52) 행정백서발간위원회 편, 『행정백서』(1962), 66~67쪽 참조.
53) 국회, 『국회공보: 제41회 제16호』(1964).
54) ≪조선일보≫ 1961년 10월 16일자(석간 1면) "재일교포에 대한 합리적 지도보호책"; ≪조선일보≫ 1962년 8월 18일자(석간 1면) "재일교포의 선도를 등한히 하지 말라."
55) 무상원조 3억 달러, 정부차관 2억 달러, 민간차관 1억 달러 도합 6억 달러로 합의. 그러나 1965년 가조인 때에 민간차관 3억 달러로 늘어나 도합 8억 달러선에서 최종 합의.
56) 대일굴욕외교반대투쟁위원회 결성(1964.3.9), 학생들의 국회의사당 데모와 김종필 귀국 요구(1964.3.24), 대규모 반정부시위 발발 및 서울시 일원에 비상계엄(1964.6.3), 대일굴욕외교성토대회(1965.3.20).
57) 1964.5.1 창립준비위원회 구성(위원장: 이구홍, 위원: 이종극 국회의원, 민병기 국회의원, 조득성 경희대교수, 황성수 변호사, 엄민영 내무부장관, 홍성은 외대교수) <연혁> 1964.9.7 교포문제세미나 개최/1964.12.16 연구소 창립총회(초대소장: 이종극, 이사: 이종극, 민병기, 황성수, 홍성은, 조득성, 박일경, 사무국장: 이구홍)/1965.2.19 외무부 법인인가/1965.4.30 이사회 개최(초대 이사장: 노영한-재일교포).
58) ≪동아일보≫ 1954년 3월 21일자(3면); ≪경향신문≫ 1962년 8월 16일자(3면).
59) 설립 준비위원장이었던 이구홍(당시 한국외대 영어과 3년)은 연구소 사무국장(1964~1985), 소장(1985~2006)을 거쳐 제4대 재외동포재단 이사장(2006.11~2007.5)을 역임하였다. 대표적인 저서로는 『오늘의 재일한국인 사회』(1974), 『한국 이민사』(1979년) 등이 있다.
60) 해외교포문제연구소, 「재일교포를 중심으로」, 『교포정책자료』 제1집(1965.6.10) 참조; 행정백서발간위원회 편, 『행정백서』(대한민국정부, 1962); 행정백서편찬위원회 편, 『행정백서』(대한민국정부, 1964) 참조.
61) "이민송출의 성공은 이민행정의 주도면밀함과 계획·집행·감독 등 모든 방면의 전문적 기술에 의해서만 가능. 즉 외교부의 이민행정전담, 고위급 이민위원회 설치, 유능한 민간이민기구의 육성보호, 이민자선발은 數보다 質에 중점, 이민국 사전적응을 위한 중앙훈련센터 설치, 이민비용 대부기금 설치, 해외송금장려 등의 각종 구체적 시책 필요."
62) 백옥빈, 「친절한 브라질 사람들」, 『사상계』 11,11/이희승, 「재일교포에 대한 강연행각」, 『학술원회보』 5/박병일, 「일본의 교포교육」, 『신세계』 2,5/김파우, 「재일교포의 동향」, 『세대』 1,7/김영문, 「부라질로 분가가는 우리 겨레」, 『재무』 85/독고영, 「해외이주」, 『사회사업』 4/이창복, 「이민가이드」, 『협동』 8/김영문, 「善政과 인구압력」, 『비지네스』 3,5.
63) 박태준, 『동남아세아·구라파지역 통상시찰단 종합보고: 自1962.12.26-至1963.1.31』(1963).
64) 오소백, 『日本上陸記』(세문사, 1964) 참조.
65) 이구홍, 앞의 글(1997) 90~91쪽 참조.
66) 조인 1965.6.22, 발효 1965.12.18.
67) 한치문, 「재일교포의 자본도입문제」, 『제주도』 2(1962), 문병선, 「파문 일으킬 쇼윈도 자본: 교포·자본재산반입」, 『사상계』 11,11(1963), 해외교포문제연구소, 『해외교포재산반입문제』(교포정책자료 제3집, 1966.7), 이남욱, 「모국투자를 갈망하는 교포실업인들」, 『은행계』 2,5(은행계사, 1967. 7), 재경춘추사편, 「한일경협과 교포실업인의 역할」, 『재경춘추』 4,8(72.8)/김두중, 「재일제주도민회의 10년과 전망」, 『제주도』 57(72.10)/안희주, 「재일본 제주도민의 향수」, 『제주도』 57(72.10)/김병래, 「일본의 건설업: 재일교포건설인을 중심으로」, 『建設界』 1,8(72.11); 대통령비서실, 『박정희 대통령 결재문서2』(1966) 참조. 박정희는 재일교포의 본국가족 송금자유화 조치(1966.1.26)문서에 사인했음.
68) ≪동아일보≫ 1964년 6월 6일자(7면).

69) 사장 함병선(1920~2001) 일본군 소위, 제주 4·3사태 진압한 2연대 연대장, 국가재건최고위원회 기획위원장 역임.
70) 한국 대통령(1963~1979: 박정희), 『박정희 대통령 결재문서 108』(대통령비서실, 1966) 참조.
71) ≪중앙일보≫ 1966년 1월 12일자(2면).
72) 홍사원, 『한국의 인구와 인구정책』(1978); ≪중앙일보≫ 1969년 6월 21일자(2면) 참조.
73) ≪한국일보≫ 1965년 3월 2일자(2면).
74) ≪한국일보≫ 1965년 5월 17일자(6면).
75) ≪동아일보≫ 1965년 4월 6일자(7면).
76) ≪동아일보≫ 1967년 1월 17일자(사설: 2면).
77) 1965년 제1야당인 민정당과 제2야당인 민주당이 통합하여 창당(초대 대표최고위원: 박순천). 그러나 1965년 8월 한·일협정비준안과 월남파병안 처리를 둘러싸고 당론이 양분. 의원직 사퇴와 당 해산을 주장한 민정당계는 원내투쟁을 주장하는 민주당계와 결별하고 1966년 3월 30일 신한당을 창당함으로써 야당 통합 5개월 만에 민중당은 다시 분당. 제6대 대통령후보로 민중당에서는 유진오(兪鎭午)를, 신한당에서는 윤보선(尹潽善)을 지명. 그러나 야당의 대통령후보단일화와 야당통합추진에 따라 1967년 2월 7일 민중당과 신한당이 합당, 신민당을 창당함으로써 전통적인 야당세력은 다시 통합.
78) ≪중앙일보≫ 1967년 1월 21일자(2면).
79) ≪중앙일보≫ 1968년 1월 20일자(4면, 홍종인).
80) ≪중앙일보≫ 1968년 11월 21일자(6면).
81) <설치목적> 재외국민 지도·보호·육성에 관한 기본정책수립 및 관계부 업무조정에 대한 자문; <기능> 재외국민 지도·보호·육성에 관한 기본정책 수립 사항, 재외국민 교육·유학생지도 사항, 이민보호 사항, 재외국민단체 사항, 기타 필요 사항 <구성> 위원장 1인과 위원 8인: 위원장 외무부차관, 위원:내무·재무·국방·문교·보건사회·교통·공보부 각 차관, 중앙정보부 제3국장 <간사> 서무처리 위해 간사회 설치: 간사장 1인(외무부 정무국장), 간사 9인(각 관계부 3급 공무원). 1968.9.11 폐지.
82) ≪경향신문≫ 1969년 2월 24일자(1면) 참조.
83) ≪경향신문≫ 1969년 8월 7일자(1면).
84) 이종원, 「북괴의 대남공작 양상변화: 동백림사건을 중심으로」, 『검찰』 1(대검찰청, 1968.5); 전건우, 「동백림사건과 6·8부정선거: 이응로 사망과 윤이상 파동을 계기로 재추적한 진상」, 『신동아』 355(1989.4) 참조.
85) 김규남, 「재일교포교육의 현황과 문제점」, 『국회보』 84(1968.10); 심성택, 「간첩 국가보안법 반공법 등 위반사건에 대한 증거방법에 관하여: 간첩 박노수, 김규남 사건의 일부」, 『검찰』 43(대검찰청, 1971.11); ≪중앙일보≫1969.5.14(1~3면).
86) ≪중앙일보≫ 1971년 4월 20일자(7면), 1971년 7월 19일자(7면); 徐京植 編譯, 『徐兄弟獄中からの手紙: 徐勝, 徐俊植の10年』(岩波書店, 1988); 徐勝, 『獄中19年: 韓國政治犯のたたかい』(岩波書店, 1994).
87) 한국홍보협회편, 「望鄕にむせぶ最果ての流民」, 『アジア公論』 創刊號(1972.9), 문종하, 「サハリンで送った四百十日: 被拉より歸國まで」, 『アジア公論』 創刊號(1972.9), 김우종, 「在日僑胞の鄕愁」, 『アジア公論』 1,3(1972.11).
88) 김광섭, 「재일교포의 현황」, 『신문평론』 9(한국신문연구소, 1965.1); 주원, 「일본경제의 변모와 교포의 법적지위」, 『신문평론』 9(한국신문연구소, 1965.1); 계광길, 「재일교포의 교육문제」, 『신문평론』 9(한국신문연구소, 1965.1).
89) 한국정경연구소편, 「이민 및 인력수출문제」, 『정경연구』101(한국정경연구소, 1965.1); 한국정경연구소편, 「재일교포의 어제와 오늘」, 『정경연구』 2,2(한국정경연구소, 1966.2); 한국정경연구소편, 「재

일교포의 어제와 오늘」, 『정경연구』 2,2(한국정경연구소, 1966.2) → 이한기, 「재일교포의 어제와 오늘: 국교정상화와 교포의 장래」; 배재식, 「재일교포의 어제와 오늘: 교포의 법적지위와 문제점」; 이상호, 「재일교포의 어제와 오늘: 본국에 대한 투자와 전망」; 추광길, 「재일교포의 어제와 오늘: 교포교육의 실태와 개선」; 권오기, 「재일교포의 어제와 오늘: 민단과 조총련」; 최건, 「재일교포 실태의 사적 분석: 재일본 한국민족의 분열에 관한 연구」, 『정경연구』 36(정경연구소, 1968. 1); 김동성, 「남미점경: 과연 남미는 이상향인가: 이민실태」, 『정경연구』 39(정경연구소, 1968.4); 김찬규, 「교포처우개선문제: 제2차 한일각료회의의 성과」, 『정경연구』 45(정경연구소, 1968.10).

90) 안계춘·김현조, 「최근 우리나라 해외이민의 특징: 1965년도 실적을 중심으로」, 『인구문제논집』 2(인구문제연구소, 1966.7).
91) 안중기 역, 「소련내 한국소수민족」, 『북한』 1,12(북한연구소, 1967.12); 김봉현, 「조총련 내분 그 전모: 한덕수·김병식간의 암투상」, 『북한』 1,12(북한연구소, 1967.12).
92) 고제훈, 「이민행정 개선을 위한 조사연구」, 『인력개발』 2,6(인력개발연구소, 1969.6).
93) 서울대 학생지도연구소 주관으로 1962년부터 재일동포학생의 본국 대학수학과정 운영.
94) 이익섭, 「재일교포 유학생의 모국어 학습에 대한 언어심리학적 고찰」, 『재외국민교육논총』 1(서울대 재외국민연구소, 1971); 장현갑, 「재일교포 유학생의 모국생활실태」, 『재외국민교육논총』 (서울대 재외국민연구소, 1972.4).
95) 1957.6 설립; 전준, 『공산권연구총서 11-조총련연구 제1권』(고려대 아세아문제연구소, 1972);『공산권연구총서 12-조총련연구 제2권』(고려대 아세아문제연구소, 1972); 田駿, 『朝總連: その最近の活動, Ⅰ』(東京: 實業の世界社, 1976).
96) 在日朝鮮人の人權を守る會編, 『在日朝鮮人の法的地位: はく奪された基本的人權の實態』(在日朝鮮人の人權を守る會)/坪江汕二, 『在日本朝鮮人の槪況』(巖南堂書店)/在日韓國人商工會連合會編, 『韓日經濟協力の構想と進路』.
97) 『한일회담백서』(1965) (1)총론, (2)기본관계, (3)법적지위, (4)재산청구권), (5)문화재반환, (6)선박반환에 관하여, (7)어업문제, (8)경제협력, (9)결론.
98) 宇佐美承外, 『日本の中の朝鮮』(太平出版社).
99) 在日本大韓民國居留民團中央本部編, 『(寫眞で見る)民團20年史』/ 鄭哲, 『民團:在日韓國人の民族運動』(洋洋社)/中外調査會編, 『北鮮歸還の內幕: 歸還船をめぐるスパイの 暗躍』.
100) 상당수의 자료를 일본문헌에 의지했지만 재소한인연구의 발판을 만들었다.
101) 在日大韓民國居留民團法的地位委員會, 『法的地位に關する資料』.
102) 崔昌華, 『金嬉老事件と少數民族』(酒井書店)/朴慶植, 『朝鮮人强制連行の記錄』(未來社)/在日韓國靑年同盟中央本部, 『在日韓國人の基本的人權: そのはく奪の實態と闘いの記錄』(韓淸出版社).
103) <목차> 재일한국인의 연혁과 그 현황/재일한국인 집단에 관하여/재일한국인의 민족교육/재일한국인의 법적지위문제/재일한국인의 기타 문제.
104) 在日韓國靑年同盟中央本部編, 『在日韓國人の 歷史と現實』(洋洋社).
105) 李瑜煥, 『在日韓國人60万: 民團·朝總連の分裂史と動向』(洋洋社).
106) ≪중앙일보≫ 1971년 8월 21일자(4면).
107) "이제 大戰이 끝난 지도 어언 반세기 - 정치적 계절도 바뀌었고 자연의 계절도 바뀌었다. 추위 따라 오는 철새는 반도를 찾건만 우리 동포들은 지금도 귀향을 못하고 있다. 어떤 이유로든 우리의 동포가 이래서 지금 그곳에서 생을 영위하고 있는 것은 사실이다. 풍문의 나라가 아닌 우리 동포가 살고 있는 그곳을 기억하자. 그래서 민족이 있는 곳에 우정을 보내고 뜨거운 우정을 보내는데서 국경을 잇자. 끝으로 이 졸출한 자료가 우리에게서 망각되어가는 한 핏줄의 그림자를 헤치면서 화태억류동포들의 송환대책과 그들 가족들의 목멘 호소에 귀를 기울이라"(서문 문인구).
108) 제15조 조선민주주의인민공화국은 해외에 있는 조선동포들의 민주주의적 민족권리와 국제법에서 공인된 합법적 권리를 옹호한다; 제65조 해외에 있는 모든 조선공민들은 조선민주주의인민공화

국의 법적 보호를 받는다.
109) 이구홍, 앞의 글(1997), 92~93쪽 참조.
110) 중앙일보사편, 「명사이민의 파문과 그 브레이크」, 『월간중앙』 49(72.4)/한상준, 「이민은 해외에 조국 심는 것: 이주희망자의 자세확립을 위한 제언」, 『동서문화』 3,3(72.4)/박희주, 「국제이주론: 정책과 문제점을 중심으로」, 『민족』 1,3(72.3)/윤성범, 「이민은 가 무얼 하누」, 『월간중앙』 50 (72.5).
111) 《중앙일보》 1967년 1월 5일자(1면); 『한일문화협정체결과 문교행정에 관한 대정부질문서』(1966. 12.13 제출)/ '재외국민교육진흥법안'(1968.6.20 제출)/ 『재일교포문제조사보고서』(1968.11 제출)/해외교포문제연구소 3대 소장 취임(1969.2)/『재일한국인80년사』(1969. 발간).
112) 자세한 내용은 김봉섭, 「한국 주요 정당의 교민정책 비교분석-한명숙 의원(안)과 권영길 의원(안)을 중심으로」(2006.12) 참조. "재외동포정책이나 법제정의 밑그림은 37년 전에 이미 그려졌다는 사실이다. 그렇다면 이제 남은 것은 이를 실천하느냐 못하느냐는 것일 뿐 그 이외의 논의나 주장들은 부수적인 것에 불과하다."
113) 《동아일보》 1971년 1월 14일자(5면); 이후 '해외동포의 날 제정' 건의는 김종홍(1978), 백영옥(1993), 해외한민족대표자회의와 미주한인회총연합회(2004), 세계한인교류협력기구(2007) 등으로 이어졌고, 우리 정부는 2007년, 매년 10월 5일을 '세계한인의 날'로 공식 제정하였다.
114) 《한국일보》 1971년 9월 17일자(3면).
115) 《한국일보》 1971년 9월 30일자(5면).
116) <해외교포문제연구소 연혁 참조> 1965.11.20 재일교포학생 위문편지 1만 통 일본에 우송/1965.12.3 2차 이사회 개최(문인구 변호사 2대 소장 취임)/ 1967.5.21 이득현사건 변호를 위해 문인구 소장 도일/1967.7.13 3차 이사회 개최(2대 이사장: 이종극, 부이사장: 이원범, 김동준)/1967.8.1 재일교포 이득현 구명을 위해 100만인 서명운동 전개/1968.2 사할린한인 귀환문제연구 검토/1968.3 일본의 외국인학교법안 연구 검토/1968.4 조선대학교 인가대책연구/1968.8 교포정책세미나 개최(정책빈곤 시정을), 교포문제좌담회 개최(자제교육의 원조를)/ 1969.3.26 재일민단중앙대회 참관/1969.6.30 제2회 재일한국인문제연구발표회 개최/1969.7.15 재미교포 실태조사 실시/1970.5.29 제3차 재일한국인문제 세미나 개최/1970.7.10 제11회 이사회 개최(3대 이사장: 문인구 취임)/ 1970.8 모국방문 재일교포 여론조사결과 발표/1970.12 해외교포 2세에게 편지보내기운동 전개/1970.12.12 재일교포실태조사 보고(배재식 서울대교수), 교민의 날 제정 및 민단임원들과 법적지위사후대책 논의/1971.1.4 해외동포의 날(8월 20일) 제정건의서 제출/1971.6.26 제1회 재일교포모국유학생 위안의 밤 개최(5백명)/1971.8.10 제2회 하계학교 입학생 여론조사 실시(9월 결과발표)/1971.9.30 제4회 해외교포문제 강연회 개최(한국일보 12층)/1971.12.21 제15회 이사회 개최(교포회관 건립 논의)/1972.3.24 《한민족》 창간호 발행/1972.6.23 재일민단분규 수습방안 세미나 개최(연사: 권일 전 재일민단장, 국회의원)/1972.6.30 재일민단분규 수습방안 세미나 개최(연사: 김재화 전 재일민단장)/1972.8.10 제3회 하계학교학생 여론조사 실시.
117) 《동아일보》 1968년 11월 23일자(4면).
118) 해외교포문제연구소, 「광복60주년재일동포 100년 역사사진전」(05.11.1~7)에서 인용; 일본 법무성입국관리국, 「재일동포 본적지별 구성」(03.12 현재) 총 613,791명중 서울(8.86%), 부산(3.98%), 광주(0.32%), 대전(0.28%), 경기(3.78%), 강원(0.74%), 충북(1.58%), 충남(1.88%), 전북(1.78%), 전남(7.04%), 경북(21.4%), 경남(29.62%), 제주(16.92%), 북한(0.52%), 기타(1.04%), 미상(0.26%).
119) 해외교포문제연구소, 『교포정책자료』 24집(1985), 175쪽 참조; 김태기, 「재일한인사회의 현안과 정책적 과제」, 『제1회 세계한인의 날 기념 재외동포정책세미나』(주최: 외교통상부, 주관: 재외동포재단, 후원: 재외한인학회, 2007.10.4) 96쪽 참조.

120) 주월영, 「재외국민(교포)교육: 일본국적한국인 자녀교육수료식을 마치고 <특집>」/최홍기, 「재외국민(교포)교육: 재일한국학생교육의 방향 <특집>」, 『문교월보』 45(1973.8); 문교부 중앙교육행정연수원 編, 「재외국민(교포)교육: 제1회 재미교포자녀 하계학교 교육현황과 성과」/「재외국민(교포)교육: 재일교포 하계학교 종합성과」, 『문교월보』 45(1973.8); 서울대 부설 재외국민교육원 설치(1977).
121) ≪중앙일보≫ 1979년 1월 18일자(4면); 서울대 자연과학대학, 「AID Project가 대학원교육에 미치는 영향에 관한 연구」(1982) 참조. 서울대 AID프로젝트(1976~1980)에 의해 상당수의 교포학자들이 초청되었다.
122) 이원홍, 「조총련 그 검은 내막」, 『승공생활』 19~28(72.1~10)/이완수, 「격화일로의 조총련의 내분」, 『時事』 102(내외문제연구소, 72.3)/이영명, 「권력구조를 둘러 싼 조총련의 허와 실」, 『승공생활』 23(대공문제연구소, 72.5)/이기건, 「격화된 조총련내분」, 『북한』 1,2(72.2)/조동오, 「곪아터지는 조총련」, 『자유공론』 67(한국반공연맹, 72.2)/김용구·이창우, 「재일교포들의 근황과 승공자세」, 『승공생활』 21(72.3)/대공문제연구소편, 「재일한국인이 가는 길: 조총련의 어제와 오늘에서」, 『통일생활』 30(72.12)/김봉현, 「조총련의 전모」, 『국제문제』 51(극동문제연구소, 1974.11)/이형, 「해외동포의 현황과 실태」, 『국제문제』 69(극동문제연구소, 1976.5)/ 1980년대 이후는 극동문제연구소편, 「조총련 북송사업의 목적과 흉계」, 『공산권연구』 14(극동문제연구소, 1980.4)/극동문제연구소편, 「아사히가 밝힌 북송동포의 실상」, 『공산권연구』 63(극동문제연구소, 1984.5)/장민구, 「소련·중공거주동포의 실태와 이산가족문제 1, 2」, 『공산권연구』 71, 72(극동문제연구소, 1985.1, 2)/장민구, 「사할린 거주동포의 조국관과 국내이산가족」, 『공산권연구』 73(극동문제연구소, 1985. 3)/장민구, 「사할린 거주동포의 귀환추진과정 및 그 대책」, 『공산권연구』 74(극동문제연구소, 1985.4)/장민구, 「중공 속의 한국인 현황과 이산가족의 제문제 1, 2」, 『공산권연구』 75, 76(극동문제연구소, 1985.5, 6)/황유복, 「중국거주동포의 실상」, 『공산권연구』 72(극동문제연구소, 1985.11) /진력생, 「중공의 소수민족과 자치제도」, 『공산권연구』 88(극동문제연구소, 1986.6)/김주철, 「중공에 거주하는 동포」, 『공산권연구』 96(극동문제연구소, 1987.2)/신기수, 「중공거주 동포들의 뿌리찾기」, 『공산권연구』 96(극동문제연구소, 1987.3)/이범찬, 「재소한인의 현황과 문제」, 『공산권연구』 117(극동문제연구소, 1988.11)/누르마노프 아스칼, 김 게르만, 「소련의 한국인과 그 생활상」, 『공산권연구』 123(극동문제연구소, 1989.5) 등.
123) 김삼규, 「재외국민의 입장에서 본 민족적 화합촉진방안: 재외국민의 조국에 대한 기여(특집)」, 『통일정책』 1, 3(국토통일원 평화통일연구소, 1975.10); 고광림, 「조국의 평화와 통일을 위한 재외국민의 기여방안: 재외국민의 조국에 대한 기여(특집)」, 『통일정책』 1, 3(국토통일원 평화통일연구소, 1975.10); 이희건, 「조국의 경제발전을 위한 재외국민의 기여방안: 재외국민의 조국에 대한 기여(특집)」, 『통일정책』 1, 3(국토통일원 평화통일연구소, 1975.10); 김정주, 「재외국민의 염원하는 평화통일: 재외국민과 조국통일(특집)」, 『통일정책』 1, 3(국토통일원 평화통일연구소, 1975.10); 김창식, 「한국통일과 민족사적 정통성: 재외국민과 조국통일(특집)」, 『통일정책』 1, 3(국토통일원 평화통일연구소, 1975.10); 남창우, 「재외국민의 입장에서 본 남북관계발전방안: 재외국민과 조국통일(특집)」, 『통일정책』 1, 3(국토통일원 평화통일연구소, 1975.10); 조영주, 「일본지역에서의 남북관계 현황: 재외국민사회의 남북관계(특집)」, 『통일정책』 1, 3(국토통일원 평화통일연구소, 1975.10); 김영목, 「미주지역에서의 남북관계 현황: 재외국민사회의 남북관계(특집)」, 『통일정책』 1, 3(국토통일원 평화통일연구소, 1975.10); 박근홍, 「구주지역에서의 남북관계현황: 재외국민사회의 남북관계(특집)」, 『통일정책』 1, 3(국토통일원 평화통일연구소, 1975.10); 김주려, 「남미지역에서의 남북관계현황: 재외국민사회의 남북관계(특집)」, 『통일정책』 1, 3(국토통일원 평화통일연구소, 1975.10); 성규창, 「재외국민에 대한 북한의 위장통일공세 현황: 재외국민사회의 남북관계(특집)」, 『통일정책』 1, 3(국토통일원 평화통일연구소, 1975.10).
124) 1977년 표어: '발전한 한국을 바르게 소개하자'/해외문화계인사 초청: 미주·일본·유럽 등 42명

(김건혁, 김일평 등 한인인사 포함)/해외교포초청미술전: 재미교포 '준 F. 박' 박사초청 전시회 (1977.3, 국립현대미술관)/1978년 김일평(미 코네티커트대), 방찬영(미 샌프란시스코대) 초청, 1979년 승계호(미 텍사스대) 초청.
125) ≪중앙일보≫ 1973년 12월 14일자(1면).
126) <연혁 참조> 1973.2.24 하와이이민 70주년기념 사진전시회 개최(덕수궁미술관), 1973.6 해외동포 위문편지 1만 통 수집 전달, 1973.7 제7회 세미나(사할린한인의 구제문제), 1973.8.22 제8회 세미나(재미교포단합문제), 1973. 10.6 브라질이민 10주년기념 사진전시회(국립공보관 전시실; 11월 부산시민회관), 1973.10.23 제9회 세미나(사할린억류한인 실태-와까사 게이지, 법적으로 본 사할린교포-배재식), 1973.12.10 교민처(청) 설치건의서 제출, 1974.3 해외동포의 날 제정 제2차 건의서 제출, 1974.116 이구홍『오늘의 재일한국인사회』, 1975.8 광복30주년기념 세계 속의 한인상 사진전시회 개최(국립공보관), 1975.8.15 브라질어사전 2천부 발간 배포, 해외동포의 노래 제정, 1978.3.3 좌담회 개최(남미이민의 현실적 과제, 한국일보13층), 1978.3.24 창립15주년 기념식 개최(퍼시픽호텔), 1978.11.15 좌담회 개최(재미교포사회 육성방안), 1979.6. 이구홍『한국이민사』 발행, 1979.9 공개토론회 개최(해외동포가 조국발전에 미치는 영향).
127) 서광운, 『미주한인70년사』(교포정책자료15집, 1973)/이구홍, 『이민의 전망과 과제』(교포정책자료16집, 1973)/고승제, 『한국이민사연구』(장문각, 1973).
128) 유철종, 「한국민족주의와 재외국민문제」, 『극동논총』 2(전북대 극동문제연구소, 1974.7), 165~186쪽; 유철종, 「Sakhalin 교포의 귀환문제」, 『논문집』 4(전북대 교양과정부, 1976), 80~100쪽.
129) 한완상, 『오늘의 재미한인사회』(교포정책자료17, 1976).
130) 조규향, 「타시켄트의 한인촌」, 『월간 중앙』 (1978).
131) ≪중앙일보≫ 1979년 10월 8일자(3면); ≪중앙일보≫ 1979년 10월 9일자(3면).
132) 홍승직·한배호, 「재일동포의 실태조사」, 『아세아연구』 57(고려대 아세아문제연구소, 1977.1)
133) 김득렬, 「재미한인교회」, 『기독교사상』 17,5(1973.5).
134) '박정희 대통령 저격미수사건'은 한일관계를 1965년 국교정상화 이후 최악의 상태로 몰아넣었다. 재일교포 출신 문세광은 일본의 경찰서에서 권총을 입수하여 저격을 시도했으며, 한국정부는 이 사건을 계기로 일본정부에게 도의적·법적 책임을 추궁하며 국교 단절까지 고려하겠다는 태도를 표명했다.
135) ≪중앙일보≫ 1975년 12월 15일자(6면); 정홍진, 「재일동포모국방문과 그 성과」, 『국민회의보』 13(통일주체국민회의 사무처, 1976.3).
136) ≪중앙일보≫ 1975년 7월 21일자(1면).
137) <교민업무편람(1979.12.31) 목차> 1. 재외국민현황(지역별 재외국민분포/재외국민연도별 추이/재외국민의 직업별 통계/재외국민현황) 2. 교민단체(국민) 현황(교민조직기구/교민중앙본부 임원명단/민단연혁/민단중앙본부 및 지방본부/민단 전국 3기관장 및 사무국장 명단/민단산하단체/신용조합현황/재일한국학교현황/한국교육원현황/민단 기본활동내용) 3. 교민시책(기본방침/기본사업/교민단체 육성비의 지역별, 연도별 추이) 4. 재일한국인의 사회적 상황(강제송환/제2세문제/민족자급현황/재일한국인 법적지위에 관한 의회경과) 5. 조총련(조총련 조직기구/연혁/간사 각종단체/조총련활동).
138) 이구홍, 앞의 글(1997) 93쪽 참조; 민주평화통일자문회의 사무처, 『민주평화통일자문회의 20년사: 1981~2001: 회고와 전망』(2001); 헌법 제68조(평화통일정책자문회의 조항, 1980.10. 27), 평화통일정책자문회의법(1981.3.14 법률 제3383호), 제1기 평화통일정책자문회의 개최(1981. 6.5).
139) 이구홍, 앞의 글(1997) 93~94쪽 참조.
140) 「제107회 제3차 국회본회의(1981.5.7) 회의록」 1. 정치·외교·안보에 관한 질문.
141) 경기 평택 출생(1931), 수원농고, 고려대 정치학과 졸업(1963), 중앙정보부 조정과장(~1973), 판

단기획국장(1973~1977), 심리전총국장(1977~1979), 제10대 유정회 국회의원(1979.3~1980. 10), 제11대 국회의원(국민당, 1981~1985), 한국자유총연맹 사무총장(1989), 제14대 국회의원(민자당, 1992~1995), 한일의원연맹 운영위원장(1993), 한일친선회 부회장(1996), 안중근의사숭모회 부이사장(1997), 일본 아오모리공립대 객원교수(2003) 역임; ≪주간동아≫ 459호(2004. 11.11).
142) 김영광, 「남북한의 재외교민정책에 대한 비교연구」(1981, 한양대 석사학위논문).
143) 해외교포문제연구소편, 「북한의 해외교포정책과 침투실태」, 『해외동포』 7(1982.12).
144) 이종익, 「교민정책의 포괄적 개선에 부친다: 미국과 캐나다를 중심으로」, 『해외동포』 20(해외교포문제연구소, 1981.12), 13~20쪽; 이후 강수웅(1984), 차종환(1994), 노영돈(1995), 박홍환(1995), 이기영(1996), 조병창(1997), 이철우(2005) 등도 이중국적문제를 다루었다.
145) 김찬규, 「교민정책의 선택이 갈림길에 있다」, 『해외동포』 9(해외교포문제연구소, 1983.6), 60~61쪽 참조("재일한국인의 현황과 과제 심포지움"); 이후 나창주(1987), 김홍수(1992), 이광규(1998) 등도 동포문제를 정책차원에서 다루었다.
146) 서울대 사범대 역사과 졸업, 비엔나대학 철학박사. 하와이대학 동서문화센터 연구교수, 서울대교수, 우리민족서로돕기운동 재외동포사업본부 초대 상임본부장, 동북아평화연대 이사장, 재외동포재단 이사장 역임.
147) 이광규, 「재일한국인사회의 조사연구-大阪 生野區를 중심으로」, 『해외동포』 7(해외교포문제연구소, 1982.12).
148) <창립 취지문> "성인이 된 다음에 한국어를 외국어처럼 가르치는 현재의 정부나 몇 개 대학에서의 재외국민교육은 근본적으로 수정되고 강화되어야 한다." 창립회원: 김민수, 문효근, 체세화, 유목상, 박갑수, 심재기, 이철수, 이상억, 남기심, 차현실, 박영순, 김승렬, 김영진, 김영태, 강헌규, 성광수, 노대규, 성낙수, 김윤학, 이병목, 이정근, 배윤덕, 정준섭, 신경철, 이상복, 이승명, 장경희, 정광, 도수희, 서정수, 김종은, 김동규, 최창렬, 이응호, 정우상, 임용기, 홍사만, 천기철(1981.9).
149) 해외교포문제연구소, 『해외동포』 5(1982.3), 36~53쪽; 이중언어학회, 『해외자녀교육의 현황과 과제』 제1호(이중언어학회, 1983), 『해외자녀의 이중언어교육문제』 제2호(이중언어학회, 1985).
150) 한준상, 「해외교포 2세의 교육문제: 소련·중공·남미·독일지역을 중심으로」, 『교포정책자료』 제20집(1983) 참조.
151) 박병윤, 「재일교포의 경제활동, 피와 혼을 계승할 책무 있다」, 『해외동포』 19(해외교포문제연구소, 1981.9)/「생존권·영주권·교육권에 문제 있다」, 『해외동포』 9(1983.6)/「재일한국인의 법적지위와 권익운동」, 『교포정책자료』 제22집(1984.9)/「지문폐지운동과 재일한국인의 장래」, 『교포정책자료』 23(1985.3)/「중공속의 연변한인자치주방문기」, 『해외동포』 23(1986.12)/「재일교포와 재중공교포의 비교연구」, 『해외동포』 26(1987.11) /「정주외국인의 지위·처우확립: 91년의 재일동포의 법적지위를 생각한다 <좌담>」, 『교포정책자료』 25 (1987.6).
152) 배재식, 「기본적 인권과 국제법: 특히 재일한인의 법적지위의 본질을 구명하기 위하여」, 『法學』 8,1(서울대 한국법학연구소, 1966.3)/「강박으로 체결된 조약의 성질 및 효력: 한일기본조약 제2조의 해석과 관련하여」, 『法學』 10,2(1968.12)/「재일한인의 법적 지위 및 대우: 실제의 문제를 중심으로」, 『法學』 13,1(1972.9)/「국제법과 소수민족의 보호: 주로 재일한인의 지위를 중심으로」, 『국제법학회논총』 47, 48(1980.12)/「소수민족의 보호에 관한 연구 1, 한인계 소수민족의 권리보호를 위한 소고」, 『法學』 48(1982.1)/「사할린잔류 한국인의 법적지위의 본질 <특집>」, 『대한변호사협회지』 88(1983.7)/「잃어버린 인권을 구제하는 길: 재사할린교포의 송환문제」, 『교포정책자료』 21집(1983)/「지문날인제는 폐지돼야 한다 <대담> 배재식·大沼保昭」, 『신동아』 325 (1986.10).
153) http://www.ipa.re.kr/ 참조. 월간 『통일한국』 창간(1983.11).
154) 홍승직 편, 『연변조선족자치주연구』(고려대출판부, 1988) 1987년 연구사업성과.

155) 『토론회: 해외동포의 현실과 정책과제』(1989.11.30). 한국의 해외동포는 어떤 존재인가(이구홍) / 재미동포의 현실과 정책과제(김형찬)/재일동포의 현실과 정책과제(박병윤).
156) 1988.10.27 창립. 민관식·이광규·정인섭·이영훈·이구홍·김정규·박영순·임창순·정진성·김응렬 등이 모여 학회 회칙통과 및 회장 이광규, 고문 민관식·조일제 추대; 1988.12.27 소식지 발송, 1989.1.20 1차 운영위, 1989.10.28 1차 학술발표회 및 정기총회(재외한인연구회로 개칭).
157) <83심포지엄: 재미한국인의 현황과 과제, 1983.11.29> 재미교포의 문화적인 생활과 사회활동력의 실제와 이론(임성희)/이중언어정책(김병원)/재미교포를 위한 후원정책과 생활문제(손태근)/토론(김찬규, 이강걸, 유민철, 홍기선) <87심포지엄: 재일한국인의 현황과 장래: 1987.9.11> 재일한국인과 중국한족과의 비교-생활실태와 문화교육을 중심으로(박병윤).
158) 재일본대한민국민단, 『민단50년사』(민단50년사편찬위원회, 1997), 322~328쪽 참조.
159) ≪중앙일보≫ 1980년 10월 2일자(1면) ; 제12대 국회 제128회 제8차 국회본회의(1985.10.18).
160) <제7차 전부개정(1980.10.27)> "재외국민은 국가의 보호를 받는다."(헌법 제2조 2항).
161) 이혜민, 「재외국민보호육성에 관한 고찰: 재일교포를 중심으로」, 『해외동포』 6(해외교포문제연구소, 1982.6); 오채기(외무부 영사교민국장), 「정부는 교민사회의 안정과 정착에 역점을 두고 있다」, 『해외동포』 9(해외교포문제연구소, 1983.6) 참조.
162) 문화공보부 산하로 창립(1973), 이후 외교부 산하 한국국제교류재단(1991)으로 발전.
163) <목차> 서언/재단법인 조선장학회 연혁/임희수의 등장과 조선장학회/조선장학회와 민단/조선장학회 소유권 허위위조/조총련의 공작소 '관동학원'/조총련의 제이전략/조선장학회 소송사건: 한건주의가 남긴 비극/조선장학회를 움직여온 민단측 인사들(최선, 송기복, 윤치하, 양삼영)/조선장학회 쿠데타사건의 배경과 진상/민단의 대응책/건의(가. 조선징학회는 조국통일의 광장이라는 시각 전환. 나. 정부차원의 대응책이 요망된다. 민단의 강화가 요체이다).
164) 이문웅, 「중앙아시아의 한국인사회」, 『동아문화』 18(서강대, 1918); 김연수, 『모스크바, 한국인』(국풍, 1983)·김연수, 『소련 속의 한국문제』(일념, 1986)·김연수, 『소련식으로 우는 한국아이』(주류, 1986)·김연수, 「재소한인의 중앙아시아 강제이주비사」, 『구주논총』 4권 1호(1989)·김연수, 「소련국민의 계몽운동의 모델: 재소한인들」, 『전망』(1989)·김연수, 『재소한인 작품집: 쟈밀라 너는 나의 생명』(인문당, 1989); 고송무, 『소련·중앙아시아의 한인들』(한국국제문화협회, 1984)·람스테드(고성무 역), 『일곱차례 동방여행』(민음사, 1986)·고송무, 『소련의 한인들』(이론과실천, 1990); 서대숙, 「재외한인의 사회와 문화」, 『소련의 한국인』(1984)·서대숙, 『소비에트한인백년사』(태암, 1989); 길영환, 「소련 속의 한인들: 어떻게 살고 있나」, 『광장』 5(1985); 윤영천, 「한국현대사에 나타난 시베리아 유이민문제의 재인식」, 『한국학보』 45(1986); 김경득, 「사할린잔류한인 소환소송의 추이와 법적 투쟁」, 『해외동포』 30(1988); 신연자, 『소련의 고려사람들』(동아일보사, 1988); 바질 케르블레(최재현 역), 『오늘의 소련사회』(창작과 비평사, 1988); 조정남, 『소련의 민족문제』(교양사, 1988); 지정일, 「사할린거주 한인의 귀환」, 『해외문제』 30(1988); 홍석조, 「사할린잔류한인 귀환에 관련된 제문제점과 대책」, 『해외동포』 30(교포문제연구소, 1988); 김순규, 「소련 속의 한국인: 개방정책과 한국어 열기」, 『광장』?(1989); 김은국, 『소련과 중국, 그리고 잃어버린 동족들』(을유문화사, 1989); 이서구, 『소비에트한인백년사』(태암, 1989); 정채수, 「한민족의 대륙이민사」, 『전망』(1989)·정태수, 『소련 한족사』(대한교과서주식회사, 1989); 편완범, 「내가 만난 소련교포들」, 『광장』(1989).
165) 조영환, 「재미교포의 미국정치참여에 관하여」, 『교포정책자료』 24(교포문제연구소, 1985); 뉴욕 한인회 편, 『미국 속의 한인사회』(1986).
166) 이광규, 『재일한국인: 생활실태를 중심으로』(일조각, 1983); 在日本民團中央本部, 『差別白書』 第7集(東京: 民團中央本部, 1984); 吉岡增雄·山本冬彦·金英達, 『在日外國人と日本社會』(東京: 社會評論社, 1984); 大沼保昭·徐龍達 編, 『在日韓國朝鮮人と人權』(東京: 有斐閣, 1986); 徐龍達, 『在

日韓國朝鮮人の現況と將來』(東京: 社會評論社, 1987); 박병윤,「재일동포의 현실과 정책과제: 91년 재일동포 법적지위문제를 중심으로」,국제문화연구소 편,『해외동포의 현실과 정책과제』(1989); 박명진,「91년 문제를 어떻게 대응할 것인가」(국민문화연구소, 1989); 배재식,「잃어버린 인권을 구제하는 길」,『해외동포』30(교포문제연구소, 1988); 姜在彦・金東勳,『在日韓國朝鮮人 歷史と展望』(東京: 勞動經濟社, 1989); 在日本大韓民國靑年中央本部,『在日韓國人の居住權』(東京: 在日韓靑會, 1989).

167) 이시백,「한국의 인구환경과 정책방향」,『한국인구학회지』5권 1호(한국인구학회, 1982); 김수용,「해외인력진출의 경제적 효과분석」,『상경논촌』5(서강대, 1983); 민만식,『한국과 일본의 이민정책 비교연구』(한국외대 중남미연구소, 1985); 한국해외개발공사,『미국이민확대방안연구』(1986)・한국해외개발공사,『1990년대의 해외이주정책방향』(1987); 이순기,『미국이민진출환경과 확대방안』(한국해외개발공사, 1987); 아산사회복지사업재단,『한국의 해외취업: 어제와 오늘 그리고 내일』(아산사회복지사업재단, 1988).

168) <제8차 전부개정>(1987.10.29) "국가는 법률이 정하는 바에 의하여 재외국민을 보호할 의무를 진다"(헌법 제2조 2항).

169) '민족자존과 통일번영을 위한 대통령 특별선언'(1988.7.7)은 ①남북 동포 간의 상호교류 및 해외동포의 남북 자유 왕래 ②이산가족들 간의 생사・주소 확인, 서신・상호방문 적극 주선 ③남북교역 문호 개방, 남북간 교역을 민족 내부 거래로 간주 ④비군사적 물자에 대한 우리 우방들의 교역 불반대 ⑤남북간 소모적인 경쟁 지양하고 국제사회에서 협력 ⑥북한과 미일관계 개선을 협조하고 우리는 공산권과의 관계 개선 추진; 이후 '민족공동체통일방안'(1989.9), 남북한 UN동시가입(1991.9), 남북기본합의서 채택(1991.12.13)과 한반도비핵화공동선언.

170) 청계연구소,『중국안의 조선족: 교육제도를 중심으로』/홍승직편,『연변조선족자치주』(고려대 출판부)/외무부 외교안보연구원,『중국교포사회와의 교류 및 지원방안』(1990)/국토개발연구원,『중국 동북3성의 현황 및 개발동향』(국토개발연구원, 1991)/김영모 편,『중국조선족사회연구』(한국복지정책연구소, 1992).

171) 독일 한스자이델재단과 공동사업협정서 교환(1989.7), 중국 연변대학 조선문제연구소와 교류협정 (1990.5).

172) 민관식,『재일한국인』(아세아정책연구원, 1990).

173) 한일협력위원회 부설 한일문제연구소,「재일한국인에 대한 참정권 부여문제와 관련, 일본국내법상의 문제점」(1989년도 연구보고서, 1989).

174) 윤병석,『국외한인사회와 민족운동』(일조각) 참조.

175) <교포소기업들과 흑인사회간의 갈등> 한인교포들의 소기업활동과 한인・흑인간의 인종갈등(민병갑)/한인기업인과 흑인주민간의 갈등에 관한 개념적 고찰(김신)/한흑분규의 원인과 대책(안중식) <교포언론 및 교포들의 미국정치참여> 재미한국교포신문의 윤리(이성형)/한국정부 성명에 대한 교포언론보도의 명예훼손 문제점(염규호)/한인교포사회와 미국정치(최재영)/한반도평화정착과정에 있어서 재미한인교포사회의 역할(곽태환) <교포가정의 대가족형태> 부부가족의 대가족 형태: 재미교포의 가족・친족관계(김광정・허원무)/재미한국인의 친족조직의 구조적 연구(임선빈) <재미한인학교의 역할과 미래의 전망> 21세기 미주한인사회의 지도자와 2세교육의 역할(이상오)/가정에서의 한국말교육 경험담(허종철) <교포사회와 종교: 미래와 전망> 개신교와 한국사회(김용준)/미국에 있어서 한국불교의 장래(이석구) <한인교포여성: 오늘의 문제점과 미래의 전망> 재미한국여성들의 저고용과 이중노동 부담(백숙자)/문화적 차이에서 빚어지는 한국이민여성들의 경험에 대한 고찰(송영인)/국제결혼한국여성의 공헌과 수난(이부덕).

176) 평화통일연구소・한미교육연구원,『미주동포들이 보는 조국: 통일문제 설문조사를 중심으로』(1992) 참조.

177) 제13대 국회 외무위원회 위원장 발의(1989.3.8, 원안 가결).

178) 제13대 국회 외무위원회 류인학 의원 등 3인 발의(1990.3.16, 원안 가결).
179) <주요 사업실적> 중국조선족학교 교자재 지원(1990.2), 중국조선족 북경대학생체육대회 개최 및 회지『백두의 얼』 발간(1992~1996), 연례학술대회 개최(1992~현재), 고구려・발해유적연구 및 연구서 발간(1993・2000), 중국조선족 학생백일장 개최(1993~현재), 중국지역 항일독립운동 유적연구(1993~현재), 윤동주 시비 건립(1993.5), 고구려문화국제학술회의 개최(1993.8), 고구려고분벽화 사진전시회(1993.10), 윤동주기념관 복원 및 명동마을 복원(1994.8), 중국조선족 민속절 제정 및 행사 개최(1995~현재), 중앙아시아고려인 학생백일장 개최(1997.5), 신순남 화백 국내전시회 개최(1997.6), 중앙아시아국제학술회의 개최(1997.7), 중앙아시아고려인 민속절 행사 개최(1997.9)한민족공동체에 관한 국제학술회의 개최(1998.11/1999.10), 윤동주문학상 시상(1994.4~현재), 연해주 신한촌기념탑 건립(1999.8), 러시아판 한국역사서 발간 및 배포(2001~2002), 해외한민족교육진흥상 제정・시상(2001.5~현재), 해외한민족청년상 제정・시상(2003.11~현재), 해외한민족이주사연구(2004.3~현재), 중국 안중근의사동상 및 기념관 건립 추진(2003~현재) 및 연해주개발 프로젝트 추진(2004.5~현재).
180) <창간호>(1993) 권두언: 문화적 국경(이윤기)/한민족의 구성(김병모)/고조선의 북계와 남계(윤내현)/한민족사의 전망(최창규)/한중수교 이후 올바른 대중정책의 모색(도준호)/특별좌담: 21세기 한민족공동체 형성에 관한 구상(사회: 이윤기, 토론: 손세일・신형식・이만우・장치혁)/고구려유적에 대한 연구전망(박진석)/최근년간 중국에 있어서의 발해사 연구현황(방학봉)/중국조선족역사와 금후 전망(박창욱)/백의민족의 거구를 자랑한 대잔치: 중국연변조선족자치주창립 40돌 축제와 제1회 조선족민속절의 날(조성일)/재중동포의 통일에 대한 시각과 사명(정인갑)/서평: 소련한민족(김상수)/서평: 중국 연변(박인주)/해외한민족연구소에 바란다(성기수)/정치발전과 해외동포정책(민병호)/ 해외한민족연구소 취지문・연혁・향후 추진사업/ 부록: 러시아연해주 全圖.
181) <설립취지문> "우리가 지향할 역사적 일차과제는 역사주체로서의 민족을 통합하는 일이다. … 이 과제 중에서도 해외에 거주하는 500만 교포에 대해 각별한 관심을 가져야 한다. 일찍이 중국의 손문이 "화교는 혁명의 어머니다"라고 설파한 것은 오늘날의 우리들에게 교훈의 가치를 지닌다. …향후 1세기를 조망해보면 국경과 주권의 개념이 변할 것으로 예상된다. … 엄격한 국경의 개념이 퇴색되면서 생활중심 또는 문화(민족)권 중심의 새로운 형태의 단위로 변천할 것이며 이에 수반하여 영토주권의 개념도 바뀌게 될 것이다. … 우리는 앞으로 인류문화사의 변천을 조망하면서 한반도와 연변, 연해주를 연결하는 이른바 한민족공동체(Korean Commonwealth)의 꿈을 가꾼다. …"; <연혁> 1989.6.1 연구소 설립(소장 이윤기)/1989.8. 중국연변 한인생활실태 파악/1990.2 용정중학교 흑판보내기운동 전개 등 해외한민족의 민족의식고취와 뿌리찾기 전개/1991.4.26 창립총회/1992.5.23 법인설립인가(이사장 박정수).
182) ≪재외동포신문≫ 37호(2005.7.1).
183) 이광규, 「발간사」, 『재외한인연구』 창간호(재외한인학회, 1990) 참조; <~2002년 임원> 회장 이광규(서울대), 총무이사 이종훈(국회도서관), 편집위원장 윤인진(고려대), 편집위원 김태기(호남대), 노영돈(인천대), 박명규(서울대), 성동기(고려대), 유철인(제주대), 이진영(경희대), 이혜경(배재대), 설동훈(전북대), 정근식(전남대), 정인섭(서울대), 정성호(강원대), 조혜영(한국청소년개발원), 한경구(국민대), 민병갑(뉴욕퀸스칼리지), 서용달(일본 모모야마대), 허명철(연변대), 한막스(코소몰칼리지).
184) 김재우, 「세계한민족체육대회에 관한 역사적 연구」, 『한국체육과학회지』 제16권 제2호(2007).
185) 대한기독교서회 편집부, 「LA 흑인폭동이 남긴 교훈들」, 『기독교사상』 402호(1992.6); 차종환・민병용・강득휘 공저, 『L.A 4・29 폭동의 실상: 한인 이민 100년사 중 가장 불행한 사건』(밝은미래재단, 2003).
186) 신정부에 대한 정책수립 제안(곽윤태)/신정부에 대한 요망사항(이호연)/해외교민정책에 관한 제안(차만재)/문교정책의 개선과 해외교포교육정책(송종두)/한인사회의 건강과 사회복지지원책(김상

제11장 재외동포 관련 연구동향과 향후 과제 605

　　　목)/조국의 민주화정책 건의를 위한 공청회.
187) 大阪남북학술회의의 교훈(이구홍)/현단계에서 조선인어에 대하여(신복현)/원동국립대학에서의 조선학 교육현황(문영길).
188) 해외자원개발전략과 한국이민의 미래상(배대한).
189) 제15조 조선민주주의인민공화국은 해외에 있는 조선동포들의 민주주의적 민족권리와 국제법에서 공인된 합법적 권리를 옹호한다; 제62조 조선민주주의인민공화국 공민이 되는 조건은 국적에 관한 법으로 규정한다. 공민은 거주지에 관계없이 조선민주주의인민공화국의 보호를 받는다.
190) 김영삼 대통령 취임사(1993.2.25) 참조.
191) 이구홍, 앞의 글(1997) 94~95쪽 참조.
192) 민병호(중앙일보 논설위원), 「정치발전과 해외동포정책」, 『한민족공동체』(해외한민족연구소, 1993), 236~239쪽.
193) 민주자유당 해외동포위원회, 「교포정책세미나: 해외동포가 국가발전에 미치는 영향」(1993.9.15, 프레지던트호텔) 개회사: 김영광; 주제발표: 이광규; 토론: 양창영, 백영옥, 원호식, 이종훈, 이구홍; 총평: 류정렬, 박실. 주관: 해외교포문제연구소.
194) 세계화추진위원회, 『세계화백서』(1998) 참조; 세계화과제보고서: '재외동포사회 활성화지원방안' (서진영 작성, 1995.12), 세계화과제 53개 중 하나로 재외동포지원과제가 선정.
195) 이형규, 「정책의제형성과 전이에 관한 연구: 재외동포사회활성화지원방안을 중심으로」(성균관대 박사학위논문, 2000); 이종훈, 「재외동포정책의 과제와 재외동포기본법 제정의 문제」, 『입법조사연구』 제249호(국회도서관, 1998.2) 참조.
196) <제181회 정기국회> 법안 제출(1996.11.4, 정부안), 통일외무위원회 회부(11.6) 통일외무위원회 제10차 위원회(11.15) 법안상정, 제15차 위원회(12.9) 외무부장관(유종하) 제안설명 및 수석전문위원 검토보고, 제17차 위원회(12.12) 법안심사소위(이신범·김도언·조웅규·김상우·김석원·양성철·홍사덕) 회부, 제18차 위원회(12.17) 소위원장(이신범) 심사보고 및 수정의결, 제2차 법안심사소위(12.17) 축조심사후 수정의결. <제183회 임시국회> 법제사법위원회 제1차 위원회(1997.2.17) 외무부차관(이기주) 제안설명·전문위원 검토보고·대체토론·법안심사제2소위원회 회부의결, 법안심사제2소위원회 제1차 소위원회(3.5) 수정의결, 제13차 본회의(3.10) 통외위 김도언 심사보고 및 가결; 국회도서관 입법조사분석실, 「재외동포재단 설립문제: 재외동포재단법안을 중심으로」(국회도서관, 1996)/ 이형규 외, 「재외동포재단의 추진경과와 향후과제: 해외교포정책간담회」, 『교포정책자료』 54(해외교포문제연구소, 1996.10)/노영돈 외, 「재외동포재단 설립과 향후과제<좌담>」, 『한민족공영체』 6(해외한민족연구소, 1998.5) /김봉규, 「세계 한민족생활권에서 재일동포의 위치와 재외동포재단의 역할」, 『외교』 50(외교협회, 1999.7)/문병호외, 「재외동포재단의 발전방향을 모색한다<토론>」, 『교포정책자료』 제63집(해외교포문제연구소, 2001.12)/ 정영국·김봉섭·한광수·이종미·이순규·김용필·왕길환·이민호·백영옥, 「2007 교포정책포럼: 재외동포재단의 역할과 한계 그리고 발전방향」, 『교포정책개발과 재외동포재단 비전설정연구』(해외교포문제연구소, 2008) 참조.
197) 외교부, 『외교백서 1997』, 286~287쪽 참조. 재외동포정책위원회(대통령훈령 제63호, 설치 1996. 2. 23) 제1차 회의(1996.5.3)에서 결정된 6개항의 기본정책방향.
198) 외교부, 『외교백서 1997』, 287쪽.
199) 윤인진, 앞의 책(2004), 328쪽. 윤인진은 ①재외동포의 거주국사회에서의 정착 지원, ②재외동포의 한민족 정체성 확립을 위한 교육·문화활동의 지원, ③한민족 네트워크의 강화와 상호교류와 협력관계의 발전 등을 새로운 정책목표로 제시.
200) 「세계속의 한국문화: 재외한인의 생활과 문화」.
201) 대외경제정책연구원 지역정보센터, 『길림성 편람, 1993』(대외경제정책연구원, 1993)/대한무역진흥공사, 『중국의 조선족기업총람』(대한무역진흥공사, 1993)/국방군사연구소, 『중국연구, 1993』/

대외경제정책연구원, 『요녕성 편람 1993』・『길림성 편람 1993』・『한중경제협력과 재중국동포의 역할』(1994)/국립민속박물관, 『중국길림성 한인동포의 생활문화』(국립민속박물관, 1996)/전북대 농촌사회발전연구소, 『중국농업의 현황과 전망』(1994)/김종외, 『중국조선족사연구』(서울대출판부, 1996) /황규선 외, 『연변조선족자치주의 산업경제』(부산대출판부, 1998).
202) 민주평통 경제과학위원회, 『해외동포와 남북경협 토론회』(1995).
203) 창간호(1994.12): 중국동포들의 한국사회 적응실태 조사연구.
204) 1호(1995): 남북한 경제협력과 재중국동포의 역할(김시중)/ 재일한인동포의 형성과정과 통일을 위한 역할(김창남).
205) 『창간호』(1997): 재만 조선민족해방운동사에서의 몇 개 문제(박창욱)/14년의 항전과 중국의 조선족(최홍빈)/오늘 중국의 상황과 조선족의 실태(최홍빈)/개혁개방 이후의 조선족 범죄현상에 대한 연구(우영란)/동북아지역 교민의 의식 성향과 문제점(이두훈)/통일에 대비한 정치 통합의 과제(배한동)/남북한의 통일과 해외동포의 역할(이정희)/세계화시대의 신교포정책(전봉근)/러시아의 한인, 19세기 중반-1930년대 말(박 보리스)/ 러시아 사할린 한인들 생활과 운명(김춘경)/1945-1996년 사할린주의 한국어 교육 실정(공노원)/사할린 교포 2~3세들의 운명과 소망(김종수) 〈학술활동〉 국제학술회의: 러시아정부의 고려인이주정책에 관한 연구(95.12)/모스크바국제고려인협회와 공동 주최 개교 50주년기념 제1회 국제학술회의(96.4)/제2회 국제학술회의: 사할린한인회와 공동주최(96.8)/제3회 국제학술회의(96.12)/제4회 국제학술회의(97.8)/건국50주년 기념 제5회 국제학술회의: 러시아・중국・일본 교민의 어제와 오늘(98.11)/제6회 한・중국제동포학술회의: 항일운동시 중국용정 조선족의 활동과 오늘의 조선족문제(99.7)/제7회 국제학술회의: 미주한인사회의 실태와 정체성(99.10)/제8회 한러국제학술회의: 고려인의 어제와 오늘(00.12)/제9회 국제학술회의(01.5)/제10회 국제학술회의(01.11)/대구U대회 기념 국제학술회의(03.8)/제14회 국제학술대회: 세계화시대 한민족의 위상과 정체성(02.12.22)-재미한국인의 정체성(이오영), 디아스포라와 후기 디아스포라: 재일코리안의 아이덴티티 위기(오인규), 중국조선족 정체성과 위상에 대한 반성(허길). 제3의 이주: 중앙아시아 고려인의 귀환이민(이채문).
206) 제3집(1997.5) 정책자료; 재일한국인의 지방참정권 문제/제14집(1999.12) 정책연구특별자료: 재일동포 지방참정권문제의 현주소(유종현).
207) 한국문화인류학회(1958년 설립) 〈월례발표회〉 1997.3.22 중국연변조선족의 언어생활(왕한석)/1997.9.21 중국요녕성 한인동포의 가족과 친족생활(박성용) 〈전국대회〉 1999.5.29(제4분과: 중국조선족의 생활문화) -조선족의 정착과정과 사회적 적응(주종택), 동북3성 조선족의 가족친족 생활과 그 변화(조강희), 만주 조선족 경제생활의 변화: 요녕성의 두 조선족 농촌마을을 중심으로(이정덕), 언어접변 속의 마지막 동방예의지국(왕한석), 조선족의 해외취업과 사회문화적 변화(유명기).
208) 국가보훈처・광복회, 『민족과 함께 세계와 함께: 광복50주년 국외독립운동 관련인사 초청행사 결과보고』(1995) 참조.
209) 공보처, 『광복50주년 한민족공동체의식조사』, 17~18쪽 참조. 〈표본설계〉 조사대상국가: 해외동포가 많이 거주하는 3개국. 단 중국조사도 계획하였으나 현지조사기관의 사정에 의해 취소됨. 모집단: 조사지점에 거주하는 만 20세 이상 해외동포. 표본크기: 각국별 400명씩 조사. 미국 L.A. 200명, 뉴욕・뉴저지 200명, 일본 동경 200명, 오사카 200명, 독립국가연합 타쉬켄트・알마타 200명, 모스크바 200명. 표본추출방법: 할당(Quota)추출법. 각국 조사기관: 미국 The Gallup Organization, 일본 Nippon Research Center, 독립국가연합 ROMIR. 조사시기: 1995.6.18~7.5.
210) 평화문제연구소, 『핵문제 이후의 남북관계와 해외동포의 역할』(1994); 『분단50년, 한반도통일과 해외동포의 역할』(1995) 제1회의 주제: 분단50년을 맞은 한반도의 통일전망(2주제: 해외동포사회에서 본 한반도통일/김충일 흑룡강신문사 부사장), 제2회의 주제: 해외동포사회와 대북경제교류(1주제: 재일동포들의 합영사업경험의 교훈과 전망/미야쓰카 도시오 일본 야마나시대교수, 2주

제: 재미동포들의 경제교류현황과 전망/변종수 미국 멤피스주립대 교수), 제3회의 주제: 남북한 인적교류에 있어 해외동포의 역할증진을 위한 정책과제(이종훈).
211) 한상복 편, 『한국인과 한국문화: 인류학적 접근』(심설당, 1982)/한상복·권태환, 『중국 연변의 조선족』(서울대 출판부, 1992).
212) 권태환, 『중국조선족사회의 변화: 1990년 이후를 중심으로』(서울대 출판부, 2005).
213) 백영옥, 「세계속의 한민족 현황과 교민정책의 문제점」, 『국회보』 338(국회사무처, 1994.12)/「통일시대에 대비한 교포정책」, 『사회과학논총』 11(명지대 사회과학연구소, 1996.2)/「해외동포의 모국에 대한 의식변화 추이」, 『교포정책자료』 60(해외교포문제연구소, 2000.1)/「한민족 NETWORK, 그 방향과 이상<토론>」, 『교포정책자료』 제63집(해외교포문제연구소, 2001.12)/「재미동포의 현황과 정책추진방향」, 『아태Focus』 제23/24집(아태정책연구원, 2002.6/9)/「미주 이민 100년을 돌아보며」, 『외교』 제65호(한국외교협회, 2003.4).
214) 정인섭, 「재일한인의 법적 지위 및 처우에 관한 연구」(서울대 석사학위논문, 1982)/「전후일본의 재일한인 국적처리에 관한 연구」(방송통신대학논문집 제9집, 1988)/「외국인의 국제법상 지위에 관한 연구: 정주외국인의 경우를 중심으로」(서울대 박사학위논문, 1992)/『재일교포의 법적지위』(서울대출판부, 1996)/『한일 기본관계조약의 당면과제와 법적 대응』(한국법제연구원, 1997).
215) 김장권, 「앞의 글」(1990) 참조.
216) 이종훈, 「재소한인의 자치공화국 결성문제」, 『입법자료분석』 8(1991.9)/「교민정책의 문제점과 향후과제」(국회도서관 입법자료분석실, 1993)/「중앙아시아 한인문제와 정책과제」(국회도서관 입법자료분석실, 1993)/「해외동포정책의 개선방안: 전담기구문제를 중심으로」(국회도서관 입법조사분석실, 1994)/「중앙아시아 한인문제와 정책과제」, 『한민족공영체』 2(해외한민족연구소, 1994.3)/「재외동포정책의 방향과 과제: 재중동포정책을 중심으로」(국회 21세기동북아연구회, 1996)/「재외동포재단 설립문제: 재외동포재단법안을 중심으로」(국회도서관 입법조사분석실, 1996)/「세계화추진위원회 '재외동포사회 활성화 지원방안'의 내용과 향후과제」(국회도서관 입법조사분석실, 1996)/「중앙아시아 동포의 연해주재이주의 정치경제적 의미」, 『교포정책자료』 55(1997.3)/「재중동포 정책의 재정립 방향」, 『입법조사월보』 243(국회사무처, 1997.2)/이종훈 외, 「주요 국정지표에 기초한 재외동포정책 추진방향과 재외동포재단 중장기 사업계획」(재외동포재단, 1999)/「재외동포의 출입국과법적지위에관한법률안의 입법방향」(국회도서관 입법조사분석실, 1999).
217) 이장섭, 「독일한인2세의 문화화」, 『재외한인연구』 2(1992)/「해외한인의 문화접변」, 『민족과 문화』 1(한양대 민족학연구소, 1993.12)/「유럽한인의 어제와 오늘: 독일한인의 일상생활문화를 중심으로」, 『한민족공동체』 제10호(2002)/「연변조선족의 자영업 실태에 관한 연구」, 『한국동북아논총』 44집(2007)/『중국조선족기업의 경영활동』(북코리아, 2006).
218) 윤인진,「재미한인의 민족정체성과 애착의 세대간 차이」, 『재외한인연구』 6(재외한인학회, 1996. 12)/「다인종사회에서의 소수민족관계: 미국에서의 한흑갈등을 중심으로」, 『한국사회학』 31,3(한국사회학회, 1997.9)/「재일동포의 민족교육과 모국수학의 현황과 발전방안」, 『재외한인연구』 7(1998.12)/「해외동포의 포용 및 활용을 위한 법적·제도적 지원」, 『민족발전연구』 3(중앙대 민족발전연구원, 1999.1)/「독립국가연합 한인의 민족관계에 관한 의식」, 『재외한인연구』 8(1999.12)/ 『독립국가연합 고려인의 생활과 의식』(고려대 민족문화연구원, 2002)/『코리안 디아스포라: 재외한인의 이주, 적응, 정체성』(고려대 출판부, 2004).
219) 유철인 외, 『중국 요녕성 한인동포의 생활문화』(국립민속박물관, 1997)/『일본 관서지역 한인동포의 생활문화』(국립민속박물관, 2002)/유철인, 「재일제주인과 제주도」, 『동아시아연구논총』 9(제주대 동아시아연구소, 1998.12).
220) 이진영, 「중국 소수민족정책의 이론적 기초에 대한 연구」, 『아태연구』 6,2(경희대 아태지역연구원, 1999.12)/「중국공산당의 조선족정책의 기원에 대하여, 1927-1949」, 『재외한인연구』 9(2000. 12)/「한국의 민족정체성과 통일을 위한 '열린 민족' 개념에 관한 연구」, 『통일연구』 제5권 제1호

(연세대 통일연구원, 2001.8)/「중국정부가 바라보는 조선족과 조선족정책」,『교포정책자료』제62집(2001.12)/「동아시아에서의 한인계 이민자에 대한 연구: 그 쟁점과 전망」,『재외한인연구』제11호(2001.12)/「조선인에서 조선족으로: 중국 공산당의 연변(延邊)지역 장악과 정체성 변화, 1945-1949」,『중소연구』 95호(한양대 아태지역연구센터, 2002.11)/「한중외교관계와 재중동포: 재외동포법 헌법불일치 결정을 중심으로」,『국가전략』제22호(세종연구소, 2002.12)/「중국의 소수민족정책」,『민족연구』제9호(한국민족연구원, 2002.9)/「한국의 재외동포정책: 재외동포법 개정의 쟁점과 대안」,『한국과국제정치』제39호(경남대 극동문제연구소, 2002.겨울)/「한민족 공동체와 코리안 네트워크: 구체적 발전방안을 중심으로」,『민족사상연구』제13호(경기대, 2005)/「중국의 화교정책: 배제에서 이용으로 그리고 네트워크의 구축」,『현상과인식』 95호(한국인문사회과학원, 2005.봄/여름)/「1990년대 중국의 민족 및 소수민족 연구경향에 대한 연구」,『북방사논총』제6호(고구려연구재단, 2005.8)/『중국동포의 중국국적 취득 그 시점과 자발성을 중심으로』(인하대, 2005).

221) 정성호,「카자흐스탄 한인의 현황과 과제」,『사회과학연구』 36(강원대, 1997.12)/「중앙아시아 한인의 사회문화적 특성과 과제」,『한국인구학』 20,2(한국인구학회, 1997.12)/「중앙아시아 한인을 위한 정책과제」,『지역개발연구』 5(강원대 지역개발연구소, 1997.12)/「해외한인의 지역별 특성」,『한국인구학』 21,1(1998.6)/「화교 네트워크의 특성과 위력」,『포럼21』 22(한백연구재단, 1998.5)/「해외한인사회의 지역별 현황」,『사회발전연구』 4(연세대 사회발전연구소, 1998.12)/『화교』(살림출판사, 2004).

222) 조혜영,「재미 한인2세와 민족정체성」,『재외한인연구』 9(2000.12)/「해외한민족 문화공동체 건설 모색을 위한 시론」,『정신문화연구』 84호(한국정신문화연구원, 2001.9)/「재미한인2세의 학업성취에 대한 이해」,『재외한인연구』제11호(2001.12)/「남북한 사회통합과 해외동포 모국수학생의 역할 모색을 위한 연구: 중국동포 모국 수학생을 중심으로」,『통일정책연구』 10,1(통일연구원, 2001.6)/『한민족 얼찾기활동』(문화관광부 청소년국, 2002).

223) 한경구 외,『세계의 한민족』(통일원, 1996)/『일본 관서지역 한인동포의 생활문화』(국립민속박물관, 2002)/「한국 인류학 연구의 문제」,『사회과학논평』 19(한국사회과학연구협의회, 2000.2)/「일본 속의 한국인」,『한국사시민강좌』 28(일조각, 2001.2).

224) 정진성,「일본의 외국인 운동: 가와사키 지역 외국인 참정권 획득운동에서의 재일한국인과 행정의 만남」,『사회과학연구』 3(덕성여대 사회과학연구소, 1996.8).

225) 최영호,『재일한국인과 조국광복: 해방직후의 본국귀환과 민족단체활동』(글모인, 1995)/「해방 직후의 재일한국인의 본국귀환, 그 과정과 통제구조」,『한일관계사연구』제4집(한일관계사학회, 1995.6)/「재일동포의 법적지위 변화와 그 문제점」,『순국』 83(순국선열유족회, 1997.12)/「일본의 민족차별과 권희로씨의 고국귀환」,『순국』 105(1999.10)/「일본정부는 재일동포에게 지방참정권을 조속히 부여하라」,『순국』 108(2000.1)/「재일한국인의 참정권에 대한 한일 양국의 정치적 태도에 관한 연구」,『영산논총』제7집(영산대, 2001.2).

226) <설립목적> 동북아에 대한 지역연구와 관련 국가간(한국, 북한, 미국, 중국, 러시아, 일본 등)의 관계를 연구하고 상호간 교류와 협력을 활성화 하는데 기여하며 민족통일을 향한 평화와 공존의 문화를 동북아에서 일궈나가기 위한 목적으로 설립. 고문 이만섭, 회장 제정구, 부회장 김호일·이석현·구천서, 연구책임자: 권철현, 회원: 강경식·이미경·김재천·이수인·김홍신·이웅희·남궁진·이협·노기태·정형근·박범진·홍준표·박정훈; (좌담)재외동포정책의 방향과 과제(제정구·권철현·이종훈·박선규)/재중동포의 모국방문제도의 문제점과 대안(김진경)/재중동포정책의 현황과 향후방향(이종훈)/중국조선족사회와 한국사회간의 교류협력실태와 그 과제(김승철·김강일·허명철)/중국동포의 한국사회 적응실태(황승연).

227) <발의의원> 제정구, 권기술, 권오을, 권철현, 김상현, 김영환, 김재천, 김홍신, 남궁진, 박범진, 박정훈, 방용석, 서석재, 이협, 이규택, 이미경, 이석현, 이수인, 이신행, 이웅희, 이재오, 정형근, 조

228) <발의의원> 김원길, 양성철, 김근태, 김상우, 박정수, 이동원, 유재건, 조한천, 천정배, 박상천 외 67인.
229) 교민정책의 문제점과 향후 과제(이종훈).
230) 해외동포가 국가발전에 미치는 영향(이구홍)/ 해외동포가 국가발전에 미치는 영향(이광규).
231) 새로운 교포정책의 수립과 시행(이주흠)/남북통일과 재중동포의 역할(양오진)/해외동포의 남북한 경제협력중개현황과 발전전망(변종수)/남북통일과 해외동포의 역할(이정희)/해외동포의 조국기여방안(유의영)/남북한 이산가족교류에 있어 해외동포의 역할(서일범)/교민정책의 재정립방향(이종훈).
232) 해외교포는 어떤 존재인가(이구홍)/해외교포는 어떤 존재인가(성정숙)/ 재미한인사회의 오늘과 내일(민병갑)/교포가 본 본국의 교민정책(이기영).
233) 1996년 연구과제명: 중국 길림성 연변조선족의 생활문화연구. 연구책임자: 김광억. 공동연구원: 여중철, 이광규, 왕한석, 김광언, 정승모, 김선풍, 김장욱, 김성호. 연구기간: 1996.7~12. 연구비: 3,950만원. 용역의뢰처: 국립민속박물관.
234) 1997년 연구과제명: 중국 요녕성 한인동포 생활문화연구. 연구책임자: 김광억. 공동연구원: 박성용, 왕한석, 유명기, 조경만, 이정덕, 유철인. 연구기간: 1997.4~1998.2. 연구비: 3,780만원. 용역의뢰처: 국립민속박물관.
235) <창간호>(1990) 국제인권규약과 재일한국인의 주체성문제(이광규)/재일한국인 법적지위협정(정인섭)/재일한국인의 사회적 기회(김응렬)/재일한국인의 법적지위(박병윤)/통일적 '한국·조선'학의 추진(서용달)/해외동포가 국가발전에 미치는 영향(이구홍)/日系미국인과 재일교포의 전후보상에 따른 비교연구(조영환)/재미미국이민의 1.5세대 현상(허원무)/브라질의 한국이민과 그 전개과정(전경수)/재외한인관계 저서 및 논문 1986~1989; <제2호>(1992) 재소원동한인의 문화와 생활(이광규)/재미교포의 자영소기업에 대하여(김광정, 김신)/브라질 한국이민사회 민족관 문제(전경수)/독일 한인2세의 문화화(이장섭)/남북의 UN 동시가입과 재일동포의 역할(박병윤)/산재지구 조선민족 언어교육에 대한 몇 가지 견해(이장희, 조수향)/조선민족의 이주와 중국동북일대 근대 벼농사의 개척(권영조)/중국조선족의 민간신앙에 대한 개관(천수산)/시베리아주 조선민족과 중국 동북에로의 재이주(이광인)/사할린 한인 역사통계(박수호)/서평: 민관식저, 재일한국인-왜 일본이름을 쓰고 살아야 하나(이영훈)/해외한인관계 저서 및 논문 1990~1991; <제3호: 특집호>(1993) 세계 속의 재외한인(이광규)/하와이 거주 한국인들의 전통적 가치의 변화-세대별 변화와 서구의 영향 1903~1945(Wayne Patterson)/치료중의 재외 한국인들: 고향에 대한 함의(Walter H. Slote)/러시아의 한인들, 1861~1917-새로운 상황에서의 몇 가지 문제들(Alexander I. Petrov)/구소련 한인 민족문화의 발전: 전통과 혁신(Rosa Dzharylgasinova)/일본에서의 한국인 영주자들과 新입국자들(Hiroshi Tanaka)/미국과 일본에서 한국인들의 성취, 소외 그리고 권위에 관한 문제(George A. De Vos and Eun-Young Kim)/재중한인의 이민사(You-Fu Huang)/중국의 한인과 동북부 중국에서의 다른 소수민집단에 대한 비교연구(Yao-Hua Lin)/중국의 한인의 역사적 유산(Qui-Cheng Ma); <제4호: 특집 재중조선족>(1994) 중국 조선족 인구유동과 사회문제(김병호)/중국의 조선어문교육에 대한 역사적 고찰(고금숙)/중국 조선족 생육풍속에 대한 탐구(천수산)/중국 조선민족의 민속실태(김형직)/중국 조선족 기업가-최수진/석산린에 대해(권영조)/재일한인의 친족생활(김주희)/재외교포의 섭외가족법상의 지위에 관한 연구(정인섭, 이승우); <제5호: 특집 멕시코 초기 한인이민>(1995) 러시아 극동지역한인사회의 제문제(이광규)/뉴욕시 한흑갈등과 시위의 전개과정(이정덕)/화병, 1992년 L.A.폭동의 정치경제적 공모와 한국계 미국인 피해자들의 속죄양 증후군(변주나)/1905년 멕시코이민 한인노동자 연구(김귀옥)/멕시코 한인이민사 현황과 문제점(서성철)/멕시코 초기 한국인 이민조사에 참가하면서(코보리 카오루)/서평: 최영호 지음, 재일한국인과 조국광복(김인덕)/재외한인문헌목록 1990~ 1995(이광규)/Bibliography on Korean

Americans(민병갑); <제6호>(1996) 한국에서의 재중동포의 제문제(이광규)/구소련지역 한인의 언어동화와 이중언어사용에 대한 사회언어학적 연구(허승철)/재미한인의 민족정체성과 애착의 세대간 차이(윤인진)/한국문화의 국제화를 위한 뉴욕교포의 역할(민병갑)/1992년 로스앤젤래스 시민소요 관련 한국계 미국인사회의 피해설과 해결방안(변주나)/학업성취의 사회화: 재미한인고등학생에 대한 문화기술적 연구(이정선)/연구노트: 중국 조선족 노동자들의 생활만족도에 관한 연구(김소정); <제7호>(1998) 러시아교포 강제이주 60주년의 의미(이광규)/한인강제이주의 역사적 의의(한막스)/러시아 연해주정부의 소수민족정책(자이카 지아이나)/중앙아시아 고려인의 민족적 독창성(유가이 일리야 그리고리예비치)/중앙아시아 카자흐스탄 고려인의 사회문제(양원식)/러시아 연해주한인의 문제(김뗴밀)/중앙아시아 한인의 언어와 민족정체성(윤인진)/중앙아시아 고려인의 연해주 재이주가 갖는 정치경제적 의미(이종훈)/CIS한인의 국적(노영돈)/미국의 이민자 비즈니스 오너들의 연결망 활용 경향에 대한 연구: 애틀란타 메트로폴리탄지역의 한국인 이민자들을 대상으로(유진경)/재일동포의 민족교육과 모국수학의 현황과 발전방안(이정훈, 윤인진); <제8호>(1999) 카자흐스탄의 민족문제(장원창)/카자흐스탄 고려사람의 민족정체성 변화과정연구(장준희)/우즈베키스탄 독립에 따른 고려인의 직업변화와 앞으로의 전망: 이바드롬 앙케트 분석에 따라(성동기)/독립국가연합 한인의 민족관계의식(윤인진)/러시아 연해주일대의 한민족간 교류협력실태에 관한 연구(이종훈)/중국 조선족정체성에 관한 소고(최우길)/로스앤젤레스 한인교회에 대한 비교역사사회학적 연구(박동옥)/한·영 국민성의 비교연구(최상호)/베트남의 한국계 기업과 그 현황(전경수)/김영삼 정부의 재외동포정책에 관한 연구(김병천)/러시아의 강제이주된 민족들 명예회복정책(심헌용)/중국의 소수민족정책과 연변조선족사회(방수옥); <제9호>(2000) 미국으로의 한인이주와 이민가족의 세대갈등(윤인진)/재미한인2세와 민족정체성(조혜영)/재미한인사회의 한인방송에 관한 연구(김원태)/중국 조선족의 인구위기에 대한 연구(유병호)/중국 공산당의 조선족정책의 기원에 대하여 1927~ 1949(이진영)/중앙아시아의 정치경제적 상황과 한인사회(장원창)/디아스포라, 귀환, 출현적 정체성-사할린 한인의 역사적 경험(정근식, 염미경); <제10호: 특집기획 아시아의 소수민족비교연구-해외한민족을 중심으로>(2001) 재일한국·조선인-형성과정과 현재 그리고 그들의 역할(이홍락)/재미동포의 중간자적 위치에 대한 신학적 이해(구춘서)/구소련한인의 민족정체성 상실과 회복: 역사와 현재(기광서)/중국 조선족사회의 형성과정(이규태)/남미의 아시아 소수민족과 멕시코 초기 한인사회의 비교연구-이주과정과 사회문화적 영향을 중심으로(이남섭)/우즈베키스탄 한인의 언어상황과 한국어의 지위(조윤희)/한국의 IMF체제 이후 우즈베키스탄 고려인의 위상고찰과 접근방법론(성동기); <제11호>(2001) 토론토지역 한인의 생활과 의식(윤인진)/해외이민의 명암: 호주내 한인들의 이민동기와 실제생활(설병수)/우즈벡 다민족정책과 민족주의: 현재의 시대적 상황에 따른 고려인의 위상 재조명(성동기)/재미한인2세의 학업성취에 대한 이해(조혜영)/재중동포정책과 재외동포법의 개선방향(이종훈)/동아시아에서의 한인계 이민자에 대한 연구: 그 쟁점과 현황(이진영)/남북관계와 중국 조선족(최우길); <제12호>(2002) 세계한민족의 이주 및 정착의 역사와 한민족정체성의 비교연구(윤인진)/해외동포모국수학생에 대한 연구(조혜영)/연변지역에서의 한국위성방송 수용의 특성(한경구)/중국조선족집거구 해체위기와 대응(김재기)/중앙아시아 5개국의 자국 해외동포관련 법조문분석(성동기)/ Korean Women in the U.S.: A Qualitative Study of Psychosocial Well-being Determinants (Jang-Ae Yang and Kyoung-Ho Shin) <제13호: 특집 한민족공동체의 이상과 현실>(2002) 한민족공동체 형성과제와 민족정체성문제(정영훈)/한민족공동체와 남북통일문제(강광식)/한민족공동체와 한국정부의 역할(이종훈)/지구촌 한민족 경제공동체의 이상과 현실(전택수)/한민족인터넷 문화공동체의 형성방안(김병선)/재미동포의 뷰티서플라이산업(이광규).
236) 심헌용, 「러시아·CIS한인(고려인) 이주정착사 연구경향」(2005).
237) 대통령비서실, 『국난극복의 길: 김대중 대통령 취임 6개월 연설문』(1998) 참조. 김대중 대통령 취임사(1998.2.25).

238) 대통령비서실, 앞의 책(1998) 참조. 자랑스런 재외동포 접견시 말씀(1998.8.11).
239) 국가안전기획부, 『21세기 국가발전과 해외한민족의 역할』(1998) 참조.
240) 노영돈, 「소위 재외동포법에 관한 연구」, 『인천법학논총』 2권 1호(인천대 법학연구소, 1999), 58쪽; 이종훈, 「재외동포의 출입국과 법적지위에 관한 법률안의 문제점과 대안」(해외교포문제연구소·재외한인학회 주최, 재외동포 특례법안의 문제점과 대안모색을 위한 토론회, 1999.6.4), 2쪽.
241) 제2조 제2호중 "대한민국의 국적을 보유하였던 자"를 "대한민국의 국적을 보유하였던 자(대한민국정부 수립 이전에 국외로 이주한 동포를 포함한다)"로 한다.; 그러나 이것만으로는 일본내 조총련·조선적(朝鮮籍) 동포(20만 명 추산)들이 배제되는 문제점을 해결하지 못하고 있다.
242) 당시 회장 김광열(광운대), 감사 최영호(영산대), 한국지역고문 지명관(한림대)·유영렬(숭실대), 일본지역고문 강덕상(시가현립대)·박재일(문화센터 아리랑), 총무이사 김인덕(국립중앙박물관)·표영수(숭실대), 연구이사 정혜경(한국국가기록연구원)·김태기(호남대), 편집이사 김명섭(강남대), 출판이사 정대성(서울대), 영남지역이사 김기왕(한국디지털대), 일본지역이사 外村大(와세다대) <창간호>(2001.3) 8·15전후 재일조선인의 생활상과 민족의식(정대성)/제2차 세계대전직후 GHQ의 재일조선인정책(홍인숙)/'자주학교'형 조선학교에 대한 일고찰(松田利彦)/<제3호>(2002.12) 일제강점기 제주도민이 오사카 이주(이준식)/일본에서의 한일조약 반대운동: 1960년대를 중심으로(吉澤文壽)/분단내서널리즘과 '조선적' 재일조선인: 재일조선인3세의 '조선' 개념에 대한 해석을 중심으로(권준희) <제4호>(2003.6) 戰間期 일본거주 조선인의 생활상과 귀향(김광열) <제5호>(2003.12) 근대 중국의 국적법과 조선인귀화정책(권영준)/일본미디어가 전하는 '在日'像(양인실)/재외동포법의 개정문제(이종훈)/재일조선인이 본 재외동포법과 향후의 과제(김경득)/해방후 재일조선인에 대한 국내의 연구성과와 대중서 서술(이연직) <제6호>(2004.6) 전후 일본의 재일조선인 법적지위에 대한 정책: 1991년 '특별영주'제도를 중심으로(김광렬)/해방직후 조선인 귀환 연구에 대한 회고와 전망(이연직) <제7호>(2004.12) 해방직후에 귀환한 어느 재일조선인 3세의 경계체험(이연직)/국내 강제연행 연구, 미래를 위한 제언(정혜경)/재외동포법을 둘러싼 담론분석: 조선족에 관한 쟁점을 중심으로(大田高子)/재일조선인 '다양화'의 일배경: 민족, 조죽, 생활을 중심으로(小林知子) <제8호>(2005.6) 패전직후 천황제 존속과 재일조선인(박진우)/1950년대 재중일본인, 재일화교 및 유골송환에 대한 연구: 재일조선인 북송문제의 거울(오일환)/한국정부의 대일민간청구권 보상과정(최영호) <제9호>(2005.12) 양석일의 다양한 문학세계(이한창)/김학영 문학론(김환기)/작가 김석범의 인생역정, 작품세계, 사상과 행동(정대성) <제10호>(2006.6) 해방공간 재일조선인연맹의 결성에 대한 연구: 결성대회의 역사적 사실을 중심으로(김인덕)/문학에 나타난 '재일제주인' 인식 고찰(양영기) <제12호> 日本の戰後處理と國籍問題(田中宏)/<제13호>(2007.12) 재일한인민족교육운동에 나타난 대외연대네트워크(최영호)/재일한인지방참정권운동에 나타난 연대네트워크(강재호)/재일한인통일운동에 나타난 연대네트워크: 통일운동의 시기별 특징과 관련을 중심으로(정용하)/개정판 일본근현대사 교과서를 통해 본 재일한인(김광렬).
243) <월례발표회> 2002.4.20 외국어로서의 모국어학습과 민족정체성: 재미한인학생들의 한국어 수업 참여과정에 대한 민족지연구(조혜영); <학술대회> 2003.5.30 대주제: 초국가시대의 정체성: 새로운 경계만들기-민족정체성의 재생산: 재일조선학교의 갈등과 모색(정병호)/2005.5.21 정기학술대회 제1분과: 멕시코한인동포의 생활문화-서성철/김세건/문남권/권숙인/2005.9.27 광복60주년기념 학술대회: 재외한인동포 이주의 역사와 문화-김광억/전경수/문옥표/유철인/김세건/2006.5.19 대학원분과발표회-총련계 재일조선인 커뮤니티와 조선학교: 민족교육이 가지는 의미와 역할에 대한 민족지적 연구(손애경)/2006.5.20 제1분과: 인디언디아스포라: 형성·변화·네트워크-김경학/박정석/장용규/2007. 11.16~17 국제학술대회-분과 1: 혼혈의 문화인류학-국제결혼가족과 혼혈자녀의 성장: 여러 종류의 한국인이 가족으로 사는 법(김민정); <공동심포지움> 2003.9.19 <1-1분과: 한국에서의 화교문제>-화교와 인종주의: 한국화교연구를 위한 인종주의 담론분석(박경태); -세계화·민족·국가: 한국화교의 현실과 도전(장수현); -인천거주 화교집단의 인권실태 및 공동

체적 특성에 관한 연구(이윤희) <2-1분과: 소수자로서의 해외한인>-한인디아스포라론의 사회학적 함의(박명규); -소수자로서의 재미한인(장태한); -민족을 배운다는 것: 교육현장을 통해서 본 소수자로서의 재일한인(송기찬); -세 곳의 다른 조국: 해체선상에 놓인 중국의 조선족사회(주영하) <2-2분과: 탈북자와 조선족> -국경을 넘은 '민족'-신화교, 중국조선족의 생성(유명기);-한국조선족노동자집단의 형성(권태환 · 박광성).

244) 한국문화인류학회 · 국립민속박물관, 『카자흐스탄 한인동포의 생활문화』(2000.11)-1999년 연구과제명: 카자흐스탄공화국 한인동포 생활문화연구. 연구책임자: 전경수. 공동연구원: 김양주, 백태현, 이정덕, 표인주. 연구기간: 2000.5~11. 연구비: 2,520만원. 용역의뢰처: 국립민속박물관/『러시아 연해주 · 사할린한인동포의 생활문화』(2001.11)-2001년 연구과제명: 연해주 및 사할린 한인동포 생활문화 학술연구. 연구책임자: 전경수. 공동연구원: 강정원, 김창민, 성태규, 이덕성, 이정재. 연구기간: 2001.5~11. 연구비: 3,4220만원. 용역의뢰처: 국립민속박물관/『일본 관서지역 한인동포의 생활문화 연구』(2002.12)-2002년 연구과제명: 일본관서지역 한인동포의 생활문화연구. 연구책임자: 문옥표. 공동연구원: 정병호, 한경구, 유철인, 권숙인, 오지은. 연구보조원: 박준규, 송기찬. 연구기간: 2002.6~12. 연구비: 4,000만원. 용역의뢰처: 국립민속박물관/『미국하와이지역 한인동포 생활문화』(2003.12)-2003년 연구과제명: 미국하와이지역 한인동포 생활문화연구. 연구책임자: 최협. 공동연구원: 한경구, 유철인, 이정덕, 정진웅. 연구기간: 2003.4~12. 연구비: 4,000만원. 용역의뢰처: 국립민속박물관/『멕시코 한인동포의 생활문화』(2004).

245) 한국외대 역사문화연구소 편, 『독립국가연합 고려인사회연구』(다해, 2003);「CIS지역 한국학 및 한인동포 원자료조사: 문헌 및 영상기록물을 중심으로」, 『역사문화연구』 20(2004);「CIS지역 한민족네트워크형성을 위한 민간네트워크 상황 기초조사: 유럽 · 러시아 및 중앙아시아」, 『재외한인연구』 13(2004) 등.

246) 고려대 아세아문제연구소 내의 한민족공동체연구실이 한민족공동체연구센터(Global Korean Community Research Center)로 발전. 한민족공동체연구센터에는 <재외동포연구실>, <탈북자연구실>, <이민정책연구실>이 있어 조사연구, 교육, 학술세미나, 출판, 국내외 학자간 네트워킹 사업을 통해 한민족공동체 발전정책과 전략을 개발할 것임.

247) <오전 분과(10:00~12:30)> 사회자: 김형찬 (Western Washington University) 발표자: 민병갑 (Queens College of CUNY, USA) "From Ethnic Solidarity to Assimilation: The Intergenerational Transition of Korean Americans"(민족단결로부터 동화로: 재미한인의 세대전환), 김 게르만(Kazakhstan State University) "Korean Diaspora in post-Soviet Central Asia: Relations with and Attitudes toward North and South Korea"("소련체제 해체 이후 중앙아시아의 고려인 디아스포라: 대북한, 남한 관계 및 입장"), 허명철(중국 연변대학교) "An Theoretical Inquiry of the Korean Ethnic Community in China" ("조선족공동체에 대한 이론적 탐구"), Chikako Kashiwazaki(Keio University) "The Diasporic Experience of 'Zainichi'(chaeil): Changes and Challenges in Comparative Perspective."("재일한인의 디아스포라 경험") <오후 분과(13:30-15:30)> 사회자: 이광규(서울대학교 명예교수, 동북아평화연대), 발표자: 설병수 (경북대학교) "The Social Assimilation and Ethnic Attachment of Korean Australians"("한국계 호주인들의 사회적 동화와 민족적 집착"), 윤인진(고려대학교) "A Comparison of the South and North Korean Policy on Overseas Koreans"("남북한 재외동포 정책 비교"), 변종수(Memphis University) "Strategies for the Global Korean Economic Community"("한민족 경제 공동체 발전 방안") <제3분과: 한민족분산의 이론화를 위한 종합토론 (15:50-18:30)> 주제발표: 전혜성(East Rock Institute), 지정토론자: 이종훈(국회도서관), 한경구(국민대학교), 정성호(강원대학교), 이진영(경희대학교); ≪중앙일보≫ 2002년 10월 6일자 참조.

248) 고려대, 『한국학연구』10(고려대 한국학연구소, 1998) 참조. <특집 1: 세계문학 속의 한국문학>

재외 한인 작가와 민족의 이중적 지위/ 서종택; 한국계 러시아 작가 아나톨리 김의 문학세계 연구(Ⅰ)/ 김현택; 향수와 페이소스의 세계 - 김용익의 단편소설/ 서종택; 이상한 형태의 진리 - 김은국의 '순교자'/ 송창섭; 역사가 남긴 상처와 민족의식 - 이회성론(1)/ 송하춘; 역사 증언에의 욕구와 형상화 수준 - 김학철론(1)/ 이상갑; 이미륵, 영원한 한국인 - 작가론.

249) <제5회 국제학술회의(1999.11.19)> 사회자 선정규(고려대 교수), 개회사 김응렬(고려대 한국학연구소장), 제1주제 L.A 폭동과 재미한인사회(발표: 에드워드 태한 장 US 리버사이드대 교수, 토론 유영대 고려대교수), 제2주제 재미한국노인의 의사소통망(발표 김응렬 고려대 교수, 토론 현택수 고려대 교수) <제9회 초청강연회(1999.12.1)>´ "L.A 폭동과 동포사회의 미래"(발표자: Edward Taehan Chang).

250) 책머리에: 민족정체성과 실존적 개인; 우주를 방황하는 한 예술혼 - 아나톨리 김론/ 김현택; 향수와 페이소스의 세계 - 김용익의 단편소설/ 서종택; 김은국의 '진리'와 한국 현대사 - 순교자, 심판자, 잃어버린 이름/ 송창섭; 역사가 남긴 상처와 민족의식 - 이회성론/ 송하춘; 오사카 이카이노의 在日한국인 문학 - 종추월, 원수일, 김창생을 중심으로/ 유숙자; 역사증언에의 욕구와 형상화 수준 - 김학철론/ 이상갑; 민족의식과 휴머니즘 - 이미륵론.

251) 『아태연구』 제7권(2000) 중국조선족사회의 변화와 민족정체성에 관한 연구(강재식)/ 제8권 1호(2001) 중앙아시아 고려인 강제이주에 관한 연구(이원봉), CIS체제 이후 중앙아시아지역 고려인의 생활문화와 민족정체성: 현지설문조사와 분석을 중심으로(강재식)/ 제8권2호(2001) 성장하는 시장에서의 전략적 투자정책: 중국에 진출한 한국기업의 경영전략요인(박기안)/ 제9권 1호(2002) 중국진출 기업의 현지화실태에 대한 지역적 차이연구(황승연·강재식), 중국진출 기업노동자들의 문화적 적응에 관한 연구(김운호·오원석).

252) 그동안의 연구성과는 한국근현대사학회의 『한국근현대사연구』 25집(2003년 여름호); 28집(2004년 봄호); 29집(2004년 여름호); 독립기념관 한국독립운동사연구소의 『한국독립운동사연구』 20집(2003년 8월); 22집(2004년 8월) 및 유네스코한국위원회의 『Korea Journal』 Vol.44 No.4(Winter 2004) 등을 참조.

253) 재러한인의 이주와 적응 그리고 한러관계발전의 기여(김성윤)/하바로프스크주와 한반도국가들(아 레빈탈리)/러시아 극동지역으로의 한인들이 이주한 문제에 관한 사료 편찬(아 쿠진)/러시아의 한인교포들: 과거, 현재, 미래(엠 본다렌코)/러시아 극동지역에서 한인들의 독립운동(1905-1919)(아 이바노브)/한러협력 및 발전방안(에스 리) 등.

254) 제1세션(20세기초 한국의 정치경제) 멕시코이민 전후 한국의 정치와 사회상황(김형묵)/멕시코이민의 경제벽 배경(김형묵)/제3세션(한인들과 멕시코사회) 한말 멕시코이민과 자료발굴(오인환·공정자)/멕시코한인사회와 독립운동(김도형)/제4세션(한인후예들의 현황) 해방 이전 멕시코한인의 신생활운동(홍선표)/멕시코 쿠바한인 이민현황(정길화).

255) 김용호·유재천편, 『민족통합의 새로운 개념과 전략(상)』(한림대 민족통합연구소, 2002) 3~16쪽 참조. 1998~99년도 학술진흥재단 지원 대학중점연구소 연구과제. 제1과제: 민족통합의 개념과 이론에 관한 학제적 연구/제2과제: 세계화와 민족통합: 한민족분산의 현황과 한민족네트워크공동체 수립/제4과제: 정보화와 민족통합: 데이터베이스구축과 인터넷상의 한민족가상공동체건설.

256) <2000년 세미나: 남북정상회담 이후 재외동포의 역할과 이산가족문제(2000.6.27)> 남북한 사회통합과 재외동포의 역할(윤인진)/정상회담 이후 재일동포사회의 화해협력: 민단·조총련간의 화해와 협력을 중심으로(정갑수)/이산가족문제와 재외동포정책(이종철); <2001년 세미나: 6·15공동선언 이후 남북관계의 변화(2001.5.24)> 중국의 대북한 변경무역의 실태와 조선족의 경제적 역할: 연변의 대북한 변경무역을 중심으로(박승헌)/북일국교정상화와 재일코리안(박일)/재외동포 본국진출의 제도화 필요성과 과제(윤인진); <2002년 세미나: 남북정상회담 2주년과 통일을 위한 재외동포의 역할(2002.6.16~18, 일본 오사카·동경> 남북관계와 재일동포사회(송영대)/남북정상회담 2주년 평가와 재일동포사회(이종원)/남북정상회담과 재일동포사회의 진로(한동성)/재일동포

사회의 화합과 남북관계전망(진희관)/북일경제협력과 남북경협에서의 재일동포의 역할(박일)/문화운동에서 바라본 재일동포 2~3세의 분단과 화합(고정자)/재일동포사회의 화합운동과 조국의 역할(정갑수).

257) 해외교포문제연구소, 『김대중 대통령 취임기념 교포정책포럼』(1998.2.25).
258) 『민족연구』 제1호(98.7)-카쟉한인사회의 어제와 오늘(명드미뜨리), 카쟉한인들의 의식조사(명드미뜨리), 중국인의 민족상황과 화교집단(조정남), 이중국적문제의 허와 실(오창유)/『민족연구』 제3호(99.9)-남북한 재일동포정책의 특성과 문제점(고병국)/『민족연구』 제4호(00.3)-재외한인(고병국)/『민족연구』 제7호(01.9)-소련의 해체와 중앙아시아 고려인(이준규)/『민족연구』 제8호(02.3)-북한의 사할린한인정책(조정남).
259) 조정남, 「동아시아의 민족환경과 재외한인」, 『평화연구』 8(고려대 평화연구소, 1999.12)/『북한의 재외동포정책』(집문당, 2002)/『현대중국의 민족정책』(한국학술정보, 2006)/「단일국적제와 그 변용의 확대」, 『(시대의 논리) 민족연구』 제24호(한국민족연구원, 2005.12)/「국적의 문호개방시대」, 『(시대의 논리) 민족연구』 제24호 (2005.12)/「현대국가와 다문화주의」, 『(시대의 논리) 민족연구』 제30호(2007.6).
260) 김신일·안귀덕, 『재외민족교육강화를 위한 사회문화적 한계극복방안: 재미동포를 중심으로』(한국정신문화연구원, 1998).
261) 성경륭, 「한민족네트워크 공동체 구상」, 『민족통합의 새로운 개념과 전략(상)』(한림대 민족통합연구소, 2002) 참조.
262) 김인영, 「한민족네트워크공동체: 현황과 과제」, 『민족통합의 새로운 개념과 전략(하)』(한림대 민족통합연구소, 2002) 참조.
263) 이종훈·박호성·이종철, 『주요 국정지표에 기초한 재외동포정책 추진방향과 재외동포재단 중장기 사업계획』(1999).
264) 노영돈, 「재소한인의 법적 보호에 관한 연구」(성대 박사학위논문, 1991)/「재소한인의 국적에 관한 연구」, 『국제법학회논총』 67(대한국제법학회, 1990.6)/「재소한인의 강제이주와 재미일인의 강제이주」, 『교포정책자료』 36(1991.3)/「사할린한인의 귀환문제에 관하여」, 『인도법논총』 10·11(대한적십자사, 1991.7)/「사할린한인에 관한 법적 제문제」, 『국제법학회논총』 72(1992.12)/「CIS 한인의 국적」, 『재외한인연구』 7(1998.12)/「재중한인의 국적에 관한 연구」, 『국제법학회논총』 86(1999.12)/「소위 재외동포법에 관한 연구」, 『인천법학논총』 2(인천대 법학연구소, 1999.12)/「재외동포법의 개정방향에 관한 연구」, 『국제법학회논총』 94(2002.12)/「우리 국적법상 '최초의 대한민국 국민의 범위' 규정의 결여문제와 「국적에 관한 임시조례」의 효력」, 『인천법학논총』 5(2002)/「재외동포법에 대한 법무부 개정방안에 관한 연구」, 『인천법학논총』 6(2003)/「재중동포의 한국 국적회복운동과 관련하여」, 『시민과변호사』 120(서울지방변호사회, 2004.1)/『재외동포법 개정, 어떻게 되어가고 있는가』(다해, 2003).
265) 최우길, 「중국조선족의 정체성변화에 관한 소고」, 『재외한인연구』 8(재외한인학회, 1999. 12)/「중국 조선족사회와 교육의 변화」, 『현대중국연구』 제2집(중국학회, 1999.12)/「중국 개혁개방 초기(1980년대) 민족정책: 정책 기조의 변화와 조선족 사회에의 적용과 관련하여」, 『사회과학논집』 3(선문대, 2000.12)/「현대 중국 민족문제에 관한 소고」, 『세계지역연구논총』 14(한국세계지역학회, 2000.11)/「재외동포정책의 문제점: 재중동포정책과 관련하여」, 『교포정책자료』 제62집(해외교포문제연구소, 2001.12)/「남북관계와 중국 조선족」, 『재외한인연구』 제11호(2001.12)/「한중관계와 조선족 문제: 최근 중국에서의 논의와 한국정부의 선택을 중심으로」, 『재외한인연구』 제14호(2003)/「동북아 경제중심 실현을 위한 재외동포 활용방안」, 『경제정책연구』 제6권 제2호(국제문제조사연구소, 2004 여름)/「중국의 민족문제 실태와 정책」, 『시대정신』 제29호(2005.여름)/「재중동포정책의 반성과 새로운 방향 모색」, 『OK times』 제136호(2005.3)/「지구화 시대의 '한민족 정체성' 모색」, 『평화학연구』 제6호(세계평화통일학회, 2005.12)/「새로운 동포정책수립을 위한 시

론」,『OK times』제144호(2005.11)/「'한국 조선족'에 관한 연구: '코리안 드림', 불법체류에의 적응, 새로운 정체성의 모색」,『역사문화연구』특별호(한국외대 역사문화연구소, 2005.2).
266) 최협,『다민족국가의 민족문제와 한인사회』(집문당) 참조.
267) 金太基,「戰後日本政治と在日朝鮮人問題: SCAP의 對在日朝鮮人政策 1945-1952年」(勁草書房, 1997)/「한국정부와 민단의 협력과 갈등관계」,『아시아태평양지역연구』3,1(전남대, 2000.8)/「재미한인경제의 규모와 구조」,『지역개발연구』42(전남대 지역개발연구소, 2004.6)/『재미한인사회의 경제환경』(집문당, 2005)/「재미 한인기업의 네트워크 현황과 정책」,『지역개발연구』46 (2006.6)/「글로벌 네트워크 구축의 관점에서 본 재일한인사회의 현안과 정책적 과제」,『역사문화연구』29(한국외대 역사문화연구소, 2008.2).
268) 성동기,「우즈베키스탄 독립에 따른 고려인의 직업변화와 앞으로의 전망: 이빠드롬 앙케트 분석에 따라」,『재외한인연구』8(1999.12)/「한국의 IMF체철 이후 우즈베키스탄 고려인의 위상고찰과 접근방법론」,『재외한인연구』10(2001.6)/「우즈벡 다민족정책과 민족주의: 현재의 시대적 상황에 따른 고려인의 위상 재조명」,『재외한인연구』11(2001.12)/「중앙아시아의 정세변화와 전망」,『민족연구』제8호(2002.3)/「현대 중앙아시아 지역연구와 러시아: 비교지역연구의 변수로서 러시아」,『슬라브학보』제19권 1호(한국슬라브학회, 2004.6)/「구소련 붕괴 후 우즈베키스탄과 카자흐스탄에 나타나는 고려인의 실태 비교」,『비교문화연구』제17집(부산외대 비교문화연구소, 2005. 12)/「우즈베키스탄 러시아인 독립세대의 민족・국가정체성 분석을 통한 신디아스포라 전망: 우즈벡인과 러시아인 독립세대간 설문조사를 중심으로」,『민족연구』제32호(교양사회, 2007.12).
269) 정혜경,「일제하 재일한국인 민족운동의 연구: 大阪지방을 중심으로」(한국정신문화연구원 한국학대학원 박사학위논문, 1999)『일제시대 재일조선인민족운동연구: 오사카(大阪)을 중심으로』(국학자료원, 2001)/「1920년대 재일조선인과 민족운동」,『한국근현대사연구』제20집(한국근현대사학회, 2002)/『일제말기 조선인강제연행의 역사: 사료연구』(경인문화사, 2003)/「일제말기 조선인 군노무자의 실태 및 귀환」,『한국독립운동사연구』제20집(독립기념관 한국독립운동사연구소, 2003)/「1930년대 재일조선인 연극운동과 학생예술좌」,『한국민족운동사연구』제35집(한국민족운동사학회, 2003)/「기억에서 역사로: 일제 말기 일본제철(주)에 끌려간 조선인노동자」,『한국민족운동사연구』제41집(2004)/「해방이후 강제연행 생존자의 사회적응과정」,『한국근현대사연구』제29집(2004)/「국내강제연행연구, 미래를 위한 제언」,『한일민족문제연구』제7호(2004)/「일제말기 '남양군도'의 조선인 노동자」,『한국민족운동사연구』제44집(2005).
270) 양창영,「해외동포는 한민족의 개척자요 중요한 자산이다」,『한민족공동체』제9권(해외한민족연구소, 2001).
271) 유병용,「한민족의 해외이주와 민족교육문제」,『근현대사강좌』13집(한국현대사연구회, 2002).
272) 권희영・Valery Han・반병률,『우즈베키스탄 한인의 정체성 연구』(한국정신문화연구원, 2001).
273) 신지호,「조총련동포에게 햇볕정책 펼쳐라: 재외동포법 사각지대에 15만명 버려져」,《시사저널》522호(1999.10.28)/「고향방문 이후 조총련의 앞날: 북한, 정상회담 전에 이미 방한사업 확정. 결속이냐 와해냐 갈림길에」,《시사저널》564호(2000.8.17)/「남북한 사회통합과 재외동포의 역할」,『남북정상회담 2주년과 통일을 위한 재외동포의 역할』(평화문제연구소 2002년 재외동포통일세미나).
274) 1998년 연구과제명: 중국 흑룡강성 한인동포의 생활문화연구. 연구책임자: 김광억. 공동연구원: 조강희, 장수현, 주종택, 조경만, 황익주. 연구기간: 1998.4~11. 연구비: 3,350만원. 용역의뢰처: 국립민속박물관.
275) 재외동포에 대한 인식변화와 재외동포재단의 역할(김봉규)/해외교민의 실태와 한국정부 및 교민의 상호역할(이광규)/러시아한인들의 운명과 전망(김영웅)/러시아사할린한인의 어제와 오늘(박수호)/중국용정시 조선족교육의 어제와 오늘, 그리고 미래를 향한 발전대책(장원준)/일본의 전후보상문제의 현단계(高木健一)/한국문화의 세계화(김삼오)/중국 요령성 심양지역의 조선족에 관한 고

찰(이정희)/중국조선족의 미래(리홍우).
276) 구소련거주한인의 지리적 분포와 한-구소련과의 경제협력관계(이충배)/한민족의 중앙아시아이주의 배경과 과정(권희영)/Acculturation, Adaptation and Mental Health: The Korean-Canadian Experience(Kim, Ui Chol)/중앙아시아주 한민족의 정체성유지와 토착문화의 융합문제(이광규)/참정권을 통한 조국과의 연계방안: 민족교육과 법적지위를 중심으로(이정훈)/한국과 독일의 탈출이주민정착·지원정책에 대한 비교연구(김진욱).
277) 재외동포의 출입국과 법적지위에 관한 법률제정의 의의(박상천)/재일동포사회에서 본 재외동포의 출입국과 법적지위에 관한 법률(황영만)/재미동포사회의 미래상(장태한)/재일동포사회의 미래상과 당면과제(박병윤).
278) 1999년 연구과제명: 우즈벡스탄 한인동포 생활문화연구 학술연구. 연구책임자: 전경수. 공동연구원: 김용환, 이희수, 주강현, 정재봉. 연구기간: 1999.5~11. 연구비: 3,395만원. 용역의뢰처: 국립민속박물관.
279) 중국조선족상황으로부터 본 세계 속의 우리 민족(정판룡)/9·18사변전 연변조선족교육상황 및 반일운동 중에서의 역할(황귀호)/용정3·13운동에 대한 탐구(안장원)/용정3·13반일의사릉의 성역화사업(김근화)/북간도의 어제와 오늘(김근화)/한국과 교민과의 상관관계연구(이정희).
280) 해외동포의 포용 및 활용을 위한 법적·제도적 지원(윤인진)/재외동포 관련 법률의 입법경과와 향후과제(이종훈)/세계화 시대의 교민정책의 과제(박경서)/중국조선족과의 협력관계 및 남북통일(방수옥)/화교경제권과 중국의 화교정책(손준식)/재외동포 특례법의 현황과 과제 자유토론 내용(김종두 외)/한민족공동경제권 형성의 필요성(권중달)/한민족공동경제권 확립을 지향한 정책대안(이종훈).
281) 러시아 극동연해주지역 한민족이민사 연구(황인호)/세계화시대 한민족의 위상정립(이정희)/연변조선족자치주 경내에서 우선적 위치에 있는 우리 민족의 말과 글(로주철)/중국혁명에서의 조선민족의 기여(최홍빈)/중국의 민족구역자치정책을 론함(량옥금).
282) 『노무현대통령 연설문집』 제1권(대통령비서실, 2004), (a)600만 재외동포는 우리 민족의 힘이요 자산입니다.… 재외동포사회는 국내총생산의 4분의 1에 이를 만큼 거대한 경제권을 형성하고 있습니다. 전 세계 '한민족네트워크'의 중요성이 갈수록 커지고 있습니다. 우리말과 우리글은 이러한 재외동포사회를 하나로 묶어주는 가장 중요한 구심점입니다. 333~334쪽(한국학술대회개막식 축하메시지, 2003. 7.30)/(b) 동포 경제인 여러분은 우리 경제의 든든한 후원자입니다. 398쪽(제3차 세계한상대회 축하메시지, 2004.10.27); (c) 여러분의 성공이 곧 대한민국의 성공인 것입니다. … 우리 인구의 10분의 1이 넘는 600만 재외동포는 우리 민족의 장래에 더 없이 소중한 자산입니다. 저와 참여정부는 해외동포 여러분이 거주국에서 더욱 성공하고 조국과의 관계에서도 불편함이 없도록 최대한 지원하고 협력할 것입니다. … 한·미간의 가교 역할에도 더욱 힘써 주시기를 당부 드립니다. 385쪽(한겨레신문미주판 창간특별기고, 2003.9. 16);『노무현대통령 연설문집』 제2권(대통령비서실, 2004), (d) 재외국민보호에 최선을 다하겠으며, 재외동포의 권익을 신장하고 모국과의 유대증진을 위한 노력도 계속할 것입니다. 394쪽(제250회 정기국회 시정연설, 2004.10.25) 참조; 동아시아연구원, 『2002 대선평가와 노무현정부의 과제』(이슈투데이, 2003). 지난 16대 대통령선거 공약에서 노무현 후보의 재외동포정책 관련공약은 19(당당하고 자주적인 외교) 항목의 7. "재외동포정책의 강화로 전 세계 한민족공동체를 구현하겠습니다"라는 것밖에 없었다.
283) 외교통상부 보도자료, 「재외동포기념일("세계한인의 날")제정」(2007.4.24)/「제1회 세계한인의 날 기념일 행사: 세계한인의 날 제정 추진 경과」(2007.9.11) 참조. 그리스동포 간담회에서 재외동포 기념일 제정 건의 적극 수용(2006.9), 외교통상부 주도로 재외동포·국민·전문가 대상 설문조사(2006.9~11월, 2006.12~2007.1) 실시와 관계기관 협의(2006.9 제10차 재외동포정책실무위원회, 2006.12 제6차 재외동포정책위원회 보고)를 거쳐 10월 5일을 '세계한인의 날'로 제정하기로

확정(2007.2~3월)하고 국무회의 의결(2007.4.24), '각종 기념일 등에 관한 규정'(대통령령) 개정안.관보 게재(2007.5.2).

284) 군의문사진상규명위원회・일제강점하강제동원피해진상규명위원회・진실화해를위한과거사정리위원회・친일반민족행위진상규명위원회・친일반민족행위자재산조사위원회 주최, 『과거사정리 활동평가와 향후 과제』 토론회 자료집(2007.11.28) 참조: 반탁운동가들의 소련유형사건(06.4.25~07.4.17), 민족일보 조용수 사건(06.4.25~06.11.28), 재일교포 북송저지공작사건(06.8.8~07.4.3).

285) 보안사가 수사했던 73개 사건의 재일동포 및 일본관련 간첩사건 중 4건의 사건을 중점 조사: 보안사에 연행되어 43일간 불법구금상태로 조사받은 김양기(86.2.21), 19일간 불법구금되었던 이헌치(1981.10.9), 영장 없이 보안사로 연행되어 35일간 불법구금되었던 김태홍(1981.9.9), 하숙집에서 영장 없이 불법 연행(1977.4.21), 구속(5.12)되기까지 20일 이상 불법감금되었던 김정사 등.

286) 홍석률, 「과거사정치작업의 성과와 과제」, 앞의 『자료집』(2007.11.28).

287) 『참여정부의 재외동포정책』(외교통상부, 2006) 참조.

288) 자세한 내용은 김봉섭(2005) 참조.

289) <1997~99년 활동> 재외동포 이주역사 및 실태 월례포럼(16회 진행), 평등한 재외동포법 제정 캠페인/<2001년 활동> 재일조선인초청 및 청년결연사업, 조선적(朝鮮籍) 입국장벽을 넘어서 캠페인/<2002년 활동> 세미나 8회 실시(재외동포이주사 및 정책), 6개국(러시아・중국・일본・독일・미국・브라질) 재외동포정책 및 소수민족정책, 해외소수민족 및 이주정책에 관한 국제심포지엄(11.23~ 25)/<2004년 활동> 바람직한 재외동포정책 모색을 위한 국제심포지움(5개국 정책분석과 비교) 및 제1회 재외동포NGO활동가 대회 개최/<2005년 활동> 제2회 NGO활동가대회 및 제1회 재외동포영화제 개최/<2006년 활동> 제3회 NGO활동가대회 및 제2회 재외동포영화제 개최/<2007년 활동> 사할린한인역사회복을 위한 국제워크숍(2007.7.7~14); 「재외동포NGO대회, 풀뿌리 현장에서 재외동포-이주노동자의 역사와 인권을 찾다」(지구촌동포연대, 2006)/『재외동포영화인 네트워크 구축과 활성화를 위한 심포지엄』(지구촌동포연대, 2006)/「방문취업제 어떻게 시행되나: 정부유관부서 초청 긴급 민간세미나」(2007)/「뿌리 깊은 재일동포 탄압, 민족학교를 위협하다: 민족학교 학생들의 인권유린 문제를 중심으로」(지구촌동포연대, 2007).

290) http://www.wekorean.or.kr/ 참조; 「한중 법률 세미나: 한국과 조선족사회에서의 법률문제」(우리민족서로돕기운동 동북아평화연대・중국 길림연대변호사사무소・한중법학회, 2001)/「동북아경제인포럼 제1회: 연변회의」(동북아평화연대 경제교류지원단, 2002)/「우리민족서로돕기운동: 동북아평화연대, 2001-2002」(2003)/「동북아경제포럼 제2회: 연해주회의」(동북아평화연대・러시아 연해주정부・광주전남 동북아평화연대, 2003)/「동북아코리안네트워크 국제회의자료」(2003)/「21세기 중국조선족 집중촌건설과 녹색민족문화경제기반 구축」(2003)/「한러유라시아 경제포럼」(한러유라시아대장정추진위원회 주최, 2005)/「동북아경제포럼, 동북아 및 남북경제공동체 기반구축을 위한 두만강유역 협력방안」(2006).

291) http://best.krf.or.kr/renovation/content.asp?code=FC2&idx=64&GotoPage=(2007년도 우수성과사례) 참조.

292) <주관연구기관> 전남대 사회과학연구원 산하 경영연구소, 지역개발연구소, 아시아태평양지역연구소, 여성연구소, 법률행정연구소, <외부 컨소시엄기관> 고려대 교육문제연구소, 조선대 통일문제연구소, 호남대 인문사회과학연구소, 동신대 동북아연구원, 한국동북아학회, 재외한인학회, 동북아평화연대, 광주정보문화산업진흥원, <해외협력기관> 미국 캘리포니아주립대 CKAKS, 일본 오사카시립대, 중국 연변대, 우즈벡 타쉬켄트사범대, 카자흐 아딜렛법률대. <참여연구원> 책임자 1명, 공동연구자 37명, 전임연구자 13명, 보조연구원 25명(박사과정15, 석사과정9, 학부1) 등 76명. <연구비> 3년간 총27억2800만원(2003년 9억8820만원, 2004년 8억7160만원, 2005년 8억6820

억원) <총서> 『재미 한인사회의 경제환경』(김태기, 임채완, 장선미, 손기형, 이승준), 『재일 코리안사회의 경제환경』(최석신, 임채완, 백형엽, 조성도, 이석인), 『중국 조선족사회의 경제환경』(최웅용, 임채완, 이장섭, 강태구, 윤순석), 『고려인 인구이동과 경제환경』(남혜경, 임채완, 최한우, 이원용, 심헌용, 강명구), 『재외한인 민족교육의 실태』(김경근, 임채완, 고형일, 황기우), 『재외 한인의 법적지위와 기본권 현황』(김명재, 임채완, 홍기문, 장신, 송오식, 조상균, 이승우, 이준), 『재외 한인언론의 역사와 현황 기초연구』(김원태, 임채완, 민형배, 배한동, 임현모, 황오연, 문병훈), 『재외 한인여성의 생활실태 및 의식』(김경신, 임채완, 이선미, 김명혜), 『재외 한인 문헌정보자원과 실제』(이명규, 임채완, 사공복희, 장우권, 김태운), 『재외 한인단체의 어제와 오늘』(최협, 임채완, 나형욱, 오수열, 윤성석, 전형권), 『재외 한인집거지역 사회경제』(임채완, 장윤수, 최영관, 이진영, 최영표, 김재기).

293) 임채완 외, 『재외한인 집거지역 사회 경제』(2005)/『중국진출 한국기업 활용 국내 일자리 창출방안』(2006)/『분단과 통합: 외국의 경험적 사례와 남북한』(2006)/『재외한인과 글로벌네트워크』(2006)/『재외 한인단체의 형성과 현황: 미국, 일본, 중국, 러시아·중앙아시아를 중심으로』(2007)/『재일코리안 기업의 네트워크』/『러시아·중앙아시아 한상네트워크』(2007)/『중국조선족 기업의 네트워크』(2007)/『재미한인 기업의 네트워크』(2007).

294) http://www.wekorea.net 참조 <동서대학교 한상네트웍 지식서비스경영 국제전문가 양성사업단> 중심대학: 동서대 국제관계학부 국제통상전공·국제지역전공/협력대학: 동아대 법과대학 법학부/협력기관: 부산광역시. 부산광역시교육청, 부산진해경제자유구역청/협력대학: 동아대 법학대학/연구기관: 동서대 The Japan Center, 동아대 지식자원개발센터/ 사업: 1. 한상네트웍 지식서비스경영 국제전문가 양성사업 2. 국제서비스경영 전문가 양성사업 3. 국제법률실무전문가 양성사업 4. 기타 한상관련 교육 및 연구프로젝트 운영 5. 기타 양교가 합의하는 사업.

295) 설동훈, 「한국사회의 외국인노동자에 대한 사회학적 연구: 외국인노동자의 유입과 적응을 중심으로」(서울대 박사학위논문, 1996)/「외국인노동자 차별과 시민권」, 『시민과 세계』 제2호(당대, 2002.9)/「국내 재중동포 노동자: 재외동포인가, 외국인인가?」, 『동향과전망』 52호(한국사회과학연구소, 2002봄)/「이주노동자 고용허가제도의 쟁점」, 『복지동향』 제53호(참여연대 사회복지위원회, 2003.3)/「한국의 외국인 노동운동, 1993-2003년: 이주노동자의 저항의 기록」, 『진보평론』 제17호(런장에서 미래를, 2003.가을)/「한국의 외국인노동자제도 개혁, 2003년: 산업연수제도와 고용허가제도」, 『지역사회학』 6호(지역사회학회, 2003. 8)/「대만의 국제결혼 이민자 복지정책」, 『중소연구』 107호(한양대 아태지역연구센터, 2005.11)/「일본과 한국의 외국인노동자 정책 비교」, 『일본연구논총』 21호(현대일본학회, 2005.여름)/「국내 이주 외국인을 어떻게 대우할 것인가」, 『국제평화』 제3권 제1호(서울평화상문화재단, 2006.6)/「국제노동력이동과 외국인노동자의 시민권에 대한 연구: 한국·독일·일본의 사례를 중심으로」, 『민주주의와 인권』 제7권 제2호(전남대 5·18연구소, 2007. 10).

296) 정영훈, 「한민족공동체의 이상과 과제」, 『근현대사강좌』 13(한국현대사연구회, 2002.12)/「민족통일운동의 제4국면: 한민족공동체학 서설」, 『단군학연구』 제13호(1995)/「지구촌시대 한민족공동체론의 의의와 과제」, 『민족사상연구』 제13호(경기대, 2005) <한민족학회 학술회의>(2007.10.6) 지구촌의 한민족-디아스포라 역사와 한민족공동체운동(정영훈), 남한과 북한의 재외동포정책-한민족공동체 건설과제와 관련하여(윤인진), 차기 정부의 재외동포정책 방향(이종훈), 사이버네트워크 속의 한민족공동체, 현황과 과제(김인영), 글로벌 한상네트워크 구축현황과 과제(김재기), 한민족공동체 건설을 위한 민족교육 방향(강성봉).

297) 최진욱·박영호·배정호·신상진·이애리아, 『인문사회연구회 협동연구총서 04-16: 동북아 한민족사회의 역사적 형성과정 및 실태』(통일연구원, 2004).

298) 김귀옥, 「1905년 멕시코이민 한인노동자 연구: 하와이 이민과 비교하면서」, 『재외한인연구』 5(1995)/「경계 안팎의 여성 조선족: 삶의 특성과 사회의식」, 『재외한인연구』 제14호(2003)/「한반

도경제공동체 형성과 여성의 역할: 남북경협을 중심으로」, 『분단·평화·여성』 제7호(민주평통북한연구회, 2003).
299) 김승일, 「대만 한교의 역사적 천이상황과 귀환문제」, 『한국근현대사연구』 28집(한국근현대사학회, 2004. 봄), 283~309쪽; 「사할린한인 미귀환문제의 역사적 접근과 제언」, 『한국근현대사연구』 38집(한국근현대사학회, 2006. 가을), 185~205쪽.
300) 김봉섭, 「재외동포정책과 재외동포법: 배경과 쟁점을 중심으로」, 『교포정책자료』 제64집(2002.12)/「재외동포법의 배경과 쟁점」, 『단군학연구』 제7호(단군학회, 2002.12)/「재외동포 전담기구 개편론의 의미와 과제: 한명숙·권영길 의원 입법(안)을 중심으로」, 『OK times』 147 (2006.2)/「재외동포재단 역량강화방안」(2005.6)/「남북정상회담 이후의 코리안네트워크」(동북아평화연대 제6회 동북아국제회의, 2007.11.30).
301) 곽승지, 『동북아시아 시대의 연변과 조선족: 현실 진단과 미래가치 평가』(아이필드, 2008).
302) <21세기 재외동포정책의 바람직한 방향: 일본식민지하 이주 재외동포의 현황과 과제>(04.12.7)-중국: 재중동포정책 어떻게 잘 펼 것인가-조선족사회의 현황, 중국의 민족정책, 우리의 선택(최우길)/CIS: 유라시아(동북아)시대와 CIS지역의 한민족공동체(임영상)/멕시코: 멕시코한인이민 역사(서성철) <재외동포 관련법 쟁점과 전망에 대한 세미나>(05.12.31)-재외동포기본법의 쟁점과 전망(발제: 이종훈/배덕호; 토론: 한명숙/유기준/권영길/이준규/노영돈/김해성/신상문) <재외동포문제의 재고: 원점으로 돌아와서>(06.12.5)-재러한인의 현황과 주요과제: 연해주고려인 농업정착지원 현황과 과제를 중심으로(신상문)/재미한인과 타민족의 관계: 미국 L.A.사회단체와 다민족관계를 중심으로(이정덕)/중국동포의 한국이주에 대한 연구(김판준)/국가발전과 재외동포의 역할; 중남미 한인사회를 중심으로(박채순)/재일코리안 기업가의 네트워크현황 및 활성화방안(임영언).
303) ≪오마이뉴스≫ 2004.7.29 참조; <제1회 동북아의원 평화포럼>(04.8.21)-한반도 평화체제 구축과 동북아중심전략(이화영)/동북아평화를 위한 러시아의 구상과 역할(장 류보미르).
304) 법무부, 『주요국가 이민정책 비교연구』(출입국기획과, 2004); 정인섭외, 『이중국적문제에 관한 법리적 검토』(법무부, 2004); 법무부, 『2005년도 출입국관리국 정책연구 보고서』(출입국관리국, 2006); 노병철 외, 『희망을 여는 약속: 법무부 변화전략계획』(법무부, 2006); 법무부, 『출입국·외국인정책통계연보』(출입국외국인정책본부, 2007); 법무부, 『2005년도 출입국관리국 정책연구 보고서』(출입국관리국, 2006) "보고서 발간에 감사드리며"(강명득)
305) 2004.6.29. 다양한 분야의 전문가로 구성된 법무부 이민행정연구위원회를 설치하여 운영하고 있으나 그 활동이 미흡: 전문성·활동영역·경력 등을 고려하여 사회과학분야(7명), 자연과학분야(3명), 법조계(1명), 경제계(1명), 시민단체(2명) 등 총 14명으로 구성.
306) <포럼 개요> 명칭: 출입국정책포럼(Immigration Policy Forum, IPF); 목적: 열린 정책 토론 및 여론 수렴 기회 마련, 이민행정 지식·인적 네트워크 구성; 참가대상: 주한 공관원, 주한외신기자, 주한 외국상공회의소·외국계 기업 주재원, 주한 국제기구 직원, 대학 교수, 정부공무원 등; 운영방식: 비공식(Informal)·친목(Friendly)·자유토론(Open), 강연, 토론, 정책발표 등으로 120분간 영어로 진행, 포럼의 효과를 높이고 홍보를 강화하기 위해 홈페이지 구성 운영 (www.moj.go.kr/immi/ipf → 지금은 폐쇄) ※지금까지 모두 14회 진행된 "출입국정책포럼"은 현재 "이민정책포럼"이라는 이름으로 진행 중이다.
307) 「법무부 CoP 중심 법무지식행정 추진사례」(2007.6.15) 참조. <조직> 회원 94명(공무원 88, 변호사 3, 교수 2, 기타 1) 및 스폰서 2명 <활동> 이민행정포럼 개최(2회), 연구논문집 발간 및 내·외부기관 배부 <주요성과> 조사보고서 문서작업 완전전자화, 사증접수전용창구화 추진, 초청자 사실조회 등 전산업무 개선.
308) 유병문·윤수진, 「제1회 재외동포NGO활동가대회: 재외동포NGO활동가들의 고민과 모색」, 『민족21』 57호 (2005.12); 지구촌동포연대, 『제3회 재외동포NGO대회, 풀뿌리 현장에서 재외동포-이주노동자의 역사와 인권을 찾다』(2006) <대회프로그램> 조일수교와 재일조선인문제는 반드시 해

결하여야 할 근본문제의 하나(오규상)/국교정상화와 재일조선인(정영환)/조일수교와 재일동포문제 -법적지위를 중심으로(박병윤)/조일교섭사 연표(1945-2003) 〈긴급보고〉 사할린 한인문제 해결상황(이수진)/일본은 사할린한인에 대한 도덕적 및 법적 책임을 져야한다(김복곤)/국내이주노동의 현실과 재외동포(이규용)/참여정부의 재외동포정책(이용수)/17대 국회 각 정당의 재외동포정책-열린우리당, 한나라당, 민주노동당(신상문)/재외동포법제개선을 위한 토론회 토론문(배덕호).

309) www.kcn21.net 참조 〈창립3주년 기념 심포지엄: 코리안 디아스포라와 조선족주체의 도전〉 2006.1118(서울대 910동 회의실) 주최: 재한 조선족유학생네트워크, 재한 조선족연구모임. 후원: 재외동포재단, 중국동포신문사. 기조강연: 코리안 디아스포라와 조선족주체의 도전(권태환) 발표1(동아시아와 코리안 디아스포라에 대하여)-동아시아공동체 만들기: 코리안 디아스포라 제언(최우길), 코리안 디아스포라와 제3의 공간속의 조선족(예동근)/발표3(특별초청강연)-코리안 디아스포라와 조선족여성정체성의 변화(박민자), 동아시아시장형성에서 조선족기업의 역할(박철).
310) ≪재외동포신문≫ 2007년 2월 9일자 참조: 리걸타임즈 2007.2.2(http://www.legaltimes.co.kr).
311) 'Policy Round for Koreans Across the world'(정부기관・소장 학자・NGO활동가들로 구성); 주요참석자: 곽재석 법무부 외국적동포과장, 김용필 중국동포타운신문, 이민호 통일일보 서울지사장, 노영돈 인천대 교수, 이진영 인하대 교수, 진희관 인제대 교수, 최우길 선문대 교수, 박호성 국제평화전략연구원 수석연구위원, 이규영 서강대 교수, 우평균 고려대 연구교수, 송석원 경희대 교수, 배덕호 지구촌동포연대 집행위원장, 이경태 폴리시앤리서치 대표이사, 예동근 고려대 박사과정 등 〈포럼 발표〉 1차(2007.7.19): 포럼 소개 및 상견례(박호성)/2차(2007.8.31): 재외국민 선거권 무엇이 문제인가?: 헌법재판소 헌법불합치 결정후 동향을 중심으로(이민호)/3차(2007.10.10): 재외국민 선거권회복과 관련한 쟁점과 정책적 과제에 대하여(이경태)/4차(2007.11.22): 중국 조선족, 향후 변화 이해를 돕기 위한 리포트(김용필)/5차(2007.12.27): 700만 해외동포와 한민족공동체-新정부의 해외동포정책 수립과 관련하여(이구홍)/6차(2008.2.28): 동포정책에 관한 짧은 생각(이종철)/7차(2008.3.27): 한국사회와 조선족사회간의 새로운 역사만들기-미래지향적 희망찾기를 위한 새로운 접근(곽승지)/8차(2008.5.23): 재외동포 관련 연구동향과 향후과제(김봉섭)/9차(2008.6.20): 이중국적 허용 필요한가(이경태・송석원).
312) ≪재외동포신문≫ 115호(2007.11.1) 참조.
313) 〈2008년 1차 토론회-주제 '다문화시대 한국사회의 과제와 미래': 08.2.12〉 (사)한국이주노동자복지회와 (사)한국해외봉사단연합회 공동 주최, 다문화정책포럼 주관.
314) 「제1차 평등정책 콜로키움 & 제1차 다문화사회정책포럼」(2008.4.18, 한국여성정책연구원). 엄한진(한림대 사회학), 「한국이민담론의 분절성과 이데올로기적 배경」.
315) 제1회 학술대회(2004): 근대의 이민-하와이와 미주이민. 제2회 학술대회(2005): 멕시코이민 100년의 회상. 제3회 학술대회(2006): 동북아한인공동체와 삶.
316) 국사편찬위원회편『한국사론 39: 미주지역 한인이민사』(2003)에는 미국서부 한국인의 역사에 대한 개요(김영목)/한인미국이주의 시작-1903 공식이민 이전의 상황진단(방선주)/하와이한인들이 하와이감리교회에 끼친 영향: 1903~1952(이덕희)/중가주 초기 한인이민사 개요(이자경)/문혁진 미주한인 이민역사 사료발굴(서동성)/UCLA에 보관된 한국이민역사 관련 자료에 대한 개요(강미경)/USC가 소장한 한국인의 미국이민사 자료(켄 클라인)/미주한인이민사 자료의 현황과 수집방안(김점숙); 국사편찬위원회,『재외동포사 편람』(2005); 국사편찬위원회,『재외동포사회의 역사적 고찰과 연구방법론 모색』(2005).
317) 세계속의 한민족(김길남)/소련 극동한인 강제이주문제(이채문)/러시아 극동・연해주지역 고려인의 역이주와 생활실태(배규성)/중국조선족 시각에서 본 중국관료 부패문제(허길)/21세기 중국조선족의 전망(배봉욱)/력사에 빛나는 한 페이지-룡정3・13반일운동(장원준)/중국조선족 전통미덕에 관하여(강선자)/중앙아시아 한민족의 특성(로자 잘릴가시노바).
318) 남북통일과정에서 중국조선족의 역할(박창근)/교포언론, 무엇이 문제인가(감삼오)/재외동포의 출입

국 현황과 전망(이민희)/참여정부의 재외동포정책(장철균)/재외동포기본법의 제정과 외교통상부의 외교적 마찰운운에 대하여(노영돈)/한국 주요 정당의 교민정책 비교분석(김봉섭)/재미동포사회의 현재와 미래(장태한)/귀화는 비애국적인가(한창우)/재일동포의 나아갈 길(박병윤)/미래한민족공동체를 대비한 재외동포정책 비전 2020(이광규·이구홍·김봉섭).

319) 한민족공동체학 서설(정영훈)/한민족공동체를 위한 재외동포정책(최우길)/재외동포 차세대현황과 한민족공동체로의 포용방안(윤인진)/한민족공동체와 문화적 동질성문제(김영호)/21세기 한국민족주의의 진로(김영명)/현대 한국에서의 민족주의와 탈민족주의(임형진).

320) 동북아지역 재외한인의 현황과 과제(이만열)/중국한인시문학의 역사적 전개: 일제하 만주유민에서 중국조선족으로(윤영천)/러시아한인 이주와 재이주에 관련된 제문제: 러시아원동시기를 중심으로(반병률)/일본 속의 한국인, 그들의 민족교육수호를 향한 움직임(최영호).

321) 한·러경제협력를 통한 극동러시아의 효율적 투자방안연구(강명구)/요녕성 재중한인 사회단체활동과 네트워크(지충남)/재일코리안 기업가의 경영관에 관한 실증적 연구(최석신·임영언)/세계유대인네트워크와 반유대주의(최창모)/중국조선족기업의 네트워크를 통한 수출, 수입, 투자에 관한 연구(이장섭)/Identity and Education of Korean in Japan(Kim, Tae-young)/한국시민사회운동과 재외한인NGO연대 모색(나형욱)/재미한인 금융산업의 실태: LA지역을 중심으로(이승준).

322) 재일교포사회 문제점 부각 & 해외이민 추진.
323) 재일·재미교포사회 현안과제 부각 & 해외우수인재 활용방안 논의.
324) 재중·재러/ CIS동포사회 편입 & 현장방문 및 학제적 연구 전개.
325) 재일·재미·재중·재러·기타 교포사회 전체를 조망하기 시작 & 역사와 사실에 기초한 연구 전개.
326) 김봉섭, 「한국 주요 정당의 교민정책 비교분석-한명숙 의원(안)과 권영길 의원(안)을 중심으로」(2006.12) 참조; 진중권의 SBS 전망대(2005.9.6); MBC 백분토론(2005.7.7. 23:05~ 00:45); 최재천, 「일명 '재외동포법'에 대한 오해와 이해」(2005.6.30) (http://www.cjc4u.or.kr/).
327) 언론재단(www.kinds.or.kr)에서 '재외동포' 항목으로 검색(조선, 중앙은 제외)(2008.2.20 검색); 김봉섭, 「재외동포 전담기구 개편론의 의미와 향후과제」, 해외교포문제연구소 편, 『2008년도 재외동포재단 연구보고서: 교포정책개발과 재외동포재단 비전설정연구』(2008), 206~214쪽 참조.
328) 한국어시험, 정책, 대통령간담회, 애니깽, 청년실업, 강제이주, 로버트 김, 과학기술자, 백과사전, 스포츠, 지방이전, 유공동포초청, 코리안넷, 한민족축전, 영화제, 교류, 활용, 신한은행, 인재유출, 중복사업, 해외유적지, 조기유학, 송도국제도시, 우토로, IT연수(각 1).
329) 국회도서관(www.nanet.go.kr)에서 '재외동포' 항목으로 검색(조선, 중앙은 제외)(2008.2.20 검색); 김봉섭, 「재외동포 전담기구 개편론의 의미와 향후과제」, 해외교포문제연구소 편(2008), 214 ~221쪽 참조.
330) 이종훈, 「한국의 재외동포정책: 주요 현안」, 『바람직한 재외동포정책 모색을 위한 국제심포지엄(한국·러시아·중국·이스라엘·헝가리 정책분석과 비교』(2004.9.10).
331) 최우길, 「한민족공동체와 재외동포: 새로운 동포정책수립을 위한 시론」, 『2005년도 개천절 기념 학술회의 발표논문집: 지구촌시대 한민족공동체론의 의의와 과제』(지구촌시대 한민족공동체포럼, 2005).
332) 미주한인회총연합회, 『재외동포정책: 이명박 정부에 바란다-새 정부 출범에 즈음한 동포정책토론회』(2008.1.17).
333) 개념적으로는 교민(僑民), 해외교포(海外僑胞), 재외동포(在外同胞), 재외한인(在外韓人) 등이 모두 동일한 대상을 가리키는 용어 같으나 사실상 많은 차이가 있다. 이구홍에 따르면 내국민과 해외 교포들 상호간에는 서로를 동포(同胞)라고 부를 수 있지만 재일동포와 내국민 상호간에는 서로를 교포(僑胞)라고 부를 수 없다고 말한다; 원래 교(僑)란 화교(華僑)에서 나온 말로서 중국인들은 "중국국적을 가지고 해외에 임시로 거주하고 있는 해외화인"(僑是指具有中國國籍, 僑居海外的華

人)을 뜻할 때 사용하며, "외국거주 화교들의 자손으로서 거주국의 국적을 이미 취득하고 중국국적을 갖고 있지 않는 사람"(華裔是指華僑在外國所生的兒女子孫, 且已取得居住國的國籍, 沒有中國的國籍)은 화예(華裔)라 불러 서로를 구별한다.; 本條例適用之對象, 爲僑居國外國民. 但具有(中國)大陸地區人民, 香港居民, 澳門居民身分或持有大陸地區所發護照者, 不適用之(中華民國華僑身分證明條例第三條); 歸僑是指回國定居的華僑. 華僑是指定居在國外的中國公民(中華人民共和國歸僑僑眷權益保護法第二條).

334) 「재일동포중 일부 악질분자 강제송환문제 및 재일한국인의 법적지위에 관한 건」(1951.7.16, 외무부장관이 주일대사에게).
335) 외정 제964호 「재일한교의 법적지위에 관한 일본정부와의 교섭에 관한 건」.
336) 한일대 제2331호 「재일한인의 국적문제에 관한 청훈의 건」(1951.9.10, 주일대표부 대사 신성모가 외무부장관에게).
337) 「재일교포고문치사사건에 관한 유태하 참사관 담화」(1955.9.7); 「일본정부에 의한 교포의 북한송치를 비난한 조정환 외무부장관 성명」(1957.3.11).
338) 「재일한인북송에 관한 국회 제2차 본회의의 결의문」(1959.2.20).
339) 「일본외무대신과 주일대표부 수석간의 합의의사록」(1957.12.31).
340) 손태근, 「83심포지엄-재미한국인의 현황과 과제」(1983.11.29) 토론시 답변, 『교포정책자료』 제24집(1985), 171쪽 참조.
341) 백과사전출판사, 『조선대백과사전』 24권(2001), 643쪽; 『조선대백과사전』25권(2001), 165쪽. '해외교포운동', '해외동포방송', '화교' 항목 참조. 해외동포에는 재일동포, 재중동포, 재로씨야동포, 재외조선공민 등이 포함; 김일성, 『조선해외교포운동에 대하여』(조선로동당출판사, 1985); 『재미교포 최덕신과 한 담화: 주체 67(1978)년 11월 18일』(조선로동당출판사, 2000); 『재서독교포 윤이상과 한 담화: 주체 68(1979)년 10월 11일』(조선로동당출판사, 2000).
342) 국회도서관 입법조사분석실, 『재외동포재단설립문제: 재외동포재단법안을 중심으로』(1996), 3~4쪽.
343) 최근 일본 매스컴에서는 '재일한국・조선인'이라는 조어가 자주 등장한다. 한반도가 남과 북으로 분단된 상황 하에서 일본에 거주하는 1백만 동포들의 호칭문제가 종종 거론되는데 그들을 재일한국인이라 칭하면 북한과 조총련으로부터 호된 항의를 받고 반대로 재일조선인으로 칭할 경우 한국과 민단계 동포들로부터 심한 질타를 받는 경우가 일쑤이다 보니 차라리 양측으로부터 비난의 구실을 없애기 위해 고육책의 일환으로 사용하게 된 조어가 아닌가 생각된다. 최근 정부가 '재외동포'로 통일하려는 것은 졸속작품이라고 말하지 않을 수 없다. 정부의 논리는 중국, 러시아 교포는 바다를 건너지 않았기 때문이라는 이유를 든다. 그렇다면 중국, 러시아로 수출되는 상품은 '재외수출'로 불러야 한단 말인가. 여기에서 한 가지 짚고 넘어가야 할 것은 '교포'는 법적・정치적 용어이며, '동포'는 문화적인 개념의 용어로써 '내외동포'를 동일선상에 놓고 말할 때 쓰는 용어라는 점이다.(김대중 대통령 취임기념 교포정책포럼, 1998.2.25).
344) 국회도서관(http://u-lib.nanet.go.kr:8080/dl/SearchIndex.php)에서 각 주제어별로 검색.
345) 윤인진, 「남한과 북한의 재외동포정책」, 『한민족연구』 제4호(2007), 37~38쪽; 김석후, 「자유중국의 화교정책: 재일한교문제를 재검토하기 위하여」, 『민족문화』 5권 4호(민족문화사, 1960.4), 24~28쪽 참조; 김승일은 '한교'라는 용어는 한국인의 피를 나누면서 일시적인 거주가 아닌 이들 지역에 생활근거지를 갖고 있는 한민족, 즉 러시아의 고려인, 중국의 조선족, 일본의 재일동포, 북한과 동남아지역에 산거하고 있는 한국인을 총칭하는 넓은 의미에서의 한국인을 지칭한다고 정의한다.
346) 화교: 외국에 거주하는 중국공민 및 그 후예(1909년 淸 국적법 초안)→교민: 외국에 거주하는 중화민국 인민(1924.1 손문이 발표한 내정부 교무국 보호교민專章)→화교: 외국(홍콩・마카오 제외)에 거주하는 중국공민(유학생・관광객・정부파견공무원・변경주민 제외)(1957.12 중화인민공

화국화교사무위원회)→화교: 해외에 살면서도 중국국적을 가지고 있는 중국공민이자 외국에서 기반을 잡고 장기적으로 살아가는 정주자(1984년 중국국무원 교무판공실) 이때부터 현지국적을 취득한 중국인과 그 후예는 화인(華人)・화예(華裔)으로, 중국으로 돌아와 사는 사람은 귀교(歸僑), 재외화인들의 중국내 가족은 교권(僑眷)으로 구분.

347) 대만 중앙연구원 근대사연구소 朱浤源 교수의 3대원칙(①대만・중국・해외화교의 3자 입장 고려, ②국적인정정책에서 속지주의 채택, ③중화민족의 다원일체(정치의 다원화, 문화의 일체화) 참조.
348) 『노무현대통령취임기념 해외동포정책포럼』(2003.2.25, 롯데호텔 크리스탈볼룸), 104~105쪽.
349) 김봉섭, 「한국 주요 정당의 교민정책 비교분석-한명숙 의원(안)과 권영길 의원(안)을 중심으로」 (2006.12) 참조. "재일민단 문교국장과 3대 민의원 국회옵서버(2회 역임) 출신의 이원범(3・1운동기념사업회 이사장, 해외교포문제연구소 명예이사장)은 5・16직후 당시 이석제 법사위원장을 만나 교민청 설치의 필요성을 브리핑했다고 한다."
350) 국회도서관 입법조사분석실, 앞의 글(1996), 5~6쪽, 12쪽 참조.
351) 국가인권위원회법[일부개정 2005.8.4 법률 7655호] 제3조(국가인권위원회의 설립과 독립성) ① 이 법이 정하는 인권의 보호와 향상을 위한 업무를 수행하기 위하여 국가인권위원회(이하 "위원회"라 한다)를 둔다. ②위원회는 그 권한에 속하는 업무를 독립하여 수행한다.
352) <정부조직법[개정 2004.12.30]> 제31조(외교통상부) ①외교통상부장관은 외교, 외국과의 통상교섭 및 통상교섭에 관한 총괄・조정, 조약 기타 국제협정, 재외국민의 보호・지원, 국제사정조사 및 이민에 관한 사무를 관장한다. <외교통상부와 그 소속기관 직제[개정 2005.4. 15]> 제4조(직무) 외교통상부는 외교정책의 수립 및 시행, 외국과의 통상 및 통상교섭과 대외경제관련 외교정책의 수립・시행 및 종합・조정, 조약 기타 국제협정, 문화협력, 대외홍보, 재외국민의 보호・지원, 국제사정 조사 및 이민에 관한 사무를 관장한다.
353) 하는 일의 범위와 한계가 명확히 되어야 함. 예: 외교통상부 정책수립기능 강화(동포영사국, 재외공관 역할 재정립), 재외동포재단의 지원사업기능 강화(기능강화를 위한 재단법 개정) 등.
354) <1단계> 동포관련 정책통합이 최우선 과제: 재외국민보호정책(외교부), 재외동포지원정책(외교부), 재외동포교육정책(교육부), 재외동포출입국관리정책(법무부), 재외동포문화예술인정책(문광부) 등 관련 정책간 우선순위 확립 시급/ 재외동포정책위원회(위원장 국무총리), 재외동포정책실무위원회(위원장 외교부 제2차관) 등의 기능 재점검(※→세추위 운영 참조) <2단계> 동포 관련 정책 상호간에 통합의 범위와 수준이 결정되면 사업통합은 자연스럽게 이루어질 수 있음: 각 부처별 관련법 재정비(개정・폐지 또는 신설), 사업이관・사업폐지 범위 수준 결정 <3단계> 유사 지원기구간의 통합은 가장 마지막: 조직(인원) 효율화 및 사업(예산) 효과 기대.
355) <외교통상부의 입장> 대한민국이 법치국가인 만큼 모든 현안은 헌법 및 현행 법제도 안에서만 해결됨; 재단의 지도감독관청인 외교통상부는 국제법적・외교적・동포정책적・법실효성・조직적 측면 등의 문제점을 들어 재외동포기본법 제정에 공식적으로 반대(06.3, 참여정부의 재외동포정책); 동포들에게 실질적인 혜택을 줄 수 있는 구체적 지원조치를 개별법령에 반영하는 것을 현실적 대안으로 제시: 재중・CIS동포를 대상으로 하는 별도의 관련법 제정 또는 개정(출입국관리법 시행령상 방문취업제 허용); 외교통상부(정책수립)-재외동포재단(지원사업시행)이라는 이원적 체제를 유지하면서 재외동포영사국 조직확대/ 재외동포정책위원회(실무위 포함) 및 재외동포재단 활성화로 동포지원업무체제의 전반적 강화를 지속 도모할 계획임을 천명하고 있음.
356) 서로 다른 가치관을 갖고 있는 동포사회간의 유대감은 다양한 인적교류 확대, 경제적 협력 및 제3지대 공동개발 참여 등을 통해 길러질 수 있음; 민족동질성 회복은 이념과 체제 차원이 아닌 문화적 차원에서 접근하는 것이 수월하며, 국토가 분단되어 있고, 민족이 분산되어 있는 한민족의 통합은 어느 정도 민족주의적 요소가 필요함.
357) 우리 민족만의 가치가 아니라 인간존엄과 인류번영에 이바지하는 가치창조에 앞장서는 세계시민으로서의 모습.

358) 김봉섭, 『2008년 재외동포재단 연구보고서』(해외교포문제연구소, 2008), 271~272쪽 참조.
359) 재외국민 참정권문제는 재외국민의 국정참여권 회복의 의미로 받아들여지고 있으며, 헌법재판소가 2007년 6월, '주민등록을 할 수 없는 재외국민 또는 국외거주자의 투표권을 제한'한 현 공직선거법 제15조 2항, 제37조 1항, 국민투표법 제14조 1항 등을 국민기본법 제한의 한계를 넘은 것으로 보아 헌법불합치 판정을 내림으로써 오는 2008년 12월 31일까지 위 조항들을 개정해야 한다.
360) Daniel J. Elazar, *Community & Polity: The Organizational Dynamics of American Jewry* (The Jewish Publication Society, 1995), p.92 참조. 재미유태인들이 공동체 참여도에 따라 자신들을 7가지 유형으로 분류하고 있다. ①유태인의 달력주기에 따라 생활하는 완벽한 유태인들(Integral Jews: 25만~45만), ②정기적인 기초(회당) 위에서 유태식 생활에 관계하는 참여자들(Participants: 50만), ③구체적인 방식으로 유태인의 기관·단체에 가입한 회원 유태인들(Affiliated Jews: 140만~180만), ④때때로 기금을 출연하거나 그리고/또는 유태인 제도들의 서비스를 활용하는 기부자와 소비자들(Contirbutors & consumers: 140만~180만), ⑤어느 정도는 유태인으로 인정되나 유태식 생활에 완전히 관계되지 않는 주변인들(Peripherals: 100만), ⑥자신들의 유태인 정체성을 부정하거나 거부하기를 꾀하는 거부자들과 탈퇴자들(Repudiators & converts-out: 30만~ 60만), ⑦족외결혼의 결과로 유태인의 신분이 불명확하거나 다른 종류에 동화된 의사(擬似)유태인들(Quasi-Jews: 2백만).
361) 국회도서관 입법조사분석실, 앞의 글(1996), 13쪽 참조.
362) 『김대중대통령 취임기념 교포정책포럼』(1998.2.25), 90쪽 참조.
363) 백용옥, 『한민족공동체 형성과정에서의 교포정책』(민족통일연구원, 1993), 7쪽 참조.
364) 윤인진, 「남북한사회통합과 재외동포의 역할」(평화문제연구소 2000년 재외동포초청 통일문제세미나, 2000. 6.27), 16~20쪽 참조.
365) 이종철, 「이산가족문제와 재외동포정책」(평화문제연구소 2000년 재외동포초청 통일문제세미나, 2000. 6.27), 66~67쪽 참조.
366) "첫째, 재외동포 전문기관으로서 각 부처에 대한 지원기능 강화(정보·지식의 구심적 역할). 둘째, 재외동포 관련 NGO와 연계 및 지원 강화(사업의 효율화 및 民官네트워크 구축 추진). 셋째, 모국 경제발전에 기여하면서 재외동포들의 경제적 실익도 달성할 수 있는 원원방안 마련. 넷째, 차세대 관련 프로그램 개발 등 수요변화 반영(차세대 동포지원 강화 및 네트워크 구축). 다섯째, 소외지역 동포에 대한 지원 강화(사할린·CIS지역 등, 소외지역 수요 반영). 여섯째, 재외동포 및 동포정책 관련 대국민 홍보강화(국가발전에 기여할 소중한 자산 이미지 제고 및 재외동포정책에 대한 국내의 지지기반 확보)."
367) 국회안보통일포럼, 『연구활동현황, 2002』(2003) 참조.
368) 《중앙일보》 1980년 10월 22일자(1면).
369) 《중앙일보》 1997년 7월 31일자(2면).
370) 《중앙일보》 1998년 8월 13일자(1면).
371) 《중앙일보》 1998년 8월 29일자(2면).
372) 《한겨레신문》 1998년 8월 26일자(3면, 사설) 동포정책의 획기적 전환점; 《한국일보》 1998년 8월 27일자(3면, 사설) 문제 많은 재외동포 특례법; 《국민일보》 2004년 10월 12일자(26면, 사설) 재외국민 투표 허용 신중히; 《한국일보》 2007년 4월 19일자(39면, 사설) 재외국민 부재자 투표 미룰 이유 없다; 《세계일보》 2007년 6월 29일자(23면, 사설) 재외국민 선거권 행사 마땅하다;《경향신문》 2007년 6월 30일자(19면, 사설) 재외국민 선거권 관련법 개정 적극 나서야.
373) 이건우 외 지음·이상윤 외 번역·백병규 편, 『재일국민 조국참정권운동 어제, 오늘 그리고 내일: 우리도 대한민국 국민입니다』(재일국민의 조국참정권 회복을 위한 시민연대, 2002).
374) 《중앙일보》 2000년 5월 20일자(6면) 기고: 해외동포 참정권 언제쯤(김제완 프랑스동포신문 오

니바 대표); 김제완, 「재외국민들은 왜 투표권이 없는가」, 『인물과 사상』 49호(인물과 사상사, 2002.5), 102~110쪽.
375) 이종훈, 「영사업무 보완, 보호·서비스 강화해야: 헌법 2조 2항 정신에 입각, 참정권 부여 필요」, 『자유공론』 417호(한국자유총연맹, 2001.12), 36~39쪽; 이종훈, 「재외국민 참정권문제: 해외부재자투표 제도 재도입방향」, 『OK TIMES』 99호(해외교포문제연구소, 2002.2), 40~49쪽.
376) ≪중앙일보≫ 2004년 6월 7일자(25면). 기고: 해외동포를 더 슬프게 하자 말라(현명철 모스크바 한인회장).
377) ≪중앙일보≫ 2007년 1월 2일자(33면). 기고: 재외국민에 참정권 다시 줘야(박채순 경남대 극동문제연구소 연구위원).
378) 김민호, 「재외국민 투표권의 범위와 시기」, 『바른사회』 32권(바른사회시민회의, 2007.9/10), 12~13쪽.
379) 이병훈, 「한국의 재외동포정책: 현상과 과제」, 『고려법학』 48호(고려대 법학연구원, 2007.4), 357~384쪽.
380) 『99교포정책포럼: 해외동포 법적지위와 교포사회의 미래상』(해외교포문제연구소·L.A.한인회·뉴욕한인회, 1999.1.29) 참조.
381) 정범구의원실·한겨레네트워크준비위원회·우리민족서로돕기운동 공편, 『재외국민참정권 법안개정을 위한 공청회』(2002); 국회안보통일포럼·재외동포연대추진위원회 공편, 『재외동포기본법 제정 및 정책체계정비를 위한 공청회』(2003); 평화와 번영을 위한 세계한민족공동체재단·미주한인회총연합회·김덕룡 의원실 공편, 『재외국민참정권 대토론회: 공직선거 및 선거부정방지법 개정을 중심으로』(2005); 김덕룡 의원실, 『2007 대선, 재외국민참정권 어떻게 할 것인가』(2007) 참조.
382) ≪중앙일보≫ 2005년 4월 14일자(3면) 참조.
383) 미주총련과 캐나다한인총연합회의 헌법소원(2005.3.6).
384) 이종훈, 「한국의 재외동포정책: 주요 현안」, 『바람직한 재외동포정책 모색을 위한 국제심포지엄(한국·러시아·중국·이스라엘·헝가리 정책분석과 비교)』(2004.9.10).
385) http://www.toworld.kr/news/articleView.html?idxno=784.
386) 의안번호 1800271(2008.7.15) 유기준 의원 등 29인이 발의한 공직선거법일부개정법률안에 따르면 해상부재자투표(팩시밀리 이용)와 국외부재자투표(우편투표, 영주권자는 제외)를 신설.
387) 대통령이나 국회의원, 지방자치단체장 및 지방의회의원 선거 등과 달리 지방자치단체의 통폐합이나 구역변경, 방사능폐기물처리장 등 주요시설 설치 등의 정책에 대해 해당지역 주민들의 찬반의견을 묻는 투표.
388) 주민투표법 일부개정법률안(2008.7.24) <주요골자> 국내거주 재외국민에 대한 주민투표권 부여(안 제5조제1항) (1)현행과 같이 주민등록만을 요건으로 주민투표권을 부여하는 것은 주민등록을 할 수 없는 국내거주 재외국민을 합리적 이유 없이 차별하는 문제점이 있음(헌법재판소 결정, 07.6.28) (2)주민투표권 부여요건에 국내거소신고를 추가함 (3)국내거주 재외국민이 주민투표에 참여할 수 있게 됨에 따라 지방자치에 주민참여가 대될 것으로 기대됨 <법안내용> 제5조(주민투표권) ①19세 이상의 국민으로서 제6조제1항의 규정에 의한 투표인명부작성기준일 현재 그 지방자치단체의 관할구역에 주민등록이 되어 있는 자 또는 「재외동포의 출입국과 법적지위에 관한 법률 시행령」 제10조의 규정에 따라 국내거소신고인명부에 등재되어 있는 자는 주민투표권이 있다.; 2008년 4월 현재 30일 이상 국내거주 재외국민은 5만9천명 정도로 추산.
389) <개요> 조사기관: 폴리시 앤 리서치. 조사기간: 8월 2일~16일. 표본수: 성인 남녀 708명. 표본오차: ±3.74%포인트(95% 신뢰수준).
390) ※'전적으로 동의'(6.8%), '대체로 동의'(42.2%), '보통'(38.8%) 등 부정적 견해가 거의 50%.
391) 이중국적이란 개인이 동시에 2개(dual) 또는 그 이상의(multiple) 국적(또는 시민권)을 보유하는

상태를 말하며, 선천적 이중국적과 후천적 이중국적이 존재한다. 이는 국가들이 불가침의 주권적 결정에 의해 자국민을 정의한 결과, 한 국가의 주권자인 국민이 다른 국가의 주권자를 겸하게 되는 기이한 결과가 발생하는데 선천적 이중국적은 출생자가 연고를 갖는 복수 국가의 국적 부여의 기준이 다름으로 인해 불가피하게 발생하며, 후천적 이중국적의 상태는 복수국가의 국적법이 함께 작용하여 국가의 입법정책의 결과로 발생한다.

392) 외교통상부 보도자료(08.4.2) <07년말 실시 대국민여론조사 결과 공개> o조사기관: 한국갤럽조사연구소 o조사기간: 12월 24일 및 26일 o표본수: 전국 19세 이상 성인 남녀 1,220(명) o표본오차: ±2.8%포인트(95% 신뢰수준) <질문> 우리나라가 이중국적을 허용해야 한다고 보십니까? 허용하지 말아야 한다고 보십니까? 허용해야 한다(35.2%), 허용하지 말아야 한다(64.4%), 모름/무응답(0.5%).
393) 정인섭, 『이중국적』(사람생각, 2004) 참조; 정인섭 외, 『이중국적에 관한 법리적 검토』(법무부 편, 2004) 참조; 김봉섭, 「글로벌 코리아와 이중국적정책」, 『국적제도 개선을 위한 정책토론회: 엄격한 단일국적주의 완화 및 체계적 이중국적관리방안을 중심으로』(법무부 출입국·외국인정책본부, 2008.7.22) 참조.
394) 한국 법무부편, 『법무백서 1957』참조. 법률 제16호(1948.12.20).
395) 한국무역협회 무역연구소, 「글로벌 인재의 이동현황과 각국의 유치전략」(2006.7) 참조. 과학자 등 우수 해외동포에게 이중국적 특례 인정 사례; 1968~94년까지 영구귀자 1,051명, 임시귀자 1,127명 총 2,178명의 과학자·기술자 모국발전에 기여.
396) 교포, 해외근무 공무원, 해외근무 상사원, 외국정부 또는 국제기구 근무자, 정부초청 또는 추천에 의한 유치과학자 및 교수요원의 자녀가 해외에서 고교과정을 포함하여 연속하여 2년 이상 재학하거나, 비연속일 경우는 고교과정 1년 이상을 포함하여 3년 이상 해외에서 재학한 경우 재외국민특별전형(특례입학)자격 부여(종전 교육법시행령 71조 2항④).
397) ≪중앙일보≫ 1997년 9월 21일자(6면, 사설: 시대흐름 반영한 국적법 개정); ≪중앙일보≫ 1984년 5월 19일자(2면). 일본은 1984년 국적법 개정: 부모 양계 혈통주의 채택.
398) <차세대동포와의 대화, 뉴욕 월도프 아스토리아호텔>, ≪서울신문≫ 2008년 4월 15일자. <차세대동포와의 대화에서, 08.4.15>
399) 이중국적자 체류현황(07.12 현재). 이들은 출생지주의국가에서 우리나라 부모 사이에 태어난 이중국적자들임.

구분	미국	일본	캐나다	뉴질랜드	호주	필리핀	중국(한국계)	중국	대만	베트남	기타	계
계	25,838	13,625	1,395	383	346	367	308	228	299	180	1,975	44,944
국민처우 이중국적자	22,834	13,309	1,333	374	322	300	47	114	291	65	1,644	40,633
외국인등록 이중국적자	3,004	316	62	9	24	67	261	114	8	115	331	4,311

400) 법무부 출입국·외국인정책본부, 『국적제도 개선을 위한 정책토론회: 엄격한 단일국적주의 완화 및 체계적 이중국적관리방안을 중심으로』(2008.7.22) 참조; 인종·문화적 갈등 최소화를 목적으로 하는 국적제도연구T/F 구성(2005.6~12), 병역의무이행 선천적 이중국적자와 국익에 도움이 되는 글로벌 고급인력에 한정하여 제한적으로 이중국적을 허용하는 방안을 제2차 외국인정책위원회에서 토론과제로 논의(2007.10.25), 이중국적 신중하게, 긍정적으로 검토하겠다는 이명박 대통령 뉴욕방문시 발언(2008.4.15~16), 선천적 이중국적자 이외에 비자발적 외국국적취득자에게 제한적으로 이중국적 허용하는 방안을 국가경쟁력강화위원회에서 토론과제로 논의(2008.4.30).
401) <반대론 이유> (1)양체론, 병역기피, 범죄도피 (2)출입국 체류관리 어려움. 중국 등과 외교적 마찰 우려 (3) 외교적 보호권, 범죄인 인도 등 섭외적 문제 해결 어려움 (4)국가는 단일충성의 대상(예: 미국) <찬성론 이유> (1)경제적 이득을 비롯한 국익에 크게 기여 (2)우수 인적자원 활용

위해 필요 (3)시대적 상황이 다중국적 요구 (4)국외이민 신장, 재외국민의 거주국 정착 및 동화에 도움 (5)인도적 차원에서 해외동포의 이중국적 필요 (6)부모와 자녀는 별개의 독립된 인격 (7)이중국적 금지로 인하여 이민국 국적취득과 동시에 한국적 박탈하는 제도는 거주국 시민권 획득에 소극적이게 하여 거주국에 성공적 정착에 장애 (8)납세 등 의무이행하면서도 참정권 행사 못하는 불이익 감수 (9)한국의 외국인 노동자에게 국적 부여함으로써 인권국가 이미지, 공동체 동화.

402) 제12조(국적상실 조항).
403) 외무부 정무국, 『이중국적법』(1952) "출생시 미국시민권과 다른 한 외국의 시민권을 모두 획득한 사람은 22세 이후에는 외국에서 3년 이상 거주할 경우 미국시민권 상실한다."
404) ≪조선일보≫ 1960년 1월 27일자(조간 2면).
405) ≪조선일보≫ 1966년 6월 30일자(조간 7면).
406) ≪중앙일보≫ 1971년 12월 4일자(7면).
407) ≪중앙일보≫ 1974년 7월 10일자(2면).
408) ≪조선일보≫ 1975년 5월 25일자(조간 2면).
409) 『제11대 국회 제121회 제1차 외무위원회 회의록』(1984.3.12, 유한열 의원질의); 『제11대 국회 제123회 제3차 외무위원회 회의록』(1984.10.18, 임종기 의원질의).
410) 이종익, 「교민정책의 포괄적 개선에 부친다: 미국과 캐나다를 중심으로」, 『해외동포』 20(해외교포문제연구소, 1981.12), 13~20쪽.
411) ≪중앙일보≫ 1986년 4월 22일자(2면).
412) ≪중앙일보≫ 1989년 7월 1일자(9면). 제2차 해외한민족대표자회의 임용근 대회장 인터뷰.
413) ≪중앙일보≫ 1989년 11월 7일자(9면). 미국시민권자 자녀의 국내출생신고, 혼인신고불가능.
414) 법무부, 『재일동포용: 법과 생활』(1987, 1989) 참조.
415) 『제13대 국회 제156회 제20차 국회본회의 회의록』(1992.2.6, 박찬종 의원 서면질의).
416) 『제14대 국회 제165회 제9차 국회본회의 회의록』(1993.10.28, 김영일 의원 질의).
417) 「외국국적 동포에 대한 이중국적인정문제」 미국에서는 미국시민권자, 한국에서는 한국국적과 미국국적의 이중국적자로 해 줄 것을 요구하는 것으로 이는 수용될 수 없는 요구임. 다만 재외동포가 외국에 귀화함으로써 한국국적을 상실하게 되어 본국에 입출국하거나 본국 내에서의 법적지위에 있어서 겪게 되는 불편 또는 불이익을 최소화하기 위해서는 이중국적을 인정하는 방법이 아니라 동포외국인이 한국과 특별한 관계에 있음을 근거로 일반외국인보다는 우대하되 내국인과는 같지 않은 중간형태의 지위를 부여함으로써 해결하여야 할 것임. 이를 위하여 초기에 '민족증'이나 '교포증' 등을 통한 방법이 제안된 바 있음. 이는 재외동포법에 의하여 국내거소신고증으로 발전되어 동법에 의하여 외국국적동포에 대하여도 한국으로의 입출국과 한국 내에서의 법적지위에 대하여 우대하고 있으므로 현재는 근본적인 문제점은 존재하지 않는다고 할 수 있음.
418) ≪조선일보≫ 1993년 3월 3일자(31면), 1993년 5월 19일자(5면), 1993년 10월 6일자(30면).
419) ≪중앙일보≫ 1993년 3월 8일자(5면, 정규웅), 1993년 10월 9일자(23면), 1998년 4월 2일자(길정우 칼럼); 1998년 6월 9일자(6면); 1999년 2월 24일자(12면).
420) 1993.7.15 제출(이성태 외 1,417명), 법사위 상정 1993.11.15, 소위원회 심의 1994.7.12
421) ≪중앙일보≫ 1992년 3월 28일자(2면), 1995년 4월 29일자(10면), 1998년 10월 10일자(6면), 1999년 5월 31일자(7면).
422) ≪중앙일보≫ 1992년 7월 27일자(2면).
423) ≪중앙일보≫ 1995년 4월 6일자(2면).
424) ≪중앙일보≫ 1995년 12월 4일자(2면).
425) ≪중앙일보≫ 1998년 6월 8일자(1면); 1998년 7월 7일자(2면).
426) ≪중앙일보≫ 1998년 8월 26일자(2면).

427) ≪중앙일보≫ 2003년 6월 24일자(10면).
428) ≪중앙일보≫ 2003년 3월 11일자(30면).
429) 「재외동포와 법적지위를 규정하는 두 가지 방식: 한국과 멕시코의 비교」(재외한인학회, 2004); 「이중국적, 그 오해와 진실」(법무부 출입국·외국인정책본부 정책토론회, 2008).
430) 『이중국적문제에 관한 법리적 검토』(법무부, 2004).
431) 「재중한인의 국적과 이중국적 관련 논쟁에 대하여」(재외한인학회, 2004).
432) ≪중앙일보≫ 2005년 6월 7일자(35면) <이중국적, 실리적 해법을 찾자>
433) 「재외동포정책, 이명박정부에 바란다: 새정부 출범에 즈음한 동포정책 토론회」(2008.1.17) <기조발표: 이명박 정부의 재외동포정책 고찰> "이중국적 허용 국적법 개정: 모국은 선진통상국가에 필요한 인재강국구현의 필요성이 커지고 있는 만큼 순차적으로 이중국적을 허용해야 할 것이다. 현재 증가하고 있는 국제결혼 등 외국인들의 국내정착과 인권보호를 위해서도 필요한 정책이라고 판단된다."
434) ≪중앙일보≫ 2000년 9월 1일자(6면, 권영빈 칼럼), 2002년 2월 3일자(15면), 2002년 7월 13일자(2면), 2003년 3월 4일자(8면), 2005년 5월 18일자(E6면), 2006년 7월 12일자(2면), 2007년 10월 27일자(34면: 국경을 넘는 왕래가 일상화한 세계화시대를 맞아 선천적 이중국적자는 늘어날 수밖에 없다. 미국처럼 이중국적을 용인하는 것이 세계적 추세이기도 하다. 열린 마음으로 이중국적 허용 논의를 본격화할 필요가 있다).
435) ≪중앙일보≫ 2003년 10월 7일자(33면).
436) 제13차 재외동포정책실무위원회(2008.5.14) 법무부 제출자료 참조.
437) 중국: 중국은 이중국적을 명시적으로 불허하므로 이중국적 도입시 혜택을 받지 못하게 되는 재중동포들의 소외감을 초래하는 동시에 별도의 혜택을 요구할 가능성 농후; 일본: 이중국적 도입은 그간 여러 불이익에도 불구하고 일본에 귀화하지 않고 한국국적을 고수해온 재일동포들의 자존심에 대한 훼손으로 간주될 가능성 다분; 미국 : 대부분의 재미동포들은 이중국적 허용을 갈망하므로 환영; 러시아·CIS: 대부분의 재러 및 CIS지역동포들은 이중국적 허용을 선호할 것으로 관측.
438) 이철우, 앞의 글(2004); 앞의 글(2008) 참조.
439) 김봉섭, 법무부 출입국·외국인정책본부 토론문(2008.7.22) 참조(김삼 조글로대표 답변내용).
440) 김대원 해외입양인연대사무총장 토론문(2008.7.22) 「Dual Citizenship for Korean adoptees」
441) 김봉섭, 앞의 글(2008.7.22) 참조.
442) Robin Cohen은 *Global Diaspora: An Introduction* (University of Washington Press, 1997)에서 1)고전적 의미의 디아스포라(유태인의 전통), 2)희생자 디아스포라(아프리카인과 아르메니아인), 3)노동 및 제국주의적 디아스포라(인도인과 영국인), 4)상업 디아스포라(중국인과 레바논인), 5)디아스포라와 모국(시크인과 시온주의자), 6)문화적 디아스포라(카리브인들 사례), 7)글로벌시대의 디아스포라, 8)디아스포라 그 유형 및 미래 등을 다루고 있다.
443) 자세한 내용은 이구홍, 「600만 해외동포, 그들은 누구인가」, 『국회 재외동포경제정책연구회 제1회 춘계세미나: 해외동포 600만은 한민족 무형의 자산』(2002.5.20); Elena Barabantseva, "Trans-nationalising Chineseness: Overseas Chinese Policies of the PRC's Central Government."
(http://www.asienkunde.de/ content/zeitschrift_asien/archiv/pdf/Barabantseva96.pdf) 참조.
444) 1978년 12월 전국교무공작회의(All overseas Chinese Affairs Conference) 제2차 전국귀교대표대회(All Nation Conference of Returnee Delegates)에서는 이른바 '一視同人 不得岐視 根據 特點 適當照顧' 16자 원칙을 귀교(歸僑)정책으로 채택→중화인민공화국귀교교권익보호법 제정 (1990.9 제7기 전인대 상무위원회 제15차 회의) 화교·귀교·교권에 대한 정의 공식화 및 화교우대정책 실시.
445) 중국인민정부 화교사무위원회(1949.10)→중화인민공화국 화교사무위원회(1954)→광동·복건·광

서성 등에 화교사무위원회, 상해·운남·천진·산동·강소·절강·하북·강서 등에 교무처 설치→문화혁명으로 활동 중단·폐지(1970), 외교부 업무이관→국무원 교무판공실 신설(1978.1) 및 티베트 제외한 29개 1급 행정구와 1,300여 현급 행정구에 교무판공실설치.

446) 연안화교연합회(1940.9)→중국해방구귀국화교연합회(1948) 개칭→이후 7~80여 개 유사단체 난립→전국귀국화교대표자대회(1956.12) 개최 및 전국귀국화교연합회 결성→문화혁명으로 기능 중단→기능 회복(1978.4), 티베트 제외한 1급 행정구, 2,700여 현, 8,000여 향에 교련 설치. 1984년 이후 매 5년마다 전국대회 개최, 2004년 7월에는 1천여 대표 참가.

447) 제6차 전인대에서 선거로 구성(14명). 화교 관련의안과 법률안 연구·심의·의결, 관련 법률·법규·정책 집행감독.

448) http://www.fjql.org/fjrzhw/a690.htm(福建僑聯網 2007年2月13日) 참조 "最近的一統計資料表明, 海外華人大約有3300万, 散居在世界各地大約120個國家和地區, 凡乎布漫全球."; 조정남, 「중국인의 민족상황과 화교집단」.

449) http://www.fjql.org/qszl/xsyj75.htm 참조(原載: 中國青年報, 福建僑聯網 2007年2月13日) "中国社会科学院发布2007年全球政治与安全报告 … 根据该报告, 中国向海外移民可以追溯到元代以前, 而当前的移民人数已经达到3500万人, 被认为是国际上最大的移民群体. 虽然这个群体的成员遍布世界151个国家, 但是欧洲、北美和澳大利亚却是他们最主要的聚集地."

450) http://www.igadi.org/arquivo/te_se05/os_chineses_de_ultramar.pdf(張富美, 「僑務政策與僑民參政」, 西班牙 季刊『外交時代』2002年 11月 참조) "아시아 2,782만(77.7%), 미주 612만(17.1%), 유럽 97만, 대양주 75만, 기타 14만" "해외화인단체는 4,180개임. 대륙별로는 미주 2,741(65.6%0, 아시아 866(20.7%), 유럽 326(7.8%), 대양주 150(3.6%), 기타 98(2.3%); 국가별로는 미국 2,207(52.8%), 필리핀 333(8%), 캐나다 272(6.5%) 순. 단체성격별로는 종합단체 19.2%, 상업단체 11.6%, 지역단체 10%, 종교단체 9.7% 순."

451) http://www.fjql.org/fjrzhw/a689.htm(福建僑聯網 2007年2月2日) 참조. 1996년 대비 22.4% 증가. 대표적 인물: 인도네시아 상무부장 冯慧兰, 태국하원 제1부의장 蔡百山, 미국과학원 원사 陈天健 등.

452) 조정남, 「중국인의 민족상황과 화교집단」.

453) http://coc.lib.cuhk.edu.hk/newsletter/newsindex.htm(홍콩中文대학도서관 해외화인 collection: 『海外華人研究通訊』(Report on Overseas Chinese Studies)) 참조.

454) <설립목적> 동남아 각국사, 중국과 동남아관계사, 화교화인문제, 동남아 및 아태지역 국제관계의 현상과 발전연구; <연구성과> 溫廣益 主編, 『廣東籍華僑名人錄』(1988.7), 『華僑史論文資料索引』, 『東南亞華僑華人史』, 『華僑華人與廣東僑鄉關係研究』등 발간.

455) 국가가 운영하는 첫 번째 화교대학으로서 국무원화교판공실의 지도를 받고 있음. 중국에서 외국 유학생을 처음으로 받아들인 학교이며, 이 학교 전신은 清이 남경에 세운 기남학당(1906); 김혜진, 『세계는 왜 베이징대로 몰리는가』(물푸레, 2002) "기남대학은 중국 제1의 화교학교이다. 해외화교의 중국어교육과 중국문화 등의 교육에 중점을 두고 있기 때문에 많은 화교생이 있다. 유학생들도 전반적으로 화교가 주류를 이루며 어학연수과정, 상무한언과, 중국교사양성과정과 본과 입학을 위한 예과반도 개설되어 있다."

456) 기남대학이 화교문제연구의 최고임을 계승·발양하고 화교화인의 역사·현상·교육·경제 등을 종합적으로 연구하는 기구(화교역사, 화교교육, 화교경제, 當代화인 등 4개 연구실, 편집실, 도서자료실, 행정판공실 있음).

457) 黃滋生 主編, 『戰後東南亞國家的華僑華人政策』(1989.5).

458) <설립목적> 해외화교화인사회, 광둥출신마을의 현상·발전추세 및 교무정책 진행조사연구 등에 관해 정부 유관기관에 자문을 제공하며, 전 세계 화교화인문제연구의 학술교류를 촉진; 회지『華僑與華人』발간, 『美國僑情手冊』, 『泰國僑情手冊』발간.

459) 제5차 학술토론회(1995.6.20~23)에서는 모두 34편의 논문이 발표. 화교와 화인 칭호는 과학적 개념(楊山)/ 중국지식인 이민문제점 연구에 관해(吳智棠).
460) http://210.38.160.81/kejia/index.php 참조.
461) 연구소내 화교화인연구실에서는 동남아화교와 화인경제, 월남화교와 화인문제연구, 광서 출신 화교화인의 역사와 현상 등을 연구(1979.2 인도지나연구소로 출범).
462) 『華僑歷史論叢』 발행; 福建省华侨历史学会 編, 『华侨历史论丛』第九辑(2004年8月) 내용 참조.
463) 『上海僑史論叢』, 『海外華僑華人名人詞典』발간.
464) 한국화교역사를 위주로 연구; 『朝鮮華僑史』발간.
465) http://news.xinhuanet.com/overseas/2006-01/20/content_4077249.htm 참조.
466) http://www.pku.edu.cn/academic/cocs/ 참조.
467) http://nanyang.xmu.edu.cn/ 참조.
468) 유관 연구소활동 및 학술회의를 주관・찬조하고, 각계 인사의 해외화인사회 이해를 촉진하는 기구; 華資銀行與東南亞國家的建設(1986.10), 兩次世界大戰其間在亞洲之海外華人(1987.9), 亞太區華人銀行業(1990.2) 등 국제학술회의 주관, 香港銀行業的危機, 海外華人在中國投資的困難, 華人學者在北美洲的學術活動, 南非華人面面觀 등 좌담회・강좌 개최.
469) http://www.cityu.edu.hk/searc/ 참조.
470) http://www.cctr.ust.hk/ 참조.
471) 홍콩중문대학 중국문화연구소, 인류학과, 아태연구소 해외화인연구社, 프랑스국가과학연구센터 화남・印支반도인류학연구소 공동주관 '客家與中國移民史'(1992.9.24~26).
472) 『華僑華人史書刊目錄』(中國展望出版社, 1984);『華僑歷史學會通訊』1984年第2期.
473) 『華僑華人研究文獻索引』(廈門大學出版社, 1994).
474) http://140.115.170.1/Hakkapolieco/main/index.php(國立中央大學 客家政經經濟研究所) 참조.
475) http://www.lib.ntnu.edu.tw/ 참조.
476) 李安山 主編, 『中國華僑華人學』(北京大學, 2006) 참조.
477) http://www.lib.cuhk.edu.hk/conference/occ/wangwei.pdf 참조(王維, 「華僑華人研究中口述歷史史料的可能性-以日本華僑女性史・口述生活史爲例」).
478) 丘立木, 「同化論學術思潮的衰落及其原因」, 『華僑華人歷史研究』1988年第2期. 김경국・최승현・이강복・최지현, 「한국의 화교연구배경 및 동향분석」, 『중국인문과학』 제26집(중국인문학회, 2003.6)에서 재인용.
479) http://www.mac.gov.tw/big5/rpir/2nd7_2.htm. 劉泰英, 「大中華經濟圈」發展的條件與前景」, 超越與重建-迎接中華民國新時代?討會(台北), 民國八十一年七月七至九, 頁五; 黃枝連, 西太洋地區?業協作系統初步構想, 經濟導報(週刊), 總二０七八期, 一九八八年七月十八, 頁一四.
480) 중화민국 헌법(1947): 화교 중에서 국민당대회대표, 입법위원, 감찰위원을 선출하여 국정에 참여, 화교권익 보호, 화교경제사업 부조・보호, 화교교육사업・사회사업 장려・부조 조항; 중화인민공화국 헌법(1954): 중화인민공화국정부는 국외화교의 정당한 권리 및 이익을 보호한다, 전인대 대회에 화교대표 참여; 張富美, 「僑務政策與僑民參政」, 西班牙 季刊『外交時代』2002年 11月 참조. 교무정책의 제정(制訂)은 헌법의 '교민권익보호'와 '교민발전협조'를 기본정신에 따라 하며, 정치경제정세의 발전과 교포의 요구 등을 감안하여 교민정책목표와 중점사항을 종합적으로 제정. '僑社聯服務', '海外僑教工作' '僑民經濟發展', '海外資訊文宣', '僑生回國升學', '資訊化服務措施' 등의 내용 포함 (http://www.igadi.org/arquivo/te_se05/os_chineses_de_ultramar.pdf).
481) 대표적인 학자로는 李樸生, 高信, 張希哲, 曾廣順 등이 있으며, 그 뒤를 李亦園, 丘正歐, 張存武, 陳鴻瑜, 江炳倫 등이 이었고, 지금은 朱浤源, 楊建成, 張啓雄, 陳靜瑜, 曾慶輝 등이 주로 활동.
482) 대만국립사범대학 도서관(http://www.lib.ntnu.edu.tw) 참조.
483) http://www.sinica.edu.tw/~socs 참조.

484) http://www.chsa.org/ 참조.
485) http://rspas.anu.edu.au/cscsd/ 참조.
486) http://www.jssco.org/taikaiannai.htm#wongkouen 참조.
487) 김국국 외, 「한국의 화교연구 배경 및 동향분석」, 『중국인문과학』 제26호(중국인문학회, 2003.6) 참고; 1990년(5편), 1992년(2편), 1993년(7편), 1994년(4편), 1995년(8편), 1996년(14편), 1997년(42편), 1998년(31편), 1999년(22편), 2000년(22편), 2001년(12편), 2002년(19편).
488) 邱永漢, 『日僑の時代: 世界に富をもたらす新しい傳道者たち』(東京: PHP研究所, 1995.
489) 1885년 최초의 하와이 이민선(city of tokyo) 출항; 第10卷4號, 在伯第二世敎育問題. - 第10卷6號, 時局と移植民問題研究. - 第10卷7號, 中南米諸國の近況と對日情勢. - 第11卷1號, ブラジルに於ける獨逸人南加州在留邦人の現勢. - 第11卷2號, ラテン.アメリカの特殊性とコロンビヤ國. - ブラジル邦人の現勢と今後の進展. - 第11卷9號, 在外日本人の現狀. - 第11卷10號, ペル使節團來朝記念. - 第12卷1號, 新春海外隨筆. - 第12卷6號, 南米大陸を繞る列强の爭覇戰. - 第12卷7號, 海外第二世敎育の體驗を語る座談會. - 第12卷8號, ブラジル生活女性座談會.
490) 『圖說ハワイ日本人史1885~1924』(ビショップ博物館, 1985)/『ハワイ日系移民の服飾史』(バーバラ・F・川上, 平凡社, 1998)/『弁當からミックスプレートへ』(全米日系人博物館, 2002)/『日本人出稼ぎ移民』(鈴木讓二, 平凡社, 1992)/『五十年間のハワイ回顧』(相賀安太郎, 1953)/『ハワイ日本語學校敎育史』(ハワイ敎育會, 1972)/『ハワイ日系移民の敎育史』(沖田行司, ミネルヴァ書房, 1997)/『昭和八=九日布時事布蛙年鑑附日本人住所錄』(日布時事社, 1933)/『『海外邦字紙』と日系人社會』(日本新聞博物館, 2002)/『布蛙渡航案內』(博文館, 1904)/『全米日系人住所錄』(新日米新聞社, 1951)/『在米廣島縣人史』(在米廣島縣人史發行所, 1929)/『米國日系人百年史　在米日系人發展人士錄』(新日米新聞社, 1961)/『在米日本人史』(在米日本人會, 1940)/『アメリカ大陸日系人百貨事典　寫眞と繪で見る日系人の歷史』(アケミ・キクムラ=ヤノ, 明石書店, 2002)/『米國西北部日本移民史』(大北日報社, 1929) /『カナダ日本移民物語』(築地書房, 1986) /『カナダに渡ったパイオニア21世紀を開く子供たちへ』(カナダ日系一世を考える事務局) /『日系カナダ人の歷史』(飯野正子, 東京大學出版會, 1997) /『カナダ移民史資料』(不二出版, 1995)/『移民史Ⅰ南米編』(今野敏彦・藤崎康夫, 新泉社, 1984) /『日系移民資料集南米編』(1999) /『日本人ペル-移住の記錄』(ラテンアメリカ協會, 1969) /『アンデスへの架け橋日本人ペル-移住80周年記念誌』(日本人ペル-移住80周年祝典委員會, 1982) /『ペル-日系人の20世紀　100の人生　100の肖像』(柳田利夫・義井豊, 芙蓉書房出版, 1999) /『リマの日系人ペルーにおける日系社會の多角的分析』(柳田利夫, 明石書店,1997) /『ブラジル日本移民八十年史』(移民80年祭祭典委員會ブラジル日本文化協會, 1991) /『日系ブラジル移民史』(高橋幸春, 三一書房, 1993) 등.
491) Nouko Adachi의 *Japanese Diaspora* (Routledge, 2006)에서는 일본인 디아스포라의 기원, 문화정체성: 초기 디아스포라에서 고전적 디아스포라까지, 오키나와인・일계인・영주권자 디아스포라 내에서의 정체성 구축 등을 다루고 있다.
492) 일계인이란 일본에서 해외로 이주하여 정주하는 사회에서 독특한 사회와 생활스타일을 형성했던 일본인을 조상으로 갖고 있는 사람, 이들 중에는 일본으로 귀국하여 일본인과는 다른 아이덴티티를 갖고 있는 사람도 포함된다.(http://www.janm.org/projects/inrp/japanese/indexja.htm 참조; 일본 일계인정책은 외무성 웹사이트 참조
(http://www.mofa.go.jp/policy/emigration/nikkei.html#1_1).
493) 일본　移民硏究會(津田塾大學內), 慶應大學 PJECA PROYECTO(Presencia Japonesa en el Continente Americano); 아르헨티나 ASOCIACION UNIVERSITARIA NIKKEI(日系大學協會), CENTRO NIKKEI ARGENTINO(アルゼンチン日系センター); 볼리비아 FEDERACION NACIONAL DE ASOCIACIONES BOLIVIANO JAPONESAS(ボリビア日系協會連合會); 브라질 MUSEU HISTRICO DA IMIGRACAO JAPONESA NO BRASIL(ブラジル日本移民史料館); 캐나다

JAPANESE CANADIAN NATIONAL MUSEUM(日系カナダ人博物館); 칠레 SOCIEDAD JAPONESA DE BENEFICIENCIA NIKKEI-CHILE(日本慈善協會); 멕시코 ASOCIACION MEXICO JAPONESA, A.C.((日墨協會); PAN AMERICAN NIKKEI ASSOCIATION(パン・アメリカン日系協會), ASOCIACION PERUANO JAPONESA DEL PERU(ペルー日系協會), CENTRO CULTURAL PERUANO JAPONES(ペルー日系文化センター); 미국 PAN AMERICAN NIKKEI ASSOCIATION USA East Coast Chapter(パン・アメリカン日系協會アメリカ東海岸支部); 파라과이 CENTRO NIKKEI PARAGUAYO(パラグアイ日系センター); 페루 FUNDACION CULTURAL NIKKEI DEL PERU(ペルー日系人文化協會); 미국 하와이대 마노아캠퍼스 구술사센터 SOCIAL SCIENCE RESEARCH INSTITUTE(社會科學硏究所), 캘리포니아주립대 아시안 아메리칸센터 UNIVERSITY OF CALIFORNIA AT LOS ANGELES, ASIAN AMERICAN STUDIES CENTER 등.

494) http://www.janm.org/ 참조; 'Discover Nikkei' 사이트 운영 (http://www.discovernikkei.org/en/).
495) Lane R. Hirabayashi, Akemi Kikumura-Yano, James A. Hirabayashi, eds. *New Worlds, New Lives: Globalization and People of Japanese Descent in the Americas and from Latin America in Japan* (Stanford: Stanford University Press, 2002)/Akemi Kikumura-Yano, ed. *Encyclopedia of Japanese Descendants in the Americas: An Illustrated History of Nikkei* (Walnut Creek, CA: AltaMira Press, 2002).
496) http://www.discovernikkei.org/ja/resources/lessonplans/ 참조.
497) http://www.jadesas.or.jp/taikai/index.html 참조.
498) JICA본부에서는 1990년부터 일계사회 볼런티어사업(청년해외협력대, 시니어해외볼런티어, 단기볼런티어, 귀국볼런티어, 일계사회시니어볼런티어 등)을 추진중에 있음. 예를 들어 JICA브라질지부에서는 인재육성의 일환으로 다양한 분야의 일본연수 기회를 제공, 일계인협회 회원자격으로 전세계 일계인사회 자원봉사자(일본어교육, 체육, 간호, 경영, 컴퓨터, 영양학 등)로 파견, 브라질에서의 다작물 및 신종 영농지원.
499) http://www29.atwiki.jp/nikkeijin/pages/82.html 참조. 상지대 아메리카・캐나다연구소와 포르투갈어권연구소 공동주최. "일계인으로서, 이민노동자로서, 스페인어권 출신자라는 복잡한 정체성을 민족지 신문의 관점에서 분석"(발표자 Dr. Alberto Fonseca Sakai).
500) 송은영, 「재일한국인・재한일본인에 관한 연구」(동의대 석사학위논문, 2005).
501) Daniel J. Elazar, *Community & Polity: The Organizational Dynamics Of American Jewry*, Revised and Updated Edition: The Jewish Publication Society, 1995. pp.452~460.
502) http://jewishstudies.virtualave.net/ 참조.
503) http://www.jewish-studies.org 참조. 히브리대학에서 매4년마다 열리는 유태인학 세계대회(1947~), 이스라엘 각 대학에서 열리는 연차회의, Lekket DB 구축・운영, 학회지 및 소식지 발간.
504) http://www.ajsnet.org 참조.
505) http://www.eajs.net 참조.
506) http://www.aisisraelstudies.org/ 참조.
507) http://www.aajr.org/ 참조.
508) http://www.ajhs.org/ 참조.
509) http://www.jewishgen.org/InfoFiles/ajyb.htm 참조. 1899년부터 1907년까지는 *American Jewish Year Book* (Piladelphia: Jewish Publication Society), 1908년부터 1949년까지는 American Jewish Committee, eds. *American Jewish Year Book* (Philadelphia: Jewish Publication Society), 1950년부터 1993년까지는 American Jewish Committee, eds. *American Jewish Year Book* (New York: American Jewish Committee and Jewish Publication Society), 1994

년 이후부터는 *American Jewish Year Book* (New York: American Jewish Committee).
510) http://www.cmjs.org/ 참조.
511) Birthright Israel Foundation, 이스라엘정부, 전 세계 유태공동체 등이 주관하는 10일짜리 단기 여행 프로그램. 히브리말로 'Taglit'는 '장자권'(또는 발견)을 의미. 이스라엘과 유태공동체 사이의 분열을 최소화하고, 전 세계 유태인의 유대감을 강화하고, 참가자들의 유태정체성을 강화하고 이스라엘인들과 연결하기 위한 선물로서 전 세계 유태 젊은이들(18~26세)을 모국에 보내자는 것이 취지. 2008년 현재 52개국 19만 여 명이 참가. 대부분의 여행은 이스라엘 여행가이드, 이스라엘 동료들(주로 군인 및 학생)과 5~10일간 보내기, 舊예루살렘과 통곡의 벽 여행, 마사다 및 사해 여행, 텔아비브·하이파·츠팟·에일랏 등 舊도시 여행, 3~4성급 호텔숙박, 단체안전 및 안전수속 등 포함.
512) 유태인협회(Jewish Agency of Israel)와 이스라엘정부 공동추진의 모국여행프로그램. 히브리말로 'MASA'는 여행 의미. 해마다 보다 많은 전 세계 유태청소년들(18~30세)이 모국에서 1학기(5개월 과정) 또는 1년간(10개월 과정) 여행하면서 이스라엘을 탐험하고, 유태문화를 경험하며, 함께 자라고 배워나가자는 것이 취지. 2004년 이후 25,000여 명 참가. 2007~8년 회기에 50개국 8천여 명 이상 참가. 유태인협회 소유의 비영리기관(MASA Co. Ltd)에 의해 160여 프로그램 실시 중. 장학금은 1인당 1만 달러(참가비의 95% 수준)에서 지급.
513) 1906년 설립. 전 세계 유태인의 권리와 자유를 보호하고, 편협한 신앙과 반유태인주의와 맞서 싸우며 모든 이의 인권을 촉진하며, 이스라엘의 안전을 위해 일하며 미국인과 이스라엘인 사이의 이해를 깊게 하며, 미국의 민주가치에 기초한 공공정책과 유태전통의 관점을 지지하며, 유태인들의 창조적 생명력을 증진하는 조직.
514) http://www.ajcarchives.org/main.php?GroupingId=10143.
515) "National Jewish Organizations", American Jewish Year Book 2006, pp.605~665 참조 <기능별 분류> 공동체 관계단체(605), 문화단체(610), 이스라엘 관련단체(618), 해외원조단체(631), 종교·교육조직(633), 학교·기구(646), 사회·공동구제(657), 사회복지(659), 전문협회(664), 여성단체(665), 청년학생조직(665), 캐나다(665).
516) Sergio DellaPergola·Uzi Rebhun·Mark Tolts, "Prospecting the Jewish Future: Population Projections 2000--2080," AJYB 2000, vol. 100, pp.103~146 참조.
517) "World Jewish Population, 2006", American Jewish Year Book 2006, p.561, p.575 참조. "재미유태인의 수가 하강국면에 접어들어 조만간 이스라엘거주 유태인의 수가 더 많아질 것이다."
518) Martin Goodman이 편집한 The Oxford Handbook of Jewish Studies(Oxford Univ. Press, 2003)에는 총 39개의 논문이 수록되어 있으며, 인구문제는 그 중 하나임.
519) http://www.ujc.org/ 참조.
520) <출처; http://www.ingenium.co.in/FILES/readyreconerNRIinvest.htm>.
521) <출처; http://www.ingenium.co.in/FILES/readyreconerNRIinvest.htm>.
522) <출처; http://www.ingenium.co.in/FILES/readyreconerNRIinvest.htm>.
523) http://csidss.googlepages.com/oc1.pdf 참조.
524) N. Jayaram ed., *The Indian Diaspora: Dynamics of Migration*, New Delhi, Sage, 2004.
525) 관리지원단, 사회지원단, 정보지원단; 이주자지원국, 재정지원국, 해외인력지원국, 재정회계팀으로 구성되어 있으며, 고용과 관련된 업무는 2004.12 노동고용부의 이민국(Emigration Division)으로 이관되었다.
526) 호주·캐나다·핀란드·프랑스·그리스·아일랜드·이스라엘·이태리·네덜란드·뉴질랜드·포르투갈·사이프러스共·스웨덴·스위스·영국·미국 등 16개국의 PIOs들에게는 보험, 여행, 등록절차, 고용, 의료, 교육 등에서 NRIs에 준하는 혜택을 부여(해외시민권 허용).

527) 어문학, 인문과학, 사회과학, 자연과학, 공학, 의약학, 농학, 수해양, 예술체육분야 등으로 8가지로 구분.
528) 현재 한국학술진흥재단에서는 재외동포 관련 연구를 독립된 연구영역으로 분류하지 않고 있다; 신생학문의 성격을 띠고 있는 것으로는 관광학, 부동산학, 여성학, 청소년학, 생태경제학, 기록학, 음향학, 민족음악학, 생명공학, NGO학, 생명윤리학, 진화심리학, 북한학 등이 있다.
529) 이광규, 『못다 이룬 꿈』(집문당), 197쪽, 202쪽; 『재외한인의 인류학적 연구』(한국학술정보, 2002), 15~17쪽.
530) 하나의 학문분야가 새로이 생성・발전・소멸하는 것을 설명하는 방법에는 4가지 관점이 있다; Pace, R., Smith, P., & Mills, G. (1991). *Human resource development: The field*. Englewood Cliffs, NJ: Prentice -Hall; ①주기설(cyclicalism): 어떤 사회적 도전이나 문제가 있을 때 이를 해결하기 위한 방책으로 나타나기도 하고 또 사라지기도 하기 때문. ②진화론(evolutionism): 초기에 잘 다듬어지지 않은 아이디어나 직무실행(practice)이 정제・개선되어 새로운 버전(version)으로 변모, 그것이 또 개정되어 새롭고 더 좋은 아이디어나 직무실행이 됨. ③기능론(functionalism): 사회에 변화가 일어남으로써 새로운 요소 또는 과거에 중요하지 않던 요소가 그 변화(새로운 특징)에 대응하기 위해 발생. ④갈등론(conflictism): 정(thesis/action)・반(antithesis/reaction)・합(synthesis/ merger) 과정을 거침.
531) 관찰로 입증될 수 없는 것은 과학적 사실이 아니다. 그렇다고 관찰을 완전히 믿을 수 없다. 사람마다 다른 인지구조를 가지고 있기 때문에 다르게 관찰될 수 있기 때문이다. 또한 관찰 내용 자체도 이론에 따라 달라질 수 있다. 따라서 과학적 사실은 절대적인 참일 수 없으며, 절대적 권위도 아니며 언제든지 도전받을 수 있다.
532) 개념이란 다양한 사물에서 공통적인 속성을 나타내는 정신적 표상을 가리킨다. 개념은 의사소통 시 의미를 구성하는 핵심이 되며, 학습자의 개념 형성을 가능케 하며, 사물을 분류할 수 있을 뿐만 아니라 이론 형성을 가능케 하는 기능들을 지닌다. Kaplan은 감각기관을 통한 관찰의 결과에 의해 확인가능한 관찰개념, 조작적 정의를 통해 알 수 있는 구성개념(거의 모든 자연과학의 이론 해당), 관찰이 불가능하며 조작적 정의도 불가능한 이론적 개념 등 3가지 유형으로 분류.
533) 언명은 개념으로 구성된 문장을 가리킨다. 즉 현상이나 사실의 표현일 수도 있고 원리나 법칙을 나타낼 수도 있다. 언명에는 '…이면 …이다'라는 존재언명과 '만약 …이라면 …이다'라는 관계언명이 있으며, 상관관계는 성립되나 인과관계는 불명확한 상관관계언명과 상관관계와 인과관계가 명확한 인과관계언명이 있다. 또 'A이면 B이다'라는 확정언명과 'A이면 B가 일어날 확률이 p이다'라는 확률언명도 있다.
534) 이론에는 사물의 분류, 예측과 설명, 공감대 형성, 사물의 통제 등의 기능이 있다. 또 법칙들이 어떻게 조직되어 있느냐에 따라 법칙집합형 이론(서로 논리적이거나 인과관계 형성하지 못한 채 설명과 예측만 가능), 공리형 이론(상호관련된 정의들과 언명들로 구성되어 사물의 분류, 예측과 설명, 통제 기능 수행), 인과과정형 이론(정의, 존재언명, 인과과정 언명들로 구성되어 있으며, 관계언명들간에는 비교적 대등) 등이 있다.
535) R. S. Rudner(1966), *Philosophy of social science*, Englewood Cliffs, N.J.: Prentice-Hall Inc. pp.28~47; A. Kaplan(1964), *The conduct of inquiry*. Scranton, Penn.: Chandler Publishing Company. pp.27~42.
536) 조동일, 『우리 학문의 길』(지식산업사, 1993) 참조.
537) <화교・화인> 1998년 현재 6천만 명으로 추산. 홍콩, 대만, 마카오 등에 2,800만, 싱가폴(267만), 태국(832만), 말레이시아(615만), 인도네시아(524만), 필리핀(152만) 등 동남아에 2천만 명, 나머지는 미국과 유럽 등에 1,200만명 분포; 중국 화교: 151개국 3,500만. http://www.fjql.org/qszl/xsyj75.htm 참조 (原載: 中國靑年報, 福建僑聯網 2007年2月13日) "中國社会科学院发布2007年全球政治与安全报告 … 根据该报告, 中国向海外移民可以追溯到元代以

前, 而当前的移民人数已经达到3500万人, 被认为是国际上最大的移民群体。虽然这个群体的成员遍布世界151个国家, 但是欧洲、北美和澳大利亚却是他们最主要的聚集地"。 海外華人(외국적동포): 120개국 3,300만. http://www.fjql.org/fjrzhw/a690.htm(福建僑聯網 2007年2月13日) 참조 "最近的一統計資料表明, 海外華人大約有3300萬, 散居在世界各地大約120個國家和地區, 凡乎布漫全球。"; 조정남, 「중국인의 민족상황과 화교집단」참조; 대만통계에 따르면 해외화인은 3,580만(홍콩, 마카오 제외). http://www.igadi.org/arquivo/te_se05/ os_chineses_de_ultramar.pdf (張富美, 「僑務政策與僑民參政」, 西班牙 季刊 『外交時代』 2002年 11月 참조) "아시아 2,782만(77.7%), 미주 612만(17.1%), 유럽 97만, 대양주 75만, 기타 14만" "해외화인단체는 4,180개임. 대륙별로는 미주 2,741(65.6%0, 아시아 866(20.7%), 유럽 326(7.8%), 대양주 150(3.6%), 기타 98(2.3%); 국가별로는 미국 2,207(52.8%), 필리핀 333(8%), 캐나다 272(6.5%) 순. 단체성격별로는 종합단체 19.2%, 상업단체 11.6%, 지역단체 10%, 종교단체 9.7% 순" <러시아> 1989년 현재 CIS지역에 약 2,500만명 거주 <인도> 2000년 현재 비거주인도인(Non Resident Indians, NRIs), 인도혈통인(Persons of Indian Origin, PIO) 등을 합치면 약 2,000만명 인교(印僑) 존재 <우크라이나> 2007년 4월 현재 1021.6만명. http://www.scnm.gov.ua 참조; 외교통상부, 『우크라이나 개황』(2005)에 따르면 해외거주 우크라이나인은 1,769만명(우크라이나 외무부 통계) – 러시아 1,009만, 미국 223만, 카자흐스탄 139만, 벨라루스 131만, 캐나다 107만, 폴란드 85만, 루마니아 50만, 아르헨티나 15만, 브라질 10만 등. CIS 626.8만(러시아 440만, 몰도바 60만, 카자흐 40만, 벨로루시 29.5만, 우즈벡 15.5만, 키르키즈 11만, 라트비아 9.2만, 그루지야 5.3만, 리투아니아 4.5만, 에스토니아 4.4만, 타지키스탄 3.5만, 투르크메니스탄 3.5만, 아르메니아 0.35만 등). 미주 259.9만(미국 120만, 캐나다 110만, 아르헨티나 25만, 브라질 1.8만, 파라과이 1.2만, 우루과이 1만, 멕시코 0.5만, 베네수엘라 0.35만). 유럽 127.8만(폴란드 60만, 루마니아 30만, 슬로바키아 15만, 크로아티아 5만, 체코 5만, 영국 3.5만, 프랑스 3.5만, 슬로베니아 2.5만, 독일 2.2만, 오스트리아 0.6만, 그리스 0.15만, 기타 0.35만). 호주 35만, 뉴질랜드 1만. 아시아·아프리카 35만 등 <독일> 미국, CIS 등지에 약 1천만명 <유태인> 전체 1,300만명 중 783.5만 명. 2004년 현재 이스라엘 국내 516.5만, 미국 529만(뉴욕 175만 포함), 프랑스 49.6만, 캐나다 37.1만, 영국 29.9만, 러시아 24.4만, 아르헨티나 18.5만, 독일 11.2만, 오스트레일리아 10.1만, 브라질 96.8만, 우크라이나 8.9만, 남아프카 7.4만, 헝가리 5만, 멕시코 3.9만, 벨기에 3.1만 등) <그리스> 미국, 캐나다, 호주, 독일, 구소련, 남아프리카 등에 700만명 추산 <대한민국> 4,900만 국내인구; 704만 재외동포 <이태리> 전체 6천만명중 352만 정도가 재외국민으로 등록(외국적 동포 이중국적 허용), 외국적 동포까지 포함하면 최하 550만, 최대 670만명으로 추산. <미국> 재외국민 400만명 <일본> 재외국민 80만, 일계인(외국적 동포) 250만 도합 330만명 <헝가리> 루마니아, 슬로바키아, 세르비아 등지에 275만명. <프랑스> 전 세계에 200만명 정도 골고루 분포 ※아일랜드는 600만; 전세계 아이리시 계열 8천만명(미국에만 4천만명 이상; 엄밀한 의미의 재외동포 아님).

538) 이장섭·이종선·김현미, 『'세계한민족관'(가칭) 설립을 위한 기초연구』(한국문화정책개발원, 1997), 1쪽 참조.
539) 이연직, 「해방후 재일조선인에 대한 국내의 연구성과와 대중서 서술」(2003).
540) 장석흥, 「해방후 귀환문제연구의 성과와 과제」(2003); 「해외동포사·항일독립운동사 어떻게 정리할 것인가」(2006) 참조.
541) 연례학술대회(2004) <재외한인연구 어떻게 할 것인가?> 사회조사방법을 통한 재외한인연구 윤인진(고려대, 사회학), 재외한인사회연구와 인류학적 조사방법, 설병수(경북대 영남문화연구원, 인류학), 재외한인연구와 백과사전편찬, 한경구(국민대, 인류학) <재외동포와 국적 문제> 재외동포의 법적 지위를 규정하는 두 가지 방식: 한국과 멕시코의 비교, 이철우(성균관대, 법학), 재중한인의 국적과 이중국적 논쟁에 대하여, 이진영(인하대, 정치학), 재일한인의 국적문제와 북일수교 이후

국적변동 전망, 진희관(서강대 사회과학연구소, 정치학) <한민족네트워크와 한상> 재일 코리안기업의 자원투입유형에 따른 기업가 유형 최석신(전남대, 경영학)・임영언(전남대, 사회학), 재외한인 민족교육에 대한 평가 김경근(고려대, 교육학)・고형일(전남대, 교육학), 글로벌 한인네트워크사업의 추진현황, 전형권(전남대, 정치학) <세계화와 재외한인사회> 재일한인공동체의 형성과 정체성, 최병목(극동대, 사회복지학), 아르헨티나 교민사회와 한국의 지역주의에 대한 고찰, 박채순(고대 아연, 지역학), 세계화와 중국조선족사회가 직면한 새로운 도전, 박광성(서울대 박사과정, 사회학).

542) 윤인진, 『재외한인연구』 16호(2006.7), 9~10쪽; 국사편찬위원회, 『재외동포사회의 역사적 고찰과 연구방법론 모색』(2005), 28~47쪽 참조.
543) 『재외한인연구』 12호(2002.6), 7쪽.
544) 『재외한인연구』 12호(2002.6), 72쪽.
545) 김재기, 『세계화시대 글로벌 코리안네트워크와 국가발전』(2006, 한국학술정보), 23~26쪽; 임영언, 『재외한인연구』 17호(2006.12), 93쪽.
546) 박채순, 『재외한인연구』 16호(2006.7), 149쪽; 양명득, 『재외한인연구』 17호(2006.12), 129쪽.
547) 이정덕, 『재외한인연구』 17호(2006.12), 41쪽.
548) 설병수, 「재외한인사회연구와 인류학적 조사방법」, 『2004년 재외한인학회 연례학술대회 및 총회: 재외한인연구와 국적문제』 참조.
549) 최우길, 「한중관계와 조선족문제」, 『재외한인연구』 14호(2003.3).
550) 김점숙, 「미주한인 이민사자료의 현황과 수집방안」, 『미주지역 한인이민사』(국사편찬위원회, 2003) 참조.
551) 이덕희, 『하와이이민 100년, 그들은 어떻게 살았나?』(중앙M&B, 2003) 참조.
552) 임상래・김우성・이광윤・김용재・김영철・이순주, 『중남미한인 디아스포아연구』(부산외대출판부, 2008), 20쪽 참조.
553) 제8차 세계한인정책포럼(2008.5.23) 토론시 발언.
554) 이구홍・안영진, 『재외동포 관련 문헌자료 목록』(재외동포재단, 2000); 국사편찬위원회, 『재외동포사 총서1: 재외동포사 편람』(국사편찬위원회, 2005).
555) 김승일, 앞의 글(2008), 133~147쪽 참조.
556) 이종철, 「동포정책에 관한 짧은 생각」(제6차 세계한인정책포럼 발제문, 2008.2.28).
557) 연례학술대회(2004) <재외한인연구 어떻게 할 것인가?> 사회조사방법을 통한 재외한인연구 윤인진(고려대, 사회학), 재외한인사회연구와 인류학적 조사방법, 설병수(경북대 영남문화연구원, 인류학), 재외한인연구와 백과사전편찬, 한경구(국민대, 인류학) <재외동포와 국적 문제> 재외동포의 법적 지위를 규정하는 두 가지 방식: 한국과 멕시코의 비교, 이철우(성균관대, 법학), 재중한인의 국적과 이중국적 논쟁에 대하여, 이진영(인하대, 정치학), 재일한인의 국적문제와 북일수교 이후 국적변동 전망, 진희관(서강대 사회과학연구소, 정치학) <한민족네트워크와 한상> 재일 코리안기업의 자원투입유형에 따른 기업가 유형 최석신(전남대, 경영학)・임영언(전남대, 사회학), 재외한인 민족교육에 대한 평가 김경근(고려대, 교육학)・고형일(전남대, 교육학), 글로벌 한인네트워크사업의 추진현황, 전형권(전남대, 정치학) <세계화와 재외한인사회> 재일한인공동체의 형성과 정체성, 최병목(극동대, 사회복지학), 아르헨티나 교민사회와 한국의 지역주의에 대한 고찰, 박채순(고대 아연, 지역학), 세계화와 중국조선족사회가 직면한 새로운 도전, 박광성(서울대 박사과정, 사회학).
558) 해외교포문제연구소 편, 『2008년도 재외동포재단 연구보고서: 교포정책개발과 재외동포재단 비전설정연구』(2008) 참조.
559) (1)재미동포사회 경제기반 다변화 프로그램, (2)한미FTA에 따른 동포사회 축산업기반 구축전략, (3)호주동포사회 벼 농업진흥을 통한 국내농촌 및 토지개발전략 변화, (4)동포사회 농업발전을

제11장 재외동포 관련 연구동향과 향후 과제 637

통한 민족통합 전략, (5)캄차카한인의 민족사적 의미, (6)멕시코·쿠바 한인후예의 현지화와 향후 과제, (7) 동포사회간 호혜적 역할분담전략, (8)이민/정착단계별, 세대간 차이와 욕구를 반영한 한민족넷윅 전략, (9)한국주도 Global New Deal에서 Korean Diaspora 역할 활용전략, (10)세계한인이 공유할 정보DB 구축, (11)국내체류 동포의 사회적 수용 및 융합 프로그램, (12)한국내 외국인 이주집단의 비중심적 에너지 통합방안, (13)전략적 이민정책, (14)타국정부 동포정책연구기관, 관련기관, 민족관련기관 및 세계민족관련조직과 교류협력시스템 구축방안, (15)혼혈, 입양아문제, (16)국내외 재외동포 NGO 및 민간연구단체 현황파악 및 연계전략.

560) 제8차 세계한인정책포럼(2008.5.23) 토론시 발언.
561) 『동북아시아시대의 연변과 조선족』(2007, 아이필드), 160쪽.
562) 보수적 성향의 비영리정책연구기관인 이스라엘 JCPA(Jerusalem Center for Public Affairs, 1976년 설립, 설립자: Daniel J. Elazar, 현소장: Dore Gold 전 주유엔대사)와 독일 Konrad Adenauer 재단은 "Israel at 60: Its Historical and Legal Rights Still Challenged?" 제목하의 준학술회의 공동개최(2008.3.26).
563) 제3기 제3차 자문위원회(2008.4).
564) 진희관은 메타이론을 만들기 어렵다는 현실을 감안할 때 "각각의 영역에서 가장 적실한 연구방법을 갖는 것이 효과적"임을 강조하며, 최우길은 "현실과 역사적 사실에 대한 사실적 이해도 제대로 못하면서 학문화, 학과, 이론 등을 논하는 것은 부적절"하다는 입장이며, 송석원은 "재외동포학이라는 새로운 학문분야를 만들 것인가 아니면 지역학이라는 분과학문 영역에서 과학적으로 접근할 것인가를 좀 더 고민"할 것을 제안한다.
565) 한국학이란 "한국에 관한 지식체계"(김경일, 『한국의 근대와 근대성』, 백산서당, 2003), "한국과 관련된 인문·사회과학 전반"(김동택, 「세계와 소통하는 한국학을 위하여」, 『역사비평』 61, 2002) 등으로 정의된다.
566) 재외동포재단에서는 『국외입양인백서』(2006)를 발간하여 지난 10년간의 국외 한인입양인지원사업 정리와 함께 국외입양인사이트(단체), 국내일간지자료, 국내발간논문, 사후관리지원단체 분석, 소개, 2007 세계한인입양인대회와 국제입양인협회(IKAA) 및 각 국가별 입양정책 관련 자료를 수록한 바 있다.
567) 인구지수(규모), 단체지수(재정자립도, 시민권 획득률, 모국방문회수, 모국투자규모 등), 활동지수(차세대인재풀, 여성참여율 등).
568) 2001년 이후 지금까지 재외동포재단의 연구학술·출판활동지원을 받은 단체로는 중국 한국조선문화연구회, 연변조선민속학회, 용정문화발전촉진위원회, 동암연구소, 한민족포럼재단, 뉴욕한민족포럼재단, 한미동포재단, 평화문제연구소, 한일민족문제학회, 조선대 동북아학회, 해외교포문제연구소, 재외한인학회, 아태정책연구원, 한반도평화운동본부, 한일민족문제학회, 전남대 사회과학연구원, 지구촌동포연대, 충청정치학회, 경북대 재외동포연구소, 동북아평화연대, 대한민국 국회, 녹색경제발전연구회, 중국한국어교육연구학회, 연변조선족공공관계협회, 복단대학, 러시아고려인협회, Institute for International Economics, 주러시아대사관, 국회통일안보포럼, 재외동포교육진흥재단, 뉴욕중앙일보, 국제한민족재단, 요녕성조선어학회, 사명당기념사업회, 한국슬라브학회, 한국외대 역사문화연구소, 한림대 일본학연구소, 서울국제포럼, 연변대 민족연구원, 멕시코·쿠바한인실태조사 프로젝트팀, 군사편찬연구소, 중국중앙민족대학, 연변김학철문학연구회, 피플뉴스, 미주한인재단, 아르헨티나 한인이민문화연구회, 재뉴질랜드한인회, 호주시드니한인회, 부가이·오성환, 재이스라엘한인회, Vyacheslav. I. Shipilov, 단군학회, 민주평화통일자문회의, 한민족평화네트워크, 재그리스한인회, 재화란한인회, 미국암협회 한국지부, 베를린한인회, 오렌지카운티한인회, 모스크바한인회, KAC, SUCCESS, 재독한인간호사협회, 사할린한인회, 연변대 민족연구원, 한국일보 시애틀지사, 미시건대 한국학연구소, 오클랜드한인사편찬위, 우즈벡고려문화협회, 우크라이나고려인협회, 우크라이나대사관, 핀란드한인학생회, 호주빅토리아주한인회, 중국 청화대학 중한

역사문화연구소, 동북조선민족교육과학연구소, 퀘벡이주사편찬위원회, 블라디보스톡한인회, 브라질한인회, 뉴질랜드한인사발간위원회, 이중언어학회 등이 있다.
569) 재외동포재단,「재외동포백과사전 편찬사업계획(안)」(2004.10) 참조.
570) 한경구,「재외한인연구와 백과사전편찬」,『2004년 재외한인학회 연례학술대회 및 총회: 재외한인 연구와 국적문제』(2004.11.26) 참조.
571) 이광규,『못다 이룬 꿈』(집문당, 2006), 310쪽.
572) http://coc.lib.cuhk.edu.hk/newsletter/ocs4.pdf(海外華人硏究通訊 1993年9月: 第4期). 사전 편찬에는 주편집자, 부편집자, 편집위원 이외에 북경대학, 중국사회과학원, 하문(廈門)대학, 중산대학, 기남대학, 중국화교역사학회 등에서 40명의 중견연구자들이 집필자로 참여.
573) http://coc.lib.cuhk.edu.hk/newsletter/ocs7.pdf(海外華人硏究通訊 1994年6月: 第7期).
574) 미술·음악·지리·언어/문자·고전문학·현대문학·선사문화·고대사·고려시대사·조선시대사·근대사 (일제강점기), 정치/외교/국방, 기독교, 불교, 유학 등.
575) 이광규,『못다 이룬 꿈』(집문당), 203~217쪽 참조.
576) 해외교포문제연구소(황선구), 해외한민족연구소(이윤기), 한일민족문제학회(최영호), 한민족학회(정영훈), 전남대 세계한상문화연구단(임채완), 건국대 아시아·디아스포라연구소(신인섭) 등.
577) <2003년 임원> 회장 한경구(국민대), 부회장 겸 편집위원장 윤인진(고려대), 총무이사 이진영(국민대), 편집위원 김태기(호남대), 노영돈(인천대), 박명규(서울대), 성동기(고려대), 유철인(제주대), 이진영(경희대), 이혜경(배재대), 설동훈(전북대), 정근식(전남대), 정인섭(서울대), 정성호(강원대), 조혜영(한국청소년개발원), 한경구(국민대), 민병갑(뉴욕퀸스칼리지), 서용달(일본 모모야마대), 허명철(연변대), 한막스(코소몰칼리지) <2006년 임원> 고문 이광규(재외동포재단), 한경구(국민대), 회장 이종훈(국정경영원), 섭외부회장 정영훈(한국학중앙연구원), 출판부회장 이진영(인하대), 총무이사 김태기(호남대), 학술이사 진희관(인제대), 상임이사 김재기(전남대), 김귀옥(한성대), 노영돈(인천대), 설동훈(전북대), 윤인진(고려대), 이철우(성균관대), 이태주(한성대), 최영호(영산대), 최우길(선문대) <2007년 임원> 회장 백영옥(명지대), 부회장 윤인진(고려대), 김귀옥(한성대), 김태기(호남대), 총무이사 진희관(인제대), 이사 김재기(전남대), 노영돈(인천대), 설동훈(전북대), 유철인(제주대), 이진영(인하대), 이철우(연세대), 이태주(한성대), 임영상(한국외대), 정인섭(서울대), 조혜영(한국청소년개발원), 최영호(영산대), 최우길(선문대), 최진욱(통일연구원).
578) 한국: 지구촌동포연대, 아시아교육연구원, 해외동포민족문화교육네트워크, 불교환경연대, 한국교회협의회, 동북아평화연대 등; 일본: 코리아NGO센터, 재일코리안청년연합(KYC) 등; 중국: 조선족연합회; 러시아: 사할린주한인이산가족협회, 사할린정의복권재단 등; <제4회 재외동포NGO대회 참가자(07.11.8)> 한국: 강주화(국민일보), 김강수(지구촌동포연대), 김원경(지구촌동포연대), 김은지(해외동포민족문화교육네트워크), 김종헌(동북아평화연대), 김준우(부산어린이어깨동무), 림혜영(희망제작소), 박미연(부산참여자치시민연대), 박사유(다큐 프리랜서), 박상희(민중의소리), 박초영(동북아평화연대), 배덕호(지구촌동포연대), 변미정(희망연대), 서명덕(부산어린이어깨동무), 서병철(지구촌동포연대), 신미지(한국측 참가자), 심연주(희망연대), 심종석(한국민족예술인총연합회 부산지회), 안윤희(민노당 이영순 의원실), 양성윤(사진작가), 양지애(지구촌동포연대), 이은영(지구촌동포연대), 임재현(사진작가), 임현택(부산민주공원), 장정욱(참여연대), 정도령(문화예술인), 정진경(지구촌동포연대), 정한섭(부산민주공원), 주진우(평화박물관건립추진위), 지관스님(불교환경연대), 진광수(한국기독교교회협의회 NCC), 최우창(사진작가), 최준혁(재일민족학교책보내기모임 '뜨겁습니다'), 현주(KYC 한국청년연합회). 일본: 고수춘(재일한국청년동맹), 곽진웅(코리아NGO센터), 구말모(NGP法人 PEACE ONE), 김봉앙(재일코리안청년연합, KEY), 김창오(재일한국민주통일연합), 리숙자(재일조선인2세), 리태룡(재일민족학교책보내기모임 '뜨겁습니다'), 박병윤(한민족연구소), 배안(가나가와외국인거주지원센터). 중국: 박일동(조선족연합회), 정종권 (조선족연합회), 진복자(조선족연합회), 최만산(조선족연합회), 유봉순(조선족연합회). 러시아: 김복곤(사할린주정의

복권재단), 이따냐(사할린주우리말방송), 이수진(사할린주이산가족회), 이진선(사할린주이산가족회), 임엘위라(사할린국립종합대학 한국어학과 학과장), 최이나(러시아, 사할린국립종합대학).
579) KBS한민족방송(이영희, 강준형), 재외동포신문(이형모, 박상석, 이석호, 이현아, 오재범), 중국동포타운신문(김용필), 통일일보(이민호), 한중동포신문(이영한), 연합뉴스 한민족센터(왕길환), 세계로(김제완), 연변통신(홍건영), 동북아신문(서경석), 한민족신문.
580) <2기: 2006년> 김경옥, 김문환, 노영돈, 노진환, 백영옥, 유진, 이구홍, 이유진, 이윤기, 이진영, 이형모, 허리훈, 현선일. <3기: 2007년> 노진환, 박의근, 윤길한, 윤use, 이장희, 이종훈, 임채완, 현선일, 김경옥, 김문환, 이진영, 정진성.
581) 각 분야 전문가들로 재일동포 공적조사위원회를 구성, 동 위원회 책임하에 조사연구 기획 및 제반 운영 추진. 국내외 기관과의 협력으로 자료조사, 수집, 현지 방문인터뷰 및 구술 청취, 사실관계 확인, 필요시 관계전문가들의 의견청취 실시. 정부부처 및 지자체, 기업, 1세들의 비망록 및 언론보도 기사 등을 조사대상으로 문헌연구, 현지방문, 개별심층면접 진행. 사업완료 후 언론홍보 및 korean.net 게재.
582) 이구홍·안영진, 『재외동포재단 연구보고서 99-1. 재외동포관련 문헌자료 목록』(재외동포재단, 2000); 국사편찬위원회, 『재외동포사 총서1: 재외동포사 편람』(국사편찬위원회, 2005) 참조; 국편의 연구논저목록은 이구홍·안영진(2000)의 연구를 주로 참고로 하였고, 2000년 이후의 연구성과를 추가하는데 그치는 정도였다.
583) 한경구, 「재외한인연구와 백과사전편찬」, 『2004년 재외한인학회 연례학술대회 및 총회: 재외한인 연구와 국적문제』(2004.11.26) 참조.
584) 재외동포재단, 『2004 세계한인장대회』, 6~7쪽 참조(이만열 국사편찬위원회 위원장 축사)
585) 2007년 3월 현재 재외동포 관련 각종 자료 5,436종 등록(자료실 면적: 약 70㎡).
586) 홍현진·정혜경·노영희·이미영, 「해외 비영리기관 소장 학술 데이터베이스 현황 조사 및 분석연구」, 『정보관리학회지』 제22권 제1호(한국정보관리학회, 2005) 참조. <데이터베이스 품질평가 지수> 정확성, 최신성, 완전성, 일관성, 포괄성, 권위, 객관성, 유일성, 검색성, 상호작용성, 디자인, 접근성, 비용, 정보적합성, 정보탐색 충족률, 정보유용성, 비용대비 효과성, 이용자만족도 등 19개 평가지표 활용.
587) 장동현, 「대학 학과 분화에 관한 분석적 연구」(서울대 대학원 석사, 1984); 1999년 현재 우리 대학의 학과수는 809개에 달한다(cf. 1962년 139개 → 1967년 210개 → 1983년 309개 → 1988년 463개). 대학의 학과란 교수와 학생이 소속되어 독립된 교수·학습활동의 근거를 이루는 대학 내 학사운영의 기본적 조직단위이자 학문에 종사하는 사람들의 생계기반이다. 장동현에 따르면 신생 학과 탄생은 담당교수, 교과과정, 사회의 전반적인 분화와 발전 정도 등과 깊은 상관을 맺고 있다.
588) 민주자유당 해외동포위원회, 앞의 책(1993), 23쪽 참조.
589) 재외동포이주사, 현재생활과 과제, 한국정부의 재외동포정책의 현황과 과제 등 논의.
590) 인하대 정치외교학과 '2008년도 교과목 개요'(SC425 국제정치와 이주/International Politics and Migration) 참조.
591) http://best.krf.or.kr/renovation/content.asp?code=FC2&idx=64&GotoPage= 참조.
592) 전남대학교 대학원 디아스포라학(재외동포학) 협동과정 안내문 참조.
593) http://ice.mju.ac.kr/; http://blog.naver.com/hty4085?Redirect=Log&logNo=30027818787.
594) 한민족학회 주최 '한민족공동체운동의 현황과 과제'(2007.10.6) 학술회의. 지구촌의 한민족(정영훈)/남북과 북한의 재외동포정책(윤인진)/글로벌 한상네트워크구축현황과 과제(김재기)/사이버네트워크 속의 한민족공동체 현황과 과제(김인영)/한민족공동체건설을 위한 민족교육의 방향(강성봉).
595) 임충재·정완영·이용우·정종덕·전현중, 「선정된 5개 사업단의 개요」, 『지역사회』 제47호(한국

지역사회연구소, 2004.7) 참조.
596) 한상기업·자매대학 현지연수지원, 한상지역교육기관 연계교육/국제통상·국제지역전공 교육과정 개선, 어학능력향상프로그램/국내외 취업네트워크 구축 등.
597) 지역별 통상법·제도연구 및 서비스제공 전문인력양성/한상법률실무전문가 초청 등/ 매년 20여명의 한상교포고교생 자녀연수·교육후 진학·해외진출/교포 고교생자녀의 지역내 국제고, 외국어고교에 연수·교육 등.
598) 國立中山大學共同科歷史學程 凌林煌 敎授/博士 http://www.course.nsysu.edu.tw/(美國華僑史).
599) 國立中山大學歷史學程專業課程 http://www.general.nsysu.edu.tw/linhuang/mhoca/default.htm/ (現代中國僑務史) 참조.
600) www.ocac.gov.tw/download.asp?tag=P&file=DownFile/File_14141.pdf&no=14141 참조.

제12장 재외동포사회의 미래상

제1절 100년 후를 내다본다: 재외동포 민족교육지원사업의 모형개발을 제안하며[1]

1. 여는 말

 우리 선각자들은 민족생존권 수호차원에서 그리고 독립국가건설을 위한 자결·자강(自決自強)운동차원에서 '민족교육'(ethnic education)을 강조했다. 특히 창씨개명과 조선어 금지 등 일제(日帝)의 동화정책(同化政策)에 맞서 우리말과 글과 역사와 문화를 유지·계승·발전하는 민족교육운동은 나라사랑과 독립운동의 한 방략(方略)으로 승화되기도 했다.[2]
 경우와 형편은 다르지만 오늘날 전 세계 700만 재외동포들이 우리말과 글과 역사와 문화를 지키려는 노력은 선열들의 노력에 결코 뒤지지 않는다. 비록 재외동포사회의 리더십이 점차 1세대에서 2~3세대로 교체되고, 4~5세들이 주류 구성원으로 유입되면서 민족정체성이 희박해지고 있음은 유감이지만 열악한 환경 속에서도 한류(韓流)확산과 함께 최근 '우리 것'에 대한 동포들의 원초적 목마름이 분출하고 있음은 주목할 만하다.

2. 민족교육의 순환구조

 민족교육은 "이민족(異民族)사회에 살고 있는 동포들이 자민족의 정체성을 알고 이를 정신적인 기둥으로 삼아 이민족과 공생하면서 떳떳이 살아가기 위한 교육"[3]을 뜻한다. 즉 예전과 달리 최근의 민족교육은 민족정체성 교육과 거주국 시민교육 양자를 아우르고 있다. 물론 민족정체성은 우리글과 말 교육으로부터 시작되며, 모국의 문화·역사 이해, 모국방문, 거주국 네트워크 형성 등의 순환구조로 발전해가면서 더욱 구체화된다.
 자아정체성 확립에 어려움을 겪는 청소년들이 자발적이든 비자발적이든 우리글과 말을 접하면서 자신과 부모세대에 대해 긍정적인 생각을 갖게 되는 것은 민족교육차원에서 매우 다행스런 일이다.[4]

가. 지원사업 현황과 한계

 2006년 현재, 재단 교육사업부에서는 총규모 69.16억원의 예산으로 모국어 및 민족교육지원사업(55.25억원), 재외동포 장학사업(8.49억원), 재외동포초청 교육연수사업(3.2억원), 재외동포 사이버한국어강좌개발운영(2.22억원) 등 4개 단위사업을 실시하고 있다.[5]
 그러나 인력 및 예산상의 문제로 전 세계 재외한글학교와 중국·CIS지역 민족학교 지원 요구를 모두 충족시키지 못하고 있으며[6], 외교마찰을 피하기 위한 반관반민(半官半民)적 사업집행기구라는 점 때문에 창의적이면서도 자율적인 사업집행이나 정책수립 과정에의 적극 참여 등이 어려운 측면이 없지도 않다.[7]

3. 사업평가와 사업모형개발

가. 6가지 기준설정

 이상의 여러 문제점에도 불구하고 재단의 교육지원사업은 최소의 비용으로 최대의 성과를 거두기 위해 다각도로 애쓰고 있다.
 그러나 다음의 6가지 기준을 고려해서 단위사업과 세부사업을 설계한다면 더 큰 성과와 파급효과를 기대할 수 있으리라 본다.
 먼저 민족의 미래상을 고려했는가가 중요하다. 체제와 이념이 다르고 생활수준이나 주류사회진출 정도가 제각각인 상태에서 민족적 동질성 회복은 매우 어렵다. 한민족공동체가 이질적 집단들 간의 단순연합체로 전락하지 않도록 하려면 재단 교육지원사업은 재외동포사회의 먼 장래를 내다보면서 설계되어야 한다.
 재외동포가 주요 국정과제의 적용대상에 포함됐는지도 중요하다. 참여정부 12대 국정과제에 '한상네트워크 등 각 분야별 재외동포네트워크 구축 추진'이 세부사항으로 포함된 반면[8] '민족문화의 주체성과 동질성 회복'이라는 중요과제에서는 재외동포가 배제됐다.
 이는 재단 교육지원사업이 제대로 홍보되지 못하고 정책의제화(Agenda) 되지 못한 측면 때문이라고 본다. 재외동포사회 간의 동질성 회복이 남북한 동질성 회복만큼이나 중요하다는 것을 사업수행과정이나 사후평가에서 강조해야 할 대목이다.

재단 교육지원사업이 재외동포정책위원회의 정책조정에 부합되는지도 중요하다. 예를 들어 제4차 재외동포정책위원회(04.11.8)에서 심의된 교육·문화지원사업의 통합이 정책위원회의 조정대로 되고 있는지를9) '정책조정→사업개선→모니터링' 순서로 세밀하게 점검해야 한다.10)

재단법 및 시행령, 재단 정관 등에 적시된 사업과 그렇지 않은 사업 간에 균형을 이루고 있는지도 중요하다.11) 재단 출범 초기에 이관된 사업과 재외동포사회의 다양하고 지속적인 요구에 의해 개발된 사업 간에 상당한 균형감각이 있어야 한다.

국가인적자원개발기본계획(2006~2010)이라는 큰 틀 속에서 제 역할을 다하고 있는지도 중요하다.12) 청와대와 중앙인사위원회는 기존 해외인재DB의 사각지대에 있는 신규인력이나 동포 2~3세 인재를 적극 발굴·관리하고 있으며,13) 교육인적자원부 산하 국제교육진흥원(※현 국립국제교육원)도 재외동포교육을 선도·지원하는 책임운영기관(Agency)이 된다는 목표 아래 국제화된 동포 인적자원개발·육성에 박차를 가하고 있다.14)

재단 교육지원사업도 전 세계 한글학교·민족학교 네트워크를 풀가동한다면 아직 미파악된 차세대 인재발굴·육성에 상당한 성과를 거둘 수 있다.

끝으로 재단 교육사업부서의 전략목표가 미래지향적인지가 중요하다. 기초수준의 한글교육이나 한글학교 환경개선 지원만으로는 민족교육에 대한 동포사회의 폭발적인 교육욕구를 더 이상 만족시킬 수 없다. 유능한 교사 양성과 다양한 교육시설 확보 등 소프트웨어와 하드웨어적인 통합적 접근을 통해 재단 교육지원사업의 성과를 극대화해야 한다.

나. 사업의 지속가능성

또한 기존 사업평가에는 '지속가능성'(sustainability) 여부를 반드시 따져야 한다.15)

우선, 현실진단이 필요하다. 사업의 현주소와 주변상황은 어떤가, 현재 추세대로 가면 사업은 어떻게 되는가, 현행 사업의 장점·약점, 기회·위협요인을 제대로 파악됐는가 등이 파악돼야 한다.

다음은 비전 설정이다. 10년 후를 내다보는 장기사업계획은 수립되어 있는가, 설정된 사업목표는 측정이나 실현이 가능한가, 위기에 직면한 사업은 과감히 청산할 수 있는가 등이 결정돼야 한다.

그 다음은 대안모색이 필요하다. 비전을 달성할 전략목표는 얼마나 명확한가, 목표달성을 위한 시간계획・비용・효과성・시너지효과분석은 제대로 됐는가, 돌발변수들에 대처할 해결책은 다양한가, 사업목표-목적-성과는 얼마나 통합됐는가 등이 이에 해당한다.

끝으로 실행계획이다. 국가이익 추구나 국정과제 수행과정에서, 그리고 동포사회의 현안대두로 인해 기존 사업수행이 수정, 또는 변경돼야 할 경우가 종종 있다. 아무리 현실진단-비전설정-대안모색이 잘 진행됐다 해도 실행계획단계에서 상황변화를 적절히 소화해내지 못한다면 사업의 지속가능성은 그만큼 낮아진다. 사업수행절차나 제도상의 융통성이 요청된다.

다. 사업모형(안)

앞서 진행된 논의들을 기초로 민족교육지원사업의 모형(안)을 제시해보면 다음과 같다.

즉, (A) 현지 한글학교지원사업으로 대표되는 민족정체성・자긍심함양 프로그램, (B) 모국장학초청사업으로 대표되는 차세대 재외동포인재개발 프로그램, (C) 한류 활성화사업으로 대표되는 거주국 네트워크구축 프로그램 등이 그것이다.

4. 한글학교에서 네트워크 구축까지

흔히 교육은 백년대계라고 한다. 이는 한 집단의 정체성이 뿌리내리는데 그만큼 상당한 시간과 정성이 필요하다는 말이다. 재외동포재단은 대한민국 영토인 '한반도와 그 부속도서'(헌법 제3조)를 떠나 살고 있는 700만 재외동포들을 위해 재외동포재단이 존재한다. 또 재단 교육사업부서의 모든 교육지원사업들은 100년 후에 펼쳐질 재외동포사회의 미래상을 바라보면서 실시된다.

특히 한민족의 정체성과 민족적 유대감 형성이라는 궁극적 목표에 가장 먼저 도달한 한글학교의 성장가능성은 무한하다. 따라서 재외동포재단의 교육적 사명은 한글학교사업을 토대로 차세대 인재개발과 거주국 네트워크 구축으로까지 이어져 나가야 할 것이다.

(≪훈민족네트워크≫, 2006년 4・5월호)

제2절 재중한국인회 및 동북3성 조선족사회 실태조사16)

1. 여는 말

가. 재외국민 참정권 행사 여부 논란

- 영주권제도가 없는 중국에서 재외국민으로 살아가는 재중한국인의 본국 정치참여 욕구가 점점 강해지고 있음
- 부재자투표소 설치 등 국외에서의 참정권행사에 대한 현지의견 전달

나. 재중한국인회 지도육성방안 모색

- 2008년 북경올림픽을 맞아 재중한국인의 위상 정립과 다양한 활로개척을 위해 재중한국인회의 역량강화가 필요한 시점(재일민단의 사례를 벤치마킹 해야 함)
- 동북3성의 경우 한인연합회가 조직되어 재중조선족과 유기적인 협력관계를 다각도로 모색하고 있으며, 이에 대한 현지의 평가도 긍정적임

다. 중국조선족기업 활성화방안

- 현재 조선족기업가협회는 광동, 상해, 하얼빈, 장춘, 연길, 심양, 심천, 북경 등 중국내 대도시 중심으로 조직되어 있음. 이는 중국 개혁개방 이후 조선족 경제구조가 농촌중심에서 점차 도시중심으로 변화하고 있음을 반증(예: 조선족도시거주인구 45.8%). 그러나 아직 중국 500대기업이나 상장기업군에 조선족기업이 없는 실정17)
- 심양시조선족기업가협회(회장 길경갑)의 경우, 심양시조선족민속축제 등 현지 조선족사회 발전사업에 자발적으로 후원하고 있으며, 현지 재중한국인회와의 협력에도 적극 참여하고 있음
- 세계한상대회에 대한 관심이 많으며, 대회참가방법과 국내단체와의 교류방안에 대한 적극적인 안내가 필요하며, 단순제조업보다는 유통, 문화, 하이테크산업 등 미래지향적인 산업으로 발전할 수 있는 기틀이 마련되어야 함

라. 방문취업제에 대한 우려

- 현재 중국조선족의 최대관심사는 방문취업제이나 그 시행방법과 시행시기에 대해서는 대체적으로 부정적인 입장이며, 공정·공평·공개적으로 실시되어 각종 비리요소를 차단해 줄 것을 희망
- 특히 무연고동포에 대한 한국어시험 실시, 시험장소 등에 대해 부정적 의견이 많으며, 단순히 한국어시험 성적을 기준으로 하기보다 생활형편이나 학력수준에 대한 고려도 있기를 원하고 있음
- 방문취업제의 취지를 충분히 홍보하여 중국조선족사회가 지나친 관심이나 기대를 갖지 않도록 사전에 유도할 필요가 있음

마. 심양 만융촌(滿融村) 활성화방안

- 심양 시내로부터 약 8km 남쪽에 위취해 있는 만융촌(1934년 설립)의 인구는 6,580명(1,680가구). 조선족 동포들만이 거주하는 조선족 밀집지역으로서 노인인구와 아동인구 중심으로 구성되어 있으며, 귀국조선족의 경우에는 현지에서 마땅히 일할 곳이 없어 생산보다는 소비에 치중하고 있음
- 조선족사회의 장기적인 육성발전과 중국경제수준 향상을 감안할 때 본국의 대기업 진출을 강력히 희망[18]하고 있음. 그러나 현지의 유인력(誘引力)이 적어 성사되는 데에는 현실적으로 애로점들이 많음

2. 건의사항

가. 재중국한국인회 지원 필요성

- 중국진출 한국인들의 수가 급팽창함으로써 재외국민들의 안전문제가 현저히 위협받고 있으며, 사건사고의 예방을 위한 제반 활동이 필요한 실정임
- 한중수교 15주년을 맞아 한중 양국관계가 양적, 질적으로 발전하고 있으며, 북경올림픽(2008)을 계기로 재중한인사회가 급성장 할 것으로 예상됨
- 교민안전콜센터 운영, 화요사랑방 운영, 전중국한국인회 회장단 교류회 등 재중국한인회가 펼치고 있는 제반활동을 적극 지원함으로써 동포들의 권익 신장과 2세들의 민족정체성 교육에 일조할 것으로 사려 됨

전중국한국인회 회장단 공동선언문(2007.1.28)

　재중국한국인회는 70만 재중교민시대를 맞이하여 재중한인사회의 구심체로서 재중교민의 권익신장과 생활안전에 적극적이고도 능동적인 역할을 하며 화합과 단결을 통해 향후 100만 재중교민시대를 선도하는 재중교민사회의 구심체로서의 역할을 다한다.

　재중국한국인회는 중국 각 지역 한국인회 간의 유기적인 네트워크를 구축하여 주요 정보를 상호 공유하며 재중교민의 중국내에서의 안정적인 생활을 위한 각종 활동과 사업을 공동으로 발전시켜 나간다.

　재중국한국인회는 전 세계 한인회와 실제적이고도 유기적인 협력체제를 구축하여 상호협력하며 조국의 평화적인 통일과 발전에 이바지한다.

　재중국한국인회는 한·중 간의 민간차원의 우호사절로서 양국간의 문화·경제 및 인적·물적 교류의 주도적인 역할을 하며 한·중 우호증진과 한국문화의 확산에 기여한다.

　재중국한국인회는 재중교민자녀들의 민족정체성 확립을 위한 한글과 역사교육 및 우리 문화에 대한 자긍심을 고취하는 주체로서 최선을 다한다.

　재중국한국인회는 본국정부의 재중교민들의 보호에 대한 지속적이고도 실제적인 역할을 기대하며 재중국한국인회에 대한 현실적인 재정적 지원을 강력히 요구한다.

　재중국한국인회는 중국의 법률과 관습을 지키며 중국인민들과 재중교민들 간의 민간차원의 교류에 적극적인 역할을 한다.

　재중국한국인회는 주중대사관 및 각 지역 총영사관과 재중교민사회의 안정과 발전을 위한 부분에 대한 공동현안을 함께 연구하고 개발하여 재중교민사회의 화합에 적극 노력한다.

　재중국한국인회는 매년 중국지역 한인회장단대회를 개최하기로 하며 이를 통해서 재중한인사회의 성숙을 위한 보다 발전적인 방안을 지속적으로 연구하며 개발해나가기로 한다.

　재중국한국인회는 100만 교민시대를 맞는 2008년 북경올림픽의 성공적인 개최에 적극적으로 협력하며 한·중 민간차원의 교류의 가교역할을 적극적으로 한다.

나. 동북3성 조선족 및 한인회 전담 지원인력 파견 필요성

- 중국 개혁개방과 한중수교 이후 조선족사회는 급변하고 있으며, 한국인들의 진출도 활발함에 따라 이들을 전문적으로 담당할 인력이 현지공관에서는 전무한 실정임
- 현지 언어와 사정에 정통한 전담인력을 공관내에 파견함으로써 재외동포사회 발전과 모국과의 유대감증진에 크게 도움을 줄 수 있을 것으로 사려 됨
- 동북3성내에 장기체류하는 재외국민 및 재중조선족동포는 180여만 명으로 추산(재외국민 약 5만, 조선족동포 약 178만)
- 동북3성의 한인회는 동북3성의 심양·대련·하얼빈·장춘 등 주요 도시를 중심으로 11개 한인회가 구성되어 있으며, 동북3성의 조선족동포단체는 국가급 조선족단체 5개, 경제단체 25개, 문화예술단체 33개 등이 존재
- 심양주재 일본총영사관에서는 조선족 업무를 담당하는 영사 1명을 증원(2006.8) 한 바 있음.

3. 평가 및 관찰

가. 재외동포참정권에 대한 의견수렴 및 홍보대책이 다각도로 강구되어야

- 참정권이 없는 영주권은 통과 여행객에 불과함(일본 재외국민 선거 현황과의 비교분석 필요)

나. 조선족 동포사회 발전에 대한 특단의 대책이 시급히 마련되어야

- '2005 전국 1% 인구표본조사'에 따르면 현재 중국의 유동인구는 1.47억 명 수준
- 미래중국이 직면할 최대도전은 사망률·출산율보다 인구이동[19]
- 조선족 인구의 급격한 도시유입(북경·청도·상해 및 한국 등)도 중국인구 전체의 동향과 연관 있음[20]
- 연변조선족 인구는 계속해서 마이너스 성장세. 최근 연변조선족자치주의 계획생육률은 93.24%, 인구자연증가률은 0.75%에 달해 저출생, 저사망률을 기록. 미혼 고령 남녀청년의 비율은 7대 1로 남성들의 장가가 점점 더

어려워지고 있음
- 개혁개방 이후 대대적인 이주현상 발생. 논농사, 교육, 한국붐 등 이유로 젊은 세대들이 도시로, 한국 등 타지로 이동하여 인구 자연증가율 감소, 부부·자녀 이별로 결손가정 발생
- 조선족은 독자적인 민족자치현을 가질 만한 규모의 집거지가 없으며, 행정적으로는 한족사회나 만족(滿族)자치현 속에서 그들과 섞여 살거나 소규모 독자적 소수민족 자연촌락(예: 만융촌) 형성

다. 민족교육의 어려움 해소해야

- 민족교육을 진작시킬 수 있는 조건이나 교육환경은 열악해지고 있으며 출산인구 감소와 교사의 이직률 등도 심화되고 있음. 그 결과 상급학교 진학률도 감소되고, 대학졸업 이후 중국주류사회 진출을 포기하고 돈벌이에 나서는 풍조가 성행. 특히 심양 조선족제일중학교 등 유수한 학교를 제외하고는 지방농촌의 민족촌락해체와 민족학교폐교로 민족교육 쇠퇴하고 있음
- 최근 한국 TV가 방영되면서 한국말을 배우려는 관심과 열기는 높아지고 있음을 잘 활용해야 함

라. 모국에 대한 인식제고 방안 모색

- 조선족은 중국공민이므로 한국측에서 함부로 규정짓거나 접촉해서는 안 된다는 입장. 특히 인권문제, 탈북자문제, 고구려역사문제 등에 민감함을 고려해야 함
- 한국에 갔다 온 경험자들이 흔히 갖기 쉬운 모국에 대한 부정적 인식을 다각도로 적절히 해소해야 함

(재외동포재단, 2007.1)

제3절 미래지향적인 중국동포지원정책이 필요하다21)

1. 재외동포재단 지원사업의 의미

　미래사회는 고급정보를 누가 많이 갖고 있느냐는 것보다 누가 먼저 그 정보를 빨리 활용하느냐가 중요하다. 세계화와 개방화가 확산되면서 이런 현상은 가속화되고 있으며, 상품·사람·자본·정보 등을 긴밀하게 교환·공유하는 네트워크의 가치는 점점 높아가고 있다.
　1997년 10월 "재외동포들이 민족적 유대감을 유지하면서 거주국에서 그 사회의 모범적인 구성원으로 정착할 수 있도록 지원"하기 위해 설립된 재외동포재단에서 그동안 동포 관련 NGOs·전문가집단·자문위원회 등과 유기적인 협력관계를 유지하고 세계한인회장대회·세계한상대회·세계한인정치인포럼 등과 같은 대회를 개최하고 한인회·한상단체·한글학교·민족학교·동포언론방송·입양단체·차세대단체 활동을 지원한 것은 재외동포 관련 인적·물적 네트워크 구축이 한인동포사회의 미래와 직결된 중대과제임을 인식했기 때문이다.
　지난 11월 5일, 취임 1년을 맞은 이구홍 이사장(4대)은 "따뜻하게 맞이하자, 모국방문 재외동포", "내외동포는 하나"라는 슬로건 아래 "재단만이 할 수 있고, 해야만 하는 사업" 위주로 예산구조를 개편중에 있으며, '동포사회 조사협력강화', '민족정체성 유지강화', '권익신장 및 역량결집' 등 지원프로그램 단위를 단순화하여 한인동포사회의 만족도를 제고하고 동포네트워크(코리안넷)를 통합화하는데 힘을 기울이고 있다.

2. 한국정부의 중국동포정책 근간은 무엇?

　그동안 우리 정부의 중국동포정책의 근간은 중국 조선족동포가 중국공민임을 전제로 중국내 조선족사회의 유지 및 안정성장 지원, 탈정치적인 경제·교육·사회분야 지원, 국내 밀입국과 불법취업방지, 중국과의 외교마찰 유발 억제 등이었다. 그러나 국내체류 외국인 100만 명 가운데 중국조선족이 26%(26만6764명, 불법체류 3만7573명 포함)를, 재중한국인이 전체 세계한인의 11.9% (83만8360명)를 차지하고 있는 지금, 중국동포정책은 한 단계 상승될 국면에 도달했다. '중국동포=중국내 조선족'이라는 단순도식보다는 '중국동포=중국내 조선족+중국내 한국인+국내체류 조선족+해외거주 조선족'이라는 종합도식에서 접근하는 것이 필요하다.

3. 중국동포 관련 지원내용

한편 통일외교통상위원회 국정감사자료(2007.10)에 따르면 8월 현재까지 중국동포 관련 지원은 a)한글학교 지원(광주, 상해, 심양, 북경, 성도, 청도, 홍콩 등), b)재중국한인회(후원의 밤, 식목행사, 재중한국인체육대회), 상해한국인회(한민족큰잔치, 한국기업·중국조선족동포기업간 네트워크시스템 구축, 중국조선족동포자녀 한국어교육), 대련한국인회(한인경로잔치), 심양한국인회(신서탑운동, 심양한국주행사) 등 재중한국인단체 지원, c)연변대학 한국조선문화연구소(한민족국어교육 학술토론회), 연변아리랑예술단(전통악기·공연복 구입), 연변문화교류원(전통문화캠프), 흑룡강성유기벼협회(생태문화예술축제), 중국동북조선족축구연의회(조선족학생축구운동회), 중국조선족발전연구회(연변민들레생태문화예술축제), TV다큐멘타리('중국의 조선족'), IT직업훈련, 조선족민족학교 교육기자재 지원, 모국수학장학생 선발 등 중국조선족 지원 등으로 분류된다. 그 외에 d)재한조선족유학생네트워크 지원, 외국인노동자병원 및 조선족연합회 방문 등 국내체류 조선족에 대한 관심도 작지만 조금씩 가시화되고 있다.

4. 나아갈 방향

얼마 전 성황리에 끝난 제6차 세계한상대회(부산 BEXCO)에 중국 조선족기업가 200여 명이 모국을 찾았다. 남북한 교류와 세계한상의 가교가 되겠다는 이들의 당찬 포부는 조선족동포의 역량이 일취월장하고 있음을 보여준다. 그러나 국내에 체류하고 있는 조선족동포나 중국내 전체 조선족(2000년 현재 192만3800명) 그리고 전 세계로 퍼져나가 있는 해외 조선족동포들의 전반적인 형편은 그리 간단치가 않다. 700만 재외동포의 생일인 '세계한인의 날'(10월 5일)이 제정된 이상 이들 중국동포들의 사기를 진작하고 이들과의 민족유대감을 증진하는 방향으로 중국동포지원책이 마련되어야 한다. 차별과 배제의 논리 대신 포용과 참여의 동포애(同胞愛)가 적극 검토될 때 이들을 민족자산화 할 수 있을 것이다.

(≪중국동포타운신문≫, 2007.11.16)

제4절 일본 지방참정권획득운동과 그 시사점[22]

1. 들어가는 말

참정권(參政權, political rights)은 일반적으로 선거권·피선거권·국민투표권·국민심사권·공무원과 배심원이 되는 권리 모두를 포함하나 협의(狹義)로는 선거권과 피선거권만을 뜻한다.

오랫동안 참정권은 외국인에게는 허용되지 않는 내국인만의 권리라고 간주되어 왔으나 1970년대부터 유럽국가를 중심으로 외국인에게 지방참정권(地方參政權)을 인정하는 예가 늘어가고 있으며[23], 일본에서는 1980년대 후반 이후 재일동포와 같은 정주(定住)외국인[24]에게 지방참정권을 부여하라는 요구가 높아졌으며[25], 재일2세들을 중심으로 한 민족차별 철폐운동과도 연계되었다.[26]

> 외국인은 지역사회에 생활기반을 두고 있으며, 의무를 다하는 중요한 구성원이므로 주민으로서 참정권을 인정해야만 한다. 이것이 지방의회에 의한 외국인 지방참정권 부여의 논지이며, 한편 생활의 실상에 근거한 소박한 주장이라고 해석할 수 있다. 다른 한편으로는 국민사회가 아닌 지역사회와의 연결된 권리의 원천을 찾을 수 있다는 점에서 생활상의 실감이 국민과 국민과의 결합을 넘어선 급진적 생각의 표명이라고도 말할 수 있을 것이다(桶口直人).[27]

> 유럽연합 내에서는 지방참정권의 상호승인을 실현하고 있다. 지방참정권의 상호승인은 동아시아에서도 다민족공생사회의 실현과 동아시아 공동체 구축을 향한 착실한 일보가 될 것이다(김경득).[28]

최근 일본에서는 지방참정권문제가 재일한국인만의 문제가 아니라 다국적·다민족사회로 구성되어 가는 일본사회의 긴급과제라는 방향으로 운동이 전개 중에 있다.[29]

2. 일본에서의 상황

전후 60년이 경과한 현재, … 그동안 재일동포는 본국인 한국이나 북한에 대하여도 거주국인 일본에 대해여도 지방, 국정에 관계없이 한번도 선거권을 행사하지 못하고 있다. … 귀국을 하고 본국에 주소를 정하면 지방·국정을 막론하고 본국 참정권행사가 가능하고, 일본국적을 취득하면 일본참정권 행사가 가능해진다. … 그것은 본국국적을 유지하면서 일본에 거주해온 재일동포에게는 비현실적이고 '在日性' 자체의 부정에 연결된다. 재일동포의 일본거주는 식민지 지배에 기인하고, 정주화는 본국의 남북분단에 유래한다. … 재일동포는 동화적 귀화를 강요하는 일본정부의 역사인식 시정을 위해서도, 지방참정권을 국적차별 철폐투쟁에 의해 쟁취해온 제 권리의 정점에 위치하는 것으로서 그 획득을 지향해 왔다. … 국민국가의 틀이 유지되는 한 외국인 참정권이 인정되는 것은 지방참정권 뿐이며, 국정참정권은 본국에 대하여 요구해야 한다. 재일동포가 일본사회에 동화할 것을 막는 길은 지방참정권획득운동에 반대하는데서 찾을 것이 아니라 본국 국정참정권 획득 등 국민으로서 본국에의 민주적 참여의 길을 닦는 것에 찾아야 할 것이다.30)

재일동포가 지방참정권획득을 최초로 운동화한 것은 1975년 北큐슈시장에게 보낸 최창화(崔昌華)의 공개질문장이 시발이었다.31) 그로부터 8년 후인 1983년 재일민단 간부는 본국에 와서 일본 지방참정권에 대한 입장을 제출한 바 있다.32)

첫째, 재일한국인은 일본지역사회의 주민으로서의 의무를 완수하고 있으므로 지역사회구성원으로서의 자격이 구비되어 있음

둘째, 국제인권 B규약의 시민적 및 정치적 권리에 관한 국제규약 제25조 A, B항에 근거가 있음. A항: 직접 또는 자유로 선출된 대표자를 통하여 공무운영에 참여함. B항: 평등한 보통선거와 비밀선거를 행하여 선거인의 자유로운 의사표명을 보장하는 진정한 정기선거에 있어서 투표하며 또는 피선됨.

셋째, 1982년 2월 16일과 동년 12월 21일 동경에서 개최한 한일의원연맹의 한국인지위향상 특별위원회의에서 거론된 사항 중에 (가)재일한국인에 관한 법적지위협정을 개정해야 한다. (나)지방선거권을 가져야 한다. 이상 두 가지 문제가 해결되어야 재일한국인의 진정한 권익이 보장된다라고 하였다. (다) 일본 저명학자층에서도 저술을 통하여 다음과 같이 설명하고 있다. …

참고로 민단중앙본부에서 전 단원에게 지방참정권에 대한 여론조사내용을 예거하면 1981년도의 조사에서 참정권이 필요하다는 율이 88%이었고, 82년도에는 90%로 증가되었다. 이상과 같은 근거로서 지방참정권의 필요성을 감안하여 볼 때에 재일한국인의 지방참정권문제를 연구 검토해야 할 시기가 됐다고 보아 이 문제를 과제로서 저의 의견을 밝히는 바이다.

1987년 6월, 재일민단(단장 박병헌)은 '제6차 권익옹호요망서'를 통해 지방참정권문제를 주요이슈로 들고 나왔다(cf. 항목 추가).

① 재일한국인의 법적지위 및 대우에 관한 협정 개정 ② 외국인등록법의 개정 ③ 출입국관리의 시정 ④ 공무원 채용 ⑤ 지방자치에의 참여 ⑥ 교육에 관하여(『민단 50년사』, 185쪽)

한편 1990년 9월 14일, 일본국적이 없다는 이유로 지방선거참여를 거부당한 김정규(金正圭, 아시아뉴스센터 사장) 등 11명은 '선거인명부 부등록처분'의 취소를 요구하는 소를 제기하였고, 일본 최고재판소 제3소법정은 정주외국인에 대한 지방참정권 부여가 전적으로 입법정책사항이라고 판결(95.2.28)하였다.33) 당시 김정규가 지방참정권의 요구한 논지는 다음과 같다.

그 모습·형태·생활양식이 일본인과 동일하고 국적이 다른 이외에는 무엇 하나 다른 것이 없다. 이와 같은 의미에서 이미 일본에 동화되었다고 해도 과언이 아니고, 또한 지금부터도 영원히 일본에서 살아가야 할 입장에 있다.34)

이에 대해 김창선은 부정적인 견해를 밝히고 있다.

재일교포가 요구하는 권리는 본질적으로 한민족으로서 살아가는 권리(민족자결권)인데 이를 부정하는 것이 오늘날의 인권침해의 구체적 내용이다. 일본인과 다를 게 없는 동등한 권리를 요구하는 것은 한민족으로서의 권리를 포기하는 것이고 이와 같은 권리문제는 이미 모순 된 인권론이 아닌가. 정주외국인을 주장하는 대부분의 사람들은 동화현상, 즉 통명사용·일본학교취학·국제결혼·귀화·말과 문자·역사와 문화를 알지 못하는 것을 들어

이를 불가피한 흐름으로 파악하고 있다. 그러므로 '在日에 뿌리를 둔 운동'으로서 在日論을 전개하고 나아가 '민족을 소중히 하는 것과 국적은 별개의 것'이라면서 '국적과 민족'은 동일한 것이 아니라고 주장한다. 그러나 동화를 강요하고 있는 역사적·사회적 분석이야말로 중요한 문제이며, 또한 서구유럽처럼 다문화사회도 아니고 시민권사상이나 제도도 없고 민족의 포기를 전제로 한 '귀화' 이외에는 국적취득의 길이 없는 일본의 국가체질 속에서 현실적으로 '국적은 곧 민족'이 된다. 재일동포의 압도적인 다수가 귀화를 거부하고 국적을 민족의 증거로 삼아온 이유가 여기에 있다. … 식민시대는 말할 것도 없고 해방 이후 오늘날에 이르기까지 재일동포가 동화를 거부하고 한민족임을 지켜왔던 것은 바로 조국·민족 그리고 통일조국에 대한 한없는 동경과 전망과 확신이 그 원천이 되어왔다는 것을 잊어서는 안될 것이다. … 참정권은 중앙차원이든 지방차원이든 재일교포사회에 결코 유익한 것이 아니며 오히려 재일동포를 일본의 동화구조로 내모는 것이라고 생각한다.35)

그러나 재일민단(단장 신용상)은 1995년 3·1절을 기해 전국적인 '지방참정권획득운동'을 전개하였다.36)

  각급조직은 일본정부는 물론 각 정당, 사회단체, 지방자치단체, 각급의회에 대한 요망활동을 전개하고 각급조직과 각계각층인사, 각종단체의 지원을 받아가면서 지방의회에서의 요망서 채택에 노력한 결과, 제44회 중앙위원회(94.4.19) 36개소의 지방의회에 불과했던 요망서 채택 수는 제46회 중앙위원회(95.3.13)에서는 201개소의 자치체로 급속히 확대되었다. … 일본 최고재판소는 95년 2월말 정주외국인에 대한 지방참정권 부여는 '헌법상 금지되어 있지 않다'는 판단을 내림으로써 정주외국인의 선거권문제를 둘러싼 일본국내 논쟁에 큰 영향을 주었으며, 민단이 추진하고 있는 지방참정권획득운동을 크게 고무시켰다.(『민단 50년사』, 228쪽)

'제6차 민단 선언'(95.3.27)을 통해서도 일본에서의 권리획득의 중요성을 재차 확인하였다.

  … 반세기에 걸친 민단운동의 실적과 전통 위에서 우리에게 주어진 사명

과 각오를 새롭게 하며 우리의 기본자세를 다음과 같이 내외에 밝히고자 한다. …

5. 우리는 일본사회에서 존경받는 모범적인 시민이 될 것을 지향하며 '공생·공영'의 자세에서 지역사회발전에 동참하고 공헌하며 한일 양국 및 양국민간의 우호증진에 적극 기여한다.

6. 우리는 의무를 다하고 있는 일본의 주민임에 비추어 정치적·경제적·사회적 모든 분야에서 일본국민과 동등한 대우를 받아야 할 것이며 이의 조속한 실현에 전력을 경주한다. …(『민단 50년사』, 235~236쪽)

반면 일본정치권에서는 1998년 10월, 자민당·자유당·공명당 등 3당 연립정권이 지방참정권 부여에 합의한 이후 민주당37)과 공명당38)이 공동으로 법안을 제출39)한 것이 처음이었다.

그러나 지금까지 각 정당간의 이견40)과 일부 언론의 반대캠페인41) 등으로 정주외국인에 대한 지방참정권 허용은 실현되지 못하고 있으나 현재 계속 심의 중인 공명당 법안(05.10 제출)에 대해 자민당을 제외한 나머지 정당, 즉 공동여당인 공명당과 야당인 민주당·사회당·공산당 등이 모두 찬성하고 있어 그 실현여부가 주목되고 있다.(김관원, 『재일동포 참정권 문제』 참조)

민간차원에서 '정주외국인의 지방참정권을 실현시키는 일·한·재일네트워크'를 주도적으로 결성(04.8)한 김경득(金敬得) 등은 한국과 일본 양쪽 정부를 상대로 외국적 주민의 지방참정권을 요구하기 시작하였고42), 재일민단(단장 정진)에서도 2007년 11월, 전국 각지에서 모여든 5천여 재일동포들과 함께 동경 히비야(日比谷)공원에서 '지방참정권쟁취궐기대회'를 열고 지방참정권부여의 정당성을 대내외에 알렸다.

또한 2008년을 '지방참정권 관철의 해'로 정하고 법안 통과에 열을 올리고 있는43) 재일민단은 기회가 있을 때마다 본국정부의 측면지원을 강력하게 요청 중에 있다.44)

… 민단에는 실무차원에서 조용히 수행가능한 과제와 정치력을 포함한 모든 힘을 동원하여 과감히 나아가지 않으면 성취할 수 없는 과업이 있습니다. 저는 이에 입각하여 '모든 힘'을 동원할 대상과업이 두 가지 있음을 확인하고자 합니다. 하나는 영주외국인의 지방참정권 부여법안의 조기 성립입니다. 또 하나는 재일동포경제의 활성화이자 영속적인 발전력의 개발입니다. 두

과업 모두 다문화 공생사회의 실현과 우리의 생활을 보장하는데 불가결하다
는 인식에 서서 건곤일척의 힘을 결집합시다. 재일동포사회의 미래는 민단
에 달려있습니다.(2008년 단장 신년사)

그러나 일본 지방참정권획득을 둘러싼 재일민단과 조총련간 이견(異見)충돌은
오랜 기간 상당히 강하며, 이로 인해 재일동포의 권익을 위한 공동대응이 사실
상 불가능한 상황이다.

3. 한국에서의 상황

현행 우리 헌법은 모든 국민은 법률이 정하는 바에 의하여 선거권을 가지며
(제24조), 모든 국민은 법률이 정하는 바에 의하여 공무담임권을 가지며(제25
조), 기존 공직선거법에서는 국민만이 대통령·국회의원·지방의회의원·지방자
치단체의 장 선거권이 있으며(제15조), 국민인 주민만이 지방자치단체의 지방
의회의원 및 장의 피선거권을 가진다(제16조)고 규정하였다. 학계도 외국인 선
거권부여에 대해서는 다소 소극적·부정적이었다.45)

그러나 일본 지방참정권획득과 관련하여 한국정부가 언급하기 시작한 것은
노태우 정부 시절부터였다.46) 그리고 국민의 정부 시절 김대중 대통령은 법무
부의 업무보고(98.3)시 국내 정주외국인에게 지방선거권을 부여함으로써 재일
동포의 지방참정권을 유도할 것을 지시하였고47), 국빈 방일(98.10.7)시에 재일
동포의 지방참정권 부여를 요망한다는 의견을 일본정부에 공식적으로 피력하였
고, 국회연설(98.10.30)과 오부치 총리와의 한일정상회담(1999)에서도 지방참
정권 부여를 재차 요망하였다.

우리 국회도 2000년 10월, 여·야 의원 123명의 명의로 재일동포 지방참정
권 허용을 촉구하는 서한을 모리(森喜朗) 일본총리 등 일본의 정·관계 주요
인사들에게 보낸 바 있으며48), 11월 의원입법 형태로 20세 이상 장기거주 외
국인영주권자에게 지방선거 투표권을 부여하기 위한 입법이 추진되어 2001년
12월, 국회 정치개혁특위에서 국내거주 외국인 중 5년 이상 장기거주한 20세
이상 외국인(1만6천여 명)에게 지방선거 투표권을 주기로 잠정 합의했으나 외
국인 참정권조항이 헌법에 위배된다는 이유로 2002년 2월 28일 철회·무산되
고 말았다.49)

그러나 2003년 12월, 마침내 영주자 이외에 재류자격 변경이나 재류기간 연

장으로 한국에 계속 거주하는 20세 이상 정주외국인에게도 주민투표의 청구권이나 투표권을 인정하는 '주민투표법'이 국회를 통과함으로써 2004년 7월부터 각 지자체 차원의 주민투표가 가능해졌다.

또한 국회 정개특위에서는 2005년 6월 30일, 영주자격을 취득하고 3년 이상 경과한 19세 이상의 외국인에게 지방자치단체의회 의원 및 장의 선거권을 부여하는 내용의 공직선거법 개정안을 국회에서 통과시킴으로써 영주외국인에게 지방참정권을 부여(05.8.4)하였고, 2006년 5월 31일 아시아에서는 처음으로 한국 내 정주외국인(대만인 6511명, 일본인 51명, 기타 17명(미국인 8명): 대부분은 재한화교[50]))들이 지방선거에서 마침내 한 표를 행사하게 되었다.[51] 최근 이명박 대통령은 당선 직후부터 재일동포의 지방참정권 문제를 구체적으로 거론하고 있으며, 정부차원에서 이를 일본정부에 강력하게 요청 중에 있다.

4. 맺는 말

세계화·국제화가 진전되면서 국가간 교류뿐만 아니라 민간교류도 활발해지고 있다. 그 결과 다른 국적을 가진 외국인이 장기간 특정국가내에 거주하면서 그 지역의 주민(또는 국민)과 거의 비슷한 생활을 하는 경우가 빈번하다. 재일동포의 경우에도 일본 국적을 가진 주민들과 똑같이 세금을 납부하며 지역사회에서 거의 동등한 사회적 역할을 하고 있다. 그럼에도 불구하고 아직까지 지방자치단체차원의 선거권조차 부여받지 못한 채 차별대우 속에서 살아가고 있다.[52] 물론 국내건 외국이건 정주(영주)외국인의 선거권을 논함에 있어 국정선거차원과 지방선거차원은 구분할 필요가 있다. 현 단계에서 중앙정치차원에 외국인을 참여시키는 것은 사실상 무리이지만 주민자치가 적용되는 지방자치차원의 정치에 외국인을 참여시키는 것은 세계사의 추세로 볼 때 전향적으로 수용할 시점이 아닌가 보여진다.

따라서 재일동포의 일본지방참정권 획득운동은 국제적인 인권보장측면에서뿐만 아니라 불행했던 과거사청산과 외국인과의 공생사회건설을 위해서라도 한·일 양국간 상호주의 원칙이 적용되어야 하며, 특히 우리의 경우 헌법재판소에 의해 재외국민의 본국참정권 허용의 길이 열린 이상 해외거주 자국민보호의 중요성과 함께 형평성차원에서 적극 추진되어야 할 것이다.

(재외동포재단, 2007.12)

제5절 재일동포사회의 어제와 오늘 그리고 내일[53]

1. 재일동포사회 인구

가. 인구추이

<표 1> 국적별 인구 현황

구분	1945.8.15	1950	1960	1970	1980	1990	2000	2007	비고
한국·조선	200-240만[54]	544,903	581,257	614,202 (외국인의 90%)	664,536	687,940	635,269	593,489 (외국인의 27.6%)	일본국적 취득자 자녀 포함시 130만명 추산
한국적			77,433	179,298	331,389	377,893	-	-	-	
조선적			467,470	401,959	282,813	-	-	-	-	
귀화자 누계		232	20,200	54,746	102,927	156,019	236,537	313,245	

※출처: 『2007在留外國人統計』(財團法人 入管協會)

나. 특징

- 한국국적자의 격감 및 세대·구성원·가치관 다양화

2. 재일민단의 현황과 과제[55]

가. 기본성격

- 민족단체('재외국민등록 필한 한국국적자' + '한반도 출신자 중 외국국적소지자'들로 구성)
- 사회운동단체(민족·국적차별폐지운동, 소수자권익옹호운동 등 전개)

나. 조직성격

- 재일 한국인의 자주단체, 대중단체, 비영리조직, 친목단체, 비영리공익단체 (※48개 본부, 300개 지부, 134개 분단, 84,497개 세대, 374,291명 재외국민등록)

다. 8대 추진사업

- 일본사회와의 공생(지방참정권운동, 한일친선사업 등 4개)
- 동포사회 화합·교류(본국·재일동포사회 통일운동 등 6개)
- 조직개혁·활성화(조직활동·연수, 각종 회의 등 12개)
- 동포사회의 주체형성(민족사회교육, 학교 등 민족교육육성 7개)
- 복지·생활향상(생활권확충운동 등 7개)
- 선전·홍보(기관지 발행 등 3개)
- 수익사업(재정확보 목적)
- 산하단체조성(7개 단체 육성·지도)

라. 향후 과제

- 사회운동체로서는 a)대항·투쟁운동→공생→공영활동, b)정치적 대중운동중심→민족·생활자중심, c)집단적 가치→개별적 가치 등으로 변모해야 함
- 목표로는 평화·인권·교육·공생을 키워드로 조직개혁을 시도해야 함

마. 내일의 민단상

- 과감한 조직개혁(재정자립·의식개혁·조직개혁)
- 차세대 사명(한반도 평화통일, 동포사회 화합 견인, 뉴 커머와 연대, 차세대 육성)

3. 재일민단 공적사항

가. 삼일정신 선양사업(조직역량강화)[56]

- 1946.3.1 해방 이후 첫 번째 기념식: 3·1절 기념대회(동경, 3천여 명)
  ※3·1운동기념식 후 윤봉길의사 유해 암매장지 확인[57], 이강훈 전광복회장 등의 주도로 유해 본국 송환
- 1947.3.1 제28회 3·1독립운동기념대회(日比谷공회당, 5천여 명)[58]
  ※당시 식순 참조[59]

- 1948.3.1 제29회 3·1독립운동기념민중대회(日比谷공회당)[60], 축하행진[61]
  ※주최: 조선건국촉진청년동맹·재일조선거류민단·기타 단체
- 1949.3.1 30주년 3·1절기념식전[62]
- 1950.3.1 31주년 3·1절대회[63]
- 1951.3.1 민단, 일본 각지에서 3·1절기념행사(日比谷공회당, 2천여 명)
  ※32주년 삼일독립운동기념대회[64] 표어: "빛내자! 삼일정신. 집결하자 애국정혼 … 격멸하자 공산세력 앙양하자 민족정기", 주최: 재일본대한민국거류민단중앙총본부·재일본대한청년단·재일본대한부인회, 후원: 대한민국 주일대표부
- 1952.3.1 민단, 3·1절기념민중대회(日比谷공회당, 1천여 명)[65]
- 1953.3.1 민단, 3·1절기념민중대회(日比谷공회당, 2천5백여 명)
- 1954.3.1 3·1절기념중앙민중대회(日比谷공회당, 6천 명 버스데모행진)[66]
  ※북진통일 총궐기 결의[67]
- 1955.3.1 36주년 3·1절기념민중궐기대회(국기관[68],廣島아동문화회관[69])
- 1956.3.1 37주년 3·1절기념민중대회(日比谷공회당 및 각 지역 단위)[70]
- 1957.3.1 38주년 3·1절기념대회[71]
- 1958.3.1 3·1절기념식및 한일회담성공촉진대회(日比谷공회당, 4천여명)
- 1959.3.4 일본 각지, 교포 북송반대 궐기대회[72]
- 1960.3.1 3·1절기념중앙민중대회[73]
- 1961.3.1 3·1절기념식 및 한일회담성공촉진 민중대회 개최[74]
- 1962.3.1 3·1절기념중앙민중대회[75]
- 1963.3.1 44회 3·1절기념중앙민중대회(日比谷공회당)[76]
- 1965.3.1 3·1절기념중앙민중대회[77]
- 1966.3.1 47회 3·1절기념민중대회(日比谷공회당, 민족대표 33인 이갑성 참석)[78]
- 1967.3.1 48회 3·1절기념민중대회(日比谷공회당)[79]
  ※한·일 양국정부에 법적지위대우에 관한 공동위원회 설치 요청
  ※6·25참전 의용병 방위포장 전수식
- 1968.3.1 3·1절기념중앙민중대회[80] 및 재일동포 3·1 경축식 참가[81]
- 1969.3.1 50회 3·1절법적지위요구관철 중앙민중대회(日比谷공회당)[82]
  ※入管令 개악반대 가두 시위, 법적지위요구관철투쟁위원회 설치
- 1970.3.1 51회 3·1절기념중앙민중대회[83](日比谷공회당 및 전국 각지)

※단장 기념사 "三一精神生かし 永住權申請完遂期せよ"
※1부 기념식전. 2부 영화・연예, 부인회대합창단・동경한국학교무용단
- 1971.3.1 52회 3・1절기념중앙민중대회84)(전국 각지)
※1971.11.1 영동 3・1운동기념비 건립 후원85)
- 1972.3.1 53회 3・1절기념중앙민중대회86)
※결의문: "삼일정신으로 총집결하여 경제・국방강화에 헌신하자"
※2・8독립선언문, 삼일독립선언문, 탑골공원 벽화 소개
- 1973.3.1 54회 3・1절중앙민중대회87) 및 본국기념식전 동포대표단 참가
- 1974.3.1 55회 3・1절기념중앙민중대회88)
※민단, 故 박열 의사 추도식 개최
- 1975.3.1 56회 3・1절기념중앙민중대회(東京국제극장)89)
※독립선언서를 재음미90)
- 1977.3.1 58회 3・1절기념재일한국인중앙대회(동경국제극장, 5천여 명)
※남북대화 재개, 불가침협정 체결 촉구 요구
- 1978.3.1 59회 3・1절기념차별철폐촉구중앙대회(민단 중앙회관)
- 1979.3.1 3・1독립60주년기념, 민족자주평화통일촉진대회(민단중앙회관)
- 1980.3.1 61회 3・1절기념 남북회담재개권익옹호촉진대회(동경국제극장)
※1980.3.30 동경 2・8독립선언기념비 건립(민단 중앙회관)
- 1981.3.1 62회 3・1절기념 국민연금전면적용요구중앙대회(민단중앙회관)
- 1982.3.1 63주년 3・1절기념식 및 全대통령살해음모규탄(민단중앙회관)91)
※82.2.8 재일본동경한국YMCA기념비 제막(청년회, 학생회, 청년상공회)92)
※독립기념관 건설모금운동 동참(~83년. 10억3300만원, 84년 부인회 1700만원)
- 1985.3.1 66주년 3・1절기념 외국인등록・지문날인・상시휴대제도 철폐 요구 재일한국인중앙대회(日比谷 야외음악당)93)
※결의문・요망서・항의서 채택, 일본 외무성・법무성 항의 행진
- 1986.3.1 67주년 3・1절기념식전(민단 중앙회관)
※지문날인・상시휴대제도철폐・법적지위 개선 등 결의문 채택
- 1987.3.1 68주년 3・1절기념식(전국 각지)
※서울올림픽 후원사업 등 4개항 결의문 채택
- 1988.3.1 69주년 3・1절 대한항공기폭파만행규탄재일한국인중앙대회
- 1989.3.1 70주년 3・1절 91년 문제 재일한국인법적지위향상 요구(오사카,

近畿지방대표자회의)
- 1990.3.1 71주년 3·1절기념 91년문제요구관철대회 개최
- 1992.3.1 73주년 3·1절기념식(재일한국인에 대한 전후보상 촉구)
  ※1992.4.21 윤봉길의사 순국기념비 제막(가나자와)[94]
- 1995.3.1 3·1절을 기하여 전국에서 '참정권획득운동' 전개
- 1999.3.1 민단, 80주년 3·1절기념중앙대회(민단 중앙회관 및 전국 각지)
  ※조총련과 교류·화합촉진, 在日의 사회 건설, 지방참정권 조기 실현 결의
  ※서울 남산 3·1운동기념탑 건립 지원
- 2003.3.1 84주년 3·1절기념식전(민단 중앙회관 및 각 지방민단)[95]
- 2004.3.1 85주년 3·1절기념식 개최(중앙본부 및 각 지방민단)
  ※북한핵저지, 지방참정권획득, 민족금융기관지원, 역사왜곡망언·교과서 저지 결의
- 2005.3.1 86주년 3·1절기념식 개최(중앙본부 및 각 지방민단)
  ※지방참정권 용인 최고재판소 판결(95.2.28) 10주년 기념집회
  ※2005.11.23 재일한인역사자료관 개설(민단중앙본부 별관내)[96]
- 2006.3.1 87주년 3·1절기념식(중앙본부 및 각 지방민단. 4,060명)
  ※재일 3~4세들의 독립운동에 대한 이해를 돕기 위한 인쇄물 배부
- 2007.3.1 88주년 3·1절기념식 개최(중앙본부 및 각 지방민단. 3,630명)
  ※동경본부결의문: 한반도비핵화·평화정착 적극 기여, 공생사회실현 지방참정권 조기 획득, 조선통신사400년을 계기로 한일 우호친선증진의 가교역할 추진, 동포사회 번영과 조직활성화 진력 등
- 2008.3.1 89주년 3·1절기념식(민단 중앙회관 및 전국 각지 3,825명)
※ 2009.3.1 삼일문화재단 제정, 삼일문화상 특별상 수상

나. 재일 한인희생동포 위령 및 기념비 건립사업

- 1951.9.13 재일한교 자원군 전사자 39명 합동위령제
  ※1950.8.5 ~ 재일청년학도의용군 641명 한국전 참전·인천상륙(9.15)
- 1952.6.25 한국군·유엔군·일반희생자 위령제 및 민중궐기대회
- 1952.9.30 재일본 한교재향군인회 창립1주년기념 합동위령제 및 위안회[97]
- 1954.9.1 관동대진재 피학살 동포위령제[98]
- 1960년 북해도 한국인희생자 위령비 건립

- 1962.6.6 재일교포 학도의용군 영령위령제99)
- 1963.11.21 재일교포 출신 전몰장병 51위 안장(서울 국군묘지)100)
- 1966.7.20 태평양전쟁희생자 위령제101)
- 1969.10.28 태평양전쟁한국인전몰자 위령제102)(東京都 築地 本願寺)(매년)
- 1970.4.10 한국인원폭희생자위령비 제막식(廣島평화공원)103), 위령제104)
- 1970.10.5 태평양전쟁희생자 위령제105)
- 1971.9.2 관동대지진 한인위령비 제막106)(~매년 위령제)107)
- 1971.12.18 오키나와 한인위령탑 건립108)
- 1972.6.6 재향군인회일본지회, 재일자원군 위령제109)
- 1973.6.6 재일학도의용군동지회 전몰용사위령비 제막(서울 국립묘지)110)
- 1973.11.15 제2차대전 순난동포 위령탑 제막111)
- 1975.8.6 한국인 원폭희생자 위령제112)
- 1975.9.3 오키나와한국인희생자위령탑 제막
- 1979.10.2 재일학도의용군동지회 참전기념비 건립(인천수봉공원)113)
- 1980.10.3 해외동포 합동위령제(천안 망향의 동산)114)
- 1981.10.2 태평양전쟁 해외희생동포위령탑(사이판) 제막115)
- 1999.7.21 한국인 원폭희생자위령비 히로시마평화공원내로 이설116)
- 2008.8.15 한국인순난자위령제(삿포로시 평화의 땅 공원)
※2009년 재일문화・역사유산 조사・발굴 및 인정・보전사업 실시117)

<표 2> 기타 독립운동기념 및 위령사업 현황

2・8독립선언 기념행사(2월), 山口縣・舊長生탄광수몰사고추념식(2월), 群馬縣・舊中島비행기太田제작소징용한국인위령제(음력설), 三重縣・靑山수도공사순난자위령제(3월), 相模原댐건설순난자합동추도식(3월), 福岡縣・大牟田징용희생자위령제(4월), 廣島원폭위령제(8월), 岩手縣內동포희생자합동추도식(9월), 망향의 동산 망향제(10월), 沖繩한국인전몰희생자위령제(10월), 윤봉길의사순국추도식(12월)

다. 본국 유대강화 및 교육・문화・체육사업

- 1946.3.16 신조선건설동맹(재일민단前身), 오사카 백두학원 설립(건국학교)
- 1946.5 오사카 西成학교 개교(1950년 금강학원 설립)
- 1947.2.21 민단 기관지 '민단신문' 발간118)
- 1954.4.26 동경 한국학원 설립
- 1955.10.15 전국체전에 재일동포 선수단(80명) 참가(~이후 계속)

- 1955.12.28 조선장학회에 민단 대표 파견
- 1957.8.15 재일교포 필드하키단 방한[119]
- 1957.8.25 재일중학교 2세 학생 모국방문단(33명) 파견[120]
- 1957.10.19 재일교포 교육시찰단 방한[121]
- 1957.10.22 재일대학생 조국방문단 방한[122]
- 1958.5.16 동경아시안게임 참가 한국선수단 환영회
- 1961. 가을 동경학원 교사 신축
- 1962.5.23 재일동포 하키선수(천리대 소속) 한일친선 하키대회 참가[123]
- 1962.8 재일동포자녀모국유학생 1기 서울대어학연수원 입학(累計4천여 명)
- 1962.8.16 阪本방적 서갑호, 주일대표부 건물(주일 한국대사관) 희사[124]
- 1962.12.22 자유센터 건립 모금[125]
- 1963.1.1 재일한국인육상경기연맹, 육상기재 기증[126]
- 1964.3.1 재일교포 교육공로자(20명) 초청
- 1964.10.7 동경올림픽 재일한국인후원회 결성[127]
- 1965.3.25 재일교포 학생모국방문단(72명) 방한[128]
- 1965.11.3 나고야 한국학원 낙성식[129]
- 1966.7 재일교포 학생(500명 규모) 매년 여름학교 실시[130]
- 1967.2.22 재일교포 모국유학생 기숙사(서울대 구내) 낙성식[131]
- 1967.5.21 재일동포 성금으로 후쿠오카 총영사관 건립[132]
- 1967.7.27 재일동포학생(439명) 본국여름학교 입소(~매년 7월)
- 1968.3.2 재일교포 지도육성 유공자(92명) 표창[133]
- 1962.3.25 재일한국인 교육지침 발표
- 1968.8.5 재일한국인교육자 대회 개최[134]
- 1970.7 오사카 총영사관 신축 위해 2억엔 모금 개시[135]
- 1971.9.20 삿포로 동계올림픽 재일한국인후원회 결성[136]
- 1972.4.7 재일동포19명, 서울대 해외국민교육연구소入所(1년 민족교육)[137]
- 1973.4.12 재일 2~3세를 위한 한국교육재단 창립총회[138]
- 1977.8.15 백두학원 재개교[139]
- 1978.2.8 재일본 동경한국YMCA 신회관 기공식(1981.4.20 개관)[140]
- 1982.6.11 서울올림픽재일한국인후원회 결성(~88년. 100억 엔 전달)
  ※88서울올림픽회관 건립
- 1984.6.8 재일한국부인회, UN본부에 사할린잔류한국인 귀환 청원

- 1990년 북경 아시안게임 출전 한국선수단 격려(1천만원)
- 1993년 국제교육진흥원 재외국민학생회관(기숙사)건립성금(12억3600만원)
- 1999년 재일본 동경 YMCA 문화관141)
- 2001.8.23 재일동포어린이 서울잼버리 개최(02년, 04년, 06년, 08년 실시)
- 2002.5.31 2002월드컵 재일한국인후원회 모금 전달(1.2억엔)
- 2002.8.18 2002재일동포 어린이 서울잼버리 개최(460명 참가)
- 2003.6.3 탈북동포지원센터 발족(※현재 150명)
- 2004.8.8 재일동포 어린이 서울잼버리 개최
- 2006.2.7 재일한국YMCA 창립(06.4) 100주년 기념심포지엄 후원
- 2007.9.14 재일청년회 2007 청년잼버리 개최(서울 및 근교)
- 2007년 민단문화상 실시

라. 본국 구호 및 경제협력사업

- 1950.7.2 적십자기금·위문품 모집
- 1951.2.13 본국 전재민 구제운동 전개
- 1958.1.19 본국수재구제대책위원회 구호물자 전달
- 1961.10.28 재일교포산업시찰단(53명) 한국상공회의소 초청·방한142)
- 1962.8 수해의연금 지원(전남 순천지역, 521만엔)
- 1962년 제주출신 재일동포, 제주도투자 활발143)
- 1963년 본국 식량난 구원운동(4,144만원)
- 1965년 수해피재동포구호운동(930만엔 모금), 고향가족부양금 송금(7억 2267만엔)
- 1966년 새마을사업 지원(새마을지도자 일본연수비용, 820만엔)
- 1966.8.17 동경 한국부인회 성금(5천 달러, 의류 5천 점, 가방 5백 개)144)
- 1966.7 구로수출공단에 재일동포 기업 14개 입주
- 1967년 본국 고향가족돕기 송금운동(21억6660만원)
- 1968년 본국 한해구호 재일동포성금 전달(7만 달러: 2637.5만원)
- 1969.8.4 오사카 만국박람회 한국인후원회 발족145)
- 1969년 전기가설 성금 등(770만원) 및 한해의연금 2차분(3698달러)146)
  ※민단 중앙본부내 본국수해구호위원회 설치147)
- 1970년 수재의연금, 농약살포용, 경비용 헬리콥터 구입 등(1417만엔, 647

만원)
- 1972.5 본국 새마을운동 농촌생산·소득증대 지원 및 고향발전 협력[148]
- 1972년 새마을 성금, 수재의연금 등(1320만원)
- 1973.7.16 새마을지원사업(122개 새마을에 지원금 10억엔 전달)
- 1973.12 제주개발문제연구소 발족[149]
- 1973년 새마을부락에 라디오 구입 기증 등(655만원)
- 1973~81년 새마음심기 식수기금(산림녹화 묘목대금, 3624.7만원)
- 1973~82년 새마을 자매결연 성금(5억1693만원)
- 1973~83년 방위성금(5억7130.8만원)
- 1974년 방위성금, 수재의연금, 경비정 구입, 구호의연금 등(1067만엔, 6471만원)
- 1975.4.1 조국녹화청년봉사단(230명) 파견
- 1975년 문화재 봉산사(진주) 중건성금 등(6억원)
- 1976년 망향의 동산 건설 성금 등(6090만원)
- 1977년 수재의연금, 새마을성금 등(1억2514만원)
- 1978년 이리폭발참사 구호성금, 순천여상 장학회 지원 등(1억4771.9만원)
- 1979년 수재의연금 등(2억3500만원)
- 1981.9.15 재일동포 출자 '신한은행' 설립
- 1981년 새마을운동 지원 성금 등(2억원)
- 1984년 수재의연금(1억5천만원)
- 1987년 평화의 댐 건설 성금 및 수재의연금 등(10억9784.6만원)
- 1989년 동의대 경찰참사 조위성금(2천만원)
- 1991년 치안본부 민생치안 위문(2천만원)
- 1993년 대전엑스포 후원 등(1억9100만원)
- 1994.7.27 본국 한해의연금 기탁(30만엔)
- 1995년 대구지하철 가스폭발참사 의연금 등(6천만원)
- 1996년 수재의연금 등(1억4천만원)
- 1997년 북한 기아아동돕기 성금 등(4100만원)
- 1997.12.10 IMF극복 세대당 10만엔외화예금·송금운동(780억엔 송금)[150]
- 1998.11.17 재일동포 모국투자촉진위원회 발족[151]
- 1998년 IMF 실업자 자녀돕기 성금, 수재의연금 등(4억500만원)
- 1999년 평통복지기금 등 (5억원)

- 2000년 경의선 복원 성금 등(10억6355만원)152)
- 2001년 불우이웃돕기 성금 등(1억3천만원)
- 2002년 한일월드컵 및 태풍피해 이재민돕기 성금 등(76억6299만원)
- 2003년 대구지하철 화재참사 유족돕기 성금 등(10억7000만원)
- 2008.2.12 남대문 복원모금운동 전개(10.20 5억8710만원 전달)

마. 한·일 친선사업 및 재외동포 네트워크구축 사업

- 1970.5.7 민단 石川縣 日韓협회 발족153)
- 1973.6.17 민단 新潟縣 한일친선협회 결성154)
- 1973.10.23 민단 三重縣 일한친선협회 설립총회155)
- 1974.5.17 민단 福島일한친선협회 설립156)
- 1987.11.16 제1차 해외한민족대표자회의(동경) 개최(~매 2년마다 개최)
- 1993.2.23 미국 L.A 폭동피재한국인 의연금 20만 달러 전달
- 1994.5 일본 지방자치체 참정권 운동 전개(~현재)
- 1995.1.17 일본 한신대지진 구원대책본부 설치(6천만엔 기탁)
- 1996.10.26 민단 창립50주년 기념대축제에서 일본인과의 공생·공영 결의
  ※조선통신사 사절단 재현
- 2001.3.30 의사자 故 이수현군 성금(3천만원)
- 2007.6.8 일본 문부과학성 방문, 재일외국인 자녀교육에 대한 배려 요구
- 2007.7.17 민단 중앙본부·지방본부에 생활상담센터 개설
- 2007.11.7 영주외국인주민 지방자치체 참정권 전국궐기대회(日比谷음악당)
- 2008.1.10 민단 신년회 주제: 한·일공생의 새 시대를 구축하자!
- 2008.5.18 민단 오사카본부 '한일친선교류마당' 개최(1.2만여 명 참가)

(삼일문화재단, 2008.12)

제6절 한인정치력신장과 재미동포사회의 미래[157]

1. 4·29폭동과 한인유권자센터

한인유권자센터(Korean American Voter's Council, KAVC. 1996년 설립)[158]는 뉴욕 브루클린 한·흑갈등(1991)과 L.A.폭동(1992)[159] 등을 통해 정치력이 없으면 법의 보호를 기대할 수 없다는 뼈저린 역사적 경험에 그 뿌리를 두고 있음을 밝힌 바 있다.[160]

국내에서는 『기독교사상』(1992)이 L.A폭동이 남긴 교훈을 다음과 같이 정리하고 있다.

> L.A 흑인폭동이 휩쓸고 간 자리에서 한인들은 백인중심의 미국사회와 흑인들의 야만적 약탈과 폭력만을 문제 삼을 것이 아니라 다민족사회 속에서 어떻게 타인종들과 함께 살아야 하는가에 대해 근본적인 인식의 전환을 꾀해야 할 것이다. 뿐만 아니라 이것은 미국에 거주하는 한인만의 문제가 아님을 잊어서는 안 될 것이다. 바로 미국사회의 한인의 의식은 모국에 그 뿌리를 두고 있기 때문이다(예: 지역적·사상적·정서적 분열, 학연·혈연에 다른 이기주의·편파주의, 종파·교파가 극심한 배타주의·자기우월주의 등). … 이러한 분열상은 이민교회에서도 마찬가지라고 한다. … 이 사건에서 피는 물보다 진함을 경험할 수 있었고 대동단결만이 재산과 인명 - 생존권을 지킬 수 있는 길임을 알았다고 모든 교민들이 고백하고 있다. 이는 커다란 희생의 대가를 지불하고 얻은 값진 계기이기에 이를 다시 무산시켜서는 안 될 것이다. … 같은 민족끼리 화합하는 계기로 만들어야 할 뿐 아니라 다원화된 지구촌시대를 살아갈 수 있도록 다른 문화, 다른 인종, 다른 이념, 다른 종교적 신념을 가진 이들과 함께 살아갈 수 있는 가치관과 삶의 양식을 길러나가야 할 것이다.

장태한(1997) 역시 L.A폭동을 분석하면서 "미국에 대한 올바른 이해는 바로 인종문제에 대한 역사적·구조적 그리고 정치적 의미를 이해할 때에야 비로소 가능하다. … 미국의 경제, 정치 그리고 외교정책 모두가 백인우월주의사상과 '인종관'에 의해 결정, 시행되었다는 사실을 인식하면 '인종문제'의 중요성을 새삼 이해하게 될 것이다. 미국은 다인종사회로서 인종변수가 국내정치에 큰 영향을 미쳤기 때문에 '민족정치'(ethnic politics)가 매우 발달하였다. 각 이민집단들(아일랜드계, 폴란드계, 유태계, 흑인계 등)이 하나의 정치압력 세력을 형성하여 자신들의 기득권을 보호하고 억울하게 차별당하는 것을 방지하는 역할을 담당해왔다. 각 이민자집단(예: 유태계 미국인)이 모국과 밀접한 관계를 유지하면서 미국과 모국의 관계에 영향력을 행사한다. 재미한인들도 20세기 초 조국의 독립을 위해, 1970년대와 80년대 모국의 민주화를 위해 노력했지만 활동이 성공적이지 못한 것은 미국에서 재미한인사회의 정치력이 미약했기 때문"이라고 진단한 바 있다.161)

> 재미한인들이 '압력단체'를 조직하고 체계적인 정치활동을 전개할 수 있게 되는 것은 그들의 정치력향상을 통한 권익보호는 물론 미국과 모국의 불공평한 관계개선에 직접적인 영향력을 행사할 수 있는 역량이 생기는 것을 의미한다. … 4·29폭동은 한인사회의 정치력 부재를 실감하면서 정치력 신장의 필요성을 깨우치는 계기를 마련해주었다고 볼 수 있다. 한인들이 억울한 일을 당해도 어느 누구도 한인의 입장을 대변해주지 않았다. 각자 자기 민족의 이익만을 대변하면서 한인의 목소리에는 귀 기울이지 않는 정치적 현실에 한인들은 자신들의 목소리를 대변해줄 수 있는 정치가 또는 압력단체의 필요성을 절감했다. … 이제 정치력신장은 한인사회의 중요한 과제로 등장했고 한인정치가를 탄생시키기 위한 노력이 눈에 띄게 나타나고 있다. 그러나 정치력신장이란 한인정치가를 많이 탄생시키는 것만을 의미하지는 않는다. … 4·29폭동을 통해 얻은 가장 값진 수확은 한인들도 이제 모국지향적이고 고립된 삶에서 벗어나 다민족사회의 일원으로 더불어 살아야 한다는 의식을 갖게 된 점이다. … 4·29폭동 때 한인들이 가장 절감한 것은 정치력의 부재였다. 그러나 압력단체 구성의 최대 걸림돌은 역시 경제적 지원금의 부족이다. 이주지역에 대한 철저한 '준비교육'도 필요하다. 4·29폭동은 한국인에게 새로운 민족관을 요구하고 있다. … 재미한인들이 미국에서 정치력신장, 경제력 향상, 문화보존 등의 활동을 활발히 벌인다면 한국의 세계적 이미지도 개선되어 한국의 세계화에 크게 기여한다고 볼 수 있다.162)

그렇다면 L.A폭동 이후 재미한인들은 같은 민족끼리 어떻게 화합·대동단결했으며, 타문화·타인종들과는 어떻게 공존해 왔는지, 특히 정치력신장을 위해 어떤 노력을 경주해왔을까?

그런 의미에서 본다면 일찍이 한인정치력신장에 눈을 뜨고 지금까지 오직 한 길로 정진하고 있는 김동석과 그의 동료들의 분투노력은 미주한인이민사에서 값진 성과의 하나로 기록될 수 있을 것이다. 물론 전미유태인위원회(American Jewish Committee)를 모델로 하여 워싱턴D.C 등 동부지역에서는 정계로비 등 정치력신장에, L.A 등 서부지역은 동포권익실현에 힘을 쏟았던 한미연합회(Korean American Coalition, KAC)의 유권자등록운동163) 역시 평가받아야 할 것이다.

2. 한인유권자센터 활동상과 국내언론 보도

1996년 설립 이후 12년 동안 한인유권자센터는 다음 5가지의 활동에 집중하였다.

> 첫째, 미국연방하원의 일본 '종군위안부결의안 121' 서명지지활동164)
> 둘째, 미국과 한국간 비자면제협정(VWP) 추진165)
> 셋째, 북핵문제 등 한반도평화와 관련된 민간외교노력(예: AIPAC)166)167)
> 넷째, 재미한인 영주권자의 시민권획득 및 유권자등록운동 전개168)
> 다섯째, 미국주류사회와 재미한인사회 양자를 이해하는 차세대육성169)

이들 가운데 이미 두 개는 성취되었고, 나머지 세 개는 계속 추진 중에 있다.

우리 국내 언론들이 한인유권자센터의 활동에 주목하기 시작한 것은 2003년부터였다. 한겨레신문이 처음 소개한 이후 2005년 이후부터 동아일보와 문화일보 등이 지속적인 관심을 보였고, 최근에는 연방하원의 위안부결의안 통과(2007)와 미국 오바마 대통령후보(당선자) 인맥(2008)에 주로 초점이 맞춰져 있다(<표 3> 참조. ※초점 이동).

<표 3> 국내언론의 한인유권자센터 관련 기사

구분		2003	2004	2005	2006	2007	2008	비고
매체 및 회수		한겨레 1170) 세계 1	문화 2 동아 1 한겨레 1	동아 3 문화 2 한국 1 세계 1 한국경제 2 서울경제 2 매일경제 1 부산 1 브레이크뉴스 1	동아 2 조선 2 중앙 2 한국 1 한국경제 1	동아 17 문화 13 한국 5 한국경제 5 조선 4 세계 4 경향 4 국민 4 한겨레 4 서울 4 중앙 3 서울경제 2 매일경제 2 부산 2 내일 1 국제 1 경남 1 경남도민 1 오마이뉴스 1 브레이크뉴스 1 폴리뉴스 1	동아 12 문화 5 강원도민 5 오마이뉴스 5 중앙 3 세계 3 경향 3 서울 3 서울경제 3 강원 3 한국 2 조선 2 국민 2 한겨레 2 한국경제 1 머니투데이 1 국제 1 이데일리 1 폴리뉴스 1 투데이코리아 1	동아 25회 문화 22회 한국 9회 세계 9회 한국경제 9회 조선 8회 중앙 8회 한겨레 8회 경향 7회 서울 7회 서울경제 7회 국민 6회 오마이뉴스 6회 강원도민 5회 매일경제 3회 부산 3회 강원 3회 국제 2회 브레이크뉴스 2회 폴리뉴스 2회 내일 1회 경남 1회 경남도민 1회 머니투데이 1회 이데일리 1회 투데이코리아 1회
소계		2회	4회	14회	8회	80회	59회	총 167회
초점		유권자 등록운동	투표율 제고운동	한인1.5세 최준희 당선	비자면제 운동	위안부결의안 미하원 통과 &풀뿌리정치	오바마 인맥 &한인정치력 신장	

3. 한인정치력신장에 대한 정부·국회·학계의 관심

우리 외교부는 L.A폭동 이후에도 한인정치력신장을 자조노력의 일환으로 이해할 뿐 정부 정책의 중점과제로 다루지 않았으며, 유권자운동단체 지원에 대해서도 소극적인 입장을 견지하였다.171) 이에 반해 국회는 한인정치력신장과 관련단체들에 대한 특별한 관심과 지원을 여러 차례 정부측에 적극 요청하였다.

해외동포의 거주지역 및 국가의 특성과 주류사회진출을 위한 현안문제 등을 고려하여 선택과 집중을 통한 전략적 접근이 필요하다고 보여집니다. 한 예로 미주지역 동포들은 그들의 주류사회진출과 한인커뮤니티의 정치력신장을 위해 특별한 노력을 기울이고 있으나 재원부족으로 어려움을 겪고 있는 바 많은 수의 우리 동포가 거주하는 지역에서 정치력신장을 위해 노력하는 단체에 대하여는 특별한 지원이 절실하다고 보여집니다.(국회 외통위 전문위원 검토보고)172)

제가 오늘 좀 말씀드리고 싶은 것은 미국내 재외동포단체들이 정치력신장을 위한 노력들을 하고 있는데 이를 좀 지원했으면 하는 것입니다. 잘 아시지만 L.A를 중심으로 미주한인연합이 있고, 뉴욕에 한인유권자센터, 그리고 워싱턴에 시민연맹 등의 단체들이 … 우리 교포들의 권익을 보호하고 또 우리 입장에서 그쪽 지역의 정치인들에게 또는 행정가들에게 우리 입장을 설명하려는 노력을 하고 있습니다. 제작 작년 말에 국회에 여야로 구성된 대표단이 미국을 방문했을 때 뉴욕의 한인유권자센터를 방문하고 이분들과 대화를 나눌 기회가 있었는데 솔직히 굉장히 감동받았습니다. … 과거에 그냥 유력한 정치인들 후원회에 테이블 한 두 개 사서 후원금 내고 밥 먹던 것보다는 훨씬 더 질적으로 발전해 있고 체계적으로 접근하고 있다는 느낌을 받았습니다. … 교포들 중에도 지금 주상하원이나 시의원입니다마는 7명이 현재 정계에서 활동하고 있는 것으로 알고 있습니다. 유태계는 빼더라도 일본과 비교해볼 때 우리도 이러한 문제를 본국정부가 관심 갖고 지원할 필요가 있다고 생각합니다. … 이분들이 만 명 이상의 명부를 모으고 후원회를 하니까 주지사고 상하원의원이고 다 오는 것입니다. 그래서 조금 실태를 파악하셔서, 저는 가급적 내년 예산에서 다만 얼마씩이라도, 몇 만 불이라도 지원을 해서 조사도 하시고 당장 좀 지원할 수 있었으면 좋겠습니다.(임종석 의원 질의)173)

그러나 미국 하원의 위안부결의안 통과를 전후로 한 시점이 되어서야 미국대사관과 현지영사관측은 한인정치력신장에 대한 지원 필요성을 본국정부와 재외동포재단에 요청하였다.

동 센터는 뉴욕·뉴저지 일원에서 한인정치력신장문제를 전문으로 하는 단체. 조직적이고 체계적인 활동으로 현지언론을 통해서도 각광받고 있음: 미국비자 면제프로그램가입을 위해 다수 연방 상·하원의원의 지지 획득(06

년), 2차대전 종군위안부에 대한 일본 사과를 촉구하는 결의안상정·채택 노력(07년). 왕성하고 의욕적인 활동에도 불구하고 현지 기부금모금이 여의치 않아 예산이 항상 부족. 직원들 전부가 자원봉사자로서 일하고 있으므로 보다 많은 예산지원이 필요. 위안부결의안 상정 관련하여 거물 로비스트 고용비는 고사하고 피해자 증언청취를 위한 체재비 확보에도 어려움을 겪고 있음(한국정치인·기업들의 립 서비스)

한편 학계 역시 장태한(US리버사이드대), 백영옥(명지대) 등의 연구나 지적을 제외하면 한인정치력신장에 대한 별다른 성과물을 산출해내지 못하고 있는 실정이다.174)

4. 소수인종의 정치력신장과 미국정치의 변화

2004년 현재 미국시민권자로서 투표권을 갖고 있던 소수인종의 수는 총 3075.2만 명(흑인계: 1603.5만, 히스패닉계: 930.8만, 아시아계: 324.7만)이었다고 한다. 전체 유권자의 21.6%를 차지할 정도로 소수인종들의 정치적 영향력은 확대되고 있으며, 2040년 이후가 되면 인구구성비율마저 백인계를 추월할 기세를 보일 것으로 예상되고 있다(<표 4> 참조).175)

특히 2008년 11월 치러진 대통령선거에서 미국역사상 처음으로 유색인종인 버락 오바마가 존 매케인(공화당)을 누르고 제44대 미국 대통령에 당선된 것은 소수인종의 오랜 정치력신장운동이 가져다준 값진 성과물로 평가할 수 있다.

<표 4> 미국내 인종별 인구비중

인종	1990년	2000년	2002년	2007년	2020년(E)	2050년(E)
백인계	74.8%	69.4%	68.5%	66.3%	61.3%	50.1%
소수인종	25.2%	30.6%	31.5%	33.7%	38.7%	49.9%
-히스패닉계	9.0	12.6	13.3	14.9	17.8	24.4
-흑인계	12.3	12.7	12.8	13.0	13.5	14.6
-아시아계	3.0	3.8	4.0	4.4	5.4	8.0
-기타	0.9	1.5	1.6	1.4	2.0	2.9

출처: US Census Bureau. 삼성경제연구소, 『미국 소수인종의 영향력 확대』 CEO Informatiom 제653호(2008.5.7), 1쪽에서 재인용.

물론 2001년 부시 행정부 출범 이후 다수의 소수인종이 국무부·국방부·상무부장관, 검찰총장 등 비중 있는 행정부 요직에 입각한 바 있다.176) 제110대

연방하원에는 흑인계 40명, 히스패닉계 20명, 아시아계 10명 등 73명(전체 하원의 17%)이, 연방상원에는 히스패닉계 3명, 흑인계 1명, 아시아계 2명177) 등 6명(전체 상원의 6%)이 진출하였고, 주지사직에도 히스패닉계(뉴멕시코주 빌 리처드슨), 흑인계(메사추세츠주 디발 패트릭), 아시아계(루이지애나주 보비 진달) 등이 진출해 있다.178)

특히 2009년 1월 20일에 출범하는 오바마 행정부에서는 소수인종의 중앙무대 진출이 더욱 가속화되고 범위가 넓어질 전망이다.179)

그렇다면 우리 105년 재미한인이민사의 현실은 어떤가? 행정부에는 그레이스 정 베커 법무부 민권담당차관보, 헤럴드 김 백악관 입법보좌관, 빅터 차 국가안보회의 전 동아시아담당 보좌관, 성 김 국무부 한국과장 등이 있을 뿐 연방 하원·상원이나 주지사에 단 한 명도 없다(※신호범 주상원의원, 약간의 주하원의원, 약간의 시의원·시장, 그리고 다수의 한인 출신 의원보좌관 정도).

5. 한인정치력신장의 ABC

발제문을 통해 그동안 재미한인동포사회에서 한인정치력 결집이 어려웠던 이유를 우선 미국이민의 시기·역사 그리고 이민자의 성격 요인에서 찾고 있는 김동석은 난민으로 시작된 베트남계 미국인들보다 훨씬 못한 한인정치력을 신장시키기 위해서는 무엇보다 타 소수인종들이 다인종사회 속에서 그들의 정치력을 어떻게 확보해왔는지에 대한 관심과 그들 못지않은 피나는 노력(투쟁)을 강조한다. 그리고 한인정치력신장운동을 통해 재미한인동포사회가 현지 법·제도적 보호를 뛰어넘어 정치적 보호를 받는 단계(예: 재미유태인과 이스라엘관계)로까지 발전하길 목표로 하고 있다. 또한 재미한인사회가 타 소수인종들의 연대 대상이자 백인 주류사회가 무시할 수 없는 당당한 시민사회로 거듭 태어날 것을 희망하면서 한국정부의 재미동포정책이 본국지향적인 이민 1세대들의 정서와 관심을 현지 정치력신장 쪽으로 돌리도록 유도해줄 것을 당부하고 있다.

미주동포 정치력신장 운동의 성패는 동포사회 참여의식을 고취시키는 일에 달려 있다. 동포사회의 흐름을 주도하고 있는 1세대들의 참여이다. 한국정부의 미주동포정책이 동포들을 국내를 향한 활용과 관리·통제의 대상으로 삼아서는 안 된다. 민족역량을 구축하고 축적해나가는 방향에서 추진되어야 할 것이다.

만약 우리 정부가 재외동포들의 현지정착과 정치력신장을 진정으로 원한다면 어디에 살든 무엇을 하든 그들이 '민족의식'(또는 민족정체성)을 갖고 있다면 같은 동족으로서 적극 포용하는 사회적 분위기가 우선 형성되어야 한다. IMF 때도 그랬지만 최근 금융위기 때도 우리 정부는 해외거주 동포들에게 애국심을 호소하고 있다. 그러나 중요한 것은 재외동포의 애국심 발휘가 아니라 한국정부의 태도변화다. 세월이 흐르고 대(代)를 거듭하더라도 여전히 재외동포의 가슴 속에 자리 잡고 있는 생득적인 민족의식과 애국심을 작동시키는 자연스러우면서도 지속적인 선순환·쌍방향 소통 구조가 먼저 이루어져야 한다.

6. 소수인종으로서 살아남는 법

재미한인사회가 아무리 성공적으로 현지화하고 주류사회에서의 정치적 영향력을 갖게 된다 하더라도 선배 및 다수 이민집단들과의 관계 속에서의 갈등과 경쟁은 불가피할 수밖에 없다고 본다.

동남아 화교들의 경우에도 현지에서 경제력을 키운 만큼 거주국 현실정치에 관여하게 되었다. 그럴 때마다 거주국 정부와 원주민들은 화교의 성장을 견제했고, 자신들의 종족(인종)질서 속으로 편입(동화)시키고자 했다. 결국 화교사회는 한편으로는 거주국 사회의 요구에 부응하거나 현지 정부와 협력하면서 자신들의 안전을 보존해야 했고, 다른 한편으로는 거주국 사회의 경계를 뛰어넘어 중국인으로서 또는 다국적 소지자로서 행동할 수밖에 없었다.180)

미국내 모든 인종·종족집단 중에 선거참여율이 가장 높을 뿐 아니라 뉴욕주나 캘리포니아주 또는 뉴욕시 등 정치적으로 중요한 지역에 집중 거주함으로써 자신들의 숫자에 비해 상대적으로 큰 정치적 영향력을 행사하는 재미유태인들(언론계·영화산업계·대학교수직 장악, 정치활동가의 20% 점유)도 예외가 아니다.181) 이들 역시 한편으로는 철저히 미국인으로서 살아가면서도 다른 한편으로는 유태인으로서의 정체성 유지와 전 세계 유태인사회와의 연대를 통해서만 자신들의 이익과 생존을 지켜나가고 있다.

따라서 우리가 소수민족(또는 소수인종)으로서 화교와 유태인의 생존법을 반드시 배우고 익혀서 실전에 행동으로 옮길 수 있어야 한다.

7. 질문 겸 논의

흔히 미국의 유색인종집단 중에서도 가장 모범적인 소수민족 또는 성공적인 소수민족으로 불리고 있는 재미한인동포사회는 정치력신장에 있어서만큼은 결코 모범적이지도 성공적이지도 않다. 더욱이 재외국민 참정권의 실현 등으로 더욱 모국지향적일 수밖에 없을 이민 1세들은 어떻게 대처하는 것이 옳은 선택일까?

앞으로 미주한인사회의 정치력이 신장되고 우수한 한인 1.5세~2세들이 주류사회로 진출할수록 이들의 현지동화는 급속도로 진행될 것이고, 한국정부가 아무리 이들의 뿌리가 한국임을 강조해도 다인종·다문화사회 속에서 소수민족(소수인종)으로 살아갈 수밖에 없는 차세대들에게는 어떻게 접근하는 것이 현명한 방법일까? 일부에서는 향후 30년 내 한인계 미국대통령의 탄생도 가능하리라 기대하고 있다. 그렇다면 한인정치력신장의 목표와 방향이 특정 한인정치인 배출에 초점을 맞춰야 하는 것인지 아니면 한인사회의 전반적인 정치역량 결집에 초점을 맞춰야 하는 것인지 그 무게중심을 잡아야 한다(cf. 오바마 사례와 비교).

오바마 행정부 출범 이후 한미관계가 또다시 불협화음을 낼 가능성이 있다. 민간외교차원에서 또는 풀뿌리정치차원에서 한인유권자센터 등이 사전 예방에 적극 나서야 하며, 직·간접적인 지원방안을 재외동포재단 등이 찾아내야 한다.

끝으로 지난 2007년 12월, 미국출장길에 만난 차세대 한인변호사들과의 대화를 소개하고자 한다.

> 한인사회 지도자 중에는 2050년경 한인계 미국대통령의 출현이 가능하다고 말하는 사람들이 있다. 그러나 이는 한마디로 난센스다. 엘 고어의 경우, 고등학교 때부터 대통령 만들기에 전력했지만 결과는 낙선이었다. 한인계 대통령은 누구나 원하지만 Korean American만 강조하면 오히려 타민족의 반발을 살 염려가 있다.
>
> 그리고 한국사람들은 투표 자체를 안 하는 편이다. 에디슨시 최준희 시장처럼 한국사람들이 없는 곳에서 자신의 이미지를 만드는 것이 중요하다. 2050년이면 산술적으로 5~7명 정도의 대통령이 나올 수 있다. 현재 민주, 공화 양당 모두 당선가능한 인물군을 선발하고 전략적으로 움직이고 있다. 그런데 한국인들이 어떻게 그 인물군에 들어갈 수 있는가? 또 지금 10대 한

인청소년들에게 미국대통령이 되라고 가르치는 한국부모들이 얼마나 있을까? 물론 미국내 아태지역 관계자들과 대화하다보면 미국대통령이 아시아계라면 그건 아마도 한국인이 될 거라는 말은 나오고 있다. 결국 중요한 것은 미국에서 살아나가는 사고방식의 문제다. 중·고등학교 시절부터 한국역사, 한국어교육을 해야 한다. 자기가 자기를 알고 사는 것이 인생에서 얼마나 도움이 되는지 모른다. 아이리쉬들의 반응과 코리안의 반응은 정말 다르다. 약점, 단점을 알고 살아나가는 것과 그렇지 않은 것과는 전혀 다르다는 것을 알아야 한다.

지난 여름, 재외동포재단 행사에 참석하여 그동안 한국을 잊지 않고 살아온 것이 결코 틀리지 않았음을 확인할 수 있어서 좋았다. 그러나 현재와 같은 한인사회 활동은 별로 도움이 되지 않는다. 개인 이름 알리기나 명예를 위해서는 좋을 수도 있다. 이민1세들은 후세들을 뒷바라지 하는 편이 더 낫지 않을까? 한인사회 내에서 서로 비교 경쟁하는 것은 진정한 경쟁이 아니다. 누군가 지는 경쟁도 경쟁이 아니다. 한국사고방식을 잊어버리고 현지에서 적응하도록 도와야 한다. 후세대들은 훨씬 좋은 방식으로 취합할 수 있다. 한국인도 미국인도 아닌 한-미인으로 새롭게 태어나야 한다. 그러기 위해서라도 한국역사를 제대로 가르쳐야 한다. 그리고 어떻게 하는 것이 한국사회에 기여하는 지를 찾아야 한다. 유학생들의 사고와 현지 출생자들의 사고는 천양지차다. 미국은 한국에 필요한 나라다. 시간이 지나가면서 대등한 관계가 되어야 한다. 서로 배워야 한다. 5년 전만 해도 하인즈 워드 같은 혼혈아에 대해 한국내 분위기가 좋지 않았다. 혼혈아, 입양아도 같은 한국사람으로 받아들여야 한다. 돈은 언제든지 벌 수 있다. 그러나 사람은 한 번 잃어버리면 그걸로 끝이다. 다 된 다음에 찾을 것이 아니라 지금부터 찾아나서야 한다. 샘 윤이나 준 최 같은 사람들을 한국정부가 직접 지원할 수 없다. 한국사회가 뭘 도와줄 수 있는지를 찾아야 한다. 변호사, 의사, 엔지니어 모델보다는 정치인모델을 새롭게 발굴해야 한다.

모국과 재외동포사회의 유대를 지속적으로 유지·강화할 수 있는 길은 거주국에서의 한인정치력신장을 적극 이해하고 모국이 이를 측면에서 지원·협력하는 것뿐임을 강조하는 이 말의 뜻을 곰곰이 되씹어보았으면 한다.

(2008 교포정책포럼, 2008.12)

1) 김봉섭, ≪홀민족네트워크≫ 2006년 4·5월호(재외동포재단, 2006), 8~11쪽.
2) 독립운동사에 있어서 민족교육운동은 민립학교운동-민족사학운동-어문운동으로 그 맥을 이어갔다. 『한국독립운동사사전』 2(독립기념관 한국독립운동사연구소, 1996) '민족교육운동' '민족문화수호운동(민족사학)' '민족문화수호운동(어문·문예)' 항목 참조; 이명화, 「1920년대 만주지방에서의 민족교육운동」, 『한국독립운동사연구』 제2집(독립기념관 한국독립운동사연구소, 1998.11) 참조. "민족교육학교에서 가장 중요시한 과목은 한국내에서는 식민지교육의 실시로 말미암아 이미 폐지되어 버린 역사·지리·국어과목으로, 일제는 이와 관련된 서적들을 '불온서적'으로 몰아 국내에서는 일체 발간과 구독을 금하였다."
3) 황영만, 「재일동포 민족교육을 위한 제언」, 『OK TIMES』 통권 제123호(해외교포문제연구소, 2004. 2), 21~23쪽 참조; 일반적으로 민족교육은 "민족의식을 토대로 민족주의의 관념에 입각하여 민족문화만이 문화의 구체적·전체적인 생명체라고 보는 입장의 교육"을 뜻하나 최근 다인종·다민족국가가 대두되면서 민족교육의 정의도 다양해졌다. 다음 글을 참조. 滕星, 「民族教育概念新析」, 『民族研究』 1998年 第2期, pp.27-29. 王錫宏, 「中國少數民族教育本體理念研究」(北京: 民族出版社, 1998), 38쪽. ①지역인 측면을 고려한 민족지역에서 실시하는 교육, ②언어와 문자의 사용에 있어 민족언어를 사용하여 교육을 진행하거나 민족어문과 거주국어문을 함께 사용하여 진행하는 교육, ③민족이라는 글자가 들어간 학교에서의 교육, ④소수민족지역의 정치·경제·문화를 위해 종사하는 교육, ⑤서로간의 문화를 뛰어넘는 교육, ⑥대상에 있어 소수민족을 대상으로 하여 실시하는 교육, ⑦민족지역과 민족을 결합하여 민족지역의 소수민족을 대상으로 실시하는 교육, ⑧민족·지역·문화를 결합하여 소수민족지역의 소수민족을 대상으로 민족문화를 전승·발전시키기 위한 교육 등. 김정호, 「중국의 소수민족 교육정책에 관한 연구」(서강대 공공정책대학원, 2000), 8~9쪽에서 재인용.
4) 대통령비서실, 『노무현대통령 연설문집』 제1권(2004), 333~334쪽 참조.
5) 재외동포재단, 『2006년도 실행예산서』(2006.1) 참조.
6) 재외동포재단, 「2007년도 교육사업 예산요구」(2006.3) 참조. 재단 교육사업부에서는 2007년도 신규사업으로 한국어순회특강(0.5억원), 일본지역 민족교육유지·확대지원(13.2억원), 차세대 한국어교사양성지원(5억원), SATⅡ 한국어확산활동(3억원), 중국민족학교교사초청연수(0.8억원), 재외동포청년모국봉사활동(2억원) 등을 입안중에 있으나 현재로서는 예산확보가 미지수다.
7) 한명숙, 『재외동포정책 이대로 좋은가: 탈냉전시대 한민족 네트워크, 이제 유라시아로 눈을 넓히자』 (2004), 12~14쪽; 「재외동포정책의 방향과 주제」(2005년 한인회장대회 주제발표문) 참조.
8) 노무현 대통령은 재외동포와의 간담회 석상에서 "성공가능사업에만 국민세금 지원 가능, 한국경제발전 연관분야 우선지원, 한국어·문화·IT 및 모국유학 등 기대, 거주국에서 성공·존경받는 민족" 등을 언급한 바 있다.
9) 「재외동포정책위원회 제5차위원회 자료(안건1) - 제4차 재외동포정책위원회 후속조치 결과보고」 (05.12.14).
10) 「재외동포정책위원회 제3차회의 보고안건-재외동포교육의 내실화 방안(교육부)」(07.12.12) 참조. "가. 한국학교 확충 나. 한국교육원 확충 다. 교재·교육자료 보급의 적시성 및 적량성 확보 라. SATⅡ 한국어채택지원 마. 인터넷을 이용한 한국어교육확충."
11) 재단법 제7조① "재외동포를 대상으로 하는 교육문화 및 홍보사업 가. 우수재외동포학생에 대한 장학사업 나. 재외동포에 대한 모국어·민족문화교육사업… 자. 국외입양인의 모국문화전수사업"; 재단 직제규정 10조②(교육사업부) "가. 동포장학사업 나. 동포교육연수사업 다. 동포모국어 및 민족교육지원사업 라. 동포사이버한국어강좌사업 라. 기타 동포관련 교육사업"; 신규사업영역으로는 다음의 것들이 제시되고 있다. ①재일민단에서 추진중인 어린이잼버리, 임해·임간학교, 강좌제 민족대학사업이나 민족학교·일본학교 출신자의 유자격교사 양성지원 및 IT기술을 최대한 활용한 동

포사회교육센터 설립, 민단·총련 합동의 '민족교육을 위한 공동위원회' 구성 제안, ②중국 조선족 사회가 직면하고 있는 농촌교육의 위축, 조선족학교의 한어(漢語)교육 부진, 조선족학생의 한족학교 선호현상에 대한 대책마련, ③농업 및 경영기술교육강화와 도시 산거지역의 조선족청소년대상 주말학교 제안, ④미주지역에서의 전통문화와 사상을 가르칠 교육기관, 충실한 교재, 유자격교사의 확보 지원요구, ⑤연해주지역의 모국어·한글·문화·역사 교육, 사회교육기관 설치, 프로그램공동개발·연수, 모국수학기회 확대, 교재·자료의 정기적 교류, 교재출판보조와 통신교육망, 민관 합동의 '고려인문화지원단' 설치운영 요구, ⑥남·북한과 일본 사이를 넘나들며 유동적인 민족정체성을 유지하고 있는 '조선적' 재일조선인 3세에 대한 대책. 신해숙, 「재일동포사회의 현황과 본국정부에 대한 요망」, 『OK TIMES』 통권 제128호(해외교포문제연구소, 2004.7) 27쪽; 황영만, 앞의 글(2004.2), 25~27쪽; 박금해, 「중국조선족 교육, 그 방향은: 조선족교육의 민족성을 중심으로」, 『OK TIMES』 통권 제127호(해외교포문제연구소, 2004.6), 41쪽; 정신철, 「교육이 바뀌어야 중국 조선족이 산다」, 『OK TIMES』 통권 제117호(해외교포문제연구소, 2003.8), 42쪽; 신필영, 「해외동포의 민족자산화와 육성활용방안-재미동포사회를 중심으로」, 『교포정책자료』 제65집(해외교포문제연구소, 2003. 12), 29쪽; 최영표, 「러시아 연해주 고려인 민족교육의 실태와 지원방향」, 『OK TIMES』 통권 제109호(해외교포문제연구소, 2002.12), 51~53쪽; 권준희, 「재일조선인 3세의 '민족'정체성에 관한 연구: 조선학교 출신 '조선적'을 중심으로」(연세대 대학원 석사논문, 2002) 참조.
12) 대한민국정부, 「제2차 국가인적자원개발기본계획-인재강국 코리아(Creative Korea)」참조.
13) 《시민의 신문》 2005년 11월 1일자. 「청와대 인재DB 해외동포 포함-정부 고위직 선출 풀 작업. 유럽과 미국 조사계획」(http://www.ngotimes.net/news_read.aspx?ano=31463)(검색 06.4.24.)
14) 국제교육진흥원, 「2006년도 사업계획」(2006.2.1), 6~13쪽 참조. ①재외동포정책위원회에서 수립하고 범부처적으로 추진계획중인 'CIS지역 동포교육지원'사업의 차질 없는 수행, ②다양한 재외동포교육 수요에 부응하는 효과적인 교육 프로그램 개발·운영, ③교육프로그램에 대한 지속적인 평가를 통하여 교육의 질 제고, ④유관기관으로부터의 위탁사업에 대한 적극적 유치·운영: 문화관광부(한국문화예술위원회), 외교통상부(재외동포재단) 등을 추진할 계획이며, 2006년도에는 신규·역점사업으로 ①'CIS지역 동포교육지원' 중점 추진: 러시아어판 한국어교재개발(신규), 개발도상국 청소년 초청교육사업(신규), 전문가파견 현지교원연수 강화, 한국어교육관계자 초청연수(신규) 등과 ②'2006 재외동포학생 모국방문' 실시(신규): 광복 60주년 기념사업의 일환으로 전 세계 재외동포 학생을 대상으로 한민족 정체성 확립을 위한 초청행사 개최 등을 실시할 계획.
15) Bridging To The Future(http://www.bridgingtothefuture.org) 참조; 한편 세계은행(IBRD)의 5단계 프로젝트 사이클에 따르면 모든 개발사업은 ①사업발굴(Identification) → ②사업준비(Preparation) → ③사업성 심사(Appraisal) → ④사업실시(Implementation & Supervision) → ⑤사업사후평가(Post Evaluation) 순으로 진행되고 있다.
16) 중국출장 2007년 1월 27~30일.
17) 조선족기업중 대표적인 기업(기업가)에는 심천화로원(和路元)전자그룹(남화섭 총재), 상해동진(東進)물류그룹(김원준 회장), 북경세박위업(世博偉業)투자지주유한공사(김석순 총재) 등이 있음.
18) 2004년 말 현재 약 1,000여 중소기업체가 심양지역에 진출(예: 高新기술산업개발구에 40개(LG전자, 우성전자, 삼보 등), 張士경제기술개발구에 120여 개 등이 진출).
19) 《人民日報》 2006年 8月 30日字, "유동인구문제, 중국인구정책에 대한 도전."
20) 생산력 제고와 경제의 신속발전에 따라 대량의 농촌노동력이 토지에서 해방되어 공공서비스가 보장되는 도시와 선진지역으로 이동중에 있다고 함. 농촌청년들의 급격한 유실현상은 향후 20년 정도 지속될 것이며, 그로 인해 노인부양, 자녀교육 등의 사회문제가 발생하고 있음(중국국가인구와계획생육위원회 조우바임허 부주임).
21) 김봉섭, 《중국동포타운신문》 2007년 11월 16일자.
22) 재일민단 고지(高知)현 간부워크숍에서 발제(2007년 12월, 서울 롯데월드호텔 비즈니스센터).

23) 1974년 12월 파리에서 개최된 EC 수뇌회의 이후부터 가맹국 국민의 지방참정권 부여문제를 논의, 1991년 12월 네덜란드 마스트리히트에서 개최된 EC 수뇌회의에서 유럽시민권의 제도적 확립에 합의, 1992년 7월 마스트리히트에서 EU연합조약이 조인. 1992년 2월 21일 독일은 기본법 개정을 통해 "EU 가맹국의 국적을 가진 자는 EU법에 따라 게마인데 및 크라이스 단계에 있어서 선거권 및 피선거권을 가진다"(기본법 제28조 제2항 제2문)고 규정. 1994년 말 현재 스웨덴, 덴마크, 노르웨이, 아일랜드, 스위스, 스페인, 뉴질랜드, 호주, 캐나다 등이 외국인에게 지방선거권을 인정.
24) 徐龍達編, 『定住外國人の地方參政權』(日本評論社, 1992), 5~6쪽. 서용달에 따르면 정주외국인은 "일본사회에 생활의 기초가 있어 사회적 생활관계가 일본인과 실질적으로 차이가 없으며 일본국적을 갖지 않은 사람(=외국인)"을 말한다. 大沼保昭, 「外國人の人權論再編成の試み」, 法學協會編, 『法學協會百周年記念論集 第2券』(有扉閣, 1983), 384~385쪽. 대소에 따르면 정주외국인은 "일본사회에 생활의 본거를 가지고 그 생활실태에 있어서 자기의 국적국도 포함하는 다른 어떠한 국가에게나 더구나 일본과 깊이 결부되어 있으며, 그 점에서는 일본국민과 동등한 입장에 있지만 일본국적을 갖지 않은 자"를 말한다.
25) 1980년대 지문거부운동을 통해 같은 지역에 살며 일본인과 똑같이 세금을 납부하고 주민으로서의 의무를 다하고 있는 외국인을 지방자치체는 '주민'으로서 대우할 것을 요구하기 시작. 1990년대 지방참정권운동의 준비기.
26) 1970년 박종석의 히타치(日立)제작소 취직차별철폐투쟁(1974년 승소), 1976년 김경득의 사법연수원 국적조항 철폐투쟁(1977년 채용), 1980년 한종석・최창화 등의 외국인등록법상의 지문날인 거부(1992년 영주권자 철폐, 1999년 전외국인 철폐), 이후 지방공무원과 공립학교 채용시 국적조항 철폐투쟁(1982년 국공립대학의 교수임용법안 성립, 1991년 국공립소중학교 교원채용시험의 국적조항 철폐), 일본학교내 재일한인의 교육권 투쟁 전개, 1990년대 이후 이주노동자와 이주자의 인권과 함께 전후보상재판 전개.
27) 桶口直人, 「지방시민권-국민국가를 어떻게 초월할 것인가」, 『일한공생사회의 전망』(2006, 新幹社) 참조. '정주외국인의 지방참정권을 실현하는 일・한・재일네트워크' 동경 심포지엄(04.11)시 발표.
28) ≪朝日新聞≫ 2004年 8月 13日字.
29) 2006년 말 현재 일본내 정주외국인은 약 83만 명. cf. 2004년 말 현재 재일동포를 포함한 특별영주자 47만 명, 영주자 31만 명, 정주자 25만 명, 일본인의 배우자 등 26만 명, 영주자의 배우자 등 1만 명 일본에 생활근거지를 둔 정주외국인은 약 130만 명 이상으로 추산.
30) 정인섭 엮음, 『작은 거인에 대한 추억: 재일변호사 김경득 추모집』(경인문화사, 2007), 144~147쪽.
31) 田中宏, 「일본에서의 외국인지방참정권 - 그 역사와 현재」, 『일한공생사회의 전망』(2006, 新幹社) 참조; 서용달은 오사카청년회의소 5주년 기념강연에서 '지방자치체에의 참정권 획득'을 주장(76.7)했으며, ≪朝日新聞≫ 1977年 2月 19日字(문화면)에 '國際感傷과 血統主義 - 길을 막고 있는 定住外國人'이라는 기고문 게재.
32) 문성환(민단 중앙본부 민생국장), 「1차적으로 지방참정권을 요망한다(83.6)」, 『교포정책자료』 제22집(해외교포문제연구소, 1984.9), 167~168쪽.
33) 오사카 거주 재일동포 2세 김정규 외 8명이 오사카 시내에 있는 복수의 구선거관리위원회를 상대로 선거인명부 등록(선거권부여)을 요구하는 소송 제기. 이에 대해 일본최고재판소는 "일본국에 재류하는 외국인 중에서 영주자 등 그 거주하는 구역의 지방공공단체와 특별히 긴밀한 관계를 가지고 있다고 인정되는 자에 대해 일상생활에 밀접한 관련을 가지고 있는 지방공공단체의 장, 의회의 의원 등에 대한 선거권을 부여하는 조치를 취하는 것은 헌법상 금지되어 있는 것은 아니다."고 판시(95.2.28).
34) 徐龍達編, 앞의 책(1992), 234쪽.

35) 김창선, 「재일동포의 지방참정권 요구에 대한 검토: 동화를 조장할 위험성이 크다」, 『교포정책자료』 53집(해외교포문제연구소, 1996.6), 12~13쪽, 18쪽.
36) 재일한국인 김중근의 요망서를 검토한 오사카부 기시와다(岸和田)시의회는 전국 지방의회에서는 처음으로 재일정주외국인의 지방참정권을 승인토록 요구하는 결의문을 본회의에서 만장일치로 가결(93.9.9). 곧 이어 시가현 八日시의회도 결의문 채택(93.10.1). 재일한국부인회에서도 1994년부터 민단과 일체가 되어 지방참정권획득운동을 전개중에 있다.
37) 1998년 이후 논의를 보류하고 있었으나 이상득 국회부의장 방일(08.1.18)시 오자와 민주당대표는 개인적으로 찬성입장을 표명하고 빠른 시일내에 처리하겠다는 의지를 표명하였다. 민주당내에는 오카다 카츠야(岡田克也, 중의원6선, 민주당 부대표)가 회장인 '재일한국인을 비롯한 영주외국인주민의 법적지위향상을 추진하는 의원연맹'(중의원 29명, 참의원 36명 등 65명 회원)이 결성(08.1.30)된 반면 반대파를 주축으로 한 '영주외국인의 지방참정권을 신중히 생각하는 공부회' 모임도 결성(08.1.30).
38) 공명당은 1998년 이후 2006년 9월까지 모두 6차례에 걸쳐 '20세 이상의 영주외국인에게 참정권을 부여'하자는 내용의 법안을 지속적으로 제출하고 있다.
39) 민주당·공명당(평화개혁당)의 '영주외국인 지방선거권 부여법안'(98.10.6, 전문 16조와 부칙: 정주외국인의 선거권만 인정), 공산당의 '영주외국인지방선거권·피선거권 부여법안'(98.12.8, 전문 31조와 부칙: 정주외국인의 선거권과 피선거권 함께 부여) 제출, 공명당의 '조선적을 제외한 영주외국인 지방선거권 부여법안'(00.1), 공명당의 상호주의에 의한 법안(05.10) 제출. 한편 반대하는 법안으로는 자민당안으로 '특별영주자 등의 국적취득 특례법안' 요강안(01.4) 있음.
40) 여당인 자민당은 아직까지는 부정적인 입장이 지배적이다. 한국과의 상호주의 허용주장에 대해서도 "한국에 영주하는 주한일본인은 두 자리 수이며, 일본에 영주하는 재일한국인은 50만 명 이상이다. 이를 근거로 상호주의를 말할 수는 없다"는 입장이다. 또한 자민당내 '보수정책연구회' 소속 의원들은 일본 귀화요건을 완화해주는 '국적법 개정'으로 지방참정권 요구에 대응하고 있다.
41) "참정권은 국민 고유의 권리다"(《産經新聞》 2000年 9月 18日字), "일본을 원망하고 있는 영주외국인에게 일본의 참정권을 부여하는 것은 일본을 분열시키는 계기가 된다"(《産經新聞》, 2000年 9月 22日字).
42) '일본과 한국 - 정주외국인의 지방참정권·2004' 팜플렛 공동제작, 동경심포지엄(04.11.7, 재일한국YMCA), 서울심포지엄(04.11. 24), 다국적·다민족시민의 원내집회(05.4.5, 참의원 의원회관), 한·일 양국정부에 요청서 제출(04.6.14), 아사히신문 기고(04.8.13).
43) 수도권지역 선출직 국회의원을 대상으로 진정활동을 전개하기 위해 민단내 지방참정권추진위원회 소속의 '지방참정권조기실현 프로젝트팀' 발족(08.3.27), 영주외국인의 지방참정권 부여를 요구하는 긴급 시민집회(08.4.16) 개최, 제63주년 광복절 및 건국60주년 축하 중앙기념식전에서 '지방참정권 획득과 한일공생시대 개척'을 내용으로 하는 결의문 채택(08.8.15).
44) 민단 대표단의 청와대 예방시 민단 요망사항을 전달(08.7.2). 그 내용은 ①재일한국인의 일본 지방참정권 조기 실현을 위한 협력 ②재일영주외국인의 일본 재입국제도 적용 면제를 위한 협력 ③일반영주자 등 정주 동포의 일본 입국심사제도 적용 면제를 위한 협력 ④재일동포 경제활성화를 추진하는 한신협 조합의 지속발전을 위한 우선 출자 ⑤민족학교를 비롯한 재일동포의 민족교육에 대한 지원 ⑥민단 재정이 자립화 될 때까지 정부보조금의 지속 및 증액 ⑦재일한인역사자료관의 법인화를 위한 운영 지원 ⑧정부 포장시 민단 추천자에 대한 각별한 배려.
45) 김철수는 "참정권은 국가내적 실정권으로서 국민의 권리이므로 원칙적으로 외국인에게 인정되지 않는다. 다만 정주외국인에 대해서는 지방자치단체의 선거권을 인정하자는 경향은 있다"는 입장(『헌법학개론』, 박영사, 2001, 279쪽); 권영성은 "정치적 기본권은 국민주권의 원리에 따라 국민의 권리이기 때문에 외국인에게 인정되지 않는다"는 입장(『헌법학개론』, 법문사, 2001, 301쪽); 허영은 "외국이라 하더라도 하나의 생활공동체 내에서 그들의 동화를 촉진시킬 수 있고, 또 자국민의 동

화적 통합을 해치지 않는 범위 내에서 기본권 주체성을 인정할 수 있지만 외국인에게 참정권을 인정하는 것은 우리 사회가 추구하는 동화적 통합의 방향에 그릇된 영향을 미칠 가능성이 있기 때문에 허용될 수 없다"는 입장(『한국헌법론』, 박영사, 2001, 234쪽).
46) 1988년 한일간 재일동포 법적지위협의 관련 실무자 회의에서 지방참정권 부여를 요청한 바 있음.
47) 정부는 국내에서 경제활동을 하면서 세금을 내는 외국인에게만 지방선거 참여를 허용하기로 내부 방침 정함.
48) ≪한겨레신문≫ 2000년 10월 19일자(사설: 지방참정권 촉구서한의 의미).
49) ≪조선일보≫ 2002년 2월 28일자.
50) 그러나 재한화교들은 2000년 이후 한국정부의 국내거주 외국인의 지방참정권 부여 움직임과 달리 영주권 입법청원 활동을 벌였다. 참정권보다 영주권 획득이 더 시급했기 때문이었다.
51) 2005년 8월 4일 개정된 공직선거법 제2장 15조 2항은 영주권 취득 후 3년이 경과한 19세 이상의 외국인에게 "지방자치단체의 의회의원 및 장의 선거권이 있다"(피선거권 제외)고 명시. 영주권 취득 요건(출입국관리법 시행령)이 엄격하여 2006년 5.31지방선거에서 투표에 임한 외국인 영주권자는 6,579명에 불과했으며 이들 중 99%는 화교들이었고 외국인 이주노동자는 11명에 불과.
52) 이기완, 「전후 일본과 영주외국인 지방참정권」, 『민족연구』 제7호(민족연구원) 참조. 2000년 1월 현재 영주외국인에게 참정권 부여하는 나라들 상황.
53) 삼일문화재단(이사장 문인구) 제50회 삼일문화상 '특별상' 심사위원으로 재일민단 공적을 조사.
54) 1945.8.15 당시 일반정주자 100만, 노동자 60만, 군인·군속 36만. 1946년 3월 현재 정부루트 100만, 개인루트 40만 등 140만~200만 본국귀환. 1946년 12월 현재 정부루트 10만 본국귀환. 1947년 현재 50만명 일본잔류(1959년 이후 이들 중 9.4만 북송).
55) 정몽주, 「재일동포사회의 어제와 오늘 그리고 금후의 과제」(2008 교포정책포럼, 08.12.17) 참조.
56) 신년회(1월 10일경), 삼일절(3월 1일), 현충일(6월 6일), 광복절(8월 15일).
57) ≪한국일보≫ 2000년 12월 29일자(42면).
58) ≪民團新聞≫ 第3號(1947.3.20) "第二八回三一獨立記念式典, 日比谷を震はす五千同胞の叫び. 革命運動精神を永久に發揮せん"; 독립선언문 낭독(박열 단장)/연합국에 보내는 독립청원결의문·GHQ에 보내는 결의문 채택); ≪조선일보≫ 1947년 3월 4일자(조간 2면).
59) 사회: 김정주·박준. 개회선언/고국요배/애국가합창/개회사/의장선거(홍현기)/서기선출/의장인사/삼일독립선언문 낭독(의장)/삼일독립운동 고찰(박열)/독립만세 삼창(박근세)/독립청원서 채택(극동위원회, 미국대통령, 소련 스탈린수상, 맥아더사령관, 주조선미군사령관, 주조선소련군사령관, 대일이사회 5대표단장)/메세지 발표/특별강연(함용준)/강연(이해룡, 원심창, 이강훈)/각 대표소감/광고/폐회사(의장)/독립행진곡/만세삼창/폐회선언.
60) ≪文敎新聞≫ 1948年 3月 1日字(3面).
61) ≪조선일보≫ 1948년 3월 3일자(조간 2면).
62) ≪解放新聞≫ 1949年 3月 12日字. "鄭代表團長參席の下 盛大に擧行さる. 三一革命三十週年記念式典, 日比谷公會堂に於して" 정한경 주일대표단장 참석, 일본 각 정당대표 축사, 각계 대표 축사, 조국뉴스 방영.
63) ≪조선일보≫ 1950년 3월 11일자(조간 2면).
64) <1부> 개회/국민의례/개회사(민단단장 김재화)/독립선언서 낭독(원심창)/대통령 고사(대독: 주일대표부공사 김용주)/기념사(고손흠, 학동대표위원 김병용, 부인회 대표 오기문)/내빈축사/결의문 채택(이대통령에게 보내는 메시지, 국회에 보내는 메시지, 국련에 보내는 메시지, 맥아더원수에게 보내는 메시지)/개회사(한청단장 조영주) <2부> 독창(조대훈)/무용/철의 거인 김호신 실연/만세삼창/폐회
65) ≪조선일보≫ 1952년 3월 2일자(조간 1면).
66) ≪民主新聞≫ 1954年 3月 1日字(1面) "慶祝第35回三一節. 三一精神は我等の魂. 團結を强固に生存

權を守ろう"; ≪조선일보≫ 1954년 3월 4일자(조간 2면).
67) ≪戰友≫ 第17號(1954.3.11).
68) ≪總親和≫ 1955年 3月 15日字(1面) 조국평화통일독립촉진제36주년 3·1절 기념 중앙대회.
69) ≪韓僑廣島≫ 1955年 3月 1日字(創刊號·三一特輯號).
70) ≪民團≫ 第1號(1956.3.1) <삼일운동기념대회 식순> 개회/국민의례/회장착석/개회사/민족해방과 조국독립을 위해 희생된 선열에 대한 묵념/독립선언 낭독/기념사/축사/결의문 채택/폐회사/만세삼창/폐회 <대회 슬로건> 삼일운동희생열사에 대한 조의를 표하자. 조국동란에 희생된 국군장병과 동포영령에 삼가 조의를 표하자. 우리는 삼일정신을 모토로 하여 조국통일을 결사 분투하자. 재일60만 교포는 삼일정신을 이어받은 민단조직 아래 결집하자. 한국학원을 증설하여 민족교육기관을 조성하라. 한일회담 즉시재개를 일본국민들에게 촉진하라. 일본정부는 불법 구속감금한 오무라수용소의 동포를 즉시 석방하라. 재일60만 동포의 생활관을 지키자. 대한민국 통일 없는 세계평화는 없다. 대한민국만세!
71) ≪民主新聞≫ 1957年 2月 15日字(3面) <대회 슬로건> 전60만 동포는 숭고한 삼일정신을 되살려 민족과업인 통일과업을 완수하자. 대한민국 자유독립을 위해 싸우다가 희생된 선열의 영령에 애도를 표하자. 삼일정신을 계승하여 조국방위의 수호신이 된 국군장병과 희생동포의 영령에 애도를 표하자. 재일60만 동포는 삼일정신을 계승하고 태극기 아래 결집하자. 문호개방운동을 적극 추진하고 조총련산하에 신음하는 선량한 동포를 민단조직 아래에서 대한민국의 국가적 보호를 받을 수 있는 기회를 부여하라. 재일동포의 국가적 보호를 보장하는 한일회담촉진을 적극 경주하라. 일본정부는 재일동포 중소기업자에 대한 융자차별을 철회하고 실업자에게 직장을 줘라. 재일동포자녀에게 민족정신에 입각한 교육을 실시하기 위해 한국학원의 확장과 신설에 전력을 경주하라. 재일본대한민국거류민단 만세! 대한민국 만세!
72) ≪조선일보≫ 1959년 3월 2일자(석간 1면); 1959.3.4(석간 1면).
73) ≪조선일보≫ 1960년 3월 2일자(석간 1면).
74) ≪동아일보≫ 1961년 3월 2일자(석간 1면); ≪경향신문≫ 1961년 3월 2일자(석간 1면).
75) ≪韓國新聞≫ 1962年 3月 3日字(1面) "民族祭典3·1節記念大會. 三千余名が參加. 先烈をしのび總蹶起"; ≪동아일보≫ 1962년 3월 3일자(3면).
76) ≪韓國新聞≫ 1963年 2月 14日字(3面); ≪韓國新聞≫ 1963年 2月 28日字(1面).
77) ≪경향신문≫ 1965년 3월 1일자(7면).
78) ≪동아일보≫ 1966년 3월 2일자(1면); ≪한국일보≫ 1966년 3월 2일자(3면); ≪조선일보≫ 1966년 2월 26일자(조간 3면).
79) ≪조선일보≫ 1967년 3월 2일자(조간 7면) "삼일절 기념식 동경서도, 3천여 교포 참석."
80) ≪동아일보≫ 1968년 3월 2일자(7면); ≪한국일보≫ 1968년 3월 2일자(3면); ≪조선일보≫ 1968년 3월 2일자(조간 3면).
81) ≪경향신문≫ 1968년 2월 29일자(3면); ≪동아일보≫ 1968년 3월 2일자(7면).
82) ≪동아일보≫ 1969년 3월 1일자(7면).
83) ≪韓國新聞≫ 1970年 3月 7日字(1面) "先烈의 遺志繼ぎ團結, 愛族, 愛國을! 第51回 3·1節 各地で記念行事. 中央民衆大會 盛況, 東京 日比谷"; ≪韓僑通信≫ 1970年 3月 5日字(1面); ≪동아일보≫ 1970년 3월 2일자(1면).
84) ≪韓國新聞≫ 1971年 3月 13日字(5面) "日比谷公會堂に同胞3000人. 第52回三一節盛大な記念祝典おわる. 同胞の權益擁護强調."; ≪동아일보≫ 1971년 3월 1일자(7면).
85) ≪동아일보≫ 1971년 11월 1일자(7면).
86) ≪韓國新聞≫ 1972年 2月 26日字(1面); ≪韓國新聞≫ 1972年 3月 11日字(2面).
87) ≪韓國新聞≫ 1973年 2月 14日字(1面) "3·1精神ひきつぎ維新課業なしとげよう. 全國各地で記念式典. 東京は日本青年館で關東地協 主催"; ≪韓國新聞≫ 1973年 3月 3日字(1面); ≪韓國新聞≫

1973年 3月 10日字(3面); 《조선일보》 1973년 3월 2일자(조간 7면) "3·1절 동경서도 기념식, 민단-조총련계 합동."

88) 《韓國新聞》 1974年 2月 23日字(1面) "3·1精神で北傀の軍事挑發を粉碎しよう. 各地方で盛大に 記念式典. 朴烈義士追悼式も兼ね, 東京は日本青年館で. 本國式典にも在日同胞六百余人が參加"; 《韓國新聞》 1974年 3月 9日字(1面) "55回三一節民衆大會盛ん, 東京三千人, 大阪二千人參加"; 《東京韓國新聞》 1974年 2月 15日字(1面).

89) 《韓國新聞》 1975年 3月 8日字(1面) "世民團運動こそ至上課題. 東京は5千人, 大阪は3千人. 56回 三一節民衆蹶起大會"; 《東京韓國新聞》 1975年 3月 1日字(1面) <대회슬로건> 3·1정신 계승하여 유신사업 완수하자. 새마을정신을 되살려 새 민단운동을 강력히 전개하자. 일본정부는 한일협정 기본정신을 준수하라. 우리들은 재일동포 지위향상과 복지사업을 적극적으로 추진하자. 북괴는 남침야욕을 버리고 남북대화에 성의를 표하라. 김일성 주구 조총련을 철저히 분쇄하자. 대만민국 만세! 재일대한민국거류민단 만세!

90) 《韓國新聞》 1975年 3月 1日字(1面) 1. 자기의 주장을 명확히. 2. 일본에 대한 자기자세. 3.우리의 최대급무는 자기충실. 4. 동양의 영구평화에 부심 5. 희망과 자신을 표현. 6. 주장과 태도는 공명정대하게, 행동은 질서존중.

91) 《한국일보》 1982년 3월 2일자(11면).
92) 《중앙일보》 1982년 2월 8일자(11면).
93) 《동아일보》 1985년 3월 1일자(11면).
94) 《조선일보》 1992년 3월 5일자(30면).
95) 《民團新聞》 2003年 3月 5日字.
96) 《한겨레신문》 2005년 11월 24일자(21면).
97) 《旬刊 戰友》 第6號(1952.9.30); 《旬刊 戰友》 第7號(1952.10.30).
98) 《民主新聞》 1954年 9月 11日字(1面).
99) 《동아일보》 1962년 6월 7일자(석간 3면).
100) 《동아일보》 1963년 11월 21일자(7면); 《조선일보》 1963년 11월 22일자(조간 7면).
101) 《한국일보》 1966년 7월 21일자(3면).
102) 《韓國新聞》 1969年 10月 15日字(3面); 《韓僑通信》 1969年 9月 5日字(1面) "忘るな日帝の暴虐, 關東大震災の犧牲同胞, 東本で慰靈祭執行."
103) 《韓國新聞》 1969年 12月 5日字(3面) "原爆犧牲者の慰靈碑 建設委員會を結成"; 《韓國新聞》 1970年 4月 25日字(3面) "英靈よ安らかに眠れ. 廣島. 韓國人原爆犧牲者慰靈碑 除幕式. 孤魂に安息の場を. 二十年來の宿願みのる."; 《중앙일보》 1970年 4月 11일자(7면).
104) 《韓國新聞》 1974年 8月 10日字(3面) "廣島. 第5回 韓國人被爆者慰靈祭. みたま安かれ, 折鶴ささげ追悼しめやか."
105) 《경향신문》 1970년 10월 5일자(7면).
106) 《韓國新聞》 1971年 9月 4日字(3面) "震災慰靈碑を除幕, 民團神奈川本部が建立"; 《동아일보》 1971년 9월 2일자(7면).
107) 《韓國新聞》 1973年 8月 25日字(3面) "關東大震災五十周年. 9月 1日, 駐日公報館で"; 《韓國新聞》 1973年 9月 1日字(3面) "この命虛しく七千人. 關東大震災50周年 追悼."
108) 《서울신문》 1971년 12월 18일자(2면).
109) 《韓國新聞》 1972年 5月 20日字(2面); 《韓國新聞》 1972年 6月 10日字(2面).
110) 《韓國新聞》 1973年 6月 16日字(1面) "護國の英靈安かれ. 在日學徒義勇軍慰靈碑, 顯忠日 國立墓地で除幕."
111) 《韓國新聞》 1973年 11月 17日字(3面).
112) 《경향신문》 1975년 8월 6일자(7면).

113) ≪동아일보≫ 1979년 10월 2일자(7면).
114) ≪조선일보≫ 1980년 10월 3일자(조간 6면).
115) ≪조선일보≫ 1981년 10월 2일자(조간 6면).
116) ≪동아일보≫ 1999년 8월 6일자(1면).
117) 일본 국내에 존재하는 재일동포이 유형·무형문화, 역사유산을 조사 발간하여 그 가치를 높이며 동포사회는 물론 일본사회와 본국사회에 재일동포의 존재·역사·문화를 널리 알리며 차세대에 전승하도록 함. 제1차(48개 지방본부 × 2개 유산 = 96개소) 보고서 발간(2010년 2월). 제2차 (300개 지부 × 1개 유산 = 300개소) 보고서 발간(2011년 2월).
118) 姜徹 編著, 『在日韓國朝鮮人史總合年表-在日同胞120年史』(雄山閣, 2002), 250쪽.
119) ≪조선일보≫ 1957년 8월 15일자(석간 3면).
120) ≪조선일보≫ 1957년 8월 29일자(조간 2면).
121) ≪조선일보≫ 1957년 10월 12일자(조간 2면).
122) ≪조선일보≫ 1957년 10월 22일자(조간 2면).
123) ≪경향신문≫ 1962년 5월 24일자(2면).
124) ≪조선일보≫ 1962년 8월 16일자(조간 1면).
125) ≪조선일보≫ 1962년 12월 22일자(조간 7면).
126) ≪조선일보≫ 1963년 1월 1일자(조간 7면); ≪조선일보≫ 1963년 3월 3일자(조간 8면).
127) ≪조선일보≫ 1963년 11월 26일자(조간 8면).
128) ≪동아일보≫ 1965년 3월 25일자(7면).
129) ≪중앙일보≫ 1965년 11월 1일자(1면).
130) 1966~1976년은 20일간 교육. 1977년부터는 춘계는 대학생, 하계는 고등학생·대학생 위주로 진행. 1990년부터 기간은 10일간으로 단축. 하계는 중학생 포함.
131) ≪한국일보≫ 1967년 2월 22일자(3면).
132) ≪동아일보≫ 1967년 5월 21일자(2면).
133) ≪한국일보≫ 1968년 3월 3일자(1면).
134) ≪동아일보≫ 1968년 8월 5일자(1면).
135) ≪韓國新聞≫ 1970年 7月 18日字(3面).
136) ≪韓國新聞≫ 1971年 9月 25日字(3面).
137) ≪韓國新聞≫ 1972年 4月 15日字(2面) 62년부터 71년까지 665명 재일동포가 서울대 해외국민 교육연구소에서 민족교육 받았음.
138) ≪韓國新聞≫ 1973年 4月 14日字(1面).
139) ≪조선일보≫ 1977년 8월 16일자(조간 7면).
140) ≪서울신문≫ 1978년 1월 28일자(7면).
141) ≪세계일보≫ 1991년 3월 1일자(19면).
142) ≪동아일보≫ 1961년 10월 28일자(석간 1면), 1961년 10월 29일자(석간 3면).
143) ≪경향신문≫ 1962년 12월 12일자(3면); 1962년 12월 13일자(6면).
144) ≪동아일보≫ 1966년 8월 19일자(3면).
145) ≪韓國新聞≫ 1969년 9月 25日字(3面) "万博後援會活動開始, 1億5千万円の募金運動 決定."
146) ≪경향신문≫ 1969년 5월 20일자(3면).
147) ≪韓國新聞≫ 1969年 10月 25日字(4面) "水害同胞に愛の手."
148) ≪韓國新聞≫ 1972年 5月 20日字(2面).
149) ≪韓國新聞≫ 1973年 12月 1日字(1面).
150) ≪조선일보≫ 1997년 12월 6일자(31면).

151) ≪조선일보≫ 1998년 11월 18일자(29면).
152) ≪한국일보≫ 2001년 3월 2일자(2면).
153) ≪韓國新聞≫ 1970年 6月 6日字(3面) "地域社會の友好增進に期待."
154) ≪韓國新聞≫ 1973年 6月 16日字(2面).
155) ≪韓國新聞≫ 1973年 11月 3日字(3面).
156) ≪韓國新聞≫ 1974年 6月 1日字(1面).
157) 해외교포문제연구소 주최「2008 교포정책포럼」(2008.12.17) 토론문.
158) <연혁> 1996.3, 뉴욕 한인유권자센터 창립(플러싱) 및 토요어린이문화학교 개교(※유권자등록수 861명으로 시작). 2000.6, 뉴저지한인유권자센터(포트리에) 설립. 2002.7, 청소년(1.5세~2세) 자원봉사활동 시작. 2002.9 라디오서울과 공동 100일 선거캠페인(유권자등록, 부재자투표, 투표참여 독려 등). 2003.12, 한인유권자 신규등록 1만명 달성. 2006.4, 일본군위안부 결의안(민주당 에번스의원 주도) 연방의회 제출(※하원 국제관계위 통과, 일본측 로비스트 고용으로 본회의 상정 불발·자동폐기). 2006.4, 개정 이민법안 반대시위 참가. 2006.5, 미국 입국시 무비자운동을 위한 추진위원회 조직(범동포서명캠페인). 2007.2, 하원 외교위 아태환경소위 주관의 종군위안부 청문회 개최 적극지지(※마이클 혼다의원과 팔리모베가 위원장에게 4천여뉴욕동포의 결의안지지 서명 전달). 2007.4, '위안부의 진실'(THE TRUTH ABOUT "COMPORT WOMEN") 광고게재 (※아베 일본총리 방미에 맞춰 워싱턴 포스트 6면 게재).
159) 박계영,「코리아타운은 미국이 불태웠다: L.A 폭동」,『월간중앙』197(중앙일보사, 1992.6), 510~519쪽; 김상기,「지금은 검은 형제들의 손 잡아줄 때: L.A폭동」,『월간중앙』197(중앙일보사, 1992.6), 502~509쪽; 손영호,「L.A폭동으로 본 흑백, 한흑갈등의 실상과 문제점」,『민족지성』76(민족지성사, 1992.6), 70~77쪽; 이장희,「L.A폭동 속의 한인상황실: L.A라디오코리아 사장 이장희」,『월간조선』147(조선일보사, 1992.6), 150~160쪽; 조광동,「L.A흑인폭동과 아메리카니즘의 몰락」,『말』72(월간말, 1992.6), 284~288쪽; 한준상,「L.A흑인폭동의 근인과 원인: 왜 한인교포는 흑백갈등의 희생양이 됐는가」,『세계와 나』32(세계일보, 1992.6), 214~221쪽; 김종빈,「분별 없는 한국정부의 개입과 언론의 무지: L.A사태와 재외한국인」,『한국논단』34(한국논단, 1992.6), 40~54쪽; 김종완,「재외국민의 실태와 문제점: 4·29L.A사태와 관련하여」,『국회보』308(국회사무처, 1992.6), 29~31쪽; 이광규,「재외한국인 그들은 누구인가: L.A사태와 재외한국인」,『한국논단』34(한국논단, 1992.6), 55~61쪽; 대한기독교서회 편집부,「L.A흑인폭동이 남긴 교훈」,『기독교사상』402호(대한기독교서회, 1992.6), 199~202쪽; 원영준,「미국한인사회의 변화와 한인청소년의 생활과 문제: 로스엔젤레스지역을 중심으로」,『한국청소년연구』19(한국청소년개발원, 1994.12), 160~182쪽; 이선우,「집단간 갈등의 원인분석: 1992년 로스앤젤레스폭동에서 나타난 한흑갈등의 사례연구」,『한국사회복지학』제29호(한국사회복지학회, 1996.8), 132~157쪽; 이선우,「한인조직들의 L.A폭동에 대한 대처과정의 분석: 지역사회조직과 정모형을 중심으로」,『사회복지연구』7권 1호(한국사회복지연구회, 1996), 200~235쪽; 장태한,「로스앤젤레스폭동과 동포사회의 미래」,『동아시아연구논총』9(제주대 동아시아연구소, 1998.12), 381~392쪽; 반현,「소수인종 프레이밍: LA폭동 전후 '로스앤젤레스 타임스'의 한인 이미지 변화」,『한국언론학연구』2(한국언론학회, 2000.9), 91~113쪽; 김원태,「재미한인사회의 한인방송에 관한 연구」,『재외한인연구』9권 1호(재외한인학회, 2000), 95~134쪽; Donna Foote; Andrew Murr「LA폭동의 불씨는 살아 있다: 10년이 흐른 지금 불탄 상가는 복구됐지만 히스패닉계 증가로 새 갈등이 조성되고 있다」,『뉴스위크韓國版』528호(중앙일보미디어인터내셔널, 2002.5.8), 34~40쪽; 이선주,「4·29폭동백서: L.A 소요사태의 조사 및 진실규명」(4·29협회, 2000); 차종환·민병용·강득휘,『L.A 4·29동의 실상: 한인이민 100년사 중 가장 불행한 사건』(밝은미래재단, 2003); 장사선,「재미한인소설에 나타난 폭거와 응전」,『한국현대문학연구』18집(한국현대문학회, 2005.12), 481~509쪽. 박사학위논문으로는 전규찬의 The "Korean-

black conflicts": a critical communication approach(위스콘신-매디슨대학 매스콤박사논문, 1993); 유현석의 Korean Americans and African Americans in the Los Angeles riots: a study of the rhetoric of conflict(피츠버그대학 언론정보학 박사논문); 송경진의 Two tales of an American city: portrayal of African American and Korean American relations in two ethnic newspapers between 1991 and 1993, the Los Angeles Sentinel and the Korea Times(캔자스대학 커뮤니케이션학 박사논문, 1997) 등이 있다.

160) 김동석 발제문 참조. "1992년말부터 뉴욕에서는 1980년대 조국의 민주화운동에 적극 가담했던 한인청년학생들이 모여서 동포사회 권익을 위한 활동을 모색하기 위하여 인권운동가, 비영리단체 전문가, 한인인권변호사, 나성폭동에서 한인을 위하여 일했던 활동가들을 초청하여 여러 차례 세미나를 개최했으며 그 결론으로 우선 동포사회를 단합하는 방향에서 유권자등록운동을 장기적으로 펼쳐나갈 비영리단체를 설립할 것을 결의했다. 이러한 과정을 거쳐서 1996년 1월에 뉴욕 퀸즈 후러싱에 '한인유권자센터'를 설립하게 되었다."

161) 장태한, 「미국의 소수민족정책과 한인사회」, 『역사비평』 1997년 겨울호/통권 41호(역사비평사, 1997.11), 299~317쪽 참조.

162) 장태한, 위의 논문(1997.11), 303쪽, 312~315쪽 참조.

163) ≪한국일보≫ 2003년 2월 15일자(10면).

164) 2007.1.31 혼다 의원 등 6명의 여·야 의원 이름으로 '결의안 121'(①일본정부는 공식적으로 위안부 존재를 인정, 사죄하고 그 책임을 다할 것, ②일본총리가 총리자격으로 공식 사과할 것, ③위안부 존재를 거부·미화하는 주장을 일본정부가 분명하고 공개적으로 반박할 것, ④국제사회 권고에 따라 위안부 관련사실을 현재와 미래세대들에게 교육할 것) 공동발의토록 유도했고, 결의안 통과를 위해 '121결의안 지지연합'(Support 121 Coalition)과 'coalition 121'(support121.org) 결성을 주도했으며, 하원 외교위(특히 아태소위) 의원 및 보좌진과의 지속적 교류·서신발송 활동으로 동 결의안 통과를 일본정부와 이를 대리하는 로비스트와 미국시민(재미한인)간 정치력 싸움으로 부각시키는데 성공하였다.

165) 2006.5, 민주당 소속 애커먼 하원의원(뉴욕시 퀸스베이사이드)에게 한국국적자의 입국비자면제 협조를 요청하는 동시에 Visa Waver Program(VWP) 가입성사를 위해 1만 명 서명 추진하였고, 주미대사관과 한인밀집지역 의원들을 연결시켰다.

166) AIPAC(미·이스라엘공공문제위원회: 이스라엘에 유익한 일은 무조건 지지('이스라엘의 이익=미국의 국익')할 목적으로 1954년 창설, 미국내 유태인은 미국 전체의 2%(6백만 명)임에도 불구하고 최대의 영향력을 발휘하고 있음. 그리고 이스라엘이 곤경에 처할 수 있는 어떤 조치에도 강력 항의하고 있으며, 이스라엘을 구하기 위해서는 모든 힘과 영향력을 행사할 것임을 미국 대통령과 의회도 잘 알고 있음. 2007.3, 6천여 全美 유태계 활동가들이 워싱턴D.C.에 모여 연례정책포럼 개최(체니 부통령, 펠로시 하원의장, 오마바 상원의원 등 참석, 이스라엘 지지 연설) ※미국내 유태인의 자발적 참여로 재원확보(국세청 세금공제혜택 거부); 투표, 정치자금, 타 그룹과 연대로 친이스라엘후보의 상·하원의원 당선에 전력; 호텔숙박비, 참가비(1인당 5백$), 각종 기부금 등을 자부담; 유태인의 정체성교육을 위해 300여 대학 유태인학생단체 간부들을 모임에 초청하고 있음.

167) 정부의 공식적 외교력 이외에 비공식채널로 재미한인의 정치력과 애국심을 적극 활용할 필요.

168) 매년 20여 회 유권자등록 캠페인 실시 및 소식지(8천부) 발송(※10년간 13,000명 시민권자 유권자등록, 영주권자 800여명 시민권 획득대행; 2005년 현재 한인시민권자의 유권자등록 비율은 35%, 實투표율은 그 이하: 1993년 7% → 1998년 10% → 2004년 25%). 미국 이민서비스국(USCIS)에 통계(07.1)에 따르면 한인영주권자의 시민권 획득은 다른 이민자그룹들보다 더딘 것으로 나타남. 1995년 영주권 취득 한인이민자 12,200명 중 2004년까지의 시민권 취득비율은 39%에 불과. 외국이민자의 평균취득률은 46%(베트남 68%, 인도 58%, 중국 53%, 필리핀 51%,

살바도르 27%, 멕시코 18% 순).
169) 고학력 전문인력인 이민 1.5세~2세들에게 확고한 정체성(예: '코리안 아메리칸')과 그 역할모델(예; 故 김영옥 대령)을 제시하기 위해서는 정치인·언론인 등 공공분야로의 진출을 적극 유도하고, 정치력 신장의 가시적 성과가 축적됨으로써 한미관계발전과 한인정체성 함양에 기여할 수 있다.
170) ≪한겨레신문≫ 2003년 9월 30일자(37면 오피니언·인물).
171) 외무부, 『외교백서 1995』(외무부 외교정책기획실, 1995.6.30), 266쪽; 외무부, 『외교백서 1998』(외무부 외교정책실, 1999.9.30), 435~436쪽. ; 외무부, 『외교백서 2000』(외교통상부, 2001.7), 456쪽.
172) 국회사무처, 『제256회 국회(정기회) 통일외교통상위원회 회의록 제8호(2005.11.3)』, 8쪽.
173) 국회사무처, 위의 책(2005.11.3), 51~52쪽.
174) 장태한, 『흑인 그들은 누구인가』(한국경제신문사, 1993); 백영옥, 「재미동포의 현황과 정책추진방향」, 『아태포커스』 제23집(아태정책연구원, 2002.6), 17~25쪽; 백영옥, 「미주 이민 100년을 돌아보며」, 『외교』 제65호(한국외교협회, 2003.4), 117~128쪽; 차종환, 『미주동포들의 인권 및 민권운동』(나산출판사, 2005); 장태한, 「미주한인사회와 정치력신장」, 『OK TIMES』 제166호(해외교포문제연구소, 2007.9), 12~18쪽; 정영록, 「재외동포재단 10년, 발전방안과 한계」, 『OK TIMES』 제170호(해외교포문제연구소, 2008.1), 11~15쪽 참조.
175) ≪위클리조선≫ 2008년 11월 25일자(이장훈: 30년 뒤 미국인구 소수인종이 백인추월, '아시아계 오바마'도 나온다) 참조.
176) 흑인계는 콘돌리자 라이스 국무부장관, 콜린 파월 전 국무부장관; 히스패닉계는 카를로스 쿠티에레스 상무부장관, 알베르토 곤잘레스 전 법무부장관; 아시아계는 일레인 차오(中) 노동부장관, 노만 미네타(日) 전 교통부장관 등.
177) 다니엘 이노우에(84세, 민주당 하와이주)은 8선(예산심사권을 가진 세출위원장에 내정).
178) 삼성경제연구소, 『미국 소수인종의 영향력 확대』 CEO Informatiom 제653호(2008.5.7), 8쪽.
179) ≪중앙일보≫ 2008년 12월 9일자(8면).
180) 미국에서도 예외가 아니었다. 19세기 미국경제의 필요 때문에 받아들였던 중국이민이 점차 일부 영역에서 미국노동자계급의 경쟁상대로 부상하자 곧바로 중국이민에 대한 배척운동이 일어났다. 1882년 중국인 배척법(the Chinese Exclusion Act), 1907년 동양인 학교법(Oriental School Act), 1916년 외국인토지법(Alien Land kAW) 등.
181) Feagin, Joe R(1984). *Race and Ethnic Relations*, Englewood Cliffs: Prientice-Hall, pp.149~150.; 최협, 「아시아계 미국이민은 성공한 소수민족인가?」, 『국제지역연구』 11권 4호(서울대 국제학연구소, 2002 겨울), 127~143쪽 참조.

결언 재외동포정책의 변화를 기대하며

　재외동포라는 존재가 부담스럽던 때가 있었다. 그러나 세계화가 진전될수록 재외동포를 민족의 자산(資産)으로 인식하는 사람들이 점점 늘어나고 있다. 얼마 전 대통령께서 뉴욕동포 간담회에서 "일 잘하는 재외동포재단"을 약속하고, 외교장관이 제2회 세계한인의 날 기념식에서 "재외동포는 우리의 소중한 외교자산"으로 공언한 것이나 여·야가 국회 본회의에서 재외국민의 본국선거(투표)를 허용하는 관련 3개법을 개정 의결하고, 국무총리가 제9차 재외동포정책위원회에서 "재외동포네트워크의 글로벌화와 성숙한 한인사회 구현"을 신정부의 정책방향으로 설정한 것은 재외동포에 대한 우리 사회의 입장변화가 얼마나 달라졌는지를 보여주는 좋은 예들이다.

　2007년 재외동포재단이 폴리시앤리서치사에 의뢰해 조사한 바에 따르면 우리 국민 2명 중 1명(53.7%)은 재외동포와 접촉한 경험을 갖고 있으며, 8촌 이내의 친·인척 중에 재외동포가 있는 내국민이 무려 31%에 달하는 것으로 나타났다. 재외동포가 더 이상 남이 아니라는 뜻이다.

　이제라도 한국정부는 재외동포를 대하는 태도와 정책마인드를 완전히 바꾸어야 한다. 역대정부가 '민족중흥'을 외치고 '정의사회구현'을 외치고 '세계화'를 외치고 '제2의 건국'을 외치고 '동북아중심국가'를 외쳤지만 그때마다 재외동포는 정당한 대접을 받지 못했으며, 기대감은 언제나 실망감으로 끝나고 말았음을 우리 정부와 외교안보당국은 분명히 인식해야 한다. 고향에 떠나 살고 국토가 양분된 것도 서러운데 재외동포를 홀대하고 분열을 조장하고 방관해서는 안 된다. 최근의 세계경제위기를 슬기롭게 극복하고 대한민국이 선진일류국가대열에 진입하기를 진정으로 원한다면 글로벌 경쟁력을 갖춘 유능한 재외동포인재들을 적극 끌어안아야 한다. 전 세계 재외동포를 네트워크 하여 관련사항들을 실시간 확보하고 이를 빠짐없이 데이터베이스(DB)화 해야 한다. 재외동포인구 1천만 시대를 목전에 두고 있는 현실에서 재외동포가 발생한 원인과 역사적 배경은 물론 이들의 실상과 애로점을 수시로 점검해야 한다. 재외동포와 함께 새로운 민족비전을 찾겠다는 각오를 우리 정부와 외교안보당국이 특히 가져야 한다.

　어떤 민족도 저절로 중흥(中興)되지 않았다. 세계 2차대전 이후 독립한 80여 개 신생국(新生國) 가운데 대한민국만큼 산업화·민주화·지식정보화에 성공한

나라가 없다고들 말들 한다. 그러나 그 이면에는 흩어진 민족의 역량을 한 곳으로 모으고 꿈과 비전을 공유하고자 했던 위대한 선열들과 선각자들의 거룩한 희생이 있었음을 잊지 말아야 한다.

도산(島山) 안창호(安昌浩)는 "청년이 죽으면 민족이 죽는다"고 갈파했다. 이는 청년이 민족의 미래를 책임지고 있다고 보았기 때문이다. 그렇다면 "재외동포가 죽으면 대한민국이 죽는다. 재외동포가 무너지면 한민족의 미래는 없다"라고 말해도 무방하지 않을까. 민족의 번영된 미래를 위해 재외동포사회를 적극 지원하고 새로운 보금자리를 적극 개발하는 것만이 세계경영(世界經營)과 동양평화를 꿈꾸었던 옛 지혜자들과 선각자들의 숙원을 현실화하는 지름길이다. 재외동포재단은 그런 일을 하기 위해 준비된 한국 민간외교의 첨병이라면 재외동포사회 역량결집과 네트워크구축을 위한 창구로서 그 위상과 기능을 대폭 강화해 나가야 한다.

대한민국이 세계일류국가로 발돋움하기 위해서는 무엇보다도 재외동포정책부터 세계일류가 되어야 한다. 한국통일외교안보정책에서 재외동포가 얼마나 중요한 존재인지를 분명히 해야 하며, 국가안보, 자유무역지대(FTA)형성, 한류전파, 한민족네트워크 등 한민족의 미래와 관련한 의제(Agenda)에서, 그리고 지구온난화, 식량·물부족 등 인류의 미래와 관련된 의제에서 재외동포의 역할이 새롭게 정립되어야 한다. 지금 우리에게 필요한 것은 말이 아니라 행동이다. 막연한 슬로건이 아닌 구체적 실천이 필요하고, 남 흉내나 모방이 아니라 자기개척과 창조정신이 필요하다. 흩어져 있는 한민족의 무한한 잠재력과 에너지를 한 곳으로 모으고, 다음 세대가 누려야 할 번영과 행복을 위한 새로운 청사진(靑寫眞)이 오늘 우리에게 분명하게 제시되어야 하며 그러기 위해선 우리 모두의 마음과 생각이 활짝 열려야 한다.

구분	주체	방법	시점	문제제기	목적	연구대상	실천과제
과거	다함께	고민하자	지금	-재외국민 중심 및 해외거주자 현지화 유도정책	국익확보와 미래 한민족의 번영을 위해	재미유태인사회·이스라엘 이주정책	독립(특화)된 재외동포전담기구설치, 국가정책상 우선순위, 통계DB 및 현지조사연구 적극 지원
현재		풀어가자		-재외국민정책(외교부)과 외국국적동포정책(법무부) 이원화 구조 지속		동남아화교사회·중국/대만 교무정책 (해외화교 유치전략)	
미래		열어가자		-한민족네트워크의 구축 및 민간외교 역량강화방안 모색		재외인도인사회·인도 재외동포정책 (헌법 수정, 복수국적 인정, 재외인도인부 설치)	

재외동포사회발전을 위한 중장기 국가전략(안)
- "글로벌 시대 유태인·화교사회를 따라잡자!" -

재외동포정책의 기본목표: "내외동포는 하나"(統合·開放)
- 기본정신: "재외동포정책은 재외동포와 국익을 위한 정책!"
- 재외동포사회 미래추세 및 변화 예측에 기초한 유연한 전략수립 필요
- "재외동포는 과거·현재·미래 모국발전의 동반자이자 소중한 민족자산"

| 해외거주 이민자정책 | 재외국민보호영사정책 | 외국적동포 지원정책 | 다문화 외국인정책 | 해외입양/국제결혼자정책 | 국내체류·무국적동포정책 |

※ 글로벌 디아스포라 활용 (네트워크화 강화)
- 비핵·개방·3000구상실천 (한반도 평화번영 기여)
- 우수한인인재 및 차세대단체 지원육성(人力·財力의 寶庫)

※ 해외진출 거점 확대 (미래자원 확보)
- 식량기지(연해주, 가나) 및 에너지협력벨트(러시아·中央亞·아중동·동남아·중남미 등) 동포사회지원 및 역할 부여
- 미진출지역 적극 개발

재외동포사회 사기진작·역량 결집 및 포용 (열린 민족주의)
재일동포사회 / 재미동포사회 / 재중동포사회 / 사회동포

※ 현지 역량 결집 (호혜발전 기여 유도)
- 주류사회 동포단체·전문인 적극육성 및 모국기여 확대
- FTA기반구축 및 경제인 네트워크 집중 육성
- 이중국적 및 해외투표권부여

※ 동포사회 통합성 회복 (민족문화정체성 교육)
- 모국언어·역사·문화교육 및 모국방문기회 확대
- 저발전·빈곤 동포사회발전 상호지원 및 인권 보호
- 전문분야별 미래포럼 개최

정부의 재외동포정책 추진전략(기본계획수립)

| <환경변화> 동포인구 증가 및 내외 교류심화확대 | <동포요구> 국정참여기회 요구및차세대 교육시급 | <국가요구> 글로벌인재 활용 및 모국 발전기여확대 | <정책요구> 미래동포사회 발전 및 성숙 기반구축 |

정부의 재외동포정책 추진체계 방향(안)

재외동포가 희망이다
- 재외동포정책의 새로운 패러다임

2009. 3. 28. 발행

지은이/ 김 봉 섭
펴낸곳/ 도서출판 엠-애드
펴낸이/ 이 승 한
서울시 중구 필동3가 10-1
전화 / 02)2278-8063/4
팩스/ 02)2275-8064
e-mail/mdd1@hanmail.net
등록번호/ 제2-2554

마케터/ 이종학
디자이너/ 임선실
전산팀/ 임재혁

제작 및 유통과정상 잘못된 책은 바꾸어 드립니다.
무단 전재와 무단 복제를 금합니다.

정가: 25,000원

ISBN 978-89-88277-79-9